교부 문헌 총서
< 17 >

AURELIUS Augustinus

DE CIVITATE DEI
CONTRA PAGANOS
LIBRI VIGINTI DUO
XIX-XXII

Translated with introduction and notes by
Youm SEONG

© Benedict Press, Waegwan, Korea 2004

이 고전 원문대역본의 번역과 주해는 한국학술진흥재단의 연구비 지원을 받았음
(KRF-1999-035-B2 0108)

교부 문헌 총서 〈17〉
2004년 2월 초판 | 2021년 6월 4쇄
역주자: 성염 | 펴낸이 · 박현동
펴낸곳 · 성 베네딕도회 왜관수도원 ⓒ 분도출판사
찍은곳 · 분도인쇄소
등록 · 1962년 5월 7일 라15호
04606 서울 중구 장충단로 188(분도출판사 편집부)
39889 경북 칠곡군 왜관읍 관문로 61(분도인쇄소)
분도출판사 · 전화 02-2266-3605 · 팩스 02-2271-3605
분도인쇄소 · 전화 054-970-2400 · 팩스 054-971-0179
www.bundobook.co.kr

ISBN 89-419-0403-X 94230
ISBN 89-419-9755-9 (세트)

교부 문헌 총서 17

아우구스티누스

신 국 론
제19-22권

성 염
역주

분 도 출 판 사

차 례

해 제

1. 아우구스티누스의 생애와 진리에 대한 열애 ·················· 13
2. 「신국론」의 집필과 주제 ··· 15
   (1) 작품의 집필 계기 ··· 15
   (2) 집필 목적 ··· 17
   (3) 작품의 구도 ·· 17
   (4) 집필 연대 ··· 19
3. 「신국론」의 호교론적 주제 ··· 20
   (1) 호교론의 전통과 아우구스티누스의 작업 ·················· 21
   (2) 당대의 이교도들이 그리스도교에 제기하던 주요 비난 ············· 23
   (3) 「신국론」에서의 호교론적 논변 ································ 23
4. 두 도성의 신학 ··· 27
   (1) 두 도성에 대한 착상 ··· 27
   (2) 두 도성의 토대 ·· 28
   (3) 두 도성의 발로 ·· 30
   (4) 두 도성의 역사 ·· 31
   (5) 섭리 속에 전개되는 인류의 역사 ····························· 33
   (6) 두 도성의 역사는 곧 구원의 역사 ··························· 34
   (7) 두 도성의 종말 ·· 35
5. 「신국론」의 방법론과 아우구스티누스의 문화 사상 ········· 37
   (1) 그리스도교 사상의 새로움 ······································ 38
   (2) 고대철학의 복원 ·· 40

	(3) 새로운 종합 ·· 41
	(4) 「신국론」 이해의 열쇠 ······································ 43
6.	「신국론」의 철학 사상 ·· 45
	(1) 신은 우주의 존재론적 근거 ································ 46
	(2) 신은 인간의 인식론적 근거 ································ 48
	(3) 신은 인생 행복의 근거 ······································ 52
7.	「신국론」의 정치 사상 ·· 55
	(1) 인간은 사회적 존재 ·· 56
	(2) 아우구스티누스의 국민 개념 ······························ 59
	(3) 아우구스티누스의 평화 사상 ······························ 62
8.	아우구스티누스의 역사관 ·· 67
	(1) 역사 개념의 전환 ·· 67
	(2) 그리스도교 사관의 설정 ···································· 69
	(3) 인류 보편사와 "하늘의 시민들" ························ 71
	(4) 영원과 시간 ·· 72
	(5) 역사의 두 주역 ·· 76
9.	현대인에게 주는 아우구스티누스의 교훈 ················ 79
10.	「신국론」 각권 개요 ·· 83
11.	필사본과 참고 문헌 ·· 101
	(1) 「신국론」의 필사본 ·· 101
	(2) 초기 간행본 ·· 102
	(3) 현대어 번역본 ·· 103
	(4) 연구 문헌 ·· 104

원문과 역주

제1권: 시대의 재앙과 하느님의 섭리 ················· 107
　　　서 언: 본서의 집필 계획과 주제 ················· 109
　　　제1부: 그리스도 경배로 중단된 전쟁 ················· 111
　　　제2부: 인생의 해악 혹은 시대의 해악 ················· 129
　　　제3부: 도덕적 타락으로 인한 로마의 몰락 ················· 201

제2권: 그릇된 도덕을 낳은 다신숭배 ················· 215
　　　제1부: 삶의 규범을 제시하지 못한 다신숭배 ················· 217
　　　제2부: 공화국의 정의에 이바지한 바 없는 다신숭배 ················· 273

제3권: 로마사의 비판적 회고 ················· 315
　　　제1부: 역사를 비판하는 명분 ················· 317
　　　제2부: 사비나 여인들의 납치부터 포에니 전쟁까지 ················· 345
　　　제3부: 시민전쟁부터 아우구스투스까지 ················· 393

제4권: 제국 성장에 아무것도 못해 준 많은 신들 ················· 421
　　　제1부: 지배욕에 대한 역사적 비판 ················· 423
　　　제2부: 다신론과 범신론 ················· 443
　　　제3부: 로마제국의 수호신들 ················· 463

제5권: 운세의 이치가 있는가 없는가 ················· 519
　　　제1부: 인간사를 두고 생각하게 되는 운명과 이치 ················· 521
　　　제2부: 인간사가 운명으로 되는가, 질서대로 되는가 ················· 565

제6권: 참 행복에 아무 도움도 못 되는 신들 ·················· 631
    제1부: 지상 일도 천상 일도 돌보지 못하는 신들 ············ 633
    제2부: 바로가 논한 신학과 신사 ······················· 643
    제3부: 세네카가 생각한 신들 ························· 689

제7권: 신들에 관한 자연주의 해석과 참 행복 ·················· 703
    제1부: 신들을 선별하는 기준 ························· 705
    제2부: 신들에 관한 자연주의 해석 ····················· 721
    제3부: 참 행복에 비추어 견준 그리스도교와 로마인 종교 ········ 783

제8권: 철학자들의 지혜에 비추어 견준 그리스도교와 로마인 종교 ······ 809
    제1부: 플라톤 학파의 인간사와 신사 인식 ················ 811
    제2부: 아풀레이우스의 정령관 ······················· 851
    제3부: 헤르메스의 신관과 그리스도교의 비교 ·············· 883

제9권: 그리스도와 철학자들의 가르침에 나타난 중개자의 역할 ········ 913
    서 론: 기왕에 토론한 내용과 앞으로 토론할 과제 ············ 915
    제1부: 정령은 정염에 시달린다 ······················ 919
    제2부: 정령은 중개자 직분을 갖지 못한다 ················ 947

제10권: 영원한 생명의 종교 ····························· 987
    제1부: 참된 종교의 관념 ··························· 989
    제2부: 참된 종교의 변호 ·························· 1035

제11권: 하느님이 시간 속에 창조한 세계와 천사 ················ 1133
    제1부: 성서가 말하는 하느님의 도성 ··················· 1135
    제2부: 시간 속 존재 아닌 하느님의 시간 속 존재인 세계 창조 · 1143

제3부: 선한 천사로 창조되었으나 타락한 존재들 ················ 1159
제4부: 하느님의 창조와 삼위일체에 관한 오류 논박 ············ 1195

제12권: 천사와 인간 창조 ··· 1239
　제1부: 천사와 사물에서 무엇이 선이고 무엇이 악인가 ·········· 1241
　제2부: 인류 창조와 시간 ·· 1273
　제3부: 회귀설 논박: 인간의 유일회성과 원초적 선성 ············ 1287

제13권: 영원한 생명의 복원인 인간의 구속 ························ 1337
　제1부: 죽음의 양상 ·· 1339
　제2부: 죽음은 죄에서 온다 ·· 1369
　제3부: 은총으로 인간은 죄와 죽음에서 구속된다 ················ 1391

제14권: 범죄 후 인간의 행태에서 나온 두 도성 ··················· 1429
　제1부: 육에 따른 감정과 영에 따른 감정 ························· 1431
　제2부: 원조 범죄 후의 감정과 정욕 ································ 1477

제15권: 두 도성의 전개: 카인과 아벨부터 대홍수까지 ············· 1541
　제1부: 최초의 두 도성 ··· 1543
　제2부: 두 계보: 셋과 카인부터 대홍수까지 ······················· 1577
　제3부: 대홍수에서 일어난 일들이 예표하는 것 ··················· 1639

제16권: 하느님 도성의 초기사: 노아부터 다윗까지 ················ 1669
　제1부: 하느님 도성의 아동기: 노아부터 아브라함까지 ·········· 1671
　제2부: 하느님 도성의 청년기: 아브라함 시대 ····················· 1719
　제3부: 하느님 도성의 장년기 초반: 이스라엘부터 다윗 사이 ··· 1785

제17권: 예언자 시대의 하느님 도성 ·· 1809
　제1부: 예언이라는 현상 ·· 1811
　제2부: 다윗 전에 나타난 예언 ····································· 1823
　제3부: 다윗과 시편에 표상된 예언 ······························ 1867
　제4부: 솔로몬 이후의 예고 ··· 1915

제18권: 역사 진행 속의 두 도성 비교 ··· 1931
　제1부: 시대의 흐름 속의 두 도성 ······························· 1933
　제2부: 그리스도와 교회에 관해 말한 예언자들 ············ 2005
　제3부: 하느님의 도성인 교회의 시원과 발전 ··············· 2071

제19권: 선의 목적은 하느님 안의 평화 ······································· 2125
　제1부: 철학자들이 말하는 선과 악의 목적 ·················· 2127
　제2부: 선의 목적으로 만인이 희구하는 평화 ··············· 2179
　제3부: 로마와 온 세계에 존재하던 국가 ····················· 2219

제20권: 최후심판에서 닥칠 일들 ·· 2253
　제1부: 문제 제기 ··· 2255
　제2부: 최후심판에 관한 신약의 예고 ·························· 2269
　제3부: 최후심판에 관한 구약의 예고 ·························· 2357

제21권: 종말의 징벌 ·· 2419
　제1부: 합리적으로 설명할 수 없는 실존 사건들 ··········· 2421
　제2부: 악마와 악인에게는 꺼지지 않을 불 ·················· 2467
　제3부: 생시에도 사후에도 정화되는 죄벌 ···················· 2481
　제4부: 오리게네스 파 자비론자들의 내생관 ················ 2493
　제5부: 하느님의 말씀을 전거로 자비론자들을 논박한다 ········ 2507

제22권: 육신의 부활과 영원한 생명 ⋯⋯⋯⋯⋯⋯⋯⋯⋯⋯⋯⋯ **2559**
    제1부: 부활과 영생을 신앙과 이성으로 궁구한다 ⋯⋯⋯⋯ **2561**
    제2부: 육신은 부활한다 ⋯⋯⋯⋯⋯⋯⋯⋯⋯⋯⋯⋯⋯⋯⋯ **2629**
    제3부: 영원한 생명 ⋯⋯⋯⋯⋯⋯⋯⋯⋯⋯⋯⋯⋯⋯⋯⋯⋯ **2667**

〈부 록〉

「재론고」 ⋯⋯⋯⋯⋯⋯⋯⋯⋯⋯⋯⋯⋯⋯⋯⋯⋯⋯⋯⋯⋯⋯⋯⋯ **2735**
「서간」 ⋯⋯⋯⋯⋯⋯⋯⋯⋯⋯⋯⋯⋯⋯⋯⋯⋯⋯⋯⋯⋯⋯⋯⋯⋯ **2739**
   요약문 ⋯⋯⋯⋯⋯⋯⋯⋯⋯⋯⋯⋯⋯⋯⋯⋯⋯⋯⋯⋯⋯⋯ **2743**

〈색 인〉

성서 인용 색인 ⋯⋯⋯⋯⋯⋯⋯⋯⋯⋯⋯⋯⋯⋯⋯⋯⋯⋯⋯⋯ **2834**
성서 외 인용 색인 ⋯⋯⋯⋯⋯⋯⋯⋯⋯⋯⋯⋯⋯⋯⋯⋯⋯⋯ **2854**
인명과 신명 색인 ⋯⋯⋯⋯⋯⋯⋯⋯⋯⋯⋯⋯⋯⋯⋯⋯⋯⋯⋯ **2901**

AUGUSTINUS
DE CIVITATE DEI
LIBER XIX
BONORUM FINIS EST PAX IN DEO

아우구스티누스
신 국 론
제19권
선의 목적은 하느님 안의 평화

1. Quoniam de ciuitatis utriusque, terrenae scilicet et caelestis, debitis finibus deinceps mihi uideo disputandum: prius exponenda sunt, quantum operis huius terminandi ratio patitur, argumenta mortalium, quibus sibi ipsi beatitudinem facere in huius uitae infelicitate moliti sunt, ut ab eorum rebus uanis spes nostra quid differat, quam Deus nobis dedit, et res ipsa, hoc est uera beatitudo, quam dabit, non tantum auctoritate diuina, sed adhibita etiam ratione, qualem propter infideles possumus adhibere, clarescat. De finibus enim bonorum et malorum multa et multipliciter inter se philosophi disputarunt; quam quaestionem maxima intentione uersantes inuenire conati sunt, quid efficiat hominem beatum. Illud enim est finis boni nostri, propter quod appetenda sunt cetera, ipsum autem propter se ipsum; et illud finis mali, propter quod uitanda sunt cetera, ipsum autem propter se ipsum. Finem boni ergo nunc dicimus, non quo consumatur, ut non sit, sed quo perficiatur, ut plenum sit; et finem mali, non quo esse desinat, sed quo usque nocendo perducat. Fines itaque isti sunt summum bonum et summum malum. De quibus inueniendis atque in

---

[1] beatitudo: 동사 beo ("부자가 되다, 복스럽다, 행복하다") 동사에서 유래한 beatitudo(본서에서는 felicitas(행복)와 구분할 필요가 있으면 "지복"(至福)이라고 번역해 왔다)는 로마 철학의 주제 가운데 하나였고(예: Seneca, *De vita beata*) "행복"을 지칭하는 그리스도교 고유 용어가 되었다. 신약성서는 그리스 문학의 본래 용어 (εὐδαιμονία: "선한 정령의 가호 밑에")를 피하고 μάκαρ, μακάριος를 구사한다.

[2] 본서 여러 곳에서 교부는 자주 비그리스도인을 염두에 두고 합리적 방법론을 다짐하고 철학적 논변을 전개한다.

[3] 대표적으로는 Cicero, *De finibus bonorum et malorum*. "악의 목적"(= 최고악)은 스토아 철학의 용어(τηλικὰ κακά: Diogenes Laertius, *Vitae philosophorum* 7.97)다.

[4] 예: Plato, *Respublica* 505a, 508e, 509b; Aristoteles, *Ethica Nicomachea* 1097a; Stobaeus, *Eclogae* 2.76.3.

[5] 키케로(*De finibus bonorum et malorum* 1.12.42)의 정의다: finis boni nostri, propter quod appetenda sunt cetera, ipsum autem propter se ipsum.

[6] Finis(telos)라는 라틴어 단어가 "목적"이자 "끝"이라는 양의성을 띠므로 "끝"보다는 "목적"을 염두에 두고 있음을 명기한다. 그러나 "선의 끝"은 "최고선"이므로 결국 최고선에 관한 논의가 된다(Dyson의 영역본은 finis boni를 아예 Final Good으로 표기한다).

[7] 악은 선의 반대개념이고(12.3) 선의 결핍(11.9)이므로 선에 대한 반대개념으로만 악이 파악된다. 그러나 이하(19.4.1)에서 교부는 "영원한 생명이야말로 최고선이요 영원한 죽음이야말로 최고악"이라고 답변한다.

제1부 (1-9)
철학자들이 말하는 선과 악의 목적

1. 선과 악의 목적에 관한 문제에서 철학 토론이 얼마나 우왕좌왕하는가: 바로가 관찰한 바에 의하면 무려 288개 학파까지 나온다
   1.1. 선과 악의 목적은 무엇인가

드디어 두 도성, 곧 지상 도성과 천상 도성의 소기의 목적에 대해 논해야 할 차례라고 생각한다. 우선 사멸할 인간들이 현세생활의 불행중에서 행복을 마련하는 논거들이 무엇인지 제시해야 하겠다. 물론 본서를 매듭지어야 하는 명분이 허용하는 한도 내에서 그렇게 하겠다. 그렇게 함으로써 하느님이 우리에게 베풀어 준 우리의 희망과 사람들의 허망한 사물이 어떻게 다른지가 밝혀진다. 그리고 하느님이 베풀어 줄 사물, 곧 참된 행복[1]이 무엇인지 밝히되, 신적 권위를 이용함은 물론, 미신자들을 상대로 했을 때 우리가 할 수 있는 데까지 이성을 구사해서 밝혀야 할 것이다.[2] 선과 악의 목적에 관해서는 철학자들이 참으로 많은 말을 했고 참으로 다양한 토론을 벌였다.[3] 그들은 이 문제를 더할 나위 없이 진지하게 논하는 가운데 과연 인간을 행복하게 만드는 것이 무엇인지를 찾아내려고 힘썼다.[4] 그밖의 모든 것이 그것 때문에 추구되면서 그것만은 그 자체로 추구되는 것, 이것이 바로 우리 선의 목적이다.[5] 또 그것 때문에 그밖의 모든 것이 기피되면서 그것만은 그 자체로 기피되는 것이 곧 악의 목적이다. 우리가 지금 선의 목적을 논하는, 그것으로 선이 소진되어 더는 존재하지 않는 끝을 말하자는 것이 아니고, 그것으로 선이 완결되고 충만해지는 목적을 이야기하자는 것이다.[6] 악의 목적 역시 그것으로 악이 더는 존재하지 않는 그 끝을 말하자는 것이 아니고, 악이 해악을 끼치는 일을 어디까지 뻗쳐 나가는지 그 목적을 이야기하자는 것이다.[7] 그러므로 그 목적들은 최고선이요 최고악이다. 그리고 내가 말한 대로 최고선과 최고악을 찾아내는 일에, 또 현세생활에서 최고선을 탐구하고 최고악을 피하는 일에, 이 세상의 허망함 속에서도 지혜를 추구하노라 자처한 사람들은 참으로 많은 수고를 바쳤다. 그리고 각양각색으로

hac uita summo bono adipiscendo, uitando autem summo malo, multum, sicut dixi, laborauerunt, qui studium sapientiae in saeculi huius uanitate professi sunt; nec tamen eos, quamuis diuersis errantes modis, naturae limes in tantum ab itinere ueritatis deuiare permisit, ut non alii in animo, alii in corpore, alii in utroque fines bonorum ponerent et malorum. Ex qua tripertita uelut generalium distributione sectarum Marcus Varro in libro de philosophia tam multam dogmatum uarietatem diligenter et subtiliter scrutatus aduertit, ut ad ducentas octoginta et octo sectas, non quae iam essent, sed quae esse possent, adhibens quasdam differentias facillime perueniret.

Quod ut breuiter ostendam, inde oportet incipiam, quod ipse aduertit et posuit in libro memorato, quattuor esse quaedam, quae homines sine magistro, sine ullo doctrinae adminiculo, sine industria uel arte uiuendi, quae uirtus dicitur et procul dubio discitur, uelut naturaliter appetunt, aut uoluptatem, qua delectabiliter mouetur corporis sensus, aut quietem, qua fit ut nullam molestiam corporis quisque patiatur, aut utramque, quam tamen uno nomine uoluptatis Epicurus appellat, aut uniuersaliter prima naturae, in quibus et haec sunt et alia, uel in corpore, ut membrorum integritas et salus atque incolumitas eius, uel in animo, ut sunt ea, quae uel parua uel magna in hominum reperiuntur ingeniis. Haec igitur quattuor, id est uoluptas, quies, utrumque, prima naturae, ita sunt in nobis, ut uel uirtus, quam postea doctrina inserit, propter haec appetenda sit, aut ista propter uirtutem, aut utraque propter se ipsa; ac per hoc fiunt hinc duodecim sec-

---

[8] 교부가 알기로도 정신에만 선의 목적을 두기로는 소크라테스(Plutarchus, *Memorabilia* 1.5.4)와 메가라 학파(Diogenes Laertius, *Vitae philosophorum* 2.106)와 견유학파(6.104), 육체에만 두기로는 키레네 학파(2.87)와 에피쿠로스(*Epistula ad Herodotum* 39-40), 양편에 두기로는 플라톤(*Symposium* 202c-d; *Respublica* 352d)과 아리스토텔레스(*Ethica Nicomachea* 1153b; *Politica* 1323a)가 꼽혔다.

[9] *De philosophia* 혹은 *De forma philosophiae*: 바로의 *Logistorici* 76권의 일부로 추정되지만 아우구스티누스에게서만 제목이 언급되는 문헌이다.

[10] 키케로는 에피쿠로스의 ἡδονή가 "정신의 기쁨과 육체의 유쾌하고 감미로운 감정"(laetitia in animo, commotio suavis iucunditatis: *De finibus bonorum et malorum* 2.4.7) 양의를 띤다고 해석했으므로 교부는 간단히 utra(양편 다)라는 표현을 쓴다. 편의상 "양자"(兩者)라고 옮겨본다.

[11] universaliter prima naturae: 키케로의 용어(*De finibus bonorum et malorum* 2.11.34; 5.17.18)로서 스토아 철학이 "자연본성에 따라서 삶"(vivere secundum naturam)을 이상으로 삼아 자연본성이 덕성을 함양하는 토대라는 긍정적 시각에서 다루어진다. 본서 19.3.1 (prima bona naturae) 참조.

[12] 헬레니즘 시대에 에피쿠로스 학파와 스토아 학파는 각기 ἀταραξία와 ἀπαθεία를 표방하면서 차별화를 시도하여 이런 논쟁을 초래했다. Cf. Epicurus, *Epistula ad Menoeceum* 130-131; Cicero, *Tusculanae disputationes* 4.6.14.

오류를 범하기는 했지만 자연본성의 경지가 있어 그들이 진리의 여정으로부터 완전히 벗어나도록까지 허용하지는 않았으므로, 혹자는 정신에, 혹자는 육체에, 혹자는 양편에 선과 악의 목적을 설정하기에 이르렀다.[8] 일반 학파의 이 세 가지 분류를 토대로 마르쿠스 바로는 「철학론」[9]에서 이론의 천차만별한 양상을 일일이 면밀하게 조사한 끝에 무려 288개 학파가 있다는 사실을 파악해냈다. 그 목록은 이미 존재하던 학파뿐 아니라 그런 차이점들을 이용해서 쉽사리 연역해낼 만한 학파까지 망라한 것이었다.

1.2. 인간 본성이 추구하는 선을 기준으로 바로는 수많은 학파를 열거한다

방금 말한 내용을 간략히 소개하는 뜻에서, 조금 전 언급한 저서에서 바로가 지적하고 제시한 내용부터 시작하겠다. 우선 본성적으로 추구하는 바를 따지면 네 종류가 있겠는데, 이것들은 스승이 없어도, 이론의 뒷받침이 없어도, 일정한 노력이 없어도, 삶의 기술이 따로 없어도 인간이면 누구나 얻으려 하는 것이다. 말하자면 육신의 감관들이 유쾌해지는 쾌락이나 육체의 불편이 아무것도 없는 평안, 또는 양편 다 포괄하지만 에피쿠로스가 그냥 쾌락이라는 명칭으로 한데 부른 것이라든가[10] 보편적으로 말하는 자연본성의 일차적 필요[11] 등이 그것이다. 본성의 필요 중에는 방금 말한 것들도 들어가고 다른 것도 들어가는데 어떤 것은 신체에 해당하여, 예컨대 지체의 온전함이라든가 건강, 신체의 안녕 등이 포함되고, 다른 것은 정신에 해당하여 인간들의 재능에서 발견되는 크고 작은 것들을 가리킨다. 앞의 네 가지, 곧 쾌락, 평안, 양자, 그리고 본성의 일차적 필요는 우리 안에 철저하게 자리를 잡고 있어서, 후일에 교육이 인간에게 심어주는 덕성이라는 것도 결국은 이것들을 얻기 위함인 것 같기도 하고, 그렇지 않으면 덕성을 얻기 위해 이것들을 요망하는 것도 같고, 그렇지 않으면 양편 다 그 자체로 요망되는 것 같기도 하다.[12] 그래서 열두 학파가 생긴다.[13] 바로 이 이유로 네 가지 쾌락이 제각기 삼중으로 이론을 만들어낸다. 그가운데 하나를 예거하여 증명해 보일 작정인데, 그렇게 하고 나면 나머지는 어렵지 않

---

[13] voluptas, requies, utra (ἡδονή), prima naturae 네 가지를 선으로 꼽고 그것을 욕구하는 세 가지 입장을 설정하면 최소한 행복에 관한 열두 가지 철학 이론이 나온다.

tae; per hanc enim rationem singulae triplicantur; quod cum in una demonstrauero, difficile non erit id in ceteris inuenire. Cum ergo uoluptas corporis animi uirtuti aut subditur aut praefertur aut iungitur, tripertita uariatur diuersitate sectarum. Subditur autem uirtuti, quando in usum uirtutis adsumitur. Pertinet quippe ad uirtutis officium et uiuere patriae et propter patriam filios procreare, quorum neutrum fieri potest sine corporis uoluptate; nam sine illa nec cibus potusque sumitur, ut uiuatur, nec concumbitur, ut generatio propagetur. Cum uero praefertur uirtuti, ipsa appetitur propter se ipsam, uirtus autem adsumenda creditur propter illam, id est, ut nihil uirtus agat nisi ad consequendam uel conseruandam corporis uoluptatem; quae uita deformis est quidem, quippe ubi uirtus seruit dominae uoluptati (quamuis nullo modo haec dicenda sit uirtus); sed tamen etiam ista horribilis turpitudo habuit quosdam philosophos patronos et defensores suos. Virtuti porro uoluptas iungitur, quando neutra earum propter alteram, sed propter se ipsas ambae appetuntur. Quapropter sicut uoluptas uel subdita uel praelata uel iuncta uirtuti tres sectas facit, ita quies, ita utrumque, ita prima naturae alias ternas inueniuntur efficere. Pro uarietate quippe humanarum opinionum uirtuti aliquando subduntur, aliquando praeferuntur, aliquando iunguntur, ac sic ad duodenarium sectarum numerum peruenitur. Sed iste quoque numerus duplicatur adhibita una differentia, socialis uidelicet uitae, quoniam, quisquis sectatur aliquam istarum duodecim sectam, profecto aut propter se tantum id agit aut etiam propter socium, cui debet hoc uelle quod sibi. Quocirca duodecim sunt eorum, qui propter se tantum unamquamque tenendam putant, et aliae duodecim eorum, qui non solum propter se sic uel sic philosophandum esse decernunt, sed etiam propter alios, quorum bonum appetunt sicut suum. Hae autem sectae uiginti quattuor iterum geminantur addita differentia ex Academicis nouis et fiunt quadraginta octo. Illarum quippe

---

[14] Cf. Cicero, *Academia posterior* 2.42.131 (Aristippus가 지목된다) ; Epicurus, *Epistula ad Menoeceum* 130-131.

[15] 덕론(德論)이 사회생활 혹은 타인에 대한 철학자의 관점에 따라 학파가 재분류된다. Cf. Cicero, *De finibus bonorum et malorum* 3.19.62; 5.23.65.

[16] socium, cui debet hoc velle quod sibi: 사회 윤리의 토대인 그리스도의 "황금률"을 아우구스티누스의 문장으로 다듬은 명문이다.

[17] 이번에는 확실성(確實性)과 회의론(懷擬論) 내지 개연론(蓋然論)에 따른 진리관의 차이로 학파가 배가된다.

게 알아낼 수 있을 것이다. 육체의 쾌락이 정신의 덕성에 귀속되느냐, 그것에 우선하느냐, 그렇지 않으면 평행하느냐에 따라 세 가지 상이한 학파가 생겨난다. 덕성을 위해 쾌락을 사용한다면 쾌락이 덕성에 귀속된다. 조국을 위해 살고 조국 때문에 자녀를 생산하는 일은 덕목에 해당하지만 둘다 육체의 쾌락 없이 이루어지지는 않는다. 살아남기 위해 음식과 음료를 섭취하지만 쾌락이 없을 수 없고, 후손을 생산하는 데 부부행위가 없을 수 없다. 쾌락이 덕성보다 우선할 때 쾌락은 그 자체로 욕구되는 것이며, 쾌락 때문에 덕성을 습득할 수 있을 것처럼 믿는다. 덕성이라는 것은 육체의 쾌락을 획득하고 보전하는 것 외에는 아무 역할도 하지 못하기 때문이다. 덕이 쾌락을 주인으로 섬기는 만큼 (사실 이런 것은 덕이라고 할 자격도 없다) 그런 삶은 뭔가 비뚤어진 것이다. 하지만 이처럼 가증스럽고 추잡한 사상도 나름대로 옹호하고 변호하는 철학자들을 두고 있다.[14] 그런가 하면 덕에 쾌락을 병행시키기도 한다. 둘 중 하나가 다른 하나를 위해 욕구되는 것이 아니고 제각기 그 자체로서 욕구된다는 말이다. 쾌락이 덕성에 귀속되거나 우선하거나 병행하면서 세 학파를 만들어내듯이, 평안도, 양자兩者도, 자연의 일차적 필요도 제각기 세 파씩 만들어낸다. 인간 견해가 다양하다 보니 이것들이 때로는 덕성에 귀속되고 때로는 우선하고 때로는 병행하면서 소위 열두 학파라는 숫자에 이른다. 그러나 이 열두 가지도 사회생활에 대한 상이한 입장으로 인해 두 배로 많아진다.[15] 즉, 저 열두 학파의 어느 하나를 따르는 사람들은 자신만을 위해 그 모든 일을 하는가, 아니면 이웃을 위해서도 그 모든 일을 하기 때문에 자신에게 바라는 바를 남에게도 요구해야 하는가[16]에 따라 또 달라진다. 그리하여 오로지 자신을 위해 어느 한 학파를 견지해야 한다는 사람들이 열두 학파를 이루고, 자신만을 위해 어느 한 학파를 고수하거나 그렇게 사고해야 한다고 생각하지 않고 다른 사람들을 위해서도 그렇게 해야 하며 자신의 선을 추구하듯이 타인들의 선도 추구해야 한다는 사람들이 또 다른 열두 학파를 이루고 있다. 이 스물넷에다 마지막으로 신新아카데미아 학파에서 유발된 상이한 입장에 따라 스물네 학파가 생기고 그렇게 해서 마흔여덟 학파가 된다.[17] 그가운데 스물넷은 각자가 어느 한 학파를 확실

uiginti quattuor unamquamque sectarum potest quisque sic tenere ac defendere ut certam, quem ad modum defenderunt Stoici quod hominis bonum, quo beatus esset, in animi tantummodo uirtute consisteret; potest alius ut incertam, sicut defenderunt Academici noui, quod eis etsi non certum, tamen ueri simile uidebatur. Viginti quattuor ergo fiunt per eos, qui eas uelut certas propter ueritatem, et aliae uiginti quattuor per eos, qui easdem quamuis incertas propter ueri similitudinem sequendas putant. Rursus, quia unamquamque istarum quadraginta octo sectarum potest quisque sequi habitu ceterorum philosophorum, itemque alius potest habitu Cynicorum, ex hac etiam differentia duplicantur et nonaginta sex fiunt. Deinde quia earum singulas quasque ita tueri homines possunt atque sectari, ut aut otiosam diligant uitam, sicut hi, qui tantummodo studiis doctrinae uacare uoluerunt atque ualuerunt, aut negotiosam, sicut hi, qui cum philosopharentur tamen administratione rei publicae regendisque rebus humanis occupatissimi fuerunt, aut ex utroque genere temperatam, sicut hi, qui partim erudito otio partim necessario negotio alternantia uitae suae tempora tribuerunt: propter has differentias potest etiam triplicari numerus iste sectarum et ad ducentas octoginta octo perduci.

Haec de Varronis libro, quantum potui, breuiter ac dilucide posui, sententias eius meis explicans uerbis. Quo modo autem refutatis ceteris unam eligat, quam uult esse Academicorum ueterum (quos a Platone institutos usque ad Polemonem, qui ab illo quartus eius scholam tenuit, quae Academia dicta est, habuisse certa dogmata uult uideri et ob hoc distinguit ab

---

[18] veri simile: 개연론을 가리키는 로마인들의 술어다.

[19] 구아카데미아 학파의 교조주의(教條主義)와 신아카데미아 학파의 개연론을 따르는 입장과(Sextus Empiricus, *Adversus mathematicos* 7.166-184), 진리 여부에 사변적이든 실천적이든 철저한 무관심을 표방한 견유학파(Diogenes Laertius, *Vitae philosophorum* 6.3)의 입장을 기준으로 다시 세분할 수 있다는 말이다.

[20] 키케로의 소개(*De finibus bonorum et malorum* 2.11.34-35)에 의하면 아카데미아는 플라톤의 외조카 Speusippus (BC 348~339), Xenocrates (BC 339~314/3), Polemon (BC 314~270), Crates 등으로 승계된다. 폴레몬은 피타고라스의 수론(數論)을 도입하여 신아카데미아의 회의론을 초래한다. Cf. Sextus Empiricus, *Institutiones Pyrrhonianae* 1.33.220-221.

한 이론이라고 지지하고 옹호할 수 있다. 예컨대 스토아 학파는 인간이 행복해지는 선善은 오로지 정신의 덕성에만 존재한다고 확실하게 주장했다. 또 다른 사람들은, 신아카데미아 학파가 주장하듯이 어느 학파든 불확실할 뿐이라고 말하는데, 자기들에게는 그 이론이 확실치는 않지만 진리와 유사한 것으로 보인다는 입장이다.[18] 진리를 내세워 자기네 학파가 확실하다고 주장하는 그런 사람들로 인해 스물네 학파가 성립하고, 자기네 학파가 불확실하지만 진리와의 유사성을 띠기 때문에 그 학파를 따라야 한다고 생각하는 사람들로 다른 스물네 학파가 성립한다. 그밖에도 저 마흔여덟 학파 가운데 어느 하나를 추종하되, 혹자는 여타 철학자들의 사고방식대로 추종할 수 있겠고 혹자는 견유학파의 사고방식대로 추종할 수 있으므로 이런 차이로 인해 학파는 배가되어 아흔여섯이 된다.[19] 그다음에는 그 학파 하나하나를 사람들이 옹호하고 추종하는 데 있어서, 여가생활을 좋아해서 오로지 학설에 대한 연학에만 몰두하기를 바라고 거기서만 성공을 거둔 사람들이 있고, 활동생활을 좋아해서 철학을 하면서도 공화국의 행정과 인간사를 통솔하는 일에 철저히 종사했던 사람들이 있고, 연학하는 여가에 시간의 일부를 할애하고 필요한 공무에 시간의 일부를 할애하여 자기 생활의 시간을 번갈아 사용하면서 양편에 균형잡힌 입장을 취하던 사람들이 있었다. 이런 입장의 차이로 학파의 숫자는 세 배로 늘어나 무려 288개까지 도달할 수 있다.

1.3. 아카데미아 학파와 견유학파는 이 문제를 어떻게 생각하는가

이상은 내가 할 수 있는 범위에서 바로의 책에서 간결하고 명료하게 간추린 내용으로, 그의 사상을 내 말로 해설한 것이다. 바로가 다른 학파를 모조리 반박하면서 구舊아카데미아 학파로 자처하는 학파 하나만을 선정하고, 구아카데미아 학파야말로 의심은 물론 온갖 오류에서 벗어나 있다고 판단하기에 이른 과정을 전부 증명하자면 아주 긴 얘기가 된다. (본래 구아카데미아 학파는 플라톤에 의해 창설되었고 그의 뒤를 이어 제4대 인물로 아카데미아라는 이 학파를 장악한 폴레몬까지 거슬러올라간다.[20] 이 학파는 자기네 교설들이 확실하다고 주장하는 것처럼 보이기를 원했고, 그 점에서 신아카데미아 학파와 구분된다.

Academicis nouis, quibus incerta sunt omnia, quod philosophiae genus ab Arcesila coepit successore Polemonis), eamque sectam, id est ueterum Academicorum, sicut dubitatione ita omni errore carere arbitretur, longum est per omnia demonstrare; nec tamen omni ex parte res omittenda est. Remouet ergo prius illas omnes differentias, quae numerum multiplicauere sectarum, quas ideo remouendas putat, quia non in eis est finis boni. Neque enim existimat ullam philosophiae sectam esse dicendam, quae non eo distet a ceteris, quod diuersos habeat fines bonorum et malorum. Quando quidem nulla est homini causa philosophandi, nisi ut beatus sit; quod autem beatum facit, ipse est finis boni; nulla est igitur causa philosophandi, nisi finis boni: quam ob rem quae nullum boni finem sectatur, nulla philosophiae secta dicenda est. Cum ergo quaeritur de sociali uita, utrum sit tenenda sapienti, ut summum bonum, quo fit homo beatus, ita uelit et curet amici sui, quem ad modum suum, an suae tantummodo beatitudinis causa faciat quidquid facit: non de ipso summo bono quaestio est, sed de adsumendo uel non adsumendo socio ad huius participationem boni, non propter se ipsum, sed propter eundem socium, ut eius bono ita gaudeat, sicut gaudet suo. Item cum quaeritur de Academicis nouis, quibus incerta sunt omnia, utrum ita sint res habendae, in quibus philosophandum est, an, sicut aliis philosophis placuit, certas eas habere debeamus: non quaeritur quid in boni fine sectandum sit, sed de ipsius boni ueritate, quod sectandum uidetur, utrum sit necne dubitandum; hoc est, ut id planius eloquar, utrum ita sectandum sit, ut, qui sectatur, dicat esse uerum, an ita, ut, qui sectatur, dicat uerum sibi uideri, etiamsi forte sit falsum, tamen uterque sectetur unum atque idem bonum. In illa etiam differentia, quae adhibetur ex habitu et consuetudine Cynicorum, non

---

[21] Arcesilas [Archesilaus (BC 316~242)]: 8.12 참조. 키케로(*De finibus bonorum et malorum* 5.4.10; *De legibus* 1.13.39)는 이 인물에게서 중기(中期) 아카데미아의 발생을 보고 신(新)아카데미아는 Carneades (BC 214~129)에게서 시작하는 것으로 분류한다.

[22] nulla est causa philosophandi, nisi ut beatus sit: 스토아적 인생관으로는 사변적 관조를 넘어 전인의 완성 곧 행복에 철학함을 둔다.

[23] "행복", "철학함", "선의 목적"을 잇는 이 삼단논법은 아우구스티누스의 철학 명분을 잘 보여준다(4.23.1) 참조.

[24] 스토아 철학에서는 우애(友愛)가 큰 비중을 차지했고 키케로도 「우정론」(*De amicitia*)을 따로 집필할 정도였다.

후자에게는 만사가 불확실했기 때문이다. 이 철학 사조는 폴레몬의 후계자 아르케실라스[21]에 의해 시작되었다.) 이 시점에서 바로는 학파의 숫자를 배가시키는 저 모든 차이점들을 일단 제거한다. 해당 학파들 사이에는 선을 목적으로 추구한다는 점에서 개념상 차이를 보이지 않는다는 이유에서 그렇게 하는 것이다. 더구나 선과 악의 목적을 달리 설정한다는 점에서 다른 학파와 거리를 두는 것이 아니라면 굳이 일정한 철학 학파라는 명칭을 붙일 것도 아니라고 생각한다. 인간에게는 행복해지기 위한 것이 아니라면 굳이 철학을 할 이유가 전혀 없다.[22] 그런데 인간을 행복하게 만드는 그것이 곧 선의 목적이다. 따라서 선의 목적이 아니면 철학할 명분이 전혀 없는 것이다. 그러므로 선의 목적을 추구하지 않는 한 어떤 것도 철학의 학파라 불러서는 안 된다.[23] 그래서 사회생활에 관해 검토할 때, 현자가 사회생활을 견지해야 하느냐, 또 인간을 행복하게 만드는 최고선이 단지 자기의 최고선뿐 아니라 자기 친구의 최고선도 되며, 최고선만이 행복의 원인이 되기를 바라고 그렇게 되도록 보살펴 주어야 하느냐는 질문이 있다. 그럴 경우 최고선 자체가 문제가 되는 것이 아니라 이 최고선에 동료를 참여시키는 것을 받아들일 것이냐 말 것이냐가 문제되며, 그것도 자신을 위하는 것이 아니고 바로 그 동료를 위하는 것이며 자기의 선을 두고 즐거워하듯이 동료의 선을 두고 즐거워하는 경지가 문제가 된다.[24] 신아카데미아 학파를 두고 따질 적에도, 그들에게는 모든 것이 불확실하다니까 철학하는 대상이 되는 사물들이 정말 그렇게 불확실하다고 보아야 하는지, 그렇지 않으면 다른 철학자들이 좋아하는 주장대로, 철학하는 대상들이 확실하다고 보아야 하는지를 논하게 된다. 여기서도 선의 목적으로 무엇을 추구해야 하는지는 따지지 않고, 추구해야 할 것으로 보이는 그 선의 진실성에 대해 그것이 과연 확실한가 그렇지 않은가를 따진다. 즉, 좀더 평이하게 이야기하자면, 탐구하는 사람이 그것이 실제로 진실하다고 단언하는 입장에서 그것을 추구해야 하느냐, 그렇지 않고 설혹 허위더라도 자기에게는 진실한 것으로 보인다고 단언하면서 추구해야 하느냐를 따진다. 다만 양편 다 어떻든 단일하고 동일한 선을 추구하는 것만은 사실이라고 한다. 이런 차이점 속에서도 견유학파의 사고방식과 생활관

quaeritur, quisnam sit finis boni, sed utrum in illo habitu et consuetudine sit uiuendum ei, qui uerum sectatur bonum, quodlibet ei uerum uideatur esse atque sectandum. Denique fuerunt, qui cum diuersa sequerentur bona finalia, alii uirtutem, alii uoluptatem, eundem tamen habitum et consuetudinem tenebant, ex quo Cynici appellabantur. Ita illud quidquid est, unde philosophi Cynici discernuntur a ceteris, ad eligendum ac tenendum bonum, quo beati fierent, utique nil ualebat. Nam si aliquid ad hoc interesset, profecto idem habitus eundem finem sequi cogeret, et diuersus habitus eundem sequi finem non sineret.

2. In tribus quoque illis uitae generibus, uno scilicet non segniter, sed in contemplatione uel inquisitione ueritatis otioso, altero in gerendis rebus humanis negotioso, tertio ex utroque genere temperato, cum quaeritur quid horum sit potius eligendum, non finis boni habet controuersiam; sed quid horum trium difficultatem uel facilitatem adferat ad consequendum uel retinendum finem boni, id in ista quaestione uersatur. Finis enim boni, cum ad eum quisque peruenerit, protinus beatum facit; in otio autem litterato, uel in negotio publico, uel quando utrumque uicibus agitur, non continuo quisque beatus est. Multi quippe in quolibet horum trium possunt uiuere, et in appetendo boni fine, quo fit homo beatus, errare. Alia est igitur quaestio de finibus bonorum et malorum, quae unamquamque philosophorum sectam facit, et aliae sunt quaestiones de sociali uita, de cunc-

---

[25] 학파 이름의 연원은 14.20에서 거론했다.

[26] 키케로 이래로 서구철학은 세 가지 생활양식(vita contemplativa, activa, mixta) 전부를 존중하는 견해를 유지한다(Cicero, *De officiis* 3.1.1-4).

습으로는 무엇이 선의 목적이냐를 묻지 않고, 참다운 선을 추구하는 사람으로서 과연 그런 사고방식과 관습에 입각해서 살아야 하는지를 따진다. 본인에게 무엇이 진실하고 본인이 추구해야 할 것으로 보이는 것이 무엇이냐 하는 것은 상관없다. 마지막으로 어떤 사람들은 덕을 추구하고 어떤 사람들은 쾌락을 추구하는 등 다양한 궁극선을 좇아가면서도 동일한 사고방식과 생활관습을 견지하느냐의 여부를 따지는 사람들이 있다. 이런 점에서 저 사람들을 견유학파라고 불러 왔던 것이다.[25] 견유학파 철학자들이 여타의 철학자들과 구분되는 점이 무엇이든지, 사람을 행복하게 만드는 선을 선택하고 견지한다는 점에서는 아무런 차이가 없다. 여기서 만일 어떤 상관관계가 있었다면 동일한 생활관습이 동일한 목적을 추구한다고 강요했을 것이고, 상이한 생활관습을 갖고 있는데 동일한 목적을 추구한다는 말은 허용되지 않았을 것이다.

2. 바로는 학파가 아닌 의견만일 때는 모든 차이를 제거했고, 그리하여 최고선의 정의를 셋으로 나누었으며, 그가운데 하나만 선택해야 한다고 말했다

그러니까 저 세 가지 생활양식, 즉 하나는 태만한 것이 아니라 진리를 명상하고 탐구하는 가운데 여가를 즐기는 생활양식이고, 다른 하나는 인간사를 통솔하는 일에 투신하는 생활양식이며, 셋째는 두 양식에 다 종사하는 생활양식인데, 이가운데 어느 것을 선택해야 하느냐는 물음이 나올 경우 선의 목적은 이 문제를 시비하지 않는다.[26] 하지만 이 셋 가운데 어느 것이 선의 목적을 달성하거나 견지하는 데 곤란함이나 용이함을 초래하느냐고 묻는다면, 그 문제는 토론에 포함시켜 다루어진다. 왜냐하면 선의 목적은 누구든지 거기에 당도할 때 당장 그 사람을 행복하게 만들기 때문이다. 학문하는 여가에서든 공무에 종사하든 양편에 다 관여하든 사람이 즉시 행복해지는 것은 아니다. 다수 인간이 이 셋 중의 하나에 따라서 살 수는 있지만, 인간을 행복하게 만드는 선의 목적을 얻으려는 노력에서는 잘못하여 일을 그르칠 수 있다. 그러므로 선과 악의 목적에 관한 문제에 있어서는 철학자들의 학파를 따로 만들어내지 않으므로 선과 악의 목적을 논하는 문제와, 사회생활에 대해서, 아카데미아 학파의 회의론

tatione Academicorum, de uestitu et uictu Cynicorum, de tribus uitae generibus, otioso, actuoso, ex utroque modificato; quarum nulla est, in qua de bonorum et malorum finibus disputatur. Proinde quoniam Marcus Varro has quattuor adhibens differentias, id est ex uita sociali, ex Academicis nouis, ex Cynicis, ex isto uitae genere tripertito ad sectas ducentas octoginta octo peruenit, et si quae aliae possunt similiter adici: remotis eis omnibus, quoniam de sectando summo bono nullam inferunt quaestionem et ideo sectae nec sunt nec uocandae sunt, ad illas duodecim, in quibus quaeritur, quod sit bonum hominis, quo adsecuto fit beatus, ut ex eis unam ueram, ceteras falsas ostendat esse, reuertitur. Nam remoto illo tripertito genere uitae duae partes huius numeri detrahuntur et sectae nonaginta sex remanent. Remota uero differentia ex Cynicis addita ad dimidium rediguntur et quadraginta octo fiunt. Auferamus etiam quod ex Academicis nouis adhibitum est: rursus dimidia pars remanet, id est uiginti quattuor. De sociali quoque uita quod accesserat similiter auferatur: duodecim sunt reliquae, quas ista differentia, ut uiginti quattuor fierent, duplicauerat. De his ergo duodecim nihil dici potest, cur sectae non sint habendae. Nihil quippe aliud in eis quaeritur quam finis bonorum et malorum. Inuentis autem bonorum finibus profecto e contrario sunt malorum. Hae autem ut fiant duodecim sectae, illa quattuor triplicantur, uoluptas, quies, utrumque et prima naturae, quae primigenia Varro uocat. Haec quippe quattuor dum singillatim uirtuti aliquando subduntur, ut non propter se ipsa, sed propter officium uirtutis appetenda uideantur, aliquando praeferuntur, ut non propter se ipsa, sed propter haec adipiscenda uel conseruanda necessaria uirtus putetur, aliquando iunguntur, ut propter se ipsa et

---

[27] 바로가 무려 288개 학파를 분류하는 작업을 했지만, "선의 목적론"과 "행복론"을 통합하면서 12개 학파로 정리하고 결국 선과 덕의 관계를 중심으로 셋만 남기는 과정을 해설한다. 로마 지성인들을 상대로 하는 교부의 논술이다.

[28] 앞에서 prima naturae라고 한 용어가 primigena naturae로 겸용된다.

적 태도에 대해서, 견유학파의 복장과 음식에 대해서, 여가 있고 활동적이고 양편에 균형을 취하는 세 가지 생활양식에 대해 논하는 문제가 다르다. 후자들 중의 어떤 것도 선과 악의 목적 자체에 대해서는 논하지 않는다. 마르쿠스 바로는 저 네 가지 차이 곧 사회생활, 신아카데미아 학파, 견유학파 그리고 세 가지 생활양식에 입각해서 학파를 분류하다 보니 288개 학파에까지 도달했다. 비슷한 방식으로 다른 학파도 거기에 첨가할 수 있을 것이다. 그런데 바로는 최고선을 추구하는 데 있어서 아무런 문제를 별도로 제기하지 않으며, 따라서 최고선과 연관되지 않는 한 군이 별개의 학파로 분류할 필요가 없으며 그렇게 불러서도 안 된다면서 모든 학파를 삭제하고 저 열두 학파로 되돌아온다. 이 학파에서는 그것을 달성함으로써 인간이 행복해지는 인간의 선이 무엇인지를 논의하기 때문이다. 바로는 그가운데서도 하나만 참된 학파요 나머지는 거짓 학파임을 증명하려는 것이다. 우선 세 가지 생활양식에 관한 논의를 제거해 버리면 학파의 숫자는 3분의 2가 줄어 아흔여섯 개만 남는다. 이어서 견유학파에 의해 첨가된 차이를 제거하면 숫자는 반으로 줄어 마흔여덟이 된다. 그다음에는 신아카데미아 학파에 의해 야기된 차이를 제하면 다시 수는 반감되어 스물넷이 남는다. 끝으로 사회생활에 대해 첨가된 바를 똑같이 제외하면 열둘이 된다. 바로 이 열둘이 사회생활에 대한 입장의 차이로 배가되어 스물넷이 되었던 것이다.[27] 이 열두 학파에 대해서는 어찌어찌해서 학파로서 성립될 수 없다는 따위의 말은 전혀 하지 못한다. 거기서는 선과 악의 목적 외에 아무것도 탐구하지 않기 때문이다. 거기서는 그야말로 선의 목적이 무엇인지가 밝혀지면 그와 상반되는 것이 악의 목적이 된다. 이 학파가 열둘이 되려면, 저 네 가지 곧 쾌락, 평안, 양자, 그리고 본성의 일차적 필요(바로는 원초적 필요라고 했다[28])가 세 곱이 될 때 가능하다. 다시 말해 이 네 가지 쾌락이 때로는 덕에 귀속되는데, 이 경우는 쾌락을 그 자체로 추구하는 것이 아니고 덕에 봉사하는 것으로서 추구해야 할 것이다. 때로는 네 가지 쾌락이 덕에 우선하는데, 이 경우에는 덕이 그 자체로 추구되는 것이 아니라 쾌락을 획득하고 보존하는 데 필요한 것처럼 생각된다. 때로는 그 둘이 병행하는데, 이 경우는 덕이든 쾌락이든 그

uirtus et ista appetenda credantur, quaternarium numerum triplum reddunt et ad duodecim sectas perueniunt. Ex illis autem quattuor rebus Varro tres tollit, uoluptatem scilicet et quietem et utrumque; non quod eas inprobet, sed quod primigenia illa naturae et uoluptatem in se habeant et quietem. Quid ergo opus est ex his duabus tria quaedam facere, duo scilicet, cum singillatim appetuntur uoluptas aut quies, et tertium, cum ambae simul, quando quidem prima naturae et ipsas et praeter ipsas alia multa contineant? De tribus ergo sectis ei placet diligenter esse tractandum, quaenam sit potius eligenda. Non enim ueram plus quam unam uera ratio esse permittit, siue in his tribus sit siue alicubi alibi, quod post uidebimus. Interim de his tribus quo modo unam Varro eligat, quantum breuiter aperteque possumus, disseramus. Istae nempe tres sectae ita fiunt, cum uel prima naturae propter uirtutem, uel uirtus propter prima naturae, uel utraque, id est et uirtus et prima naturae, propter se ipsa sunt expetenda.

3. Quid ergo istorum trium sit uerum atque sectandum, isto modo persuadere conatur. Primum, quia summum bonum in philosophia non arboris, non pecoris, non Dei, sed hominis quaeritur, quid sit ipse homo, quaerendum putat. Sentit quippe in eius natura duo esse quaedam, corpus et animam, et horum quidem duorum melius esse animam longeque praesta-

---

[29] 아우구스티누스의 인간 규정은 "영육합일체"라는 점에서 신플라톤주의보다는 아리스토텔레스에 가깝다는 점이 다시 확인된다(*De beata vita* 2.7; 본서 9.13.3).

자체로 추구되어야 할 것으로 믿는다. 이 넷이라는 숫자를 셋으로 곱하여 열둘이 되고 열두 학파에 이르는 것이다. 그런데 앞의 넷에서 바로는 셋을, 곧 쾌락, 평안 그리고 양자兩者를 배제해 버린다. 그것들을 부정하기 때문이 아니라 자연본성의 일차적 필요가 쾌락과 평안을 자체 안에 내포한다는 이유에서 그렇게 한 것이다. 자연본성의 일차적 필요는 쾌락과 평안을 내포할 뿐 아니라 다른 많은 것도 내포하는데 굳이 쾌락과 평안 둘을 꼽고 그 둘에서 양자를 합하여 다시 셋을 만들 필요가 있겠는가? 쾌락과 평안은 각기 나름대로 추구되고 있고, 그 둘로 제3의 것, 곧 양자가 만들어지는데. 그리하여 바로는 덕과 선의 관계를 논하는 이 세 학파에 관해서만 진지하게 논의하기를 좋아하고, 그가운데 어느 것이 우선적으로 선택되어야 할지를 토론한다. 진실한 이치가 존재한다면, 이 셋 가운데서든 또 우리가 후에 살펴보겠지만, 다른 곳에 다른 경우들이 더 있든 상관없이 진리는 하나 이상 허용되지 않는 법이다. 이 세 학파 가운데 바로가 어떻게 해서 하나를 선정하는지 가능한 대로 짤막하고 명료하게 설명하도록 하겠다. 이 세 학파가 성립하는 것은 다음과 같다. 즉, 자연본성의 일차적 필요가 덕행을 위한 것인가, 덕행이 자연본성의 일차적 필요를 위한 것인가, 그렇지 않으면 양자 곧 덕성과 자연본성의 일차적 필요가 제각기 자체로서 요망되는가에 따라서 성립한다.

3. 최고선을 논하는 세 학파는 최고선을 선택하기보다 따지기에 몰두했는데, 바로는 안티오쿠스를 내세워 구아카데미아 학파의 사상을 따르면서 어느 학파를 따를 것인지 결정했다
  3. 1. 바로는 자연본성의 일차적 필요와 덕성을 그 자체로 추구한다
바로는 뒤이어 위의 셋 가운데 어느 것이 참이고 또 추구해야 할 것인지에 대해 확신을 심어주려 애쓴다. 첫째로, 철학에서는 최고선을 찾되 나무의 최고선이나 짐승의 최고선이나 하느님의 최고선이 아니라 인간의 최고선을 찾기 때문이다. 그래서 인간이 과연 어떤 존재인가에 대한 질문을 먼저 던져야 한다고 생각한다. 인간의 본성에는 두 가지가 있는데 육체와 영혼이 그것이라 한다.[29]

bilius omnino non dubitat, sed utrum anima sola sit homo, ut ita sit ei corpus tamquam equus equiti (eques enim non homo et equus, sed solus homo est; ideo tamen eques dicitur, quod aliquo modo se habet ad equum), an corpus solum sit homo, aliquo modo se habens ad animam, sicut poculum ad potionem (non enim calix et potio, quam continet calix, simul dicitur poculum, sed calix solus; ideo tamen quod potioni continendae sit adcommodatus), an uero nec anima sola nec solum corpus, sed simul utrumque sit homo, cuius sit pars una siue anima siue corpus, ille autem totus ex utroque constet, ut homo sit (sicut duos equos iunctos bigas uocamus, quorum siue dexter siue sinister pars est bigarum, unum uero eorum, quoquo modo se habeat ad alterum, bigas non dicimus, sed ambo simul). Horum autem trium hoc elegit tertium hominemque nec animam solam nec solum corpus, sed animam simul et corpus esse arbitratur. Proinde summum bonum hominis, quo fit beatus, ex utriusque rei bonis constare dicit, et animae scilicet et corporis. Ac per hoc prima illa naturae propter se ipsa existimat expetenda ipsamque uirtutem, quam doctrina inserit uelut artem uiuendi, quae in animae bonis est excellentissimum bonum. Quapropter eadem uirtus, id est ars agendae uitae, cum acceperit prima naturae, quae sine illa erant, sed tamen erant etiam quando eis doctrina adhuc deerat, omnia propter se ipsa appetit simulque etiam se ipsam, omnibusque simul et se ipsa utitur, eo fine, ut omnibus delectetur atque perfruatur, magis minusque, ut quaeque inter se maiora atque minora sunt, tamen omnibus gaudens et quaedam minora, si necessitas postulat, propter maiora uel adipiscenda uel tenenda contemnens. Omnium autem bono-

---

[30] eques(기수)와 equus(기마) 두 단어의 유사성을 두고서 하는 말이다.

[31] poculum et potio: 그러나 "술잔"은 "술이 든 잔"을 가리키는 경우가 많으므로, eques("말탄 사람")의 직유와 함께 이해할 것이다.

[32] bigae, arum f.pl.: 주로 쌍두마차(雙頭馬車)를 가리키지만, 말 두 필을 한데 묶어 놓은 경우(예컨대 쟁기를 끌 때)도 이 단어로 표기했으므로 교부의 의중을 전제로 "쌍두마"(雙頭馬)라고 옮겨본다. 이 비유는 플라톤의 유비를 연상시킨다(Phaedrus 246).

[33] virtus, quam doctrina inserit velut artem vivendi: 덕을 "삶의 예술"(조금 아래에 virtus, id est ars agendae vitae: "삶을 영위하는 예술")로 보는 정의다.

이 둘 가운데 영혼이 더 훌륭하고 더 탁월하다는 점에 대해서는 전혀 의심하지 않는다. 하지만 그는 영혼만으로도 사람이냐, 육체는 마치 기수騎手의 기마와 같은 것이냐(기수는 사람과 말이 아니고 사람일 뿐이다. 그래도 기수라고 부르는 것은 어떻게든 말과 연관되기 때문이다)[30]는 질문을 던진다. 또 육체만으로도 사람이냐, 영혼과의 관계는 마치 잔盞과 음료가 갖는 관계에 불과하냐는 질문을 제기하기도 한다. (잔과 잔 속에 든 음료를 한꺼번에 잔이라고 부르지 않고 어디까지나 그릇만을 잔이라고 한다. 잔이라는 것은 음료를 담기에 알맞게 만들어졌다.)[31] 그렇지 않고 육체만도 사람이 아니고 영혼만도 사람이 아니고 둘다 동시에 사람이냐, 따라서 영혼도 육체도 어디까지나 사람의 부분이냐는 물음도 내놓는다. 전체가 그 양자로 구성되어 있어 사람이 되느냐는 것이다. (두 경주마를 한데 묶은 것을 쌍두마라고 하며 오른쪽 말이든 왼쪽 말이든 쌍두마의 부분일 따름이고 한 말이 다른 말과 어떤 관련을 갖던 그 한 마리를 쌍두마라고 하지 않고 둘다 합쳐서 쌍두마라고 하는 법이다.)[32] 이 세 가지 해설 가운데 바로는 셋째 것을 선택하고, 인간이란 영혼만도 아니고 육체만도 아니고 영혼이자 동시에 육체라고 판단한다. 그러므로 인간을 행복하게 만드는 최고선은 두 가지 사물의 선善들로 구성된다. 말하자면 영혼의 선과 육체의 선으로 구성된다. 바로 그래서 자연본성의 저 일차적 필요는 그 자체로 추구되어 마땅하다는 것이 그의 생각이며, 교육이 삶의 예술처럼 넣어주는 덕성[33]이야말로 영혼의 선들 가운데 가장 탁월한 선이라고 생각한다. 이리하여 바로 그 덕성, 다시 말해 삶을 영위하는 예술이 자연본성의 일차적 필요를 받아들였을 경우(그 필요는 덕성이 없이도 존재했고 아직 교육이 없을 적에도 존재했다), 덕은 그런 필요들을 욕구하되 필요 자체를 두고 모두 욕구해야 하고 그러면서도 동시에 덕 자체를 욕구하는 것이 마땅하다. 그런 가운데 덕은 모든 것을 이용하고 또한 덕 자체를 이용한다. 모든 것을 즐기고 향유할 목적으로 그렇게 하지만 그런 사물들이 서로 크고 작음에 따라 그에 대한 향유도 더 크거나 더 작거나 한다. 하여간 덕은 그 모든 사물을 두고 즐기되, 필요할 경우에는 더 큰 것을 획득하거나 보전한다는 뜻에서 더 작은 것들을 멸시하기도 한다. 다만 정

rum uel animi uel corporis nihil sibi uirtus omnino praeponit. Haec enim bene utitur et se ipsa et ceteris, quae hominem faciunt beatum, bonis. Vbi uero ipsa non est, quamlibet multa sint bona, non bono eius sunt, cuius sunt, ac per hoc nec eius bona dicenda sunt, cui male utenti utilia esse non possunt. Haec ergo uita hominis, quae uirtute et aliis animi et corporis bonis, sine quibus uirtus esse non potest, fruitur, beata esse dicitur; si uero et aliis, sine quibus esse uirtus potest, uel ullis uel pluribus, beatior; si autem prorsus omnibus, ut nullum omnino bonum desit uel animi uel corporis, beatissima. Non enim hoc est uita, quod uirtus, quoniam non omnis uita, sed sapiens uita uirtus est; et tamen qualiscumque uita sine ulla uirtute potest esse; uirtus uero sine ulla uita non potest esse. Hoc et de memoria dixerim atque ratione, et si quid tale aliud est in homine. Sunt enim haec et ante doctrinam, sine his autem non potest esse ulla doctrina, ac per hoc nec uirtus, quae utique discitur. Bene autem currere, pulchrum esse corpore, uiribus ingentibus praeualere et cetera huius modi talia sunt, ut et uirtus sine his esse possit et ipsa sine uirtute; bona sunt tamen, et secundum istos etiam ipsa propter se ipsa diligit uirtus, utiturque illis et fruitur, sicut uirtutem decet.

    Hanc uitam beatam etiam socialem perhibent esse, quae amicorum bona propter se ipsa diligat sicut sua eisque propter ipsos hoc uelit quod sibi; siue in domo sint, sicut coniux et liberi et quicumque domestici, siue in loco, ubi domus est eius, sicuti est urbs, ut sunt hi qui ciues uocantur, siue

---

[34] "선"(bonum)과 "유익"(utile)은 가치론상 차이가 난다.

[35] 인간의 전인성(全人性)을 염두에 둔 바로의 실재론에 교부는 공감을 표하고 있다. Cf. Plato, *Protagoras* 357b - 361b; *Meno* 87d - 89c; Cicero, *Academia prior* 2.44.135.

[36] Cf. Cicero, *De finibus bonorum et malorum* 5.23.65.

신의 선이든 육체의 선이든 그 모든 선 가운데 어떤 것도 덕 자체에 앞서지는 않는다. 이런 덕이라야 덕 자체도 선용할 수 있고 인간을 행복하게 만드는 그 밖의 다른 선들도 선용할 수 있다. 그 대신 덕 자체가 빠지면, 아무리 많은 선이 있더라도 본인의 선이면서 본인에게 선이 되지 않는다. 그러니 본인의 선이라고 부를 수도 없다. 더구나 그것들을 악하게 사용하는 본인에게는 유익하지도 않다.[34] 다음과 같은 경우, 즉 덕 자체를 향유하고 아울러 정신과 육체의 다른 선들을 향유할 때, 만약 그런 선들이 없어 덕이 존재하지 못할 경우라면, 인간의 삶 자체가 행복하다고 얘기할 만하다. 인간이 어떤 사물들을 향유하되, 그런 사물이 없어도 덕이 존재할 수 있음에도, 그런 사물들을 일부 향유하거나 아주 많이 향유할 수 있다면 삶은 더욱 행복하다고 할 만하다. 나아가서 모든 선을 향유하고 정신의 선이든 육체의 선이든 그 어떤 선도 결핍되어 있지 않다면 삶은 더할 나위 없이 행복하다고 하겠다. 삶이라는 것과 덕이라는 것이 똑같지는 않다. 모든 삶이 다 덕스러운 것은 아니며, 지혜로운 삶만이 덕이다. 아무런 덕이 없어도 삶은 어떻게든 영위할 수 있다. 하지만 덕은 삶 없이 존재하지 못한다. 여기서 나는 기억이나 이성이나 그밖에 인간에게 있는 다른 기능을 아무것이나 언급할 수 있겠다. 이런 기능들은 교육 이전에도 존재하고 있지만 이런 기능들이 없다면 교육은 도저히 성립하지 못한다. 마찬가지로 이런 기능들이 없으면 덕도 성립하지 못한다. 덕성 또한 교육되는 까닭이다. 달리기를 잘하거나 몸매가 아름답거나 근력이 매우 뛰어나거나 그밖에 이와 비슷한 것들이 없어도 덕은 존재할 수 있고, 저것들도 덕 없이 존재할 수 있다. 하지만 저것들도 선이며, 이 철학자들의 말에 의하면, 저것들도 덕에 어울리는 무엇으로서 덕이 나름대로 추구하고 이용하고 향유할 만하다.[35]

3.2. 선과 악의 목적은 사회생활을 지향한다

철학자들은 이 행복한 삶이 또한 사회적인 것이라고 주장한다. 친우들의 선을 그 자체로 사랑하고 자기의 선처럼 사랑하며, 자기에게 바라는 그대로 친구들에게도 그런 선들을 그 자체로 바란다고 한다.[36] 가정에서는 배우자와 자녀와 모든 식구가 친우들이다. 도회지처럼 자기 집이 있는 곳에서는 시민이라고 부

in orbe toto, ut sunt gentes quas ei societas humana coniungit, siue in ipso mundo, qui censetur nomine caeli et terrae, sicut esse dicunt deos, quos uolunt amicos esse homini sapienti, quos nos familiarius angelos dicimus. De bonorum autem et e contrario malorum finibus negant ullo modo esse dubitandum et hanc inter se et nouos Academicos adfirmant esse distantiam, nec eorum interest quicquam, siue Cynico siue alio quolibet habitu et uictu in his finibus, quos ueros putant, quisque philosophetur. Ex tribus porro illis uitae generibus, otioso, actuoso et quod ex utroque compositum est, hoc tertium sibi placere adseuerant. Haec sensisse atque docuisse Academicos ueteres Varro adserit, auctore Antiocho, magistro Ciceronis et suo, quem sane Cicero in pluribus fuisse Stoicum quam ueterem Academicum uult uideri. Sed quid ad nos, qui potius de rebus ipsis iudicare debemus, quam pro magno de hominibus quid quisque senserit scire?

4. Si ergo quaeratur a nobis, quid ciuitas Dei de his singulis interrogata respondeat ac primum de finibus bonorum malorumque quid sentiat: respondebit aeternam uitam esse summum bonum, aeternam uero mortem summum malum; propter illam proinde adipiscendam istamque uitandam recte nobis esse uiuendum. Propter quod scriptum est: *Iustus ex fide uiuit*; quoniam neque bonum nostrum iam uidemus, unde oportet ut credendo

---

[37] Antiochus Ascaloniensis (BC 68/7): Larissa의 Philo (BC 159/8~86/5)의 제자로서 BC 88년경 로마에 와서 철학을 가르쳤으며 루쿨루스, 바로와 키케로를 문하에 두었다. 그는 아르케실라스와 카르네아데스의 신아카데미아 회의론을 거부하고 진리의 확실성을 믿는 교조주의를 택했다. Cf. Cicero, *Academia posterior* 1.8.30 - 9.35; *De finibus bonorum et malorum* 3.19.62 - 20.67 등.

[38] Cf. Cicero, *Academia posterior* 2.21.67.

[39] 로마 1,17(하바 2,4). 본서 4.20에 인용.

르는 사람들이 친우들이다. 이 세상에서는 인간사회라는 명목으로 자기와 결부되는 민족들이 또한 친우들이다. 하늘과 땅을 한데 일컬어 상정하는 세계에서는 신들이 그러하니, 지혜로운 사람에게는 신들이 친우가 되기를 바라며 우리는 그 신들을 좀더 친숙한 뜻으로 천사라고 부른다. 여하튼 이런 철학자들은 선의 목적, 또 그 반대로 악의 목적을 논하면서 서로 어떤 의혹을 전제해야 한다는 사실을 부정한다. 그들이 하는 주장대로라면, 이 점에서 자기들과 신아카데미아 학파 사이에 차이가 생긴다는 것이다. 철학에 종사하는 사람이라면 견유학파나 다른 어떤 학파의 복장과 식사를 채택하느냐 하지 않느냐는, 선의 참다운 목적이 무엇이라고 생각하느냐는 것과는 아무런 상관이 없다. 앞서 말한 세 가지 생활양식, 곧 여가적·활동적, 그리고 양자로 혼합된 생활양식 가운데 셋째가 자기들 마음에 든다고 주장했다. 바로가 하는 말에 의하면 구아카데미아 학파가 이런 식으로 생각하고 가르쳤다고 한다. 바로는 키케로의 스승이요 자기 스승인 안티오쿠스[37]의 말을 빌려 이 말을 했고, 키케로는 그 인물을 여러 가지 면에서 구아카데미아 학파라기보다는 차라리 스토아 학파로 보려고 한다.[38] 그러나 그것이 우리와 무슨 상관인가? 우리는 사람들을 놓고 그 한 사람 한 사람이 무슨 생각을 했는지 알아내는 일을 대단한 것으로 여기지 않으며, 그보다는 문제 자체를 두고 판단을 내리지 않으면 안 된다.

4. 최고선과 최고악: 최고선은 그 자체로 존재한다고 말한 철학자들과 달리 그리스도인들은 어떻게 생각하는가
　4.1. 신앙에 비추어볼 때 선의 목적은 하느님께 있다
하느님의 도성이 이런 개별적 물음에 뭐라고 대답하겠느냐는 질문이 우리에게 던져진다고 하자. 또 선과 악의 목적에 관해 무슨 생각을 갖고 있느냐고 묻는다고 하자. 그러면 우리는 영원한 생명이야말로 최고선이요 영원한 죽음이야말로 최고악이라고 답변하리라. 전자를 획득하고 후자를 회피하려면 우리는 올바르게 살아야 한다. 그래서 "믿음으로 의로운 이라야 살 것입니다"[39]고 기록되어 있다. 왜냐하면 우리의 선을 아직 눈으로 보지 못하므로 그것을 믿고서 찾는

quaeramus, neque ipsum recte uiuere nobis ex nobis est, nisi credentes adiuuet et orantes qui et ipsam fidem dedit, qua nos ab illo adiuuandos esse credamus. Illi autem, qui in ista uita fines bonorum et malorum esse putauerunt, siue in corpore siue in animo siue in utroque ponentes summum bonum, atque, ut id explicatius eloquar, siue in uoluptate siue in uirtute siue in utraque, siue in quiete siue in uirtute siue in utraque, siue in uoluptate simul et quiete siue in uirtute siue in utrisque, siue in primis naturae siue in uirtute siue in utrisque, hic beati esse et a se ipsis beatificari mira uanitate uoluerunt. Inrisit hos Veritas per prophetam dicentem: *Dominus nouit cogitationes hominum* uel, sicut hoc testimonium posuit apostolus Paulus: *Dominus nouit cogitationes sapientium, quoniam uanae sunt.*

Quis enim sufficit quantouis eloquentiae flumine uitae huius miserias explicare? Quam lamentatus est Cicero in consolatione de morte filiae, sicut potuit; sed quantum est quod potuit? Ea quippe, quae dicuntur prima naturae, quando, ubi, quo modo tam bene se habere in hac uita possunt, ut non sub incertis casibus fluctuent? Quis enim dolor contrarius uoluptati, quae inquietudo contraria quieti in corpus cadere sapientis non potest? Membrorum certe amputatio uel debilitas hominis expugnat incolumitatem, deformitas pulchritudinem, inbecillitas sanitatem, uires lassitudo, mobilitatem torpor aut tarditas; et quid horum est, quod nequeat in carnem sapientis inruere? Status quoque corporis atque motus, cum decentes

---

[40] credentes adiuvet et orantes qui et ipsam fidem dedit, qua nos ab illo adiuvandos esse: 믿고 기도하고 은총의 필요성을 절감하는 일 역시 믿음을 준 분의 은총이라는 명제는 펠라기우스 논쟁에서 핵심이 된다.

[41] 진리의 관조에 인생목적을 둔 아리스토텔레스(*Ethica Nicomachea* 1152b; 1153b), 행복과 덕을 결합시킨 플라톤(*Gorgias* 508b; *Symposium* 202c), 심지어 플로티누스(*Enneades* 1.4.3; 1.5.2)까지도 현세행복 혹은 자력구원 사상에서 그치고 말았다는 것이 교부의 안타까움이다.

[42] 시편 93[94],11. "그들은 입김일 따름임을"이라는 구절이 따라나온다.

[43] 1고린 3,20.

[44] *Consolatio de morte filiae* (일명 *De luctu minuendo*). 유실되고 남아있지 않으나 *Epistuae ad Atticum* (1.8.3; 10.18.1; 12.18.1)에도 딸에 대한 절절한 애정(Tulliola, *deliciae meae*)과 추억을 담았다.

길밖에 없기 때문이다. 더구나 우리는 우리 힘으로는 올바르게 살지 못한다. 우리가 믿고 또 기도할 때 믿음을 준 바로 그분이 도와주지 않으면 올바르게 살 수 없다. 또 우리가 그분에게서 도움을 받아야 한다는 사실을 믿기에 이르는 것도 그분이 준 그 믿음에 입각해서다.[40] 그렇지만 철학자들은 선과 악의 목적이 현세생활에 있다고 생각한다. 그래서 최고선을 육체에 두거나 정신에 두거나 양편에 두거나 한다. 좀더 노골적으로 말하자면 최고선을 쾌락에 두거나 덕성에 두거나 양자에 두거나 한다. 다시 말해 평안에 두거나 덕행에 두거나 양자에 두거나 한다. 쾌락과 평안에 동시에 두기도 하고 덕에 두기도 하고 그 양편에 두기도 한다. 자연본성의 일차적 필요에 두기도 하고 덕성에 두기도 하고 양자에 두기도 한다. 기이한 허영심을 품고서 그들은 이승에서 행복해지고 싶어하고 스스로의 힘으로 행복해지고 싶어한다.[41] 진리 자체인 분이 그들을 비웃으면서 예언자를 시켜 말씀한 바가 있다: "주님께서는 알고 계시도다, 사람들의 생각을."[42] 사도 바울로가 이를 방증하여 한 말도 있다: "주님은 지혜로운 자들의 생각을, 그것이 허황된 것임을 아신다."[43]

4.2. 자연본성의 일차적 필요도 이성에 귀속하는 경우가 종종 있다

제아무리 언변이 유창하더라도 현세생활의 비참함을 일일이 열거하기에 충분한 언변을 지녔다고 할 수 있을까? 키케로도 「딸의 죽음에 관한 위안」[44]에서 자신의 문학적 기량을 다 바쳐 인생의 비참함을 얼마나 절절히 탄식했던가? 하지만 그가 발휘할 수 있었던 기량이 과연 무슨 쓸모가 있었던가? 자연본성의 일차적 필요라는 것이 도대체 언제, 어디서, 어떻게 갖추어져야 제대로 갖추어졌다고 할 것이며, 얼마를 갖추어야 현세에서 불확실한 우연으로 흔들리지 않을 만큼이라고 할 것인가? 쾌락에 상반되는 어떤 고통, 평안에 상반되는 어떤 불안이 있어 현자라고 해서 그의 육체에는 닥치지 않을 수 있다는 말인가? 지체의 손상이나 쇠약은 인간의 안전을 감소시키고 기형은 인간의 아름다움을 손상하며 병약함은 인간의 건전함을 손상하고 나태함은 근력을 손상하고 권태나 둔감은 민첩함을 손상한다. 그런데 이가운데 현자의 신체라고 해서 침범하지 못하는 것이 뭐가 있겠는가? 신체의 자세나 동작이 우아하고 제격이기만 하다면 자연본성의 일

et congruentes sunt, inter naturae prima numerantur; sed quid si aliqua mala ualetudo membra tremore concutiat? Quid si usque ad ponendas in terra manus dorsi spina curuetur et hominem quodam modo quadrupedem faciat? Nonne omnem statuendi corporis et mouendi speciem decusque peruertet? Quid ipsius animi primigenia quae appellantur bona, ubi duo prima ponunt propter conprehensionem perceptionemque ueritatis sensum et intellectum? Sed qualis quantusque remanet sensus, si, ut alia taceam, fiat homo surdus et caecus? Ratio uero et intellegentia quo recedet, ubi sopietur, si aliquo morbo efficiatur insanus? Phrenetici multa absurda cum dicunt uel faciunt, plerumque a bono suo proposito et moribus aliena, immo suo bono proposito moribusque contraria, siue illa cogitemus siue uideamus, si digne consideremus, lacrimas tenere uix possumus aut forte nec possumus. Quid dicam de his, qui daemonum patiuntur incursus? Vbi habent absconditam uel obrutam intellegentiam suam, quando secundum suam uoluntatem et anima eorum et corpore malignus utitur spiritus? Et quis confidit hoc malum in hac uita euenire non posse sapienti? Deinde perceptio ueritatis in hac carne qualis aut quanta est, quando, sicut legimus in ueraci libro sapientiae, *corpus corruptibile adgrauat animam et deprimit terrena inhabitatio sensum multa cogitantem?* Impetus porro uel appetitus actionis, si hoc modo recte Latine appellatur ea, quam Graeci uocant ὁρμήν, quia et ipsam primis naturae deputant bonis, nonne ipse est, quo geruntur etiam insanorum illi miserabiles motus et facta, quae horremus, quando peruertitur sensus ratioque sopitur?

Porro ipsa uirtus, quae non est inter prima naturae, quoniam eis postea doctrina introducente superuenit, cum sibi bonorum culmen uindicet

---

[45] 지혜 9,15.

[46] appetitus actionis: cf. Cicero, *De finibus bonorum et malorum* 5.6.17.

[47] 인간의 본성적 충동이 선하고 바르게만 사용된다면 덕성과 인간 완성의 저력이 된다는 아우구스티누스의 관념은 감관을 함부로 단죄하던 스토아 학파와 에피쿠루스 학파의 견해를 반박하는 셈이다. Cf. Epicurus, *Epistula ad Menoeceum* 130-132; Diogenes Laertius, *Vitae philosophorum* 7.89.127; Lucretius, *De rerum natura* 2.17.

[48] doctrina introducente supervenit: 덕이 선천적이 아니고 닦아야 하는 것임은 철학자들이 공감하던 관념이었다.

차적 필요에 산입된다. 하지만 어떤 사람이 건강이 안 좋아 사지를 떨게 된다면 어찌 되는가? 어떤 이의 등이 너무 굽어서 손으로 땅을 짚어야 할 정도에 이르러 사람을 마치 네 발로 기는 짐승처럼 만들어 버리는 경우는 어찌 되는가? 그것이 신체의 자세나 동작의 형태와 우아함을 완전히 뒤바꿔 놓지 않던가? 그렇다면 정신의 원초적 필요, 일명 선善이라고 일컫는 이 필요들은 어떤가? 진리를 포착하고 파악하는 일 때문에 감관과 오성 이 둘을 일차적인 것으로 제시하지 않던가? 다른 것은 빼고서라도 인간이 귀머거리나 장님이 되고 나면 그 감관이 어느 수준에서 어느 정도까지 남던가? 인간이 실신하거나 어떤 질병으로 미치게 되면 이성이니 오성이니 하는 것이 어디까지 떨어지던가? 정신병자들의 말이나 행동에는 이치에 안 맞는 경우가 매우 많다. 그리고 그런 언행의 대부분은 본인의 선한 의도나 행동거지와는 무관한 것들이다. 심지어 본인의 선한 의도와 행동에 상반되기도 한다. 그래서 우리도 그런 모습을 보거나 생각할 경우, 그들의 처지를 제대로 살펴본다면 눈물을 억제하기가 쉽지 않거나 아예 불가능하지 않던가? 악령들의 공격을 당하는 사람들에 대해서는 뭐라고 할 것인가? 악령이 제멋대로 당사자의 영혼과 신체를 이용하는 지경에서 당사자는 자기 오성을 어디에 숨겨두거나 파묻어두었다는 말인가? 현세에서 이런 해악이 현자에게는 닥치지 않으리라고 누가 장담하겠는가? 설령 이 육신에서 진리를 파악한다고 하더라도 과연 어떤 진리를 얼마나 파악할 수 있다는 말인가? 지혜서라는 진리의 서책에서 우리가 읽듯이 "썩어 없어질 육체는 영혼을 내리누르고 지상의 거처는 온갖 생각을 일으키어 마음을 무겁게 만든다"[45]라고 하지 않던가? 행동하려는 충동이나 욕구(그리스인들이 호르메라고 일컫는 바를 제대로 옮긴다면 라틴어로 이렇게 말할 수밖에 없다)[46]가 자연본성의 일차적 필요 가운데 하나임은 분명하지만, 감관이 뒤틀리고 이성이 마비되고 나면, 우리가 혐오하는 미친 사람들의 저 가련한 동작과 행동이 나오는 곳도 바로 이 충동이 아니던가?[47]

4.3. 목적을 향하는 충동과 절제의 덕은 어떻게 상충하는가

그런데 덕이란 자연본성의 일차적 필요들 중에는 들어있지 않고 후차적으로 교육이 도입됨으로써 거기에 덧씌워지며,[48] 그러면서도 인간적 선 가운데 절정을

humanorum, quid hic agit nisi perpetua bella cum uitiis, nec exterioribus, sed interioribus, nec alienis, sed plane nostris et propriis, maxime illa, quae Graece σωφροσύνη, Latine temperantia nominatur, qua carnales frenantur libidines, ne in quaeque flagitia mentem consentientem trahant? Neque enim nullum est uitium, cum, sicut dicit apostolus, *caro concupiscit aduersus spiritum*; cui uitio contraria uirtus est, cum, sicut idem dicit, *spiritus concupiscit aduersus carnem. Haec enim,* inquit, *inuicem aduersantur, ut non ea quae uultis faciatis.* Quid autem facere uolumus, cum perfici uolumus fine summi boni, nisi ut caro aduersus spiritum non concupiscat, nec sit in nobis hoc uitium, contra quod spiritus concupiscat? Quod in hac uita, quamuis uelimus, quoniam facere non ualemus, id saltem in adiutorio Dei facimus, ne carni concupiscenti aduersus spiritum spiritu succumbente cedamus et ad perpetrandum peccatum nostra consensione pertrahamur. Absit ergo ut, quamdiu in hoc bello intestino sumus, iam nos beatitudinem, ad quam uincendo uolumus peruenire, adeptos esse credamus. Et quis est usque adeo sapiens, ut contra libidines nullum habeat omnino conflictum?

Quid illa uirtus, quae prudentia dicitur, nonne tota uigilantia sua bona discernit a malis, ut in illis appetendis istisque uitandis nullus error obrepat, ac per hoc et ipsa nos in malis uel mala in nobis esse testatur? Ipsa enim docet malum esse ad peccandum consentire bonumque esse ad peccandum non consentire libidini. Illud tamen malum, cui nos non consentire docet prudentia, facit temperantia, nec prudentia nec temperantia tollit huic uitae. Quid iustitia, cuius munus est sua cuique tribuere (unde fit in

---

[49] 이하에 고대 철학자들(예: Plato, *Respublica* 427d; Aristoteles, *Ethica Nicomachea* 1102a)의 사추덕(四樞德)을 하나씩 재론하면서(본서 5.19-20 참조), 교부는 충동과 욕정을 지배하고 선과 악을 판단하는 일은 인간적 노력으로는 부족하므로 덕은 종교적 차원으로 승화하고 영원한 생명이라는 궁극선을 지향하는 것이어야 함을 역설한다

[50] 키케로(*Tusculanae disputationes* 3.8.16)는 frugalitas(健實)라고 번역하자는 제안을 내놓고 이 덕에 정반대되는 악덕은 nequitia(邪惡)라고 규정한다.

[51] 갈라 5,17. [200주년: "육은 영을 거슬러 욕정을 일으키고 영은 육을 거슬러 일어납니다. 둘은 상극이라 여러분이 스스로 원하는 것을 행하지 못하게 합니다."]

이룬다. 이승에서 덕이 하는 역할은 악덕들과의 영구적 전쟁 외에 무엇이겠는가? 그것도 외적 악덕이 아니라 내적 악덕과 벌이는 전쟁이며 남의 악덕이 아니라 분명히 우리 자신의 고유한 악덕과 벌이는 전쟁이다.[49] 그가운데서도 그리스어로 소프로쉬네라 하고 라틴어로는 템페란시아라고 하는[50] 절제는 육체적 정욕들을 제어함으로써, 정욕이 지성을 끌어당겨 아무 추행에나 동의하게 만드는 짓을 막는다. 사도가 "육은 영을 거슬러 탐한다"고 하는 말대로 악덕이라는 것은 없을 수가 없다. 그런 악덕에 대해 덕성은 정반대되는 것으로서 같은 사도가 하는 말이 있다: "육은 영을 거슬러 탐하고 영은 육을 거슬러 탐합니다. 이들은 서로 반대되어 여러분이 스스로 원하는 대로 하지 말라는 것입니다."[51] 우리가 최고선의 목적을 완성하기를 바랄 때 정작 우리가 하고 싶은 것은 무엇일까? 육이 영을 거슬러 탐하지 않고, 우리 내심에 영이 거슬러 탐하는 악덕이 없는 상태가 아닐까? 다만 현세에서는 우리가 아무리 간절히 원하더라도 해낼 능력이 없는데, 하느님의 보우를 입는다면 적어도 영을 거슬러 탐하는 육에 영이 스스로 굴복하여 타락하는 것만은 막을 수 있고, 우리가 스스로 동의하여 죄짓는 지경으로 끌려가지 않는 일만은 해낼 수 있다. 우리가 이런 내적 전쟁을 치르고 있는 한, 우리가 이미 그 행복을 획득했노라고 믿는 일은 절대 없어야 한다. 그 행복은 우리가 승리를 거둠으로써 도달하기를 바라는 것일 뿐이다. 욕망을 거슬러 싸워야 할 갈등이 전혀 없는 경지에 도달한 현자가 과연 누가 있겠는가?

4.4. 현명, 정의, 용기는 선의 목적에 어떻게 이바지하는가

그럼 현명이라는 덕은 어떤가? 악으로부터 자기 선을 식별하는 전폭적 경계심이 아니던가? 그렇게 함으로써 우리가 선을 추구하고 악을 피하는 데 있어서 어떤 오류도 스며들지 않게 하는 것인데, 이 덕은 우리가 악 속에 자리잡고 있고 우리 안에 악이 도사리고 있음을 또한 입증하지 않던가? 이 덕은 죄를 짓는 데 동의하는 것을 악이라고 가르치고, 죄짓는 욕정에 동의하지 않는 것을 선이라고 가르친다. 악에 동의하지 말라고 가르치는 것은 현명인데, 정작 거기에 동의하지 않게 만드는 것은 절제이다. 하지만 현명도 절제도 현세생활에서 그 악을 없애지는 못한다. 그러면 정의는 무엇인가? 각자에게 자기 몫을 부여하는 것이 정

ipso homine quidam iustus ordo naturae, ut anima subdatur Deo et animae caro, ac per hoc Deo et anima et caro), nonne demonstrat in eo se adhuc opere laborare potius quam in huius operis iam fine requiescere? Tanto minus quippe anima subditur Deo, quanto minus Deum in ipsis suis cogitationibus concipit; et tanto minus animae subditur caro, quanto magis aduersus spiritum concupiscit. Quamdiu ergo nobis inest haec infirmitas, haec pestis, hic languor, quo modo nos iam saluos, et si nondum saluos, quo modo iam beatos illa finali beatitudine dicere audebimus? Iam uero illa uirtus, cuius nomen est fortitudo, in quantacumque sapientia euidentissima testis est humanorum malorum, quae compellitur patientia tolerare. Quae mala Stoici philosophi miror qua fronte mala non esse contendant, quibus fatentur, si tanta fuerint, ut ea sapiens uel non possit uel non debeat sustinere, cogi eum mortem sibimet inferre atque ex hac uita emigrare. Tantus autem superbiae stupor est in his hominibus hic se habere finem boni et a se ipsis fieri beatos putantibus, ut sapiens eorum, hoc est, qualem mirabili uanitate describunt, etiamsi excaecetur obsurdescat obmutescat, membris debilitetur doloribus crucietur et, si quid aliud talium malorum dici aut cogitari potest, incidat in eum, quo sibi mortem cogatur inferre, hanc in his malis uitam constitutam eum non pudeat beatam uocare. O uitam beatam, quae ut finiatur mortis quaerit

---

[52] 고전적 정의(sua cuique tribuere)에 "각자에게 자기 것을 부여하려는 영구적이고 항속적인 의지"(perpetua et constans voluntas sua cuique tribuendi : *Instituta Iustiniana* 1.1.)라는 정의도 추가된다.

[53] 13.2 참조.

[54] 덕 자체를 인생의 목적처럼 설정하는 철학자들에게 교부는 사추덕이 필요한 사실부터 인생에 악이 창궐한다는 증거라면서 악의 청산은 은총의 차원(구원의 문제)임을 암시한다.

[55] 아우구스티누스는 스토아의 ἀπάθεια든 에피쿠루스의 ἀταραξία든 고통에 초연하는 척하면서도 키케로(*Tusculanae disputationes* 1.45.109), 플리니우스(*Historia naturalis* 28.1.9), 세네카(*Epistulae morales* 70.4-5) 등이 자살이라는 소극적 방편을 내거는 모순을 용납하지 못했다.

[56] O vitam beatam, quae ut finiatur mortis quaerit auxilium: 주의론(主意論)에 입각한 스토아의 자살론(cf. Cicero, *De finibus bonorum et malorum* 3.18.61)은 인간이 고통 앞에 초연할 수 있으므로 악은 사실상 존재하지 않는다는 논리와 모순되어 이하에서 교부에게 논박당한다.

의의 역할인데[52](이 덕에 힘입어 인간 안에 자연본성의 정의로운 질서가 이루어진다. 곧, 영혼은 하느님께 복속하고 육신은 영혼에 복속하며 그래서 영혼도 육신도 하느님께 복속하기에 이른다[53]), 이 덕이야말로 인간은 지금까지 과업을 수행하고 있는 것이지 과업을 완료하고 안식을 누리는 지경에 있는 것이 아님을 스스로 보여주지 않던가? 영혼이 제 생각으로 하느님을 조금밖에 인식하지 못한다면 영혼은 하느님께 그만큼 조금밖에 복속하지 않는 셈이고, 육이 영을 거슬러 탐하면 탐할수록 육은 영혼에 조금밖에 복속하지 않는 셈이다. 우리에게 이 약점, 이 질병, 이 해악, 이 번뇌가 자리잡고 있는 이상 아직 구원받지 못한 것인데, 어찌 감히 우리가 벌써 구원된 것처럼 말할 수 있으며, 어찌 감히 저 최후의 지복을 누리며 행복한 것처럼 자처할 것인가? 용기라고 불리는 덕목으로 말하자면, 제아무리 출중한 지혜 속에 속해 있다 할지라도, 용기라는 덕이야말로 인간 악의 존재를 보여주는 가장 명료한 증거가 아닐 수 없다. 용기로서는 저런 악들을 인내를 다해 견뎌내야 한다고 강요당하는 셈이기 때문이다.[54] 스토아 철학자들은 도대체 무슨 명목으로 저런 악들이 아예 악이 아니라고 우기는지 나는 참으로 의아하다. 또 남들에게는 그런 말을 하면서도, 그 악이 너무 혹독하여 현자라고 하더라도 도저히 감당할 수 없거나 감당해서는 안 될 경우 스스로 죽음을 택하라고, 이승의 삶을 하직하라고 강요하기까지 하니.[55] 그렇게 말하면서도 이 사람들은 이 현세에 선의 목적을 둔다고, 자기 스스로의 힘으로 행복해질 수 있다고 생각하고 있으니 참으로 놀라운 오만이다. 그리하여 그들의 현자(말하자면 괴이한 허영심에 젖어 자기가 그런 인물이라고 자처하는 사람)는 눈이 멀고 귀가 먹고 말을 못하는 벙어리가 되더라도, 사지가 불구가 되고 온갖 고통으로 시달리더라도, 인간이 생각해낼 수 있고 형언할 수 있는 온갖 해악이 자기에게 닥쳐오더라도, 그래서 스스로 죽음을 자초하지 않으면 안 되는 강박을 받을지라도, 이런 악으로 점철되어 있는 인생일지라도 저 현자라는 사람은 현세의 삶을 행복한 삶이라고 부르고 그런 말을 하면서도 부끄러워할 줄 모른다. 그토록 행복하다는 삶을 끝마치기 위해 죽음의 도움을 구해야 할 판이니, 오, 오죽이나 행복한 삶이었으면 그렇게 할까![56] 행복한 삶이라면 자살하지 말고 그 삶에

auxilium! Si beata est, maneatur in ea. Quo modo ista non sunt mala, quae uincunt fortitudinis bonum eandemque fortitudinem non solum sibi cedere, uerum etiam delirare compellunt, ut eandem uitam et dicat beatam et persuadeat esse fugiendam? Quis usque adeo caecus est, ut non uideat, quod, si beata esset, fugienda non esset? Sed aperta infirmitatis uoce fugiendam fatentur. Quid igitur causae est, cur non etiam miseram fracta superbiae ceruice fateantur? Vtrum, obsecro, Cato ille patientia an potius inpatientia se peremit? Non enim hoc fecisset, nisi uictoriam Caesaris inpatienter tulisset. Vbi est fortitudo? Nempe cessit, nempe succubuit, nempe usque adeo superata est, ut uitam beatam derelinqueret desereret fugeret. An non erat iam beata? Misera ergo erat. Quo modo igitur mala non erant, quae uitam miseram fugiendamque faciebant?

Quapropter etiam ipsi, qui mala ista esse confessi sunt, sicut Peripatetici, sicut ueteres Academici, quorum sectam Varro defendit, tolerabilius quidem loquuntur, sed eorum quoque mirus est error, quod in his malis, etsi tam grauia sint, ut morte fugienda sint ab ipso sibimet inlata, qui haec patitur, uitam beatam tamen esse contendunt. «Mala sunt, inquit, tormenta atque cruciatus corporis, et tanto sunt peiora, quanto potuerint esse maiora; quibus ut careas, ex hac uita fugiendum est.» Qua uita, obsecro? «Hac, inquit, quae tantis adgrauatur malis.» Certe ergo beata est in eisdem ipsis malis, propter quae dicis esse fugiendam? An ideo beatam dicis, quia licet tibi ab his malis morte discedere? Quid si ergo in eis aliquo diuino iudicio

---

[57] 카토의 죽음을 칭송한 것은 키케로(*Tusculanae disputationes* 1.30.74; 1.46.110)였다. 본서 1.23 참조.

[58] 수사학상으로는 시종일관 의문문으로 꾸며진 성토문(invectiones)이다.

[59] Varro, *Logistorici* fr.incertum.

머물러 있어야 마땅하다! 그러니 어째서 저것들이 악이 아니란 말인가? 용기라는 선마저 무너뜨리고, 저 용기가 자포자기하여 미쳐 날뛰게 충동질하는 것들이 왜 악이 아니란 말인가? 자기 입으로 삶은 행복하다고 하면서 바로 그 삶을 포기해야 한다고 꼬드기다니 이 얼마나 미친 짓인가? 사람이 얼마나 눈이 멀었으면, 행복하다면 포기해서는 안 된다는 사실마저 보지 못하는 것일까? 하지만 저들은 인생을 포기해야 한다고 고백하고 있으니, 인생의 취약함을 노골적으로 드러내는 목소리가 아닐 수 없다. 그렇다면 도대체 무슨 사연이 있기에, 저 철학자들은 자신들의 오만한 고개를 꺾고서 인생은 때로 비참하기도 하다고 고백하지 못하는 것일까? 내 감히 묻거니와, 저 유명한 카토가 자결했을 적에 그것은 인내로 한 짓인가, 인내심이 없어서 한 짓인가?[57] 카이사르의 승리를 도저히 참고 볼 수가 없어서가 아니면 그는 그 짓을 저지르지 않았을 것이다. 그럼 카토의 용기는 어디로 갔는가? 그 용기는 단절되었다. 꺾였다. 철저히 짓밟혔다. 그래서 행복한 삶을 포기하고 저버렸으며 도주했던 것이다. 그때는 이미 삶이 행복하지 않았을까? 그렇다면 비참했다. 그렇다면 어째서 비참한 삶이기 때문에 차라리 유기할 것으로 만들어 버리는 그런 것들이 악이 아니란 말인가?[58]

4. 5. 아카데미아 학파와 소요학파의 참 행복에 대한 부적절한 주장

결국 저것들이 악이라고 승복한 사람들도 있었다. 소요학파가 그랬고 구아카데미아 학파도 그랬다. 바로는 구아카데미아 학파를 옹호하고 있다. 이 사람들의 얘기는 그래도 참고 견딜 만하지만 그들의 오류 역시 놀랍기는 마찬가지다. 저 악들이 죽음을 무릅쓰고 피해야 할 것이며 자기 손으로 자결해야 할 정도로 무겁다고는 해도, 저런 악 속에서 삶은 여전히 행복하다고 억지를 부리는 것이다: "육체의 고통과 번뇌는 분명히 악이다. 그것이 막중하면 할수록 그만큼 더 악하다. 그리고 그것을 벗어나려면 이 생명에서 도망해야 한다." 내가 다시 묻거니와 도대체 어떤 삶으로부터 도망쳐야 한다는 말인가? 그들은 "엄청난 악으로 시달리는 삶으로부터"라고 답변한다.[59] 그럼 그런 악 때문에 달아나야 한다고 당신 입으로 말하면서 또 그런 악 한가운데서도 삶은 여전히 행복하다는 말인가? 그렇지 않으면 결국에는 그대가 죽음으로써 저런 악과 결별해도 되기 때

tenereris nec permittereris mori nec umquam sine illis esse sinereris? Nempe tunc saltem miseram talem diceres uitam. Non igitur propterea misera non est, quia cito relinquitur. Quando quidem si sempiterna sit, etiam abs te ipso misera iudicatur; non itaque propterea, quoniam breuis est, nulla miseria debet uideri aut, quod est absurdius, quia breuis miseria est, ideo etiam beatitudo appellari. Magna uis est in eis malis, quae cogunt hominem secundum ipsos etiam sapientem sibimet auferre quod homo est; cum dicant, et uerum dicant, hanc esse naturae primam quodam modo et maximam uocem, ut homo concilietur sibi et propterea mortem naturaliter fugiat, ita sibi amicus, ut esse se animal et in hac coniunctione corporis atque animae uiuere uelit uehementer atque appetat. Magna uis est in eis malis, quibus iste naturae uincitur sensus, quo mors omni modo omnibus uiribus conatibusque uitatur, et ita uincitur, ut, quae uitabatur, optetur appetatur et, si non potuerit aliunde contingere, ab homine ipso sibimet inferatur. Magna uis est in eis malis, quae fortitudinem faciunt homicidam; si tamen adhuc dicenda est fortitudo, quae ita his malis uincitur, ut hominem, quem sicut uirtus regendum tuendumque suscepit, non modo non possit per patientiam custodire, sed ipsa insuper cogatur occidere. Debet quidem etiam mortem sapiens ferre patienter, sed quae accidit aliunde. Secundum istos autem si eam sibi ipse inferre compellitur, profecto fatendum est eis non solum mala, sed intolerabilia etiam mala esse, quae hoc eum perpetrare compellunt. Vita igitur, quae istorum tam

---

[60] Cf. Cicero, *De finibus bonorum et malorum* 3.5.16; 5.9.24.

[61] et ita vincitur, ut, quae vitabatur, optetur appetatur: 말을 더듬듯이 P와 T 두운(頭韻)으로 조롱조의 문장을 만들어 놓았다.

[62] 자살하는데도 용기가 필요하지 않느냐는 반어법(反語法)이다.

문에 그 삶이 행복하다고 말하는 것인가? 만약 어떤 신의 심판을 받아 그대가 저런 악들 한가운데에 붙들렸는데 죽는 일도 허용되지 않고 그렇다고 저런 악이 없이 살아가는 것도 허용되지 않는다면, 그대는 어떻게 할 것인가? 적어도 그때는 그게 비참한 삶이라고 말하지 않겠는가? 머잖아 벗어날 수 있다고 해서 그것이 비참한 삶이 아닌 것은 아니다. 만약 그것이 영구한 삶이라면 그대는 그것을 비참한 삶이라고 단정할 것이다. 따라서 짧다고 해서 아무런 비참함도 없는 것처럼 봐야 한다는 생각은 말이 안 된다. 비참함이 짧기 때문에 그것이 행복이라고 불릴 수 있다면 이것은 더 심한 자가당착이다. 실제로 저런 악들에는 대단한 위력이 있고, 자신이 지혜롭다고 생각하는 사람마저 인간 존재를 스스로 말살하게 만들 정도로 위력이 크다. 그들이 하는 말로는, 자연본성의 첫째가는 큰 목소리가 있다면 그것은 인간이 한사코 자신을 감싸고 본성적으로 죽음을 기피하려고 하는 것인데 이 말만은 참말이다. 실제로 인간은 자신에게 너무도 우호적이어서 자신이 단일한 생명체로서, 곧 육체와 영혼이 결합된 채로 살아남기를 간절히 바라고 욕구한다.[60] 이렇게 본다면 저 악에는 참으로 대단한 위력이 있다. 자연본성의 저 감각, 곧 죽음이라면 수단과 방법을 가리지 않고 전력을 다해 피하려는 저 본성마저 악에는 지고 만다. 얼마나 심하게 패배했으면 한사코 피하려는 죽음을 오히려 간절히 희구할 정도까지 된다.[61] 다른 데서 그 죽음을 불러올 방도가 없을 경우에는 스스로 죽음을 감행할 정도까지 된다. 용기라는 것을 살인자로 만들 정도이니 저 악에는 참으로 대단한 위력이 있다. 이것을 두고 여전히 용기라고 불러야 한다면 하는 말이지만, 그 용기가 저런 악들 앞에 손을 들어버린 것이다.[62] 무릇 덕이란 인간을 받아들여 통솔하고 보호하는 데 의의가 있지만, 인내력을 다해 인간을 지켜주는 일을 해내지 못할 뿐 아니라 오히려 덕이 스스로 나서서 인간을 살해하도록 강요를 받는 셈이다. 사실 현자라면 죽음마저 인내로이 감수해야 한다. 다만 어디까지나 밖에서 닥쳐오는 죽음을 말하는 것이다. 그런데도 저 철학자들의 말대로, 죽음을 스스로 결행하도록 강요받을 때 본인으로 하여금 죽음을 감행하지 않을 수 없게 몰아붙이는 원인들은 악이라고, 단순한 악이 아니고 도저히 감당하지 못할

magnorum tamque grauium malorum aut premitur oneribus aut subiacet casibus, nullo modo beata diceretur, si homines, qui hoc dicunt, sicut uicti malis ingrauescentibus, cum sibi ingerunt mortem, cedunt infelicitati, ita uicti certis rationibus, cum quaerunt beatam uitam, dignarentur cedere ueritati et non sibi putarent in ista mortalitate fine summi boni esse gaudendum, ubi uirtutes ipsae, quibus hic certe nihil melius atque utilius in homine reperitur, quanto maiora sunt adiutoria contra uim periculorum laborum dolorum, tanto fideliora testimonia miseriarum. Si enim uerae uirtutes sunt, quae nisi in eis, quibus uera inest pietas, esse non possunt: non se profitentur hoc posse, ut nullas miserias patiantur homines, in quibus sunt (neque enim mendaces sunt uerae uirtutes, ut hoc profiteantur), sed ut uita humana, quae tot et tantis huius saeculi malis esse cogitur misera, spe futuri saeculi sit beata, sicut et salua. Quo modo enim beata est, quae nondum salua est? Vnde et apostolus Paulus non de hominibus inprudentibus inpatientibus, intemperantibus et iniquis, sed de his, qui secundum ueram pietatem uiuerent et ideo uirtutes, quas haberent, ueras haberent, ait: *Spe enim salui facti sumus. Spes autem quae uidetur, non est spes. Quod enim uidet quis, quid et sperat? Si autem quod non uidemus speramus, per patientiam expectamus.* Sicut ergo spe salui, ita spe beati facti sumus, et sicut salutem, ita beatitudinem non iam tenemus praesentem, sed expectamus futuram, et hoc *per patientiam*; quia in malis sumus, quae patienter tolerare debemus, donec ad illa ueniamus bona, ubi omnia erunt, quibus ineffabiliter delectemur, nihil erit autem, quod iam

---

[63] "신심"과 "구원"의 연관성(pietas ... promissionem habens vitae futurae)은 성서에 근거한다. 1디모 4,8 참조: "현재와 미래 생명의 약속을 지닌 경건함이 모든 일에 유익한 것입니다." 19권 전체가 "종교심"에 근거한 이 "구원"에 인생의 최종목적(finis bonorum, summum bonum), 혹은 구세사의 종점을 설정하는 작업이 된다.

[64] 로마 8,24-25. 본서 15.18에도 인용.

악이라고 확실히 고백해야 한다. 그리고 저처럼 크고 무거운 악의 무게에 짓눌리거나 우연히라도 그 무게로 인해 짓눌린 삶은 어느 모로도 행복하다고 말할 수 없다. 이런 사람들이 날로 과중해지는 악에 패배하여 스스로 죽음을 결행한다면, 그것은 적어도 불행 앞에서 지는 셈이고 정작 행복한 삶을 찾았지만 이러저러한 사유로 패배를 당한 셈이다. 그렇다면 그들도 적어도 하나의 진리 앞에서는 손을 들어야 마땅하며, 사멸하는 현세에서만 최고선의 목적을 누려야 한다고 생각하는 일은 없어야 한다. 이럴 경우 인간에게 덕보다 더 좋고 더 유익한 것은 아무것도 없는데, 인생의 위험과 수고와 고통의 위력에 맞서서 저런 덕목들이 큰 도움이 되면 될수록, 그것은 인생에는 비참함이 엄연히 존재한다는 사실에 더욱 신빙성있는 증거가 아닐 수 없다. 만일 여러 덕들이 참다운 덕이라면 경건한 신심信心이 깃들어 있는 인간들에게만 존재할 것이다. 그리고 이런 덕들은 인간들이 불행의 한가운데 있으면서도 아무런 불행도 당하지 않는 일이 가능하다고 호언하지는 않을 것이다. (참다운 덕이라면 그따위 호언을 할 정도로 거짓말을 하지 않는다.) 오히려 인생이 이 세상의 그 숱하고 혹독한 악으로 인해 비참할 수밖에 없지만 장차 올 세상에 대한 희망으로, 구원받으리라는 희망으로 행복해질 수 있다고 말하리라.[63] 아직 구원받지 못한 삶이 어찌 행복한 삶이겠는가? 그러므로 사도가 하는 다음 말씀은 현명하지 못하고 인내롭지 못하고 절제없고 불의한 사람들을 두고 하는 말이 아니고, 참다운 신심에 따라 살고 덕을 갖추되 참된 덕을 갖춘 사람들을 상대로 하는 말이다: "우리는 희망을 향해 구원받았습니다. 그러나 눈에 보이는 희망은 희망이 아닙니다. 눈에 보이는 것을 누가 희망합니까? 눈에 보이지 않는 것을 희망한다면 참을성있게 기다립시다."[64] 우리가 희망으로 구원된 것과 같이 우리는 또한 희망으로 행복해졌다. 또 구원이 그렇듯이, 행복도 우리 눈앞에 있는 것처럼 손에 쥐고 있지는 못하며 장차 올 것으로 기다릴 따름이다. "참을성있게" 기다리자는 말은 우리가 악에 에워싸여 있기 때문이고 그 악을 참을성있게 견뎌내야 하기 때문이다. 저 선에 도달하기까지는, 형언할 수 없는 향락을 누릴 수 있는 것은 모두 다 있고 참고 견뎌야 할 일은 아무것도 없는 저 선에 도달하기까지는 그래

tolerare debeamus. Talis salus, quae in futuro erit saeculo, ipsa erit etiam finalis beatitudo. Quam beatitudinem isti philosophi, quoniam non uidentes nolunt credere, hic sibi conantur falsissimam fabricare, quanto superbiore, tanto mendaciore uirtute.

5. Quod autem socialem uitam uolunt esse sapientis, nos multo amplius adprobamus. Nam unde ista Dei ciuitas, de qua huius operis ecce iam undeuicensimum librum uersamus in manibus, uel inchoaretur exortu uel progrederetur excursu uel adprehenderet debitos fines, si non esset socialis uita sanctorum? Sed in huius mortalitatis aerumna quot et quantis abundet malis humana societas, quis enumerare ualeat? Quis aestimare sufficiat? Audiant apud comicos suos hominem cum sensu atque consensu omnium hominum dicere:

Duxi uxorem; quam ibi miseriam uidi! Nati filii,
Alia cura.

Quid itidem illa, quae in amore uitia commemorat idem Terentius, «iniuriae suspiciones, inimicitiae bellum, pax rursum»: nonne res humanas ubique impleuerunt? Nonne et in amicorum honestis amoribus plerumque contingunt? Nonne his usquequaque plenae sunt res humanae, ubi iniurias suspiciones, inimicitias bellum mala certa sentimus; pacem uero incertum bonum, quoniam corda eorum, cum quibus eam tenere uolumus, ignoramus, et si hodie nosse possemus, qualia cras futura essent utique nesciremus. Qui porro inter se amiciores solent esse uel debent, quam qui una etiam continentur domo? Et tamen quis inde securus est, cum tanta saepe

---

[65] 인간의 천성적 사회성, 우정, 이타심, 사해동포 사상을 반포하는 스토아 철학(cf. Cicero, *De finibus bonorum et malorum* 3.19.62 - 21.72)에 아우구스티누스는 로마인으로서 의당히 공감을 표한다.

[66] socialis vita sanctorum: 아우구스티누스의 이상적 사회상이다.

[67] Terentius, *Adelphoe* 5.4.13-14.

[68] Terentius, *Eunuchus* 59-61. Cf. militiae species amor est ("사랑은 일종의 전쟁": Ovidius, *Ars amatoria* 2.233).

야 한다. 저 구원, 장차 올 세상에 있을 저 구원이야말로 최종 행복이 될 것이다. 그 행복을 저 철학자들은 눈으로 보지 않았으므로 믿지 않으려 하며, 이승에다 거짓되기 짝이 없는 행복을 설정해 놓으려 애쓴다. 그러다 보니 그들의 덕은 오만해지고 오만해질수록 더욱 거짓된 덕이 되고 만다.

5. 사회생활은 극히 바람직하면서도 수많은 장애로 무너지는 일이 흔하다

철학자들은 현자의 삶이 사회적 삶이 되기를 바라며, 우리도 여기에 상당한 비중을 둔다.[65] 이 저서에서는 무려 제19권까지 하느님의 도성에 대해 다루는 중인데, 성도들로 이루어진 사회생활[66]이 존재하지 않는다면 하느님의 도성은 도대체 어디서 오겠는가? 우리는 하느님의 도성이 어떤 기원으로 발생했고 어떤 과정을 거쳐서 발전했으며 어떠한 소기의 목적을 향하고 있는지를 논하는 중이다. 하지만 이 사멸할 질곡에서 인간사회는 얼마나 많고 얼마나 막중한 악으로 가득 차 있으며, 누가 그 수를 헤아릴 수 있겠는가? 누가 그 무게를 제대로 달아보겠는가? 악이 존재하지 않는 것처럼 여기는 철학자들은 희극작가들의 말을 들어보도록 하시라. 거기에 등장하는 인물은 모든 인간들이 공감하는 상식으로 이런 말을 한다:

> 아내를 맞아들였다네. 그게 얼마나 가련한 노릇인지 모른다네!
> 거기다 자식들이 태어났겠다, 또 다른 걱정이 생겼어.[67]

같은 인물 테렌티우스는 애정행각에서 얼마나 많은 악덕이 생겨나는지를 "불의, 의혹, 적개심, 전쟁, 그리고 다시 평화"[68]라는 말로 피력했다. 인간사라는 것이 어디서나 이런 것들로 가득 차 있지 않던가? 친구들의 사심없는 사랑에서도 이런 것들이 돌출되는 일이 흔하지 않던가? 우리가 불의, 의혹, 적개심, 전쟁 따위의 뚜렷한 악을 감지하는 곳마다 인간사라는 것이 이따위 것들로 가득하지 않던가? 평화마저 불확실하기 이를 데 없는 선이니, 우리가 평화를 맺고 싶어하는 사람들의 마음속을 모르는 까닭이다. 설령 오늘 그 마음을 알게 된다 하더라도 내일은 어떻게 될지 알 길이 없다. 한집에 들어 사는 사람들만큼 서로 친하고 또 친해야 마땅한 사람들이 어디 있겠는가? 하지만 그곳에서도 안도감을 누릴

mala ex eorum occultis insidiis extiterint, tanto amariora, quanto pax dulcior fuit, quae uera putata est, cum astutissime fingeretur? Propter quod omnium pectora sic adtingit, ut cogat in gemitum, quod ait Tullius: «Nullae sunt occultiores insidiae quam hae, quae latent in simulatione officii aut in aliquo necessitudinis nomine. Nam eum, qui palam est aduersarius, facile cauendo uitare possis; hoc uero occultum intestinum ac domesticum malum non solum existit, uerum etiam opprimit, antequam prospicere atque explorare potueris.» Propter quod etiam diuina uox illa: Et inimici hominis domestici eius cum magno dolore cordis auditur, quia, etsi quisque tam fortis sit, ut aequo animo perferat, uel tam uigilans, ut prouido consilio caueat, quae aduersus eum molitur amicitia simulata, eorum tamen hominum perfidorum malo, cum eos esse pessimos experitur, si ipse bonus est, grauiter excrucietur necesse est, siue semper mali fuerint et se bonos finxerint, siue in istam malitiam ex bonitate mutati sint. Si ergo domus, commune perfugium in his malis humani generis, tuta non est, quid ciuitas, quae quanto maior est, tanto forum eius litibus et ciuilibus et criminalibus plenius, etiamsi quiescant non solum turbulentae, uerum saepius et cruentae seditiones ac bella ciuilia, a quorum euentis sunt aliquando liberae ciuitates, a periculis numquam?

6. Quid ipsa iudicia hominum de hominibus, quae ciuitatibus in quantalibet pace manentibus deesse non possunt, qualia putamus esse, quam misera, quam dolenda? Quando quidem hi iudicant, qui conscientias eorum,

---

[69] Cicero, *Oratio in Verrem* 2.1.15.

[70] 마태 10,36.

[71] 고대인은 국가가 클수록 평화유지가 어렵다는 현실감을 갖고 있었다(Aristoteles, *Politica* 1305a). 본서 4.2 참조.

[72] 아우구스티누스가 이하에서 지적하는 바는 인간의 사회성에 대한 회의가 아니고 타락한 인간본성의 한계가 사회생활을 어디까지 훼손하느냐는 점이다.

[73] 재판이 수사와 고문 과정에서 인간의 존엄성을 얼마나 유린하는지 체험한 인물로서 피고에 대한 재판관의 막중한 책임을 절감하는 글이다. Cf. *Epistula* 133 ad Marcellinum.

수 있는 사람이 누가 있는가? 식구들의 은밀한 수작에서 빚어지는 갖가지 악들이 존재하여, 가정의 평화가 달콤한 만큼 그런 악들이 쓰지 않던가? 아주 간교하게 평화를 가장하는 것에 불과한데도 그것이 진짜 평화인 것처럼 여겨지지 않던가? 바로 그래서 툴리우스 키케로의 다음 한 마디는 모든 이의 심금을 울리고 저절로 장탄식이 나오게 만든다: "직무를 가장하면서 은폐하는 음모, 다른 불가피한 사정을 명목으로 해서 은폐하는 음모보다 더 치밀한 것이 없습니다. 공공연한 적수라면 그대가 조심을 함으로써 무난히 피할 수 있습니다. 하지만 이 은밀하고 내부적인 집안의 악은 엄연히 존재할뿐더러 그대가 낌새를 채고 알아챌 수 있기 전에 그대를 덮치는 것입니다."[69] 그래서 저 유명한 신적 말씀도 있다: "사람의 원수는 바로 자기 집 식구들일 것입니다".[70] 이 말을 들을 때 참으로 쓰라림을 느낀다. 자기에게 닥치는 악을 평온한 심경으로 인종할 만큼 강직한 인물로서 거짓 우정이 자기에게 획책하는 바를 적정한 분별로 대비할 만큼 경계심이 대단한 사람도, 상대방이 지극히 악질적인 인간들임이 발각되면 저 간사한 인간들의 악을 두고 크게 상심하는 것은 필연적이다. 더구나 선한 인간일수록 더욱 크게 상심하게 마련이다. 상대방이 언제나 악인이었는데 단지 선인인 것처럼 겉으로만 꾸미고 있었든, 그렇지 않고 선의를 품고 있다가 어떻게 해서 그런 악의로 바뀌었든 상처받기는 마찬가지다. 만약 인류가 당하는 이 악으로부터 피할 수 있는 가장 공통된 도피처인 가정이 안전하지 못하다면 도성이 안전할 리 만무하다. 도성이 클수록 그 광장은 민사 소송과 형사 소송으로 더욱 들끓고 있다.[71] 그 도성에서 분규가 가라앉고 유혈의 소요와 심지어 내란이 평정되어 있어도 마찬가지다. 어떤 면에서 그런 사건들로부터 자유로운 도성들이라고 하더라도 그런 사태가 발생할 위험으로부터는 결코 자유로울 수가 없다.[72]

6. 진리가 감추어져 있을 때 인간적 판단의 오류

인간들이 인간들을 상대로 하는 재판에 관해서는 뭐라고 할까? 아무리 든든한 평화를 누리며 존속하는 도시국가에서도 재판이 없을 수는 없다. 우리는 재판을 어떻게 생각하는가? 이 얼마나 불행한 일이며 얼마나 통탄할 행사인가?[73] 재판받

de quibus iudicant, cernere nequeunt. Vnde saepe coguntur tormentis innocentium testium ad alienam causam pertinentem quaerere ueritatem. Quid cum in sua causa quisque torquetur et, cum quaeritur utrum sit nocens, cruciatur et innocens luit pro incerto scelere certissimas poenas, non quia illud commisisse detegitur, sed quia non commisisse nescitur? Ac per hoc ignorantia iudicis plerumque est calamitas innocentis. Et quod est intolerabilius magisque plangendum rigandumque, si fieri possit, fontibus lacrimarum, cum propterea iudex torqueat accusatum, ne occidat nesciens innocentem, fit per ignorantiae miseriam, ut et tortum et innocentem occidat, quem ne innocentem occideret torserat. Si enim secundum istorum sapientiam elegerit ex hac uita fugere quam diutius illa sustinere tormenta: quod non commisit, commisisse se dicit. Quo damnato et occiso, utrum nocentem an innocentem iudex occiderit, adhuc nescit, quem ne innocentem nesciens occideret torsit; ac per hoc innocentem et ut sciret torsit, et dum nesciret occidit. In his tenebris uitae socialis sedebit iudex ille sapiens an non audebit? Sedebit plane. Constringit enim eum et ad hoc officium pertrahit humana societas, quam deserere nefas ducit. Hoc enim nefas esse non ducit, quod testes innocentes in causis torquentur alienis; quod hi, qui arguuntur, ui doloris plerumque superati et de se falsa confessi etiam puniuntur innocentes, cum iam torti fuerint innocentes;

---

[74] *non* quia illud *commisisse* <u>detegitur</u>, sed quia *non commisisse* <u>nescitur</u>: 고문의 모순된 명분을 지적한 문장이다.

[75] innocentem et *ut sciret torsit*, et *dum nesciret occidit*: 로마제국 말기에 고문이 일반화되자 아우구스티누스는 여러 차례 그 비인도적 만행을 규탄했고(*Epistulae* 104; 133; *Sermones* 302.18.16; 355.5), 무죄한 사람을 죽이지 않겠다는 뜻에서 피고의 무죄함을 밝히려고 피고를 고문하다가 결과적으로는 무죄한 사람을 고문한 다음에 죽음에 붙이는 결과가 온다면서 사법당국의 변명이 비논리적임을 지적했다.

는 사람들의 양심良心을 재판하는 사람들이 들여다볼 수는 없다. 재판중에는, 다른 사람의 사건에 증인으로 나섰을 뿐인데도, 그 무죄한 증인들에 대한 고문을 통해 진실을 밝히도록 강요당하는 때가 있다. 또 누군가 자기 사건에서 고문을 당한다면 어찌할 것인가? 여기서 조사하는 것은 무죄인가 아닌가 하는 점인데, 무죄임에도 고문을 당한다면 그는 불확실한 범죄 때문에 더할 나위 없이 확실한 형벌을 받는 셈이다. 더구나 그가 그 형벌을 받는 것은 그가 범죄를 저지른 것으로 밝혀졌기 때문이 아니고 그가 그 범죄를 저지르지 않았다는 사실이 밝혀지지 않았기 때문이다.[74] 이리하여 재판관의 무지가 무죄한 사람에게는 재앙이 되는 일이 아주 많다. 그보다 더 견딜 수 없고 참으로 애통한 일이며 눈물로 멱을 감아도 시원치 않을 일은, 재판관이 자기가 무죄한 사람을 살해하지나 않을까 하는 걱정에서 피고를 고문한다는 사실이다. 그러면서 가련한 무지 속에서 고문까지 당하고 무죄인 사람을 죽음에 붙이기도 하는 것이다. 본인은 무죄한 사람을 죽음에 붙이는 일을 피하려고 그 사람을 고문했는데. 만약 피고가 자살을 옹호하는 철학자들의 지혜에 입각한 행동으로 이따위 고문을 당하느니 차라리 현세 생명에서 벗어나는 길을 선택했다고 하자. 그러면 피고는 고문에 못 견뎌 범하지도 않은 죄상을 자기가 범했다고 고백하고 말 것이다. 그리하여 그가 유죄판결을 받고 사형을 당한다면, 재판관은 자기가 범인을 죽였는지 무죄한 사람을 죽였는지 알 길이 없다. 모르는 사이에 무죄한 사람을 죽이는 일이 없게 하려고 피고를 고문했을지라도 마찬가지다. 이럴 경우 재판관은 피고가 무죄한 사람임에도 진실을 알려고 고문했고, 진실을 미처 알아내지도 못하고 그 사람을 죽인 것이다.[75] 사회생활의 이 어두운 그림자 속에서 현자라면 저 재판관의 자리에 앉을 것인가, 앉지 않을 것인가? 물론 앉을 것이다. 인간사회가 그에게 강요하고 그 직책을 그에게 맡기는 이상 본인이 인간사회를 저버리는 것은 부당하다고 여길 것이다. 그럼에도 그는 다른 사람의 사건에 나선 무죄한 증인들이 고문을 당하는 것은 부당하다고 여기지 않는다. 피고들이 고통의 위력에 굴복하여 자기 자신에게 불리한 허위 사실을 자백하고, 그래서 죄가 없음에도 처벌당하는 일 역시 부당하다고 여기지 않는다. 그 사람들이 무죄한 상태에서 이미 고문을 당

quod, etsi non morte puniantur, in ipsis uel ex ipsis tormentis plerumque moriuntur; quod aliquando et ipsi, qui arguunt, humanae societati fortasse, ne crimina inpunita sint, prodesse cupientes et mentientibus testibus reoque ipso contra tormenta durante inmaniter nec fatente probare quod obiciunt non ualentes, quamuis uera obiecerint, a iudice nesciente damnantur. Haec tot et tanta mala non deputat esse peccata; non enim haec facit sapiens iudex nocendi uoluntate, sed necessitate nesciendi, et tamen, quia cogit humana societas, necessitate etiam iudicandi. Haec est ergo quam dicimus miseria certe hominis, etsi non malitia sapientis. An uero necessitate nesciendi atque iudicandi torquet insontes, punit insontes, et parum est illi, quod non est reus, si non sit insuper et beatus? Quanto consideratius et homine dignius agnoscit in ista necessitate miseriam eamque odit in se et, si pie sapit, clamat ad Deum: *De necessitatibus meis erue me!*

7. Post ciuitatem uel urbem sequitur orbis terrae, in quo tertium gradum ponunt societatis humanae, incipientes a domo atque inde ad urbem, deinde ad orbem progrediendo uenientes; qui utique, sicut aquarum congeries,

---

[76] miseria certe hominis, etsi non malitia sapientis: 플라톤 역시 정의에 입각해서 보더라도, 피고의 인간 존엄성에 비추어 보더라도 형사법정의 모순이 큼을 인정했다(*Leges* 860d - 863a).

[77] 시편 24,17. 〔새번역 25,17: "저를 고난에서 빼내주소서."〕

[78] orbis terrarum: 세상(천하, 지구). 이하에 천사와 천체를 포함하여 따로 mundus(세계)라고 부른다.

했는데도. 심지어 당사자가 사형을 당하지 않을지라도 그 고문 도중에 죽는 일이 흔하고 또 고문의 후유증으로 죽는 일이 흔한데도 이것 역시 개의치 않는다. 또 원고들은 인간사회에 유익함을 주려는 욕심으로 어떤 범죄가 처벌받지 않은 채로 묵과되는 일이 없게 하려고 나섰다가 도리어 원고들이 유죄판결을 받는 경우도 있는데, 재판관은 이를 개의치 않는다. 만약 증인들이 거짓말을 하고, 죄인도 고문을 당하면서까지도 완강하게 버티고 자백을 하지 않을 경우, 원고들은 비록 사실 그대로를 고소하고 있음에도 고소 사실을 입증할 수가 없어, 사실 여부를 알지 못하는 재판관에게 오히려 원고가 유죄판결을 받게 되는 것이다. 소위 현자라는 재판관이 이처럼 많고도 엄청난 악을 저지르면서 죄라고 여기지 않는다. 현명하다는 재판관이 이런 짓을 저지르지만, 이것은 누구를 해치려는 악의에서 행하는 게 아니고 무지로부터 오는 불가피한 처지에서 행하는 것이다. 인간사회가 강요하기 때문에 재판을 하지 않으면 안 된다는 불가피한 처지에 몰려서 그런 짓을 저지른다. 이것을 가리켜 우리는 현자의 악의는 아닐지라도 인간의 불행이라고 부르고 싶다.[76] 재판관이 사실을 모르고 그러면서도 재판을 해야 한다는 불가피한 처지에서 부득이하게 죄가 없는 사람들을 고문하고 죄없는 사람들을 처벌한다고 하자. 그럴 경우 재판관이 무고한 사람을 죽인 죄인은 아니더라도, 본인 역시 행복하지는 못할 텐데 그것이 사소한 일인가? 만일 본인이 이처럼 불가피한 처지는 인생의 불행이라고 인정한다면, 그리고 자기가 그런 역할을 맡게 되었음을 혐오하게 된다면, 그는 더 사려깊고 더 인간다운 품위를 갖추었다고 할 만하다. 그리고 종교심에 맞들인 사람이라면 하느님께 부르짖을 것이다: "나의 불가피한 처지에서 나를 빼내주소서."[77]

7. 인간사회를 파괴하는 언어의 차이와, 의로운 전쟁이라도 비참하기는 마찬가지인 전쟁의 비참함

도시국가나 도회지 다음에는 천하[78]가 따라온다. 사람들은 거기에 인간사회의 셋째 단계를 부여하는데, 가정에서 시작하여 도시국가로, 그다음에는 천하로 발전하며 나아간다. 물굽이가 그러하듯이 물길이 클수록 위험이 그만큼 가득한

quanto maior est, tanto periculis plenior. In quo primum linguarum diuersitas hominem alienat ab homine. Nam si duo sibimet inuicem fiant obuiam neque praeterire, sed simul esse aliqua necessitate cogantur, quorum neuter linguam nouit alterius: facilius sibi muta animalia, etiam diuersi generis, quam illi, cum sint homines ambo, sociantur. Quando enim quae sentiunt inter se communicare non possunt, propter solam diuersitatem linguae nihil prodest ad consociandos homines tanta similitudo naturae, ita ut libentius homo sit cum cane suo quam cum homine alieno. At enim opera data est, ut imperiosa ciuitas non solum iugum, uerum etiam linguam suam domitis gentibus per pacem societatis inponeret, per quam non deesset, immo et abundaret etiam interpretum copia. Verum est; sed hoc quam multis et quam grandibus bellis, quanta strage hominum, quanta effusione humani sanguinis comparatum est? Quibus transactis, non est tamen eorundem malorum finita miseria. Quamuis enim non defuerint neque desint hostes exterae nationes, contra quas semper bella gesta sunt et geruntur: tamen etiam ipsa imperii latitudo peperit peioris generis bella, socialia scilicet et ciuilia, quibus miserabilius quatitur humanum genus, siue cum belligeratur, ut aliquando conquiescant, siue cum timetur, ne rursus exsurgant. Quorum malorum multas et multiplices clades, duras et diras necessitates si ut dignum est eloqui uelim, quamquam nequaquam sicut res postulat possim: quis erit prolixae disputationis modus? Sed sapiens, inquiunt, iusta bella gesturus est. Quasi non, si se hominem meminit, multo magis dolebit iustorum necessitatem sibi extitisse bellorum, quia nisi iusta essent, ei gerenda non essent, ac per hoc sapienti nulla bella

---

[79] 인간사회에서 언어가 갖는 비중은 교부가 거듭 강조하는 주제이기도 하다: *De ordine* 2.12.35; *Sermo* 71.28; *Confessiones* 1.13.22.

[80] 제국 초기에 라틴어보다는 그리스어가 더 널리 쓰이던 사정을 아는 사람들은 호라티우스의 다음 구절을 상기할 것이다(*Epistula* 2.1.156-157): "Graecia capta ferum victorem capit et artes / Intulit agresti Latio" (그리스는 사로잡혀서도 사나운 정복자를 사로잡고 말았으며, 농사나 짓는 라티움에 학예를 들여왔느니라).

[81] Cf. Valerius Maximus, *Facta et dicta memorabilia* 2.2.2; Suetonius, *Divus Vespasianus* 18.

[82] 2권과 3권은 로마제국의 역사에서 치렀던 내란(시민전쟁)과 이탈리아 반도에서 치른 전쟁(동맹전쟁)을 생생하게 묘사한 바 있다.

[83] 아우구스티누스도 로마인으로서 "의로운 전쟁"(bellum iustum)의 개념을 갖고는 있었고(cf. *Quaestiones in Heptateuchum* 6.10: quae ulciscuntur iniurias ... vel vindicare quod a suis inprobe factum, vel reddere quod per iniurias ablatum est ... quod Deus imperat) 정의가 국내에도 국제적으로도 사회의 초석(본서 2.21.4; 3.18-30; 4.6; 5.13)이라는 명분을 인정하지만 평화에 대한 염원(특히 19.12-13 참조)에서 "의로운" 전쟁도 개탄한다.

법이다. 그중 첫째로 언어가 다르다는 사실이 인간을 인간으로부터 소외시킨다. 만약 두 사람이 서로 만났는데 그냥 지나쳐가지 않고 어쩔 수 없이 함께 지내야 한다고 하자. 그런데 둘 중의 아무도 상대방의 언어를 모른다고 하자. 이런 경우 말없는 동물들이, 심지어 종류가 다른 동물들끼리도 두 인간보다는 서로 더 잘 통할 것이다. 각자가 느끼는 바를 서로 소통하기가 불가능하다면, 본성이 그토록 비슷하면서도 단지 언어가 다르다는 이유로 친교를 맺는 데 아무런 보탬이 안 된다면, 사람은 외국인과 함께 있기보다는 차라리 자기 개하고 함께 있고 싶어할 것이다.[79] 하지만 제국의 도성은 제압된 민족들에게 멍에를 씌웠을 뿐 아니라 자기네 언어를 부과하여 사회의 평화를 유지하게 했으며 이일을 하느라 엄청난 수고를 들였다.[80] 그렇게 함으로써 통역자들이 없어지지 않고 오히려 엄청나게 많아졌다.[81] 이 점은 사실이다. 그렇지만 그것이 마련되기까지 얼마나 많고 얼마나 큰 전쟁들이 일어났고 얼마나 숱한 인간 학살이 있었으며 얼마나 많은 인류의 피가 흘렀던가? 그런 것들이 지나갔다고 해서 똑같은 악으로 점철된 불행이 끝난 것은 아니었다. 적대적 외부 국가들이 없어지지 않았고 지금도 없지 않으며 그들을 상대로 늘 전쟁을 치렀고 지금도 치르는 중이다. 그뿐 아니라 제국의 영토가 광대하다는 사실로 훨씬 추악한 전쟁들이 일어났으니, 동맹전쟁과 시민전쟁이 그것이다.[82] 그 전쟁들로 인해 인류는 더욱 가련하게 타격을 받았고, 잠시나마 평온을 되찾고자 또 전쟁을 벌이고, 전쟁이 없으면 또다시 싸움이 터질까 전전긍긍하고 있다. 이 숱하게 엎치고덮치는 악의 재앙들이며, 지독하고도 끔찍한 필요악들을 필설로 형언하는 일이 가당하다면 나도 하고 싶지만, 사실 그대로는 해낼 재간이 없다. 그러다가는 자꾸만 늘어지는 이 토론을 도대체 어디서 끝내겠는가? 하지만 저 사람들의 말에 의하면, 현자라면 의로운 전쟁을 수행할 것이라고 한다. 그러나 그 현자가 인간이라면, 아무리 의로운 전쟁이라 하더라도 인간에게 전쟁이라는 필요악이 존재한다는 사실에 대해 한층 더 애통해할 것이다.[83] 의로운 전쟁이 아니라면 현자는 그 전쟁을 수행해서는 안 되고, 따라서 현자는 어떤 전쟁도 수행해서는 안 될 것이다. 현자로 하여금 의로운 전쟁이라는 전쟁을 수행하지 않을 수 없게 하는

essent. Iniquitas enim partis aduersae iusta bella ingerit gerenda sapienti; quae iniquitas utique homini est dolenda, quia hominum est, etsi nulla ex ea bellandi necessitas nasceretur. Haec itaque mala tam magna, tam horrenda, tam saeua quisquis cum dolore considerat, miseriam fateatur; quisquis autem uel patitur ea sine animi dolore uel cogitat, multo utique miserius ideo se putat beatum, quia et humanum perdidit sensum.

8. Si autem non contingat quaedam ignorantia similis dementiae, quae tamen in huius uitae misera condicione saepe contingit, ut credatur uel amicus esse, qui inimicus est, uel inimicus, qui amicus est: quid nos consolatur in hac humana societate erroribus aerumnisque plenissima nisi fides non ficta et mutua dilectio uerorum et bonorum amicorum? Quos quanto plures et in locis pluribus habemus, tanto longius latiusque metuimus, ne quid eis contingat mali de tantis malorum aggeribus huius saeculi. Non enim tantummodo solliciti sumus, ne fame, ne bellis, ne morbis, ne captiuitatibus affligantur, ne in eadem seruitute talia patiantur, qualia nec cogitare sufficimus; uerum etiam, ubi timor est multo amarior, ne in perfidiam malitiam nequitiamque mutentur. Et quando ista contingunt (tanto utique plura, quanto illi sunt plures) et in nostram notitiam perferuntur, quibus cor nostrum flagris uratur, quis potest, nisi qui talia sentit, aduertere? Mortuos quippe audire mallemus, quamuis et hoc sine dolore non possimus audire. Quorum enim nos uita propter amicitiae solacia

---

[84] 스토아의 초연함(apatheia)에는 인간의 비극에 대한 연민이 상실되어 있음을 지적하면서 아무리 "의로운 전쟁"이라고 하더라도 전쟁의 참화와 비극에 동정하도록 촉구한다.

[85] 가정, 도시국가, 천하를 논하면서 국가간에 전쟁과 평화를 초래하는 우호(友好)와 적대(敵對) 문제가 다루어진다. 일종의 "우정론"(友情論)이 삽입된 셈이다. 천계의 천사들과의 친교를 포함하는 "세계"(mundus)는 다음 장으로 미루어진다.

것은 상대편의 불의일 것이다. 전쟁을 일으킬 만한 그런 불의라면 인간 누구나 통탄해야 마땅하다. 비록 거기서 반드시 전쟁이 일어나는 것은 아니더라도 어디까지나 인간들이 저지른 불의라는 점에서 통탄해야 한다. 그러므로 사람이라면 누구나 전쟁이라는 이토록 거창하고 이토록 가공스럽고 이토록 잔혹한 악에 대해 숙고할수록 고통스러워지며, 따라서 전쟁은 비참하다고 실토해야 마땅할 것이다. 인간치고 전쟁에 대해 전혀 고심하지 않은 채로 이런 악들을 견뎌내거나 생각하는 사람이 있다면, 그의 정신 상태는 더욱 비참하다고 해야 할 것이다. 인간적 감각을 상실한 대가로 자기가 행복하다고 생각할 것이기 때문에 더욱 비참한 인간이다.[84]

8. 선인들의 우정도 확고할 수 없으니, 현세생활의 위험으로 인해 동요하게 마련이다

현세 생명의 가련한 인간 조건 때문에 빈번하게 발생하는 일이긴 하지만, 우리에게 광기에 가까운 어떤 무지가 생겨나지 않는다면, 다시 말해 원수를 친구로 생각하고 친구를 원수로 생각하는 일만 없다면, 오류와 시련으로 가득 찬 이 인간사회에서 우리를 위로해 줄 것이라고는 참답고 선한 친구들의 꾸밈없는 신뢰와 서로간의 사랑 말고 과연 무엇이 있겠는가?[85] 친구를 많이 둘수록, 더 많은 장소에 친구들을 둘수록 이 세상에 숱하게 쌓인 악 가운데 어떤 악이 그들에게 닥치지나 않을까 하여 우리의 두려움도 그만큼 멀리, 그만큼 널리 미친다. 그들이 기근이나 전쟁이나 질병이나 포로로 곤경을 치르지나 않을까 염려하고, 노예로 잡혀가서 상상할 수도 없는 흉악을 겪지나 않을까 걱정한다. 그리고 이보다 더 가슴 저미는 두려움은 그들의 우정이 배신과 악의와 패악으로 변해 버리지나 않을까 하는 것이다. 또 친우들에게 불상사가 닥치고 (자기에게 친구가 많으면 많을수록 그런 일이 닥치는 경우가 더 잦다) 우리에게까지 그 소식이 전해지는 경우 우리의 마음은 또 얼마나 깊은 상처를 받던가? 같은 고통을 겪어본 사람이 아니라면 누가 그 아픔을 감지할 수 있겠는가? 우리는 친구들이 그런 고통을 당하느니 차라리 죽었다는 소식을 듣고 싶을 정도까지 된

delectabat, unde fieri potest, ut eorum mors nullam nobis ingerat maestitudinem? Quam qui prohibet, prohibeat, si potest, amica conloquia, interdicat amicalem uel intercidat affectum, humanarum omnium necessitudinum uincula mentis inmiti stupore disrumpat aut sic eis utendum censeat, ut nulla ex eis animum dulcedo perfundat. Quod si fieri nullo modo potest, etiam hoc quo pacto futurum est, ut eius nobis amara mors non sit, cuius dulcis est uita? Hinc enim est et luctus quoddam non inhumani cordis quasi uulnus aut ulcus, cui sanando adhibentur officiosae consolationes. Non enim propterea non est quod sanetur, quoniam quanto est animus melior, tanto in eo citius faciliusque sanatur. Cum igitur etiam de carissimorum mortibus, maxime quorum sunt humanae societati officia necessaria, nunc mitius, nunc asperius affligatur uita mortalium: mortuos tamen eos, quos diligimus, quam uel a fide uel a bonis moribus lapsos, hoc est in ipsa anima mortuos, audire seu uidere mallemus. Qua ingenti materia malorum plena est terra, propter quod scriptum est: *Numquid non temptatio est uita humana super terram?* et propter quod ipse Dominus ait: *Vae mundo ab scandalis*, et iterum: *Quoniam abundauit*, inquit, *iniquitas, refrigescet caritas multorum*. Ex quo fit, ut bonis amicis mortuis gratulemur et, cum mors eorum nos contristet, ipsa nos certius consoletur, quoniam caruerunt malis, quibus in hac uita etiam boni homines uel conteruntur uel deprauantur uel in utroque periclitantur.

---

[86] 우정이 초래하는, 심적 동요와 불안을 핑계로 우정 자체를 초탈하라는 스토아의 주장에 키케로가 이미 반론을 전개한 바 있다(*De amicitia* 13.48).

[87] 하느님과 영혼 외에는 철학적 관심이 없다고 선언한 아우구스티누스(*Soliloquia* 1.2.7)이지만 자신의 체험에 비추어 우정이 갖는 사회적 측면을 중시하면서 하느님이라는 공동선을 지향하는 사랑과 노력(caritas fraterna)으로 승화시킨다. Cf. *Epistula* 154 ad Martinum; *Confessiones* 4.4.7 - 7.12.

[88] 욥기 7,1(LXX).

[89] 마태 18,7.

[90] 마태 24,12.

다. 비록 죽었다는 소식을 들었다고 해서 고통을 느끼지 않을 리는 없지만. 우정이 주는 위안으로 인해 그들이 살아있다는 사실이 우리를 즐겁게 하는데, 그들의 죽음이 우리에게 아무런 비통함을 일으키지 않는다는 것이 어찌 가능하겠는가? 우정어린 대화를 삼가겠다는 사람은, 할 수만 있다면, 삼가도록 하시라. 인간의 애정을 금지할 테면 금지해 보시라. 모든 인간관계의 인연을 무자비한 냉정으로 끊어버리는 사람이나, 그런 것으로 정신에 감미로움을 채워줘서는 안 되고 인간관계란 단지 이용할 따름이라고 여기는 사람은 그렇게 하도록 하시라.[86] 하지만 실제로 그렇게 하는 것이 불가능한 터에, 우정어린 한 사람이 살아있다는 것이 우리에게 그토록 감미롭다면 그의 죽음이 우리에게 쓰라림을 주지 않는다는 일이 어찌 가능하겠는가? 바로 그래서 비정하지 못한 마음에서 저절로 우러나는 애도는 일종의 생채기나 종기 같아서 그 상처에서 나으려면 상냥한 위로라는 수단을 쓸 수밖에 없다. 정신 상태가 더 좋을수록 그 속에서 일어나는 치유도 그만큼 빠르고 용이하다. 그렇다고 치유받아야 할 무엇이 전혀 없다는 말은 아니다.[87] 지극히 사랑스런 사람들의 죽음에 대해서, 특히 그들의 직책이 사회에 필수적이었을 경우에, 사멸할 인간들의 삶은 그 죽음으로 인해 시달리게 마련인데 그 시련이 때로는 더 무난하고, 때로는 더 힘겹다. 그러다가도 우리가 사랑하는 사람들이라면 그들이 신앙이나 선행으로부터 멀어져 타락했다고, 그래서 영혼에 있어 죽은 몸이라는 소식을 듣느니 차라리 그들이 죽었다는 말을 듣고 싶어질 때가 있다. 지상에는 저런 악들이 거대한 자원으로 차 있어서 성서에도 "땅 위에서 살아가는 인생은 한낱 시험이 아니더이까?"[88]라고 기록되어 있다. 바로 그래서 주님도 이렇게 말씀한다: "걸려 넘어지게 하는 일에 시달리는 세상은 불행합니다!"[89] 또 "무법이 늘어나 사람들의 사랑이 식을 것입니다"[90]라는 말씀도 있다. 그러다 보니 선량한 친구들이 죽고 나면 우리는 되레 가뿐한 심정을 가진다. 비록 그들의 죽음이 우리를 슬프게 하지만 그 죽음이 우리에게 더 확실한 위안을 주기 때문이다. 선량한 사람들이 현세생활에서 맞닥뜨리거나 타락하거나 하여간 양편에서 위험을 무릅써야 했던 저런 악에서 이제는 벗어났다는 이유에서다.

9. In societate uero sanctorum angelorum, quam philosophi illi, qui nobis deos amicos esse uoluerunt, quarto constituerunt loco, uelut ad mundum uenientes ab orbe terrarum, ut sic quodam modo complecterentur et caelum, nullo modo quidem metuimus, ne tales amici uel morte nos sua uel deprauatione contristent. Sed quia nobis non ea, qua homines, familiaritate miscentur (quod etiam ipsum ad aerumnas huius pertinet uitae) et aliquando Satanas, sicut legimus, transfigurat se uelut angelum lucis ad temptandos eos, quos ita uel erudiri opus est uel decipi iustum est: magna Dei misericordia necessaria est, ne quisquam, cum bonos angelos amicos se habere putat, habeat malos daemones fictos amicos, eosque tanto nocentiores, quanto astutiores ac fallaciores, patiatur inimicos. Et cui magna ista Dei misericordia necessaria est nisi magnae humanae miseriae, quae ignorantia tanta premitur, ut facile istorum simulatione fallatur? Et illos quidem philosophos in impia ciuitate, qui deos sibi amicos esse dixerunt, in daemones malignos incidisse certissimum est, quibus tota ipsa ciuitas subditur, aeternum cum eis habitura supplicium. Ex eorum quippe sacris uel potius sacrilegiis, quibus eos colendos, et ex ludis inmundissimis, ubi eorum crimina celebrantur, quibus eos placandos putarunt eisdem ipsis auctoribus et exactoribus talium tantorumque dedecorum, satis ab eis qui colantur apertum est.

---

[91] 9.23 참조. 신령한 존재들의 실재를 굳게 믿던 사회에서는 그들과 맺어지는 연대도 철학의 주제가 되었다. 예: Plato, *Timaeus* 39e - 40a.

[92] 고대인들은 "세계"(mundus)라는 개념에 천체 같은 지성체(知性體), 정령들과 신들까지 포함시켰다. 천사들과 타락한 천사들(maligni daemones)에 관해서는 8.12 이하에서 자세히 거론한 바 있다.

[93] 2고린 11,14 참조: "사탄조차 광명의 천사로 위장하는 수가 있지 않습니까?"

[94] 사목자(司牧者)로서의 경험에 비추어 인생고에 시달릴수록 미신이나 정령숭배에 기울어진다는 사실을 교부는 모르지 않았다.

[95] 교부는 정령숭배를 묵과하는 철학자들은 철학이론과 종교행실을 일치시키지 못한다고 규탄한다 (*Epistula* 164.4).

[96] 교부는 외교인들의 제사를 가리켜 sacra sacrilega, sacra sacrilegia(신성모독적 제사, 거룩한 신성모독)라는 반어법을 즐겨 쓴다(2.4; 7.21 참조). Cf. *De Trinitate* 4.13: per falsam philosophiam magis inflans aut per sacra sacrilega inretiens(악령은 인간을 "거짓 철학으로 더욱 으스대게 만들고 신성모독적 제사로 옭아맨다").

9. 이 세계에서는 악령들의 기만 때문에 인간에게 거룩한 천사들의 우정이 출현할 수 없으니, 다수의 신들을 숭배해야 한다고 생각한 사람들은 다름아닌 그 악령들의 손에 떨어진다

신들이 우리에게 친구로 임해 주기를 바라던 저 철학자들은 거룩한 천사들의 사회에다 넷째 공간을 설정했다.[91] 천하(天下)로부터 세계로 옮겨가는 것인데 여기에는 어떤 면에서 하늘도 포함된다.[92] 저기서는 친구들이 그들의 죽음이나 타락으로 우리를 슬프게 만들까 두려워하지 않아도 된다. 그러나 천사들이 우리와 사귈 때는 우리가 인간으로서 나누는 그런 친밀함을 보이며 사귀지는 않는다. (이 현세에서는 그 점도 우리에게 번뇌가 된다.) 심지어 우리가 성서에서 읽는 바와 같이,[93] 사탄은 자신을 빛의 천사로 변장하여 가르침이 필요한 사람들과 속을 만한 사람들을 유혹하기도 한다. 그래서 자기가 선한 천사들을 친구로 사귀고 있다고 생각하는데, 사실은 친구로 위장하는 악한 정령들과 사귀는 일이 없으려면, 또 그만큼 교활하고 속이기를 잘하여 그만큼 해로운 원수들에게 당하지 않으려면, 하느님의 크나큰 자비가 필요하다. 막대한 인간적 불행에 부딪혀 엄청난 무지에 짓눌리다 보면 쉽사리 그자들의 위장에 속아 넘어가기 쉬운데, 그 사람들만큼 하느님의 크나큰 자비가 필요한 사람들이 누구이겠는가?[94] 불경스런 도성에 사는 저 철학자들은 신들이 자기네 친구라는 말을 했지만, 결국 악한 정령들의 손아귀에 떨어졌음이 확실하다. 도성 전체가 그 정령들에게 예속되어 있고, 그럴 경우에는 그 정령들과 더불어 영원한 형벌을 받을 것이다.[95] 그 사람들이 그 정령들을 예배한다면서 거행하는 거룩한 제의, 아니 차라리 독성적인 제의[96]를 보더라도, 추접하기 짝이 없는 경기 공연을 보더라도, 그런 의식으로 숭배받는 자들이 도대체 어떤 자들인지가 잘 드러난다. 저 경기 공연은 신들의 죄상(罪狀)을 축제로 거행하는 내용인데, 그 짓으로 신들을 무마시켜야 한다고 사람들은 생각했다. 그런데 저처럼 불측한 짓들을 조장하고 독려한 것은 다름아닌 그 정령들이었다.[97]

---

[97] 2권과 3권에서 이교도의 제의(祭儀)와 신들의 이름으로 개최하는 경기 공연의 외설스러움과 모순됨을 장황하게 다룬 바 있다.

10. Sed neque sancti et fideles unius ueri Dei summique cultores ab eorum fallaciis et multiformi temptatione securi sunt. In hoc enim loco infirmitatis et diebus malignis etiam ista sollicitudo non est inutilis, ut illa securitas, ubi pax plenissima atque certissima est, desiderio feruentiore quaeratur. Ibi enim erunt naturae munera, hoc est, quae naturae nostrae ab omnium naturarum creatore donantur, non solum bona, uerum etiam sempiterna, non solum in animo, qui sanatur per sapientiam, uerum etiam in corpore, quod resurrectione renouabitur; ibi uirtutes, non contra ulla uitia uel mala quaecumque certantes, sed habentes uictoriae praemium aeternam pacem, quam nullus aduersarius inquietet. Ipsa est enim beatitudo finalis, ipse perfectionis finis, qui consumentem non habet finem. Hic autem dicimur quidem beati, quando pacem habemus, quantulacumque hic haberi potest in uita bona; sed haec beatitudo illi, quam finalem dicimus, beatitudini comparata prorsus miseria reperitur. Hanc ergo pacem, qualis hic potest esse, mortales homines in rebus mortalibus quando habemus, si recte uiuimus, bonis eius recte utitur uirtus; quando uero eam non habemus, etiam malis, quae homo patitur, bene utitur uirtus. Sed tunc est uera uirtus, quando et omnia bona, quibus bene utitur, et quidquid in bono usu bonorum et malorum facit, et se ipsam ad eum finem refert, ubi nobis talis et tanta pax erit, qua melior et maior esse non possit.

---

[98] Cf. *De Trinitate* 14.9.12.

[99] 이하의 "평화론"에서 현세와 내세의 궁극 목적으로까지 여겨지는 평화는, 강자의 약자에 대한 정복을 가리키거나(pax Romana), 지배욕과 적개심, 탐욕과 복수심의 충돌이나 유혈사태가 일시 중단된 상태가 아니고 근원적 질서의 회복(tranquilitas ordinis), 예컨대 만유가 하느님께 복속하고 육체가 정신에 복속하는 경지로 해설된다.

제2부 (10-20)
선의 목적으로 만인이 희구하는 평화

10. 이승살이의 유혹을 이긴 데 대해 성도에게 무슨 결실이 마련되는가

거룩하고 신실한 사람들, 유일하고 참되고 지존한 하느님을 숭배하는 사람들도 저 정령들의 속임수와 다채로운 유혹에서 안전하지 못하다. 다만 이 덧없는 땅에서, 이 사악한 세월에 겪는 이런 불안不安은 무익한 것이 아니다. 왜냐하면 그같은 불안으로 인해 신앙인들은 더없이 충만하고 더없이 확실하다고 할 평화로운 안전을 열렬히 소망하고 추구할 것이기 때문이다. 그곳에서야말로 자연본성의 선물, 곧 모든 자연본성들의 창조주가 우리 본성에 부여한 선물이 단지 선한 데서 그치지 않고 영구한 것이 되리라. 그 점은 지혜를 통해 치유되는 정신에만 국한되지 않고 부활을 통해 새로워질 육체에도 해당할 것이다. 거기서는 덕목이라는 것이 어떤 악덕이나 악을 상대로 투쟁하는 무엇이 되지 않고, 승리의 상급으로 영원한 평화를 획득할 것이고 그 평화는 어떤 원수도 흔들어 놓지 못할 것이다.[98] 이것이 최후의 지복이요 궁극적 완성이며, 그 끝은 소진됨이 없을 것이다. 이곳에서도 우리가 평화를 누릴 때 행복하다는 말을 한다. 여기서도 선한 삶에서 미진하나마 평화라는 것을 누릴 수 있다. 그러나 이런 행복은 우리가 최후의 지복이라고 일컫는 것에 비교하면 불행이나 다름없다. 그렇더라도 이 평화, 이승에서 누릴 수 있을 만큼의 평화, 곧 우리 사멸할 인간들이 사멸할 사물에 대해 이 평화를 누릴 때, 우리가 옳게만 산다면, 인간의 덕성은 이 평화의 선익을 올바로 사용하는 것이다. 또 설령 우리가 이런 평화를 간직하지 못했을 경우에도 인간이 겪는 악을 선하게 이용한다면, 그것은 덕성이 된다. 하지만 인간의 덕이 모든 선들을 선용하면서도 그 모든 선을 최후의 목적과 관련시킬 때, 다시 말해 선이든 악이든 선용하면서 그 모든 것을 저 최후의 목적과 연관시킬 때, 나아가서는 덕성 그 자체를 저 최후의 목적과 연관시킬 때 그때야말로 덕은 참다운 덕이 된다. 그보다 더 좋고 그보다 더 큰 평화가 없을 만큼 훌륭하고 위대한 평화가 우리에게 주어질 저 최후의 목적 말이다.[99]

11. Quapropter possemus dicere fines bonorum nostrorum esse pacem, sicut aeternam diximus uitam, praesertim quia ipsi ciuitati Dei, de qua nobis est ista operosissima disputatio, in sancto dicitur Psalmo: *Lauda Hierusalem Dominum, conlauda Deum tuum Sion; quoniam confirmauit seras portarum tuarum, benedixit filios tuos in te, qui posuit fines tuos pacem.* Quando enim confirmatae fuerint serae portarum eius, iam in illam nullus intrabit nec ab illa ullus exibit. Ac per hoc fines eius eam debemus hic intellegere pacem, quam uolumus demonstrare finalem. Nam et ipsius ciuitatis mysticum nomen, id est Hierusalem, quod et ante iam diximus, uisio pacis interpretatur. Sed quoniam pacis nomen etiam in his rebus mortalibus frequentatur, ubi utique non est uita aeterna, propterea finem ciuitatis huius, ubi erit summum bonum eius, aeternam uitam maluimus commemorare quam pacem. De quo fine apostolus ait: *Nunc uero liberati a peccato, serui autem facti Deo, habetis fructum uestrum in sanctificationem, finem uero uitam aeternam.* Sed rursus quia uita aeterna ab eis, qui familiaritatem non habent cum scripturis sanctis, potest accipi etiam malorum uita, uel secundum quosdam etiam philosophos propter animae inmortalitatem uel secundum etiam fidem nostram propter poenas interminabiles impiorum, qui utique in aeternum cruciari non poterunt, nisi etiam uixerint in aeternum: profecto finis ciuitatis huius, in quo summum habebit bonum, uel pax in uita aeterna uel uita aeterna in pace dicendus est, ut facilius ab omnibus possit intellegi. Tantum est enim pacis bonum, ut etiam in rebus terrenis atque mortalibus nihil gratius soleat audiri, nihil desiderabilius concupisci, nihil postremo possit melius inueniri. De quo si aliquanto diutius loqui uoluerimus, non erimus, quantum

---

[100] 인생의 최종 목적 또는 최고선은 행복 혹은 하느님과의 합일(adhaerere Deo: 10.3.2)인데, 하느님의 도성이라는 사회적 차원에서는 "평화"로 구체화하여 "영원한 생명 속의 평화나 평화 속의 영원한 생명"(vel pax in vita aeterna vel vita aeterna in pace)으로 종합된다(22.29-30).

[101] 시편 147,1-3[12-14]. "네 목적으로 평화를 부여하셨도다(qui posuit fines tuos pacem)"는 구절이 보통 "네 강토에 평화를 가져다 주시고"로 번역된다(새번역 참조).

[102] visio pacis: 교부들의 지명록에는 한결같이 이렇게 나오지만(예: Hieronymus, *De nominibus hebraicis* 50.9) 지금은 "하림의 마을"[Chalim(가나안 토속신)의 Ir(마을)]로 풀이된다.

[103] 로마 6,22. [200주년의 끝 구절: "그 마지막 열매는 영원한 생명입니다."]

[104] 악인들의 영원한 운명은 고대 철학자들도 언명한 바 있다. 예: Plato, *Respublica* 614d - 615b; *Phaedo* 113d - 114b; Plotinus, *Enneades* 3.4.6.

[105] 앞의 각주 100 참조. "네 목적으로 평화를 부여하셨도다"라는 시편 구절과 "그 목적은 영원한 생명입니다"라는 사도의 글귀를 병합하면 궁극적 평화와 영원한 생명이 같은 것으로 드러난다.

11. 성도에게는 영원한 평화의 지복에 선의 목적, 곧 참된 완성이 있다

그러므로 우리 선善의 목적은 영원한 생명이라고 말한 바 있듯이, 여기서 선의 목적은 평화라고 말할 수 있다.[100] 하느님의 도성에 관해 우리가 참으로 힘겨운 논의를 진행하는 중인데 거룩한 시편에는 이렇게 말하고 있다: "예루살렘아, 주님을 기려라, 시온아, 네 하느님을 찬양하라, 네 성문들의 빗장을 튼튼하게 하시고 네 안에 있는 아들들에게 복을 내리시니. 네 목적으로 평화를 부여하셨도다."[101] 그 성문의 빗장들이 든든해졌다면 아무도 그 안으로 들어가지 못하고 아무도 거기서 나오지 못할 것이다. 바로 그래서 우리는 그 도성의 목적이 저 평화라고 이해하지 않으면 안 된다. 또 우리는 그 평화가 최종적인 것임을 입증하고자 한다. 왜냐하면 저 도성의 신비로운 이름, 다시 말해 앞에서도 말한 바 있는 예루살렘은 "평화의 환시"라고 풀이되기 때문이다.[102] 하지만 평화라는 단어는 이 사멸할 인간사에서도 흔히 나오는데, 이곳에는 영원한 생명이 존재하지 않기 때문에 영원한 생명이 최고선으로 존재하는 저곳을 가리키면서 우리는 저 도성의 목적을 평화라고 언명하기보다는 영원한 생명이라고 언급하는 편이 더 낫다고 여겼던 것이다. 그 목적에 관해서는 사도도 언급한 바가 있다: "죄로부터 해방되어 하느님을 섬기는 종이 되었으니 이제 여러분이 맺는 열매는 성덕으로 이끌고 그 목적은 영원한 생명입니다."[103] 그런데 또 성서에 친숙하지 않은 사람들은 악인들의 생명도 영원한 생명이라는 뜻으로 받아들일 수 있다. 어떤 철학자들의 말에 따르면, 영혼의 불사불멸 때문에 그렇게 생각할 수 있겠고,[104] 또 우리의 신앙에 따르면 악인들의 끝없는 징벌 때문에 그렇게 생각할 수 있으니, 영원히 살지 않는다면 영원히 벌받는 일이 불가능한 까닭이다. 그러므로 최고선을 갖추게 될 저 도성의 목적은, 누구나 이해하기 쉽게 말해서, 영원한 생명 속에 누리는 평화이거나 평화 속에 누리는 영원한 생명이라고 말해야 하리라.[105] 평화라는 선이란 참으로 좋은 것이어서, 지상의 사멸할 사물들 가운데 이보다 더 듣기에 고마운 말마디가 없고 이보다 더 욕심내기에 소망스런 것이 없으며 이보다 더 찾아얻기에 훌륭한 것이 없다. 이것에 대해서는 우리가 더 긴 이야기를 해도 독자들에게 부담이 되지 않으리라고 생

arbitror, onerosi legentibus, et propter finem ciuitatis huius, de qua nobis sermo est, et propter ipsam dulcedinem pacis, quae omnibus cara est.

12. Quod mecum quisquis res humanas naturamque communem utcumque intuetur agnoscit; sicut enim nemo est qui gaudere nolit, ita nemo est qui pacem habere nolit. Quando quidem et ipsi, qui bella uolunt, nihil aliud quam uincere uolunt; ad gloriosam ergo pacem bellando cupiunt peruenire. Nam quid est aliud uictoria nisi subiectio repugnantium? Quod cum factum fuerit, pax erit. Pacis igitur intentione geruntur et bella, ab his etiam, qui uirtutem bellicam student exercere imperando atque pugnando. Vnde pacem constat belli esse optabilem finem. Omnis enim homo etiam belligerando pacem requirit; nemo autem bellum pacificando. Nam et illi qui pacem, in qua sunt, perturbari uolunt, non pacem oderunt, sed eam pro arbitrio suo cupiunt commutari. Non ergo ut sit pax nolunt, sed ut ea sit quam uolunt. Denique etsi per seditionem se ab aliis separauerint, cum eis ipsis conspiratis uel coniuratis suis nisi qualemcumque speciem pacis teneant, non efficiunt quod intendunt. Proinde latrones ipsi, ut uehementius et tutius infesti sint paci ceterorum, pacem uolunt habere sociorum. Sed etsi unus sit tam praepollens uiribus et conscios ita cauens, ut nulli socio se committat solusque insidians et praeualens quibus potuerit oppressis et extinctis praedas agat, cum eis certe, quos occidere non potest et quos uult latere quod facit, qualemcumque umbram pacis tenet. In domo

---

[106] etiam *belligerando pacem* requirit, nemo autem *bellum pacificando*: 평화라는 일차적 목적을 부각시키는 문장이다.

각한다. 우리가 다루는 이 도성의 목적 때문에도 그렇고, 모든 이들에게 사랑스런 평화라는 말의 감미로움 때문에도 그럴 것이다.

12. 전쟁하는 사람들의 포악함마저, 인간들의 온갖 사악함마저 평화라는 목표에 도달하기를 꿈꾸며, 평화를 욕구하지 않는 자연본성은 하나도 없다
    12.1. 평화는 모두가 얻고 싶어한다

누가 나와 더불어 인간사를 관찰하고 공통된 인간 본성을 살펴본다면, 누구나 다음 사실을 인정할 것이다. 즐거움을 누리기 싫어하는 사람이 아무도 없듯이 평화를 간직하기 싫어하는 사람은 아무도 없다. 사람들이 전쟁을 할 때는 이기는 것 말고는 아무것도 바라지 않는다. 그러니까 전쟁을 함으로써 영광스런 평화에 도달하기를 바라는 셈이다. 사실 승리라는 것은 반항하는 사람들의 정복이 아니고 무엇인가? 그 정복이 이루어지고 나면 평화가 올 것이다. 그러니까 전쟁마저 평화를 지향하여 수행된다. 군대를 지휘하고 전투를 치르면서 호전적 용맹을 발휘하려고 애쓰는 사람들도 사실은 마찬가지다. 그러니까 전쟁의 소기의 목적은 평화임이 분명하다. 모든 인간은 전쟁을 하면서도 평화를 찾는 데 비해 평화를 누리면서 전쟁을 찾는 사람은 아무도 없다.[106] 그 이유는 기존의 평화를 교란시키려는 사람들마저 평화 자체를 싫어하는 것은 아니고, 자기 자의恣意대로 그 평화를 변경하려는 것이기 때문이다. 평화가 오는 것을 싫어해서가 아니고 자기들이 원하는 평화를 이루려고 시도하는 것이다. 폭동을 일으켜 다른 사람들로부터 분리된 자들도 적어도 함께 음모하고 함께 봉기한 사람들과 어떻게든 일종의 평화를 유지하지 않는 한 소기의 목적을 달성하기 어렵다. 그리하여 강도들도 다른 사람들의 평화를 더욱 난폭하고 더욱 안전하게 유린하려는 뜻에서 동지들의 평화를 유지하려고 애쓴다. 설령 강도 하나가 세력이 막강하여 동료들을 철저히 경계하고 어떤 동료도 신뢰하지 않으며 오로지 혼자서 음모를 꾸미고 자기 힘이 미치는 대로 혼자서 남을 억누르고 제거하면서 약탈물을 혼자서 챙긴다고 하더라도, 자기가 죽이지 못하는 사람들이나 자기 행실을 감추고 싶은 상대에게는 어떤 형태로든 평화의 가면을 쓴다. 또 그런 작자

autem sua cum uxore et cum filiis, et si quos alios illic habet, studet profecto esse pacatus; eis quippe ad nutum obtemperantibus sine dubio delectatur. Nam si non fiat, indignatur corripit uindicat et domus suae pacem, si ita necesse sit, etiam saeuiendo componit, quam sentit esse non posse, nisi cuidam principio, quod ipse in domo sua est, cetera in eadem domestica societate subiecta sint. Ideoque si offerretur ei seruitus plurium, uel ciuitatis uel gentis, ita ut sic ei seruirent, quem ad modum sibi domi suae seruiri uolebat: non se iam latronem latebris conderet, sed regem conspicuum sublimaret, cum eadem in illo cupiditas et malitia permaneret. Pacem itaque cum suis omnes habere cupiunt, quos ad arbitrium suum uolunt uiuere. Nam et cum quibus bellum gerunt, suos facere, si possint, uolunt eisque subiectis leges suae pacis inponere.

Sed faciamus aliquem, qualem canit poetica et fabulosa narratio, quem fortasse propter ipsam insociabilem feritatem semihominem quam hominem dicere maluerunt. Quamuis ergo huius regnum dirae speluncae fuerit solitudo tamque malitia singularis, ut ex hac ei nomen inuentum sit (Graece namque malus κακὸς dicitur, quod ille uocabatur), nulla coniux ei blandum ferret referretque sermonem, nullis filiis uel adluderet paruulis uel grandiusculis imperaret, nullo amici conloquio frueretur, nec Vulcani patris, quo uel hinc tantum non parum felicior fuit, quia tale monstrum ipse non genuit; nihil cuiquam daret, sed a quo posset quidquid uellet et quando posset quem uellet auferret: tamen in ipsa sua spelunca solitaria,

---

[107] 4.4 참조: "정의 없는 왕국들은 강도떼."

[108] subiectis leges suae pacis imponere: 베르길리우스의 유명한 시구(Vergilius, *Aeneis* 6.851-853: pacique imponere morem / parcere subiectis ...)를 거의 그대로 인용하고 있다(본서 5.12.2 참조).

[109] semihomo: "반인반수"(半人半獸)이지만 이하에 "반수"(semiferus)라는 말이 따로 나오므로 이렇게 표기해 본다. 예: Vergilius, *Aeneis* 8.194-279: spelunca ... semihominis Caci facies("반인 카쿠스의 얼굴").

[110] 카쿠스는 불을 다루는 대장장이 불카누스 신의 아들로서 팔라티눔 언덕에 살던 괴물로 헤르쿨레스의 소를 훔쳤다가 영웅의 손에 죽는 것으로 묘사된다. Cf. Ovidius, *Fasti* 1.543 이하.

도 자기 집안에서는 아내나 자식들과는, 그리고 거기에 다른 식구들이 있을 경우에는 그 사람들과는 평화롭게 지내려고 힘쓴다. 그들은 자기 눈짓 하나에 복종하는 것을 보고서 내심으로 즐거워한다. 만일 뜻대로 안 되면 분개하여 꾸짖고 보복을 가한다. 그렇게 해서 자기 집안의 평화를 유지하려고 한다. 필요에 따라서는 가혹한 조처를 취하기까지 한다. 단일한 가정사회에서 다른 모든 식구들이 어느 우두머리에겐가 복종하지 않으면 그 평화가 존재하지 못한다고 생각한다. 물론 자기 집에서는 자기가 우두머리가 된다. 이처럼 다수의 예속이 그에게 제공되고, 더구나 한 도시국가나 한 민족의 예속이 그에게 제공되어, 마치 자기 집에서 누구나 자기를 섬기기 바라듯이 모두가 자기를 섬기기에 이른다고 하자. 그러면 그자는 소굴에 숨는 강도가 아니고 의젓하게 임금으로 행세할 것이다. 물론 강도로서의 탐욕과 악의가 고스란히 그자에게 남아있겠지만.[107] 그러므로 모든 인간은 자기 동료들과의 평화를 원하고 그들이 자기 의사에 따라 움직이며 살기를 바란다. 심지어 누구와 전쟁을 치르더라도 가능하다면 상대방을 자기 사람으로 만들고, 자기에게 정복된 인간들에게 자기 나름대로 평화의 법률을 부과하고 싶어한다[108]

12.2. 카쿠스와 맹수들에게도 나름대로 평화가 있다

그러면 시가나 설화에서 이야기하는 인물, 사회를 아예 모르는 야수성 때문에 작가들이 인간이라기보다는 반인[109]이라고 부르고 싶어한 카쿠스를 예로 들어보자. 이자의 왕국이라야 음침한 외진 동굴이었고, 참으로 못된 악의를 품고 있어서 그의 이름이 그 악의에서 비롯될 정도였다. (그리스어로 "악하다"는 말을 카코스라고 한다. 그런데 이자를 바로 카쿠스라고 부른다.) 그는 정다운 말을 주고받을 마누라도 두지 않았다. 어렸을 적에는 함께 놀아주고 조금 크면 호령을 내릴 자식들도 없었다. 친우의 대화라는 것도 누려보지 못했다. 그의 부친 불카누스와도 대화를 가져본 적이 없었다.[110] 그가 자기 부친보다 조금이라도 더 행복했다면 그것은 자기 같은 괴물을 낳지 않았다는 사실 때문이리라. 그는 남에게 아무것도 준 적이 없으며 자기가 하고 싶으면 무엇이든지 빼앗았는데, 힘닿는 대로 아무에게서나 빼앗았고, 힘닿는 대로 아무 때나 빼앗았다.

cuius, ut describitur, semper recenti caede tepebat humus, nihil aliud quam pacem uolebat, in qua nemo illi molestus esset, nec eius quietem uis ullius terrorue turbaret. Cum corpore denique suo pacem habere cupiebat, et quantum habebat, tantum bene illi erat. Quando quidem membris obtemperantibus imperabat, et ut suam mortalitatem aduersum se ex indigentia rebellantem ac seditionem famis ad dissociandam atque excludendam de corpore animam concitantem quanta posset festinatione pacaret, rapiebat necabat uorabat et quamuis inmanis ac ferus paci tamen suae uitae ac salutis inmaniter ac ferociter consulebat; ac per hoc si pacem, quam in sua spelunca atque in se ipso habere satis agebat, etiam cum aliis habere uellet, nec malus nec monstrum nec semihomo uocaretur. Aut si eius corporis forma et atrorum ignium uomitus ab eo deterrebat hominum societatem, forte non nocendi cupiditate, sed uiuendi necessitate saeuiebat. Verum iste non fuerit uel, quod magis credendum est, non talis fuerit, qualis poetica uanitate describitur; nisi enim nimis accusaretur Cacus, parum Hercules laudaretur. Talis ergo homo siue semihomo melius, ut dixi, creditur non fuisse, sicut multa figmenta poetarum. Ipsae enim saeuissimae ferae, unde ille partem habuit feritatis (nam et semiferus dictus est), genus proprium quadam pace custodiunt coeundo gignendo pariendo, fetus fouendo atque nutriendo, cum sint pleraeque insociabiles et soliuagae; non scilicet ut oues cerui columbae sturni apes, sed ut leones lupi uulpes aquilae noctuae. Quae enim tigris non filiis suis mitis inmur-

---

[111] 교부는 인간관계를 상실함이 한 인간을 반인반수의 괴물로 만든다는 요지로 이 전설을 인용하고 있으나 혹자(Diodorus Siculus, *Bibliotheca* 4.21.2)에 의하면 카쿠스는 헤르쿨레스를 정중히 맞아준 영웅이기도 하고, 혹자(Livius, *Ab Urbe condita* 1.7.5-10)에 의하면 거구의 목자였는데 에반델의 소떼를 훔쳐 토벌당했다는 전설도 있다.

[112] Cf. Vergilius, *Aeneis* 9.267: pectora semiferi(반수의 가슴을).

그래서 시인이 묘사하는 바에 의하면, 그의 외딴 동굴 속에서는 최근에 저지른 살육으로 흙이 언제나 핏물로 축축하게 젖어 있었다고 하는데, 그가 바라는 것도 평화 외에는 아무것도 아니었다. 즉, 아무도 그를 귀찮게 하지 않고 그 누구의 완력이나 공포도 그의 평안을 깨뜨리지 않는 일이었다. 자기 몸뚱이와도 평화를 누리기를 바랐고 그 평화를 누리는 한에는 잘 지냈다. 사지四肢에다 명령을 내리면 명령대로 말을 잘 듣는다. 무슨 부족한 것이 있으면 사멸하는 본성이 본인에게 대항하여 반란을 일으키고, 배고픔에서 오는 소란이 마치 영혼을 육체로부터 축출시켜 버릴 정도로 위협을 가해 오면 그자는 급히 서둘러 힘닿는 대로 그 자연본성을 평정하려고 노력한다. 그래서 사냥하고 죽이고 찢어 먹었던 것이다. 비록 무자비하고 야만스럽기는 했지만 그자는 자기 생명과 건강의 평화를 도모했을 뿐이다. 다만 평화를 도모한다면서 무자비하게 또 야수같이 굴었던 점만 다르다. 그러므로 자기 동굴 속에서, 자기 자신에게서 평화를 도모하던 방식으로 타인들과도 평화를 도모했다면 그자를 악당으로, 괴물로, 반인으로 부르지는 않았을 것이다. 설혹 그의 몸뚱아리 생김새나 입에서 사나운 불길을 내뿜는 짓이 인간들의 사회를 공포에 떨게 만들었다면, 그가 그렇게 사납게 군 것은 누구를 해치려는 욕심보다는 살아남아야 할 필요성 때문이었을 것이다. 아마 그자는 아예 존재하지도 않았거나, 더욱 신빙성있는 얘기로는 시인들의 허황한 창작에 나오는 그런 존재가 아니었나 싶다.[111] 카쿠스가 지나치게 욕을 먹지 않았다면 헤르쿨레스도 그를 죽여 없앴다고 해서 그다지 칭송을 받지는 못했을 것이다. 이미 말했지만 시인들의 많은 허구적 작품이 그렇듯이 카쿠스와 같은 인간 혹은 반인半人은 존재하지 않았다고 믿는 편이 더 낫다. 왜냐하면 그가 비록 더할 나위 없이 사나운 맹수들로부터 야수성을 일부 지니고는 있었지만(그래서 그를 반수半獸[112]라고도 했다) 저 사나운 맹수들도 일종의 평화 속에서 자기 종족을 보존하기 때문이다. 상당수는 무리를 이루지 않고 혼자 돌아다니기도 하지만 그래도 교미하고 새끼를 낳고 새끼에게 젖을 먹여서 키운다. 양이나 사슴, 집비둘기나 찌르레기, 벌과는 달리 사자와 늑대와 여우, 독수리와 올빼미는 혼자 돌아다니며 산다. 아무리 호랑이라도 제 새끼들

murat et pacata feritate blanditur? Quis miluus, quantumlibet solitarius rapinis circumuolet, non coniugium copulat, nidum congerit, oua confouet, pullos alit et quasi cum sua matre familias societatem domesticam quanta potest pace conseruat? Quanto magis homo fertur quodam modo naturae suae legibus ad ineundam societatem pacemque cum hominibus, quantum in ipso est, omnibus obtinendam, cum etiam mali pro suorum pace belligerent omnesque, si possint, suos facere uelint, ut uni cuncti et cuncta deseruiant; quo pacto, nisi in eius pacem uel amando uel timendo consentiant? Sic enim superbia peruerse imitatur Deum. Odit namque cum sociis aequalitatem sub illo, sed inponere uult sociis dominationem suam pro illo. Odit ergo iustam pacem Dei et amat iniquam pacem suam. Non amare tamen qualemcumque pacem nullo modo potest. Nullius quippe uitium ita contra naturam est, ut naturae deleat etiam extrema uestigia.

Itaque pacem iniquorum in pacis comparatione iustorum ille uidet nec pacem esse dicendam, qui nouit praeponere recta prauis et ordinata peruersis. Quod autem peruersum est, etiam hoc necesse est ut in aliqua et ex aliqua et cum aliqua rerum parte pacatum sit, in quibus est uel ex quibus constat; alioquin nihil esset omnino. Velut si quisquam capite deorsum pendeat, peruersus est utique situs corporis et ordo membrorum, quia id, quod desuper esse natura postulat, subter est, et quod illa subter uult esse, desuper factum est; conturbauit carnis pacem ista peruersitas et ideo mo-

---

[113] odit *iustam pacem Dei* et amat *iniquam pacem suam*: 교부가 하느님 도성의 평화와, 제국의 역사에서 목격한 지상 도성의 평화를 구분하는 기준이 나타난다.

[114] 하느님에 대한 복종이라는 근원적 질서가 유린되어 있는 경우 인간의 평화는 표면적인 것에 불과하다는 점이 이하에서 교부가 주장하는 바다.

[115] 아우구스티누스에게 형상(species), 척도(modus), 질서(ordo)는 사물의 존재를 구성하는 형이상학적 원리이다(*De natura boni* 3.3). 이하에는 이 "질서"를 사회적 차원에서 형이상학적 차원으로까지 확대한다.

에게는 순하게 그르렁거리고 사나움을 누그러뜨린 채 달래지 않던가? 솔개는 혼자 살고 먹이를 찾아 빙빙 돌지만 짝짓기를 하고 둥지를 만들고 알을 품고 새끼들에게 먹이를 갖다주지 않던가? 그래서 마치 자기 주부와 더불어 하는 데까지 평화를 이루어 가정사회를 보존하는 것처럼 보이지 않던가? 그러니 하물며 인간이야말로 어느 모로 자기 본성의 법칙에 따라서 사람들과 더불어, 가능하다면 모든 사람과 더불어 사회관계를 맺고 평화를 달성하려고 힘쓰지 않는가? 악인들이 전쟁을 벌이는 것도 자기 편 사람들의 평화를 위해서이고, 할 수만 있다면 만인을 자기 사람으로 만들고 싶어하는 것이며, 모든 사람과 모든 사물이 한 사람을 섬기게 만들려는 생각에서다. 그 한 사람을 사랑하든 무서워하든 어떻게 해서든지 그의 평화에 동조하게 만들려는 것이 아닌가? 그리하여 오만이 변태적으로 하느님을 흉내내는 것이다. 오만은 하느님 밑에서 동료들과 더불어 평등을 누리는 것을 거부하고 하느님 대신 자신의 지배권을 동료들에게 부과하고 싶어한다. 오만은 하느님의 정의로운 평화를 싫어하고 자신의 불의한 평화를 좋아한다.[113] 하지만 어떤 평화든 평화를 사랑하지 않고는 배기지 못한다. 따라서 어느 인간의 악덕도 평화를 사랑하는 자연본성의 궁극적 자취마저 말살할 만큼 자연본성과 상치되지는 못한다.

12.3. 평화를 부정하는 것처럼 보이는 사건에서도 평화는 존재한다

그러므로 사악하기보다는 올바르기를 앞세우고 질서에 어긋나기보다는 질서있기를 앞세울 줄 아는 사람이라면, 불의한 인간들의 평화가 의인들의 평화에 비해 평화라고 불릴 만한 것이 못 된다는 사실을 깨달으리라.[114] 그런데 비록 질서가 어긋난 경우라도, 사물들의 어떤 부분에서, 또 어떤 부분으로 인해서, 또 어떤 부분과 더불어 평화가 유지되려면, 이것이나마 필요한 경우가 있다. 질서는 그 사물들 속에 존재하거나 그 사물들로 구성되는 것이다. 그 질서가 없다면 아예 아무것도 존재하지 않을 것이다.[115] 예컨대 만약 누군가 머리를 거꾸로 해서 매달려 있다면, 신체의 위치가 거꾸로 뒤집혀 있고 사지의 질서가 전도된 것이다. 본성상 위쪽에 있어야 할 것이 밑으로 와 있고 밑에 있고 싶은 것이 위로가 있는 까닭이다. 그래서 그런 상태는 육신의 평화가 깨진 상태고, 그렇게 뒤

lesta est: uerum tamen anima corpori suo pacata est et pro eius salute satagit, et ideo est qui doleat; quae si molestiis eius exclusa discesserit, quamdiu compago membrorum manet, non est sine quadam partium pace quod remanet, et ideo est adhuc qui pendeat. Et quod terrenum corpus in terram nititur et uinculo quo suspensum est renititur, in suae pacis ordinem tendit et locum quo requiescat quodam modo uoce ponderis poscit, iamque exanime ac sine ullo sensu a pace tamen naturali sui ordinis non recedit, uel cum tenet eam, uel cum fertur ad eam. Si enim adhibeantur medicamenta atque curatio, quae formam cadaueris dissolui dilabique non sinat, adhuc pax quaedam partes partibus iungit totamque molem adplicat terreno et conuenienti ac per hoc pacato loco. Si autem nulla adhibeatur cura condendi, sed naturali cursui relinquatur, tamdiu quasi tumultuatur dissidentibus exhalationibus et nostro inconuenientibus sensui (id enim est quod in putore sentitur), donec mundi conueniat elementis et in eorum pacem paulatim particulatimque discedat. Nullo modo tamen inde aliquid legibus summi illius creatoris ordinatorisque subtrahitur, a quo pax uniuersitatis administratur; quia, etsi de cadauere maioris animantis animalia minuta nascantur, eadem lege creatoris quaeque corpuscula in salutis pace suis animulis seruiunt; etsi mortuorum carnes ab aliis animalibus deuorentur, easdem leges per cuncta diffusas ad salutem generis cuiusque mortalium congrua congruis pacificantes, quaqua uersum trahantur et rebus quibuscumque iungantur et in res quaslibet conuertantur et commutentur, inueniunt.

---

[116] est adhuc *qui pendet*: 사람의 시체를 사람으로 부르던 당대의 관습을 따르고 있다.

[117] 죽은 시체가 매달렸더라도 사지가 분해되지 않는 한, 또 땅바닥에 드러눕는 상태를 지향하고 있는 한 물체의 본성에서 우러나는 평화가 유지되고 있다는 설명이다.

[118] pax universitatis: 이하에서는 "보편적 평화"(pax universalis)라고도 번역한다.

집힌 상태는 몹시 거북하게 마련이다. 하지만 그런 와중에도 영혼은 자기 육체와 평화를 유지하고 있으며 육체의 안전을 회복하기 위해 전력을 다하고 있다. 바로 그래서 사람이 통증을 느끼는 것이다. 만일 영혼이 그 괴로움을 견디지 못해 육체로부터 이탈하여 떠나버린다고 하더라도 지체들의 연결이 그대로 있는 한, 부분들 간의 평화가 아예 없어지지는 않고 거기 남아있다. 그래서 거꾸로 매달린 사람이 아직 존재하고 있는 것이다.[116] 또 지상적 물체는 땅을 향하고 그 물체를 공중에 매달아 놓는 사슬에 저항하게 마련이다. 이것은 그 물체가 자기 평화의 질서를 향하는 것이며, 말하자면 중력의 호소력을 내세워 물체가 안주할 장소를 추구하는 셈이다. 비록 혼이 나가고 아무런 감각이 없다 하더라도 자기의 고유한 질서에서 오는 자연본성의 평화까지 벗어난 것은 아니며 그 평화나마 유지하고 있는 동안은, 혹은 그 평화를 향하고 있는 한은 평화에서 완전히 벗어난 것이 아니다.[117] 시체의 형태가 부식되거나 해체되지 않게 약물이나 방부제를 사용하는 경우도 아직은 일종의 평화가 지체들을 지체들과 결합시키고 있는 셈이며, 몸뚱이 전체를 지상의 알맞은 공간, 말하자면 평평한 공간에 눕혀 있게 만든다. 그렇지만 아무런 조처도 취하지 않고 자연 과정에 그대로 내맡겨질 경우에는 시체가 분해되고 증발하며 우리 감각에 역겨운 냄새(그것으로 썩는 냄새가 맡아진다)를 발산하는 등의 소란을 피운다. 그러는 동안 세계의 구성 원소들에 맞게끔 그 원소들의 평화 속으로 서서히 또 세세한 분자分子로 해체되어 가는 것이다. 하지만 그 무엇도 지존한 창조주요 질서 부여자의 법칙으로부터 결코 벗어나지 못한다. 만유의 평화[118]가 그분에 의해 주관되기 때문이다. 큰 생물의 시체로부터 미세한 생물들이 탄생하고, 시체에서 나오는 저 작은 몸체들도 창조주의 같은 법칙에 의거해서 온전한 건강의 평화를 유지하면서 자체의 생명체에 이바지한다. 죽은 것들의 시체가 다른 동물들에 먹히더라도 만유에 두루 퍼져 있는 똑같은 법칙을 따른다. 그 법칙이란 사멸하는 존재들의 개개 종種들의 안전한 보존을 염두에 두고서 적절한 사물들을 적절한 곳에 배치하여 평화를 유지하는 것이다. 먹힌 살코기가 어디로 가든, 어떤 사물들에 결합하든, 그리고 어떤 사물로 변하거나 전환하든 여전히 그 법칙이 통한다.

13. Pax itaque corporis est ordinata temperatura partium, pax animae inrationalis ordinata requies appetitionum, pax animae rationalis ordinata cognitionis actionisque consensio, pax corporis et animae ordinata uita et salus animantis, pax hominis mortalis et Dei ordinata in fide sub aeterna lege oboedientia, pax hominum ordinata concordia, pax domus ordinata imperandi atque oboediendi concordia cohabitantium, pax ciuitatis ordinata imperandi atque oboediendi concordia ciuium, pax caelestis ciuitatis ordinatissima et concordissima societas fruendi Deo et inuicem in Deo, pax omnium rerum tranquillitas ordinis. Ordo est parium dispariumque rerum sua cuique loca tribuens dispositio. Proinde miseri, quia, in quantum miseri sunt, utique in pace non sunt, tranquillitate quidem ordinis carent, ubi perturbatio nulla est; uerum tamen quia merito iusteque sunt miseri, in ea quoque ipsa miseria sua praeter ordinem esse non possunt; non quidem coniuncti beatis, sed ab eis tamen ordinis lege seiuncti. Qui cum sine perturbatione sunt, rebus, in quibus sunt, quantacumque congruentia coaptantur; ac per hoc inest eis ordinis nonnulla tranquillitas, inest ergo nonnulla pax. Verum ideo miseri sunt, quia, etsi in aliqua securitate non dolent, non tamen ibi sunt, ubi securi esse ac dolere non debeant; miseriores autem, si pax eis cum ipsa lege non est, qua naturalis ordo administratur. Cum autem dolent, ex qua parte dolent, pacis perturbatio facta est; in illa uero adhuc pax est, in qua nec dolor urit nec compago ipsa dissoluitur. Sicut ergo est quaedam uita sine dolore, dolor

---

[119] pax omnium rerum tranquillitas ordinis(질서의 평온, 평온한 질서): 아우구스티누스의 평화에 대한 정의이다(키케로는 "평화는 평온한 자유"(pax, tranquilla libertas: *Orationes Philippicae* 2.44.113)라고 했다]. 평화에 대한 이 10개의 정의를 내세우면서 교부는 인간의 최고선을 국가생활 혹은 정치적 평화에 두던 그리스-로마의 이념을 초월하여 대신적(對神的) 차원으로 승화한다(*De doctrina Christiana* 1.32.35 참조).

[120] ordo parium dispariumque rerum sua cuique loca tribuens dispositio: 키케로는 "사물들을 적재적소에 배치함"(compositio rerum aptis et accommodatis locis: *De officiis* 1.40.142)이라고 정의한다.

[121] 질서 전반에 관해서는 12권(특히 4, 8, 20장)에서 다루었고, 질서 속에서 악이 차지하는 역할도 다루었다. Cf. *De ordine* 1.6.15-19.

13. 보편적 평화는 자연법칙상 분쟁 속에서 말살될 수 없으니, 정의로운 심판자의 주관하에 각자가 질서있게 의지로 추구하는 바는 달성되게 마련이다

13. 1. 평화는 평온한 질서 속에 있다

신체의 평화는 부분들의 질서있는 조화다. 비이성적 영혼의 평화는 욕구들의 질서있는 안정이다. 이성적 영혼의 평화는 인식과 행위의 질서있는 합의다. 신체와 영혼의 평화는 생명체의 질서있는 생명과 안녕이다. 사멸할 인간과 하느님의 평화는 영원법에 대한 신앙의 질서있는 순종이다. 인간들의 평화는 질서있는 화합이다. 가정의 평화는 함께 사는 사람들 사이에 명령하고 복종하는 질서있는 화합이다. 도시국가의 평화는 시민들 사이에 명령하고 복종하는 질서있는 화합이다. 천상 도성의 평화는 하느님 안에서 서로 향유하는, 더없이 질서있고 더없이 화합하는 사회적 결속이다. 만유의 평화는 평온한 질서다.[119] 그리고 질서란 동등한 것들과 동등하지 않은 것들의 고유한 자리를 각각에게 부여하는 배치다.[120] 그러므로 불행한 사람들은 불행하다는 점에서 평화 속에 있지 않다. 비록 혼란이 없을지라도 그들에게는 질서의 평온이 없다. 그렇지만 그들이 불행 속에 있다는 점만으로 질서 밖에 존재한다는 말을 할 수는 없다. 그들의 불행이 응분의 대가를 치르며, 그것이 정당하다는 점에서 하는 말이다. 그들은 행복한 사람들과 결합하지 못했으나, 질서의 법도에 따라 행복한 사람들로부터 분리되어 있다.[121] 혼란이 있는 사람들도 그들이 처한 사정에 어느 정도 조화를 이루어 적응하게 마련이다. 그리고 바로 그 점에서 그들에게도 어느 정도 질서의 평온이 있으며, 따라서 어느 정도 평화가 있다. 그래도 그들은 여전히 불행하다. 그들이 모종의 안도감 속에 지내고 비록 고통을 느끼지 않을지라도 전적으로 안전하고 전혀 고통을 받지 않아야 할 그 상태에 있는 것은 아니라는 점에서 그렇다. 만일 자연질서가 운영되는 그 법칙과 더불어 평화를 이루고 있지 않다면 그들은 더욱 불행하다. 그들이 고통을 받는다면 평화의 교란이 이루어진 그 부분에서 고통을 받는다. 그러나 고통이 불처럼 타오르지 않고 유기적 조직 자체가 와해되지 않은 부분에서는 아직 평화가 존재한다. 따라서 생명이 고통 없이 존재할 수는 있으나 고통이 생명 없이 존재하지는 못한다. 마

autem sine aliqua uita esse non potest: sic est quaedam pax sine ullo bello, bellum uero esse sine aliqua pace non potest; non secundum id, quod bellum est, sed secundum id, quod ab eis uel in eis geritur, quae aliquae naturae sunt; quod nullo modo essent, si non qualicumque pace subsisterent.

Quapropter est natura, in qua nullum malum est uel etiam in qua nullum esse malum potest; esse autem natura, in qua nullum bonum sit, non potest. Proinde nec ipsius diaboli natura, in quantum natura est, malum est; sed peruersitas eam malam facit. Itaque in ueritate non stetit, sed ueritatis iudicium non euasit; in ordinis tranquillitate non mansit, nec ideo tamen a potestate ordinatoris effugit. Bonum Dei, quod illi est in natura, non eum subtrahit iustitiae Dei, qua ordinatur in poena; nec ibi Deus bonum insequitur quod creauit, sed malum quod ille commisit. Neque enim totum aufert quod naturae dedit, sed aliquid adimit, aliquid relinquit, ut sit qui doleat quod ademit. Et ipse dolor testimonium est boni adempti et boni relicti. Nisi enim bonum relictum esset, bonum amissum dolere non posset. Nam qui peccat, peior est, si laetatur in damno aequitatis; qui uero cruciatur, si nihil inde adquirat boni, dolet damnum salutis. Et quoniam aequitas ac salus utrumque bonum est bonique amissione dolendum est potius quam laetandum (si tamen non sit compensatio melioris; melior est autem animi aequitas quam corporis sanitas): profecto conuenientius iniustus dolet in supplicio, quam laetatus est in delicto. Sicut ergo laetitia

---

[122] naturae: 여기서는 "사물"로서의 존재자를 일컫는 표현이다.

[123] nullo modo essent si non qualicumque pace subsisterent: "평화"가 "평온한 질서"로 정의되고 질서는 사물의 형이상학적 원리이므로 평화(곧 질서)가 없이는 사물이 존립하지 못한다는 결론에 이른다. 또 유기체에 고통이 있다면 응분의 질서가 교란된 증거이며, 그러나 아직 고통을 받는다는 점에서는 아직 평화가 유지되는 부분이 있다는 역설적 설명이 나온다.

[124] 마니교의 선악 이원론에 대항하여 교부가 시종일관 견지하는 "모든 사물은 선하다"(omne ens est bonum)는 명제다(cf. De natura boni).

[125] 요한 8,44 참조: "그는 처음부터 살인자였으며 진리 안에 있지 않았습니다."

[126] 아우구스티누스는 라틴어 용례대로 salus("건강" 혹은 "구원")를 양의로 사용하지만 여기서 animi aequitas(정신의 공정)에 대비하여 corporis sanitas(신체의 "건강")를 별도로 언급한다.

찬가지로 전쟁이 없이도 모종의 평화는 존재하지만 모종의 평화가 없이는 전쟁도 있을 수 없다. 이것은 전쟁 자체에 근거해서 하는 말이 아니라 일정한 자연본성[122]이라고 할 인간들에 의해 그 인간들 안에서 전쟁이 치러지고 있다는 사실에 근거해서 하는 말이다. 인간들은 어떤 평화든지 평화에 힘입어 존립하지 않는 한 아예 존재하지 못할 것이다.[123]

13. 2. 선한 사물에서 평화가 완전히 박탈되는 일은 없다

그렇다면 그 안에 아무런 악도 존재하지 않으며 아무런 악도 존재하지 못하는 자연본성이 있다. 그러나 아무런 선도 존재하지 못하는 그런 자연본성은 존재할 수 없다. 그래서 심지어 악마의 자연본성마저 자연본성이라는 점에서는 악이 아니다. 오히려 가치의 전도가 그 자연본성을 악한 것으로 만든다.[124] 그래서 악마는 진리 안에 서 있지 않았으나[125] 진리의 심판을 면하지는 못했다. 그는 질서의 평온 속에 머물러 있지 않았으나 질서를 부여하는 분의 권세에서 벗어나지는 못했다. 악마의 본성에 자리잡고 있는 하느님의 선이 징벌을 통해 질서를 바로잡는 하느님의 정의에서 그를 면제해 주지 않는 것이다. 물론 벌을 준다고 해서 하느님이 당신 스스로 창조한 선을 문책하는 것이 아니라 악마가 범한 악을 문책한다. 그렇다고 당신이 자연본성에 준 것을 모조리 박탈하지는 않았고, 어떤 것은 빼앗고 어떤 것은 남겨두었으며 그렇게 함으로써 빼앗긴 것에 대해 고통스러워하게 만들었다. 그러므로 고통 그 자체는 박탈당한 선과 남아있는 선에 대한 증거가 된다. 만약 선이 남겨져 있지 않다면 잃어버린 선을 두고 괴로워하는 일도 불가능할 것이다. 왜냐하면 죄를 짓는 자가 공정公正의 손실에 대해 오히려 즐거워한다면 그는 더욱 못된 자이기 때문이다. 그 대신 그것 때문에 괴로워하는 자는, 비록 그 괴로움으로 선한 무언가를 아무것도 획득하지는 못할지언정, 적어도 구원의 손실에 대해 마음 아파한다. 또 공정도 구원도 둘다 선이며, 이런 선의 상실은 기뻐하기보다는 슬퍼해야 마땅한 것이다. (물론 더 좋은 보상이 있을 경우는 다르다. 그렇지만 육체의 건강[126]보다 정신의 공정이 더 좋다.) 불의한 인간이 범한 죄를 두고 즐거워하기보다는 죄에 대한 처벌을 받으면서 괴로워하는 편이 더 온당하다. 죄악으로 선을 저버리고 기뻐하는 것이 악한 의지를

deserti boni in peccato testis est uoluntatis malae, ita dolor amissi boni in supplicio testis est naturae bonae. Qui enim dolet amissam naturae suae pacem, ex aliquibus reliquiis pacis id dolet, quibus fit, ut sibi amica natura sit. Hoc autem in extremo supplicio recte fit, ut iniqui et impii naturalium bonorum damna in cruciatibus defleant, sentientes eorum ablatorem iustissimum Deum, quem contempserunt benignissimum largitorem. Deus ergo naturarum omnium sapientissimus conditor et iustissimus ordinator, qui terrenorum ornamentorum maximum instituit mortale genus humanum, dedit hominibus quaedam bona huic uitae congrua, id est pacem temporalem pro modulo mortalis uitae in ipsa salute et incolumitate ac societate sui generis, et quaeque huic paci uel tuendae uel recuperandae necessaria sunt (sicut ea, quae apte et conuenienter adiacent sensibus, lux uox, aurae spirabiles aquae potabiles, et quidquid ad alendum tegendum curandum ornandumque corpus congruit), eo pacto aequissimo, ut, qui mortalis talibus bonis paci mortalium adcommodatis recte usus fuerit, accipiat ampliora atque meliora, ipsam scilicet inmortalitatis pacem eique conuenientem gloriam et honorem in uita aeterna ad fruendum Deo et proximo in Deo; qui autem perperam, nec illa accipiat et haec amittat.

14. Omnis igitur usus rerum temporalium refertur ad fructum pacis terrenae in terrena ciuitate; in caelesti autem ciuitate refertur ad fructum

---

[127] 9.13.3 참조.

보여주는 증거이듯이, 형벌을 받으면서 잃어버린 선을 두고 괴로워하는 것은 선한 자연본성을 보여주는 증거다. 자신의 자연본성이 평화를 상실한 것에 대해 괴로워한다면, 그 괴로움은 평화의 어떤 잔재로부터 우러난 괴로움이다. 자연본성이 본인에게 친숙한 것도 그 잔재물로 인해서이다. 이 일은 최후의 형벌에서 제대로 이루어진다. 그때는 악인들과 불경스런 자들이 자연본성적 선들의 손실을 두고 고통을 받으며 통탄하게 될 텐데, 그것은 그 선들을 앗아간 분이 더할 나위 없이 의로운 하느님임을 알기 때문이고, 그분이 자비롭게 베풀어 줄 때에 그분을 경멸했기 때문이다. 그러므로 하느님은 극히 지혜롭게 모든 자연본성을 창조한 분이며 극히 정의롭게 질서를 부여하는 분이다. 그분은 사멸하는 인류를 세워 그들을 지상地上을 장식하는 최고의 존재로 만들었고, 현세생활에 어울리는 선들을 인간들에게 베풀어 주었던 것이다.[127] 그 속에 현세적 평화가 있다. 이 평화는 사멸할 인생의 시간간격에 어울리는 평화로서, 다름아닌 건강과 무사안녕, 자기 부류들과 이루는 사회생활로 이루어진다. 또 이 평화를 옹호하고 회복하는 데 필요한 선들(감관으로 제대로 접할 수 있는 적절한 대상들, 빛과 소리, 숨쉬는 공기와 마실 물 등 신체가 자신을 먹이고 입히고 덮고 치유하고 꾸미는 데 알맞은 것들)도 모두 베풀어 주었다. 이런 사물들을 베풀면서 더없이 공정한 조건이 인간들에게 제시되었다. 곧 사멸할 인간이 사멸할 인간들의 평화에 어울리게 이런 선들을 올바로 사용한다면 더 풍족하고 더 좋은 선들을 받게 된다. 다시 말해 불사불멸의 평화, 그리고 그 평화에 걸맞은 영광과 영예를 받아 영원한 생명으로 하느님을 향유하고 하느님 안에서 이웃사람들을 향유하기에 이른다. 그 대신 현세적 선을 그릇되게 사용하는 사람은 저런 선들을 받지 못할 뿐 아니라 있는 선들마저 잃게 될 것이다.

14. 인간사회는 지상적·천상적 질서와 법률에 의거하여 통치가 이루어지며, 이에 입각해야 인간사회가 통치자의 봉사를 제대로 받는다

그러므로 지상적 사물들의 사용은 일체의 지상 도성에서 지상적 평화를 향유하는 일과 관련된다. 그리고 천상 도성에서는 영원한 평화를 향유하는 일과 결

pacis aeternae. Quapropter si inrationalia essemus animantia, nihil appeteremus praeter ordinatam temperaturam partium corporis et requiem appetitionum; nihil ergo praeter quietem carnis et copiam uoluptatum, ut pax corporis prodesset paci animae. Si enim desit pax corporis, impeditur etiam inrationalis animae pax, quia requiem appetitionum consequi non potest. Vtrumque autem simul ei paci prodest, quam inter se habent anima et corpus, id est ordinatae uitae ac salutis. Sicut enim pacem corporis amare se ostendunt animantia, cum fugiunt dolorem, et pacem animae, cum propter explendas indigentias appetitionum uoluptatem sequuntur: ita mortem fugiendo satis indicant, quantum diligant pacem, qua sibi conciliantur anima et corpus. Sed quia homini rationalis anima inest, totum hoc, quod habet commune cum bestiis, subdit paci animae rationalis, ut mente aliquid contempletur et secundum hoc aliquid agat, ut sit ei ordinata cognitionis actionisque consensio, quam pacem rationalis animae dixeramus. Ad hoc enim uelle debet nec dolore molestari nec desiderio perturbari nec morte dissolui, ut aliquid utile cognoscat et secundum eam cognitionem uitam moresque componat. Sed ne ipso studio cognitionis propter humanae mentis infirmitatem in pestem alicuius erroris incurrat, opus habet magisterio diuino, cui certus obtemperet, et adiutorio, ut liber obtemperet. Et quoniam, quamdiu est in isto mortali corpore, peregrinatur a Domino: ambulat per fidem, non per speciem; ac per hoc omnem pacem uel corporis uel animae uel simul corporis et animae refert ad illam pacem, quae homini mortali est cum inmortali Deo, ut ei sit ordinata in fide sub aeterna lege oboedientia. Iam uero quia duo praecipua praecepta, hoc est dilectionem Dei et dilectionem proximi, docet magister Deus, in qui-

---

[128] 앞의 19.13.1 참조: "이성적 영혼의 평화는 인식과 행위의 질서있는 합의이다."

[129] 아우구스티누스는 일체의 은총에 순종하려면 인간 편의 순종을 가능케 하는 조건, 후대의 용어로 "순종적 가능태"(potentia oboedientialis)와 "효능은총"(gratia efficax)이 또한 필요하다는 이론으로 펠라기우스 파 및 반(半)펠라기우스 파와 맞섰다.

[130] 2고린 5,6-7 참조: "우리가 몸 안에 눌러 사는 동안에는 … 우리는 믿음으로 살아가지 눈으로 보며 살아가는 것이 아닙니다."

[131] aeterna lex: 교부는 철학자들이 말하는 자연의 이법(理法) 외에도 신적 조명으로 인간의 지성과 양심에 내리는, 하느님의 영원한 법률을 상정한다: "영원법이란 그것에 의해 모든 사물이 질서정연해지는 것이 마땅한 그런 법이다"(*De libero arbitrio* 1.6.15).

[132] 앞의 19.13.1 참조: "사멸할 인간과 하느님의 평화는 신앙으로 영원법에 대한 질서있는 순종이다."

부된다. 우리가 이성이 없는 생명체들이라면 신체의 각 부분간의 질서있는 조화와 욕망의 충족에서 오는 안식 외에는 아무것도 욕구하지 않을 것이다. 그러니 육신의 평안과 풍족한 쾌락 외에는 아무것도 탐하지 않을 것이며 육체의 평화가 곧 영혼의 평화에 이바지하는 결과를 낼 것이다. 육체의 평화가 없어지면 비이성적 영혼의 평화도 지장을 받는다. 욕망의 충족에서 오는 안식을 얻지 못할 것이기 때문이다. 둘다 영혼과 육체가 서로 유지되는 평화, 곧 질서있는 생명과 건강이라는 평화에 이바지한다. 생명체라면 모두가 고통을 피함으로써 스스로 육체의 평화를 사랑한다는 것을 잘 보여준다. 또 욕망의 필요를 충족시키려 하고 쾌락을 추구함으로써 영혼의 평화도 사랑한다는 것을 보여준다. 그러므로 죽음을 기피하는 것만으로도 생명체들이 평화를 얼마나 사랑하는지 알고도 남는다. 이 평화에 의해 영혼과 육체가 서로 화합하는 것이다. 그러나 인간에게는 이성혼理性魂이 내재하기 때문에 짐승들과 공통으로 갖추고 있는 이 모든 것을 이성혼의 평화에 복속시킨다. 그렇게 함으로써 지성으로 무엇인가를 관조하고 그렇게 관조한 대로 무슨 행동인가 하며, 거기서 인식과 행위 사이에 질서있는 합의가 인간에게 이루어진다. 우리도 앞에서 이것을 이성적 영혼의 평화라고 정의한 바 있다.[128] 그 평화를 위한 목적으로 무엇인가 유익한 것을 인식하고 그 인식에 따라 행동하며 자신의 삶과 행동거지를 그 목적을 향해 통합하고자 한다. 따라서 고통 때문에 지장받지 않기를 바라고 욕망 때문에 동요하지 않기를 바라며 죽음으로 해체되지 않기를 바라는 것이다. 그러나 인식을 얻으려는 노력이 인간 지성의 취약함으로 인해 어떤 오류의 해악에 부딪치지 않으려면 인간이 확고하게 순종할 만한 신적 교도教導가 필요하고, 그 교도에 자유롭게 순종하려면 신적 보우가 또한 필요하다.[129] 인간이 이 사멸할 육체 속에 머물러 있는 한, 주님으로부터 떨어져 나그넷길을 가며, 따라서 눈으로 보는 형상이 아니고 믿음으로 걸어가는 과정 속에 있다.[130] 바로 이때문에 육체의 평화든 영혼의 평화든 육체와 영혼 양자의 평화든, 모든 평화가 사멸할 인간이 불사불멸하는 하느님과 맺는 저 평화로 결속되어 영원법[131]에 대한 질서있는 순종이 신앙으로 인간에게 이루어지게 한다.[132] 으뜸가는 두 계명, 곧 하느님 사랑과 이웃 사랑을 하느님이

bus tria inuenit homo quae diligat, Deum, se ipsum et proximum, atque ille in se diligendo non errat, qui Deum diligit: consequens est, ut etiam proximo ad diligendum Deum consulat, quem iubetur sicut se ipsum diligere (sic uxori, sic filiis, sic domesticis, sic ceteris quibus potuerit hominibus), et ad hoc sibi a proximo, si forte indiget, consuli uelit; ac per hoc erit pacatus, quantum in ipso est, omni homini pace hominum, id est ordinata concordia, cuius hic ordo est, primum ut nulli noceat, deinde ut etiam prosit cui potuerit. Primitus ergo inest ei suorum cura; ad eos quippe habet oportuniorem facilioremque aditum consulendi, uel naturae ordine uel ipsius societatis humanae. Vnde apostolus dicit: *Quisquis autem suis et maxime domesticis non prouidet, fidem denegat et est infideli deterior*. Hinc itaque etiam pax domestica oritur, id est ordinata imperandi oboediendique concordia cohabitantium. Imperant enim, qui consulunt; sicut uir uxori, parentes filiis, domini seruis. Oboediunt autem quibus consulitur; sicut mulieres maritis, filii parentibus, serui dominis. Sed in domo iusti uiuentis ex fide et adhuc ab illa caelesti ciuitate peregrinantis etiam qui imperant seruiunt eis, quibus uidentur imperare. Neque enim dominandi cupiditate imperant, sed officio consulendi, nec principandi superbia, sed prouidendi misericordia.

15. Hoc naturalis ordo praescribit, ita Deus hominem condidit. Nam: *Dominetur*, inquit, *piscium maris et uolatilium caeli et omnium repen-*

---

[133] 루가 10,25-28 참조.

[134] 앞의 19.13.1 참조: "인간들의 평화는 질서있는 화합이다."

[135] primum *ut nulli noceat*, deinde *ut* etiam *prosit cui potuerit*: 덕을 가리켜 "사랑의 질서"(ordo caritatis)라고 정의하고 사랑의 질서(cf. *De doctrina Christiana* 1.27.28 - 30.31)의 첫걸음으로 "남을 해치지 않고" 그다음은 "남에게 유익을 끼친다"는 황금률을 만든다.

[136] 1디모 5,8.

[137] 루가 22,26 참조: "다스리는 사람이 섬기는 사람처럼 되어야 합니다."

[138] "명령하다"(imperare → imperator: 사령관), "보살피다, 의논하다"(consulere → consul; 집정관), "배려하다"(providere → providentia; 섭리) 등은 로마 정치사회와 철학에서 구사되는 전문용어인데, 교부는 평화를 진작하는 개념으로 전환시킨다.

스승으로서 가르치는데,¹³³ 그 계명에서 인간은 사랑할 대상을 셋으로 구분한다. 즉, 하느님과 자신과 이웃이다. 하느님을 사랑하는 자는 자신을 사랑함에서도 그르치지 않는다. 그 결과 자기 이웃도 하느님을 사랑하도록 설득해야 한다는 말이 따라 나온다. 이웃을 자기 몸처럼 사랑하라는 명을 받는 까닭이다. (아내, 자식들, 식구들, 그밖에도 힘닿는 데까지 모든 인간에게 이렇게 해야 한다.) 그리고 필요하다면 자기도 이웃의 이런 타이름을 기꺼이 받아들여야 한다. 그럼으로써 그는 자기 안에 평화가 있듯이 만인의 평화로 타인과 평화로운 경지에 있게 된다. 바로 이것이 질서있는 화합이다.¹³⁴ 이 화합에서 오는 질서란 먼저 아무에게도 해를 끼치지 않는 것이며, 그다음에는 할 수 있는 대로 유익도 끼치는 것이다.¹³⁵ 인간에게는 가장 우선적으로 자기 가족에 대한 보살핌이 있다. 자연본성의 질서나 인간사회의 질서에 모두 가족에게 더 무난하고 적절하게 접근하여 그들을 보살피는 기회가 주어지기 때문이다. 사도가 "어떤 사람이 친척, 특히 가족을 돌보지 않는다면, 이는 곧 믿음을 거부하는 것이며 실상 믿지 않는 사람보다 더 나쁩니다"¹³⁶라고 한 말도 여기서 비롯된다. 바로 이곳에서 가정의 평화가 유래하니, 함께 거주하는 사람들 사이에 명령하고 복종하는 질서있는 화합이 그것이다. 보살피는 사람들이 명령한다. 남편이 아내에게, 부모가 자식에게, 주인이 종들에게 명령한다. 그 대신 보살핌받는 사람들은 복종하는데 여자가 남편에게, 자식이 부모에게, 종이 주인에게 복종한다. 하지만 신앙으로 살아가는 의로운 사람들, 곧 천상 도성에서 멀리 떨어져 아직도 나그넷길을 걷는 사람들의 집안에서는 명령하는 사람들도 명령을 내리는 것처럼 보이는 대상들을 오히려 섬긴다.¹³⁷ 또 지배하려는 욕심에서 명령하는 것이 아니고 직책상 보살피며, 통치하는 오만함으로 하지 않고 보살피는 자비심으로 한다.¹³⁸

15. 천부적 자유와 예속: 예속의 첫째 원인은 죄이며, 악한 의지를 가진 인간은 다른 사람 소유의 노예가 아니더라도 자기 정욕의 노예가 된다

이 점은 자연질서가 규정하는 바이며 하느님이 그런 식으로 인간을 창조했다. "바다의 고기와 공중의 새, 또 땅 위를 기어 다니는 모든 길짐승을 다스리

tium, quae repunt super terram. Rationalem factum ad imaginem suam noluit nisi inrationabilibus dominari; non hominem homini, sed hominem pecori. Inde primi iusti pastores pecorum magis quam reges hominum constituti sunt, ut etiam sic insinuaret Deus, quid postulet ordo creaturarum, quid exigat meritum peccatorum. Condicio quippe seruitutis iure intellegitur inposita peccatori. Proinde nusquam scripturarum legimus seruum, antequam hoc uocabulo Noe iustus peccatum filii uindicaret. Nomen itaque istud culpa meruit, non natura. Origo autem uocabuli seruorum in Latina lingua inde creditur ducta, quod hi, qui iure belli possent occidi, a uictoribus cum seruabantur serui fiebant, a seruando appellati; quod etiam ipsum sine peccati merito non est. Nam et cum iustum geritur bellum, pro peccato e contrario dimicatur; et omnis uictoria, cum etiam malis prouenit, diuino iudicio uictos humiliat uel emendans peccata uel puniens. Testis est homo Dei Daniel, cum in captiuitate positus peccata sua et peccata populi sui confitetur Deo et hanc esse causam illius captiuitatis pio dolore testatur. Prima ergo seruitutis causa peccatum est, ut homo homini condicionis uinculo subderetur; quod non fit nisi Deo iudicante, apud quem non est iniquitas et nouit diuersas poenas meritis distribuere delinquentium. Sicut autem supernus Dominus dicit: *Omnis, qui facit peccatum, seruus est peccati,* ac per hoc multi quidem religiosi dominis iniquis, non tamen liberis seruiunt: *A quo enim quis deuictus est, huic et seruus addictus est.* Et utique felicius seruitur homini, quam libidini, cum saeuissimo domina-

---

[139] 창세 1,26.

[140] pastores pecorum magis quam reges hominum: 창세기 (4,2)의 아벨을 염두에 둔 문구다.

[141] 창세 9,25-26 참조: "가나안은 저주를 받아 형제들에게 천대받는 종이 되어라." 16.1에 인용.

[142] servus (노예)라는 단어가 servare (보존하다)라는 동사에서 유래했으리라는 설화적 해설(Donatus, *Commentarium in Terenti Adelphoe* 2.1.28)을 이용하여 교부는 노예제도를 자연스런 것으로 여기던 사회에서 그것이 죄로 뒤틀린 사회적 현상임을 부각시킨다.

[143] 다니 9,3-19 참조. "우리의 잘못과 조상들의 죄 탓으로 예루살렘이나 하느님의 백성이 모든 이웃 백성들에게 욕을 당하고 있습니다"(16절).

[144] 요한 8,34.

[145] 주인들이 타락한 죄인이라면 자유인을 섬기는 것이 아니고 종을 섬기는 종이라는 역설적 설명이다.

[146] 2베드 2,19.

게 하자"¹³⁹고 한 그분의 말씀이 있다. 비이성적 조물들을 다스리기 위한 것이 아니었다면 당신 모습에 따라서 이성적 조물을 만들지는 않았을 것이다. 인간이 인간을 다스리라는 것이 아니고 인간이 짐승을 다스리라는 것이었다. 그래서 최초의 의인들은 가축들의 목자로 세워졌지 인간들의 임금으로 세워지지 않았다.¹⁴⁰ 이것으로 하느님은 피조물들의 질서가 요구하는 바가 무엇인지를 암시했고, 죄인들의 응보가 강제로 부과하는 것이 무엇인지를 암시했다. 죄인들은 마땅히 노예살이의 처지로 떨어지리라는 것으로 이해할 수 있다. 그래서 성서에서는 의인義人 노아가 아들의 죄를 벌주는 장면이 나오기 이전에는 "종"이라는 말이 나오지 않는다.¹⁴¹ 그러니까 종이라는 그 이름은 자연본성에서 온 것이 아니고 죗값으로 얻은 것이다. 라틴어에서 "종"이라는 단어의 기원을 살펴보면, 전쟁법상 죽일 수 있는데 승리자들에 의해 목숨이 보존된 자들을 종이라고 한다고 전한다. "보존된다"는 뜻에서 그렇게 불렸다는 것이다.¹⁴² 하지만 이런 일 자체는 죗값을 받는 것이 아니라면 일어나지 않는다. 왜냐하면 의로운 전쟁을 벌이더라도 상대편에서는 자기가 저지른 죄를 옹호하여 전투를 벌이는 입장이 되기 때문이며, 결국 승리는 패배자들 모두를 굴욕스럽게 만들고 신적 심판에 따라서 지은 죄과를 교정하거나 징벌하는 기능을 한다. 비록 악인들에게 승리가 돌아가더라도 마찬가지다. 이런 사실을 보여주는 증인이 있으니 하느님의 사람 다니엘이다. 그는 유배생활을 하는 처지에서 자신의 죄와 자기 백성의 죄를 하느님께 고백했으며, 경건한 마음으로 고통을 견뎌내면서 유배생활의 원인은 바로 이 죄라고 증언하고 있다.¹⁴³ 그러므로 종살이의 첫째 원인은 죄이다. 인간이 사슬에 매여 인간에게 예속되기 때문이다. 이런 일은 하느님의 심판 없이는 일어나지 않으며, 하느님 앞에는 불의가 없으니 그분은 죗값에 따라서 악인들에게 다양한 죄벌을 배당할 줄 안다. 지존한 주님의 말씀대로다: "죄를 짓는 자는 누구나 죄의 종입니다."¹⁴⁴ 그래서 다수의 경건한 사람들이 사악한 주인들 밑에서 종살이를 하고 있지만, 그런 경우는 사실상 자유인 밑에서 하는 종살이가 아니다.¹⁴⁵ "누구에게 굴복하는 자는 그의 종이 됩니다."¹⁴⁶ 물론 정욕을 섬기는 종보다 사람을 섬기는 종이 더 행복하다. 그 이유는 지배하려는 정

tu uastet corda mortalium, ut alias omittam, libido ipsa dominandi. Hominibus autem illo pacis ordine, quo aliis alii subiecti sunt, sicut prodest humilitas seruientibus, ita nocet superbia dominantibus. Nullus autem natura, in qua prius Deus hominem condidit, seruus est hominis aut peccati. Verum et poenalis seruitus ea lege ordinatur, quae naturalem ordinem conseruari iubet, perturbari uetat; quia si contra eam legem non esset factum, nihil esset poenali seruitute cohercendum. Ideoque apostolus etiam seruos monet subditos esse dominis suis et ex animo eis cum bona uoluntate seruire; ut scilicet, si non possunt a dominis liberi fieri, suam seruitutem ipsi quodam modo liberam faciant, non timore subdolo, sed fideli dilectione seruiendo, donec transeat iniquitas et euacuetur omnis principatus et potestas humana et sit Deus omnia in omnibus.

16. Quocirca etiamsi habuerunt seruos iusti patres nostri, sic administrabant domesticam pacem, ut secundum haec temporalia bona filiorum sortem a seruorum condicione distinguerent; ad Deum autem colendum, in quo aeterna bona speranda sunt, omnibus domus suae membris pari dilectione consulerent. Quod naturalis ordo ita praescribit, ut nomen patrum familias hinc exortum sit et tam late uulgatum, ut etiam inique dominantes hoc se gaudeant appellari. Qui autem ueri patres familias sunt, omnibus in familia sua tamquam filiis ad colendum et promerendum Deum consulunt, desiderantes atque optantes uenire ad caelestem domum, ubi necessarium non sit officium imperandi mortalibus, quia necessarium non

---

[147] nullus autem natura ... servus est hominis aut peccati: 그리스도교를 국교로 하면서도 노예제도가 여전하던 로마제국의 시민으로서는 이채로운 선언이다.

[148] 에페 6,5-8; 골로 3,22-25; 디도 2,9-10 참조.

[149] 1고린 15,24 참조: "그리스도께서는 모든 지배와 모든 권력과 모든 권세를 없애고 나서."

[150] 1고린 15,28 참조. 바울로 사도나 아우구스티누스나 기존의 노예제도를 폐지한다는 착안에는 아직 이르지 못하고 정신적 자유와 해방을 권유하는 선에서 그친다.

[151] 신명 5,14 참조: "이렛날은 … 너희와 너희 아들딸, 남종 여종뿐 아니라 … 집안에 머무는 식객이라도 일을 하지 못한다. 그래야 남종과 여종도 너처럼 쉴 것이 아니냐?"

[152] "가부장"으로 번역되는 pater familias는 "가족의 아버지"였다. 로마 사회에서는 아내와 자식, 종들과 식솔이 모두 그의 지배하에 있었다. Cf. Seneca, *Epistula* 47.14.

욕이야말로, 다른 얘기는 다 제쳐두더라도, 가장 잔인무도한 지배권을 행사하여 사멸할 인간들의 마음을 철저히 파괴하기 때문이다. 그 대신 저 평화의 질서 속에서는, 한 인간이 다른 인간에게 종속된 질서에서 본다면, 종노릇하는 사람들에게는 겸손이 유익함을 주고 지배하는 사람들에게는 오만함이 손해를 끼친다. 사람의 종이 되었든 죄의 종이 되었든, 그 어느 인간도 하느님이 원래 인간을 창조한 자연본성에 의해서는 종이 아니다.[147] 하지만 죄벌로 인한 종살이는 자연의 질서를 보존하라고 명하고 그 질서를 유린하지 말라고 금하는 바로 그 법리에 의해 질서지어진 것도 사실이다. 왜냐하면 그 법리를 거슬러 무슨 짓을 저지르지 않았다면, 죄벌로 인한 종살이에 강제로 처해지는 일도 없었을 것이기 때문이다. 그래서 사도는 종들을 훈유하여 주인에게 복종하라고, 선의를 갖고 진심으로 주인을 섬기라고 한다.[148] 비록 주인의 손으로 자유의 몸이 되지 못할지라도 자신의 종살이 자체를 어느 방도로든 자유로운 것으로 만들어 보라는 뜻에서. 교활한 두려움으로 그렇게 할 것이 아니라 신실한 사랑으로 그렇게 섬기라는 것이다. 결국 불의는 지나가고 일체의 지배와 인간 권세는 없어지며[149] 하느님이 모든 것 안에 모든 것이 될 때가 올 테니까.[150]

16. 정당한 지배권

여하튼 우리네 의로운 성조들은 종들을 거느리고 있었으면서도 이 현세적 선들을 두고 자식들의 몫을 종들의 처지와 구분함으로써 가정의 평화를 관리했다. 그 대신 영원한 선들에 관해서는 하느님께 희망을 두어야 하는데, 자기 집안의 모든 식구들을 평등한 사랑으로 타일러 하느님을 숭배하도록 보살폈다.[151] 이것은 자연질서가 규정하는 그대로다. "가부장"이라는 명사도 여기서 생겨났는데, 지금은 하도 널리 퍼져서 불의하게 지배하는 자들마저 가부장으로 불리고 싶어 하기에 이르렀다.[152] 참다운 가부장들은 자기 가족에 속하는 모든 사람들을 자식처럼 대하고, 하느님을 숭배하고 하느님의 총애를 입도록 보살피며, 그렇게 하여 모두 천상 집안에 당도하기를 간절히 원하고 바란다. 거기서는 사멸하는 인간들에게 명령을 내리는 직분이 필요가 없을 텐데, 이미 불사불멸을 누리며 행

erit officium consulendi iam in illa inmortalitate felicibus; quo donec ueniatur, magis debent patres quod dominantur, quam serui tolerare quod seruiunt. Si quis autem in domo per inoboedientiam domesticae paci aduersatur, corripitur seu uerbo seu uerbere seu quolibet alio genere poenae iusto atque licito, quantum societas humana concedit, pro eius qui corripitur utilitate, ut paci unde dissiluerat coaptetur. Sicut enim non est beneficentiae adiuuando efficere, ut bonum quod maius est amittatur: ita non est innocentiae parcendo sinere, ut in malum grauius incidatur. Pertinet ergo ad innocentis officium, non solum nemini malum inferre, uerum etiam cohibere a peccato uel punire peccatum, ut aut ipse qui plectitur corrigatur experimento, aut alii terreantur exemplo. Quia igitur hominis domus initium siue particula debet esse ciuitatis, omne autem initium ad aliquem sui generis finem et omnis pars ad uniuersi, cuius pars est, integritatem refertur, satis apparet esse consequens, ut ad pacem ciuicam pax domestica referatur, id est, ut ordinata imperandi oboediendique concordia cohabitantium referatur ad ordinatam imperandi oboediendique concordiam ciuium. Ita fit, ut ex lege ciuitatis praecepta sumere patrem familias oporteat, quibus domum suam sic regat, ut sit paci adcommoda ciuitatis.

17. Sed domus hominum, qui non uiuunt ex fide, pacem terrenam ex huius temporalis uitae rebus commodisque sectatur; domus autem hominum ex fide uiuentium expectat ea, quae in futurum aeterna promissa sunt, terrenisque rebus ac temporalibus tamquam peregrina utitur, non quibus capiatur et auertatur quo tendit in Deum, sed quibus sustentetur ad facilius toleranda minimeque augenda onera corporis corruptibilis, quod

---

[153] 앞의 19.13.1 "가정의 평화" 참조.

[154] 앞의 19.13.1 "도시국가의 평화" 참조.

[155] 가족에 대한 집단주의나 방관주의[예: Diogenes Laertius, *Vitae philosophorum* (Crisippus) 7.131; Lucretius, *De rerum natura* 5.963; Horatius, *Satirae* 1.3.96-110]보다도 가족 구성원들의 관계(*Politica* 1260b - 1264b)를 옹호한 아리스토텔레스의 입장에 비중을 두면서, 교부는 로마 초기 가부장의 절대 권한에도 이의를 제기한다.

[156] 지혜 9,15 참조: "썩어 없어질 육체는 영혼을 내리누르고."

복해하는 사람들을 상대로 무언가를 더 보살펴 줄 직분이 따로 필요하지 않기 때문이다. 다만 거기에 당도하기까지는 종들이 종살이를 견디내야 하는 일 못지않게 가부장들은 그 지배권을 행사해야 할 것이다. 집안에서 누군가 불복종으로 가정의 평화에 반항한다면, 인간사회가 허용하는 범위 내에서 말이나 채찍으로, 또는 정당하고 합당한 어떤 종류의 징계로 이를 바로잡아야 한다. 그것은 징계를 받는 당사자가 스스로 이탈한 평화에 다시 적응하도록 당사자의 선익을 도모하는 징계여야 한다. 누구를 돕는다면서 상대방이 더 큰 선을 상실하게 된다면 그것은 은공이 아니듯이, 잘못을 관대하게 묵과함으로써 상대방을 더 큰 악에 떨어지게 만든다면 잘못이 없다고는 할 수 없다. 그러므로 무죄한 사람이라면 아무에게도 악을 끼쳐서는 안 되며, 또한 다른 사람에게 악을 행하지 못하도록 압력을 가하거나 죄를 벌하는 일도 무죄한 사람의 직분에 해당한다. 그럼으로써 처벌을 받는 당사자는 경험으로 자신을 바로잡고 다른 사람들은 본보기로 두려움을 품게 된다. 인간의 가정은 도시국가의 시발始發 또는 분자分子여야 하므로, 또 모든 출발은 자기 나름의 종말과 결부되고, 모든 부분은 자기 나름대로 전체의 통합과 결부되므로, 가정의 평화는 도시국가의 평화로 귀결된다는 사실이 결론으로 도출된다. 다시 말해 함께 거주하는 사람들 사이에 명령하고 복종하는 질서있는 화합[153]은 시민들 사이에 명령하고 복종하는 질서있는 화합으로 귀결된다.[154] 그래서 가부장은 도시국가의 법률에서 법령을 받아야 하고 그 법령으로 집안을 다스려 도시국가의 평화에 조화되도록 해야 한다.[155]

17. 천상 사회와 지상 도성 사이의 평화와 불화

그러나 신앙으로 살아가지 않는 인간들의 집안은 이 현세생활에서 오는 편리한 사물을 갖고 지상 평화를 도모하려고 한다. 그 대신 신앙으로 살아가는 사람들의 집안은 장차 영원할 것으로 언약된 사물들을 기다리며 지상적이고 현세적인 사물들을 사용하되 나그네처럼 사용할 따름이다. 그런 사물들에 사로잡히지 않고, 하느님께로 향하는 길에서 돌아서지도 않으며, 그런 사물들에 지탱을 하더라도 영혼을 내리누르는 썩어 없어질 육체의 짐을[156] 감당하는 범위 내에서,

adgrauat animam. Idcirco rerum uitae huic mortali necessariarum utrisque hominibus et utrique domui communis est usus; sed finis utendi cuique suus proprius multumque diuersus. Ita etiam terrena ciuitas, quae non uiuit ex fide, terrenam pacem appetit in eoque defigit imperandi oboediendique concordiam ciuium, ut sit eis de rebus ad mortalem uitam pertinentibus humanarum quaedam compositio, uoluntatum. Ciuitas autem caelestis uel potius pars eius, quae in hac mortalitate peregrinatur et uiuit ex fide, etiam ista pace necesse est utatur, donec ipsa, cui talis pax necessaria est, mortalitas transeat; ac per hoc, dum apud terrenam ciuitatem uelut captiuam uitam suae peregrinationis agit, iam promissione redemptionis et dono spiritali tamquam pignore accepto legibus terrenae ciuitatis, quibus haec administrantur, quae sustentandae mortali uitae adcommodata sunt, obtemperare non dubitat, ut, quoniam communis est ipsa mortalitas, seruetur in rebus ad eam pertinentibus inter ciuitatem utramque concordia. Verum quia terrena ciuitas habuit quosdam suos sapientes, quos diuina improbat disciplina, qui uel suspicati uel decepti a daemonibus crederent multos deos conciliandos esse rebus humanis atque ad eorum diuersa quodam modo officia diuersa subdita pertinere, ad alium corpus, ad alium animum, inque ipso corpore ad alium caput, ad alium ceruicem et cetera singula ad singulos; similiter in animo ad alium ingenium, ad alium doctrinam, ad alium iram, ad alium concupiscentiam; inque ipsis rebus uitae adiacentibus ad alium pecus, ad alium triticum, ad alium uinum, ad alium oleum, ad alium siluas, ad alium nummos, ad alium nauigationem, ad alium bella atque uictorias, ad alium coniugia, ad alium partum ac fecunditatem et ad alios alia cetera; caelestis autem ciuitas cum unum Deum solum colendum nosset eique tantum modo seruiendum seruitute illa, quae Graece λατρεία dicitur et non nisi Deo debetur, fideli

---

[157] inter civitatem utramque concordia: 하느님의 도성과 지상 도성을 양자택일의 대립상으로만 개념 짓지 말도록 양자의 화합을 언명한 구절이다.

[158] pax deum, 곧 인류가 신들을 무마시켜 이루는 평화, 인간의 집단들을 제각기 옹호하는 신들간의 평화는 고대인들의 크나큰 관심사였다.

[159] 4.11-22에서도 다신교 신앙의 허점에 관한 조롱에 가까운 분석을 행한 바 있다.

조금이라도 그 짐을 증가시키지 않는 범위 내에서 행동한다. 그러니까 이 사멸할 인생에 필요한 이상, 현세 사물들을 이용한다는 점에서는 양편의 인간들과 양편의 집안이 공통되지만 그것을 사용하는 목적은 각자에게 고유하고 서로 크게 다르다. 신앙으로 살지 않는 지상 도성도 평화를 구하고 시민들 사이에 명령하고 복종하는, 질서있는 화합을 도모하면서, 사멸할 인생에 속하는 사물들에 대해 인간 의지들 사이에 적절한 조정이 이루어지도록 시민들을 배려한다. 천상 도성 혹은 이 사멸할 인생에서 나그넷길을 가면서 신앙으로 살아가는 저 도성의 일부분도 지상 도성의 평화를 이용해야 하는데, 인간의 사멸성이 저런 평화를 필요로 하므로 이용하기는 하지만 이 사멸성이 지나가 버릴 때까지만 이용한다. 따라서 벌써 구속救贖의 약속과 영적 선물을 담보물처럼 받은 상태이기는 하지만 지상 도성에서 마치 포로처럼 나그네살이를 하는 동안은 지상 도성의 법률, 사멸할 생명을 유지하는 데 해당하는 사물들을 관리하는 법률에 순종해야 하는 것은 의심의 여지가 없다. 왜냐하면 이 사멸할 조건은 두 도성 모두에게 공통되고, 그렇게 함으로써 이 사멸할 조건에 해당하는 사물들을 두고 두 도성 사이에 화합이 유지되기 때문이다.[157] 지상 도성 역시 나름대로 자기네 현자들을 갖고 있다. 하지만 신적인 가르침은 그들을 현자로 인정하지 않는다. 그들은 스스로 추측을 하거나 정령들에 의해 기만을 당해서인지 인간사에 있어서 다수의 신들을 화합시켜야 한다고 믿을 뿐 아니라,[158] 심지어 어떤 면에서 신들의 직책이 제각기 달라서 제각기 다른 사물들을 관장하고 있다고 믿었던 것이다. 육체는 다른 신에게 맡기고 정신은 또 다른 신에게 맡기며 같은 몸에서도 머리는 이 신에게, 모가지는 저 신에게, 제각기 다른 지체들은 또 제각기 다른 신들에게 맡긴다. 정신에서도 재주는 이 신에게, 학습은 저 신에게, 노기怒氣와 탐욕은 또 다른 신에게 각각 맡긴다. 생활과 결부된 사물들에 있어서도 가축과 곡식, 포도주, 기름, 숲, 화폐, 항해, 전쟁과 승리, 혼인, 임신과 출산 등이 모두 제각기 다른 신들에게 맡겨지고, 또 다른 직책은 또 다른 신들에게 할당한다.[159] 이와 반대로 천상 도성은 한 분 하느님만 섬겨야 하는 것으로 알고, 그리스어로 라트레이아라고 하는 섬김은 그분에게만 바쳐야 한다고, 또 오직 하느님께만 바쳐야

pietate censeret: factum est, ut religionis leges cum terrena ciuitate non posset habere communes proque his ab ea dissentire haberet necesse atque oneri esse diuersa sentientibus eorumque iras et odia et persecutionum impetus sustinere, nisi cum animos aduersantium aliquando terrore suae multitudinis et semper diuino adiutorio propulsaret. Haec ergo caelestis ciuitas dum peregrinatur in terra, ex omnibus gentibus ciues euocat atque in omnibus linguis peregrinam colligit societatem, non curans quidquid in moribus legibus institutisque diuersum est, quibus pax terrena uel conquiritur uel tenetur, nihil eorum rescindens uel destruens, immo etiam seruans ac sequens, quod licet diuersum in diuersis nationibus, ad unum tamen eundemque finem terrenae pacis intenditur, si religionem, qua unus summus et uerus Deus colendus docetur, non impedit. Vtitur ergo etiam caelestis ciuitas in hac sua peregrinatione pace terrena et de rebus ad mortalem hominum naturam pertinentibus humanarum uoluntatum compositionem, quantum salua pietate ac religione conceditur, tuetur atque appetit eamque terrenam pacem refert ad caelestem pacem, quae uere ita pax est, ut rationalis dumtaxat creaturae sola pax habenda atque dicenda sit, ordinatissima scilicet et concordissima societas fruendi Deo et inuicem in Deo; quo cum uentum erit, non erit uita mortalis, sed plane certeque uitalis, nec corpus animale, quod, dum, corrumpitur, adgrauat animam, sed spiritale sine ulla indigentia ex omni parte subditum uoluntati. Hanc pacem, dum peregrinatur in fide, habet atque ex hac fide iuste uiuit, cum ad illam pacem adipiscendam refert quidquid bonarum actionum gerit erga Deum et proximum, quoniam uita ciuitatis utique socialis est.

---

[160] 본서 (5.15; 6.1; 10.1, 3)에서는 latreia를 cultus, pietas, religio로 구분하여 논한 바 있다.

[161] Cf. Lactantius, *Divinae institutiones* 7.15.

[162] 호교론자들이 처음부터 국가사회에 표명하는 우호적 태도였다. 예: *Epistula ad Diognetum* 5.5.

[163] terrenam pacem refert ad caelestem pacem: 만사를 궁극목적으로 "귀결"(relatio)시키는 작업이 아우구스티누스의 역사철학의 근간이다.

[164] ordinatissima et concordissima societas fruendi Deo et invicem in Deo: 아우구스티누스가 이상으로 삼는 평화의 정의(定義)에 해당한다. 앞의 19.13.1 "천상 도성의 평화" 참조.

한다고 생각한다. 충실한 신심에서 우러난 말이다.[160] 이때문에 종교의 율법에 관한 한, 천상 도성은 지상 도성과 공통된 법을 아무것도 지닐 수 없으며, 이 일로 인해 필히 지상 도성과 의견의 차이가 생기고, 생각이 다른 사람들에게 부담을 줄 수밖에 없고 그자들의 분노와 증오와 박해하고 싶은 충동을 견뎌내지 않으면 안 된다는 것도 사실이다. 믿는 사람들의 숫자가 많아서 그들에게 오히려 두려움을 주고 반드시 신적 도우심을 입어 반대자들의 마음에 제동을 건다면 다르지만. 이 천상 도성은 지상에서 나그넷길을 가는 동안 모든 민족에서 시민들을 불러모아 모든 언어를 사용하는 순례자 집단을 이룬다.[161] 풍속이나 법률이나 제도들에 의해 지상의 평화가 달성되고 보존되는 한, 그것들이 어떻게 다른지는 상관하지 않는다. 물론 나라가 다르면 여러 가지가 다를 수밖에 없지만 그럼에도 한결같이 지상의 평화라는 단일한 목적을 지향한다. 한 분이요 지존하고 참된 하느님이 숭배받아야 한다고 가르치는 종교를 방해하지 않는 한, 천상 도성은 이런 풍속이나 법률이나 제도 가운데 그 어떤 것도 폐기하거나 파괴하지 않으며 도리어 보존하고 따른다.[162] 그러므로 천상 도성도 이 순례의 길에서는 지상 평화를 이용하고, 신심과 종교심에 의해 허용되는 한, 사멸할 인생에 속하는 사물들에 관해 인간 의지들 사이에 이루어지는 적절한 조정을 보호하고 추구하며 지상 평화를 천상 평화에로 귀결시킨다.[163] 천상 평화야말로 진정한 평화라 할 수 있으며 이성적 피조물은 이것만을 평화로 여기고 평화라 불러야 마땅하리라. 다시 말해 하느님을 향유하고 하느님 안에서 서로 향유하는 더할 나위 없이 질서있고 완전히 화합된 사회적 결속이다.[164] 그때가 오면 분명히 생명이기는 하되 사멸하는 생명이 아닐 테고, 육체도 결국 썩어 없어지면서 영혼을 내리누르는 생물적 육체가 아니고 영적 육체, 어떠한 부족함도 느끼지 않고 모든 면에서 의지에 복속하는 그런 육체가 될 것이다. 천상 도성은 신앙으로 나그넷길을 가는 동안에도 이 평화를 간직하고 있으며, 이 신앙에 의지하여 의롭게 살아간다. 그러면서 또 도성의 생활은 어디까지나 사회적인 생활이므로 하느님께 뭔가 선한 행위를 하거나, 이웃에게 뭔가 선한 행위를 한다면, 한결같이 저 평화를 얻는 데로 결부시키기에 이른다.

18. Quod autem adtinet ad illam differentiam, quam de Academicis nouis Varro adhibuit, quibus incerta sunt omnia, omnino ciuitas Dei talem dubitationem tamquam dementiam detestatur, habens de rebus, quas mente atque ratione comprehendit, etiamsi paruam propter corpus corruptibile, quod adgrauat animam (quoniam, sicut dicit apostolus, *ex parte scimus*), tamen certissimam scientiam, creditque sensibus in rei cuiusque euidentia, quibus per corpus animus utitur, quoniam miserabilius fallitur, qui numquam putat eis esse credendum; credit etiam scripturis sanctis et ueteribus et nouis, quas canonicas appellamus, unde fides ipsa concepta est, ex qua iustus uiuit; per quam sine dubitatione ambulamus, quamdiu peregrinamur a Domino; qua salua atque certa de quibusdam rebus, quas neque sensu neque ratione percepimus neque nobis per scripturam canonicam claruerunt nec per testes, quibus non credere absurdum est, in nostram notitiam peruenerunt, sine iusta reprehensione dubitamus.

19. Nihil sane ad istam pertinet ciuitatem quo habitu uel more uiuendi, si non est contra diuina praecepta, istam fidem, qua peruenitur ad Deum, quisque sectetur; unde ipsos quoque philosophos, quando Christiani fiunt, non habitum uel consuetudinem uictus, quae nihil inpedit religionem, sed falsa dogmata mutare compellit. Vnde illam quam Varro adhibuit ex Cynicis differentiam, si nihil turpiter atque intemperanter agat, omnino non curat. Ex tribus uero illis uitae generibus, otioso, actuoso et ex utro-

---

[165] 아우구스티누스 본인이 이 학파의 회의론에 경도된 경험이 있으므로(*Confessiones* 7.9.13 - 20.26) 교부가 이 학파를 폄하하는 어조는 상당히 격하다. Cf. *Contra Academicos* 3.7.14 - 16.36.

[166] 1고린 13,9.

[167] creditque sensibus *in rei cuiusque evidentia*: 교부는 감관에 대해 언제나 자명성(自明性)을 인정했다. 오류는 감관에서 발생하지 않고 감각적 소여에 대한 지성의 판단에서 발생한다.

[168] 대표적으로 Parmenides in Simplicius, *Physica* 4 - 8; Gorgias in Sextus Empiricus, *Institutiones Pyrrhonianae* 2.64.

[169] 인식론적 가치를 오성적 인식($\nu\acute{o}\eta\sigma\iota\varsigma$), 감각적 인식($\delta\iota\acute{a}\nu o\iota a$), 믿음($\pi\acute{\iota}\sigma\tau\iota\varsigma$), 감각적 표상($\delta\acute{o}\xi a$)으로 차등화하던 플라톤의 분류(*Respublica* 590d - 511e)를 연상시킨다.

[170] 유스티누스나 테르툴리아누스는 개종 후에도 "철학자의 장의(長衣)"를 착용한 사례가 있어 이런 언급이 나왔다.

[171] 1.3 참조.

18. 신아카데미아 학파의 회의론은 그리스도교 신앙의 일관성과 얼마나 다른가

바로는 신아카데미아 학파에 대해 말하면서, 그들은 모든 것이 불확실하다고 주장하는 것을 특색으로 갖고 있다고 단정했다. 하지만 하느님의 도성은 그따위 회의를 미친 짓이라고 혐오한다.[165] 인간은 지성과 이성으로 파악하는 사물들에 관해서는 아주 확실한 지식을 갖기 때문이다. 물론 영혼을 내리누르는, 썩어 없어질 육체 때문에 그 인식이 사소한 것이기는 하지만(사도가 말하는 대로, "우리가 무엇을 알아도 부분을 알기" 때문이다)[166] 아주 확실한 인식이다. 또한 정신이 신체를 통해 감관을 구사하므로, 하느님의 도성은 감관을 믿으며, 감관이 어떤 사물에 대해서나 자명하다고 믿는다.[167] 감관은 결코 믿을 것이 못 된다고 생각하는 사람이야말로 더없이 가련한 기만을 당하고 있는 것이다.[168] 하느님의 도성은 또한 구약과 신약 성서를 신뢰하며 우리는 그것을 정경正經이라고 부른다. 성서에서 신앙이 잉태되고 그 신앙으로 의인은 살아간다. 또 주님께 멀리 떨어져 나그넷길을 가는 도중이지만 신앙이 있어 우리는 의혹을 품지 않은 채 걸어갈 수 있다. 그 신앙이 온전하고 확실하다면, 감관으로도 이성으로도 파악하지 못하는 사물들에 대해서나, 성서 정경을 통해서도 우리에게 밝혀지지 않은 사물들에 대해, 또 우리가 믿지 않는다면 도리어 자가당착이 되는 그런 증인들을 내세우더라도 우리 지식이 미치지 못하는 사물들에 대해, 의심을 품어서는 안 되고 의심을 품는다면 질책을 받는 것이 마땅하다.[169]

19. 그리스도교 백성의 관습과 행동

사람이 신앙을 따르고 신앙에 따라 하느님께 도달하는 경우, 신적 계명에 어긋나지 않는 한, 의복이나 생활양식이 저 도성을 따르는 일은 전혀 상관이 없다. 그러므로 저 철학자들이 그리스도 신자가 될 경우, 종교에 아무 방해가 되지 않는다면 복장이나 음식의 관습을 바꾸라는 요구는 받지 않으며,[170] 그들에게 요구되는 것은 거짓된 학설을 바꾸라는 것뿐이다. 그러므로 바로가 견유학파에 대해 그 학파의 특징처럼 단정한 점에 관해서도, 본인들이 추하고 절조없이 행동하지 않는 한 전혀 염려할 것 없다.[171] 세 가지 종류의 생활양식, 곧 여

que composito, quamuis salua fide quisque possit in quolibet eorum uitam ducere et ad sempiterna praemia peruenire, interest tamen quid amore teneat ueritatis, quid officio caritatis inpendat. Nec sic esse quisque debet otiosus, ut in eodem otio utilitatem non cogitet proximi, nec sic actuosus, ut contemplationem non requirat Dei. In otio non iners uacatio delectare debet, sed aut inquisitio aut inuentio ueritatis, ut in ea quisque proficiat et quod inuenerit ne alteri inuideat. In actione uero non amandus est honor in hac uita siue potentia, quoniam omnia uana sub sole, sed opus ipsum, quod per eundem honorem uel potentiam fit, si recte atque utiliter fit, id est, ut ualeat ad eam salutem subditorum, quae secundum Deum est; unde iam superius disputauimus. Propter quod ait apostolus: *Qui episcopatum desiderat, bonum opus desiderat.* Exponere uoluit quid sit episcopatus, quia nomen est operis, non honoris. Graecum est enim atque inde ductum uocabulum, quod ille qui praeficitur eis quibus praeficitur superintendit, curam scilicet eorum gerens; σκοπός quippe intentio est; ergo ἐπισκοπεῖν, si uelimus, Latine superintendere possumus dicere, ut intellegat non se esse episcopum, qui praeesse dilexerit, non prodesse. Itaque ab studio cognoscendae ueritatis nemo prohibetur, quod ad laudabile pertinet otium; locus uero superior, sine quo regi populus non potest, etsi ita teneatur atque administretur ut decet, tamen indecenter appetitur. Quam ob rem otium sanctum quaerit caritas ueritatis; negotium iustum suscipit necessi-

---

[172] 견유학파를 계기로 19.2에서 이 세 가지 생활양식에 관해 상세히 논한 바 있다.

[173] 전도 1,14 참조.

[174] 19.6, 14 참조.

[175] 1디모 3,1.

[176] episcopus (한자권의 가톨릭에서는 "주교직"(主教職)이라고 부른다)의 어원을 σκοπός에서 파생하는 동사(ἐπι(위에서)-σκοπειν(보살피다))로 보고, 라틴어로는 intentio(배려)에서 파생하는 superintendere(위에서 배려하다: superintentor)에 해당한다고 설명한다.

[177] qui *praeesse* dilexerit, non *prodesse*: cf. *Enarrationes in Psalmos* 126.3; Hieronymus, *Epistula* 8 ad Evagrium.

가있는 생활, 활동적 생활, 그리고 이 두 가지가 복합된 생활양식에 대해서는, 신앙이 온전히 보존되는 한 각자 어느 양식으로든지 생활을 영위할 수 있고 영원한 상급에 도달할 수 있다.[172] 정작 신경을 써야 할 바는 진리에 대한 사랑에서 우러나 무엇을 행하고 있으며, 애덕의 직분에서 우러나 무슨 일에 애를 쓰고 있느냐 하는 것이다. 그러므로 여가있는 생활을 한다고 해서, 여가중에는 이웃에게 베풀 유익한 일을 아무것도 생각하지 않을 정도여야 한다는 법도 없고, 활동적이라고 해서 하느님에 대한 관상觀想을 전혀 도모하지 않을 정도여야 한다는 법도 없다. 여가에서는 나태한 한가함을 즐기는 것이 아니고 진리에 대한 탐색과 발견을 즐겨야 하며, 누구든지 진리 안에서 정진하되 자기가 발견한 진리를 다른 사람도 발견한다고 해서 시샘하지 말아야 한다. 그 대신 활동중에는 현세생활의 영예와 권세에 애착해서는 안 된다. 태양 아래 모든 것이 헛되기 때문이다.[173] 또 저런 영예와 권세를 통해 이루어지는 업적이 올바르고 유익하게 이루어지고 수하에 있는 사람들의 안녕에 보람이 된다면, 그것은 하느님의 뜻에 따라서 이루어지는 것이기 때문이기도 하다. 이 점에 관해서는 앞에서 우리가 벌써 논한 바 있다.[174] 사도가 "어떤 사람이 감독직을 맡고 싶어한다면 그는 훌륭한 일을 바라는 것입니다"[175]라고 한 말도 이때문이다. 감독직이 어떤 것인지, 즉 그것은 업무상의 명칭이지 영예의 명칭이 아님을 보여주고 싶었던 것이다. 이것은 그리스어로서 거기서 이 단어가 나왔는데, 앞장서는 사람은 자신이 앞장서는 그 사람들을 감독한다는 뜻이다. 다시 말해 그들을 보살핀다는 말이다. 그리스어로 스코포스는 인텐시오이며 따라서 에피스코페인이라는 동사는 라틴어로 수페르인텐데레라고 할 수 있겠다.[176] 따라서 남에게 이로움을 주는 일보다 지휘하기를 좋아하는 사람은[177] 감독이 될 수 없음을 깨달아야 한다. 그러므로 진리에 대해 공부하지 못하게 금지당하는 사람은 아무도 없고, 이것은 칭찬할 만한 여가에 해당하는 일이다. 그리고 높은 지위가 없으면 백성이 통치를 받을 수가 없는 것이 사실이지만, 그런 지위는 합당하게 보존되고 관리되어야 하는데도 합당치 못하게 그 지위를 욕심내는 것이 문제다. 그러므로 진리에 대한 사랑은 경건한 여가를 찾는 것이 마땅하고, 사랑에서 우러나는 필요

tas caritatis. Quam sarcinam si nullus inponit, percipiendae atque intuendae uacandum est ueritati; si autem inponitur, suscipienda est propter caritatis necessitatem; sed nec sic omni modo ueritatis delectatio deserenda est, ne subtrahatur illa suauitas et opprimat ista necessitas.

20. Quam ob rem summum bonum ciuitatis Dei cum sit pax aeterna atque perfecta, non per quam mortales transeant nascendo atque moriendo, sed in qua inmortales maneant nihil aduersi omnino patiendo: quis est qui illam uitam uel beatissimam neget uel in eius comparatione istam, quae hic agitur, quantislibet animi et corporis externarumque rerum bonis plena sit, non miserrimam iudicet? Quam tamen quicumque sic habet, ut eius usum referat ad illius finem, quam diligit ardentissime ac fidelissime sperat, non absurde dici etiam nunc beatus potest, spe illa potius quam re ista. Res ista uero sine spe illa beatitudo falsa et magna miseria est; non enim ueris animi bonis utitur, quoniam non est uera sapientia, quae intentionem suam in his quae prudenter discernit, gerit fortiter, cohibet temperanter iusteque distribuit, non ad illum dirigit finem, ubi erit Deus omnia in omnibus, aeternitate certa et pace perfecta.

---

[178] otium sanctum quaerit *caritas veritatis*, negotium iustum suscipit *necessitas caritatis*: 여가와 활동(otium et negotium)이라는 로마 철학의 실천적 논제를 대칭하여 수식하고 있다.

[179] Cf. *Epistula* 48.2.

[180] summum bonum civitatis Dei ... pax aeterna: 제19권에서 평화를 길게 논한 명분이 드러난다. 하느님의 도성이 하나의 사회인 이상, 하느님과의 평화, 성도들간의 평화가 최고선이 된다.

[181] etiam nunc beatus potest, *spe illa* potius quam *re ista*: 현세에서도 행복할 수 있다면 "이 세상 사물로" 행복한 것이 아니고 "저 세상의 희망으로" 행복하다는 단서다.

[182] prudenter discernit, gerit fortiter, cohibet temperanter iusteque distribuit: 앞에서(19.4.1-5) 논한 사추덕을 다시 간추려 완성된 "수덕(修德) 생활"의 경지를 꼽아서 천상 도성과 결부시킨다.

는 정의로운 활동을 받아들이는 것이 마땅하다.¹⁷⁸ 아무도 우리에게 짐을 지우지 않는다면 진리를 파악하고 관조하는 데 여가를 가져야 마땅하다. 하지만 짐이 지워진다면 사랑에서 우러나는 필요 때문에 그 짐을 받아들이는 것이 마땅하다. 그렇다고 진리에 대한 향락을 전적으로 내버려야 한다는 말은 아니다. 그렇지 않으면 진리의 감미로움을 빼앗기고 활동의 필요가 우리를 짓누르는 결과를 빚는다.¹⁷⁹

20. 성도聖徒인 시민들은 이승살이에서도 희망을 품어 행복하다

하느님 도성의 최고선은 영원하고 완전한 평화이다.¹⁸⁰ 사멸할 인간들이 태어나고 죽음으로써 그 평화 속을 단지 통과하는 것이 아니고, 불사불멸하는 인간으로 그 평화 속에 머물게 되며 거기서는 아무런 역경도 겪지 않는다. 저런 생명이 지극히 행복하리라는 것을 부인할 사람이 누가 있겠는가? 그리고 이곳에서 살아가는 삶이 아무리 정신과 육체의 선, 그리고 외적 사물들의 선으로 가득 차 있다고 할지라도 그 삶과 비교한다면 비참하기 짝이 없는 삶이라고 가늠하지 않을 사람이 누가 있겠는가? 하지만 누군가 현세 생명을 이용하여 저 영원한 생명의 목적으로 귀결시키고 지극한 열정과 지극한 믿음으로 저 생명을 사랑한다면, 지금도 행복할 수 있다는 말이 자가당착은 아니리라. 물론 지금 누리는 현실 때문이 아니라 미래에 대한 저 희망 덕택에 행복하다는 뜻이다.¹⁸¹ 지금 누리는 이 현실은 미래에 대한 희망이 없으면 거짓 행복일 뿐 아니라 크나큰 비참일 따름이다. 정신의 참다운 선들을 제대로 이용하지 못하기 때문이다. 비록 현명하게 분별하고 용감하게 수행하고 절조있게 삼가고 정의롭게 분배하는¹⁸² 그런 언행에서도 자기의 지향을 저 목적에로 이끌어가지 않는다면 그것은 참다운 지혜가 아니다. 저곳에서는 확고한 영원 속에서, 완전한 평화중에서¹⁸³ 하느님이 모든 것 안에서 모든 것이 되리라.¹⁸⁴

---

¹⁸³ aeternitate certa et pace perfecta: 앞의 19.11 (각주 105 참조)에서도 언급한, "영원한 행복"과 "평화"와 외연이 합치하는 명제라고 하겠다.

¹⁸⁴ 1코린 15,28 참조.

21. Quapropter nunc est locus, ut quam potero breuiter ac dilucide expediam, quod in secundo huius operis libro me demonstraturum esse promisi, secundum definitiones, quibus apud Ciceronem utitur Scipio in libris de re publica, numquam rem publicam fuisse Romanam. Breuiter enim rem publicam definit esse rem populi. Quae definitio si uera est, numquam fuit Romana res publica, quia numquam fuit res populi, quam definitionem uoluit esse rei publicae. Populum enim esse definiuit coetum multitudinis iuris consensu et utilitatis communione sociatum. Quid autem dicat iuris consensum, disputando explicat, per hoc ostendens geri sine iustitia non posse rem publicam; ubi ergo iustitia uera non est, nec ius potest esse. Quod enim iure fit, profecto iuste fit; quod autem fit iniuste, nec iure fieri potest. Non enim iura dicenda sunt uel putanda iniqua hominum constituta, cum illud etiam ipsi ius esse dicant, quod de iustitiae fonte manauerit, falsumque esse, quod a quibusdam non recte sentientibus dici solet, id esse ius, quod ei, qui plus potest, utile est. Quocirca ubi non est uera iustitia, iuris consensu sociatus coetus hominum non potest esse et ideo nec populus iuxta illam Scipionis uel Ciceronis definitionem; et si non populus, nec res populi, sed qualiscumque multitudinis, quae populi nomine digna non est. Ac per hoc, si res publica res est populi et populus

---

[185] quapropter: 해석상의 난점을 주는 상관접속사여서 20장과 21장 사이에 누락된 부분이 있지 않나 하는 추측을 낳고 있다.

[186] 2.21.4 참조.

[187] numquam rem publicam fuisse Romanam: 앞장에서처럼 하느님의 도성을 마련하고 평행하는 지상의 도성을 상정할 경우에, 진정한 res publica, res populi는 역사상 존재한 적이 없는 이상(理想)으로서의 사회상일 뿐임을 강조한다.

[188] res publica, res populi (Cicero, *De republica* 1.25.39): 통상 res publica가 "공사"(公事) 혹은 "공화국"으로 번역된다면[예: republique (Combes), lo Stato (Gentili-Alici), commonwealth (Dyson)], res populi는 "국사"(國事) 혹은 "국가"로 번역될 만하다.

[189] coetus multitudinis iuris consensu et utilitatis communione sociatus: Cicero, *De republica* 1.25.39 (Augustinus, *Epistula* 138.10. 본서 19.24 참조).

[190] ius(권리, 법도, 법)에서, iustus(법대로, 정의로운), iustitia(정의)라는 단어가 파생한다. "불의하게(in-iuste) 이루어지는 일은 법대로 이루어지기가 불가능하다(nec iure)"는 앞의 문장은 이런 어원에서 이해된다.

[191] quod ei, qui plus potest, utile est: Trasimachus라는 자가 정의하는 개념으로 전해온다(Plato, *Respublica* 336b; 338c; *Gorgias* 483c - 484a).

[192] non populus, nec res populi, sed qualiscumque multitudinis: 법률에 근거하지 못한 정권은 (국민이라는 이름에 합당하지 못한) 우중 정치일 따름이다.

제3부 (21-28)
로마와 온 세계에 존재하던 국가

21. 키케로의 대화편에 나오는 스키피오의 정의대로, 로마 공화국은 한 번도 존재한 적이 없는가

21. 1. 국민과 국가, 법도와 정의는 반드시 일치하는가

그러므로[185] 본서의 제2권에서 논증하겠노라고 약속한 것처럼[186] 이제 로마 공화국이라는 것은 한 번도 존재한 적이 없다[187]는 말을 거론할 자리가 되었다. 이 말은 키케로의 작품 중 「국가론」이라는 책에서 스키피오가 사용하는 정의定義를 빌려서 한 말인데, 할 수 있는 대로 간단명료하게 이야기하겠다. 우선 스키피오는 공공의 사물을 간단하게 국민의 사물이라고 정의한다.[188] 만일 이 정의가 옳다면 로마 공화국이라는 것은 한 번도 존재하지 않은 셈이다. 공화국의 정의에 들어가야 하는 대로 국민의 사물은 한 번도 존재한 적이 없기 때문이다. 그는 국민을 정의하여 국민은 법에 대한 동의와 이익의 공통성에 의해 결속된 대중의 집합이라고 했다.[189] 그렇다면 무엇이 법에 대한 동의인지는 토론을 하면서 설명을 하게 만들고, 정의正義 없이는 공사公事 혹은 공화국을 운영할 수 없음을 먼저 입증하기로 한다. 정의가 없는 곳에는 법도 있을 수 없기 때문이다. 법대로 되는 것은 그야말로 정의롭게 된다. 불의하게 이루어지는 일은 법대로 이루어지기가 불가능하다. 인간들의 불공정한 제도를 법도라고 말해서도 안 되고 그렇게 보아서도 안 된다. 본인들이야 정의의 원천에서 흘러나오는 그것이 곧 법이 아니겠냐고 말하더라도 아니기는 마찬가지다.[190] 정의라는 말을 올바로 이해하지 못한 사람들이 내리는 정의, 즉 "더 강한 자에게 이로운 것"[191] 그것이 곧 법이라고 상투적으로 말하는 사람들의 말은 옳지 않다. 그리하여 참된 정의가 없는 곳에는 법에 대한 동의로 결속된 인간들의 집합이 존재할 수 없으며, 따라서 스키피오 혹은 키케로의 정의에 입각한 국민은 존재하지 않는다. 그리고 국민이 존재하지 않으면 국민의 사물, 곧 국가도 존재하지 않는다. 국민이라는 이름에는 합당치 못한 대중의 사물이 아무렇게나 있을 따름이다.[192] 그래

non est, qui consensu non sociatus est iuris, non est autem ius, ubi nulla iustitia est: procul dubio colligitur, ubi iustitia non est, non esse rem publicam. Iustitia porro ea uirtus est, quae sua cuique distribuit. Quae igitur iustitia est hominis, quae ipsum hominem Deo uero tollit et inmundis daemonibus subdit? Hocine est sua cuique distribuere? An qui fundum aufert eius, a quo emptus est, et tradit ei, qui nihil habet in eo iuris, iniustus est; et qui se ipsum aufert dominanti Deo, a quo factus est, et malignis seruit spiritibus, iustus est?

Disputatur certe acerrime atque fortissime in eisdem ipsis de re publica libris aduersus iniustitiam pro iustitia. Et quoniam, cum prius ageretur pro iniustitiae partibus contra iustitiam et diceretur nisi per iniustitiam rem publicam stare gerique non posse, hoc ueluti ualidissimum positum erat, iniustum esse, ut homines hominibus dominantibus seruiant; quam tamen iniustitiam nisi sequatur imperiosa ciuitas, cuius est magna res publica, non eam posse prouinciis imperare: responsum est a parte iustitiae ideo iustum esse, quod talibus hominibus sit utilis seruitus, et pro utilitate eorum fieri, cum recte fit, id est cum improbis aufertur iniuriarum licentia, et domiti melius se habebunt, quia indomiti deterius se habuerunt; subditumque est, ut ista ratio firmaretur, ueluti a natura sumptum nobile exemplum atque dictum est: «Cur igitur Deus homini, animus imperat corpori, ratio libidini ceterisque uitiosis animi partibus?» Plane hoc exemplo satis edoctum est quibusdam esse utilem seruitutem, et Deo quidem ut seruia-

---

[193] a quo emptus est ... a quo factus est: 그리스도교에는 하느님이 죄인의 몸값을 지불하고 악마에게서 인간을 다시 사들였다(redemptus, redemptio: 贖良)는 구속론(救贖論)이 있으므로 이런 비유가 성립한다.

[194] 국가사회의 정의를 믿는 Laelius와 정치사회는 어차피 불의를 발생시킨다는 Philus의 가상적 논쟁, 특히 식민지배를 옹호하는 제국주의 이론은 키케로의 「국가론」(3권)에서도 아우구스티누스가 여기 인용하는 단편으로 전수된다. Cf. *De republica* 3.24.36.

서 공화국이 국민의 사물이라면, 그리고 법에 대한 동의로 결속된 것이 아닌 한 국민도 없다면, 정의가 없는 곳에는 법도 존재하지 않는다면, 의심없이 다음과 같은 결론이 나온다. 정의가 없는 곳에는 공화국이 존재하지 않는다. 그런데 정의는 각자에게 자기 것을 배분하는 덕德이다. 그렇다면 인간을 하느님으로부터 빼앗아 정령들에게 굴종시키는 것이라면 그건 도대체 무슨 정의란 말인가? 이것이 각자에게 자기 것을 배분하는 일이라는 말인가? 토지를 사들인 사람에게서 토지를 빼앗아 그 토지에 대한 권리가 전혀 없는 사람에게 넘겨준다면 그자는 불의한 인간이듯이, 자기를 창조한 하느님, 자기에게 주님인 하느님에게서 자기 자신을 빼내어 악한 영들 밑에서 종노릇하는 자를 의로운 인간이라고 할 수 있는가?[193]

21.2. 인간은 하느님과 이성과 국왕들에게 복종할 필요가 있다

다름아닌 저 「국가론」에서는 정의를 편들고 불의에 반대하여 신랄하고도 강렬한 논쟁이 벌어진다. 첫 장에는 불의의 편을 들고 정의에 반대하는 입장을 논하면서 불의를 행사하지 않고서는 공화국이 존립하지도 운영되지도 못한다는 의견이 나온다. 인간들이 같은 인간 지배자들에게 예속되는 일은 불의하다는 이론이 막강한 논변으로 제시되지만, 로마와 같은 제국적 도성이 있고 이 도성의 거대한 공화국이 존립하는 이상, 이 도성이 지금 말하는 불의를 따르지 않고서는 속주屬州들을 통치하는 일이 불가능하다는 반론이 제시된다. 그러자 정의를 편드는 측에서는 인간이 인간에게 예속하는 일이 정의롭다는 답변이 나온다. 저런 사람들에게는 예속이 차라리 이롭고, 또 올바르게만 이루어진다면 저 사람들의 예속은 당사자들의 이익을 위해 생긴 것일 수도 있다는 것이다. 바꾸어 말하면, 악인들은 불의를 저지르는 권한이 박탈되고 차라리 제압을 당해야 스스로 더 나은 처신을 할 것이라는 설명이다. 로마제국에 제압을 당하지 않았을 적에 더욱 못되게 처신했으니까.[194] 이 이론을 강화하는 뜻에서 자연으로부터 취한 고상한 예까지 덧붙여 이런 말을 한다: "신이 인간에게 명령하고 정신이 신체에 명령하고 이성이 정욕이나 그밖에 정신의 타락한 부분들에 명령하는 이유가 무엇이겠는가?" 분명히 이런 예를 들면, 하느님을 섬기

tur utile esse omnibus. Seruiens autem Deo animus recte imperat corpori, inque ipso animo ratio Deo Domino subdita recte imperat libidini uitiisque ceteris. Quapropter ubi homo Deo non seruit, quid in eo putandum est esse iustitiae? Quando quidem Deo non seruiens nullo modo potest iuste animus corpori aut humana ratio uitiis imperare. Et si in homine tali non est ulla iustitia, procul dubio nec in hominum coetu, qui ex hominibus talibus constat. Non est hic ergo iuris ille consensus, qui hominum multitudinem populum facit, cuius res dicitur esse res publica. Nam de utilitate quid dicam, cuius etiam communione sociatus coetus hominum, sicut sese habet ista definitio, populus nuncupatur? Quamuis enim, si diligenter adtendas, nec utilitas sit ulla uiuentium, qui uiuunt impie, sicut uiuit omnis, qui non seruit Deo seruitque daemonibus, tanto magis impiis, quanto magis sibi, cum sint inmundissimi spiritus, tamquam diis sacrificari uolunt: tamen quod de iuris consensu diximus satis esse arbitror, unde appareat per hanc definitionem non esse populum, cuius res publica esse dicatur, in quo iustitia non est. Si enim dicunt non spiritibus inmundis, sed diis bonis atque sanctis in sua re publica seruisse Romanos: numquid eadem totiens repetenda sunt, quae iam satis, immo ultra quam satis est diximus? Quis enim ad hunc locum per superiores huius operis libros peruenit, qui dubitare adhuc possit malis et inpuris daemonibus seruisse Romanos, nisi uel

---

[195] servire 동사가 "섬기다"와 "종살이하다", "예속하다"라는 양의성을 띠고서 imperare ("명령하다, 통치하다")라는 동사와 대비되고 있다.

[196] 제국주의 식민이론을 정당화하기 위해 신의 권위를 내세우는 논리에서 교부는 신의 권위는 인간의 정당한 이성이 (지배욕이라는) 악덕에 굴복해서는 안 된다는 결론도 유도한다고 답변한다.

[197] 키케로의 국민 개념 후반부(앞의 각주 189 참조)에 의거하여 교부는 정령숭배가 정의에 어긋난다는 비약적 결론을 유도한다. 인류의 공동선(bonum commune)이란 다름아닌 하느님이기 때문이다.

[198] 정의(正義)에 관한 철학적 토론이 신학적 토론으로 확대되는데, 이미 평화를 신적 차원으로 확대한 이상(19.13 참조) 이런 신학적 결론이 당연하다.

는 것이 만인에게 이롭듯이 어떤 사람들에게는 종살이로 강자를 섬기는 것이 더 이롭다는 논리를 충분히 주입할 수 있다.[195] 하느님을 섬김으로써 정신은 육체에 올바로 명령하고, 정신에서도 이성이 주 하느님께 종속됨으로써 정욕이나 그밖의 악덕들에 올바로 명령하는 것이다. 그러니 인간이 하느님을 섬기지 않는다면 인간 내부에 정의에서 우러나는 것이 무엇이 있다고 하겠는가? 하느님을 섬기지 않는다면 정신이 육체에 정의로운 명령을 절대로 내리지 못하고 인간 이성이 악덕에 정의로운 명령을 내리지 못한다. 또 그런 인간 안에 어떠한 정의도 존재하지 않는다면 그런 인간들로 구성되는 인간들의 집단 안에는 여하한 정의도 존재하지 않으리라는 것은 의심의 여지가 없을 만큼 분명하다.[196] 그러니까 인간 대중을 국민으로 만드는 것은 법에 대한 동의인데, 여기서는 법에 대한 동의가 없다. 국민의 사물을 공화국이라고 하는데. 그럼 저 정의定義에 의하면, 이익의 공통성에 의해 결속된 대중의 집합이 국민이라고 하는데 이 이익에 관해서는 무슨 얘기를 할까?[197] 신중하게 살펴본다면, 불경스럽게 사는 경우에는 그렇게 사는 사람들의 이익이라고 말할 것이 전혀 없다. 살아있으면서 하느님을 섬기지 않고 정령들을 섬기는 사람은 더욱 그렇다. 정령들 스스로는 추루하기 이를 데 없는 영혼에 불과하면서도 마치 신들에게 하듯이 자기들에게 제사가 바쳐지기를 바라는 터이므로 한층 더 불경스런 존재요, 그런 정령들을 섬기는 사람들은 더더욱 그렇다. 나는 법에 대한 동의를 두고 말한 것으로 충분하다고 보는데, 이 정의定義에 비추어보더라도 하느님에 대한 정의正義가 없는 곳에는 어느 국민의 공화국이라고 부를 만한, 국민이라는 것이 아예 없다는 사실이 드러난다.[198] 그래도 누군가 나서서, 로마인들은 자기네 공화국에서 더러운 영들을 섬긴 것이 아니고 자기네 선량하고도 거룩한 신들을 섬겼을 뿐이라고 대답한다고 하자. 그럼 지금까지 넉넉할 만큼, 아니 분에 넘치도록 역설했는데도 나더러 똑같은 말을 모조리 되풀이하라는 것인가? 무척이나 우둔하거나 옹고집으로 시비를 일삼는 사람이 아니라면, 그리고 이 책의 앞에 나온 책권들을 읽고서 이 대목까지 도달한 사람이라면 로마인들이 사악하고 더러운 정령들을 섬겨 왔다는 사실을 의심할 사람이

nimium stolidus uel inpudentissime contentiosus? Sed ut taceam quales sint, quos sacrificiis colebant: in lege ueri Dei scriptum est: *Sacrificans diis eradicabitur nisi Domino tantum*. Nec bonis igitur nec malis diis sacrificari uoluit, qui hoc cum tanta comminatione praecepit.

22. Sed responderi potest: «Quis iste Deus est aut unde dignus probatur, cui deberent obtemperare Romani, ut nullum deorum praeter ipsum colerent sacrificiis?» Magnae caecitatis est, adhuc quaerere, quis iste sit Deus. Ipse est Deus, cuius prophetae praedixerunt ista quae cernimus. Ipse est Deus, a quo responsum accepit Abraham: *In semine tuo benedicentur omnes gentes*. Quod in Christo fieri, qui secundum carnem de illo semine exortus est, idem ipsi qui remanserunt huius nominis inimici, uelint nolintue, cognoscunt. Ipse est Deus, cuius diuinus Spiritus per eos locutus est, quorum praedicta atque completa per ecclesiam, quam uidemus toto orbe diffusam, in libris superioribus posui. Ipse est Deus, quem Varro doctissimus Romanorum Iouem putat, quamuis nesciens quid loquatur; quod tamen ideo commemorandum putaui, quoniam uir tantae scientiae nec nullum istum Deum potuit existimare nec uilem. Hunc enim eum esse credidit, quem summum putauit deum. Postremo ipse est Deus, quem doctissimus philosophorum, quamuis Christianorum acerrimus inimicus, etiam per eorum oracula, quos deos putat, deum magnum Porphyrius confitetur.

---

[199] 본서 전반부(1 - 10권)가 시종일관 로마인의 다신숭배는 결국 정령숭배였음을 비판한 내용이다.

[200] 출애 22,19. 본서 10.3.2, 7에도 인용됨.

[201] 평화를 구축하는 정치공동체에 대한 이상과 현실을 논하던 중에, 정의에 입각한 올바른 경신례가 거론되자 교부는 22-23장에서 포르피리우스를 상대로 호교론적 논쟁으로 빠진다(excursus).

[202] 창세 22,18. 본서 10.32.2; 16.32.2에도 인용.

[203] 특히 17권과 18권 참조.

[204] Cf. Varro, *De lingua Latina* 7.4.85: "여러 가지 이름으로 당신을 부르오니 신령(numen)이라고도 하는 바 …" 호메루스도 이 명칭을 유피테르에게 사용하고 있다(Multis nomen vestrum numenque ciendo ... Numen ... itaue in Iove). 본서 4.1 참조.

[205] summus deus: cf. Varro in Arnobius, *Adversus nationes* 3.4.

[206] deus magnus: cf. Porphyrius, *De abstinentia* 2.34-37; 3.5. 켈수스 이래로 그리스도교의 가장 날카로운 논적이었고 더구나 신탁을 논거로 하는 포르피리우스의 대중적 전략은 교부들에게 부담을 주었다. 아우구스티누스는 그가 그리스도는 훌륭한 인물로 인정하고 그리스도인들을 공략하는 전법을 상대한다. Cf. *De consensu Evangelistarum* 1.15.23.

과연 있겠는가?¹⁹⁹ 로마인들이 제사를 바치며 숭배한 대상이 어떤 작자들인지는 다시 말하지 않기로 하고, 참된 하느님의 율법에 기록된 구절이 있다: "다른 신들에게 제사를 드리는 자는 뿌리뽑히리라. 제사는 주님께만 드려야 한다."²⁰⁰ 이처럼 엄중한 위협을 가하면서 명령을 내리는 분은 선한 신들에게도 악한 신들에게도 제사가 올려짐을 원하지 않았다!

22. 그리스도인들이 섬기는 하느님은 참 하느님이며 제사는 그분께만 올려야 하는가²⁰¹

그러나 다음과 같은 반박이 나올 수도 있겠다: "로마인들이 마땅히 순종했어야 한다는 저 하느님은 도대체 누구이며, 그분 말고는 아무 신에게도 제사를 바쳐 숭배해서는 안 된다는 사실은 무엇으로 입증되는가?" 아직까지도 저 하느님이 누구냐고 힐문하는 것 자체가 대단한 맹목의 소치이다. 바로 그 하느님의 예언자들이 우리가 지금 목격하고 있는 바를 예고했다. 바로 그 하느님에게서 아브라함이 대답을 받았는데 "모든 족속들이 네 후손 안에서 복을 받을 것이다"²⁰²라는 말씀이었다. 이 말씀은 그리스도에게서 이루어졌고 그분은 아브라함의 후손에서 태어났으며, 이 이름을 원수처럼 여기고 버티는 사람들마저 좋든 싫든 이 사실만은 알고 있다. 바로 그 하느님의 신적 영이 사람들을 통해 말씀을 했고, 그 사람들이 예고한 바가 교회를 통해 성취되었으며, 그 예고대로 교회가 온 천하에 퍼져 있음을 우리가 목격하는 중임은 앞에 나온 책권들에서 내가 이미 지적했다.²⁰³ 로마인들 가운데 가장 박식한 바로는 그 하느님을 유피테르로 생각하고 있는데 스스로 무슨 소리를 하는지도 모르면서 하는 말이다.²⁰⁴ 내가 이 점을 언급해야겠다고 생각한 것은 그토록 학식이 출중한 인물이 그 하느님이 존재하지 않는다고 생각했거나 시시한 존재로 여겼을 리가 없기 때문이다. 그는 하느님이 존재한다고 믿었으며 그분을 최고신으로 보았던 것이다.²⁰⁵ 끝으로 본인은 비록 그리스도인들의 아주 신랄한 적이면서도 철학자들 가운데 매우 박식한 인물인 포르피리우스가 신이라고 여긴 자들의 신탁을 빌려, 바로 그 하느님을 가리켜 위대한 신이라고 고백하고 있다.²⁰⁶

23. Nam in libris, quos ἐκ λογίων φιλοσοφίας appellat, in quibus exequitur atque conscribit rerum ad philosophiam pertinentium uelut diuina responsa, ut ipsa uerba eius, quem ad modum ex Graeca lingua in Latinam interpretata sunt, ponam: «Interroganti, inquit, quem deum placando reuocare possit uxorem suam a Christianismo, haec ait uersibus Apollo.» Deinde uerba uelut Apollinis ista sunt: «Forte magis poteris in aqua inpressis litteris scribere aut adinflans leues pinnas per aera auis uolare, quam pollutae reuoces impiae uxoris sensum. Pergat quo modo uult inanibus fallaciis perseuerans et lamentari fallaciis mortuum Deum cantans, quem iudicibus recta sentientibus perditum pessima in speciosis ferro uincta mors interfecit.» Deinde post hos uersus Apollinis, qui non stante metro Latine interpretati sunt, subiunxit atque ait: «In his quidem inremediabile sententiae eorum manifestauit dicens, quoniam Iudaei suscipiunt Deum magis quam isti.» Ecce, ubi decolorans Christum Iudaeos praeposuit Christianis, confitens quod Iudaei suscipiant Deum. Sic enim exposuit uersus Apollinis, ubi iudicibus recta sentientibus Christum dicit occisum, tamquam illis iuste iudicantibus merito sit ille punitus. Viderint quid de Christo uates mendax Apollinis dixerit atque iste crediderit aut fortasse uatem, quod non dixit, dixisse iste ipse confinxerit. Quam sibi constet uel ipsa oracula inter se faciat conuenire, postea uidebimus; hic tamen Iudaeos, tamquam Dei susceptores, recte dicit iudicasse de Christo,

---

[207] 「신탁의 철학」(*Philosophia oraculorum*)으로 번역된다(10.27 각주 245 참조). 10.9.2에 인용되는 *De regressu animae*와 동일 작품이라는 의혹도 있다. Eusebius [John O'Meara ed.] *Praeparatio evangelica* 4.6.2; 4.8.3 등에 인용되어 단편으로 전해온다.

[208] in speciosis: 시문이라서 해석이 난해하다. "꽃다운 나이에"(Combes, Gentili), "공공연하게"(Alici), 반어법으로 "수치스럽게"(Dods).

23. 포르피리우스는 신탁에 그리스도에 관해 무슨 대답이 있었다고 말하는가
23. 1. 포르피리우스는 아폴로의 신탁을 빌려 그리스도를 모독한다

「에크 로기온 필로소피아스」라고 명명한 책자에서[207] 그는 철학에 해당하는 사안들에 대해 신적 응답이라고 본 자료들을 수집하고 주석하고 있다. 일부가 그리스어에서 라틴어로 번역되었으므로 그의 말 그대로 인용해 보겠다: "그리스도교에서 아내를 맞아들이려면 어느 신을 무마시켜 그 이름을 불러야 하느냐고 묻는 사람에게 아폴로는 시문詩文으로 이런 말을 했다." 이어서 아폴로의 말이라면서 이런 글이 나온다: "그대의 더럽혀지고 불경스런 아내의 제정신이 돌아오게 하느니 차라리 물에다 지워지지 않는 글자를 새기고 가뿐한 깃털을 펴고서 새처럼 공중을 나는 편이 더 할 만하리라. 그 여자로 하여금 하고 싶은 대로 계속하게 버려두라. 허황한 거짓을 고집하면서 죽어버린 신을 두고 찬가를 부르며 거짓으로 애통해하게 버려두라. 그 신은 정도正道가 무엇인지 아는 판관들에 의해 멸망했고 창칼에 묶인 가장 비참한 죽음이 멋지게[208] 그를 살해했느니라." 아폴로의 이 구절은 라틴어 운문韻文으로는 번역되지 않았는데 포르피리우스는 여기에 덧붙여 이런 말을 한다: "이런 말로 아폴로는 그자들의 주장이 교정 불가능함을 밝히 보여주었다. 그자들보다는 유다인들이 하느님을 제대로 받아들이고 있다는 말도 한다." 보시라, 그리스도를 먹칠하면서 그는 그리스도인들보다도 유다인들을 치켜세웠다. 하지만 유다인들이 하느님을 받아들인다는 사실만은 고백하고 있다. 그는 아폴로의 시구를 주석하여 정도가 무엇인지 아는 판관들에 의해 그리스도가 살해당했다고 하며, 그들이 정의에 따라 심판한 이상 그리스도가 처벌당한 것은 정당했다고 단언한다. 이 글에서 그리스도에 대해 아폴로의 거짓 점쟁이가 뭐라고 하는지 사람들은 알아볼 것이고, 포르피리우스가 그것을 곧이들었거나, 점쟁이가 하지도 않은 말을 했다고 스스로 꾸며냈음을 알아볼 것이다. 포르피리우스의 말이 과연 얼마나 일관성있는지, 소위 신탁이라고 하는 것들이 과연 얼마나 서로 일관성있는지 뒤에 가서 볼 것이다. 여기서는 적어도 포르피리우스가 하는 말, 곧 유다인들은 하느님을 받아들인 사람들이라고 한 말이나, 유다인들이 그리스도에 대해 올바로 재판을 했다는 말이나, 그리스도를 가장 비

quod eum morte pessima excruciandum esse censuerint. Deus itaque Iudaeorum, cui perhibet testimonium, audiendus fuit dicens: *Sacrificans diis eradicabitur nisi Domino tantum.* Sed ad manifestiora ueniamus et audiamus quam magnum Deum dicat esse Iudaeorum. Item ad ea, quae interrogauit Apollinem, quid melius, uerbum siue ratio an lex: «Respondit, inquit, uersibus haec dicens.» Ac deinde subicit Apollinis uersus, in quibus et isti sunt, ut quantum satis est inde decerpam: «In Deum uero, inquit, generatorem et in regem ante omnia, quem tremit et caelum et terra atque mare et infernorum abdita et ipsa numina perhorrescunt; quorum lex est Pater, quem ualde sancti honorant Hebraei.» Tali oraculo dei sui Apollinis Porphyrius tam magnum Deum dixit Hebraeorum, ut eum et ipsa numina perhorrescant. Cum ergo Deus iste dixerit: Sacrificans diis eradicabitur, miror quod ipse Porphyrius non perhorruerit et sacrificans diis eradicari non formidauerit.

Dicit etiam bona philosophus iste de Christo, quasi oblitus illius, de qua paulo ante locuti sumus, contumeliae suae, aut quasi in somnis dii eius maledixerint Christo et euigilantes eum bonum esse cognouerint digneque laudauerint. Denique tamquam mirabile aliquid atque incredibile prolaturus: «Praeter opinionem, inquit, profecto quibusdam uideatur esse quod dicturi sumus. Christum enim dii piissimum pronuntiauerunt et inmortalem factum et cum bona praedicatione eius meminerunt; Christianos uero pollutos, inquit, et contaminatos et errore implicatos esse dicunt et multis talibus aduersus eos blasphemiis utuntur.» Deinde subicit uelut oracula

---

[209] Porphyrius in Lactantius, *De ira Dei* 23.12; in Eusebius, *Praeparatio evangelica* 9.10.4.

[210] ipsa numina perhorrescunt: 포르피리우스의 발언임을 내세워 교부는 호교론에서 세 번이나 이 구절을 인용한다(20.24.1; 22.3; 22.25).

[211] 그리스도의 유일중재성과 유일숭배를 논하면서 포르피리우스를 공격한 바 있다(10.22-32). 여기서는 그리스도교를 적대시하던 지성인들이 대중을 선동하는 데 즐겨 인용하던 포르피리우스의 「아폴로 신탁」을 반박하면서 신탁이니 철학이론이니 하는 언설 속에도 유일신과 그리스도에 대한 간접적 인정이 내포되어 있음을 지적한다.

[212] 아우구스티누스의 이 긴 인용문은 에우세비우스(*Demonstratio evangelica* 3.7.1)에게서도 찾아볼 수 있다.

참한 죽음으로 처벌해야 옳았다고 생각했다는 말을 살펴보자. 포르피리우스는 적어도 유다인들의 하느님을 편들어 증언을 서고 있으므로, 유다인들의 하느님이 "신들에게 제사를 드리는 자는 뿌리뽑히리라. 제사는 주님께만 드려야 한다"라고 한 말씀도 경청했어야 옳다. 하지만 좀더 확실한 사실에 접근해 보기로 하자. 그리고 유다인들의 하느님이 얼마나 위대한 분인지에 대해 그의 입으로 말하는 얘기를 들어보기로 하자. 언어나 이성이 더 훌륭한가, 율법이 더 훌륭한가라고 아폴로에게 문의한 결과 "아폴로는 시문詩文으로 대답하여 이런 말을 했다". 이어서 포르피리우스는 아폴로의 시문을 끌어대는데 나는 그가운데서 충분할 만큼만 추려서 인용하겠다: "하느님 안으로, 모든 것에 앞서 낳는 분이요 임금인 분에게로. 하늘과 땅, 바다와 지옥의 비밀처소마저 그분이 무서워 떨며, 신령들이 혼비백산하느니라. 아버지가 그 존재들의 율법이요, 거룩한 히브리인들은 그 율법을 크게 받드느니라."[209] 자기의 신 아폴로의 이 신탁을 빌려 포르피리우스는 히브리인들의 하느님이 참으로 위대한 분이라는 말을 한 것이다. 신령들마저 그분 앞에서는 혼비백산한다는 것이다.[210] 그럼에도 바로 그 하느님이 "다른 신들에게 제사를 드리는 자는 뿌리뽑히리라"고 말씀했을 적에 포르피리우스 본인은 왜 혼비백산하지 않았는지, 왜 신들에게 제사를 드리면서도 자기가 뿌리뽑히지 않을까 두려워 떨지 않았는지 나는 이해할 수 없다.[211]

23.2. 헤카테의 신탁을 빌려 그리스도를 칭송한다

이 철학자는 조금 전에 우리가 인용한, 공격적 자기 언사를 잊어버리기라도 한 듯이 그리스도에 관해 좋은 말도 한다. 꿈에서는 자기가 모시는 신들이 그리스도에게 악담을 했다는데, 깨어서는 그분을 좋은 분이라고 인정하고 칭송까지 하는 언술을 한다. 여하튼 그는 놀랍고도 믿겨지지 않는 심각한 내용을 발설하고 있노라는 투로 이런 말을 한다.[212] "우리가 하려는 말은 어떤 사람들에게는 뜻밖이라고 여겨질지 모른다. 신들은 그리스도를 지극히 경건한 자라고 선언했으며, 그가 불멸하는 존재가 되었다고 하고 그를 기억하여 좋은 말씀을 한다. 하지만 그리스도인들은 타락한 자들이요 오염된 자들이며 오류에 젖은 자들이라고 한다. 신들이 그들에 대해서는 이러저러한 많은 악담을 사용한다." 이어

deorum blasphemantium Christianos et post haec: «De Christo autem, inquit, interrogantibus si est Deus, ait Hecate: Quoniam quidem inmortalis anima post corpus ut incedit, nosti; a sapientia autem abscisa semper errat. Viri pietate praestantissimi est illa anima; hanc colunt aliena a se ueritate.» Deinde post uerba huius quasi oraculi sua ipse contexens: «Piissimum igitur uirum, inquit, eum dixit et eius animam, sicut et aliorum piorum, post obitum inmortalitate dignatam et hanc colere Christianos ignorantes.» «Interrogantibus autem, inquit: Cur ergo damnatus est? Oraculo respondit dea: Corpus quidem debilitantibus tormentis semper oppositum est; anima autem piorum caelesti sedi insidet. Illa uero anima aliis animabus fataliter dedit, quibus fata non adnuerunt deorum dona obtinere neque habere Iouis inmortalis agnitionem, errore implicari. Propterea ergo diis exosi, quia, quibus fato non fuit nosse Deum nec dona ab diis accipere, his fataliter dedit iste errore implicari. Ipse uero pius et in caelum, sicut pii, concessit. Itaque hunc quidem non blasphemabis, misereberis autem hominum dementiam, ex eo in eis facile praecepsque periculum.»

Quis ita stultus est, ut non intellegat aut ab homine callido eoque Christianis inimicissimo haec oracula fuisse conficta aut consilio simili ab inpuris daemonibus ista fuisse responsa, ut scilicet, quoniam laudant Christum, propterea credantur ueraciter uituperare Christianos atque ita, si pos-

---

[213] 거인족 페르세스와 아스테리아 (혹은 유피테르와 라토나) 사이에서 태어난 여신으로 아르테미스나 페르세포네와 동화된다. 명계의 여신으로 마술과 점술의 수호자로 숭상받았다 (Ovidius, *Heroides* 12.168).

서 포르피리우스는 그리스도 신자들에게 악담을 하는 신들의 신탁을 열거하는데, 그다음에는 이런 말을 한다: "그리스도가 하느님이냐고 묻는 사람들에게 헤카테[213]는 이런 말을 한다. '불멸하는 영혼이 육신을 버린 후에는 앞으로 전진한다는 것을 그대는 알고 있다. 그 대신 지혜로부터 단절되고 나면 마냥 떠도느니라. 그리스도의 영혼은 경건심에 있어서 지극히 탁월한 인물의 영혼이니라. 그런데 그리스도인들이 이 영혼을 숭배하는 것은 진리로부터 동떨어진 탓이로다.'" 이 여신의 신탁의 말 다음에 그는 자기 말로 이렇게 해설한다: "여신은 그를 지극히 경건한 인물이라고 했고 그의 영혼은 다른 경건한 사람들의 영혼이 그렇듯이, 사후에 불멸성을 얻을 자격이 있었다고 했다. 그런데 그리스도인들이 무식하여 이 영혼을 숭배한다는 말도 했다. 그러면 '왜 그가 단죄를 받았느냐?'고 묻는 사람들에게 여신은 신탁으로 대답을 했다. '육신은 육신을 무력하게 만드는 형극에 늘 부딪치는 법이니라. 하지만 경건한 사람들의 영혼은 천상 거처에 깃드느니라. 그런데 이 영혼은 다른 영혼들로 하여금 치명적으로 오류에 휩싸이게 만들었느니라. 그들은 운명이 신들의 선물을 얻도록 허락하지 않고, 불사불멸하는 유피테르의 지식을 지니지 못하는 영혼들이니라. 바로 그래서 그들은 신들에게 혐오를 받느니라. 그들에게는 하느님을 아는 운명이 주어지지 않았고 그들은 신들로부터 선물을 받지도 못했으니, 이자가 그들에게 치명적으로 오류에 휩싸이게 만들었느니라. 본인이야 경건하고 다른 경건한 인물들처럼 하늘로 가납되었느니라. 그러므로 너는 이 인물은 악담하지 말라. 다만 너는 인간들의 미친 짓을 가엾게 여길지니 이 인물로 인해 그들에게는 쉽사리 거꾸로 곤두박질치는 위험이 있는 연고로다.'"

23. 3. 그러나 아폴로도 헤카테도 똑같이 그리스도 신자들을 적대시한다

이따위 신탁이 그리스도 신자들을 무척이나 적대시하는 교활한 인물에 의해 조작된 것이거나, 같은 저의에서 불결한 정령들에게서 나온 응답이거나 둘 중의 하나일 것이라는 사실을 못 알아볼 만큼 어리석은 사람이 누가 있겠는가? 왜냐하면 그들이 그리스도를 칭송하는 것은 그 칭송을 내세워 그리스도인들을 힐책하는 자신들의 말이 사실임을 믿게 하려는 수작이기 때문이다. 그래서 누구나

sint, intercludant uiam salutis aeternae, in qua fit quisque Christianus? Suae quippe nocendi astutiae milleformi sentiunt non esse contrarium, si credatur eis laudantibus Christum, dum tamen credatur etiam uituperantibus Christianos; ut eum, qui utrumque crediderit, talem Christi faciant laudatorem, ne uelit esse Christianus, ac sic quamuis ab illo laudatus ab istorum tamen daemonum dominatu eum non liberet Christus; praesertim quia ita laudant Christum, ut, quisquis in eum talem crediderit, qualis ab eis praedicatur, Christianus uerus non sit, sed Photinianus haereticus, qui tantummodo hominem, non etiam Deum nouerit Christum, et ideo per eum saluus esse non possit nec istorum mendaciloquorum daemonum laqueos uitare uel soluere. Nos autem neque Apollinem uituperantem Christum neque Hecaten possumus adprobare laudantem. Ille quippe tamquam iniquum Christum uult credi, quem iudicibus recta sentientibus dicit occisum; ista hominem piissimum, sed hominem tantum. Vna est tamen et illius et huius intentio, ut nolint homines esse Christianos, quia, nisi Christiani erunt, ab eorum erui potestate non poterunt. Iste uero philosophus, uel potius qui talibus aduersus Christianos quasi oraculis credunt, prius faciant, si possunt, ut inter se de ipso Christo Hecate atque Apollo concordent eumque aut ambo condemnent aut ambo conlaudent. Quod si facere potuissent, nihilo minus nos et uituperatores et laudatores Christi fallaces daemones uitaremus. Cum uero eorum deus et dea inter se de Christo, ille uituperando, ista laudando dissentiant: profecto eis blasphemantibus Christianos non credunt homines, si recte ipsi sentiant.

---

[214] 시르미온의 주교 포티누스(345~362년 무렵): 그리스도의 인성(人性)만을 주장하여 4세기 여러 교회회의에서 이단으로 단죄받았다. 아우구스티누스도 신플라톤 학파의 책을 읽은 다음에 일시 이 사조에 기운 일이 있음을 고백한다(*Confessiones* 7.19.25; *De haeresibus* 44 - 45).

영원한 구원을 믿고 그리스도 신자가 되는 판국에 그들은 할 수 있는 데까지 영원한 구원의 길을 사람들에게 차단해 버리려는 것이다. 남을 해치는 각양각색의 교활함에 젖어 있어선지, 그리스도를 칭송하는 사람들의 말을 믿는 동시에 그리스도 신자들을 욕하는 사람들의 말을 믿는 것이 모순된다는 생각을 그들은 못하는 듯하다. 두 가지 말을 모두 믿게 만듦으로써 사람들이 그리스도를 그토록 칭송하게 만들지만 정작 그리스도인이 되지는 못하게 가로막으려는 심산이다. 당사자에게 그리스도가 칭송은 받되, 그리스도가 저 정령들의 지배로부터 그 사람을 구해내는 일만은 가로막겠다는 속셈인 것이다. 혹은 그리스도를 칭송하되 자기들이 설교하는 대로 그리스도를 이러저러한 존재로만 믿어서 진정한 그리스도인이 되지 못하게 막고, 포티누스 파의 이단자가 되게 하려는 심산이다. 포티누스는 그리스도를 인간으로만 인정하고, 하느님이기도 한 그리스도는 인정하지 않았다.[214] 그런 사람은 그리스도를 통해 구원받는 일이 불가능하며 거짓말을 일삼는 저 정령들의 올가미를 피하거나 풀어낼 수 없다. 우리는 그리스도를 욕하는 아폴로의 말도, 그리스도를 칭송하는 헤카테의 말도 인정할 수 없다. 전자는 그리스도를 악인으로만 여기게 만들고, 정도가 무엇인지를 아는 판관들에 의해 죽임을 당했다고 말한다. 후자는 그리스도가 경건하기 이를 데 없는 사람이지만 어디까지나 인간에 불과하다고 말한다. 그러니 전자나 후자나 의도는 하나라고 하겠으니, 인간들이 그리스도 신자가 되지 않기를 바란다는 점이다. 그리스도인이 되지 않는 한 자기들의 권하에서 빠져나갈 수 없기 때문이다. 그러니 저 철학자의 말을 믿거나 그리스도 신자들을 욕하는 저런 신탁들을 믿는 사람들은, 가능하다면 먼저 그리스도에 대한 아폴로와 헤카테의 말을 맞추도록 하는 것이 옳다. 둘다 그리스도를 단죄하든가 둘다 그를 칭송하든가 하는 것이 옳다. 하지만 설령 그렇게 할 수 있다고 하더라도 그들이 그리스도를 비난하든 그리스도를 칭송하든 우리는 기만하는 정령들을 여전히 멀리할 것이다. 그들의 남신과 여신은 견해가 달라서 남신은 욕하고 여신은 칭찬한다. 그러니 제대로 생각하는 인간들이라면 그들이 설혹 그리스도 신자들을 악담하더라도 그 말을 믿지 않을 것이다.

Sane Christum laudans uel Porphyrius uel Hecate, cum dicat eum ipsum fataliter dedisse Christianis, ut implicarentur errore, causas tamen eiusdem, sicut putat, pandit erroris. Quas antequam ex uerbis eius exponam, prius quaero, si fataliter dedit Christus Christianis erroris implicationem, utrum uolens an nolens dederit. Si uolens, quo modo iustus? Si nolens, quo modo beatus? Sed iam causas ipsius audiamus erroris. «Sunt, inquit, spiritus terreni minimi loco quodam malorum daemonum potestati subiecti. Ab his sapientes Hebraeorum (quorum unus iste etiam Iesus fuit, sicut audisti diuina Apollinis, quae superius dicta sunt) — ab his ergo Hebraei daemonibus pessimis et minoribus spiritibus uetabant religiosos et ipsis uacare prohibebant; uenerari autem magis caelestes deos, amplius autem uenerari Deum Patrem. Hoc autem, inquit, et dii praecipiunt et in superioribus ostendimus, quem ad modum animum aduertere ad Deum monent et illum colere ubique imperant. Verum indocti et impiae naturae, quibus uere fatum non concessit ab diis dona obtinere neque habere Iouis inmortalis notionem, non audientes et deos et diuinos uiros deos quidem omnes recusauerunt, prohibitos autem daemones et hos non odisse, sed reuereri. Deum autem simulantes colere, ea sola, per quae Deus adoratur, non agunt. Nam Deus quidem, utpote omnium Pater, nullius indiget; sed nobis est bene, cum eum per iustitiam et castitatem aliasque uirtutes adoramus, ipsam uitam precem ad ipsum facientes per imitationem et inquisi-

23. 4. 포르피리우스는 히브리인들의 하느님과 많은 신들을 동시에 받든다

그것이 포르피리우스인지 헤카테인지는 모르겠지만 분명히 그리스도를 칭찬하기는 하면서도 그리스도가 그리스도 신자들을 치명적 오류에 휩싸이게 만들었다고 말할 적에는 본인이 생각하는 오류를 내세우는 명분을 은연중에 드러내는 셈이다. 그들의 말에서 그 명분들을 인용하기 전에 나는 이것을 묻고 싶다. 만일 그리스도가 그리스도 신자들을 치명적 오류에 휩싸이게 만들었다면, 그것은 원해서 했거나 원하지 않았는데도 했거나 둘 중의 하나이리라. 만일 원해서 했다면 그리스도가 어떻게 의인이 되겠는가? 원하지도 않았는데 했다면 어떻게 지복에 이른 분이겠는가? 그럼 그 오류의 명분을 들어보기로 한다. 포르피리우스는 이렇게 말한다: "아주 작은 지상적 영들이 있는데 그 위치로 말하자면 악한 정령들의 권세에 종속되어 있다. 히브리인들의 현자들(그대들이 위에서 말한 대로 신성한 아폴로의 말씀을 들었듯이 예수라는 이도 그들 가운데 한 명이었다)은 바로 이 영들을 가까이하지 말라고 종교인들을 경고했다. 그러니까 히브리인들은 아주 사악한 이 정령들과 시시한 영들을 가까이하지 말라고 종교인들을 타일렀고 그들에게 마음을 쓰지 않도록 금했던 것이다. 그보다는 천상 신들을 공경하며 특히나 아버지 하느님을 공경하라고 가르쳤다. 하지만 이것은 신들도 명하는 바이고, 위에서 우리가 보여준 바와 같이, 신들은 어떻게든 우리가 정신을 하느님께 돌리도록 권유하고 어디서든지 하느님을 숭배하도록 명령한다. 그러나 무식한 사람들과 불경스런 자연본성들, 즉 운명이 신들의 선물을 얻도록 허락하지 않고, 불사불멸하는 유피테르의 지식을 지니지 못하는 자들은 신들의 말도 신적 인물들의 말도 듣지 않고 심지어 모든 신들을 거부해 버린다. 나아가서 그들은 금지된 정령들을 미워하지 않을뿐더러 오히려 공경하기까지 한다. 하느님은 숭배하는 시늉만 하고, 하느님을 흠숭하는 데만 쓰이는 그 행사를 거행하지 않는다. 하느님은 만인의 아버지로서 아무것도 부족한 것이 없다. 그러나 그분을 흠숭하는 것은 우리에게 유익하니, 정의와 사랑 그리고 다른 덕성들을 연마하여 우리가 그분을 흠숭하는 까닭이다. 그분을 모방하고 그분에 대한 탐구를 행하는 가운데 우리의 삶 자체를 그분에게 올려지는 기

tionem de ipso. Inquisitio enim purgat, inquit; imitatio deificat affectionem ad ipsum operando.» Bene quidem praedicauit Deum Patrem, et quibus sit colendus moribus dixit; quibus praeceptis prophetici libri pleni sunt Hebraeorum, quando sanctorum uita siue imperatur siue laudatur. Sed in Christianis tantum errat aut tantum calumniatur, quantum uolunt daemones, quos opinatur deos; quasi cuiquam difficile sit recolere, quae turpia, quae dedecora erga deorum obsequium in theatris agebantur et templis, et adtendere quae legantur dicantur audiantur in ecclesiis, uel Deo uero quid offeratur, et hinc intellegere ubi aedificium, et ubi ruina sit morum. Quis autem huic dixit uel inspirauit, nisi diabolicus spiritus, tam uanum apertumque mendacium, quod daemones ab Hebraeis coli prohibitos reuereantur potius, quam oderint Christiani? Sed Deus ille, quem coluerunt sapientes Hebraeorum, etiam caelestibus sanctis angelis et uirtutibus Dei, quos beatissimos tamquam ciues in hac nostra peregrinatione mortali ueneramur et amamus, sacrificari uetat intonans in lege sua, quam dedit Hebraeo populo suo, et ualde minaciter dicens: *Sacrificans diis eradicabitur*. Et ne quisquam putaret daemonibus pessimis terrenisque spiritibus, quos iste dicit minimos uel minores, ne sacrificetur esse praeceptum (quia et ipsi in scripturis sanctis dicti sunt dii, non Hebraeorum, sed gentium; quod euidenter in Psalmo septuaginta interpretes posuerunt, dicentes: *Quoniam omnes dii gentium daemonia*), — ne quis ergo putaret istis quidem daemoniis prohibitum, caelestibus autem uel omnibus uel aliqui-

---

[215] Cf. Porphyrius, *Epistula ad Marcellam* 17, 19, 24. 포르피리우스의 현존 서간과 인용 문장이 동일하지 않아 간접 인용이나 간추린 인용 같다.

[216] 시편 95,5. 〔새번역 96,5: "민족들의 신들은 헛것이어도 …."〕 본서 1.29; 9.23.1에도 인용.

도로 만들어야 한다. 탐구는 우리를 정화하고 모방은 우리의 애정이 그분을 향해 작용하도록 만듦으로써 결국 우리를 신화神化한다."²¹⁵ 그가 하느님을 아버지라고 선언한 것은 잘한 일이다. 또 어떤 행실로 하느님을 숭배해야 하는지도 말했다. 사실 히브리인들의 예언서들이 성스러운 인물들의 생애를 권장하고 칭송하는 글을 보면 그런 계명들로 가득 차 있다. 하지만 그리스도인들에 관한 한 포르피리우스의 말은 틀렸고, 자기가 신으로 생각하는 존재들을 그리스도인들이 정령으로 삼으려고 한다는 말은 중상이다. 저 사람들이 극장과 신전에서 신들에게 거행하는 의식이 얼마나 추잡하고 얼마나 수치스러운지를 간파하기 힘들 사람이 누가 있겠는가? 그리고 우리의 교회들에서 읽고 말하고 듣는 바를 주의깊게 살펴보고 또 참 하느님께 무엇이 봉헌되는지를 주의깊게 지켜본다면, 어디에 도덕의 건설이 있고 어디에 도덕의 파괴가 있는지를 간파하기 힘들 사람이 누가 있겠는가? 그러니 이 사람에게 말을 건넸거나 영감을 준 자가 있다면 악마적 영이 아니고 무엇이겠는가? 포르피리우스가 히브리인들은 정령들을 섬기지 못하도록 금지하는데 그리스도인들이 그것들을 혐오하기는커녕 오히려 섬기고 있는 것처럼 말하고 있다는 점에서 그렇고, 저토록 허황하고 거짓된 말들을 그 사람의 입에서 나오게 했다는 점에서도 그렇다. 그런데 히브리인들의 현자들이 숭배한 저 하느님은 하늘의 거룩한 천사들과 하느님의 능력에 제사를 드리는 것마저 엄금한다. 우리는 이 사멸하는 나그넷길을 가면서 저 천사들을 천상 도성의 더없이 행복한 시민들로 여기고 공경하고 사랑한다. 하느님은 당신의 히브리 백성에게 준 율법에서 엄중한 위협을 가하면서 이렇게 말씀한다: "다른 신들에게 제사를 드리는 자는 뿌리뽑히리라." 다만 제사를 드리지 말라는 이 계명이 포르피리우스가 시사한 신들 혹은 작은 신들이라고 일컫은, 아주 사악한 정령들이나 지상적 영들만을 대상으로 삼는다고 생각하는 사람은 없어야 한다. (이런 존재들도 성서에서는 신들이라고 부르는데, 히브리인들의 신들이라는 뜻이 아니고 이방인들의 신들이라는 뜻이다.) 70인 번역자들이 제시하는 대로라면 시편에서 "민족들의 신들은 모두 정령들이다".²¹⁶ 또 저런 정령들에게는 금지되어 있지만 천상 존재들이라면 전부에게 바치든 일부에게 바치든

bus sacrificari esse permissum, mox addidit: *Nisi Domino soli*, id est nisi
Domino tantum; ne forte in eo, quod ait: *Domino soli*, Dominum solem
credat esse quispiam, cui sacrificandum putet; quod non ita esse intelle-
gendum in scripturis Graecis facillime reperitur.

Deus igitur Hebraeorum, cui tam magnum tantus etiam iste philosophus
perhibet testimonium, legem dedit Hebraeo populo suo, Hebraeo sermone
conscriptam, non obscuram et incognitam, sed omnibus iam gentibus dif-
famatam, in qua lege scriptum est: *Sacrificans diis eradicabitur nisi Do-
mino tantum*. Quid opus est in hac eius lege eiusque prophetis de hac re
multa perquirere; immo non perquirere, non enim abstrusa uel rara sunt,
sed aperta et crebra colligere et in hac disputatione mea ponere, quibus
luce clarius apparet nulli omnino nisi tantum sibi Deum uerum et sum-
mum uoluisse sacrificari? Ecce hoc unum breuiter, immo granditer, mina-
citer, sed ueraciter dictum ab illo Deo, quem tam excellenter eorum doc-
tissimi praedicant, audiatur timeatur impleatur, ne inoboedientes eradica-
tio consequatur. *Sacrificans*, inquit, *diis eradicabitur nisi Domino tantum*;
non quo rei egeat alicuius, sed quia nobis expedit, ut res eius simus. Huic
enim canitur in sacris litteris Hebraeorum: *Dixi Domino: Deus meus es tu,
quoniam bonorum meorum non eges*. Huius autem praeclarissimum atque
optimum sacrificium nos ipsi sumus, hoc est ciuitas eius, cuius rei myste-
rium celebramus oblationibus nostris, quae fidelibus notae sunt, sicut in

---

[217] Domino soli: "주님께만"이라는 문구의 형용사 soli가 "유일한"(solus)과 "태양"(sol)이라는 단어의 여격(與格)으로 형태가 동일해서 이런 단서가 붙는다.

[218] 신플라톤 학파 지성인(Celsus, Proclus, Iamblicus, Porphyrius)들이 말트집으로 그리스도교를 조롱하고 다신교를 옹호하는 경우가 잦았으므로 교부도 이런 소소한 점까지 짚고 넘어간다.

[219] non quo rei egebat alicuius, sed quia nobis expedit, *ut res eius simus*. 희생제사(sacrificium)란 원래 어떤 사물을 "하느님의 것"으로 성별(聖別)하는 의식이다.

[220] 시편 15,2. 〔새번역 16,2: "주님께 아뢰나이다. 당신께서는 저의 주님, 저의 행복 당신밖에 없나이다."〕

[221] 10.6 참조: "구속(救贖)된 저 도성 전체가, 다시 말해 성도들의 단체와 사회 자체가 보편적 제사처럼 하느님께 바쳐지기에 이르는 것이다."

제사를 바치는 것이 허용되어 있으리라고 생각하는 사람도 없어야 한다. 그런 뜻에서 "제사는 주님께만 드려야 한다"는 구절을 덧붙인 것이다. 오직 주님께만 드려야 한다는 뜻이지, "태양인 주님께"라는 말로 알아듣는 사람이 제발 없기를 바란다.[217] 자칫 태양을 주님이라고 믿고서 그에게 제사를 드려야 한다고 여기는 사람도 없어야 한다. 그리스어 성서로는 그렇게 알아들을 여지가 없으리라는 점은 쉽게 드러난다.[218]

23. 5. 하느님과 이성과 임금에게 복속한다는 것은 무엇을 의미하는가

저 위대한 철학자도 증언하지만, 히브리인들의 하느님은 당신의 히브리 백성에게 히브리어로 기록된 율법을 주었다. 이 율법은 애매하고 뜻모를 무엇이 아니고 이미 모든 민족들에게 두루 소문이 난 것인데, 바로 이 율법에 "다른 신들에게 제사를 드리는 자는 뿌리뽑히리라. 제사는 주님께만 드려야 한다"는 말씀이 적혀 있다. 이 점에 대해 그분의 이 율법에서나 그분의 예언자들에게 많은 것을 캐물을 필요가 있는가? 더 캐물을 필요가 없다. 그런 증언들이 난해하지도 않고 드물지도 않고 낱낱이 공개되어 있고 흔하디흔하므로 그것들을 한데 모아 나의 이 토론에 맞추어 넣기만 하면 된다. 그 자료들로 보건대, 참되고 지존한 하느님이 누구에게도 제사를 바쳐서는 안 되고 오직 당신께만 바치기를 원했다는 사실이 훤하게 드러난다. 보시라, 저 하느님이 간결하게, 아니 엄숙하게, 또 위협적으로 그러나 진실하게 한 말씀이 바로 이 한 가지다. 그러니 우리를 적대시하는 저 사람들 가운데 뛰어나게 박식하다는 인물들이 선전하는 하느님의 이 말씀을 제발 경청하고 두려워하고 실천하여 불순종으로 뿌리뽑히는 결과가 뒤따르지 않아야 하리라. "다른 신들에게 제사를 드리는 자는 뿌리뽑히리라. 제사는 주님께만 드려야 한다." 이 말씀은 하느님이 어떤 사물을 필요로 해서가 아니고 우리가 당신의 것이 되는 편이 우리에게 보탬이 된다는 뜻이다.[219] 바로 그분께 히브리인들의 성서는 이런 노래를 바친다: "주님께 아뢰었나이다. '당신께선 저의 하느님이시니, 당신께선 저의 선을 필요로 하지 않으시나이다.'"[220] 그분께 드리는 가장 훌륭하고 가장 좋은 제사는 우리 자신이다. 다시 말해 그분의 도성이다. 앞 권에서도 우리가 논했지만,[221] 신앙인들이

libris praecedentibus disputauimus. Cessaturas enim uictimas, quas in umbra futuri offerebant Iudaei, et unum sacrificium gentes a solis ortu usque ad occasum, sicut iam fieri cernimus, oblaturas per prophetas Hebraeos oracula increpuere diuina; ex quibus quantum satis uisum est, nonnulla protulimus et huic iam operi adspersimus. Quapropter ubi non est ista iustitia, ut secundum suam gratiam ciuitati oboedienti Deus imperet unus et summus, ne cuiquam sacrificet nisi tantum sibi, et per hoc in omnibus hominibus ad eandem ciuitatem pertinentibus atque oboedientibus Deo animus etiam corpori atque ratio uitiis ordine legitimo fideliter imperet; ut, quem ad modum iustus unus, ita coetus populusque iustorum uiuat ex fide, quae operatur per dilectionem, qua homo diligit deum, sicut diligendus est Deus, et proximum sicut semet ipsum, — ubi ergo non est ista iustitia, profecto non est coetus hominum iuris consensu et utilitatis communione sociatus. Quod si non est, utique populus non est, si uera est haec populi definitio. Ergo nec res publica est, quia res populi non est, ubi ipse populus non est.

24. Si autem populus non isto, sed alio definiatur modo, uelut si dicatur; «Populus est coetus multitudinis rationalis rerum quas diligit concordi communione sociatus», profecto, ut uideatur qualis quisque populus sit, illa sunt intuenda, quae diligit. Quaecumque tamen diligat, si coetus est multitudinis non pecorum, sed rationalium creaturarum et eorum quae diligit concordi communione sociatus est, non absurde populus nuncupatur; tanto utique melior, quanto in melioribus, tantoque deterior, quanto

---

[222] 10,1-6에 교부가 제시하는 참다운 경신례(verus cultus) 참조.

[223] 예: 말라 1,10-11 참조: "너희가 바치는 제물이 나는 조금도 반갑지 않다. 나의 이름은 해뜨는 데서 해지는 데까지 뭇 민족 사이에 크게 떨쳐, 사람들은 내 이름을 부르며 향기롭게 제물을 살라바치고 깨끗한 곡식 예물을 바치고 있다"(18,35,3에도 인용).

[224] 하느님이 사랑받아야 할 정도가 얼마만큼인지는 마태 22,37 참조: "온 마음으로, 온 영혼으로, 온 정신으로 네 하느님이신 주님을 사랑하라(신명 6,5 참조)."

[225] 교부는 그리스-로마의 고전적 정의 개념에 대신적(對神的) 차원과 사랑의 차원을 첨가하여 국가 개념을 완성시키고 있다.

[226] 키케로의 사회적(따라서 현세적) 국민 개념(iuris consensus, utilitatis communio)에다 "사랑하는 사물들에 대한 공통된 합의"(concors communio dilectionis)라는 아우구스티누스의 고유한 국민 개념이 새로 도입된다.

잘 알다시피 우리가 드리는 봉헌에서는 다름아닌 그 제사의 신비를 거행하고 있다. 유다인들이 장차 올 제사의 그림자처럼 봉헌하던 제물은 중단될 것이고 해뜨는 데서부터 해지는 데까지 뭇 민족이 오직 한 가지 제사를 바칠 것이니, 그런 일이 벌써 이루어지고 있음을 우리가 목도하는 중이다.[222] 이것은 신성한 신탁의 말씀이 히브리 예언자들을 통해 큰 소리로 예고한 바 있다.[223] 그러므로 다음과 같은 정의가 확립되어야 한다. 곧, 하나요 지존한 하느님이 당신 외에는 아무에게도 제사를 드리지 말라고 명령하며, 하느님의 도성은 그분의 은총을 입어 이 명령에 순종해야 한다. 그리하여 같은 도성에 속하고 하느님께 순종하는 모든 인간들 안에서도 정당한 질서가 확립되어 정신이 충실하게 육체에 명령하고 이성이 악덕에 명령하여야 한다. 따라서 의인 한 사람이 그렇게 살듯이, 의로운 인간들의 집단이나 국민도 신앙으로 살아야 한다. 신앙은 사랑을 통해 작용하므로 하느님을 사랑하되 하느님이 사랑받아야 할 만큼 사랑하고[224] 이웃을 자기 몸처럼 사랑하여야 한다. 이런 정의가 존재하지 않는 곳에는 법에 대한 동의와 이익의 공통성에 의해 결속된 대중의 집합도 존재하지 않는다. 국민에 대한 이런 정의定義가 맞다면, 설령 저런 집단이 존재한다 하더라도 그것은 국민이 아니다. 거기에는 공화국도 없다. 국민 자체가 없는 곳에는 국민의 사물도 없기 때문이다.[225]

24. 로마인뿐 아니라 다른 왕국도 국민과 공화국이라는 명칭을 정당하게 사용할 수 있다면, 어떤 정의에 입각해서 그런가

그런데 저런 방식 아니고 다른 방식으로 국민을 정의한다면, 예를 들어 "국민이란 사랑하는 사물들에 대한 공통된 합의에 의해 결속된 이성적 대중의 집합"이라고 정의할 때, 그 집단이 무엇을 사랑하는지를 살펴보면 그 국민이 어떤 국민인지 똑바로 볼 수 있을 것이다.[226] 짐승 무리의 집합이 아니고 이성적 피조물들의 집합이라면, 그리고 사랑하는 사물들에 대해 합의가 된 공통성에 의해 결속된 집합이라면, 사랑하는 대상이 무엇이든 그들을 국민이라 불러도 무방할 것이다. 더 선한 것을 두고 합의할수록 더 선한 국민일 것이고, 더 못한 것을 두

est in deterioribus concors. Secundum istam definitionem nostram Romanus populus populus est et res eius sine dubitatione res publica. Quid autem primis temporibus suis quidue sequentibus populus ille dilexerit et quibus moribus ad cruentissimas seditiones atque inde ad socialia atque ciuilia bella perueniens ipsam concordiam, quae salus est quodam modo populi, ruperit atque corruperit, testatur historia; de qua in praecedentibus libris multa posuimus. Nec ideo tamen uel ipsum non esse populum uel eius rem dixerim non esse rem publicam, quamdiu manet qualiscumque rationalis multitudinis coetus, rerum quas diligit concordi communione sociatus. Quod autem de isto populo et de ista re publica dixi, hoc de Atheniensium uel quorumcumque Graecorum, hoc de Aegyptiorum, hoc de illa priore Babylone Assyriorum, quando in rebus publicis suis imperia uel parua uel magna tenuerunt, et de alia quacumque aliarum gentium intellegar dixisse atque sensisse. Generaliter quippe ciuitas impiorum, cui non imperat Deus oboedienti sibi, ut sacrificium non offerat nisi tantummodo sibi, et per hoc in illa et animus corpori ratioque uitiis recte ac fideliter imperet, caret iustitiae ueritate.

25. Quamlibet enim uideatur animus corpori et ratio uitiis laudabiliter imperare, si Deo animus et ratio ipsa non seruit, sicut sibi esse seruiendum ipse Deus praecepit, nullo modo corpori uitiisque recte imperat. Nam qualis corporis atque uitiorum potest esse mens domina ueri Dei nescia nec eius imperio subiugata, sed uitiosissimis daemonibus corrumpentibus prostituta? Proinde uirtutes, quas habere sibi uidetur, per quas imperat corpori et uitiis, ad quodlibet adipiscendum uel tenendum rettulerit nisi ad

---

[227] 11.28에서 사랑이 개인의 삶의 추동력이요 집단의 역사의 추동력임을 밝혔으므로, 사랑의 성격 (duo amores)이 도성의 성격을 규정하게 된다.

[228] 1-9권에 로마사의 비극을 열거한다. 특히 2.18; 3.23 이하 참조.

[229] in rebus publicis suis imperia tenere: 통치권과 영토라는, 폴리비우스의 국가 개념이다. Cf. Polybius, *Historiae* 1.2.

[230] "정의 없는 왕국들은 강도떼"(4.4)라는 엄정성에서 한 걸음 물러서서 교부는 "진정한 정의"(iustitiae veritas)를 이상으로 제시하고 그 이상을 구현하지 못하더라도 일단 국가로 인정하는 현실적 입장을 보인다.

[231] Cf. *Epistula* 138.10 ad Marcellinum: "그리스도교가 온당한 취급을 받는다면, 이 종교는 공화국을 설립하고 강화하고 성화하고 확장시키는 데 이바지할 것입니다. 로물루스, 누마, 브루투스, 그밖의 유명한 인사들이 한 것보다 훨씬 크게 공화국에 이바지할 것입니다."

[232] mens daemonibus prostituta: 4.8 (anima prostituta) 참조.

고 합의할수록 더 못한 국민일 것이다.[227] 우리의 이 정의에 입각해서 말하자면, 로마 국민은 엄연히 하나의 국민이요 그 국민의 사물은 공화국임에 틀림없다. 그 초창기 시대에 저 국민이 과연 무엇을 사랑했으며 그 이후의 시대에 과연 무엇을 사랑했는지, 그리고 어떤 윤리도덕에 입각해서 저 국민이 유혈이 낭자한 내란으로, 그다음에는 동맹전쟁과 시민전쟁으로 치달았는지, 그리고 어떻게 보면 국민의 안녕이라고 할 화합을 어떻게 파괴하고 타락시켰는지 역사가 증명한다. 이런 역사에 관해서는 앞의 책권들에서 많은 것을 제시했다.[228] 그렇다고 우리는 로마가 국민이 아니라고, 그 국민의 사물이 공화국이 아니라고 말하지는 않았다. 사랑하는 사물들에 대해 합의가 이루어진 공통성에 의해 결속된, 이성적 대중의 집합이라는 점에서 그들은 엄연한 국민이다. 다만 내가 로마 국민과 그 공화국을 가리켜 한 말은 아테네인들이나 그밖의 그리스인들의 국민에 대해서도, 이집트인들의 국민에 대해서도, 아시리아인들의 저 초기 바빌론에 대해서도, 자기네 공공 사물에서 크든 작든 통치권을 유지한 이상,[229] 다른 어떠한 민족들의 국가에 대해서도 내가 같은 말을 하고 같은 생각을 했다고 알아들어도 좋다. 다만 불경스런 인간들의 도성은 일반적으로 진정한 정의가 없다.[230] 거기서는 하느님이 당신에게 순종하는 도성에게 하듯이, 당신 외에는 아무에게도 제사를 드리지 말라는 명령을 내리지 않으며, 그 점 때문에 정신이 육체에, 이성이 악덕에 올바로 또 충실하게 명령을 내리지도 않는다.[231]

25. 참다운 종교가 없는 곳에 참다운 덕성이 있을 수 없다

하지만 비록 칭송할 만큼 정신이 육체에, 이성이 악덕에 명령을 내린다고 하더라도 정신과 이성 자체가 하느님 친히 당신을 섬기라고 명한 그대로 하느님을 섬기지 않는다면, 그것들은 육체와 악덕에 올바로 명령을 내리고 있는 것이 결코 아니다. 참 하느님을 알지 못하고 그분의 통치권에 복속하지 않고 부패하기 이를 데 없고 또 남을 부패시키는 정령들에게 몸을 파는 지성[232]이 어떻게 육체와 악덕들을 다스리는 주인이 될 수 있겠는가? 그러므로 스스로 덕성을 갖추었노라고 자부하고 그 덕성으로 육체와 악덕에 명령을 내린다 하더라도, 그

Deum, etiam ipsae uitia sunt potius quam uirtutes. Nam licet a quibusdam tunc uerae atque honestae putentur esse uirtutes, cum referuntur ad se ipsas nec propter aliud expetuntur: etiam tunc inflatae ac superbae sunt, ideo non uirtutes, sed uitia iudicanda sunt. Sicut enim non est a carne sed super carnem, quod carnem facit uiuere: sic non est ab homine sed super hominem, quod hominem facit beate uiuere; nec solum hominem, sed etiam quamlibet potestatem uirtutemque caelestem.

26. Quocirca ut uita carnis anima est, ita beata uita hominis Deus est, de quo dicunt sacrae litterae Hebraeorum: *Beatus populus, cuius est Dominus Deus ipsius.* Miser igitur populus ab isto alienatus Deo. Diligit tamen etiam ipse quandam pacem suam non inprobandam, quam quidem non habebit in fine, quia non ea bene utitur ante finem. Hanc autem ut interim habeat in hac uita, etiam nostri interest; quoniam, quamdiu permixtae sunt ambae ciuitates, utimur et nos pace Babylonis; ex qua ita per fidem populus Dei liberatur, ut apud hanc interim peregrinetur. Propter quod et apostolus admonuit ecclesiam, ut oraret pro regibus eius atque sublimibus, addens et dicens: *Vt quietam et tranquillam uitam agamus cum omni pietate et caritate*, et propheta Hieremias, cum populo Dei ueteri praenuntiaret captiuitatem et diuinitus imperaret, ut oboedienter irent in Babyloniam Deo suo etiam ista patientia seruientes, monuit et ipse ut oraretur pro illa dicens: *Quia in eius est pace pax uestra*, utique interim temporalis, quae bonis malisque communis est.

---

[233] 5권에서 지상 도성을 건설하는 고대 로마인들의 덕목을 열거하면서도 그것이 종교적 뿌리를 갖지 못하면 야심에 불과함을 지적한 바 있다(5.12-13, 20). 참다운 철학이 하느님 사랑(versu philosophus amator Dei: 8.8)이라면, 하느님에 대한 피조물의 정의(의덕)가 없으면 다른 덕목들은 차라리 악덕(vitium)에 가깝다는 설명이다.

[234] beata vita hominis Deus est: 초기 (*De beata vita*)부터 아우구스티누스의 기본 인생관이다. 인간이 찾는 행복은 영원한 것이고 하느님만이 영원한 행복을 부여하는 분이기 때문이다.

[235] 시편 143,15. 〔새번역 144,15: "행복하여라, 주님을 하느님으로 모시는 백성!"〕

[236] 1디모 2,2.

[237] 예레 29,7. 〔공동번역: "그 나라가 잘 되어야 너희도 잘 될 것이다."〕

것이 하느님이 아닌 다른 것을 획득하고 보존하는 목적에 연관된다면 그것은 덕이라기보다도 차라리 악덕이다. 덕목이 다른 이유로 추구되지 않고 오직 덕목 자체로만 연관된다면 진실하고 고상한 덕목이라고 여길 사람들이 있을지 몰라도, 그런 경우는 스스로 으스대는 오만한 덕목일 터이고 따라서 덕이 아니며 오히려 악덕이라고 단정지어야 한다.[233] 육을 살게 만드는 것이 육에서 오지 않고 육 위에 있듯이, 인간을 행복하게 살게 만드는 것은 인간에게서 오지 않고 인간 위에 있다. 더구나 인간만이 아니라 천계의 능력과 세력을 행복하게 살게 만드는 것도 마찬가지다.

26. 하느님께로부터 멀어진 백성의 평화: 하느님의 백성은 이 세상에서 나그넷길을 가는 동안 그 평화를 이용하여 신심에 이른다

그러므로 육신의 생명이 영혼이듯이 인간의 행복한 생명은 하느님이다.[234] 이에 관해 히브리인들의 성서는 이런 말을 한다: "행복하여라, 하느님께서 그의 주님이신 백성!"[235] 하느님으로부터 소외된 백성은 불쌍하다. 그 백성도 자기의 무시할 수 없는 평화를 사랑하지만 최후에는 그 평화를 간직하지 못할 것이다. 최후가 오기 전에 그 평화를 선용하지 않기 때문이다. 그러나 이 현세생활에서 그 평화를 일시적으로나마 간직하는 것은 우리에게 유익함을 준다. 두 도성이 혼재하는 동안은 우리도 바빌론의 평화를 이용하기 때문이다. 하느님의 백성은 신앙에 힘입어 바빌론으로부터 벗어나지만 당분간은 바빌론 땅에서 나그넷길을 가고 있다. 그래서 사도마저 교회에 권유하여 나라의 임금들과 고관들을 위해 기도하라면서 이렇게 덧붙인다: "그래서 우리가 온전히 경건하고 품위있게, 조용하고 평화롭게 살아갈 수 있도록 하시오."[236] 또 예언자 예레미야가 하느님의 옛 백성에게 유배생활을 예고하면서도 복종하는 마음으로 순순히 바빌론으로 가서 인내로이 자기네 하느님을 섬기라고 하느님의 이름으로 명령할 때, 예언자도 바빌론을 위해 기도하라는 훈계를 내리면서 "그 나라의 평화에 너희 평화가 있느니라"[237]고 했다. 비록 일시적인 것이기는 하지만 당장의 그 평화는 선인에게나 악인에게나 공유되는 평화이기 때문이다.

27. Pax autem nostra propria et hic est cum Deo per fidem et in aeternum erit cum illo per speciem. Sed hic siue illa communis siue nostra propria talis est pax, ut solacium miseriae sit potius quam beatitudinis gaudium. Ipsa quoque nostra iustitia, quamuis uera sit propter uerum boni finem, ad quem refertur, tamen tanta est in hac uita, ut potius remissione peccatorum constet quam perfectione uirtutum. Testis est oratio totius ciuitatis Dei, quae peregrinatur in terris. Per omnia quippe membra sua clamat ad Deum: *Dimitte nobis debita nostra, sicut et nos dimittimus debitoribus nostris*. Nec pro eis est efficax haec oratio, quorum fides sine operibus mortua est; sed pro eis, quorum fides per dilectionem operatur. Quia enim Deo quidem subdita, in hac tamen condicione mortali et corpore corruptibili, quod adgrauat animam, non perfecte uitiis imperat ratio, ideo necessaria est iustis talis oratio. Nam profecto quamquam imperetur, nequaquam sine conflictu uitiis imperatur; et utique subrepit aliquid in hoc loco infirmitatis etiam bene confligenti siue hostibus talibus uictis subditisque dominanti, unde si non facili operatione, certe labili locutione aut uolatili cogitatione peccetur. Et ideo, quamdiu uitiis imperatur, plena pax non est, quia et illa, quae resistunt, periculoso debellantur proelio, et illa, quae uicta sunt, nondum securo triumphantur otio, sed adhuc sollicito premuntur imperio. In his ergo temptationibus, de quibus omnibus in diuinis eloquiis breuiter dictum est: *Numquid non temptatio est uita humana super terram?* quis ita uiuere se praesumat, ut dicere Deo: *Dimitte nobis*

---

[238] *hic* est cum Deo *per fidem* et *in aeternum* erit cum illo *per speciem*: 수사학적으로 완벽한 대칭문장이다. 2고린 5,7 참조: "우리는 믿음으로 살아가지 눈으로 보며 살아가는 것이 아닙니다."

[239] 사회적 차원에서는 "정의"(正義)로 번역되지만 그리스도교에서는 인간이 하느님 앞에서 갖는 덕목으로는 "의덕"(義德)으로 번역된다.

[240] nostra iustitia ... potius *remissione peccatorum* constet quam *perfectione virtutum*: 바울로 사상에 토대를 둔 의화(義化) 사상이며, 스토아를 비롯한 이교도 세계의 자력구원(自力救援) 사상과는 근본적으로 차이가 난다.

[241] 마태 6,12.

[242] 야고 2,17 참조: "믿음도 행함이 없으면 그 자체로는 죽은 것입니다."

[243] 갈라 5,6 참조: "오직 사랑으로 행동하는 믿음이 중요합니다."

[244] 욥기 7,1(LXX). 본서 19.8에도 인용.

27. 하느님을 섬기는 사람들의 평화: 이 현세생활에서는 그 평화의 완전무결한 평온을 달성할 수 없다

우리의 고유한 평화를 여기서는 신앙을 통해 하느님과 맺고 있지만, 저때에는 눈에 보이는 형상을 통해 하느님과 함께 영원히 누리게 될 것이다.[238] 다만 여기서는 공유하는 저 평화든 우리의 고유한 평화든 비참함에 대한 위로일 뿐 지복에서 오는 기쁨은 되지 못한다. 또한 우리의 의덕[239] 자체도, 그것과 결부되는 선의 목적이 참되기 때문에 진실한 의덕이기는 하지만, 현세생활에서는 덕의 완성보다는 차라리 죄의 용서에 근거한다.[240] 하느님의 도성 전체가 지상에서 나그넷길을 가는 동안 바치는 기도가 그 증거다. 하느님의 도성은 자기의 모든 지체들을 통해 "우리가 우리에게 잘못한 이를 용서하듯이 우리의 죄를 용서하소서"[241]라고 하느님께 부르짖는다. 물론 이 기도도 행실이 없이 죽은 신앙을 가진 사람들의 기도로서는 효험이 없고[242] 사랑에서 우러나 행동하는 믿음을 가진 사람들에게만 효험이 있다.[243] 이런 기도는 의인들에게도 필요하다. 그 까닭은 이성이 비록 하느님께 복속하고 있더라도 영혼을 내리누르는 육신, 사멸하고 부패할 육신을 지니고 사는 현세의 조건에서는 악덕을 상대로 완전무결한 명령을 내리지 못하기 때문이다. 비록 악덕에 명령을 내리더라도 악덕이 갈등을 빚지 않은 상태로 명령을 받을 리가 없기 때문이기도 하다. 이 허약한 처지에서는 비록 이성이 장악을 했다고 하더라도, 그리고 이성이 싸움을 잘하더라도, 그래서 저런 적들을 패배시키고 굴종시켜서 지배하고 있다고 하더라도, 악덕은 여전히 잔류하며 비록 쉽사리 행동으로 나오지는 못할지언정 문득 내뱉는 언사나 잠깐 스쳐가는 생각으로 곧잘 죄를 범하기에 이른다. 따라서 여전히 악덕을 향해 뭔가 명령을 내려야 하는 동안은 평화가 온전하지 못한 셈이다. 왜냐하면 저항하는 세력은 위험한 전투를 치러야 제압되고, 또 패배한 세력에 대해서도 안전하고 여유있게 승리를 구가하는 것이 아니라 마음을 놓지 못하고 통치권으로 억누르고 있어야 하기 때문이다. 우리는 이런 시험들 한가운데서 살아가고 있고, 그 모든 시험에 대해 "땅 위에서 살아가는 인생은 한낱 시험이 아니더이까?"[244]라는 신적 말씀도 있었지만, 오만으로 부풀어 오른 사람이 아니

debita nostra necesse non habeat nisi homo elatus? Nec uero magnus, sed inflatus ac tumidus, cui per iustitiam resistit, qui gratiam largitur humilibus. Propter quod scriptum est: *Deus superbis resistit, humilibus autem dat gratiam.* Hic itaque in unoquoque iustitia est, ut oboedienti Deus homini, animus corpori, ratio autem uitiis etiam repugnantibus imperet, uel subigendo uel resistendo, atque ut ab ipso Deo petatur et meritorum gratia et uenia delictorum ac de acceptis bonis gratiarum actio persoluatur. In illa uero pace finali, quo referenda et cuius adipiscendae causa habenda est ista iustitia, quoniam sanata inmortalitate atque incorruptione natura uitia non habebit nec unicuique nostrum uel ab alio uel a se ipso quippiam repugnabit, non opus erit ut ratio uitiis, quae nulla erunt, imperet; sed imperabit Deus homini, animus corpori, tantaque ibi erit oboediendi suauitas et facilitas, quanta uiuendi regnandique felicitas. Et hoc illic in omnibus atque in singulis aeternum erit aeternumque esse certum erit, et ideo pax beatitudinis huius uel beatitudo pacis huius summum bonum erit.

28. Eorum autem, qui non pertinent ad istam ciuitatem Dei, erit e contrario miseria sempiterna, quae mors etiam secunda dicitur, quia nec anima ibi uiuere dicenda est, quae a uita Dei alienata erit, nec corpus, quod aeternis doloribus subiacebit; ac per hoc ideo durior ista secunda

---

[245] 1베드 5,5.

[246] pax beatitudinis vel beatitudo pacis: "행복한 평화 혹은 평화로운 행복" 또는 "지복에서 오는 평화 혹은 평화에서 오는 지복"이 최고선으로 확정된다. 교부가 19권에서 논한 평화 개념은 결국 영혼이 육신을 지배하고 하느님이 인간을 지배하는 "평온한 질서"(tranquillitas ordinis)로 귀결된다.

[247] 13.11 참조. 묵시 2,11 참조: "승리하는 이는 둘째 죽음에서 화를 입지 않을 것이다."

고서야 자기는 "우리 빚을 용서하소서"라고 하느님께 말씀드릴 필요가 없을 만큼 잘 살고 있노라고 자부할 사람이 누가 있겠는가? 그런 사람은 위대한 사람이 아니다. 오만으로 부풀어 있으면서도 은근히 겁이 많은 사람이다. 겸손한 사람들에게 은총을 베푸는 분은 정의에 입각해서 그런 인간을 배척한다. 그래서 "하느님은 교만한 자들을 물리치고 겸손한 이들에게 은총을 베푸십니다"[245]는 말씀이 기록되어 있다. 이곳에서 각 사람에게 의덕이 있다면 그것은 인간에게 하느님이 명령하고 인간은 순종하며 정신이 육체에 명령하고 악습이 저항하더라도, 이성이 악습에 멍에를 씌우거나 저항하여 명령을 내리게 하기 위함이다. 그리고 하느님께 청하여 공덕을 쌓을 은총을 구하거나 죄악에 대한 용서를 구하고, 받은 바 선에 대해 감사의 행위를 드리기 위해 이 의덕이 주어져 있다. 하지만 이 덕이 지향하는 바는 저 궁극의 평화이며 저 평화를 획득하려는 명분에서다. 저 평화 속에서는 우리의 자연본성이 죽지 않고 썩지 않아 온전해질 것이다. 그리하여 인간의 자연본성은 악습을 지니지 않을 것이다. 타인에 의해 유발되든 우리 자신에 의해 유발되든, 어떤 사람이 우리 중의 누구와 갈등을 빚는 일도 없을 것이다. 악덕이란 일체 없을 테니까 이성이 악덕에 명령을 내릴 필요도 없어질 것이다. 오히려 하느님이 인간에게 명령하고 정신이 육체에 명령할 것이며, 저 평화 속에서는 살고 다스리는 행복이 그만큼 크고 따라서 명령에 순종하기도 무척이나 유쾌하고 순종한다는 것이 매우 쉬울 것이다. 거기서는 이런 것들이 인간 모두에게 또 인간 각자에게 영원할 것이며, 영원하리라는 사실 또한 확실할 것이다. 그리하여 이 지복의 평화, 또는 평화의 지복이 최고선이 될 것이다.[246]

28. 불경스런 인간들의 결과는 어떤 종말을 맞을 것인가

하느님의 저 도성에 속하지 않은 사람들의 말로는 정반대로 영구적 불행이 되리라. 이 불행을 성서는 둘째 죽음이라고도 한다.[247] 거기서는 영혼이 하느님의 생명에서 소외된 이상, 영혼이 살아있다고 말할 수 없다. 육체는 영원한 고통에 던져질 것이므로 살아있다고 말할 수 없다. 그러므로 둘째 죽음은 훨씬

mors erit, quia finiri morte non poterit. Sed quoniam sicut miseria beatitudini et mors uitae, ita bellum paci uidetur esse contrarium: merito quaeritur, sicut pax in bonorum finibus praedicata est atque laudata, quod uel quale bellum e contrario in finibus malorum possit intellegi. Verum qui hoc quaerit, adtendat quid in bello noxium perniciosumque sit, et uidebit nihil aliud quam rerum esse inter se aduersitatem atque conflictum. Quod igitur bellum grauius et amarius cogitari potest, quam ubi uoluntas sic aduersa est passioni et passio uoluntati, ut nullius earum uictoria tales inimicitiae finiantur, et ubi sic confligit cum ipsa natura corporis uis doloris, ut neutrum alteri cedat? Hic enim quando contingit iste conflictus, aut dolor uincit et sensum mors adimit, aut natura uincit et dolorem sanitas tollit. Ibi autem et dolor permanet ut affligat, et natura perdurat ut sentiat; quia utrumque ideo non deficit, ne poena deficiat. Ad hos autem fines bonorum et malorum, illos expetendos, istos cauendos, quoniam per iudicium transibunt ad illos boni, ad istos mali: de hoc iudicio, quantum Deus donauerit, in consequenti uolumine disputabo.

가혹할 텐데, 죽음으로 끝날 수 없을 것이기 때문이다. 불행은 행복에 상반되고 죽음은 생명에 상반되며 전쟁은 평화에 상반되는 것으로 보인다. 그래서 의당히 이런 물음이 나올 법하다: 선의 목적들 가운데 평화가 선포되고 칭송되곤 했는데, 정반대로 만일 전쟁이 악의 목적처럼 설정된다면 어떤 전쟁, 어느 전쟁이 악의 목적이 된다고 이해할 수 있을까?[248] 이런 질문을 제기하는 사람은 전쟁에서 가장 해롭고 치명적인 것이 무엇인지 살펴봐야 한다. 그것은 사물들의 상호 대립 내지는 갈등 외에 다른 무엇이 아님을 알게 될 것이다. 사실 다음과 같은 전쟁보다 더 심각하고 더 쓰라린 전쟁을 상상할 수 있겠는가? 의지가 정욕에 대립하고 정욕이 의지에 대립하는 전쟁, 둘 중의 어느 편의 승리로도 둘의 적대관계가 끝나지 않는 전쟁, 육체의 본성이 고통의 위력과 철저히 충돌하면서도 그가운데 어느 것도 다른 것에 물러서지 않는 전쟁 말이다. 여기서는 저런 충돌이 발생하면 고통이 이기고 죽음이 감각을 앗아가 버리거나, 자연본성이 이겨서 건강이 병고를 없애 버리거나 둘 중의 하나다. 그런데 저곳에서는 고통이 영속하면서 괴롭히고 자연본성이 영속하면서 통증을 감지한다. 양편 다 그치지 않으니까 형고刑苦가 그치지 않는다. 다만 선과 악의 목적 가운데 전자는 기대해야 하고 후자는 조심해야 마땅하니, 심판을 받은 다음 선인들은 앞서 말한 경지로 옮겨가고 악인들은 뒤에 말한 처지로 옮겨가기 때문이다. 이 심판에 관해서는 하느님이 기회를 주시는 대로 다음 권에서 논하겠다.[249]

---

[248] 악은 존재하지 않으므로 목적을 지닐 수 없지만 "선의 목적(= 끝)"(fines bonorum)이 설정된 이상 "악의 목적(= 끝)"(fines malorum)도 설정되고 전자가 평화라면 후자는 전쟁이 아니겠느냐는 반문이다.

[249] 20권은 최후심판을 다루며 신약(20.5-20)과 구약(20.21-30)을 전거로 동원한다.

AUGUSTINUS
DE CIVITATE DEI
LIBER XX
QUAE VENTURA SINT IN IUDICIO NOVISSIMO

아우구스티누스
신국론
제20권
최후심판에서 닥칠 일들

1. De die ultimi iudicii Dei quod ipse donauerit locuturi eumque adserturi aduersus impios et incredulos tamquam in aedificii fundamento prius ponere testimonia diuina debemus; quibus qui nolunt credere, humanis ratiunculis falsis atque fallacibus contrauenire conantur, ad hoc ut aut aliud significare contendant quod adhibetur testimonium de litteris sacris, aut omnino diuinitus esse dictum negent. Nam nullum existimo esse mortalium, qui cum ea, sicut dicta sunt, intellexerit et a summo ac uero Deo per animas sanctas dicta esse crediderit, non eis cedat atque consentiat, siue id etiam ore fateatur siue aliquo uitio fateri erubescat aut metuat, uel etiam peruicacia simillima insaniae id, quod falsum esse nouit aut credit, contra id, quod uerum esse nouit aut credit, etiam contentiosissime defendere moliatur.

Quod ergo in confessione ac professione tenet omnis ecclesia Dei ueri Christum de caelo esse uenturum ad uiuos ac mortuos iudicandos, hunc diuini iudicii ultimum diem dicimus, id est nouissimum tempus. Nam per quot dies hoc iudicium tendatur, incertum est; sed scripturarum more sanctarum diem poni solere pro tempore nemo, qui illas litteras quamlibet

---

[1] humanis *ratiunculis* falsis atque fallacibus: 자칫하면 허위에 빠지고(falsus) 남을 허위에 빠뜨린다(fallax)는 점에서 ratio(이성, 논거) 대신에 경멸조로 ratiuncula(궤변)라는 용어를 구사했다.

[2] in confessione et professione: 둘다 "신앙고백"을 가리키지만 후자는 더 공식적인 신앙고백 행위 곧 "신경"(信經)을 가리켰다.

[3] 2디모 4,1 참조: "하느님 앞에서, 또 산 이와 죽은 이를 심판하실 그리스도 예수 앞에서 … 명령합니다".

제1부 (1-4)
문제 제기

1. 하느님은 어느 시대에나 심판을 하지만 본서에서는 고유하게 그분의 최후심판을 논할 것이다

1.1. 성서는 최후심판에 관해 뭐라고 하는가

하느님의 최후심판의 날에 관해 논할 차례다. 우리는 불경스럽고 불신하는 사람들을 상대로 하느님이 허락하시는 범위 내에서, 그날에 대해 말하고 토론을 벌일 계획인데, 건물의 기초를 놓듯이 신적 증언들을 먼저 제시해야 하겠다. 신적 증언들을 믿으려 하지 않는 사람들은 거짓되고 기만적인 인간 궤변으로[1] 이 증언들을 반박하려고 애쓴다. 그러면서 성서에서 증언으로 인용하는 바가 전혀 다른 내용을 의미한다고 우기거나, 그 증언이 신성하게 발언된 말씀이라는 것을 전적으로 부정하기도 한다. 사멸할 인간이라면 말씀이 내린 그 내용을 충분히 알아듣고 그것이 지존한 참 하느님에 의해 거룩한 영혼들을 통해 내린 말씀이라고 믿는 사람치고 그 말씀에 수그러들지 않거나 동의하지 않을 사람은 아무도 없으리라고 생각한다. 물론 그것을 입으로 공공연히 발설하기도 하고, 어떤 결함으로 인해 입으로 발설하기를 부끄러워하거나 두려워할 수는 있겠지만 이에 동의하지 않는 사람은 아무도 없으리라. 하기야 광기에 가까운 완고한 마음 때문에, 자기가 참이라고 알고 있거나 믿으면서도 그것에 대항해서 온갖 고집을 다 부려가면서까지 자기가 거짓이라고 알고 있거나 믿는 바를 옹호하려고 날뛰는 사람도 있을 수는 있다.

1.2. 이 권에서는 최후심판에 관해 논한다

참 하느님의 교회 전체는 그리스도가 산 이와 죽은 이를 심판하러 하늘로부터 오리라는 것을 고백하고 선서하며[2] 고수한다.[3] 그날을 우리는 하느님 최후심판의 날, 다시 말해 마지막 때라고 일컫는다. 이 심판이 얼마나 여러 날 이어질지 분명하지 않기 때문에 그렇게 일컫는 것이다. 성서의 글들을 아무리 건성으로 읽는다 하더라도 성서의 어법에서 "날"이라는 단어는 일상적으로 "때"라는

neglegenter legerit, nescit. Ideo autem, cum diem iudicii Dei dicimus, addimus ultimum uel nouissimum, quia et nunc iudicat et ab humani generis initio iudicauit dimittens de paradiso et a ligno uitae separans primos homines peccati magni perpetratores; immo etiam quando angelis peccantibus non pepercit, quorum princeps homines a se ipso subuersus inuidendo subuertit, procul dubio iudicauit; nec sine illius alto iustoque iudicio et in hoc aerio caelo et in terris et daemonum et hominum miserrima est uita, erroribus aerumnisque plenissima. Verum etsi nemo peccasset, non sine bono rectoque iudicio uniuersam rationalem creaturam perseuerantissime sibi suo Domino cohaerentem in aeterna beatitudine retineret. Iudicat etiam non solum uniuersaliter de genere daemonum atque hominum, ut miseri sint propter primorum meritum peccatorum; sed etiam de singulorum operibus propriis, quae gerunt arbitrio uoluntatis. Nam et daemones ne torqueantur precantur, nec utique iniuste uel parcitur eis uel pro sua quique inprobitate torquentur; et homines plerumque aperte, semper occulte, luunt pro suis factis diuinitus poenas siue in hac uita siue post mortem: quamuis nullus hominum agat recte, nisi diuino adiuuetur auxilio; nullus daemonum aut hominum agat inique, nisi diuino eodemque iustissimo iudicio permittatur. Sicut enim ait apostolus, *non est iniquitas apud Deum*; etiam sicut ipse alibi dicit, *inscrutabilia sunt iudicia eius et inuestigabiles uiae eius*. Non igitur in hoc libro de illis primis nec de istis mediis Dei iudiciis, sed de ipso nouissimo, quantum ipse tribuerit, disputabo, quando Christus de caelo uenturus est uiuos iudicaturus et mortuos. Iste quippe dies iudicii proprie iam uocatur, eo quod nullus ibi erit inperi-

---

[4] 창세 3,22-24 참조.

[5] 2베드 2,4 참조: "사실 하느님은 범죄한 천사들을 아끼지 않고 지옥의 어두운 구렁에 던져 가둔 채 심판에 넘기셨습니다."

[6] daemones: 앞에서는 지중해 문화권의 종교용어라는 점에서 "정령"으로 번역했으나 지금부터는 타락한 천사들을 지칭하는 단어이므로 "귀신"으로(diabolus는 "마귀"로) 옮긴다.

[7] 마태 8,29 참조: "때도 되기 전에 괴롭히려고 오셨습니까?"

[8] divino adiuuetur auxilio, *divino iudicio permittatur*: 선행은 신적 은총으로, 악행은 신적 허용으로 이루어진다는 교부의 이론은 펠라기우스 논쟁에서도 가장 난해한 부분이다(17권 각주 59 참조). 따라서 하느님의 심판도 그분의 의사와 통제 밖에서 발생한 사건을 복수하는 뒷수습이 아니다.

[9] 로마 9,14. [200주년: "하느님이 불공정하시다고 해야겠습니까?"] iniquitas: "불공정" 혹은 "불의" 이지만 일반적으로 "악행"으로 번역된다.

[10] 로마 11,33. 선행과 악행에 대한 은총 혹은 예정이 신비스러움을 부각시킨다.

말 대신에 쓰인다는 것을 모르는 사람은 아무도 없다. 그래서 하느님 심판의 날이라고 말할 적에는 반드시 "최후" 혹은 "마지막"이라는 낱말을 덧붙인다. 왜냐하면 하느님은 지금도 심판하고 계시며, 인류 태초에도 큰 죄를 지은 원조들을 낙원에서 내쫓고 생명의 나무에 접근하지 못하게 함으로써 심판을 했기 때문이다.[4] 그뿐 아니라 죄를 범한 천사들을 관서寬恕하지 않을 때도 하느님은 확실히 심판을 행한 것이다.[5] 그 천사들의 우두머리는 자기 스스로 속아 넘어갔으면서도 인간들을 질시하여 속여서 넘어뜨린다. 그분의 지고하고 의로운 심판이 없었다면, 이 천공天空이나 지상에서 귀신들[6]의 삶이나 인간들의 삶이 그토록 가련하지는 않았을 것이고, 오류와 재앙으로 가득 차지는 않았을 것이다. 또 설령 아무도 죄를 짓지 않았다 할지라도, 하느님의 선하고 바른 심판을 거치지 않는다면, 이성을 갖춘 피조계 전체가 항구하기 이를 데 없이 자기네 주님께 의존하면서 영원한 행복에 존속하는 일은 불가능할 것이다. 하느님은 귀신 족속과 인간 족속을 상대로 일반적 심판만을 행하여 첫 범죄의 대가로 그들이 불행해지게 놓아두는 데서 그치지 않는다. 자유의지로 행하는 각자의 행위에 대해서도 일일이 심판한다. 귀신들도 괴로움을 당하지 않게 해 주십사고 빌기는 하지만[7] 그들이 용서를 받든 각자 자기의 비행으로 괴로움을 당하든 불의하게 처분당하는 것은 아니다. 인간 역시 자기가 한 행실에 대해 흔히는 드러나게, 대개는 남모르게 벌을 받는다. 현세에서든 사후에서든 하느님의 벌을 받는다. 물론 신적 보우로 도움을 받지 않는 한 어떤 인간도 올바르게 행동하지 못한다. 그 대신 마귀와 인간 그 누구도, 똑같이 지극히 정의로운 신적 판단에 따라 허용을 받지 않는 한 악하게 행동하지 못한다.[8] 사도가 하는 말대로 "하느님께는 불의가 없다".[9] 바로 그 사도가 다른 구절에서 다음과 같이 말한다: "그분 판단은 얼마나 헤아릴 길 없으며 그분 길들은 얼마나 찾아가기 어려운가!"[10] 그러니 이 권에서 나는 하느님이 힘을 내려주는 범위 내에서 저 최초의 심판도 아니고 중간의 심판도 아닌 최후심판에 대해 토론하겠다. 그리스도가 하늘로부터 와서 산 이와 죽은 이를 심판할 때에 이루어질 심판 말이다. 그 날이야말로 진정 심판의 날이라고 하겠으니, 그때는 왜 저 불의한 자가 행복하

tae querellae locus, cur iniustus ille sit felix et cur ille iustus infelix. Omnium namque tunc nonnisi bonorum uera et plena felicitas et omnium nonnisi malorum digna et summa infelicitas apparebit.

2. Nunc autem et mala aequo animo ferre discimus, quae patiuntur et boni, et bona non magnipendere, quae adipiscuntur et mali; ac per hoc etiam in his rebus, in quibus non apparet diuina iustitia, salutaris est diuina doctrina. Nescimus enim quo iudicio Dei bonus ille sit pauper, malus ille sit diues; iste gaudeat, quem pro suis perditis moribus cruciari debuisse maeroribus arbitramur, contristetur ille, quem uita laudabilis gaudere debuisse persuadet; exeat de iudicio non solum inultus, uerum etiam damnatus innocens, aut iniquitate iudicis pressus aut falsis obrutus testimoniis, e contrario scelestus aduersarius eius non solum inpunitus, uerum etiam uindicatus insultet; impius optime ualeat, pius languore tabescat; latrocinentur sanissimi iuuenes, et qui nec uerbo quemquam laedere potuerunt, diuersa morborum atrocitate affligantur infantes; utilis rebus humanis inmatura morte rapiatur, et qui uidetur nec nasci debuisse, diutissime insuper uiuat; plenus criminibus sublimetur honoribus, et hominem sine querella tenebrae ignobilitatis abscondant, et cetera huius modi, quae quis colligit, quis enumerat? Quae si haberent in ipsa uelut absurditate constantiam, ut in hac uita, in qua *homo*, sicut sacer Psalmus eloquitur, *uani-*

냐, 왜 저 의로운 자가 불행하냐 하는 어수룩한 불평이 나올 여지가 전혀 없을 것이다. 왜냐하면 그때는 참되고 충만한 행복이라면 오로지 모든 선인들의 행복뿐이며, 의당하고 극단적인 불행이라면 오로지 모든 악인들의 불행뿐일 것이기 때문이다.

2. 인간사의 변화무상함을 비록 추적할 수는 없지만 그 속에 하느님의 심판이 없다고는 할 수 없다

　지금은 선인들도 악을 겪으므로 우리는 악조차도 평온한 마음으로 견뎌내는 법을 배운다. 또 어떤 선은 악인들도 손아귀에 넣으므로 우리는 그런 선에 큰 비중을 두지 않는다. 그리하여 신적 정의가 드러나지 않는 경우에도 신적 가르침은 여전히 구원에 유익함을 준다. 하느님의 어떤 판단에 따라 저 선한 인간이 곤궁하고 저 악한 인간이 부유한지 우리는 알 길이 없는 까닭이다. 후자의 타락한 행습으로 미루어볼 때 그는 비통에 시달려야 마땅할 것 같은데, 어떻게 그가 즐거움을 누리는지 우리는 알지 못한다. 또 전자는 칭송할 만한 삶으로 미루어볼 때 즐거움을 누리는 것이 마땅하다는 확신을 주는데, 왜 그는 슬픔을 겪는지 우리는 알지 못한다. 의인이 어째서 재판관의 불공정에 짓밟히고 거짓 증거에 넘어가서 복수도 하지 못한 채 법정을 나와야 하고, 심지어 무죄하면서도 유죄판결을 받는지 역시 알지 못한다. 정반대로 죄 많은 그의 적수는 어떻게 해서 벌을 받지 않을 뿐 아니라 오히려 보복을 하면서 좋아라 하는지 우리는 알지 못한다. 불경스런 자는 너무도 건강하고, 경건한 사람은 병고로 쇠약해 간다. 젊은이들은 강도짓을 하면서도 성하기만 한데, 남을 해치는 말 한 마디 못하는 어린이들은 갖가지 혹독한 질병에 시달리고 있다. 인간사에 유익한 인물은 어째서 때 이른 죽음으로 죽어가고, 태어나지도 말았어야 할 사람은 왜 아주 오랫동안 살아남는지 우리는 알지 못한다. 범행으로 가득 찬 인간은 영예로운 직책으로 영전을 거듭하고, 나무랄 데 없는 사람은 어째서 무명無名의 어둠이 덮어버리는지 우리는 알지 못한다. 이런 사정들을 누가 다 열거하며 누가 다 헤아릴 수 있겠는가? 그런 부조리 속에서나마 이런 사정들이 일관성을 띤다

tati similis factus est et dies eius uelut umbra praetereunt, non nisi mali adipiscerentur transitoria bona ista atque terrena, nec nisi boni talia paterentur mala: posset hoc referri ad iudicium iustum Dei siue etiam benignum, ut, qui non erant adsecuturi bona aeterna, quae faciunt beatos, temporalibus uel deciperentur pro malitia sua uel pro Dei misericordia consolarentur bonis, et qui non erant passuri aeterna tormenta, temporalibus uel pro suis quibuscumque et quantuliscumque peccatis affligerentur uel propter implendas uirtutes exercerentur malis. Nunc uero, quando non solum in malo sunt boni et in bono mali, quod uidetur iniustum, uerum etiam plerumque et malis mala eueniunt et bonis bona proueniunt: magis inscrutabilia fiunt iudicia Dei et inuestigabiles uiae eius. Quamuis ergo nesciamus quo iudicio Deus ista uel faciat uel fieri sinat, apud quem summa uirtus est, summa sapientia, summa iustitia, nulla infirmitas, nulla temeritas, nulla iniquitas: salubriter tamen discimus non magnipendere seu bona seu mala, quae uidemus esse bonis malisque communia, et illa bona quaerere, quae bonorum, atque illa mala maxime fugere, quae propria sunt malorum. Cum uero ad illud Dei iudicium uenerimus, cuius tempus iam proprie dies iudicii et aliquando dies Domini nuncupatur: non solum quaecumque tunc iudicabuntur, uerum etiam quaecumque ab initio iudicata et quaecumque usque ad illud tempus adhuc iudicanda sunt, apparebunt esse iustissima. Vbi hoc quoque manifestabitur, quam iusto iudi-

---

[11] 시편 143[144],4. 본서 14.15.2와 17.11에도 인용.

[12] 5.11-16에서는 현세 영광을 추구하는 로마인들의 덕성을 칭송한 바 있으나 신학적 차원에서는 전혀 달리 사유된다. 멸망할 자들에게 현세적 선이 주어지고 구원받을 자들에게 현세적 악이 주어지는 일관성이라도 있다면 차라리 설명하기 쉬우리라는 탄식이다.

[13] iudicium: 같은 어휘가 경우에 따라 "심판"과 "판단"으로 번역되므로 교부의 수사학적 기교가 가능하다.

[14] cuius tempus iam: "이미 임박한 그때를"이라고 번역하면 교부가 마치 그때가 임박한 것으로 의식했다는 성급한 추측이 나올 만하다.

면 차라리 좋으련만! 거룩한 시편에 "인간이란 허영과도 같이 만들어졌으며, 그의 날들은 그림자같이 지나가나이다"[11]라고 언명된 대로, 현세에서나마 악인이 아니고는 저 잠시 지나가는 지상적 선을 획득하지 못하고, 선인이 아니고서는 현세적 악을 겪지 못해서 그렇다는 식으로, 일관성이라도 있다면 차라리 좋으련만! 그렇기라도 하다면 이 모든 사정을 하느님의 의로운 심판 내지 자비로운 심판에 결부시킬 수 있을지도 모른다. 인간을 행복하게 만드는 영원한 선_善을 획득하지 못할 사람들이라면, 자신들의 악의로 인해 현세적 선을 누리는 것처럼 기만당하거나 하느님의 자비로 인해 현세적 선으로 위로를 받거나 둘 중의 하나일 수도 있으리라. 그 대신 영원한 형벌을 받지 않기로 된 사람들은 자신의 어떠한 죄, 사소한 죄로 인해서라도 현세적 악으로 시달리거나, 덕을 습득하기 위해 현세적 악으로 단련되거나 둘 중의 하나이리라.[12] 그런데 지금은 선인들이 악에 시달리고 악인들이 선을 향유하고 있을 뿐 아니라(그건 응당 불의하게 보인다), 또한 악인들에게 악이 닥치기도 하고 선인들에게 선이 도래하기도 한다. 그러니 더욱더 "그분 판단은 얼마나 헤아릴 길 없으며 그분 길들은 얼마나 찾아가기 어려운가!" 하느님이 어떤 판단으로 그런 일을 행하거나 그런 일이 일어나게 허용하는지 우리는 비록 모르지만, 그분에게는 최고의 권능, 최고의 지혜, 최고의 정의가 있으며 그분에게 아무 약점도 없고 아무 경솔함도 없고 아무 불공평도 없음이 사실이다. 그렇다면 선도 악도 선인들에게나 악인들에게나 공통된다면 이런 선악을 너무 심각하게 평가하지 않는 법을 배우는 편이 유익하겠다. 선인들의 고유한 선을 추구하고 악인들의 고유한 악을 극력 피하는 법을 배우는 편이 이롭겠다. 그러다가 우리가 하느님의 심판[13]의 날에 당도하면, 그때를 이미[14] 각별한 의미에서 "심판의 날"이라고 일컫고 때로는 "주님의 날"이라고도 부른 그날이 오면, 그때는 모든 것이 확연하게 심판을 받을 뿐 아니라 또한 태초부터 현재까지 심판받은 모든 것, 그 당시까지 아직 심판받아야 할 모든 것이 극히 정의롭게 처리되었음이 드러날 것이다. 그리고 나면 얼마나 정의로운 하느님의 심판으로 그 모든 일이 이루어지는지도 드러날 것이다. 지금이야 사멸할 인간들의 감성 내지 지성에는 하느님의 의로운 심판

cio Dei fiat, ut nunc tam multa ac paene omnia iusta iudicia Dei lateant sensus mentesque mortalium, cum tamen in hac re piorum fidem non lateat, iustum esse quod latet.

3. Nempe Salomon, sapientissimus rex Israel, qui regnauit in Hierusalem, librum, qui uocatur ecclesiastes et a Iudaeis quoque habetur in sacrarum canone litterarum, sic exorsus est: *Vanitas uanitatum, dixit Ecclesiastes; uanitas uanitatum, omnia uanitas. Quae abundantia homini in omni labore suo, quo laborat sub sole?* Et cum ex hac sententia coneteret cetera, commemorans aerumnas erroresque uitae huius et uanescentes interea temporum lapsus, ubi nihil solidum, nihil stabile retinetur: in ea rerum uanitate sub sole illud etiam deplorat quodam modo, quod, cum sit abundantia sapientiae super insipientiam, sicut abundantia lucis super tenebras, sapientisque oculi sint in capite ipsius et stultus in tenebris ambulet, unus tamen incursus incurrat omnibus, utique in hac uita quae sub sole agitur, significans uidelicet ea mala, quae bonis et malis uidemus esse communia. Dicit etiam illud, quod et boni patiantur mala, tamquam mali sint, et mali, tamquam boni sint, adipiscantur bona, ita loquens: *Est,* inquit, *uanitas, quae facta est super terram, quia sunt iusti, super quos uenit sicut factum impiorum, et sunt impii, super quos uenit sicut factum iustorum. Dixi quoniam hoc quoque uanitas.* In hac uanitate, cui quantum satis uisum est intimandae totum istum librum uir sapientissimus deputauit (non utique ob aliud, nisi ut eam uitam desideremus, quae uanitatem non habet sub hoc sole, sed ueritatem sub illo qui fecit hunc solem), — in

---

[15] non lateat, iustum esse quod latet: 최후심판을 다루면서 그 비의에 담긴 불가형언한 측면을 역설적으로 강조한다. 이것은 고대 사상가들을 항상 괴롭히는 의문이었다. Cf. Plato, *Parmenides* 141e - 142a; Plotinus, *Enneades* 5.3.13; Origenes, *De principiis* 1.1.5; Iustinus, *Apologia* 2.6.

[16] 전도 1,2-3.

[17] 전도 2,13-14 참조.

[18] 전도 2,14 참조: "그러나 둘다 같은 운명을 겪게 됨을 나는 또한 알았다."

[19] 전도 2,13-17에서 이 주제를 더 상세하게 언급한다.

[20] 전도 8,14. 〔새번역: "땅 위에서 자행되는 허무한 일이 있다. 악인들의 행동에 상응하는 바를 겪는 의인들이 있고 의인들의 행동에 상응하는 바를 누리는 악인들이 있다는 것이다."〕

[21] *vanitatem* non habet *sub hoc sole,* sed *veritatem sub illo* qui fecit *hunc solem*: 인간의 허무함과 하느님의 진리를 각운으로 대비시켰다.

들이 많이, 아니 거의 대부분 감추어져 있다. 그렇지만 이 일에 있어 경건한 사람들의 신앙에는 감추어지지 않은 것이 하나 있는데, 감추어진 그것이 정의로우리라는 사실만은 감추어지지 않는다.[15]

3. 전도서에서 솔로몬은 현세에 선인과 악인에게 공통되는 인간사에 대해 뭐라고 따졌는가

    이스라엘의 극히 지혜로운 임금 솔로몬은 예루살렘을 다스린 인물인데, 그는 전도서라고 부르고 유다인들도 거룩한 성서 정전正典으로 받아들이는 책의 서두를 이렇게 시작한다: "허무의 허무로다! 전도자가 말한다. 허무의 허무로다! 모든 것이 허무로다! 태양 아래서 애쓰는 그의 모든 노고가 사람에게 무슨 보람이 있으랴?"[16] 바로 이 문장에 이 책의 나머지 부분이 전부 결부되어 있다. 현세 생명의 간난신고와 방황을 상기시키고, 그다음 세월의 무상한 흐름을 일깨운다. 거기서는 든든한 것이 아무것도 없고 확고한 것도 아무것도 없다. 태양 아래서 만사가 허무인 지경에서는 다음과 같은 사실도 탄식의 대상이 된다. 우매함보다는 지혜가 쓸모있고 어둠보다는 빛이 쓸모있으며, 지혜로운 이의 눈은 제 머리에 달려 있고 어리석은 자는 어둠 속을 걷는다고 하지만[17] 결국 두 사람 모두에게 똑같은 파국이 들이닥친다.[18] 물론 태양 아래서 이루어지는 삶에 대해 하는 말이고, 그 파국이란 우리가 악어 선인과 악인 모두에게서 똑같이 공통되게 일어남을 목격함을 의미한다.[19] 선인들도 악인이 된 듯이 악을 겪고, 악인들도 선인이나 된 듯이 선을 획득하더라는 말도 한다: "땅 위에서 자행되는 허무한 일이 있다. 의인들이 있는데 그들 위에 악인들의 행동과 똑같은 것이 닥친다. 또 악인들이 있는데 그들 위에 의인들의 행동과 똑같은 것이 닥친다. 나는 이 또한 허무라고 말했다."[20] 당대의 가장 현명한 사람이 이 허무함을 깊이 새겨주기 위해 저 책 전부를 할당해야겠다고 각오한 것으로 보인다. (물론 이런 일은 우리가 태양 아래서 허무함을 갖추지 않고, 오히려 이 태양을 창조한 분 아래서 진리를 갖춘 그런 삶을[21] 희구하게 만들기 위한 것이지 다른 목적이 있는 것은 아니다.) 그러므로 이 허무함에 비추어 본다면 이런 허무와 비

hac ergo uanitate numquid nisi iusto Dei rectoque iudicio similis eidem uanitati factus uanesceret homo? In diebus tamen uanitatis suae interest plurimum, utrum resistat an obtemperet ueritati, et utrum sit expers uerae pietatis an particeps; non propter uitae huius uel bona adquirenda uel mala uitanda uanescendo transeuntia, sed propter futurum iudicium, per quod erunt et bonis bona et malis mala sine fine mansura. Denique iste sapiens hunc librum sic conclusit, ut diceret: *Deum time et mandata eius custodi, quia hoc est omnis homo; quia omne hoc opus Deus adducet in iudicium in omni despecto, siue bonum siue malum.* Quid breuius, uerius, salubrius dici potuit? *Deum,* inquit, *time et mandata eius custodi, quia hoc est omnis homo.* Quicumque enim est, hoc est, custos utique mandatorum Dei; quoniam qui hoc non est, nihil est; non enim ad ueritatis imaginem reformatur, remanens in similitudine uanitatis. *Quia omne hoc opus,* id est, quod ab homine fit in hac uita, *siue bonum siue malum, Deus adducet in iudicium in omni despecto,* id est in omni etiam qui contemptibilis hic uidetur et ideo nec uidetur; quoniam Deus et ipsum uidet nec eum despicit nec cum iudicat praeterit.

4. Huius itaque ultimi iudicii Dei testimonia de scripturis sanctis, quae ponere institui, prius eligenda sunt de libris instrumenti noui, postea de ueteris. Quamuis enim uetera priora sint tempore, noua tamen anteponenda sunt dignitate, quoniam illa uetera praeconia sunt nouorum. Noua igitur ponentur prius, quae ut firmius probemus, adsumentur et uetera. In

---

[22] 각주 11에 인용한 시편 143[144],4 참조: "인간이란 허영과도 같이 만들어졌으며, 그의 날들은 그림자같이 지나가나이다."

[23] quia hoc est omnis homo: 교부는 "내가 이미 지옥이 아니더이까?" (non enim ego iam Inferi: *Confessiones* 1.1.2)라는 문장처럼 추상어의 자리에 구상어를 쓰는 기법을 자주 보인다.

[24] 전도 12,13-14. 〔새번역: "하느님을 경외하고 그분의 계명들을 지켜라. 이것이 모든 인간에게 지당하기 때문이다. 하느님께서는 좋든 나쁘든 감추어진 온갖 것에 대하여 모든 행동을 심판하시기 때문이다."〕

[25] quicumque enim est, custos utique mandatorum Dei; quoniam hoc non est, *nihil est*: 전도서의 한 구절에서 교부는 존재와 행위가 하느님께 절대의존하는 인간실존을 도출해낸다.

[26] non enim *ad veritatis imaginem* reformatur, remanens *in similitudine vanitatis*: 창세기의 두 어휘 "우리와 비슷하게" "우리 모습대로"를 "허무와 비슷하게"와 "진리의 모습대로"로 대칭시키고 있다.

[27] etiam qui *contemptibilis* hic *videtur* et ideo *nec videtur*: 같은 동사(videor)가 어감의 차이를 살려 구사되고 있다.

[28] "계약"(Testamentum: 신구약) 대신 "문서"(instrumentum: 신구문서)라는 용어가 쓰였다.

숫하게 만들어진 인간이 허무처럼 사라지는 것 또한 하느님의 의롭고 공정한 판단에 의한 것이 아니고 무엇이겠는가?[22] 그렇다면 자신의 허무한 나날에서 중요한 것은 진리에 저항하느냐 순종하느냐, 참된 종교에 참여하느냐 참여하지 않느냐 하는 일이 되겠다. 이것은 단지 현세의 선을 얻거나 악을 피하기 위한 것이 아니다. 그런 것들은 잠시 지나가며 사라지기 때문이다. 그것은 오직 장차 올 심판 때문이니, 그 심판을 거치고 나면 선인들에게는 선, 악인들에게는 악이 끝없이 남을 것이다. 바로 그래서 저 현자는 이 책을 다음과 같이 끝맺는다: "하느님을 경외하고 그분의 계명들을 지켜라. 이것이 곧 인간이다.[23] 하느님은 경멸받은 인간에게서 이 모든 행동을 심판에 붙이시리니 좋든 나쁘든 모든 행동을 심판하시기 때문이다."[24] 이보다 간결하고 진실하고 구원에 유익한 말이 어떻게 가능하겠는가? "하느님을 경외하고 그분의 계명들을 지켜라. 이것이 곧 인간이다"라고 했다. 다시 말해 누구든지 존재하는 자는 하느님의 계명들을 지키는 사람이다. 왜냐하면 계명을 지키는 사람이 아니면 무無이기 때문이다.[25] 허무와 비슷한 모습으로 머물러 있는 한, 진리의 모상으로 쇄신되지 못하는 까닭이다.[26] "이 모든 행동을", 다시 말해 현세에서 인간에 의해 이루어진 모든 것은 "좋든 나쁘든 모든 행동을 심판에 붙이시리라". "경멸받은 인간에게서"라는 말은 여기서는 멸시받을 만하게 보이고, 따라서 눈에 뜨이지도 않는 사람[27]을 가리킨다. 하느님은 그 사람도 보며 그를 경멸하지 않고, 심판할 때 그를 빠뜨리지도 않는다.

4. 하느님의 최후심판에 대해 논함에 있어 먼저 신약의 증언을, 다음에는 구약의 증언을 제시하겠다

나는 이제 하느님의 최후심판에 대한 증언들을 여러 성서에서 제시하기로 마음먹었다. 먼저 새로운 문서의 서책에서 끄집어내고, 그다음에 옛 문서의 서책에서 끄집어내겠다.[28] 비록 시간적으로는 구약이 먼저이지만 품위로 보아서 신약을 앞에 놓아야 한다. 구약이 신약의 예고편이기 때문이다. 그래서 신약을 먼저 보고 확고하게 입증한 다음에 구약도 취급할 것이다. 구약에는 율법과 예

ueteribus habentur lex et prophetae, in nouis euangelium et apostolicae litterae. Ait autem apostolus: *Per legem enim cognitio peccati. Nunc autem sine lege iustitia Dei manifestata est, testificata per legem et prophetas; iustitia autem Dei per fidem Iesu Christi in omnes qui credunt.* Haec iustitia Dei ad nouum pertinet testamentum et testimonium habet a ueteribus libris, hoc est lege ac prophetis. Prius igitur ipsa causa ponenda est, et postea testes introducendi. Hunc et ipse Christus Iesus ordinem seruandum esse demonstrans: *Scriba*, inquit, *eruditus in regno Dei similis est uiro patri familias proferenti de thesauro suo noua et uetera.* Non dixit: «Vetera et noua», quod utique dixisset, nisi maluisset meritorum ordinem seruare quam temporum.

언서들이 있고 신약에는 복음과 사도서간이 있다.[29] 사도 역시 이런 말을 한다: "실상 율법을 통해서는 죄를 알게 됩니다. 그러나 율법과 예언자들이 증언한 하느님의 의로움이 이제는 율법과 상관없이 나타났습니다. 하느님의 의로움은 예수 그리스도께 대한 믿음을 통해 모든 믿는 이를 위한 것입니다."[30] 하느님의 이 정의는 신약에 속하고 구약에서, 다시 말해 율법과 예언자들에게서 증언을 받는다. 그러므로 먼저 본론을 펴고서 다음에 증인을 끌어들여야 한다. 예수 그리스도 본인도 이 순서를 지켜야 한다고 보여주면서 "하늘나라에서 배운 율사는 자기 곳간에서 새것도 헌것도 꺼내주는 집주인과 비슷합니다".[31] 그분은 "헌것도 새것도"라고 하지 않았다. 시간의 순서보다 공적의 순서를 굳이 앞세우려고 하지 않았다면 차라리 그렇게 말했을 것이다.

---

[29] 구약을 "예언자들과 율법"(Prophetae et Lex: 마태 11,13)으로 통칭하는데 신약은 "복음과 사도서간"(evangelicae et apostolicae litterae: Tertullianus, *De praescriptione haereticorum* 36), "복음과 사도들"(evangelia et apostoli: Tertullianus, *Adversus Praxeam* 15)이라고 통칭했다.

[30] 로마 3,20-22.

[31] 마태 13,52. 〔200주년: "하늘나라의 제자가 된 모든 율사는 …."〕

5. Ergo ipse Saluator cum obiurgaret ciuitates, in quibus uirtutes magnas fecerat neque crediderant, et eis alienigenas anteponeret: *Verum tamen*, inquit, *dico uobis, Tyro et Sidoni remissius erit in die iudicii quam uobis*; et paulo post alteri ciuitati: *Amen*, inquit, *dico uobis, quia terrae Sodomorum remissius erit in die iudicii quam tibi* (hic euidentissime praedicat diem iudicii esse uenturum); et alio loco: *Viri Nineuitae*, inquit, *surgent in iudicio cum generatione ista et condemnabunt eam; quia paenitentiam egerunt in praedicatione Ionae, et ecce plus quam Iona hic. Regina Austri surget in iudicio cum generatione ista et condemnabit eam; quia uenit a finibus terrae audire sapientiam Salomonis, et ecce plus quam Salomon hic.* Duas res hoc loco discimus, et uenturum esse iudicium et cum mortuorum resurrectione uenturum. De Nineuitis enim et regina Austri quando ista dicebat, de mortuis sine dubio loquebatur, quos tamen in die iudicii surrecturos esse praedixit. Nec ideo dixit «condemnabant», quia ipsi iudicabunt; sed quia ex ipsorum comparatione isti merito damnabuntur.

Rursus alio loco, cum de hominum bonorum et malorum nunc permixtione, postea separatione, quae utique die iudicii futura est, loqueretur, adhibuit similitudinem de tritico seminato et superseminatis zizaniis, eamque suis exponens discipulis: *Qui seminat*, inquit, *bonum semen, est filius hominis; ager autem est mundus; bonum uero semen hi sunt filii regni;*

---

[32] 마태 11,22.
[33] 마태 11,24.
[34] 마태 12,41-42. 요나 3,5; 3[1]열왕 10,1-10(세바의 여왕) 참조.

제2부 (5-20)
최후심판에 관한 신약의 예고

5. 구세주의 말씀에는 세상 종말의 최후심판이 어떻게 선언되어 있는가
5.1. 마태오 복음서의, 선인과 악인의 심판에 관한 예수 말씀

구세주 친히 커다란 권능을 보여 기적을 행했음에도 당신을 믿지 않은 그 도성들을 꾸짖고, 그들보다도 차라리 외국인 도성들이 더 낫겠다면서 한 말씀이 있다: "나는 말하거니와, 심판 날에 띠로와 시돈이 너희보다 수월할 것이다."[32] 또 조금 뒤에 다른 도성에 대해 한 말씀이 있다: "나는 말하거니와, 심판 날에 소돔 땅이 너보다 수월할 것이다."[33] (여기서는 심판 날이 오리라는 것을 더할 나위 없이 명료하게 예고하고 있다.) 다른 곳에서도 이런 말씀을 한다: "사실 심판 때는 니느웨 사람들이 함께 부활하여 이 세대를 단죄할 것입니다. 그들은 요나의 선포로 회개했기 때문입니다. 그러나 보시오, 요나보다 큰 사람이 여기 있습니다! 심판 때 남방 여왕이 함께 부활하여 이 세대를 단죄할 것입니다. 그는 솔로몬의 지혜를 들으러 땅 끝에서 왔기 때문입니다. 그러나 보시오, 솔로몬보다 큰 사람이 여기 있습니다!"[34] 이 자리에서 우리가 배울 것은 두 가지인데, 심판이 오리라는 것과 죽은 이들의 부활과 더불어 심판이 오리라는 것이다. 그분이 니느웨 사람들과 남방 여왕에 관해 저런 말씀을 할 때는 분명히 죽은 사람들을 두고 하는 말이었고 그들이 심판의 날에 살아나리라고 예고한 것이다. "그들이 단죄할 것입니다"라고 말씀한 것은 그들이 심판을 할 것이기 때문에 한 말씀이 아니고 그들과 비교해서 도성의 저 사람들이 의당히 단죄를 받을 것이기 때문에 한 말씀이다.

5.2. 악인들의 분리

또 다른 대목에서 선인과 악인들이 지금은 섞여 있지만 후에는 갈라지리라는 이야기를 할 적에도 심판의 날이 있으리라고 말씀했고, 밀을 뿌렸는데 가라지가 그 위에 덧뿌려지는 비유를 들 적에도 당신 제자들에게 그 비유를 이렇게 설명한다: "좋은 씨를 뿌리는 이는 인자이고 밭은 세상이고 좋은 씨는 하늘 나

zizania autem filii sunt nequam; inimicus autem, qui seminauit ea, est diabolus; messis uero consummatio saeculi est, messores autem angeli sunt. Sicut ergo colliguntur zizania et igni comburuntur: sic erit in consummatione saeculi. Mittet filius hominis angelos suos, et colligunt de regno eius omnia scandala et eos, qui faciunt iniquitatem, et mittunt eos in caminum ignis; ibi erit fletus et stridor dentium. Tunc iusti fulgebunt sicut sol in regno patris eorum. Qui habet aures, audiat. Hic iudicium quidem uel diem iudicii non nominauit, sed eum multo clarius ipsis rebus expressit et in fine saeculi futurum esse praedixit.

Item discipulis suis: *Amen,* inquit, *dico uobis, quod uos, qui secuti estis me, in regeneratione, cum sederit filius hominis in sede maiestatis suae sedebitis et uos super sedes duodecim iudicantes duodecim tribus Israel.* Hic discimus cum suis discipulis iudicaturum Iesum. Vnde et alibi Iudaeis dixit: *Si ego in Beelzebub eicio daemonia, filii uestri in quo eiciunt? Ideo ipsi iudices erunt uestri.* Nec quoniam super duodecim sedes sessuros esse ait, duodecim solos homines cum illo iudicaturos putare debemus. Duodenario quippe numero uniuersa quaedam significata est iudicantium multitudo propter duas partes numeri septenarii, quo significatur plerumque uniuersitas; quae duae partes, id est tria et quattuor, altera per alteram multiplicatae duodecim faciunt, nam et quattuor ter et tria quater duodecim sunt, et si qua alia huius duodenarii numeri, quae ad hoc ualeat, ratio reperitur. Alioquin, quoniam in locum Iudae traditoris apostolum Matthiam legimus ordinatum, apostolus Paulus, qui plus omnibus illis laborauit, ubi ad iudicandum sedeat non habebit; qui profecto cum aliis sanctis ad numerum iudicum se pertinere demonstrat, cum dicit: *Nescitis quia ange-*

---

[35] 마태 13,37-43.

[36] 마태 19,28. "재생 때에"(in regeneratione)를 교부는 부활 때로 알아들었는데($παλιγγενεσία$) 재림에 뒤따라오는 세상의 "총괄갱신"(總括更新: $ἀποκατάστασις$)도 논의가 될 것이다.

[37] 마태 12,27.

[38] numeri universitatis: 11.30에 6이라는 "완전수"(numeri perfectio: cf. *De doctrina Christiana* 3.35.50: numeri legitimi)를 논한 바 있다. 3(성삼위)과 4(사방, 사계절, 세상)도 모든 것을 포괄하는 숫자요 형태도 ∴ ∷로 안정되어 있으며 양자를 더한 수(3 + 4 = 7)나 곱한 수(3 × 4 = 12)도 보편수를 이룬다.

[39] Cf. *Enarrationes in Psalmos* 49.9. 숫자들의 상징성을 논하고서 "12는 열두 사람을 가리키는 것이 아니고 완전자(完全者)들의 숫자가 크다는 뜻이다"라고 결론짓는다.

[40] 사도 1,15-26 참조.   [41] 바울로 본인이 말하는 수고: 1고린 15,1-10 참조.

[42] 1고린 6,3.

[43] 1고린 6,2 참조: "성도들이 세상을 심판하리라는 것을 모릅니까?"

라의 아들들입니다. 가라지는 악한 자의 아들들이고 그것을 뿌린 원수는 마귀입니다. 추수는 세상 종말이고 추수꾼들은 천사들입니다. 가라지를 그러모아 불에 태우듯이 세상 종말에도 그렇게 될 것입니다. 인자가 천사들을 보낼 것이고 그들이 걸려넘어지게 하는 온갖 못된 일과 악행을 일삼는 자들을 그 나라에서 그러모아 불가마에 던질 터인데, 거기서 그들은 울며 이를 갈 것입니다. 그때 의인들은 아버지 나라에서 해와 같이 빛날 것입니다. 귀 있는 사람은 들으시오."[35] 여기서는 심판이나 심판의 날을 직접 언급하지는 않았으나, 저런 내용으로 표현을 훨씬 분명히 했고 그것이 세말에 있으리라고 예고한 것이다.

5.3. 선택받은 이들도 심판하리라

당신 제자들에게는 이런 말씀도 한다: "진실히 여러분에게 이르거니와, 인자가 자기의 영광스러운 옥좌에 앉게 되는 재생 때에, 나를 따른 그대들도 열두 옥좌에 앉아 이스라엘 열두 지파를 심판할 것입니다."[36] 여기서 우리는 예수가 당신의 제자들과 더불어 심판을 행하리라는 사실을 배운다. 그래서 다른 곳에서도 유다인들에게 이렇게 말씀했다: "내가 베엘제불의 힘을 빌려 귀신을 쫓아낸다면 당신네 아들들은 누구의 힘을 빌려 쫓아낸단 말입니까? 바로 그들이 당신들의 심판관이 될 것입니다."[37] 열두 옥좌에 앉으리라고 말씀했다고 해서 인간 열두 명만이 그분과 더불어 심판하리라고 생각할 필요는 없다. 열둘이라는 숫자는 심판할 사람들의 보편적 다수를 의미한 것인데, 그 이유는 일곱이라는 숫자의 두 부분들 때문이며 일곱은 흔히 보편을 가리키기 때문이다.[38] 그 수의 두 부분, 곧 셋과 넷은 어느 편으로 곱하든 열둘이 된다. 넷 곱하기 셋이나 셋 곱하기 넷이나 모두 열둘이 된다. 이 열둘이라는 숫자에 대해 다른 설명도 나오는데 그 의미는 같다.[39] 그렇지 않으면 우리가 배반자 유다스의 자리에 마티아스가 사도로 세워졌다고 읽은 이상,[40] 다른 모든 사도들보다 훨씬 많은 수고를 한 사도 바울로에게는 재판석에 앉을 자리가 없어야 옳다는 말이 되고 만다.[41] 그런데 정작 본인은 "우리가 장차 천사들도 심판하리라는 것을 모릅니까?"[42]라는 말을 하여 자기가 다른 성도들과 더불어[43] 심판관들의 대열에 들어가리라는

los iudicabimus? De ipsis quoque iudicandis in hoc numero duodenario similis causa est. Non enim quia dictum est: *Iudicantes duodecim tribus Israel*, tribus Leui, quae tertia decima est, ab eis iudicanda non erit, aut solum illum populum, non etiam gentes ceteras iudicabunt. Quod autem ait: *In regeneratione*, procul dubio mortuorum resurrectionem nomine uoluit regenerationis intellegi. Sic enim caro nostra regenerabitur per incorruptionem, quem ad modum est anima nostra regenerata per fidem.

Multa praetereo, quae de ultimo iudicio ita dici uidentur, ut diligenter considerata reperiantur ambigua uel magis ad aliud pertinentia, siue scilicet ad eum Saluatoris aduentum, quo per totum hoc tempus in ecclesia sua uenit, hoc est in membris suis, particulatim atque paulatim, quoniam tota corpus est eius; siue ad excidium terrenae Hierusalem; quia et de illo cum loquitur, plerumque sic loquitur, tamquam de fine saeculi atque illo die iudicii nouissimo et magno loquatur; ita ut dinosci non possit omnino, nisi ea, quae apud tres euangelistas Matthaeum, Marcum et Lucam de hac re similiter dicta sunt, inter se omnia conferantur. Quaedam quippe alter obscurius, alter explicat planius, ut ea, quae ad unam rem pertinentia dicuntur, appareat unde dicantur. Quod facere utcumque curaui in quadam epistula, quam rescripsi ad beatae memoriae uirum Hesychium, Salonitanae urbis episcopum, cuius epistulae titulus est: De fine saeculi.

Proinde iam illud hic dicam, quod in euangelio secundum Matthaeum de separatione bonorum et malorum legitur per iudicium praesentissimum

---

[44] 마태 24,1-25; 마르 13,1-37; 루가 21,5-38 모두 예루살렘의 파멸과 세상 종말을 연이어 서술한다.

[45] ad beatae memoriae virum Hesychium: 당시 서간의 인사체 어법이다.

[46] Cf. *Epistula* 199: *De fine saeculi*. 세말의 시점에 관해 질의한 헤시키우스의 서한(*Epistula* 197: 417년)에 대한 답변으로 그리스도인은 이런 호기심에서 벗어나야 한다면서 그리스도를 사랑하는 자는 그 내림 시기와 무관하게 그분을 사랑하리라고 답변한다.

사실을 보여준다. 또 비슷한 이유에서 심판받을 사람들을 가리키는 대목에서도 이 열둘이라는 숫자가 나온다. 앞에 나온 대로 "그대들도 이스라엘 열두 지파를 심판할 것입니다"라고 말씀했고 레위 지파는 열셋째 지파이니까 심판을 받지 않으리라고 할 수는 없고, 또 저 이스라엘 백성은 심판을 받겠지만 그밖의 다른 민족들은 심판받지 않으리라고 할 수도 없지 않은가? "재생 때에"라는 말은 재생이라는 단어로 죽은 이들의 부활을 가리키는 것으로 이해하기를 바랐던 것이다. 사실 우리 영혼이 신앙에 힘입어 재생한 것과 똑같이 우리 육신도 썩지 않음에 힘입어 재생할 것이다.

5.4. 이와 유사한 말씀들을 서로 어떻게 대조하면 좋은가

최후심판에 관해 한 말처럼 보이기는 하지만 상세하게 고찰해 보면 뜻이 애매하거나 오히려 다른 사안에 해당하는 것들도 많다. 그런 얘기는 그냥 넘어가겠다. 그런 얘기 가운데 어떤 것은 구세주의 내림에 해당할 수도 있겠다. 저 내림은 이 시대 전체를 통해 당신의 교회에, 즉 당신의 지체들에게 부분적으로 또 서서히 오는 내림이다. 교회 전체가 그분의 몸이기 때문이다. 그런가 하면 지상 예루살렘의 파괴에 해당하는 얘기일 수도 있다. 저 파국에 관해 말할 적에 사람들은 마치 세말世末, 즉 최후의 큰 심판에 대해 이야기하듯이 말하는 경우가 흔히 있다. 그러므로 마태오와 마르코와 루가 이 세 복음사가들의 글에서 이 사안에 대해 말한 엇비슷한 내용들을 서로 전부 비교하지 않고서는 이것을 판별할 도리가 없다.[44] 한 복음사가가 애매하게 하는 말을 다른 복음사가는 더 뚜렷하게 설명하므로, 똑같은 사안에 해당하는 내용이라면 다른 사람이 하는 말에 비추어 그 뜻이 확연히 드러나게 마련이다. 생각만 해도 행복한 헤시키우스라는 사람에게[45] 답장으로 써보낸 어떤 서간에서 나도 이 문제를 두고 부심한 바 있다. 그는 살로나 도시의 주교이며 그 서간의 제목은 「세말에 관하여」라고 되어 있다.[46]

5.5. 마태오와 요한 복음서에서 말하는, 최후심판 때 있을 분리

그러면 마태오에 의한 복음에서 그리스도의 극히 엄중한 최후심판을 거치면서 선인들과 악인들이 분리되는 일에 대해 한 말을 이 자리에 인용하겠다: "인자

atque nouissimum Christi. *Cum autem uenerit*, inquit, *filius hominis in maiestate sua, et omnes angeli cum eo, tunc sedebit super sedem maiestatis suae, et congregabuntur ante eum omnes gentes, et separabit eos ab inuicem, sicut pastor segregat oues ab haedis, et statuet oues quidem a dextris suis, haedos autem a sinistris. Tunc dicet rex his, qui a dextris eius erunt: Venite, benedicti patris mei, possidete paratum uobis regnum a constitutione mundi. Esuriui enim, et dedistis mihi manducare; sitiui, et dedistis mihi bibere; hospes eram, et collegistis me; nudus, et operuistis me; infirmus, et uisitastis me; in carcere eram, et uenistis ad me. Tunc respondebunt ei iusti dicentes: Domine, quando te uidimus esurientem, et pauimus; sitientem, et dedimus potum? Quando autem te uidimus hospitem, et collegimus te; aut nudum, et cooperuimus te? Aut quando te uidimus infirmum aut in carcere, et uenimus ad te? Et respondens rex dicet illis: Amen dico uobis, quamdiu fecistis uni de his fratribus meis minimis, mihi fecistis. Tunc dicet*, inquit, *et his qui a sinistris erunt: Discedite a me, maledicti, in ignem aeternum, qui paratus est zabulo et angelis eius.* Deinde similiter etiam his enumerat, quod illa non fecerint, quae dextros fecisse memorauit. Similiterque interrogantibus, quando eum uiderint in horum indigentia constitutum: quod minimis suis non factum est, sibi factum non fuisse respondet; sermonemque concludens: *Et ibunt*, inquit, *hi in supplicium aeternum, iusti autem in uitam aeternam.* Iohannes uero euangelista apertissime narrat eum in resurrectione mortuorum futurum praedixisse iudicium. Cum enim dixisset: *Neque enim Pater iudicat quemquam, sed iudicium omne dedit Filio, ut omnes honorificent Filium, sicut honorificant Patrem; qui non honorificat Filium, non honorificat Patrem, qui misit illum*: protinus addidit: *Amen, amen dico uobis, quia, qui uerbum meum audit et credit ei qui misit me, habet uitam aeternam, et*

---

[47] 마태 25,31-41.
[48] 마태 25,46.

가 영광에 싸여 모든 천사와 더불어 오면 영광스러운 옥좌에 앉을 것입니다. 모든 민족이 인자 앞에 모여들 것이고, 그는 목자가 양과 염소를 가르듯이 그들을 서로 갈라서 양은 오른편에, 염소는 왼편에 세울 것입니다. 그때 임금은 자기 오른편 사람들에게 말할 것입니다. '내 아버지의 축복을 받은 사람들아, 와서 창세 때부터 너희를 위해 마련해 둔 나라를 상속받아라. 너희는 내가 굶주렸을 때 먹을 것을 주었고, 목말랐을 때 마실 것을 주었으며, 나그네 되었을 때 맞아들였다. 헐벗었을 때 입혀 주었고, 병들었을 때 돌보아 주었으며, 감옥에 갇혔을 때 찾아와 주었다.' 그러면 의인들이 대답할 것입니다. '주님, 저희가 언제 주님이 굶주리신 것을 보고 잡수시게 해 드렸으며, 목마르신 것을 보고 마시게 해 드렸습니까? 저희가 언제 주님이 나그네 되신 것을 보고 맞아들였으며, 헐벗으신 것을 보고 입혀 드렸습니까? 저희가 언제 주님이 병들거나 감옥에 갇히신 것을 보고 주님을 찾아갔습니까?' 이에 임금이 말할 것입니다. '진실히 말하거니와, 너희가 지극히 작은 내 형제 가운데 하나에게 해 주었을 때마다 그것은 바로 나에게 해 준 것이다.' 아울러 임금은 왼편 사람들에게 말할 것입니다. '저주받은 자들아, 나를 떠나 악마와 그의 천사들을 위해 마련된 영원한 불 속으로 가라.'[47] 이어서 오른편 사람들이 행했다고 당신이 상기시켜 준 그 일들을 왼편에 있는 사람들은 행하지 않았다고 일일이 꼽는다. 또 언제 주님이 그런 곤궁에 처해 있었느냐고 똑같이 반문하는 사람들을 향해서, 당신의 지극히 작은 사람들에게 해 주지 않은 것이 곧 당신에게 해 주지 않은 것이라고 대답한다. 그 설교는 이렇게 맺는다: "그래서 이들은 영원한 벌을 받으러 갈 것이고, 의인들은 영원한 생명을 누리러 갈 것입니다."[48] 복음사가 요한은 죽은 이들이 부활할 때에 심판이 있으리라고 그분이 예고했음을 아주 뚜렷하게 얘기한다: "실상 아버지께서는 아무도 심판하시지 않고, 심판하는 일을 모두 아들에게 넘겨주셨습니다. 모든 사람이 아버지를 공경하는 것처럼 아들도 공경하도록 말입니다. 아들을 공경하지 않는 사람은 그를 보내신 아버지도 공경하지 않습니다." 곧이어 이렇게 덧붙인다: "진실히 진실히 말하거니와, 내 말을 듣고 나를 보내신 분을 믿는 사람은 영원한 생명을 얻습니다. 그는 심판에 끌

in iudicium non uenit, sed transiit a morte in uitam. Ecce hic dixit fideles suos in iudicium non uenire. Quo modo ergo per iudicium separabuntur a malis et ad eius dexteram stabunt, nisi quia hoc loco iudicium pro damnatione posuit? In tale quippe iudicium non uenient, qui audiunt uerbum eius et credunt ei, qui misit illum.

6. Deinde adiungit et dicit: *Amen, amen dico uobis, quia uenit hora et nunc est, quando mortui audient uocem filii Dei, et qui audierint uiuent. Sicut enim Pater habet uitam in semet ipso, sic dedit et Filio habere uitam in semet ipso.* Nondum de secunda resurrectione, id est corporum, loquitur, quae in fine futura est, sed de prima, quae nunc est. Hanc quippe ut distingueret, ait: *Venit hora, et nunc est.* Non autem ista corporum, sed animarum est. Habent enim et animae mortem suam in impietate atque peccatis, secundum quam mortem mortui sunt, de quibus idem Dominus ait: *Sine mortui mortuos suos sepeliant*; ut scilicet in anima mortui in corpore mortuos sepelirent. Propter istos ergo impietate et iniquitate in anima mortuos: *Venit*, inquit, *hora, et nunc est, quando mortui audient uocem filii Dei; et qui audierint, uiuent.* Qui audierint dixit «qui oboedierint, qui crediderint et usque in finem perseuerauerint». Nec fecit hic ullam differentiam bonorum et malorum. Omnibus enim bonum est audire uocem eius et uiuere ad uitam pietatis ex impietatis morte transeundo. De qua morte ait apostolus

---

[49] 요한 5,22-24.

[50] 교부는 요한 5,19-30에 나오는, "아들에 의한 심판"과 "죽음에서 생명으로 이미 옮겨간 처지"에 따른 두 번의 부활(아래 20.6-7 참조)에 관해 상세한 주석을 행한 바 있다(*In Ioannis Evangelium tractatus* 19 - 22).

[51] 요한 5,25-26.

[52] 마태 8,22.

[53] qui *audierint* dixit qui *oboedierint*: audio (듣다)와 ob-audio (귀기울여 듣다, 순종하다)가 동일한 어감을 가진다.

[54] ad *vitam pietatis* ex *impietatis morte* transeundo: 하느님의 말씀을 경청하는 종교심(pietas)과 경멸하는 불경행위(impietas)가 영혼의 삶과 죽음의 갈림길로 나타난다.

려 들어가지 않고 이미 죽음에서 생명으로 옮겨갔습니다."⁴⁹ 여기서 보다시피 당신을 믿는 신도들은 심판으로 가지 않는다고 그분이 말씀했다. 그렇다면 여기서 "심판"이라는 말이 "단죄" 대신에 쓰인 것이 아니라면, 어떻게 그들이 심판을 거쳐서 악인들로부터 분리될 것이며 어떻게 그분의 오른편에 선다는 말인가? 그러니까 그분의 말을 듣고 또 그분을 보낸 분을 믿는 사람들은 그처럼 단죄하는 심판으로 가지 않는다.⁵⁰

6. 첫째 부활은 무엇이며 둘째 부활은 무엇인가
6.1. 요한 복음서에는 부활이 이중으로 일어나는 것처럼 나온다
곧이어 다음과 같이 덧붙여 말씀한다: "진실히 진실히 말하거니와, 죽은 이들이 하느님 아들의 목소리를 들을 때가 오고 있으니 바로 지금입니다. 과연 듣는 이들은 살 것입니다. 아버지께서 당신 안에 생명을 가지고 계신 것처럼 아들에게도 생명을 주어 안에 지니게 하셨습니다."⁵¹ 아직은 둘째 부활, 곧 종말에 있을 육체의 부활에 대해 말씀하는 것이 아니고, 첫째 부활, 곧 지금 일어나는 부활에 대해 하는 말씀이다. 후자는 이 두 부활을 구분하는 뜻에서 "때가 오고 있으니 바로 지금입니다"라고 했다. 그것은 육체들의 부활이 아니고 영혼들의 부활이다. 영혼도 그 불경과 죄악으로 인해 자기 나름의 죽음을 갖고 있고, 그런 죽음으로 죽은 사람들이 있어서 주님도 그들을 가리켜 "죽은 이 장사는 죽은 이들이 치르도록 내버려 두시오"⁵²라는 말씀을 했다. 다시 말해 영혼으로 죽은 자들이 육신으로 죽은 자들을 장사지내라는 뜻이다. 그러므로 "죽은 이들이 하느님 아들의 목소리를 들을 때가 오고 있으니 바로 지금입니다. 과연 듣는 이들은 살 것입니다"라는 말씀은 불경과 죄악으로 인해 영혼으로 죽은 사람들 때문에 한 말씀이다. "듣는 이들"이라고 한 것은 "순종하는 사람들이며⁵³ 믿고서 끝까지 항구한 사람들을 가리킨다". 여기서는 선인들과 악인들의 차이를 전혀 만들지 않았다. 그분의 목소리를 듣는 것이야 모두에게 좋은 일이겠고, 불경의 죽음에서 경건의 생명으로 옮겨가서⁵⁴ 살아남는다는 것도 모두에게 좋은 일이다. 그 죽음에 관해서는 사도 바울로가 한 말이 있다:

Paulus: *Ergo omnes mortui sunt, et pro omnibus mortuus est, ut qui uiuunt iam non sibi uiuant, sed ei, qui pro ipsis mortuus est et resurrexit.* Omnes itaque mortui sunt in peccatis, nemine prorsus excepto, siue originalibus siue etiam uoluntate additis, uel ignorando uel sciendo nec faciendo quod iustum est; et pro omnibus mortuis uiuus mortuus est unus, id est nullum habens omnino peccatum; ut, qui per remissionem peccatorum uiuunt, iam non sibi uiuant, sed ei, qui pro omnibus mortuus est propter peccata nostra et resurrexit propter iustificationem nostram, ut credentes in eum, qui iustificat impium, ex impietate iustificati, tamquam ex morte uiuificati, ad primam resurrectionem, quae nunc est, pertinere possemus. Ad hanc enim primam non pertinent, nisi qui beati erunt in aeternum; ad secundam uero, de qua mox locuturus est, et beatos pertinere docebit et miseros. Ista est misericordiae, illa iudicii. Propter quod in Psalmo scriptum est: *Misericordiam et iudicium cantabo tibi, Domine.*

De quo iudicio consequenter adiunxit atque ait: *Et potestatem dedit ei iudicium facere, quia filius hominis est.* Hic ostendit, quod in ea carne ueniet iudicaturus, in qua uenerat iudicandus. Ad hoc enim ait: *Quoniam filius hominis est.* Ac deinde subiungens unde agimus: *Nolite,* inquit, *mirari hoc, quia ueniet hora, in qua omnes, qui in monumentis sunt, audient uocem eius et procedent, qui bona fecerunt, in resurrectionem uitae; qui uero mala egerunt, in resurrectionem iudicii.* Hoc est illud iudicium, quod paulo ante, sicut nunc, pro damnatione posuerat dicens: *Qui uerbum meum audit et credit ei qui misit me, habet uitam aeternam et in iudicium non uenit, sed transiit a morte in uitam,* id est, pertinendo ad primam

---

[55] 2고린 5,14-15.

[56] *vivus mortuus* est unus: 반대어의 병치로 뜻이 강조되었다.

[57] 로마 4,25 참조: "그분은 우리의 범죄로 말미암아 죽음에 넘겨지셨고 우리를 의롭게 하기 위해 부활하셨습니다."

[58] *ex impietate iustificati,* tamquam *ex morte vivificati:* 신앙에 의한 의화가 부활을 초래한다는 주장이다.

[59] 로마 4,5 참조: "불경한 자를 의롭게 하시는 분을 믿는 이에게는 그의 믿음이 의로움으로 인정됩니다."

[60] 시편 100,1. 〔새번역 101,1: "자애와 공정을 제가 노래하리이다, 주님!"〕

[61] 요한 5,27. 다니엘서에 등장하는 "사람의 아들" 혹은 "인자"(人子)라는 신비스런 인물상을 예수는 자신에게 적용했다(20.5 이하 참조).

[62] *in ea carne* veniet *iudicaturus, in qua* venerat *iudicandus*: "인자"라는 칭호에서 교부는 그리스도의 육체성 곧 인성(人性)을 부각시킨다.

[63] 요한 5,28-29.

"그래서 모든 이가 죽었습니다. 그분이 모든 이를 위해 죽으신 것은, 살아있는 이들이 자신을 위해 살지 않고 자기들을 위해 죽었다가 부활하신 그분을 위해 살게 하려는 것입니다."[55] 실상 아무 예외도 없이 모든 이가 죄로 죽었다. 원죄로든 의지를 발휘한 죄로든, 모르고서든 알고서든 의로운 일을 행하지 않기 때문에 모든 이가 죽었던 것이다. 그리고 죽은 모든 이를 위해서, 유일하게 살아있던 분이 죽었다.[56] 다시 말해 아무 죄도 없는 분이 죽었다. 그래서 죄의 용서를 통해 살아있는 사람들이 더는 자기자신을 위해 살지 않고, 우리의 죄 때문에 모든 이들을 위해 죽었다가 우리의 의화義化 때문에 부활한 그분을 위해 살라는 것이었다.[57] 우리가 불경스런 사람을 의화시키는 분을 믿음으로써 불경스러움에서 의화된다면, 마치 죽음으로부터 살려낸 사람들처럼[58] 우리도 지금 존재하는 저 첫째 부활에 속하는 일이 가능하다.[59] 이 첫째 부활에 속하는 사람들은 영원히 행복할 사람들이어야 한다. 그러나 바로 뒤에 그분 친히 하는 말씀이 있겠지만, 둘째 부활에는 지복至福에 이른 사람들도 속하고 불행한 사람들도 속하리라는 가르침이 내린다. 따라서 전자는 자비의 부활이요 후자는 심판의 부활이다. 그래서 시편에 "주님, 당신께 자비와 심판을 제가 노래하리이다"[60]라고 적혀 있다.

6.2. 심판도 이중이고, 이 심판으로 일부는 단죄를 받는다

바로 이 심판에 관한 말씀이 뒤이어 덧붙는다: "심판할 권한도 아들에게 주셨습니다. 그가 인자입니다."[61] 여기서 보여주려고 하는 바는 그분이 육신으로 심판을 받으러 왔던 것처럼 그 육신으로 심판을 행하러 오리라는 것이다.[62] 바로 그래서 "그가 인자입니다"라고 한다. 이어서 우리가 논하는 주제가 뒤따른다: "놀라지 마시오. 무덤 속에 있는 모든 이가 인자의 목소리를 듣게 될 때가 옵니다. 선을 행한 사람은 부활하여 생명을 누리고, 악을 저지른 사람은 부활하여 심판을 받을 것입니다."[63] 조금 전에 그랬듯이 이때의 심판은 단죄의 뜻으로 말하는 것이다: "내 말을 듣고 나를 보내신 분을 믿는 사람은 영원한 생명을 얻습니다. 그는 심판에 끌려들어가지 않고 이미 죽음에서 생명으로 옮겨갔습니다." 그런 사람은 첫째 부활에 속하여 현재의 죽음에서 삶으로 옮겨가므로, 그

resurrectionem, qua nunc transitur a morte ad uitam, in damnationem non ueniet, quam significauit appellatione iudicii, sicut etiam hoc loco, ubi ait: *Qui mala egerunt, in resurrectionem iudicii,* id est damnationis. Resurgat ergo in prima, qui non uult in secunda resurrectione damnari. *Venit* enim *hora, et nunc est, quando mortui audient uocem filii Dei, et qui audierint, uiuent,* id est, in damnationem non uenient, quae secunda mors dicitur; in quam mortem post secundam, quae corporum futura est, resurrectionem praecipitabuntur, qui in prima, quae animarum est, non resurgunt. *Veniet enim hora* (ubi non ait: *Et nunc est,* quia in fine erit saeculi, hoc est in ultimo et maximo iudicio Dei), *quando omnes, qui in monumentis sunt, audient uocem eius et procedent.* Non dixit quem ad modum in prima: *Et qui audierint, uiuent.* Non enim omnes uiuent, ea uita scilicet, quae, quoniam beata est, sola uita dicenda est. Nam utique non sine qualicumque uita possent audire et de monumentis resurgente carne procedere. Quare autem non omnes uiuent, in eo quod sequitur docet; *qui bona,* inquit, *fecerunt, in resurrectionem uitae,* hi sunt qui uiuent; *qui uero mala egerunt, in resurrectionem iudicii,* hi sunt qui non uiuent, quia secunda morte morientur. Mala quippe egerunt, quoniam male uixerunt; male autem uixerunt, quia in prima, quae nunc est, animarum resurrectione non reuixerunt aut in eo, quod reuixerant, non in finem usque manserunt. Sicut ergo duae sunt regenerationes, de quibus iam supra locutus sum, una secundum fidem, quae nunc fit per baptismum; alia secundum carnem, quae fiet in eius incorruptione atque inmortalitate per iudicium magnum atque nouissimum: ita sunt et resurrectiones duae, una prima, quae et nunc est et animarum est, quae uenire non permittit in mortem secundam; alia secunda, quae non nunc, sed in saeculi fine futura est, nec animarum, sed corporum est, quae per ultimum iudicium alios mittit in secundam mortem, alios in eam uitam, quae non habet mortem.

---

[64] 둘째 죽음(secunda mors)에 대해서는 13.12-15에 상론된 바 있다.

[65] mala quippe egerunt, quoniam male vixerunt: 교부의 윤리철학에서 행위가 존재에서 발생하는 우유적 부산물이 아니요, 존재와 삶과 행위는 동일한 외연을 가진다.

[66] alios mittit *in* secundam *mortem,* alios *in* eam *vitam, quae non* habet *mortem:* "죽음을" (mortem)이라는 동일한 단어로 영원한 죽음과 영원한 삶을 한데 규정한 문장이다.

때는 단죄로 나아가지 않을 것이다. 여기서는 심판이라는 말로 단죄를 가리키고 있으며 따라서 "악을 저지른 사람은 부활하여 심판을 받을 것입니다"라고 했다. 다름아닌 단죄의 부활이다. 그러니 둘째 부활로 단죄받고 싶지 않다면 첫째 부활로 되살아나야 하리라: "죽은 이들이 하느님 아들의 목소리를 들을 때가 오고 있으니 바로 지금입니다. 과연 듣는 이들은 살 것입니다." 다시 말해 둘째 죽음[64]이라는 단죄로 나아가지 않을 것이다. 첫째 부활, 곧 영혼의 부활로 다시 살아나지 못한 사람들은 육체의 부활인 둘째 부활 후에 둘째 죽음으로 떨어지고 말 것이다: "무덤 속에 있는 모든 이가 인자의 목소리를 듣게 될 때가 옵니다."("지금 오고 있다"고는 하지 않았다. 그 일이 세말, 말하자면 하느님의 최후 최대 심판 때 일어날 것이기 때문이다.) 이번에는 앞 구절에서처럼 "과연 듣는 이들은 살 것입니다"라고 하지 않았다. 무릇 삶은 행복한 삶이어야 삶이라 할 만하다. 그때는 모든 이가 그런 삶을 살 것은 아니기 때문에 모두가 산다고는 못한다. 여하튼 어떤 생명이든 생명이 없다면 그의 목소리를 듣지도 못하고 무덤 속에서 육신이 부활하여 나아가지도 못할 것이다. 어째서 모든 이가 살지 못하는지는 다음 구절에서 가르친다: "선을 행한 사람은 부활하여 생명을 누리고, 악을 저지른 사람은 부활하여 심판을 받을 것입니다." 여기서 후자는 살지 못할 텐데, 왜냐하면 둘째 죽음으로 죽을 것이기 때문이다. 악을 저지른 것은 악하게 살았기 때문이다.[65] 또 악하게 산 것은 지금 있는 첫째 부활, 곧 영혼의 부활로 되살아나지 않았기 때문이거나, 되살아난 그 처지에서 끝까지 머물지 않았기 때문이리라. 앞에서 두 가지 재생再生이 있다고 내가 말했는데, 하나는 신앙에 따른 재생이며 지금 세례를 통해 이루어진다. 다른 하나는 육신에 따른 재생으로서, 위대한 최후심판을 거치면서 부패하지 않고 불사불멸하는 육신을 통해 이루어질 것이다. 마찬가지로 부활도 둘이니, 첫째는 지금 일어나는 영혼의 부활인데 그런 부활이라면 둘째 죽음에 이르도록 허용하지 않는다. 둘째 부활은 지금 일어나지 않고 세말에 일어날 것이며, 영혼의 부활이 아닌 육체의 부활이다. 그 부활은 최후심판을 거치면서 어떤 사람들은 둘째 죽음에 붙이고 어떤 사람들은 죽음이 없는 삶에 붙인다.[66]

7. De his duabus resurrectionibus idem Iohannes euangelista in libro, qui dicitur Apocalypsis, eo modo locutus est, ut earum prima a quibusdam nostris non intellecta insuper etiam in quasdam ridiculas fabulas uerteretur. Ait quippe in libro memorato Iohannes apostolus: *Et uidi angelum descendentem de caelo, habentem clauem abyssi et catenam in manu sua. Et tenuit draconem illum serpentem antiquum, qui cognominatus est diabolus et satanas, et alligauit illum mille annis et misit illum in abyssum; et clusit et signauit super eum, ut non seduceret iam gentes, donec finiantur mille anni; post haec oportet eum solui breui tempore. Et uidi sedes et sedentes super eas, et iudicium datum est. Et animae occisorum propter testimonium Iesu et propter uerbum Dei, et si qui non adorauerunt bestiam nec imaginem eius, neque acceperunt inscriptionem in fronte aut in manu sua, et regnauerunt cum Iesu mille annis; reliqui eorum non uixerunt, donec finiantur mille anni. Haec resurrectio prima est. Beatus et sanctus est, qui habet in hac prima resurrectione partem. In istis secunda mors non habet potestatem; sed erunt sacerdotes Dei et Christi et regnabunt cum eo mille annis.* Qui propter haec huius libri uerba primam resurrectionem futuram suspicati sunt corporalem, inter cetera maxime numero annorum mille permoti sunt, tamquam oporteret in sanctis eo modo uelut tanti temporis fieri sabbatismum, uacatione scilicet sancta post labores annorum sex milium, ex quo creatus est homo et magni illius peccati merito in huius mortalitatis aerumnas de paradisi felicitate dimissus est, ut, quoniam scriptum est: *Vnus dies apud Dominum sicut mille anni, et mille anni sicut dies unus*, sex annorum milibus tamquam sex diebus impletis, sequatur uelut septimus sabbati in annis mille postremis, ad hoc scilicet

---

[67] 묵시 20,1-6. 교부는 이하에 구구절절 이 본문을 해설한다.

[68] 인류사를 6,000년으로 가정한다면 메시아가 온 후에 1,000년의 안식기는 있을 만하다는 것이 천년왕국설을 지지하는 교부들의 논지였다.

[69] 2베드 3,8. 시편 89[90],4 참조.

7. 두 차례의 부활과 천년왕국에 대해 요한의 묵시록에는 무엇이라고 적혀 있으며, 이에 대해 어떻게 생각하는 것이 이치에 맞는가
    7. 1. 천년왕국론자들은 묵시록에 관해 무슨 해설을 내놓는가
이 두 부활에 관해 같은 복음사가 요한이 묵시록이라는 책에서도 언급했다. 그런데 그 표현방식 때문에 우리 가운데 일부는 첫째 부활을 제대로 이해하지 못할 뿐 아니라, 심지어 우스꽝스런 얘기로 바꾸어 버리기까지 한다. 방금 가리킨 책에서 요한 사도는 다음과 같이 말한다: "그리고 나는 한 천사가 나락의 열쇠와 큰 사슬을 손에 들고 하늘에서 내려오는 것을 보았습니다. 그는 용을, 곧 악마요 사탄인 오래된 뱀을 붙잡아 천 년 동안 묶어 나락에 던져 넣고 닫아 버린 다음 그 위에 봉인하여 천 년이 끝나기까지 민족들을 미혹케 하지 못하도록 했습니다. 그 뒤에 사탄은 잠시 풀려나올 것입니다. 나는 또 옥좌들을 보았는데 거기 앉은 이들에게 심판권이 주어졌습니다. 그리고 예수의 증언과 하느님의 말씀 때문에 목을 베인 이들의 영혼을 보았는데, 짐승이나 그 우상에게 경배하지도 않고 이마와 손에 낙인을 받지도 않은 이들입니다. 그들은 살아나서 그리스도와 함께 천 년 동안 다스리게 되었습니다. 나머지 죽은 이들은 천 년이 끝나기까지 살아나지 못하게 되었습니다. 이것이 첫째 부활입니다. 첫째 부활에 참여하는 이들은 복되고 거룩하도다. 둘째 죽음이 아무 힘도 쓰지 못하니! 그들은 하느님과 그리스도의 사제가 되어 천 년 동안 그분과 함께 다스릴 것입니다."[67] 혹자들은 이 책의 바로 이 대목을 근거로 첫째 부활이 장차 있을 부활이고, 어디까지나 육체적 부활이라고 생각하기에 이르렀다. 그들은 다른 것보다 천 년이라는 숫자에서 큰 인상을 받았다. 성도들은 그 오랜 세월의 안식기가 있을 만하다고 여겼고, 인간이 창조되고서 저 크나큰 죗값으로 낙원의 행복에서 쫓겨나 이 사멸할 인생의 고초를 겪은 이상, 6,000년의 기나긴 노고가 지난 다음이라면 성스러운 여가를 가질 만하다고 여기게 되었다.[68] 그렇게 말하는 이유는 성서에 "주님께는 하루가 천 년과 같고 천 년이 하루와 같습니다"[69]라고 기록되어 있기 때문이다. 그래서 엿샛날처럼 6,000년의 햇수가 채워지고 나면 안식일의 일곱째 날처럼 최후의 1,000년이 따라오리라고 생각했다.

sabbatum celebrandum resurgentibus sanctis. Quae opinio esset utcumque tolerabilis, si aliquae deliciae spiritales in illo sabbato adfuturae sanctis per Domini praesentiam crederentur. Nam etiam nos hoc opinati fuimus aliquando. Sed cum eos, qui tunc resurrexerint, dicant inmoderatissimis carnalibus epulis uacaturos, in quibus cibus sit tantus ac potus, ut non solum nullam modestiam teneant, sed modum quoque ipsius credulitatis excedant: nullo modo ista possunt nisi a carnalibus credi. Hi autem qui spiritales sunt, istos ista credentes χιλιαστάς appellant Graeco uocabulo; quos uerbum e uerbo exprimentes nos possemus miliarios nuncupare. Eos autem longum est refellere ad singula; sed potius, quem ad modum scriptura haec accipienda sit, iam debemus ostendere.

Ait ipse Dominus Iesus Christus: *Nemo potest introire in domum fortis et uasa eius eripere, nisi prius alligauerit fortem*, diabolum uolens intellegi fortem, quia ipse genus humanum potuit tenere captiuum; uasa uero eius, quae fuerat erepturus, fideles suos futuros, quos ille in diuersis peccatis atque impietatibus possidebat. Vt ergo alligaretur hic fortis, propterea uidit iste apostolus in Apocalypsi *angelum descendentem de caelo, habentem clauem abyssi et catenam in manu sua. Et tenuit*, inquit, *draconem illum serpentem antiquum, qui cognominatus est diabolus et satanas, et alligauit illum mille annis*, hoc est, eius potestatem ab eis seducendis ac possidendis, qui fuerant liberandi, cohibuit atque frenauit. Mille autem anni duobus modis possunt, quantum mihi occurrit, intellegi: aut quia in ultimis annis mille ista res agitur, id est sexto annorum miliario tamquam sexto die, cuius nunc spatia posteriora uoluuntur, secuturo deinde sabbato, quod non habet uesperam, requie scilicet sanctorum, quae non habet fi-

---

[70] Cf. *Sermo* 259.2: 주교가 되기 전 부활 8부축일 설교로 1,000의 은유적 해설에 치중하고 있다.

[71] nullam modestiam teneant, sed modum quoque ipsius incredulitatis excedant: "분수없이 믿기 어려운 말까지 서슴지 않는다"는 수사학적 표현이다.

[72] Cerinthus (→ Cerinthiani)라는 초세기 영지주의자와 Papias Hierapolis가 묵시록의 천년왕국을 자구적으로 해석했다고 전하며 (Eusebius, *Historia ecclesiastica* 3.28.4; 3.39.11) 아우구스티누스는 그들을 반박한다(*De haeresibus* 8).

[73] χιλιασταί(← χιλιάς "1000") miliarii: 천년왕국설은 유다교의 「희년서」, 「에녹의 비유」, 「에즈라 4서」 등에서 유래하여 메시아 도래 후 일정기간 향락과 풍요를 만끽하는 시대(1,000년간)를 상상했는데 그 사상이 초대 교부들의 묵시록에 대한 자구적 해설을 계기로, 즉 「바르나바서」(15.4-9), 이레네우스 (*Adversus Haereses* 5.30-35), 유스티누스(*Dialogus cum Tryphone* 80), 히폴리투스(*De Christo et Antichristo*) 등에 의해 강화되었으므로 아우구스티누스는 묵시록을 은유로 풀이하여 해법을 찾아야 했다.

[74] 마르 3,27. 이어서 "묶어 놓아야 그의 집을 털게 될 것입니다".

성도들이 부활하는 것은 다름아닌 이 안식기를 경축하기 위해서라고 한다. 만약 저 안식기에 누릴 것이 영적 쾌락이고, 그것은 주님의 현존을 통해 성도들에게 닥치리라고 믿는다면 이런 견해도 용납할 만하겠다. 우리도 한때 이런 의견을 품은 적이 있기 때문이다.[70] 하지만 그때 부활할 사람들은 무절제하기 이를 데 없는 육적 잔치로 소일하리라고 말하는 사람들도 있다. 그 잔치에는 음식과 음료가 넘쳐나 아무 절도도 지키지 않을 뿐 아니라, 불신도 정도가 있지만 그런 정도마저 지키지 않는다.[71] 하지만 이런 생각은 육적 인간들이 아니면 결코 믿지 못할 것이다.[72] 영적 인간들이라면 저따위 생각을 믿는 사람들을 가리켜 그리스어로 킬리아스타이라고 일컫는다. 그들을 단어 그대로 옮겨 표현한다면 "천년왕국론자"라고 부를 수 있겠다.[73] 그들을 일일이 반박하는 일은 긴 시간이 필요하다. 우리는 이 성서 구절들을 어떻게 받아들여야 할지를 논증해 보여야 할 것이다.

7.2. 천이라는 숫자를 어떻게 해석할 것인가

주 예수 그리스도 친히 한 말씀이 있다: "먼저 힘센 자를 묶어 놓지 않고서는 아무도 힘센 자의 집에 들어가서 세간을 털 수 없습니다."[74] 여기서 힘센 자란 악마로 알아듣기를 바란 것이니, 그자가 인류를 포로로 붙잡아 두었을 수 있기 때문이다. 그자에게서 털 세간이란 갖가지 죄와 불경으로 그자가 차지하고 있던 사람들이며, 장차 그리스도 신자가 될 사람들을 가리키고자 했다. 그러므로 저 사도가 묵시록에서 본 광경은 바로 힘센 자를 묶어 놓기 위한 장면이었다: "나는 한 천사가 나락의 열쇠와 큰 사슬을 손에 들고 하늘에서 내려오는 것을 보았습니다. 그는 용을, 곧 악마요 사탄인 오래된 뱀을 붙잡아 천 년 동안 묶어 나락에 던져넣었습니다." 이 말은 천사가 그자의 세력을 제한하고 제어하여 장차 해방될 사람들을 미혹하거나 사로잡지 못하게 만들었다는 뜻이다. 내가 보기에 천 년이라는 말은 두 가지로 이해할 수 있다. 먼저 저런 일들이 마지막 천 년 동안, 다시 말해 마치 창조의 엿새처럼 6,000년대에 일어나며, 바로 지금 그 마지막 간격이 발생하고 있다는 뜻이다. 그다음에 안식기가 따라올 텐데 그날은 저녁이 없을 것이다. 말하자면 성도들의 끝없는 안식이 따라올 것이다.

nem, ut huius miliarii tamquam diei nouissimam partem, quae remanebat usque ad terminum saeculi, mille annos appellauerit eo loquendi modo, quo pars significatur a toto; aut certe mille annos pro annis omnibus huius saeculi posuit, ut perfecto numero notaretur ipsa temporis plenitudo. Millenarius quippe numerus denarii numeri quadratum solidum reddit. Decem quippe deciens ducta fiunt centum, quae iam figura quadrata, sed plana est; ut autem in altitudinem surgat et solida fiat, rursus centum deciens multiplicantur, et mille sunt. Porro si centum ipsa pro uniuersitate aliquando ponuntur, quale illud est, quod Dominus omnia sua dimittenti et eum sequenti promisit dicens: *Accipiet in hoc saeculo centuplum*, quod exponens quodam modo apostolus ait: *Quasi nihil habentes, et omnia possidentes*; quia et ante iam dictum erat: *Fidelis hominis totus mundus diuitiarum est*: quanto magis mille pro uniuersitate ponuntur, ubi est soliditas ipsius denariae quadraturae? Vnde nec illud melius intellegitur, quod in Psalmo legitur: *Memor fuit in saeculum testamenti sui uerbi, quod mandauit in mille generationes*, id est in omnes.

Et misit illum, inquit, *in abyssum*; utique diabolum misit in abyssum, quo nomine significata est multitudo innumerabilis impiorum, quorum in malignitate aduersus ecclesiam Dei multum profunda sunt corda; non quia ibi diabolus ante non erat; sed ideo illuc dicitur missus, quia exclusus a credentibus plus coepit impios possidere. Plus namque possidetur a diabolo, qui non solum est alienatus a Deo, uerum etiam gratis odit seruientes Deo. *Et clusit*, inquit, *et signauit super eum, ut non seduceret iam gentes, donec finiantur mille anni. Clausit super eum* dictum est «interdixit ei, ne posset exire», id est uetitum transgredi. *Signauit* autem, quod addidit, significasse mihi uidetur, quod occultum esse uoluit, qui pertineant ad

---

[75] temporis plenitudo: 10 (1+2+3+4)은 고대세계에서 6 (1+2+3), 12 (3×4) 등과 함께 완전수(perfectus numerus)로 여겨졌으므로 10의 평방수인 100, 10의 입방수인 1,000은 충만한 시간을 상징했다. Cf. Aëthius, *Placita philosophorum* 1.3.16-17; Sextus Empiricus, *Adversus mathematicos* 7.99-100.

[76] 마태 19,29; 마르 10,29-30.

[77] 2고린 6,10.

[78] 잠언 17,6(칠십인역본에만 나온다). 교부는 다른 데(*Epistula* 153.26)서도 이 구절을 인용한다.

[79] 시편 104,8. 〔새번역 105,8: "당신의 계약을 영원히, 명하신 말씀을 천대에 이르도록 기억하시니."〕

바로 그 천년대 혹은 그날의 마지막 부분, 세말까지 지속될 그 부분을 일컬어 천년이라고 지칭하는 것이다. 부분으로 전체를 가리키는 어법이다. 다른 하나는 천년이란 햇수로 이 세기의 모든 연수를 가리켰으며 1,000이라는 완전한 숫자로 시간의 충만을 지칭하는 것이다.[75] 1,000이라는 숫자는 10이라는 숫자의 입방수立方數를 만들어낸다. 10 곱하기 10은 100을 이루어 이미 평방형이 되지만 아직 평면에 그친다. 만약 그 평면이 높이로 솟아오른다면 입방체가 될 것인데 10을 다시 곱해야 하고 그러면 1,000이 된다. 100이라는 숫자도 간혹 보편성을 띠는데, 주님이 자기 것을 모두 버리고 당신을 따르는 사람들에게 약속한 말씀이 그것이다: "누구든지 백 배로 받을 것입니다."[76] 사도는 이 말씀에 일종의 해설을 붙여 이런 말을 했다: "아무것도 가지지 않은 자 같으나 모든 것을 차지하고 있습니다."[77] 앞서 이미 말한 그대로 "온 세상의 부富가 성실한 사람의 것이다".[78] 10의 평방수가 이러한데 그 입방수가 되는 천은 그 보편성을 얼마나 더 잘 드러내겠는가? 그래서 시편의 "천대千代에 명하신 당신 말씀의 계약을 영원히 기억하시니"[79]라는 저 구절을 이보다 잘 이해하는 방도가 없을 것이니, 천대라 함은 "모든 세대에"라는 뜻이다.

7.3. 악마는 왜 나락에 떨어졌는가

묵시록에서는 그를 "나락에 던져넣고"라 했다. 물론 악마를 나락에 보냈다는 말이다. 악마라는 이름으로 불경스런 자들의 무수한 무리를 상징했다. 그들의 마음이 하느님의 교회에 맞서며 참으로 깊은 악의에 차 있다. 악마가 전에는 거기 있지 않았다는 뜻이 아니다. 굳이 거기로 보내졌다는 말을 하는 것은, 그 자가 믿는 이들에게 배척당하고 불경스런 자들을 더 많이 소유하기 시작했기 때문이다. 단지 하느님으로부터 멀어지는 데서 그치지 않고 하느님을 섬기는 사람들을 공연히 증오하는 자는 악마에게 더욱 사로잡힌다: "닫아 버린 다음 그 위에 봉인하여 천 년이 끝나기까지 민족들을 미혹케 하지 못하도록 했습니다." "닫아 버렸다"고 한 것은 "거기서 나오지 못하게 엄금했다", 다시 말해 그곳을 넘어서지 못하게 금지했다는 뜻이다. 덧붙여서 "봉인했다"고 한 것은, 내 생각에는 누가 악마의 파당에 속하고 누가 속하지 않은지 감추어져 있기를 하

partem diaboli, et qui non pertineant. Hoc quippe in saeculo isto prorsus latet, quia et qui uidetur stare, utrum sit casurus, et qui uidetur iacere, utrum sit surrecturus, incertum est. Ab eis autem gentibus seducendis huius interdicti uinculo et claustro diabolus prohibetur atque cohibetur, quas pertinentes ad Christum seducebat antea uel tenebat. Has enim Deus elegit ante mundi constitutionem eruere de potestate tenebrarum et transferre in regnum filii caritatis suae, sicut apostolus dicit. Nam seducere illum gentes etiam nunc et secum trahere in aeternam poenam, sed non praedestinatas in aeternam uitam, quis fidelis ignorat? Nec moueat, quod saepe diabolus seducit etiam illos, qui regenerati iam in Christo uias ingrediuntur Dei. *Nouit* enim *Dominus qui sunt eius*; ex his in aeternam damnationem neminem ille seducit. Sic enim eos nouit Dominus, ut Deus, quem nil latet etiam futurorum, non ut homo, qui hominem ad praesens uidet (si tamen uidet, cuius cor non uidet), qualis autem postea sit futurus nec se ipsum uidet. Ad hoc ergo ligatus est diabolus et inclusus in abysso, ut iam non seducat gentes, ex quibus constat ecclesia, quas antea seductas tenebat, antequam essent ecclesia. Neque enim dictum est «ut non seduceret aliquem», sed *ut non seduceret*, inquit, *iam gentes*, in quibus ecclesiam procul dubio uoluit intellegi, *donec finiantur*, inquit, *mille anni*, id est, aut quod remanet de sexto die, qui constat ex mille annis, aut omnes anni, quibus deinceps hoc saeculum peragendum est.

Nec sic accipiendum est quod ait: *Ut non seduceret gentes, donec finiantur mille anni*, quasi postea sit seducturus eas dumtaxat gentes, ex quibus praedestinata constat ecclesia, a quibus seducendis illo est uinculo claustroque prohibitus. Sed aut illa locutione dictum est, quae in scripturis

---

[80] 교부는 "봉인하다"(signare)라는 동사에서 "상징하다"(significare ← signum facere)를 연상한다.

[81] 1고린 10,12 참조: "그러니 서 있다고 생각하는 이는 넘어지지 않도록 조심하시오."

[82] 에페 1,4 참조: "창세 전에 그리스도 안에서 우리를 뽑아 당신 앞에서 사랑으로 거룩하고 나무랄 데 없도록 하셨습니다."

[83] 2디모 2,19. 〔200주년: "주님은 당신 사람들을 아신다."〕 본서 20.8.1 참조.

[84] antequam essent Ecclesia: "그들이 교회가 되기 전에는." sumus nos Ecclesia(우리가 교회다!)는 교부가 남긴 명구다.

[85] saeculum: 누차 설명했지만 그리스어 αἰών의 번역어로서 영원히 생성과 소멸을 거듭하며 새로 개벽(開闢)하는 한 "세"(世) 혹은 한 "겁"(劫)을 가리킨다.

느님이 원했음을 상징한다.[80] 그것이 현세에서는 감추어져 있기 때문에, 서 있는 것처럼 보이는 사람은 넘어지지 않을까, 넘어진 것처럼 보이는 사람도 일어서지 않을까 분명치가 않다.[81] 이 금지의 사슬과 투옥으로 인해 악마는 민족들을 미혹하지 못하도록 저지당했다. 전에는 그리스도에게 속하는 민족들을 함부로 미혹하고 사로잡기까지 했던 것이다. 사도가 말한 대로 하느님은 이 민족들을 세계 창건 이전에 선택했고, 어둠의 권세에서 빼내어 당신의 사랑하는 아들의 나라로 옮겨 놓기로 작정한 것이다.[82] 저 악마가 지금도 민족들을 유인하고 자기와 더불어 영원한 벌로 끌고 간다면, 그 대상은 영원한 행복에 예정되지 못한 민족들임을 어느 신자가 모르겠는가? 그리스도 안에서 재생되어 하느님의 길에 들어선 사람들마저 악마가 미혹하는 일이 종종 있다고 해도 동요해서는 안 된다. "주님은 누가 당신의 사람인지 아신다."[83] 악마도 그 사람들 중에서는 단 한 사람도 영원한 단죄로 미혹해내지 못한다. 주님은 그들을 명확하게 알며, 하느님께는 미래사라고 할지라도 전혀 감추어져 있지 않다. 그 대신 인간은 사람을 보아도 현 시점에서 보지(설령 보더라도 상대방의 마음은 보지 못한다) 그 인간이 장차 어떤 사람이 될지는 보지 못하며, 더구나 자기 자신이 어떻게 될지도 못 본다. 바로 그래서 악마가 묶여서 나락에 갇혔다. 교회를 구성하는 민족들을 미혹하지 못하게 하기 위함이었다. 그들이 교회를 이루기 전에는[84] 악마가 그들을 미혹하여 사로잡고 있었다. "누구를 미혹케 하지 못하도록 했다"고 말하지 않았고 "민족들을 미혹케 하지 못하도록 했다"고 말했다. 민족들이라는 말이 교회를 지칭한 것으로 알아듣기 바란 것이다. "천 년이 끝나기까지"라는 말은 천 년으로 이루어지는 여섯째 날에서 남은 기한을 가리키거나, 이 세기를[85] 다 채우는 모든 햇수를 가리키거나 한다.

7.4. 민족들을 미혹하지 못하게 하기 위함이었다

"천 년이 끝나기까지 민족들을 미혹케 하지 못하도록 했다"고 해서 마치 그 이후로는 민족들을 미혹하는 일이 허용된 것처럼 받아들여서는 안 된다. 그 민족들로 교회가 구성되기로 예정되어 있고, 악마가 그 민족들을 미혹하지 못하게 사슬과 투옥으로 금지되어 있다. 여기서 쓰이는 어법은 성서의 다른 곳에서 때

aliquotiens inuenitur, qualis est in Psalmo: *Sic oculi nostri ad Dominum Deum nostrum, donec misereatur nostri*; neque enim, cum misertus fuerit, non erunt oculi seruorum eius ad Dominum Deum suum; aut certe iste est ordo uerborum: *Et clausit et signauit super eum, donec finiantur mille anni*; quod uero interposuit: *Vt non seduceret iam gentes*, ita se habet, ut ab huius ordinis conexione sit liberum et seorsus intellegendum, uelut si post adderetur, ut sic se haberet tota sententia: *Et clausit et signauit super eum, donec finiantur mille anni, ut non seduceret iam gentes*; id est, ideo clausit donec finiantur mille anni, ut non seduceret iam gentes.

8. *Post haec*, inquit, *oportet eum solui breui tempore*. Si hoc est diabolo ligari et includi, ecclesiam non posse seducere, haec ergo erit solutio eius, ut possit? Absit; numquam enim ab illo ecclesia seducetur praedestinata et electa ante mundi constitutionem, de qua dictum est: *Nouit Dominus qui sunt eius*. Et tamen hic erit etiam illo tempore, quo soluendus est diabolus, sicut, ex quo est instituta, hic fuit et erit omni tempore, in suis utique qui succedunt nascendo morientibus. Nam paulo post dicit, quod solutus diabolus seductas gentes toto orbe terrarum adtrahet in bellum aduersus eam, quorum hostium numerus erit ut harena maris. *Et ascenderunt*, inquit, *supra terrae latitudinem, et cinxerunt castra sanctorum et dilectam ciuitatem, et descendit ignis de caelo a Deo et comedit eos; et diabolus, qui seducebat eos, missus est in stagnum ignis et sulphuris, ubi et bestia et pseudopropheta; et cruciabuntur die et nocte in saecula saeculorum*. Sed hoc iam ad iudicium nouissimum pertinet, quod nunc prop-

---

[86] illa locutione: 교부가 성서의 어법에 관한 책(*Locutiones in Heptateuchum*)을 별도로 집필할 만큼, 비록 라틴어역본에 국한되지만, 성서의 특유한 단어와 문법과 문장을 분석하여 정확한 해석을 기한다. Cf. *Retractationes* 2.54.

[87] 시편 122[123],2.

[88] 뒷문장을 문법상 이유문(理由文)으로 풀면 천 년 후 악마의 활동이 가능한 것처럼 이해되고, 결과문(結果文)으로 풀면 영영 활동이 금지된 것으로 이해된다. 교부는 천 년이라는 것을 교회가 완성에 이르는 역사적 기한에 대한 은유로 해석하고 있다.

[89] 에페 1,4 참조. 교회의 존재를 역사적 예수의 창립 이전 태초까지 소급하는 사상은 초대 교부들에게서 기원한다. 예: Hermas, *Pastor* 14.1, Visio 2.4.1; Clemens Alex., *Protrepticus* 9.82; *Stromata* 4.8.68.

[90] 2디모 2,19. 앞의 20.7.3 참조.

[91] 묵시 20,9-10.

때로 발견되는 어법과 흡사하다.[86] 예를 들어 시편에 "저희의 눈이 주 저희의 하느님을 우러르나이다, 저희를 불쌍히 여기실 때까지"[87]라는 구절이 있다. 일단 불쌍히 여기고 나면 종들의 눈이 다시는 주 하느님을 우러르지 않겠다는 뜻이 아니다. 저 문장에서도 단어의 차례는 "닫아 버린 다음 그 위에 봉인하여, 천 년이 끝나기까지"라고 되어 있고, 그래서 "민족들을 미혹케 하지 못하도록 했다"는 구절이 다음에 삽입된 것처럼 되어 있다. 그래서 마치 뒷문장은 앞문장 순서와 문맥으로부터 자유롭고 문장 뒤에 덧붙여진 것처럼 이해해야 옳을 것처럼 보인다. 그러면 전체 문장은 "닫아 버린 다음 그 위에 봉인하여, 천 년이 끝나기까지, 민족들을 미혹케 하지 못하도록 했다"라고 됨직하다. 다시 말해 천 년이 다하도록 가두어 두었고 민족들을 미혹케 하지 못하게 했다는 뜻이다.[88]

8. 마귀의 결박과 석방

8. 1. 결박된 악마와 교회에 관해 뭐라고 해야 하는가

"그 뒤에 사탄은 잠시 풀려나올 것이다"라고 했다. 악마가 결박되고 갇히는 것이 곧 교회를 미혹하지 못함을 뜻한다면, 악마의 이 석방은 교회를 미혹할 수 있게 된다는 말인가? 절대 아니다! 교회는 세계 창건 이전에 예정되고 선택된 만큼[89] 그자에게 미혹되는 일이 결코 없을 것이다. "주님은 누가 당신의 사람인지 아신다"[90]는 말씀도 교회를 두고 한 말씀이다. 다만 교회는 악마가 풀려날 시기에도 이곳 지상에 존속할 것이다. 교회는 창건된 이후로 태어나고 죽어가는 신자들과 함께 이곳에 존재했고 모든 시대를 망라하여 이곳에 존재할 것이기 때문이다. 조금 뒤에 가면, 풀려난 악마가 자기에게 미혹된 민족들을 온 세상에서 끌어모아 교회를 거슬러 전쟁을 일으킬 것이고, 그들의 숫자는 바다의 모래알처럼 많으리라는 말이 나온다: "그들은 넓은 땅으로 올라와서 성도들의 진지와 사랑받는 도성을 둘러쌌습니다. 그러나 불이 하늘에서 내려와 그들을 삼켜 버렸습니다. 그리고 그들을 미혹케 하던 악마는 불과 유황의 못에 던져졌는데 거기는 그 짐승과 거짓 예언자도 있는 곳입니다. 거기서 그들은 영원히 밤낮으로 고통을 겪을 것입니다."[91] 하지만 이것은 이미 최후심판에 해당한다.

terea commemorandum putaui, ne quis existimet eo ipso paruo tempore, quo soluetur diabolus, in hac terra ecclesiam non futuram, illo hic eam uel non inueniente, cum fuerit solutus, uel absumente, cum fuerit modis omnibus persecutus. Non itaque per totum hoc tempus, quod liber iste complectitur, a primo scilicet aduentu Christi usque in saeculi finem, qui erit secundus eius aduentus, ita diabolus alligatur, ut eius haec ipsa sit alligatio, per hoc interuallum, quod mille annorum numero appellat, non seducere ecclesiam, quando quidem illam nec solutus utique seducturus est. Nam profecto ei si alligari est non posse seducere siue non permitti: quid erit solui nisi posse seducere siue permitti? Quod absit ut fiat; sed alligatio diaboli est non permitti exserere totam temptationem, quam potest uel ui uel dolo ad seducendos homines in partem suam cogendo uiolenter fraudulenterue fallendo. Quod si permitteretur in tam longo tempore et tanta infirmitate multorum, plurimos tales, quales Deus id perpeti non uult, et fideles deiceret et ne crederent impediret; quod ne faceret, alligatus est.

 Tunc autem soluetur, quando et breue tempus erit (nam tribus annis et sex mensibus legitur totis suis suorumque uiribus saeuiturus) et tales erunt, cum quibus ei belligerandum est, ut uinci tanto eius impetu insidiisque non possint. Si autem numquam solueretur, minus appareret eius maligna potentia, minus sanctae ciuitatis fidelissima patientia probaretur, minus denique perspiceretur, quam magno eius malo tam bene fuerit usus Omnipotens, qui eum nec omnino abstulit a temptatione sanctorum,

---

[92] 참조: 묵시 11,2와 13,5("마흔두 달 동안"); 12,6("천이백육십 일 동안").

다만 이 대목을 내가 지금 인용해야겠다고 생각한 이유는 악마가 풀려나는 잠깐 동안 이 땅에 교회가 존재하지 않으리라고 생각하는 사람이 혹시 있을까 우려해서다. 악마가 풀려나니 교회가 존재하지 않겠다고 생각하거나, 악마가 온갖 방법으로 박해를 가할 것이기 때문에 교회를 소멸시키고도 남으리라고 생각하는 사람이 있을까 해서다. 그러므로 이 대목은 다음과 같은 뜻으로 이해해서는 안 된다: "곧 묵시록 책이 망라하는 이 모든 시대를 통틀어, 말하자면 그리스도의 첫 번 내림부터 그분의 둘째 내림에 해당하는 세말에 이르기까지 악마가 묶여 있다. 그의 속박은 천 년이라는 숫자로 일컬어지는 저 중간시기 동안 교회를 미혹하지 못하게 만들었다. 혹시 그가 풀려나서 교회를 미혹하지 못하게 하려는 것이다. 그가 묶여 있다는 사실이 교회를 미혹하지 못한다거나 미혹하도록 허용되어 있지 않음을 의미하므로 악마가 풀려난다는 것은 교회를 미혹할 수 있거나 미혹하도록 허용된다는 말이 아니고 무엇인가?" 절대로 그럴 리가 없다! 악마의 속박은 총체적 유혹을 발휘하도록 허용되어 있지 않았다는 것이고, 힘으로나 꾀로 인간들을 미혹하여 자기 편에 들어오도록 만들 수 없다는 뜻이다. 폭력으로 강요하거나 기만으로 속일 수 없다는 것이다. 만일 그 오랜 세월에 걸쳐서 또 다수 인간들의 허약한 처지에서 악마가 그런 짓을 하도록 허용된다면, 그런 일을 당하도록 하느님이 허용하지 않은 허다한 인간들과 신앙인들마저 악마가 타락시킬 것이고, 그들이 믿음을 갖지 못하게 훼방할 것이다. 그런 짓을 못하게 악마가 묶인 것이다.

8.2. 하느님과 풀려난 악마에 관해 뭐라고 해야 하는가

하여튼 그때는 악마가 풀려날 것이고 비록 잠깐 동안이기는 하지만 (성서에 의하면 자기의 모든 패거리들과 그들의 힘을 모두 발휘하여 날뛰는 기간이 3년하고 6개월이라는 구절이 나온다)[92] 그자가 전쟁을 벌이는 상대방은 그자의 공격과 흉계를 갖고서는 패배시킬 수 없는 사람들이다. 만약 그자가 절대로 풀려나는 일이 없다면 그자의 사악한 권세도 덜 드러날 것이고, 거룩한 도성의 충실하기 이를 데 없는 인내심도 시련을 덜 당할 것이다. 그렇다면 결국 전능한 분이 그자의 저토록 큰 악을 얼마나 선하게 이용하는지를 깨닫는 일도 줄어들 것이

quamuis ab eorum interioribus hominibus, ubi in Deum creditur, foras missum, ut eius forinsecus oppugnatione proficerent; et in eis, qui sunt ex parte ipsius, alligauit, ne quantam posset effundendo et exercendo malitiam innumerabiles infirmos, ex quibus ecclesiam multiplicari et impleri oportebat, alios credituros, alios iam credentes, a fide pietatis hos deterreret, hos frangeret; et soluet in fine, ut, quam fortem aduersarium Dei ciuitas superauerit, cum ingenti gloria sui redemptoris adiutoris liberatoris aspiciat. In eorum sane, qui tunc futuri sunt, sanctorum atque fidelium comparatione quid sumus? Quando quidem ad illos probandos tantus soluetur inimicus, cum quo nos ligato tantis periculis dimicamus. Quamuis et hoc temporis interuallo quosdam milites Christi tam prudentes et fortes fuisse atque esse non dubium est, ut, etiamsi tunc in ista mortalitate uiuerent, quando ille soluetur, omnes insidias eius atque impetus et cauerent sapientissime et patientissime sustinerent.

Haec autem alligatio diaboli non solum facta est, ex quo coepit ecclesia praeter Iudaeam terram in nationes alias atque alias dilatari; sed etiam nunc fit et fiet usque ad terminum saeculi, quo soluendus est, quia et nunc homines ab infidelitate, in qua eos ipse possidebat, conuertuntur ad fidem et usque in illum finem sine dubio conuertentur; et utique unicuique iste fortis tunc alligatur, quando ab illo tamquam uas eius eripitur; et abyssus, ubi inclusus est, non in eis consumpta est, quando sunt mortui, qui tunc erant quando esse coepit inclusus; sed successerunt eis alii nascendo atque succedunt, donec finiatur hoc saeculum, qui oderint Christianos, in

---

[93] sui redemptoris, adiutoris, liberatoris: 황제숭배에서 붙이던 호칭들을 모방한 듯하다.

[94] 사탄의 세력이 하느님의 능력으로 통제되어 있다는 전제하에 교부는 선의 궁극적 승리를 장담한다(로마 16,20; 1고린 15,25-28 참조).

다. 그래서 하느님도 성도들을 유혹에서 전적으로 면해 주지는 않으며, 성도들의 내적 인간(하느님을 믿는 행위는 여기서 발생한다)에서는 그 유혹을 멀리해 주지만, 그자를 외부로 몰아내어 그자의 훼방을 받게 하고 그래서 외적으로는 오히려 유익을 얻게 해 준다. 또 하느님은 그자의 편에 선 사람들 가운데 그자를 묶어놓았다. 교회는 숫자가 무수하지만 또한 연약한 사람들로 불어나고 채워져야 했다. 어떤 이들은 장차 믿을 것이고 어떤 이들은 벌써 믿고 있는데, 그자가 악의를 멋대로 퍼뜨리고 멋대로 발휘하여 혹시라도 경건한 믿음을 가진 이 사람들을 겁먹게 하거나 기를 꺾는 일이 없게 했다. 또 마지막에는 그를 풀어놓을 것인데, 하느님의 도성이 과연 얼마나 강한 적을 극복했는지를 깨닫게 만들어 자기네 구속주요 보우자이며 해방자에게 크나큰 영광을 바치며 우러르게 만들 것이다.[93] 장차 올 저 거룩하고 성실한 인물들과 비교한다면 우리는 도대체 무엇일까? 우리는 그자가 묶여 있는 상태에서도 엄청난 위험을 무릅쓰고 싸우는 판인데 저 사람들을 단련하는 뜻에서 저토록 힘센 자가 풀려난다면 어찌 될 것인가? 물론 현시대의 여정에서도 그리스도의 어떤 병사들은 참으로 현명하고 참으로 용감했고 지금도 그렇다는 데는 의심의 여지가 없다. 그렇다면 저때에 가서도 사멸할 인생을 살아가는 사람들은 비록 그자가 풀려날지라도 지극히 현명하고 지극히 인내롭게 그자의 온갖 흉계와 공격을 견뎌낼 것임에 틀림없다.[94]

8.3. 묶였다가 풀려난 악마와 그때 신도들의 처지

악마의 이 결박은 교회가 유다 땅 밖으로 나가 이러저러한 나라들 사이로 확산되기 시작하면서 생긴 것이 아니다. 이 결박은 지금도 이루어지고 있고 그가 풀려날 세말까지 이어질 것이다. 지금도 사람들은, 저자가 인간들을 손아귀에 넣는 빌미가 된 불신앙을 떨치고 신앙으로 회심하고 있고, 저 종말까지 사람들은 의심없이 회심을 계속할 것이다. 그러는 동안은 누가 보다라도 저 힘센 자는 묶여 있으며, 그래야 그의 세간을 그에게서 빼앗아 올 수 있다. 또 그자가 처음으로 갇히기 시작했을 때 살던 인간들이 죽는다 해도 그가 갇혀 있는 나락은 여전히 채워지지 않았을 것이다. 그 이후로도 여전히 그 사람들의 뒤를 이어 인간들이 태어나고, 현세가 끝날 때까지 그리스도인들을 증오하는 사람들이

quorum cotidie, uelut in abysso, caecis et profundis cordibus includatur. Vtrum autem etiam illis ultimis tribus annis et mensibus sex, quando solutus totis uiribus saeuiturus est, aliquis, in qua non fuerat, sit accessurus ad fidem, nonnulla quaestio est. Quo modo enim stabit quod dictum est: *Quis intrat in domum fortis, ut uasa eius eripiat, nisi prius alligauerit fortem*, si etiam soluto eripiuntur? Ac per hoc ad hoc cogere uidetur ista sententia, ut credamus illo licet exiguo tempore neminem accessurum esse populo Christiano, sed cum eis, qui iam Christiani reperti fuerint, diabolum pugnaturum; ex quibus etiamsi aliqui uicti secuti eum fuerint, non eos ad praedestinatum filiorum Dei numerum pertinere. Neque enim frustra idem Iohannes apostolus, qui et hanc Apocalypsin scripsit, in epistula sua de quibusdam dicit: *Ex nobis exierunt, sed non erant ex nobis; nam si fuissent ex nobis, mansissent utique nobiscum.* Sed quid fit de paruulis? Nimium quippe incredibile est nullos iam natos et nondum baptizatos praeoccupari Christianorum filios illo tempore infantes, nullos etiam ipsis nasci iam diebus; aut si erunt, non eos a parentibus suis ad lauacrum regenerationis modo quocumque perduci. Quod si fiet, quo pacto soluto iam diabolo uasa ista eripientur, in cuius domum nemo intrat, ut uasa eius eripiat, nisi prius alligauerit eum? Immo uero id potius est credendum, nec qui cadant de ecclesia nec qui accedant ecclesiae illo tempore defuturos; sed profecto tam fortes erunt et parentes pro baptizandis paruulis suis et hi, qui tunc primitus credituri sunt, ut illum fortem uincant etiam non ligatum, id est omnibus, qualibus antea numquam, uel artibus insidiantem uel urgentem uiribus et uigilanter intellegant et toleranter ferant, ac sic illi

---

[95] in quorum quotidie, velut in abysso, caecis et profundis cordibus includatur: 지옥이나 나락을 공간 개념으로 알아듣던 시대에 교부는 진리에 대한 증오에 가득 찬 인간들의 마음속에 악마가 깃들어 있다고 표현한다.

[96] 마태 12,29. 본서 20.7.2에서 병행구 마르 3,27을 인용했다.

[97] 예정된 사람들의 숫자가 정해져 있다는 풍조가 당시 널리 퍼져 있었다(묵시 6,11 참조: "그들처럼 장차 죽임을 당할 동료 종들과 형제들의 수가 차기까지 잠시 쉬며 기다리라는 말이 들렸습니다").

[98] 1요한 2,19.

[99] 디도 3,5 참조: "재생의 목욕과 성령에 의한 쇄신으로 구원하셨습니다."

뒤이어 태어난다. 그들의 눈먼 마음, 끝도 없이 추락하는 저 마음들 속에 저자는 나락에 갇히듯이 날마다 갇힌다.⁹⁵ 그러면 저 마지막 3년하고 6개월 동안 저자가 풀려나서 온 힘을 다해 날뛸 적에, 전에는 신앙을 지니지 않았던 사람이 혹시 신앙으로 나아오겠냐고 묻는다면, 그것은 아무 문제가 되지 않는다고 답하겠다. 그렇지 못하다면 "먼저 힘센 자를 묶어 놓지 않고서 누가 어떻게 힘센 자의 집에 들어가서 세간을 털 수 있겠습니까?"⁹⁶라는 저 말씀이 어떻게 성립하겠는가? 그자가 풀려나서도 세간을 빼앗기겠는가? 그렇다면 저 구절은 우리로 하여금 이렇게 생각하지 않을 수 없게 만든다. 비록 잠시 동안이지만 악마가 풀려나는 기간에는 아무도 그리스도 백성으로 들어오지 않을 것이며, 오히려 이미 그리스도인으로 드러난 사람들을 상대로 악마가 싸움을 걸 텐데, 그들 가운데서 혹자는 패하여 악마를 따라갈 것이며 그런 사람들은 하느님의 자녀들의 숫자에는 예정되어 있지 않았다고.⁹⁷ 왜냐하면 이 묵시록을 쓴 바로 그 사도가 자기 서간에서 어떤 인물들에 대해 이런 글을 적고 있기 때문이다: "그들은 우리 가운데서 나왔지만 우리에게 속하지 않았습니다.' 우리에게 속했다면 우리와 함께 머물렀을 것입니다."⁹⁸ 하지만 그렇다면 어린아이들은 어찌 되는가? 그때 가면 이미 태어났으나 아직 세례를 받지 못해 걱정할 그리스도 신자들의 어린 자녀들이 아무도 없으리라는 생각이나, 그때는 아무도 태어나지 않으리라는 생각은 너무도 신빙성이 없다. 설령 어린아이들이 있다 하더라도 그때는 자기 부모들이 재생의 욕조浴槽로⁹⁹ 데려가는 일이 없으리라는 생각도 신빙성이 없다. 만일 사정이 그렇다면, 먼저 그자를 묶어 놓지 않고서는 아무도 그자의 집에 들어가 세간을 털 수 없다는데, 이미 풀려난 악마에게서 무슨 수로 저 세간을 빼앗는다는 말인가? 그러니 그때에도 교회로부터 떨어져 나가는 사람들이 없지 않듯이, 교회에 들어오는 사람들도 없지 않았다고 믿는 편이 차라리 낫겠다. 그때는 부모들도 자신의 어린아이들에게 세례를 주는 데 훨씬 용감해지고, 처음으로 믿음을 갖게 될 사람들도 훨씬 용감하여 저 힘센 자가 비록 묶여 있지 않더라도 기어이 그자를 이겨낼 것이다. 그자는 일찍이 본 적이 없던 온갖 술수를 다 동원하여 인간들을 기만하고 완력으로 밀어붙이겠지만, 사람들은 경계

etiam non ligato eripiantur. Nec ideo falsa erit euangelica illa sententia: *Quis intrat in domum fortis, ut uasa eius eripiat, nisi prius alligauerit fortem?* Secundum eius enim sententiae ueritatem ordo iste seruatus est, ut prius alligaretur fortis ereptisque uasis eius longe lateque in omnibus gentibus ex firmis et infirmis ita multiplicaretur ecclesia, ut ex ipsa rerum diuinitus praedictarum et impletarum robustissima fide etiam soluto uasa posset auferre. Sicut enim fatendum est multorum refrigescere caritatem, cum abundat iniquitas, et inusitatis maximisque persecutionibus atque fallaciis diaboli iam soluti eos, qui in libro uitae scripti non sunt, multos esse cessuros: ita cogitandum est non solum quos bonos fideles illud tempus inueniet, sed nonnullos etiam, qui foris adhuc erunt, adiuuante Dei gratia per considerationem scripturarum, in quibus et alia et finis ipse praenuntiatus est, quem uenire iam sentiunt, ad credendum quod non credebant futuros esse firmiores et ad uincendum etiam non ligatum diabolum fortiores. Quod si ita erit, propterea praecessisse dicenda est eius alligatio, ut et ligati et soluti expoliatio sequeretur; quoniam de hac re dictum est: *Quis intrabit in domum fortis, ut uasa eius eripiat, nisi prius alligauerit fortem?*

9. Interea dum mille annis ligatus est diabolus, sancti regnant cum Christo etiam ipsi mille annis, eisdem sine dubio et eodem modo intelle-

---

[100] 마태 24,12 참조: "무법이 늘어나 사람들의 사랑이 식을 것입니다."

심을 갖고 사태를 파악하고 인내로이 견뎌낼 것이다. 그런 사람들은 그자가 묶여 있지 않은데도 그의 손아귀에서 빠져나올 것이다. 그러면 "먼저 힘센 자를 묶어 놓지 않고서 누가 어떻게 힘센 자의 집에 들어가서 세간을 털 수 있겠습니까?"라는 저 복음 구절도 거짓말이 아닐 것이다. 이 구절에 담긴 진실에 의하면, 다음과 같은 순서가 지켜지는 듯하다. 먼저 힘센 자가 묶이고, 이어서 그의 세간을 빼앗으며, 다음에는 교회가 모든 민족들 사이에 멀리 또 넓게 퍼지고, 강한 사람들뿐 아니라 허약한 사람들로도 교회가 불어날 것이다. 마지막에 교회는 신적으로 예고되었고 이미 실현을 본 사물들을 믿는 강력한 신앙에 힘입어, 비록 그자가 풀려날지라도 그자에게서 세간을 털기에 이를 것이다. 그때는 사악함이 늘어나면서 많은 사람들의 사랑이 식으리라는 것은 자백해야 하리라.[100] 전대미문의 엄청난 박해로 인해, 또 이미 풀려난 악마의 거짓말로 인해, 생명의 책에 기록되지 않은 사람들 다수가 굴복하고 말 것이다. 우리는 이렇게 생각하는 수밖에 없다. 저 시대는 선하고 충실한 인간들만 드러내는 일로 그치지 않을 것이다. 그때까지도 여전히 교회 밖에 있는 사람들 가운데 상당수가 하느님의 은총에 힘입어 성서를 숙고하고, 성서에 이런저런 내용 외에 종말 자체가 예고되어 있음과 그 종말이 벌써 도래하고 있음을 예감할 것이며, 자기들이 지금까지 믿지 않던 바를 믿을 만큼 힘센 사람들이 되고, 악마가 묶이지 않았음에도 그자를 이길 수 있을 만큼 힘센 사람들이 될 것이다. 사실이 그렇다면, 먼저 그자의 결박이 선행했다고 말해야 하며, 결박되어서도 풀려나서도 세간을 박탈당하는 일은 그다음에 뒤따른다고 보아야 한다. 이 문제에 대해 "먼저 힘센 자를 묶어 놓지 않고서 누가 어떻게 힘센 자의 집에 들어가서 세간을 털 수 있겠습니까?"라는 말씀이 있기 때문이다.

9. 그리스도를 모시고 천 년 동안 이룰 성도의 왕국은 어떤 것이며, 영원한 왕국과는 어떤 점에서 구분되는가

9.1. 지금의 하느님 나라는 무엇이고 그때의 하느님 나라는 무엇인가

악마가 천 년간 묶여 있는 동안 성도들도 그리스도와 함께 천 년 동안 군림할

gendis, id est isto iam tempore prioris eius aduentus. Excepto quippe illo regno, de quo in fine dicturus est: *Venite, benedicti patris mei, possidete paratum uobis regnum,* nisi alio aliquo modo, longe quidem impari, iam nunc regnarent cum illo sancti eius, quibus ait: *Ecce ego uobiscum sum usque in consummationem saeculi:* profecto non etiam nunc diceretur ecclesia regnum eius regnumue caelorum. Nam utique isto tempore in regno Dei eruditur scriba ille, qui profert de thensauro suo noua et uetera, de quo supra locuti sumus; et de ecclesia collecturi sunt zizania messores illi, quae permisit cum tritico simul crescere usque ad messem; quod exponens ait: *Messis est finis saeculi, messores autem angeli sunt. Sicut ergo colliguntur zizania et igni comburuntur, sic erit in consummatione saeculi; mittet filius hominis angelos suos, et colligent de regno eius omnia scandala.* Numquid de regno illo, ubi nulla sunt scandala? De isto ergo regno eius, quod est hic ecclesia, colligentur. Item dicit: *Qui soluerit unum de mandatis istis minimis et docuerit sic homines, minimus uocabitur in regno caelorum; qui autem fecerit et sic docuerit, magnus uocabitur in regno caelorum.* Vtrumque dicit in regno caelorum, et qui non facit mandata quae docet (hoc est enim soluere: non seruare, non facere), et illum qui facit et sic docet; sed istum minimum, illum magnum. Et continuo secutus adiungit: *Dico enim uobis quia, nisi abundauerit iustitia uestra super scribarum et Pharisaeorum,* id est super eos, qui soluunt quod docent (de scribis enim et Pharisaeis dicit alio loco: *Quoniam dicunt, et*

---

[101] "천년왕국"을 그리스도의 재림(parousia) 이후의 시간으로 설정하는 해석에 맞서서 교부는 그리스도가 육화하고 부활하여 악마의 세력을 결정적으로 약화시킨 현시대, 그러나 최후의 시련을 각오해야 할, 교회의 현시대로 설정하고 묵시 20,1-6은 우의적으로 해석한다.

[102] 마태 25,34. 본서 20.5.5에 긴 인용.

[103] 마태 28,20.

[104] 20.4 참조.

[105] 마태 13,52 참조: "하늘나라의 제자가 된 모든 율사는 자기 곳간에서 새것과 헌것을 꺼내 주는 집주인과 비슷합니다."

[106] 마태 13,39-41. 본서 20.5.2에 긴 인용.

[107] de ergo regno eius, quod est hic Ecclesia: 이하에 상론되듯이 교부는 불완전하고 현세에 있는 그리스도의 나라와는 교회의 외연을 일치시키지만 엄밀한 의미의 "하늘나라"와 동일시하지는 않는다.

[108] 마태 5,19. (200주년: "아무리 작은 계명 하나라도 어기거나 ….")

[109] 교부는 solverit(풀다)라는 단어를 설명하고 있다.

[110] 마태 5,20.

것이다. 여기서 말하는 천 년은 그리스도의 첫째 내림 시대에 흐르는 것과 같은 햇수이고 같은 방식으로 알아들어야 할 햇수이며 이 점은 의심의 여지가 없다. [101] 종말에 "내 아버지의 축복을 받은 사람들아, 와서 창세 때부터 너희를 위해 마련해 둔 나라를 상속받아라"[102]고 말씀할 그 나라는 예외다. 비록 이 구절과는 의미가 전혀 다르고 훨씬 차이가 나는 의미에서이지만, 지금도 그분의 성도들은 그분과 더불어 군림하고 있다. 그들에게 "보시오, 나는 세상 끝날까지 항상 그대들과 함께 있습니다"[103]라고 말씀한 바 있기 때문이다. 그렇지 않다면 지금까지도 교회를 그분의 나라라거나 하늘나라라고 하지는 못할 것이다. 물론 저때는 앞서 말한 대로[104] 하느님의 나라에서 배움을 얻는 율사처럼 자기 곳간에서 새것과 헌것 모두를 꺼내 줄 것이다. [105] 추수꾼들이 가라지를 거두는 것도 교회 안에서이며, 이 가라지는 주인이 추수 때까지 밀과 함께 자라도록 묵인한 것이다. 주님은 이 이야기를 다음과 같이 풀어 말씀했다: "추수는 세상 종말이고 추수꾼들은 천사들입니다. 가라지를 그러모아 불에 태우듯이 세상 종말에도 그렇게 될 것입니다. 인자가 천사들을 보낼 것이고 그들이 걸려넘어지게 하는 온갖 못된 일과 악행을 일삼는 자들을 그 나라에서 그러모아 불가마에 던질 터입니다."[106] 그러니 걸려넘어지게 하는 못된 일이 없는 그런 나라에서 가라지를 그러모은다는 것이 말이 되겠는가? 따라서 그분의 나라, 곧 이곳에 있는 교회에서 가라지를 그러모으는 것이다. [107] 그래서 다시 한 말씀이 있다: "그러므로 이 가장 작은 계명들 가운데 하나라도 풀어버리거나 그렇게 사람들을 가르치는 자는 하늘나라에서 가장 작은 자라 불릴 것입니다. 그러나 그대로 행하고 가르치는 사람이야말로 하늘나라에서 큰 사람이라 불릴 것입니다."[108] 계명을 행하지 않고(즉, 풀어버린다고 하는 말은 "준수하지 않는다", "행하지 않는다"는 뜻이다)[109] 가르치는 사람도, 행하고 또 그렇게 가르치는 사람도 모두 하늘나라에 있는 것이라 말한다. 하지만 전자는 가장 작은 사람이라고 하고 후자는 큰 사람이라고 부른다. 또 곧이어 이런 말씀을 덧붙인다: "나는 말하거니와, 여러분의 의로움이 율사와 바리사이의 의로움보다 한결 넉넉하지 않으면 여러분은 하늘나라에 들어가지 못할 것입니다."[110] 다시 말해 가르치는 바를 풀어버리는 사

non faciunt), — nisi ergo super hos abundauerit iustitia uestra, id est, ut uos non soluatis, sed faciatis potius quod docetis, *non intrabitis*, inquit, *in regnum caelorum*. Alio modo igitur intellegendum est regnum caelorum, ubi ambo sunt, et ille scilicet qui soluit quod docet, et ille qui facit; sed ille minimus, ille magnus: alio modo autem regnum caelorum dicitur, quo non intrat nisi ille qui facit. Ac per hoc ubi utrumque genus est, ecclesia est, qualis nunc est; ubi autem illud solum erit, ecclesia est, qualis tunc erit, quando malus in ea non erit. Ergo et nunc ecclesia regnum Christi est regnumque caelorum. Regnant itaque cum illo etiam nunc sancti eius, aliter quidem, quam tunc regnabunt; nec tamen cum illo regnant zizania, quamuis in ecclesia cum tritico crescant. Regnant enim cum illo, qui faciunt quod ait apostolus: *Si resurrexistis cum Christo, quae sursum sunt sapite, ubi Christus est in dextera Dei sedens; quae sursum sunt quaerite, non quae super terram*; de qualibus item dicit, quod eorum conuersatio sit in caelis. Postremo regnant cum illo, qui eo modo sunt in regno eius, ut sint etiam ipsi regnum eius. Quo modo autem sunt regnum Christi, qui, ut alia taceam, quamuis ibi sint donec colligantur in fine saeculi de regno eius omnia scandala, tamen illic sua quaerunt, non quae Iesu Christi?

De hoc ergo regno militiae, in quo adhuc cum hoste confligitur et aliquando repugnatur pugnantibus uitiis, aliquando cedentibus imperatur,

---

[111] 마태 23,3.

[112] 하늘나라와 교회를 동일시하는 데 교부는 신중을 기한다. "하늘나라"도 선인과 악인이 혼재하는 나라 다르고 선인만 남는 나라가 다르듯이 "인간의 두 종류가 다 있는 곳이라면 교회는 교회로되 지금 있는 그대로의 교회이다(Ecclesia est, *qualis nunc est*). 그런가 하면 한 종류만 있는 곳, 그 안에 악인이 존재하지 않을 곳이라면 교회는 교회로되 장차 있을 그대로의 교회다(Ecclesia est, *qualis tunc erit*)"라는 중간논변을 거쳐서, 드디어 "따라서 지금도 교회는 그리스도의 나라이며 하늘나라"(Ergo et nunc Ecclesia regnum Christi est regnumque caelorum)라는 단언에 이른다(9.2: ad Ecclesiam, quod est regnum Christi; 9.3: de regno eius, quod est Ecclesia).

[113] 마태 13,30-40 참조. 그리스도의 나라(구원의 목적이 실현된 상태)를 하늘나라나 교회와 동일시하는 표현은 사도들의 글에서 기원한다(예: 로마 14,17: "하느님 나라는 먹고 마시는 일이 아니라 의로움과 성령 안에서 누리는 평화와 기쁨이기 때문입니다"; 1고린 6,9-10: "불의한 자들은 하느님 나라를 상속받지 못하리라는 것을 모릅니까?").

[114] 골로 3,1-2. 본서 17.4.5; 18.28에도 인용.

[115] conversatio: "교분" 혹은 "시민권"[modo di vivere (Gentili), genere di vita (Alici, Combes), conversation (Dyson)]. 필립 3,19-20 참조: "그들은 지상의 일에만 마음을 씁니다. 그러나 우리의 시민권(πολίτευμα, 불가타본에는 conversatio)은 하늘에 있습니다."

[116] qui *eo modo sunt* in regno eius, ut *sint etiam ipsi* regnum eius: 본문 20.7.4 (antequam essent Ecclesia: "그들이 교회가 되기 전에는": 각주 84 참조)처럼, 교부는 그리스도의 나라를 실존론적으로 규정하여, "그리스도의 나라에 들어간다"기보다는 "그리스도의 나라가 된다"는 표현을 즐겨 쓴다.

람들(율사들과 바리사이들을 가리켜 다른 데서는 "그들은 말만 하고 행하지는 않습니다"[111]라고 했다)보다 낫지 않으면, 말하자면 여러분의 의로움이 이 사람들보다 월등하지 않으면, 즉 여러분이 풀어버린다면, 그리고 가르치기보다 행하지 않으면 하늘나라에 들어가지 못할 것이라는 말씀이다. 그러니 양편 인간들이 다 나오는 하늘나라, 가르치는 바를 풀어버리는 사람과 그것을 행하는 사람 둘다 나오는 하늘나라, 그래서 전자는 가장 작은 사람이고 후자는 큰 사람이 되는 하늘나라는 다르게 보아야 한다. 그 대신 행하는 사람이 아니면 들어가지 못하는 하늘나라는 또 다르게 나오는 하늘나라이다. 바로 그래서 인간의 두 종류가 다 있는 곳이라면 교회는 교회로되 지금 있는 그대로의 교회이다. 그런가 하면 한 종류의 인간만 있는 곳, 그 안에 악인이 존재하지 않는 곳이라면 교회는 교회로되 장차 있을 그대로의 교회이다. 그런 뜻에서 지금도 교회는 그리스도의 나라이며 하늘나라이다.[112] 그러므로 지금도 그리스도의 성도들이 그분과 더불어 군림하고 있다. 다만 저때에 군림할 양상과는 다르게 군림한다. 교회 안에서 가라지가 밀과 더불어 자라고는 있지만 가라지가 그분과 더불어 군림하는 것은 아니다.[113] 사도가 말하는 바를 행하는 사람들만 그분과 더불어 군림한다: "그러므로 여러분이 그리스도와 함께 일으켜졌다면 위에 있는 것을 찾으시오. 거기 그리스도께서 하느님 오른편에 앉아 계십니다. 위에 있는 것을 생각하고 땅에 있는 것은 생각하지 마시오."[114] 그런 사람들에 대해 사도는 그들의 교분은 하늘에 있어야 한다는 말도 한다.[115] 자기들 스스로 그분의 나라가 되다시피 그분의 나라에서 존재하는 사람들만[116] 마지막에 그분과 더불어 군림한다. 다른 얘기는 차치하더라도, 그분의 나라 안에 있기는 하지만 걸려넘어지게 하는 온갖 못된 일들이 세말에 그분의 나라에서 그러모아질 때까지만 그곳에 있다면, 또 그곳에서 그리스도 예수의 것을 찾지 않고 자기 것을 찾는 사람들이라면, 어떻게 본인들이 그리스도의 나라가 되겠는가?

9.2. 하느님 나라에서 산 이와 죽은 이를 위한 배려

저 묵시록에서는 아직 전쟁중에 있는 이 나라에 관해서, 그러니까 아직까지도 적과 충돌하는 나라에 관해 언급한다. 거기서는 악습이 반항을 하면 때로는

donec ueniatur ad illud pacatissimum regnum, ubi sine hoste regnabitur, et de hac prima resurrectione, quae nunc est, liber iste sic loquitur. Cum enim dixisset alligari diabolum mille annis, et postea solui breui tempore, tum recapitulando quid in istis mille annis agat ecclesia uel agatur in ea: *Et uidi*, inquit, *sedes et sedentes super eas, et iudicium datum est*. Non hoc putandum est de ultimo iudicio dici; sed sedes praepositorum et ipsi praepositi intellegendi sunt, per quos nunc ecclesia gubernatur. Iudicium autem datum nullum melius accipiendum uidetur, quam id quod dictum est: *Quae ligaueritis in terra, ligata erunt et in caelo; et quae solueritis in terra, soluta erunt et in caelo*. Vnde apostolus: *Quid enim mihi est*, inquit, *de his, qui foris sunt, iudicare? Nonne de his qui intus sunt uos iudicatis?* Et *animae*, inquit, *occisorum propter testimonium Iesu et propter uerbum Dei*; subauditur quod postea dicturus est: *Regnauerunt cum Iesu mille annis*; animae scilicet martyrum nondum sibi corporibus suis redditis. Neque enim piorum animae mortuorum separantur ab ecclesia, quae nunc etiam est regnum Christi. Alioquin nec ad altare Dei fieret eorum memoria in communicatione corporis Christi; nec aliquid prodesset ad eius baptismum in periculis currere, ne sine illo finiatur haec uita; nec ad reconciliationem, si forte per paenitentiam malamue conscientiam quisque ab eodem corpore separatus est. Cur enim fiunt ista, nisi quia fideles etiam defuncti membra sunt eius? Quamuis ergo cum suis corporibus nondum, iam tamen eorum animae regnant cum illo, dum isti anni mille decurrunt. Vnde in hoc eodem libro et alibi legitur: *Beati mortui, qui in Domino moriuntur. Amodo etiam*

---

[117] 묵시 20,4.

[118] "전쟁중에 있는 하늘나라"(regnum militiae)와 "지상의 교회"를 동일시한다. 교부만 해도 히포 지역에서 "우두머리"로서 사법권까지 행사하면서 고민한 바 있다.

[119] 마태 18,18.

[120] 1고린 5,12.

[121] 묵시 20,4.

[122] in communicatione corporis Christi: 성찬(聖餐)을 일컫는 말이며 예식중에 순교자들과 죽은 이들을 기억하는 순간(Memento)은 지금까지도 전수되고 있다. 죽은 이들에 대한 교부의 관심은 다음을 참조: *Confessiones* 9.13.36; *Enchiridion* 29.9; *De cura pro mortuis gerenda* 3.1.

[123] 교부 당대에도 배교, 살인, 간통을 저지른 다음 화해의식은 엄격했고 그동안 공동체로부터 분리되었다. Cf. Tertullianus, *De poenitentia* 9; Origenes, *Contra Celsum* 3.51.

그 악습과 다투고, 악습이 때때로 항복하면 그것을 통치하는 가운데 충돌이 계속된다, 적이 없어서 더는 싸움이 없는 저 평온하기 이를 데 없는 나라가 오기까지. 또 저 책은 바로 지금 있는 이 첫째 부활에 관해서도 언급을 한다. 악마가 천 년 동안 묶여 있다고도 하고, 그다음 잠시 동안 풀려나리라고 하며, 이어서 교회가 그 천 년 동안 무엇을 하고 무엇을 당할 것인지를 요약하며 이런 말을 한다: "나는 또 옥좌들을 보았는데 거기 앉은 이들에게 심판권이 주어졌습니다."[117] 이것을 최후심판에 관해 하는 말로 여겨서는 안 된다. 이것은 우두머리들의 옥좌들이며 우두머리들이란 지금 교회를 통솔하는 인물들로 알아들어야 한다.[118] 심판권이 주어졌다는 말은 "진실히 말하거니와, 땅에서 매는 것은 하늘에서도 매여 있고, 땅에서 푸는 것은 하늘에서도 풀려 있을 것입니다"[119]라는 말씀에 나오는 그런 뜻으로 이해하는 것이 가장 훌륭하게 이해하는 것이다. 그래서 사도는 이런 말을 했다: "밖에 있는 사람들을 심판하는 것이 어찌 내가 할 일이겠습니까? 여러분이 심판해야 할 사람들은 안에 있는 자들이 아니겠습니까?"[120] 이어서 묵시록은 "그리고 예수의 증언과 하느님의 말씀 때문에 목을 베인 이들의 영혼"이라고 한다. 여기에는 뒤이어 올 다음 말이 깔려 있다: "그들은 살아나서 그리스도와 함께 천 년 동안 다스리게 되었습니다."[121] 여기서 말하는 영혼들이란 아직도 자기 몸으로 돌아가지 못한 순교자들의 영혼들이다. 그러니까 죽은 경건한 이들의 영혼도 지금 그리스도의 나라로서 존재하는 교회로부터 분리되지 않는다. 그렇지 않다면 하느님의 제단에서 그리스도 몸의 친교를 거행하는 중에 그들을 기억할 리가 없다.[122] 또 그렇지 않다면 위험에 처해 세례를 받지 못한 채 현세 생명이 끝날까 두려워 교회의 세례를 받겠다고 달려가는 일도 소용없을 것이다. 또 설령 누군가 교회의 몸으로부터 분리되었을 때, 보속과 양심의 가책을 통해 교회와의 화해를 도모하는 일도 소용이 없을 것이다.[123] 죽은 신도들도 교회의 지체이기 때문이 아니라면 왜 저런 일을 행하겠는가? 비록 몸은 없을지라도 그들의 영혼은, 저 천 년이 흘러가는 동안 그리스도와 함께 군림하고 있는 것이다. 그래서 그 책의 다른 대목에는 이런 구절이 나온다: "'이제부터 주님 안

dicit Spiritus, ut requiescant a laboribus suis; nam opera eorum sequuntur eos. Regnat itaque cum Christo nunc primum ecclesia in uiuis et mortuis. Propterea enim, sicut dicit apostolus, *mortuus est Christus, ut et uiuorum et mortuorum dominetur.* Sed ideo tantummodo martyrum animas commemorauit, quia ipsi praecipue regnant mortui, qui usque ad mortem pro ueritate certarunt. Sed a parte totum etiam ceteros mortuos intellegimus pertinentes ad ecclesiam, quod est regnum Christi.

Quod uero sequitur: *Et si qui non adorauerunt bestiam nec imaginem eius, neque acceperunt inscriptionem in fronte aut in manu sua*, simul de uiuis et mortuis debemus accipere. Quae sit porro ista bestia, quamuis sit diligentius requirendum, non tamen abhorret a fide recta, ut ipsa impia ciuitas intellegatur et populus infidelium contrarius populo fideli et ciuitati Dei. Imago uero eius simulatio eius mihi uidetur, in eis uidelicet hominibus, qui uelut fidem profitentur et infideliter uiuunt. Fingunt enim se esse quod non sunt, uocanturque non ueraci effigie, sed fallaci imagine Christiani. Ad eandem namque bestiam pertinent non solum aperte inimici nominis Christi et eius gloriosissimae ciuitatis, sed etiam zizania, quae de regno eius, quod est ecclesia, in fine saeculi colligenda sunt. Et qui sunt qui non adorant bestiam nec imaginem eius, nisi qui faciunt quod ait apostolus: *Ne sitis iugum ducentes cum infidelibus?* «Non adorant» enim est non consentiunt, non subiciuntur; «neque accipiunt inscriptionem», notam scilicet criminis, «in fronte» propter professionem, «in manu»

---

[124] 묵시 14,13.

[125] 로마 14,9. 〔200주년: "그리스도께서 죽었다가 살아나신 것은 바로 죽은 이들과 산 이들의 주님이 되시기 위해서입니다."〕

[126] ad Ecclesiam, quod est regnum Christi: 앞의 각주 110 참조.

[127] 묵시 20,4. 앞의 20.7.1에도 인용.

[128] 교부는 순교하여 이미 죽은 사람들과 재생의 세례와 참회의 성사로 지금 다시 살아나 있는 사람들을 통칭한다고 설명한다.

[129] imago vero eius simulatio eius: simulatio나 simulacrum이나 둘다 "위장"으로도, "우상"으로도 해석된다.

[130] 진솔하지 못한 신앙인의 모습을 가리켜 imago, simulatio, effigies, fictio (fingere) 같은 단어들을 모조리 동원했다.

[131] 마태 13,39-41 참조.

[132] 2고린 6,14.

[133] nota criminis: 범인들을 처형할 적에 죄목을 기록한 문서나 판자.

에서 죽는 사람들은 복되도다!' 영이 말씀하셨습니다. '그렇다. 그들은 수고를 그치고 쉬게 될 것이다. 그들의 행적이 뒤를 따르기 때문이다.'"[124] 따라서 교회는 지금 먼저 산 이들과 죽은 이들 안에서 그리스도와 더불어 군림하고 있다. 사도가 하는 말대로 "실상 그리스도께서 죽으신 것은 곧 죽은 자들과 산 자들을 다스리려는 것이었습니다".[125] 하지만 묵시록이 순교자들의 영혼만 언급한 까닭은 그들이 진리를 위해 죽을 때까지 싸웠고 그들이 군림하는 것은 주로 죽어서이기 때문이다. 그러나 부분으로 전체를 이해하듯이, 우리는 그들을 두고 그리스도의 나라인 교회에[126] 속하는, 그밖의 모든 죽은 이들을 가리키는 것으로 알아듣는다.

9.3. 짐승들은 불신자들로 이루어진 백성을 상징한다

묵시록에는 "짐승이나 그 우상에게 경배하지도 않고 이마와 손에 낙인을 받지도 않은 이들"[127]이라는 구절이 따라오는데, 이것도 산 사람들과 죽은 사람들 모두에 대해 이야기하는 것으로 받아들여야 한다.[128] 저 짐승이 무엇이냐에 대해서는 더 면밀하게 검토해 보아야 한다. 그것은 믿음을 가진 백성과 하느님의 도성에 맞서는 저 불경스런 도성이자 불신자들의 백성으로 이해해도 바른 신앙에 어긋나지는 않을 듯하다. 내게는 그자의 우상이라는 것이 그자의 위장으로 여겨지는데,[129] 겉으로는 신앙을 고백하는 것처럼 보이지만 불신앙으로 살아가는 사람들에게서 드러나는 위장 말이다. 그 사람들은 자기 존재가 아닌 모습을 꾸며내고, 진실한 모습으로가 아니라 거짓된 모습으로 그리스도인이라고 불린다.[130] 그러므로 그리스도와 그분의 지극히 영화로운 도성의 이름에 맞서 노골적으로 원수가 되는 사람들뿐 아니라 가라지도 저 짐승에 속해 있다. 이 가라지는 그분의 나라, 즉 교회에서 세말에 그러모아야 할 것이다.[131] 짐승이나 그 우상에게 경배하지 않았던 사람들이라면 사도가 "안 믿는 사람들과는 한 멍에를 메지 마시오"[132]라는 말을 건넨 상대가 아니고 누구이겠는가? "경배하지 않는다"는 말은 동의하지 않는다는 말이고 복속하지 않는다는 뜻이다. "낙인을 받지도 않은"이라는 말은 죄악의 팻말[133]을 받지 않았다는 것이고, "이마에" 낙인을 받지 않았다고 하는 것은 그들이 행

propter operationem. Ab his igitur malis alieni, siue adhuc in ista mortali carne uiuentes siue defuncti, regnant cum Christo iam nunc modo quodam huic tempori congruo per totum hoc interuallum, quod numero mille significatur annorum.

Reliqui eorum, inquit, *non uixerunt. Hora* enim *nunc est, cum mortui audiunt uocem filii Dei, et qui audierint uiuent*; reliqui ergo eorum non uiuent. Quod uero subdidit: *Donec finiantur mille anni*, intellegendum est, quod eo tempore non uixerunt, quo uiuere debuerunt, ad uitam scilicet de morte transeundo. Et ideo cum dies uenerit, quo fiat et corporum resurrectio, non ad uitam de monumentis procedent, sed ad iudicium; ad damnationem scilicet, quae secunda mors dicitur. Donec finiantur enim mille anni, quicumque non uixerit, id est, toto isto tempore, quo agitur prima resurrectio, non audierit uocem filii Dei et ad uitam de morte transierit, profecto in secunda resurrectione, quae carnis est, in mortem secundam cum ipsa carne transibit. Sequitur enim et dicit: *Haec resurrectio prima est. Beatus et sanctus qui habet in hac prima resurrectione partem*, id est particeps eius est. Ipse est autem particeps eius, qui non solum a morte, quae in peccatis est, reuiuescit, uerum etiam in eo, quod reuixerit, permanebit. *In istis*, inquit, *secunda mors non habet potestatem*. Habet ergo in reliquis, de quibus superius ait: *Reliqui eorum non uixerunt, donec finiantur mille anni*; quoniam toto isto temporis interuallo, quod mille annos uocat, quantumcumque in eo quisque eorum uixit in corpore, non reuixit a morte, in qua eum tenebat impietas, ut sic reuiuescendo primae resurrectionis particeps fieret atque in eo potestatem secunda mors non haberet.

---

[134] 묵시 20,5.

[135] 요한 5,25.

[136] "살아나다"는 "부활하다"에 가깝지만 교부가 여기서 사용하는 vixerunt(다 살고서 죽었다)는 완료행위다.

[137] 이처럼 교회와 하늘나라를 동일시하는 입장을 취함으로써 아우구스티누스는 첫째 부활을 세례와 참회로 해석하여 천년왕국설을 피해 간다.

한 신앙고백 때문이고, "손에" 낙인을 받지 않았다고 하는 것은 그들이 행한 선행 때문이다. 아직 저 사멸할 육신 속에 살고 있든 이미 죽었든 이런 악에서 벗어난 사람들은 그리스도와 더불어 군림하고 있다. 천이라는 햇수로 상징된 그 중간시기 전체를 통틀어 이 시대에 적합한 방식으로 그들은 군림하고 있다.

9.4. 이중의 생명과 이중의 죽음에 관해 뭐라고 말할 것인가

"나머지 죽은 이들은 살아나지 못하게 되었습니다."[134] "죽은 이들이 하느님 아들의 목소리를 들을 때가 오고 있으니 바로 지금입니다. 과연 듣는 이들은 살 것입니다."[135] 그러니까 그들 가운데 나머지는 살아나지 못할 것이다. 물론 "천 년이 끝나기까지"라는 단서가 붙기는 하지만, 그들이 살아나야 할 그 시점에 그렇게 살지 못했다는 뜻으로,[136] 다시 말해 믿음으로 죽음에서 생명으로 옮겨가지 못했다는 뜻으로 알아들어야 한다. 그리하여 육체의 부활이 일어나는 날이 오면 그들은 무덤에서 생명으로가 아니고 심판으로, 다시 말해 단죄로 나아가며 그것을 둘째 죽음이라고 한다. 천 년이 끝날 때까지 살아나지 못할 사람, 곧 첫째 부활이 일어나는 그 시간 전체를 통틀어 하느님 아들의 목소리를 듣지 못하고 죽음에서 생명으로 옮겨가지 못하는 사람은 육신의 부활이 일어나는 둘째 부활에서 자기 육신과 더불어 둘째 죽음으로 옮겨갈 것이다. 이어 다음과 같은 말이 나온다: "이것이 첫째 부활입니다. 첫째 부활에 참여하는 이들은 복되고 거룩하도다." 말하자면 그 부활에 참여하는 사람이다. 죄 속에 있는 죽음에서 다시 살아나는 사람뿐 아니라 다시 살아난 그 처지에서 꾸준히 머물러 있던 사람들이 첫째 부활에 참여한다. 이들에게는 "둘째 죽음이 아무 힘도 쓰지 못하니!" 그렇다면 나머지 사람들, 위에서 "나머지 죽은 이들은 천 년이 끝나기까지 살아나지 못하게 되었다"고 한 사람들에게는 둘째 죽음이 세력을 부린다. 천 년이라고 부르는 그 시간 간격 전체를 통해 각자가 자기 육체로 살기는 살았으나 죽음에서 되살아나지는 못했으며, 불경스러움이 그를 죽음에 붙잡아 두었던 것이다. 그렇지 않고 첫째 부활에 참여했더라면 둘째 죽음이 그에게 권세를 부리지 못했을 것이다.[137]

10. Sunt qui putant resurrectionem dici non posse nisi corporum ideoque istam quoque primam in corporibus futuram esse contendunt. Quorum enim est, inquiunt, cadere, eorum est resurgere. Cadunt autem corpora moriendo; nam et a cadendo cadauera nuncupantur. Non ergo animarum, inquiunt, resurrectio potest esse, sed corporum. Sed quid contra apostolum dicunt, qui eam resurrectionem appellat? Nam secundum interiorem, non secundum exteriorem hominem utique resurrexerant, quibus ait: *Si resurrexistis cum Christo, quae sursum sunt sapite.* Quem sensum uerbis aliis alibi posuit dicens: *Vt, quem ad modum Christus resurrexit a mortuis per gloriam Patris, sic et nos in nouitate uitae ambulemus.* Hinc est et illud: *Surge qui dormis et exurge a mortuis, et inluminabit te Christus.* Quod autem dicunt non posse resurgere, nisi qui cadunt, et ideo putant resurrectionem ad corpora, non ad animas pertinere, quia corporum est cadere: cur non audiunt: *Non recedatis ab illo, ne cadatis*, et: *Suo Domino stat aut cadit*; et: *Qui se putat stare, caueat ne cadat?* Puto enim quod in anima, non in corpore casus iste cauendus est. Si igitur cadentium est resurrectio, cadunt autem et animae: profecto et animas resurgere confitendum est. Quod autem, cum dixisset: *In istis secunda mors non habet potestatem*, adiunxit atque ait: *Sed erunt sacerdotes Dei et Christi et regnabunt cum eo mille annis*: non utique de solis episcopis et presbyteris dictum est, qui proprie iam uocantur in ecclesia sacerdotes; sed sicut omnes Christos dicimus propter mysticum chrisma, sic omnes sacerdotes, quoniam membra sunt unius sacerdotis; de quibus apostolus

---

[138] cadaver(시체)는 cadendo(← cado: 넘어지다)라는 동사에서 유래했다는 민간설화적 어원론이 있다(*Sermo* 240.1.2. Cf. Isidorus, *Etymologiae* 11.2.35).

[139] 골로 3,1. 200주년 성서는 의도적으로 "부활한다"라는 말 대신 "일으켜진다"고 번역하므로 그대로 여기 옮긴다.

[140] 로마 6,4.

[141] 에페 5,14.

[142] 집회 2,7. 〔공동번역: "빗나가지 말아라, 넘어질까 두렵다."〕

[143] 로마 14,4. 〔200주년: "그가 서 있든 넘어지든 그 심판은 그의 주인 소관입니다."〕

[144] 1고린 10,12.

[145] 앞의 20.7.1에 인용하여 해설중인 묵시 20,1-6의 마지막 구절이다.

[146] omnes christos dicimus: 도유(chrisma)를 받으면 누구나 "도유받은 자"(christos)가 된다.

10. 부활은 영혼 말고 육체에만 해당한다는 사람들에게 뭐라고 대답할 것인가

그렇지만 부활은 어디까지나 육체의 부활이 아니면 안 된다고 생각하고 저 첫째 부활도 육체에서 일어난다고 우기는 사람들이 있다. 그들의 말에 의하면, 사람들의 육체가 넘어져야 그들의 육체가 일으켜진다는 것이다. 육체는 죽음으로 넘어진다. 넘어진 다음이라야 시체라고 일컫는다.[138] 따라서 첫째 부활은 영혼의 부활일 수 없고 육체의 부활이라는 것이다. 사도는 엄연히 그것을 영혼의 부활이라고 일컫는데 도대체 저 사람들은 사도에게 맞서 가면서 무슨 말을 하자는 것일까? 사도는 외적 인간에 따라 부활한 것이 아니고 내적 인간에 따라 부활했다고 하면서 그런 사람들에게 이런 말을 들려준다: "그러므로 여러분이 그리스도와 함께 일으켜졌다면 위에 있는 것을 찾으시오."[139] 다른 데서는 같은 의미를 다른 단어로 표현하여 이렇게 말했다: "그리스도께서 아버지의 영광을 통해 죽은 이 가운데서 부활하신 것처럼 우리도 새로운 삶을 살아가기 위해서입니다."[140] 다음 말씀도 바로 여기서 연원한다: "잠자는 사람아, 깨어나라. 죽은 이 가운데서 일어나라. 그대 위에 그리스도 빛나시리라."[141] 넘어지지 않으면 일으켜지지 못한다고 말하는 사람들, 따라서 부활은 육체에 해당하는 것이지 영혼에 해당하는 것이 아니라고 주장하는 사람들, 넘어지는 것은 어디까지나 육체라고 생각하는 사람들은 왜 다음 말을 귀담아듣지 않는가? "그분에게서 벗어나지 말라. 넘어질까 두렵다."[142] 또 "그가 서 있든 넘어지든 그의 주님에게 달렸습니다".[143] 또 "그러니 서 있다고 생각하는 이는 넘어지지 않도록 조심하시오".[144] 내 생각에 여기서 조심하라는 넘어짐은 육체보다는 영혼에서 일어나는 사건을 말하는 것 같다. 만일 일으켜지는 것이 넘어지는 사람들의 일이라면 영혼 역시 넘어진다. 따라서 영혼도 일으켜진다고 고백해야 한다. 그런 이유에서 "둘째 죽음이 아무 힘도 쓰지 못하니!"라는 구절에 덧붙여 "그들은 하느님과 그리스도의 사제가 되어 천 년 동안 그분과 함께 다스릴 것입니다"[145]라고 했다. 사제라는 말은 주교들과 사제들에게만 하는 말이 아니다. 그들은 이미 교회에서 고유하게 사제라고 불린다. 신비로운 도유(塗油)로 인해 모든 이를 그리스도라고 부르듯이,[146] 한 분 사제의 지체가 되기 때문에 모두가 사제라고 불린

Petrus: *Plebs*, inquit, *sancta, regale sacerdotium*. Sane, licet breuiter atque transeunter, insinuauit esse Deum Christum dicendo: *Sacerdotes Dei et Christi*, hoc est Patris et Filii; quamuis propter formam serui sicut hominis filius, ita etiam sacerdos Christus effectus sit in aeternum secundum ordinem Melchisedech. De qua re in hoc opere non semel diximus.

11. *Et cum finiti fuerint*, inquit, *mille anni, soluetur satanas de custodia sua, et exibit ad seducendas nationes, quae sunt in quattuor angulis terrae, Gog et Magog, et trahet eos in bellum, quorum numerus est ut harena maris*. Ad hoc ergo tunc seducet, ut in hoc bellum trahat. Nam et antea modis quibus poterat per mala multa et uaria seducebat. *Exibit* autem dictum est «in apertam persecutionem de latebris erumpet odiorum». Haec enim erit nouissima persecutio, nouissimo inminente iudicio, quam sancta ecclesia toto terrarum orbe patietur, uniuersa scilicet ciuitas Christi ab uniuersa diaboli ciuitate, quantacumque erit utraque super terram. Gentes quippe istae, quas appellat Gog et Magog, non sic sunt accipiendae, tamquam sint aliqui in aliqua parte terrarum barbari constituti, siue quos quidam suspicantur Getas et Massagetas propter litteras horum nominum primas, siue aliquos alios alienigenas et a Romano iure seiunctos. Toto namque orbe terrarum significati sunt isti esse, cum dictum est *nationes quae sunt in quattuor angulis terrae*, easque subiecit esse *Gog et Magog*. Quorum interpretationem nominum esse comperimus Gog tectum, Magog de tecto; tamquam domus et ipse qui procedit de domo. Gentes ergo sunt, in quibus diabolum uelut in abysso superius intellegebamus inclusum, et

---

[147] 1베드 2,9. 〔200주년: "여러분은 선택된 민족, 왕다운 제관, 거룩한 겨레, 하느님께 속한 백성이 되었습니다."〕

[148] 시편 109[110],4를 인용하여 그리스도의 사제직을 논하기로는 10.3; 10.20; 16.22; 17.17; 17.20 참조.

[149] 묵시 20,7-8.

[150] 이 구절은 Dombart-Kalb의 텍스트(CCSL)에서도 인용부호를 실을 만큼 오래된 인용문으로 보이지만 교부가 어디서 인용했는지 전거는 밝히지 못하고 있다.

[151] 마곡은 창세기(10,2: "야벳의 아들은 고멜, 마곡, 메대 ⋯")에 인명으로 나오고 에제키엘(38-39 장)에 "마곡의 왕 곡"에 관한 기다란 종말론적 예언이 나온다. 로마제국이 기울고 고트족의 진격이 보이면서 그리스도교 작가(예: Ambrosius, *De fide ad Gratianum* 2.16.138; Paulus Orosius, *Historiae adversus paganos* 1.16.2; Isidorus, *Etymologiae* 9.2.63) 들이 고트족(다뉴브 유역의 Getae, 카스피 해 연안의 Massagetae)을 종말의 악마적 세력으로 표상하다 히에로니무스의 반박(*Commentarium in Hezechielem* 11. praef.)을 받았다.

[152] 교부는 히에로니무스(*Commentarium in Hezechielem* 11.38: A Gog Graeco sermone δόμα Latino tectum dicitur. Porro Magog interpretatur de tecto.)의 해설을 따르고 있다.

[153] 20.7 참조.

다. 그들을 두고 사도 베드로는 "거룩한 겨레, 왕다운 제관직"[147]이라고 일컫는다. 비록 짤막하고 지나가는 투로 하는 말이지만 묵시록 저자는 "하느님과 그리스도의 사제", 다시 말해 아버지와 아들의 사제라는 문구로 그리스도가 하느님임을 암시했다. 물론 그리스도는 종의 모습을 취하여 사람의 아들로서도 사제가 되었으며 멜기세덱의 반열에 따라 영원히 사제가 되었다. 이 문제에 관해서는 본서에서 한두 번 언급한 게 아니다.[148]

11. 세말에 하느님의 교회를 박해하라고 마귀가 충동하리라는 곡과 마곡

"천 년이 끝나면 사탄이 옥에서 풀려나와 땅 사방에 있는 민족들, 곧 곡과 마곡을 미혹케 하며 그들을 모아서 전쟁하러 나올 터인데 그 수는 바다의 모래와 같을 것입니다."[149] 그때 가서 그들을 미혹하려는 목적은 전쟁에 끌어들이기 위함이다. 그전에도 무수하고 다양한 악을 통해 갖가지로 미혹해 왔다. "나오리라"는 말은 "증오의 은신처에서 노골적 박해로 터져나오리라"[150]는 뜻이다. 하지만 이것은 마지막 박해가 될 텐데, 최후심판이 임박한 까닭이다. 거룩한 교회는 전 세계에서 이 박해를 당할 텐데, 즉 그리스도의 도성이 악마의 도성 전체로부터 지상의 어디든 양편이 다 있는 곳에서는 박해를 당할 것이다. 곡과 마곡이라고 부르는 저 민족들도 지상의 어느 일정한 지역에서 야만인으로 치부된 누군가를 가리키는 것으로만 이해할 것은 아니다. 혹자는 게타인과 마싸게타인이 이 명사들의 첫 글자에 해당하기 때문에 그 민족들이 아닌가 의혹을 두기도 하고, 혹자는 로마의 재치권에서 벗어나 있는 다른 이민족들이 아닌가 생각하기도 한다.[151] 하지만 "땅 사방에 있는 민족들"이라고 했기 때문에 온 세상에 그런 사람들이 있다는 뜻이며, 그들을 바로 "곡과 마곡"이라고 명명한 것이다. 그 이름들을 해석하자면 곡은 "지붕"을 의미하고 마곡은 "지붕에서"라는 의미를 가진다.[152] 흡사 집과 집에서 나오는 사람을 가리키는 듯하다. 그러므로 앞에서 악마가 나락에 갇혀 있었다고 이해했듯이,[153] 민족들이 있고 민족들 속에 악마가 갇혀 있고, 악마가 그 민족들로부터 우쭐대면서 나오는 것을 가리킨다고 알아들을 만하다. 저 민족들이 지붕이고 그자가 지붕에서 나오는 것처럼.

ipse de illis quodam modo sese efferens et procedens; ut illae sint tectum, ipse de tecto. Si autem utrumque referamus ad gentes, non unum horum ad illas, alterum ad diabolum: et tectum ipsae sunt, quia in eis nunc includitur et quodam modo tegitur inimicus antiquus; et de tecto ipsae erunt, quando in apertum odium de operto erupturae sunt. Quod uero ait: *Et ascenderunt supra terrae latitudinem et cinxerunt castra sanctorum et dilectam ciuitatem*: non utique ad unum locum uenisse uel uenturi esse significati sunt, quasi uno aliquo loco futura sint castra sanctorum et dilecta ciuitas, cum haec non sit nisi Christi ecclesia toto terrarum orbe diffusa; ac per hoc ubicumque tunc erit, quae in omnibus gentibus erit, quod significatum est nomine latitudinis terrae, ibi erunt castra sanctorum, ibi erit dilecta Deo ciuitas eius, ibi ab omnibus inimicis suis, quia et ipsi in omnibus cum illa gentibus erunt, persecutionis illius inmanitate cingetur, hoc est, in angustias tribulationis artabitur urguebitur concludetur; nec militiam suam deseret, quae uocabulo est appellata castrorum.

12. Quod uero ait: *Et descendit ignis de caelo et comedit eos*: non extremum putandum est id esse supplicium, quod erit, cum dicetur: *Discedite a me, maledicti, in ignem aeternum*. Tunc quippe in ignem mittentur ipsi, non ignis de caelo ueniet in ipsos. Hic autem bene intellegitur *ignis de caelo* de ipsa firmitate sanctorum, qua non cessuri sunt saeuientibus, ut eorum faciant uoluntatem. Firmamentum est enim caelum, cuius firmitate illi cruciabuntur ardentissimo zelo, quoniam non poterunt adtrahere in

---

[154] Cf. Hieronymus, *De nominibus hebraicis* 51.24: Gog δόμα, id est tectum; 58.7: Magog quid tectum vel de tecto.

[155] 묵시 20,9.

[156] 묵시 20,9.

[157] 마태 25,41.

[158] 앞 문장(firmamentum est caelum: "하늘은 창궁이다")이 "하늘은 굳건한 덮개다"라고 직역되므로 caeli firmitate(하늘의 굳건함으로)라는 문구가 가능하다.

우리가 곡과 마곡이라는 두 이름을 모든 민족들에 결부시키면서, 그 가운데 하나는 민족들과 결부시키고 다른 하나는 악마와 결부시키지 않는다고 하자. 그럴 경우는 저 민족들이 "지붕"이 된다. 지금은 그자가 그들 가운데 갇혀 있기 때문이며, 묵은 원수가 여러 모로 그들 속에서 보호받고 있기 때문이다. 또 증오가 은폐된 곳에서 노골적으로 터져나온다면 그 민족들은 "지붕에서"라는 존재가 될 것이다.[154] 그래서 이런 말이 나온다: "그들은 넓은 땅으로 올라와서 성도들의 진지와 사랑받는 도성을 둘러쌌습니다."[155] 물론 그들이 어느 한 장소로 왔다든가 그리로 오리라는 뜻이 아니다. 그렇게 본다면 성도들의 진지와 사랑받는 도성도 일정한 어느 다른 한 장소에 있는 것처럼 되고 만다. 그리스도의 교회가 온 세상에 두루 퍼지지 않는다면 이 도성은 존재하지 않을 것이며, 바로 그래서 모든 민족들 사이에 있을 것이므로 그때도 이 도성은 어디에나 있을 것이다. 이 점은 "넓은 땅"이라는 말로 상징되어 있다. 그곳에 성도들의 진지가 있을 것이다. 그곳에 하느님께 사랑받는 그분의 도성이 있을 것이다. 이 도성의 원수들도 모든 민족들 사이에 자리를 잡고 이 도성과 더불어 살고 있으므로 바로 그곳에서 이 도성은 자기의 모든 원수들에게 둘러싸여 저 박해가 임박할 것이다. 다시 말해 환난의 곤경 속에 위축되고 억눌리고 사로잡히는 처지가 되리라. 하지만 자기의 전투를 포기하지는 않을 것이니, 이 전투는 "진지"陣地라는 단어로 명명되어 있다.

12. 하늘에서 불이 내려 악인들을 살라 버린다는데, 그것이 최후 징벌일까

또 "불이 하늘에서 내려와 그들을 삼켜 버렸습니다"[156]는 말이 있다. 이것도 장차 "저주받은 자들아, 나를 떠나 영원한 불 속으로 가라!"[157]는 말씀으로 떨어질 최후의 형벌로 여길 것은 아니다. 최후의 형벌 때에는 그들이 불 속으로 던져지지 하늘에서 불이 내려오지는 않을 것이다. 여기서 말하는 "하늘에서 내려오는 불"은 성도들의 굳건함에 대해 말하는 것으로 이해하게 된다. 날뛰는 자들에게 굴복하여 그들의 뜻대로 행하는 일이 없는 그런 굳건함 말이다. 하늘은 창궁이다. 하늘의 굳건함으로 인해[158] 저들은 극진한 열의를 품고서도 애만 태

partes Antichristi sanctos Christi. Et ipse erit ignis, qui comedet eos, et hoc *a Deo*, quia Dei munere insuperabiles fiunt sancti, unde excrucientur inimici. Sicut enim in bono positum est: *Zelus domus tuae comedit me*: ita e contrario: *Zelus occupauit plebem ineruditam, et nunc ignis contrarios comedet. Et nunc* utique, excepto scilicet ultimi illius igne iudicii. Aut si eam plagam, qua percutiendi sunt ecclesiae persecutores ueniente iam Christo, quos uiuentes inueniet super terram, quando interficiet Antichristum spiritu oris sui, ignem appellauit descendentem de caelo eosque comedentem: neque hoc ultimum supplicium erit impiorum, sed illud quod facta corporum resurrectione passuri sunt.

13. Haec persecutio nouissima, quae futura est ab Antichristo (sicut iam diximus, quia et in hoc libro superius et apud Danielem prophetam positum est), tribus annis et sex mensibus erit. Quod tempus, quamuis exiguum, utrum ad mille annos pertineat, quibus et diabolum ligatum dicit et sanctos regnare cum Christo, an eisdem annis hoc paruum spatium superaddatur atque extra sit, merito ambigitur; quia, si dixerimus ad eosdem annos hoc pertinere, non tanto tempore, sed prolixiore cum Christo regnum sanctorum reperietur extendi quam diabolus alligari. Profecto enim sancti cum suo rege etiam in ipsa praecipue persecutione regnabunt mala tanta uincentes, quando diabolus iam non erit alligatus, ut eos persequi omnibus uiribus possit. Quo modo ergo ista scriptura eisdem mille annis utrumque determinat, diaboli scilicet alligationem regnumque sanctorum, cum trium annorum et sex mensum interuallo prius desinat alligatio diaboli quam regnum sanctorum in his annis mille cum Christo? Si autem dixerimus paruum persecutionis huius hoc spatium non computandum in mille annis, sed eis impletis potius adiciendum, ut proprie

---

[159] 시편 68[69],10.

[160] 이사 26,11(LXX).

[161] 2데살 2,8 참조: "그때 그 무법자가 나타날 것이고, 주님 예수께서 당신 입김으로 그를 없애실 것입니다."

[162] 20.8.2 참조.

[163] 묵시 11,2; 12,6; 13,5에서 1,260일 혹은 42개월을 인용함. 20.8.2 (각주 92) 참조.

[164] 다니 12,7 ("한 때, 두 때하고 반 때가 지나")에 나오는 3년 반이나 12,11 ("정기제사가 폐지되고 파괴자의 우상이 선 다음 일천이백구십 일"), 12,12 ("일천삼백삼십오 일을 기다리며 버티는 사람은 복된 사람이다") 등은 아우구스티누스가 앞서 인용한 바 없다.

우게 될 것이다. 그리스도의 성도들을 반反그리스도의 편으로 끌어들이지 못하기 때문이다. 저들의 열의 자체가 불이 되어 저자들을 삼켜 버릴 것이다. 불이 "하느님으로부터" 내려온다고 하는데, 하느님의 도움으로 성도들이 난공불락의 존재가 되어 그 일로 인해 원수들이 애를 태울 것이기 때문이다. 좋은 뜻으로는 "당신 집에 대한 열정이 저를 불태우고"[159]라는 말과 비슷하다. 정반대로는 "열의가 무식한 백성을 사로잡았나이다. 이제 불이 반대자들을 삼켜 버리리이다"[160]라는 구절이 있다. 이 구절에서 "이제"란 최후심판의 불을 제외하고 하는 말이다. 아니면 그리스도가 올 때 교회의 박해자들을 때려부술 재앙을 가리킬 수도 있다. 그리스도가 당신의 입기운으로 반그리스도를 죽일 때,[161] 지상에 살아남아 있다가 발각될 박해자들 말이다. 그 재앙을 일컬어 하늘에서 내려와 저자들을 삼키는 불이라고 한 것이다. 하지만 이것이 불경스런 자들의 마지막 형벌은 아니며 육체의 부활이 이루어질 때 당할 저 벌이 마지막이 될 것이다.

13. 반그리스도의 박해시기로 천 년을 계산해야 하는가

이 마지막 박해, 반그리스도에 의해 초래될 이 박해는 (우리가 말한 대로,[162] 이 묵시록 책의 앞에도[163] 다니엘 예언서에도 나와 있듯이)[164] 3년하고 6개월이 될 것이다. 그 시기는 비록 짧지만 악마가 묶여 있고 성도들이 그리스도와 더불어 군림하는 천 년에 합산되는지, 그렇지 않으면 그 "잠시"라는 짧은 간격이 그 천 년 외에 그 천 년에 덧붙여지는지를 따지는 일도 괜찮다. 만일 그 천 년 세월에 포함된다면 그리스도와 함께한 성도들의 군림은 악마가 묶여 있는 시기에 국한되지 않고 더 긴 세월로 연장되는 셈이다. 말하자면 악마가 묶여 있지 않아 모든 힘을 다 기울여 성도들을 박해할 수 있는 바로 그 박해 시기에도 성도들은 여전히 자기 임금과 더불어 군림하면서 저 엄청난 악을 물리치리라는 말이다. 그리스도와 더불어 성도들의 군림이 천 년 동안 이루어지기에 앞서 악마의 결박이 풀리는 3년 6개월이라는 시간이 상정되어 있다면, 저 성서 대목에서 악마의 결박과 성도들의 군림이라는 두 가지 사실을 똑같은 천 년 세월에 기술해 놓은 까닭은 무엇일까? 저 박해가 일어나는 잠시라는 시간 간격을 천

possit intellegi, quod, cum dixisset: *Sacerdotes Dei et Christi regnabunt cum eo mille annis*, adiecit: *Et cum finiti fuerint mille anni, soluetur satanas de custodia sua*; isto enim modo et regnum sanctorum et uinculum diaboli simul cessatura esse significat, ut deinde persecutionis illius tempus nec ad sanctorum regnum nec ad custodiam satanae, quorum utrumque in mille annis est, pertinere, sed superadditum et extra computandum esse credatur: cogemur fateri sanctos in illa persecutione regnaturos non esse cum Christo. Sed quis audiat tunc cum illo non regnatura sua membra, quando ei maxime atque fortissime cohaerebunt, et quo tempore, quanto erit acrior impetus belli, tanto maior gloria non cedendi, tanto densior corona martyrii? Aut si propter tribulationes, quas passuri sunt, non dicendi sunt regnaturi: consequens erit, ut etiam superioribus diebus in eisdem mille annis, quicumque tribulabantur sanctorum, eo ipso tempore tribulationis suae cum Christo non regnasse dicantur; ac per hoc et illi, quorum animas auctor libri huius uidisse se scribit occisorum propter testimonium Iesu et propter uerbum Dei, non regnabant cum Christo, quando patiebantur persecutionem, et ipsi regnum Christi non erant, quos Christus excellentius possidebat. Absurdissimum id quidem et omni modo auersandum. Sed certe animae uictrices gloriosissimorum martyrum omnibus doloribus ac laboribus superatis atque finitis, postea quam mortalia membra posuerunt, cum Christo utique regnauerunt et regnant, donec finiantur mille anni, ut postea receptis etiam corporibus iam inmortalibus regnent. Proinde tribus illis annis atque dimidio animae occisorum pro eius martyrio, et quae antea de corporibus exierunt, et quae ipsa nouissima persecutione sunt exiturae, regnabunt cum illo, donec finiatur mortale saeculum et ad illud regnum, ubi mors non erit, transeatur. Quocirca cum Christo regnantium sanctorum plures anni erunt quam uinculi diaboli atque custodiae, quia illi cum suo rege Dei filio iam diabolo non ligato etiam per tres illos annos ac semissem regnabunt. Remanet igitur,

---

[165] 묵시 20,6.7.

[166] pro eius martyrio: "순교"로 번역되는 martyrium은 본래 "증언"이라는 뜻이다.

[167] transeatur: 비인칭법이라야 "영혼들"을 지칭한다. 그렇지 않으면 finiatur와 병행하여 "사멸할 세상"이 주어가 된다.

년에 산입하지 않고 천 년에 첨가되는 것이라고 생각한다면, "그들은 하느님과 그리스도의 사제가 되어 천 년 동안 그분과 함께 다스릴 것입니다"라는 말에 뒤이은 "천 년이 끝나면 사탄이 옥에서 풀려나올"[165] 것이라는 말을 제대로 이해할 수 있다. 이렇게 본다면 성도들의 군림과 악마의 결박이 동시에 끝나리라는 것을 의미하게 되며, 이어서 저 박해의 시기는 성도들의 군림이나 사탄의 투옥의 시기(둘다 천년대에 속한다)에 해당하지 않고 오히려 거기에 첨가되는 그밖의 시기로 보아야 할 것이다. 그렇다면 이 박해중에는 성도들이 그리스도와 더불어 군림하지 못할 것이라고 말하지 않을 수 없다. 하지만 그 시기는 사람들이 최고로 크고 최고로 강하게 그분에게 매달리는 시기가 될 터인데, 그분의 지체들이 그분과 더불어 군림하지 못하리라는 말을 누가 곧이듣겠는가? 전쟁의 공격이 거세면 거셀수록 그 앞에 굽히지 않는 영예는 그만큼 클 것이고 순교의 화관花冠도 그만큼 촘촘하지 않겠는가? 만약 그들이 당하는 환난 때문에 그들이 군림한다는 말을 할 수 없다면, 저 천 년에 앞선 세월 동안에도 성도들이 환난을 받았을 경우, 바로 그 환난의 시기 동안은 그리스도와 더불어 군림하지 않았다는 결론이 나온다. 그래서 이 성서의 저자가 몸소 보았노라고 기록하고 있는 영혼들, 곧 예수에 대한 증언 때문에, 그리고 하느님의 말씀 때문에 죽임당한 사람들의 영혼이 박해를 받는 동안은 그리스도와 함께 군림한 것이 아니라고, 또 그리스도가 특별한 의미로 차지하고 있던 사람들인데도 그들은 그리스도의 왕국이 아니라고 말하는 셈이다. 이것은 대단한 자가당착이며 무슨 방도로든 이런 생각은 막아야 할 것이다. 지극히 영화로운 순교자들의 승리를 거둔 영혼들은 모든 고통과 수고를 극복하고 끝마친 다음 사멸할 육체를 벗어버리고 나서, 그리스도와 더불어 응당 군림했고 천 년이 끝날 때까지 군림하고 있다. 후일에 불사의 육체를 받고 또다시 군림하게 될 것이다. 따라서 저 3년 반 동안의 시간에 그분에 대한 증언을 하려고[166] 살해당한 사람들의 영혼은, 그 전에 육체로부터 벗어난 영혼들이든, 후일 마지막 박해시에 육체로부터 벗어날 영혼들이든 사멸할 이 세상이 끝날 때까지, 그리고 사멸할 세상이 더는 죽음이 없는 그 나라로 옮겨갈 때까지[167] 그분과 더불어 군림할 것이다. "그들은 하느

ut, cum audimus: *Sacerdotes Dei et Christi regnabunt cum eo mille annis, et cum finiti fuerint mille anni, soluetur Satanas de custodia sua*, aut non regni huius sanctorum intellegamus annos mille finiri, sed uinculi diaboli atque custodiae, ut annos mille, id est annos omnes suos, quaeque pars habeat diuersis ac propriis prolixitatibus finiendos, ampliore sanctorum regno, breuiore diaboli uinculo; aut certe, quoniam trium annorum et sex mensum breuissimum spatium est, computari noluisse credatur, siue quod minus satanae uinculum, siue quod amplius uidetur regnum habere sanctorum, sicut de quadringentis annis in sexto decimo huius operis uolumine disputaui; quoniam plus aliquid erant, et tamen quadringenti sunt nuncupati; et talia saepe reperiuntur in litteris sacris, si quis aduertat.

14. Post hanc autem commemorationem nouissimae persecutionis breuiter complectitur totum, quod ultimo iam iudicio diabolus et cum suo principe ciuitas inimica passura est. Dicit enim: *Et diabolus, qui seducebat eos, missus est in stagnum ignis et sulphuris, quo et bestia et pseudopropheta; et cruciabuntur die et nocte in saecula saeculorum*. Bestiam bene intellegi ipsam impiam ciuitatem supra diximus. Pseudopropheta uero eius aut Antichristus est aut imago illa, id est figmentum, de quo ibi locuti sumus. Post haec ipsum nouissimum iudicium, quod erit in secunda resurrectione mortuorum, quae corporum est, recapitulando narrans quo modo sibi fuerit reuelatum: *Et uidi*, inquit, *thronum magnum et candidum et sedentem super eum, cuius a facie fugit caelum et terra, et locus eorum inuentus non est*. Non ait: «Vidi thronum magnum et candidum et sedentem super eum, et ab eius facie fugit caelum et terra», quoniam non tunc

---

[168] 16.24 참조.

[169] 천 년이니 3년 반이니 하는 숫자가 시간의 정확한 객관적 길이가 아니고 해석의 여지가 있는 대강의 표현이라는 입장이다.

[170] 묵시 20,10.

[171] ipsam impiam civitatem: 20.9.3 참조.

[172] 묵시 20,11.

님과 그리스도의 사제가 되어 천 년 동안 그분과 함께 다스릴 것입니다. 천 년이 끝나면 사탄이 옥에서 풀려나올 것입니다." 여기서 두 가지 해석이 나온다. 하나는 성도들의 군림 햇수가 천 년으로 끝난다는 것이 아니라 악마의 결박과 투옥의 햇수가 천 년으로 끝난다고 이해하는 것이다. 다시 말해 저 천 년이 그 모든 햇수를 제각각 상이하고 고유한 유연성을 갖고서 끝을 맞는다는 애기인데, 같은 천 년이지만 성도들의 통치에서 보면 훨씬 길고 악마의 결박에서 보면 훨씬 짧은 햇수라는 해석이다. 다른 하나는 3년하고 6개월이 아주 짧은 시간 간격이라고 해서 그 기간을 사탄의 결박 전체 기간에서 감하거나 성도들의 군림 전체 기간에 더 보태지 않는 해석이 있다. 본서의 제16권에서[168] 400년이라는 기간을 두고 토론한 그대로다. 그 숫자에 뭔가 좀 더 있더라도 그냥 400년이라고 말했던 것이다. 누군가 유의해서 본다면 성서에는 이런 구절이 자주 발견된다.[169]

14. 마귀와 그 졸도들의 단죄; 만유 갱신을 통한 모든 죽은 이의 육신 부활; 최종 상선벌악의 심판

최후의 박해를 언급하고 나서 성서는 간략하게 최후심판으로 마귀와 적의 도성이 그 두목과 더불어 당하게 될 일을 전체로 간추린다: "그리고 그들을 미혹케 하던 악마는 불과 유황의 못에 던져졌는데 거기는 그 짐승과 거짓 예언자도 있는 곳입니다. 거기서 그들은 영원히 밤낮으로 고통을 겪을 것입니다."[170] 여기 나오는 짐승은 불경스런 도성을 가리키는 것이라고 말한 바 있다.[171] 그의 거짓 예언자란 반그리스도이거나 우리가 그 대목에서 애기한 그자의 우상 또는 위장이라고 말하는 것이다. 그다음에는 최후심판 자체를 말하는데 죽은 자들의 둘째 부활중에 일어날 일이다. 이 부활은 육체의 부활로서 그것이 어떻게 일어나는지에 대해서는 다음과 같이 간추린다: "또 나는 크고 흰 옥좌와 거기 앉아 계신 분을 보았는데 하늘과 땅이 그분 면전을 피해 흔적도 못 찾게 되었습니다."[172] 이 구절은 "또 나는 크고 흰 옥좌와 거기 앉아 계신 분을 보았는데 하늘과 땅이 그분 면전을 피했다"라는 말이 아니다. 이런 일은 그 당시, 그러니까

factum est, id est, antequam esset de uiuis et mortuis iudicatum; sed eum se uidisse dixit in throno sedentem, a cuius facie fugit caelum et terra, sed postea. Peracto quippe iudicio, tunc esse desinet hoc caelum et haec terra, quando incipiet esse caelum nouum et terra noua. Mutatione namque rerum, non omni modo interitu transibit hic mundus. Vnde et apostolus dicit: *Praeterit enim figura huius mundi, uolo uos sine sollicitudine esse.* Figura ergo praeterit, non natura. Cum ergo se Iohannes uidisse dixisset sedentem super thronum, cuius a facie, quod postea futurum est, fugit caelum et terra: *Et uidi,* inquit *mortuos magnos et pusillos, et aperti sunt libri; et alius liber apertus est, qui est uitae uniuscuiusque; et iudicati sunt mortui ex ipsis scripturis librorum secundum facta sua.* Libros dixit esse apertos et librum; sed librum cuius modi non tacuit: *Qui est,* inquit, *uitae uniuscuiusque.* Ergo illi libri, quos priore loco posuit, intellegendi sunt sancti, et ueteres et noui, ut in illis ostenderetur, quae Deus fieri sua mandata iussisset; in illo autem, qui est uitae uniuscuiusque, quid horum quisque non fecisset siue fecisset. Qui liber si carnaliter cogitetur, quis eius magnitudinem aut longitudinem ualeat aestimare? Aut quanto tempore legi poterit liber, in quo scriptae sunt uniuersae uitae uniuersorum? An tantus angelorum numerus aderit, quantus hominum erit, et uitam suam quisque ab angelo sibi adhibito audiet recitari? Non ergo unus liber erit omnium, sed singuli singulorum. Scriptura uero ista unum uolens intellegi: *Et alius,* inquit, *liber apertus est.* Quaedam igitur uis est intellegenda diuina, qua fiet, ut cuique opera sua, uel bona uel mala, cuncta in memo-

---

[173] fugit: 전자는 이 동사를 현재완료로 해석하고 후자는 현재로 해석하는 경우다.

[174] 묵시 21,1 참조: "그리고 나는 새 하늘과 새 땅을 보았습니다."

[175] mutatione rerum non omnimodo interitu transibit hic mundus: 세계의 소멸(消滅)이라는 종말관에 세계의 쇄신(刷新)이라는 종말관을 대체한다. 그렇다고 대화재를 거치는 주기적 신생(renovatio mundi: Cicero, *De natura deorum* 2.46.118; Marcus Aurelius, *Meditationes* 11.1.3)을 말하는 것은 아니다.

[176] 1고린 7,31-32.

[177] 묵시록에 나오는 책들은 "일곱 봉인이 찍힌 두루마리"(5,1), "어린양의 생명책"(13,8; 21,27), 그리고 "생명책"(3,5; 20,12)으로 다양하다.

[178] 묵시 20,12.

산 이와 죽은 이들에게 심판이 내리기 전에는 닥치지 않을 것이기 때문이다. 자기가 보니까 옥좌에 앉아 계신 분이 있는데 그분의 면전에서 하늘과 땅이 피하더라고 하면서 장차 생길 일처럼 말하는 것이다.[173] 심판이 완료된 다음이라야 하늘과 땅은 존재하기를 그치고, 그때는 새 하늘 새 땅이 존재하기 시작하리라.[174] 그러니까 이 세상은 지나가는데, 그것은 사물들의 변모로 이루어지는 것이지 전적 파멸로 이루어지는 것은 아니다.[175] 그래서 사도도 "이 세상 모습은 사라집니다. 나는 여러분이 걱정 없이 지내기를 바랍니다"[176]라고 했다. 모습이 사라지는 것이지 자연본성까지 사라지는 것은 아니다. 그러므로 요한이 옥좌에 앉은 분을 보았다고 하면서 그 면전에서 하늘과 땅이 피한다고 한 말은 장차 있을 일을 가리키는 것이다: "나는 죽은 이들이 큰 사람이나 작은 사람이나 모두 옥좌 앞에 서 있는 것을 보았습니다. 책들이 펼쳐졌습니다. 또 다른 책 하나가 펼쳐졌는데 생명책이었습니다.[177] 죽은 이들은 책들에 적힌 대로 행실에 따라 심판을 받았습니다."[178] 책들이 펼쳐졌다고 했고 이어서 다른 책 하나가 또 펼쳐졌다고 하는데, 그 책의 이름을 묵과하고 넘어가지 않는다. "생명책"이었다고 한다. 그러므로 먼젓번에 있던 책들은 성서, 곧 구약과 신약 성서라고 볼 수 있겠다. 거기서 하느님이 무엇을 당신의 계명으로 삼아 명했는지가 드러나는 것이다. 그 대신 저 책, 곧 생명책은 각자가 이 계명들 가운데 무엇을 실행했고 무엇을 실행하지 않았는지를 드러낸다. 이 책을 육적으로만 생각한다면 그 책의 크기나 길이를 누가 헤아릴 수 있겠는가? 모든 인간의 전 생애가 수록된 책이라면 그것을 읽는 데 얼마나 많은 시간이 들겠는가? 사람들의 숫자만큼 또한 천사들의 숫자도 있지 않겠는가? 각자가 자기를 수행하는 천사에게서 자신의 일생을 읊어주는 것을 듣게 되는 것일까? 그러니 만인에 대한 한 권의 책이 아니고 각자에게 각각의 책이 있을 것이다. 하지만 성서는 그것이 마치 한 권인 것처럼 알아듣기를 원했던지 "또 다른 책 하나가 펼쳐졌다"고 한다. 따라서 이 책에서 모종의 신적 위력이 감지되어야 마땅할 것이다. 각자에게는 선하든 악하든 모든 것이 기억에 떠오를 것이고, 지성의 직관으로 놀라울 만큼 신속하게 만사를 훑어보게 될 것이다. 이런 지식이 각자의 양심을 고

riam reuocentur et mentis intuitu mira celeritate cernantur, ut accuset uel excuset scientia conscientiam atque ita simul et omnes et singuli iudicentur. Quae nimirum uis diuina libri nomen accepit. In ea quippe quodam modo legitur, quidquid ea faciente recolitur. Vt autem ostendat, qui mortui iudicandi sint, pusilli et magni, recapitulando dicit tamquam ad id rediens, quod praeterierat potiusue distulerat: *Et exhibuit mortuos mare, qui in eo erant, et mors et infernus reddiderunt mortuos, quos in se habebant*. Hoc procul dubio prius factum est, quam essent mortui iudicati; et tamen illud prius dictum est. Hoc est ergo quod dixi, recapitulando eum ad id redisse quod intermiserat. Nunc autem ordinem tenuit, atque ut explicaretur ipse ordo, commodius etiam de iudicatis mortuis, quod iam dixerat, suo repetiuit loco. Cum enim dixisset: *Et exhibuit mortuos mare, qui in eo erant, et mors et infernus reddiderunt mortuos, quos in se habebant*: mox addidit quod paulo ante posuerat: *Et iudicati sunt singuli secundum facta sua*. Hoc est enim quod supra dixerat: *Et iudicati sunt mortui secundum facta sua*.

15. Sed qui sunt mortui, quos exhibuit mare, qui in eo erant? Neque enim qui in mari moriuntur, non sunt in inferno, aut corpora, eorum seruantur in mari, aut, quod est absurdius, mare habebat bonos mortuos et infernus malos. Quis hoc putauerit? Sed profecto conuenienter quidam hoc loco mare pro isto saeculo positum accipiunt. Cum ergo et quos hic inueniet Christus in corpore constitutos simul significaret cum eis, qui resurrecturi sunt, iudicandos, etiam ipsos mortuos appellauit, et bonos,

---

[179] 로마 2,15 참조: "그들의 양심이 그것을 증언하며 … 서로 고발하거나 변호하기도 합니다."

[180] 묵시 20,13. [200주년: "죽음과 저승도 그 안에 있는 죽은 이들을 내놓았습니다."]

[181] 묵시 20,13.

[182] 성서해석에 있어서 "티코니우스의 여섯째 규칙"으로서, 사건들이 시간적 순서를 따르는 듯한데 은연중에 앞에서 간과된 이전의 사건들로 소급되는 경우를 소개하고 있다(*De doctrina Christiana* 3.36.52).

[183] 바다와 파란만장한 인생을 비유하는 어법은 동서고금에 익숙했다. 종말에 남는 것은 새 하늘과 새 땅뿐이요 바다는 사라지고 없으리라는 해석도 후대에 나왔다. 예: Andreas Caesareae, *Commentarium in Apocalypsim* 8.8.9.

발하거나 변호해 줄 것이다.[179] 그리하여 만인과 각 개인이 동시에 심판받는 일이 벌어질 것이다. 저처럼 놀라운 신적 위력에다 책이라는 이름을 붙인 것이다. 저 위력이 작용하여 상기시키는 내용이라면 어떤 면에서 저 책이 모조리 읽히는 것과 마찬가지다. 죽은 이들은 작은 사람이든 큰 사람이든 모두 심판받아야 한다는 뜻에서, 묵시록의 저자는 마치 자기가 빠뜨렸거나 소홀히했던 내용으로 되돌아간다는 어투로 이렇게 간추려 말한다: "바다가 그 안에 있는 죽은 자들을 내놓고 죽음과 지옥도 그 안에 있는 죽은 자들을 돌려주었습니다."[180] 의심없이 이 일은 죽은 이들이 심판을 받은 일보다 먼저 발생했다. 하지만 저 심판을 먼저 얘기한 셈이다. 바로 그래서 묵시록의 저자가 마치 이야기를 간추렸다는 식으로, 자기가 흘려넘긴 주제로 되돌아갔다는 말을 내가 한 것이다. 하지만 이번에는 그도 제대로 순서를 지키며 그 순서를 따르는 뜻에서 죽은 이로서 심판을 받은 사람들에 대해 이미 한 말을 더 적절한 위치에서 다시 한번 되풀이한 것이다: "바다가 그 안에 있는 죽은 자들을 내놓고 죽음과 지옥도 그 안에 있는 죽은 자들을 돌려주었습니다." 곧이어 조금 전에 한 말을 보탠다: "그들은 각 행실대로 심판을 받았습니다."[181] 이 말은 바로 앞에서 "죽은 이들은 행실에 따라 심판을 받았습니다"라고 한 말과 같다.[182]

15. 심판을 받도록 바다가 토해낸다는 죽은 이들은 누구이며, 죽음과 지옥이 되돌려준다는 죽은 이들은 누구인가

하지만 바다가 그 안에 있는 죽은 자들을 내놓는다는 그 죽은 자들은 누구인가? 바다에서 죽은 자들이나 그 육신이 바다에 간직되어 있는 이들은 지옥에 가지 않는다는 것은 말이 안 되고, 또 바다는 선인들을 간직하고 지옥은 악인들을 간직한다는 것은 더욱 말이 안 된다. 차마 이런 생각을 할 사람이 누가 있겠는가? 그런데 어떤 이들은 편해서 그런지 여기서 현세를 가리켜 바다라는 말을 쓴 것으로 받아들인다.[183] 그래서 묵시록 저자가 심판을 받으리라고 지적하는 자들은 육체에 깃든 채로 있다가 그리스도를 만나게 될 대상들도 가리키고 장차 부활할 사람들도 아울러 의미한다. 그는 선인이든 악인이든 가리지 않

quibus dicitur: *Mortui enim estis, et uita uestra abscondita est cum Christo in Deo*, et malos, de quibus dicitur: *Sine mortuos sepelire mortuos suos*. Possunt mortui etiam propter hoc dici, quod mortalia gerunt corpora; unde apostolus: *Corpus quidem*, inquit, *mortuum est propter peccatum; spiritus autem uita est propter iustitiam*, utrumque in homine uiuente atque in hoc corpore constituto esse demonstrans, et corpus mortuum et spiritum uitam. Nec tamen dixit corpus mortale, sed mortuum, quamuis eadem paulo post etiam mortalia corpora, sicut usitatius uocantur, appellet. Hos ergo mortuos exhibuit mare, qui in eo erant, id est, exhibuit homines hoc saeculum, quicumque in eo erant, quia nondum obierant. *Et mors et infernus*, inquit, *reddiderunt mortuos, quos in se habebant*. Mare exhibuit, quia, sicut inuenti sunt, adfuerunt; mors uero et infernus reddiderunt, quoniam uitae, de qua iam exierant, reuocarunt. Nec frustra fortasse non satis fuit ut diceret *mors* aut *infernus*, sed utrumque dictum est: mors propter bonos, qui tantummodo mortem perpeti potuerunt, non et infernum; infernus autem propter malos, qui etiam poenas apud inferos pendunt. Si enim non absurde credi uidetur antiquos etiam sanctos, qui uenturi Christi tenuerunt fidem, locis quidem a tormentis impiorum remotissimis, sed apud inferos fuisse, donec eos inde Christi sanguis et ad ea loca descensus erueret, profecto deinceps boni fideles effuso illo pretio iam redempti prorsus inferos nesciunt, donec etiam receptis corporibus bona recipiant, quae merentur. Cum autem dixisset: *Et iudicati sunt singuli secundum facta sua*, breuiter subiecit, quem ad modum fuerint iudicati: *Et mors et infernus*, inquit, *missi sunt in stagnum ignis*, his nominibus significans diabolum, quoniam mortis est auctor infernarumque poenarum, uniuersamque simul daemonum societatem. Hoc est enim quod

---

[184] 골로 3,3.

[185] 마태 8,22.

[186] 로마 8,10.

[187] 로마 8,11 참조: "당신 영을 통해 여러분의 죽을 몸도 살리실 것입니다."

[188] 불가타본에는 mare *exhibuit*, mors et infernus *reddiderunt*라고 별도의 동사를 사용하므로 이런 해설이 가능해졌다(200주년 성서는 똑같이 "내놓았다"고 번역한다).

[189] infernus: 명계(冥界)를 가리키는 일반명사로는 "저승"이라고 번역되지만 아우구스티누스는 멸망한 자들이 가는 "지옥"으로 알아듣고 있다.

[190] 이 믿음이 "저승에 가시어 사흗날에 부활하시고"라는 신앙고백문과, 구약의 의인들과 무죄한 어린이들에게 사후에 "임보"(Limbus)라는 유예 공간을 설정하던 신화를 낳았다.

고 그들을 "죽은 사람들"이라고 불렀다. 선인들을 그렇게 부르는 것은 "여러분은 죽었고 여러분의 생명은 그리스도와 함께 하느님 안에 숨겨져 있습니다"[184]라는 말씀에 입각해서였다. 악인들도 그렇게 부르는 이유는 "죽은 이 장사는 죽은 이들이 치르도록 내버려 두시오"[185]라는 말씀에 의거해서였다. 사멸할 육체를 지니고 있다는 이유에서 죽은 사람이라고 말할 수도 있다. 그래서 사도는 "몸은 비록 죄로 말미암아 죽은 것이지만 영은 의로움에 이르는 생명입니다"[186]라고 했다. 엄연히 살아있고 이 육체 속에 깃들어 있는 사람에게 죽은 육체와 생명인 영이 둘다 해당한다는 것을 보여주는 것이다. 하지만 사도는 죽을 몸이라 하지 않고 죽은 몸이라 했다. 물론 조금 뒤에는 흔히 습관적인 말대로 죽을 몸이라고 한다.[187] 바다는 다름아닌 그 안에 있는 이 죽은 자들을 내놓았다. 다시 말해 현세는 자기 안에 있는 자들, 곧 아직 사망하지 않은 자들을 내놓았다는 말이다. 또 "죽음과 지옥도 그 안에 있는 죽은 자들을 돌려주었다". 바다는 내놓았다고 하는데 원래 산 채로 발견된 모습 그대로 내놓기 때문이고, 죽음과 지옥은 돌려주었다고 하는데 이미 떠났던 생명으로 되불렀기 때문이다.[188] 죽음 아니면 지옥이라는 한 마디로는 충분하지 못하다는 생각도 있었을 것이다. 죽음과 지옥 둘다라고 했다. 죽음은 선인들 때문에 하는 말이니, 죽음을 겪을 수는 있어도 지옥[189]을 겪지는 않았기 때문이다. 지옥은 악인들 때문에 하는 말이니, 그들은 지옥에서 벌을 받고 있기 때문이다. 물론 그리스도가 오리라는 믿음을 간직했던 옛 성인들이 그리스도의 피와 그분의 내림으로 그들을 그곳에서 빼내기까지는 지옥에 있었다고 믿어도 부조리한 일은 아닌 듯하다. 물론 불경스런 자들의 형벌로부터는 아주 멀리 떨어진 곳이기는 하지만.[190] 그렇다면 선한 신도들이 저 고귀한 피로 구속받은 이상, 육체를 입고도 지옥을 알지 못한 채 각자의 공덕으로 입은 선익을 받는다 해도 당연한 노릇이다. "그들은 각 행실대로 심판을 받았다"고 한 다음, 짤막하게 "죽음과 지옥은 불못에 던져졌다"라는 말을 덧붙여 심판을 어떻게 받았는지 언급한다. 죽음과 지옥이라는 이 말마디들은 마귀가 죽음과 지옥에서 받는 벌의 장본인이기 때문에 일단 마귀를 가리키고, 또한 악마들의 사회 전반을 가리킨다. 이 점은 앞에서도 관심을 갖

supra euidentius praeoccupando iam dixerat: *Et diabolus, qui seducebat eos, missus est in stagnum ignis et sulphuris.* Quod uero ibi obscurius adiunxerat dicens: *Quo et bestia et pseudopropheta,* hic apertius: *Et qui non sunt,* inquit, *inuenti in libro uitae scripti, missi sunt in stagnum ignis.* Non Deum liber iste commemorat, ne obliuione fallatur; sed praedestinationem significat eorum, quibus aeterna dabitur uita. Neque enim nescit eos Deus et in hoc libro legitur, ut sciat; sed potius ipsa eius praescientia de illis, quae falli non potest, liber est uitae, in quo sunt scripti, id est ante praecogniti.

16. Finito autem iudicio, quo praenuntiauit iudicandos malos, restat ut etiam de bonis dicat. Iam enim explicauit quod breuiter a Domino dictum est: *Sic ibunt isti in supplicium aeternum*; sequitur ut explicet, quod etiam ibi conectitur: *Iusti autem in uitam aeternam. Et uidi,* inquit, *caelum nouum et terram nouam. Nam primum caelum et terra recesserunt, et mare iam non est.* Isto fiet ordine, quod superius praeoccupando iam dixit, uidisse se super thronum sedentem, cuius a facie fugit caelum et terra. Iudicatis quippe his, qui scripti non sunt in libro uitae, et in aeternum ignem missis (qui ignis cuius modi et in qua mundi uel rerum parte futurus sit, hominem scire arbitror neminem, nisi forte cui spiritus diuinus ostendit), tunc figura huius mundi mundanorum ignium conflagratione praeteribit, sicut factum est mundanarum aquarum inundatione diluuium. Illa itaque, ut dixi, conflagratione mundana elementorum corruptibilium qualitates, quae corporibus nostris corruptibilibus congruebant, ardendo penitus interibunt, atque ipsa substantia eas qualitates habebit, quae corporibus inmortalibus mirabili mutatione conueniant; ut scilicet mundus in

---

[191] 묵시 20,15.

[192] praedestinatio(예정), praescientia(예지), praecogniti(미리 알려진) 등의 신학용어가 다 나왔다. 이 구절을 빙거로 아우구스티누스의 예정설을 강경한 쪽으로 해석하기도 한다. Cf. *Epistula* 217.6.9; *De corruptione et gratia* 14.44.

[193] 묵시 21,1. 본서 21권에서 지옥의 형벌을 상론한다.

[194] mundanorum ignium conflagratione ... mundanarum aquarum inundatione: 대홍수도 대화재도 인류가 겪을 비물질적 재앙의 상징적 표현일 따름이라는 의견에 대한 교부의 답변이다.

[195] ipsa substantia: 스토아 이론에 의하면 세계는 하나의 거대한 실체(實體)이고 사물들은 그 양상(樣相)들일 따름이다.

[196] 교부의 이 해설에는 그리스도교의 종말사상(2베드 3,7-13: "원소들은 불에 타 없어질 것이며")과 세계는 불타 없어진 뒤에 재생한다는 스토아의 대화재(conflagratio, ἐκπύρωσις: cf. Cicero, *De natura deorum* 2.24.63) 이론이 혼합되어 있다.

고 미리 확실하게 언급한 바 있다: "그리고 그들을 미혹케 하던 악마는 불과 유황의 못에 던져졌다." 거기에는 약간 모호한 글귀로 "거기는 그 짐승과 거짓 예언자도 있는 곳이다"라는 구절을 덧붙였지만 조금 뒤에 "생명책에 이름이 적히지 않은 자는 모두 이 불못에 던져졌다"[191]는 분명한 구절이 나온다. 이 책이 하느님께서 무엇을 잊지 않도록 상기시켜 드리는 것은 아니다. 오로지 영원한 생명을 받을 사람들의 예정을 뜻한다. 하느님이 그 사람들을 몰라서 이 책을 읽어야 안다는 뜻이 아니다. 그 사람들에 관한 그분의 예지, 결코 틀릴 수 없는 그 예지 자체가 생명책이며, 그 책에 그 사람들이 기록되어 있다는, 곧 미리 알려져 있다는 말이다.[192]

16. 새 하늘과 새 땅

묵시록에서 악인들이 심판받아야 한다고 예고한 그 심판이 종료되면, 선인들에 대해 말한 대목이 남는다. 주님이 짤막하게 "그래서 이자들은 영원히 벌 받으러 갈 것입니다"라고 한 말씀에 이어, 또 그것과 연관시켜 "의인들은 영원한 생명을 누리러 갈 것입니다"라는 구절이 따라오는데, 이것을 묵시록 저자는 다음과 같이 해설한다: "그리고 나는 새 하늘과 새 땅을 보았습니다. 첫 하늘과 첫 땅은 사라지고 바다도 이미 없었습니다."[193] 그러니까 그가 위에서 이미 상세하게 말한 대로 이 일은 다음과 같은 순서로 이루어질 것이다. 옥좌에 앉아 계신 분을 자기가 보았고, 그분의 면전을 피해 하늘과 땅이 물러갔다. 그러고는 생명책에 이름이 적히지 않은 자들이 심판을 받고서 영원한 불에 던져졌다. (나는 그 불이 어떤 방식으로, 세상의 어느 부분 혹은 우주의 어느 부분에 있는지 알 수 없고, 혹시 성령이 누구에게 보여주지 않는 한, 어떤 인간도 알 수 없으리라고 본다.) 그때가 오면, 지난날 현세적 물의 범람으로 대홍수가 일어났던 것처럼, 이 세계의 형태는 현세적 불의 대화재에 의해 사라질 것이다.[194] 방금 말한 대로 저 현세적 대화재에 의해 우리의 부패할 육신들에 상응하는 부패할 원소들의 속성들은 불에 타서 깡그리 소멸하고, 저 실체[195]는 기이한 변화를 입어 불사불멸하는 육체들에 상응하는 다른 속성들을 지니게 될 것이다.[196]

melius innouatus apte adcommodetur hominibus etiam carne in melius innouatis. Quod autem ait: *Et mare iam non est*: utrum maximo illo ardore siccetur an et ipsum uertatur in melius, non facile dixerim. Caelum quippe nouum et terram nouam futuram legimus, de mari autem nouo aliquid me uspiam legisse non recolo; nisi quod in hoc eodem libro reperitur: *Tamquam mare uitreum simile crystallo*. Sed tunc non de isto fine saeculi loquebatur, nec proprie dixisse uidetur mare, sed *tamquam mare*. Quamuis et nunc, sicut amat prophetica locutio propriis uerbis translata miscere ac sic quodam modo uelare quod dicitur, potuit de illo mari dicere: *Et mare iam non est*, de quo supra dixerat: *Et exhibuit mortuos mare, qui in eo erant*. Iam enim tunc non erit hoc saeculum uita mortalium turbulentum et procellosum, quod maris nomine figurauit.

17. *Et ciuitatem*, inquit, *magnam Hierusalem nouam uidi descendentem de caelo a Deo, aptatam, quasi nouam nuptam ornatam marito suo. Et audiui uocem magnam de throno dicentem. Ecce tabernaculum Dei cum hominibus, et habitabit cum eis, et erunt ipsi populus eius, et ipse Deus erit cum eis. Et absterget omnem lacrimam ab oculis eorum; et mors iam non erit neque luctus neque clamor, sed nec dolor ullus, quia priora abierunt. Et dixit sedens in throno: ecce noua facio omnia*. De caelo descendere ista ciuitas dicitur, quoniam caelestis est gratia, qua Deus eam fecit. Propter quod ei dicit etiam per Esaiam: *Ego sum Dominus faciens*

---

[197] 묵시 4,6. 15,2 ("불이 섞인 유리 바다 같은 것") 참조. 고대세계의 천체관대로 천궁을 "유리 바다"로 형용하고 그 앞에 하느님의 옥좌가 있다는 이 구절도 교부는 은유적으로 해석하고자 한다.

[198] 묵시 21,2-5.

그리하여 세계는 더 나은 모습으로 재생하고, 육신도 더 나은 상태로 새로워진 인간들에게 알맞게 적응하고 변화할 것이다. "바다도 이미 없다"고 한 말을 보자. 저 엄청난 열기로 바다가 말라버린다는 뜻인지, 바다가 더 좋은 무엇으로 변한다는 뜻인지 나로서도 단언하기가 쉽지 않다. 새 하늘이 되고 새 땅이 되리라는 구절은 나왔는데, 새 바다에 대해서는 관련된 어떤 글을 읽은 기억이 없다. 굳이 이 묵시록 책에서 말한다면 "수정과 흡사한 유리바다 같은 것"[197]이라는 말 외에는 기억이 없다. 그나마도 그 대목은 세상 종말에 대한 이야기도 아니고 더구나 직접 바다를 두고 하는 말로도 보이지 않으며 그저 "바다 같은 것"이라고 했다. 물론 여기서도 예언적 언사가 즐겨 쓰듯이, 직설적 어휘에 전의적 어휘를 뒤섞거나 사실적으로 말하는 내용을 어떤 면으로는 은폐하는 기법을 사용하므로, "바다도 이미 없다"고 한 그 바다는 앞에서 "바다가 그 안에 있는 죽은 자들을 내놓았다"라고 형용한 그 바다를 두고 하는 말일 수 있다. 말하자면 사멸할 존재들의 인생으로 말미암아 요동치고 바람맞는 이 현세는 존재하지 않을 것이기 때문에 그같은 현세를 바다라는 이름으로 표상했을 것이다.

17. 종말 후 교회의 끝없는 영광

"나는 또 거대한 도성 새 예루살렘이 하느님으로부터 나와 하늘에서 내려오는 것을 보았는데, 그것은 마치 자기 남편을 위해 단장한 신부처럼 차리고 있었습니다. 이때 나는 옥좌로부터 울려 나오는 큰 음성을 들었는데 이렇게 말했습니다. '보라, 사람들 가운데에 있는 하느님의 장막이다. 그분은 그들과 함께 거처하시고 그들은 그분의 백성으로 지낼 것이다. 하느님 친히 그들의 하느님으로서 그들과 함께 계실 것이다. 그분은 그들의 눈에서 눈물을 다 씻어 주실 것이다. 더는 죽음이 없고, 다시는 슬픔도 울부짖음도 고통도 없을 것이다. 이전 것들은 다 사라져 버렸기 때문이다.' 그리고 옥좌에 앉으신 분이 말씀하셨습니다. '보라, 내가 모든 것을 새롭게 한다.'"[198] 저 도성이 하늘에서 내려온다고 말한다. 은총이 천상적인 것이기 때문이고 하느님이 저 도성을 만든 것도 은총으로였다. 그래서 이사야를 통해서도 저 도성에게 "너를 만드는 것은 나

te. Et de caelo quidem ab initio sui descendit, ex quo per huius saeculi tempus gratia Dei desuper ueniente per lauacrum regenerationis in Spiritu sancto misso de caelo subinde ciues eius adcrescunt. Sed per iudicium Dei, quod erit nouissimum per eius filium Iesum Christum, tanta eius et tam noua de Dei munere claritas apparebit, ut nulla remaneant uestigia uetustatis; quando quidem et corpora ad incorruptionem atque inmortalitatem nouam ex uetere corruptione ac mortalitate transibunt. Nam hoc de isto tempore accipere, quo regnat cum rege suo mille annis, inpudentiae nimiae mihi uidetur, cum apertissime dicat: *Absterget omnem lacrimam ab oculis eorum; et mors iam non erit neque luctus neque clamor, sed nec dolor ullus*.[199] Quis uero tam sit absurdus et obstinatissima contentione uesanus, qui audeat adfirmare in huius mortalitatis aerumnis, non dico populum sanctum, sed unumquemque sanctorum, qui hanc uel ducat uel ducturus sit uel duxerit uitam, nullas habentem lacrimas et dolores; cum potius quanto est quisque sanctior et desiderii sancti plenior, tanto sit eius in orando fletus uberior?[200] An non est uox ciuis supernae Hierusalem: *Factae sunt mihi lacrimae meae panis die ac nocte*,[201] et: *Lauabo per singulas noctes lectum meum, in lacrimis meis stratum meum rigabo*, et: *Gemitus meus non est absconditus a te*,[202] et: *Dolor meus renouatus est?*[203] Aut uero non eius filii sunt, qui ingemescunt grauati, in quo nolunt spoliari, sed superuestiri, ut absorbeatur mortale hoc a uita? Nonne ipsi sunt, qui primitias habentes Spiritus in semet ipsis ingemescunt, adoptionem expectantes, redemptionem corporis sui?[204] An ipse apostolus Paulus non erat supernus Hierosolymitanus, uel non multo magis hoc erat, quando pro Israelitis carnalibus fratribus suis tristitia illi erat magna et continuus

---

[199] 이사 45,8.

[200] 고통에 초연함을 가르치던 스토아 풍토(예: Diogenes Laertius, *Vitae philosophorum* 6.102-104; 7.111; Cicero, *Tusculanae disputationes* 4.17.37)에 맞서 교부는 고통의 구속적(救贖的) 가치를 부각시킨다.

[201] 시편 41[42],4.

[202] 시편 6,7.

[203] 시편 37[38],10.

[204] 시편 38[39],3.

[205] 2고린 5,4 참조: "과연 장막 속에 있는 우리는 무겁게 짓눌려 신음하고 있습니다. 벌거벗기가 아니라 덧입기를 바라고 있기 때문입니다. 죽을 것이 생명에 삼켜지도록 말입니다."

[206] adoptionem ... redemptionem: 그리스도인들은 구원의 내용을 하느님의 자녀로 "입양"되고 죄의 예속에서 "속량"되는 것으로 파악하는 일이 흔하다. 로마 8,23 참조: "영의 첫 열매를 지닌 우리 자신도 아들됨을, 곧 우리 몸의 속량을 기다리며 속으로 탄식하고 있습니다."

주님이다"[199]라고 말씀한다. 또 저 도성은 처음부터 하늘에서 내려오는데, 그 까닭은 이 현세의 시간을 거쳐 가면서 위에서 내리는 하느님의 은총으로 그 도성의 시민들이 늘어나기 때문이다. 하늘에서 보낸 성령 안에서, 재생의 욕조를 통해 그들이 늘어난다. 하지만 하느님의 선물을 입어 저 도성의 참으로 분명하고 참으로 새로운 모습이 드러나는 일은 하느님의 심판을 통해서, 그러니까 하느님의 아들 예수 그리스도에 의해 이루어질 최후심판을 통해서이다. 그때는 옛 모습의 자취는 하나도 남아있지 않을 것이다. 그때는 육체도 예전의 부패와 사멸로부터 옮겨가 새롭게 썩지 않음과 불사불멸을 입을 것이다. 물론 저 도성이 자기 임금과 함께 천 년 동안 군림하는 바로 그 시기에 이 불사불멸을 받는다는 것은 내가 보기에도 너무 몰지각한 생각이다. "더는 죽음이 없고, 다시는 슬픔도 울부짖음도 고통도 없을 것이다"라는 아주 확실한 말씀은 마지막에 나오기 때문이다. 누구든지 현세 생명을 영위하고 있거나 앞으로 영위하거나 영위해 본 사람이라면, 이 사멸할 인생의 간난고초 속에서 자기에게는 눈물도 전혀 없고 고통도 전혀 없다는 말을 감히 할 수 있겠는가? 지독히 부조리하고 형편없게 시비나 거는 데 급급한 사람이 아니라면 그런 말을 못하리라.[200] 물론 내가 하는 말은 거룩한 백성이 아니라 성도들 개개인을 가리킨다. 사람이라면 더 거룩하고 또 성스러운 열정에 더욱더 충만한 인간일수록 기도할 때마다 울음이 더 풍부하지 않던가? "낮에도 밤에도 제 눈물이 저의 빵이 되나이다"[201]라는 탄식도 천상 예루살렘의 시민의 목소리가 아니던가? "저는 탄식으로 기진하고 밤마다 울음으로 제 잠자리를 적시며 눈물로 제 침상을 물들이나이다"[202]라고 하지 않던가? "저의 탄식 당신께 감추어져 있지 않나이다."[203] "나의 아픔이 되살아났나이다"[204]라고 하지 않던가? 무겁게 짓눌려 신음하고, 벗어버리기보다는 덧입기를 바라면서 죽을 것이 생명에 삼켜지기를 바라는[205] 사람들이 바로 저 도성의 아들들이 아니던가? 영의 첫 선물을 지니고 있는 사람들도 속으로 탄식하면서 입양入養을 기다리고, 일신의 속량贖良을 기다리고 있지 않던가?[206] 사도 바울로마저 자신은 비록 천상 예루살렘의 시민이지만, 혈통으로는 자기 형제인 이스라엘 사람들 때문에 자기 마음에 크나큰 슬픔, 끊임없는 아픔이 있다

dolor cordi eius? Quando autem mors non erit in ista ciuitate, nisi quando dicetur: *Vbi est, mors, contentio tua? Vbi est, mors, aculeus tuus? Aculeus autem mortis est peccatum.* Quod tunc utique non erit, quando dicetur: *Vbi est?* Nunc uero non quilibet infirmus ciuis illius ciuitatis, sed idem ipse Iohannes in epistula sua clamat: *Si dixerimus, quia peccatum non habemus, nos ipsos seducimus et ueritas in nobis non est.* Et in hoc quidem libro, cuius nomen est Apocalypsis, obscure multa dicuntur, ut mentem legentis exerceant, et pauca in eo sunt, ex quorum manifestatione indagentur cetera cum labore; maxime quia sic eadem multis modis repetit, ut alia atque alia dicere uideatur, cum aliter atque aliter haec ipsa dicere uestigetur. Verum in his uerbis, ubi ait: *Absterget omnem lacrimam ab oculis eorum, et mors iam non erit neque luctus neque clamor, sed nec dolor ullus,* tanta luce dicta sunt de saeculo futuro et de inmortalitate atque aeternitate sanctorum (tunc enim solum atque ibi solum ista non erunt), ut nulla debeamus in litteris sacris quaerere uel legere manifesta, si haec putauerimus obscura.

18. Nunc iam uideamus, quid etiam apostolus Petrus de hoc iudicio scripserit: *Venient,* inquit, *in nouissimo dierum inlusione inludentes, secundum proprias concupiscentias suas euntes et dicentes: Vbi est promissum praesentiae ipsius? Ex quo enim patres dormierunt, sic omnia perseuerant ab initio creaturae. Latet enim illos hoc uolentes, quia caeli erant olim et terra de aqua, et per aquam constituta Dei uerbo, per quae, qui tunc erat mundus, aqua inundatus deperiit. Qui autem nunc sunt caeli et terra, eodem uerbo repositi sunt, igni reseruandi in diem iudicii et perditionis hominum impiorum. Hoc unum uero non lateat uos, carissimi,*

---

[207] 로마 9,2 참조: "나에게는 크나큰 슬픔이, 마음속에 끊이지 않는 아픔이 있습니다. 사실 동포 형제들을 위해서라면 나 자신이 ….".

[208] 1고린 15,55-56. "네 승리"는 사본에 따라 νεῖκος라고 읽으면 "시비"(contentio)가 되고 νῖκος라고 읽으면(불가타본) "승리"(victoria)가 된다.

[209] 1요한 1,8.

고 할 적에 이와 멀지 않은 심경이 아니었을까?[207] 사실 "죽음아, 네 승리가 어디 있느냐? 죽음아, 네 독침이 어디 있느냐? 죽음의 독침은 죄이다"[208]라는 말이 나올 때가 아니면, 언제 저 도성에 죽음이 없다고 하겠는가? "어디 있느냐?"라고 말할 즈음에는 죽음이 없을 것이다. 하지만 지금은 저 도성의 허약한 시민들뿐 아니라 사도 요한마저 자기 서한에서 이렇게 외칠 지경이다: "우리가 죄 없다고 말한다면 우리 자신을 속이는 것이며 우리 안에 진리가 없습니다."[209] 또 묵시록이라고 부르는 이 책에서도 많은 내용을 모호하게 표현하기 때문에 독자의 지성을 단련시키는 내용들이 담겨져 있고, 명료한 내용이 드러나는 것은 소수여서 그것을 토대로 다른 내용을 탐구해야 하는데 그나마도 무척 힘이 든다. 특히나 같은 내용을 여러 형태로 표현하여 되풀이하기 때문에 더더욱 그렇다. 그래서 제각기 다른 표현들이 제각기 다른 사물을 지칭하는 것처럼 보인다. 실은 동일한 사물을 제각각 달리 표현하려고 하는데도. 다만 "그분은 그들의 눈에서 눈물을 다 씻어 주실 것이다. 더는 죽음이 없고, 다시는 슬픔도 울부짖음도 고통도 없을 것이다"라는 말씀은 다르다. 이것은 장차 올 세상에 관해서, 그리고 성도들의 불사불멸과 영원함에 관해 아주 명확하게 이야기한 말씀이고(과연 그때만 또 거기서만 저런 불행들이 없을 것이다), 우리가 이 구절마저 애매하다고 여긴다면 성서에서 확실한 것을 찾아내거나 읽으려고 해도 아무 소용이 없다.

18. 사도 베드로는 하느님의 최후심판에 대해 뭐라고 예고했는가

그러면 이제 베드로 사도는 이 심판에 관해 뭐라고 기록했는지 보기로 하자: "마지막 날에는 착각에 빠져 조롱을 일삼는 자들이 와서 제 욕정대로 살아가면서 '그분의 도래에 관한 약속이 어떻게 되었느냐? 사실 조상들이 잠든 후로 모든 것은 창세 이래 그대로 있지 않으냐!' 할 것입니다. 곧 예전부터 하늘이 있었고 또 땅이 물에서 생겨나 하느님의 말씀으로 말미암아 물로 인해 구성되었는데, 또한 그것들로 말미암아 당시 세계는 물이 넘쳐 망해 버렸던 것입니다. 지금 있는 하늘과 땅도 같은 말씀으로 재정돈되었는데 심판의 날 곧 경건하지

quia unus dies apud Dominum sicut mille anni et mille anni sicut dies unus. Non tardat Dominus promissum, sicut quidam tarditatem existimant; sed patienter fert propter uos, nolens aliquem perire, sed omnes in paenitentiam conuerti. Veniet autem dies Domini ut fur, in quo caeli magno impetu transcurrent, elementa autem ardentia resoluentur et terra et quae in ipsa sunt opera exurentur. His ergo omnibus pereuntibus quales oportet esse uos in sanctis conuersationibus expectantes et properantes ad praesentiam diei Domini, per quam caeli ardentes soluentur et elementa ignis ardore decoquentur? Nouos uero caelos et terram nouam secundum promissa ipsius expectamus, in quibus iustitia inhabitat. Nihil hic dixit de resurrectione mortuorum, sed sane de perditione mundi huius satis. Vbi etiam commemorans factum ante diluuium uidetur admonuisse quodam modo, quatenus in fine huius saeculi mundum istum periturum esse credamus. Nam et illo tempore perisse dixit, qui tunc erat, mundum; nec solum orbem terrae, uerum etiam caelos, quos utique istos aerios intellegimus, quorum locum ac spatium tunc aqua crescendo superauerat. Ergo totus aut paene totus aer iste uentosus (quod caelum uel potius caelos uocat, sed utique istos imos, non illos supremos, ubi sol et luna et sidera constituta sunt) conuersus fuerat in umidam qualitatem atque hoc modo cum terra perierat, cuius terrae utique prior facies fuerat deleta diluuio. *Qui autem nunc sunt,* inquit, *caeli et terra, eodem uerbo repositi sunt, igni reseruandi in diem iudicii et perditionis hominum impiorum.* Proinde qui caeli et quae terra, id est, qui mundus pro eo mundo, qui diluuio periit, ex eadem aqua repositus est, ipse igni nouissimo reseruatur in

---

[210] 2베드 3,3-13. 200주년 성서와 다른 문구들이 많다.

[211] saeculum〔대화재로 소멸하고 재생하는 "한 세(世)": αἰών의 번역어〕, mundus〔하늘과 땅을 포함한 "세계"〕, orbis terrarum〔"천하"〕이 구분 없이 쓰인다.

[212] 교부는 대홍수가 천궁까지 미쳤다면 그 중간에 있던 하늘, 곧 공기로 이루어진 하늘(aerii caeli)은 대홍수 때 없어졌으리라고 추정하고(cf. *De Genesi ad litteram* 3.2.2) 베드로의 이 서간("또한 그것들로 말미암아 당시 세계는 물이 넘쳐 망해 버렸던 것입니다")을 전거로 든다.

[213] 2베드 3,7. 〔200주년: "지금의 하늘과 땅도 불에 탈 때까지 같은 말씀으로 유지되고 불경자들이 멸망하는 심판의 날까지만 존속합니다."〕

못한 사람들의 멸망의 날까지, 불에 탈 때까지만 간수되고 있습니다. 사랑하는 여러분, 이 한 가지만은 알고 계시기 바랍니다. 주님께서는 하루가 천 년 같고 천 년이 하루와 같습니다. 어떤 사람들은 늦추신다고 생각하지만 주님은 약속을 지키는 일을 늦추지 않습니다. 오히려 여러분 때문에 참을성있게 기다리십니다. 주님은 아무도 멸망하지 않고 모두 회개하게 되기를 바라시기 때문입니다. 그렇지만 주님의 날은 도둑처럼 올 것입니다. 그날에 하늘은 요란한 소리를 내면서 사라질 것이요, 원소들은 불에 타 분해될 것이며, 땅과 그 안에 있는 모든 작품들이 불타버릴 것입니다. 이렇게 모든 것이 없어진다고 할진대 여러분의 생활과 경건함은 얼마나 거룩해야 하겠습니까? 여러분은 주님의 날이 도래하기를 기다리고 재촉하는 사람들이 아닙니까? 그날에 하늘은 불에 타 없어질 것이요, 원소들은 불의 열기로 녹아버릴 것입니다. 그분이 약속하신 대로 우리는 새 하늘과 새 땅을 기다리고 있으니, 거기에는 의로움이 깃들어 있습니다."[210] 여기서는 죽은 이들의 부활에 관해서는 아무것도 말하지 않았지만 이 세상의 멸망에 관해서는 충분히 이야기했다. 대홍수 이전에 일어난 사건을 상기시키는 것으로 미루어보아, 사도는 우리에게 이 세상의 종말에 이 세계가 멸망하리라는 사실을 믿으라고 충고했다고 볼 만하다. 왜냐하면 그때 있던 세계가 저때에 가서 멸망한다고 말했기 때문이다. 또 천하뿐 아니라[211] 하늘도 멸망한다고 했다. 곧 우리가 천공天空이라고 알고 있고 그 장소와 공간에는 물이 많아지면서 가득 찬 적이 있다고 생각하는데 그 하늘마저 결국은 멸망한다고 말했다. 그리하여 저 바람처럼 흐르는 공기(이것을 사도는 하늘 혹은 하늘들이라고 하는데, 해와 달과 별이 배정된 가장 높은 하늘이 아니고 제일 낮은 하늘을 가리킨다) 전부 또는 거의 전부가 태초에 습기찬 성질로 응결되었는데 그것이 땅과 더불어 멸망했으니,[212] 실제로 저 땅의 첫째 표면은 대홍수로 지워졌던 것이다. 그리고 "지금 있는 하늘과 땅도 같은 말씀으로 재정돈되었는데 심판의 날 곧 경건하지 못한 사람들의 멸망의 날까지, 불에 탈 때까지만 간수되고 있습니다"[213]라고 한다. 그렇다면 저 하늘, 저 땅, 그러니까 대홍수로 멸망한 세계 대신 나타난 세계가 간수되고 있음은 똑같은 물로 멸망하지 않기 위함이고, 그

diem iudicii et perditionis hominum impiorum. Nam et hominum propter magnam quandam commutationem non dubitat dicere perditionem futuram, cum tamen eorum quamuis in aeternis poenis sit mansura natura. Quaerat forsitan aliquis, si post factum iudicium iste mundus ardebit, antequam pro illo caelum nouum et terra noua reponatur, eo ipso tempore conflagrationis eius ubi erunt sancti, cum eos habentes corpora in aliquo corporali loco esse necesse sit. Possumus respondere futuros eos esse in superioribus partibus, quo ita non ascendet flamma illius incendii, quem ad modum nec unda diluuii. Talia quippe illis inerunt corpora, ut illic sint, ubi esse uoluerint. Sed nec ignem conflagrationis illius pertimescent inmortales atque incorruptibiles facti, si uirorum trium corruptibilia corpora atque mortalia in camino ardenti inlaesa uiuere potuerunt.

19. Multas euangelicas apostolicasque sententias de diuino isto iudicio nouissimo uideo mihi esse praetereundas, ne hoc uolumen in nimiam longitudinem prouoluatur; sed nullo modo est praetereundus apostolus Paulus, qui scribens ad Thessalonicenses: *Rogamus,* inquit, *uos, fratres, per aduentum Domini nostri Iesu Christi et nostrae congregationis in ipsum, ut non cito moueamini mente neque terreamini neque per spiritum neque per uerbum neque per epistulam tamquam per nos, quasi instet dies Domini, ne quis uos seducat ullo modo; quoniam nisi uenerit refuga primum et reuelatus fuerit homo peccati, filius interitus, qui aduersatur et superextollitur supra omne, quod dicitur Deus aut quod colitur, ita ut in*

---

[214] 다니 3,8-24에 나오는 세 젊은이(하나니야와 아자리야와 미사엘)의 일화를 가리킨다.

[215] 바울로의 서간 중 종말론적 언급이 가장 노골적인 대목으로서, 주님의 임박한 내림에 대한 기대가 이완된 세태를 배경으로 한다.

[216] 200주년 2데살 2,2: "주님의 날이 이미 온 것처럼."

[217] 200주년 2데살 2,3: "먼저 배교하는 사태가 생기고 멸망의 아들인 무법자가 나타나게 마련입니다."

세계 자체는 심판의 날, 곧 경건하지 못한 사람들의 멸망의 날에 최후의 불에 타서 없어지기 위함이라는 말이겠다. 베드로는 저 거창한 변화 때문에 인간들의 멸망도 함께 일어나리라는 것을 의심하지 않는다. 그렇지만 인간들의 본성은 소멸하지 않고 영원한 형벌을 받으면서도 지속될 것이다. 혹자는 이렇게 물을지도 모르겠다. 심판이 이루어진 후에 저 세계가 불타버리거나, 더구나 저 세계 대신 새 하늘과 새 땅으로 대체되기 전에 불타버린다 해도, 바로 저 대화재의 시기에도 성도들은 존재하며 그들은 육체를 지니고 있으면서 어떤 물체적 장소에 존재할 필요가 있지 않을까? 우리는 이 물음에 대해, 그때 성도들에게 대홍수의 물결도 도달하지 못했듯이, 저 화재의 불꽃이 다다르지 않을 드높은 부분에 가 있을 것이라고 대답할 수 있겠다. 그들에게는 자기가 가고 싶은 곳에 가 있을 그런 육체가 깃들 것이다. 여하튼 그들이 불사불멸하고 부패하지 않는 존재가 된 다음에는 저 대화재의 불도 두려워하지 않을 것이다. 저 세 사람의 부패하고 사멸하는 육체가 불가마에서 아무 해도 입지 않고 살아남을 수 있었다면 이런 일이 얼마든지 가능하다.[214]

19. 사도가 반그리스도의 출현에 관해 데살로니카인들에게 뭐라고 썼는가: 반그리스도의 시대에 뒤이어 그리스도의 날이 온다

19. 1. 바울로는 반그리스도에 관해 뭐라고 했는가

하느님의 저 최후심판에 관한 복음서와 사도들의 수많은 말씀들에 대해 나는 그냥 넘어가야 할 것으로 보인다. 그렇지 않으면 이 책의 분량이 너무 길어지기 때문이다. 하지만 사도 바울로에 대해서는 그냥 넘어갈 수 없는데, 그는 데살로니카인들에게 이런 글을 써 보냈다:[215] "형제 여러분, 우리는 우리 주 예수 그리스도의 내림과 우리가 다같이 그분을 만나게 될 일을 두고 여러분에게 당부합니다. 여러분은 쉽게 지성을 잃어 흔들리지 말고 영이나 말이나 우리가 썼다는 편지에 끌리어 주님의 날이 임박한 것처럼[216] 생각하며 당황하지 마시오. 누가 여러분을 속여 넘기는 일이 절대 일어나서는 안 됩니다. 먼저 배교자가 오고 죄악의 사람, 멸망의 아들이 나타나게 마련입니다.[217] 그자는 신이라 일컫는 것 혹은

templo Dei sedeat, ostentans se tamquam sit Deus. Non retinetis in memoria, quod adhuc cum essem apud uos haec dicebantur uobis? Et nunc quid detineat scitis, ut reueletur in suo tempore. Iam enim mysterium iniquitatis operatur. Tantum qui modo tenet teneat, donec de medio fiat; et tunc reuelabitur iniquus, quem Dominus Iesus interficiet spiritu oris sui, et euacuabit inluminatione praesentiae suae eum, cuius est praesentia secundum operationem satanae, in omni uirtute et signis et prodigiis mendacii et in omni seductione iniquitatis his, qui pereunt, pro eo, quod dilectionem ueritatis non receperunt, ut salui fierent. Et ideo mittet illis Deus operationem erroris, ut credant mendacio et iudicentur omnes, qui non crediderunt ueritati, sed consenserunt iniquitati.

Nulli dubium est eum de Antichristo ista dixisse, diemque iudicii (hunc enim appellat diem Domini) non esse uenturum, nisi ille prior uenerit, quem refugam uocat, utique a Domino Deo. Quod si de omnibus impiis merito dici potest, quanto magis de isto! Sed in quo templo Dei sit sessurus, incertum est; utrum in illa ruina templi, quod a Salomone rege constructum est, an uero in ecclesia. Non enim templum alicuius idoli aut daemonis templum Dei apostolus diceret. Vnde nonnulli non ipsum principem, sed uniuersum quodam modo corpus eius, id est ad eum pertinentem hominum multitudinem, simul cum ipso suo principe hoc loco intellegi Antichristum uolunt; rectiusque putant etiam Latine dici, sicut in Graeco est, non *in templo Dei*, sed *in templum Dei sedeat*, tamquam ipse sit templum Dei, quod est ecclesia; sicut dicimus: «Sedet in amicum», id est

---

[218] de medio fiat. (다만 붙들고 있는 이가) "먼저 물러나야 됩니다"라고도 번역된다.

[219] 2데살 2,1-12. 사탄의 사주를 받아서 오는다는 "배교자"(refuga), "죄악의 사람"(homo peccati), "멸망의 아들"(filius interitus), "무법자"(iniquus)가 누구인지는 언명되지 않았으므로 이하에 요한이 말하는 반그리스도(1요한 2,18; 4,3 참조)려니 추측한다.

[220] refuga: 그리스 교회에서 쓰던 "배교자"(apostata)의 라틴역으로 원래는 군대의 "탈주병"이나 전투중의 "도망병"인데 "배반자"나 "반역자"로까지 확대된다.

[221] 반그리스도를 한 개체가 아닌 집단으로 보는 시각은 흔했다. 예: *Didache* 16.3-4; Tertullianus, *De praescriptione haereticorum* 4.3-5; Lactantius, *Divinae institutiones* 7.19.

[222] in templo Dei sedet("하느님의 성전에 앉아서")와 in templum Dei sedet("하느님의 성전으로 앉아서")는 어감이 달라 뒤의 해석을 가능케 한다(sedet in amicum("친구로 앉아서")이라는 예문까지 든다).

예배의 대상이 되는 모든 것에 대항하며 자기를 들어높이어 하느님의 성전에 앉아서 스스로 신이라고 선언할 것입니다. 내가 아직 여러분과 함께 있었을 때에 여러분에게 이런 말을 한 것을 기억하지 못합니까? 지금 그자를 왜 붙들고 있는지는 여러분이 알다시피 그자가 제때에 나타나기 위함입니다. 사실 불법의 신비는 이미 작용하고 있습니다. 다만 지금 붙들고 있는 이가 비켜줄 때까지 붙들고 있도록 할 것입니다.[218] 그때에는 그 무법자가 나타나지만 주 예수는 당신 입김으로 그를 없애실 것이니 당신 내림의 광채로 그를 없애실 것입니다. 그자의 내림은 사탄의 작용에 따라서 이루어지는데 온갖 권능과 표징과 거짓 기적과 멸망하는 자들을 상대로 한 온갖 부정한 속임수가 따를 것입니다. 그들은 자기를 구원받게 할 진리에 대한 사랑을 받아들이지 않았기 때문입니다. 그래서 하느님께서 그들에게 미혹의 힘을 보내어 거짓을 믿게 하십니다. 이렇게 해서 진리를 믿지 않고 불의를 좋아한 모든 이들은 심판을 받을 것입니다."[219]

19.2. 그 말의 의미는 상당히 모호하다

사도가 여기서 반그리스도에 대해 말했다는 사실은 아무도 의심하지 않는다. 또 그자가 먼저 오지 않는 한 심판의 날(그날을 "주님의 날"이라고 일컫는다)이 오지 않으리라는 말도 했다. 주 하느님마저 그자를 배교자[220]라고 부른다. 모든 악인들에게 배교자라는 말을 할 수 있다면 그자에게야말로 더욱 들어맞는 말이다! 하지만 그자가 하느님의 어떤 성전에 앉아있게 될지는 확실하지 않다. 솔로몬 왕에 의해 건축된 저 성전의 폐허에 앉아있을 것인지, 교회에 앉아있을 것인지 불분명하다. 어떤 우상의 신전이나 악령의 신전을 사도가 하느님의 성전이라고 부를 리는 만무하다. 그래서 혹자들은 마귀라는 우두머리가 아니고 그자의 몸체 전부를 가리킨다고, 다시 말해 그자에게 소속되는 인간들의 모든 무리를 뜻한다고 설명한다. 그래서 여기서는 그 머리와 더불어 그 무리를 반(反)그리스도로 이해하고 싶어한다.[221] 그밖에도 저 사람들은 그자가, 그리스어로도 그렇지만 라틴어로 "하느님의 성전에" 앉아서라고 하지 않고 "하느님의 성전으로 앉아서"[222] 마치 자기가 하느님의 성전, 곧 교회인 양 행세한다는 말이라고 여기는데, 이것이 더 옳은 생각 같다. 우리도 "친구로 앉아서", 다시 말해 친구

uelut amicus, uel si quid aliud isto locutionis genere dici solet. Quod autem ait: *Et nunc quid detineat scitis*, id est, quid sit in mora, quae causa sit dilationis eius, *ut reueletur in suo tempore*, scitis: quoniam scire illos dixit, aperte hoc dicere noluit. Et ideo nos, qui nescimus quod illi sciebant, peruenire cum labore ad id, quod sensit apostolus, cupimus nec ualemus; praesertim quia et illa, quae addidit, hunc sensum faciunt obscuriorem. Nam quid est: *Iam enim mysterium iniquitatis operatur. Tantum qui modo tenet teneat, donec de medio fiat; et tunc reuelabitur iniquus?* Ego prorsus quid dixerit me fateor ignorare. Suspiciones tamen hominum, quas uel audire uel legere potui, non tacebo.

Quidam putant hoc de imperio dictum fuisse Romano, et propterea Paulum apostolum non id aperte scribere uoluisse, ne calumniam uidelicet incurreret, quod Romano imperio male optauerit, cum speraretur aeternum; ut hoc quod dixit: *Iam enim mysterium iniquitatis operatur*, Neronem uoluerit intellegi, cuius iam facta uelut Antichristi uidebantur. Vnde nonnulli ipsum resurrecturum et futurum Antichristum suspicantur; alii uero nec occisum putant, sed subtractum potius, ut putaretur occisus, et uiuum occultari in uigore ipsius aetatis, in qua fuit, cum crederetur extinctus, donec suo tempore reueletur et restituatur in regnum. Sed multum mihi mira est haec opinantium tanta praesumptio. Illud tamen, quod ait apostolus: *Tantum qui modo tenet teneat, donec de medio fiat*, non absurde de ipso Romano imperio creditur dictum, tamquam dictum sit: «Tantum qui modo imperat imperet, donec de medio fiat», id est de medio

---

[223] 다음 성서 해설이 누구의 주장인지, 오리게네스의 것인지 히에로니무스의 것인지는 분명하지 않다.

[224] 예: Tertullianus, *De resurrectione carnis* 24: arcanum iniquitatis ... quis, nisi Romanus status (이미 준동하는 불법의 신비 … 로마 국가가 아니면 누구인가?) ; Cyrillus Hierosolymitanus, *Catecheses mystagogicae* 15.12: "반그리스도가 오면 로마제국의 시대가 몰락하리라."

[225] Cf. Hieronymus, *Epistula* 121 ad Algasiam 11: "로마제국이 먼저 멸망하고 반그리스도가 등장하지 않는 한 그리스도는 오지 않을 것이다. … 통치자들이 제국은 영원하리라고 생각하던 차였으므로 바울로는 로마제국이 멸망해야 한다는 말을 노골적으로 하고 싶지 않았던 것이다(nec vult aperte dicere Romanum imperium destruendum)."

[226] 히에로니무스(*Commentarium in Danielem* 11.30)가 네로에 관한 이런저런 소문들을 소개한 바 있다.

[227] 소위 "네로의 부활"(Nero redivivus)로 알려진 전설이다(cf. Tacitus, *Historiae* 2.8; Suetonius, *Nero* 57.). 그의 이름으로 위조된 칙서까지 나돌았고 그의 생존을 위장하려는 사기행각이 있었다고 전한다.

처럼 앉아서라고 하거나 그밖에 이와 유사한 어법을 써서 말을 하는 것이 예사다. "지금 그자를 왜 붙들고 있는지는", 즉 무엇을 지체하고 있으며 그자의 출현이 지연되는 이유가 무엇인지를 묻는다면, 여러분이 알다시피 "그자가 제때에 나타나기 위함이다". 다만 사도는 저 사람들이 그 일을 알고 있다고 말했기 때문에 그것을 노골적으로 언명하려고 하지 않았을 뿐이다. 우리는 저 사람들이 알고 있던 바를 알지 못하기 때문에 애써 사도가 의도하는 바에 도달하고 싶어하지만 도달하지 못한다. 특히 사도가 거기 덧붙이는 말이 이 의미를 더욱 모호하게 만든다: "사실 불법의 신비는 이미 작용하고 있습니다. 다만 지금 붙들고 있는 이가 비켜줄 때까지 붙들고 있도록 할 것입니다. 그때에는 그 무법자가 나타납니다"라는 말씀은 과연 무슨 뜻일까? 사도가 무슨 얘기를 했는지는 나도 모르겠다. 하지만 내가 사람들에게서 들었거나 추정해서 읽은 것은 그냥 넘기지 않고 얘기하겠다.[223]

19. 3. 로마를 가리키는지 가짜 신도들을 가리키는지도 불분명하다

혹자는 이것이 로마제국에 관해 한 말이라고 생각한다.[224] 영원히 존속하기를 꿈꾸는 로마제국에 악심을 품는 중상모략을 불러일으키지 않으려고 바울로 사도가 그것을 명시적으로 기록하지 않았을 뿐이라는 것이다.[225] 그럴 경우 사도는 "사실 불법의 신비는 이미 작용하고 있습니다"라는 말이 네로를 가리키는 것으로 이해하기를 바랐을 것이다. 이미 그자의 행실이 반그리스도의 행실로 여겨지고 있었기 때문이다. 심지어 혹자는 네로가 부활하여 반그리스도가 되리라는 추측까지 하고 있다.[226] 심지어는 네로가 피살당하지 않았고, 멀리 도망가서 마치 살해당한 것처럼 믿도록 꾸미고 아직 몰래 살아있으며, 그가 죽었다고 믿던 그 나이의 기력 그대로 살아있다가 제때가 되면 정체를 드러내고 왕권을 되찾으리라고 생각하는 사람들조차 있다.[227] 하지만 이런 소문을 퍼뜨리는 사람들의 추측은 내가 보기에도 너무 이상하다. 사도가 한 말은 "다만 지금 붙들고 있는 이가 비켜줄 때까지 붙들고 있도록 할 것입니다"라는 것뿐이다. 로마제국에 대해 하는 말이라고 믿어도 불합리한 것은 아닌데, 이 성서 구절이 "다만 지금 통치하는 자가 비켜날 때까지, 다시 말해 가운데 가로막고 서 있다가 치

tollatur. *Et tunc reuelabitur iniquus*, quem significari Antichristum nullus ambigit. Alii uero et quod ait: *Quid detineat scitis* et *mysterium operari iniquitatis* non putant dictum nisi de malis et fictis, qui sunt in ecclesia, donec perueniant ad tantum numerum, qui Antichristo magnum populum faciat; et hoc esse mysterium iniquitatis, quia uidetur occultum; hortari autem apostolum fideles, ut in fide quam tenent tenaciter perseuerent, dicendo: *Tantum qui modo tenet teneat, donec de medio fiat*, hoc est, donec exeat de medio ecclesiae mysterium iniquitatis, quod nunc occultum est. Ad ipsum enim mysterium pertinere arbitrantur, quod ait in epistula sua Iohannes euangelista: *Pueri, nouissima hora est; et sicut audistis, quod Antichristus sit uenturus, nunc autem Antichristi multi facti sunt; unde cognoscimus quod nouissima sit hora. Ex nobis exierunt; sed non erant ex nobis. Quod si fuissent ex nobis, permansissent utique nobiscum.* Sicut ergo ante finem in hac hora, inquiunt, quam Iohannes nouissimam dicit, exierunt multi haeretici de medio ecclesiae, quos multos dicit Antichristos: ita omnes tunc inde exibunt, qui non ad Christum, sed ad illum nouissimum Antichristum pertinebunt, et tunc reuelabitur.

Alius ergo sic, alius autem sic apostoli obscura uerba coniectat; quod tamen eum dixisse non dubium est: non ueniet ad uiuos et mortuos iudicandos Christus, nisi prius uenerit ad seducendos in anima mortuos aduersarius eius Antichristus; quamuis ad occultum iam iudicium Dei pertineat, quod ab illo seducentur. *Praesentia* quippe *eius erit*, sicut dictum est, *secundum operationem satanae in omni uirtute et signis et prodigiis mendacii et in omni seductione iniquitatis his, qui pereunt.* Tunc enim sol-

---

[228] "다만 지금 붙들고 있는 이가 비켜줄 때까지 붙들고 있도록 할 것입니다"라는 구절이 그리스도에게, 로마제국에, 신앙인에게 다각도로 적용할 여지가 있다는 말이다.

[229] 1요한 2,18-19.

워질 때까지, 통치하도록 할 것입니다"라는 말처럼 들릴 수도 있기 때문이다. "그때에는 그 무법자가 나타납니다"라는 구절이 반그리스도를 의미한다는 것에는 아무도 이의를 달지 않는다. 다만 "여러분이 알다시피 지금 그자는 무엇에 붙들려 있다"라는 말과 "불법의 신비가 작용하고 있다"는 말은 사악한 인간이면서 교회 안에 들어와 신자처럼 행세하는 사람들에 대한 것이라고들 여긴다. 그들은 엄청난 숫자에 달하여 반그리스도에게 크나큰 백성을 이루어 주기까지 할 텐데, 바로 이것이 불법의 신비라는 것이다. 은폐된 것처럼 보이기 때문이다. 그래서 사도는 "지금 붙들고 있는 이가 비켜줄 때까지 붙들고 있도록" 하라면서 신자들에게 각자가 붙들고 있는 신앙에 굳건히 항구하라고 훈계한다. 지금 교회 한가운데에 은폐되어 있는 불법의 신비가 퇴출당할 때까지 그렇게 하라는 말이다.[228] 복음사가 요한이 자기 서간에서 하는 말도 바로 이 신비에 해당하는 것으로 보인다: "어린 자녀 여러분, 지금은 마지막 시대입니다. 반그리스도가 온다고 여러분이 들은 대로 과연 많은 반그리스도가 생겼습니다. 그래서 마지막 시대임을 우리는 알고 있습니다. 그들은 우리 가운데서 나왔지만 우리에게 속하지 않았습니다. 우리에게 속했다면 우리와 함께 머물렀을 것입니다."[229] 사람들이 하는 말대로, 종말 이전에 요한이 마지막 시간이라고 일컫는 바로 이 시간에 교회 한가운데서 많은 이단자들이 나왔으며 요한은 그들을 반그리스도들이라고 부른다. 그래서 그때가 오면 본래 그리스도에게 속하지 않고 저 마지막 반그리스도에게 속하게 될 모든 인간들이 교회에서 나갈 것이고, 그때는 반그리스도가 정체를 드러낼 것이다.

19. 4. 그러나 하느님의 의로운 심판에 해당함은 분명하다

그러니까 요한 사도의 말이 애매해서 누구는 이렇게 누구는 저렇게 추측하여 해석한다. 하지만 그가 한 말이 다음과 같은 내용이라는 데는 의심의 여지가 없다: 먼저 반그리스도가 영혼으로 죽은 자들을 미혹하러 오기 전에는 그리스도가 산 이와 죽은 이를 심판하러 오지 않으리라는 점이다. 물론 그자에게 미혹당하는 일 자체가 하느님의 숨은 심판에 해당하기는 한다. "그자의 내림은 사탄의 작용에 따라서 이루어지는데 온갖 권능과 표징과 거짓 기적과 멸망하

uetur satanas et per illum Antichristum in omni sua uirtute mirabiliter quidem, sed mendaciter operabitur. Quae solet ambigi utrum propterea dicta sint signa et prodigia mendacii, quoniam mortales sensus per phantasmata decepturus est, ut quod non facit facere uideatur, an quia illa ipsa, etiamsi erunt uera prodigia, ad mendacium pertrahent credituros non ea potuisse nisi diuinitus fieri, uirtutem diaboli nescientes, maxime quando tantam, quantam numquam habuit, acceperit potestatem. Non enim quando de caelo ignis cecidit et tantam familiam cum tantis gregibus pecorum sancti Iob uno impetu absumpsit et turbo inruens et domum deiciens filios eius occidit, phantasmata fuerunt; quae tamen fuerunt opera satanae, cui Deus dederat hanc potestatem. Propter quid horum ergo dicta sint prodigia et signa mendacii, tunc potius apparebit. Sed propter quodlibet horum dictum sit, seducentur eis signis atque prodigiis, qui seduci merebuntur, *pro eo quod dilectionem*, inquit, *ueritatis non receperunt, ut salui fierent*. Nec dubitauit apostolus addere ac dicere: *Ideo mittet illis Deus operationem erroris ut credant mendacio*. Deus enim mittet, quia Deus diabolum facere ista permittet, iusto ipse iudicio, quamuis faciat ille iniquo malignoque consilio. *Vt iudicentur*, inquit, *omnes, qui non crediderunt ueritati, sed consenserunt iniquitati*. Proinde iudicati seducentur et seducti iudicabuntur. Sed iudicati seducentur illis iudiciis Dei occulte iustis, iuste occultis, quibus ab initio peccati rationalis creaturae numquam iudicare

---

[230] 바울로의 데살로니카서와 요한의 서간을 종합한다면, 복음 설교자들과 충실한 신앙인들이 사탄의 발호를 저지하여 "붙들고" 있으며, 그래도 거짓 설교자들과 가짜 신자들이 반그리스도의 활동을 조장하고, 특히 종말에는 놀라운 사탄의 발호가 있으리라는 해석이 가능하다.

[231] 욥기 1,6-19 참조.

[232] 교부들의 글에서도 사탄(Satan: 욥기 1,6에 최초로 등장)은 악한으로 묘사되지만 하느님의 권능과 섭리하에서 움직이는 자로 보인다. Cf. Irenaeus, *Adversus haereses* 5.24.3; Tertullianus, *Apologeticum* 22.1-3.

[233] iudicati seducentur et seducti iudicabuntur: iudicium이라는 단어가 "판단"과 "심판"을 겸하므로 이런 수사학적 기교가 가능하다.

는 자들을 상대로 한 온갖 부정한 속임수가 따를 것입니다"라는 말이 있기 때문이다. 그때는 사탄이 풀려나서 반그리스도를 통해 자신의 모든 권능을 놀랍게, 그러나 속임수를 써서 발휘할 것이다.[230] 저런 것들을 표징이요 거짓 기적이라고 할 수 있을지는 애매하다. 왜냐하면 반그리스도가 상상의 허깨비를 이용해서 사멸할 존재들의 감각을 기만하고, 그렇게 하여 그자가 하지도 않은 것을 해낸 것처럼 보이게 만들 수도 있기 때문이다. 그렇지 않고 저것들이 설령 진짜 기적이라고 하자. 그렇더라도 사람들은 신적 능력이 아니면 기적이 이루어질 수 없다고 믿기 때문에 오히려 사람들을 거짓에로 끌어들이는 결과를 낳는다. 사람들이 악마의 권능을 알지 못하고, 더구나 악마가 한번도 지니지 못했던 권능을 받을 경우 그 힘이 얼마나 엄청날 것인지를 알지 못하기 때문이다. 욥기에 나오는 대로 하늘로부터 불길이 떨어져 거룩한 욥의 수많은 일꾼들과 엄청난 가축 떼를 일격에 삼켜버렸고, 회오리바람이 닥쳐 집을 무너뜨리고 그의 자녀들을 모조리 죽여버린 일은 허깨비가 아니었다. 그 일은 사탄의 짓이었고 하느님이 그자에게 이런 능력을 주었던 것이다.[231] 그러므로 어떤 면에서 그것이 거짓 기적이며 표징인지는 저 종말의 시기에만 확연하게 드러날 것이다.[232] 이유야 어떻든 저런 표징과 기적에 속는 것은 속을 만한 사람들이라는 뜻으로 "그들은 자기를 구원받게 할 진리에 대한 사랑을 받아들이지 않았기 때문입니다"라는 말씀이 있었다. 사도는 이 점에서 아무런 의심도 없었고 그래서 다음과 같이 덧붙여 말한다: "그래서 하느님께서 그들에게 미혹의 힘을 보내어 거짓을 믿게 하십니다." 하느님이 그자를 보내는 것은 악마가 그런 짓을 하도록 하느님이 허용하려는 생각에서이고, 저자가 비록 악하고 못된 의도로 저런 짓을 하겠지만 하느님은 어디까지나 정의로운 판단으로 허용하는 것이다: "이렇게 해서 진리를 믿지 않고 불의를 좋아한 모든 이들은 심판을 받을 것입니다." 그러니까 심판받은 자들이 미혹을 당할 것이고, 미혹을 당하여 심판받을 것이다.[233] 단지 심판받은 자들이 미혹당하는 것은 하느님의 숨겨진 저 의로운 판단에 의거해서이고, 하느님은 이성적 피조물이 죄를 짓기 시작한 때부터 의로운 판단에 입각한 심판을 한 번도 중단하지 않았다. 미혹

cessauit; seducti autem iudicabuntur nouissimo manifestoque iudicio per Christum Iesum, iustissime iudicaturum, iniustissime iudicatum.

20. Sed hic apostolus tacuit de resurrectione mortuorum; ad eosdem autem scribens in epistula prima: *Nolumus*, inquit, *ignorare uos, fratres, de dormientibus, ut non contristemini, sicut et ceteri, qui spem non habent. Nam si credimus, quod Iesus mortuus est et resurrexit: ita et Deus eos, qui dormierunt per Iesum, adducet cum illo. Hoc enim uobis dicimus in uerbo Domini, quia nos uiuentes, qui reliqui sumus in aduentum Domini, non praeueniemus eos, qui ante dormierunt; quoniam ipse Dominus in iussu et in uoce archangeli et in tuba Dei descendet de caelo, et mortui in Christo resurgent primo; deinde nos uiuentes, qui reliqui sumus, simul cum illis rapiemur in nubibus in obuiam Christo in aera, et ita semper cum Domino erimus.* Haec uerba apostolica resurrectionem mortuorum futuram, quando ueniet Christus, utique ad uiuos et mortuos iudicandos, praeclarissime ostendunt.

Sed quaeri solet, utrum illi, quos hic uiuentes inuenturus est Christus, quorum personam in se atque illos, qui tunc secum uiuebant, transfigurabat apostolus, numquam omnino morituri sint, an ipso temporis puncto, quo cum resurgentibus rapientur in nubibus in obuiam Christo in aera, ad inmortalitatem per mortem mira celeritate transibunt. Neque enim dicen-

---

[234] iustissime iudicaturum, iniustissime iudicatum: 이 글귀로 보아 "미혹당하는 자들"이란 완고한 유다인들을 가리킨다는 해석이 있었다. 예: Hieronymus, *Epistula* 121 ad Algasiam 11.

[235] 1데살 4,13-17.

당한 자들은 최후의 공공연한 심판에 의해서, 그리스도 예수를 통하여, 심판을 받을 것이다. 그분은 지극히 불의하게 심판을 받은 분으로서 지극히 의롭게 심판을 행할 것이다.[234]

20. 같은 사도가 데살로니카 전서에서 죽은 이 부활에 대해 뭐라고 가르쳤는가

20. 1. 데살로니카 전서에 나타나는 죽은 이의 부활

여기서 사도는 죽은 이들의 부활에 대해 입을 다물었다. 그렇지만 데살로니카인들에게 보낸 첫째 편지에서는 다음과 같은 말을 한다: "그런데 형제 여러분, 우리는 여러분이 잠든 사람들에 관해 모르고 지내는 것을 원치 않습니다. 그것은 여러분이 희망이 없는 다른 사람들처럼 슬퍼하지 않도록 하려는 것입니다. 실상 예수께서 죽으셨다가 부활하셨다는 것을 우리는 믿습니다. 마찬가지로 하느님께서는 예수를 통해 잠든 사람들을 그분과 함께 데려오실 것입니다. 우리는 주님의 말씀에 의거하여 여러분에게 말하거니와, 주님이 내림하실 때까지 남아있는 우리 산 사람들은 잠든 사람들을 결코 앞지르지 못할 것입니다. 실상 명령이 떨어지고 대천사의 소리와 하느님의 나팔소리가 들릴 때에 주님께서 친히 하늘에서 내려오실 것이며 그리스도 안에서 죽은 이들이 먼저 부활하고 그 다음에야 남아있는 우리 산 사람들도 그들과 함께 동시에 주님을 마중하기 위해 구름을 타고 공중으로 이끌려갈 것입니다. 그러면 우리는 언제나 주님과 함께 있게 될 것입니다."[235] 사도의 이 말은 그리스도가 올 적에 이루어질, 죽은 이들의 장래의 부활을 아주 분명하게 보여준다. 그분은 산 이들과 죽은 이들을 모두 심판하러 올 것이다.

20. 2. 남은 사람들에 관해서는 무엇이라 하는가

그렇다면 응당 질문이 나온다: 그리스도가 왔을 때 여기에 아직 산 채로 발견될 사람들은 전혀 죽지 않을 것인가? 사도는 방금 인용한 성서에서 그런 인물을 자신에게 해당시키고, 자기와 함께 살던 사람들에게도 해당시킨다. 그렇지 않으면 부활한 사람들이 그리스도를 마중하러 구름을 타고 공중으로 이끌려갈 바로 그 시점에서 놀랍도록 신속하게 죽음을 거쳐 불사불멸로 옮겨가는가? 공

dum est fieri non posse, ut, dum per aera in sublime portantur, in illo spatio et moriantur et reuiuescant. Quod enim ait: *Et ita semper cum Domino erimus*, non sic accipiendum est, tamquam in aere nos dixerit semper cum Domino esse mansuros; quia nec ipse utique ibi manebit, quia ueniens transiturus est; uenienti quippe ibitur obuiam, non manenti; sed *ita cum Domino erimus*, id est, sic erimus habentes corpora sempiterna, ubicumque cum illo fuerimus. Ad hunc autem sensum, quo existimemus etiam illos, quos hic uiuos inuenturus est Dominus, in ipso paruo spatio et passuros mortem et accepturos inmortalitatem, ipse apostolus nos uidetur urgere, ubi dicit: *In Christo omnes uiuificabuntur*; cum alio loco de ipsa loquens resurrectione corporum dicat: *Tu quod seminas, non uiuificatur, nisi moriatur*. Quo modo igitur, quos uiuentes hic Christus inueniet, per inmortalitatem in illo uiuificabuntur, etsi non moriantur, cum uideamus propter hoc esse dictum: *Tu quod seminas, non uiuificatur, nisi moriatur?* Aut si recte non dicimus seminari nisi ea corpora hominum, quae moriendo quoquo modo reuertuntur in terram (sicut sese habet etiam illa in transgressorem patrem generis humani diuinitus prolata sententia: *Terra es et in terram ibis*): fatendum est istos, quos nondum de corporibus egressos cum ueniet Christus inueniet, et istis uerbis apostoli et illis de Genesi non teneri; quoniam sursum in nubibus rapti non utique seminantur, quia nec eunt in terram nec redeunt, siue nullam prorsus experiantur mortem siue paululum in aere moriantur.

Sed aliud rursus occurrit, quod idem dixit apostolus, cum de resurrectione corporum ad Corinthios loqueretur: *Omnes resurgemus*, uel sicut

---

[236] 교부는 다른 기회에(*Epistula* 193 ad Marium Mercatorem 9-13) 이 문제를 소상히 다룬 바 있다.
[237] 1고린 15,22.
[238] 1고린 15,36.
[239] 창세 3,19.

중으로 드높이 이끌려가다 보면 바로 저 공간에서 죽음을 맞고 되살아나는 일이 불가능하다고 말할 필요는 없다.[236] "그러면 우리는 언제나 주님과 함께 있게 될 것입니다"라는 말씀 역시 우리가 주님과 함께 언제까지나 공중에 머물 것이라는 뜻으로 받아들일 필요는 없다. 주님도 항상 공중에 머물러 있는 것은 아니며, 지상에 오기 위해 그곳을 통과할 따름이다. 오는 분을 마중하러 가는 것이지 공중에 머무는 분을 마중하러 가는 것은 아니다. 그러나 "주님과 함께 있게 될 것입니다". 다시 말해 우리는 영구적인 몸을 지닌 채로 있게 될 것이고 그곳이 어디든지 그분과 함께 있게 될 것이다. 사도도 우리가 이 구절을 이런 뜻으로 해석하도록 유도하는 것 같다. 내가 보기에 주님이 이곳에 와서 산 채로 발견할 사람들도 그 짧은 순간에 죽음을 겪은 후에 불사불멸을 얻을 것으로 생각된다. 그래서 "그리스도 안에서 모든 이가 살아날 것입니다"[237]는 말이 나온다. 또 다른 대목에서는 몸의 부활에 대해 이런 말을 한다: "그대가 뿌리는 씨는 죽지 않으면 살아나지 않습니다."[238] 산 채로 그리스도에게 발견될 사람들이 어떻게 죽지 않고서도 불사불멸을 통해 그리스도 안에서 살게 될까? "그대가 뿌리는 씨는 죽지 않으면 살아나지 않습니다"라는 구절이 바로 이때문에 나온 말씀으로 보인다. 우리가 제대로 알아들어, 씨가 뿌려진다는 말을 인간의 몸을 가리키는 구절로 파악한다면, 죽음으로써 어떤 면에서 몸이 땅으로 돌아간다는 뜻이 된다(인류의 첫 조상으로 계명을 어긴 자에게 하느님이 한 말씀, 곧 "너는 흙이니 흙으로 돌아가리라"[239]고 한 말씀도 그런 내용이다). 그럴 경우 그리스도가 왔을 때 아직 자기 몸을 벗어나지 못한 사람들은 사도의 저 말에도 해당하지 않고 창세기의 저 말에도 해당하지 않는다고 자백해야 한다. 왜냐하면 구름을 타고 위로 이끌려갈 사람들은 씨뿌려지는 것이 분명 아니다. 그들이 아무런 죽음도 겪지 않든 공중에서 잠깐 죽든 상관없이, 그 몸들은 땅으로 가지도 않고 땅으로 돌아가지도 않을 것이기 때문이다.

20.3. 고린토인들에게는 무엇이라 했는가

그런데 같은 사도가 하는 말 때문에 또 다른 문제에 부딪치게 된다. 육체의 부활을 두고 고린토인들에게 "우리 모두가 일으켜질 것입니다"고 한 말이 그것이

alii codices habent: *Omnes dormiemus.* Cum ergo nec resurrectio fieri, nisi mors praecesserit, possit, nec dormitionem possimus illo loco intellegere nisi mortem: quo modo omnes uel dormient uel resurgent, si tam multi, quos in corpore inuenturus est Christus, nec dormient nec resurgent? Si ergo sanctos, qui reperientur Christo ueniente uiuentes eique in obuiam rapientur, crediderimus in eodem raptu de mortalibus corporibus exituros et ad eadem mox inmortalia redituros, nullas in uerbis apostoli patiemur angustias, siue ubi dicit: *Tu quod seminas, non uiuificatur, nisi moriatur,* siue ubi dicit: *Omnes resurgemus* aut: *Omnes dormiemus*; quia nec illi per inmortalitatem uiuificabuntur, nisi, quamlibet paululum, tamen ante moriantur, ac per hoc et a resurrectione non erunt alieni, quam dormitione praecedunt, quamuis breuissima, non tamen nulla. Cur autem nobis incredibile uideatur illam multitudinem corporum in aere quodam modo seminari atque ibi protinus inmortaliter atque incorruptibiliter reuiuescere, cum credamus, quod idem ipse apostolus apertissime dicit, in ictu oculi futuram resurrectionem et in membra sine fine uictura tanta facilitate tamque inaestimabili uelocitate rediturum antiquissimorum cadauerum puluerem? Nec ab illa sententia, qua homini dictum est: *Terra es et in terram ibis,* futuros illos sanctos arbitremur inmunes, si eorum morientium in terram non reccident corpora, sed, sicut in ipso raptu morientur, ita et resurgent, dum feruntur in aera. *In terram* quippe *ibis* est «in hoc ibis amissa uita, quod eras antequam sumeres uitam»; id est, hoc eris exanimatus, quod eras antequam esses animatus (terrae quippe insufflauit Deus in faciem flatum uitae, cum factus est homo in animam uiuam);

---

[240] 1고린 15,51: omnes resurgemus / omnes dormiemus. 〔200주년: "우리가 다 잠들지는 않겠지만 모두가 변할 것입니다". 공동번역: "우리는 죽지 않고 모두 변화할 것입니다."〕 교부는 다른 데(*Epistula* 205.14)서도 이 문제를 언급한다.

[241] 당대에는 죽음의 보편성을 인정하면서도 주님이 재림할 적에 살아있을 인간들의 처지에는 예외를 허용하려는 풍조가 있었으므로 아우구스티누스도 이에 관해 논하지 않을 수 없었다.

[242] 1고린 15,52 참조: "순식간에, 눈 깜박할 사이에, 마지막 나팔소리에 모두 변할 것입니다."

다. 같은 구절이 다른 사본에는 "우리 모두가 잠들 것입니다"라고 되어 있다.[240] 죽음이 선행하지 않으면 부활도 일어날 수 없으므로 이 대목에서 잠든다는 말은 죽음 외에 다른 뜻으로 해석할 수가 없다. 그리스도가 와서 아직 육체 속에 있는 그 상태로 만날 사람들이 무척 많을 것이고, 그들은 잠들 것도 아니고 부활할 것도 아닐 텐데, 모두가 잠든다거나 모두가 부활하리라는 말이 어떻게 가능하겠는가? 그러므로 믿을 만한 얘기는, 그리스도가 올 때 살아있을 성도들은 그분을 마중하러 이끌려갈 것이므로 바로 그렇게 이끌려가는 도중에 사멸할 육체로부터 벗어나 당장 불사불멸하는 육체로 돌아오리라는 것이며, 그렇다면 사도의 말에는 곤란한 대목이 전혀 없다. "그대가 뿌리는 씨는 죽지 않으면 살아나지 않습니다"라는 말도 그렇고, "우리 모두가 일으켜질 것입니다"라고 하든 "우리 모두가 잠들 것입니다"라고 하든 상관없다. 저 성도들도 비록 짧은 순간이나마 먼저 죽지 않으면 불사불멸로 살아나지 못할 것이기 때문이다. 그들도 부활에서 소외되지는 않을 테고 부활에 앞서 먼저 잠드는 일이 생길 것이다. 그 잠이 아무리 짧다고 해도 전혀 안 자는 것은 아니다.[241] 그러면 그때에 살아있을 저 많은 육체들이 어떤 모양으로든 공중에 씨뿌려지고, 또 공중에서 불사불멸하고 썩지 않는 모습으로 다시 살아나리라는 말이 우리에게는 왜 믿기지 않는 것일까? 같은 사도가 눈 깜박할 사이에 부활이 이루어지리라고 했고[242] 아주 오래된 시체들의 먼지가 끝없이 생명을 누릴 지체 속으로 돌아오리라고, 아주 간단하고 상상도 못할 만큼 빠른 속도로 돌아오리라고 한 말을 우리가 믿는다면, 저런 설명은 왜 믿지 못한다는 말인가? 만약 그들의 죽어가는 육체가 비록 땅으로 떨어지지 않고 저렇게 이끌리는 도중에 죽음을 겪는 것이라면, 그 육체가 공중으로 이끌려가는 동안에 또한 부활할 것이므로, 저 성도들은 사람에게 "너는 흙이니 흙으로 돌아가리라"고 말씀한 선고를 벗어날 수 있다고 생각할 필요는 없을 것이다. 그렇다면 "흙으로 돌아가리라"는 말씀은 이런 뜻이 된다: "생명을 잃으면 너는 네가 생명을 얻기 전에 있던 그것으로 돌아가느니라." 다시 말해서, 너는 네가 혼을 받기 전에 있었던, 혼 없는 존재가 되리라. (하느님은 흙의 얼굴에다 생명의 입김을 불어넣었으며 그러자 사람은 살아있는

tamquam diceretur: «Terra es animata, quod non eras; terra eris exanimis, sicut eras»; quod sunt et antequam putrescant omnia corpora mortuorum; quod erunt et illa, si morientur, ubicumque moriantur, cum uita carebunt, quam continuo receptura sunt. Sic ergo ibunt in terram, quia ex uiuis hominibus terra erunt, quem ad modum it in cinerem, quod fit cinis; it in uetustatem, quod fit uetus; it in testam, quod ex luto fit testa; et alia sescenta sic loquimur. Quo modo autem sit futurum, quod nunc pro nostrae ratiunculae uiribus utcumque conicimus, tunc erit potius, ut nosse possimus. Resurrectionem quippe mortuorum futuram et in carne, quando Christus uenturus est uiuos iudicaturus et mortuos, oportet, si Christiani esse uolumus, ut credamus; sed non ideo de hac re inanis est fides nostra si, quem ad modum futura sit, perfecte conprehendere non ualemus. Verum iam, sicut supra promisimus, de hoc iudicio Dei nouissimo etiam prophetici ueteres libri quid praenuntiauerint, quantum satis esse uidebitur, debemus ostendere; quae, sicut arbitror, non tanta mora necesse erit tractari et exponi, si istis, quae praemisimus, lector curauerit adiuuari.

혼이 되었다.) 이것은 "너는 혼이 있는 흙이다. 전에는 그렇지 않았다. 이제 전에 그랬던 것처럼 혼이 없는 흙이 되리라"는 말씀과 같다. 죽은 자들의 육체가 바로 이러하며 썩기 전에도 이렇다. 따라서 공중에서 죽으리라는 성도들의 육체도 똑같으니, 어디서 죽든지 상관없이 생명을 잃는 한 그러할 것이다. 비록 당장 생명을 다시 얻는다고 하더라도. 그래서 그것들은 흙으로 돌아갈 텐데, 산 인간들이 흙이 되는 까닭이다. 무릇 먼지로 돌아가는 것은 먼지가 되는 법이다. 옛것으로 돌아가는 것은 옛것이 된다. 진흙에서 옹기가 되는 것은 옹기로 돌아간다. 이런 예는 수백 가지 더 들 수 있다. 그 일이 과연 어떻게 이루어지는지에 대해서는 지금 우리의 보잘것없는 이성 따위의 힘으로는 겨우 추측이나 할 따름이고, 그때 가서야 일이 어떻게 되는지 알 수 있을 것이다. 요점은 우리가 그리스도인으로 머물고자 한다면, 그리스도가 와서 산 이와 죽은 이들을 심판할 때 죽은 이들의 부활이 육신으로 이루어진다고 믿어야 한다는 것이다. 하지만 그 일이 어떻게 이루어지는지 완벽하게 파악할 능력이 없다고 해서 이 문제에 관한 우리의 신앙이 헛된 것은 아니다.[243] 다만 우리가 앞에서 약속한 대로,[244] 하느님의 이 최후심판에 관해 구약의 예언자들이 무엇을 예고했는지는 충분하게 제시해야 하겠다. 독자는 우리가 신약에서 이미 제시한 내용으로 도움을 얻을 수 있으므로 그 예언들을 장황하게 취급하고 설명할 필요는 없으리라는 것이 내 생각이다.

---

[243] 신앙의 대상, 특히 부활의 실상은 인간 이성의 이해력을 넘는다는 것은 교부가 시종일관 강조하는 바이기도 하다.

[244] 20.4 참조.

21. Propheta Esaias: *Resurgent,* inquit, *mortui et resurgent qui erant in sepulcris, et laetabuntur omnes qui sunt in terra; ros enim, qui abs te est, sanitas illis est; terra uero impiorum cadet.* Totum illud superius ad resurrectionem pertinet beatorum. Quod autem ait: *Terra uero impiorum cadet,* bene intellegitur dictum: «Corpora uero impiorum ruina damnationis excipiet.» Iam porro si de bonorum resurrectione quod dictum est diligentius et distinctius uelimus intueri, ad primam referendum est quod dictum est: *Resurgent mortui*; ad secundam uero quod sequitur: *Et resurgent qui erant in sepulcris.* Iam si et illos inquiramus sanctos, quos hic uiuos inuenturus est Dominus, eis congrue deputabitur quod adiunxit: *Et laetabuntur omnes qui sunt in terra; ros enim, qui abs te est, sanitas illis est.* Sanitatem loco isto inmortalitatem rectissime accipimus; ea namque est plenissima sanitas, quae non reficitur alimentis tamquam cotidianis medicamentis. Item de iudicii die spem prius dans bonis, deinde terrens malos idem propheta sic loquitur: *Haec dicit Dominus: Ecce ego declino in eos ut flumen pacis et ut torrens inundans gloriam gentium. Filii eorum super umeros portabuntur et super genua consolabuntur. Quem ad modum si quem mater consoletur, ita ego uos consolabor; et in Hierusalem consolabimini, et uidebitis, et gaudebit cor uestrum et ossa uestra ut herba exorientur. Et cognoscetur manus Domini colentibus eum, et commi-*

---

[245] 이사 26,19. 〔공동번역: "이미 죽은 당신의 백성이 다시 살 것입니다. 그 시체들이 다시 일어나고 땅 속에 누워 있는 자들이 깨어나 기뻐 뛸 것입니다. 땅은 반짝이는 이슬에 흠뻑 젖어 죽은 넋들을 다시 솟아나게 할 것입니다."〕

[246] 공동번역: "나 이제 평화를 강물처럼 예루살렘에 끌어들이리라. 민족들의 평화를 개울처럼 쏟아져 들어오게 하리라."

제3부 (21-30)
최후심판에 관한 구약의 예고

21. 이사야 예언자는 죽은 이 부활과 심판의 상선벌악에 대해 무슨 말을 했는가
21. 1. 이사야서에 부활의 행복은 어떻게 나타나 있는가

이사야 예언자가 말한다: "죽은 이들이 부활할 것입니다. 무덤 속에 있던 자들이 부활할 것입니다. 땅에 있는 자들이 모두 기뻐할 것입니다. 당신께로부터 오는 이슬이 그들에게 건강입니다. 그러나 불경스런 자들의 땅은 넘어질 것입니다."[245] 전반부 내용은 전체가 복된 이들의 부활에 해당한다. 단지 "불경스런 자들의 땅은 넘어질 것입니다"라는 말은 다음과 같은 뜻으로 알아들으면 이해를 잘하는 편이다: "단죄의 폐허가 불경스런 자들의 육체를 거두어들일 것입니다." 만일 우리가 선인들의 부활에 대해 한 말을 더 철저하고 더 상세하게 궁구하고자 한다면, "죽은 이들이 부활할 것입니다"라고 한 구절은 첫째 부활에 관련시키고 "무덤 속에 있던 자들이 부활할 것입니다"라는 구절은 둘째 부활에 관련시켜야 할 것이다. 주님이 올 적에 산 채로 발견될 인간들이 저 성도들을 두고 한 말이라면, 뒤따라오는 구절, 곧 "땅에 있는 자들이 모두 기뻐할 것입니다. 당신께로부터 오는 이슬이 그들에게 건강입니다"라고 덧붙인 구절이 바로 그들에게 딱 들어맞는 것으로 볼 만하다. 이 구절에서 "건강"이라는 말은 불사불멸을 뜻하는 것으로 받아들이면 아주 정확하다. 완전무결한 건강은 마치 매일의 약품처럼 음식으로 보양되는 것이 아닌 그런 건강이다. 심판의 날에 관해서도 예언자는 먼저 선인들에게 희망을 북돋아 주고 그다음 악인들을 위협하는 뜻에서 이렇게 말한다: "주님이 말씀하신다. '나 이제 평화의 강물을 그들에게 끌어들이리라. 민족들의 영광을 개울처럼 쏟아져 들어오게 하리라.[246] 그들의 자식들은 어깨에 얹혀 다니고 무릎에서 귀염을 받으리라. 어미가 자식을 달래듯이 내가 너희를 위로하리라. 너희가 예루살렘에서 위로를 하리라. 이를 보고 너희는 마음이 흐뭇하며 너희 뼈마디가 풀잎처럼 싱싱하게 돋으리라.' 주님을 섬기는 자들에게는 주님의 손길이 알려지겠지

nabitur contumacibus. *Ecce enim Dominus ut ignis ueniet, et ut tempestas currus eius, reddere in indignatione uindictam et uastationem in flamma ignis. In igne enim Domini iudicabitur omnis terra et in gladio eius omnis caro; multi uulnerati erunt a Domino.* In bonorum promissione flumen pacis profecto abundantiam pacis illius debemus accipere, qua maior esse non possit. Hac utique in fine rigabimur; de qua in praecedenti libro abundanter locuti sumus. Hoc flumen se in eos declinare dicit, quibus tantam beatitudinem pollicetur, ut intellegamus in illius felicitatis regione, quae in caelis est, hoc flumine omnia satiari; sed quia et terrenis corporibus pax incorruptionis atque inmortalitatis inde influet, ideo declinare se dixit hoc flumen, ut de supernis quodam modo etiam inferiora perfundat et homines aequales angelis reddat. Hierusalem quoque, non illam quae seruit cum filiis suis, sed liberam matrem nostram intellegamus secundum apostolum aeternam in caelis. Ibi post labores aerumnarum curarumque mortalium consolabimur, tamquam paruuli eius in umeris genibusque portati. Rudes enim nos et nouos blandissimis adiutoriis insolita nobis beatitudo illa suscipiet. Ibi uidebimus, et gaudebit cor nostrum. Nec expressit quid uidebimus; sed quid nisi Deum? Vt impleatur in nobis promissum euangelicum: *Beati mundicordes, quoniam ipsi Deum uidebunt,* et omnia illa, quae nunc non uidemus, credentes autem pro modulo capacitatis humanae longe minus quam sunt atque incomparabiliter cogitamus. *Et uidebitis*, inquit, *et gaudebit cor uestrum.* Hic creditis, ibi uidebitis.

---

[247] 공동번역: "그렇다, 야훼께서는 몸소 온 세상을 불로, 모든 사람을 칼로 심판하신다."

[248] 이사 66,12-16.

[249] 평화는 19권에서 상론했고 "질서의 평온"(19.13.1)으로 정의했다.

[250] 갈라 4,25-26 참조: "하갈은 지금의 예루살렘에 해당합니다. 오늘날 예루살렘이 그 자손들과 함께 종살이를 하고 있기 때문입니다. 그러나 하늘에 있는 예루살렘은 자유로우며 바로 우리의 어머니입니다."

[251] 마태 5,8.

[252] pro modulo capacitatis humanae longe minus quam sunt: 하느님과 천상사물은 더할 나위 없이 가지적(可知的)이지만 영육으로 결합된 인간 인식 능력의 한계로 인해 제대로 파악할 수 없다는 것이 교부의 인식론이다.

만 불손한 자들에게는 위협을 가하리라. 보아라, 주님께서 불처럼 오신다. 그분의 병거들은 폭풍같이 온다. 노기충천하시어 불길로 복수와 파괴를 가하신다. 주님의 불로 온 땅이 심판받을 것이고 그분의 칼로 모든 사람이 심판받으리라.[247] 많은 사람이 주님께 상처를 입으리라."[248] 선인들에게 하는 약속에서 나오는 평화의 강물이란 그보다 더 큰 평화가 있을 수 없을 만큼 풍족한 그분의 평화를 가리키는 것으로 받아들여야 한다. 마지막에 가서 우리는 이 평화로 촉촉이 젖을 것이다. 이 평화에 관해서는 앞의 책권들에서 충분히 다루었다.[249] 주님은 당신이 크나큰 행복을 약속한 그 사람들에게 이 강물을 끌어들이겠다고 말씀한다. 우리는 저 행복의 경지, 곧 천국에서는 모든 것이 이 강물로 풍족해지리라고 알아들을 만하다. 하지만 지상적 육체에도 썩지 않음과 불멸의 평화가 그곳으로부터 흘러내려야 하므로, 이 지상에도 당신이 저 강물을 끌어들이리라고 말씀한다. 그래야 위에 있는 사물로부터 아래에 있는 사물들까지 흠뻑 적셔져 인간들이 천사들과 동등한 존재로 만들어지게 될 것이다. 이 구절에 나오는 예루살렘 역시 자기 자식들을 데리고 종노릇하는 예루살렘이 아니고 자유로운 우리의 어머니요, 사도가 말한 대로 영원한 천상 예루살렘이라고 알아들어야 한다.[250] 거기서는 지나가는 인생의 수고와 걱정의 고생을 다 겪은 다음이어서 우리도 위로를 받을 것이고 어린아이들처럼 그분의 어깨와 무릎에 업혀 다닐 것이다. 우리는 무지몽매한 초보자처럼 극진한 보살핌을 입을 것이고 예상치 못한 행복이 우리를 거둬 줄 것이다. 거기서는 만사를 우리 눈으로 보고 우리 마음이 흐뭇할 것이다. 우리가 무엇을 보게 되는지는 이사야도 특별한 표현을 하지 않았다. 하지만 하느님이 아니고 무엇을 보겠는가? 그래야 "복되도다, 마음이 깨끗한 사람들! 하느님을 뵙게 되리니"[251]라는 복음의 언약이 우리에게 실현될 것이다. 그리고 우리가 지금은 보지 못하고 오로지 믿기만 하는 모든 것을 보게 될 것이다. 사실 인간 능력의 미약함으로 인해 우리는 실제로 있는 것보다 훨씬 못하게 여기고 도저히 비교도 안 되는 상상을 하고 있는 것이다.[252] "너희는 보고 너희 마음이 흐뭇하리라." 여기서는 너희가 믿고, 거기서는 보게 되리라.

Sed quoniam dixit: *Et gaudebit cor uestrum*, ne putaremus illa bona Hierusalem ad nostrum tantummodo spiritum pertinere: *Et ossa*, inquit, *uestra ut herba exorientur*; ubi resurrectionem corporum strinxit, uelut quod non dixerat reddens; neque enim cum uiderimus fiet, sed cum fuerit facta uidebimus. Nam et de caelo nouo ac terra noua iam supra dixerat, dum ea, quae sanctis promittuntur in fine, saepe ac multiformiter diceret. *Erit*, inquit, *caelum nouum et terra noua, et non erunt memores priorum, nec ascendet in cor ipsorum, sed laetitiam et exultationem inuenient in ea. Ecce ego faciam Hierusalem exultationem et populum meum laetitiam; et exultabo in Hierusalem et laetabor in populo meo; et ultra non audietur in illa uox fletus*, et cetera, quae quidam ad illos carnales mille annos referre conantur. Locutiones enim tropicae propriis prophetico more miscentur, ut ad intellectum spiritalem intentio sobria cum quodam utili ac salubri labore perueniat; pigritia uero carnalis uel ineruditae atque inexercitatae tarditas mentis contenta litterae superficie nihil putat interius requirendum. Haec de propheticis uerbis, quae ante istum locum scripta sunt, satis dixerim. In hoc autem loco, unde ad illa digressi sumus, cum dixisset: *Et ossa uestra ut herba exorientur*, ut resurrectionem carnis quidem, sed tamen bonorum se nunc commemorare monstraret, adiunxit: *Et cognoscetur manus Domini colentibus eum*. Quid est hoc nisi manus distinguentis cultores suos a contemptoribus suis? De quibus sequentia contexens: *Et comminabitur*, inquit, *contumacibus*, siue, ut ait alius interpres, *incredulis*. Nec tunc comminabitur, sed quae nunc dicuntur minaciter, tunc efficaciter imple-

---

[253] 이사 65,17-19. 〔공동번역: "보아라, 나 이제 새 하늘과 새 땅을 창조한다. 지난 일은 기억에서 사라져 생각나지도 아니하리라. 내가 창조하는 것을 영원히 기뻐하고 즐거워하여라 …."〕

[254] 예언자가 메시아 시대의 태평성대를 노래한 것을 교부는 종말론적으로 해설하여 최후심판 이후의 새 하늘과 새 땅으로 이해한다. 히에로니무스(*Commentarium In Isaiam* 65.17-19)는 유다인들의 자구적 해석(carnaliter)을 소개하고 있다.

[255] locutio tropica(전의적 어법), locutio propria(자구적 어법), intellectus spiritualis(영적 해석): 한 문장에 중세 성서해석의 기법들이 다 소개되어 있다. 교부는 언제나 자구적 해석과 우의적 해석의 중도를 채택한다.

[256] Cf. Hieronymus, *Commentarium In Isaiam* 66.13.14: "칠십인역본에는 '불손한 자들' 대신에 '불신하는 자들'이라고 되어 있다(pro *servis* posuerunt *timentes*, pro *inimicis, incredulos*)".

21.2. 불경스런 자들의 멸망

"너희 마음이 흐뭇할 것이다"라고 했다고 예루살렘의 저 모든 선익이 우리의 영靈에만 해당한다는 생각은 말아야 한다. "너희 뼈마디가 풀잎처럼 싱싱하게 돋으리라"는 말씀도 있기 때문이다. 이 구절은 육체의 부활을 축약한 표현으로서, 말로 하지 않은 생각을 드러내는 제유법提喩法이다. 그렇다고 우리가 볼 때 비로소 생겨나는 일은 아니고 그 일이 생겨난 다음에 우리가 보게 된다. 그 이유는 새 하늘과 새 땅에 관해 앞에서 이미 말한 적이 있지만 종말에 성도들에게 닥치리라고 언약된 바를 형용하는 방식이 다양하기 때문이다: "새 하늘과 새 땅이 오리라. 지난 일은 기억에서 사라져 마음에 떠오르지도 아니하리라. 거기서는 기쁨과 즐거움을 발견하리라.[253] 보아라, 나는 예루살렘을 나의 기쁨으로 삼고 내 백성을 나의 즐거움으로 삼으리라. 예루살렘을 두고 나는 기뻐하고 내 백성을 두고 나는 즐거워하리라. 그 안에서 다시는 울음소리가 나지 아니하리라."[254] 이 내용을 혹자는 자구적字句的으로 해석하여 저 천 년 기간과 연관시키려고 애쓴다. 여기에는 예언의 특유한 방식으로 말미암아 전의적轉義的 어법이 자구적 어법과 뒤섞여 있기 때문에, 소박한 의도를 갖고 덤비더라도 수고 (물론 그런 수고는 유익하고도 이롭다)를 들여야 영적 해석에 도달할 수 있다.[255] 하지만 육적 태만이라든지 배우지 못하고 숙련되지 못한 우둔한 지성은 문자文字 표면으로만 만족하고 더 깊은 무엇을 탐구할 생각은 전혀 하지 않는다. 예언적 언사에서 이 점에 관해서는 방금 나온 대목 조금 전에 나온 구절에서 내가 충분히 얘기한 듯하다. 그럼 우리가 다루다가 논지에서 벗어난 그 대목으로 돌아가서 "너희 뼈마디가 풀잎처럼 싱싱하게 돋으리라"고 한 말을 보자. 육신의 부활을 말하는 것이 분명한데, 당장은 자기가 어디까지나 선인들의 부활을 언급하는 것처럼 다음 구절을 덧붙인다: "주님을 섬기는 자들에게는 주님의 손길이 알려지리라." 이 손길이란 당신을 섬기는 자들과 당신을 경멸하는 자들을 갈라놓는 손길이 아니고 무엇이겠는가? 후자에 대해서는 다음 구절이 연달아 나온다: "불손한 자들에게는 위협을 가하리라." 다른 번역자의 말을 따르자면 "불신하는 자들에게는 위협을 가하리라".[256] 그때 가서 위협을 가하리라

buntur. *Ecce enim Dominus*, inquit, *ut ignis ueniet et ut tempestas currus eius, reddere in indignatione uindictam et uastationem in flamma ignis. In igne enim Domini iudicabitur omnis terra et in gladio eius omnis caro; multi uulnerati erunt a Domino.* Siue igne siue tempestate siue gladio poenam iudicii significat; quando quidem ipsum Dominum quasi ignem dicit esse uenturum, eis profecto quibus poenalis erit eius aduentus. Currus uero eius (nam pluraliter dicti sunt) angelica ministeria non inconuenienter accipimus. Quod autem ait omnem terram et omnem carnem in eius igne et gladio iudicari, non etiam hic spiritales intellegamus et sanctos, sed terrenos atque carnales, de qualibus dictum est: *Qui terrena sapiunt*, et: *Sapere secundum carnem mors est*; et quales omnino caro appellantur a Domino, ubi dicit: *Non permanebit spiritus meus in hominibus istis, quoniam caro sunt.* Quod uero hic positum est: *Multi uulnerati erunt a Domino*, isto fiet uulnere mors secunda. Potest quidem et ignis et gladius et uulnus accipi in bono. Nam et ignem Dominus uelle se dixit mittere in mundum, et uisae sunt illis linguae diuisae uelut ignis, quando uenit Spiritus sanctus, et: *Non ueni*, inquit idem Dominus, *pacem mittere in terram, sed gladium*, et sermonem Dei dicit scriptura gladium bis acutum propter aciem geminam testamentorum duorum, et in cantico canticorum caritate se dicit sancta ecclesia uulneratam, uelut amoris impetu sagittatam. Sed hic cum legimus uel audimus ultorem Dominum esse uenturum, quem ad modum haec intellegenda sint, clarum est.

Deinde breuiter commemoratis eis, qui per hoc iudicium consumentur, sub figura ciborum in lege uetere uetitorum, a quibus se non abstinuerunt, peccatores impiosque significans recapitulat ab initio gratiam noui testa-

---

[257] omnis caro: "모든 살"이라는 히브리어 어법은 의당히 "모든 사람"으로 해석된다.

[258] 필립 3,19.

[259] 로마 8,6.

[260] 창세 6,3.

[261] 루가 12,49 참조: "나는 세상에 불을 지르러 왔습니다. 불이 이미 타오른다면야 무엇을 더 바라겠습니까?"

[262] 사도 2,3 참조.

[263] 마태 10,34.

[264] 히브 4,12 참조: "하느님 말씀은 살아있고 힘이 있으며 어떤 쌍날칼보다 날카롭습니다."

[265] 이사 66,17 참조: "한중간에 선 여사제의 뒤를 따라 동산에 들어가려고 목욕재계하는 자들, 돼지, 길짐승, 들쥐의 고기를 먹는 자들이 모두 함께 끝장나리라."

는 말이 아니고 지금 위협적으로 하는 말이 그때 가서 제대로 이루어지리라는 뜻이다: "보아라, 주님께서 불처럼 오신다. 그분의 병거들은 폭풍같이 온다. 노기충천하시어 불길로 복수와 파괴를 가하신다. 주님의 불로 온 땅이 심판받을 것이고 그분의 칼로 모든 사람이 심판받으리라. 많은 사람이 주님께 상처를 입으리라." 불이든 폭풍이든 칼이든 하나같이 심판의 벌을 상징한다. 주님이 불처럼 오리라고 말한 것은 그분의 내림이 곧 징벌이 될 사람들을 염두에 두고 하는 말이다. 그분의 병거들은 (복수複數로 나온다는 점에서) 천사들의 시중이라고 알아들어도 무리는 아니다. 온 땅과 모든 사람[257]이 그분의 불과 칼로 심판받으리라고 할 때, 그것은 영적이고 거룩한 사람들까지 포함하는 말이 아니고 지상적이고 육적인 인간들을 가리키며, 그런 사람들을 두고 "그들은 지상 것만 맛들입니다"[258]라고 한다. 또 "육에 따라 맛들이는 바는 곧 죽음입니다"[259]라는 말씀도 있다. 그런 인간들을 가리켜 주님이 그냥 살이라고 부른 경우도 있어 "사람은 살에 지나지 않으니 나의 입김이 사람들에게 언제까지나 머물러 있을 수 없다"[260]고 한다. 그리고 "많은 사람이 주님께 상처를 입으리라"는 구절은 그 상처로 둘째 죽음이 오리라는 뜻으로 풀이된다. 또 불도 칼도 상처도 좋은 뜻으로 받아들일 수 있다. 주님도 당신이 세상에 불을 지르고 싶다는 말씀을 했고,[261] 또 성령이 올 적에도 불 같은 혀들이 갈라지면서 나타났던 것이다.[262] 그리고 바로 그 주님이 한 말씀이 있다: "나는 평화를 베풀러 오지 않고 오히려 칼을 던지러 왔습니다."[263] 성서는 하느님의 말씀을 두 번이나 날이 선 칼이라고 했다 신구약이라는 두 계약의 쌍날칼 때문일 것이다.[264] 또 아가에서는 거룩한 교회가 사랑으로 상처를 입었노라고, 사랑의 충격에 화살을 맞았노라고 하소연하기도 한다. 그렇지만 여기서 하느님이 복수하는 분으로 오리라는 말씀을 읽거나 듣는다면 이 말씀을 어떻게 이해해야 하는지는 분명하다.

21.3. 신약에 드러나는 주님의 은총

그다음에 이사야는 이 심판으로 멸망할 사람들을 짤막하게 언급하고, 옛 율법에서 금지된 음식들의 형태를 빌려 그 음식을 삼가지 않는 자들은 죄인이며 불경스런 사람으로 상징한다.[265] 그러고는 처음부터 구세주의 첫째 내림에서 시작하여

menti a primo Saluatoris aduentu usque ad ultimum iudicium, de quo nunc agimus, perducens finiensque sermonem. Narrat namque Dominum dicere se uenire, ut congreget omnes gentes, easque uenturas et uisuras eius gloriam. *Omnes enim, sicut dicit apostolus, peccauerunt et egent gloria Dei.* Et relicturum se dicit super eos signa, quae utique mirantes credant in eum; et emissurum ex illis saluatos in gentes diuersas et longinquas insulas, quae non audierunt nomen eius neque uiderunt eius gloriam; et adnuntiaturos gloriam eius in gentibus et adducturos fratres istorum, quibus loquebatur, id est in fide sub Deo Patre fratres Israelitarum electorum; adducturos autem ex omnibus gentibus munus Domino in iumentis et uehiculis (quae iumenta et uehicula bene intelleguntur adiutoria esse diuina per cuiusque generis ministeria Dei, uel angelica uel humana) in sanctam ciuitatem Hierusalem, quae nunc in sanctis fidelibus est diffusa per terras. Vbi enim diuinitus adiuuantur, ibi credunt, et ubi credunt, ibi ueniunt. Comparauit autem illos Dominus tamquam per similitudinem filiis Israel offerentibus ei suas hostias cum Psalmis in domo eius, quod ubique iam facit ecclesia; et promisit ab ipsis se accepturum sibi sacerdotes et Leuitas; quod nihilo minus fieri nunc uidemus. Non enim ex genere carnis et sanguinis, sicut erat primum secundum ordinem Aaron; sed, sicut oportebat in testamento nouo, ubi secundum ordinem Melchisedech summus sacerdos est Christus, pro cuiusque merito, quod in eum gratia diuina contulerit, sacerdotes et Leuitas eligi nunc uidemus, qui non isto nomine, quod saepe adsequuntur indigni, sed ea, quae non est bonis malisque communis, sanctitate pensandi sunt.

---

[266] 이사 66,18 참조: "나는 가서 다른 말을 쓰는 모든 민족들을 모아 오리라. 그들은 와서 나의 영광을 볼 것이다."

[267] 로마 3,23.

[268] 이사 66,19-20 참조.

[269] Hierusalem, quae nunc in sanctis fidelibus est diffusa per terras: 예루살렘을 장소적으로 해석하지 않고 교회의 상징으로 해석한다.

[270] 이사 66,20 참조: "이스라엘 백성이 정한 그릇에 선물을 담아다가 야훼의 성전에 바치듯이 바칠 것이다."

[271] 이사 66,21 참조: "내가 그들 가운데서 더러는 사제로, 더러는 레위인으로 뽑아 세우리라."

[272] 시편 109[110],4 참조.

[273] non isto nomine sed ea sanctitate pensandi sunt: 성사의 사효성(事效性)을 시비하는 말이 아니고 그 인물에 대한 존경을 언급하고 있다.

최후심판(우리는 지금 이 심판을 다루는 중이다)에 이르는 신약의 은총을 총괄하여 제시한다. 그러고 나서 이사야는 이야기를 끝맺는다. 즉, 주님이 말씀하기를 당신이 와서 모든 민족을 한데 모으고, 그 민족들이 와서 당신의 영광을 보리라고.²⁶⁶ 사도가 말하는 대로 "과연 모든 이가 죄를 지어 하느님의 영광을 잃어버렸던"²⁶⁷ 까닭이다. 그리고 이사야는 주님이 그들에게 당신의 표를 남길 것이며 사람들이 그것에 놀라 그분을 믿게 되리라는 말도 한다. 그들 중에서 구원받은 사람들을 파견하여 여러 민족들에게 보내고, 일찍이 그분의 이름을 들은 적이 없고 그분의 영광을 본 적도 없는 멀리 떨어진 섬들로 그들을 보내리라는 말씀도 있다. 또 그들은 그 민족들에게 그분의 영광을 알리고 말을 건넨 형제들을 데려올 것이니, 곧 선택된 이스라엘인들의 형제로 삼아서 아버지 하느님께 복속하는 신앙으로 이끌어올 것이다. 그들은 모든 민족들에게 받은 주님께 바칠 예물을 가축과 수레에 싣고 거룩한 도성 예루살렘으로 올 것이다.²⁶⁸ (여기 나오는 가축과 수레는 신적 보우保佑라고 이해하는 것이 옳고, 천사든 인간이든 하느님을 받드는 갖가지 직무를 통해 이 보우가 드러난다.) 지금 예루살렘은 거룩한 신자들 사이에서 온 땅에 퍼져 있다.²⁶⁹ 신적 보우를 받는 곳에서는 믿음이 생기며, 믿음이 생기는 곳에는 사람들이 온다. 이사야서에서 주님은 그들을 마치 이스라엘의 자손들에 견주었으며, 주님의 집에서 시편을 노래하면서 당신에게 제물을 갖다 바치는 사람으로 형언했다.²⁷⁰ 이것은 어디서나 교회가 벌써 시행하고 있는 바이다. 심지어 주님은 그들 가운데서 사제와 레위인을 뽑아 받아들이겠다는 말씀도 한다.²⁷¹ 그 일도 지금 일어나고 있음을 우리가 목격하는 중이다. 하지만 그들은 처음에 아론의 반열에 따른 사제들처럼 혈육에 따라 세워지는 사제들이 아니다. 오히려 신약에 알맞은 사제들이다. 신약에서는 그리스도가 멜기세덱의 반열에 따른 대사제가 되어 있다.²⁷² 지금은 신적 은총이 각자에게 가져다주는 각자의 공적에 따라서 사제나 레위인으로 뽑히는 것을 우리가 눈으로 보아서 안다. 그들은 흔히 본인들이 합당하지 않은데도 사제의 칭호가 부여되기도 하기 때문에 그 칭호에 따라서 존경할 것은 아니다. 오히려 성덕에 따라서 존경해야 할 것이니, 성덕은 선인들에게나 악인들에게나 공통되는 것이 아니기 때문이다.²⁷³

Haec cum de ista, quae nunc inpertitur ecclesiae, perspicua nobisque notissima Dei miseratione dixisset, promisit et fines, ad quos per ultimum iudicium facta bonorum malorumque discretione uenietur, dicens per prophetam, uel de Domino dicens ipse propheta: *Quo modo enim caelum nouum et terra noua manebit coram me, dicit Dominus, sic stabit semen uestrum et nomen uestrum, et erit mensis ex mense et sabbatum ex sabbato. Veniet omnis caro in conspectu meo adorare in Hierusalem, dixit Dominus; et egredientur et uidebunt membra hominum, qui praeuaricati sunt in me. Vermis eorum non morietur, et ignis eorum non extinguetur, et erunt uisui omni carni.* Ad hoc iste propheta terminauit librum, ad quod terminabitur saeculum. Quidam sane non interpretati sunt: *Membra hominum*, sed *cadauera uirorum*, per cadauera significantes euidentem corporum poenam; quamuis cadauer nisi caro exanimis non soleat nuncupari, illa uero animata erunt corpora, alioquin nulla poterunt sentire tormenta; nisi forte, quia mortuorum erunt corpora, id est eorum, qui in secundam mortem cadent, ideo non absurde etiam cadauera dici possunt. Vnde est et illud, quod ab eodem propheta dictum iam supra posui: *Terra uero impiorum cadet.* Quis autem non uideat a cadendo esse appellata cadauera? *Virorum* autem pro eo posuisse illos interpretes, quod est «hominum», manifestum est. Neque enim quisquam dicturus est praeuaricatrices feminas in illo supplicio non futuras; sed ex potiore, praesertim de quo femina facta est, uterque sexus accipitur. Verum, quod ad rem maxime pertinet, cum et in bonis dicitur: *Veniet omnis caro*, quia ex omni genere hominum populus ille constabit (non enim omnes homines ibi erunt, quando in poe-

---

[274] 이사 66,22-24. 〔공동번역: "그렇다, 내가 지을 새 하늘과 새 땅은 무너지지 아니하고 내 앞에 남아있으리라. … 매달 초하루와 매주 안식일에 모든 사람이 내 앞에 나와서 나를 경배하리라."〕

[275] membra hominum (Vetus italica)을 cadavera virorum이라고 한 것은 히에로니무스 번역본(Vulgata)이다.

[276] 이사 26,19. 본서 20.21.1 참조.

[277] a cadendo esse appellata cadavera: 20.10 각주 136 참조.

[278] 창세 2,22-23 참조. 라틴어 명사는 남성, 여성, 중성을 띠지만, 성이 다른 명사들이 함께 나오면 더 강한 성으로 수식한다.

21.4. 선인과 악인의 구분

하느님의 자애하심은 뚜렷하고 우리에게도 아주 잘 알려져 있지만 이사야는 이 자애하심, 특히 지금 교회에 내리는 자애하심에 관한 말을 하고 나서 드디어 종말도 언약했다. 최후심판을 통해 선인들과 악인들을 갈라놓음으로써 그 종말에 이른다는 것이다. 그 말은 예언자를 통해 발언하거나 예언자가 주님에 관하여 발언하는 것처럼 되어 있다: "새 하늘과 새 땅이 내 앞에 남아있듯이, 주님의 말씀이시다, 그처럼 너희의 자손과 이름도 이어가리라. 달과 달이 이어가고 안식일과 안식일이 이어가리라. 모든 육신이 내 앞에 나와서 예루살렘에서 나를 경배하리라. 주님이 말씀하셨다. 사람들이 밖으로 나가 나를 거역하던 사람들의 사지를 보리라. 그들을 갉아먹는 구더기는 죽지 아니하고 그들을 사르는 불도 꺼지지 않으리니 모든 사람이 이것을 보리라."[274] 세상이 끝나는 이 구절로 저 예언자는 책을 마친다. 혹자들은 마지막 구절에서 "사람들의 사지"라고 해석하지 않고 "사내들의 주검"이라고 번역했다. 주검이라고 하면 육체의 형벌을 분명하게 의미하기 때문이리라.[275] 주검이라고 하면 혼이 나간 육신이 아닌 다른 것을 일컫지 않는 법이지만, 여기서 말하는 주검은 혼이 깃든 육체일 것이다. 그렇지 않으면 아무런 괴로움도 느끼지 못할 테니까. 혹시 그것이 죽은 이들의 육체, 곧 둘째 죽음에 떨어진 사람들의 육체를 가리킨다면 그것을 주검이라고 불러도 불합리한 점은 없으리라. 같은 예언자의 글에서 내가 벌써 인용한 "불경스런 자들의 땅은 넘어질 것입니다"[276]라는 구절에 그것이 암시되어 있다. "넘어진다"는 말에서 "주검"이라고 부른다는 것을 누가 모르는가?[277] 저 번역자들이 "사내들"이라고 한 말은 "사람들"을 가리키는 것이 분명하다. 왜냐하면 여자들이 주님을 거역하다 형벌을 받는 일이 없다고 할 사람은 아무도 없을 것이기 때문이다. 명사에서 더 강한 성으로 남녀 양성을 표기하는 법이고 더구나 여자는 남자에게서 만들어졌으므로 말할 필요조차 없다.[278] 이 문제는 특히 선인들을 두고 "모든 육신이 내 앞에 나오리라"고 한 말에 아주 잘 들어맞는다. 저 백성은 전 인류 가운데서 구성될 것이기 때문이다. (물론 많은 사람이 형벌을 받을 것이므로 모든 인간이 다 그 자리에 있으리라는 뜻은 아니다.) 내가 이미 언급했지만

nis plures erunt), — sed, ut dicere coeperam, cum et in bonis caro et in malis membra uel cadauera nominantur: profecto post resurrectionem carnis, cuius fides his rerum uocabulis omnino firmatur, illud, quo boni et mali suis finibus dirimentur, futurum esse iudicium declaratur.

22. Sed quo modo egredientur boni ad uidendas poenas malorum? Numquid corporis motu beatas illas relicturi sunt sedes et ad loca poenalia perrecturi, ut malorum tormenta conspiciant praesentia corporali? Absit; sed egredientur per scientiam. Hoc enim uerbo significatum est eos qui cruciabuntur extra futuros. Propter quod et Dominus ea loca tenebras exteriores uocat, quibus contrarius est ille ingressus, de quo dicitur seruo bono: *Intra in gaudium Domini tui*; ne illuc mali putentur ingredi, ut sciantur, sed ad illos potius uelut egredi scientia, qua eos cognituri sunt, boni, quia id quod extra est cognituri sunt. Qui enim erunt in poenis, quid agatur intus in gaudio Domini nescient; qui uero erunt in illo gaudio, quid agatur foris in illis tenebris exterioribus scient. Ideo dictum est: *Egredientur*, quia eos etiam quae foris ab eis erunt utique non latebunt. Si enim haec prophetae nondum facta nosse potuerunt per hoc, quod erat Deus, quantulumcumque erat, in eorum mortalium mentibus: quo modo inmortales sancti iam facta tunc nescient, cum Deus erit omnia in omnibus? Stabit ergo in illa beatitudine sanctorum semen et nomen; semen scilicet de quo Iohannes ait: *Et semen eius in ipso manet*; nomen uero de quo per

---

[279] 마태 25,30.

[280] 마태 25,21.

[281] 단지 성서 구절 때문만이 아니고 모든 인식은 밖에 있는 사물을 향해 나아가는, 인식주체의 "지향적"(intentionalis) 작업이다.

[282] 교부는 이사야가 말하는 "밖으로"(66,24)와 마태오 복음서의 "바깥 어둠 속"(25,30: 하느님의 현존과 빛이 전무한 경지)을 결부시킨다.

[283] per hoc, quod erat Deus, quantulumcumque erat ... 구상적인 라틴어 어법이다.

[284] 1요한 3,9. 교부가 인식론에서 거론하는 rationes seminales (胚種的理念)를 연상시킨다.

선인들에게는 육신이라고 부르고 악인들에게는 사지 혹은 주검이라고 부른다는 점을 유의할 만하다. 이것으로도 육신의 부활이 있은 다음에 최후심판이 선언되리라는 것을 알 수 있다. 부활에 대한 믿음이 육신과 주검이라는 단어에 의해 새삼 다짐되고 있으며, 선인들과 악인들에게 그 나름의 종말이 배당되리라는 사실이 드러난다. 그러고서 최후심판이 선고될 것이다.

22. 악인들의 죄벌을 보려고 성도들이 나오는 정경은 어떠할 것인가

그러면 선인들이 악인들의 죄벌을 보려고 어떻게 나가는 것일까? 그들이 육체를 움직여서, 저 복된 처소를 버리고 신체적으로 현존해서 악인들의 형벌을 지켜보려고 벌을 받는 장소까지 간다는 것일까? 결코 그렇지 않다. 어디까지나 지식을 통해 나갈 것이다. 이 단어가 의미하는 바는 형벌을 받는 자들이 바깥에 있게 되리라는 사실이다. 그래서 주님도 그곳을 가리켜 "바깥 어둠 속"[279]이라고 부르고, 그곳과 반대되는 곳은 착한 종에게 하는 말씀에서처럼 안으로 들어간다고 했다: "들어와서 네 주인의 기쁨을 함께 누려라."[280] 그분이 이렇게 말씀하는 이유는 악인들이 들어와야 선인들이 그들을 알게 되어 가상하는 일이 없기 때문이며, 정반대로 선인들이 지식을 뻗쳐 밖으로 나아가서 그 지식으로 그들을 알게 되리라는 뜻이다. 선인들은 밖에 있는 것을 인식할 것이기 때문이다.[281] 형벌을 받고 있는 자들은 안에서 저 주님의 사람들에게 무슨 일이 일어나는지 알지 못한다. 그 대신 저 기쁨 속에 있는 사람들은 저 바깥 어둠 속에서 무슨 일이 일어나는지 알 것이다. 바로 그래서 "사람들이 밖으로 나가리라"고 했다. 바깥에 있는 일들이 그들에게 숨겨지지 않기 때문이다.[282] 저런 일이 아직 이루어지지 않았음에도 예언자들이 저렇게까지 알 수 있었다면, 그것은 그들의 사멸하는 지성에 미약하게나마 하느님이 현존했기 때문이리라.[283] 하물며 하느님이 모든 것 안에 모든 것이 되는 경지에서는, 저 불사불멸하는 성도들이 이미 이뤄진 일에 대해 뭣을 모르겠는가? 그러므로 성도들의 저 지복에서는 하느님의 씨와 이름이 확정되어 있을 것이다. 씨라는 것은 요한이 "하느님의 씨가 그 안에 머물러 있습니다"[284]고 말한 그것이다. 이름으로 말할 것 같으

hunc Esaiam dictum est: *Nomen aeternum dabo eis. Erit eis mensis ex mense et sabbatum ex sabbato*, tamquam luna ex luna et requies ex requie, quorum utrumque ipsi erunt cum ex his umbris ueteribus et temporalibus in illa lumina noua ac sempiterna transibunt. In poenis autem malorum et inextinguibilis ignis et uiuacissimus uermis ab aliis atque aliis aliter atque aliter est expositus. Alii quippe utrumque ad corpus, alii utrumque ad animum rettulerunt; alii proprie ad corpus ignem, tropice ad animum uermem, quod esse credibilius uidetur. Sed nunc de hac differentia non est temporis disputare. De iudicio namque ultimo, quo fiet diremptio bonorum et malorum, hoc uolumen implere suscepimus; de ipsis uero praemiis et poenis alias diligentius disserendum est.

23. Daniel de hoc ultimo iudicio sic prophetat, ut Antichristum quoque prius uenturum esse praenuntiet atque ad aeternum regnum sanctorum perducat narrationem suam. Cum enim uisione prophetica quattuor bestias significantes quattuor regna uidisset, ipsumque quartum a quodam rege superatum, qui Antichristus agnoscitur, et post haec aeternum regnum filii hominis, qui intellegitur Christus: *Horruit*, inquit, *spiritus meus, ego Daniel, in habitudine mea, et uisus capitis mei conturbabant me. Et accessi*, inquit, *ad unum de stantibus, et ueritatem quaerebam ab eo de omnibus his, et dixit mihi ueritatem*. Deinde, quid audierit ab illo, a quo de omnibus his quaesiuit, tamquam eo sibi exponente sic loquitur: *Hae bestiae magnae quattuor quattuor regna surgent in terra, quae auferentur, et accipient regnum sancti Altissimi et obtinebunt illud usque in saeculum et*

---

[285] 이사 56,5.

[286] 원문상으로는 mensis ex mense(한 달에서 한 달로)/ luna ex luna(달에서 달로)로 구분되어 형언되고 있다.

[287] 알렉산드리아 학파의 우의적 해석과 안티오키아 학파의 자구적 해석 사이에서 교부는 라틴계 사고방식대로 이 셋째 해석에 비중을 두었다.

[288] 21권과 22권 참조.

[289] 다니 7,15-16.

면 바로 저 이사야를 통해 "나 그들에게 영원한 이름을 주리라"[285]고 한 그것에 관련된다. "달과 달이 이어가고 안식일과 안식일이 이어가리라"는 구절은 달에 달이 이어가고[286] 안식에 안식이 이어가리라는 뜻이니, 저 성도들이 달도 되고 안식도 되는 까닭이다. 그들은 이 낡고 시간적인 그늘에서 새롭고 구원한 광명으로 옮겨가리라는 점에서 그렇다. 그 대신 악인들의 형벌에 나타나는 꺼지지 않는 불과 절대 안 죽는다는 구더기에 대해서는 사람마다 각기 다르게 해석해 왔다. 혹자는 둘다 육체에 해당시켰고 혹자는 둘다 영혼에 해당시켰다. 혹자는 불은 자구적으로 육체에 해당시키고 구더기는 전의적으로 영혼에 해당시키기도 했는데, 이 해석이 더 신빙성이 있다.[287] 다만 지금은 이 차이에 대해 논할 때가 아니다. 우리는 최후심판에 관해 이 책권을 마무리하기로 작정했기 때문이다. 그 심판으로 선인들과 악인들의 결별이 이루어질 것이다. 그때의 상이나 벌에 대해서는 다른 기회에 더 상세히 토론하기로 한다.[288]

23. 다니엘은 반그리스도의 박해와 하느님의 심판과 성도들의 왕국에 관해 무슨 예언을 했는가

23. 1. 네 짐승과 열 임금에 관한 다니엘의 말은 무슨 뜻인가

다니엘은 최후심판에 관해 다음과 같이 예언했다: 역시 반그리스도가 먼저 올 것이라고 예고하고 그다음에 성도들의 영원한 왕국으로 자기 얘기를 끌어간다. 예언 현시중에 그는 네 왕국을 상징하는 네 마리의 짐승을 보았으며, 넷째 왕국이 반그리스도로 생각되는 다른 왕에 의해 망하는 모습을 보았다. 그다음에 사람의 아들의 영원한 왕국이 오는데, 사람의 아들은 그리스도라고 여겨진다: "나 다니엘은 내가 하던 대로 나의 영이 어수선했다. 내 머리로 본 현시가 나를 어지럽게 했다. 그래서 거기 서 있는 한 분에게 가서 이 모든 것에 관한 진리를 물었더니 그가 나에게 진리를 말해 주었다."[289] 이어서 이 모든 사정을 두고 문의했던 상대방에게서 들은 설명이라는 듯이 이렇게 말한다: "이 큰 짐승 네 마리, 왕국이 땅에서 일어날 것이여 결국 멸망할 것이다. 마침내는 지극히 높으신 이의 성도들이 그 나라를 물려받아 길이 그 나라를 차지하고 영원토록 이어 나

usque in saeculum saeculorum. Et quaerebam, inquit, diligenter de bestia quarta, quae erat differens prae omni bestia, terribilis amplius — dentes eius ferrei et ungues eius aerei, manducans et comminuens et reliqua pedibus suis conculcans —, et de cornibus eius decem, quae erant in capite eius, et de altero, quod ascendit et excussit de prioribus tria; cornu illud in quo erant oculi et os loquens magna, et uisus eius maior ceteris. Videbam, et cornu illud faciebat bellum cum sanctis, et praeualebat ad ipsos, donec uenit uetustus dierum, et regnum dedit sanctis Altissimi; et tempus peruenit, et regnum obtinuerunt sancti. Haec Daniel quaesisse se dixit. Deinde quid audierit continuo subiungens: Et dixit, inquit (id est ille, a quo quaesierat, respondit et dixit): Bestia quarta quartum regnum erit in terra, quod praeualebit omnibus regnis; et manducabit omnem terram, et conculcabit eam et concidet. Et decem cornua eius decem reges surgent; et post eos surget alius, qui superabit malis omnes, qui ante eum fuerunt; et tres reges humiliabit et uerba aduersus Altissimum loquetur et sanctos Altissimi conteret et suspicabitur mutare tempora et legem; et dabitur in manu eius usque ad tempus et tempora et dimidium tempus. Et iudicium sedebit, et principatum remouebunt ad exterminandum et perdendum usque in finem; et regnum et potestas et magnitudo regum, qui sub omni caelo sunt, data est sanctis Altissimi. Et regnum eius regnum sempiternum; et omnes principatus ipsi seruient et obaudient. Hoc usque, inquit, finis sermonis. Ego Daniel; multum cogitationes meae conturbabant me, et forma mea inmutata est super me, et uerbum in corde meo conseruaui. Quattuor illa regna exposuerunt quidam Assyriorum, Persarum, Macedonum et Romanorum. Quam uero conuenienter id fecerint, qui nosse desiderant, legant presbyteri Hieronymi librum in Danielem satis erudite diligenterque conscriptum. Antichristi tamen aduersus ecclesiam saeuissimum regnum licet exiguo spatio temporis sustinendum, donec Dei ultimo iudicio regnum sancti accipiant sempiternum, qui uel

---

[290] 다니 7,17-22. 〔공동번역〕: "이 큰 짐승 네 마리는 세상 나라의 네 임금을 가리키는데 마침내는 지극히 높으신 하느님을 섬기는 거룩한 백성이 그 나라를 물려받아 길이 그 나라를 차지하고 영원토록 이어 나가리라는 뜻이다. … 태곳적부터 계시는 이, 지극히 높으신 하느님께서 오셔서 재판을 하시고 당신을 섬기는 거룩한 백성의 권리를 찾아 주셨다. 거룩한 백성이 나라를 되찾을 때가 되었던 것이다."〕

[291] 공동번역 25절 참조: "축제일과 법마저 바꿀 셈으로 한 해하고 두 해에다 반 년 동안이나 그들을 한 손에 넣고 휘두를 것이다".

[292] 다니 7,23-28.

[293] Cf. Hieronymus, Commentarium in Danielem 7.1 이하. 특히 이 저서 2.6-7에서는 다니 7,17-28에 관한 여러 해석을 열거 대조한다.

가리라. 나는 그가운데서도 유별나고 더욱 무서운 모양을 한 짐승, (쇠 이빨과 놋쇠 발톱을 하고 무엇이든 바수어 먹으며 남은 것은 모조리 발로 짓밟는) 넷째 짐승의 정체를 알고 싶었다. 그자의 머리에 난 뿔 열 개에 대해서도 알고 싶었고 다른 뿔 하나가 나오자 이전의 뿔 가운데 셋이 떨어져 나갔는데 그것도 알고 싶었다. 그 뿔은 눈도 있고 입도 있어서 건방진 소리를 하고 있었다. 또 그 모습이 다른 뿔보다 커 보였다. 내가 보니, 그 뿔은 성도들과 싸움을 걸었고 그들을 쳐서 정복했다. 그날이 와서 지극히 높으신 이의 성도들에게 나라를 주기까지 그렇게 했다. 드디어 때가 왔고 성도들이 나라를 차지했다."[290] 다니엘은 이것들이 알고 싶어 물었다고 한다. 그리고 무슨 말을 들었는지 이어서 말한다: "넷째 짐승은 세상에서 일어날 넷째 나라인데 그 어느 나라보다 융성하리라. 온 천하를 집어삼키고 짓밟으며 부술 것이다. 그리고 뿔 열 개로 그 나라에 일어날 열 임금을 말한다. 이들 임금 다음에 다른 임금 하나가 일어날 터인데 그 악행에 있어서 먼저 일어난 임금들을 능가할 것이다. 그자는 세 임금을 눌러버릴 것이요 지극히 높으신 하느님께 욕을 퍼부으며 지극히 높으신 이의 성도들을 못살게 굴 것이다. 그는 시대와 법마저 바꾸려고 할 것이다. 한 시대하고 여러 시대에다 반 시대 동안이나 그들을 손에 넣고 휘두를 것이다.[291] 그러나 마침내 재판이 열릴 것이고 그들은 그자의 주권을 송두리째 빼앗고 영원히 멸망시켜 버릴 것이다. 온 하늘 밑에 있는 임금들의 왕권과 권세와 위용이 지극히 높으신 이의 성도들에게 주어졌다. 그 나라는 영원한 나라요 모든 군주들이 그 나라를 섬기고, 그 명을 따를 것이다. 이야기는 여기에서 끝난다. 나는 다니엘이다. 내 생각들이 나를 매우 어수선하게 했고 내게서는 내 외모마저 변했다. 나는 마음에 이 말을 간직해 두었다."[292] 혹자는 저 네 나라를 아시리아, 페르시아, 마케도니아, 로마인들의 왕국으로 해설한다. 어떤 근거에서 그렇게 설정하는지 알고 싶은 사람이 있다면 사제 히에로니무스의 다니엘 주해서를 읽어 보면 될 것이다. 매우 박식하고 치밀하게 집필한 책이다.[293] 교회를 거슬러 가혹하게 날뛰는 반그리스도의 왕국은 아주 짧은 시기만 견뎌내면 된다. 하느님의 마지막 심판으로 성도들이 영원한 왕국을 받을 것이니, 이 점만은 비록 졸면서 책을 읽는 사람에

dormitans haec legit, dubitare non sinitur. Tempus quippe et tempora et dimidium temporis unum annum esse et duo et dimidium ac per hoc tres annos et semissem etiam numero dierum posterius posito dilucescit, aliquando in scripturis et mensum numero declaratur. Videntur enim tempora indefinite hic dicta lingua Latina; sed per dualem numerum dicta sunt, quem Latini non habent. Sicut autem Graeci, ita hunc dicuntur habere et Hebraei. Sic ergo dicta sunt tempora, tamquam dicerentur duo tempora. Vereri me sane fateor, ne in decem regibus, quos tamquam decem homines uidetur inuenturus Antichristus, forte fallamur, atque ita ille inopinatus adueniat, non existentibus tot regibus in orbe Romano. Quid si enim numero isto denario uniuersitas regum significata est, post quos ille uenturus est; sicut millenario, centenario, septenario significatur plerumque uniuersitas, et aliis atque aliis numeris, quos nunc commemorare non est necesse?

Alio loco idem Daniel: *Et erit*, inquit, *tempus tribulationis, qualis non fuit ex quo nata est gens super terram usque ad tempus illud. Et in tempore illo saluabitur populus tuus omnis, qui inuentus fuerit scriptus in libro. Et multi dormientium in terrae aggere exurgent: hi in uitam aeternam, et hi in opprobrium et in confusionem aeternam. Et intellegentes fulgebunt sicut claritas firmamenti, et ex iustis multi sicut stellae in saecula et adhuc.* Sententiae illi euangelicae est locus iste simillimus de resurrectione dumtaxat corporum mortuorum. Nam qui illic dicti sunt esse *in monumentis*, ipsi hic *dormientes in terrae aggere*, uel, sicut alii interpretati sunt, *in terrae puluere*; et sicut ibi *procedent* dictum est, ita hic *exurgent*; sicut ibi *qui bona fecerunt, in resurrectionem uitae; qui autem mala egerunt, in resurrectionem iudicii*: ita et isto loco *hi in uitam aeternam, et hi in op-*

---

[294] 다니 12,12 참조: "일천삼백삼십오 일을 기다리며 버티는 사람은 복된 사람이다."

[295] numerus dualis: 그리스어 등에는 단수와 복수 외에 둘만을 지칭하는 쌍수법이 있다.

[296] 히에로니무스 역시 그리스어와 히브리어의 쌍수법을 염두에 두고서 다니엘서의 "시대들"(7,25)을 쌍수로 풀이한다(*Commentarium in Danielem* 2.25).

[297] 다니 12,1-3. 〔공동번역: "… 티끌로 돌아갔던 대중이 잠에서 깨어나 영원히 사는 이가 있는가 하면 영원한 모욕과 수치를 받을 사람도 있으리라. 슬기로운 지도자들은 밝은 하늘처럼 빛날 것이다. 대중을 바로 이끈 지도자들은 별처럼 길이길이 빛날 것이다."〕

[298] 마태 27,52-53 참조: "동시에 무덤들이 열리며 잠들었던 많은 성인들의 몸이 일으켜졌다. 예수께서 부활하신 다음에 그들은 무덤에서 나와 거룩한 도성에 들어가 많은 사람에게 나타났다."

[299] 칠십인역을 따르는 번역본(Vetus italica)은 in terrae aggere라고 했다.

[300] 요한 5,29.

게도 의심할 여지를 주지 않을 것이다. "한 시대하고 여러 시대에다 반 시대 동안"이라는 말은 1년하고 2년에다 반년이라는, 그러니까 3년 반이라는 뜻이 된다. 성서에서는 후일에 다른 곳에서 이 시대를 날수로 계산하여 밝혀놓기도 한다.[294] 여기서 라틴어 어법으로 본다면 시대를 무한정한 것으로 언급하는 것처럼 보인다. 그러나 라틴인들은 갖지 않은 쌍수雙數[295]를 이용해서 한 말이다. 그리스인들이 쌍수라는 것을 두고 있듯이 히브리인들도 쌍수를 두고 있다고 한다. 그래서 "시대들"이라고 한다면 "두 시대"를 가리키는 것으로 보인다.[296] 다만 나는 열 임금들을 두고, 반그리스도가 와서 만날 자들이 열 명의 인간이라고 해석하는 경우, 또 그자가 예기치 못하게 도래하리라고 말할 경우, 우리가 자칫 속아넘어가지 않을까 두렵다고 자백하는 바이다. 로마 천하에는 그런 숫자의 임금들이 존재하지 않기 때문이다. 열이라는 숫자로 임금들 전부를 가리키고, 그들 뒤에 그자가 오리라고 해석한다면 어찌 되는가? 무릇 천이니 백이니 일곱이니 하는 수는 흔히 전체를 상징하고 다른 숫자들로는 또 다른 것을 상징하는데, 여기서 그것들을 일일이 상기시킬 필요는 없겠다.

23.2. 마태오의 글은 다니엘의 글과 맞아떨어진다

다른 대목에서 다니엘은 이런 말을 한다: "땅 위에 민족이 생긴 이래 일찍이 없었던 환난의 시대가 올 것이다. 그때에 이 책에 기록된 것으로 발견되는 너의 백성은 모두 구원받으리라. 흙더미 속에서 잠든 사람들 가운데 많은 이가 깨어날 것이며 어떤 이는 영원한 생명으로, 어떤 이는 영원한 모욕과 수치로 깨어나리라. 슬기로운 자들은 밝은 하늘처럼 빛날 것이다. 의인들 가운데 많은 이가 별처럼 세세대대로 길이 빛날 것이다."[297] 이 대목은 죽은 육신들의 부활에 대해 이야기하는 마태오 복음서의 구절과 아주 흡사하다.[298] 복음서에는 죽은 이들이 "무덤에" 있다고 했고, 여기서는 "흙더미 속에서[299] 잠자던 이들" 또는 혹자가 해석하는 대로 "땅의 티끌 속에서 잠자던 이들"이라고 했다. 복음서는 무덤에서 "나온다"라고 하는데 여기서는 "일어난다"고 했다. 복음서에서는 "선을 행한 사람은 부활하여 생명을 누리고, 악을 저지른 사람은 부활하여 심판을 받을 것입니다"[300]라고 했고, 여기서는 "그가운데 영원한 생명으로 가는

probrium et in confusionem aeternam. Non autem diuersum putetur, quod, cum ibi positum sit *omnes qui sunt in monumentis,* hic non ait propheta omnes, sed *multi dormientium in terrae aggere.* Ponit enim aliquando scriptura pro omnibus multos. Propterea et Abrahae dictum est: *Patrem multarum gentium posui te,* cui tamen alio loco: *In semine,* inquit, *tuo benedicentur omnes gentes.* De tali autem resurrectione huic quoque ipsi prophetae Danieli paulo post dicitur: *Et tu ueni et requiesce; adhuc enim dies in completionem consummationis, et requiesces et resurges in sorte tua in fine dierum.*

24. Multa de iudicio nouissimo dicuntur in Psalmis, sed eorum plura transeunter et strictim. Hoc tamen quod de fine huius saeculi apertissime ibi dictum est, nequaquam silentio praeteribo. *Principio terram tu fundasti, Domine, et opera manuum tuarum sunt caeli. Ipsi peribunt, tu autem permanes; et omnes sicut uestimentum ueterescent, et sicut opertorium mutabis eos, et mutabuntur; tu autem idem ipse es, et anni tui non deficient.* Quid est quod Porphyrius, cum pietatem laudet Hebraeorum, qua magnus et uerus et ipsis numinibus terribilis ab eis colitur Deus, Christianos ob hoc arguit maximae stultitiae etiam ex oraculis deorum suorum, quod istum mundum dicunt esse periturum? Ecce in litteris pietatis Hebraeorum dicitur Deo, quem confitente tanto philosopho etiam ipsa numina perhorrescunt: *Opera manuum tuarum sunt caeli, ipsi peribunt.* Numquid quando caeli peribunt, mundus, cuius idem caeli superior pars est et tu-

---

[301] 창세 17,5.

[302] 창세 22,18. 본서 10.32.2; 16.32.2; 19.22 참조.

[303] 다니 12,13. 〔공동번역: "그러니 그만 가서 쉬어라. 세상 끝날에 너는 일어나 한 몫을 차지하게 될 것이다."〕

[304] 시편 101[102],26-28.

[305] 19.23 참조. 포르피리우스의 「신탁의 철학」을 인용하면서, 이 철학자가 히브리인들의 신앙심을 칭송하면서도 같은 신앙심을 승계하는 그리스도교를 적대시하는 모순적 태도를 지적한 바 있다.

이가 있는가 하면 영원한 모욕과 수치를 받을 사람도 있으리라"고 했다. 복음서에서 "무덤 속에 있는 모든 이"라고 한 말과 여기서 예언자가 "흙더미 속에서 잠자던 많은 이들"이라고 한 말이 다르다고 생각해서는 안 된다. 성서는 "모든 사람"이라는 말 대신 "많은 사람"이라는 표현을 자주 쓰기 때문이다. 그래서 아브라함에게도 "내가 너를 많은 민족의 조상으로 삼으리라"[301]고 한 말씀이 있고, 다른 곳에서는 그에게 "세상 만민이 네 후손의 덕을 입을 것이다"[302]라고 하는 말씀이 나온다. 저 부활에 관해서는 바로 이 예언자 다니엘에게도 조금 뒤에 이런 말씀이 내린다: "그러니 너는 와서 쉬어라. 너는 끝날에 네 몫을 갖고서 일어날 것이다."[303]

24. 다윗의 시편에는 세상 종말과 최후심판에 관해 무슨 예언이 있는가

24. 1. 시편 101편은 세상 종말에 관해 무슨 말을 했는가

시편에서는 최후심판에 관해 많은 얘기를 하지만 대부분이 지나가는 말로 짤막하게 언급할 뿐이다. 하지만 시편에서 이 세상의 종말에 대해 아주 노골적으로 말한 부분은 나로서도 그냥 넘어가지 않겠다: "주님, 태초에 당신께서 땅을 세우셨고, 하늘은 당신 손의 작품이옵니다. 이들은 사라져가도 당신께서는 그대로 계시고, 그들의 모든 것은 옷처럼 닳아없어지나이다. 당신께서 그들을 옷가지처럼 바꾸시니, 그들은 지나가버리나이다. 그러나 당신께서는 언제나 같으신 분, 당신의 햇수는 끝이 없나이다."[304] 포르피리우스는 히브리인들의 종교심을 칭송하고 있고, 히브리인들은 포르피리우스가 칭송하는 그 종교심에서 우러나 위대하고 참되고 정령들에게까지 두려운 분을 섬기고 있다. 그런데 그리스도인들이 이 세상은 멸망하리라고 말한 것에 대해, 어째서 포르피리우스는 자기 신들의 신탁을 내세우면서까지 그런 말이 어리석기 이를 데 없다고 그리스도인들을 성토_{聲討}하는 것일까?[305] 그런데 보시라! 바로 그 히브리인들의 종교 서적에 하느님께 드리는 말씀이 나온다. 저 철학자가 자신만만하게 하는 말처럼, 정령들마저 두려워 떠는 하느님께 드리는 말씀이 나온다: "하늘은 당신 손의 작품이니이다. 이들은 멸망하나이다." 하늘은 세계의 상위 부분이고 더 안전한 부분임에도 바

tior, non peribit? Si haec sententia Ioui displicet, cuius, ut scribit iste philosophus, uelut grauioris auctoritatis oraculo in Christianorum credulitate culpatur: cur non similiter sapientiam tamquam stultitiam culpat Hebraeorum, in quorum libris piissimis inuenitur? Porro si in illa sapientia, quae Porphyrio tam multum placet, ut eam deorum quoque suorum uocibus praedicet, legitur caelos esse perituros: cur usque adeo uana est ista fallacia, ut in fide Christianorum uel inter cetera uel prae ceteris hoc detestentur, quod in ea periturus creditur mundus, quo utique nisi pereunte caeli perire non possunt? Et in litteris quidem sacris, quae proprie nostrae sunt, non Hebraeis nobisque communes, id est in euangelicis et apostolicis libris legitur: *Praeterit figura huius mundi*; legitur: *Mundus transit*; legitur: *Caelum et terra transibunt*. Sed puto, quod *praeterit, transit, transibunt* aliquanto mitius dicta sunt quam *peribunt*. In epistula quoque apostoli Petri, ubi aqua inundatus qui tunc erat perisse dictus est mundus, satis clarum est, et quae pars mundi a toto significata, et quatenus perisse sit dicta, et qui caeli repositi igni reseruandi in diem iudicii et perditionis hominum impiorum; et in eo quod paulo post ait: *Veniet dies Domini ut fur, in quo caeli magno impetu transcurrent, elementa autem ardentia resoluentur, et terra et quae in ipsa sunt opera exurentur*; ac deinde subiecit: *His omnibus pereuntibus quales oportet esse uos?* possunt illi caeli intellegi perituri, quos dixit repositos igni reseruandos, et ea elemen-

---

[306] apostolici Libri: 「사도행전」과 서간들과 「묵시록」 등을 일컫는다.
[307] 1고린 7,31.
[308] 1요한 2,17.
[309] 마태 24,35.
[310] 2베드 3,6-13 참조.
[311] 2베드 3,10-11. 본서 20.18 참조.

로 그 하늘이 멸망하는 마당에 세계는 멸망하지 않는다는 말인가? 저 철학자가 기록한 글을 보면, 유피테르의 거창한 권위에서 온다는 신탁을 빌려 세상 종말에 관한 그리스도인들의 신앙심을 질타하고 있다. 만일 그리스도인들의 이런 생각이 유피테르의 마음에 들지 않는다면, 왜 하늘이 멸망하리라는 히브리인들의 지혜는 어리석다고 똑같이 규탄하지 않는 것일까? 히브리인들의 지극히 경건한 서책에도 그런 이야기가 나오는데, 히브리인들의 저 지혜가 포르피리우스의 마음에 꼭 들고, 자기네 신들의 목소리를 빌려서까지 저 지혜를 칭송할 정도인데, 바로 그 지혜에서 하늘이 멸망하리라는 글귀가 나온다. 그렇다면 어째서 그는 황당한 속임수에 빠져서 그리스도인들의 신앙에서도 그밖의 것은 차치하고서라도, 하필이면 세계가 멸망하리라는 믿음만을 굳이 혐오한단 말인가? 세계가 멸망하지 않는다면 하늘도 멸망할 리가 없지 않은가? 우리에게만 고유한 성서, 그러니까 히브리인들과 우리에게 공통되지 않은 성서, 다시 말해 복음서와 사도서들[306]에 이런 구절들이 나온다: "이 세상 모습은 지나갑니다."[307] "세상은 사라집니다"[308]라고도 한다. "하늘과 땅은 사라질 것입니다"[309]라고도 한다. "지나간다", "사라진다", "사라질 것이다"라는 말들은 히브리인들의 경전에서 "멸망할 것이다"라는 말보다 어떤 면에서 더 부드러운 말투라는 것이 내 생각이다. 베드로 사도의 서간에서 세계가 물로 넘쳐 멸망했다고 이야기하는 대목을[310] 보더라도, 전체에 의해 세계의 어느 부분이 상징되었는지, 어느 부분까지 멸망했다고 말했는지가 꽤 분명해진다. 심판의 날까지 불에 넘겨지기로 유보된 것이 어떤 하늘인지, 그리고 멸망하는 날까지 유보된 인간들이 불경스런 인간들이라는 점도 상당히 분명해진다: "그렇지만 주님의 날은 도둑처럼 올 것입니다. 그 날에 하늘은 요란한 소리를 내면서 사라질 것이요, 원소들은 불에 타 분해될 것이며, 땅과 그 안에 있는 모든 작품들이 불타버릴 것입니다."[311] 그리고 "이렇게 모든 것이 없어진다고 할진대 여러분의 생활과 경건함은 얼마나 거룩해야 하겠습니까?"라고 덧붙인다. 그렇다면 장차 멸망할 하늘이라고 말하는 그 하늘이 베드로가 말하는 대로 불에 타 없어질 때까지만 남겨졌다는 저 하늘을 가리키는 것으로 알아들을 수 있겠다. 그리고 이 세계의 가장 밑바닥에 놓여 있다고 하며 휘몰아

ta accipi arsura, quae in hac ima mundi parte subsistunt procellosa et turbulenta, in qua eosdem caelos dixit esse repositos, saluis illis superioribus et in sua integritate manentibus, in quorum firmamento sunt sidera constituta. Nam et illud quod scriptum est, stellas de caelo esse casuras, praeter quod potest multo probabilius et aliter intellegi, magis ostendit mansuros esse illos caelos, si tamen stellae inde casurae sunt; cum uel tropica sit locutio, quod est credibilius, uel in isto imo caelo futurum sit, utique mirabilius quam nunc fit. Vnde et illa stella Vergiliana
   facem ducens multa cum luce cucurrit,
et Idaea se condidit silua. Hoc autem quod de Psalmo commemoraui, nullum caelorum uidetur relinquere, quod periturum esse non dixerit. Vbi enim dicitur: *Opera manuum tuarum sunt caeli, ipsi peribunt*, quam nullum eorum ab opere Dei, tam nullum eorum a perditione secernitur. Non enim dignabuntur de Petri apostoli locutione, quem uehementer oderunt, Hebraeorum defendere pietatem, deorum suorum oraculis adprobatam, ut saltem, ne totus mundus periturus esse credatur, sic a toto pars accipiatur in eo, quod dictum est: *Ipsi peribunt*, cum soli caeli infimi perituri sint, quem ad modum in apostolica illa epistula a toto pars accipitur, quod diluuio perisse dictus est mundus, quamuis sola eius cum suis caelis pars ima perierit. Sed quia hoc, ut dixi, non dignabuntur, ne uel apostoli Petri adprobent sensum, uel tantum concedant conflagrationi nouissimae, quantum dicimus ualuisse diluuium, qui nullis aquis, nullis flammis totum ge-

---

[312] 마태 24,29 참조: "그 무렵 재난 뒤에 곧 해가 어두워지고 달이 제 빛을 내지 않으며 별들이 하늘에서 떨어지고 하늘의 권세들이 흔들릴 것입니다."

[313] Vergilius, *Aeneis* 2.694.

[314] 멸망하는 트로야를 탈출하면서 아이네아스가 불타는 유성(流星)을 본 것이 로마 창건의 길조(吉兆)였듯이 별이 떨어지는 것도 반드시 파국만을 의미하지는 않는다는 교부의 암시다.

[315] synecdoche: 부분으로 전체를 가리키거나("지붕" → "집") 전체로 부분을 가리키는("쇠붙이" → "칼") 수사법을 암시한다.

치고 소용돌이친다는 원소들은 다름아닌, 불에 타 분해되리라는 저 원소들이라고 알아들을 수 있겠다. 또 불에 타 없어질 하늘은 바로 그 밑바닥에 놓여 있고, 상계의 하늘, 그 창궁에 뭇별이 박혀 있는 하늘은 살아남아 온전한 모습으로 존속하리라고 생각할 수도 있겠다. 그런데 별들이 하늘에서 떨어지리라는 말씀도 기록되어 있다.[312] 이 말을 달리 해석하자면, 저 하늘에서 비록 별들이 떨어지더라도 저 하늘만은 존속하리라고 해석하는 것이 훨씬 더 개연성이 있겠다. 이 구절이 전의적 어법을 사용한 것이라고 보는 편이 더 개연성있다. 그렇지 않으면 베드로의 구절은 저 가장 낮은 하늘에서 일어날 일을 가리키겠는데, 그렇더라도 그 일은 지금 벌어지는 것보다 훨씬 기묘한 형태로 일어날 것이다. 그래서 베르길리우스가 말하는 저 별

　　　불꽃을 이끌며 엄청난 빛을 안고 달려가[313]

이다의 숲으로 깃들었다는 저 별 이야기도 등장하는 것이다.[314] 내가 시편에서 인용한 구절에 의하면, 장차 하늘이 전혀 남아있지 않는 것처럼 보이고, 멸망하리라고 말하지 않는 부분이 전혀 없는 것처럼 보이기는 한다. "하늘은 당신 손의 작품이니이다. 이들은 멸망하나이다"라고 했기 때문이다. 하늘의 어느 부분도 하느님의 작품이 아닌 것이 없는 이상, 하늘의 어떤 부분도 멸망에서 벗어나지 못할 것이다. 하지만 베드로를 격렬하게 증오하는 사람들이 베드로 사도의 말을 빌려 히브리인들의 종교심, 자기네 신들의 신탁으로까지 인정한 그 종교심을 옹호하는 것은 온당치 못하다. 즉, 베드로의 말을 내세워 세계 전체가 멸망하지는 않으리라고 애써 믿으려고 해서는 안 된다. 저 사람들은 "이들은 멸망하나이다"라는 말도 전체에 의해 부분을 가리키는 것으로 이해하려 들고, 가장 밑에 있는 하늘만 멸망하리라는 뜻으로 이해하려고 한다. 저 사도 서한에서 세상이 대홍수로 멸망했다고 할 적에, 세계의 가장 낮은 부분만이 그에 상응한 가장 낮은 하늘과 더불어 멸망했음에도 저런 말을 한 것은 전체로 부분을 가리키는 어법이라는 것이다.[315] 하지만 내가 말한 대로, 어떤 물로도 어떤 불로도 인류 전체를 멸망시킬 수는 없으리라고 주장하는 사람들은 베드로 사도가 의미하는 말을 받아들여서도 안 된다. 그렇다고 우리가 말하는 대홍수가 위

nus humanum perire posse contendunt: restat ut dicant, quod propterea dii eorum Hebraeam sapientiam laudauerint, quia istum Psalmum non legerant.

In Psalmo etiam quadragensimo nono de iudicio Dei nouissimo intellegitur dictum: *Deus manifestus ueniet, Deus noster, et non silebit. Ignis in conspectu eius ardebit, et in circuitu eius tempestas ualida. Aduocabit caelum sursum et terram discernere populum suum. Congregate illi iustos eius, qui disponunt testamentum eius super sacrificia.* Hoc nos de Domino Iesu Christo intellegimus, quem speramus de caelo esse uenturum ad uiuos et mortuos iudicandos. Manifestus enim ueniet inter iustos et iniustos iudicaturus iuste, qui prius uenit occultus ab iniustis iudicandus iniuste. Ipse, inquam, *manifestus ueniet et non silebit*, id est, in uoce iudicis euidens apparebit, qui prius cum uenisset occultus, ante iudicem siluit, quando sicut ouis ad immolandum ductus est et sicut agnus coram tondente fuit sine uoce, quem ad modum de illo per Esaiam legimus prophetatum et in euangelio uidemus impletum. De igne uero et tempestate, cum in Esaiae prophetia tale aliquid tractaremus, quo modo essent haec intellegenda, iam diximus. Quod uero dictum est: *Aduocabit caelum sursum*: quoniam sancti et iusti recte caelum appellantur, nimirum hoc est, quod ait apostolus: *Simul cum illis rapiemur in nubibus in obuiam Christo in aera.* Nam secundum litterae superficiem, quo modo aduocatur caelum sursum, quasi possit esse nisi sursum? Quod autem adiunctum est: *Et terram discernere populum suum*, si tantummodo subaudiatur *aduocabit*,

---

[316] 20.16(각주 194) 참조. 주기적 대화재에 의한 세계 소멸과 재생을 주장하는 스토아의 견해를 시사한다.

[317] 교부는 세상종말을 두고 보더라도, 신플라톤 학파가 베드로의 말은 인정하지 않으면서 동일한 내용을 실은 시편을 칭송하고 있다면 순환논증에 빠진다고 비꼰다.

[318] 시편 49,3-5. 〔새번역 50,3-5: "… 그분께서 당신 백성을 심판하시려 저 위의 하늘과 땅을 부르시는도다. '나에게 모여라, 내게 충실한 자들아, 제사로써 나와 계약을 맺은 자들아!'"〕

[319] 이사 53,7; 마태 26,63 참조.

[320] 20.21.1 참조.

[321] 이 해석은 교부들의 전통이기도 하다. 예: Gregorius Magnus, *Homiliae XL in Evangelium* 30.7.

[322] 1데살 4,17. 본서 20.20.2 참조.

력을 떨쳤던 것과 같은 의미에서 최후의 대화재를 인정하려는 것도 가당치 않다.³¹⁶ 그렇다면 남는 얘기는, 그들 신들이 히브리 지혜를 칭송했다는 사실은 그들이 바로 이 시편을 읽지 않았기 때문이었다는 말뿐이다.³¹⁷

24. 2. 시편 49편은 최후심판에 관해 무엇이라 하는가

시편 49편에는 하느님의 최후심판에 관한 말씀으로 알아들을 만한 대목이 있다: "하느님께서, 우리 하느님께서 드러나게 오시고 잠잠히 계시지 않으리라. 그분 앞에 불이 삼킬 듯 타오르고, 그분 둘레엔 엄청난 폭풍이 이는도다. 그분께서 저 하늘을 위로 부르시리라. 그리고 땅을 부르시리라. 당신 백성을 구분해 내시리라. 그분께 그분의 의인들을 모아들여라! 제사 위에 그분의 계약을 맺은 자들을 모아들여라!"³¹⁸ 우리는 이 구절을 주 예수 그리스도에 관한 말씀으로 이해한다. 우리는 그분이 하늘로부터 와서 산 이들과 죽은 이들을 심판하리라고 희망을 걸고 있기 때문이다. 그는 드러나게 와서 의인들과 불의한 자들 사이를 정의롭게 심판할 것이다. 그분은 처음에는 숨어서 왔고 불의한 자들에게 불의하게 심판받은 바 있다. 이번에는 그분 친히 "드러나게 오시고 잠잠히 계시지 않으리라"고 했다. 다시 말해 심판관의 목청을 갖고 당당히 나타날 것이다. 전에는 숨어서 왔고 재판관 앞에서도 입을 열지 않았으며, 희생제사에 끌려가는 양처럼, 털 깎는 사람 앞에서 잠잠한 어린양처럼 행동했다. 이것은 이사야 예언자의 글에서 우리가 읽은 바이고, 그것이 실현되었음을 복음서에서 볼 수 있다.³¹⁹ 그 대신 저 불과 폭풍에 대해서는 이사야의 예언에서 뭔가를 다루었고, 그 말을 어떻게 해석해야 하는지는 벌써 말한 바 있다.³²⁰ "그분께서 저 하늘을 위로 부르시리라"는 말도 참말이다. 성도들과 의인들을 하늘이라고 부르는 것은 옳기 때문이다.³²¹ 이것은 분명히 사도가 우리도 "그들과 함께 동시에 주님을 마중하기 위해 구름을 타고 공중으로 이끌려갈 것입니다"³²²라고 한 말과 상통한다. 사실 문자 그대로 겉으로만 보자면, 어떻게 하늘을 위로 부른다는 말이 가능하겠는가? 하늘이 위에 있지 않기라도 하다는 말인가? 더구나 거기에 덧붙여진 말, "그리고 땅을 부르시리라, 당신 백성을 구분해 내시리라"에서도 "부르시리라"는 말만 함축되어 있다면, 다시 말해 땅을 부르시리라는

id est aduocabit et terram, nec subaudiatur *sursum*, hunc uidetur habere sensum secundum rectam fidem, ut caelum intellegatur in eis, qui cum illo iudicaturi sunt, et terra in eis, qui iudicandi sunt; ut *aduocabit caelum sursum* non hic intellegamus «rapiet in aera», sed «in iudiciarias eriget sedes». Potest et illud intellegi *aduocabit caelum sursum* «aduocabit angelos in supernis et excelsis locis, cum quibus descendat ad faciendum iudicium»; aduocabit *et terram*, id est homines in terra utique iudicandos. Si autem utrumque subaudiendum est, cum dicitur *et terram*, id est et *aduocabit et sursum*, ut iste sit sensus: Aduocabit caelum sursum, et terram aduocabit sursum: nihil melius intellegi existimo quam omnes qui rapientur in obuiam Christo in aera, sed caelum dictum propter animas, terram propter corpora. *Discernere* porro *populum suum*, quid est nisi per iudicium separare bonos a malis, tamquam oues ab haedis? Deinde conuersio sermonis ad angelos facta est: *Congregate illi iustos eius*; profecto enim per angelicum ministerium res tanta peragenda est. Si autem quaerimus, quos iustos ei congregaturi sint angeli: *Qui disponunt*, inquit, *testamentum eius super sacrificia*. Haec est omnis uita iustorum: disponere testamentum Dei super sacrificia. Aut enim opera misericordiae sunt *super sacrificia*, id est sacrificiis praeponenda, iuxta sententiam Dei dicentis: *Misericordiam uolo quam sacrificium*; aut si *super sacrificia* «in sacrificiis» intellegitur dictum, quo modo super terram fieri dicitur quod fit utique in terra: profecto ipsa opera misericordiae sunt sacrificia, quibus placetur Deo, sicut in libro huius operis decimo me disseruisse reminiscor; in qui-

---

[323] 교부가 인용하는 성서본문(Vetus italica)은 "하늘을 위로 부르시리라"(advocabit caelum sursum)로 되어 있고 히브리본에 입각한 불가타본은 "하늘을 위로부터 아래로 부르시리라"(advocabit caelum desursum)고 되어 있다.

[324] 호세 6,6. 〔공동번역: "내가 반기는 것은 제물이 아니라 사랑이다."〕

[325] 10.6 참조.

뜻으로만 알아듣고 "위로" 부르시리라는 단어는 함축되지 않은 것으로 이해한다고 하자.[323] 이 구절의 의미를 올바른 신앙에 입각해서 살펴본다면, 여기서 말하는 하늘이란 그분과 더불어 심판을 행할 사람들이고 땅이란 심판받아야 할 사람들이다. 그래서 우리는 "그분께서 저 하늘을 위로 부르시리라"는 말씀도 "공중으로 이끌어갈 것입니다"라는 뜻으로 이해하지 말고, "재판관석으로 이끌어갈 것입니다"라고 알아들어야 할 것이다. "하늘을 위로 부르시리라"는 구절도 "상위의 지존한 장소에서 천사들을 불러 그들과 더불어 심판하러 내려오시리라"는 뜻으로 파악할 수 있다. "그리고 땅을 부르시리라." 이 말은 땅에서 사람들을 부르시리라는 것인데, 물론 심판을 받게 하기 위해서이다. "그리고 땅을"이라는 구절에 양편이 다 함의된 것으로 해석한다면, 다시 말해 "부르시리라"는 말과 "위로"라는 말이 다 들어 있는 것으로 이해한다면 "하늘을 위로 부르시리라. 그리고 땅도 위로 부르시리라"는 의미가 된다. 그러면 그리스도를 마중하기 위해 공중으로 이끌려갈 사람들 모두를 가리키는데, 하늘이라고 한 것은 영혼 때문이고 땅이라고 한 것은 육체 때문이라고 해석한다면 이보다 훌륭한 해석이 없다고 나는 생각한다. "당신 백성을 구분해 내시리라"는 말도 양을 염소로부터 구분해 내듯이 심판을 통해 선인들을 악인들로부터 구분해 내리라는 것이 아니고 무엇이겠는가? 그다음에는 천사들을 향해 하는 말이다: "그분께 그분의 의인들을 모아들여라!" 이것은 다름아닌 천사들의 시중을 거쳐 저 거창한 일이 수행되리라는 뜻이다. 천사들이 과연 어떤 의인들을 그분에게 모아들일 것이냐고 우리가 묻는다면 답은 이렇다: "제사 위에 그분의 계약을 맺은 자들을 모아들여라!" 의인들의 한평생이 그렇다. 제사 위에 하느님의 계약을 맺는 일이다. 이것은 자비의 행업이 "제사 위에" 있다는 뜻일 수도 있으니, 하느님 친히 "나는 제사보다 자비를 원하노라"[324]라고 한 말씀대로 제사보다도 자비의 행업을 앞세운다는 말이다. 그렇지 않으면, "제사 위에"라는 말을 "제사에서"라고 이해할 수도 있다. 땅에서 생기는 일을 땅 위에서 생긴다고도 하기 때문이다. 바로 자비의 행업이야말로 하느님의 마음에 드는 제사이니, 이 점에 관해서는 본서 제10권에서 내가 논한 바 있다.[325] 의인들은 그런 행업 위

bus operibus disponunt iusti testamentum Dei, quia propter promissiones, quae nouo eius testamento continentur, haec faciunt. Vnde congregatis sibi iustis suis et ad suam dexteram constitutis nouissimo utique iudicio dicturus est Christus: *Venite, benedicti patris mei, possidete paratum uobis regnum a constitutione mundi. Esuriui enim, et dedistis mihi manducare,* et cetera quae ibi proferuntur de bonorum operibus bonis et eorum praemiis sempiternis per ultimam sententiam iudicantis.

25. Propheta Malachiel siue Malachi, qui et angelus dictus est, qui etiam Esdras sacerdos, cuius alia in canonem scripta recepta sunt, ab aliquibus creditur (nam de illo hanc esse Hebraeorum opinionem dicit Hieronymus), iudicium nouissimum prophetat dicens: *Ecce uenit, dicit Dominus omnipotens; et quis sustinebit diem introitus eius, aut quis ferre poterit ut aspiciat eum? Quia ipse ingreditur quasi ignis conflatorii et quasi herba lauantium; et sedebit conflans et mundans sicut argentum et sicut aurum, et mundabit filios Leui, et fundet eos sicut aurum et argentum; et erunt Domino offerentes hostias in iustitia, et placebit Domino sacrificium Iudae et Hierusalem, sicut diebus pristinis et sicut annis prioribus. Et accedam ad uos in iudicio, et ero testis uelox super maleficos et super adulteros et super eos, qui iurant in nomine meo mendaciter, et qui fraudant mercedem mercennarios et opprimunt per potentiam uiduas et percutiunt pupillos et peruertunt iudicium aduenae, et qui non timent me, dicit Dominus omnipotens; quoniam ego Dominus Deus uester, et non mutor.* Ex his quae dicta sunt uidetur euidentius apparere in illo iudicio quasdam quorundam purgatorias poenas futuras. Vbi enim dicitur: *Quis sustinebit diem introitus eius, aut quis ferre poterit, ut aspiciat eum? Quia ipse ingreditur quasi ignis conflatorii et quasi herba lauantium; et sedebit*

---

[326] 마태 25,34-35.

[327] Malachiel(하느님의 천사), Malachi(천사)의 어의가 이러하지만 교부의 인용본(Vetus italica 1.1 : "그분의 천사를"), 불가타본(3.1: "나의 천사를")의 표현 때문에 이런 해설이 첨가된다. Cf. Hieronymus, *De nominibus hebraicis* 19.10: Malachiel, rex meus deus; 53.3: Malachia, angelus domini vel meus.

[328] 히에로니무스의 말에 의하면 에즈라서와 느헤미야서도 말라기의 저술로 전해온다. Cf. *Commentarium in Malachiam,* prooemium.

[329] 말라 3,1-6. 공동번역과 다소 차이가 난다.

에다 계약을 맺는데, 하느님의 신약에 포함된 언약 때문에 그런 행업을 하는 까닭이다. 그리하여 의인들을 당신에게 모으고 당신 오른편에 세운 다음 그리스도는 최후심판을 선고할 것이다: "내 아버지의 축복을 받은 사람들아, 와서 창세 때부터 너희를 위해 마련해 둔 나라를 상속받아라. 너희는 내가 굶주렸을 때 먹을 것을 주었다."[326] 성서 본문에도 나오지만 심판자의 최종 선고를 보면 그밖에도 선인들의 선한 업적에 대해서, 그리고 그들의 영원한 상급에 대해서도 얘기가 나온다.

25. 일부는 하느님의 최후심판을, 일부는 정화의 벌을 거쳐 속량됨을 말하는 말라기의 예언

예언자 말라기엘 혹은 말라기는 천사라고도 하고[327] 혹은 사제 에즈라라고도 하는데, 그의 다른 저술도 정전正典에 받아들여져 있다(히에로니무스는 이 인물에 관한 히브리인들의 견해가 이렇다고 전한다).[328] 그는 다음과 같이 최후심판을 예언한다: "보아라. 그가 온다. 전능하신 주님이 말씀하신다. 그의 입성의 날을 누가 당해 내랴? 누가 버텨 내며 그를 바라보랴? 그는 대장간의 불길 같고, 빨래터의 잿물같이 들어오리라. 그는 자리를 잡고 앉아 풀무질하여 은과 금을 깨끗하게 하듯이 레위 후손을 깨끗하게 만들리라. 그들을 순금이나 순은처럼 쏟아 내리라. 그러면 그들은 주님께 정의로 제물을 바치게 되리라. 그때에 유다와 예루살렘이 바치는 제물이 옛날처럼, 전년처럼 주님의 마음에 들리라. 나는 너희를 재판하러 나타나리니 신속한 증인이 되리라. 점쟁이와 간음하는 자와 내 이름으로 거짓 맹세하는 자, 날품팔이들의 품삯을 가로채는 자, 과부들을 힘으로 짓밟는 자, 고아들을 때리는 자, 뜨내기의 재판을 뒤집는 자, 또한 나를 두려워하지 않는 자들의 죄를 밝히리라. 전능하신 주님이 말씀하신다. '나는 너희 주 하느님이라, 나는 변하지 않는다.'"[329] 이 구절에 나오는 말을 보면 저 심판에서 어떤 사람들이 무슨 정화의 벌을 받을지 더 확실하게 드러난다: "그의 입성의 날을 누가 당해 내랴? 누가 버텨 내며 그를 바라보랴? 그는 대장간의 불길 같고, 빨래터의 잿물같이 들어오리라. 그는 자리를 잡고 앉

conflans et mundans sicut argentum et sicut aurum et mundabit filios Leui et fundet eos sicut aurum et argentum: quid aliud intellegendum est? Dicit tale aliquid et Esaias: *Lauabit Dominus sordes filiorum et filiarum Sion, et sanguinem emundabit de medio eorum spiritu iudicii et spiritu combustionis*. Nisi forte sic eos dicendum est emundari a sordibus et eliquari quodam modo, cum ab eis mali per poenale iudicium separantur, ut illorum segregatio atque damnatio purgatio sit istorum, quia sine talium de cetero permixtione uicturi sunt. Sed cum dicit: *Et emundabit filios Leui et fundet eos sicut aurum et argentum; et erunt Domino offerentes hostias in iustitia, et placebit Domino sacrificium Iudae et Hierusalem*, utique ostendit eos ipsos, qui emundabuntur, deinceps in sacrificiis iustitiae Domino esse placituros, ac per hoc ipsi a sua iniustitia mundabuntur, in qua Domino displicebant. Hostiae porro in plena perfectaque iustitia, cum mundati fuerint, ipsi erunt. Quid enim acceptius Deo tales offerunt quam se ipsos? Verum ista quaestio de purgatoriis poenis, ut diligentius pertractetur, in tempus aliud differenda est. Filios autem Leui et Iudam et Hierusalem ipsam Dei ecclesiam debemus accipere, non ex Hebraeis tantum, sed ex aliis etiam gentibus congregatam; nec talem, qualis nunc est, ubi, *si dixerimus, quia peccatum non habemus, nos ipsos seducimus, et ueritas in nobis non est*; sed qualis tunc erit, uelut area per uentilationem, ita per iudicium purgata nouissimum, eis quoque igne mundatis, quibus talis mundatio necessaria est, ita ut nullus omnino sit, qui offerat sacrificium pro peccatis suis. Omnes enim qui sic offerunt, profecto in peccatis sunt, pro quibus dimittendis offerunt, ut, cum obtulerint acceptumque Deo fuerit, tunc dimittantur.

---

[330] 이사 4,4. 〔공동번역: "주께서 시온의 딸들의 더러움을 씻으시고 심판하는 입김과 쓸어가는 바람으로 피에 물든 예루살렘을 속속들이 정하게 하시리라."〕

[331] 21.13-15 참조.

[332] 1요한 1,8.

[333] 마태 3,12 참조.

[334] 히브 5,1-4 참조: "무릇 대제관은 … 백성을 위해서도 자신을 위해서도 속죄의 제사를 바쳐야 합니다."

아 풀무질하여 은과 금을 깨끗하게 하듯이 레위 후손을 깨끗하게 만들리라. 그들을 순금이나 순은처럼 쏟아 내리라"고 하는 말을 어떻게 달리 이해할 수 있겠는가? 이런 얘기는 이사야도 한 적이 있다: "주께서 시온의 아들 딸들의 더러움을 씻으시고 심판의 영과 불사르는 영으로 그들 가운데서 피를 정하게 하시리라."[330] 이처럼 그들이 오점으로부터 정화되고 어느 모로든 씻김을 받으리라는 말은, 악인들이 심판의 형벌을 받고 자기네들로부터 분리되어 나갈 적에 악인들의 분리와 단죄 자체가 그들에게는 정화가 되리라는 뜻이다. 더는 저런 악인들과 섞여 살지 않을 것이기 때문이다. 하지만 "레위 후손을 깨끗하게 만들리라. 그들을 순금이나 순은처럼 쏟아 내리라. 그러면 그들은 주님께 정의로 제물을 바치게 되리라. 그때 유다와 예루살렘이 바치는 제물이 주님의 마음에 들리라"는 말은 정화되리라는 바로 그 사람들이 정의로 제물을 바치고 주님의 마음에 들게 되리라는 뜻이다. 그렇게 함으로써 그들은 주님의 마음에 들지 못했던 점이나 자신의 불의로부터 정화되기에 이를 것이다. 그들이 정화되고 나면 다름아닌 그들 자신이 제물이 될 것이다. 충만하고 완전한 정의로 바쳐지는 제물이 될 것이다. 사람이 자기 자신을 바치는 것보다 더 주님의 마음에 드는 제물이 과연 무엇이 있겠는가? 다만 정화시키는 죄벌에 관한 문제는 더 면밀하게 검토해야 하므로 다른 때로 미루어야 할 것 같다.[331] 레위 후손과 유다와 예루살렘은 하느님의 교회라는 뜻으로 받아들여야 하겠다. 단 히브리인들로만 모아진 것이 아니고 다른 민족들로도 모아진 교회를 말한다. 그것은 지금의 교회를 두고 하는 말이 아니다. 지금의 교회를 두고 말하자면 "우리가 죄 없다고 말한다면 우리 자신을 속이는 것이며 우리 안에 진리가 없습니다".[332] 오히려 장차 올 교회, 타작마당에서 키질을 하듯이[333] 최후심판을 거쳐 정화된 교회를 두고 하는 말이다. 물론 그런 정화가 필요한 사람들의 경우겠지만, 그들도 불로 깨끗해진다면 자기 죄를 위해 굳이 제사를 올려야 할 사람은 하나도 없는 그런 경지에 이르게 될 것이다.[334] 기실 그런 뜻으로 제사를 바치는 사람들은 그야말로 죄 속에 있으며 그 죄를 용서받으려고 제사를 바치는 것이다. 제사를 바쳐서 하느님께 가납된다면 어디까지나 죄를 용서받으려는 것이다.

26. Volens autem Deus ostendere ciuitatem suam tunc in ista consuetudine non futuram dixit filios Leui oblaturos hostias in iustitia; non ergo in peccato ac per hoc non pro peccato. Vnde intellegi potest in eo quod secutus adiunxit atque ait: *Et placebit Domino sacrificium Iudae et Hierusalem, sicut diebus pristinis et sicut annis prioribus*, frustra sibi Iudaeos secundum legem ueteris testamenti sacrificiorum suorum praeterita tempora polliceri. Non enim tunc in iustitia, sed in peccatis hostias offerebant, quando pro peccatis praecipue ac primitus offerebant, usque adeo ut sacerdos ipse, quem debemus utique credere ceteris fuisse iustiorem, secundum Dei mandatum soleret pro suis primum offerre peccatis, deinde pro populi. Quapropter exponere nos oportet, quo modo sit accipiendum quod dictum est: *Sicut diebus pristinis et sicut annis prioribus*. Fortassis enim tempus illud commemorat, quo primi homines in paradiso fuerunt. Tunc enim puri atque integri ab omni sorde ac labe peccati se ipsos Deo mundissimas hostias offerebant; ceterum ex quo commissae praeuaricationis causa inde dimissi sunt atque humana in eis natura damnata est, excepto uno Mediatore et post lauacrum regenerationis quibusque adhuc paruulis *nemo mundus a sorde*, sicut scriptum est, *nec infans, cuius est unius diei uita super terram*. Quod si respondetur etiam eos merito dici posse offerre hostias in iustitia, qui offerunt in fide (*iustus* enim *ex fide uiuit*; quamuis se ipsum seducat, si dixerit se non habere peccatum, et ideo non dicat, quia ex fide uiuit): numquid dicturus est quispiam hoc fidei tempus illi fini esse coaequandum, quando igne iudicii nouissimi mundabuntur, qui offerant hostias in iustitia? Ac per hoc quoniam post

---

[335] 레위 16,1-19 "속죄의 날" 예식 참조.

[336] 욥기 14,4.

[337] 로마 1,17. 본서 4.20; 19.4.1 참조.

[338] "신앙 덕분에 살고 있는 이상, 죄없다고 말해서는 안 된다"는 의미이지만, 비록 의인이라도 "자기는 신앙으로 살고 있으니까 죄가 없다는 말을 해서는 안 될 것이다"라고 번역할 수도 있다.

26. 성도들이 봉헌하여 하느님의 마음에 드는 제사: 그러면 태초와 고대에는 제사가 어떻게 하느님의 마음에 들 수 있었는가

26. 1. 말라기는 정의의 제물에 관해 무엇이라 했는가

그때의 당신 도성은 저런 처지에 있지 않으리라는 것을 보여주고자 하느님은 레위 후손이 정의로 제물을 바치리라는 말씀을 했다. 죄 속에서 또 죄 때문에 제물을 드리는 일이 없으리라는 것이다. 그래서 뒤따라 덧붙이는 다음 말도 그런 뜻으로 이해할 만하다: "그때 유다와 예루살렘이 바치는 제물이 옛날처럼, 전년처럼 주님의 마음에 들리라." 이 말을 근거로 유다인들은 구약의 율법에 따라 그들이 제사를 바치던 과거가 보장되는 것으로 믿을 수도 있는데 그것은 허사다. 왜냐하면 저 과거에는 정의로 제물을 바친 것이 아니고 죄중에 제물을 바쳤기 때문이다. 무엇보다 먼저 죄 때문에 주로 제사를 드렸고 다른 누구보다도 의로웠으리라고 믿을 만한 사제 본인부터, 하느님의 명대로, 먼저 자기 죄를 위해 제사를 드리고, 그다음에 백성의 죄를 위해 제사를 드렸던 것이다.[335] 그렇다면 우리는 "옛날처럼, 전년처럼"이라는 문구를 어떤 뜻으로 받아들여야 할지 설명이 필요하다. 우선 최초의 인간들이 낙원에 있던 그때를 상기시키는지도 모른다. 그때라면 순수하고 죄의 온갖 오점과 티끌에 전혀 물들지 않은 온전한 인간으로서 자기 자신을 지극히 순결한 제물로 하느님께 바쳤던 것이다. 하지만 계명을 위반한 탓으로 인간들은 낙원에서 추방당했고, 그 사람들 안에서 인간 본성 자체가 단죄를 받았다. 중개자 한 분만 예외였고, 아직 어려서 재생再生의 욕조浴槽를 거친 사람들만 예외였다: "아무도 더러움에서 깨끗하지 못하나니, 지상에서 단 하루를 살고 가는 아기라도 깨끗하지 못하나니."[336] 신앙으로 제사를 드리는 사람들도 정의로 제사를 드린다고 할 수 있으리라는 대답도 그럴듯하다. ("믿음으로 의로운 이라야 살 것입니다."[337] 사람이 스스로 죄가 없다고 말한다면 자신을 속이는 것이다. 따라서 의인은 믿음으로 살고 있기 때문에 그런 말을 해서는 절대 안 된다.)[338] 하지만 이 신앙의 때를 다름아닌 저 종말과 같은 시기, 곧 최후심판의 불로 사람들이 정화되어 정의로 제물을 드리는 시기로 보아야 한다는 말을 누가 감히 하겠는가? 그런 정화를 거친 뒤

talem mundationem nullum peccatum iustos habituros esse credendum est, profecto illud tempus, quantum adtinet ad non habere peccatum, nulli tempori comparandum est, nisi quando primi homines in paradiso ante praeuaricationem innocentissima felicitate uixerunt. Recte itaque intellegitur hoc significatum esse, cum dictum est: *Sicut diebus pristinis et sicut annis prioribus.* Nam et per Esaiam postea quam caelum nouum et terra noua promissa est, inter cetera, quae ibi de sanctorum beatitudine per allegorias et aenigmata exequitur, quibus expositionem congruam reddere nos prohibuit uitandae longitudinis cura: *Secundum dies,* inquit, *ligni uitae erunt dies populi mei.* Quis autem sacras litteras adtigit et ignorat ubi Deus plantauerit lignum uitae, a cuius cibo separatis illis hominibus, quando eos sua de paradiso eiecit iniquitas, eidem ligno circumposita est ignea terribilisque custodia?

Quod si quisquam illos dies ligni uitae, quos commemorauit propheta Esaias, istos qui nunc aguntur ecclesiae Christi dies esse contendit ipsumque Christum lignum uitae prophetice dictum, quia ipse est sapientia Dei, de qua Salomon ait: *Lignum uitae est omnibus amplectentibus eam*; nec annos egisse aliquos in paradiso illos primos homines, unde tam cito eiecti sunt, ut nullum ibi gignerent filium, et ideo non posse illud tempus intellegi in eo quod dictum est: *Sicut diebus pristinis et sicut annis prioribus*: istam praetereo quaestionem, ne cogar, quod prolixum est, cuncta discutere, ut aliquid horum ueritas manifestata confirmet. Video quippe alterum sensum, ne dies pristinos et annos priores carnalium sacrificiorum nobis pro magno munere per prophetam promissos fuisse credamus. Hos-

---

[339] 이사 65장 참조.

[340] 이사 65,22. 〔공동번역: "나의 백성은 나무처럼 오래 살겠고."〕

[341] 창세 3,24 참조: "이렇게 아담을 쫓아내신 다음 하느님은 동쪽에 거룹들을 세우시고 돌아가는 불칼을 장치하여 생명나무에 이르는 길목을 지키게 하셨다."

[342] 잠언 3,18. 〔공동번역: "지혜는 붙잡는 자에게 생명의 나무가 되고."〕

에는 의인들이 아무 죄도 지니지 않을 것이라고 믿어야 하므로, 바로 저 최후 심판 때에만 아무 죄도 지니지 않으리라는 점에서 본다면, 저 심판의 때를 그 밖의 어떤 시기와 비교해서는 안 될 것이다, 최초의 인간들이 계명을 위반하기 전에 더없이 무죄한 행복을 누리며 낙원에서 살던 그 시기와 비교한다면 모르겠지만. 이렇게 이해한다면 "옛날처럼, 전년처럼"이라는 문구를 제대로 이해한 셈이다. 이사야를 통해 새 하늘과 새 땅을 언약한 다음,[339] 그곳에서 성도들이 누릴 행복을 은유와 은어로 제시하는 도중에, 우리가 너무 장황한 얘기를 하지 않게 도울 생각으로 매우 적절한 설명을 내놓았다: "내 백성의 날들은 생명나무의 날들에 준하리라"[340]는 말이 그것이다. 성서를 손에 든 사람이라면, 하느님이 생명의 나무를 심었고 범죄가 인간들을 낙원에서 추방했을 때 바로 그 나무의 열매를 먹지 못하도록 격리당했고, 그 나무에 무시무시한 불꽃을 둘러 지키게 했다는 사실을 모르는 사람이 누가 있겠는가?[341]

26.2. 그 제물은 흠이 없고 결함이 없으리라

간혹 어떤 사람은 이사야 예언자가 언급한 생명나무의 날들이란 지금 그리스도의 교회에서 이루어지는 나날이라고 주장하고, 그리스도 자신이 곧 "생명의 나무"로 언명되었다고, 그것이 예언적으로 언질된 것이라고 주장한다. 그리스도 그분이야말로 하느님의 지혜요, 그 지혜를 가리켜 솔로몬이 "그를 끌어안는 사람들 모두에게 생명의 나무가 되어 주리라"[342]고 말한 이유에서다. 물론 최초의 인간들이 낙원에 있었던 것은 여러 해가 아니었고, 그곳에서 낳은 자식이 아무도 없을 만큼 금방 그곳에서 추방당했기 때문에 "옛날처럼, 전년처럼"이라는 문구가 바로 그 낙원의 시기라고 해석하는 일도 불가능하다. 억지로 이런 얘기를 일일이 따지다가는 지루한 일이 되므로 나는 이 문제에 대해서는 그냥 넘어가겠고, 대신 확실하게 밝혀진 진리가 이 문제점에 관해 뭔가 확인해 주는 것이 있다면 그것을 제시하는 것으로 그쳤으면 한다. 나는 여기서 다른 의미를 하나 발견한다. 그 덕분에 우리는 "옛날처럼, 전년처럼"이라는 말이 구약에서 살코기를 희생제물로 바치던 때로 돌아가리라고(그게 무슨 대단한 선물이라도 되듯이) 예언자가 우리에게 약속한 것이라고 믿지 않아도

tiae namque illae ueteris legis in quibusque pecoribus inmaculatae ac sine ullo prorsus uitio iubebantur offerri, et significabant homines sanctos, qualis solus inuentus est Christus, sine ullo omnino peccato. Proinde quia post iudicium, cum fuerint etiam igne mundati, qui eius modi mundatione sunt digni, in omnibus sanctis nullum inuenietur omnino peccatum, atque ita se ipsos offerent in iustitia, ut tales hostiae omni modo inmaculatae ac sine ullo uitio sint futurae, erunt profecto sicut pristinis diebus et sicut annis prioribus, quando in umbra huius rei futurae mundissimae offerebantur hostiae. Haec erit namque munditia tunc in inmortali carne ac mente sanctorum, quae figurabatur in illarum corporibus hostiarum.

Deinde propter eos, qui non mundatione, sed damnatione sunt digni: *Et accedam*, inquit, *ad uos in iudicium, et ero testis uelox super maleficos et super adulteros*, et cetera, quibus damnabilibus enumeratis criminibus addidit: *Quoniam ego Dominus Deus uester, et non mutor*; tamquam diceret: «Cum uos mutauerit et in deterius culpa uestra et in melius gratia mea, ego non mutor.» Testem uero se dicit futurum, quia in iudicio suo non indiget testibus, eumque uelocem, siue quia repente uenturus est eritque iudicium ipso inopinato eius aduentu celerrimum, quod tardissimum uidebatur, siue quia ipsas conuincet sine ulla sermonis prolixitate conscientias. *In cogitationibus enim*, sicut scriptum est, *impii interrogatio erit*; et apostolus: *Cogitationibus*, inquit, *accusantibus uel etiam excusantibus in die, qua iudicabit Deus occulta hominum, secundum euangelium meum per Iesum Christum*. Etiam sic ergo Dominus futurus testis intelle-

---

[343] qui non *mundatione*, sed *damnatione* sunt digni: 심판이 누구에게는 정화가 되고 누구에게는 단죄가 된다는 교부의 설명이다.

[344] 지혜 1,9. 〔공동번역: "주님은 간계를 꾸미는 악인을 심문하실 것이다."〕

[345] 로마 2,15-16. 〔200주년: "그들의 판단이 엇갈려 고발하거나 변호하기도 합니다. 이 사실은 내가 전하는 복음대로 하느님이 예수 그리스도를 통해 사람들의 숨은 속을 심판하실 그날에 드러날 것입니다."〕

된다. 낡은 율법의 제물은 짐승들 가운데서도 흠이 없고 결함이 없는 것을 바치라는 것이다. 그런 제물은 성도들을 상징했고, 그리스도 홀로 아무 죄가 없었으므로 그분만이 바로 그런 제물이었다. 그러나 심판이 있고 나면 그같은 정화를 입을 자격이 있는 사람들은 불로 정화를 입을 것이다. 그러면 모든 성도들에게서는 아무 죄도 발견되지 않을 것이다. 그리하여 그들은 자신을 정의로운 제물로 바칠 것이고, 아무 흠이 없고 아무 결함이 없는 제물이 될 것이다. 따라서 장차 그때에 이루어질 사건의 그림자로서, 구약에서 더없이 깨끗한 제물이 바쳐지던 것처럼, 다시 말해 "옛날처럼, 전년처럼" 깨끗한 제물이 봉헌될 것이다. 그때 우리가 말하는 깨끗함은 성도들의 불사불멸하는 육신에 있고 성도들의 지성知性 속에 있을 것이며, 구약의 저 제물들의 몸체는 그 깨끗함을 표상하는 데 그칠 따름이다.

26. 3. 말라기서에서 심판받는 악인들의 양심은 어떻게 나타나는가

그다음 정화에 처해지지 않고 단죄에 처해질[343] 사람들 때문에 하는 말씀이 있다. "나는 너희를 재판하러 나타나리니 신속한 증인이 되리라. 점쟁이와 간음하는 자" 등등 죄 받을 만한 범행들을 열거한 다음에 이렇게 덧붙인다: "나는 너희 주 하느님이라, 나는 변하지 않는다." 이 말씀은 마치 "너희 죄과가 너희를 변화시키고 더 못되게 만들거나 나의 은총이 너희를 변화시키고 더 좋게 만들거나 어느 때에도 나는 변하지 않는다"는 말씀 같다. 당신이 증인이 되겠노라고 말씀한다. 당신의 재판에는 다른 증인들이 필요하지 않기 때문이다. 그것도 신속한 증인이 되겠다고 말씀하는데, 그 이유는 당신이 갑자기 올 것이고 또 그분의 예기치 못한 내림으로 인해 무척 느릴 것으로 보이던 심판이 아주 신속하게 이루어질 것이기 때문이다. 그렇지 않으면 그분의 심판은 장황한 말이 일체 없이 양심良心 자체를 수긍케 만들 것이기 때문이기도 하다. 성서에 기록된 대로 "악인에 대한 심문은 그의 생각 속에서 이루어지리라".[344] 사도마저 "하느님께서 나의 복음대로 예수 그리스도를 통해 사람들의 숨은 속을 심판하실 그 날에 그들의 생각도 서로 엇갈려서 혹은 고발하거나 혹은 변호할 것입니다"[345]라고 했다. 주님이 각자의 행적을 지체없이 기억에 떠오르게 만들고, 따

gendus est uelox, cum sine mora reuocaturus est in memoriam, unde conuincat puniatque conscientiam.

27. Illud etiam, quod aliud agens in octauo decimo libro ex isto propheta posui, ad iudicium nouissimum pertinet, ubi ait: *Erunt mihi, dicit Dominus omnipotens, in die qua ego facio in adquisitionem, et eligam eos sicut eligit homo filium suum qui seruit ei; et conuertar et uidebitis quid sit inter iustum et iniquum, et inter seruientem Deo et eum qui non seruit ei. Quia ecce dies uenit ardens sicut clibanus et comburet eos, et erunt omnes alienigenae et uniuersi, qui faciunt iniquitatem, stipula, et succendet eos dies ueniens, dicit Dominus omnipotens, et non relinquetur in eis radix neque ramus. Et orietur uobis, qui timetis nomen meum, sol iustitiae, et sanitas in pinnis eius, et egrediemini et salietis sicut uituli de uinculis relaxati; et conculcabitis iniquos, et erunt cinis sub pedibus uestris, dicit Dominus omnipotens.* Haec distantia praemiorum atque poenarum iustos dirimens ab iniustis, quae sub isto sole in huius uitae uanitate non cernitur, quando sub illo sole iustitiae in illius uitae manifestatione clarebit, tunc profecto erit iudicium quale numquam fuit.

28. Quod uero subiungit idem propheta: *Mementote legis Moysi serui mei, quam mandaui ei in Choreb ad omnem Israel,* praecepta et iudicia oportune commemorat post declaratum futurum tam magnum inter obseruatores legis contemptoresque discrimen; simul etiam ut discant legem

---

[346] 사후에는 망각(忘却)의 강을 건너리라는 신화(cf. Plato, *Respublica* 621a-c; Lucanus, *Pharsalia* 6.769)와는 달리, 하느님의 심판이 정당하려면 사후에도 기억과 양심이 지속되어야 한다는 주장이다.

[347] 18.35 참조.

[348] 말라 3,17 - 4,3.

[349] 말라 4,4.

라서 죄 있음을 수긍케 만들고, 그리하여 그들의 양심을 벌하리라는 뜻에서, 바로 주님이 신속한 증인이 되리라는 말로 알아들어야겠다.[346]

27. 선인들과 악인들의 분리로 최후심판의 차이가 밝혀진다

본서 제18권에서 다른 주제를 다루면서 내가 같은 예언자 말라기를 인용하여 최후심판에 관련된 글을 제시한 바 있다.[347] "내가 나서는 그 날에 가서야, 전능하신 주님의 말씀이다, 그런 사람들이 나의 소유가 되리라. 사람이 효도하는 자식을 자기 아들로 고르듯이 나도 그들을 선택하리라. 그제야 너희는 돌이켜 의로운 사람과 불의한 사람이 어찌 되는지, 하느님을 섬기는 사람과 섬기지 않는 사람이 어찌 되는지를 깨닫게 될 것이다. 보아라, 이제 풀무불처럼 뜨거운 날이 오며 그들을 모두 살라 버릴 것이다. 모든 이방인들과 악을 일삼는 모든 사람들은 검불처럼 되리라. 다가오는 그 날이 그들을 불사르리라. 전능하신 주님의 말씀이다. 그들은 뿌리도 가지도 남기지 않으리라. 그러나 내 이름을 두려워하는 너희에게는 정의의 태양이 떠오를 것이요 태양의 광선에는 치유가 있으리라. 사슬에서 풀려난 송아지들처럼 너희는 밖으로 나와 기뻐 뛰리라. 너희는 나쁜 자들을 짓밟으리라. 내가 나서는 그 날이 오면, 나쁜 자들은 너희 발바닥에 재처럼 되리라. 전능하신 주님의 말씀이다."[348] 상과 벌의 이 엄청난 거리가 의인들을 악인들로부터 분리하겠지만, 지금의 태양 아래 이 허무한 현세에서는 그 간격이 식별되지 않는다. 그 대신 정의의 태양 아래 저 생명이 드러날 때에는 그 거리가 분명해질 것이고, 그때 가면 지금까지는 없었던 심판이 이루어지리라.

28. 모세의 율법을 육적 의미로 해석하다가 죄 받는 불평에 떨어지는 일이 없으려면 영적으로 알아들어야 한다

그다음 같은 그 예언자가 추가하는 말이 있다: "너희는 내가 모세를 시켜 호렙 산에서 온 이스라엘에게 내린 나의 종 모세의 율법을 되새기도록 하여라."[349] 하지만 율법을 준행한 사람들과 멸시한 사람들 사이에 구분이 이루어지고 나서, 그리고 장차 그 구분을 거창하게 선포한 연후에야 사람들은 계명과 심판을

spiritaliter intellegere et inueniant in ea Christum, per quem iudicem facienda est inter bonos et malos ipsa discretio. Non enim frustra idem Dominus ait Iudaeis: *Si crederetis Moysi, crederetis et mihi; de me enim ille scripsit.* Carnaliter quippe accipiendo legem et eius promissa terrena rerum caelestium figuras esse nescientes in illa murmura conruerunt, ut dicere auderent: *Vanus est qui seruit Deo, et quid amplius, quia custodiuimus mandata eius et quia ambulauimus supplices ante faciem Domini omnipotentis? Et nunc nos beatos dicimus alienos, et aedificantur omnes qui faciunt iniquitatem.* Quibus eorum uerbis quodam modo propheta compulsus est nouissimum praenuntiare iudicium, ubi mali nec saltem falso sint beati, sed apertissime miserrimi appareant, et boni nulla temporali saltem miseria laborent, sed clara ac sempiterna beatitudine perfruantur. Dixerat quippe istorum talia quaedam uerba etiam superius dicentium: *Omnis, qui facit malum, bonus est in conspectu Domini, et tales ei placent.* Ad haec, inquam, contra Deum murmura peruenerunt legem Moysi accipiendo carnaliter. Vnde et ille in Psalmo septuagensimo secundo paene commotos dicit fuisse pedes suos et effusos gressus suos, utique in lapsum, quia zelauit in peccatoribus, pacem peccatorum intuens; ita ut inter cetera diceret: *Quo modo sciuit Deus, et si est scientia in Altissimo?* diceret etiam: *Numquid uano iustificaui cor meum et laui in innocentibus manus meas?* Vt autem solueret hanc difficillimam quaestionem, quae fit, cum uidentur boni esse miseri et felices mali: *Hoc*, inquit, *labor est ante me, donec introeam in sanctuarium Dei et intellegam in nouissima.* Iudi-

---

[350] 요한 5,46.

[351] 말라 3,14-15.

[352] 말라 2,17.

[353] 시편 72[73],2-3 참조: "나는 하마터면 발이 미끄러지고 걸음을 헛디딜 뻔하였으니, 내가 어리석은 자들을 시새우고 악인들의 평안함을 보았기 때문이로다."

[354] 시편 72[73],11.

[355] 시편 72[73],13.

[356] 시편 72[73],16-17.

제대로 되새기게 된다. 아울러 율법을 영적으로 이해하는 것도 배우고 율법에서 그리스도를 발견하기에 이를 것이다. 그분을 심판관으로 하여 선인들과 악인들 사이의 구분이 이루어져야 하는 까닭이다. 그러니 주님이 유다인들에게 한 말씀도 공연히 한 말씀이 아니다: "만일 당신들이 모세를 믿었더라면 나를 믿을 것입니다. 그는 내게 관하여 기록했기 때문입니다."[350] 하지만 그들은 율법을 육적으로만 받아들였고 지상적 언약이 천상 사물의 표상임을 알지 못했기 때문에 온갖 불평을 하면서 이런 말까지 서슴지 않았다: "하느님을 섬기는 사람도 헛되다. 우리가 그의 계명을 지켜보았지만, 무슨 소용이 있더냐? 전능하신 주님 앞에서 애원해 보았지만 무슨 소용이 있더냐? 결국 우리는 이방인들을 복많다고 부르게 되었고 못된 짓을 하는 자들이 모조리 잘되어 간다."[351] 어떤 면에서 본다면 예언자는 그자들의 말 때문에 심판을 예고하지 않을 수 없었던 것 같다. 심판을 거치면 거짓으로 악인들이 복이 많은 사람처럼 보이는 일도 없으며, 오히려 참으로 가련한 자들임이 노골적으로 드러날 것이다. 또 선인들은 어떠한 현세적 불행으로도 시달리지 않고 밝고 영구한 지복을 누릴 것이다. 말라기 예언자는 심지어 방금 말한 작자들의 이런 소리까지도 옮겨놓았다: "악을 행하는 자는 모조리 주님 앞에서 선하고 그런 자들이라야 그분의 눈에 든다."[352] 그러나 내가 다짐하거니와, 저 사람들은 모세의 율법을 육적으로 받아들임으로써 하느님을 거스르고 이런 불평까지 하기에 이르렀다. 그래서 시편 72편에 나오는 저 인물도 자기 두 발이 하마터면 미끄러질 뻔했고 자기 발걸음이 쓰러질 뻔했다는 말을 하는가 하면, 그 까닭이 죄인들을 시샘하고 죄인들이 누리는 평안함을 보았기 때문이었노라고 고백한다.[353] 그래서 시편 작가는 이런 소리까지 한다: "하느님이 어찌 알 리 있으며, 지존이라고 어찌 알아채리요?"[354] 심지어 이런 말도 한다: "정녕 나는 헛되이 마음을 깨끗이 보존하고 결백으로 내 두 손을 씻었단 말인가!"[355] 선인들이 불행하고 악인들이 행복한 것처럼 보일 때 생기는 이 지극히 난해한 문제를 풀려고 그는 이 한 마디를 덧붙인다: "그것은 제 눈에 괴로움뿐이었나이다. 그러나 마침내 하느님의 성전에 들어가 그들의 종말을 깨달았나이다."[356] 그러니 마지막 심판은 그렇지 않으리라. 지금

cio quippe nouissimo non sic erit; sed in aperta iniquorum miseria et aperta felicitate iustorum longe quam nunc est aliud apparebit.

29. Cum autem admonuisset, ut meminissent legis Moysi (quoniam praeuidebat eos multo adhuc tempore non eam spiritaliter, sicut oportuerat, accepturos), continuo subiecit: *Et ecce ego mittam uobis Helian Thesbiten, antequam ueniat dies Domini magnus et inlustris, qui conuertet cor patris ad filium et cor hominis ad proximum suum, ne forte ueniens percutiam terram penitus.* Per hunc Heliam magnum mirabilemque prophetam exposita sibi lege ultimo tempore ante iudicium Iudaeos in Christum uerum, id est in Christum nostrum, esse credituros, celeberrimum est in sermonibus cordibusque fidelium. Ipse quippe ante aduentum iudicis Saluatoris non inmerito speratur esse uenturus, qui etiam nunc uiuere non inmerito creditur. Curru namque igneo raptus est de rebus humanis, quod euidentissime sancta scriptura testatur. Cum uenerit ergo, exponendo legem spiritaliter; quam nunc Iudaei carnaliter sapiunt, *conuertet cor patris ad filium,* id est cor patrum ad filios; singularem quippe pro numero plurali interpretes septuaginta posuerunt; et est sensus, ut etiam filii sic intellegant legem, id est Iudaei, quem ad modum eam patres intellexerunt, id est prophetae, in quibus erat et ipse Moyses; sic enim cor patrum conuertetur ad filios, cum intellegentia patrum perducetur ad intellegentiam filiorum; *et cor filiorum ad patres eorum,* dum in id, quod senserunt illi, consentiunt et isti; ubi Septuaginta dixerunt: *Et cor hominis ad proximum suum.* Sunt enim inter se ualde proximi patres et filii.

---

[357] 말라 4,5-6. 〔공동번역: "이 야훼가 나타날 날, 그 무서운 날을 앞두고 내가 틀림없이 예언자 엘리야를 너희에게 보내리니, 엘리야가 어른들의 마음을 자식들에게, 자식들의 마음을 어른들에게 돌려 화목하게 하리라 …."〕

[358] 엘리야가 죽지 않고 하느님이 직접 데려갔다는 전설(4[2]열왕 2,11; 1마카 2,58)은 의인들의 죽음에 희망을 일깨우는 논거로 쓰였다(창세 5,24; 시편 48[49],16; 이사 53,8).

[359] 4[2]열왕 2,11 참조: "난데없이 불말이 불수레를 끌고 그들 사이로 나타나는 것이었다. 동시에 두 사람 사이는 떨어지면서 엘리야는 회오리바람 속에 휩싸여 하늘로 올라갔다." 교부들 가운데도 이 전설을 심각하게 다룬 사람들이 있었다(Iustinus, *Dialogus cum Tryphone* 8, 49; Irenaeus, *Adversus haereses* 5.5; Tertullianus, *Adversus Marcionem* 5.12).

겉으로 드러나는 것과는 아주 다르게 그때는 악인들의 불행이 공공연히 드러나고 의인들의 행복이 공공연히 드러나리라.

29. 심판 전에 있을 엘리야의 내림: 그의 설교로 성서의 숨은 비밀이 드러나고 유다인들이 그리스도께 회심할 것이다

말라기는 모세의 율법을 되새기라고 권유한 다음(주님은 너무도 오랫동안 인간들이 의당히 그래야 함에도 율법을 영적으로 받아들이지 않으리라는 것을 예견하고 있었다) 즉각 이런 말을 덧붙인다: "보아라, 주님의 크고 빛나는 날이 오기 전에 내가 티스베 사람 엘리야를 너희에게 보내리라. 엘리야가 아버지의 마음을 자식에게, 사람의 마음을 이웃에게 돌리리라. 그래야 내가 와서 땅을 모조리 쳐부수지 아니하리라."[357] 이 위대하고 놀라운 예언자 엘리야를 통해 심판이 오기 전 마지막 때에 유다인들에게 율법이 알려지고 나면, 드디어 유다인들이 참 그리스도, 다시 말해 우리네 그리스도를 믿게 되리라는 얘긴데, 신앙인들의 말이나 심경에 이 얘기는 매우 널리 알려져 있다. 그 인물은 심판자인 구세주의 내림 이전에 오리라고 예견되는데 그럴 만한 까닭이 없지 않다. 또 지금도 그가 살아있다고 믿는 것도 무리는 아니다.[358] 그는 불수레에 휩싸여 인간 세상으로부터 이끌려갔는데 성서가 이 사실을 아주 분명하게 증언하고 있다.[359] 지금 유다인들이 육적으로 율법을 아는 것과는 달리 그가 올 즈음에는 영적으로 율법을 풀이해 줌으로써 "아버지의 마음을 자식에게 돌리리라". 다시 말해 "조상들의 마음을 자식들에게 돌리리라". 칠십인역은 복수 대신에 "자식"이라는 단수로 번역했던 것이다. 말의 의미는 조상들이 율법을 이해했던 것처럼 자식들 곧 유다인들도 율법을 이해하게 되리라는 것인데, 조상들이란 예언자들이며 그가운데 모세도 들어 있다. 이렇게 해서 조상들의 이해가 자식들의 이해로 돌려짐으로써 조상들의 마음이 자식들에게 돌려지는 것이다. 그런가 하면 "자식들의 마음을 조상들에게"라는 구절도 나온다. 조상들이 느끼던 바를 자식들도 공감하리라는 뜻이다. 칠십인역은 그것을 "사람의 마음을 이웃에게"라고 했다. 조상들과 자식들은 아주 가까운 이웃이기 때문이리라. 예언적 영감을 받아 번역한 70인

Quamquam in uerbis septuaginta interpretum, qui prophetice interpretati sunt, potest alius sensus idemque lectior inueniri, ut intellegatur Helias cor Dei Patris conuersurus ad Filium; non utique agendo ut Pater diligat Filium, sed docendo quod pater diligat Filium; ut et Iudaei, quem prius oderant, diligant eundem, qui noster est, Christum. Iudaeis enim nunc auersum cor habet Deus a Christo nostro, quia hoc putant. Eis ergo tunc cor eius conuertetur ad Filium, cum ipsi conuerso corde didicerint dilectionem Patris in Filium. Quod uero sequitur: *Et cor hominis ad proximum suum*, id est, conuertet Helias et cor hominis ad proximum suum: quid melius intellegitur quam cor hominis ad hominem Christum? Cum enim sit in forma Dei Deus noster, formam serui accipiens esse dignatus est etiam proximus noster. Hoc ergo faciet Helias. *Ne forte*, inquit, *ueniam et percutiam terram penitus*. Terra sunt enim, qui terrena sapiunt, sicut Iudaei carnales usque nunc; ex quo uitio contra Deum murmura illa uenerunt: *Quia mali ei placent*, et: *Vanus est qui seruit Deo*.

30. Multa alia sunt scripturarum testimonia diuinarum de nouissimo iudicio Dei, quae si omnia colligam, nimis longum erit. Satis ergo sit, quod et nouis et ueteribus litteris sacris hoc praenuntiatum esse probaui-

---

[360] adversum cor(··· 에게서 돌아선 마음)와 conversum cor(··· 에게로 돌린 마음)의 대칭적 수식이며, 또한 인간 편에서 conversio는 "회심", "회개"라는 의미도 담는다.

[361] 필립 2,6-7 참조: "그분은 하느님의 모습을 지녔지만 ··· 종의 모습을 취했으니."

번역자들의 단어를 보면 다른 의미가 함의될 수도 있지만 이렇게 보는 것이 더 그럴듯한 해독으로 보인다. 엘리야가 하느님 아버지의 마음을 아드님에게로 돌리리라는 뜻으로 이해할 만하다는 말이다. 그렇다고 아버지가 새삼스럽게 아드님을 사랑하게 된다는 뜻은 아니고, 아버지가 아드님을 사랑한다는 사실을 사람들에게 가르침으로써 그렇게 된다는 뜻이다. 그러면 유다인들은 당초에 자기들이 미워하던 분, 곧 우리에게 그리스도인 그분을 사랑하게 되리라는 것이다. 유다인들이 보기에 하느님이 우리 그리스도에게서 마음을 돌리고 있다는데, 자기네들이 그렇게 하기 때문에 그렇게 보는 것이다. 그러다가 그때 가서는 아버지의 마음이 아들에게 돌아설 것이니, 자기들의 마음을 돌림으로써 아드님을 향하는 아버지의 사랑을 터득할 것이기 때문이다.[360] 바로 그래서 "사람의 마음을 이웃에게 돌리리라"는 글귀가 따라 나온다. 말하자면 엘리야가 사람의 마음을 이웃에게로 돌린다는 뜻이다. 그렇다면 인간의 마음을 인간 그리스도께 돌리리라고 풀이하는 것보다 나은 해석이 어디 있겠는가? 우리 하느님은 하느님의 모습을 하고 있지만 종의 모습을 취함으로써[361] 우리 이웃이 되기로 작정했다. 엘리야가 바로 그런 일을 해내리라는 것이다: "그래야 내가 와서 땅을 모조리 쳐부수지 아니하리라." 유다인들이 지금까지 육적으로 머무는 것과 똑같이, 땅의 것을 맞들이는 사람들은 땅이다. 그런 흠 때문에 그들은 하느님을 거슬러 가면서 "악을 하는 자라야 그분의 눈에 든다"는 불평을 터뜨리고, 심지어는 "하느님을 섬기는 사람도 헛되다"는 말마저 서슴지 않는다.

30. 구약에서 하느님이 심판하리라는 글이 나올 적에는 그리스도의 인물을 명확히 드러내지 않지만, 주 하느님이 친히 말씀하는 여러 증언에서는 그분이 그리스도임이 의심없이 드러나는 경우

30. 1. 예언서들에도 장차 올 하느님이 그리스도라고 밝혀져 있다

하느님의 최후심판에 관한 여러 성서의 증언은 이밖에도 매우 많다. 그것을 모조리 모으자면 너무 긴 얘기가 될 것이다. 단지 구약성서와 신약성서에서 이 사건이 예고되었음을 입증하는 것으로도 충분하겠다. 하지만 구약성서에는 심

mus. Sed ueteribus per Christum futurum esse iudicium, id est iudicem Christum de caelo esse uenturum, non tam, quam nouis, euidenter expressum est, propterea quia, cum ibi dicit Dominus Deus se esse uenturum uel Dominum Deum dicitur esse uenturum, non consequenter intellegitur Christus. Dominus enim Deus et Pater est et Filius et Spiritus sanctus; neque hoc tamen intestatum relinquere nos oportet. Primo itaque demonstrandum est, quem ad modum Iesus Christus tamquam Dominus Deus loquatur in propheticis libris, et tamen Iesus Christus euidenter appareat, ut et quando non sic apparet et tamen ad illud ultimum iudicium Dominus Deus dicitur esse uenturus, possit Iesus Christus intellegi. Est locus apud Esaiam prophetam, qui hoc quod dico euidenter ostendit. Deus enim per prophetam: *Audi me*, inquit, *Iacob et Israel quem ego uoco. Ego sum primus et ego in sempiternum, et manus mea fundauit terram et dextera mea firmauit caelum. Vocabo eos, et stabunt simul, et congregabuntur omnes et audient. Quis ei nuntiauit haec? Diligens te feci uoluntatem tuam super Babylonem, ut auferrem semen Chaldaeorum. Et locutus sum et ego uocaui; adduxi eum et prosperam feci uiam eius. Accedite ad me et audite haec. Non a principio in abscondito locutus sum; quando fiebant, ibi eram. Et nunc Dominus Deus misit me et Spiritus eius.* Nempe ipse est, qui loquebatur sicut Dominus Deus; nec tamen intellegeretur Iesus Christus, nisi addidisset: *Et nunc Dominus Deus misit me et Spiritus eius.* Dixit hoc enim secundum formam serui, de re futura utens praeteriti temporis uerbo, quem ad modum apud eundem prophetam legitur: *Sicut ouis ad immolandum ductus est.* Non enim ait: «ducetur», sed pro eo, quod futurum erat, praeteriti temporis uerbum posuit. Et assidue prophetia sic loquitur.

---

[362] 이사 48,12-16(교부의 자유 인용).

[363] "나를 보내셨다"는 과거 시제로 "나를 보내시리라"는 표현을 대신했다는 의미다.

[364] 이사 53,7.

[365] 히브리어는 동사의 시제가 다양하지 않아 미완료형은 반과거와 미래의 의미를 한꺼번에 가졌다. 아우구스티누스는 이 문법적 특성이 과거 시제로 미래사를 예고하는 어법이 아니냐고 해석한다.

판이 그리스도를 통해 이루어지리라든가 심판관 그리스도가 하늘로부터 오리라는 사실이 신약만큼 분명하게 표명되어 있지 않다. 그래서 주 하느님이 친히 오시겠다고 말씀하거나 주 하느님이 오시리라는 말을 할 때, 그것이 꼭 그리스도를 가리키는 구절이라고 말하기는 어렵다. 주 하느님이라면 아버지이기도 하고 아들이기도 하고 성령이기도 하다. 하지만 우리가 이 점을 밝히지 않고 남겨두는 것도 적절하지 않다. 먼저 예언서에서 예수 그리스도가 어느 정도까지 주 하느님으로 언명되는지를 입증해 보아야 하겠다. 그리고 예수 그리스도가 명료하게 드러나는 경우와, 비록 그다지 명료하게 드러나지는 않더라도 저 최후심판을 위해 주 하느님이 오시리라고 할 때 예수 그리스도를 가리키는 것으로 해석할 수 있는 경우를 살펴보겠다. 이사야 예언자에게서는 내가 말하는 바를 확실하게 보여주는 대목이 있다. 하느님이 예언자를 통해 이렇게 말씀하는 것으로 되어 있다: "내 말을 들어라, 야곱아! 내가 불러 세운 이스라엘아! 나는 처음이요 나는 한결같다. 내 손이 땅의 기초를 놓았고 내 오른손이 하늘을 펼쳤다. 내가 부르면 그들은 당장 나와 선다. 모두들 모여와 들으리라. 누가 이 일을 그에게 미리 알려 주었더냐? 나는 당신을 사랑하여 바빌론에 대한 당신의 뜻을 이루나이다. 칼대아인들의 종자를 없애리이다. 또 내가 말했고 내가 불렀다. 그를 이끌어들이고 앞길을 터준 것도 나다. 이리로 가까이 와서 내 말을 들어라. 처음부터 나는 숨어서 말을 하지 않았다. 이 모든 일이 이루어질 때, 바로 거기에 나는 있었다. 이제 주 하느님께서 나를 보내셨고 당신의 영이 나를 보내셨다."[362] 이 말씀의 주인공은 주 하느님으로서 발언을 하던 바로 그분이다. 하지만 "이제 주 하느님께서 나를 보내셨고 당신의 영이 나를 보내셨다"는 구절을 첨가하지 않았다면 굳이 그를 예수 그리스도라고 해석할 수는 없다. 그분은 종의 모습을 취한 채로 이 말씀을 했고 과거 시제의 동사를 써서 미래사를 언급했다.[363] 같은 예언자의 입을 통해 나온 "그는 희생물로 끌려가는 양처럼 끌려갔다"[364]는 구절에서 읽히는 그대로다. "끌려가리라"라고 하지 않고, 미래 시제 대신에 과거 시제의 동사를 배치한 것이다. 예언은 시종일관 이런 어법으로 발언을 한다.[365]

Est alius locus apud Zachariam, qui hoc euidenter ostendit, quod omnipotentem misit omnipotens: quis quem, nisi Deus Pater Deum Filium? Nam ita scriptum est: *Haec dicit Dominus omnipotens: Post gloriam misit me super gentes, quae spoliauerunt uos; quia qui tetigerit uos, quasi tangat pupillam oculi eius. Ecce ego inferam manum meam super eos, et erunt spolia his, qui seruierant eis; et cognoscetis quia Dominus omnipotens misit me.* Ecce dicit Dominus omnipotens a Domino omnipotente se missum. Quis hic audeat intellegere nisi Christum loquentem, scilicet ouibus quae perierant domus Israel? Ait namque in euangelio: *Non sum missus nisi ad oues quae perierunt domus Israel*; quas hic comparauit pupillae oculi Dei propter excellentissimum dilectionis affectum; ex quo genere ouium etiam ipsi apostoli fuerunt. Sed post gloriam resurrectionis utique suae (quae antequam fieret, ait euangelista: *Iesus nondum erat glorificatus*) etiam super gentes missus est in apostolis suis, ac sic impletum est quod in Psalmo legitur: *Erues me de contradictionibus populi, constitues me in caput gentium*, ut, qui spoliauerant Israelitas quibusque Israelitae seruierant, quando sunt gentibus subditi, non uicissim eodem modo spoliarentur, sed ipsi spolia fierent Israelitarum (hoc enim apostolis promiserat dicens: *Faciam uos piscatores hominum*, et uni eorum: *Ex hoc iam*, inquit, *homines eris capiens*); spolia ergo fierent, sed in bonum, tamquam erepta uasa illi forti, sed fortius alligato.

---

[366] 즈가 2,8-9.
[367] 마태 15,24.
[368] 요한 7,39.
[369] 시편 17[18],44.
[370] 마태 4,19.
[371] 루가 5,10.
[372] 마르 3,27; 마태 12,29 참조. 본서 20.7.2에 거듭 인용.

30.2. 그분은 전능한 분으로 여겨진다

즈가리야에게서는 전능한 분이 전능한 분을 보낸다는 점을 분명히 밝히는 다른 구절이 있다. 아버지 하느님이 아드님인 하느님을 보낸다는 것이 아니면 누가 누구를 보낸다는 말이겠는가? "전능하신 주님의 말씀이다. 영광을 띄워 나를 보내셔서 너희를 털던 뭇 민족에게 보내셨다. 너희를 건드리는 자는 그분의 눈동자를 건드리는 것이다. 나 이제 나의 팔을 뻗어 뭇 민족을 쳐서 저희가 부리던 종들에게 털리는 신세가 되게 하리라. 이 말이 이루어지면 너희는 나를 보내신 이가 바로 전능하신 주님이심을 알리라."366 보시라, 전능한 주님이 말씀하기를 자신이 전능한 주님으로부터 보내졌노라고 한다. 여기서 그리스도가 아닌 다른 누군가가 하는 말이려니 하고 생각하는 사람이 누가 있겠는가? 특히나 이것은 이스라엘의 잃어버린 양들을 상대로 하는 말씀이다. 복음서에 이렇게 나와 있기 때문이다: "나는 오직 이스라엘 가문의 잃은 양들에게 파견되었습니다."367 여기서 그들을 하느님의 눈동자로 비유한 것은 그들을 향하는 하느님의 애정이 극진했기 때문이다. 그리고 그 양들의 무리에는 사도 본인들도 들어 있었다. 그러나 부활의 영광을 입은 다음에도 (부활이 이루어지기 전에는 복음사가의 말처럼 "예수께서 아직 영광을 받으시지 않았던 것이다")368 그분은 당신의 사도들을 통해 만민에게 보냄을 받은 셈이다. 그렇게 해서 시편에 나오는 대로, "당신께서는 저를 백성의 다툼에서 구하시어 민족들의 우두머리로 세우셨으니"369라는 구절이 이루어졌다. 이스라엘인들을 털어가던 자들, 이스라엘인들이 이방인들에게 정복되어 섬겼던 그 이방인들이 똑같은 방식으로 털린다는 뜻이 아니다. 그 사람들 본인이 이스라엘인들의 약탈물이 되리라는 것이다. (이런 내용은 그분이 사도들에게 약속한, "당신들을 사람 낚는 어부로 삼겠소"370라는 말씀에서 나타나고, 그 가운데 한 사람에게 "이제부터 당신은 사람들을 낚을 것입니다"371라고 한 말씀에서도 나타난다.) 그 사람들 본인이 노획물이 될 것이다. 그렇지만 좋은 뜻에서 말하는 노획물이다. 힘센 자에게서 세간을 털려면 힘이 더 센 자가 그를 묶어 놓지 않고서는 안 될 테니까.372

Item per eundem prophetam Dominus loquens: *Et erit*, inquit, *in die illa quaeram auferre omnes gentes quae ueniunt contra Hierusalem, et effundam super domum Dauid et super habitatores Hierusalem spiritum gratiae et misericordiae; et aspicient ad me pro eo quod insultauerunt, et plangent super eo planctum quasi super carissimum, et dolebunt dolore quasi super unigenitum.* Numquid nisi Dei est auferre omnes gentes inimicas sanctae ciuitatis Hierusalem, quae *ueniunt contra* eam, id est contrariae sunt ei, uel, sicut alii sunt interpretati, *ueniunt super* eam, id est, ut eam sibi subiciant; aut effundere super domum Dauid et super habitatores eiusdem ciuitatis spiritum gratiae et misericordiae? Hoc utique Dei est, et ex persona Dei dicitur per prophetam; et tamen hunc Deum haec tam magna et tam diuina facientem se Christus ostendit adiungendo atque dicendo: *Et aspicient ad me pro eo quod insultauerunt, et plangent super eo planctum quasi super carissimum* (siue *dilectum*) *et dolebunt dolore quasi super unigenitum.* Paenitebit quippe Iudaeos in die illa, etiam eos, qui accepturi sunt spiritum gratiae et misericordiae, quod in eius passione insultauerint Christo, cum ad eum aspexerint in sua maiestate uenientem eumque esse cognouerint, quem prius humilem in suis parentibus inluserunt; quamuis et ipsi parentes eorum tantae illius impietatis auctores resurgentes uidebunt eum, sed puniendi iam, non adhuc corrigendi. Non itaque hoc loco ipsi intellegendi sunt, ubi dictum est: *Et effundam super domum Dauid et super habitatores Hierusalem spiritum gratiae et misericordiae; et aspicient ad me pro eo quod insultauerunt*; sed tamen de illorum stirpe uenientes, qui per Heliam illo tempore credituri sunt. Sed sicut

---

[373] 즈가 12,9-10. 〔공동번역: "그 날이 오면, 내가 몸소 나서서 예루살렘을 침략하는 뭇 민족을 멸하리라. 내가 다윗 가문과 예루살렘 성민들에게 용서를 빌 마음을 품게 하리니 그들은 내 가슴을 찔러 아프게 한 일을 외아들이나 맏아들이라도 잃은 듯이 슬퍼하며 곡하리라."〕

[374] veniunt contra eam(저 도성을 거슬러 다가오고: 히에로니무스 역본), veniunt super eam(저 도성 위로 다가오고: 칠십인역본) 두 문구의 전치사(contra, super)로 적들의 침략의도를 구분하고 있다.

[375] 요한 19,37은 "그들은 나를 모욕한 일을 두고 나를 우러러볼 것이요"라는 구절을 "그들이 자기네가 찌른 이를 바라보리라"는 번역문으로 인용하여 그리스도에게 해당시킨다.

30. 3. 그분은 우리를 대신하여 고난을 받을 것이다

같은 예언자를 통해 주님이 또 말씀한다: "그 날이 오면, 내가 몸소 나서서 예루살렘을 침략하는 뭇 민족들을 멸하리라. 내가 다윗 가문과 예루살렘 성민들에게 은총과 자비의 영을 쏟아 부으리라. 그러면 그들은 나를 모욕한 일을 두고 나를 우러러볼 것이요, 마치 극진히 사랑하는 사람을 잃은 듯이 그 일을 두고 슬퍼하며 통곡할 것이요, 마치 외아들을 잃은 듯이 괴로워하며 아파하리라."[373] 거룩한 도성 예루살렘을 적대시하는 모든 민족들을 멸하는 일을 하느님 외에 누가 할 수 있겠는가? 이 민족들이 저 도성을 거슬러 다가오고, 즉 저 도성을 적대시하고, 다른 번역가들의 표현에 의하면 저 도성 위로 다가오고, 다시 말해 저 도성을 예속시키려고 침략할 때[374] 하느님 외에 누가 그들을 멸하겠는가? 더구나 다윗 가문과 바로 그 도성의 성민들에게 은총과 자비의 영을 부어줄 분이 하느님 말고 누가 있겠는가? 이 일은 응당 하느님의 일이며, 따라서 이 발언은 예언자를 통해 하느님의 인격으로 행한 발언이다. 또한 저처럼 위대하고 저처럼 신성한 업적을 이루는 하느님이 바로 당신임을 그리스도가 다음과 같이 덧붙여 말씀하고 있다: "그러면 그들은 나를 모욕한 일을 두고 나를 우러러볼 것이요, 마치 극진히 사랑하는 사람(혹은 사랑하던 사람)을 잃은 듯이 그 일을 두고 슬퍼하며 통곡할 것이요, 마치 외아들을 잃은 듯이 괴로워하며 아파하리라."[375] 저날이 오면 유다인들, 그리고 은총과 자비의 영을 받은 자들은 수난받던 그리스도를 모욕한 사실을 뉘우칠 것이다. 그분이 지고한 위엄을 띠고 오는 모습을 그들이 우러러볼 때, 자기네 조상들에게 비천하다고 조롱당했던 인물이 바로 그분임을 알아보고서 뉘우칠 것이다. 물론 그토록 불경스런 짓을 행한 장본인인 그 조상들로 말하자면 결국 부활해서 그분을 뵙겠지만, 그것은 벌을 받기 위한 것이지 교정을 받을 여지가 있는 것은 아니리라. 그러므로 여기서 "내가 다윗 가문과 예루살렘 성민들에게 은총과 자비의 영을 쏟아 부으리라. 그러면 그들은 나를 모욕한 일을 두고 나를 우러러보리라"고 한 말은 저 조상들에게 해당하는 것이 아니고, 오직 그 후손으로 오는 사람들에게 해당한다고 알아들어야 한다. 그들은 저때에 엘리야의 활동을 통해 믿음을 갖게 될 것이기 때문

dicimus Iudaeis: «Vos occidistis Christum», quamuis hoc parentes eorum fecerint: sic et isti se dolebunt fecisse quodam modo, quod fecerunt illi, ex quorum stirpe descendunt. Quamuis ergo accepto spiritu gratiae et misericordiae iam fideles non damnabuntur cum impiis parentibus suis, dolebunt tamen tamquam ipsi fecerint, quod ab illis factum est. Non igitur dolebunt reatu criminis, sed pietatis affectu. Sane ubi dixerunt septuaginta interpretes: *Et aspicient ad me pro eo quod insultauerunt*, sic interpretatum est ex Hebraeo: *Et aspicient ad me, quem confixerunt*; quo quidem uerbo euidentius Christus crucifixus apparet. Sed illa insultatio, quam septuaginta ponere maluerunt, eius uniuersae non defuit passioni. Nam et detento et alligato et adiudicato et opprobrio ignominiosae uestis induto et spinis coronato et calamo in capite percusso et inridenter fixis genibus adorato et crucem suam portanti et in ligno iam pendenti utique insultauerunt. Proinde interpretationem non sequentes unam, sed utramque iungentes, cum et *insultauerunt* et *confixerunt* legimus, plenius ueritatem dominicae passionis agnoscimus.

Cum ergo in propheticis litteris ad nouissimum iudicium faciendum Deus legitur esse uenturus, etsi eius alia distinctio non ponatur, tantummodo propter ipsum iudicium Christus debet intellegi, quia etsi Pater iudicabit, per aduentum filii hominis iudicabit. Nam ipse per suae praesentiae manifestationem *non iudicat quemquam, sed omne iudicium dedit Filio*, qui manifestabitur homo iudicaturus, sicut homo est iudicatus. Quis est enim alius, de quo item Deus loquitur per Esaiam sub nomine Iacob et

---

[376] non igitur dolebunt *reatu criminis*, sed *pietatis affectu*: 자기 죄에 대한 후회가 아니고 조상들의 죄를 대신 아파하는 효경의 정이라고 본다.

[377] 요한 5,22.

[378] qui manifestabitur *homo iudicaturus*, sicut *homo* est *iudicatus*: "인자"(人子)가 심판자로 등장하는 근거를 제시한 구절이다.

이다. 그런데 그리스도를 죽인 것은 유다인들의 조상들인데도 우리가 지금 보는 유다인들에게 "너희가 그리스도를 죽였다"고 한다. 이와 흡사하게 저 사람들은 자기네가 혈통을 물려받은 그 조상들이 행한 짓에 대해 마치 자기들이 행한 것처럼 마음 아파하게 될 것이다. 은총과 자비의 영을 이미 받았으므로 그들은 신앙인으로서 자기네 조상들과 더불어 단죄를 받지는 않겠지만, 조상들에 의해 저질러진 짓에 대해 마치 자신들이 저지른 것처럼 괴로워하리라. 그러니 그들은 자기가 범한 죄상으로 괴로워하는 것이 아니고 효심孝心의 정에서 괴로워하는 것이다.[376] 또 70인 번역자들이 "그들은 나를 모욕한 일을 두고 나를 우러러보리라"고 한 구절을 히브리어에서는 "그들이 자기네가 찌른 이를 바라보리라"고 번역했다. 그 동사로 미루어본다면 그 주인공이 십자가에 매달린 그리스도임이 더 뚜렷하게 드러난다. 하지만 그분의 수난 전체에서는 칠십인역이 우선해서 표현하고 싶어했던 모욕 역시 빠지지 않았다. 그분을 붙잡고 포박하고 재판에 붙이고 흉측한 의복을 입혀서 조롱하고 가시관을 씌우고 대막대로 머리를 두들겨 패고 비웃으면서 그 앞에 무릎을 꿇어 경배하고 십자가를 짊어지고 가게 만들고 나무에 매달아 놓은 다음에도 모욕을 가했던 것이다. 그러니 한 가지 번역만을 따르지 않고 양편 번역을 합쳐서 "그들이 모욕했다"라고도 읽고 "그들이 찔렀다"라고도 읽는다면, 우리는 주 예수가 겪은 수난의 진면모를 더 완벽하게 터득할 것이다.

30. 4. 그리스도가 심판하는 까닭은 당신이 심판을 받았기 때문이다

최후심판을 하기 위해 하느님이 오리라는 말은 여러 예언서에서 읽게 된다. 색다른 구분을 하는 말은 비록 나오지 않지만, 그리스도가 오는 것은 그 심판 때문이라는 뜻으로 이해하지 않으면 안 된다. 비록 아버지가 심판을 하더라도 사람의 아들의 내림을 통해 심판할 것이기 때문이다. 사실 아버지는 당신 현존을 드러내면서도 "과연 아무도 심판하시지 않고 심판하는 일을 모두 아들에게 넘겨주셨다".[377] 아들은 사람으로서 심판을 받았듯이, 심판하는 분으로서도 사람으로 나타날 것이다.[378] 이하에 나오듯이 하느님이 야곱과 이스라엘이라는 이름으로 지칭했고, 이사야를 통해 그 인물에 대해 직접 말씀했으며, 또 야곱의 후손에서

Israel, de cuius semine corpus accepit? Quod ita scriptum est: *Iacob puer meus, suscipiam illum; Israel electus meus, adsumpsit eum anima mea. Dedi Spiritum meum in illum, iudicium gentibus proferet. Non clamabit neque cessabit neque audietur foris uox eius. Calamum quassatum non conteret et linum fumans non extinguet; sed in ueritate proferet iudicium. Refulgebit et non confringetur, donec ponat in terra iudicium; et in nomine eius gentes sperabunt.* In Hebraeo non legitur *Iacob* et *Israel*; sed quod ibi legitur *seruus meus*, nimirum septuaginta interpretes uolentes admonere quatenus id accipiendum sit, quia scilicet propter formam serui dictum est, in qua se Altissimus humillimum praebuit, ipsius hominis nomen ad eum significandum posuerunt, de cuius genere eadem serui forma suscepta est. Datus est in eum Spiritus sanctus, quod et columbae specie euangelio teste monstratum est; iudicium gentibus protulit, quia praenuntiauit futurum, quod gentibus erat occultum; mansuetudine non clamauit, nec tamen in praedicanda ueritate cessauit; sed non est audita foris uox eius nec auditur, quando quidem ab eis, qui foris ab eius corpore praecisi sunt, non illi oboeditur; ipsosque suos persecutores Iudaeos, qui calamo quassato perdita integritate, lino fumanti amisso lumine comparati sunt, non contriuit, non extinxit, quia pepercit eis, qui nondum uenerat eos iudicare, sed iudicari ab eis. In ueritate sane protulit iudicium praedicens eis, quando puniendi essent, si in sua malignitate persisterent. Refulsit in monte facies eius, in orbe fama eius; nec confractus siue contritus est, quia ne-

---

[379] 이사 42,1-4. 〔공동번역: "여기에 나의 종이 있다. 그는 내가 믿어 주는 자, 마음에 들어 뽑아 세운 나의 종이다. 그는 나의 영을 받아 뭇 민족에게 바른 인생길을 펴 주리라 ….."〕

[380] 마태 3,16 참조.

[381] nec *auditur*, quando ... non illi *oboeditur*: "듣다" (audire)와 "경청하다, 순종하다" (ob-audire → oboedire)라는 말의 미묘한 차이를 이용하여 이단자들의 불순종을 짚고 넘어간다.

[382] 마태 17,1-2 참조.

혈육을 취하리라고 말한 인물이 그리스도가 아니면 과연 누구이겠는가? 그 대목은 이렇게 적혀 있다: "야곱은 나의 아이, 내가 그를 거두어 주리라. 이스라엘은 내가 뽑은 자, 나의 영혼이 그를 받아 주리라. 내가 그에게 나의 영을 주었으니 그가 뭇 민족에게 심판을 행하리라. 그는 소리치지 않고 말을 그치지도 않아 밖에서 그의 소리가 들리지 않으리라. 갈대가 부러졌다 하여 잘라 버리지 아니하고, 심지가 그을린다 하여 등불을 꺼 버리지 아니하리라. 그는 진리로서 심판을 행하리라. 그는 빛날 것이요 기가 꺾이지 않으리라. 땅에 심판을 펴기까지 그러하리라. 민족들이 그의 이름에다 희망을 걸리라."[379] 히브리본에는 "야곱"이니 "이스라엘"이니 하는 말이 나오지 않고 그 대신 "나의 종"이라는 말이 나온다. 70인 역자들은 "나의 종"이라는 문구를 종의 모습과 관련된 것으로 받아들여야 한다고 우리에게 충고하고 싶었음이 틀림없다. 그 모습에서 지존하신 분이 당신을 지극히 낮추었던 것이다. 바로 그래서 야곱이라는 사람의 이름이 바로 그분을 의미하는 것처럼 제시된 것이다. 그분이 야곱의 혈통으로부터 종의 모습을 취할 것이기 때문이었다. 그에게는 성령이 주어졌고, 복음서의 증언에 의하면 성령은 비둘기의 모습으로도 나타났다.[380] 그분은 뭇 민족들에게 심판을 행했는데, 심판이 있으리라고 당신이 그들에게 예고했기 때문이다. 물론 그 심판이 민족들에게는 감추어져 있었다. 그분은 유순하여 소리를 지르지 않았고 그렇다고 진리를 선포하는 일을 중단하지도 않았다. 그러나 밖에서는 그분의 음성이 들리지 않았고, 그분의 몸에서 밖으로 잘려나간 자들이 그분의 말씀을 경청하지 않을 적에는, 지금도 그분의 음성은 들리지 않는다.[381] 그분은 또한 자기를 박해한 유다인들, 여기서는 꺾어진 갈대처럼 온전함을 잃고 그을리는 심지처럼 광채를 잃은 것으로 비유된 인간들을 잘라버리지도 않았고 꺼버리지도 않았다. 오히려 그들을 용서했는데, 지금은 그들을 심판하러 온 것이 아니고 오히려 당신이 그들에게 심판을 받으러 왔기 때문이다. 그분은 정말 진리로 심판을 행했다. 만약 그들이 악의를 품고 고집을 부린다면 죄벌을 받지 않으면 안 되리라고 그들에게 예고한 것으로도 심판을 행한 것이다. 과연 산 위에서 그분의 얼굴이 빛났고[382] 온 천하에 그분의 명성이 퍼졌다. 그분은 갈대나 심지처럼 잘려 나가지도

que in se neque in ecclesia sua, ut esse desisteret, persecutoribus cessit; et ideo non est factum nec fiet, quod inimici eius dixerunt uel dicunt: *Quando morietur et peribit nomen eius? — Donec ponat in terra iudicium.* Ecce manifestatum est quod absconditum quaerebamus; hoc enim est nouissimum iudicium, quod ponet in terra, cum uenerit ipse de caelo, de quo iam uidemus impletum, quod hic ultimum positum est: *Et in nomine eius gentes sperabunt.* Per hoc certe quod negari non potest etiam illud credatur quod inpudenter negatur. Quis enim speraret, quod etiam hi, qui nolunt adhuc credere in Christum, iam nobiscum uident et, quoniam negare non possunt, dentibus suis frendent et tabescunt? Quis, inquam, speraret gentes in Christi nomine speraturas, quando tenebatur ligabatur, caedebatur inludebatur, crucifigebatur, quando et ipsi discipuli spem perdiderant, quam in illo habere iam coeperant? Quod tunc uix unus latro sperauit in cruce, nunc sperant gentes longe lateque diffusae, et ne in aeternum moriantur, ipsa in qua ille mortuus est cruce signantur.

Nullus igitur uel negat uel dubitat per Christum Iesum tale, quale istis sacris litteris praenuntiatur, nouissimum futurum esse iudicium, nisi qui eisdem litteris nescio qua incredibili animositate seu caecitate non credit, quae iam ueritatem suam orbi demonstrauere terrarum. In illo itaque iudicio uel circa illud iudicium has res didicimus esse uenturas, Helian Thesbiten, fidem Iudaeorum, Antichristum persecuturum, Christum iudi-

---

[383] ut esse desisteret, persecutoribus cessit: 신앙인이 박해자들에게 굴복해 버리면(cedere) 그것은 종교적 의미에서 존재를 말살당함(esse desistere)을 의미한다.

[384] 시편 40[41],6.

[385] 수사학적 기교가 담긴 문장인데, 만연된 그리스도교 신앙으로 보더라도, 그리스도의 정체와 그분이 행할 최후심판이 신빙성있다는 뜻이다.

[386] 그리스도의 신원(身元)을 수긍하지 않더라도 그의 교회가 만천하에 전파되고 만민이 그의 이름에 구원의 희망을 걸고 있는 사회적 현상은 부인할 길 없지 않느냐는 반문이다.

[387] 시편 111[112],10 참조: "악인은 이를 보며 울화를 터뜨리고 이를 갈며 스러지는도다."

[388] 루가 23,42-43 참조.

[389] et ne in aeternum moriantur, ipsa in qua ille mortuus est cruce signantur: 입교의 세례에서 십자표를 이마에 받던 의식(cruce signari)을 상기시킨다.

않고 꺼지지도 않았다. 본인으로서나 당신의 교회 안에서나 박해자들에게 굴복하여 아예 존재가 그친 적이 결코 없었던 까닭이다.[383] 따라서 그분의 원수들이 "저자가 언제 죽어 그 이름이 사라질꼬?"[384]라고 말했거나 지금도 말하는 소원이 결코 이루어진 적이 없었고 앞으로도 없을 것이다. "땅에 심판을 펴기까지 그러하리라." 보시라, 숨겨져 있어서 우리가 찾고 찾던 바가 드디어 드러난다. 그분이 하늘에서 올 때 땅에서 펼 최후심판이 바로 그것이다. 그 심판에 대해 말하자면, "민족들이 그의 이름에다 희망을 걸리라"는 이 마지막 문구가 벌써 실현되었음을 우리 눈으로 목격하는 중이다. 그것이 실현되었음은 아무도 부인 못하는 사실에 비추어 우리의 적들이 파렴치하게 부인하고 있는 사실도 믿는 편이 좋겠다.[385] 아직까지도 그리스도를 믿으려고 하지 않는 사람들마저 민족들이 그의 이름에다 희망을 걸고 있는 그 사실을 우리와 함께 목격하는 중인데 이렇게 되리라는 것을 그 누가 기대했겠는가?[386] 눈으로 목격하고서 도저히 부인할 길이 없자 오히려 이를 갈며 까무러치지 않는가?[387] 내가 다시 말하거니와 민족들이 그리스도의 이름에 희망을 걸리라고 누가 바랐겠는가? 그리스도가 체포당하고 포승으로 묶이고 조롱당하고 십자가에 달릴 적에 민족들이 장차 그의 이름에 희망을 걸리라고 과연 누가 기대나 했겠는가? 이미 그분에게 희망을 두기 시작했던 제자들마저 희망을 잃어버린 상황에. 그때는 십자가에 달린 강도 하나가 겨우 그런 희망을 품었는데[388] 지금은 널리 또 멀리 흩어져 사는 뭇 민족들이 그의 이름에 희망을 걸고 있다. 사람은 영원히 죽고 싶지 않아서 그리스도가 죽은 그 십자가로 표를 받고 있다.[389]

30.5. 최후심판에서 무슨 일이 닥칠 것인가

그러므로 여러 성서에 예고된 저 최후심판이 그리스도 예수를 통해 이루어지리라는 것은 아무도 부정하거나 의심하지 않는다. 사람들이 온 세상에 성서의 진실됨을 증명해 보였는데도 성서를 믿지 않는 사람들을 빼놓고는. 도저히 믿겨지지 않는 무슨 완고함이 있길래, 도대체 무슨 맹목이 있기에 믿지 않는지는 나도 모르겠다. 아무튼 저 심판 때나 저 심판에 즈음하여 다음과 같은 일들이 닥치리라고 우리는 배워서 알고 있다. 즉, 티스베 사람 엘리야의 등장, 유다인

caturum, mortuorum resurrectionem, bonorum malorumque diremptionem, mundi conflagrationem eiusdemque renouationem. Quae omnia quidem uentura esse credendum est; sed quibus modis et quo ordine ueniant, magis tunc docebit rerum experientia, quam nunc ad perfectum hominum intellegentia ualet consequi. Existimo tamen eo quo a me commemorata sunt ordine esse uentura.

Duo nobis ad hoc opus pertinentes reliqui sunt libri, ut adiuuante Domino promissa compleamus; quorum erit unus de malorum supplicio, alius de felicitate iustorum; in quibus maxime, sicut Deus donauerit, argumenta refellentur humana, quae contra praedicta ac promissa diuina sapienter sibi miseri rodere uidentur et salubris fidei nutrimenta uelut falsa et ridenda contemnunt. Qui uero secundum Deum sapiunt, omnium, quae incredibilia uidentur hominibus et tamen scripturis sanctis, quarum iam ueritas multis modis adserta est, continentur, maximum argumentum tenent ueracem Dei omnipotentiam, quem certum habent nullo modo in eis potuisse mentiri et posse facere quod inpossibile est infideli.

들이 그리스도 신앙을 갖게 되리라는 것, 반그리스도가 박해를 하리라는 것, 그리스도가 심판을 행하리라는 것, 죽은 이들의 부활, 선인들과 악인들의 구분, 세상이 불타서 새로워지리라는 것 등이다. 이 모든 일들이 닥치리라고 믿어야 한다. 하지만 어떤 방식으로 또 어떤 순서로 닥칠지 지금 인간들의 지성으로는 완전하게 파악할 수 없고, 막상 그때 일을 겪어 보고서야 배울 것이다. 단지 나는 내가 방금 열거한 순서대로 일이 닥치리라고 추측할 따름이다.[390]

30. 6. 나머지 권에서 다룰 내용

이 책에 해당하는 문제점이 우리에게는 아직 두 가지가 남아있는데, 주님의 보우하심이 있다면 내가 약속한 바를 꼭 채워야 할 것 같다. 그가운데 하나는 악인들의 형벌에 관한 것이고 다른 하나는 의인들의 행복에 관해서다. 이 두 가지 문제를 다루면서 하느님이 그럴 능력을 선사해 주신다면 무엇보다도 반대자들의 인간적 논지들을 반박할 생각이다. 가련하게도 저 사람들은 그런 논지들을 구사해서 신적으로 예고되고 언약된 모든 가르침을 자기들이 현명하게 분쇄해 버렸노라고 자부한다. 또 구원을 주는 신앙의 양식들을 마치 거짓말처럼, 우스운 얘기처럼 경멸하고 있다. 그렇지만 하느님을 따라 사물을 맛들이는 사람들은[391] 진실한 하느님의 전능이 가장 강력한 논거라는 입장을 견지한다. 비록 인간들에게는 믿기지 않을지라도 성서에 간직된 모든 내용이 진리라는 점은 여러 가지 방식으로 입증되었기 때문이다. 그들은 확신하고 있다, 하느님이 자기들에게 결코 거짓말을 할 수 없었음을, 불신자의 눈에 불가능한 것도 하느님은 할 수 있음을!

---

[390] 신구약 성서를 전거로 교부는 선인과 악인으로 뒤섞인 단체(corpus mixtum)가 최후심판을 거쳐 완전한 하느님의 도성(civitas Dei)으로 분리되는 과정을 성서 해설 방식으로 논술했다.

[391] *sapienter* sibi miseri ... secundum Deum *sapiunt*: 인간적 지혜와 신적 지혜를 대당시키는 문장이다. 동사 sapio는 "맛들이다"와 "사유하다"를 아울러 함의한다.

AUGUSTINUS
DE CIVITATE DEI
LIBER XXI
QUOD ERIT NOVISSIMUM SUPPLICIUM

아우구스티누스
신 국 론
제 21 권
종말의 징벌

1. Cum per Iesum Christum Dominum nostrum, iudicem uiuorum atque mortuorum, ad debitos fines ambae peruenerint ciuitates, quarum est una Dei, altera diaboli, cuius modi supplicium sit futurum diaboli et omnium ad eum pertinentium, in hoc libro nobis, quantum ope diuina ualebimus, diligentius disputandum est. Ideo autem hunc tenere ordinem malui, et postea disseram de felicitate sanctorum, quoniam utrumque cum corporibus erit et incredibilius uidetur esse in aeternis corpora durare cruciatibus quam sine dolore ullo in aeterna beatitudine permanere; ac per hoc cum illam poenam non debere esse incredibilem demonstrauero, adiuuabit me plurimum, ut multo facilius omni carens molestia inmortalitas corporis in sanctis futura credatur. Nec a diuinis ordo iste abhorret eloquiis, ubi aliquando quidem bonorum beatitudo prius ponitur, ut est illud: *Qui bona fecerunt, in resurrectionem uitae; qui autem mala egerunt, in resurrectionem iudicii*; sed aliquando et posterius, ut est: *Mittet filius hominis angelos suos, et colligent de regno eius omnia scandala et mittent in caminum ignis ardentem; illic erit fletus et stridor dentium; tunc iusti fulgebunt sicut sol in regno Patris sui*, et illud: *Sic ibunt isti in supplicium aeternum, iusti autem in uitam aeternam*; et in prophetis, quod commemorare

---

[1] 교부는 "성서"를 지칭하여 sacra (divina) scriptura, sacrae litterae 외에 divina eloquia(신성한 말씀), divina oracula(신성한 신탁) 등의 용어도 구사한다.

[2] 요한 5,29.

[3] 마태 13,41-43.

[4] 마태 25,46.

제1부 (1-8)
합리적으로 설명할 수 없는 실존 사건들

1. 논의의 순서: 악마와 더불어 단죄받는 자들의 영원한 형벌에 관해 논한 다음, 성도들의 영원한 행복에 관해 논할 것이다

산 자와 죽은 자의 심판자이신 우리 주 예수 그리스도를 통해 양편 도성 모두가 합당한 종말에 도달할 것이다. 하나는 하느님의 도성이요 하나는 악마의 도성인데 이 권에서는 악마에 대한 형벌이 어떤 것이고 악마에게 속한 모든 존재들에 대한 형벌은 어떤 것인지를 차근차근 신적 보우를 입어 우리 힘이 닿는 범위 내에서 논의할 것이다. 내가 악마와 그에 속한 존재들에 대한 형벌을 먼저 논의하는 이 순서를 견지하고, 그다음에 성도들의 행복에 관해 논의하는 데는 그럴 만한 이유가 있다. 성도들과 단죄받은 자들 양쪽 다 부활해서 육체와 더불어 존재할 테지만, 그가운데서도 영원한 지복 속에서 아무런 고통도 없이 존속하리라는 것보다는 육체가 영원한 형벌의 고통 속에 남겨질 것이라는 점이 더욱더 믿기 어려울 것이기 때문이다. 그래서 우선 그런 죄벌이 믿지 못할 것이 아님을 명백히 입증해 보일 생각인데, 이는 내게도 큰 도움이 되리라 믿는다. 그래야 일체의 번거로움이 사라진 채 성도들에게는 육체의 불사불멸이 있으리라고 믿기가 더 용이해질 것이기 때문이다. 더구나 이런 순서는 신성한 신탁[1]과도 어긋나지 않는다. 성서에서도 때로는 선인善人들의 지복이 먼저 나오는 경우가 있다: "선을 행한 사람은 부활하여 생명을 누리고, 악을 저지른 사람은 부활하여 심판을 받을 것입니다."[2] 그리고 때로는 나중에 나오는 경우도 있다: "인자가 천사들을 보낼 것이고 그들이 걸려넘어지게 하는 온갖 못된 일과 악행을 일삼는 자들을 그 나라에서 그러모아 불가마에 던질 터인데, 거기서 그들은 울며 이를 갈 것입니다. 그때 의인들은 아버지 나라에서 해와 같이 빛날 것입니다."[3] 다음 구절도 마찬가지 순서다: "그래서 이들은 영원한 벌을 받으러 갈 것이고, 의인들은 영원한 생명을 누리러 갈 것입니다."[4] 예언자들의 글에서도 때로는 이 순서를 취하거나 다른 순서를 취하기도 하는데, 이것을 다 인용하기

longum est, nunc ille, nunc iste ordo, si quis inspiciat, inuenitur. Sed ego istum qua causa elegerim, dixi.

2. Quid igitur ostendam, unde conuincantur increduli, posse humana corpora animata atque uiuentia non solum numquam morte dissolui, sed in aeternorum quoque ignium durare tormentis? Nolunt enim hoc ad Omnipotentis nos referre potentiam, sed aliquo exemplo persuaderi sibi flagitant. Quibus si respondebimus esse animalia profecto corruptibilia, quia mortalia, quae tamen in mediis ignibus uiuant; nonnullum etiam genus uermium in aquarum calidarum scaturrigine reperiri, quarum feruorem nemo inpune contrectat; illos autem non solum sine ulla sui laesione ibi esse, sed extra esse non posse: aut nolunt credere, si ostendere non ualemus; aut, si ualuerimus siue oculis demonstrare res ipsas siue per testes idoneos edocere, non satis esse hoc ad exemplum rei, de qua quaestio est, eadem infidelitate contendent, quia haec animalia nec semper uiuunt et in illis feruoribus sine doloribus uiuunt; suae quippe naturae conuenientibus uegetantur illis, non cruciantur elementis; quasi non incredibilius sit uegetari quam cruciari talibus rebus. Mirabile est enim dolere in ignibus et tamen uiuere, sed mirabilius uiuere in ignibus nec dolere. Si autem hoc creditur, cur non et illud?

3. Sed nullum est, inquiunt, corpus, quod dolere possit nec possit mori. Et hoc unde scimus? Nam de corporibus quis certus est daemonum, utrum

---

[5] 신플라톤 학파의 학자들(예: Celsus, *Sermo verax*; Celsus in Origenes, *Contra Celsum* 5.14; Porphyrius, *Contra Christianos* fr.94)은 육신 부활과 영원한 형벌 이론은 전능하신 하느님께도 불가능한 일을 강요하는 모순이라고 반박해 왔다.

[6] Cf. Plinius, *Historia naturalis* 11.42.119(키프로스의 구리제철소에서 화염 사이로 파리처럼 날아다니는 동물(pyralis, pyrotocon)을 예로 들고 있다).

[7] Cf. Plinius, *Historia naturalis* 2.106.233-234.

[8] 온천수의 벌레들이 열기 속에서도 살아남는 신기한 일이 가능하다면 (불이 생명체에 고통스러우리라는 것은 자연스런 일이니까) 불 속에 살면서 고통을 느끼는 것, 혹은 화염에 시달리면서도 살아남는 일은 왜 못 믿느냐는 반문이다.

에는 너무나 길다. 방금 한 얘기는 무슨 이유로 영원한 형벌을 먼저 말하는 순서를 택했느냐는 것이다.

2. 육체가 불에 타면서도 영속할 수 있는가

인간 육체, 혼이 깃들어 살아있는 육체가 절대로 죽음으로 해체되지 않을뿐더러 영원한 불길의 형고 속에서도 존속할 수 있다는 사실을 무슨 수로 증명하여 믿지 않는 사람들에게 설득시킬 것인가? 저 사람들은 우리가 전능한 분의 능력에 기대는 것 말고 다른 사례를 들어 설득해 보라고 강력하게 요구한다.[5] 우리가 저 사람들에게 어떤 생명체는 사멸하여 부패하는 것임에 틀림없으면서도 불 속에서도 살아남는다는 대답을 내놓는다고 치자.[6] 또 화상을 입지 않고서는 그 열기를 아무도 견뎌내지 못하는 온천수가 솟는 곳에서도 모종의 벌레들이 발견된다는 예를 든다고 하자. 그 벌레들은 아무런 화상도 입지 않은 채로 살고 있을 뿐 아니라 도리어 밖에서는 살아남지 못한다.[7] 그렇게 하더라도 저 사람들은 우리가 그런 표본을 눈앞에 보여주지 못하면 믿으려 들지 않는다. 또 설령 우리가 그런 사물을 눈앞에 보여줄 수 있거나 신뢰할 만한 증인을 통해 입증한다 해도, 그 사람들은 문제가 되는 사물의 표본이 되기에는 충분치 못하다면서 똑같이 불신을 품고서 시비를 건다. 그런 생물이 영속하는 것도 아니고, 저런 열기 속에서 고통을 느끼지 않은 채 살고 있지 않으냐는 것이 그 이유다. 그런 생물들은 불에 알맞은 자기 본성을 갖고 저런 원소들로 인해 고통을 안 받고 편히 살고 있을 따름인데 뭐가 못 믿을 것이냐는 말투다. 사실 불 속에서 괴로워하면서도 살아있다는 것도 정말 신기하지만, 불 속에서 살면서도 고통을 느끼지 않는다는 것이 더 신기한 노릇이다. 만일 후자를 그렇다고 믿는다면 왜 전자는 못 믿는 것일까?[8]

3. 육체적 고통에 육신의 소멸이 필히 뒤따라오는가

3.1. 고통이 반드시 죽음을 초래하지는 않는다

그러면 그들은 이렇게 말한다: 그렇더라도 고통을 받을 수 있어도 죽을 수는 없는 그런 육체는 결코 존재하지 않는다! 하지만 귀신들의 육체에 관해 누가

in eis doleant, quando se affligi magnis cruciatibus confitentur? Quod si respondetur terrenum corpus solidum scilicet atque conspicuum nullum esse, atque ut uno potius nomine id explicem, nullam esse carnem, quae dolere possit morique non possit: quid aliud dicitur, nisi quod sensu corporis homines et experientia collegerunt? Nullam namque carnem nisi mortalem sciunt; et haec est eorum tota ratio, ut, quod experti non sunt, nequaquam esse posse arbitrentur. Nam cuius rationis est dolorem facere mortis argumentum, cum uitae potius sit indicium? Etsi enim quaerimus, utrum semper possit uiuere: certum tamen est uiuere omne quod dolet doloremque omnem nisi in re uiuente esse non posse. Necesse est ergo ut uiuat dolens, non est necesse ut occidat dolor, quia nec corpora ista mortalia et utique moritura omnis dolor occidit, et ut dolor aliquis possit occidere, illa causa est, quoniam sic est anima conexa huic corpori, ut summis doloribus cedat atque discedat; quoniam et ipsa compago membrorum atque uitalium sic infirma est, ut eam uim, quae magnum uel summum dolorem facit, non ualeat sustinere. Tunc autem tali corpori anima et eo conectetur modo, ut illud uinculum, sicut nulla temporis longitudine soluetur, ita nullo dolore rumpatur. Proinde etiamsi caro nunc talis nulla est, quae sensum doloris perpeti possit mortemque non possit: erit tamen tunc talis caro, qualis nunc non est, sicut talis erit et mors qualis nunc non est. Non enim nulla, sed sempiterna mors erit, quando nec uiuere anima poterit Deum non habendo nec doloribus corporis carere

---

[9] 천사 같은 영적 존재들에게 육체성을 부여하려는 교부들의 경향은 그들도 피조물임을 입증하려는 동기에서 온다. 아우구스티누스는 천사들이 육체를 띠고 있는지에 대해 유보적 입장을 취했고(13.22 참조) 악마들도 육체를 띠는지도 확답을 않는다(21.10.2 참조). 천사들이 "진짜 몸"(verum corpus: *Sermo* 12.9.9)을 갖고 있으나 "공기적 신체"(corpus aereum: *Enchiridion* 15.59)일 따름이라는 발언도 없지는 않다.

[10] 교부는 경험주의적 입장을 지탄한다(8.7 참조). 켈수스는 육체의 부활과 지옥의 영벌을 풍자하여 하느님이 불을 피워 고기를 굽느냐고 비아냥거렸다. Cf. Origenes, *Contra Celsum* 5.14-23.

[11] non enim nulla, sed sempiterna mors erit: 부활 후의 멸망한 사람들의 상태는 죽음이 전혀 없는 게 아니고 영원한 죽음일 따름이다.

확실하게 아는가? 귀신들이 크나큰 형벌의 고통으로 시달린다고들 말할 때, 그 고통이 육체적인 것이 아니라고 누가 확신할 수 있는가?[9] 혹시 저 사람들이 지각 가능한 지상적 육체란 없다고, 다시 말해 고통받을 수는 있지만 죽을 수는 없는 육신이란 것이 아예 존재하지 않는다고 대답한다고 하자. 하지만 그 답변은 기껏해야 인간들이 육체적 감각과 경험으로 얻은 것에 불과하지 않은가? 그들이 아는 육신이란 사멸하는 육신 외에 아무것도 아니다. 이것이 저 사람들의 논리 전부이다. 자신들이 경험해 보지 못한 것은 존재할 수 없다고 주장하는 셈이다.[10] 고통은 오히려 생명의 징후인데도 고통을 가져다가 죽음의 논거로 들이대는 것은 도대체 무슨 논리인가? 오히려 우리가 따지는 것은 고통받는 육체가 항상 살아있는 일이 가능하느냐는 문제다. 물론 고통받는 모든 것은 살아있음이 확실하다. 무릇 모든 고통은 살아있는 사물에서가 아니면 존재하지 못한다는 점도 확실하다. 그러므로 고통받는 자가 살아있어야 한다는 것은 필연적이다. 그러나 고통이 고통당하는 자를 죽게 만든다는 것은 필연이 아니다. 왜냐하면 육체라면 반드시 사멸하고 응당 죽을 테지만, 모든 고통이 반드시 육체를 죽게 만들지는 않기 때문이다. 어떤 고통이 누구를 죽게 만든다면, 이 육체에 결속된 영혼이 극도의 고통에 못 이겨 육체를 떠나 버리는 데 원인이 있다. 그 까닭은 사지와 생명기관들로 이루어진 유기체 자체가 너무 약해 크나큰 고통 혹은 극도의 고통을 자아내는 힘을 견뎌낼 능력이 도대체 없는 까닭이다. 그 대신 육체가 부활하는 저때에는 영혼이 육체에 워낙 단단히 결속되어 있어서 시간이 아무리 오래가더라도 영육간의 사슬이 풀리지 않고, 어떤 고통으로도 그 사슬이 부서지는 일이 없을 것이다. 지금은 육신 중에서 고통스러운 감각을 느끼지 못하는 육체란 없고 죽음에서 벗어날 수 있는 육체가 없는 것이 사실이다. 하지만 육체가 부활하는 저때에는 지금과 같은 그런 육신은 아닐 것이다. 그때의 죽음이 지금과 같은 죽음이 아닌 것과 마찬가지로. 그때는 죽음이 아예 없는 것이 아니고 영원한 죽음이 될 것이다.[11] 영혼이 하느님을 모시지 못하므로 산다고 할 수도 없고, 차라리 죽는다 해도 육체의 고통을 면할 수 없는 그런 처지가 될 것이다. 첫째 죽음은 영혼이 원하지 않는데도 육체로부터

moriendo. Prima mors animam nolentem pellit e corpore, secunda mors animam nolentem tenet in corpore; ab utraque morte communiter id habetur, ut quod non uult anima de suo corpore patiatur.

Adtendunt autem isti contradictores nullam esse nunc carnem, quae dolorem pati possit mortemque non possit, et non adtendunt esse tamen aliquid tale quod corpore maius sit. Ipse quippe animus, cuius praesentia corpus uiuit et regitur, et dolorem pati potest et mori non potest. Ecce inuenta res est, quae, cum sensum doloris habeat, inmortalis est. Hoc igitur erit tunc etiam in corporibus damnatorum, quod nunc esse scimus in animis omnium. Si autem consideremus diligentius, dolor, qui dicitur corporis, magis ad animam pertinet. Animae est enim dolere, non corporis, etiam quando ei dolendi causa existit a corpore, cum in eo loco dolet, ubi laeditur corpus. Sicut ergo dicimus corpora sentientia et corpora uiuentia, cum ab anima sit corpori sensus et uita: ita corpora dicimus et dolentia, cum dolor corpori nisi ab anima esse non possit. Dolet itaque anima cum corpore in eo loco eius, ubi aliquid contingit ut doleat; dolet et sola, quamuis sit in corpore, cum aliqua causa etiam inuisibili tristis est ipsa corpore incolumi; dolet etiam non in corpore constituta; nam utique dolebat diues ille apud inferos, quando dicebat: *Crucior in hac flamma.* Corpus autem nec exanime dolet nec animatum sine anima dolet. Si ergo a dolore argumentum recte sumeretur ad mortem, ut ideo mors possit

---

[12] prima mors *animam nolentem pellit e corpore,* secunda mors *animam nolentem tenet in corpore*: 두 죽음이 갖는 영육 관계를 간결하게 묘사했다.

[13] 13.2; 13.11에서도 이 두 죽음을 비교한 바 있다. Cf. *De Trinitate* 4.5.3; *Contra Iulianum haeresis Pelagianae* 6.31.36.

[14] 교부는 animus, anima를 겸용하는데 anima는 동식물에게도 있는 생명원리, animus는 인간에게 있는 사유와 불사불멸의 주체를 가리킨다.

[15] 살아있는 존재가 아니면 고통받지 않으므로, 고통은 영혼의 힘으로 살아있는 생명체의 행위다. 이하에 "고통(dolere: "아파하다, 괴로워하다")의 심리학"이 섬세하게 분석되고 있다.

[16] 루가 16,24. 이 부자가 육신을 갖추고 있는지, 육신과 갈라져 있는지는 밝혀지지 않은 채다.

영혼을 쫓아낸다. 반대로 둘째 죽음은 영혼이 원하지 않는데도 육체에 영혼을 붙들어 둔다.[12] 첫째와 둘째의 죽음은 자기 육체로 인해 영혼이 원치 않는 바를 당한다는 점에서 공통된다.[13]

3.2. 영혼과 육신이 한데 시달린다

반대자들은 고통을 느낄 수는 있지만 죽을 수는 없는 영혼이란 하나도 없다는 사실에 주목하고 있다. 그러나 그들은 육체보다 더 훌륭한 무언가가 존재한다는 사실은 고려하지 않는다. 영혼[14]으로 말하자면 그것의 현존으로 육체에 생기를 불어 넣기도 하고 육체를 지배하기도 한다. 그런데 영혼은 고통을 당할 수는 있지만 죽음을 당할 수는 없다. 고통의 감각을 지니고 있기는 하지만 불사불멸하는 사물이 발견됨을 보라! 우리가 아는 대로 지금 모든 인간들의 영혼에 있는 이런 특성은 그때가 오면 단죄받은 자들의 육체에도 생겨날 것이다. 우리가 더 면밀히 고찰한다면, 이른바 육체의 고통이라고 일컫는 고통이 육체보다도 영혼 쪽에 훨씬 더 해당한다. 아파하는 것은 육체의 행위가 아니고 영혼의 행위다.[15] 육체가 손상을 받는 그 지점에서 아파하는 까닭에, 그 원인이 비록 육체에 있다고 하더라도 정작 아파하는 것은 영혼의 행위이다. 이것은 육체에 감각과 생명이 영혼에서 유래해 있음에도 우리는 육체가 지각하고 육체가 살아있다고 말함과 흡사하다. 마찬가지로 육체에 고통이 있는 것은 영혼에서 유래하지 않을 수 없음에도 우리는 육체가 아파한다는 말을 한다. 그러므로 영혼이 육체와 더불어 아파한다. 뭔가 아파할 일이 생기는 육체의 어느 지점에서 영혼이 육체와 더불어 아파한다. 그런데 영혼은 육체 속에 있으면서도 혼자서 아파하기도 한다. 육체는 온전한 채로지만 눈에 보이지 않는 무슨 원인으로 영혼이 슬퍼할 때 영혼은 혼자서 아파한다. 육체 속에 놓여 있지 않을 때라도 영혼은 아파한다. 저 부자가 지옥에서 고통에 시달리며 "저는 이 불길 속에서 심한 고통을 받고 있습니다"[16]라는 말을 한 경우가 그렇다. 그 대신 영혼이 없는 육체는 고통을 받지 않고, 영혼이 깃들어 있을지라도 영혼 없이는 고통을 받지 않는다. 그러므로 고통의 존재로부터 죽음의 존재를 추론하는 논리가 옳다면, 또 고통이 일어날 수 있다는 사실에서 죽음이 일어날 수 있다는 사실을 추론하는 논리가 옳다면 죽음은 육체라기보다는 영혼에

accidere, quia potuit accidere et dolor, magis ad animam pertineret mori, ad quam magis pertinet et dolere. Cum uero illa, quae magis dolere potest, non possit mori, quid momenti affert cur illa corpora, quoniam futura sunt in doloribus, ideo etiam moritura esse credamus? Dixerunt quidem Platonici ex terrenis corporibus moribundisque membris esse animae et metuere et cupere et dolere atque gaudere; unde Vergilius: «Hinc, inquit, (id est ex moribundis terreni corporis membris) metuunt cupiuntque, dolent gaudentque». Sed conuicimus eos in duodecimo huius operis libro, habere animas secundum ipsos ab omni etiam corporis labe purgatas diram cupiditatem, qua rursus incipiunt in corpora uelle reuerti. Vbi autem potest esse cupiditas, profecto etiam dolor potest. Frustrata quippe cupiditas, siue non perueniendo quo tendebat siue amittendo quo peruenerat, uertitur in dolorem. Quapropter si anima, quae uel sola uel maxime dolet, habet tamen quandam pro suo modo inmortalitatem suam, non ideo mori poterunt illa corpora, quia dolebunt. Postremo si corpora faciunt, ut animae doleant, cur eis dolorem possunt, mortem uero inferre non possunt, nisi quia non est consequens, ut mortem faciat quod dolorem facit? Cur ergo incredibile est ita ignes illis corporibus dolorem posse inferre, non mortem, sicut ipsa corpora dolere animas faciunt, quas tamen non ideo mori cogunt? Non est igitur necessarium futurae mortis argumentum dolor.

4. Quapropter si, ut scripserunt qui naturas animalium curiosius indagarunt, salamandra in ignibus uiuit et quidam notissimi Siciliae montes, qui

---

[17] 영혼이 고통을 더 당하면서도 죽지 않는다면 육체가 고통중에 반드시 죽어야 한다는 결론은 나오지 않는다는 논지다.

[18] 14권에서 플라톤의 두 욕구(*Respublica* 436a-d), 스토아의 이 네 욕구(Cicero, *Tusculanae disputationes* 4.6.11-12), 플로티누스의 여섯 감정(*Enneades* 1.1.1)을 다루고 감정의 유래와 인간학적 가치를 상세히 분석한 바 있다.

[19] metuunt cupiuntque, dolent gaudentque: Vergilius, *Aeneis* 6.733. 본서 14.8.2에도 인용.

[20] 실제로는 14권(3-5)에서 다루었다.

[21] 다만 교부는 시인의 입을 빌려 지상에로의 회귀를 "끔찍한 욕망"(dira cupido)이라고 표현한다. Cf. Vergilius, *Aeneis* 6.719-721 (본서 14.5에 인용).

[22] corpora: 이 단어는 영혼과 인간을 구성하는 "육체"이기도 하고 육체를 태우는 불이라는 "물체"이기도 하다.

[23] Salamandra라는 도마뱀 모양의 파충류로 "불도마뱀"이라고 불렀다. Cf. Plinius, *Historia naturalis* 10.86.188.

속한다는 결론을 내릴 수 있다. 그 이유는 고통이 육체보다는 영혼 쪽에 해당되기 때문이다. 육체보다 더 많은 고통을 당할 수 있는 것이 영혼인데, 그 영혼이 죽을 수 없는 것이라면, 육체가 장차 고통중에 있다고 해도 반드시 죽어야 한다고 우리가 믿어야 할 심각한 이유가 무엇인가?[17] 플라톤 학파는 두려워하고 탐욕하고 괴로워하고 즐거워하는 감정이 영혼에 유래한 것은 지상적 육체와 사멸할 지체로부터였다고 말했다.[18] 그래서 베르길리우스마저 "이로 인해서(달리 말하자면 "지상적 육체의 사멸할 지체로 인해서") 사람들은 두려워하고 탐하고 아파하고 즐거워하느니"[19]라고 했다. 하지만 우리는 본서 제12권에서 이 점에 대해 그들을 설득한 바 있다.[20] 플라톤 학파에 따르면, 영혼이 육체의 모든 감염에서 정화되더라도 끔찍한 욕망이 남아있어 육체 속으로 되돌아가고 싶은 마음이 생겨난다는 것이다.[21] 하지만 욕망이 있을 수 있는 곳에는 또한 고통이 있을 수 있다. 탐하는 바를 달성하지 못하거나 달성한 것을 상실함으로써 욕망은 고통으로 변한다. 영혼은 육체 없이 혼자서도 아파하고, 육체가 있어도 무척 아파하는 것은 영혼이며, 그러면서도 자기 존재 양상 때문에 나름대로 불사불멸을 띠고 있다. 그렇다면 멸망한 자들의 육체 역시 고통받는다는 이유만으로는 죽지 못할 수도 있다. 마지막으로, 만일 육체가 영혼으로 하여금 고통을 당하게 만든다고 할지라도, 영혼에 고통을 가져다줄 수 있다는 이유로 곧 죽음을 가져다줄 수 있다고 주장하는 까닭이 뭔가?[22] 고통을 끼치는 것이 곧 죽음을 끼치는 것이라는 결론이 나오지 않는다. 육체가 영혼으로 하여금 고통을 당하게 만들지라도 그것 때문에 영혼을 반드시 죽게 강제하는 것은 아닐진대, 그렇다면 불이 저 육체들에게 고통을 가져다줄 수 있지만 죽음을 가져다주지 않는다는 말이 왜 믿기지 않는다는 것인가? 따라서 고통이 장차 올 죽음에 대한 필연적 논거가 되지 않는다.

4. 불 속에서도 육체가 타지 않고 존속할 수 있음을 보여주는 자연현상들
4. 1. 자연의 어떤 현상은 참으로 기이하다
동물들의 자연본성을 아주 흥미있게 탐구한 사람들이 기록해 남겼듯이, 불도마뱀은 불 속에 산다.[23] 시칠리아의 아주 유명한 산은 까마득한 옛날부터 지금까

tanta temporis diuturnitate ac uetustate usque nunc ac deinceps flammis aestuant atque integri perseuerant, satis idonei testes sunt non omne, quod ardet, absumi et anima indicat non omne, quod dolere potest, posse etiam mori: quid adhuc a nobis rerum poscuntur exempla, quibus doceamus non esse incredibile, ut hominum corpora sempiterno supplicio punitorum et igne animam non amittant et sine detrimento ardeant et sine interitu doleant? Habebit enim tunc istam carnis substantia qualitatem ab illo inditam, qui tam miras et uarias tot rebus indidit, quas uidemus, ut eas, quia multae sunt, non miremur. Quis enim nisi Deus creator omnium dedit carni pauonis mortui ne putesceret? Quod cum auditu incredibile uideretur, euenit ut apud Carthaginem nobis cocta apponeretur haec auis, de cuius pectore pulparum, quantum uisum est, decerptum seruari iussimus; quod post dierum tantum spatium, quanto alia caro quaecumque cocta putesceret, prolatum atque oblatum nihil nostrum offendit olfactum. Itemque repositum post dies amplius quam triginta idem quod erat inuentum est, idemque post annum, nisi quod aliquantum corpulentiae siccioris et contractioris fuit. Quis paleae dedit uel tam frigidam uim, ut obrutas niues seruet, uel tam feruidam, ut poma inmatura maturet?

De ipso igne mira quis explicet, quo quaeque adusta nigrescunt, cum ipse sit lucidus, et paene omnia, quae ambit et lambit, colore pulcherrimus decolorat atque ex pruna fulgida carbonem taeterrimum reddit? Neque id quasi regulariter definitum est; nam e contrario lapides igne candente percocti et ipsi fiunt candidi, et quamuis magis ille rubeat, illi albicent,

---

[24] Cf. Plinius, *Historia naturalis* 2.106-110. 교부는 에트나(Aetna) 화산이 부단히 용암을 내뿜고 "불타면서도 없어지지 않았다"는 사실을 예거한다.

[25] animam amittere: "목숨을 잃다"라는 뜻을 지니고 있어 이런 말장난이 가능하다.

[26] 교부는 이하에 당대의 자연학 지식으로 밝혀지지 않은 몇몇 신기한 자연현상을 예거하여 육신이 영벌중에서도 생존할 수 있다는 방증으로 삼고자 한다.

[27] 불에 구운 살코기가 썩지 않고 말라비틀어지는 일은 입증자료가 되지 않겠지만 교부는 나름대로 직접 실험을 해 본 셈이다(16.8.1 참조). Plinius (*Historia naturalis* 10.22-23)도 공작새에 관한 언급을 한다.

[28] Cf. Plinius, *Historia naturalis* 2.110-111; 36.68.

지 불꽃을 뿜으며 부글거리고 있지만 온전히 그 모습을 간직해 왔다.[24] 이런 것들은 불에 탄다고 해서 모조리 스러지는 것은 아님을 보여주는 적절한 증거다. 영혼 역시 고통을 당할 수 있는 것이라고 해서 모두 다 죽을 수 있는 것은 아님을 보여주는 증거가 된다. 이런 예에도 불구하고 어째서 저 사람들은 인간들의 육체가 영원한 형벌을 받으면서 불길 속에서도 영혼을 잃지 않고[25] 불에 타면서도 사라지지 않고 고통을 받으면서도 죽지 않는 것이 도무지 믿겨지지 않는다고 우기면서, 그처럼 믿기지 않는 사실을 설복시켜 가르칠 만한 다른 실례를 보여달라고 우리에게 요구하는 것일까? 그때 가서는 육신의 실체가 그분에게서 주입되는 그런 속성을 지닐 것이다. 그분은 우리가 보는 바와 같이 무수한 사물들에 참으로 기이하고 다양한 속성들을 주입했는데, 그것들이 하도 많다 보니까 우리는 무엇 하나 놀랍게 생각지 않을 지경이 되었다. 죽은 공작새의 몸체가 썩지 않게 하는 것은 만물의 창조자 하느님 아니면 누가 그런 성질을 주었겠는가?[26] 듣기에는 믿어지지 않는 일 같았는데, 한번은 카르타고 근방에서 이 새를 구워서 우리한테 내온 적이 있었다. 나는 그 새의 가슴살에서 알맞은 크기로 살조각을 떼어 보관하라고 명령했다. 다른 구운 살코기라면 썩었을 만한 여러 날의 시간 간격이 지난 뒤 다시 가져다 앞에 놓았는데 전혀 악취가 나지 않았다. 그 뒤 서른 날 넘게 두었다가 보았지만 원래와 똑같았다. 한 해가 지난 뒤에도 똑같았으며 단지 살덩어리가 말라비틀어지고 쭈그러들었을 따름이었다.[27] 누가 짚더미에 그토록 냉기를 주었길래 거기 묻어둔 눈을 고스란히 간직하고 똑같은 짚더미에 그토록 열기를 주었길래 설익은 과일을 거기 묻으면 익게 만드는 것일까?

4.2. 불에 관해서도 여러 가지 현상이 설명되지 않는다

불을 두고도 그 신기한 성질을 누가 설명하겠는가?[28] 불꽃은 밝게 빛을 내면서도 태우는 것은 모조리 검게 만들어 버린다. 불꽃은 그 색깔이 매우 아름답지만 그것이 닿아서 먹어치우는 모든 것들의 색을 없애고 거무튀튀한 재로 만들어 버린다. 그러나 이런 변형이 모든 사물에 동일한 것은 아니다. 돌은 불에 오래 달구면 돌 자체가 빛을 내며 더욱더 붉은 색을 내다가 급기야 하얗게

congruit tamen luci quod album est, sicut nigrum tenebris. Cum itaque ignis in lignis ardeat, ut lapides coquat, contrarios habet non in contrariis rebus effectus. Etsi enim lapides et ligna diuersa sunt, contraria tamen non sunt, sicut album et nigrum, quorum in lapidibus unum facit, alterum in lignis, clarus illos clarificans, haec offuscans, cum in illis deficeret, nisi in istis uiueret. Quid, in carbonibus nonne miranda est et tanta infirmitas, ut ictu leuissimo frangantur, pressu facillimo conterantur, et tanta firmitas, ut nullo umore corrumpantur, nulla aetate uincantur, usque adeo ut eos substernere soleant, qui limites figunt, ad conuincendum litigatorem, quisquis post quantalibet tempora extiterit fixumque lapidem limitem non esse contenderit? Quis eos in terra umida infossos, ubi ligna putescerent, tamdiu durare incorruptibiliter posse nisi rerum ille corruptor ignis effecit?

Intueamur etiam miraculum calcis. Excepto eo, de quo iam satis diximus, quod igne candicat, quo alia taetra redduntur, etiam occultissime ab igne ignem concipit eumque iam gleba tangentibus frigida tam latenter seruat, ut nulli nostro sensui prorsus appareat, sed compertus experimento, etiam dum non apparet, sciatur inesse sopitus. Propter quod eam uiuam calcem loquimur, uelut ipse ignis latens anima sit inuisibilis uisibilis corporis. Iam uero quam mirum est, quod, cum extinguitur, tunc accenditur! Vt enim occulto igne careat, aquae infunditur aquaue perfunditur, et cum ante sit frigida, inde feruescit, unde feruentia cuncta frigescunt. Velut expirante ergo illa gleba discedens ignis, qui latebat, apparet, ac deinde

---

[29] 교부는 나무가 타서 까만 숯이 되는 현상과 돌이 불에 달구어진 뒤 식으면 하얗게 되는 현상을 관찰하고 있다.

[30] 사모스의 테오도루스라는 사람이 습기가 많은 에페소 신전의 초석 밑에 숯을 깔라고 충고했다는 기록도 나온다. Cf. Diogenes Laertius, *Vitae philosophorum* 2.103.

[31] tamdiu *durare incorruptibiliter* posse nisi *rerum ille corruptor ignis* effecit: "사물들을 소진시키는 불꽃"이 "소진되지 않고 오래가는" 숯의 보존효과를 낸다는 것이 신기하다는 말이다.

[32] 예: Plinius, *Historia naturalis* 36.53-55.

변한다. 사실 어둠에 검은색이 어울리듯 빛에는 흰색이 어울린다. 따라서 불로 나무를 태워서 돌을 달구어 상반되는 결과를 얻는다 해도 이것이 두 재료의 상반된 특성 때문은 아니다.[29] 돌과 나무가 비록 다르더라도 흰색과 검정색처럼 서로 상반되는 사물은 아니다. 그렇지만 똑같은 불꽃이 돌에는 흑백 가운데 한 가지 색깔을 내고 나무에는 다른 색깔을 낸다. 불꽃은 돌을 달구어 환한 색깔을 만들어내는 데 비해, 나무에 불길이 살아있는 동안에는 환하게 만들지만 불길이 사그라지면 어둡게 만든다. 숯은 아주 가벼운 충격만 주어도 바스러지고 조금만 눌러도 가루가 될 만큼 약한 반면, 한번 달구어졌던 돌은 어떤 습기에도 바스러지지 않고 아무리 세월이 가도 닳지 않을 만큼 단단해진다는 것이 신기하지 않은가? 지금까지도 토지의 경계를 설정할 때에는 그 돌 아래 숯을 깔아놓는 관습이 있다. 얼마의 세월이 지나든 누가 나서서 그 경계석이 경계가 아니라고 우길 사람이 있을 경우 그 숯은 경계석을 입증하는 증거가 된다.[30] 사물들을 소진시키는 불꽃이 그렇게 만들지 않았다면 도대체 무엇이 나무도 썩고 마는 습한 흙 속에서 그 숯이 소진되지 않고 오래 보존될 수 있겠는가?[31]

4.3. 생석회生石灰의 신기한 작용도 놀랍다

석회의 신기함도 살펴보자.[32] 똑같은 불 속에서 다른 것들은 까맣게 되는 것과는 달리 어떤 것은 하얗게 된다고 하는데 이런 색의 변화는 앞에서도 이미 언급했다. 그런데 석회는 그 외에도 아주 은근하게 불기에서 불기를 간직하고 있다. 손으로 만져보면 차디찬 흙덩이가 그 불기를 하도 은근하게 간직하여 우리 감관에는 도저히 불기가 드러나지 않는다. 그렇지만 경험으로 알 수 있듯이, 비록 드러나지는 않지만 그 속에 불기가 잠복해 있음을 알게 된다. 그래서 우리는 그것을 생석회라고까지 부르는데 거기 숨어 있는 불기가 마치 가시적 몸체의 불가견한 혼과 같은 역할을 하는 셈이다. 그러니 꺼뜨릴 때 불기가 당겨지는 셈이니 그것만도 이미 얼마나 신기한가! 숨은 불기를 없애려고 물에다 집어넣거나 물을 뿌리는데, 그러고 나면 처음에는 차디찼던 석회가, 다른 모든 것을 식히는 바로 그 물에 의해 도리어 뜨거워진다. 흡사 저 흙덩이를 떠나면서 숨을 거두듯이, 불기가 거기 숨어 있다가 모습을 드러내는 것 같다. 그다음

tamquam morte sic frigida est, ut adiecta unda non sit arsura et quam calcem uocabamus uiuam, uocemus extinctam. Quid est quod huic miraculo addi posse uideatur? Et tamen additur. Nam si non adhibeas aquam, sed oleum, quod magis fomes est ignis, nulla eius perfusione uel infusione feruescit. Hoc miraculum si de aliquo Indico lapide legeremus siue audiremus et in nostrum experimentum uenire non posset, profecto aut mendacium putaremus aut certe granditer miraremur. Quarum uero rerum ante nostros oculos cotidiana documenta uersantur, non genere minus mirabili, sed ipsa assiduitate uilescunt, ita ut ex ipsa India, quae remota est pars orbis a nobis, desierimus nonnulla mirari, quae ad nos potuerunt miranda perduci.

Adamantem lapidem multi apud nos habent et maxime aurifices insignitoresque gemmarum, qui lapis nec ferro nec igni nec alia ui ulla perhibetur praeter hircinum sanguinem uinci. Sed qui eum habent atque nouerunt, numquid ita mirantur ut hi, quibus primum potentia eius ostenditur? Quibus autem non ostenditur, fortasse nec credunt; aut si credunt, inexperta mirantur; et si contigerit experiri, adhuc quidem mirantur insolita, sed assiduitas experiendi paulatim subtrahit admirationis incitamentum. Magnetem lapidem nouimus mirabilem ferri esse raptorem; quod cum primum uidi, uehementer inhorrui. Quippe cernebam a lapide ferreum anulum raptum atque suspensum; deinde tamquam ferro, quod rapuerat, uim dedisset suam communemque fecisset, idem anulus alteri admotus est eundemque suspendit, atque ut ille prior lapidi, sic alter anulus priori anulo cohaerebat; accessit eodem modo tertius, accessit et quartus; iamque sibi per mutua circulis nexis non implicatorum intrinsecus, sed extrinsecus adhaerentium quasi catena pependerat anulorum. Quis istam uirtutem lapidis non

---

[33] Cf. Plinius, *Historia naturalis* 33.30.94.

[34] 금강석의 신기함은 다수 학자들의 관심을 끌었다. 예: Plato, *Ion* 536a-b; Lucretius, *De rerum natura* 6.906; Plinius, *Historia naturalis* 20.1; 28.9.

[35] 교부는 셋째 반지가 스스로 "다가갔다" (accessit)는 표현을 쓴다.

에는 죽음을 맞아 정말 식고 마는데 거기에는 물을 얼마든지 붓더라도 열기를 내지 않는다. 그래서 앞의 경우를 생석회라고 불렀듯이 이 석회는 소석회消石灰라고 불러야 할 것이다. 이런 기사奇事에다 무슨 얘기를 더 보탤 수 있다고 보는가? 그래도 몇 가지 덧붙여 보겠다. 석회에 물을 첨가하지 않고 기름을 첨가할 경우, 불기를 더 자극할 것 같은데도 기름을 붓거나 섞더라도 열이 나지 않는다.[33] 그밖에도 인도석印度石에 관한 기문奇聞을 우리가 듣거나 읽지만, 정작 직접 경험하지 못하면 아예 거짓말이라고 여기거나, 아니면 참으로 놀랍게 생각할 것이다. 그밖에도 우리 눈앞에 참으로 신기한 여러 가지 일들이 매일같이 벌어지는데, 그런 일이 그다지 놀랍지 않기 때문이 아니고 하도 빈번하다 보니 대수롭지 않게 여길 따름이다. 비록 우리에게서 멀리 떨어진 세계 변방 인도에서 온 물건으로서 우리에게 감탄을 초래할 수 있었던 많은 사물을 두고도 우리는 감탄하기를 그치고 말았을 것이다.

4.4. 자석의 신기한 작용과 금강석

금강석을 가진 사람들이 우리 중에도 많다. 특히 금세공인들과 보석상들이 많이 갖고 있다. 이것은 쇠로도 불로도 상하는 일이 없고 염소의 피 외에는 다른 어떤 힘으로도 상하지 않는다.[34] 그러나 금강석을 갖고 있거나 아는 사람들은 그 강도를 처음으로 보는 사람들만큼 놀랄 리야 없지 않은가? 그 강도를 보지 못한 사람들이야 믿지도 않을 테고, 믿는다 해도 경험을 못해서 놀라는 것뿐이리라. 만약 그것을 경험하는 일이 있다면 처음에는 예사롭지 않은 일이라서 놀라지만, 흔히 경험하다 보면 점차 감탄의 도수가 줄어든다. 우리가 알다시피 자석은 신기하게도 쇠를 끌어당긴다. 나도 처음 보았을 때는 기겁을 하고 놀랐다. 내가 본 것은 쇠반지가 돌에 끌려가 매달려 있는 광경이었다. 그다음에는 끌어당긴 쇠반지에 자석이 자신의 힘을 나누어 주기라도 했는지 바로 그 쇠반지가 다른 쇠반지를 끌어당겨 그것을 매다는 것이었다. 그리하여 첫째 반지가 돌에 매달려 있듯이 다른 반지는 첫째 반지에 매달려 있었다. 셋째 반지도 그렇게 끌려갔고 넷째 반지도 그렇게 끌려갔다.[35] 그런데 쇠반지들이 서로 마치 쇠고리처럼 안쪽으로 이어진 것이 아니라 바깥쪽으로만 붙어서 마치 쇠반지들

stuperet, quae illi non solum inerat, uerum etiam per tot suspensa transibat et inuisibilibus ea uinculis subligabat? Sed multo est mirabilius, quod a fratre et coepiscopo meo Seuero Mileuitano de isto lapide comperi. Se ipsum namque uidisse narrauit, quem ad modum Bathanarius quondam comes Africae, cum apud eum conuiuaretur episcopus, eundem protulerit lapidem et tenuerit sub argento ferrumque super argentum posuerit; deinde sicut subter mouebat manum, qua lapidem tenebat, ita ferrum desuper mouebatur, atque argento medio nihilque patiente concitatissimo cursu ac recursu infra lapis ab homine, supra ferrum rapiebatur a lapide. Dixi quod ipse conspexi, dixi quod ab illo audiui, cui tamquam ipse uiderim credidi. Quid etiam de isto magnete legerim dicam. Quando iuxta eum ponitur adamans, non rapit ferrum, et si iam rapuerat, ut ei propinquauerit, mox remittit. India mittit hos lapides; sed si eos nos cognitos iam desistimus admirari, quanto magis illi, a quibus ueniunt, si eos facillimos habent, sic forsitan habent, ut nos calcem, quam miro modo aqua feruescentem, qua solet ignis extingui, et oleo non feruescentem, quo solet ignis accendi, quia in promptu nobis est, non miramur.

5. Verum tamen homines infideles, qui, cum diuina uel praeterita uel futura miracula praedicamus, quae illis experienda non ualemus ostende-

---

[36] 교부는 자석이 양극을 띠어 쇠반지들이 끄트머리들만 서로 붙는 모습을 면밀하게 관찰하고 있다. Cf. Plinius, *Historia naturalis* 20.1.

[37] 아우구스티누스와 함께 타가스테 수도원 생활도 함께 한 인물("형제")로 밀레비스의 교구장(426년)이 된 인물이다(22.8.3에도 등장한다).

[38] 아프리카의 지방장관(comes)을 지낸 인물(408년)이다.

[39] 플리니우스가 "인도 금강석"(Adamas Indicus)이라면서 묘사한 글에서 따온 얘긴데 (*Historia naturalis* 28.9; 37.15) 그게 보통 "금강석"인지 다른 광석인지는 확인되지 않는다.

의 사슬처럼 매달려 있었다.[36] 돌의 그런 위력을 보고 누가 놀라지 않겠는가? 그 위력이 그 돌에만 내재한 것이 아니고 거기 매달린 모든 쇠붙이에 전달되었고 눈에 보이지 않는 사슬로 그것들을 연달아 옆으로 매달고 있었다. 그러나 나의 형제요 동료 주교인 밀레비스의 세베루스[37]에게서 그 돌에 관해 들은 얘기는 훨씬 더 놀라웠다. 그가 얘기하기로, 한번은 아프리카의 지방장관 바타나리우스[38]의 집에서 회식을 하는 도중에 그 관리가 다름아닌 그 돌을 가져다가 은그릇 밑에 두고서 은그릇 위에는 쇳조각을 놓더라고 했다. 그러고서는 그 돌을 쥐고서 쟁반 밑으로 손을 움직이는데 그 움직임에 따라 위에서 쇠가 따라 움직이더라는 것이다. 중간에 있는 은그릇은 아무런 영향을 받지 않는데 은그릇 밑에서는 사람 손으로 돌이 무척 빨리 왔다갔다 움직이고, 위에서는 쇠붙이가 그만큼 빠른 속도로 돌에 끌려다니더라는 것이다. 나는 내가 목격한 바를 얘기했고 또 그에게서 들은 바를 얘기했다. 나는 그 사람 말도 내가 본 것이나 마찬가지로 믿었다. 자석에 대해 내가 무엇을 읽었는지도 얘기하겠다. 내가 읽은 바에 의하면 자석 곁에 금강석을 놓아두면 쇠를 끌어당기지 못하며, 이미 쇠를 끌어당긴 경우라도 금강석이 가까이 가면 당장 쇠를 떨어뜨린다고 한다.[39] 이 돌은 인도에서 난다. 하지만 우리가 그 돌을 벌써 알고 있어서 감탄을 하지 않는다면 그 돌을 우리에게 보내주는 사람들이야 더욱 시큰둥할 것이 아닌가? 그 사람들이야 이 돌을 구하기가 아주 쉬워서 우리가 석회를 갖고 있는 만큼이나 그렇게 흔하게 갖고 있을 테니. 물은 불을 끄는 법인데 반대로 석회는 물로 열기를 발산하고, 불은 기름으로 꺼지는 법인데 석회는 기름으로 열기를 발산하지 않는다. 그럼에도 우리에게는 하도 뻔한 일이라서 대수롭지 않게 여기는 것과 마찬가지다.

5. 이치는 몰라도 사실만은 모호한 데가 없이 참인 일들이 얼마나 많은가

5. 1. 불신자들이 자기는 못 대면서 우리더러 이치를 대라고 조른다

우리가 과거의 것이든 미래의 것이든 신적 기적을 설교할 적에, 믿지 않는 사람들에게 그것을 경험해 보게 만들 재주는 우리에게도 없다. 그러면 믿지 않는

re, rationem a nobis earum flagitant rerum, quam quoniam non possumus reddere (excedunt enim uires mentis humanae), existimant falsa esse quae dicimus, ipsi de tot mirabilibus rebus, quas uel uidere possumus uel uidemus, debent reddere rationem. Quod si fieri ab homine non posse peruiderint, fatendum est eis non ideo aliquid non fuisse uel non futurum esse, quia ratio inde non potest reddi, quando quidem sunt ista, de quibus similiter non potest. Non itaque pergo per plurima, quae mandata sunt litteris, non gesta atque transacta, sed in locis quibusque manentia; quo si quisquam ire uoluerit et potuerit, utrum uera sint, explorabit; sed pauca commemoro. Agrigentinum Siciliae salem perhibent, cum fuerit admotus igni, uelut in aqua fluescere; cum uero ipsi aquae, uelut in igne crepitare. Apud Garamantas quendam fontem tam frigidum diebus, ut non bibatur, tam feruidum noctibus, ut non tangatur. In Epiro alium fontem, in quo faces, ut in ceteris, extinguuntur accensae, sed, non ut in ceteris, accenduntur extinctae. Asbeston Arcadiae lapidem propterea sic uocari, quod accensus semel iam non possit extingui. Lignum cuiusdam ficus Aegyptiae, non ut ligna cetera in aquis natare, sed mergi; et, quod est mirabilius, cum in imo aliquamdiu fuerit, inde ad aquae superficiem rursus emergere, quando madefactum debuit umoris pondere praegrauari. Poma in terra Sodomorum gigni quidem et ad maturitatis faciem peruenire; sed morsu pressuue temptata in fumum ac fauillam corio fatiscente uanescere. Pyriten lapidem Persicum tenentis manum, si uehementius prematur, adurere, propter

---

[40] ratio (κριτήριον): 참과 거짓 사이에서(Plato, *Theaetetus* 178b), 정의와 불의 사이에서(Plutarchus, *De virtute morali* 7.448b) 판단을 내리는 "합리적 설명"이나 "명분 혹은 이유"를 가리킨다.

[41] 교부는 이하에 신기한 일이라는 넓은 의미로 "기적"(miraculum)을 논하면서 그 예외성과 탈궤도성을 하느님의 섭리와 어떻게 공존시킬 수 있는지 고심한다. 배종 이념(rationes seminales)도 거론한다(11.9; 13.14 참조).

[42] 자기들이 보지 못한 사건이니까 이치를 대라고 우리에게 강요한다면, 자기들은 우리가 목도하고 있는 사건의 이치를 모조리 댈 수 있느냐는 반문이다.

[43] 이하의 사례들은 플리니우스(*Historia naturalis*)에게서 따온 것인데 교부도 지명을 다소 혼동한다.

[44] Cf. *Historia naturalis* 31.41.86.

[45] Garamantes: 플리니우스 등이 언급하는 중앙아프리카의 부족으로 수도가 가라마(Garama)라는 기록도 있다. Cf. *Historia naturalis* 5.5.36.

[46] 에피루스 섬 도돈에 있는 유피테르의 샘이라고 명기되어 있다. Cf. *Historia naturalis* 2.106.228.

[47] Cf. *Historia naturalis* 37.54.146. 석면(石綿)을 가리키는 그리스어 ἄσβεστος는 "끌 수 없는"이라는 뜻이다(Isidorus, *Etymologiae* 16.4.4).

사람들은 우리에게 그런 기적들의 이치[40]를 대어 논리적으로 설명하라고 요구한다. (그러나 그 일은 인간 지성의 능력을 넘어서는 일이기에) 우리가 그 이치를 대지 못하면 그들은 우리의 말을 거짓이라고 치부해 버린다.[41] 그렇다면 그들은 우리가 볼 수 있거나 혹은 우리가 보고 있는 모든 놀라운 일들에 대해 자기들이 이치를 대야 한다.[42] 어떤 사건은 논리적으로 설명하는 일이 인간의 힘으로 이루어질 수 없음을 그들이 수긍한다면, 그들은 이치를 댈 수가 없다고 해서 그때문에 그런 일이 존재하지도 않았거나 장차 존재하지도 않으리라는 것은 아니라고 말해야 하리라. 이치를 대지 못하는 다른 사건들도 여전히 똑같이 존재하기 때문이다. 놀라운 기사들이 많이 문자로 기록되어 전수되고 있지만 내가 많은 얘기는 않겠다. 그런 사건들은 한번 발생하여 지나가 버린 게 아니고 어떤 장소에 그대로 남아있다. 누구든 그곳을 가보고 싶고 갈 수가 있다면 그게 참말인지 조사해 볼 만하다. 그래도 조금은 언급을 하겠다.[43] 시칠리아의 아그리겐툼은 소금을 내는데 그게 불 가까이 가면 물처럼 녹아버린다. 그 대신 물 가까이 가면 불 속에서처럼 탁탁 소리를 내며 타오른다.[44] 가라만테스인들[45]에게는 샘이 하나 있는데 낮에는 너무 차서 샘물을 마실 수도 없는데 밤에는 너무 뜨거워서 손을 댈 수가 없다고 한다. 또 에피루스 섬에는 다른 샘이 있는데 횃불을 집어넣으면 다른 샘들처럼 불이 꺼지지만, 다른 샘들과는 달리 꺼진 횃불은 다시 켜진다.[46] 아르카디아의 어떤 돌은 아스베스토스라고 일컫는데 한번 불을 붙이면 끌 수 없는 까닭이다.[47] 이집트의 어떤 무화과나무는 다른 나무들처럼 물에 뜨는 것이 아니고 가라앉는다고 한다. 더욱 놀라운 것은 물 밑에 어느 기간 잠겨 있다가는 젖어서 물의 무게로 더 무거워질 법한데 다시 물의 표면으로 떠오른다는 것이다.[48] 소돔 땅에서 나는 어떤 과일은 겉으로는 잘 익은 모양을 하는데 물거나 눌러 보면 껍질이 폭삭 꺼지면서 연기나 먼지처럼 사그라져 버린다.[49] 페르시아에서 나는 피리테스라는 돌은 손에 꼭 쥐면 화상을

---

[48] Cf. *Historia naturalis* 13.14.57: "그래서 그것이 물에 떠 있으면 목재로 쓸 만하다고들 본다."

[49] Cf. Tacitus, *Historiae* 5.7. 이 과일(Solanum Sodomaeum)은 고대와 중세의 여러 문헌에 실릴 만큼 널리 소문났다.

quod ab igne nomen accepit. In eadem Perside gigni etiam lapidem seleniten, cuius interiorem candorem cum luna crescere atque deficere. In Cappadocia etiam uento equas concipere, eosdemque fetus non amplius triennio uiuere. Tylon Indiae insulam eo praeferri ceteris terris, quod omnis arbor, quae in ea gignitur, numquam nudatur tegmine foliorum.

De his atque aliis innumerabilibus mirabilibus, quae historia non factorum et transactorum, sed manentium locorum tenet, mihi autem aliud agenti ea persequi nimis longum est, reddant rationem, si possunt, infideles isti, qui nolunt diuinis litteris credere; quid aliud quam non putantes eas esse diuinas, eo quod res habeant incredibiles, sicuti hoc est unde nunc agimus. Non enim admittit, inquiunt, ulla ratio, ut caro ardeat neque absumatur, doleat neque moriatur; ratiocinatores uidelicet magni, qui de omnibus rebus, quas esse mirabiles constat, possint reddere rationem. Reddant ergo de his, quae pauca posuimus, quae procul dubio si esse nescirent et ea futura esse diceremus, multo minus crederent, quam quod nunc dicentibus nobis nolunt credere aliquando uenturum. Quis enim eorum nobis crederet, si, quem ad modum dicimus futura hominum uiua corpora, quae semper arsura atque dolitura nec tamen aliquando moritura sint, ita diceremus in futuro saeculo futurum salem, quem faceret ignis uelut in aqua fluescere, eundemque faceret aqua uelut in igne crepitare; aut futurum fontem, cuius aqua in refrigerio noctis sic ardeat, ut non possit tangi, in aestibus uero diei sic algeat, ut non possit bibi; aut futurum

---

[50] pyrites: 그리스어 πῦρ가 "불"을 의미한다. Cf. *Historia naturalis* 36.30.138; Dioscorides, *De materia medica* 5.142.

[51] Selenites: 그리스어 σελήνη는 "달"이다. Cf. *Historia naturalis* 37.67.181.

[52] Cf. *Historia naturalis* 8.67.166: Lusitania의 Olisipon (Lisbon)의 이야기로 기록되어 있다.

[53] 플리니우스의 책에는 페르시아 만(Persicus sinus)에 있는 Tyros 혹은 Tylos라고 나오며 인도양에 있는 어느 열대상록수림을 가리키는 듯하다. Cf. *Historia naturalis* 6.32.148; 12.21.38.

[54] 교부는 신플라톤 학파(ratiocinatores magni)에게 정확한 관찰과 더불어 일관성있는 추론이라는 아리스토텔레스의 방법론(*Metaphysica* 995a-b)을 은근히 내세운다.

입힐 만큼 열기를 내고 그때문에 불이라는 말에서 이름을 얻었다.[50] 같은 페르시아 땅에서 셀레니테스라는 돌이 나오는데 그 돌의 내부에 있는 광택이 달과 더불어 커졌다가 줄었다가 한다.[51] 카파도키아에서는 암말이 바람으로도 수태를 하는데 그 새끼는 3년 이상을 살지 못한다.[52] 인도의 틸론이라는 섬은 다른 모든 땅보다도 나은 곳인데 그 까닭은 그 섬에서 자라는 모든 나무가 결코 잎을 벗는 일이 없기 때문이다.[53]

5.2. 우리는 하느님의 말씀에 의탁한다

이런 기이한 사실과 그밖의 헤아릴 수 없이 많은 사실들, 그것도 한번 발생하고 지나가 버리는 사건들의 역사가 아니고 여태까지 존속하는 장소들의 역사가 간직하고 있는 사실들에 관해 내가 계속 다루자면 너무 지루한 얘기가 되겠다. 나는 이제 다른 주제를 논해야 할 참이다. 그러니 성서를 믿기 싫어하는 불신자들 스스로 할 수만 있다면, 이 모든 사건들에 대해 이치를 대 보라. 저 사람들은 성서가 믿을 수 없는 사실을 담고 있다는 핑계로(실상 지금 우리가 이 자리에서 열거하는 사실들과 다름없음에도) 성서를 신적 영감으로 씌어진 책으로 볼 수 없다고 말한다. 그들의 말로는 육체가 불에 타면서도 결코 소진되지 않는다거나 고통을 받으면서도 죽지 않는다는 것은 합리적으로 설명할 수 없다는 것이다. 그렇다면 소위 위대한 사변가들이라면 신기하다고 드러나는 모든 사물에 관해 이치를 제시할 수 있어야 할 것이다! 그렇다면 우리가 방금 예로 들었던 이 모든 사실에도 이치를 제시해 보라.[54] 만일 그런 사실들이 존재함을 저 사람들이 아예 알지 못한다고 하자. 그래서 장차 언젠가 그런 일이 생기리라고 우리가 말해 준다고 하자. 그러면 저 사람들은 인간의 장차 올 육체들이 항상 불에 타고 항상 괴로움을 당하면서도 그 어느 때도 죽지 않으리라는 말을 안 믿는 일 못지않게, 지금 우리가 얘기해 주는 말도 믿으려 들지 않을 것임에 틀림없다. 장차 올 육체들의 사정을 설명하는 똑같은 어조로 앞으로 도래할 세상에서는 소금이 불에 닿으면 물에서 녹듯이 녹아버리지만 물 속에서는 불 속에서처럼 타닥타닥 튀는 소리를 내게 될 것이라고 말한다면 어떻게 될까? 또 밤의 냉기 속에서는 너무나 뜨거워 손댈 수조차 없다가 낮의

lapidem, uel eum qui suo calore manum constringentis adureret, uel eum qui undecumque accensus extingui omnino non posset, et cetera quae praetermissis aliis innumeris commemoranda interim duxi? Haec ergo in illo saeculo, quod futurum est, si diceremus futura nobisque increduli responderent: «Si uultis ut ea credamus, de singulis reddite rationem»: nos non posse confiteremur, eo quod istis et similibus Dei miris operibus infirma mortalium ratiocinatio uinceretur; fixam tamen apud nos esse rationem, non sine ratione Omnipotentem facere, unde animus humanus infirmus rationem non potest reddere; et in multis quidem rebus incertum nobis esse quid uelit, illud tamen esse certissimum, nihil eorum illi esse inpossibile, quaecumque uoluerit; eique nos credere praedicanti, quem neque inpotentem neque mentientem possumus credere. Hi tamen fidei reprehensores exactoresque rationis quid ad ista respondent, de quibus ratio reddi ab homine non potest, et tamen sunt, et ipsi rationi naturae uidentur esse contraria? Quae si futura esse diceremus, similiter a nobis, sicut eorum quae futura esse dicimus, ab infidelibus ratio posceretur. Ac per hoc, cum in talibus operibus Dei deficiat ratio cordis et sermonis humani, sicut ista non ideo non sunt, sic non ideo etiam illa non erunt, quoniam ratio de utrisque ab homine non potest reddi.

---

[55] 22.8.1에서도 기적에 관해 같은 논지가 구사된다.

[56] 성서의 기적(miracula)이나 교부가 보거나 들은 기적의 호교론적 가치를 과소평가하지는 않지만 (22.8-10 참조), 여기서 (21.4-8)는 자연의 기사(prodigia, mirabilia)를 예거하면서 아직까지 과학적이고 합리적인 설명을 내놓지 못하지만 그런 사건들이 엄존하듯이, 플라톤 학파의 지성인들이 요청하는 실증적 설명을 내놓지 못하더라도, 성서에 예고된 종말의 현상은 가능하다는 논지를 펴고 있다.

열기 속에서는 너무나 차가워 마실 수 없는 그런 샘이 생겨날 것이라고 말한다면 어떻게 될까? 꼭 쥐면 열기로 손에 화상을 입히는 돌이 있다고 말하거나, 어디서든지 한번 불이 붙으면 결코 꺼뜨릴 수 없는 돌이 있다는 말을 하거나, 그밖의 다른 무수한 사례는 접어두고서라도 내가 앞에서 예로 들었던 사실들로 앞으로 도래할 세상에서는 이런 일들이 일어나리라고 말한다면 저 사람들은 우리 말을 믿지 않고서 이렇게 반문할지 모른다: "그 말을 우리가 믿기 바란다면, 각각의 사례에 대해 이치를 대 보라." 우리는 그렇게 할 수 없다고 자백해야 할 것이다. 사멸할 인간들의 허약한 추리는 그런 일들이나 그와 유사한 하느님의 또 다른 놀라운 업적을 감당할 수 없기 때문이다. 하지만 우리는 정해진 이치가 있다고, 비록 나약한 인간 지성으로는 이치를 대지 못한다고 해도 전능한 분이 그럴 만한 이유 없이 그것을 만들었을 리는 없다고 고백해야 할 것이다. 많은 사안을 두고 그분이 원하는 바가 무엇인지 우리에게 확실치 못함이 사실이지만, 무엇이든지 그분이 원한다면 어떤 일도 불가능한 것이 아니라는 점만은 너무나 명백하다고 고백해야 할 것이다. 그분이 무엇을 예고하면 우리는 그분의 말씀을 믿으며, 우리는 그분이 무력하다거나 거짓말을 한다고는 도저히 믿을 수 없다고 고백해야 할 것이다.[55] 신앙이라는 것을 규탄하는 저 사람들, 이치를 대 보라고 강요하는 저 사람들도, 막상 인간이 이치를 대지는 못하지만 엄연히 존재하는 사실들, 그리고 자연본성의 이치에 상반되는 것처럼 보이는 사실들을 두고서 과연 무슨 답변을 할 수 있겠는가? 위에서 예거한 기이한 사실들이 앞으로 일어나리라고 우리가 말할라치면, 그것을 안 믿는 사람들은, 우리가 육체의 영원한 형고에 관해 앞으로 일어나리라고 말하는 경우와 똑같이, 논리적으로 설명해 보라고 윽박지른다. 이것으로 미루어, 하느님의 저런 기이한 업적을 설명할 만한 인간 마음의 이치나 언어의 이치가 부족함이 사실이지만 그렇다고 해서 그런 업적들이 존재하지 않는 것은 아니다. 그와 마찬가지로 육체의 영원한 형고와 그 형고중에도 죽을 수 없다는 두 가지 사실에 대해 인간이 비록 이치를 대지 못한다고 해서 그런 사실이 존재하지 않으리라는 말은 성립하지 않는다.[56]

6. Hic forte respondeant: «Prorsus nec ista sunt nec ista credimus; falsa de his dicta, falsa conscripta sunt»; et adiciant ratiocinantes atque dicentes: «Si talia credenda sunt, credite et uos quod in easdem litteras est relatum, fuisse uel esse quoddam Veneris fanum atque ibi candelabrum et in eo lucernam sub diuo sic ardentem, ut eam nulla tempestas, nullus imber extingueret, unde sicut ille lapis, ita ista λύχνος ἄσβεστος, id est lucerna inextinguibilis, nominata est.» Quod propterea poterunt dicere, ut respondendi nobis angustias ingerant; quia si dixerimus non esse credendum, scripta illa miraculorum infirmabimus; si autem credendum esse concesserimus, firmabimus numina paganorum. Sed nos, sicut iam in libro duodeuicensimo huius operis dixi, non habemus necesse omnia credere, quae historia continet gentium, cum et ipsi inter se historici, sicut ait Varro, quasi data opera et quasi ex industria per multa dissentiant; sed ea, si uolumus, credimus, quae non aduersantur libris, quibus non dubitamus oportere nos credere. De his autem miraculorum locis nobis ad ea, quae futura persuadere incredulis uolumus, satis illa sufficiant, quae nos quoque possumus experiri, et eorum testes idoneos non difficile est inuenire. De isto autem fano Veneris et lucerna inextinguibili non solum in nullas coartamur angustias, uerum etiam latitudinis nobis campus aperitur. Addimus enim ad istam lucernam inextinguibilem et humanarum et

---

[57] Paphos의 Venus 사당으로 전해 온다(Plinius, *Historia naturalis* 2.97.210).

[58] scripta miraculorum *infirmabimus* ... *firmabimus* numina paganorum: 교부는 상대방의 양도논법에 대응하는 방도를 찾는다.

[59] 18.18 참조.

[60] quasi data opera et quasi industria: 학자들 사이의 이견이 때로는 억지에 가깝다는 평을 하면서도 바로는 그 상이한 견해들을 열거하면서 어원을 소개한다. Cf. Varro, *De lingua Latina* 5.4.30, 7.43, 7.47, 8.53, 15.85, 32.146; 6.2.7; 7.3.42; 8.9.23.

[61] 번역자들이 대개는 "성서"를 가리키는 것으로 해석한다.

6. 놀라운 일이라고 다 자연적 현상은 아니며, 그 일부는 인간적 재주에 의해 만들어지고, 일부는 귀신들에 의해 만들어진다

  6. 1. 그러면서도 불신자들은 마술에 기울어진다

불신자들은 이렇게 대답할지도 모른다: "그런 사실들은 존재하지 않으며 따라서 우리는 그 말을 믿지 않는다. 그런 일에 대한 말이나 기록 모두 거짓이다." 또 그들은 그럴듯한 핑계로 다음과 같은 주장을 덧붙일 수도 있을 것이다: "그 따위 일들을 믿어야 한다면 당신들은 베누스의 신당이 있었거나 지금도 있다고 기록한 그 글도 믿어야 하리라! 그 신당에는 촛대가 하나 있고 촛대에는 불타오르는 촛불이 노천에 켜져 있는데 그 불은 마파람이 불어도 빗물에도 꺼지지 않는다고 한다. 그래서 그리스말로 뤼흐노스 아스베스토스 다시 말해 '꺼지지 않는 등불'이라는 이름이 붙었다!"[57] 그들이 이런 말을 할 수 있었던 것은 우리를 구석으로 몰아 어떻게든 대답을 하게 만들자는 생각에서였다. 만일 우리가 그것을 믿지 못하겠노라고 대답한다면 성서에 기사들을 적어놓은 기록들을 약화시키기에 이를 것이다. 만약 그것을 믿어야 한다고 수긍할라치면 이교도들의 신령들의 입지를 강화시키기에 이를 것이다.[58] 그러나 이 책의 제18권에서 내가 말한 대로,[59] 이민족들의 역사가 간직해 온 모든 얘기를 우리가 다 믿어야 할 필요는 없다. 왜냐하면 바로가 하는 말처럼, 역사가들 사이에서도 많은 사안을 두고 이견을 보이고 있기 때문이다. 마치 긍정적 관점에서 그렇게 하는 것처럼.[60] 하지만 우리가 반드시 믿어야 한다고 의심치 않는 서책들[61]과 상반되는 내용이 아니라면 굳이 믿고 싶으면 믿어도 된다. 저 기사들이 일어나는 장소들로 말하자면, 우리는 그런 사례들을 이용해서 믿지 않는 사람들에게 장차 종말에 일어날 일을 설득시키고자 노력하는 중이다. 그런데 그 장소들에 대해서는 당장 우리부터 겪어볼 수 있을뿐더러 자격있는 증인들을 찾기도 어렵지 않다는 점에서 우리에게는 충분한 논거가 된다. 베누스의 신당에 관해서나 꺼지지 않는 등잔에 관해서나 우리가 양도논법으로 구석에 몰리는 일도 없을뿐더러 도리어 상당히 폭넓은 논전의 광장을 열어준다. 꺼지지 않는 등잔으로 말하자면, 거기에 덧붙여 인간적이고도 마술적인 술수, 다시 말해 인간들을 이용한 귀신

magicarum, id est per homines daemonicarum artium et ipsorum per se ipsos daemonum multa miracula; quae si negare uoluerimus, eidem ipsi cui credimus sacrarum litterarum aduersabimur ueritati. Aut ergo in lucerna illa mechanicum aliquid de lapide asbesto ars humana molita est aut arte magica factum est, quod homines illo mirarentur in templo, aut daemon quispiam sub nomine Veneris tanta se efficacia praesentauit, ut hoc ibi prodigium et appareret hominibus et diutius permaneret. Inliciuntur autem daemones ad inhabitandum per creaturas, quas non ipsi, sed Deus condidit, delectabilibus pro sua diuersitate diuersis, non ut animalia cibis, sed ut spiritus signis, quae cuiusque delectationi congruunt, per uaria genera lapidum herbarum, lignorum animalium, carminum rituum. Vt autem inliciantur ab hominibus, prius eos ipsi astutissima calliditate seducunt, uel inspirando eorum cordibus uirus occultum uel etiam fallacibus amicitiis apparendo, eorumque paucos discipulos suos faciunt plurimorumque doctores. Neque enim potuit, nisi primum ipsis docentibus, disci quid quisque illorum appetat, quid exhorreat, quo inuitetur nomine, quo cogatur; unde magicae artes earumque artifices extiterunt. Maxime autem possident corda mortalium, qua potissimum possessione gloriantur, cum se transfigurant in angelos lucis. Sunt ergo facta eorum plurima, quae quanto magis mirabilia confitemur, tanto cautius uitare debemus; sed ad hoc, unde nunc agimus, nobis etiam ipsa proficiunt. Si enim haec inmundi daemones possunt, quanto potentiores sunt sancti angeli, quanto potentior his omnibus Deus, qui tantorum miraculorum effectores etiam ipsos angelos fecit!

[62] 후대(10세기)에 이런 내용을 상술하는 *De operatione daemonum*이라는 저작까지 나왔다.

[63] eorumque *paucos discipulos* suos faciunt *plurimorumque doctores*: 교부로서는 사교(邪敎)의 전파를 부각시킨 문장이다.

[64] 신플라톤 학파의 저서(예: Iamblichus, *De mysteriis*)를 보면 포르피리우스가 마술을 공격한 데 대해 그 학파는 마술을 옹호하는 입장을 취한다.

[65] 2고린 11,14 참조: "사탄조차 광명의 천사로 위장하는 수가 있지 않습니까?"

들의 술수나 아니면 귀신들이 몸소 저지르는 술수에서 유래하는 숱한 이적들을 제시할 수 있겠다. 만약 그런 이적들을 우리가 부정할라치면 우리가 믿는 성서의 진리 자체에도 우리가 맞서는 셈이 되고 말 것이다. 저 등잔의 경우라면 인간 기술이 석면에다 무슨 기계적 장치를 한 것일 수 있다. 그렇지 않으면 마술로 무엇이 생겨서 그 신전에 오는 인간들이 놀라게 만들었을 수도 있다. 혹은 어떤 귀신이 베누스의 이름을 빌려 그같은 효과를 내어 그런 기사가 그 자리에 나타나게 하거나 오랫동안 지속하게 만들고서는 자기를 과시했을 수도 있다. 귀신들은 자칫하면 피조물들을 통해 그 속에 들어가 거처를 갖고 싶다는 꼬임을 받는다. 물론 그 피조물들은 귀신들이 만든 것이 아니고 하느님이 만든 것이다. 하지만 그 피조물들이 제각기 다른 만큼이나 귀신들을 꼬이는 재미는 그만큼 다양하다. 그 대신 여기서는 먹이를 갖고서 짐승들이 꼬이는 것과는 달리 신령들은 표징을 갖고서 꼬이는 것이니, 각각의 신령에게 그럴듯한 표징들이 따로 있어서 갖가지 돌이나 풀이나 나무나 동물이나 주문이나 의식이 이용된다.[62] 귀신들은 사람들을 꼬이려고 먼저 극히 간교한 수작으로 인간들을 기만하고, 그렇지 않으면 사람들의 마음에 은밀한 독기를 넣어주거나 속임수가 담긴 거짓 호의로 사람들의 마음을 사로잡거나 하며, 그들 가운데 소수를 자신의 추종자로 만들고 그들이 다수의 인간들을 가르치게 한다.[63] 귀신들 스스로 먼저 가르치지 않는 한 인간들은 귀신들 가운데 누가 무엇을 탐하고 무엇을 기피하며 무슨 이름으로 불러내고 무엇으로 귀신을 몰아붙일 수 있는지 배울 도리가 없다. 이렇게 해서 마술과 그 술사들이 존재하게 되었다.[64] 귀신들은 사멸할 인간들의 마음을 사로잡고, 그들을 손아귀에 넣고 있음을 뽐내는데, 특히 빛의 천사인 양 변장할 적에는 더더욱 그러하다.[65] 그러므로 그자들의 행적이 참으로 많을뿐더러 그런 것들이 신기할수록 우리는 더욱 조심해서 피해야 한다. 하지만 우리가 지금 논하고 있는 주제로 본다면 그런 짓들도 우리에게는 오히려 도움이 된다. 부정한 귀신들이 저런 짓을 할 수 있다면야 거룩한 천사들은 얼마나 더 능력이 크겠으며, 하느님은 많은 이적들을 행하는 자들이며 심지어 천사들마저 만들어낸 분이니 그 모든 존재들보다 얼마나 더 능하겠는가!

Quam ob rem si tot et tanta mirifica, quae μηχανήματα appellant, Dei creatura utentibus humanis artibus fiunt, ut ea qui nesciunt opinentur esse diuina (unde factum est, ut in quodam templo lapidibus magnetibus in solo et camera proportione magnitudinis positis simulacrum ferreum aeris illius medio inter utrumque lapidem ignorantibus, quid sursum esset ac deorsum, quasi numinis potestate penderet; quale aliquid etiam in illa lucerna Veneris de lapide asbesto ab artifice fieri potuisse iam diximus); si magorum opera, quos nostra scriptura ueneficos et incantatores uocat, in tantum daemones extollere potuerunt, ut congruere hominum sensibus sibi nobilis poeta uideretur, de quadam femina, quae tali arte polleret, dicens:

> Haec se carminibus promittit soluere mentes
> Quas uelit, ast aliis duras inmittere curas,
> Sistere aquam fluuiis et uertere sidera retro;
> Nocturnosque ciet manes: mugire uidebis
> Sub pedibus terram et descendere montibus ornos:

quanto magis Deus potens est facere quae infidelibus sunt incredibilia, sed illius facilia potestati; quando quidem ipse lapidum aliarumque uim rerum et hominum ingenia, qui ea miris utuntur modis, angelicasque naturas omnibus terrenis potentiores animantibus condidit, uniuersa mirabilia mirabili uincente uirtute et operandi iubendi sinendique sapientia, utens omnibus tam mirabiliter, quam creauit.

---

[66] 원래는 그리스 연극에서 주로 사람을 눈가림으로 속이는 데 쓰는 요술적 장치를 가리킨 용어다.

[67] Cf. Plinius, *Historia naturalis* 34.42.148: 티모카레스라는 자가 알렉산드리아의 아르시노에(프톨레마이우스 필라델푸스의 아내)의 사당에 이런 장치를 했다고 전한다. Cf. Rufinus, *Historia ecclesiastica* 2.23.

[68] magorum opera ... quos veneficos (← venenum 독약) et incantatores[혹세무민 (惑世誣民)하는 자]: 매우 부정적인 칭호였다.

[69] Vergilius, *Aeneis* 4.487-491. 여왕 디도가 얘기하는 마씰라 무녀(Massylae gentis sacerdos)의 위력이다.

[70] operandi, iubendi, sinendique sapientia: 하느님의 섭리 방식을 언표하는 대표적 문구다.

6.2. 그리고 인간 기술에도 현혹된다

그러므로 메카네마티[66]라고 일컫는 것들이 참으로 흔하고 참으로 기묘하더라도 어디까지나 하느님의 피조물을 이용해서 인간적 기술로 만들어지는 것들이다. 하지만 모르는 사람들이야 그것들을 신성한 것이려니 여기게 마련이다. (그런 예로 어떤 신전에서는 크기에 비례한 땅바닥과 천장에 적당한 비례로 자석들을 장치해 놓고서 쇠로 만든 신상神像이 신전의 공중 한가운데, 곧 두 자석 사이에 떠 있게 만들었다. 자석에 관해 알지 못하는 자들, 위에 무엇이 장치되어 있고 아래에 무엇이 장치된지 모르는 자들은 그것이 무슨 신통력으로 공중에 떠 있는 것처럼 보일 것이다.[67] 장인匠人이 석면으로 만들어 꺼지지 않는 불이라고 일컬었던 베누스 등잔의 경우는 우리가 방금 언급을 했다.) 우리 성서는 마법사들을 마술사 내지 요술사라고 부르는데,[68] 귀신들이 마법사들의 업적을 너무나도 높이 치켜세우는 바람에 고귀한 시인마저 저런 술수에 통달한 어느 여인을 두고 다음과 같은 말을 하여 마치 그것이 인간들의 감성에 부합하는 것처럼 여길 정도였다:

    그녀는 소원대로 마음에서 근심걱정을 풀어 놓는다고
    또 다른 마음에는 모진 근심걱정을 집어넣는다고
    강에서 물길을 멈추게 만들고 별들을 되돌아가게 만든다고 장담한단다
    그녀는 밤의 신령들을 불러일으키리라. 너는 보리라. 발 밑에서
    땅이 요동치는 모습을, 산에서 참나무들이 걸어 내려옴을 보리라.[69]

그렇다면 하느님이야말로 그런 이적을 얼마나 많이 행할 수 있겠는가! 믿지 않는 사람들에게는 믿기지 않겠지만 그분의 권능에는 손쉬운 일이리라. 그분이 자석 같은 돌이나 다른 사물의 위력을 창조했고, 저런 사물들을 놀라운 방식으로 이용하는 인간 재능도 그분이 창조했으며, 지상의 모든 생명체들보다 능력 있는 천사의 자연본성을 그분이 만들었다. 그러니 모든 기사를 능가하는 그분의 놀라운 능력이라든가 만사에 작용하고 명령하고 허용하는 그분의 지혜로[70] 미루어, 당신이 놀랍게 행한 창조에 못지않게 또한 놀랍게 그 모든 것을 이용할 만한 분이다.

7. Cur itaque facere non possit Deus, ut et resurgant corpora mortuorum et igne aeterno crucientur corpora damnatorum, qui fecit mundum in caelo in terra, in aere in aquis innumerabilibus miraculis plenum, cum sit omnibus quibus plenus est procul dubio maius et excellentius etiam mundus ipse miraculum? Sed isti, cum quibus uel contra quos agimus, qui et Deum esse credunt, a quo factus est mundus, et deos ab illo factos, per quos ab illo administratur mundus, et miraculorum effectrices siue spontaneorum siue cultu et ritu quolibet impetratorum siue etiam magicorum mundanas uel non negant uel insuper et praedicant potestates, quando eis rerum uim mirabilem proponimus aliarum, quae nec animalia sunt rationalia nec ulla ratione praediti spiritus, sicut sunt ea, quorum pauca commemorauimus, respondere adsolent: «Vis est ista naturae, natura eorum sic sese habet, propriarum sunt istae efficaciae naturarum.» Tota itaque ratio est, cur Agrigentinum salem flamma fluere faciat, aqua crepitare, quia haec est natura eius. At hoc esse potius contra naturam uidetur, quae non igni, sed aquae dedit salem soluere, torrere autem igni, non aquae. Sed ista, inquiunt, salis huius naturalis est uis, ut his contraria patiatur. Haec igitur ratio redditur et de illo fonte Garamantico, ubi una uena friget diebus, noctibus feruet, ui utraque molesta tangentibus; haec et de illo alio, qui cum sit contrectantibus frigidus et facem sicut alii fontes extin-

---

[71] etiam mundus ipse miraculum: 아우구스티누스 이래로 중세인들이 세계를 바라보는 시각이었다.

7. 경이로운 사건에서는 창조주의 전능이 믿음의 최고 기준이어야 한다
7.1. 이런 사건을 두고 여러 가지 설명이 제시된다

그렇다면 어째서 하느님이 죽은 사람들의 육체를 부활시키거나 단죄받은 자들의 육체를 영원한 불로 형벌을 당하도록 할 수 없다는 말인가? 그분이야말로 하늘에도 땅에도 공중에도 물속에도 헤아릴 수 없이 많은 기적들로 가득 찬 세계를 만들지 않았는가? 그리고 저 모든 기적들로 가득 찬 세계 그 자체야말로 의심할 바 없이 가장 위대하고 탁월한 기적이 아니겠는가?[71] 우리가 지금 토론하면서 논쟁하고 있는 저 사람들은 세계를 창조하신 하느님이 있음을 믿고, 바로 그 하느님에 의해 다른 신들이 만들어졌음과, 이 신들을 통해 그분에 의해 세계가 통치되고 있음을 믿는다. 그러면서 저 사람들은 즉각적으로 기적을 행하거나, 예배와 의식을 통해 혹은 마술을 통해 기적을 행하는 현세적 능력들이 존재한다는 사실을 부정하지 않거나, 아예 그런 사실을 대놓고 선전하기도 한다. 그러다가도 막상 우리가 그들에게 다른 사물들의 기묘한 위력을 예로 들기라도 하면, 즉 이성적 동물도 아니고 모종의 이성을 갖춘 영靈도 아닌 사물들, 즉 위에서 우리가 약간 상기시킨 그런 예를 들라치면, 흔히 다음과 같이 대꾸하곤 한다: "이는 그런 사물들의 자연스런 특징, 즉 그 사물들의 본성인 것이다. 그런 능력은 원래 그들의 본성에 속해 있는 것들이다." 말하자면 그것이 이유의 전부라는 것이다. 어째서 불꽃이 아그리젠툼의 소금을 녹아 흐르게 만들고 물기는 그 소금을 톡톡 튀게 만드느냐고 하면 소금의 자연적 본성이 그렇다는 것이다. 하지만 자연적 본성은 소금을 녹이는 힘을 불이 아니라 물에 주었으며, 소금을 볶는 힘은 물이 아니라 불에 주었으므로, 그런 현상이 오히려 자연적 본성과는 상반되는 것처럼 보인다. 그래도 저 사람들은 그런 본성들에 상반된 결과를 빚는 그것이 곧 이 소금의 자연적 능력이라고 대답한다. 따라서 가라만테스인들의 우물에 관해서도 다음과 같은 논리를 내세운다. 같은 한 물줄기가 낮에는 식고 밤에는 열을 내어, 사람들이 그 어느 쪽도 고통 없이는 만질 수 없게 된다는 것이다. 다른 샘물에 관해서도 그런 설명을 해댄다. 그 샘물로 말하자면 만지는 사람들에게는 차디차다. 그런데 불붙은 횃불은 다른 샘

guat accensam, dissimiliter tamen atque mirabiliter idem ipse accendit extinctam; haec et de lapide asbesto, qui cum ignem nullum habeat proprium, accepto tamen sic ardet alieno, ut non possit extingui; haec de ceteris, quae piget retexere, quibus licet uis insolita contra naturam inesse uideatur, alia tamen de illis non redditur ratio, nisi ut dicatur hanc eorum esse naturam. Breuis sane ista est ratio, fateor, sufficiensque responsio. Sed cum Deus auctor sit naturarum omnium, cur nolunt fortiorem nos reddere rationem, quando aliquid uelut inpossibile nolunt credere eisque redditionem rationis poscentibus respondemus hanc esse uoluntatem omnipotentis Dei? Qui certe non ob aliud uocatur omnipotens, nisi quoniam quidquid uult potest, qui potuit creare tam multa, quae nisi ostenderentur aut a credendis hodieque dicerentur testibus, profecto inpossibilia putarentur, non solum quae ignotissima apud nos, uerum etiam quae notissima posui. Illa enim quae [apud nos] praeter eos, quorum de his libros legimus, non habent testem et ab eis conscripta sunt, qui non sunt diuinitus docti atque humanitus falli forte potuerunt, licet cuique sine recta reprehensione non credere.

Nam nec ego uolo temere credi cuncta quae posui, quia nec a me ipso ita creduntur, tamquam nulla de illis sit in mea cogitatione dubitatio, exceptis his, quae uel ipse sum expertus et cuiuis facile est experiri; sicut de calce, quod feruet in aqua, in oleo frigida est; de magnete lapide, quod

들과 마찬가지로 꺼뜨리는데 다른 샘들과는 다르게 또 참으로 신기하게도 꺼진 횃불은 지펴주는데도 여전히 같은 설명을 내놓는다. 석면에 대해서도, 고유한 불기는 전혀 간직하고 있지 않은데 다른 데서 불꽃을 일단 받으면 도저히 꺼뜨릴 수 없다는데도 똑같은 설명을 한다. 그밖에 일일이 예로 들기에는 번거로운 다른 사물들을 두고 말하더라도, 평상에 어긋난 능력이 거기에 내재한다는 사실은 자연적 본성과는 배치된다. 그럼에도 저 사람들은 거기에 대해 다른 설명은 내놓지 않은 채로 그저 그것이 자연적 본성이라는 말만을 되풀이한다. 나는 그들의 대답이 그야말로 간결한 설명이요 충분한 답변이라고 말하는 바이다. 그러나 하느님이 모든 자연본성들의 조성자인데도 왜 저 사람들은 우리가 더없이 강력한 이유를 제시하는 것을 싫어하는 것일까? 저런 현상들의 이유를 대라고 요구해 오는 사람들에게 우리가 이것이 곧 전능한 하느님의 뜻이라고 대답한다면 어째서 그들은 그게 불가능한 무엇인 양 아예 믿으려고 하지 않는 것일까? 하느님이 전능한 분이라고 불리는 까닭은 무엇이든지 하고 싶은 대로 할 수 있기 때문이라는 점 말고 다른 이유가 없다. 그분은 참으로 많은 것을 창조할 수 있었으며, 우리 눈앞에 직접 보이거나 믿을 만한 증인들이 오늘날 우리에게 제시해 주지 않는다면 도대체 불가능하다고 여겨질 것을 참으로 많이 조성할 수 있었다. 우리에게 전혀 알려지지 않은 일들만 아니고 아주 잘 알려진 것으로 내가 앞서 예시한 일들도 도무지 불가능해 보일 따름이다. 그런 기사들을 두고 우리가 읽은 책을 쓴 사람들 말고는 그런 일들을 알려주는 증인을 못 둔 경우가 흔하다. 또 그 사람들이 기록한 것도, 본인들이 신적으로 가르침을 받은 것도 아니고 따라서 인간적으로는 그르칠 수도 있었다. 그럴지라도 설혹 누가 그런 현상들을 곧이곧대로 믿을 경우에 이를 힐난함은 옳지 못하다.

7.2. 우리가 하는 설명은 하느님의 권능을 내세우는 일이다

나로서도 내가 제시한 모든 사례를 무작정 믿을 마음은 없다. 사실 그런 사례들에 대해 머릿속에 추호의 의심도 없이 확신하는 것은 아니다. 내가 몸소 체험한 것이거나 누구나 쉽사리 경험할 수 있는 것을 제외하고서. 예를 들어 석회는 물에서 열을 내고 기름에서는 차갑게 굳어진다. 또 자석은 감지되지 않는

nescio qua sorbitione insensibili stipulam non moueat et ferrum rapiat; de carne non putescente pauonis, cum putuerit et Platonis; de palea sic frigente, ut fluescere niuem non sinat, sic calente ut maturescere poma compellat; de igne fulgido, quod secundum suum fulgorem lapides coquendo candificet et contra eundem suum fulgorem uerendo plurima offuscet. Tale est et quod nigrae maculae offunduntur ex oleo splendido, similiter nigrae lineae de candido inprimuntur argento, de carbonibus etiam, quod accendente igne sic uertantur in contrarium, ut de lignis pulcherrimis taetri, fragiles de duris, inputribiles de putribilibus fiant. Haec ipse quaedam cum multis, quaedam cum omnibus noui, et alia plurima, quae huic libro inserere longum fuit. De his autem, quae posui non experta, sed lecta, praeter de fonte illo, ubi faces et extinguuntur ardentes et accenduntur extinctae, et de pomis terrae Sodomorum forinsecus quasi maturis, intrinsecus fumeis, nec testes aliquos idoneos, a quibus utrum uera essent audirem, potui reperire. Et illum quidem fontem non inueni qui in Epiro uidisse se dicerent, sed qui in Gallia similem nossent non longe a Gratianopoli ciuitate. De fructibus autem arborum Sodomitarum non tantum litterae fide dignae indicant, uerum etiam tam multi se loquuntur expertos, ut hinc dubitare non possim. Cetera uero sic habeo, ut neque neganda neque adfirmanda decreuerim; sed ideo etiam ipsa posui, quoniam apud eorum, contra quos agimus, historicos legi, ut ostenderem qualia multa multique illorum nulla reddita ratione in suorum litteratorum scripta litteris credant, qui nobis credere, quando id, quod eorum experientiam sensumque transgreditur, omnipotentem Deum dicimus esse facturum,

---

[72] non *putescente pavonis*, cum *putuerit et Platonis*: 육체의 부활과 영원한 형벌에 관해 플라톤 학파와 논전을 벌이는 중이므로 교부는 오만의 상징인 "공작새"(pavo)와 "플라톤"(Plato)으로 운각을 맞추어 핀잔을 던졌다.

[73] coquendo candificet ... verendo offuscet: 앞의 각주 29 참조.

[74] imputribiles de putribilibus: 숯이 부패를 방지한다는 것은 예부터 알려져 있었다. 화학과 광물학이 발달하지 않은 당대의 신기한 자연현상을 예거하면서 교부는 우리가 이유를 밝히지 못하더라도 그런 현상들이 엄연히 존재함을 강조하고 있다.

[75] Gratianopolis: 지금의 그레노블을 가리킨다. 거기서 가까운 이세레라는 곳에 가스 온천("끓는 샘")이 있다.

무슨 흡인력이 있는지 모르지만 밀짚은 움직이지 않는데 쇠는 끌어당긴다. 또 공작의 구운 살코기는 썩지 않는다는 사실이 있는데 그것도 플라톤의 육신도 썩는 판에 그런 일이 생긴다.[72] 짚더미는 너무나 차서 눈이 녹게 버려두지 않으면서도 동시에 너무나 따뜻하여 과일을 억지로 익게 만든다. 환한 불길이 그 광휘에 따라서 돌을 달구어 하얗게 만들면서도 그 광휘와 상반되게 많은 것들은 태워서 검게 만든다.[73] 그와 마찬가지로 더없이 맑은 기름에서 시커먼 얼룩들이 퍼지는가 하면 하얀 은으로 줄을 그으면 검은 줄이 새겨진다. 목탄도 불이 붙으면 원래의 것과는 정반대로 변하느니, 불길을 거치고 나면 극히 아름다운 목재에서 보기 흉한 재가 되고, 단단한 나무가 부서지기 쉬운 물건이 되며, 썩어 버릴 물건에서 썩지 않는 물건이 된다.[74] 이런 현상들은 나 말고도 많은 이들이 알고 있으며, 어떤 현상들은 나 말고도 모두가 아는 것이다. 그밖의 다른 사례들을 이 책에 열거하자면 끝이 없을 것이다. 이가운데 내가 직접 경험하지는 못했고 남의 글을 읽었을 뿐이라고 언명한 것들 가운데서도, 타는 횃불은 꺼지고 꺼진 횃불은 다시 붙는다는 샘에 관한 얘기나, 겉은 익은 듯한데 속은 연기같이 되어 있다는 소돔 땅의 과일에 관한 얘기는 그것이 과연 사실인지 들려줄 만한 적절한 증인을 발견하지는 못했다. 에피루스 섬에서 자기 눈으로 그런 샘을 보았다고 말해 줄 만한 사람들을 나는 만나지 못했으며, 그렇지만 갈리아 지방 그라티아노폴리스[75]에서 멀지 않은 곳에 있는 비슷한 샘을 안다는 사람들은 있었다. 소돔 땅 나무 열매에 관한 문헌은 그다지 믿음직하지 못한 점들을 많이 보이는 데 반해 자기가 직접 겪어 보았다는 사람이 너무나 많아 나로서도 의심할 수가 없다. 다른 사례들은 나도 부정하거나 고집할 마음이 없다. 그럼에도 내가 굳이 그런 예들을 제시한 것은 내가 읽은 내용이 우리가 반론을 펴고 있는 바로 그 역사가들의 저술에 나오는 글이기 때문이다. 그런 현상들을 두고 비록 아무런 이치를 대지 못했음에도 그가운데 많은 사람들이 문학가들의 기록을 믿고 있다. 그러면서도 그들의 경험과 감각을 초월하는 바를 장차 전능한 하느님이 행하리라고 우리가 말하기라도 하면, 그들은 우리가 이치를 대는데도 우리 말을 믿으려 하지 않는다. 그런 현상들에 관해서, 전능한

nec reddita ratione dignantur. Nam quae melior et ualidior ratio de rebus talibus redditur, quam cum Omnipotens ea posse facere perhibetur et facturus dicitur, quae praenuntiasse ibi legitur, ubi alia multa praenuntiauit, quae fecisse monstratur? Ipse quippe faciet, quia se facturum esse praedixit, quae inpossibilia putantur, qui promisit et fecit ut ab incredulis gentibus incredibilia crederentur.

8. Si autem respondent propterea se non credere quae de humanis semper arsuris nec umquam morituris corporibus dicimus, quia humanorum corporum naturam nouimus longe aliter institutam, unde nec illa ratio hinc reddi potest, quae de illis naturis mirabilibus reddebatur, ut dici possit: «Vis ista naturalis est, rei huius ista natura est»; quoniam scimus humanae carnis istam non esse naturam: habemus quidem quod respondeamus de litteris sacris, hanc ipsam scilicet humanam carnem aliter institutam fuisse ante peccatum, id est, ut posset numquam perpeti mortem; aliter autem post peccatum, qualis in aerumna huius mortalitatis innotuit, ut perpetem uitam tenere non possit; sic ergo aliter, quam nobis nota est, instituetur in resurrectione mortuorum. Sed quoniam istis non credunt litteris, ubi legitur qualis in paradiso uixerit homo quantumque fuerit a necessitate mortis alienus (quibus utique si crederent, non cum illis de poena damnatorum, quae futura est, operosius ageremus): de litteris eo-

---

[76] 논전을 해오는 플라톤 학파 철학자들이 본인들이 역사서나 박물지에서 읽는 신기한 현상에 합리적 설명을 제시 못하면서도 그냥 믿고 있다면, 굳이 그리스도인들이 믿는 것만 비합리적이라고 공격할 명분이 없다는 말이다.

분이라면 그런 것을 행할 수 있다는 설명보다, 다름아닌 성서에서 전능한 분이 장차 행하리라고 예고한 바이니까 과연 그대로 행하리라고 말하는 것보다 더 훌륭하고 더 설득력있는 이치가 어디 있겠는가? 성서를 보면 그분이 예고한 다른 많은 사건들을 과연 그대로 실행했음을 읽어 알 수 있다. 따라서 비록 불가능하게 여겨지는 일이라도 그분이 장차 행하리라고 말씀했기 때문에 반드시 행할 것이다. 믿지 않는 백성들로 하여금 믿기지 않은 바를 믿게 하려고 그분은 미리 약속을 했고 약속한 바를 실현했던 것이다.[76]

8. 자연본성이 잘 알려진 어떤 사물에서 이미 알려진 것과는 다른 무엇이 발생하기 시작하더라도 그것이 자연본성에 상반되지 않는다

8.1. 믿음을 가져야 할 이중의 명분

우리가 인간 육체가 항상 불에 타면서도 결코 죽지 않으리라고 하면 자기들은 이 말을 믿지 않노라고 대답할지 모른다. 왜냐하면 우리가 아는 인간 육체의 자연본성은 우리 그리스도인들이 하는 말과는 아주 다르게 구성되어 있기 때문이라는 것이다. 그들은 우리가 저 신기한 자연 사물들을 두고 이치를 제시하듯이, 이 부활한 육체의 처지를 두고 "이런 능력은 자연본성의 것이다. 그것들의 자연본성이 그렇게 되어 있다"라고 단언할 정도의 이치를 제시하지 못하리라고 생각한다. 불에 타면서도 죽지 않는 그것이 인간 육체의 자연본성이 아님을 우리가 아는 까닭이다. 그 대신 우리는 성서에서 답변할 말을 가지고 있다. 바로 이 인간 육신이 범죄 이전에는 달리 구성되어 있었다는, 다시 말해 결코 죽음을 겪지 않을 수도 있었다는 사실이다. 그 대신 범죄 후에는 달리 구성되어 이 사멸성의 온갖 고초에 처해졌고 끝없는 생명을 보전 못하게 되었다는 말이다. 마찬가지로 죽은 이들의 부활에서는 인간의 육신이 우리에게 알려진 바와는 달리 구성될 것이다. 그러나 저 사람들은 인간이 원초에 낙원에서 어떤 상태로 살았고 죽음의 필연으로부터 어떻게 벗어나 있었는지 얘기해 주는 성서를 믿지 않는다. (만일 저 사람들이 성서를 믿는다면야 단죄받은 사람들의 장차 올 형벌에 관해 우리가 힘들여 따지지도 않을 것이다.) 그러니까 그들한테도 극히 박식한 인물로 통하

rum, qui doctissimi apud illos fuerunt, aliquid proferendum est, quo appareat posse fieri, ut aliter se habeat quaeque res, quam prius in rebus innotuerat suae determinatione naturae.

Est in Marci Varronis libris, quorum inscriptio est: De gente populi Romani, quod eisdem uerbis, quibus ibi legitur, et hic ponam: «In caelo, inquit, mirabile extitit portentum; nam in stella Veneris nobilissima, quam Plautus Vesperuginem, Homerus Hesperon appellat, pulcherrimam dicens, Castor scribit tantum portentum extitisse, ut mutaret colorem, magnitudinem, figuram, cursum; quod factum ita neque antea nec postea sit. Hoc factum Ogygo rege dicebant Adrastos Cyzicenos et Dion Neapolites, mathematici nobiles». Hoc certe Varro tantus auctor portentum non appellaret, nisi esse contra naturam uideretur. Omnia quippe portenta contra naturam dicimus esse; sed non sunt. Quo modo est enim contra naturam, quod Dei fit uoluntate, cum uoluntas tanti utique conditoris conditae rei cuiusque natura sit? Portentum ergo fit non contra naturam, sed contra quam est nota natura. Quis autem portentorum numerat multitudinem, quae historia gentium continetur? Sed nunc in hoc uno adtendamus, quod ad rem, de qua agimus, pertinet. Quid ita dispositum est ab auctore naturae caeli et terrae, quem ad modum cursus ordinatissimus siderum? Quid tam ratis legibus fixisque firmatum? Et tamen, quando ille uoluit, qui summo regit imperio ac potestate quod condidit, stella prae ceteris magnitudine ac splendore notissima colorem, magnitudinem, figuram et (quod est mirabilius) sui cursus ordinem legemque mutauit. Turbauit profecto tunc, si ulli iam fuerunt, canones astrologorum, quos uelut

---

[77] 18권에서 10여 차례 인용되었다.

[78] Vesperugo (Plautus, *Amphitryo* 1.119), Hesperos (Homerus, *Ilias*, 10.318) 둘다 "초저녁별"이라는 뜻을 담고 있다.

[79] Rhodes의 Castor: BC 1세기 사학자로 그의 유실된 저작(*Tabulae chronologicae*)을 바로를 비롯한 로마 역사가들이 인용했다.

[80] mathematici: 보통 "천문학자"(astronomi)로 번역된다.

[81] Varro, *De gente populi Romani* fr.6. Ogygus 왕에 관해서는 본서 18.8 참조(그의 치세에 대홍수가 있었다고 전함).

[82] *voluntas* tanti utique *conditoris conditae rei* cuiusque *natura* sit: 그리스도교의 창조사상에 입각한 자연본성의 정의다.

는 사람들의 문헌에 의거해서 무엇인가를 얘기해 주어야 한다. 그런 문헌을 읽어 보면 어떤 사물이든 인간이 사물들에서 그 본성의 한계라고 알고 있던 바와는 달리 될 수 있으며 그렇게 되는 일이 가능하다는 사실이 드러난다.

8.2. 새벽별에 관해 바로는 무엇이라고 말하는가

다음 글은 「로마인 민족론」[77]이라는 제목이 붙은, 마르쿠스 바로의 책에 나오는 내용이다. 거기서 읽는 내용을 글자 그대로 여기 옮겨 놓겠다: "하늘에 신기한 이적이 나타났다. 눈부시게 반짝이는 금성金星이 있는데 이 별을 가리켜 플라우투스는 베스페루고라고 부르고 호메루스는 지극히 아름답다면서 헤스페로스라고 부른다.[78] 그런데 카스토르가 기록하는 글에 의하면, 굉장한 이적이 있었는데 이 별이 색깔과 크기와 형태와 궤도를 바꾸었다는 것이다.[79] 그런 사건은 이전에도 이후에도 없었다고 한다. 훌륭한 천문학자[80] 키지쿠스의 아드라스토스와 나폴리의 디온도 이 사건이 오기우스 왕 치하에 발생했다는 말을 했다."[81] 대단한 권위를 가진 저술가인 바로가 이런 현상이 자연에 반하는 것으로 보이지 않았다면 이적이라고까지 일컫지는 않았을 것이다. 우리는 모든 이적들이 자연에 반하는 것으로 말하지만 사실은 그렇지 않다. 이적 역시 하느님의 뜻으로 이루어지는 일이니 어찌 자연에 반한다고 할 수 있겠는가? 위대한 조물주의 뜻이 곧 피조된 사물 모두의 자연본성일 텐데.[82] 그렇다면 이적은 자연에 반해 일어나는 것이 아니고 어디까지나 우리가 알고 있는 자연에 반해 일어날 뿐이다. 누가 과연 여러 민족의 역사가 담고 있는 수많은 이적들을 전부 다 헤아릴 수 있겠는가? 하지만 지금은 우리가 논하고 있는 사안에 해당하는 이 한 가지에 정신을 집중하기로 하자. 하늘과 땅의 자연을 조성한 분에 의해 안배된 것치고 별들의 극히 질서정연한 운행처럼 훌륭한 것이 무엇일까? 이처럼 일정하고 이처럼 확고한 법칙으로 고정된 것이 과연 무엇일까? 그럼에도 자신의 피조물들을 지고한 통치권과 권능으로 다스리고 있는 그분이 원하시자 크기나 광채에 있어서 다른 뭇별들보다 빼어난 별이 색깔과 크기와 형태와 (더욱 놀라운 것은) 자기 궤도의 질서와 법칙을 바꾸었던 것이다! 그때도 점성가들이 있었다면, 저 별은 점성가들의 규범을 혼란시켰음에 틀림없다. 그들이 성좌들의 과거

inerrabili computatione de praeteritis ac futuris astrorum motibus conscriptos habent, quos canones sequendo ausi sunt dicere, hoc, quod de Lucifero contigit, nec antea nec postea contigisse. Nos autem in diuinis libris legimus etiam solem ipsum et stetisse, cum hoc a Domino Deo petiuisset uir sanctus Iesus Naue, donec coeptum proelium uictoria terminaret, et retrorsum redisse, ut regi Ezechiae quindecim anni ad uiuendum additi hoc etiam prodigio promissioni Dei significarentur adiuncto. Sed ista quoque miracula, quae meritis sunt concessa sanctorum, quando credunt isti facta, magicis artibus tribuunt. Vnde illud est, quod superius commemoraui dixisse Vergilium:
　　　　Sistere aquam fluuiis et uertere sidera retro.
Nam et fluuium stetisse superius inferiusque fluxisse, cum populus Dei ductore supra memorato Iesu Naue uiam carperet, et Helia propheta transeunte ac postea discipulo eius Helisaeo id esse factum in sacris litteris legimus, et retro uersum fuisse maximum sidus regnante Ezechia modo commemorauimus. Quod uero de Lucifero Varro scripsit, non est illic dictum alicui petenti homini id fuisse concessum.

　　Non ergo de notitia naturarum caliginem sibi faciant infideles, quasi non possit in aliqua re diuinitus fieri aliud, quam in eius natura per humanam suam experientiam cognouerunt; quamuis et ipsa, quae in rerum natura omnibus nota sunt, non minus mira sint, essentque stupenda considerantibus cunctis, si solerent homines mirari mira nisi rara. Quis enim consulta ratione non uideat in hominum innumerabili numerositate et tanta naturae similitudine ualde mirabiliter sic habere singulos singulas facies, ut nisi inter se similes essent, non discerneretur species eorum ab

---

[83] 여호 10,12-14. "그러자 원수들에게 복수하기를 마칠 때까지 해가 머물렀고 달이 멈추어 섰다. 이 사실은 야살의 책에 기록되어 있지 않은가?" (13절).

[84] 이사 38,1-8 참조: "'보시오, 내가 아하즈의 태양시계에 비친 그림자를 내려갔던 금에서 열 칸 올라오게 하겠소.' 그러자 해가 되돌아가서 내려갔던 그림자가 열 칸이나 올라왔다" (8절).

[85] 성서에서 왕의 수명을 연장해 주리라는 하느님의 언약이 먼저 있었고 그 언약을 실현하는 상징으로 해시계의 눈금이 열 칸이나 되돌아가는 기적이 일어났다는 뜻이다.

[86] Vergilius, *Aeneis* 4.489. 본서 21.6.2에도 인용.

[87] 여호 3,16-17: "위에서 흘러 내려오던 물이 우뚝 일어서서 ⋯ 흘러내리던 물이 다 끊어졌다."

[88] 4[2]열왕 2,8.14 참조.

[89] maximum sidus: 태양을 말한다.

[90] 신기한 현상만 아니고 자연의 예사로운 모든 현상을 경탄의 눈으로 바라보는 철학함($\theta a\hat{u}\mu a$, admiratio)을 권유한다.

와 미래 운동에 대해 틀림없이 계측하여 기록해 놓은 규범이 있었다면, 그 규범에 따라서 그들은 샛별에 일어난 그 사건은 전에도 일어나지 않았고 후에도 일어난 적이 없다는 말을 감히 했던 것이다. 하지만 우리가 성서에서 읽기로, 거룩한 사람 여호수아가 기왕 시작한 전투가 승리로 끝나기까지 태양이 멈추게 해 달라고 주 하느님께 청하자 태양까지도 멈추어 선 일이 있었던 것이다![83] 그뿐 아니라 태양이 되돌아와서 히즈키야 왕에게 점지된 수명보다 15년을 더 살기까지 했다.[84] 이것은 하느님의 언약에 덧붙여서 이 기적이 일어나 그 햇수를 상징했던 것이다.[85] 물론 이런 기적들이 성인들의 공덕에 의해 허락된 것인데도 저 사람들은 그것이 사실임을 믿으면서도 마술의 탓으로 돌린다. 바로 여기서 베르길리우스가 말했다고 앞서 언급한 다음 구절이 비롯한다:

> 강에서 물길을 멈추게 만들고 별들을 되돌아가게 만든다고 장담한단다.[86]

우리가 성서에서 읽기로, 앞에 언명한 여호수아의 영도로 하느님의 백성이 길을 나서자 위에서 흘러오던 강물은 멈추어섰고 아래로 흘러가던 강물은 흘러 내려갔다.[87] 그리고 엘리야 예언자가 요르단 강을 건너갈 적에도, 뒷날에는 그의 제자 엘리사가 건너갈 적에도 같은 일이 일어났다.[88] 히즈키야 왕 치하에서 제일 큰 별[89]이 뒤로 되돌아갔다는 말은 벌써 인용했다. 샛별에 관해 바로가 기록한 바는 누가 간청한 기도에 대한 응답으로 일어났다는 말은 없다.

8.3. 사람들 용모의 비슷함과 차이

그러니까 믿지 않는 사람들은 자연사물들에 관한 지식을 두고 연막을 쳐서는 안 된다. 말하자면, 자신의 인간적 경험을 통해 어떤 사물의 자연본성에서 일어난다고 알고 있던 것과는 다른 무엇이, 비록 신적 능력으로라도, 그 사물에서 일어나는 일이 불가능하다고 생각해서는 안 된다는 것이다. 사물들의 자연본성에 관한 내용이 모든 이에게 알려져 있다고 해서 그것 때문에 덜 경이로운 것은 아니다. 희귀한 게 아니더라도 경이롭다고 감탄하는 일이 몸에 밴다면, 깊이 헤아려 관찰하는 사람들에게는, 그 모두가 놀라울 따름이다.[90] 이치를 궁구한다면 무수한 숫자의 인간들이 있고, 그들의 자연본성이 참으로 비슷한 가운데서도 각자가 독특한 용모를 갖고 있다는 사실이 참으로 놀랍기만 함을 누가 모르겠는가?

animalibus ceteris; et rursum nisi inter se dissimiles essent, non discernerentur singuli ab hominibus ceteris? Quos ergo similes confitemur, eosdem dissimiles inuenimus. Sed mirabilior est consideratio dissimilitudinis, quoniam similitudinem iustius uidetur exposcere natura communis. Et tamen quoniam quae sunt rara ipsa sunt mira, multo amplius admiramur quando duos ita similes reperimus, ut in eis discernendis aut semper aut frequenter erremus.

Sed quod dixi scriptum a Varrone, licet eorum sit historicus idemque doctissimus, fortasse uere factum esse non credunt; aut quia non diu mansit alius eiusdem sideris cursus, sed reditum est ad solitum, minus isto mouentur exemplo. Habent ergo aliud, quod etiam nunc possit ostendi eisque puto debere sufficere, quo commoneantur, cum aliquid aduerterint in aliqua institutione naturae eamque sibi notissimam fecerint, non se inde Deo debere praescribere, quasi eam non possit in longe aliud, quam eis cognita est, uertere atque mutare. Terra Sodomorum non fuit utique ut nunc est, sed iacebat simili ceteris facie eademque uel etiam uberiore fecunditate pollebat; nam Dei paradiso in diuinis eloquiis comparata est. Haec postea quam tacta de caelo est, sicut illorum quoque adtestatur historia et nunc ab eis qui ueniunt ad loca illa conspicitur, prodigiosa fuligine horrori est et poma eius interiorem fauillam mendaci superficie maturitatis includunt. Ecce non erat talis, et talis est. Ecce a conditore naturarum natura eius in hanc foedissimam diuersitatem mirabili mutatione conuersa est;

---

[91] 통상적 자연현상과 신기한 이적을 논하는 마당에 사물 인식에서 유사성(similitudo)과 차이성(dissimilitudo)을 파악하는 범주를 지적한다.

[92] 창세 13,10 참조: "롯이 멀리서 요르단 분지를 다 둘러보니 … 마치 야훼의 동산같이, 이집트의 땅같이 물이 넉넉했다. 그것은 야훼께서 소돔과 고모라를 멸하시기 전의 모습이었다."

[93] Cf. Tacitus, *Historiae* 5.7.

그러나 그들에게 공통점이 없다면 인간이라는 종種을 다른 동물들과 구분할 수 없을 것이다. 하지만 그들이 서로 차이나지 않는다면 한 사람 한 사람을 다른 사람들과 구분할 수 없을 게 아닌가? 그러므로 인간이 서로 공통점이 있음을 인정함과 동시에 그들이 서로 다르다는 점을 발견하는 셈이다. 공통된 자연본성이라는 것이 서로간의 유사성을 요하고 그게 당연한데도 거기서 차이를 관찰하게 된다니 이게 더 신기하다.[91] 하지만 희귀한 것들을 경이롭다고 하다 보니까 쌍둥이의 경우, 너무나 닮아서 우리가 언제나 혹은 자주 구분하는 데 실패하는 두 사람을 발견했을 때, 우리는 훨씬 더 놀라워하곤 한다.

8. 4. 소돔인들의 땅에는 아직도 소출이 나지 않는 신기한 일이 있다

샛별이 변했다고 내가 한 말은 바로가 기록한 글인데, 그가 저 사람들 가운데서도 지극히 해박한 사가史家임에도, 저 사람들은 그 일이 정말 일어났다고는 믿지 않을지도 모르겠다. 그렇지 않으면 저 별의 달라진 궤도가 오래가지 않고 머잖아 평상으로 돌아온 이상, 그런 예를 들었다 해서 그다지 놀라워하지 않을지도 모른다. 그렇다면 다른 예가 있는데 이 예는 당장 그들에게 제시할 수 있을뿐더러 그들에게도 반증이 되기에 충분하다고 여길 만하다. 이 예를 보면 어떤 사물이 그 자연본성의 구조가 아주 잘 알려진 것으로 자기들이 파악하고 있다고 해서, 하느님이 그 자연본성을 자기들에게 알려진 것과는 사뭇 다르게, 그것도 아주 오랫동안 변화시키고 바꿀 수 있다는 사실을 믿지 않거나 하느님께 그만한 능력을 돌려서는 안 된다고 우기지 못할 것이다. 소돔인들의 땅은 옛날에는 지금 같지 않았다. 다른 땅과 그 표면이 비슷했거나 오히려 더 풍요한 소출을 자랑하고 있었다. 왜냐하면 성서의 말씀에서 그곳이 하느님의 낙원에 비교되고 있기 때문이다.[92] 하지만 그곳이 하늘로부터 재앙을 당한 뒤에는 불신자들의 역사서도 증언하는 것처럼,[93] 온 땅이 기이하게 그을려 공포감을 주며 거기서 나는 과일은 겉은 거짓말같이 잘 익었는데 속은 먼지를 담고 있음을 지금도 그곳에 가는 사람들은 목격할 수 있다. 보라, 전에는 그렇지 않았는데 지금은 어떠한가! 자연사물들의 창조주에 의해 그 땅의 자연본성이 참으로 기이한 변화를 거쳐 이처럼 소름끼치는 딴 모습으로 뒤바뀌고 말았다! 그 변화는 아주 오래 전에

et quod post tam longum accidit tempus, tam longo tempore perseuerat.

Sicut ergo non fuit inpossibile Deo, quas uoluit instituere, sic ei non est inpossibile, in quidquid uoluerit, quas instituit, mutare naturas. Vnde illorum quoque miraculorum multitudo siluescit, quae monstra ostenta, portenta prodigia nuncupantur; quae recolere et commemorare si uelim, huius operis quis erit finis? Monstra sane dicta perhibent a monstrando, quod aliquid significando demonstrent, et ostenta ab ostendendo, et portenta a portendendo, id est praeostendendo, et prodigia, quod porro dicant, id est futura praedicant. Sed uiderint eorum coniectores, quo modo ex eis siue fallantur siue instinctu spirituum, quibus cura est tali poena dignos animos hominum noxiae curiositatis retibus implicare, etiam uera praedicant siue multa dicendo aliquando in aliquid ueritatis incurrant. Nobis tamen ista, quae uelut contra naturam fiunt et contra naturam fieri dicuntur (quo more hominum locutus est et apostolus dicendo contra naturam in olea insitum oleastrum factum esse participem pinguedinis oleae) et monstra ostenta, portenta prodigia nuncupantur, hoc monstrare debent, hoc ostendere uel praeostendere, hoc praedicere, quod facturus sit Deus, quae de corporibus hominum se praenuntiauit esse facturum, nulla impediente difficultate, nulla praescribente lege naturae. Quo modo autem praenuntiauerit, satis in libro superiore docuisse me existimo, decerpendo de scripturis sanctis et nouis et ueteribus non quidem omnia ad hoc pertinentia, sed quae sufficere huic operi iudicaui.

---

[94] 네 가지 용어의 구분은 후대의 어원론(Isidorus, *Etymologiae* 11.3.3; Festus, in *Glossaria Latina* [Lindsay ed.] *IV* 349.282-284)에도 나오는 것으로 미루어 널리 통용되었던 것으로 보인다. Miraculum, 곧 "기적"(奇蹟)과 달리 이 넷은 어원상(monstrare: "가리키다", ostendere: "펼쳐보이다", portendere: "예고하다", prodigere: "앞으로 몰다")) 모두 "전조"(前兆)라고 번역할 만하다.

[95] 상론한다면, monstrum은 뱀이 발이 달렸거나 사람이 머리가 둘이라는 식으로(cf. Cicero, *De natura deorum* 2.1.3; *De divinatione* 1.42), 자연본성에 상치되는 "기사"(奇事) 내지 "기형"(奇形)(Festus, *Glossaria Latina* 274.146-148: monstra dicuntur naturae modum egredentia(자연본성의 정도를 벗어나는 것들을 기형이라 한다))이며 "대책도 미리 마련케 보여주는" 것(Festus, 274.148)이다.

[96] 세분하면 ostentum은 길(吉)한 내용의 "이적"(異蹟)으로, portentum은 오래가고 심각한 "이변"(異變)으로(Festus, *Glossaria Latina* 349.282-284: portenta existimarunt quidam gravia esse, ostenta bona ... portenta quae quid porro tendatur indicent, ostenta quae tantummodo ostendant), prodigium은 인간들의 관행에 어긋나게 신들이 미리 보내는 "징조"(徵兆)(prod-igere (= agere))로 번역할 만하다.

[97] contra naturam: 로마 11,17-24 참조: "그대가 야생 올리브나무에서 잘려나와 그대의 근본과는 반대로 잘 가꾸어진 올리브나무에 접목되었다면 …"(24절).

[98] 20권에서 종말에 관해 예고된 성서 장절을 길게 해설한 바 있다.

일어났는데도, 그 오랜 시간 동안 그 상태가 여전히 지속되고 있다!

8.5. 기사, 이적, 이변, 징조는 어떻게 다른가

따라서 하느님은 당신이 원하는 대로 자연본성을 구성하는 일이 불가능하지 않은 것처럼, 당신이 원하는 대로 자연본성을 바꾸는 일도 가능하다. 그런데 저런 기적들의 숫자가 숲처럼 무수하여 몬스트라, 오스텐타, 포르텐타, 프로디지아라는 여러 명칭으로 부르는데[94] 내가 만약 그것들을 모조리 수집하여 나열한다면 이 책이 과연 끝이 날 수 있겠는가? 몬스트룸은 몬스트라레에서 유래한 말인데 다른 것을 상징하여 무엇을 제시하는 것이다.[95] 그리고 오스텐툼은 오스텐데레에서, 포르텐툼은 포르텐데레, 곧 프레오스텐데레에서, 프로디지움은 미리 말해주는 것, 다시 말해 미래사를 예견하는 것이다.[96] 그렇지만 이것들로 운세를 점치는 사람들은 그런 조짐들로 인해 스스로 어떻게 속아넘어가는지 깨달아야 한다. 또 자기들이 영들에 씌었더라도, 영들에게 있는 관심사는 백해무익한 호기심의 그물로 오로지 인간들의 지성(저런 벌을 받음직한 지성을 말한다)을 사로잡는 데 있음을 깨달아야 한다. 그리고 설령 어쩌다 진짜를 예언하는 일이 있더라도 많은 말을 하다 보니 우연히 어떤 진실과 맞닥뜨린 것뿐임을 알아야 한다. 하지만 우리는 자연본성에 상반되는 것처럼 일어나거나 자연본성에 상반되어 일어난다고 말하는 것들(사도도 인간들의 상투적 어법을 써서 야생 올리브나무가 좋은 올리브나무에 접목되어 올리브나무의 기름진 뿌리에 덕을 입는 것은 자연본성에 반대되는[97] 일이라고 했지만)을 일컬어 "기사" "이적" "이변" "징조"라고들 한다. 그런데 우리가 보기에 저런 것들은 하느님이 장차 무슨 일을 할 것인지, 곧 인간들의 육체에 관해 하느님이 장차 무엇을 할지 예고한 바로 그것을 가리키고 바로 그것을 열어보이거나 예고하고 바로 그것을 예언함에 틀림없다. 하느님이 장차 하려는 바는 어떠한 장애도 곤란을 야기하지 못하고, 자연의 어떤 법칙도 저지하지 못한다. 그런 일을 어떻게 예견했는가에 대해서는 앞에서 신약과 구약 성서에서 그 예문을 선별하여 이미 충분히 언급했다고 생각한다.[98] 물론 이 사안에 관한 대목들을 모조리 선별한 것은 아니지만, 적어도 이 저서에는 충분하다고 생각한다.

9. Quod igitur de sempiterno supplicio damnatorum per suum prophetam Deus dixit, fiet, omnino fiet: *Vermis eorum non morietur et ignis eorum non extinguetur.* Ad hoc enim uehementius commendandum etiam Dominus Iesus, cum membra quae hominem scandalizant pro his hominibus poneret, quos ut sua membra dextra quis diligit, eaque praeciperet amputari: *Bonum est tibi,* inquit, *debilem introire in uitam quam duas manus habentem ire in gehennam, in ignem inextinguibilem, ubi uermis eorum non moritur et ignis non extinguitur.* Similiter de pede: *Bonum est tibi,* inquit, *claudum introire in uitam aeternam quam duos pedes habentem mitti in gehennam ignis inextinguibilis, ubi uermis eorum non moritur et ignis non extinguitur.* Non aliter ait et de oculo: *Bonum est tibi luscum introire in regnum Dei quam duos oculos habentem mitti in gehennam ignis, ubi uermis eorum non moritur et ignis non extinguitur.* Non eum piguit uno loco eadem uerba ter dicere. Quem non terreat ista repetitio et illius poenae commendatio tam uehemens ore diuino?

Vtrumque autem horum, ignem scilicet atque uermem, qui uolunt ad animi poenas, non ad corporis pertinere, dicunt etiam uri dolore animi sero atque infructuose paenitentes eos, qui fuerint a regno Dei separati, et ideo ignem pro isto dolore urente non incongrue poni potuisse conten-

---

[99] 이사 66,24. 마르 9,38 참조. 본서 20.21.4에도 인용.

[100] "지옥"은 원문에서 "게헨나"(gehenna: 예루살렘 남쪽의 "벤힌놈 골짜기")라고 되어 있고 교부도 "게헨나"로 인용하고 있다.

[101] 마르 9,43-48. 교부의 인용처럼, 사본에 따라 "지옥에서는 그들의 구더기도 죽지 않고 불도 꺼지지 않습니다"는 구절이 매번 반복된다.

제2부 (9-12)
악마와 악인에게는 꺼지지 않을 불

9. 지옥과 영원한 형벌의 성격
9.1. 그들의 구더기와 불은 항상 남아있으리라

그러므로 하느님이 단죄받은 자들의 영원한 형벌에 관해 예언자를 통해 "그들을 갉아먹는 구더기는 죽지 아니하고 그들을 사르는 불은 꺼지지 않으리니"[99]라고 하신 말씀은 이루어질 것이요 또 반드시 이루어질 것이다. 주 예수도 사람에게 악한 본보기를 보이는 사지四肢를 가리키며 하는 말씀에서 더 강경한 어조로 이 구절을 해설한 바 있다. 실상 그분이 말하는 사지란 사람이 자기 오른쪽 지체처럼 사랑하는 인간들을 대신하는 단어였다. 그분은 그런 지체라도 잘라버리라고 명한다: "두 손을 가지고 지옥으로, 그 꺼지지 않는 불 속으로 들어가는 것보다는 불구자로서 생명으로 들어가는 편이 당신을 위해 낫습니다. 지옥에서는 그들의 구더기도 죽지 않고 불도 꺼지지 않습니다."[100] 발을 두고도 같은 말씀을 했다: "두 발을 가지고 지옥에 던져지는 것보다는 절름발이로서 생명으로 들어가는 편이 당신을 위해 낫습니다. 지옥에서는 그들의 구더기도 죽지 않고 불도 꺼지지 않습니다." 또 눈을 두고도 달리 말씀하지 않았다: "두 눈을 가지고 지옥에 던져지는 것보다는 애꾸눈으로 하느님 나라로 들어가는 편이 당신을 위해 낫습니다. 지옥에서는 그들의 구더기도 죽지 않고 불도 꺼지지 않습니다."[101] 한 대목에서 같은 말마디를 세 번이나 반복하면서도 그분은 싫증을 내지 않았다. 이처럼 거듭하는 말씀에 두려움을 품지 않을 자 누군가? 신성한 입으로 이처럼 격하게 저 죄벌을 두고 경고하는 말씀에 겁먹지 않을 자 누군가?

9.2. 구더기와 불은 무엇을 상징하는가

여기 나오는 구더기와 불이 육체의 형벌에 해당하는 것이 아니고 영혼의 형벌에 속하는 것이려니 하는 사람들이 있다. 그들의 주장인즉, 하느님의 나라로부터 분리된 자들은 뒤늦게 후회를 하는데 아무 성과가 없는 처지여서 괴로움으로 불타오르며, 그 절박한 고통을 대신하여 불이라는 말마디를 쓰더라도 부적

dunt; unde illud apostoli est: *Quis scandalizatur, et non ego uror?* Eundem etiam uermem putant intellegendum esse. Nam scriptum est, inquiunt: *Sicut tinea uestimentum et uermis lignum, sic maeror excruciat cor uiri.* Qui uero poenas et animi et corporis in illo supplicio futuras esse non dubitant, igne uri corpus, animum autem rodi quodam modo uerme maeroris adfirmant. Quod etsi credibilius dicitur, quia utique absurdum est, ibi dolorem aut corporis aut animi defuturum: ego tamen facilius est ut ad corpus dicam utrumque pertinere quam neutrum, et ideo tacitum in illis diuinae scripturae uerbis animi dolorem, quoniam consequens esse intellegitur, etiamsi non dicatur, ut corpore sic dolente animus quoque sterili paenitentia crucietur. Legitur quippe et in ueteribus scripturis: *Vindicta carnis impii ignis et uermis.* Potuit breuius dici: Vindicta impii. Cur ergo dictum est: *carnis impii,* nisi quia utrumque, id est et ignis et uermis, poena erit carnis? Aut si uindictam carnis propterea dicere uoluit, quia hoc in homine uindicabitur, quod secundum carnem uixerit (propter hoc enim ueniet in mortem secundam, quam significauit apostolus dicens: *Si enim secundum carnem uixeritis, moriemini*), eligat quisque quod placet, aut ignem tribuere corpori, animo uermem, hoc proprie, illud tropice, aut utrumque proprie corpori. Iam enim satis superius disputaui posse animalia etiam in ignibus uiuere, in ustione sine consumptione, in dolore sine morte, per miraculum omnipotentissimi Creatoris; cui hoc possibile esse

---

[102] 2고린 11,29. 〔200주년: "누가 걸려넘어진다면 난들 분개하지 않겠습니까?"〕

[103] 잠언 25,20. 〔공동번역: "상심한 사람 앞에서 노래부르는 것은 추위에 옷을 벗기고, 아픈 상처에 초를 끼얹는 격이다."〕

[104] 집회 7,17. 〔공동번역: "악인에게는 불길과 구더기의 벌이 내릴 뿐이다."〕

[105] 집회 7,19 (불가타본) 참조: quoniam vindicta *carnis impii* ignis et vermis.

[106] 로마 8,13.

[107] 21.2; 21.4 참조.

절하지는 않다고 우긴다. 그래서 사도도 "누가 걸려넘어진다면 나 역시 타오르지 않겠습니까?"[102]라는 말을 했다는 것이다. 그들은 구더기 역시 같은 식으로 이해해야 한다고 여긴다. 그들 말로는 다음과 같은 성서 문구가 있기 때문이다: "좀이 의복을 먹고 벌레가 나무를 먹듯이 슬픔은 사람의 마음을 불사른다."[103] 그러나 이와 달리 저 형극에서 영혼과 육체의 형벌이 있으리라는 점을 의심치 않는 사람은 육체는 불에 살라지고 영혼은 어느 면에서 슬픔의 벌레가 쏘는 것이라고 주장한다. 그 말이 더 믿을 만한 것이, 영원한 형벌 속에서 육체의 고통이든 영혼의 고통이든 어느 한편의 고통이 없으리라는 것은 부조리하기 때문이다. 단지 나는 어느 편에도 고통이 없다는 말보다는 양편의 고통이 있다면서 그것이 육체에 해당하는 것처럼 말하는 편이 더 쉽다고 생각한다. 따라서 거룩한 성서의 저 말씀에서 영혼의 고통을 묵살한 까닭은, 비록 말은 하지 않았지만, 육체가 그토록 괴로워한다면 영혼도 아무 소용없는 뉘우침으로 혹독하게 시달릴 것임은 자명하기 때문이다. 실제로 구약성서에는 "불경스런 자의 육신의 죗값은 불과 구더기다"[104]라는 구절이 나온다. 물론 "불경스런 자의 죗값"이라고 짧게 말할 수도 있었다. 그러면 곧 불과 구더기 모두 다 육신의 벌이기 때문이 아니라면 어째서 "불경스런 자의 육신의"라고 했을까?[105] 그렇지 않고 굳이 육신의 죗값이라 말하고 싶어했다면 그것은 아마도 인간에게 내리는 죗값이기 때문일 것이다. 말하자면 육에 따라서 살았기 때문일 것이다. (바로 그래서 그는 둘째 죽음에 이를 것이다. 사도가 "육을 따라 살면 죽고 말 것입니다"[106]라는 말로 의미하는 바가 이 둘째 죽음이다.) 그러니 각자가 좋을 대로 택하여 해석하기 바란다. 불은 육체에 돌리고 구더기는 영혼에 돌리거나, 다시 말해 전자는 자의적(字義的)으로 이해하고 후자는 전의적(轉義的)으로 이해하거나, 그렇지 않고 양편 다 육체에 해당시키거나 좋을 대로 택할 일이다. 벌써 앞에서 충분하리만큼 논했듯이[107] 동물들이 불 속에서도 살 수 있으니까, 지극히 전능한 창조주의 기적으로 불에 타면서도 소멸되지 않고 고통 속에서도 죽지 않는 일이 가능하다. 그분에게 이런 일을 만드는 것이 가능하다는 사실을 부인하는 사람은 저 모든 자연사물들 가운데서 자기가 탄복하는 모든 것이 대

qui negat, a quo sit quidquid in naturis omnibus miratur ignorat. Ipse est enim Deus, qui omnia in hoc mundo magna et parua miracula, quae commemorauimus, et incomparabiliter plura, quae non commemorauimus fecit, eademque ipso mundo uno atque omnium maximo miraculo inclusit. Eligat ergo unum e duobus quisque quod placet, utrum et uermem ad corpus proprie an ad animum translato a corporalibus ad incorporalia uocabulo existimet pertinere. Quid autem horum uerum sit, res ipsa expeditius indicabit, quando erit scientia tanta sanctorum, ut eis cognoscendarum illarum poenarum necessaria non sit experientia, sed ea, quae tunc erit plena atque perfecta, ad hoc quoque sciendum sapientia sola sufficiat (nunc enim ex parte scimus, donec ueniat quod perfectum est); dum tamen nullo modo illa corpora talia futura esse credamus, ut nullis ab igne afficiantur doloribus.

10. Hic occurrit quaerere: Si non erit ignis incorporalis, sicut est animi dolor, sed corporalis, tactu noxius, ut eo possint corpora cruciari: quo modo in eo erit etiam poena spirituum malignorum? Idem quippe ignis erit, supplicio scilicet hominum adtributus et daemonum, dicente Christo: *Discedite a me, maledicti, in ignem aeternum, qui paratus est diabolo et angelis eius*. Nisi quia sunt quaedam sua etiam daemonibus corpora, sicut doctis hominibus uisum est, ex isto aere crasso atque umido, cuius inpulsus uento flante sentitur. Quod genus elementi si nihil igne perpeti posset, non ureret feruefactus in balneis. Vt enim urat, prior uritur facitque cum

---

[108] ipso mundo uno atque omnium maximo miraculo: 존재계 전체를 하나의 기적으로 보는 것이 교부의 세계관이다. 앞의 각주 72 참조.

[109] 1고린 13,9-10 참조. "우리가 무엇을 알아도 부분을 알고 … 온전한 것이 오면 부분에 지나지 않던 것들은 사라지고 맙니다."

[110] 마태 25,41.

[111] 신플라톤 학파 가운데 정령들에게, 신들의 처소와 인간의 처소 중간에서 공기와 불로 이루어진 육체를 상정하는 학자들이 있었다. 예: Diogenes Laertius, *Vitae philosophorum* 7.147; Plotinus, *Enneades* 3.5.6; Celsus in Origenes, *Contra Celsum* 8.68; Apuleius, *De deo Socratis* 6.

[112] 로마 시대의 공중목욕탕은 벽에 배관된 난방장치로 방 안의 공기를 데우고, 욕탕 속의 온수는 따로 덥혔다.

체 누구한테서 유래하는지 알지 못하는 셈이다. 그분은 바로 하느님이다. 이 세계에서 우리가 여태까지 언급한 크고 작은 모든 기적들이며, 우리가 언급조차 못한, 비교도 안 될 만큼 수가 많은 기적들을 행한 분이 하느님이다. 그리고 단 하나의 세계, 모든 기적들 가운데 가장 위대한 기적인 이 세계에 그 모든 기적들을 포함시킨 분도 하느님이다.[108] 그러니 각자가 자기 마음 내키는 대로 둘 중의 하나를 택하도록 하라! 구더기를 자의적으로 육체에 해당시킬 것인가, 그렇지 않고 물체적인 것으로부터 비물체적인 것으로 건너가는 전의적 어휘로써 구더기를 영혼에 해당시킬 것인가를 선택할 일이다. 이가운데 어느 것이 참인지는, 성도들의 지식이 그만큼 커지고 나면 사실 자체가 확연하게 드러나 보이리라. 그때는 그 고통이 어떤 것인지 알기 위해 반드시 겪어볼 필요도 없으며, 또 지혜가 충만하고 완전할 터이니 모든 일을 인식하는 데는 그 지혜만으로 넉넉할 것이다. (지금은 온전한 것이 올 때까지 우리는 그저 단편적으로 인식하고 있을 따름이다.)[109] 하지만 어떤 경우에도 장차 올 육체가 불에 타면서도 아무런 고통도 받지 않으리라고 믿어서는 안 된다.

10. 지옥의 불이 물질적이라면 악령, 곧 비물질적 귀신들을 태울 수 있을까

10. 1. 꺼지지 않는 불

여기서 의문이 생긴다. 지옥의 불이 영혼의 고통과도 같이 비물질적인 것이 아니라 물질적이고 거기에 닿으면 고통을 주는 것이라서 육체가 그 불로 고통을 당한다고 해 보자. 그렇다면 어떻게 그 불로 악령들에게 벌을 줄 수 있는 것일까? "저주받은 자들아, 나를 떠나 악마와 그의 천사들을 위해 마련된 영원한 불 속으로 가라!"[110]고 하는 그리스도의 말씀으로 미루어, 인간들과 귀신들은 같은 종류의 불로 형벌을 받을 것임이 명백하다. 박식한 사람들 보기에는 귀신들도 자기 나름의 육체가 있고 그 육체는 빽빽하고 습한 공기로 만들어져 있어 바람이 불 때 그 육체의 진동이 느껴진다고 한다.[111] 만약 그런 종류의 원소가 불에서 아무 영향도 받지 않는다면 공기가 욕탕에서 달아올라 뜨거워지는 일도 없을 것이다.[112] 뜨겁게 만들려면 먼저 뜨거워져야 하고, 불에서 영향을 받으면서 다

patitur. Si autem quisquam nulla habere corpora daemones adseuerat, non est de hac re aut laborandum operosa inquisitione aut contentiosa disputatione certandum. Cur enim non dicamus, quamuis miris, tamen ueris modis etiam spiritus incorporeos posse poena corporalis ignis affligi, si spiritus hominum, etiam ipsi profecto incorporei, et nunc potuerunt includi corporalibus membris et tunc poterunt corporum suorum uinculis insolubiliter alligari? Adhaerebunt ergo, si eis nulla sunt corpora, spiritus daemonum, immo spiritus daemones, licet incorporei corporeis ignibus cruciandi, non ut ignes ipsi, quibus adhaerebunt, eorum iunctura inspirentur et animalia fiant, quae constent spiritu et corpore, sed, ut dixi, miris et ineffabilibus modis adhaerendo, accipientes ex ignibus poenam, non dantes ignibus uitam; quia et iste alius modus, quo corporibus adhaerent spiritus et animalia fiunt, omnino mirus est nec conprehendi ab homine potest, et hoc ipse homo est.

   Dicerem quidem sic arsuros sine ullo suo corpore spiritus, sicut ardebat apud inferos ille diues, quando dicebat: *Crucior in hac flamma*, nisi conuenienter responderi cernerem talem fuisse illam flammam, quales oculi quos leuauit et Lazarum uidit, qualis lingua cui umorem exiguum desiderauit infundi, qualis digitus Lazari de quo id sibi fieri postulauit; ubi tamen erant sine corporibus animae. Sic ergo incorporalis et illa flamma qua exarsit et illa guttula quam poposcit, qualia sunt etiam uisa dormientium siue in ecstasi cernentium res incorporales, habentes tamen similitudinem corporum. Nam et ipse homo cum spiritu, non corpore, sit in talibus uisis, ita se tamen tunc similem suo corpori uidet, ut discernere omni-

---

[113] facitque cum patitur: 귀신들의 육체를 "공기"라고 할 경우, 공기가 열을 받아 뜨거워지는 것을 보면 그것도 불로부터 영향을 받는다는 증거가 아니냐는 반문이다.

[114] quamvis miris, tamen veris modis: 조금 아래에 나오는 "이상하고 형언할 수 없는 방식으로"(miris et ineffabilibus modis)라는 문구와 마찬가지로 교부도 이 문제는 합리적 설명이 어려움을 수긍하고 있다.

[115] licet incorporei corporeis ignibus ... ut ipsi ignes ... animalia fiant: 비물체적 존재(귀신)가 물체적 불에 시달리려면 불이라는 물체가 그 존재의 육체가 되어준다는 설명이 나오기도 했다.

[116] 비물질적 영이 물질적 육에 접하여 생명체를 이루는 결합이 가능하다면, 비물질적 악마가 물질적 불에 접하는 일도 가능하리라는 추정이다.

[117] 루가 16,24.

[118] 그 불이 거기 묘사된 부자의 지체와 똑같이 물질적이거나 똑같이 비물질적이리라는 뜻이다.

른 것을 뜨겁게 만들어야 한다.[113] 만일 누군가가 귀신들은 아무 육체도 지니지 않는다고 고집을 부린다고 해도, 이것은 힘들여 조사하거나 격렬한 논쟁을 벌여야 하는 종류의 문제가 아니다. 그렇다면 비물질적 영들이 물질적 불의 형벌에 시달리는 일이 가능하다고 말해서 왜 안 되는가? 비록 이상하긴 하지만 정말 그런 방식으로 가능하다.[114] 인간들의 영이 전적으로 비물질적이면서도 지금 물질적 지체들 속에 내포될 수 있었듯이 그때 가서도 자기 육체들의 사슬에 풀리지 않게 묶여 있으리라는 것도 가능할 테니까. 따라서 그들에게 아무 육체도 없다면 귀신들의 영 혹은 귀신이라는 영들이 비물질적 존재이면서도 물질적 불에 접하여 시달리는 일이 가능할 것이다. 귀신들이 접하는 불이 귀신들의 사지에 스며들어 영과 육으로 성립하는 동물이 된다는 뜻은 물론 아니다.[115] 내가 방금 말한 대로, 그 영들이 이상하고 형언할 수 없는 방식으로 불에 접하여 불로부터 벌을 받으리라는 것이다. 그렇다고 영들이 불에 생명을 부여하는 것은 아니다. 영들이 육체들에 접하여 생명체가 되는 방식도 참으로 신기한 일이요 사람이 파악할 수 없는 것이다. 그렇지만 인간 자체가 그렇게 해서 이루어진다.[116]

10.2. 불은 인간들도 귀신들도 괴롭힐 것이다

나 같으면 지옥에서라면 영들이 자기 육체가 없으면서도 불에 타리라고 말하겠다. 어떤 부자가 지옥에서 불에 타면서 한 말이 있다: "저는 이 불길 속에서 심한 고통을 받고 있습니다."[117] 나는 여기서 저 사람들의 반론에 대한 적절한 답변을 발견했다. 즉, 여기에 나오는 불길은 부자가 고개를 들어 라자로를 바라보던 눈과 마찬가지였다. 물기가 없어서 혀를 적시게 해 달라고 빌었던 혀, 그리고 라자로의 손가락에 물을 찍어다 자기한테 적셔 달라고 청하던 손가락이나 마찬가지였다.[118] 그런데 그곳에는 육체 없이 영혼들만 있었다! 그러므로 저 부자가 타고 있던 불도 비물질적인 것이었고 그가 애타게 바라던 물방울도 비물질적인 것이었다. 잠자는 사람들의 환몽도 그렇고 탈혼脫魂중에 비물질적 사물들을 관조하는 사람들의 환시도 그렇다. 비록 물체와 비슷한 모양을 띠고는 있지만, 인간이 그런 환시중에 있을 때는 육체로 있는 것이 아니고 영으로 있으며, 그러면서도 자신을 자기 육체와 비슷한 모습으로 본다. 그리고 자기 육체

no non possit. At uero gehenna illa, quod etiam stagnum ignis et sulphuris dictum est, corporeus ignis erit et cruciabit corpora damnatorum, aut et hominum et daemonum, solida hominum, aeria daemonum, aut tantum hominum corpora cum spiritibus, daemones autem spiritus sine corporibus haerentes sumendo poenam, non inpertiendo uitam corporalibus ignibus. Vnus quippe utrisque ignis erit, sicut Veritas dixit.

11. Si autem quidam eorum, contra quos defendimus ciuitatem Dei, iniustum putant, ut pro peccatis quamlibet magnis, paruo scilicet tempore perpetratis, poena quisque damnetur aeterna, quasi ullius id umquam iustitia legis adtendat, ut tanta mora temporis quisque puniatur, quanta mora temporis unde puniretur admisit: octo genera poenarum in legibus esse scribit Tullius, damnum, uincla, uerbera, talionem, ignominiam, exilium, mortem, seruitutem — quid horum est quod in breue tempus pro cuiusque peccati celeritate coartetur, ut tanta uindicetur morula, quanta deprehenditur perpetratum, nisi forte talio? Id enim agit, ut hoc patiatur quisque quod fecit. Vnde illud est legis: *Oculum pro oculo, dentem pro dente.* Fieri enim potest, ut tam breui tempore quisque amittat oculum seueritate uindictae, quam tulit ipse alteri inprobitate peccati. Porro autem si alienae feminae osculum infixum rationis sit uerbere uindicare, nonne qui illud puncto temporis fecerit, incomparabili horarum spatio uerberatur et suauitas uoluptatis exiguae diuturno dolore punitur? Quid, in uinculis numquid tamdiu quisque iudicandus est esse debere, quamdiu fecit unde

---

[119] 묵시 20,10 참조: "그들을 미혹케 하던 악마는 불과 유황의 못에 던져졌는데 ….''

[120] 앞에 인용한 마태 25,41 참조.

[121] Cf. *De legibus* fr.2: damnum, vincla, verbera, talio, ignominia, exilium, mors, servitus [Muller ed., *Fragmenta Ciceronis librorum incertorum* fr.33].

[122] 출애 21,24.

인지 그것과 비슷한 모습인지 전혀 구분하지 못한다. 그러나 게헨나, 불과 유황의 못이라고도 일컬어지는 그곳에는[119] 물체적 불이 있을 테고 단죄받은 자들의 육체가 고통에 시달릴 것이다. 인간들과 귀신들의 육체가 있어 인간의 견고한 육체도 귀신의 저 사람들이 말하는 대로 공기의 육체도 고통에 시달릴 것이다. 그렇지 않으면 인간의 육체가 영과 더불어 시달리거나 귀신은 영으로서 육체 없이 물체적 불에 접하여 벌을 받을 것이다. 다만 후자의 경우 물체적 불에 접하여 벌을 받는 것이지 불에 생명을 부여하는 것은 아니다. 진리께서 말씀한 바와 같이[120] 양편 모두에게 한 가지 불이 있을 것이다.

11. 형벌의 기간이 범죄의 기간보다 길어서는 안 된다는 것이 정당한가

우리가 하느님의 도성을 옹호하여 논전을 펴는 상대방들 가운데 일부는 아무리 죄가 중하다고는 해도 유한한 시간에 범죄를 하고서 영원한 벌로 정죄받는 일은 부당하다고 생각한다. 마치 법정의法正義에 입각해서 보건대, 그 누구도 벌받을 짓을 저지르도록 허용받은 그 시간을 기준으로 그만큼의 시간 동안만 벌을 받아야 한다고 기대하는 투다. 툴리우스 키케로는 법률에는 형벌의 종류가 여덟 가지 있다고 적었는데 벌금, 금고, 태형, 동태복수, 불명예, 추방, 사형 그리고 노예가 그것이다.[121] 이가운데 범죄를 저지른 속도에 상응하는 짧은 기간에만 한정되는 형벌이 어느 것인가? 동태복수를 빼놓는다면 모를까, 어느 것이 범행이 저질러진 그 시간만큼 짧은 기간만 죗값을 치르던가? 동태복수는 각자가 한 짓을 당하도록 규정해 놓고 있다. 그래서 율법서의 저 구절이 있다: "눈에는 눈으로, 이에는 이로 갚아야 한다."[122] 본인이 악의의 범죄로 다른 사람의 눈을 빼놓은 경우라면 그에 대한 가혹한 복수로 삽시간에 눈을 잃는 일도 있을 수 있다. 하지만 남의 여자에게 입맞춤을 한 경우에 태형으로 보복을 가하는 경우, 그 짓을 저지른 것은 일순간에 불과하지만, 그것과 비교도 안 될 만큼 오랜 시간 매질을 당하는 것을 보면, 그 짤막한 감미로운 쾌락이 오랜 고통으로 벌을 받는데 여기서 과연 시간상의 비례가 성립하는가? 사람이 감옥에 들어가 사슬에 묶이는 경우, 그렇게 묶일 짓을 저지른 시간만큼만 사슬에 묶여

meruit alligari; cum iustissime annosas poenas seruus in compedibus pendat, qui uerbo aut ictu celerrime transeunte uel lacessiuit dominum uel plagauit? Iam uero damnum, ignominia, exilium, seruitus cum plerumque sic infliguntur, ut nulla uenia relaxentur, nonne pro huius uitae modo similia poenis uidentur aeternis? Ideo quippe aeterna esse non possunt, quia nec ipsa uita, quae his plectitur, porrigitur in aeternum; et tamen peccata, quae uindicantur longissimi temporis poenis, breuissimo tempore perpetrantur; nec quisquam extitit qui censeret tam cito nocentium finienda esse tormenta, quam cito factum est uel homicidium uel adulterium uel sacrilegium uel quodlibet aliud scelus non temporis longitudine, sed iniquitatis et impietatis magnitudine metiendum. Qui uero pro aliquo grandi crimine morte multatur, numquid mora qua occiditur, quae perbreuis est, eius supplicium leges aestimant et non quod eum in sempiternum auferunt de societate uiuentium? Quod est autem de ista ciuitate mortali homines supplicio primae mortis, hoc est de illa ciuitate inmortali homines supplicio secundae mortis auferre. Sicut enim non efficiunt leges huius ciuitatis, ut in eam quisque reuocetur occisus: sic nec illius, ut in uitam reuocetur aeternam secunda morte damnatus. Quo modo ergo uerum est, inquiunt, quod ait Christus uester: *In qua mensura mensi fueritis, in ea remetietur uobis*, si temporale peccatum supplicio punitur aeterno? Nec adtendunt non propter aequale temporis spatium, sed propter uicissitudinem mali, id est ut qui mala fecerit mala patiatur, eandem dictam fuisse mensuram. Quamuis hoc in ea re proprie possit accipi, de qua Dominus cum hoc diceret loquebatur, id est de iudiciis et condemnationibus. Proinde qui iudicat et condemnat iniuste, si iudicatur et condemnatur iuste, in eadem mensura recipit, quamuis non hoc quod dedit. Iudicio enim fecit, iudicio

---

[123] 루가 6,38. (200주년: "여러분이 되어 주는 되만큼 여러분에게 도로 되어 주실 것입니다.")

[124] Porphyrius, *Contra Christianos*의 단편으로 추측된다. 교부는 다른 데서도 이 비난을 다룬다(*Epistula* 102.4.22).

있어야 한다는 선고를 받아야 하는가? 반대로 노예가 말 한마디나 주먹질로 순간적으로 주인에게 대들거나 주인을 때린 경우에 여러 해 동안 족쇄를 차는 형벌에 처해지는데, 그것은 극히 정당하지 않은가? 더구나 벌금, 불명예, 추방, 노예의 경우, 아무런 사면도 베풀어지지 않게끔 처치된 경우가 많은데, 현세에서 당하는 벌치고는 영원한 형벌과 매우 비슷해 보이지 않던가? 물론 그 형벌이 영원하달 수는 없는데, 그 이유는 오직 형벌을 받는 인생 자체가 영원할 수 없기 때문이다. 다만 극히 짧은 시간에 저질러지는 범죄가 아주 오랜 시간의 형벌에 처해지고 있다. 아무튼 살인이든 간통이든 신성모독이든 다른 무슨 죄악이든 그것이 삽시간에 저질러진 만큼 가해자들의 형극도 삽시간에 끝나야 한다고 생각할 사람은 아무도 없다. 범죄를 저지른 시간의 길이보다는 죄악과 불경의 비중에 따라서 형량이 정해져야 한다고 생각하지 않을 사람이 없다. 어떤 중죄로 사형당하는 사람을 보자. 법률은 그가 죽음을 당하는 그 짧은 순간을 그의 형벌로 보는가? 그렇지 않으면 산 자들의 사회로부터 그를 영구히 제거해 버리는 것을 형벌로 보는가? 사멸하는 도성에서 첫째 죽음의 형벌로 인간들을 제거하는 바로 그대로 불멸하는 도성에서 둘째 죽음의 형벌로 인간들을 제거하는 것이다. 현세 도성의 법률은 처형당한 자가 그 도성으로 다시 불려 오도록 허용하지 않는다. 그와 마찬가지로 둘째 죽음에 단죄당한 자도 영원한 생명으로 불려 오도록 허용하지 않는다. 그러나 만일 잠시적 죄악을 영원한 형벌로 벌한다면 "여러분이 재는 척도만큼 여러분에게 그 척도로 다시 재어 주실 것입니다"[123]와 같은 그리스도의 말씀은 어떻게 이해해야 하느냐는 반문이 불신자들에게서 나올 수 있다.[124] 그들은 같은 척도라는 말씀이 시간의 동등한 간격이 아니라 악에 대한 상응하는 대가, 즉 악을 행한 자는 그 악을 당해야 한다는 세간의 원칙을 가리켜 하는 말씀임을 간과하고 있다. 그렇더라도 이 구절은 주님이 이 말씀을 할 적에 그 발설을 한 배경에서, 말하자면 심판과 단죄에 비추어 본다면, 본뜻으로 알아들을 수 있다. 부당하게 심판하고 단죄하는 자가 만약 정당하게 심판받고 단죄받는다면, 비록 자기가 남에게 해 준 그대로 받는 것은 아니지만, 그는 동일한 척도에 따라서 심판받는 셈이다. 그는 심판으로

patitur; quamuis fecerit damnatione quod iniquum est, patiatur damnatione quod iustum est.

12. Sed poena aeterna ideo dura et iniusta sensibus uidetur humanis, quia in hac infirmitate moribundorum sensuum deest ille sensus altissimae purissimaeque sapientiae, quo sentiri possit quantum nefas in illa prima praeuaricatione commissum sit. Quanto enim magis homo fruebatur Deo, tanto maiore impietate dereliquit Deum et factus est malo dignus aeterno, qui hoc in se peremit bonum, quod esse posset aeternum. Hinc est uniuersa generis humani massa damnata; quoniam, qui hoc primus admisit, cum ea quae in illo fuerat radicata sua stirpe punitus est, ut nullus ab hoc iusto debitoque supplicio nisi misericordia et indebita gratia liberetur atque ita dispertiatur genus humanum, ut in quibusdam demonstretur quid ualeat misericors gratia, in ceteris quid iusta uindicta. Neque enim utrumque demonstraretur in omnibus, quia, si omnes remanerent in poenis iustae damnationis, in nullo appareret misericors gratia; rursus si omnes a tenebris transferrentur in lucem, in nullo appareret ueritas ultionis. In qua propterea multo plures quam in illa sunt, ut sic ostendatur quid omnibus deberetur. Quod si omnibus redderetur, iustitiam uindicantis iuste nemo reprehenderet; quia uero tam multi exinde liberantur, est unde agantur maximae gratiae gratuito muneri liberantis.

---

[125] 원래 남에게 관대하라는 말씀이지만, 부당하게 남을 단죄한 사람이 그런 행실을 두고 정당한 단죄를 받는다면, 영원한 단죄를 논하는 "심판"이라는 척도와 어긋나지는 않는다는 설명이다.

[126] hinc est universa generis humani massa damnata: 원죄의 보편성을 피력하는 교부의 명언이다. massa damnata나 massa damnationi tradita (13.23.3; 14.26; 15.1; 15.21)는 교부가 즐겨 쓰는 표현이다.

[127] nullus ab hoc iusto *debitoque supplicio* nisi misericordia *et indebita gratia* liberetur ... : 응분의 단죄와 무상의 은총을 각운으로 대비시키고 있다.

[128] *in quibusdam* quid valeat *misericors gratia*, *in ceteris* quid *iusta vindicta*: 펠라기우스 논쟁의 핵심 주제인 은총과 단죄, 구원에 예정된 자들과 제외된 자들이 암시되는 문장이다.

[129] 교부는 예정설을 다룰 적마다 간선된 자가 적다는 종말론적 긴장에 젖어 있었지만, 모두가 단죄 받아야 할 처지에 다수가 구원받은 사실은 하느님께 시비를 걸 것이 아니고 신적 자비에 감사드려 마땅하다는 자세로 임한다.

범한 바를 심판으로 당하는 셈이다. 그가 단죄한 바가 불의한 짓이었던 만큼 그가 단죄받는 것은 정당한 일이다. [125]

12. 구세주의 은총에서 제외되는 모든 이가 영원한 벌을 받아야 하는 것으로 미루어 첫 범죄는 참으로 중하다

그럼에도 인정상 영원한 벌은 부당해 보인다. 하지만 이런 생각은 죽음에 처해진 인간 지각이 하도 허약해져서, 지고하고 순수하기 이를 데 없는 저 지혜에 대한 감각이 없어서 나온다. 이런 지각이 있어야 저 첫 계명 위반으로 얼마나 불경스런 짓이 저질러졌는가를 감지할 수 있는 법이다. 인간이 하느님 안에서 많은 기쁨을 누리면 누릴수록 하느님을 저버리는 일이 그만큼 더 불경스런 짓이었다. 영원할 수 있었던 그 선을 자기 안에서 짓밟았으므로 영원한 악을 당할 만한 처지가 되었던 것이다. 인류 전체를 망라하는 단죄받은 무리가 유래한 것도 다름아닌 여기였다. [126] 왜냐하면 처음 범죄하기로 허심許心한 사람은 자기 안에 뿌리를 내리고 있는 후손 전부와 더불어서 그 죄벌을 받았으므로, 오로지 자비와 은총(본인에게는 부당한 은총이다)을 입지 못하는 한 아무도 이 형극(정의롭고도 정당하다)에서 풀려나지 못한다. [127] 그러다 보니까 어떤 사람들에게서는 자비로운 은총이 얼마나 강한지 드러나고, 나머지들에게서는 정의로운 징벌이 얼마나 강한지 드러나게 인류가 둘로 갈라진다. [128] 모든 인간들에게서 양편이 다 드러날 수는 없는 법이다. 만약 모든 사람들이 정의로운 단죄의 징벌 속에 머물러 있게 된다면 자비로운 은총이 아무에게서도 드러나지 못할 것이기 때문이다. 그 대신 모두가 어둠에서 빛으로 옮겨진다면 아무한테서도 응보의 진리가 드러나지 못한다. 그러나 전자의 처지에 드는 사람들보다 훨씬 많은 사람들이 후자의 처지에 있으니, 그렇게 됨으로써 모든 사람들이 응당 처했어야 마땅한 처지가 무엇이었는지 밝혀질 것이다. 그렇지만 설령 모든 사람들에게 응보가 돌아간다 하더라도, 누구도 응보하는 분의 정의를 두고 시비하는 일은 온당하지 못할 것이다. 하지만 참으로 많은 인간들이 거기로부터 풀려난 이상, 해방을 주는 분의 거저 베푸는 선물에 크나큰 감사를 드려야 할 것이다. [129]

13. Platonici quidem, quamuis inpunita nulla uelint esse peccata, tamen omnes poenas emendationi adhiberi putant, uel humanis inflictas legibus uel diuinis, siue in hac uita siue post mortem, si aut parcatur hic cuique aut ita plectatur ut hic non corrigatur. Hinc est Maronis illa sententia, ubi, cum dixisset de terrenis corporibus moribundisque membris, quod animae
>>Hinc metuunt cupiuntque, dolent gaudentque, nec auras
>>Suspiciunt, clausae tenebris et carcere caeco,

secutus adiunxit atque ait:
>>Quin et supremo cum lumine uita reliquit

(id est cum die nouissimo reliquit eas ista uita),
>>Non tamen (inquit) omne malum miseris, nec funditus omnes
>>Corporeae excedunt pestes, penitusque necesse est
>>Multa diu concreta modis inolescere miris.
>>Ergo exercentur poenis ueterumque malorum
>>Supplicia expendunt; aliae panduntur inanes
>>Suspensae ad uentos, aliis sub gurgite uasto
>>Infectum eluitur scelus aut exuritur igni.

Qui hoc opinantur, nullas poenas nisi purgatorias uolunt esse post mortem, ut, quoniam terris superiora sunt elementa aqua, aer, ignis, ex aliquo istorum mundetur per expiatorias poenas, quod terrena contagione contractum est. Aer quippe accipitur in eo quod ait: «Suspensae ad uentos»; aqua in eo quod ait: «Sub gurgite uasto»; ignis autem suo nomine expres-

---

[130] Cf. Plotinus, *Enneades* 3.2.41.

[131] 사후의 응보를 모르는 철학자는 거의 없었다. 예: Plato, *Respublica* 614d 이하; *Gorgias* 525b-c; Apuleius, *Metamorphoses* 11.15.

[132] Vergilius, *Aeneis* 6,733-734. 본서 14.3.2에도 인용.

[133] Vergilius, *Aeneis* 6,735-742.

제3부 (13-16)
생시에도 사후에도 정화되는 죄벌

13. 죄인들에게 사후의 형벌이 정화의 명분을 가진다는 의견을 논박함

 어떤 플라톤 학파는 어떤 죄도 벌을 받지 않은 채로 남아있어서는 안 된다면서도, 모든 죄벌은 교정에 이용된다고 생각한다.[130] 그들의 말대로 인정법人定法에 의해서든 신법神法에 의해서든 현세에서나 사후에나 죄벌은 받아야 한다. 여기서 누가 죄벌을 면했거나 죄벌을 받았더라도 교정이 되지 않았다면 응당 사후에 받게 된다.[131] 베르길리우스 마로의 저 유명한 글귀도 여기서 유래한다. 지상적 육체와 죽어갈 사지四肢를 두고 말하면서 영혼들은

> 육체로 인해 사람들은 두려워하고 탐하고 아파하고 즐거워하느니
> 하늘을 쳐다보지 않고 응달에 갇힌 채, 캄캄한 옥에 갇힌 채로니라.[132]

곧이어 이런 말을 덧붙인다:

> 그러나 마지막 빛과 더불어 생명이 떠날 제

(말하자면 마지막 날 저 생명이 지상의 육체와 사지를 버리고 떠날 때)

> 가련하구나, 일체의 악이 물러가는 것도 아니고
> 신체의 온갖 환난이 아예 사라지는 것도 아니어서, 오래 굳어진 수많은 것들이
> 참으로 신기하게도 밑바닥에서 엉겨붙어 자라게 마련이니라.
> 그리하여 형벌로 단련되고 묵은 악을 두고 그 죗값을
> 치르느니라. 어떤 혼백들은 허공에 매달린 채 하릴없이 바람에
> 나부끼고 어떤 혼백들에게는 드넓은 소용돌이 바다에서
> 못다한 허물이 씻기거나 죄악이 불살라지느니라.[133]

 이런 식으로 생각하는 사람들은 사후에 받는 여하한 벌도 정화하는 데서 그치기 바라고 있다. 흙 위에 물과 공기와 불이라는 원소가 있으므로, 이승에서 흙과 접하여 응축된 바가 속죄의 벌을 거치면서 그가운데 어느 한 원소로 인해 깨끗해진다는 말이다. "허공에 매달린 채 하릴없이 바람에 나부낀다"는 구절로는 공기를 나타낸다. 그리고 "드넓은 소용돌이 바닥에서"라는 글귀는 물을 가

sus est, cum dixit: «Aut exuritur igni». Nos uero etiam in hac quidem mortali uita esse quasdam poenas purgatorias confitemur, non quibus affliguntur, quorum uita uel non inde fit melior uel potius inde fit peior; sed illis sunt purgatoriae, qui eis coherciti corriguntur. Ceterae omnes poenae, siue temporariae siue sempiternae, sicut unusquisque diuina prouidentia tractandus est, inferuntur uel pro peccatis siue praeteritis siue in quibus adhuc uiuit ille qui plectitur, uel pro exercendis declarandisque uirtutibus per homines et angelos seu bonos seu malos. Nam etsi quisque mali aliquid alterius inprobitate uel errore patiatur, peccat quidem homo, qui uel ignorantia uel iniustitia cuiquam mali aliquid facit; sed non peccat Deus, qui iusto, quamuis occulto, iudicio fieri sinit. Sed temporarias poenas alii in hac uita tantum, alii post mortem, alii et nunc et tunc, uerum tamen ante iudicium illud seuerissimum nouissimumque patiuntur. Non autem omnes ueniunt in sempiternas poenas, quae post illud iudicium sunt futurae, qui post mortem sustinent temporales. Nam quibusdam, quod in isto non remittitur, remitti in futuro saeculo, id est, ne futuri saeculi aeterno supplicio puniantur, iam supra diximus.

14. Rarissimi sunt autem qui nullas in hac uita, sed tantum post eam poenas luunt. Fuisse tamen aliquos, qui usque ad decrepitam senectutem ne leuissimam quidem febriculam senserint quietamque duxerint uitam, et ipsi nouimus et audiuimus; quamquam uita ipsa mortalium tota poena sit, quia tota temptatio est, sicut sacrae litterae personant, ubi scriptum est: *Numquid non temptatio est uita humana super terram?* Non enim parua

---

[134] 실제로는 이하(21.26)에서 논하고 있다. 사후에도 최후심판 이전에 인간을 "정화하는 잠시적 벌"(temporalis poena purgatoria)이 있으리라는 이 교부의 가정은 "성령을 거슬러 말하는 자는 이 세상에서도 오는 세상에서도 용서받지 못할 것입니다"(마태 12,32)라는 구절에 근거하며, 가톨릭 교회의 연옥(煉獄: purgatorium) 교리로 발전한다.

[135] vita ipsa mortalium tota poena sit: 욥기와 전도서 그리고 시편 72[73]편 등에 나타나듯이 성서 저자들에게 무죄한 이들의 고생과 불의한 자들의 편안은 크나큰 고민을 안겨주었다.

[136] 욥기 7,1 (temptatio est vita humana …). 〔공동번역〕: "인생은 땅 위에서 고역이요 그의 생애는 품꾼의 나날 같지 않은가?"〕 본서 19.8, 27에도 인용.

리킨다. 또 "불살라지느니라"고 한 말은 불을 이름 그대로 표현했다. 우리는 이 사멸할 생애에서도 정화하는 어떤 죄벌이 있다고 고백하는 바이다. 하지만 그와 그런 죄벌을 받고서도 삶이 더 나아진다기보다 오히려 더 나빠지는 경우에는 정화하는 죄벌이 못 된다. 다만 강제로 당하더라도 그것으로 교정된다면 그런 사람들에게는 정화하는 죄벌이 된다. 그밖의 모든 벌은 잠시적이든 영원한 것이든, 인간에게 부과될 적에는(각 사람이 신의 섭리에 의해 취급받아야 할 터이므로) 죄 때문에 부과되는 것이다. 과거의 죄든 벌을 받는 본인이 아직도 저지르고 있는 현재의 죄든 하여튼 죄 때문에 부과되거나, 그렇지 않으면 덕을 단련하고 표방하기 위해 부과된다. 그런 죄벌의 고통은 선하든 악하든 인간과 천사들을 통해 내린다. 혹자가 다른 사람의 악의나 잘못으로 어떤 악을 무릅쓰는 일이 있는데, 무지로든 불의로든 누구에겐가 어떤 악을 끼치는 사람은 죄를 짓는 것이다. 하지만 비록 우리에게는 감추어져 있지만 당신의 의로운 판단에 따라서 악이 발생하도록 허용하는 하느님은 잘못하는 것이 아니다. 잠시적 벌을 받는 것도 어떤 사람들은 이 현세에서만 받고 어떤 사람들은 사후에 받고 어떤 사람들은 지금도 받고 장차 도래할 세상에서도 받을 것이다. 단지 이 잠시적 벌들은 저 지엄하고 최종적 심판에 앞서 받는 것이다. 영원한 벌은 저 심판 이후에 있을 터이므로 사후에 잠시적 벌을 받는 사람들 모두 영원한 벌을 받으러 가는 것은 아니다. 어떤 사람들에게는 이 세상에서 용서받지 못한 일도 장차 올 세상에서는 용서받으리라는 점은 바로 앞에서 언급한 바 있다.[134] 그래야 장차 올 세상의 영원한 형극으로 벌받는 일이 없을 것이다.

14. 인간 조건이 감당해야 하는 현세 생명의 잠시적 죄벌

현생에서는 아무 죄벌도 받지 않은 채 사후에만 그런 벌을 받는 사람은 아주 드물다. 단지 호호백발의 노년까지도 극히 가벼운 미열微熱도 느끼지 않고 편안한 삶을 영위한 사람들이 있는데 그것은 우리도 직접 알고 또 들은 바 있다. 하지만 실제로 사멸할 인간들의 삶 자체는 오직 형벌일 뿐이다.[135] 성서에 "땅 위에서 살아가는 인생은 한낱 시험이 아니더이까?"[136]라고 단언하는 어조로 적혀

poena est ipsa insipientia uel inperitia, quae usque adeo fugienda merito iudicatur, ut per poenas doloribus plenas pueri cogantur quaeque artificia uel litteras discere; ipsumque discere, ad quod poenis adiguntur, tam poenale est eis, ut nonnumquam ipsas poenas, per quas compelluntur discere, malint ferre quam discere. Quis autem non exhorreat et mori eligat, si ei proponatur aut mors perpetienda aut rursus infantia? Quae quidem quod non a risu, sed a fletu orditur hanc lucem, quid malorum ingressa sit nesciens prophetat quodam modo. Solum, quando natus est, ferunt risisse Zoroastrem, nec ei boni aliquid monstrosus risus ille portendit. Nam magicarum artium fuisse perhibetur inuentor; quae quidem illi nec ad praesentis uitae uanam felicitatem contra suos inimicos prodesse potuerunt; a Nino quippe rege Assyriorum, cum esset ipse Bactrianorum, bello superatus est. Prorsus quod scriptum est: *Graue iugum super filios Adam a die exitus de uentre matris eorum usque in diem sepulturae in matrem omnium*, usque adeo impleri necesse est, ut ipsi paruuli per lauacrum regenerationis ab originalis peccati, quo solo tenebantur, uinculo iam soluti mala multa patientes nonnulli et incursus spirituum malignorum aliquando patiantur. Quae quidem passio absit ut eis obsit, si hanc uitam in illa aetate etiam ipsa passione ingrauescente et animam de corpore excludente finierint.

15. Verum tamen in graui iugo, quod positum est super filios Adam a die exitus de uentre matris eorum usque in diem sepulturae in matrem

---

[137] 교부는 어릴 적을 회고하며 체벌 위주의 교육, "선생님들의 서러운 회초리며 막대기"(ferulae tristes sceptra paedagogorum: Martialis, *Epigrammata* 10.62)에 냉소를 보인 바 있다(*Confessiones* 1.9.14-15).

[138] Cf. Plinius, *Historia naturalis* 7.16.72. 아기들은 태어나면서 울기 때문에 웃고 태어나는 것 자체가 기형(monstrosus risus)이다.

[139] Cf. Eusebius, *Chronicon* [Helm ed.] 20: Zoroastres magus rex Bactrianorum, adversus quem Ninus dimicavit.

[140] 집회 40,1.

[141] incursus spirituum malignorum: "마귀들림" 혹은 "부마"(付魔)를 가리키는 듯하다.

[142] *absit ut eis obsit*: 인생이 한낱 시험이고 고통이 덕성을 연마케 한다지만 어린이에게 닥치는 불행이 차마 하느님 뜻은 아니려니 하는 탄식(Combes 번역문)과, 그런 일은 닥치지 말았으면 하는 소원(Gentili / Alici 번역문)을 여운으로 담고 있는 문장이다.

있듯이, 인생은 오로지 시험이다. 그리고 지혜롭지 못함과 경험 없음 그 자체가 적지 않은 형벌이며, 지금까지도 그것은 응당 피해야 하는 것으로 판단된다. 아이들은 고통에 찬 벌을 받으면서 온갖 솜씨며 글을 배우도록 강요당하고 있다. 벌이 따르는 배움 자체가 아이들에게는 하도 심한 벌이어서, 어른들이야 아이들에게 벌을 주면서 배우라고 강박하겠지만, 아이는 배우느니 벌을 감수하는 편이 낫다고 여긴다. 만약에 죽음을 감수할래 아니면 어린 시절을 다시 겪을래 한다면 소름이 끼쳐 차라리 죽음을 택하지 않을 사람이 누구겠는가?[137] 어린 시절이야 웃음으로가 아니고 울음으로 이 세상의 빛을 처음 맞았고, 그럼으로써 얼마나 악에 가득 찬 세상에 들어왔는지 자기도 모르고서 예고한 것이 아닌가? 조로아스텔 한 사람만 태어날 적에 웃었다고 전한다. 하지만 저 기이한 웃음은 그에게 상서로운 일을 아무것도 예고해 주지 못했다.[138] 왜 그러냐 하면, 그는 마술을 창시한 사람이었다고 전해오는데, 그 마술이란 게 그를 적대시하는 사람들에게 맞서 현세생활의 허망한 행복이나마 지켜주지 못했기 때문이다. 그 사람 본인은 박트리아인들의 임금이었지만 아시리아인들의 임금 니누스에게 패망했던 것이다.[139] 그래서 다음과 같은 글이 있다: "아담의 자손들 위에 지워진 멍에는 참으로 무겁다. 어머니 뱃속에서 태어나는 날부터 묻히는 날 만물의 어머니에게로 돌아가기까지."[140] 이 법칙이 얼마나 철저하냐 하면, 어린이들이 재생의 욕조에서 원죄(어린이들은 이 죄에만 매여 있다)의 사슬에서 이미 풀려나 있음에도 참으로 허다한 악을 겪는다. 심지어 어떤 어린이들은 때때로 악령들의 침범[141]을 받기까지 한다. 그런 수난이 가중되어 영혼을 육체로부터 떠나가게 함으로써 그 어린 나이에 현생을 마치게 한다면, 제발 그런 수난이 그 어린것들을 해치는 일만은 제발 없었으면 하는 생각이 간절하다.[142]

15. 우리를 뿌리깊은 악에서 구출하는 하느님 은총의 모든 업적은 장차 올 세상의 새로움에 해당한다

　과연 자기 어머니 뱃속에서 태어나는 날부터 묻히는 날까지, 만물의 어머니에게로 돌아가기까지 아담의 자손들 위에 지워진 멍에는 참으로 무겁다. 바로

omnium, etiam hoc malum mirabile reperitur, ut sobrii simus atque intellegamus hanc uitam de peccato illo nimis nefario, quod in paradiso perpetratum est, factam nobis esse poenalem totumque, quod nobiscum agitur per testamentum nouum, non pertinere nisi ad noui saeculi hereditatem nouam, ut hic pignore accepto illud cuius hoc pignus est suo tempore consequamur, nunc autem ambulemus in spe et proficientes de die in diem spiritu facta carnis mortificemus. *Nouit* enim *Dominus qui sunt eius*; et *quotquot spiritu Dei aguntur, hi filii sunt Dei*, sed gratia, non natura. Vnicus enim natura Dei filius propter nos misericordia factus est hominis filius, ut nos, natura filii hominis, filii Dei per illum gratia fieremus. Manens quippe ille inmutabilis naturam nostram, in qua nos susciperet, suscepit a nobis et tenax diuinitatis suae nostrae infirmitatis particeps factus est; ut nos in melius commutati, quod peccatores mortalesque sumus, eius inmortalis et iusti participatione amittamus et, quod in natura nostra bonum fecit, impletum summo bono in eius naturae bonitate seruemus. Sicut enim per unum hominem peccantem in hoc tam graue malum deuenimus, ita per unum hominem eundemque Deum iustificantem ad illud bonum tam sublime ueniemus. Nec quisquam se debet ab isto ad illum transisse confidere, nisi cum ibi fuerit, ubi temptatio nulla erit; nisi pacem tenuerit, quam belli huius, in quo caro concupiscit aduersus spiritum et spiritus aduersus carnem, multis et uariis certaminibus quaerit. Hoc autem bellum numquam ullum esset, si natura humana per liberum arbitrium in rectitudine, in qua facta est, perstitisset. Nunc uero, quae pacem felix cum Deo habere noluit, secum pugnat infelix, et cum sit hoc malum

---

[143] hoc malum mirabile reperitur: 인간의 죄스런 처지를 깨닫게 한다는 면에서 교부의 눈에 이 악(불행)은 신비롭기까지 하다.

[144] 로마 8,13 참조: "육을 따라 살면 죽고 말겠지만, 영을 따라 몸의 행실들을 죽이면 살 것입니다."

[145] 2디모 2,19(민수 16,5 참조).

[146] 로마 8,14.

[147] 두 문장에서 연달아 자연본성과 은총을 아름답게 대칭시키고 있다: gratia ↔ natura, natura *Dei filius* ↔ misericordia *filius hominis*, nos *natura* filii hominis ↔ filii Dei per illum *gratia*.

[148] 로마 5,15 참조: "한 사람의 범죄로 말미암아 많은 이가 죽었다면, 하느님의 은총과 은사는 한 사람 예수 그리스도의 은총으로 말미암아 많은 이에게 더욱 넘쳐 흘렀습니다."

[149] 갈라 5,17 참조: "육은 영을 거슬러 욕정을 일으키고 영은 육을 거슬러 일어납니다."

[150] quae <u>pacem</u> felix <u>cum Deo</u> habere noluit, <u>secum pugnat</u> infelix: 대칭문장으로 낙원과 현금의 상태를 대조했다.

그 무거운 멍에서 이 악은 신비로운 것으로[143] 나타난다. 그리하여 우리는 신중해지고, 현세의 삶이 낙원에서 저질러진 너무도 불경스런 범죄로 인해 우리에게는 벌받는 삶이 되고 말았음을 깨닫기에 이른다. 또한 신약을 통해 우리에게 이루어지는 것 전부가 오로지 장차 올 새 세상에서 받을 새로운 유산 외에 다른 것이 아님을 깨닫게 한다. 여기서는 그 약속의 담보물을 받았을 따름이고 그것이 담보하는 내용물은 그때 가서 우리가 획득할 것이다. 그러니 우리는 지금 희망을 품고 걸어가기로 하자! 날마다 영으로 나아가면서 육의 행실들을 억제하기로 하자![144] "주님은 누가 당신의 사람인지 아신다."[145] "과연 하느님의 영에 인도되는 사람은 누구나 하느님의 아들입니다."[146] 하지만 하느님의 아들은 은총으로 되지 본성으로 되는 것은 아니다. 본성으로 하느님의 외아들인 분이 우리 때문에 자비로 사람의 아들이 되었으니, 그 덕분에 본성으로 사람의 아들들인 우리가 그분을 통해 하느님의 아들들이 되기에 이르렀다.[147] 그분 자신은 불변하는 분으로 남아있으면서 우리한테서 우리 본성을 받아들임으로써 그 본성 안에 결국 우리를 받아들였다. 또 당신 신성을 유지하면서도 우리의 허약함에 참여하는 분이 되었다. 그렇게 함으로써 우리가 죄인이요 사멸하는 존재를 벗어나 더 나은 존재로 변하기 위함이다. 또 불멸하고 의로운 그분에게 참여함으로써 그분의 본성에 힘입어, 그분이 우리 본성 속에 만들어낸 좋은 것을 보존하고, 그 좋은 것이 최고선으로 충만해지기 위함이다. 죄를 짓는 한 사람을 통해 우리가 참으로 막중한 악으로 떨어졌듯이, 의롭게 만드는 한 사람을 통해, 또한 하느님이기도 한 그분을 통해 우리는 참으로 숭고한 선에 도달할 것이다.[148] 다만 그 누구도 아무 유혹이 없는 그런 지경에 이르지 못하는 한, 자기가 앞의 처지에서 뒤의 상태로 옮겨간 것처럼 자신하지 말아야 한다. 육이 영을 거슬러 탐하고 영이 육을 거슬러 탐하는 전쟁이 있고[149] 이 전쟁의 무수하고 다양한 전투를 거쳐서 추구하는 평화를 손에 넣지 못하는 한. 만약 인간 본성이 지음받은 그대로, 자유의지를 통해 바른 길에 머물렀더라면 이런 전쟁은 결코 없었을 것이다. 그런데 인간 본성은 행복하면서도 하느님과 화평을 이루기 싫어했으므로 지금 불행해져서 자신과 전쟁을 치르고 있다.[150] 하기사 자신과

miserabile, melius est tamen quam priora uitae huius. Melius confligitur quippe cum uitiis, quam sine ulla conflictione dominantur. Melius est, inquam, bellum cum spe pacis aeternae quam sine ulla liberationis cogitatione captiuitas. Cupimus quidem etiam hoc bello carere et ad capessendam ordinatissimam pacem, ubi firmissima stabilitate potioribus inferiora subdantur, igne diuini amoris accendimur. Sed si (quod absit) illius tanti boni spes nulla esset, malle debuimus in huius conflictationis molestia remanere quam uitiis in nos dominationem non eis resistendo permittere.

16. Verum tanta est Dei misericordia in uasa misericordiae, quae praeparauit in gloriam, ut etiam prima hominis aetas, id est infantia, quae sine ullo renisu subiacet carni, et secunda, quae pueritia nuncupatur, ubi nondum ratio suscepit hanc pugnam et fere sub omnibus uitiosis delectationibus iacet, quia, licet fari iam ualeat et ideo infantiam transisse uideatur, nondum in ea est praecepti capax infirmitas mentis, si sacramenta Mediatoris acceperit, etiamsi hanc in eis annis uitam finiat, translata scilicet a potestate tenebrarum in regnum Christi non solum poenis non praeparetur aeternis, sed ne ulla quidem post mortem purgatoria tormenta patiatur. Sufficit enim sola spiritalis regeneratio, ne post mortem obsit quod carnalis generatio cum morte contraxit. Cum autem uentum fuerit ad aetatem, quae praeceptum iam capit et subdi potest legis imperio, suscipiendum est bellum contra uitia et gerendum acriter, ne ad damnabilia peccata perducat. Et si quidem nondum uictoriarum consuetudine roborata sunt, facilius uincuntur et cedunt; si autem uincere atque imperare consuerunt, laboriosa difficultate superantur. Neque id fit ueraciter atque sinceriter nisi uerae

---

[151] priora vitae huius: 다음 장 내용으로 미루어 본능대로만 움직이는 유아기를 가리키는 듯하다.

[152] dominantur: 주로 탈형동사로 쓰이므로 정반대의 의미로 번역될 만하지만 뒤잇는 문구(melius bellum quam captivitas)로 보아 수동태로 보아야 한다.

[153] 평화의 정의(19.13.1) 참조: "만유의 평화는 평온한 질서다(pax, omnium rerum tranquillitas ordinis) ··· 질서란 동등한 것들과 동등하지 않은 것들의 고유한 자리를 각각에게 부여하는 배치다."

[154] 교부는 악덕과의 투쟁은 영원한 평화를 희구하는 구원론적 과정임을 알면서도 (스토아들이 주장하는 대로) 악덕과의 투쟁이 갖는 정화(淨化) 역시 부인하지는 않는다.

[155] vasa misericordiae: 로마 9,23 참조: "그것은 영광을 받도록 미리 마련하신 자비의 그릇들에게 당신 영광의 풍부함을 알리시기 위해서였습니다."

[156] spiritalis regeneratio ... carnalis generatio. 교부의 주장으로 신생아의 세례는 교회의 관습(418: Concilium Carthaginense)으로 확립된다. Cf. *Enchiridion* 14.52; 24.97.

투쟁하는 이 악이 가련키는 하지만 현세 생명의 초기[151]보다는 더 나을지 모르겠다. 아무런 충돌 없이 악덕에 지배당하느니보다는[152] 악덕과 투쟁하는 것이 차라리 더 나은 까닭이다. 내가 하는 말은, 영원한 평화에 대한 희망을 품은 전쟁이 해방이라고는 엄두도 못 내는 포로생활보다 낫다는 뜻이다. 물론 우리는 이런 전쟁도 없었으면 하고 바란다. 지극히 질서 바른 평화, 곧 못한 것들이 나은 것들에 더할 나위 없이 확고하게 종속되는 평화에 도달하려고 우리는 하느님 사랑의 불꽃에 타오르고 있다.[153] 그러나 (설령 안 될 말이지만) 그토록 훌륭한 선을 바라는 희망이 전무하다고 하더라도, 우리가 악덕에 저항하지 않음으로써 악덕이 우리를 지배하게 잠자코 있느니보다는 차라리 이런 귀찮은 갈등 속에 남아있는 편을 바라야 마땅하다.[154]

16. 은총의 법은 재생된 사람들의 생애 전반을 지배한다

여하튼 영광을 누리도록 마련된 자비의 그릇들에게 쏟는 하느님의 자비는 너무도 크다.[155] 인간의 첫 시기인 아동기에는 아무런 저항도 없이 육욕에 복종하는 시기이다. 둘째 시기인 소년기에는 이성이 육욕에 저항하여 싸우기에는 충분하지 못해 악덕어린 쾌락에 굴복하고 만다. 소년기에는 말을 할 수 있고 따라서 아동기도 지나갔다고 보이지만, 지성이 허약하여 계명을 받아들일 능력이 아직 없다. 그렇더라도 그가 만약 중개자의 성사를 받았다면 비록 그 나이에 현생을 마친다고 하더라도, 어둠의 세력으로부터 그리스도의 나라로 옮겨가 있으므로, 그에게는 영원한 벌이 마련되지 않을뿐더러 사후에 정화의 형극을 일체 받지 않을 것이다. 육체적 출생이 죽음과 맺은 해악을 사후에 겪지 않으려면 영적 재생만으로도 충분하다.[156] 그런데 계명을 알아듣고 율법의 권위에 복종할 나이가 되면 악덕에 대항하는 싸움을 받아들여야 하고 단죄받을 만한 죄악에 떨어지지 않도록 과감히 싸움에 임해야 한다. 또 악덕이 아직 승리에 길들거나 강화되어 있지 않은 동안에는 더 쉽게 극복되고 물러선다. 하지만 그것들이 승리하고 명령하는 데 익숙해지면 극복하기가 어렵고 또 힘들다. 또 정의에 대한 진정한 사랑이 있지 않는 한, 그런 극복이 참되고 충실하게 이루어지지 못한다. 정의에 대

delectatione iustitiae; haec est autem in fide Christi. Nam si lex iubens adsit et spiritus iuuans desit, per ipsam prohibitionem desiderio crescente atque uincente peccati etiam reatus praeuaricationis accedit. Nonnumquam sane apertissima uitia aliis uitiis uincuntur occultis, quae putantur esse uirtutes, in quibus regnat superbia et quaedam sibi placendi altitudo ruinosa. Tunc itaque uicta uitia deputanda sunt, cum Dei amore uincuntur, quem nisi Deus ipse non donat nec aliter nisi per mediatorem Dei et hominum, hominem Christum Iesum, qui factus est particeps mortalitatis nostrae, ut nos participes faceret diuinitatis suae. Paucissimi autem sunt tantae felicitatis, ut ab ipsa ineunte adulescentia nulla damnabilia peccata committant uel in flagitiis uel in facinoribus uel in nefariae cuiusquam impietatis errore, sed magna spiritus largitate opprimant, quidquid eis posset carnali delectatione dominari. Plurimi uero praecepto legis accepto, cum prius uicti fuerint praeualentibus uitiis et praeuaricatores eius effecti, tunc ad gratiam confugiunt adiuuantem, qua fiant et amarius paenitendo et uehementius pugnando prius Deo subdita atque ita carni praeposita mente uictores. Quisquis igitur cupit poenas euadere sempiternas, non solum baptizetur, uerum etiam iustificetur in Christo, ac sic uere transeat a diabolo ad Christum. Purgatorias autem poenas nullas futuras opinetur, nisi ante illud ultimum tremendumque iudicium. Nequaquam tamen negandum est etiam ipsum aeternum ignem pro diuersitate meritorum quamuis malorum aliis leuiorem, aliis futurum esse grauiorem, siue ipsius uis atque ardor pro poena digna cuiusque uarietur, siue ipse aequaliter ardeat sed non aequali molestia sentiatur.

---

[157] si *lex* iubens *adsit* et *spiritus* iuvans *desit*: 계명과 은총의 관계를 대조한 명문이다.

[158] 로마 7,7-25에 상론되는, 바울로의 사상 그대로다.

[159] sibi placendi altitudo ruinosa: 종교적 겸손이 없는 덕성을 조롱하는 표현으로서, 호라티우스에게서 유래한다(Horatius, *Carmina* 2.10.10).

[160] 1디모 2,5 참조: "하느님은 한 분뿐이시고 하느님과 인간 사이의 중개자도 한 분뿐이시니 곧 인간 그리스도 예수이십니다."

[161] flagitium(파렴치한 도덕적 성격의 죄), facinus(살인 같은 대외적 범죄), nefas(신성모독 같은 종교적 범행)은 각기 다른 성격을 띤다.

한 사랑은 그리스도의 신앙에 자리잡고 있다. 명령을 내리는 율법은 존재하는데 실행을 돕는 영이 부재하다면[157] 오히려 바로 금지 때문에 죄를 지으려는 욕망이 증가하고 욕망이 이겨내다가 결국은 계명 위반의 중죄에 이른다.[158] 그런가 하면 아주 노골적인 악덕들이 숨은 악덕들에 의해 극복되는 수가 왕왕 있다. 그럴 경우 이 숨은 악덕들이 되레 덕성처럼 보이는데 그 속에서는 오만함이 군림하고 자기 만족을 노리는 파멸적 고매함[159]이 도사리고 있을 따름이다. 따라서 하느님 사랑으로 극복될 때에야 비로소 악덕이 패배했다고 여길 것이며 그 사랑을 선물하는 분은 하느님뿐이고, 하느님과 인간들의 중개자 인간 그리스도 예수를 통하지 않고서는 그 선물을 달리 주지 않는다.[160] 그리스도는 우리로 하여금 당신의 신성에 참여케 하려고 우리 사멸성에 참여하는 분이 되었다. 일단 청년기에 들어가면, 추행이나 범행이나 어떤 끔찍한 불경의 오류에 있어[161] 단죄받을 만한 죄를 아무것도 범하지 않을뿐더러 오히려 육적 쾌락으로 자기를 제압해 올 만한 것이면 무엇이든지 정신의 크나큰 도량으로 억누르는 데 성공할 만큼 운수좋은 사람은 아주 적다. 그 대신 대다수는 율법의 계명을 받고서도, 악덕이 기승을 부리는 바람에, 처음에는 곧잘 패배하고 계명을 어기는 자가 되지만, 그다음에는 도우심을 주는 은총에 의탁함으로써, 또 그 은총에 힘입어 더욱 쓰라리게 뉘우치거나 더욱 격렬하게 싸운다. 그래서 먼저는 하느님께 복종하고 다음에는 지성으로 육체를 제압하여 결국 승리자가 된다. 그러므로 누구든지 영구적 벌을 피하고 싶다면 세례만 받아서는 안 되고 그리스도 안에서 의로워져야 한다. 그래서 정말로 악마에게서 그리스도에게로 옮겨가야 한다. 다만 정화하는 벌은 저 최후의 두려운 심판 이전이 아니고서는 결코 내리지 않을 것으로 생각해야 한다. 벌받을 만한 악들이 다양한 만큼 저 영원한 불도 누구에게는 더 가볍고 누구에게는 더 무거우리라는 점은 굳이 부정해서는 안 된다. 그것은 아마도 각자의 의당한 죄벌에 따라서 불 자체의 화력과 열기가 달라지거나, 불은 똑같이 타지만 각자가 동등한 아픔을 느끼지는 않거나 하는 것이리라.[162]

---

[162] 이하(17장)에서 오리게네스 파와 "무난한 논쟁"(pacifice disputandum)을 하기 직전에 지옥벌의 경중을 논하는 입장(cf. Hieronymus, *Commentarium in Isaiam* 18.66.24)에 일단 수긍한다.

17. Nunc iam cum misericordibus nostris agendum esse uideo et pacifice disputandum, qui uel omnibus illis hominibus, quos iustissimus iudex dignos gehennae supplicio iudicabit, uel quibusdam eorum nolunt credere poenam sempiternam futuram, sed post certi temporis metas pro cuiusque peccati quantitate longioris siue breuioris eos inde existimant liberandos. Qua in re misericordior profecto fuit Origenes, qui et ipsum diabolum atque angelos eius post grauiora pro meritis et diuturniora supplicia ex illis cruciatibus eruendos et sociandos sanctis angelis credidit. Sed illum et propter hoc et propter alia nonnulla et maxime propter alternantes sine cessatione beatitudines et miserias et statutis saeculorum interuallis ab istis ad illas atque ab illis ad istas itus ac reditus interminabiles non inmerito reprobauit ecclesia; quia et hoc, quod misericors uidebatur, amisit faciendo sanctis ueras miserias, quibus poenas luerent, et falsas beatitudines, in quibus uerum ac securum, hoc est sine timore certum, sempiterni boni gaudium non haberent. Longe autem aliter istorum misericordia humano errat affectu, qui hominum illo iudicio damnatorum miserias temporales, omnium uero qui uel citius uel tardius liberantur aeternam felicitatem putant. Quae sententia si propterea bona et uera quia misericors est, tanto erit melior et uerior quanto misericordior. Extendatur ergo ac profundatur fons huius misericordiae usque ad damnatos angelos

---

[163] 이 장부터 제21권의 끝까지는 주제에서 이탈하여(excursus) 영원한 멸망의 성격과 구원받는 사람들의 범위에 관해 당대의 교회 내에 퍼져 있던 여섯 사조를 일일이 논박한다.

[164] Cf. Origenes, *De principiis* 1.6: "죄인들이 자기 죄악에 상응한 벌을 받고 난 다음에 세계 종말 혹은 완결이 오리라. 하느님 홀로 그때를 아신다. 그러나 우리 생각에 하느님의 선하심은, 그리스도의 중개를 통해서, 당신의 원수들을 굴복시킨 다음 모든 피조계를 단일한 목적으로 끌어가시리라. … 모든 원수들이 그리스도께 굴복하고 나서 마지막 원수인 죽음이 소멸될 것이다."

[165] reprobauit: 오리게네스는 이하에 논박되는 소위 "총괄갱신"(總括更新) 사상 때문에 375년과 553년에 교회 내에 격심한 논쟁을 초래했다.

[166] 오리게네스 사상은 살라미나의 에피파니우스와 알렉산드리아의 테오필루스의 혹독한 비판으로 교회회의에서 거듭 단죄를 받고 400년에는 교황 아나스타시우스 1세가 그 단죄를 재가했다. Cf. Hieronymus, *Epistulae* 78, 92, 95; *Apologia adversus Rufinum*.

[167] veras miserias … falsas beatitudines: 영원한 운명에 대한 오리게네스 주장의 허점을 역설적 어법으로 지적하고 있다.

[168] Cf. *Enchiridion* 45; *Contra Priscillianistas et Origenistas* 5.5; 6.7.

제4부(17-22)
오리게네스 파 자비론자들의 내생관

17. 어느 인간도 영원한 형벌을 받지는 않으리라고 여기는 사람들

이제 나는 우리네 자비론자들을 다루고 그들과 점잖은 논쟁을 벌여야 할 것으로 본다.[163] 그들은 지극히 의로운 심판관이 지옥벌에 합당하다고 판단할 저 모든 이들이나 그렇지 않으면 적어도 그들 가운데 일부에게 영원한 벌이 내리리라는 사실을 믿지 않으려 한다. 그들은 오히려 어느 정도의 시간이 지난 다음에는, 각자의 죄의 양에 따라 길거나 짧은 시간이 지난 다음에 그 벌에서 풀려나리라고 믿고 싶어한다. 이 문제에 관한 한 누구보다도 자비로운 사람은 분명 오리게네스였다.[164] 그는 악마와 악마의 천사들마저 막중한 죄상에 상응한 중하고도 오랜 형벌을 받은 다음에는, 그 형벌부터 벗어나 거룩한 천사들과 합류해야 한다고 믿었던 것이다. 그러나 이것과 다른 몇 가지 문제들 때문에 교회는 그를 질책했는데[165] 부당한 노릇은 아니었다. 특히 행복과 불행을 끊임없이 번갈아 겪으며, 일정한 세기世紀의 간격을 두고 이런 상태에서 저런 상태로 또 저런 상태에서 이런 상태로 끊임없이 갔다가 돌아온다는 주장 때문에 교회가 그를 질책했다.[166] 그 이유는 그런 입장이 비록 자비로워 보이기는 하지만 그 입장대로라면 사실상 성도들에게 부여되는 것이 진짜 불행과 가짜 행복이기 때문이다.[167] 진짜 불행인 것은 성도들도 결국 그런 불행으로 벌을 받을 것이기 때문이고, 가짜 행복인 것은 언젠가 끝나버릴 그런 행복에서는 영원한 선을 즐기는 참되고 안전한 기쁨을 간직하지 못하는 까닭이다. 다시 말해 그것을 잃을까 하는 두려움이 전혀 없는 확실한 기쁨을 간직하지 못한다.[168] 최후심판으로 단죄받는 인간들의 불행을 일시적인 것이라고 보며, 빠르든 늦든 모든 이가 해방되어 영원한 행복이 모두의 것이 되리라고 여기는데 그런 자비는 인간 정서와 상당히 거리가 먼 것이다. 만약 자비롭기 때문에 좋고 참되다면, 자비로우면 자비로울수록 더 좋고 더 참되다는 말이 된다. 그러다 보면 이 자비의 샘이 더욱 넓어지고 더욱 깊어져 단죄받은 천사들에게까지 미치게 되며, 수많은 세기들이 지난 뒤에, 또 얼마

saltem post multa atque prolixa quantumlibet saecula liberandos. Cur usque uniuersam naturam manat humanam, et cum ad angelicam uentum fuerit, mox arescit? Non audent tamen se ulterius miserando porrigere et ad liberationem ipsius quoque diaboli peruenire. Verum si aliquis audeat, uincit nempe istos. Et tamen tanto inuenitur errare deformius et contra recta Dei uerba peruersius, quanto sibi uidetur sentire clementius.

18. Sunt etiam, quales in colocutionibus nostris ipse sum expertus, qui, cum uenerari uideantur scripturas sanctas, moribus inprobandi sunt et agendo causam suam multo maiorem quam isti misericordiam Deo tribuunt erga humanum genus. Dicunt enim de malis et infidelibus hominibus diuinitus quidem uerum praedictum esse, quod digni sunt; sed cum ad iudicium uentum fuerit, misericordiam esse superaturam. Donabit enim eos, inquiunt, misericors Deus precibus et intercessionibus sanctorum suorum. Si enim orabant pro illis, quando eos patiebantur inimicos, quanto magis quando uidebunt humiles supplicesque prostratos! Neque enim credendum est, aiunt, tunc amissuros sanctos uiscera misericordiae, cum fuerint plenissimae ac perfectissimae sanctitatis, ut, qui tunc orabant pro inimicis suis, quando et ipsi sine peccato non erant, tunc non orent pro supplicibus suis, quando nullum coeperint habere peccatum. Aut uero Deus tunc eos non exaudiet tot et tales filios suos, quando in tanta eorum sanctitate nullum inueniet orationis impedimentum? Testimonium uero

---

[169] 인류와 천사들 전부에게 구원이 내린다는 총괄갱신(ἀποκατάστασις)은 오리게네스 외에 니싸의 그레고리우스도 주장한 것으로 거론되었다. Cf. *De opificio hominis* 26.

[170] 상대는 혹시 Ambrosiaster라는 이름으로 전해오는(Hieronymus, *Commentarium in Ad Romanos* 5.12) 인물이 아닌가 추정된다. Cf. Augustinus, *Contra duas epistulas Pelagianorum* 4.4.7.

[171] 전구(轉求): suffragium, supplicium, intercessio 등을 번역하는 용어이며, 성인들의 친교(communio sanctorum) 사상을 토대로, 천상과 지상에 있는 성도들이 하느님 안에서 상대방을 대신하여 하느님께 바치는 대도(代禱)를 가리킨다.

[172] 마태 5,44 참조: "원수를 사랑하고, 박해하는 사람들을 위해 기도하시오."

일지 모르더라도 장구한 세기들이 지난 뒤에는 그들도 풀려나기에 이를 것이다. 사실 그 자비가 인간 본성에까지만 두루 미치고 천사의 본성에는 미치지 말라는 법이 어디에 있겠는가? 하지만 그 견해를 주장하는 사람들도 자비심을 그 이상으로 확대하여 악마의 해방에까지 도달하려는 생각은 감히 하지 않는다. 그러나 혹시라도 누가 감히 그런 시도를 한다면 훨씬 더 자비로운 사람이 되리라. 그러나 이 경우에 스스로 관대한 것처럼 보일수록 그만큼 더 왜곡되어 오류에 떨어지고, 그만큼 하느님의 바른 말씀에서 더 어긋날 것이다.[169]

18. 최후심판에서 성도의 탄원 때문에 아무도 단죄받지 않으리라고 생각하는 사람들

18. 1. 그들은 성도가 하느님의 심판에서 기도해 주리라고 주장한다

성서를 존중하는 것처럼 보이지만 행동거지 때문에 질책을 받아 마땅한 사람들이 있는데 나도 우리의 대담중에 그런 사람들을 겪어본 적이 있다.[170] 그들은 자기 입장을 내세우면서 인류를 상대로 저 사람들이 하는 것보다 하느님께 훨씬 위대한 자비를 돌려드리는 것으로 자부한다. 그들은 악하고 믿지 않는 사람들이 영원한 형벌을 받으리라는 말씀이 옳고 그래야 하지만 정작 심판에 이르면 하느님의 자비가 이기리라고 말한다. 그들 말대로라면 자비로운 하느님은 당신 성도들의 기도와 탄원[171]으로 인해 그들을 용서해 줄 것이다. 원수처럼 박해를 당하면서도 그들을 위해 기도해 왔다면[172] 그들이 자기들 앞에 겸손하게 엎드려 애걸할 경우에는 그들을 위해 얼마나 열심히 기도하겠는가! 그 사람들의 말에 의하면, 성도들이 극히 충만하고 극히 완전한 성덕을 갖춘 경지에서, 하필이면 그때 가서 자비의 심성을 잃어버리리라고는 믿지 않는다는 것이다. 본인들도 죄가 없지 않은 지경에서도 자기 원수들을 위해 기도하던 사람들인데, 아무 죄도 없는 경지에 들어가서 자기들에게 애원하는 사람들을 위해 기도하지 않으리라고는 믿어지지 않는다는 말이다. 또 하느님도 당신 성도들이 탁월한 성덕에서, 기도의 장애가 전혀 없는 처지에서 바치는, 그 많고 훌륭한 당신 자녀들의 기도를 과연 안 들어주겠는가? 믿지 않는 자들과 불경한 자들이

Psalmi et illi quidem, qui permittunt infideles atque impios homines saltem longo tempore cruciari et postea de malis omnibus erui, sed magis isti pro se dicunt esse, ubi legitur: *Numquid obliuiscetur misereri Deus aut continebit in ira sua miserationes suas?* Ira eius est, inquiunt, ut omnes indigni beatitudine sempiterna ipso iudicante puniantur supplicio sempiterno. Sed si uel longum uel prorsus ullum esse permiserit, profecto, ut possit hoc fieri, continebit in ira sua miserationes suas, quod eum Psalmus dicit non esse facturum. Non enim ait: «Numquid diu continebit in ira sua miserationes suas?» Sed quod prorsus non continebit ostendit.

Sic ergo isti uolunt iudicii Dei comminationem non esse mendacem, quamuis sit neminem damnaturus, quem ad modum eius comminationem, qua dixit euersurum se esse Nineuen ciuitatem, mendacem non possumus dicere; et tamen factum non est, inquiunt, quod sine ulla condicione praedixit. Non enim ait: «Nineue euertetur, si non egerint paenitentiam seque correxerint»; sed hoc non addito praenuntiauit futuram euersionem illius ciuitatis. Quam comminationem propterea ueracem putant, quia hoc praedixit Deus quod uere digni erant pati, quamuis hoc non esset ipse facturus. Nam etsi paenitentibus pepercit, inquiunt, utique illos paenitentiam non ignorabat acturos, et tamen absolute ac definite eorum euersionem futuram esse praedixit. Hoc ergo erat, inquiunt, in ueritate seueritatis, quia id erant digni; sed in ratione miserationis non erat, quam non continuit in ira sua, ut ab ea poena supplicibus parceret, quam fuerat contumacibus

---

[173] 시편 76[77],10.

[174] Numquid라는 의문부사는 부정(否定)의 답변을 유도하므로, 하느님이 정의나 사랑이 아닌 감정적 분노와 복수를 표방할 리 없음을 전제한다.

[175] 이하에 교부가 소개하는, 자비론자들의 장황한 논변은 니느웨 사건으로 미루어, 하느님이 말씀하는 "영원한 불"을 말씀 글자 그대로 믿을 필요가 없으므로 만민구원이 가능하다는 요지다.

[176] 요나 3,4-10 참조.

[177] "엄정의 진리" (in veritate severitatis) 와 "자비의 이치" (in ratione miserationis) 가 별개로 작용했으므로, 비록 용서했더라도, 하느님 말씀의 진리는 훼손되지 않았다는 이론이다.

적어도 오랫동안 시달리기는 하지만 후에는 모든 악으로부터 벗어난다고 인정하는 저 사람들도 다름아닌 시편의 증언이 자기네 주장을 뒷받침한다고 우긴다. 특히 우리가 지금 논박하는 이 사람들은 시편의 증언, 곧 "하느님께서 불쌍히 여기심을 잊으셨나? 분노로 당신 자비를 거두셨나?"[173]라는 말씀이 자기네 주장을 뒷받침한다고 주장한다. 그들의 말대로 한다면, 영원한 행복을 받기에 부당한 자들 모두를 하느님이 심판하여 영원한 형벌에 처한다는 것은 어디까지나 하느님의 분노라는 것이다! 그 형벌이 길든 그렇지 않든 하느님이 일단 어떤 형벌을 내리는 경우, 그것이 가능하려면 하느님이 분노로 당신의 자비를 거두는 것일 텐데, 시편은 그분이 결코 그런 일을 하지 않으리라고 말한다는 것이다. 시편은 실상 "분노로 당신 자비를 거두셨나?"라고 말하지 않고 그분이 결코 자비를 거두는 일이 없음을 보여주고 있기 때문이다.[174]

18.2. 그리하여 모든 사람에게 구원이 오리라고 주장한다

그러니까 저 사람들은 비록 하느님이 아무도 단죄하지 않을 것이라고 말하면서도 하느님의 최후심판에 대한 위협이 허언은 아니라고 말하고 싶어한다.[175] 하느님이 니느웨를 뒤집어엎으리라고 말씀한 위협이 있었는데 우리는 그것이 거짓말이라고 할 수가 없다. 하지만 그 말씀이 아무런 조건을 달지 않고 예고한 말씀이었음에도 실제로는 그런 일이 일어나지 않았다.[176] "만일 뉘우치지 않고 행실을 바로잡지 않으면, 니느웨는 망한다"라고 말씀한 것이 아니다. 이런 조건을 달지 않은 채로 니느웨의 멸망을 예고했던 것이다. 그러므로 저 사람들도 하느님의 위협이 참말이었다고 본다. 하느님이 이 말씀을 했고, 비록 당신이 실제로는 행하지 않을 테지만 그들이 당해야 마땅한 바를 말씀했기 때문이다. 저 사람들이 하는 말로는, 그들이 뉘우쳐서 용서했더라도 그들이 뉘우치리라는 것을 하느님이 모르지 않았으며, 그럼에도 하느님은 그들의 멸망이 닥치리라고 절대적이고 정언적인 어법으로 예고했다. 저 사람들은 이것이 엄정嚴正의 진리에 해당했으며 그들은 이런 일을 당할 만했다고 말한다. 그렇지만 자비의 이치에는 들어가지 않으니, 분노로 이 자비를 거두지는 않았고, 완고한 사람들에게 벌로 위협했지만 그들이 애원하자 하느님은 그 벌을 면해 주었던 것이다.[177]

comminatus. Si ergo tunc pepercit, aiunt, quando sanctum suum prophetam fuerat parcendo contristaturus, quanto magis tunc miserabilius supplicantibus parcet, quando ut parcat omnes sancti eius orabunt! Sed hoc, quod ipsi suis cordibus suspicantur, ideo putant scripturas tacuisse diuinas, ut multi se corrigant uel prolixarum uel aeternarum timore poenarum, et sint qui possint orare pro eis, qui non se correxerint; nec tamen opinantur omni modo id eloquia diuina tacuisse. Nam quo pertinet, inquiunt, quod scriptum est: *Quam multa multitudo dulcedinis tuae, Domine, quam abscondisti timentibus te,* nisi ut intellegamus propter timorem fuisse absconditam misericordiae diuinae tam multam secretamque dulcedinem? Addunt etiam propterea dixisse apostolum: *Conclusit enim Deus omnes in infidelitate, ut omnium misereatur,* quo significaret, quod ab illo nemo damnabitur. Nec isti tamen, qui hoc sentiunt, hanc opinationem suam usque ad liberationem uel nullam damnationem diaboli atque angelorum eius extendunt; humana quippe circa solos homines mouentur misericordia et causam maxime agunt suam, per generalem in genus humanum quasi Dei miserationem inpunitatem falsam suis perditis moribus pollicentes; ac per hoc superabunt eos in praedicanda Dei misericordia, qui hanc inpunitatem etiam principi daemonum et eius satellitibus pollicentur.

19. Item sunt alii ab aeterno supplicio liberationem nec ipsis saltem omnibus hominibus promittentes, sed tantummodo Christi baptismate

---

[178] 시편 30,20. 〔새번역 31,20: "얼마나 크옵니까! 당신을 경외하는 이들 위해 간직하신 그 선하심이."〕

[179] 로마 11,32.

[180] 자비론자들의 만민구원이 결국 자기아량(自己雅量)의 수작이 아니냐는 인신공격을 논법으로 구사한다.

저 사람들의 말에 따른다면, 하느님이 그들을 용서하여 당신의 거룩한 예언자의 마음을 상해 가면서까지도 기어이 사람들을 용서했다면, 하물며 당신의 모든 성도들이 당신에게 기도하여 용서해 주십사 빌 때 그 애원하는 사람들의 말이라면 얼마나 더 자비로이 들어 용서하겠느냐는 것이다. 그러나 이것은 그 사람들이 멋대로 추측한 것에 불과하며 거룩한 성서는 그에 대한 아무런 언급도 없다. 그 이유는 장구하거나 영원한 형벌에 대한 두려움에서라도 많은 사람들이 자신을 바로잡기 위함이고, 또 스스로 바로잡지 않아도 되는 처지에 있으면서 그들을 위해 기도할 사람들이 있기 위함이 아닌가 여겨진다. 그러면서도 저들은 성서의 말씀이 이 문제에 대해 아무런 언급을 하지 않았다고는 생각하지 않는다. 그들은 "당신을 두려워하는 이들에게 숨기신 당신의 감미로우심이 얼마나 많고 많나이까!"[178]라고 기록한 말씀이 자신들의 주장을 뒷받침한다고 여긴다. 이 말 속에 두려움을 일으키기 위해 하느님 자비의 많고도 은밀한 감미로움이 감추어져 있으며, 사도 역시 바로 이때문에 "사실 하느님께서 모든 이를 불순종 안에 가두신 것은 모든 이에게 자비를 베푸시려는 것이었습니다"[179]라는 말을 했다고 덧붙인다. 이 말로 사도는 아무도 단죄받지 않으리라는 사실을 의미했으리라는 것이다. 그렇지만 이렇게 생각하는 사람들마저도, 악마와 그의 천사들이 해방되거나 아무런 단죄도 받지 않으리라는 데까지는 자기 견해를 확대하지 않는다. 그들이 인간적 자비심에 움직이는 것은 어디까지나 인간들을 상대로 해서이다. 또 특히 자기 처지를 두고서 이 논리를 펴고 있다. 즉, 인류를 위하는 하느님의 전반적 자비를 내세워 자기의 비뚤어진 행실에 거짓된 죄 사함을 약속하는 셈이다.[180] 그러다 보면 하느님의 자비를 칭송한다는 핑계로 이 죄 사함을 귀신들의 두목과 그의 졸개들에게까지 약속하는 자들이야말로 그런 점에서 저 사람들을 능가하고 남는다.

19. 이단자도 그리스도의 몸에 속하므로 모든 벌을 면하리라고 장담하는 사람들

그런가 하면 영원한 형벌에서 벗어나는 해방을 모든 인간들에게 약속하지 않고 그리스도의 세례로 씻긴 사람들에게만 약속하는 사람들도 있다. 과거에 어

ablutis, qui participes fiunt corporis eius, quomodolibet uixerint, in quacumque haeresi uel impietate fuerint, propter illud quod ait Iesus: *Hic est panis qui de caelo descendit, ut, si quis ex ipso manducauerit, non moriatur. Ego sum panis uiuus, qui de caelo descendi. Si quis manducauerit ex hoc pane, uiuet in aeternum.* Ab aeterna ergo morte, inquiunt, necesse est istos erui et ad uitam aeternam quandocumque perduci.

20. Item sunt, qui hoc nec omnibus habentibus baptismatis Christi et eius corporis sacramentum, sed solis catholicis quamuis male uiuentibus pollicentur, quia non solo sacramento, sed re ipsa manducauerunt corpus Christi, in ipso eius corpore constituti, de quo dicit apostolus: *Vnus panis, unum corpus multi sumus*; ut, etiamsi postea in aliquam haeresim uel etiam in gentilium idolatriam lapsi fuerint, tantum quia in corpore Christi, id est in catholica ecclesia, sumpserunt baptismum Christi et manducauerunt corpus Christi, non moriantur in aeternum, sed uitam quandoque consequantur aeternam; atque illa omnis impietas, quanto maior fuerit, non eis ualeat ad aeternitatem, sed ad diuturnitatem magnitudinemque poenarum.

21. Sunt autem, qui propter id quod scriptum est: *Qui perseuerauerit usque in finem, hic saluus erit*, non nisi in ecclesia catholica perseuerantibus, quamuis in ea male uiuentibus, hoc promittunt, per ignem uidelicet saluandis merito fundamenti, de quo ait apostolus: *Fundamentum enim aliud nemo potest ponere praeter id, quod positum est, quod est Christus*

---

[181] 요한 6,50-51.

[182] 히에로니무스마저 적어도 세례받은 자들의 보편적 구원을 긍정하는 쪽으로 기운 적이 있다. Cf. *Commentarium in Ecclesiastem* 1.15; *Epistula* 84.2.

[183] Cf. *In Ioannis Evangelium tractatus* 26.11: "성사라는 것 다르고 성사의 효력이라는 것 다르다 (aliud est sacramentum, aliud virtus sacramenti). 이 빵을 먹는 자는 죽지 않으리라는 말씀은 눈에 보이는 성사에 해당하지 않고 성사의 효력에 해당한다(sed quod pertinet ad virtutem sacramenti). 겉으로 먹지 않고 안으로 먹는 사람, 이빨로 깨무는 사람이 아니고 마음으로 먹는 사람이다." Cf. *Sermo* 227; 234.2; *De Trinitate* 3.4.10.

[184] 1고린 10,17.

[185] 마태 24,13.

떻게 살았든 상관없이, 또 어떤 이단이나 어떤 불경에 떨어졌든 상관없이 그리스도의 몸에 참여하는 자면 된다는 것이다. "이것은 하늘에서 내려오는 빵이니 이것을 먹는 이는 죽지 않을 것입니다. 나는 하늘에서 내려온 살아있는 빵입니다. 이 빵을 먹는 이는 영원히 살 것입니다"[181]라는 예수의 말씀은 바로 이것 때문이라고 한다. 그래서 저 사람들은 그들은 필히 영원한 죽음에서 풀려나고 결국 언제든지 영원한 생명에 인도된다고 말한다.[182]

20. 모든 사람이 이런 은사를 받는 것이 아니라, 많은 범죄와 잘못을 저질러도 가톨릭 신자로서 세례받은 사람은 은사를 받으리라고 주장하는 사람들

그밖에도 이것을 그리스도의 세례성사와 그분 몸의 성사를 받은 사람들 모두에게 약속하지는 않고, 비록 악하게 살더라도 가톨릭 신자들에게만 장담해 주는 사람들이 있다. 가톨릭 신자들은 그리스도의 몸 속에 통합됨으로써 성사로만 아니고 실제로 그리스도의 몸을 먹었기 때문이라 한다.[183] 이에 관해 사도는 "빵이 하나이니, 우리는 여럿이지만 한 몸입니다"[184]라고 한다. 이다음에 어떤 이단이나 이교도들의 우상숭배로 타락하는 일이 있더라도, 그리스도의 몸에서, 다시 말해 가톨릭 교회 안에서 그리스도의 세례를 받았고 그리스도의 몸을 먹었기 때문에, 영원히 죽지 않을뿐더러 언젠가는 영원한 생명을 얻으리라는 것이다. 또 그들이 범하는 저 모든 불경죄는 그것이 아무리 컸더라도 그들에게 영원한 벌을 끼치지는 못하고 단지 벌이 오래가고 크다는 말일 따름이라 한다.

21. 가톨릭 신앙을 간직하는 사람들은 아주 못되게 살았고 그래서 지옥불에 타야 마땅할지라도 신앙의 기초 때문에 구원받으리라고 단정하는 사람들

그런가 하면 "끝까지 견디는 사람은 구원받을 것입니다"[185]라고 기록된 말씀을 근거로, 교회 안에서 참고 견디는 사람들이라면, 비록 그 속에서 악하게 산다고 할지라도, 이것을, 즉 그들은 신앙의 기초 덕분에 불을 거쳐서 구원받으리라고 장담하는 사람들이 있다. 이 기초에 관해서는 사도가 하는 말이 있다: "어느 누구도 이미 놓여 있는 기초, 곧 예수 그리스도 이외에 또 다른 기초를

Iesus. Si quis autem aedificat super fundamentum aurum, argentum, lapides pretiosos, ligna, fenum, stipulam: uniuscuiusque opus manifestabitur; dies enim declarabit, quoniam in igne reuelabitur, et uniuscuiusque opus quale sit ignis probabit. Si cuius opus permanserit quod superaedificauit, mercedem accipiet. Si cuius autem opus arserit, damnum patietur; ipse autem saluus erit, sic tamen quasi per ignem. Dicunt ergo cuiuslibet uitae catholicum Christianum Christum habere in fundamento, quod fundamentum nulla haeresis habet a corporis eius unitate praecisa; et ideo propter hoc fundamentum, etiamsi malae uitae fuerit catholicus Christianus, uelut qui superaedificauerit ligna, fenum, stipulam, putant eum saluum fieri per ignem, id est post poenas ignis illius liberari, quo igne in ultimo iudicio punientur mali.

22. Comperi etiam quosdam putare eos tantummodo arsuros illius aeternitate supplicii, qui pro peccatis suis facere dignas elemosynas neglegunt, iuxta illud apostoli Iacobi: *Iudicium autem sine misericordia illi, qui non fecit misericordiam.* Qui ergo fecit, inquiunt, quamuis mores in melius non mutauerit, sed inter ipsas suas elemosynas nefarie ac nequiter uixerit, iudicium illi cum misericordia futurum est, ut aut nulla damnatione plectatur aut post aliquod tempus siue paruum siue prolixum ab illa damnatione liberetur. Ideo iudicem ipsum uiuorum atque mortuorum noluisse existimant aliud commemorare se esse dicturum siue dextris, quibus est uitam daturus aeternam, siue sinistris, quos aeterno supplicio damnaturus, nisi elemosynas siue factas non factas. Ad hoc pertinere aiunt et in oratione

---

[186] 1고린 3,11-15.

[187] 최후심판에서 악인으로 판결받았더라도 형벌의 불을 거쳐서 마침내 구원받으리라는 주장이다. Cf. *Enchiridion* 18.67-69.

[188] 야고 2,13. 이어서 "자비는 심판을 이깁니다"라는 구절이 따라온다.

[189] 마태 25,35-36.42-43 참조.

놓을 수는 없기 때문입니다. 그러나 누구든지 이 기초 위에 금이나 은, 보석이나 나무, 마른 풀이나 짚으로 집을 지어 나간다면, 각자의 업적은 드러날 것입니다. 그날이 그것을 밝혀 줄 것입니다. 실상 그날은 불로 계시될 것이고 또 각자의 업적이 어떤지는 그 불이 검증해 줄 것입니다. 누구든지 그가 쌓아올린 업적이 남게 되면 그는 품삯을 받을 것입니다. 누구든지 그 업적이 타 없어지면 손해는 보겠지만, 그 자신은 구원받을 것입니다. 다만 마치 불을 거쳐서 가듯 할 것입니다."[186] 저 사람들은 가톨릭 그리스도인이라면 누구나 자기 삶의 기초로 그리스도를 모시고 있다고 말한다. 또 어떤 이단도 그리스도의 몸의 일치에서 떨어져 나간 이상 그 기초를 간직하지 못한다는 것이다. 그리고 이 기초 때문에 가톨릭 그리스도인은, 마치 나무, 마른 풀, 짚으로 집을 쌓아올린 사람처럼 그 생활이 악했을지라도, 불을 거쳐 결국에는 구원받으리라는 것이다. 말을 달리 하자면, 저 불의 형벌이 끝난 다음에는 해방되리라는 것이다. 여기서 말하는 불은 최후심판에서 악인들이 벌받을 그 불이다.[187]

22. 자선을 베풀었다면 죄악을 저질렀더라도 단죄의 심판에 회부되지 않으리라고 여기는 사람들

그 외에도 영원한 형벌로 불에 탈 사람들은 오직 자기 죄를 자선慈善을 통해 보상하려 하지 않는 사람들이라고 여기는 자들이 있다는 것도 나는 안다. 이런 자들은 야고보 사도의 "자비를 베풀지 않는 사람은 무자비하게 심판을 받을 것입니다"[188]라는 구절을 근거로 제시한다. 따라서 자선을 행했다면, 행실을 더 낫게 바꾸지는 못했더라도, 또 스스로 자선행위를 하는 와중에 불경스럽고 악하게 살았더라도, 자비로운 심판을 받으리라는 것이다. 그런 사람은 아무 단죄도 받지 않거나, 설혹 단죄를 받더라도 짧든 길든 일정한 시간이 지나면 그 단죄로부터 풀려나리라는 것이다. 그들은 산 이들과 죽은 이들의 심판자 본인이 최후심판의 자리에서 영원한 생명을 베풀 오른편 사람들에게나 영원한 형벌에로 단죄할 왼편 사람들에게나 자선을 행했는지 행하지 아니했는지 말고는 다른 것을 따지려고 하지 않은 이유가 바로 여기 있다고 생각한다.[189] 주님의 기도에

Dominica cotidianam postulationem: *Dimittite nobis debita nostra, sicut et nos dimittimus debitoribus nostris*. Quisquis enim illi, qui in eum peccauit, dimittit ignoscendo peccatum, procul dubio elemosynam facit. Quam rem dominus ipse sic commendauit, ut diceret: *Si enim dimiseritis peccata hominibus, dimittet uobis et pater uester peccata uestra; si autem non dimiseritis hominibus, neque pater uester, qui in caelis est, dimittet uobis*. Ergo et ad hoc genus elemosynarum pertinet quod ait apostolus Iacobus iudicium futurum sine misericordia ei, qui non fecit misericordiam. Nec dixit dominus, inquiunt, magna uel parua, sed: *Dimittet uobis pater uester peccata uestra, si et uos dimiseritis hominibus*. Ac per hoc putant etiam eis, qui perdite uixerint donec claudant diem uitae huius extremum, per hanc orationem, qualiacumque et quantacumque fuerint, omnia cotidie peccata dimitti, sicut ipsa cotidie frequentatur oratio, si hoc tantummodo custodire meminerint, ut, quando ab eis ueniam petunt, qui eos peccato qualicumque laeserunt, ex corde dimittant. Cum ad haec omnia Deo donante respondero, liber iste claudendus est.

서 매일 드리는 청원, 곧 "우리가 우리에게 잘못한 이를 용서하듯이 우리의 죄를 용서하소서"[190]라는 청원도 다름아닌 여기에 해당한다는 것이다. 누군가 자기한테 죄를 지었을 적에 그 죄를 묵과하여 용서한다면 그가 자선을 행하고 있음은 의심할 나위가 없다. 그 일은 주님도 권유하여 이렇게 말씀했다: "사람들에게 그들의 죄를 용서하면 여러분의 아버지께서도 여러분의 죄를 용서하실 것입니다. 그러나 사람들을 용서하지 않으면 하늘에 계신 여러분의 아버지께서도 여러분을 용서하지 않으실 것입니다."[191] 그러니까 야고보 사도가 자비를 베풀지 않은 사람은 무자비하게 심판을 받을 것이라고 한 말은 바로 이런 종류의 자선을 일컫는다. 그들이 하는 말대로라면, 주님도 큰 죄인가 작은 죄인가를 따진 것이 아니고 그냥 "사람들에게 그들의 죄를 용서하면 여러분의 아버지께서도 여러분의 죄를 용서하실 것입니다"라고 말씀했을 따름이다. 그래서 방탕하게 살다가 현생의 마지막 날을 마친 사람들도 그 죄가 어떠하고 얼마나 크든 상관없이 이 기도 덕분에 날마다 모든 죄를 용서받는다는 것이 저 사람들 생각이다. 또 이 기도가 매일같이 되풀이되는 이상, 무슨 죄로든 자기를 상심시킨 자들이 용서를 청할 적마다 진심으로 용서한다는 본분을 견지하기로 유념한다면 그렇게 된다는 것이다. 하느님이 허락하는 대로 이런 모든 문제에 답변하고 나서 이 책을 마칠 생각이다.

---

[190] 마태 6,12.

[191] 마태 6,14-15. [200주년: "여러분이 사람들의 잘못을 용서하면 하늘에 계신 여러분의 아버지께서도 여러분을 용서하실 것입니다. 그러나 여러분이 사람들을 용서하지 않으면 여러분의 아버지께서도 여러분의 잘못을 용서하시지 않을 것입니다."]

23. Ac primum quaeri oportet atque cognosci, cur ecclesia ferre nequiuerit hominum disputationem diabolo etiam post maximas et diuturnissimas poenas purgationem uel indulgentiam pollicentem. Neque enim tot sancti et sacris ueteribus ac nouis litteris eruditi mundationem et regni caelorum beatitudinem post qualiacumque et quantacumque supplicia qualibuscumque et quantiscumque angelis inuiderunt, sed potius uiderunt diuinam uacuari uel infirmari non posse sententiam, quam se Dominus praenuntiauit in iudicio prolaturum atque dicturum: *Discedite a me, maledicti, in ignem aeternum, qui paratus est diabolo et angelis eius* (sic quippe ostendit aeterno igne diabolum et angelos eius arsuros); et quod scriptum est in Apocalypsi: *Diabolus, qui seducebat eos, missus est in stagnum ignis et sulphuris, quo et bestia et pseudopropheta; et cruciabuntur die et nocte in saecula saeculorum.* Quod ibi dictum est *aeternum*, hic dictum est *in saecula saeculorum*, quibus uerbis nihil scriptura diuina significare consueuit, nisi quod finem non habet temporis. Quam ob rem prorsus nec alia causa nec iustior atque manifestior inueniri potest, cur uerissima pietate teneatur fixum et inmobile nullum regressum ad iustitiam uitamque sanctorum diabolum et angelos eius habituros, nisi quia scriptura, quae neminem fallit, dicit eis Deum non pepercisse, et sic ab illo esse interim praedamnatos, ut carceribus caliginis inferi retrusi traderentur seruandi atque ultimo iudicio puniendi, quando eos aeternus ignis

---

[192] 이상에서 필연적 구원을 주장한 견해들을 이하에 반박하는데 그 범위는 ① 만인과 (마귀들을 포함한) 모든 천사(23장), ② 모든 인간(24장), ③ 그리스도인(25.1), ④ 가톨릭 신자(25.2), ⑤ 신앙만 아니요 행실도 한 사람들(26.2), ⑥ 주님의 기도대로 남을 용서하고 자선을 행한 사람들(27.1)로 축소되지만 모조리 교부의 반박을 받는다.

[193] 마태 25,41.

[194] 묵시 20,10.

[195] 2베드 2,4 참조.

제5부 (23-27)
하느님의 말씀을 전거로 자비론자들을 논박한다[192]

23. 악마도 악인도 영원한 형벌을 받지 않으리라는 견해를 논박함

  무엇보다 먼저 아무리 길고 무거운 형벌을 받았다고 해도 그런 형벌 뒤에는 악마마저 정화나 사면을 받을 수 있다는 인간들의 주장을 교회가 용납하지 못했던 이유를 찾아보고 또 이해할 필요가 있다. 사실상 구약과 신약에 박식한 그 많은 성인聖人들이, 여하한 종류의 천사들이든, 또 얼마나 많은 천사들이든 그토록 심하고 그토록 많은 벌을 받은 다음이라면, 그들에게 정화와 하늘 나라의 지복이 부여되는 것에 기꺼이 동조하지는 않았다. 그러면서도 그들은 하느님의 선고가 허사로 그치거나 무력해질 수 없다는 사실도 그만큼 중시했다. 주님이 최후심판에서 당신이 발표하고 말씀하시리라고 예고한 "저주받은 자들아, 나를 떠나 악마와 그의 천사들을 위해 마련된 영원한 불 속으로 가라!"[193]는 선고가 그렇다. (그렇게 해서 악마와 그의 천사들이 영원한 불에 탈 것임을 보여주었다.) 묵시록에 적혀 있는 다음과 같은 구절도 마찬가지다: "그들을 미혹케 하던 악마는 불과 유황의 못에 던져졌는데 거기는 그 짐승과 거짓 예언자도 있는 곳입니다. 거기서 그들은 세세대대로 밤낮으로 고통을 겪을 것입니다."[194] 앞 구절에서는 "영원히"라고 한 말을 이 구절에서는 "세세대대로"라고 했다. "세세대대"라는 말은 성서에서 상례적으로 시간의 끝이 없다는 말 외에 다른 아무것도 의미하지 않는다. 따라서 악마와 그의 천사들이 성도들이 누리는 의덕과 생명으로 결코 되돌아가는 일이 없으리라는 확고부동한 진리를 우리는 더없이 신실한 종교심으로 견지해야 할 것이다. 아무도 속이지 않는 성서가 하느님이 그들을 용서하지 않으리라는 말을 하며, 이미 그들이 하느님께로부터 미리 단죄되었다는 말을 하고 있으니, 여기서는 다른 논리를 발견하기가 불가능하고 이보다 더 맞고 더 확실한 논리를 발견하기가 불가능하다. 성서에 의하면 그들은 지옥의 어두운 구렁이라는 감옥에 숨겨진 채로[195] 최후심판까지 남겨져 있다가 최후심판으로 벌을 받게 되어 있다. 그때는 영원한 불이 그들을 맞고 거기서 그들은 세세대대로 형

accipiet, ubi cruciabuntur in saecula saeculorum. Quod si ita est, quo modo ab huius aeternitate poenae uel uniuersi uel quidam homines post quantumlibet temporis subtrahentur, ac non statim eneruabitur fides, qua creditur sempiternum daemonum futurum esse supplicium? Si enim quibus dicetur: *Discedite a me, maledicti, in ignem aeternum, qui paratus est diabolo et angelis eius,* uel uniuersi uel aliqui eorum non semper ibi erunt, quid causae est cur diabolus et angeli eius semper ibi futuri esse credantur? An forte Dei sententia, quae in malos et angelos et homines proferetur, in angelos uera erit, in homines falsa? Ita plane hoc erit, si non quod Deus dixit, sed quod suspicantur homines plus ualebit. Quod fieri quia non potest, non argumentari aduersus Deum, sed diuino potius, dum tempus est, debent parere praecepto, qui sempiterno cupiunt carere supplicio. Deinde quale est aeternum supplicium pro igne diuturni temporis existimare et uitam aeternam credere sine fine, cum Christus eodem ipso loco, in una eademque sententia dixerit utrumque complexus: *Sic ibunt isti in supplicium aeternum, iusti autem in uitam aeternam?* Si utrumque aeternum, profecto aut utrumque cum fine diuturnum aut utrumque sine fine perpetuum debet intellegi. Par pari enim relata sunt, hinc supplicium aeternum, inde uita aeterna. Dicere autem in hoc uno eodemque sensu: «Vita aeterna sine fine erit, supplicium aeternum finem habebit» multum absurdum est. Vnde, quia uita aeterna sanctorum sine fine erit, supplicium quoque aeternum quibus erit finem procul dubio non habebit.

24. Hoc autem et aduersus eos ualet, qui suas agentes causas contra Dei

---

[196] *aeternum* supplicium ↔ ignis *diuturni temporis*, vita *aeterna* ↔ vita *sine fine*: "영원"(永遠: aeternum)과 "구원"(久遠: perpetuum)을 확연하게 구분하지 않은 채로 "장구한 시간" 혹은 "끝없는" 무엇과 비교하고 있다.

[197] 마태 25,46.

[198] aut cum fine diuturnum aut sine fine perpetuum: aeternum, diuturnum, perpetuum의 정의를 어떻게 내리든 영원한 행복과 영원한 불행에 동일한 개념을 적용시키라는 요구다.

[199] 구약성서나 사상계(예: Plato, *Timaeus* 34a; Aristoteles, *De caelo* 279b)에서 "영원한"이라는 어휘가 시작도 끝도 없는 사물에도, 시간 밖에 있는 사물에도 사용되어 소위 자비론자들에게 빌미를 주었으며, 성서의 번역에서도 그리스어 명사 αἰών이 라틴어 saeculum으로, 그 형용사 αἰώνιος는 aeternus로 번역된 사실도 토론의 여지를 주었다.

벌을 당할 것이다. 사실이 그렇다면 어떻게 인간들 전부 혹은 일부가 일정한 시간 간격이 지난 다음에 영원한 벌에서 빠져나오겠는가? 그러면 귀신들의 형벌이 영원하리라는 신앙이 당장 뒤집히지 않겠는가? 만일 "저주받은 자들아, 나를 떠나 악마와 그의 천사들을 위해 마련된 영원한 불 속으로 가라!"는 말씀을 건넬 대상들이 전부이건 일부이건 항상 그 불 속에 있지는 않을 것이라면 악마와 그의 천사들이 항상 거기 있으리라고 믿을 이유가 무엇인가? 혹시 하느님의 선고가, 즉 천사든 인간이든 악한 자들에게 내리는 선고가 천사들에게는 진짜고 사람들에게는 가짜라는 말인가? 만약 그렇다면 하느님이 말씀한 것보다 인간들이 추측한 바가 더 가치있다는 말이 된다. 그런 일은 절대로 있을 수 없다. 그러므로 영원한 형벌이 없었으면 하고 간절히 바라는 사람들이라면 하느님을 거슬러 논리를 펴려 하기보다는, 차라리 아직 시간이 있는 동안 하느님의 가르침에 순종함이 마땅하겠다. 영원한 형벌이라는 것을 장구한 시간의 불로 여기거나 영원한 생명이라는 것을 끝없는 생명이라고 믿는다면 어찌 될까?[196] 그리스도가 같은 대목에서 같은 선고를 내리면서 양자를 한데 묶어 "그래서 이들은 영원한 벌을 받으러 갈 것이고, 의인들은 영원한 생명을 누리러 갈 것입니다"[197]라고 한 말씀이 있다. 만약 이 양편 다 영원하다면, 양편 다 끝이 있는 장구한 시간이거나 양편 다 끝이 없는 영구한 것이거나 둘 중의 하나라고 이해해야 한다.[198] 왜냐하면 이 둘은 대등하게 연결되어 후자는 영원한 형벌, 전자는 영원한 생명이라고 되어 있기 때문이다. 한 문장을 놓고 단일하고 동일한 의미가 쓰여야 하는데도, "영원한 생명은 끝이 없을 것이요 영원한 형벌은 끝이 있을 것이다"고 한다면 대단한 자가당착이다. 성도들의 영원한 생명이 끝이 없을 것이라면, 의심없이 영원한 형벌 역시 그 벌을 받을 사람들에게는 끝이 없으리라.[199]

24. 하느님의 심판중에 성도의 기도로 모든 죄인에게 사면이 내리리라는 생각을 반박함

24. 1. 인간들에게도 벌은 영원하다

하느님의 말씀에 상반되게 자기 입장을 펴면서 마치 더없이 큰 자비를 과시하는

uenire uerba uelut misericordia maiore conantur, ut ideo uidelicet uera sint, quia ea, quae dixit homines esse passuros, pati digni sunt, non quia passuri sunt. Donabit enim eos, inquiunt, precibus sanctorum suorum, etiam tunc tanto magis orantium pro inimicis suis, quanto sunt utique sanctiores, eorumque efficacior est oratio et exauditione Dei dignior, iam nullum habentium omnino peccatum. Cur ergo eadem perfectissima sanctitate et cuncta impetrare ualentibus mundissimis et misericordissimis precibus etiam pro angelis non orabunt, quibus paratus est ignis aeternus, ut Deus sententiam suam mitiget et reflectat in melius eosque ab illo igne faciat alienos? An erit forsitan quisquam, qui et hoc futurum esse praesumat adfirmans etiam sanctos angelos simul cum sanctis hominibus, qui tunc aequales erunt angelis Dei, pro damnandis et angelis et hominibus oraturos, ut misericordia non patiantur, quod ueritate merentur pati? Quod nemo sanae fidei dixit, nemo dicturus est. Alioquin nulla causa est, cur non etiam nunc pro diabolo et angelis eius oret ecclesia, quam magister Deus pro inimicis suis iussit orare. Haec igitur causa, qua fit ut nunc ecclesia non oret pro malis angelis, quos suos esse nouit inimicos, eadem ipsa causa est, qua fiet ut in illo tunc iudicio etiam pro hominibus aeterno igne cruciandis, quamuis perfecta sit sanctitate, non oret. Nunc enim propterea pro eis orat, quos in genere humano habet inimicos, quia tempus est paenitentiae fructuosae. Nam quid maxime pro eis orat, nisi *ut det*

---

[200] Magister Deus ... iussit orare: 교부의 초기 작품(*De magistro*)부터 사용해 온 특유한 호칭이다.

것처럼 행세하는 사람들을 반박하는 데도 비슷한 말씀들이 적용될 수 있다. 그들이 하는 말대로라면, 주님의 말씀이 참이기는 하지만, 인간들이 당하리라고 말씀한 내용으로 본다면, 인간들이 그런 것을 당할 만하다는 뜻이지 그들이 그 벌을 반드시 받으리라는 뜻은 아니라는 것이다. 사람들이 말하기로는, 주님은 당신 성도들의 기도로 말미암아 그들을 용서할 것이고, 더구나 그때 가면 성도들이 더욱 성스러워지는 만큼 자기 원수들을 위해 더욱 간절히 기도할 것이고, 따라서 그들의 기도는 더욱 힘있을 것이며, 아무 죄도 지니지 않은 사람들의 기도인 만큼 하느님이 들어주기에 더욱 합당하리라고 한다. 그럴 경우에 성도들은 지극히 완전한 성덕을 이용해서, 또 무엇이든지 관철시킬 수 있는 지극히 순수하고 지극히 자비로운 자기네 기도를 이용하여, 영원한 불이 마련된 천사들을 위해 기도하지 말라는 법이 어디 있겠는가? 그래서 하느님이 그들에게 내린 선고를 완화하고 돌이켜 더 나은 선고로 바꾸며 기어코 그들을 불로부터 벗어나게 하지 않겠는가? 그러다 보면 혹시 다음과 같은 일이 장차 닥치리라는 추측도 하고 또 그렇게 주장할 사람까지 생기지 않을까? 즉, 거룩한 천사들도, 그때 가면 하느님의 천사들과 동등해지는 거룩한 인간들과 더불어, 단죄받을 자들을 위해 기도할 테고(상대방이 천사든 인간이든 상관없으리라), 그래서 진리에 입각해서 마땅히 받아야 할 형벌이지만 자비 덕분에 받지 않게 해 주리라. 그러나 건전한 신앙을 갖춘 사람치고 이런 말을 한 사람은 아무도 없었고 앞으로도 이런 말을 할 사람은 아무도 없을 것이다. 만일 그렇지 않다면 지금도 교회가 악마와 그의 천사들을 위해 기도하지 않을 이유가 전혀 없다. 하느님은 스승으로서[200] 교회더러 원수를 위해서도 기도하라고 명한 까닭이다. 그런데 악한 천사들이 자기 원수임을 알면서도 교회가 지금 악한 천사들을 위해 기도하지 않는 데는 이유가 있고, 똑같은 이유로 그때 가서 비록 교회가 성덕에 있어서 완전할지라도 저 최후심판에서 영원한 불에 시달려야 할 인간들을 위해 기도를 올리지는 않을 것이다. 지금은 교회가 인류 가운데서 교회의 원수 노릇을 하는 사람들을 위해서도 기도를 올리는데 지금은 결실 풍부한 회개의 때인 연고다. 사실 무엇 때문에 하든 그들을 위해 각별히 기도하는 것은, 사도가 하는 말대로, 행여 "하느님께서

illis Deus, sicut dicit apostolus, *paenitentiam et resipiscant de diaboli laqueis, a quo captiui tenentur secundum ipsius uoluntatem?* Denique si de aliquibus ita certa esset, ut qui sint illi etiam nosset, qui, licet adhuc in hac uita sint constituti, tamen praedestinati sunt in aeternum ignem ire cum diabolo: tam pro eis non oraret, quam nec pro ipso. Sed quia de nullo certa est, orat pro omnibus dumtaxat hominibus inimicis suis in hoc corpore constitutis; nec tamen pro omnibus exauditur. Pro his enim solis exauditur, qui, etsi aduersantur ecclesiae, ita sunt tamen praedestinati, ut pro eis exaudiatur ecclesia et filii efficiantur ecclesiae. Si qui autem usque ad mortem habebunt cor impaenitens nec ex inimicis conuertentur in filios, numquid iam pro eis, id est pro talium defunctorum spiritibus, orat ecclesia? Quid ita, nisi quia in parte iam diaboli computatur, qui cum esset in corpore non est translatus ad Christum?

Eadem itaque causa est, cur non oretur tunc pro hominibus aeterno igne puniendis, quae causa est, ut neque nunc neque tunc oretur pro angelis malis; quae itidem causa est, ut, quamuis pro hominibus, tamen iam nec nunc oretur pro infidelibus impiisque defunctis. Nam pro defunctis quibusdam uel ipsius ecclesiae uel quorumdam piorum exauditur oratio, sed pro his, quorum in Christo regeneratorum nec usque adeo uita in corpore male gesta est, ut tali misericordia iudicentur digni non esse, nec usque adeo bene, ut talem misericordiam reperiantur necessariam non habere;

---

[201] 2디모 2,25-26. 〔200주년: "하느님께서 그들이 진리를 깨닫도록 회개시키시고, 그들은 악마의 뜻을 행하도록 사로잡혀 있던 올무에서 벗어나 다시 정신을 차릴 수 있을지도 모릅니다."〕

[202] 교부의 예정설(22.24.5 참조)은 논란의 여지가 많으나 여기서 praedestinati in aeternum ignem ire cum diabolo라는 문장은 가설적으로 제시했고, 교회는 누가 그런 인간인지 결코 알 수 없다고 단정하고 있다.

[203] 자비론자들이 성도들의 기도에 힘입어 만민구원을 주장하는 근거는 종말의 심판과 단죄마저 성령 안에서 만유가 아버지 하느님을 향해 가는 여정의 일부로 보기 때문일 것이다. Cf. Origenes, *De oratione* 31-32.

[204] pro infidelibus impiisque defunctis: 본서의 에라스무스판(版)에는 이 글귀 뒤에 죽은 이들을 위한 기도와 사후 정화에 대한 상당히 긴 문장이 나오지만 비판본(textus criticus)들에는 수록되지 않았다.

그들을 회개시키시고 악마의 뜻을 행하도록 사로잡혀 있던 그 올무에서 벗어나 정신을 차리게 되지나 않을까"[201] 하는 뜻이 아니고 무엇이겠는가? 그렇지만 교회가 기도를 바쳐주는 대상들 가운데 어떤 사람들을 두고, 그들이 아직 현생에 있도록 안배되어 있기는 하지만 결국 악마와 더불어 영원한 불 속으로 가도록 예정된 사람들임을 어느 모로든 확실하게 안다고 하자. 그렇다면 교회는 악마를 위해 기도하지 않듯이, 그들을 위해서도 기도하지 않을 것이다.[202] 그렇지만 그것은 어떤 수로도 확실히 알 수 없기 때문에 사람들이 아직 이 육체 속에 안배되어 있는 동안에는 교회는 모든 이들을 위해서, 자기 원수인 사람들을 위해서도 기도를 한다. 그렇다고 그 기도가 모두를 위해 받아들여지는 것은 아니다. 비록 어떤 사람들이 교회에 맞서고 있을지라도 그들을 위한 교회의 기도가 받아들여지도록 예정되고 교회의 자녀가 되기로 예정된 사람들을 위해서만 받아들여지는 법이다.[203] 만약 누가 죽기까지 뉘우치지 않는 마음을 고집하고 교회의 원수에서 그 자녀로 전향하지 않았다면, 교회가 여전히 그들을 위해서, 다시 말해 그렇게 죽은 사람들의 혼령을 위해서도 기도할까? 기도하지 않는다면 그가 육체에 머물러 있는 동안에 그리스도께로 개종하지 않았으니까 이미 악마의 편에 있다고 보이기 때문이 아니면 왜 그렇게 하겠는가?

24. 2. 성도가 어떤 사람들을 위해 기도하지 않는다면 하느님이 달리 하신 말씀이 있기 때문이다

그러니까 그때 가서 영원한 불의 형벌을 받아야 할 사람들을 위해 왜 기도하지 않는가 하는 것은, 지금이나 그때나 교회가 악한 천사들을 위해 기도하지 않는 것과 같은 이유에서다. 또 교회가 비록 사람들을 위해 기도하면서도, 이미 죽은 불신자들이나 신앙 없는 사람들을 위해서는 기도를 바치지 않는 것도 같은 이유에서다.[204] 죽은 이들을 위한 기도라면 교회 자체의 기도든 어떤 경건한 사람들의 기도든 받아들여진다. 그렇지만 그 기도가 받아들여지는 것은 어디까지나 그리스도 안에서 다시 태어난 사람들 가운데 육체를 지닌 동안의 삶이 자비를 받기에 합당하지 않다고 판단받을 만큼 그렇게 나쁘게 이루어지지는 않았지만, 그렇다고 자비가 필요하지 않을 만큼 선하게 이루어지지도 않았던 사람들을

sicut etiam facta resurrectione mortuorum non deerunt, quibus post poenas, quas patiuntur spiritus mortuorum, inpertiatur misericordia, ut in ignem non mittantur aeternum. Neque enim de quibusdam ueraciter diceretur, quod non eis remittatur neque in hoc saeculo neque in futuro, nisi essent quibus, etsi non in isto, tamen remittitur in futuro. Sed cum dictum fuerit a iudice uiuorum atque mortuorum: *Venite, benedicti patris mei, possidete paratum uobis regnum a constitutione mundi*, et aliis e contrario: *Discedite a me, maledicti, in ignem aeternum, qui paratus est diabolo et angelis eius*, et ierint *isti in supplicium aeternum, iusti autem in uitam aeternam*: nimiae praesumptionis est dicere cuiquam eorum aeternum supplicium non futurum, quo Deus ituros in supplicium dixit aeternum, et per huius praesumptionis persuasionem facere, ut de ipsa quoque uita uel desperetur uel dubitetur aeterna.

Nemo itaque sic intellegat Psalmum canentem: *Numquid obliuiscetur misereri Deus, aut continebit in ira sua miserationes suas?* ut opinetur de hominibus bonis ueram, de malis falsam, aut de bonis hominibus et malis angelis ueram, de malis autem hominibus falsam Dei esse sententiam. Hoc enim, quod ait Psalmus, ad uasa misericordiae pertinet et ad filios promissionis, quorum erat unus etiam ipse propheta, qui cum dixisset: *Numquid obliuiscetur misereri Deus aut continebit in ira sua miserationes suas?* continuo subiecit: *Et dixi: Nunc coepi, haec est inmutatio dexterae Excelsi*. Exposuit profecto quid dixerit: *Numquid continebit in ira sua miserationes suas?* Ira enim Dei est etiam ista uita mortalis, ubi homo uanitati similis factus est; dies eius uelut umbra praetereunt. In qua

---

[205] 당시도 지금도 죽은 이들을 위한 가톨릭 교회의 공식기도는 신앙인에 대상이 국한된다.

[206] 마태 12,32 참조: "성령을 거슬러 말하는 자는 이 세상에서도 오는 세상에서도 용서받지 못할 것입니다."

[207] 마태 25,34.41.46. 본서 20.5.5에 마태 25,31-41까지 인용.

[208] 영원한 벌이 불확실하다는 이유로 영원한 행복도 불확실하게 생각하는 사람들이 있지 않겠느냐 는 말이다.

[209] 시편 76[77],10.

[210] 로마 9,23 ("영광을 받도록 미리 마련하신 자비의 그릇들에게 …"); 갈라 4,28 ("여러분은 이사악과 같은 약속의 자손들입니다") 참조.

[211] 시편 76,11. 〔새번역 77,11: "그리하여 제가 말하나이다. '이것이 나의 아픔이로다. 지존의 오른 팔이 변해버리신 것이!'"〕

위해서다.[205] 죽은 이들의 부활이 이루어지고 나서도 죽은 이들의 혼령이 응당 당하는 벌을 받은 후에 영원한 불 속으로 보내지지 않으려면 자비를 입어야 할 사람들이 없지 않을 것이다. 실제로 이 세상에서 용서받지 못하지만 오는 세상에서 용서받는 사람이 만약 존재하지 않는다면, 어떤 사람들을 두고 이 세상에서도 오는 세상에서도 용서를 받지 못한다는 말을 참으로 할 수는 없을 것이다.[206] 그러나 산 이들과 죽은 이들의 심판관으로부터 "내 아버지의 축복을 받은 사람들아, 와서 창세 때부터 너희를 위해 마련해 둔 나라를 상속받아라!"는 말씀이 있고, 다른 사람들에게는 정반대로 "저주받은 자들아, 나를 떠나 악마와 그의 천사들을 위해 마련된 영원한 불 속으로 가라!"는 말씀이 내리며 "그래서 이들은 영원한 벌을 받으러 갈 것이고, 의인들은 영원한 생명을 누리러 갈 것입니다"[207]라고 할 때를 생각해 보자. 그러니 하느님은 그들이 영원한 벌로 가리라는 말씀을 했는데도, 그가운데 어떤 사람들에게는 영원한 형벌이 오지 않으리라는 말은 지나친 추측이다. 또 그런 추측을 신념으로 하여 영원한 생명에 대해서마저 실망을 하거나 의심케 만든다는 것도 도에 지나친 일이다.[208]

24.3. 하느님의 분노는 영속한다

그러므로 그 누구도 "하느님께서 불쌍히 여기심을 잊으셨나? 분노로 당신 자비를 거두셨나?"[209]라고 노래하는 시편을 다음과 같이 이해해서는 안 된다. 즉, 하느님의 선고가 선한 사람들에 대해서는 참이고 악한 사람들에 대해서는 거짓이거나, 그렇지 않으면 선한 사람들과 악한 천사들에게는 참이고 악한 사람들에 대해서는 거짓이라고 생각해서는 안 된다. 이 시편이 말하는 바는 자비의 그릇에 해당하며 약속의 자손들에 해당하고[210] 시편을 노래한 저 예언자도 그 자손들 가운데 한 사람이었던 것이다. 그는 "하느님께서 불쌍히 여기심을 잊으셨나? 분노로 당신 자비를 거두셨나?"라고 하고서는 당장 다음과 같은 구절을 덧붙인다: "나는 이렇게 말씀드렸다. '이제 나는 시작하나이다. 이것은 지존하신 분의 오른손이 가져다주신 변화로다.'"[211] 시편 작가는 분명히 여기서 "분노로 당신 자비를 거두셨나?"라는 말을 해설했다. 사멸하는 인생이야말로 하느님의 분노이며, 그 속에서 인간은 덧없는 삶을 살고 그의 삶은 그림자처럼 지나

tamen ira non obliuiscitur misereri Deus, faciendo solem suum oriri super bonos et malos et pluendo super iustos et iniustos, ac sic non continet in ira sua miserationes suas; maximeque in eo, quod expressit hic Psalmus dicendo: *Nunc coepi, haec est inmutatio dexterae Excelsi*, quoniam in hac ipsa aerumnosissima uita, quae ira Dei est, uasa misericordiae mutat in melius, quamuis adhuc in huius corruptionis miseria maneat ira eius, quia nec in ipsa ira sua continet miserationes suas. Cum ergo isto modo compleatur diuini illius cantici ueritas, non est eam necesse etiam illic intellegi, ubi non pertinentes ad ciuitatem Dei sempiterno supplicio punientur. Sed quibus placet istam sententiam usque ad illa impiorum tormenta protendere, saltem sic intellegant, ut manente in eis ira Dei, quae in aeterno est praenuntiata supplicio, non contineat Deus in hac ira sua miserationes suas et faciat eos non tanta quanta digni sunt poenarum atrocitate cruciari; non ut eas poenas uel numquam subeant uel aliquando finiant, sed ut eas mitiores quam merita sunt eorum leuioresque patiantur. Sic enim et ira Dei manebit, et in ipsa ira sua miserationes suas non continebit. Quod quidem non ideo confirmo, quoniam non resisto.

Ceterum eos, qui putant minaciter potius quam ueraciter dictum: *Discedite a me, maledicti, in ignem aeternum*, et: *Ibunt isti in supplicium aeternum*, et: *Cruciabuntur in saecula saeculorum*, et: *Vermis eorum non morietur et ignis non extinguetur*, et cetera huius modi, non tam ego, quam

---

[212] 시편 143[144],4 참조.

[213] 마태 5,45 참조.

[214] 지옥이 필히 하느님의 분노의 표현은 아니라는 말이다.

[215] 오리게네스에 공감하여 단죄받은 자들의 후세 형벌이 완화될 가능성이 있다고 주장하는 히에로니무스(*Commentarium in Isaiam* 18.66.24)나 나지안즈의 그레고리우스(*Oratio* 40.36) 등의 견해에 대해 교부는 비난도 동의도 하지 않는 중립을 보인다.

[216] 마태 25,41.

[217] 마태 25,46.

[218] 묵시 20,10.

가버린다.²¹² 그런 분노중에서도 하느님은 자비를 베푸는 일을 잊지 않는다. 그분은 선한 사람들에게나 악한 사람들에게나 당신의 해를 떠오르게 하고 의로운 사람들에게나 의롭지 못한 사람들에게나 당신이 비를 내려 주는 까닭이다.²¹³ 그럼으로써 분노로 자비를 거두는 일이 없다. 특히 이 시편이 "이제 나는 시작하나이다. 이것은 지존하신 분의 오른손이 가져다주신 변화로다"라는 말로 표현한 바에서 이 점이 드러난다. 차라리 하느님의 분노라고나 할 고생스럽기 이를 데 없는 현생에서 하느님은 자비의 그릇을 더 좋게 변화시킨다. 물론 아직 이 부패하는 가련함 속에 그분의 분노가 남아있기는 하지만, 당신의 분노 자체가 당신의 자비를 거두지는 않는 까닭이다. 그렇게 해서 저 신성한 노래에 담긴 진리가 이루어지더라도, 하느님의 도성에 속하지 않는 사람들이 영원한 형벌을 받는 그곳에 분노가 반드시 있어야 한다고 생각할 필요는 없다.²¹⁴ 하지만 그런 선고를 불경스런 자들이 당하는 고통에까지 확대하고 싶어 하는 사람들은 적어도 이 한 가지 의미만은 알아두어야 할 것이다. 그 고통 속에 하느님의 분노가 남아있기는 하고 영원한 형벌에 그 분노가 있다고 예고되기는 했지만, 하느님은 당신의 이 분노 속에서 당신의 자비를 거두는 일은 없다는 사실이다. 또 그들이 응당 받아야 할 만큼의 혹독한 형벌로 고생하게 만들지는 않는다는 점이다. 그렇다고 그들이 저런 벌을 받지 않는다거나, 아예 안 받는다거나, 언젠가 끝나리라는 뜻은 아니고, 다만 그들이 응당 받아야 할 것보다는 더 순한 벌을 받고 더 가벼운 벌을 받으리라는 말이다. 그렇게 해서 하느님의 분노도 남을 것이고, 또 그 분노중에서 당신의 자비를 거두지도 않을 것이다. 그러나 이런 견해에 내가 반대를 하지 않는다고 해서 내가 그것을 인정하는 것은 아니다.²¹⁵

24. 4. 니느웨 사람들의 본보기도 여기서는 통하지 않는다

그밖에도 "저주받은 자들아, 나를 떠나 영원한 불 속으로 가라!"²¹⁶는 말씀, "그래서 이들은 영원한 벌을 받으러 갈 것이고, 의인들은 영원한 생명을 누리러 갈 것입니다"²¹⁷라는 말씀, 또 "거기서 그들은 세세대대로 고통을 겪을 것입니다"²¹⁸라는 말씀, 그리고 "지옥에서는 그들의 구더기도 죽지 않고 불도 꺼지지 않습니

ipsa scriptura diuina planissime atque plenissime redarguit ac refellit. Nineuitae quippe in hac uita egerunt paenitentiam et ideo fructuosam, uelut in hoc agro seminantes, in quo Deus uoluit cum lacrimis seminari, quod postea cum laetitia meteretur; et tamen quis negabit, quod Dominus praedixit in eis fuisse completum, nisi parum aduertat, quem ad modum peccatores Deus non solum iratus, uerum etiam miseratus euertat? Euertuntur enim peccatores duobus modis, aut sicut Sodomitae, ut pro peccatis suis ipsi homines puniantur, aut sicut Nineuitae, ut ipsa hominum peccata paenitendo destruantur. Factum est ergo quod praedixit Deus; euersa est Nineue quae mala erat, et bona aedificata est quae non erat. Stantibus enim moenibus atque domibus euersa est ciuitas in perditis moribus. Ac sic, quamuis propheta fuerit contristatus, quia non est factum quod illi homines timuerunt illo prophetante uenturum, factum est tamen quod fuerat Deo praesciente praedictum, quoniam nouerat qui praedixit, quo modo in melius esset implendum.

Vt autem nouerint isti in peruersum misericordes quo pertineat quod scriptum est: *Quam multa multitudo dulcedinis tuae, Domine, quam abscondisti timentibus te!* legant quod sequitur: *Perfecisti autem sperantibus in te.* Quid est *abscondisti timentibus, perfecisti sperantibus*, nisi quia illis, qui timore poenarum suam iustitiam uolunt constituere quae in lege est, non est iustitia Dei dulcis, quia nesciunt eam? Non enim gustauerunt eam. In se namque sperant, non in ipso, et ideo eis absconditur multitudo

---

[219] 마르 9,44.

[220] 시편 125[126],6 참조: "뿌릴 씨 들고 울며 가던 이, 곡식단 들고 환호하며 돌아오리라."

[221] parum *advertat* ... miseratus *evertat*: 하느님의 자비가 죄인을 "무너뜨린다"거나 "뒤집어엎는다"는 표현은 교부의 개인적 영성체험을 반영한 것이다.

[222] 요나의 예언이 "40일이 지나면 니느웨는 무너진다(공동번역: "잿더미가 된다"; 3,1-4 참조)"는 것이었으므로 교부는 이 동사(evertitur)를 이용하여 논의를 개진하고 있다.

[223] 시편 30,20. [새번역 31,20: "얼마나 크옵니까! 당신을 경외하는 이들 위해 간직하신 그 선하심이."] 본서 21.18.2에도 인용.

[224] 시편 30,20. [새번역 31,20: "당신께 피신하는 이들에게 사람들 보는 앞에서 이를 베푸시나이다."]

[225] 교부는 두 구절을 abscondisti *timentibus*, perfecisti *sperantibus*로 조합하여 이하의 해설을 내놓는다.

[226] 로마 10,3 참조: "하느님의 의로움을 모르고 자신의 의로움을 세우려고만 했지 하느님의 의로움에 복종하지 않았기 때문입니다."

[227] 교부의 「시편 상해」(*Enarrationes in Psalmos* 30.2.3.6)에는 더 유순한 해석이 나오고 주님을 두려워함이 지혜의 시작이라는 전통사상도 깔려 있다.

다"²¹⁹라는 말씀, 그밖에 이와 비슷한 말씀들이 진실 그대로라기보다는 위협이라고 여기는 사람들이 있다. 이런 사람들에게는 바로 성서가 나보다 더 명료하고 완벽하게 반박을 하고 배격을 한다. 니느웨 사람들은 현생에서 회개를 했고, 그것도 소득이 풍부한 회개를 하여 마치 현세의 이 밭에 씨를 뿌리는 사람들과 흡사했다. 하느님은 사람들이 이 밭에서 눈물로 씨뿌리고 후일에는 기쁨으로 거두기를 바랐던 것이다.²²⁰ 하느님이 어떻게 죄인들을 무너뜨리는지, 단지 화를 내서만 아니고 또한 자비를 베풂으로써 어떻게 무너뜨리는지 조금만 주의를 기울여 살펴본다면,²²¹ 주님이 저런 말씀으로 예고한 바가 성취되었음을 누가 부인하겠는가? 죄인들이 무너지는 방법은 두 가지다. 하나는 소돔인들처럼 자기 죄로 인간들이 벌을 받는 길이고 다른 하나는 니느웨인들처럼 뉘우침으로써 인간들의 죄가 소멸되는 길이다. 그러니 하느님이 예고한 바가 고스란히 이뤄진 것이다. 악하던 니느웨는 무너졌고, 전에는 그렇지 못했던 선한 니느웨가 세워진 까닭이다.²²² 성벽과 가옥들은 그대로 선 채로, 망할 행실들을 보이던 도성은 무너진 셈이다. 그리하여 저 사람들이 두려워하던 일, 장차 닥치리라고 자기가 예언하던 말이 그대로 이뤄지지 않아서 예언자가 속상하긴 했지만, 하느님이 예지하는 가운데 예고된 바는 그대로 성취되었던 것이다. 이를 예고한 분은 어떻게 하면 그 말씀이 더 나은 방향으로 성취되어야 할지를 알고 있었던 까닭이다.

24. 5. 희망을 품는 사람들에게는 자비가 내리리라

그러므로 자비로워도 그릇된 방향으로 자비로운 저 사람들은 "당신을 두려워하는 이들에게 숨기신 당신의 감미로우심이 얼마나 많고 많나이까!"²²³라고 기록된 말씀이 어디에 해당하는지 알았으면 좋겠다. 저 사람들은 뒤따라오는 "당신께 희망을 품는 사람들에게 그것을 완성하셨나이다"²²⁴라는 구절을 읽어봐야 한다. 그러면 "두려워하는 이들에게 숨기신 바를 희망을 품는 사람들에게 완성하셨나이다"²²⁵라는 구절은 무슨 뜻인가? 벌에 대한 두려움에서 율법에 정해져 있는 자기 나름의 의로움을 세우고 싶어하는 사람들은 하느님의 의로움을 알아보지 못하므로 하느님의 의로움이 그들에게는 감미롭지 않다는 말이 아니고 무엇이겠는가?²²⁶ 그들은 그 의로움을 맛보지 못했기 때문이다.²²⁷ 자기한테 희망을

dulcedinis Dei; quoniam timent quidem Deum, sed illo timore seruili, qui non est in caritate, quia perfecta caritas foras mittit timorem. Ideo sperantibus in eum perficit dulcedinem suam inspirando eis caritatem suam, ut timore casto, non quem caritas foras mittit, sed permanente in saeculum saeculi, cum gloriantur, in Domino glorientur. Iustitia quippe Dei Christus est, *qui factus est nobis*, sicut dicit apostolus, *sapientia a Deo et iustitia et sanctificatio et redemptio, ut, quem ad modum scriptum est, qui gloriatur, in Domino glorietur*. Hanc Dei iustitiam, quam donat gratia sine meritis, nesciunt illi, qui suam iustitiam uolunt constituere, et ideo iustitiae Dei, quod est Christus, non sunt subiecti. In qua iustitia est multa multitudo dulcedinis Dei, propter quam dicitur in Psalmo: *Gustate et uidete quam dulcis est Dominus*. Et hanc quidem in hac peregrinatione gustantes, non ad satietatem sumentes, esurimus eam potius ac sitimus, ut ea postea saturemur, cum uidebimus eum, sicuti est, et implebitur quod scriptum est: *Saturabor, cum manifestabitur gloria tua*. Ita perficit Christus multam multitudinem dulcedinis suae sperantibus in eum. Porro autem si eam, quam illi putant, dulcedinem suam Deus abscondit timentibus eum, qua non est impios damnaturus, ut hoc nescientes et damnari timentes recte uiuant ac sic possint esse qui orent pro non recte uiuentibus: quo modo eam perficit sperantibus in eum, quando quidem, sicut somniant, per hanc dulcedinem non damnaturus est eos, qui non sperant in eum? Illa igitur eius dulcedo quaeratur, quam perficit sperantibus in eum, non quam perfi-

---

[228] 1요한 4,18 참조: "사랑에는 두려움이 없으며, 완전한 사랑은 두려움을 내쫓습니다."

[229] 1고린 1,30-31.

[230] 시편 33,9. 〔새번역 34,9: "너희는 맛보고 눈여겨보라, 주님께서 얼마나 좋으신지!"〕

[231] 1요한 3,2 참조: "우리가 그분을 실제 모습 그대로 뵈올 것이기 때문입니다."

[232] 시편 16,15. 〔새번역 17,15: "저는 의로움으로 당신 얼굴을 뵈옵고 깨어날 때 당신 모습으로 흡족하리이다."〕

걸었고 그분에게 희망을 두지 않았으며, 그래서 하느님의 많고많은 감미로움이 그들에게는 감추어져 있었던 것이다. 하느님을 두려워하기는 하지만 종이 품는 두려움, 세세대대로 남는 두려움을 품고 있기 때문이다. 완전한 사랑은 두려움을 밖으로 내쫓으니까 사랑에는 두려움이 없다.[228] 그러므로 자랑하는 사람들은 주님 안에서 자랑해야 한다. 사도가 말한 것처럼, 그리스도가 곧 하느님의 의로움이다: "그분은 우리에게 하느님으로부터 오신 지혜가 되시고 의로움과 성화와 속량이 되신 것입니다. 그것은 성서에 '누구든지 자랑하려거든 주님 안에서 자랑하라'고 기록되어 있는 대로 하려는 것이었습니다."[229] 하느님의 이 의로움, 공덕 없이도 은총이 거저 베풀어 주는 의로움을 그들은 알지 못한다. 자기 나름대로 의로움을 세우고 싶어하는 사람들이기 때문에 하느님의 의로움 곧 그리스도에게 복종하지 않았던 것이다. 바로 이 의로움 속에 하느님의 많고많은 감미로움이 있으며 그래서 시편은 "너희는 주님이 얼마나 감미로우신지 맛들이고 깨달아라!"[230]라고 한다. 이 나그넷길에서 이 감미로움을 맛보고서도 흡족할 만큼 먹지 못한다면 우리는 갈수록 주리고 갈수록 목마른 사람이 될 것이고, 훗날에 그분을 있는 그대로 뵈올 적에는 적이 만족할 것이다.[231] 그러고 나면 "당신의 영광이 드러날 때에 나는 흡족하리이다"[232]라고 기록되어 있는 말씀이 이루어진다. 그렇게 해서 그리스도는 당신에게 희망을 품는 사람들에게 당신의 많고많은 감미로움을 완성시켜 준다. 그럼에도 저 사람들은 하느님이 당신을 두려워하는 사람들에게는 당신의 감미로움을 감춘다고 말한다. 그렇게 하면 그들은 하느님이 불경스런 자들을 단죄하지 않으리라는 사실을 알지 못한 채로, 단죄받지나 않을까 무서워서 올바로 산다는 것이며, 그리하여 바르지 못하게 사는 사람들을 위해 기도하는 사람까지 될 수 있다는 것이다. 하지만 만약 그렇다면, 하느님이 당신에게 희망을 품는 사람들에게 그 감미로움을 어떻게 완성한다는 말인가? 혹자는 하느님이 당신에게 희망을 품고 있지 않는 사람들도 단죄하지 않는다면, 그것은 다름아닌 바로 이 감미로움 때문이라고 상상하는데. 그러니 우리는 하느님을 경멸하고 모독하는 사람들을 완성시켜 준다고 여기는 그런 감미로움보다는 차라리 그분에게 희망을 품는 사람들을 완성시켜

cere putatur contemnentibus et blasphemantibus eum. Frustra itaque homo post hoc corpus inquirit, quod in hoc corpore sibi comparare neglexit.

Illud quoque apostolicum: *Conclusit enim Deus omnes in infidelitate, ut omnium misereatur,* non ideo dictum est, quod sit neminem damnaturus, sed superius apparet unde sit dictum. Nam cum de Iudaeis postea credituris apostolus loqueretur ad gentes, ad quas utique iam credentes conscribebat epistulas: *Sicut enim uos,* inquit, *aliquando non credidistis Deo, nunc autem misericordiam consecuti estis illorum incredulitate: sic et hi nunc non crediderunt in uestram misericordiam, ut et ipsi misericordiam consequantur.* Deinde subiecit, unde isti sibi errando blandiuntur, atque ait: *Conclusit enim Deus omnes in infidelitate, ut omnium misereatur.* Quos omnes, nisi de quibus loquebatur, tamquam dicens: Et uos et illos? Deus ergo et gentiles et Iudaeos, quos praesciuit et praedestinauit conformes imaginis filii sui, omnes in infidelitate conclusit, ut de amaritudine infidelitatis suae paenitendo confusi et ad dulcedinem misericordiae Dei credendo conuersi clamarent illud in Psalmo: *Quam multa multitudo dulcedinis tuae, Domine, quam abscondisti timentibus te, perfecisti autem sperantibus,* non in se, sed *in te!* Omnium itaque miseretur uasorum misericordiae. Quid est omnium? Et eorum scilicet quos ex gentibus, et eorum quos ex Iudaeis praedestinauit uocauit, iustificauit glorificauit, non hominum omnium, sed istorum omnium neminem damnaturus.

---

[233] 교부는 하느님의 자비로움을 알고 모르는 일과 구원받고 못 받는 일을 미묘하게 연관시키는 신학 문제를 심리학적으로 분석하고 있다.

[234] 로마 11,32. 본서 21.18.2에도 인용.

[235] 로마 11,30-31. 〔200주년: "여러분도 전에는 하느님께 순종하지 않았지만 ….")

[236] 로마 8,29 참조.

[237] non omnium hominum, sed *istorum* omnium neminem damnaturus: 자비론자들의 입장에서 보는 "만인"과 예정론자의 입장에서 보는 "만인"이 차이가 난다.

주는 저 감미로움을 찾기로 하자. 그러므로 인간이 이 육체 속에 머물러 있을 적에 자기에게 마련되어 있던 것을 소홀히하고서는 이 육체를 떠난 뒤에 그것을 찾으려고 하면 허사로 그칠 것이다.[233]

24. 6. 단지 그 자비를 얻기에 합당한 사람이어야 한다

사도의 저 말씀, "사실 하느님께서 모든 이를 불순종 안에 가두신 것은 모든 이에게 자비를 베푸시려는 것이었습니다"[234]라는 말씀 역시 주님이 아무도 단죄하지 않으리라는 뜻에서 한 말이 아닌데 그보다 조금 먼저 나오는 말에서 본뜻이 드러난다. 사도는 이방인들을 상대로 말하면서 유다인들이 훗날 믿음을 갖게 되리라는 얘기를 하는 중이었고 이미 믿음을 가진 이방인들에게 서간을 써보냈던 것이다: "여러분도 그전에는 하느님을 믿지 않았지만 이제는 저들의 불신앙으로 말미암아 도리어 자비를 받았습니다. 이와 마찬가지로 그들도 지금은 믿지 않지만 여러분의 자비를 통해 그들도 이제 자비를 받을 수 있을 것입니다."[235] 그리고 나서 저 사람들이 오류에 빠져 자기에게 듣기 좋은 말로 이용하는 저 말씀을 덧붙인다: "사실 하느님께서 모든 이를 불순종 안에 가두신 것은 모든 이에게 자비를 베푸시려는 것이었습니다." 여기 나오는 "모든 이"라는 것은 사도가 이야기하던 사람들 말고 대체 누구겠는가? 그러니까 사도는 "여러분도, 그들도"라고 말한 셈이다. 따라서 하느님은 당신이 예지하고 당신 아드님의 모습과 한 모양이 되도록 예정한 사람들이면[236] 이방인들도 유다인들도 모두 불순종에 가두었다. 그렇게 함으로써 그들이 자기네 불순종의 쓰라린 맛에 뉘우침으로써 스스로 당황하여 믿음을 갖고 하느님 자비의 감미로움에로 돌아서서 저 시편 구절을 외치게 된다: "당신을 두려워하는 이들에게 숨기신 당신의 감미로우심이 얼마나 많고 많나이까! 당신께 희망을 품는 사람들에게 그것을 완성하셨나이다." 자신들에게가 아니라 "당신께" 희망을 품는 사람들이다. 따라서 하느님은 자비의 그릇들 모두에게 자비를 베푼다. 하지만 "모두"라는 말은 대체 무슨 뜻인가? 이방인들 가운데서와 유다인들 가운데서 당신이 예정했고 불렀고 의롭게 만들었고 영광스럽게 만든 사람들 모두를 가리킨다. 모든 사람들을 용서하려는 것이 아니라 그들 중 아무도 단죄받지 않게 하려는 것이다.[237]

25. Sed iam respondeamus etiam illis, qui non solum diabolo et angelis eius, sicut nec isti, sed ne ipsis quidem omnibus hominibus liberationem ab aeterno igne promittunt, uerum eis tantum, qui Christi baptismate abluti et corporis eius et sanguinis participes facti sunt, quomodolibet uixerint, in quacumque haeresi uel impietate fuerint. Sed contradicit eis apostolus dicens: *Manifesta autem sunt opera carnis, quae sunt fornicatio, inmunditia, luxuria, idolorum seruitus, ueneficia, inimicitiae, contentiones, aemulationes, animositates, dissensiones, haereses, inuidiae, ebrietates, comisationes et his similia; quae praedico uobis, sicut praedixi, quoniam qui talia agunt regnum Dei non possidebunt.* Haec profecto apostolica falsa sententia est, si tales post quantalibet tempora liberati regnum Dei possidebunt. Sed quoniam falsa non est, profecto regnum Dei non possidebunt. Et si in regni Dei possessione numquam erunt, aeterno supplicio tenebuntur; quoniam non est medius locus, ubi non sit in supplicio, qui illo non fuerit constitutus in regno.

Quam ob rem quod ait Dominus Iesus: *Hic est panis qui de caelo descendit, ut, si quis ex ipso manducauerit, non moriatur. Ego sum panis uiuus, qui de caelo descendi; si quis manducauerit ex hoc pane, uiuet in aeternum,* quo modo sit accipiendum, merito quaeritur. Et ab istis quidem, quibus nunc respondemus, hunc intellectum auferunt illi, quibus deinde respondendum est; hi sunt autem, qui hanc liberationem nec

---

[238] 갈라 5,19-21. 본서 14.2.2에도 인용.

[239] 교부는 하느님 나라의 상속(in regni Dei possessione)과 영원한 형벌(aeterno supplicio)은 공존하지 못한다는 논리로 이 자비론자들을 반박했다.

[240] 요한 6,50-51. 본서 21.19에도 인용.

25. 이단자의 세례를 받은 후 악하게 살았던 경우 혹은 가톨릭 신자로서 세례를 받았지만 이단이나 여러 종교를 거친 사람이나 가톨릭 신자로서 세례를 받고 가톨릭 신앙에서 떨어져 나가지는 않았으나 범죄로 일관하여 살았다면, 그들이 성사의 특전으로 영원한 형벌을 사면받을 수 있는가

25. 1. 세례로 씻음받은 사람 모두가 구원받는 것은 아니다

그러면 저 사람들처럼 악마와 그의 천사들에게 영원한 불에서 벗어나는 해방을 장담하지 않고, 모든 인간들에게도 영원한 불에서 벗어나는 해방을 장담하지도 않으며, 그리스도의 세례로 씻음받고 그분의 몸과 피에 참여한 사람들에게만 그 해방을 장담하는 사람들에게도 이제는 답변을 하자. 그들이 어떻게 살았든 또 어떠한 이단이나 불경에 떨어졌든 세례를 받았으니까 영원한 불에서 해방되리라고 말하는 사람들에게 하는 말이다. 하지만 그들에게 사도는 다음과 같은 말로 반박한다: "육의 행실들이란 뻔하지 않습니까? 음행, 부정, 방탕, 우상숭배, 마술, 원한, 싸움, 시샘, 분노, 모략, 불목, 분열, 질투, 주정, 폭음 폭식, 그밖에 비슷한 것들입니다. 전에도 경고했듯이 거듭 경고하거니와, 이런 짓 하는 자들은 하느님 나라를 상속받지 못할 것입니다."[238] 아무리 긴 시간이 지난 다음이라 할지라도 만일 저런 사람들이 해방되어 하느님 나라를 상속받는다면 사도의 이 선언은 그야말로 거짓말이 되고 만다. 그러나 이 선언이 거짓말은 아니므로 정말 그들은 하느님 나라를 상속받지 못한다. 또 만약 하느님 나라의 상속을 한 번도 받지 못한다면 그들은 영원한 형벌에 처해져 있을 것이다. 형벌중에도 있지 않고 그렇다고 저 하느님 나라에 배정되어 있지도 않은 중간장소란 없는 까닭이다.[239]

25. 2. 가톨릭 교회에서 세례받았더라도 마찬가지다

그래서 주님이 한 말씀, "이것은 하늘에서 내려오는 빵이니 이것을 먹는 이는 죽지 않을 것입니다. 나는 하늘에서 내려온 살아있는 빵입니다. 이 빵을 먹는 이는 영원히 살 것입니다"[240]라는 말씀을 어떻게 받아들여야 하느냐는 의문이 당연히 나온다. 우리가 답변해야 할 사람들은 우리가 지금 답변중인 상대방한테서 이 해석을 끄집어내고 있다. 이 사람들은 세례성사와 그리스도의 몸 성사

omnibus habentibus sacramentum baptismatis et corporis Christi, sed solis catholicis, quamuis male uiuentibus, pollicentur, quia non solo, inquiunt, sacramento, sed re ipsa manducauerunt corpus Christi, in ipso scilicet eius corpore constituti; de quo corpore ait apostolus: *Vnus panis, unum corpus multi sumus.* Qui ergo est in eius corporis unitate, id est in Christianorum compage membrorum, cuius corporis sacramentum fideles communicantes de altari sumere consuerunt, ipse uere dicendus est manducare corpus Christi et bibere sanguinem Christi. Ac per hoc haeretici et schismatici ab huius unitate corporis separati possunt idem percipere sacramentum, sed non sibi utile, immo uero etiam noxium, quo iudicentur grauius, quam uel tardius liberentur. Non sunt quippe in eo uinculo pacis, quod illo exprimitur sacramento.

Sed rursus etiam isti, qui recte intellegunt, non dicendum esse manducare corpus Christi, qui in corpore non est Christi, non recte promittunt eis, qui uel in haeresim uel etiam in gentilium superstitionem ex illius corporis unitate labuntur, liberationem quandoque ab aeterni igne supplicii; primum, quia debent adtendere, quam sit intolerabile atque a sana doctrina nimis deuium, ut multi ac paene omnes, qui haereses impias condiderunt exeuntes de catholica ecclesia et facti sunt haeresiarchae, meliores habeant causas, quam hi, qui numquam fuerunt catholici, cum in eorum laqueos incidissent, si illos haeresiarchas hoc facit liberari a supplicio sempiterno, quod in catholica ecclesia baptizati sunt et sacramentum corporis Christi in uero Christi corpore primitus acceperunt; cum peior sit

---

[241] 1고린 10,17. 본서 21.20에도 인용.

[242] Christi corporis unitas, Christianorum compages membrorum: 그리스도의 신비체 사상을 표현하는 용어들이다.

[243] 교부는 교회 신비체를 유지함(esse in corpore Christi)과 성찬의 성사(manducare corpus Christi)를 구분하고 전자를 전제로 후자의 효과를 인정하고 있다. 앞의 각주 183 참조.

[244] 에페 4,3 참조: "평화의 끈으로 영의 일치를 힘써 지키시오."

[245] haeresiarcha: 교부가 이단의 창설자를 지칭하여 사용하는 용어다. Cf. *Contra Iulianum opus imperfectum* 1.25; 2.8; 2.66; *Epistula* 237.2.

를 받았다고 해서 모두에게 해방을 장담하는 것이 아니라 오직 가톨릭 신자들에게만, 비록 못되게 살더라도 가톨릭 신자들에게만 장담한다. 그들의 말에 의하면, 가톨릭 신자들은 성사로만 그리스도의 몸을 먹은 것이 아니고 실제로 그리스도의 몸을 먹었기 때문이라고, 말을 달리 하자면 그리스도의 몸 자체에 통합되었기 때문이라고 한다. 그 몸에 관해서는 사도가 "빵이 하나이니, 우리는 여럿이지만 한 몸입니다"[241]라고 한 말이 있다는 것이다. 그러므로 그분의 몸의 일치 속에 들어와 있는 사람, 다시 말해 그리스도인 지체들이 이루는 유기체[242] 속에 있는 사람은 진정 그리스도의 몸을 먹고 그리스도의 피를 마시는 것이라고 말해야 한다. 신앙인들이 제단에서 영성체할 때는 으레 그분의 몸의 성사를 받아먹는다. 그런데 이단자들과 열교자들은 이 몸의 일치에서 분리되어 있으면서도 같은 성사를 받을 수 있다. 하지만 그럴 경우 그 성사가 본인들에게 이롭지 않을뿐더러 오히려 해로울 것이며, 이로 말미암아 그냥 더 늦게 해방된다기보다는 더 중한 심판을 받게 되리라는 것이다.[243] 그들은 그 성사로 상징되는 평화의 끈에 묶여 있지 않기 때문이라고 한다.[244]

25. 3. 특히 배교자들은 더욱 그렇다

그렇지만 그리스도의 몸 안에 들어와 있지 않은 사람은 그리스도의 몸을 먹는 것이라고 할 수 없다고 바로 알아듣는 사람들이라 해도, 그분과의 몸의 일치에서 떨어져 나가 이단에 빠지거나 이방인들의 미신에 빠져버린 사람들이더라도 그들에게 언젠가는 영원한 형극의 불에서 해방되리라고 장담한다면 이는 바로 하는 말이 아니다. 첫째로, 가톨릭 교회에서 나가서 불경스런 이단을 창설하고 이단의 종주[245]가 된 사람들마저, 한 번도 가톨릭 신자가 되어 본 적이 없다가 그들의 덫에 걸려든 사람들보다는 구원을 받는 데 더 나은 처지에 있다면 그것이 얼마나 용납되기 어려운지 살펴보아야 한다. 그것이 건전한 교리에서 너무도 빗나간 것이 아닌지 조심해야 한다. 이단의 종주들이라고 할지라도 처음에는 그리스도의 참된 몸에 속해 있으면서 가톨릭 교회 안에서 세례를 받았고 그리스도의 몸 성사를 받았다는 이유만으로, 그들 가운데 많은 사람 아니 모두가 영원한 형벌에서 해방된다고 상상해 보라! 신앙을 저버린 사람, 또 신앙을 저

utique desertor fidei et ex desertore oppugnator eius effectus quam ille, qui non deseruit quod numquam tenuit; deinde quia et his occurrit apostolus eadem uerba proferens et enumeratis illis carnis operibus eadem ueritate praedicens: *Quoniam qui talia agunt, regnum Dei non possidebunt.*

Vnde nec illi in perditis et damnabilibus moribus debent esse securi, qui usque in finem quidem uelut in communione ecclesiae catholicae perseuerant, intuentes quod dictum est: *Qui perseuerauerit usque in finem, hic saluus erit*, et per uitae iniquitatem ipsam uitae iustitiam, quod eis Christus est, deserunt, siue fornicando siue alias inmunditias flagitiorum, quas nec exprimere apostolus uoluit, in suo corpore perpetrando, siue turpitudine luxuriae diffluendo siue aliquid aliud eorum agendo, de quibus ait: *Quoniam qui talia agunt, regnum Dei non possidebunt*; ac per hoc, quicumque agunt talia, nisi in sempiterno supplicio non erunt, quia in Dei regno esse non poterunt. In his enim perseuerando usque in huius uitae finem non utique dicendi sunt in Christo perseuerasse usque in finem, quia in Christo perseuerare est in eius fide perseuerare; quae fides, ut eam definit idem apostolus, *per dilectionem operatur*; *dilectio* autem, sicut ipse alibi dicit, *malum non operatur*. Nec isti ergo dicendi sunt manducare corpus Christi, quoniam nec in membris computandi sunt Christi. Vt enim alia taceam, non possunt simul esse et membra Christi et membra meretricis. Denique ipse dicit: *Qui manducat carnem meam et bibit sanguinem meum, in me manet, et ego in eo*. Ostendit quid sit non sacramento tenus, sed re uera corpus Christi manducare et eius sanguinem bibere; hoc est enim in Christo manere, ut in illo maneat et Christus. Sic enim hoc dixit,

---

[246] 이단자들에 대한 교부의 혐오감은 논적들과의 감정어린 논쟁에서도 유래했겠지만, 바른 교리를 알고서도 아집과 편견에서 신도들을 오도했다는 데 대한 분개심도 담고 있다.

[247] 마태 10,22.

[248] per vitae *iniquitatem* ↔ vitae *iustitiam* deserunt: "삶"이든 "생명"이든 vita라는 한 단어를 사용하는 언어상의 이점을 이용한 문장이다. 흔히 "악함"으로 번역되는 iniquitas (in-aequum)는 iustitia의 반대말("불의")이다.

[249] 악한 생활로 의로움을 저버림은 윤리도덕 문제만이 아니고 곧 그리스도를 저버리는 신앙 문제다.

[250] 갈라 5,6.

[251] 로마 13,10.

[252] 1고린 6,15 참조: "내가 그리스도의 지체를 창녀의 지체로 만들 수 있겠습니까?"

[253] 요한 6,56.

[254] non sacramento tenus, sed re vera corpus Christi manducare: 앞의 각주 183과 241 참조.

버린 사람에서 아예 신앙을 공격하는 사람으로 변한 자라면, 신앙을 한 번도 지니지 않았으므로 저버린 일도 없는 사람보다 더 나쁘다.[246] 둘째로, 사도가 바로 이런 사람들을 같은 말로 반박하고 있다는 사실을 유념했으면 한다. 육욕의 행실들을 죽 열거하고 나서 사도는 같은 진리를 설파하여 "이런 짓 하는 자들은 하느님 나라를 상속받지 못할 것입니다"라고 예고한다.

25. 4. 못된 행실을 하는 사람들도 마찬가지다

그러므로 못되고 단죄받을 행실을 하면서도 마지막까지 가톨릭 교회의 친교 속에 있었다고 해서 속으로 "끝까지 참고 견디는 사람이야말로 구원받을 것입니다"[247]라는 말씀을 헤아리면서 안심해서는 안 된다. 생활의 악함 때문에 그들은 생명의 의로움을 저버리는 것인데[248] 그들에게 의로움은 곧 그리스도인 까닭이다.[249] 음행을 하거나, 사도마저 입밖에 내려고 하지 않았던 다른 부정한 짓을 자기 몸에 저지르거나, 추하고 방탕한 짓에 파묻히거나 그밖에도 "이런 짓 하는 자들은 하느님 나라를 상속받지 못할 것입니다"라는 말을 들을 만한 다른 짓을 저지름으로써 그렇게 된다. 따라서 그런 짓을 하는 사람들은 영원한 형벌 외에는 갈 곳이 없으니 그렇게 살고서도 하느님 나라에 들어갈 수는 없을 것이기 때문이다. 현생의 마지막까지 그런 행실을 고집하면서 그리스도 안에서 끝까지 신앙을 간직했다고 말해서는 물론 안 된다. 그리스도 안에서 신앙을 간직한다고 함은 그분에 대한 신앙을 간직한다는 뜻이기 때문이다. 사도가 정의하는 바와 같이 "신앙은 사랑으로 행동합니다".[250] 그리고 사도가 다른 대목에서 한 말처럼, "사랑은 악을 저지르지 않습니다".[251] 저런 사람들은 그리스도의 몸을 먹는다고 말해서도 안 된다. 그리스도의 지체들 가운데 끼는 것으로 보아서도 안 되기 때문이다. 다른 얘기는 묵과하더라도 사람들이 그리스도의 지체이면서 동시에 창녀의 지체일 수는 없는 법이다.[252] 그래서 그리스도 친히 하시는 말씀이 있다: "내 살을 먹고 내 피를 마시는 이는 내 안에 머물고 나도 그 사람 안에 머뭅니다."[253] 성사를 통해서만이 아니라 실제로 그리스도의 몸을 먹고[254] 그의 피를 마시는 일이 무엇을 의미하는지 보여주는 말씀이다. 다시 말해 그 사람 안에 그리스도가 머물게 하려면 그 사람이 그리스도 안에 머물러야 한다. 이 말씀을

tamquam diceret: «Qui non in me manet, et in quo non maneo, non se dicat aut existimet manducare corpus meum aut bibere sanguinem meum». Non itaque manent in Christo, qui non sunt membra eius. Non sunt autem membra Christi, qui se faciunt membra meretricis, nisi malum illud paenitendo esse destiterint et ad hoc bonum reconciliatione redierint.

26. Sed habent, inquiunt, Christiani catholici in fundamento Christum, a cuius unitate non recesserunt, tametsi huic fundamento superaedificauerunt quamlibet pessimam uitam, uelut ligna, fenum, stipulam; recta itaque fides, per quam Christus est fundamentum, quamuis cum damno, quoniam illa, quae superaedificata sunt, exurentur, tamen poterit eos quandoque ab illius ignis perpetuitate saluare. Respondeat eis breuiter apostolus Iacobus: *Si quis dicat se fidem habere, opera autem non habeat, numquid poterit fides saluare eum?* Et quis est, inquiunt, de quo dicit apostolus Paulus: *Ipse autem saluus erit, sic tamen quasi per ignem?* Simul quis iste sit, inquiramus; hunc tamen non esse certissimum est, ne duorum apostolorum sententias mittamus in rixam, si unus dicit: «Etiamsi mala opera quis habuerit, saluabit eum per ignem fides»; alius autem: *Si opera non habeat, numquid poterit fides saluare eum?*

Inueniemus ergo quis possit saluari per ignem, si prius inuenerimus quid sit habere in fundamento Christum. Quod ut de ipsa similitudine quantocius aduertamus: nihil in aedificio praeponitur fundamento; quis-

---

[255] 야고 2,14.

[256] 1고린 3,15.

[257] *hunc* tamen non esse: hunc를 "전자"라고 번역하여 "야고보가 말하는 그런 사람"으로 해석하기도 하지만(Dyson, Alici) 라틴어의 "전자"(ille)와 "후자"(hic)의 용례상, (신앙은 있지만 행실을 앓고서도 불을 거쳐 구원받는다는) "이런 사람"으로 번역함이 옳겠다.

[258] 바울로에게서도 "기초"(fundamentum)라는 개념은 단순히 소속(로마 15,20; 1고린 3,11 참조)만 가리키지 않고 탄탄한 도덕적 결속(1디모 3,15: "하느님의 집에서 어떻게 처신해야 하는지를"; 2디모 2,19: "주님의 이름을 고백하는 모든 이는 불의에서 물러서야 한다")도 의미한다.

한 것은 다음과 같은 말이나 매한가지다: "내 안에 머물지 않고 그 사람 안에 내가 머물지 않는다면, 내 몸을 먹거나 내 피를 마시는 것으로 말하거나 생각하지 말아야 한다." 그러니 그분의 지체가 아닌 사람들은 그리스도 안에 머무는 것이 아니다. 또 자신을 창녀의 지체로 만드는 사람은 그 악을 회개하여 청산하고 화해를 통해 이 선善으로 돌아오지 않는 한, 그리스도의 지체가 아니다.

26. 그리스도를 기초로 함과 불의 시련을 거쳐 구원이 보장됨이란 무슨 뜻인가

26. 1. 가톨릭 신자도 행동하지 않는다면 구원이 없을 것이다

그래도 사람들이 하는 말이 있다: 가톨릭 그리스도인들은 그리스도를 기초로 삼고 있다. 그러므로 그 기초 위에 나무, 마른 풀, 짚 같은 것으로 집을 지을 수 있는데, 이는 아주 못된 삶을 살지라도 그리스도와의 일치에서 벗어나지는 않았음을 의미한다는 것이다. 올바른 신앙으로 그리스도가 기초가 되는데, 올바른 신앙은 언젠가 그들을 그 영원한 불에서 구할 수 있을 것이다. 비록 그 위에 세운 것이 타 없어지므로 손해를 보게 되더라도. 그런 사람들한테는 사도 야고보가 간결하게 답한다: "누가 믿음이 있다고 하면서도 행함이 없으면 무슨 소용이 있습니까? 믿음이 그를 구원할 수 있겠습니까?"[255] 그럼 사도 바울로가 "그 자신은 구원받을 것입니다. 다만 마치 불을 거쳐서 가듯 할 것입니다"[256] 하는 말은 누구를 가리키느냐고 저 사람들이 반문한다. 과연 누구를 가리키는지 우리도 함께 살펴보자. 바울로가 말한 사람이[257] 야고보가 말한 사람과 다르다는 점은 확실하다. 그렇지 않다면 한 사도는 "누가 행실이 비록 나쁘더라도 불을 거쳐 가듯이 해서 신앙이 그를 구원하리라" 하고, 다른 사도는 "행함이 없으면 무슨 소용이 있습니까? 믿음이 그를 구원할 수 있겠습니까?" 한 것이 마치 두 사도의 주장을 말싸움시키는 것처럼 되기 때문이다.

26. 2. 그리스도를 기초로 삼는다 해서 반드시 구원받는 것이 아니다

그러니 만일 그리스도를 기초로 삼는다는 말이 무슨 뜻인지 우리가 알아낸다면, 불을 거쳐 가듯이 구원받을 수 있는 사람이 누구인지도 알아낼 수 있다.[258] 저 은유에 대해 무엇인가 알아내려면 다음과 같은 사실에 유의하자: 건물에는 그

quis itaque sic habet in corde Christum, ut ei terrena et temporaria nec ea quae licita sunt atque concessa praeponat, fundamentum habet Christum; si autem praeponit, etsi uideatur habere fidem Christi, non est tamen in eo fundamentum Christus, cui talia praeponuntur; quanto magis, si salutaria praecepta contemnens committat inlicita, non praeposuisse Christum, sed postposuisse conuincitur, quem posthabuit imperantem siue concedentem, dum contra eius imperata siue concessa suam per flagitia delegit explere libidinem! Si quis itaque Christianus diligit meretricem eique adhaerens unum corpus efficitur, iam in fundamento non habet Christum. Si quis autem diligit uxorem suam, si secundum Christum, quis ei dubitet in fundamento esse Christum? Si uero secundum hoc saeculum, si carnaliter, si in morbo concupiscentiarum, sicut et gentes quae ignorant Deum, etiam hoc secundum ueniam concedit apostolus, immo per apostolum Christus. Potest ergo et iste in fundamento habere Christum. Si enim nihil ei talis affectionis uoluptatisque praeponat, quamuis superaedificet ligna, fenum, stipulam, Christus est fundamentum, propter hoc saluus erit per ignem. Delicias quippe huius modi amoresque terrenos, propter coniugalem quidem copulam non damnabiles, tribulationis ignis exuret; ad quem pertinent ignem et orbitates et quaecumque calamitates quae auferunt haec. Ac per hoc ei, qui aedificauit, erit aedificatio ista damnosa, quia non habebit, quod superaedificauit, et eorum amissione cruciabitur, quibus fruendo utique laetabatur; sed per hunc ignem saluus erit merito fundamenti, quia, etsi utrum id habere mallet an Christum a persecutore proponeretur, illud

---

[259] 1고린 6,16 참조: "창녀와 합하는 사람은 그와 한 몸이 된다는 것을 모릅니까?"

[260] 에페 5,25 참조: "남편 여러분, 그리스도께서 교회를 사랑하여 자신을 넘겨주셨던 것처럼 아내를 사랑하시오."

[261] 1데살 4,5 참조: "저마다 거룩하고 존중하는 마음으로 자신의 그릇을 얻을 줄 알아야 합니다. 하느님을 모르는 이방인처럼 격한 욕정에 사로잡히지 마시오."

[262] secundum veniam concedit: 바울로(1고린 7,1-16 참조)의 영향을 받아서인지 혼인에 대한 교부의 가르침이 소극적임은 잘 알려져 있다. 예: *De bono coniugali* 4.4; *Enchiridion* 21.28.

무엇도 기초보다 먼저 놓는 일이 없다. 따라서 그리스도를 마음속에 모신다면서 지상 것과 현세적인 것 모두를 그분보다 앞세우는 일이 없으며, 합당하고 허용된 것이라고 할지라도 그분보다 앞세우는 일이 없다면, 그는 그리스도를 기초로 모시고 있는 셈이다. 그가운데 어떤 것을 그분보다 앞세운다면, 겉으로는 그리스도의 신앙을 지닌 것처럼 보일지라도, 그분보다 그 어떤 것이라도 앞세우는 한 그 사람에게는 그리스도가 기초가 되지 않는다. 더구나 구원에 유익한 계명들을 멸시하고 부당한 짓을 저지른다면 본인이 그리스도를 앞세우지 않을뿐더러 오히려 뒤에 놓았다는 이유로 심문받게 될 것이다. 그분께서 명령한 바와 허용한 바를 어기면서 방탕한 짓으로 자기 정욕을 채우기로 선택한 이상, 명령하거나 허용하는 그분보다 다른 것을 앞세운 것이다! 그러므로 그리스도인이 창녀를 사랑하여 그와 결합하여 한 몸이 된다면[259] 그는 그리스도를 기초로 삼고 있지 않다. 누가 자기 아내를 사랑하고 더욱이나 그리스도에 따라 사랑한다면[260] 그에게 그리스도가 기초로 놓여 있음을 누가 의심하겠는가? 하지만 그가 만약 이 세속에 따라, 즉 육욕으로, 만약 하느님을 모르는 이방인들처럼 격한 욕정에 이끌려 아내를 사랑했다면,[261] 이것 역시 잘못이기는 하지만 작은 허물일 뿐이다.[262] 그것은 사도가 용서해서 허용했고 응당 사도를 통해 그리스도가 용서한 바다. 그러므로 그 사람도 그리스도를 기초로 모실 수 있다. 그런 애정과 정욕의 그 무엇도 그리스도보다 앞세우는 일이 없다면, 그가 비록 나무, 마른 풀, 짚 같은 것으로 그 위에 쌓아올렸더라도, 그에게는 그리스도가 기초를 이루며 따라서 그는 불을 거쳐 가서 구원을 받을 것이다. 이런 종류의 쾌락과 지상적 사랑은 결혼의 인연에서 오는 것이므로 단죄할 것은 아니지만 결국 쾌락과 사랑을 앗아가는 사별死別과 갖가지 재앙災殃이라는 환난의 불이 태워버리고 말 것이다. 또 바로 그래서 그런 건물을 세운 사람은 그 위에 세운 바를 길이 간직하지 못하고 여태까지 향유하면서 즐거움을 누려오던 그것들을 상실하는 심고心苦를 겪게 될 것이다. 그래서 그의 건축은 손해를 보게 된다. 그래도 본인은 이 불을 거치면서 구원을 받을 터인데 이는 모두 기초 덕분이다. 만약 박해자가 잃어버린 그것을 갖기를 더 바라는가, 그리스도 모시기를 더 바라는가 하고 물었다면

Christo non praeponeretur. Vide in apostoli uerbis hominem aedificantem super fundamentum aurum, argentum, lapides pretiosos: *Qui sine uxore est*, inquit, *cogitat quae sunt Dei, quo modo placeat Deo*. Vide alium aedificantem ligna, fenum, stipulam: *Qui autem matrimonio iunctus est*, inquit, *cogitat quae sunt mundi, quo modo placeat uxori*. *Vniuscuiusque opus manifestabitur; dies enim declarabit* (dies utique tribulationis), *quoniam in igne*, inquit, *reuelabitur*. (Eandem tribulationem ignem uocat, sicut alibi legitur: *Vasa figuli probat fornax et homines iustos temptatio tribulationis*). *Et uniuscuiusque opus quale sit, ignis probabit. Si cuius opus permanserit* (permanet enim quod quisque cogitat quae sunt Dei, quo modo placeat Deo), *quod superaedificauit mercedem accipiet* (id est, unde cogitauit, hoc sumet); *si cuius autem opus arserit, damnum patietur* (quoniam quod dilexerat non habebit), *ipse autem saluus erit* (quia nulla eum tribulatio ab illius fundamenti stabilitate semouit); *sic tamen quasi per ignem* (quod enim sine inliciente amore non habuit, sine urente dolore non perdit). Ecce, quantum mihi uidetur, inuentus est ignis, qui nullum eorum damnet, sed unum ditet, alterum damnificet, ambos probet.

Si autem ignem illum loco isto uoluerimus accipere, de quo Dominus dicet sinistris: *Discedite a me, maledicti, in ignem aeternum*; ut in eis etiam isti esse credantur, qui aedificant super fundamentum ligna, fenum, stipulam, eosque ex illo igne post tempus pro malis meritis impertitum liberet boni meritum fundamenti: quid arbitrabimur dextros quibus dicetur: *Venite, benedicti patris mei, possidete paratum uobis regnum*, nisi

---

[263] 1고린 7,32. 〔200주년: "결혼을 안한 남자는 어떻게 하면 주님의 마음에 들까 하고 주님의 일을 걱정합니다."〕

[264] 1고린 7,33.

[265] 1고린 3,13. 본서 21.21에도 인용.

[266] 집회 27,5. 〔공동번역: "질그릇이 가마 속에서 단련되듯이 사람은 말로써 수련된다."〕

[267] quod enim *sine illiciente amore* non habuit, *sine urente dolore* non perdit: "유혹하는 사랑 없이 간직할 수 없었던 사물은 불타는 고통 없이는 상실하지 못한다"라고 직역되는 문장으로서, 어느 민족에게서나 볼 수 있는 불의 정화작용을 가리킨다.

[268] 1고린 3,13-15. 본서 21.21에도 인용.

[269] 마태 25,41.

그가 잃어버린 것을 그리스도보다 앞세우지는 않았을 것이기 때문이다. 사도의 말씀에서 기초 위에다 금이나 은이나 보석으로 집을 짓는 사람은 어떠한지 보라! "아내가 없는 사람은 어떻게 하면 하느님의 마음에 들까 하고 하느님의 것을 생각합니다."²⁶³ 그 대신 나무와 마른 풀과 짚으로 집을 짓는 사람을 보라! "그러나 결혼한 사람은 어떻게 하면 아내의 마음에 들까 하고 세상 일을 걱정합니다."²⁶⁴ "각자의 업적은 드러날 것입니다. 그날(물론 그날은 환난의 날이다)이 그것을 밝혀 줄 것입니다. 실상 그날은 불로 계시될 것입니다."²⁶⁵ (다른 대목에도 "가마가 질그릇을 단련하듯이 의로운 사람들을 환난의 유혹이 단련한다"²⁶⁶라는 말이 나오듯이, 그런 환난을 불이라고 일컫는다.) "각자의 업적이 어떤지는 그 불이 검증해 줄 것입니다." "누구든지 그가 쌓아올린 업적이 남게 되면 (어떻게 하면 하느님의 마음에 들까 하고 하느님의 것을 생각한다면 그것은 남는다) 그는 품삯을 받을 것입니다(자기가 생각한 그것을 취하게 될 것이다)." "누구든지 그 업적이 타 없어지면 손해는 보겠지만(자기가 사랑했던 것을 간직하지 못한 까닭이다), 그 자신은 구원받을 것입니다(어떤 환난도 저 견고한 기초에서 그를 떼어내지 못하기 때문이다). 다만 마치 불을 거쳐서 가듯 할 것입니다(유혹하는 사랑에 의해 간직했던 것이라면 상실할 때 타는 듯한 고통을 느끼게 마련이다)²⁶⁷."²⁶⁸ 보라, 이렇게 해서 불이 정체를 나타낸 것이다. 이 불은 내가 보기에 어느 편도 단죄하지 않으면서 한 사람은 더욱 풍요하게 만들고 다른 사람에게는 손해를 끼치며, 그러면서도 양쪽 다 단련을 시킨다.

26. 3. 더구나 집을 나무나 마른 풀이나 짚으로 세워서는 안 된다

그런데 만일 우리가 이 구절에 나오는 저 불을 주님이 왼편에 있는 사람들에게 "저주받은 자들아, 나를 떠나 영원한 불 속으로 가라!"²⁶⁹고 말씀하는 그 불로 알아듣고 싶어한다면 어찌 될 것인가? 그러다 보면 기초 위에 나무나 마른 풀이나 짚으로 집을 짓는 사람들도 저주받은 사람들 가운데 들어 있다고 믿고 싶을지 모른다. 그러면서 그 사람들도 응분의 악에 상응한 시기가 지난 다음에 선한 기초에서 오는 공로로 저 불에서 해방되리라는 생각이다. 그럴 경우에 오른편에 있는 사람들, "내 아버지의 축복을 받은 사람들아, 와서 너희를 위해 마련해 둔 나라

eos, qui aedificauerunt super fundamentum aurum, argentum, lapides pretiosos? Sed in illum ignem, de quo dictum est: *Sic tamen quasi per ignem*, si hoc modo est intellegendus, utrique mittendi sunt, et dextri scilicet et sinistri. Illo quippe igne utrique probandi sunt, de quo dictum est: *Dies enim declarabit, quoniam in igne reuelabitur, et uniuscuiusque opus quale sit, ignis probabit.* Si ergo utrumque probabit ignis, ut, si cuius opus permanserit, id est non fuerit igne consumptum, quod superaedificauit mercedem accipiat; si cuius autem opus arserit, damnum patiatur: profecto non est ipse aeternus ille ignis. In illum enim soli sinistri nouissima et perpetua damnatione mittentur, iste autem dextros probat. Sed alios eorum sic probat, ut aedificium, quod super Christum fundamentum ab eis inuenerit esse constructum, non exurat atque consumat; alios autem aliter, id est, ut quod superaedificauerunt ardeat damnumque inde patiantur, salui fiant autem, quoniam Christum in fundamento stabiliter positum praecellenti caritate tenuerunt. Si autem salui fient, profecto et ad dexteram stabunt et cum ceteris audient: *Venite, benedicti patris mei, possidete paratum uobis regnum*, non ad sinistram, ubi illi erunt, qui salui non erunt et ideo audient: *Discedite a me, maledicti, in ignem aeternum.* Nemo quippe ab illo igne saluabitur, quia in supplicium aeternum ibunt illi omnes, ubi uermis eorum non moritur et ignis non extinguitur, quo cruciabuntur die ac nocte in saecula saeculorum.

Post istius sane corporis mortem, donec ad illum ueniatur, qui post resurrectionem corporum futurus est damnationis et remunerationis ulti-

---

[270] 마태 25,34.

[271] 불이 사후에도 정화하는 기능과 영원한 형벌의 기능으로 나누어짐으로써 (*De Genesi contra Manichaeos* 20.30; *Enarrationes in Psalmos* 37.3) 죽은 이들을 위한 기도가 정당화되고 연옥(煉獄) 교리가 성립한다. 앞의 각주 134 참조.

를 상속받아라!"[270]는 말씀을 들을 사람들을 우리는 어떻게 생각해야 하는가? 그들은 기초 위에 금과 은 그리고 보석으로 집을 짓는 사람들뿐인가? 그러나 저 불 속으로 가라고 말씀하는 불과 "마치 불을 거쳐서 가듯 할 것입니다"라고 하는 불이 똑같은 불이라고 알아들어야 한다면, 양편 다, 즉 오른편에 있는 사람들이나 왼편에 있는 사람들이나 불 속에 가야 한다는 말이 된다. 그럼 저 불로 양편 다 단련을 받아야 할 텐데, "그날이 그것을 밝혀 줄 것입니다. 실상 그날은 불로 계시될 것입니다. 각자의 업적이 어떤지는 그 불이 검증해 줄 것입니다"라고 했기 때문이다. 불이 양편을 시험하여 누구의 업적이 남는다면, 다시 말해 누구의 업적이 불타버리지 않는다면, 그것을 지은 데 대해서는 품삯을 받을 것이다. 그 대신 그의 업적이 타버린다면, 손해를 볼 것이다. 그렇다면 분명히 이 불은 영원한 불이 아니다. 오직 왼편에 있는 자들만 최후의 영원한 단죄를 받아 저 영원한 불속으로 던져질 것이다. 그리고 이 불이 오른편에 선 사람들은 시험을 한다. 하지만 그 가운데 어떤 사람들은 시험을 하되 그리스도라는 기초 위에 그들이 세운 것으로 드러나는 건축물을 불태우지 않고 태워 없애지도 않는다. 그러나 다른 사람들은 달리 시험하느니, 그 위에 세운 것을 불태워서 그로 인해 손해를 보게 만든다. 그래도 그들은 구원을 받을 것인데 그리스도를 기초로 단단히 설정했고 출중한 사랑으로 그 기초를 간직했기 때문이다. 만약 그들이 구원받는다면 오른편에 설 것임에 틀림없고 그밖의 다른 사람들과 더불어 "내 아버지의 축복을 받은 사람들아, 와서 너희를 위해 마련해 둔 나라를 상속받아라!"는 말씀을 들을 것이다. 그들이 왼편에 서지는 않을 것이니, 왼편에는 구원받지 못하고 따라서 "저주받은 자들아, 나를 떠나 영원한 불 속으로 가라!"는 말씀을 들을 사람들이 서는 까닭이다. 그 불로부터는 아무도 구원받지 못하리니 그들 전부가 영원한 벌을 받으러 가고 거기서는 구더기도 죽지 아니하고 불도 꺼지지 않는 연고이다. 거기서 그들은 세세대대로 밤이나 낮이나 고통을 당할 것이다.[271]

26.4. 저 모든 것은 정화하는 불로 타버릴 것이다

그런데 육체의 사후부터, 육체들이 부활하고 나서 단죄와 보상의 마지막 날이 될 날짜 사이에는 어떤 중간시기가 있을 법하다. 그 시기에는 죽은 이들의 혼

mus dies, si hoc temporis interuallo spiritus defunctorum eius modi ignem dicuntur perpeti, quem non sentiant illi, qui non habuerunt tales mores et amores in huius corporis uita, ut eorum ligna et fenum et stipula consumatur; alii uero sentiant, qui eius modi secum aedificia portauerunt, siue ibi tantum siue et hic et ibi siue ideo hic ut non ibi saecularia, quamuis a damnatione uenialia, concremantem ignem transitoriae tribulationis inueniant: non redarguo, quia forsitan uerum est. Potest quippe ad istam tribulationem pertinere etiam mors ipsa carnis, quae de primi peccati perpetratione concepta est, ut secundum cuiusque aedificium tempus quod eam sequitur ab unoquoque sentiatur. Persecutiones quoque, quibus martyres coronati sunt et quas patiuntur quicumque Christiani, probant utraque aedificia uelut ignis et alia consumunt cum ipsis aedificatoribus, si Christum in eis non inueniunt fundamentum; alia sine ipsis, si inueniunt, quia licet cum damno salui erunt ipsi; alia uero non consumunt, quia talia reperiunt quae maneant in aeternum. Erit etiam in fine saeculi tribulatio tempore Antichristi, qualis numquam antea fuit. Quam multa erunt tunc aedificia, siue aurea siue fenea, super optimum fundamentum, quod est Christus Iesus, ut ignis ille probet utraque et de aliis gaudium, de aliis inferat damnum, neutros tamen perdat, in quibus haec inueniet, propter stabile fundamentum! Quicumque autem, non dico uxorem, cuius etiam commixtione carnis ad carnalem utitur uoluptatem, sed ipsa quae ab eius modi delectationibus aliena sunt nomina pietatis humano more carnaliter diligendo Christo anteponit, non eum habet in fundamento et ideo non per

---

[272] tempus ab unoquoque sentiatur: (그때도 시간이라는 것이 있다면) 그 시간에 느낄 행복이나 불의 시련이 각자에게 다르리라는 뜻이다.

[273] 마태 24,21 참조: "그때 큰 재난이 닥칠 것이니, 그런 일은 세상 시초부터 지금까지 없었고 앞으로도 없을 것입니다."

[274] ipsa nomina pietatis: 라틴어 pietas는 아랫사람이 윗사람에게 바치는 사랑만 아니고 윗사람이 아랫사람에게 베푸는 사랑도 포함한다.

령들이 똑같이 불을 경험하게 될 것이다. 그러나 육체적 생명이 있을 동안의 행실과 사랑이 저 사람들처럼 나무와 마른 풀과 짚으로 집을 지어 불타 없어질 지경이 아니었던 사람이라면 이 불을 고통스럽게 느끼지 않을 것이다. 그러나 불타 없어질 건물을 지니고 있었던 사람들이라면 이 불을 느낄 것이다. 그런 건물은 혹은 저승에서만 지닐 수도 있고 혹은 이승에서도 지니고 저승에서도 지닐 수도 있으며, 그렇지 않으면 혹은 이승에서만 지닐 수도 있겠는데 그런 건물은 비록 단죄로부터 면제받을 수 있는 것이라고 하더라도 현세적인 것이어서 잠시 지나가는 환난의 불을 만나리라는 것이다. 이 견해가 혹시 참일지도 모르므로 나는 반박하지 않겠다. 아마 육체의 죽음(이 죽음은 첫 범죄가 자행됨으로써 잉태되었다)까지도 이 환난에 해당하는 것이고, 죽음에 뒤따라오는 시간은 각자가 달리 감지할 것인데, 각자가 세운 건물에 의거하여 그 시간을 감지하게 될 것이다.[272] 순교자들이 화관을 쓰게 된 박해, 그리스도인들이라면 누구나 겪는 박해 역시 불처럼 양편의 건물을 시험한다. 그래서 이 불이 어떤 건물은 그 건축가들과 더불어 살라버릴 텐데 그리스도가 건축물의 기초가 아님을 발견하는 경우다. 하지만 다른 경우에는 건축가들은 빼놓고 건물만 태워버리는데 비록 손해를 보더라도 본인들은 구원받게 하기 위함이다. 또 어떤 건물은 불사르지 않는데 영원히 존속할 만한 건물로 보이기 때문이다. 세말에는 환난이 있을 터인데 반그리스도가 활약하는 시기에는 이전에 한 번도 없었던 그런 환난이 올 것이다.[273] 그때 가서 보면 그리스도 예수라는 최상의 기초 위에 금으로 되어 있든지 마른 풀로 되어 있든지 얼마나 많은 건물들이 서 있을지 모른다. 그래서 그 불은 양쪽을 모두 시험하여 어떤 이들에게는 기쁨을, 어떤 이들에게는 손해를 가져다줄 것이지만, 예수 그리스도라는 견고한 기초 위에 서 있기만 한다면 기쁨이든 손해든 그것이 해당하는 당사자들 중 어느 하나라도 멸망시키지는 않을 것이다! 그렇지만 누구든지 가족에 대해 인간적 방식에 따라 육체적으로 사랑함으로써 효애孝愛의 명분[274]을 그리스도보다 앞세울 경우, 그는 그리스도를 기초로 삼고 있는 것이 아니며 따라서 그는 불을 거쳐도 구원받을 수 없다. 사실 그는 아예 구원받을 수조차 없으리라. 그러나 나는 육체적

ignem saluus erit, sed saluus non erit, quia esse cum Saluatore non poterit, qui de hac re apertissime loquens ait: *Qui amat patrem aut matrem plus quam me, non est me dignus; et qui amat filium aut filiam super me, non est me dignus.* Verum qui has necessitudines sic amat carnaliter, ut tamen eas Christo Domino non praeponat, malitque ipsis carere quam Christo, si ad hunc fuerit articulum temptationis adductus, per ignem erit saluus, quia ex earum amissione tantum necesse est urat dolor, quantum haeserat amor. Porro qui patrem matrem, filios filias secundum Christum dilexerit, ut ad eius regnum obtinendum eique cohaerendum illis consulat, uel hoc in eis diligat, quod membra sunt Christi: absit ut ista dilectio reperiatur in lignis, feno et stipula consumenda, sed prorsus aedificio aureo, argenteo, gemmeo deputabitur. Quo modo autem potest eos plus amare quam Christum, quos amat utique propter Christum?

27. Restat eis respondere, qui dicunt aeterno igne illos tantummodo arsuros, qui pro peccatis suis facere dignas elemosynas neglegunt, propter illud quod ait apostolus Iacobus: *Iudicium autem sine misericordia illi, qui non fecit misericordiam.* Qui ergo fecit, inquiunt, quamuis non correxerit perditos mores, sed nefarie ac nequiter inter ipsas suas elemosynas uixerit, cum misericordia illi futurum est iudicium, ut aut non damnetur omnino aut post aliquod tempus a damnatione nouissima liberetur. Nec ob aliud existimant Christum de solo dilectu atque neglectu elemosynarum

---

[275] 마태 10,37. [200주년: "… 내 제자로 마땅하지 않습니다."]

[276] 교부에게서는 사랑의 대상이 "향유"(frui)와 "사용"(uti: propter Christum, non plus quam Christum)으로 나뉜다. Cf. *De vera religione* 46.86; *De moribus ecclesiae catholicae* 30.63.

[277] 야고 2,13. 루가 11,41 ("속에 담긴 것으로 자선을 베푸시오. 보시오, 그러면 모든 것이 깨끗한 것이오.")과 더불어 교부의 여러 작품에 자주 인용된다. 예: *Enchiridion* 19.72.

욕망을 위해 아내와의 교접을 이용하는 경우에 대해 말하는 것은 아니다. 내가 말하려는 바는 이런 종류의 쾌락과는 상관없더라도 무엇이든지 그리스도보다 앞세우면 그리스도를 기초로 삼고 있는 것은 아니라는 것이다. 이 문제에 관해 그분은 "아버지나 어머니를 나보다 더 사랑하는 사람은 내게 마땅하지 않습니다. 아들이나 딸을 나보다 더 사랑하는 사람도 내게 마땅하지 않습니다"[275]라는 분명한 말씀을 한 바 있으므로 그런 사람은 구세주와 함께 있지 못할 것이다. 하지만 혈연을 육적으로 사랑하더라도 주 그리스도보다 앞세우지 않고 그리스도가 없느니 차라리 그들이 없는 편이 더 낫다고 여기는 사람은, 만약 저런 유혹의 위기에 말려들더라도 불을 거쳐서 구원을 받을 것이다. 불을 거친다는 말은 사랑이 혈연에 애착하게 만들면 만들수록 그 혈연을 잃을 경우 그만큼 심한 고통이 그를 애태우는 일이 필연적이기 때문에 하는 말이다. 그러니까 아버지, 어머니, 아들, 딸을 그리스도에 따라서 사랑하기에 그들에게 그리스도의 나라에 들어가서 그리스도께 귀依하라고 권유한다거나, 그 사람들도 그리스도의 지체들이기에 사랑한다고 하자. 그럴 경우 가족에 대한 그 사랑이 너무나 마른 풀이나 짚처럼 타 없어질 리가 없다. 오히려 금, 은, 보석으로 지은 건물처럼 보일 것이다. 누군가를 그리스도 때문에 사랑한다면 어떻게 그리스도보다 더 사랑할 수 있겠는가?[276]

27. 자선을 행하는 한 저지른 죄도 본인에게 해롭지 않으리라는 맹신을 반박함
27. 1. 일상적 죄가 큰 죄라면 자선행위가 풀어주지 못한다

자기 죄를 보상하기 위한 자선을 행하는 데 소홀하는 사람들만 영원한 불에 타리라고 말하는 사람들을 반박하는 일이 남아있다. 그런 사람들은 사도 야고보가 "자비를 베풀지 않는 사람은 무자비하게 심판을 받을 것입니다"[277]라고 하는 말을 근거로 든다. 그래서 못된 행실을 바로잡지 않았더라도, 스스로 자선을 하면서 비록 불경스럽고 악하게 살았더라도, 그에게는 심판이 자비롭게 닥칠 것이고 따라서 심판을 아예 받지 않거나 어떤 시기가 지나면 최후의 단죄에서 풀려나리라는 말을 한다. 저 사람들 생각에, 그리스도는 자선을 사랑하거나 소

discretionem inter dextros et sinistros esse facturum, quorum alios in regnum, alios in supplicium mittat aeternum. Vt autem cotidiana sibi opinentur, quae facere omnino non cessant, qualiacumque et quantacumque sint, per elemosynas dimitti posse peccata, orationem, quam docuit ipse Dominus, et suffragatricem sibi adhibere conantur et testem. Sicut enim nullus est, inquiunt, dies, quo a Christianis haec oratio non dicatur: ita nullum est cotidianum qualecumque peccatum, quod per illam non dimittatur, cum dicimus: *Dimitte nobis debita nostra*, si quod sequitur facere curemus: *Sicut et nos dimittimus debitoribus nostris*. Non enim ait Dominus, inquiunt: Si dimiseritis peccata hominibus, dimittet uobis pater uester cotidiana parua peccata, sed: *Dimittet*, inquit, *uobis peccata uestra*. Qualiacumque ergo uel quantacumque sint, etiamsi cotidie perpetrentur nec ab eis uita discedat in melius commutata: per elemosynam ueniae non negatae remitti sibi posse praesumunt.

Sed bene, quod isti dignas pro peccatis elemosynas commonent esse faciendas; quoniam si dicerent qualescumque elemosynas pro peccatis et cotidianis et magnis et quantacumque scelerum consuetudine misericordiam posse impetrare diuinam, ut ea cotidiana remissio sequeretur, uiderent se rem dicere absurdam atque ridiculam. Sic enim cogerentur fateri fieri posse, ut opulentissimus homo decem nummulis diurnis in elemosynas inpensis homicidia et adulteria et nefaria quaeque facta redimeret. Quod si absurdissimum atque insanissimum est dicere, profecto si quaeratur, quae dignae sint pro peccatis elemosynae, de quibus etiam Christi praecursor ille dicebat: *Facite ergo fructus dignos paenitentiae*, procul dubio non inuenientur eas facere, qui uitam suam usque ad mortem cotidianorum criminum perpetratione confodiunt; primum, quia in auferendis

---

[278] 마태 6,12.

[279] 마태 6,14.

[280] 마태 3,8.

홀하거나 하는 것만 갖고서 오른편에 설 사람들과 왼편에 설 사람들을 구분할 것이며, 그 일부는 하느님 나라로, 다른 사람들은 영원한 형벌로 보내리라는 것이다. 그들의 견해대로 한다면, 일상적 죄를 중단없이 저지르더라도, 또 그것이 어떤 죄이고 얼마나 많은 죄이건 상관없이, 자선을 통해 용서받을 수 있을 것이다. 그 사람들은 주님께서 친히 가르친 기도를 자신에게 유리한 증거로 이용하려고 애쓴다. 그들의 말처럼, 그리스도인들치고 이 기도를 염송하지 않을 사람이 아무도 없을 테니까, "우리의 죄를 용서하소서"라고 기도하면서 뒤이어 "우리가 우리에게 잘못한 이를 용서하듯이"[278]라고 하는 구절을 실천하는 데 마음을 쓰는 이상 그 기도를 통해 용서받지 못할 죄가 하나도 없다는 것이다. 주님이 하는 말씀은, "너희가 사람들에게 죄를 용서하면 너희 아버지께서 너희 일상의 작은 죄들을 용서하시리라"고 하지 않았고 그냥 "너희에게 너희 죄를 용서하실 것이다"라고 했다는 것이다.[279] 그러므로 그것이 어떤 죄이고 얼마나 많은 죄이건 상관없이, 비록 날마다 저지르고 그 죄에서 삶을 돌이켜 더 나은 삶으로 바꾸지 않더라도, 자선을 통해 용서를 거부당하는 일이 있을 수 없다고 추측한다.

27.2. 죄중에 고집을 부리는 한, 용서받지 못한다

저 사람들이 죄에 상응한 한 자선을 행해야 한다고 권유한다는 것은 잘하는 일이다. 그렇지만 그 말이, 어떤 자선을 하든지 매일 저지르는 죄, 즉 일상적 죄나 큰 죄, 아무리 흉악한 죄라도 자동적으로 신의 자비를 얻어낸다는 뜻이라면, 자기들이 부조리하고 우스운 말을 하고 있지 않은지 살펴야 하리라. 그런 경우, 아주 큰 부자가 날마다 십 전씩으로 자선을 베풀어 살인과 간음 그리고 자신이 저지른 온갖 흉악을 벗어나는 일이 가능하다는 궤변도 수긍하지 않을 수 없을 것이기 때문이다. 그런 말을 하는 것이 지극히 부조리하고 아주 정신나간 짓이라면, 또 그리스도의 선구자가 "회개에 합당한 열매를 맺으시오!"[280]라는 말을 했듯이, 과연 무엇이 죄를 보상하기 위한 자선인지 스스로 묻는다면, 죽을 때까지 날마다 죄를 짓는 식으로 자기 인생을 더럽히는 사람들은 분명히 자선을 하고 있지 않음을 발견하기에 이를 것이다. 그 이유는 먼저, 그자들은 남의 것을

rebus alienis longe plura diripiunt, ex quibus perexigua pauperibus largiendo Christum se ad hoc pascere existimant, ut licentiam malefactorum ab illo se emisse uel cotidie potius emere credentes securi damnabilia tanta committant. Qui si pro uno scelere omnia sua distribuerent indigentibus membris Christi, nisi desisterent a talibus factis habendo caritatem, quae non agit perperam, aliquid eis prodesse non posset. Qui ergo dignas pro suis peccatis elemosynas facit, prius eas facere incipiat a se ipso. Indignum est enim, ut in se non faciat, qui facit in proximum, cum audiat dicentem Deum: *Diliges proximum tuum tamquam te ipsum*; itemque audiat: *Miserere animae tuae placens Deo*. Hanc elemosynam, id est, ut Deo placeat, non faciens animae suae quo modo dignas pro peccatis suis elemosynas facere dicendus est? Ad hoc enim et illud scriptum est: *Qui sibi malignus est, cui bonus erit?* Orationes quippe adiuuant elemosynae; et utique intuendum est quod legimus: *Fili, peccasti, ne adicias iterum et de praeteritis deprecare, ut tibi dimittantur*. Propter hoc ergo elemosynae faciendae sunt, ut, cum de praeteritis peccatis deprecamur, exaudiamur; non ut in eis perseuerantes licentiam malefaciendi nos per elemosynas comparare credamus.

Ideo autem Dominus et dextris elemosynas ab eis factas et sinistris non factas se inputaturum esse praedixit, ut hinc ostenderet quantum ualeant elemosynae ad priora delenda, non ad perpetua inpune committenda peccata. Tales autem elemosynas non dicendi sunt facere, qui uitam nolunt a consuetudine scelerum in melius commutare. Quia et in hoc quod ait: *Quando uni ex minimis meis non fecistis, mihi non fecistis*, ostendit eos

---

[281] 1고린 13,3 참조: "또 내 모든 재산을 희사하고 몸마저 내주어 불사르게 한다 할지라도 사랑이 없다면, 내게는 조금도 이로울 것이 없습니다."

[282] 마태 22,39.

[283] 집회 30,24 (교부의 자유인용).

[284] 집회 14,5. 〔공동번역: "자기에게 인색한 사람이 누구에게 베풀 수 있으랴."〕

[285] 집회 21,1. 〔공동번역: "내 아들아, 잘못을 저질렀느냐? 다시는 되풀이하지 말아라. 그리고 과거의 잘못에 대하여 용서를 빌어라."〕

[286] 자선이 속죄의 효과를 낸다는 믿음은 그리스도교의 전통을 이루어 왔다. Cf. 토비 12,8-9; 집회 7,8-10; 1베드 4,7-9; *Didache* 15.4; Clemens, *Epistula ad Corinthios* 2.16.4.

훨씬 많이 훔쳐서는 그가운데 아주 사소한 것을 가난한 사람들에게 베풀면서 자기는 그것으로 그리스도를 먹여살린다는 생각을 하고 있기 때문이다. 그렇게 해서 그자들은 악행에 대한 면책권을 그분한테서 사들였다고 믿고 날마다 더 확실하게 사들이는 것으로 믿으면서 자신있게 단죄받을 저 모든 악행을 저지른다. 설혹 단 한 가지 죄악 때문에 자기 재산 전부를 그리스도의 가난한 지체들에게 나누어 준다고 하더라도, 남에게 못된 짓을 하지 않겠다는 사랑을 품고서 그런 악행을 근절하지 않는다면, 그 자선이 본인들에게 조금도 이롭지 못할 것이다.[281] 누가 자기 죄를 보상하기 위한 자선을 한다면, 그 대상을 누구보다 먼저 자기 자신으로부터 시작해야 할 것이다. "네 이웃을 네 자신처럼 사랑하라!"[282] 는 하느님 말씀을 듣는다면 자기 이웃에게 자선을 하면서 자기 자신에게는 하지 않는다면 온당한 일이 아니다. "하느님의 마음에 들게 너의 영혼을 가엾게 여겨라!"[283]는 말씀도 귀담아들어야 할 것이다. 달리 말해 하느님의 마음에 들려고 자기 영혼에게도 자선을 베풀지 않으면서 어떻게 자기 죄를 보상하는 자선을 행한다 할 수 있겠는가? 바로 이래서 "자기 자신에게 악행을 저지르는 사람이 누구에게 선할 수 있으랴?"[284]라는 말이 있다. 자선은 분명히 기도를 돕는다. 우리가 읽는 다음 구절도 그런 뜻을 담고 있으니 유념할 만하다: "아들아, 너는 죄를 지었으니, 더는 보태지 말아라. 그리고 지나간 죄에 대하여 너를 용서해 주십사 빌어라!"[285] 그러니 자선은 해야 한다. 우리가 지나간 죄에 대해 빌 때 그 기도가 받아들여지도록. 따라서 그 죄를 계속하여 지으면서 자선을 통해 자신이 저지른 악행에 대한 면책권을 마련한다고 믿어서는 안 된다.[286]

27.3. 궁핍한 형제는 그리스도 안에 있다

주님은 오른편에 있는 사람들은 당신에게 자선을 행한 것으로 보겠고 왼편에 있는 사람들은 안한 것으로 보겠노라고 예고했다. 자선을 행하는 일이 이전의 죄를 지우기 위한 것이지 자신이 지은 죄에 대해 영원한 면책권을 위해서가 아님을 보여주려는 뜻에서 한 말씀이다. 그러므로 악행의 습관을 버리고 자신의 삶을 개선하기를 거부하는 사람들이라면 자선을 한다고 말할 수 없다. 왜냐하면 "너희가 이 지극히 작은 이들 가운데 하나에게 해 주지 않았을 때마다 그것

non facere etiam quando se facere existimant. Si enim Christiano esurienti panem tamquam Christiano darent, profecto sibi panem iustitiae, quod ipse Christus est, non negarent; quoniam Deus, non cui detur, sed quo animo detur, adtendit. Qui ergo Christum diligit in Christiano, hoc animo ei porrigit elemosynam, quo accedit ad Christum, non quo uult recedere inpunitus a Christo. Tanto enim magis quisque deserit Christum, quanto magis diligit quod inprobat Christus. Nam quid cuiquam prodest, quod baptizatur, si non iustificatur? Nonne qui dixit: *Nisi quis renatus fuerit ex aqua et Spiritu, non intrabit in regnum Dei*, ipse etiam dixit: *Nisi abundauerit iustitia uestra super scribarum et Pharisaeorum, non intrabitis in regnum caelorum*? Cur illud timendo multi currunt baptizari, et hoc non timendo non multi curant iustificari? Sicut ergo non fratri suo dicit: *Fatue*, qui cum hoc dicit non ipsi fraternitati, sed peccato eius infensus est (alioquin reus erit gehennae ignis): ita e contrario, qui porrigit elemosynam Christiano, non Christiano porrigit, qui non in eo diligit Christum; non autem diligit Christum, qui iustificari recusat in Christo. Et quem ad modum si quis praeoccupatus fuerit hoc delicto, ut fratri suo dicat: *Fatue*, id est, non eius peccatum uolens auferre conuicietur iniuste, parum est illi ad hoc redimendum elemosynas facere, nisi etiam quod ibi sequitur remedium reconciliationis adiungat (ibi enim sequitur: *Si ergo offeres munus tuum ad altare et ibi recordatus fueris, quia frater tuus habet aliquid aduersum te, relinque ibi munus tuum ad altare et uade prius, reconciliare*

---

[287] 마태 25,45.

[288] 요한 3,5.

[289] 마태 5,20.

[290] cur *illud* timendo multi *currunt* baptizari, et *hoc* non timendo non multi *curant* iustificari?: 두 가지 행동방식을 유려한 운각으로 처리했다.

[291] 마태 5,22 참조.

[292] 상대의 과실을 고쳐주려는 뜻에서 헐뜯는 일과 까닭없이 헐뜯는 일은 다르다는 말이다.

은 바로 나에게 해 주지 않은 것이다"[287]는 말씀은 그들이 자기는 자선을 한다고 생각할지라도 사실은 그렇지 않다는 것을 보여준다. 그들이 굶주리는 그리스도인을 그리스도인으로 보고 빵을 주었다면, 응당 자기 자신에게도 그리스도라는 의로움의 빵을 거절하는 일은 없었으리라. 하느님은 누구에게 주었느냐를 보지 않고 어떤 마음으로 주었느냐를 눈여겨보시기 때문이다. 따라서 그리스도인 안에서 그리스도를 사랑하는 사람이라면, 그리스도께 다가가는 그런 마음으로 상대방에게 자선을 베풀어야지, 그리스도로부터 멀어지면서도 벌을 받지 않겠다는 마음으로 하는 것은 아니다. 따라서 누구든지 그리스도가 질책하는 바를 더 사랑하면 할수록 그리스도를 더욱더 저버리는 셈이다. 의로워지지 않는다면 세례받는 일이 그에게 무슨 유익이 있겠는가? 그분도 "누구든지 물과 영으로부터 다시 나지 않으면 하느님 나라에 들어갈 수 없습니다"[288]라고 말씀하지 않았던가? 그분은 또한 "여러분의 의로움이 율사와 바리사이의 의로움보다 한결 넉넉하지 않으면 여러분은 하늘나라에 들어가지 못할 것입니다"[289]라고 말씀하지 않았던가? 왜 많은 사람들은 첫째 말씀을 두려워하여 세례를 받으러 달려가면서도, 이 둘째 말씀은 두려워하지 않고 얼마 되지 않는 사람들만이 의로운 일에 마음을 쓰는 것일까?[290] 자기 형제에게 "바보"라고 하는 사람도 형제간에 그 욕을 하는 것이 아니고 그 사람의 죄를 두고 그 욕을 한다면, 그는 실상 바보라고 말하는 것이 아니다(그렇지 않으면 주님의 말씀대로 지옥불의 죄인이 될 것이다).[291] 말을 뒤집어, 그리스도인에게 자선을 베풀면서도 그 사람 안에서 그리스도를 사랑하지 않는다면 그는 그리스도인에게 자선을 베푸는 것이 아니다. 또 그리스도 안에서 의로워지기를 마다한다면 그리스도를 사랑하는 것이 아니다. 그래서 누가 자기 형제한테 바보라고 말하고서는 이런 범죄에 마음이 쓰였다고 하자. 다시 말해서, 그의 죄를 없애주려는 생각을 않고서 함부로 욕하고 다닌다고 하자.[292] 그럴 경우 그 일에 화해를 기워갚는 데 따르는 무엇이 첨가되지 않는 한, 그 짓을 보상하겠다고 자선을 행하는 것은 대수롭지 못하다. (그래서 다음과 같은 말씀이 따라나온다: "제단에 예물을 바치려다가 형제가 당신에게 원한을 품고 있다는 것이 생각나거든 예물을 제단 앞에 두고 먼저

fratri tuo, et tunc ueniens offeres munus tuum): ita parum est elemosynas quantaslibet facere pro quocumque scelere et in consuetudine scelerum permanere.

Oratio uero cotidiana, quam docuit ipse Iesus, unde et dominica nominatur, delet quidem cotidiana peccata, cum cotidie dicitur: *Dimitte nobis debita nostra*, atque id quod sequitur non solum dicitur, sed etiam fit: *Sicut et nos dimittimus debitoribus nostris*; sed quia fiunt peccata, ideo dicitur, non ut ideo fiant, quia dicitur. Per hanc enim nobis uoluit Saluator ostendere, quantumlibet iuste in huius uitae caligine atque infirmitate uiuamus, non nobis deesse peccata, pro quibus dimittendis debeamus orare et eis, qui in nos peccant, ut et nobis ignoscatur, ignoscere. Non itaque propterea Dominus ait: S*i dimiseritis peccata hominibus, dimittet uobis et pater uester peccata uestra*, ut de hac oratione confisi securi cotidiana scelera faceremus, uel potentia qua non timeremus hominum leges uel astutia qua ipsos homines falleremus; sed ut per illam disceremus non putare nos esse sine peccatis, etiamsi a criminibus essemus inmunes; sicut etiam legis ueteris sacerdotes hoc ipsum Deus de sacrificiis admonuit, quae iussit eos primum pro suis, deinde pro populi offerre peccatis. Nam et ipsa uerba tanti magistri et Domini nostri uigilanter intuenda sunt. Non enim ait: «Si dimiseritis peccata hominibus, et pater uester dimittet uobis qualiacumque peccata», sed ait: *Peccata uestra*. Cotidianam quippe orationem docebat et iustificatis utique discipulis loquebatur. Quid est ergo: *Peccata uestra* nisi «peccata sine quibus nec uos eritis, qui iustificati et sanctificati estis»? Vbi ergo illi, qui per hanc

---

[293] 마태 5,23-24.

[294] sed *quia fiunt, ideo* dicitur, non *ut ideo fiant, quia* dicitur: 교부의 섬세한 감각으로 죄의 용서를 비는 기도에 숨어들 수 있는 심리적 기만을 폭로한 문장이다.

[295] 히브 7,27 참조: "그분은 대제관들처럼 날마다 먼저 자신의 죄를 위해 제사드리고, 다음에 백성의 죄를 위해 제사드릴 필요가 없습니다"(레위 16,5-6 참조).

가서 화해한 다음에 와서 바치시오.")[293] 마찬가지로 어떤 죄악을 갚으려고 자선을 하면서도 죄악의 습성에 머물러 있다면, 제아무리 대단한 자선을 행하든 그것은 대수롭지 못하다.

27. 4. 우리가 용서한다면 우리에게도 용서가 내릴 것이다

예수 친히 가르친 매일의 기도, 그래서 "주님의 기도"라고 부르는 기도는 매일의 죄를 없애준다. 단지 우리가 날마다 "우리의 죄를 용서하소서"라고 말씀드리면서 "우리가 우리에게 잘못한 이를 용서하듯이"라고 말씀드릴 뿐 아니라 실제로 그렇게 이루어질 경우에 하는 말이다. 하지만 죄를 짓기 때문에 그 말씀을 드리는 것이지, 그 말씀을 드리기에 죄를 지어도 된다는 뜻은 아니다.[294] 이 기도를 통해 구세주가 우리에게 보여주려는 바는, 현생의 암울함과 나약함 속에 살아가는 한 우리가 얼마나 의롭게 살아가든지 우리에게 죄가 없는 것은 아니라는 점이며, 그 죄를 용서받으려면 기도를 올려야 하고, 우리가 용서를 받으려면 우리에게 죄를 지은 사람들을 우리도 용서해야 한다는 것이다. 그러니까 주님이 "여러분이 사람들에게 죄를 용서하면 여러분의 아버지께서도 여러분에게 여러분의 죄를 용서하실 것입니다"라고 말씀한 것은, 우리가 이 기도를 믿고서 우리더러 날마다 죄악을 저질러도 된다는 말씀이 아니다. 그게 도통 인간들의 법률을 두려워하지 않는 능력에서 오든 인간들을 기만하는 교활에서 오든 상관없다. 오히려 이 기도를 통해, 우리가 비록 중죄로부터 벗어나 있을지라도 죄가 없다는 생각을 하지 않는 법을 배우기 위함이다. 하느님은 희생제사에 대해 말씀하면서 구약의 제관들에게도 바로 이런 훈계를 내렸다. 제관들이 먼저 자신들의 죄를 위해 희생제사를 드리고 그다음에 백성의 죄를 위해 바치라고 명령했다.[295] 우리의 위대한 스승이신 주님의 말씀 자체도 주의깊게 살펴보아야 한다. 그분은 "여러분이 사람들에게 죄를 용서하면 여러분의 아버지께서도 여러분에게 무슨 죄든지 용서하실 것입니다"라고 하지 않고 "여러분의 죄"를 용서하시리라고 말씀했다. 그분은 매일의 기도를 가르치던 중이었고 물론 의롭게 된 제자들을 상대로 말씀하고 있었다. 그러니 "여러분의 죄"란 "이미 의로워지고 거룩해진 여러분이지만 여러분에게도 없을 수 없는 죄"를 의미하는 것이 아니고 무엇이겠는

orationem occasionem perpetrandorum cotidie scelerum quaerunt, dicunt Dominum significasse etiam magna peccata, quoniam non dixit: «Dimittet uobis parua», sed *peccata uestra*: ibi nos considerantes qualibus loquebatur et audientes dictum *peccata uestra* nihil aliud debemus existimare quam parua, quoniam talium iam non erant magna. Verum tamen nec ipsa magna, a quibus omnino mutatis in melius moribus recedendum est, dimittuntur orantibus, nisi fiat quod ibi dicitur: *Sicut et nos dimittimus debitoribus nostris*. Si enim minima peccata, sine quibus non est etiam uita iustorum, aliter non remittuntur: quanto magis multis et magnis criminibus inuoluti, etiamsi ea perpetrare iam desinant, nullam indulgentiam consequuntur, si ad remittendum aliis, quod in eos quisque peccauerit, inexorabiles fuerint, cum dicat Dominus: *Si autem non dimiseritis hominibus, neque pater uester dimittet uobis*. Ad hoc enim ualet quod etiam Iacobus apostolus ait iudicium futurum sine misericordia illi, qui non fecit misericordiam. Venire quippe debet in mentem etiam seruus ille, cui debitori dominus eius relaxauit decem milia talentorum, quae postea iussit ut redderet, quia ipse non misertus est conserui sui, qui ei debebat centum denarios. In his ergo, qui filii sunt promissionis et uasa misericordiae, ualet quod ait idem apostolus consequenter adiungens: *Superexultat autem misericordia iudicio*, quoniam et illi iusti, qui tanta sanctitate uixerunt, ut alios quoque recipiant in tabernacula aeterna, a quibus amici facti sunt de mammona iniquitatis, ut tales essent, misericordia liberati sunt ab eo, qui iustificat impium, imputans mercedem secundum gratiam, non secundum debitum. In eorum quippe numero est apostolus, qui dicit: *Misericordiam consecutus sum, ut fidelis essem*.

---

[296] 21,22에서도 인용하여 논변했다.

[297] 마태 6,15.

[298] 야고 2,13 참조.

[299] 마태 18,23-35 참조.

[300] 야고 2.13 (*superexsultat* autem misericordia iudicio). [200주년: "자비는 심판을 이깁니다."]

[301] 루가 16,9 참조. 성서 본문은 "불의한 마몬을 친구로 삼는다"라고 되어 있으나 아우구스티누스는 "불의한 마몬을 이용하여 성도들을 친구로 삼는다"라는 뜻으로 풀고서 이하의 논변을 전개한다.

[302] 로마 4,4-5 참조: "일을 한 사람에게는 품삯이 은혜가 아니라 당연한 보수입니다. 그러나 일을 하지 않더라도 불경한 자를 의롭게 하시는 분을 믿는 이에게는 그의 믿음이 의로움으로 인정됩니다."

[303] 1코린 7,25. fidelis: 교부들의 용례상 이 단어는 "믿는 사람"(신도)도 "믿을 만한 사람"도 된다.

가? 이런 기도를 빌미로 날마다 중죄를 범하는 기회를 찾는 사람들은 주님이 이 말씀에서 큰 죄도 의미했으리라고 주장한다. 여러분에게 "작은 죄를 용서하시리라"고 말씀하지 않고 그냥 "여러분의 죄를 용서하시리라"고 말씀했기 때문이라는 것이다.[296] 하지만 이 말씀에서 주님이 누구를 상대로 말씀하고 있었는지 고려하고 "여러분의 죄를 용서하시리라"는 말씀을 경청함으로써, 우리는 그것이 작은 죄 외에 다른 것이 아니라고 여겨야 한다. 이미 의롭게 된 제자들 같은 사람들의 죄는 큰 죄가 아니었기 때문이다. 그렇더라도 나은 방향으로 행실을 고쳐 감으로써 큰 죄를 멀리해야 하는데, 기도를 하는 사람들에게는 큰 죄도 용서되지만 "우리가 우리에게 잘못한 이를 용서하듯이"라고 말씀드리는 바가 이루어지지 않는 한 용서되지 않는다. 비록 의인의 삶이라도 작은 죄는 없을 수 없는데, 만약 작은 죄라도 달리는 용서받지 못한다고 하자. 그렇다면 많고 큰 죄에 얽혀 있는 사람은 아무 용서도 받지 못할 것이다. 본인이 그런 죄를 짓기를 그만두었다고 할지라도. 주님이 "사람들을 용서하지 않으면 여러분의 아버지께서도 여러분을 용서하지 않으실 것입니다"[297]라고 말씀하는 이상, 누가 자기들한테 잘못했을 때 다른 사람들을 용서하는 데 냉혹하다면, 아무 용서도 못 받을 것이다. 자비를 베풀지 않는 사람에게는 앞으로 올 심판도 무자비하게 이루어지리라고 한 야고보 사도의 말도 여기에 해당한다.[298] 또 저 무자비한 종의 이야기도 상기해야 한다. 빚진 종에게 그의 주인이 만 달란트를 탕감해 주었지만 뒤에 다시 그것을 갚으라고 명했다. 그 종이 자신에게 백 데나리온을 빚진 자기 동료를 가엾게 여기지 않은 탓이다.[299] 약속의 자손이요 자비의 그릇인 사람들에게는 같은 사도가 뒤이어 덧붙인 "자비가 심판보다 훨씬 기쁨을 줍니다"[300]라는 말도 유효하다. 왜냐하면 불의한 마몬으로 친구들을 만든 사람들마저 영원한 장막에 맞아들일 정도로[301] 훌륭한 성덕으로 살았던 저 의인들도 그런 사람들이 되기까지는 자비를 입어 저분에 의해 해방되었던 것이다. 저분은 불경스런 자를 의롭게 만들고, 당연한 보수로 셈을 하지 않고 은혜로 품삯을 셈하는 분이다.[302] "나는 주님의 자비를 입어 믿는 사람이 되었습니다"[303]라고 말하는 사도 역시 그런 사람들의 숫자에 드는 인물이다.

Illi autem, qui recipiuntur a talibus in tabernacula aeterna, fatendum est quod non sint his moribus praediti, ut eis liberandis sine suffragio sanctorum sua possit uita sufficere, ac per hoc multo amplius in eis superexultat misericordia iudicio. Nec tamen ideo putandus est quisquam sceleratissimus, nequaquam uita uel bona uel tolerabiliore mutatus, recipi in tabernacula aeterna, quoniam obsecutus est sanctis de mammona iniquitatis, id est de pecunia uel diuitiis, quae male fuerant adquisitae, aut etiamsi bene, non tamen ueris, sed quas iniquitas putat esse diuitias, quoniam nescit quae sint uerae diuitiae, quibus illi abundabant, qui et alios recipiunt in tabernacula aeterna. Est itaque quidam uitae modus nec tam malae, ut his qui eam uiuunt nihil prosit ad capessendum regnum caelorum largitas elemosynarum, quibus etiam iustorum sustentatur inopia et fiunt amici qui in tabernacula aeterna suscipiant, nec tam bonae, ut ad tantam beatitudinem adipiscendam eis ipsa sufficiat, nisi eorum meritis, quos amicos fecerint, misericordiam consequantur (Mirari autem soleo etiam apud Vergilium reperiri istam Domini sententiam, ubi ait: *Facite uobis amicos de mammona iniquitatis, ut et ipsi recipiant uos in tabernacula aeterna*; cui est et illa simillima: Q*ui recipit prophetam in nomine prophetae, mercedem prophetae accipiet; et qui recipit iustum in nomine iusti, mercedem iusti accipiet*. Nam cum Elysios campos poeta ille describeret, ubi putant habitare animas beatorum, non solum ibi posuit eos, qui propriis meritis ad illas sedes peruenire potuerunt, sed adiecit atque ait:

---

[304] quas iniquitas putat esse divitias: "그것을 재물로 여김이 곧 불의다"라는 의미도 담고 있다.

[305] 마태 10,41.

[306] Elysii campi: 베르길리우스의 「아이네이스」(제6권)에서 명계(冥界)를 찾아간 아이네아스가 역사에 공헌한 인물들이 나름대로 행복을 누리는 극락을 발견한다(본서 10.30 참조).

27. 5. 우리는 성도에게 우리를 맡겨 드린다

자선을 함으로써 저런 성도들에 의해 영원한 장막에 받아들여지는 사람들은 다음과 같이 실토해야 한다: 자기들은 그럴 만한 행실을 갖추고 있지 못하므로, 자기들의 삶은 성도들의 전구轉求 없이는 죄에서 풀려나기에 넉넉한 삶이 되지 못하며, 바로 그런 점에서 자기들에게야말로 자비가 심판보다 훨씬 기쁘다고 자백해야 한다. 그렇다고 죄가 몹시 많은 사람이 자신의 삶을 선량한 삶이나 용납할 만한 삶으로 바꾸지도 않은 채로, 불의한 마몬으로 성도들을 대접했다는 사실만으로 영원한 장막에 받아들여지리라 여겨서도 안 된다. 다시 말해 악하게 벌어들인 돈이나 재물로 그렇게 했다고 해서 그곳에 받아들여진다고 여기지 말아야 한다. 설령 선하게 벌어들였더라도, 무엇이 참된 재물인지 알지 못한다면 그 사실만으로도 참다운 재물이 아니요, 불의가 그것을 재물로 여길 따름이다.[304] 참다운 재물로 부유한 사람들은 전구를 통해 다른 사람들마저 영원한 장막에 받아들여 준다. 어떤 사람의 생활방식을 보면, 그런 생활을 하는 사람에게 자선의 시행이 하늘 나라를 얻는 데 아무런 보탬이 되지 않을 정도까지 악하지는 않는 경우가 있다. 이런 경우에는 그런 자선으로 의인들의 곤궁함을 보태주고 그 덕분에 의인들이 친구가 되어 그를 영원한 장막에 맞아들인다. 그런가 하면 그 삶만 보아서는 저토록 훌륭한 행복을 스스로 획득하는 데 넉넉할 만큼 선하지도 않아서 자선으로 친구를 삼은 사람들의 공덕에 힘입지 않으면 자비를 얻지 못할 생활방식이 있다. (나는 베르길리우스의 글에서도 주님의 저 말씀, 곧 "불의한 마몬으로 친구들을 만들어, 그것이 없어질 때 그들이 여러분을 영원한 초막에 맞아들이도록 하시오"라는 말씀이 발견되는 데 감탄하곤 한다. 또 그 말씀과 아주 비슷하기로는 "예언자를 예언자로 받아들이는 이는 예언자의 보상을 받을 것이요, 의인을 의인으로 받아들이는 이는 의인의 보상을 받을 것입니다"[305]라는 말씀이 있다. 저 시인은 복된 인간들의 영혼이 거처하는 것으로 여기는 엘리시움 들판[306]을 묘사하면서, 자기 공덕으로 그 처소에 도달한 사람들을 그곳에 배정하는 데서 그치지 않고 다음과 같은 구절을 첨가하여 이렇게 말한다:

Quique sui memores alios fecere merendo,
id est, qui promeruerunt alios eosque sui memores promerendo fecerunt; prorsus tamquam eis dicerent, quod frequentatur ore Christiano, cum se cuique sanctorum humilis quisque commendat et dicit: «Memor mei esto», atque id ut esse possit promerendo efficit.) Sed quis iste sit modus, et quae sint ipsa peccata, quae ita impediunt peruentionem ad regnum Dei, ut tamen sanctorum amicorum meritis inpetrent indulgentiam, difficillimum est inuenire, periculosissimum definire. Ego certe usque ad hoc tempus cum inde satagerem ad eorum indaginem peruenire non potui. Et fortassis propterea latent, ne studium proficiendi ad omnia cauenda peccata pigrescat. Quoniam si scirentur quae uel qualia sint delicta, pro quibus etiam permanentibus nec prouectu uitae melioris absumptis intercessio sit inquirenda et speranda iustorum, eis secura se obuolueret humana segnitia, nec euolui talibus implicamentis ullius uirtutis expeditione curaret, sed tantummodo quaereret aliorum meritis liberari, quos amicos sibi de mammona iniquitatis elemosynarum largitate fecisset. Nunc uero dum uenialis iniquitatis, etiamsi perseueret, ignoratur modus, profecto et studium in meliora proficiendi orando et instando uigilantius adhibetur et faciendi de mammona iniquitatis sanctos amicos cura non spernitur.

Verum ista liberatio, quae fit siue suis quibusque orationibus siue intercedentibus sanctis, id agit ut in ignem quisque non mittatur aeternum, non ut, cum fuerit missus, post quantumcumque inde tempus eruatur. Nam et illi, qui putant sic intellegendum esse quod scriptum est, adferre terram

---

[307] Vergilius, *Aeneis* 6.664.

[308] 교부는 "성인들의 친교(親交) 혹은 통공(通功)"(communio sanctorum)이라고 알려진 그리스도교 사상을 소개하면서(에페 1,15.22-23; 2,14-18; 4,24; 골로 1,18.24; 3,4 참조), promereo("대신 공덕을 쌓다")라는 용어와 개념을 원용한다.

그들은 공덕을 쌓아 다른 이들로 하여금 자기를 기억하게 했더니라.[307]
즉, 그런 인물들이 다른 사람들을 대신해서 공덕을 쌓았고, 대신 공덕을 쌓음으로써 딴 사람들이 자기를 기억하게 했다는 것이다. 이것은 그리스도교적 어법에서도 빈번히 나오는 표현으로, 누구든지 겸손하게 어떤 성인에게 의탁하면서 "저를 기억해 주십시오"라고 말씀드리는 경우가 그렇다. 그리고 그 성인이 대신 공덕을 쌓음으로써 실제로 그렇게 될 수 있도록 해 준다.)[308] 그렇지만 어떤 생활방식이 스스로 하느님 나라에 도달하는 데 장애가 되길래 자선을 통해 친구로 삼은 성도들의 공덕이 있어야 사면을 얻을 만큼인지, 그렇게 성도들의 공덕으로 사면받을 수 있는 그런 죄가 어떤 것인지 찾아내는 것은 극히 어려운 일이고 또 그렇다고 단정하는 일은 극히 위험하다. 나로 말하자면 물론 이때까지도 이런 문제를 궁구하는 데 무척 힘써 왔지만 해답에 도달하지 못했다. 또 이것이 감추어져 있는 까닭은 모든 죄를 조심하려는 노력에 정진함에 결코 방심하지 않도록 하기 위함일지도 모른다. 왜냐하면 그것이 어떤 죄악인가, 어떤 성격의 죄악인지라도 안다면, 그런 악이 여전히 남아있고 더 나은 삶에 도달하여 그런 악을 청산하지 못했으면서도, 무작정 의인들의 전구를 찾거나 바라게 될 것이다. 따라서 인간적 우유부단이 당사자로 하여금 안심하고 그런 죄악에 말려들게 하고, 어떤 덕을 닦아서라도 그처럼 얽힌 지경을 벗어나도록 보살피지 않을 것이다. 그러고서는 오로지 자선을 시행하여, 불의의 마몬으로 자기한테 친구를 삼은 타인들의 공덕으로 해방되는 길을 찾을 것이다. 죄악이 당장은 용서받을 만한 정도라면 그것이 지속되더라도 용서받기는 한다. 그렇지만 기도하는 가운데, 또 더욱 조심해서 저항하는 가운데, 더 나은 길로 나아가려는 노력이 있어야 한다. 또 그러면서도 불의의 마몬으로 성도들을 친구로 삼는 정성도 무시해서는 안 된다.

27.6. 성도의 공덕은 그만큼 다양하다

다만 자신의 어떤 기도로 이루어지든, 성도들이 전구하여 이루어지든, 인간이 얻을 해방은 누구든 일단 영원한 불 속으로 던져졌을 경우에 얼마의 시간이 흐르더라도 불에서 벗어나게 해 주는 그런 해방이 아니다. 결코 영원한 불로 던져지지 않게 해 주는 해방이다. 씨앗이 좋고 비옥한 땅에 떨어지면 어떤 곳은

bonam uberem fructum, aliam tricenum, aliam sexagenum, aliam centenum, ut sancti pro suorum diuersitate meritorum alii tricenos homines liberent, alii sexagenos, alii centenos, hoc in die iudicii futurum suspicari solent, non post iudicium. Qua opinione quidam cum uideret homines inpunitatem sibi peruersissime pollicentes, eo quod omnes isto modo ad liberationem pertinere posse uideantur, elegantissime respondisse perhibetur, bene potius esse uiuendum, ut inter eos quisque reperiatur, qui pro aliis intercessuri sunt liberandis, ne tam pauci sint, ut cito ad numerum suum uel tricenum uel sexagenum uel centenum unoquoque eorum perueniente multi remaneant, qui erui iam de poenis illorum intercessione non possint et in eis inueniatur quisquis sibi spem fructus alieni temeritate uanissima pollicetur. Haec me illis respondisse suffecerit, qui sacrarum litterarum, quas communes habemus, auctoritatem non spernunt, sed eas male intellegendo non quod illae loquuntur, sed hoc potius putant futurum esse quod ipsi uolunt. Hac itaque responsione reddita librum, sicut promisimus, terminamus.

30배, 어떤 곳은 60배, 어떤 곳은 100배의 소출을 낸다고 기록된 말씀이 있다.[309] 그런데 어떤 이들은 이 말씀이 다음과 같은 뜻이라고 생각한다. 즉, 성도들이 자신들의 다양한 공덕에 따라서 어떤 이들은 30명의 사람을, 어떤 이들은 60명을, 또 어떤 이들은 100명을 해방시킨다는 것이다. 이것은 심판 날에 이루어질 것이며, 심판 이후에 이루어지지는 않는다고 한다. 누군가는 사람들이 그런 생각을 갖게 되면 자신에게 벌의 면책을 장담하는 아주 비뚤어진 마음을 먹으리라고 여기고, 또 그러다가는 모든 사람들이 해방의 덕을 입을 수 있을 것처럼 보이니까, 다음과 같은 답변을 내놓고서는 아주 점잖은 척한다: 우선 사람이 선하게 살아야 하고, 그래야 남들이 해방되도록 기도해 줄 그런 인물들 틈에 끼게 된다. 그렇지 않으면 남의 구원을 위해 기도하는 저런 사람들이 소수가 되어 버릴 테고, 저런 사람들이 30배든 60배든 100배든 각자에게 정해진 숫자를 신속하게 채우고 나면, 저런 사람들의 전구를 입어 형벌에서 벗어나지 못한 채 남겨지는 사람들의 숫자가 많아질 것이다. 참 황당하고 경솔하게도 다른 사람이 거두는 공덕에 희망을 걸고서 자신의 구원을 장담하는 사람도 자칫하면 저렇게 남겨진 자들의 축에 들지 모른다. 우리가 그들과 공동으로 간직하는 성서의 권위를 멸시하지 않는 사람들이라면야, 내 보기에 저런 사람들을 상대로 내놓은 답변치고는 이것으로도 충분할 것 같다. 다만 저런 사람들은 성서를 잘못 해석하여 성서가 말하는 내용이 장차 이루어진다기보다는 자기들이 원하는 바가 장차 이루어질 것으로 생각하고 있을 따름이다.[310] 그러니 이 정도 대답을 내놓고서, 우리가 약속한 대로 이 권을 마치기로 하자.

---

[309] 마태 13,1-8 참조.
[310] Cf. *Epistula* 120.3.13: "성서를 경멸해서 이단자가 아니고 성서를 못 알아들어서 이단자다."

AUGUSTINUS
DE CIVITATE DEI
LIBER XXII
QUAE SIT CARNIS RESURRECTIO ET VITA AETERNA

아우구스티누스
신 국 론
제 2 2 권
육신의 부활과 영원한 생명

1. Sicut in proximo libro superiore promisimus, iste huius totius operis ultimus disputationem de ciuitatis Dei aeterna beatitudine continebit, quae non propter aetatis per multa saecula longitudinem tamen quandocumque finiendam aeternitatis nomen accepit, sed quem ad modum scriptum est in euangelio, *regni eius non erit finis*; nec ita ut aliis moriendo decedentibus, aliis succedentibus oriendo species in ea perpetuitatis appareat, sicut in arbore, quae perenni fronde uestitur, eadem uidetur uiriditas permanere, dum labentibus et cadentibus foliis subinde alia, quae nascuntur, faciem conseruant opacitatis; sed omnes in ea ciues inmortales erunt, adipiscentibus et hominibus, quod numquam sancti angeli perdiderunt. Faciet hoc Deus omnipotentissimus eius conditor. Promisit enim nec mentiri potest, et quibus fidem hinc quoque faceret, multa sua et non promissa et promissa iam fecit.

Ipse est enim, qui in principio condidit mundum, plenum bonis omnibus uisibilibus atque intellegibilibus rebus, in quo nihil melius instituit quam spiritus, quibus intellegentiam dedit et suae contemplationis habiles capacesque sui praestitit atque una societate deuinxit, quam sanctam et supernam dicimus ciuitatem, in qua res, qua sustententur beatique sint, Deus ipse illis est, tamquam uita uictusque communis; qui liberum arbitrium eidem intellectuali naturae tribuit tale, ut, si uellet, desereret Deum, beati-

---

[1] non propter aetatis per multa saecula longitudinem: aetas(연세)는 16.43.3대로 인류사를 사람의 나이에 비유하고 saeculum(세기)은 전세, 현세, 후세로 나누어지는 구분(16.26.2)인데 여기서는 aetas가 시간을 통칭하고 있다.

[2] 루가 1,33.

[3] species perpetuitatis: 영구함(perpetuum)은 시간이 있고 끝이 없음에서 시작도 끝도 없는 영원함(aeternum)과 구분된다.

[4] capacesque sui: 22권의 "지복직관"(29-30)을 전제로 하느님을 인식하고 관조하고 은총을 받아들일 능력, 천사와 인간의 초월적 본성을 정의하는 표현이다.

[5] intellectualis natura: 직역하면 "오성적 자연본성". 천사와 인간을 통칭하며, 인간은 rationalis natura로 표기한다.

제1부(1-10)
부활과 영생을 신앙과 이성으로 궁구한다

1. 천사와 인간의 상황

1. 1. 이 권에서 영원에 관해 무엇을 논하는가

바로 앞 권에서 우리가 약속한 대로, 본서의 이 마지막 권은 하느님 도성의 영원한 행복에 대한 논의를 담을 것이다. 하느님 도성이 영원이라는 명사를 갖는 것은 수많은 세기를 거치는 길고긴 연세, 그래도 결국은 언젠가 끝날 연세 때문이 아니라[1] 복음서에 "그의 나라는 끝이 없을 것입니다"[2]라고 씌어 있기 때문이다. 한 그루의 상록수가 잎새들이 스러져 떨어지면 뒤이어 다른 잎새들이 돋아나면서, 잎사귀가 우거진 모습을 지속하므로, 표면상 녹음을 유지하는 것처럼 하느님의 도성도 그 속에서 어떤 개체들이 죽어 사라지면 다른 개체들이 발생하여 뒤를 잇는 식으로 영구한 형태가[3] 드러나는 그런 것이 아니다. 오히려 그 도성에서는 모든 시민이 불사불멸할 것이니, 거기서는 거룩한 천사들이 한 번도 상실한 적이 없는 불사불멸을 인간들도 획득하기 때문이다. 이것은 그 도성의 지극히 전능한 창건자인 하느님이 이루어 줄 것이다. 하느님이 그렇게 약속했고 그분은 거짓말을 할 수 없다. 그 일에 대한 믿음을 갖게 하려고, 하느님은 당신이 언약하지 않았든 언약했든 수많은 일을 이미 실행했다.

1. 2. 하느님은 인간의 생명을 주재한다

그분으로 말하면 태초에 세상을 창조한 분으로서, 가시적이고 가지적인 온갖 선한 사물로 세상을 가득 채웠다. 그 피조물들 가운데서도 영보다 훌륭한 것은 없으니, 하느님은 그들에게 지성을 주었고, 당신을 관조할 수 있고 당신을 수용하는 능력을 갖는[4] 존재로 세웠으며, 그들을 한 사회로 결집했다. 그 사회를 일컬어 우리는 거룩한 도성, 드높은 도성이라고 부르는데, 거기서 영들이 존속하고 행복해지도록 하느님이 몸소 그들에게 생명이 되고 공통된 음식이 된다. 하느님은 오성을 갖춘 이 사물[5]에게 자유의지를 주었으며, 그래서 원한다면 자신들의 행복인 하느님을 저버릴 수 있었는데, 다만 그런 행동에는 즉각 불행이

-tudinem scilicet suam, miseria continuo secutura; qui, cum praesciret angelos quosdam per elationem, qua ipsi sibi ad beatam uitam sufficere uellent, tanti boni desertores futuros, non eis ademit hanc potestatem, potentius et melius esse iudicans etiam de malis bene facere quam mala esse non sinere (quae omnino nulla essent, nisi natura mutabilis, quamuis bona et a summo Deo atque incommutabili bono, qui bona omnia condidit, instituta, peccando ea sibi ipsa fecisset; quo etiam peccato suo teste conuincitur bonam conditam se esse naturam; nisi enim magnum et ipsa, licet non aequale Conditori, bonum esset, profecto desertio Dei tamquam luminis sui malum eius esse non posset; nam sicut caecitas oculi uitium est et idem ipsum indicat ad lumen uidendum esse oculum creatum ac per hoc etiam ipso uitio suo excellentius ostenditur ceteris membris membrum capax luminis — non enim alia causa esset uitium eius carere lumine —: ita natura, quae fruebatur Deo, optimam se institutam docet etiam ipso uitio, quo ideo misera est quia non fruitur Deo); qui casum angelorum uoluntarium iustissima poena sempiternae infelicitatis obstrinxit atque in eo summo bono permanentibus ceteris, ut de sua sine fine permansione certi essent, tamquam ipsius praemium permansionis dedit; qui fecit hominem etiam ipsum rectum cum eodem libero arbitrio, terrenum quidem animal, sed caelo dignum, si suo cohaereret auctori, miseria similiter, si eum desereret, secutura, qualis naturae huius modi conueniret (quem similiter cum praeuaricatione legis Dei per Dei desertionem peccaturum

---

[6] 교부는 이 장에서 *De natura boni*와 *De libero arbitrio*를 비롯한 철학서들에서 기술하는 선과 악, 자유의지와 은총의 사상을 간단명료하게 간추리고 있다.

[7] melius ... de malis bene facere quam mala esse non sinere: 악의 현존을 해명하는 교부의 마지막 답변이다. Cf. *De Genesi ad litteram* 11.9.12; 11.10.13; *Enchiridion* 8.27.

[8] peccando ea sibi ipsa fecisset: 악의 출처는 만유의 창조주가 아니고 악을 행하는 피조물임을 강조하는 문구다.

[9] 사물이 부패하는 한 그 좋은 면이 부패하며, 부패할 좋은 것이 없으면 부패하지 않는다. Cf. *De natura boni*; *Enchiridion* 4.12.

[10] capax luminis: 눈이 빛을 수용하는 능력이듯이, 앞에 나온 대로, 인간은 "하느님을 수용하는 능력"(capax Dei: *De Trinitate* 15.8.1)이 있음을 다시 상기시킨다.

[11] de sua sine fine *permansione* ... tamquam ipsius *permansionis*: 천사들이 하느님께 바친 항구한 충성(항구함)과 하느님의 항구한 존재(항존함)가 동일한 단어로 표현되었다.

[12] terrena animalia: 고대세계에서 천사와 천체 같은 천상 생명체(animalia caelestia)와 대조하는 용어다.

따라오게 되어 있었다.⁶ 하느님은 어떤 천사들이 오만불손하게도 행복한 삶을 얻는 데 자기들만으로 만족해지고 싶어 하느님이라는 그토록 위대한 선을 저버리는 자들이 되리라고 예지했다. 그러면서도 그들이 그렇게 할 능력을 박탈하지는 않았으니, 악이 존재함을 허용하지 않기보다는 악으로부터 선을 만들어내는 일이 더 유능하고 더 좋다고 판단했던 것이다.⁷ 악이란 기실 무無요, 가변적 자연본성이 범죄함으로써 자기 자신이 스스로에게 만들어낸 것이다.⁸ 물론 그 자연본성은 선한 것이고, 모든 선을 창조한 지존한 하느님이요 불변하는 선으로부터 조성되었다. 자연본성 자체가 선한 것으로 창조되었음은 바로 자체의 이 죄를 증거로 삼아 도리어 확인된다. 비록 자기 창조주와 동등하지는 못하지만 자연본성 자체도 크나큰 선이 아니라면야, 자기의 빛과 같은 하느님을 저버리는 일이 자기의 악이 될 수는 없는 이치다.⁹ 이것은 마치 맹목盲目이 눈의 결함이면서도 동시에 눈 자체가 빛을 보도록 만들어졌음을 드러내는 것과 같고, 맹목이라는 자기 결함으로 인해서도, 눈 자체가 빛을 수용하는 능력¹⁰이라는 점에서 다른 지체들보다 탁월함을 보여주는 것과 같다(눈의 결함은 빛이 없다는 것 외에 다른 원인이 없는 까닭이다). 하느님을 향유享有하던 자연본성은 자신이 초래한 그 결함으로 인해 하느님을 향유하지 못해 불행해졌는데, 오히려 그 결함으로 인해 자연본성 자체가 본래 아주 훌륭하게 조성된 것임을 가르친다. 하느님은 어떤 천사들의 고의적 타락을 영원한 불행이라는 극히 의로운 징벌로 제압했고, 최고선 속에 신실하게 머문 그밖의 천사들에게는 당신의 항존함과 흡사한 항존함을 상급으로 주었으니,¹¹ 그렇게 해서 자신들의 신실함을 확실히 갖추도록 했다. 또한 하느님은 인간을 천사들과 똑같은 자유의지를 갖추어 올바른 존재로 만들었다. 인간은 비록 지상 생명체¹²이지만 자기 창조자께 귀의한다면 하늘에 들어가기에 합당한 존재가 되며, 그분을 저버린다면 저 타락한 천사들과 마찬가지로 불행이 따르게 되어 있었는데 이 불행은 의지를 갖추었다는 고유한 자연본성에 부합하는 것이었다. (저 타락한 천사들의 경우와 비슷하게 하느님은 인간이 하느님의 율법을 어김으로써 하느님을 저버리고 범죄하리라는 것을 예지했으며, 그럼에도 인간에게서 자유의지의 능력을 박탈하지 않았다.

esse praesciret, nec illi ademit liberi arbitrii potestatem, simul praeuidens, quid boni de malo eius esset ipse facturus); qui de mortali progenie merito iusteque damnata tantum populum gratia sua colligit, ut inde suppleat et instauret partem, quae lapsa est angelorum, ac sic illa dilecta et superna ciuitas non fraudetur suorum numero ciuium, quin etiam fortassis et uberiore laetetur.

2. Multa enim fiunt quidem a malis contra uoluntatem Dei; sed tantae est ille sapientiae tantaeque uirtutis, ut in eos exitus siue fines, quos bonos et iustos ipse praesciuit, tendant omnia, quae uoluntati eius uidentur aduersa. Ac per hoc cum Deus mutare dicitur uoluntatem, ut quibus lenis erat uerbi gratia reddatur iratus, illi potius quam ipse mutantur et eum quodam modo mutatum in his quae patiuntur inueniunt; sicut mutatur sol oculis sauciatis et asper quodam modo ex miti et ex delectabili molestus efficitur, cum ipse apud se ipsum maneat idem qui fuit. Dicitur etiam uoluntas Dei, quam facit in cordibus oboedientium mandatis eius, de qua dicit apostolus: *Deus enim est, qui operatur in uobis et uelle*, sicut iustitia Dei non solum qua ipse iustus est dicitur, sed illa etiam quam in homine, qui ab illo iustificatur, facit. Sic et lex eius uocatur, quae potius est hominum, sed ab ipso data; nam utique homines erant, quibus ait Iesus: *In lege uestra scriptum est*, cum alio loco legamus: *Lex Dei eius in corde eius*. Secundum hanc uoluntatem, quam Deus operatur in hominibus, etiam

---

[13] praesciret ... praevidens: 인간의 자유의지와 그 악용을 예지하고 미리 대응하는 하느님의 섭리는 교부들의 전통적 사고였다. Cf. Irenaeus, *Adversus haereses* 2.26; Athenagoras, *Legatio pro Christianis* 31.

[14] 인간들의 숫자로 천상 도성의 시민들을 보충한다는 착상은 다른 저서들에도 나온다(예: *Enchiridion* 9.29) : "다른 이성적 피조물이 … 악마의 파괴로 손상된 천사들의 사회를 보충하도록 했다."

[15] 하느님의 분노 같은 감정에 대한 해석은 15.25 참조. Cf. *Enchiridion* 10.33; 29.112; *De Trinitate* 13.16.21.

[16] 그분이 변한 것처럼 여기지만 "변한 것은 하느님에 대한 자기들의 경험이다"(Dyson).

[17] voluntas Dei, quam facit Deus in cordibus oboedientium: 창조주가 제1원인으로서 피조물에게서 이루어 내는, 따라서 피조물들이 제2원인으로서 행하는 작용과 행위가 다름아닌 하느님의 뜻이다.

[18] 필립 2,13. 사회적 덕목인 iustitia를 종교적 차원에서 인간과 하느님 사이의 관계를 표현할 적에는 "의덕"(義德) 혹은 "의로움"으로 표기한다.

[19] iustitia Dei non solum *qua ipse iustus* dicitur, sed illa etiam *quam in homine facit*: 필립 3,9 ("율법에서 오는 의로움이 아니라 … 믿음으로 말미암아 하느님에게서 오는 의로움을 지니게 되기 위해서 말입니다") 참조.

[20] 요한 8,17.

[21] 시편 36,31.

인간의 악으로부터 당신이 선한 무엇을 만들어내기로 대비했던 것이다.)[13] 하느님은 사멸하는 이 종족, 죗값으로 의당히 단죄받은 종족으로부터 엄청나게 큰 백성을 모아들였으니 이것은 당신 은총으로 행한 것이었고, 천사들의 타락으로 훼손된 부분을 그들로 충당하고 복원했던 것이다. 그렇게 함으로써 당신이 사랑하는 상위의 도성이 그 시민들의 숫자 때문에 손해를 보는 일이 없고 오히려 더 융성하면서 기뻐하게 만들었다.[14]

2. 하느님의 영원하고 불변하는 의지
2.1. 하느님은 예지하고 대비하지만 변화가 있는 것은 아니다

하느님의 의지를 거슬러 악인들에 의해 많은 일이 저질러진다. 그러나 그분은 참 위대한 지혜와 참 위대한 권능을 갖추고 있어서, 당신의 의지에 상반되어 보이는 모든 것들이 당신이 선하고 의롭다고 예지한 결과 내지 목적으로 향하게 만든다. 온유하게 대하던 자들에게 하느님이 분노했다고 하는 예를 들어보자.[15] 그런 일 때문에 하느님이 당신의 의지를 바꾼다는 말이 나올 법한데, 정작 변하는 것은 그분이 아니고 인간들이지만, 인간들은 자기들이 겪는 일에서 마치 그분이 변한 것과 같은 경험을 한다.[16] 그분의 계명에 순종하는 사람들의 마음속에서 하느님이 이뤄내는 바로 그것을 하느님의 뜻이라고 하며[17] 그래서 이를 두고 사도가 "여러분 안에서 일하는 분은 하느님이시고, 원하게 만드는 분도 하느님이십니다"[18]라고 한다. 이것은 하느님의 의로움이라는 말이, 그것으로 하느님이 의로운 분이라고 일컬어지는 데서 그치지 않고, 하느님에 의해 의로워지는 인간 안에서 하느님이 이룩해내는 그 의로움을 가리키기도 한다는 뜻이다.[19] 그와 마찬가지로 오히려 인간들의 율법인데도 하느님에 의해 내려진 것이면 하느님의 율법이라고 한다. 왜냐하면 예수가 "당신들의 율법에도 기록되어 있습니다"[20]라고 한 말이 있는가 하면 다른 대목에는 "하느님의 율법이 그의 마음에 있도다"[21]라는 글이 나오는 까닭이다. 하느님이 인간들 안에서 일하는 이 의지에 의하면, 하느님 친히 원하는 바가 아니고 하느님이 당신의 사람들로 하여금 그것을 원하게 만드는 것을 가리켜 또한 하느님이 원한다는 말을 한

uelle dicitur, quod non ipse uult, sed suos id uolentes facit; sicut dicitur cognouisse, quod ut cognosceretur fecit, a quibus ignorabatur. Neque enim dicente apostolo: *Nunc autem cognoscentes Deum, immo cogniti a Deo*, fas est ut credamus, quod eos tunc cognouerit Deus praecognitos ante constitutionem mundi; sed tunc cognouisse dictus est, quod tunc ut cognosceretur effecit. De his locutionum modis iam et in superioribus libris memini disputatum. Secundum hanc ergo uoluntatem, qua Deum uelle dicimus quod alios efficit uelle, a quibus futura nesciuntur, multa uult nec facit.

Multa enim uolunt fieri sancti eius ab illo inspirata sancta uoluntate, nec fiunt, sicut orant pro quibusdam pie sancteque, et quod orant non facit, cum ipse in eis hanc orandi uoluntatem sancto Spiritu suo fecerit. Ac per hoc, quando secundum Deum uolunt et orant sancti, ut quisque sit saluus, possumus illo modo locutionis dicere: «Vult Deus et non facit»; ut ipsum dicamus uelle, qui ut uelint isti facit. Secundum illam uero uoluntatem suam, quae cum eius praescientia sempiterna est, profecto in caelo et in terra omnia quaecumque uoluit non solum praeterita uel praesentia, sed etiam futura iam fecit. Verum antequam ueniat tempus, quo uoluit ut fieret, quod ante tempora uniuersa praesciuit atque disposuit, dicimus: «Fiet quando Deus uoluerit»; si autem non solum tempus quo futurum est, uerum etiam utrum futurum sit ignoramus, dicimus: «Fiet, si Deus uoluerit»; non quia Deus nouam uoluntatem, quam non habuit, tunc habebit;

---

[22] "의지"(voluntas)든 "원하다"(velle) 혹은 "원의를 일으키다"(facit velle)든 같은 어원(동사 velle)의 단어들이어서 이런 기교와 해설이 가능하다.

[23] 갈라 4,9.

[24] 11.8; 14.11; 15.25; 16.5, 23 참조.

[25] 다음 절에 설명하듯이, 따라서 인간들이 원하는 바가 대다수 실현되지 않는다면, 하느님이 원하고서(= 원하게 만들고서) 시행하지 않은 셈이다.

[26] ipsum velle, qui ut velint isti facit: 인간 의지와 신적 의지의 이 조우(concursus)에 관해서는 *Enchiridion* 26.101 참조.

[27] 시편 113,11[115,3] 참조: "우리의 하느님께서는 하늘에 계시며 뜻하시는 것은 무엇이나 다 이루셨도다."

[28] etiam *futura iam fecit*: "미래의 것을 이미 이루었다"는 이 역설적 표현은 하느님이 초시간적 존재라는 관점에서만 이해된다.

다.[22] 사람들이 모르던 바를 알려지게 한 것을 가리켜 "알았다"고 하는 말과 비슷하다. "여러분은 하느님을 알고 있습니다. 아니 여러분이 하느님께 알려졌습니다"[23]라는 말을 사도가 하는데, 사람들은 세계 창조 이전에 하느님께 미리 알려졌던 것인데 하느님이 그제서야 인간들을 알게 된 듯이 우리가 믿는다면 불손한 일이다. 그렇더라도 하느님이 그때 가서 알았다는 말이 나오는 까닭은 그때 가서 당신이 사람들에게 알려지도록 했기 때문이다. 성서의 이런 어법에 대해서는 앞의 책권들에서 논한 것으로 기억한다.[24] 하느님이 미래사를 알지 못하는 타자들로 하여금 무엇을 원하게 만드는 그것을 두고 우리는 하느님이 원한다는 말을 한다. 의지를 그런 식으로 말하다 보면 하느님은 많은 것을 원하지만 시행하지는 않는 것처럼 보인다.[25]

2.2. 그러나 하느님이 원하는 바는 시간 속에서 이루어진다

하느님의 성도들은 거룩한 의지를 갖고서 많은 일들이 이루어지기를 원하는데, 하느님으로부터 영감을 받아 원하는 것임에도, 실제로 이루어지지 않을 수도 있다. 예컨대 그들이 어떤 사람들을 위해 경건하고 거룩하게 기도하고, 그들 안에서 당신의 성령으로 기도하려는 의지를 일으켜 준 분이 하느님임에도, 기도하는 바를 하느님이 이루어 주지 않는 경우가 있다. 그래서 성도들이 하느님의 가르침에 따라서 누구든지 구원받기를 원하고 기도할 적에 우리는 저 어법을 빌려 "하느님은 그러기를 원하지만 그렇게 하지는 않으신다"라는 말까지 할 수 있다. 하느님이 원한다는 말을 우리가 하는 것은, 하느님이 성도들이 그것을 원하게 만든다는 뜻에서다.[26] 그렇지만 당신의 저 의지대로, 당신의 예지와 더불은 영원한 의지대로, 하느님은 그야말로 하늘과 땅에서 원하는 것은 모두 이루었다.[27] 과거사와 현재사만 아니고 미래사도 이미 다 이루었다.[28] 그럼에도, 또 하느님은 모든 시간에 앞서 예지하고 안배한 분이지만, 무엇이 이루어지기를 하느님이 원한 그때가 오기 전이라면, 우리는 "하느님이 원하시는 때에 이루어지리라"는 말을 한다. 그러나 그것이 이루어질 시간도 모르고 과연 그 일이 이루어질지도 모를 적에는 "만일 하느님이 원한다면 이루어질 것이다"라고 한다. 하느님이 그때 가서 이전에는 품지 않았던 새로운 의지를 품기 때문에

sed quia id, quod ex aeternitate in eius inmutabili praeparatum est uoluntate, tunc erit.

3. Quapropter, ut cetera tam multa praeteream, sicut nunc in Christo uidemus impleri quod promisit Abrahae dicens: *In semine tuo benedicentur omnes gentes:* ita quod eidem semini eius promisit implebitur, ubi ait per prophetam: *Resurgent qui erant in monumentis*, et quod ait: *Erit caelum nouum et terra noua, et non erunt memores priorum, nec ascendet in cor ipsorum, sed laetitiam et exultationem inuenient in ea. Ecce ego faciam Hierusalem exultationem et populum meum laetitiam; et exultabo in Hierusalem et laetabor in populo meo, et ultra non audietur in illa uox fletus*; et per alium prophetam quod praenuntiauit dicens eidem prophetae: *In tempore illo saluabitur populus tuus omnis qui inuentus fuerit scriptus in libro, et multi dormientium in terrae puluere* (siue, ut quidam interpretati sunt, *aggere*) *exurgent, hi in uitam aeternam et hi in opprobrium et in confusionem aeternam*; et alio loco per eundem prophetam: *Accipient regnum sancti Altissimi et obtinebunt illud usque in saeculum et usque in saeculum saeculorum*; et paulo post: *Regnum*, inquit, *eius regnum sempiternum*; et alia quae ad hoc pertinentia in libro uicesimo posui, siue quae non posui et tamen in eisdem litteris scripta sunt, uenient et haec, sicut ista uenerunt, quae increduli non putabant esse uentura. Idem quippe Deus utraque promisit, utraque uentura esse praedixit, quem perhorrescunt numina paganorum, etiam teste Porphyrio, nobilissimo philosopho paganorum.

---

[29] 그리스도교 신학에서 피조물의 자유의지를 살리는 범위 내에서, 하느님의 예지는 언제나 섭리와 결부되어 설명된다. 예: Eusebius, *Praeparatio evangelica* 6.11; Cyrillus Hierosolymitanus, *Catecheses* 4.5.

[30] 창세 22,18. 본서 10.32.2; 16.32.2; 19.22; 20.32.2에도 인용.

[31] 이사 26,19(본서 20.21.1에도 인용). 〔공동번역: "땅 속에 누워 있는 자들이 깨어나 기뻐 떨 것입니다."〕

[32] 이사 65,17-19(본서 20.21.2에도 인용). 〔공동번역: "… 내가 창조하는 것을 영원히 기뻐하고 즐거워하여라. 나는 '나의 즐거움' 예루살렘을 새로 세우고 '나의 기쁨' 예루살렘 시민을 새로 나게 하리라 …."〕

[33] Theodotion의 번역본으로 전해온다.

[34] 다니 12,1-2.   [35] 다니 7,18.   [36] 다니 7,27.

[37] 20.13, 23.2에서 다니엘서(12,1-3.12-13)를 인용한 바 있다.

[38] numina paganorum ... philosopho paganorum: 교부의 포르피리우스 언급 및 인용은 10.9-10, 26-32; 18.53.2; 19.23.1; 20.24.1; 22.25-28 참조.

하는 말이 아니다. 영원으로부터 당신의 불변하는 의지로 마련되었던 것이 그 때에 가서 이루어질 것이기 때문이다.[29]

3. 성도의 영원한 지복과 악인들의 영원한 형벌에 대한 약속

그밖의 많은 얘기는 빼놓기로 하고, 우리가 알다시피 하느님이 아브라함에게 "모든 민족들이 네 후손 안에서 축복을 받을 것이다"[30]고 약속한 바가 그리스도 안에서 성취되고 있음을 우리는 목격하는 중이다. 그리고 예언자를 통해 "무덤 속에 있는 자들이 일어날 것이다"[31]라고 한 말씀처럼, 동일한 그 후손에게 약속한 다음 말도 이루어질 것이다: "새 하늘과 새 땅이 오리라. 지난 일은 기억에서 사라져 그들의 마음에 떠오르지도 아니하리라. 그들은 그 안에서 기쁨과 즐거움을 찾아내리라. 나는 예루살렘을 즐거움으로 삼고 백성을 내 기쁨으로 삼으리라. 나는 예루살렘에서 기뻐하고 내 백성 안에서 즐거워하리라. 그 안에서 다시는 울음소리가 들리지 아니하리라."[32] 하느님이 다른 예언자를 통해서도 예고한 바가 있는데 그 예언자에게는 이렇게 말씀한다: "그때에 이 책에 기록된 것으로 발견되는 너의 백성은 모두 구원받으리라. 땅의 먼지(또는 혹자가 번역했듯이[33] '흙더미') 속에서 잠든 사람들 가운데 많은 이가 깨어날 것이며 어떤 이는 영원한 생명으로, 어떤 이는 영원한 모욕과 수치로 깨어나리라."[34] 다른 곳에서도 같은 예언자의 입으로 이런 말씀이 나온다: "지극히 높으신 이의 성도들이 그 나라를 받아 길이 그 나라를 차지하고 세세대대로 이어나가리라."[35] 그리고 조금 뒤에는 "그의 나라는 영원한 나라이니라".[36] 여기에 해당하는 다른 일들은 내가 제20권에서 인용했다.[37] 그밖에 내가 인용하지 않았으나 같은 성서들에 실려 있는 다른 일들도 장차 도래할 것이다. 믿지 않는 사람들이 도래하지 않으리라고 생각했던 일들이 이미 도래했던 것처럼. 같은 하느님이 영원한 지복과 영원한 형벌 둘다 약속했고 둘다 도래하리라고 예고했다. 외교인들 가운데 지극히 고매한 포르피리우스가 증언하고 있듯이, 그 하느님 앞에서는 외교인들의 신들도 두려워 떤다.[38]

4. Sed uidelicet homines docti atque sapientes contra uim tantae auctoritatis, quae omnia genera hominum, sicut tanto ante praedixit, in hoc credendum sperandumque conuertit, acute sibi argumentari uidentur aduersus corporum resurrectionem et dicere quod in tertio de re publica libro a Cicerone commemoratum est. Nam cum Herculem et Romulum ex hominibus deos esse factos asseueraret: «Quorum non corpora, inquit, sunt in caelum elata; neque enim natura pateretur, ut id quod esset e terra nisi in terra maneret.» Haec est magna ratio sapientium, quorum *Dominus nouit cogitationes, quoniam uanae sunt.* Si enim animae tantummodo essemus, id est sine ullo corpore spiritus, et in caelo habitantes terrena animalia nesciremus nobisque futurum esse diceretur, ut terrenis corporibus animandis quodam uinculo mirabili necteremur: nonne multo fortius argumentaremur id credere recusantes et diceremus naturam non pati, ut res incorporea ligamento corporeo uinciretur? Et tamen plena est terra uegetantibus animis haec membra terrena, miro sibi modo conexa et implicita. Cur ergo eodem uolente Deo, qui fecit hoc animal, non poterit terrenum corpus in caeleste corpus attolli, si animus omni ac per hoc etiam caelesti corpore praestabilior terreno corpori potuit inligari? An terrena particula tam exigua potuit aliquid caelesti corpore melius apud se tenere, ut sensum haberet et uitam, et eam sentientem atque uiuentem dedignabitur caelum suscipere aut susceptam non poterit sustinere, cum de re sentiat et uiuat ista meliore, quam est corpus omne caeleste? Sed ideo nunc non fit, quia nondum est tempus quo id fieri uoluit, qui hoc, quod uidendo iam

---

[39] 아우구스티누스는 본서(13.20; 22.12-28) 외에도 다른 작품(*De fide et symbolo* 6.13; *Sermo* 242, 256, 264, 361; *Enchiridion* 23.84-93)에서도 육신 부활을 반박하는 지론들을 소개한다.

[40] Cicero, *De republica* 3. fr.40.

[41] 시편 93,11. 〔새번역 94,11: "주님께서는 알고 계시도다, 사람들의 생각을, 그들은 입김일 따름임을."〕

[42] 피타고라스 학파와 신플라톤 학파의 신령주의는 육체와의 결합이 영원한 행복을 방해하는 희로애락의 원천이라고 보았으므로 교부의 장황한 반박에 부딪친다. Cf. Iustinus, *Apologia* 1.18; Celsus in Origenes, *Contra Celsum* 5.22.

[43] corpus: "물체"와 "육체"를 겸하므로 생명을 지닌 "지상 육체"가 생명 없는 "천상 물체"보다 고귀하다는 말도 가능하다.

4. 인간의 지상 육체는 천상 거처로 옮겨갈 수 없다는 세상 현자들을 논박함

그러나 박식하고 현명한 사람이라면서도, 까마득한 옛적에 하느님이 예고한 그대로, 모든 종류의 인간들을 회심시켜 그 약속을 믿고 바라도록 만드는 그토록 위대한 권위의 힘에 맞서는 사람들이 있다. 그들은 키케로의「국가론」제3권에 언급된 바를 인용하면서 육체의 부활을 반박하는 논리를 아주 예리하게 펴는 것처럼 보인다.[39] 키케로는 헤르쿨레스와 로물루스가 인간에서 신이 되었다는 주장을 펴면서 이렇게 말한다: "그들의 육체가 하늘로 올려진 것이 아니다. 흙으로부터 나온 것이 흙에 머물러 있지 않으면 자연自然이 이를 용납하지 않는 까닭이다."[40] 현자들이 내놓았다는, 부활을 반대하는 위대한 명분이 이런 것이다! 그들의 "생각이 허황됨을 주님께서 알고 계시도다".[41] 우리가 오직 영혼일 따름이라고, 다시 말해 육체가 전혀 없는 영이어서 하늘에 거처하며 지상 생명체들은 알지 못한다고 하자. 더 나아가 우리가 어떤 기이한 인연으로 인해 지상 육체에 생기를 불어넣으라는 말을 들었다고 가정하자. 그때 우리는 그런 말을 믿을 수 없다고 강경하게 따지면서 비물질적 실체가 육체적 결박에 사로잡힌다는 일은 자연이 용납하지 않으리라는 말을 하지 않겠는가? 하지만 땅은 이 지상적 지체들에게 생명을 주는 영혼들로 가득 차 있고, 그 지체들은 영혼에 의해 놀라운 모양으로 서로 결합되고 한데 엮어져 있다. 그렇다면, 이 생명체를 만든 하느님이 원하는데도 지상적 육체가 천상적 육체로 들어올려지는 일이 왜 불가능하다는 말인가? 더구나 만일 영혼이 모든 육체보다, 따라서 천상 육체보다 고귀함에도 지상 육체에 결합할 수 있었다면 그 일은 왜 안 된다는 말인가?[42] 아주 희귀한 지상 분자가 천상 물체보다 더 좋은 무엇을 소지하여 감각과 생명까지 지닐 수 있다면, 하늘은 감각하고 생명있는 그 분자를 얻으려고 탐하지 않겠으며, 전적으로 천상 물체로 있는 것보다 더 나은 사물에 힘입어 감각하고 살아있게 된다면 기왕 얻은 바를 보존할 수도 있지 않겠는가?[43] 하지만 지금 그런 일이 일어나지 않는다면, 그것을 만든 분이 그렇게 이루어지도록 원한 그때가 아직 아니기 때문이다. 우리가 지속적으로 보기 때문에 대수롭지 않게 여기지만, 하느님이 만든 것은 훨씬 더 놀라운 무엇인데 그들이 믿지 않

uiluit, multo mirabilius quam illud, quod ab istis non creditur, fecit. Cur enim non uehementius admiramur incorporeos animos, caelesti corpore potiores, terrenis inligari corporibus quam corpora licet terrena sedibus quamuis caelestibus, tamen corporeis sublimari, nisi quia hoc uidere consueuimus et hoc sumus, illud uero nondum sumus nec aliquando adhuc uidimus? Nam profecto sobria ratione consulta mirabilioris esse diuini operis reperitur incorporalibus corporalia quodam modo attexere quam licet diuersa, quia illa caelestia, ista terrestria, tamen corpora et corpora copulare.

5. Sed hoc incredibile fuerit aliquando: ecce iam credidit mundus sublatum terrenum Christi corpus in caelum; resurrectionem carnis et ascensionem in supernas sedes, paucissimis remanentibus atque stupentibus uel doctis uel indoctis, iam crediderunt et docti et indocti. Si rem credibilem crediderunt, uideant quam sint stolidi, qui non credunt; si autem res incredibilis credita est, etiam hoc utique incredibile est, sic creditum esse, quod incredibile est. Haec igitur duo incredibilia, resurrectionem scilicet nostri corporis in aeternum et rem tam incredibilem mundum esse crediturum, idem Deus, antequam uel unum eorum fieret, ambo futura esse praedixit. Vnum duorum incredibilium iam factum uidemus, ut, quod erat incredibile, crederet mundus: cur id quod reliquum est desperatur, ut etiam hoc ueniat, quod incredibile credidit mundus, sicut iam uenit, quod similiter

---

[44] qui hoc, quod *videndo iam voluit*, multo mirabilius fecit: 하느님의 창조계가 지닌 근원적 신비로움에 대한 경탄(θαῦμα, admiratio)은 철학함과 종교심의 출발이다.

[45] et hoc sumus, illud vero nondum sumus: 감각적 경험과 지성적 신앙 사이의 거리를 가리킨다.

[46] 인간 육체가 천상 육체로 올려지는 일(copulare: "두 개체가 맞닿게 연결시키다")과 영혼이 육체에 결합하는 일(attexere: "날줄과 씨줄을 한 천에다 짜넣다")은 교부가 사용하는 어휘에서도 차이가 난다.

[47] 편집본에 따라서 5장을 "1. 세상에서 보는 신앙의 기적, 2. 그리스도를 증거하는 사도들의 기적" 두 절로 나눈다.

[48] paucissimis remanentibus atque stupentibus: 교부는 그리스도교를 국교로 신봉하던 로마제국에서 아직도 전래사상을 고수하던 지성인들을 상대로 이 저서를 집필하는 중이다.

[49] 마태 16,21 ("앞일을 밝히기 시작하셨다. 곧, 당신은 … 죽임을 당했다가 사흗날에 일으켜져야 한다는 것이었다")과 26,13 ("이 세상 어디든지 복음이 선포되는 곳마다 …") 두 구절을 병합해서 말하고 있다.

는다.⁴⁴ 정말 왜 우리는 비물질적 영혼들이 천상 물체들보다 훌륭하면서도 지상 물체에 결합되어 있다는 점을 감탄하지 않는 것일까? 육체라는 물체가 지상적임에도 천상으로 올라가야 한다는 사실보다 저 일을 훨씬 더 열정적으로 감탄하지 않는 것일까? 천상적 처소라고 하더라도 결국에는 물질적인 것일 따름인데. 그렇게 하지 않는 이유는 아마도 전자는 우리가 보는 데 익숙해졌고 우리가 그런 존재이며, 후자는 우리가 아직 그런 존재가 아니고 여태까지는 한 번도 본 적이 없기 때문이리라.⁴⁵ 좀더 건실한 이성으로부터 조언을 받는다면, 이 둘 가운데 비물체적인 것에 어떻게 해서든지 물체적인 것들을 결합시켜 놓는 일이 하느님의 훨씬 경탄스런 업적으로 보일 것이다. 후자는 천상 물체이고 전자는 지상 물체여서 서로 다르기는 하지만, 이렇게 물체와 물체를 연결시켜 놓는 것보다는 비물체에 물체를 결합시키는 편이 더 경탄스러워 보일 것이다.⁴⁶

5.⁴⁷ 온 세상이 육신 부활을 믿는데도 더러는 여전히 믿기를 거부한다

    그러나 때로는 이 말도 믿지 않을지도 모른다. 그리스도의 지상 육체가 하늘로 올려졌다는 것은 온 세상이 이미 믿었다. 육신의 부활과 위에 있는 처소로 올라가는 승천 역시, 유식하든 무식하든 극소수에다가 정신빠진 인물들을 빼놓고서는⁴⁸ 유식하든 무식하든 사람들이 벌써 믿었다. 만일 믿을 만한 일을 사람들이 믿었다면 그것을 안 믿는 사람들이 얼마나 멍청한지 살펴봐야 할 테고, 만일 믿겨지지 않는 일을 믿었다면 믿겨지지 않는 일을 믿었다는 것 자체도 믿겨지지 않는 일이다. 이 두 가지 믿겨지지 않는 일, 곧 우리 육체가 영원히 부활하리라는 것과 그토록 믿겨지지 않는 일을 세상이 믿게 되리라는 것을 둘다 예고한 분은 같은 하느님이다. 둘 중의 하나도 이루어지기 전에 둘다 이루어지리라고 예고한 것이다.⁴⁹ 우리는 두 가지 믿겨지지 않는 일들 가운데 하나가 벌써 이루어졌음을 목격하고 있다. 지금 온 세상이 믿는다는 사실이 그것인데 전에는 도저히 믿겨지지 않는 일이었다. 그렇다면 왜 남아있는 하나에 대해서만 실망하는가? 부활과 승천이라는 그토록 믿겨지지 않는 일을 세상이 믿게 되리라는, 정말 믿겨지지 않았던 일이 벌써 이루어졌다면, 믿겨지지 않는 일임에도 세상이 믿게

incredibile fuit, ut rem tam incredibilem crederet mundus, quando quidem hoc utrumque incredibile, quorum uidemus unum, alterum credimus, in eisdem litteris praedictum sit, per quas credidit mundus? Et ipse modus, quo mundus credidit, si consideretur, incredibilior inuenitur. Ineruditos liberalibus disciplinis et omnino, quantum ad istorum doctrinas adtinet, inpolitos, non peritos grammatica, non armatos dialectica, non rhetorica inflatos, piscatores Christus cum retibus fidei ad mare huius saeculi paucissimos misit atque ita et ex omni genere tam multos pisces et tanto mirabiliores, quanto rariores, etiam ipsos philosophos cepit. Duobus illis incredibilibus, si placet, immo quia placere debet, addamus hoc tertium. Iam ergo tria sunt incredibilia, quae tamen facta sunt. Incredibile est Christum resurrexisse in carne et in caelum ascendisse cum carne; incredibile est mundum rem tam incredibilem credidisse; incredibile est homines ignobiles, infimos, paucissimos, inperitos rem tam incredibilem tam efficaciter mundo et in illo etiam doctis persuadere potuisse. Horum trium incredibilium primum nolunt isti, cum quibus agimus, credere; secundum coguntur et cernere; quod non inueniunt unde sit factum, si non credunt tertium. Resurrectio certe Christi et in caelum cum carne in qua resurrexit ascensio toto iam mundo praedicatur et creditur; si credibilis non est, unde toto terrarum orbe iam credita est? Si multi, nobiles, sublimes, docti eam se uidisse dixerunt et quod uiderunt diffamare curarunt, eis mundum credidisse non mirum est, sed istos adhuc credere nolle perdurum est; si

---

[50] 상대를 희롱하는 뜻에서 원문의 수사학적 기교가 매우 현란하다.

[51] 마르 1,17 참조: "내 뒤를 따르시오. 사람 낚는 어부가 되게 하겠습니다."

[52] disciplinae liberales (자유학예): 이 학문에 대한 교부의 상세한 논의는 다음을 참조할 것: *De ordine* 2.12.25-16.44; *De quantitate animae* 23.72; *Confessiones* 4.16.30; *Retractationes* 1.6.

[53] ad istorum doctrinas: 육신 부활과 영생에 관해 비판하고 그리스도교를 공박하던 사상가들의 논점을 교부는 시종일관 의식하고 있다.

[54] 고전 학자들은 문법(grammatica), 변증술(dialectica), 수사학(rhetorica)도 "자유학예"(artes liberales)에 포함시킨다.

[55] 믿음($\pi\acute{\iota}\sigma\tau\iota\varsigma$)이 모든 확실한 인식의 토대라는 아리스토텔레스의 이론(*Ethica Nicomachea* 1172b-1173a; Cicero, *Tusculanae disputationes* 1.13.30)을 전제로, 교부는 육신 부활이 인류 보편의 동의가 있는 신념처럼 제시하려는 호교론적 야심을 보인다.

된 육신의 부활이라는 일이 곧 닥쳐오리라는 데 대해 왜 그리 믿지 못하는가?[50] 한때는 양편 다 믿겨지지 않았는데 둘 중의 하나는 이미 이루어져 우리 눈으로 보고 있고, 하나는 아직 이루어지지 않아 우리가 믿고 있다. 그런데 둘다 같은 성서에 예고되어 있고, 그 성서를 통해 세상이 믿기에 이르렀다. 또 잘 살펴보면 세상이 믿게 된 그 방식 자체가 더 믿기 어렵다는 사실이 드러난다. 그리스도는 극소수의 어부들에게 신앙의 그물을 들려 이 세상의 바다로 보냈다.[51] 그들은 교양 과정[52]을 배운 바도 없고, 저 사람들의 학설에 관련된[53] 내용에 대해서도 전혀 세련되지 않았으며, 문법을 익힌 바도 없고, 변증술로 무장한 것도 아니고, 수사학을 갖고 거드름을 피우는 사람들도 아니었다.[54] 그렇게 하고서도 그리스도는 모든 종류에서 참으로 많은 고기들을 잡았고, 드문 그만큼 더 신기한 고기, 즉 철학자들까지 사로잡았다. 우리는 저 두 가지 참으로 놀라운 일에다, 독자의 마음에 든다면(아니, 마음에 들지 않으면 안 된다) 극소수의 어부들로 그 많은 고기를 낚았다는 이 셋째 사실을 보태기로 하자. 그럼 믿겨지지 않는 일이 벌써 셋이 되었는데 한결같이 벌써 이루어진 것들이다. 그리스도가 육신으로 부활했다는 것과 육신을 갖고 하늘로 올랐다는 것은 믿겨지지 않는 일이다. 그리고 세상이 그토록 믿겨지지 않는 것을 믿었다는 것도 믿겨지지 않는 일이다. 또 무식하고 천하고 적은 수의 미숙한 사람들이 그토록 믿겨지지 않는 사실을 가지고 그토록 능숙하게 세상을 설득시키고 세상에서 박식하다는 사람들을 설득해 낼 수 있었다는 것도 믿겨지지 않는 일이다. 이 세 가지 믿겨지지 않는 일들 가운데 첫째 것에 대해 우리의 반대자들이 믿으려 하지 않으며 둘째는 어쩔 수 없이 수긍하고 있으며, 만일 셋째를 믿지 않으면 둘째가 어떻게 이루어졌는지 해명할 길이 없다. 그리스도의 부활과 부활한 육신을 갖고 하늘로 올라간 승천은 이미 온 세상에 설교되고 믿음의 대상이 되고 있다. 만일 그것이 믿겨지지 않는다면 어떻게 해서 온 천하에서 그게 믿음의 대상이 되었겠는가?[55] 만약 수가 많고 고매하고 고상하고 박식한 사람들이 자기네가 그리스도의 부활을 보았노라고 공언했고 본 것을 퍼뜨리려고 노력했다면, 세상이 그 사람들의 말을 믿었다 해도 놀라운 일이 못 되고, 여태 그들의 말을 믿기 싫어하는 것이 오히려 억지

autem, ut uerum est, paucis, obscuris, minimis, indoctis eam se uidisse dicentibus et scribentibus credidit mundus, cur pauci obstinatissimi, qui remanserunt, ipsi mundo iam credenti adhuc usque non credunt? Qui propterea numero exiguo ignobilium, infimorum, inperitorum hominum credidit, quia in tam contemptibilibus testibus multo mirabilius diuinitas se ipsa persuasit. Eloquia namque persuadentium, quae dicebant, mira fuerunt facta, non uerba. Qui enim Christum in carne resurrexisse et cum illa in caelum ascendisse non uiderant, id se uidisse narrantibus non loquentibus tantum, sed etiam mirifica facientibus signa credebant. Homines quippe, quos unius uel, ut multum, duarum linguarum fuisse nouerant, repente linguis omnium gentium loquentes mirabiliter audiebant; claudum ab uberibus matris ad eorum uerbum in Christi nomine post quadraginta annos incolumem constitisse, sudaria de corporibus eorum ablata sanandis profuisse languentibus, in uia qua fuerant transituri positos in ordine innumerabiles morbis uariis laborantes, ut ambulantium super eos umbra transiret, continuo salutem solere recipere et alia multa stupenda in Christi nomine per eos facta, postremo etiam mortuos resurrexisse cernebant. Quae si, ut leguntur, gesta esse concedunt, ecce tot incredibilia tribus illis incredibilibus addimus, et ut credatur unum incredibile, quod de carnis resurrectione atque in caelum ascensione dicitur, multorum incredibilium testimonia tanta congerimus et nondum ad credendum horrenda duritia incredulos flectimus. Si uero per apostolos Christi, ut eis crederetur resurrectionem atque ascensionem praedicantibus Christi, etiam ista miracula

---

[56] 본서의 부제가 *contra paganos*(외교인들을 논박하여)임을 염두에 둔다면, 부활 사건의 역설적 성격, 하찮은 사도들의 놀라운 포교 성과, 순교자들의 목숨을 건 증언과 기적을 하나씩 내세워 논리를 구축하는 변증법적 수법을 이해할 만하다.

[57] 사도들은 아람어를 했고 소수는 그리스어도 했을 것이다. 사도 2,4-12 참조.

[58] 사도 3,1-11 참조.

[59] 사도 5,15 참조.

[60] 사도 20,9-12(트로아스에서 바울로가 유디코라는 청년을 살린 일화) 참조.

가 되고 만다. 그런데 너무나 적은 수의 천하고 보잘것없고 무식한 사람들이 자기네가 그것을 보았노라고 말하고 그렇다고 기록하는데도 세상이 그 사람들의 말을 믿었다면, 아직도 믿지 않고 있는 소수가 그토록 고집을 부리는 까닭이 무엇이며, 세상이 벌써 믿고 있는데도 자기들만 여태까지 안 믿는 까닭이 무엇인가? 적은 수의 무지하고 천하고 미숙한 자들의 말을 세상이 믿은 것은, 멸시받아 마땅한 증인들 안에서 신성 자체가 참으로 신기하게도 세상을 설복시켰기 때문이었다. 저들을 설득하는 사람들의 웅변이라면 말보다도 기적적인 행동이었다.[56] 그리스도가 육신으로 부활했음과 육신을 갖고 하늘로 승천했음을 목격하지 못한 사람들은 자기가 보았노라는 사람들을 믿었는데, 단지 말을 해서만 믿은 것이 아니고 기적적 표징들을 행하기 때문에 믿었던 것이다. 한 나라 말을 하거나 많아야 두 나라 말을 하던 사람들이[57] 돌연히 모든 민족들의 언어를 써서 한꺼번에 말하는 것을 듣고서 사람들은 신기하게 여겼다. 어머니 품에서 절름발이로 태어났다가 마흔 살이 넘어서, 그리스도의 이름으로 건네는 그들의 말 한 마디에 성한 몸으로 돌아간 것도 보았다.[58] 그들의 몸에서 벗겨낸 수건만으로 힘겨운 병자들을 낫게 하는 데 도움이 되었고, 그들이 지나갈 길에 갖가지 질병으로 고생하는 사람들을 무수히 데려다 놓고서 그들이 지나가면서 그림자라도 사람들 위로 드리우게 하면 즉시 건강을 되찾는 것이 예사였다.[59] 그밖에도 그리스도의 이름으로 그들을 통해 이루어진 다른 업적들이 많았고 급기야는 죽은 사람들을 살리기도 했음을 사람들은 알아보았던 것이다.[60] 이런 글들이 두루 읽히고 있는데 그럼 우리의 상대방이 이런 일들이 실제로 일어나는 것이라고 인정한다고 하자. 그러면 보시라, 우리는 저 믿겨지지 않는 일 세 가지에다 믿겨지지 않는 다른 무수한 일들을 보태서 얘기할 수 있다! 믿겨지지 않는 일 하나, 곧 육신의 부활에 관해서와 하늘로 오르는 승천에 관한 이야기를 믿게 하려는 뜻에서 믿겨지지 않는 무수한 일들과 그 일들에 대한 무수한 증거를 우리가 댄다. 그럼에도 소름끼치게 완강히 버티면서 안 믿는 사람들을 우리가 억지로 꺾어 믿게 만들지는 못한다. 하지만 그리스도의 부활과 승천을 설교하는 사람들의 말을 믿게 하려고 그리스도의 사도들을 통해 기적들이 행해졌음을 그들이 믿지 않는다

facta esse non credunt, hoc nobis unum grande miraculum sufficit, quod eam terrarum orbis sine ullis miraculis credidit.

6. Recolamus etiam hoc loco illud, quod de Romuli credita diuinitate Tullius admiratur. Verba eius ut scripta sunt inseram. «Magis est, inquit, in Romulo admirandum, quod ceteri, qui dii ex hominibus facti esse dicuntur, minus eruditis hominum saeculis fuerunt, ut fingendi procliuis esset ratio, cum imperiti facile ad credendum impellerentur; Romuli autem aetatem minus his sescentis annis iam inueteratis litteris atque doctrinis omnique illo antiquo ex inculta hominum uita errore sublato fuisse cernimus.» Et paulo post de eodem Romulo ita loquitur, quod ad hunc pertinet sensum: «Ex quo intellegi potest, inquit, permultis annis ante Homerum fuisse quam Romulum, ut iam doctis hominibus ac temporibus ipsis eruditis ad fingendum uix quicquam esset loci. Antiquitas enim recepit fabulas, fictas etiam nonnumquam incondite; haec aetas autem iam exculta praesertim eludens omne quod fieri non potest respuit.» Vnus e numero doctissimorum hominum idemque eloquentissimus omnium Marcus Tullius Cicero propterea dicit diuinitatem Romuli mirabiliter creditam, quod erudita iam tempora fuerunt, quae falsitatem non reciperent fabularum. Quis autem Romulum deum nisi Roma credidit, atque id parua et incipiens? Tum deinde posteris seruare fuerat necesse quod acceperant a maioribus, ut cum ista superstitione in lacte quodam modo matris ebibita cresceret ciuitas atque ad tam magnum perueniret imperi-

---

[61] 교부는 사도들의 기적이라는 문서상의 증거보다는 온 세상이 믿는다는 역사적 증거를 중시한다 (22.8.1 참조).

[62] 이 장에서 교부는 로마인들의 로물루스 숭배와 그리스도인들의 그리스도 신앙을 치밀하게 대조한다.

[63] Cicero, *De republica* 2.10.18. 키케로는 당대가 로마 창건(ab Urbe condita)으로부터 600년대에 해당한다고 믿었으며, Scipio Africanus의 전성기는 로마 창건 600~625년, Laelius의 집정관 연대를 로마 창건 607년으로 추산하고 있다.

[64] Cicero, *De republica* 2.10.19.

면, 우리에게는 이 한 가지 크나큰 기적으로 충분하다. 아무런 기적이 없는데도 온 천하가 부활과 승천을 믿는다는 사실 말이다![61]

6. 로마는 자기네 창건자 로물루스를 사랑하여 신으로 삼았지만 교회는 그리스도를 하느님으로 믿기에 사랑한다[62]

6. 1. 로물루스에 관해 세상은 뭐라고 믿는가

그러면 여기서 로물루스의 신성을 믿는 데 대해 툴리우스 키케로가 놀랍게 여긴 사실을 언급하기로 하자. 그의 말을 씌어진 그대로 끼워넣겠다: "인간에서 신이 되었다고들 말하는 여타의 인물들은 사람들이 덜 계몽된 세기에 살았다. 그런 시기에는 이성이 신화를 꾸며내는 경향이 짙었고, 무지한 자들은 쉽사리 무엇을 믿는 데로 쏠렸던 것이다. 그러나 이와 달리 놀랍게도 로물루스는 지금부터 600년이 안 되는 시기에 살았던 인물이다. 그때에는 이미 문학과 학문들이 꽤 오래되었으며, 인간들의 무지한 삶에서 오는 해묵은 오류는 제거된 때였다고 생각된다."[63] 조금 뒤에 동일 인물 로물루스에 관해 같은 의미를 담아서 이런 말을 한다: "거기서 호메루스가 로물루스보다 아주 여러 해 먼저 생존했던 것으로 알 수 있다. 그리고 인간들이 박학하고 그 시대가 계몽되어 있어서 무슨 신화를 꾸며낼 여지가 매우 적었다. 고대는 신화들을 받아들였으며 그것들은 때로 너무 조잡하게 꾸며낸 얘기들이었다. 하지만 그 시대는 이미 세련되어 있어서 실제로 일어날 수 없는 얘기라면 조롱하여 배격하던 참이었다."[64] 마르쿠스 툴리우스 키케로로 말하자면 가장 박식한 사람들 가운데 하나요 모든 사람 중에 언변이 가장 훌륭한 인물로서, 로물루스의 신성이 믿음의 대상이 된 것이 놀랍다는 투로 말을 한다. 그 시대는 이미 허구적 신화를 받아들이지 않던 세련된 시대였다는 말도 보탠다. 그러나 로물루스 신화가 만들어진 당시에 조그마했고 막 태동하던 국가였던 로마 외에 누가 로물루스를 신으로 믿었단 말인가? 그 뒤 후손들은 선조들한테서 받아들인 바를 보존할 필요가 있었고, 그래서 마치 어머니 젖을 빨아먹듯이 온 국가가 미신을 흡수하며 자랐던 것이다. 그 후 거대한 제국이 되자, 마치 더 높은 장소에서 아래로 흘러 퍼지듯이

um, ut ex eius fastigio, uelut ex altiore quodam loco, alias quoque gentes, quibus dominaretur, hac sua opinione perfunderet, ut non quidem crederent, sed tamen dicerent deum Romulum, ne ciuitatem, cui seruiebant, de conditore eius offenderent, aliter eum nominando quam Roma, quae id non amore quidem huius erroris, sed tamen amoris errore crediderat. Christus autem quamquam sit caelestis et sempiternae conditor ciuitatis, non tamen eum, quoniam ab illo condita est, Deum credidit, sed ideo potius est condenda, quia credit. Roma conditorem suum iam constructa et dedicata tamquam deum coluit in templo; haec autem Hierusalem conditorem suum Deum Christum, ut construi posset et dedicari, posuit in fidei fundamento. Illa illum amando esse deum credidit, ista istum Deum esse credendo amauit. Sicut ergo praecessit unde amaret illa et de amato iam libenter etiam falsum bonum crederet: ita praecessit unde ista crederet, ut recta fide non temere quod falsum, sed quod uerum erat amaret. Exceptis enim tot et tantis miraculis, quae persuaserunt Deum esse Christum, prophetiae quoque diuinae fide dignissimae praecesserunt, quae in illo non sicut a patribus adhuc creduntur implendae, sed iam demonstrantur impletae; de Romulo autem, quia condidit Romam in eaque regnauit, auditur legiturue quod factum est, non quod antequam fieret prophetatum; sed quod sit receptus in deos, creditum tenent litterae, non factum docent. Nullis quippe rerum mirabilium signis id ei uere prouenisse monstratur. Lupa quippe illa nutrix, quod uidetur quasi magnum extitisse portentum, quale aut quantum est ad demonstrandum deum? Certe enim etsi non meretrix fuit lupa illa, sed bestia, cum commune fuerit ambobus, frater

---

[65] *non amore* quidem huius *erroris*, sed tamen *amoris errore* ("미신의 오류를 좋아해서가 아니라 조국에 대한 그릇된 사랑에서"): 교부는 고전 작가들의 생각대로(예: Plato, *Timaeus* 28b-d; *Gorgias* 527a-b; Aristoteles, *Historia animalium* 580a) 신화에 담긴 애국심(amoris error)을 이해하고 있었다.

[66] Illa illum amando esse deum credidit, ista istum Deum esse credendo amauit: 로물루스와 그리스도에 대한 신신앙(神信仰)의 차이를 부각시킨다.

[67] 로물루스의 신격화에 따르는 추정적 서술과 그리스도 사건이 오래 전에 예언되고 성취되었다는 기록은 그리스도교의 우월성을 방증하는 자료로 교부들이 즐겨 사용하는 주제이다. 예: Origenes, *Contra Celsum* 2.20; Lactantius, *Divinae institutiones* 5.3.18.

[68] Cf. Livius, *Ab Urbe condita* 1.16.4-8.

[69] Cf. Livius, *Ab Urbe condita* 1.4.6-7.

꼭대기로부터 로마가 지배하는 다른 민족들에게도 자기네의 종교를 퍼뜨렸던 것이다. 이민족들 역시 로물루스가 신이라고 했지만, 반드시 그를 신으로 믿어서가 아니고 말로만 그렇게 한 것이었다. 로마가 그에게 부여하던 호칭과 다르게 그를 불렀다가 저 사람들이 섬기는 도성의 창건을 두고 저 도성의 비위를 건드리지 않으려는 뜻에서였다. 로마가 그것을 믿은 것은 이런 잘못에 대한 사랑 때문이라기보다는 사랑의 잘못 때문에 믿었던 것이다.[65] 그 대신 그리스도는 천상적이고 영원한 도성의 창건자이기는 하지만, 그 도성이 그분을 하느님으로 믿는 것은 그분한테서 그 도성이 창건되었기 때문이 아니다. 오히려 그분을 믿는 까닭에 그 도성이 창건되는 것이다. 로마는 이미 창건되고 봉헌된 다음에 자기 창건자를 신처럼 숭배했으나, 이 천상 예루살렘은 자기 창건자 하느님인 그리스도를 자기 신앙의 기초로 삼았기 때문에 이 도성이 창건되고 봉헌되었다. 로마는 로물루스를 사랑하여 신으로 믿었지만 예루살렘은 그리스도가 하느님임을 믿기에 사랑했다.[66] 그래서 로마는 누구를 사랑하는지가 선행했고, 사랑하는 대상에 대해 거짓 선마저 고의로 믿었다. 그 대신 예루살렘은 누구를 믿는지가 선행했고, 올바른 신앙에 입각해서 거짓을 함부로 사랑한 것이 아니라 진실을 사랑했다. 그리스도가 하느님임을 확신시켜 주는 그 많고 훌륭한 기적들을 제외하더라도, 참으로 믿기에 합당한 신적 예언들이 선행했다. 이 예언들은, 성조들의 경우처럼, 장차 이루어지리라고 해서 아직까지 믿고 있는 것이 아니라 지금은 이미 이루어진 것으로 입증되고 있다. 로물루스에 관해 우리가 듣고 읽는 내용은 그가 로마를 창건하여 통치했다는 것인데, 이는 무엇이 이루어지기 전에 예언된 내용이 아니고 무슨 일이 있었는가에 관한 이야기이다.[67] 그렇지만 그가 신들의 반열에 받아들여졌다는 것은 문헌이 일종의 믿음으로 기술할 뿐 사실처럼 가르치지는 않는다.[68] 여기서 말하는 사실이 그에게 실제로 닥쳤다는 것을 입증하는 기사奇事의 징표도 전혀 없다. 쌍둥이의 유모 노릇을 한 암늑대는 대단한 조짐처럼 보이지만 로물루스가 신이라는 사실을 증명하는 데는 그게 과연 얼마나 유효하고 또 어떻게 유효한가?[69] 그 암늑대가 창녀는 분명히 아니었고 정말로 야수였겠지만(이 낱말이 암늑대와 창녀 양편에 공히 사

tamen eius non habetur deus. Quis autem prohibitus est aut Romulum aut Herculem aut alios tales homines deos dicere et mori maluit quam non dicere? Aut uero aliqua gentium coleret inter deos suos Romulum, nisi Romani nominis metus cogeret? Quis porro numeret, quam multi quantalibet saeuitia crudelitatis occidi quam Christum Deum negare maluerunt? Proinde metus quamlibet leuis indignationis, quae ab animis Romanorum, si non fieret, posse putabatur existere, compellebat aliquas ciuitates positas sub iure Romano tamquam deum colere Romulum; a Christo autem Deo non solum colendo, uerum etiam confitendo tantam per orbis terrae populos martyrum multitudinem metus reuocare non potuit non leuis offensionis animorum, sed inmensarum uariarumque poenarum et ipsius mortis, quae plus ceteris formidatur. Neque tunc ciuitas Christi, quamuis adhuc peregrinaretur in terris et haberet tamen magnorum agmina populorum, aduersus impios persecutores suos pro temporali salute pugnauit; sed potius, ut obtineret aeternam, non repugnauit. Ligabantur includebantur, caedebantur torquebantur, urebantur laniabantur, trucidabantur — et multiplicabantur. Non erat eis pro salute pugnare nisi salutem pro Saluatore contemnere.

Scio in libro Ciceronis tertio, nisi fallor, de re publica disputari nullum bellum suscipi a ciuitate optima, nisi aut pro fide aut pro salute. Quid autem dicat pro salute uel intellegi quam salutem uelit, alio loco demonstrans: «Sed his poenis, inquit, quas etiam stultissimi sentiunt, egestate

---

[70] 18.21 참조. Cf. Livius, *Ab Urbe condita* 1.4: "목자 파우스툴루스가 아기들을 집으로 데려다 아내 라우렌티아로 하여금 기르게 했다. 혹자는 라우렌티아가 창녀였다고도 한다. 목자들 사이에서는 창녀를 '암늑대'라고 일컬었다."

[71] neque ... pro temporali salute *pugnavit*, sed potius ... aeternam, *non repugnavit*: 박해에 대응하던 그리스도인들의 무저항 자세를 피력한 문장이다.

[72] trucidabantur et multiplicabantur: 박해로 인한 교회 융성은 18.53.2에서도 언급했다.

[73] *pro salute* pugnare nisi salutem *pro Salvatore* contemnere: 박해에 임하는 그리스도인들의 태도를 역설적 문장으로 미화하고 있다(cf. *Sermo* 22.4). salus라는 단어는 (영원한) "구원"과 (현세적) "안녕"을 다 의미하므로 "구원을 위해 구원을 포기한다"는 문장이 가능하다.

[74] 교부는 로마인들에게 친숙한 fides-salus를 정치 용어 "신의"와 "안녕"에서 종교 용어 "신앙"과 "구원"으로 전의시켜 호교론을 편다. 그의 평화 사상은 19.10-20 참조.

용되었다)⁷⁰ 형과 동생에게 모두 젖을 먹였는데도 그의 아우는 신으로 여겨지고 있지 않다. 로물루스든 헤르쿨레스든 그밖의 다른 사람들이든 신이라고 말하지 말라고 누가 금지당한 적 있던가? 그런 말을 않기보다는 차라리 죽겠다고 한 경우가 어디 있던가? 로마라는 이름에 대한 공포가 몰아세운 경우가 아니었다면, 과연 로마인들을 빼놓고 어느 민족이 로물루스를 자기네 신들 가운데 넣어 숭배한 적이 있던가? 엄청나게 잔혹한 고문이 날뛰는 가운데 그리스도가 하느님임을 부인하느니 차라리 죽음을 당하고자 했던 인간들을 수없이 거느렸던 분은 과연 누구인가? 로마 지배하에 든 다른 도성들로 하여금 로물루스를 신처럼 숭배하게 강요했던 것은 만일 자기들이 그렇게 하지 않으면, 로마인들의 적개심, 아무리 사소하더라도 로마인들의 마음에 잔류할지 모를 적개심에 대한 두려움 때문이었다. 그 대신 온 세상 숱한 국민들 틈에서 나온 순교자들의 허다한 무리가 그리스도를 하느님으로 숭배하는 일을 그만두게 하지 못했고, 공공연히 그 신앙을 고백하는 일을 등지게 만들지 못했다. 단지 로마인들의 마음에서 나오는 사소한 적개심에 대한 두려움이 아니라 대대적이고 다채롭기 이를 데 없는 형벌과, 심지어 그 무엇보다 훨씬 가공할 죽음의 공포마저 그들의 마음을 돌이키지 못했다. 그때에도 하느님의 도성은 아직 지상의 나그넷길을 가고 있었고 여전히 크나큰 백성들의 무리를 거느리고 있었다. 그러면서도 자기네를 박해하는 불경스런 박해자들에게 맞서서, 자기들의 현세적 안녕을 얻으려 싸우지 않았으며, 오히려 영원한 구원을 얻을 생각으로 저항도 하지 않았다.⁷¹ 그들은 포박당하고 투옥당하고 살해당하고 고문당하고 불태워지고 사지가 찢기고 살육당하면서도 늘어나기만 했다.⁷² 그들에게는 구원을 위해 싸운다 함은 구세주를 위해 구원을 포기한다는 의미 외에 다른 것이 아니었다.⁷³

6.2. 로마는 신앙과 구원을 어떻게 이해하고 있었는가

내가 틀리지 않았다면 키케로의「국가론」제3권에서는, 최선의 국가라면 신의나 안녕을 위해서가 아니면 어떠한 전쟁도 해서는 안 된다고 토론하고 있다.⁷⁴ 그는 구원을 무엇으로 얘기하며 어떻게 구원을 이해하고 있는지 다른 대목에서 이렇게 서술한다: "사인私人들은 극히 어리석은 사람들도 곧잘 감지하는 이 형

exilio, uinculis uerberibus, elabuntur saepe priuati oblata mortis celeritate; ciuitatibus autem mors ipsa poena est, quae uidetur a poena singulos uindicare. Debet enim constituta sic esse ciuitas, ut aeterna sit. Itaque nullus interitus est rei publicae naturalis, ut hominis, in quo mors non modo necessaria est, uerum etiam optanda persaepe. Ciuitas autem cum tollitur, deletur, extinguitur: simile est quodam modo, ut parua magnis conferamus, ac si omnis hic mundus intereat et concidat.» Hoc ideo dixit Cicero, quia mundum non interiturum cum Platonicis sentit. Constat ergo eum pro ea salute uoluisse bellum suscipi a ciuitate, qua fit ut maneat hic ciuitas, sicut dicit, aeterna, quamuis morientibus et nascentibus singulis, sicut perennis est opacitas oleae uel lauri atque huius modi ceterarum arborum singulorum lapsu ortuque foliorum. Mors quippe, ut dicit, non hominum singulorum, sed uniuersae poena est ciuitatis, quae a poena plerumque singulos uindicat. Vnde merito quaeritur, utrum recte fecerint Saguntini, quando uniuersam ciuitatem suam interire maluerunt quam fidem frangere, qua cum ipsa Romana re publica tenebantur; in quo suo facto laudantur ab omnibus terrenae rei publicae ciuibus. Sed quo modo huic disputationi possent oboedire, non uideo, ubi dicitur nullum suscipiendum esse bellum nisi aut pro fide aut pro salute, nec dicitur, si in unum simul periculum ita duo ista concurrerint, ut teneri alterum sine alterius amissione non possit, quid sit potius eligendum. Profecto enim Saguntini si salutem eligerent, fides eis fuerat deserenda; si fides tenenda, amittenda utique salus, sicut factum est. Salus autem ciuitatis Dei talis est, ut cum fide ac per fidem teneri uel potius adquiri possit; fide autem perdita ad eam quisque uenire non possit. Quae cogitatio firmissimi ac patientissimi cor-

---

[75] nullus interitus rei publicae naturalis: 국가 곧 "사인"(privati)과 대조되는 "공화국"(res publica)은 무슨 수를 써서라도 영속해야 하는데 이하에 나오는 사군툼 시민들의 정치적 결단은 이와 모순된다.

[76] Cicero, De republica 3.23 fr.34.

[77] 세계가 영속한다는 것은 그리스 철학자 다수의 견해(11.4.2 참조)였다.

[78] 앞에서 (3.20)와는 달리, 여기서는 로마인들이 정치적 신의(fides)를 위해 국가의 멸망을 감수한 사군툼인들을 칭송하면서 (cf. Livius, Ab Urbe condita 21.15-16) 그리스도께 대한 신앙(fides)을 위해 순교한 그리스도인들을 조롱하는 태도가 비논리적임을 공박한다.

[79] salus civitatis Dei ... cum fide ac per fidem teneri: 사군툼의 예에서 시작하여, 순국의 정신으로 개인의 안위보다도 신의를 지켜야 하듯이, 순교의 정신으로 개인의 현세적 안녕(= 구원)보다 신앙을 견지해야 한다는 결론으로 유도한다. Cf. Epistula 189.6; De diversis quaestionibus 83, 1.16.

벌, 곧 기아, 추방, 금고, 태형을 피하려다 섣부른 죽음을 무릅쓰는 일이 종종 있다. 죽음은 각 사람에게 벌로 가하는 보복으로 보이지만 국가에도 죽음 자체는 벌이다. 국가는 영속하도록 짜여져야 한다. 그러므로 개인의 경우처럼 어떤 죽음도 공화국에도 자연스런 것이 아니다.[75] 개인에게는 죽음이 필연적이기만 한 것이 아니고 바라야 할 경우도 매우 흔하다. 그 대신 국가는 일단 제거되면 멸망하고 소멸한다. 어느 면에서 침소봉대하여 말하자면 이 세상 전부가 망하고 무너지는 것과 흡사하다."[76] 키케로가 이 말을 한 것은 플라톤 학파와 보조를 맞춰 세상은 멸망하지 않으리라고 생각했기 때문이다.[77] 그가 보기에 전쟁을 수용한다는 것은 분명히 바로 국가의 안녕을 위해서다. 그 안녕에 의해 국가는 여기서 영속하는 존재로 남는다는 것이 그의 말이다. 비록 개인들은 나고 죽고 하지만, 올리브나무나 월계수나 그밖의 다른 나무들의 잎새가 돋고 지고 하면서도 그 녹음이 유지되는 것과 유사하다. 그가 하는 말대로라면, 정작 국가는 개인들에게 죽음이라는 벌로 보복을 가하고 있음에도, 죽음은 개개 인간들의 벌이 아니고 전체 국가의 벌인 셈이다! 그러면 사군툼 사람들은 그 도시국가가 로마 공화국과 맺고 있던 신의를 깨뜨리기보다는 차라리 자기 도시국가 전체가 멸망하기를 바랐는데, 과연 그들이 한 짓은 올바른 일인가 하는 의문이 의당 나온다.[78] 그들은 이 행적으로 인해 지상 공화국의 모든 시민들로부터 칭송을 받고 있다. 하지만 신의를 위해서거나 안녕을 위해서가 아니면 아무 전쟁도 받아들여서는 안 된다는 키케로의 이 지론을 그들이 어떻게 따를 수 있었는지는 나도 모르겠다. 신의와 안녕이 동시에 같은 위험에 처할 경우에 하나를 잃지 않고서는 다른 하나를 유지할 수 없는데 그럴 땐 어느 것을 택해야 할지 키케로가 말해 주지 않는 까닭이다. 실제로 사군툼 사람들이 만일 국가의 안녕을 택했더라면 신의는 저버려야 했다. 또 신의를 지켜야 했다면 안녕을 잃어야 했는데 실제로 그렇게 되었다. 하느님 도성의 구원은 신앙으로 신앙을 통해 유지되고, 한걸음 나아가 달성될 수 있는 그런 것이다.[79] 신앙을 잃으면 어느 누구도 그 도성에 도달할 수 없다. 이런 생각은 참으로 강건하고 지극히 인내로운 마음에서 우러나는 것으로 그토록 많고 그토록 훌륭한 순교자들을 만들어낸 것

dis tot ac tantos martyres fecit, qualem ne unum quidem habuit uel habere potuit quando est deus creditus Romulus.

7. Sed ualde ridiculum est de Romuli falsa diuinitate, cum de Christo loquimur, facere mentionem. Verum tamen cum sescentis ferme annis ante Ciceronem Romulus fuerit atque illa aetas iam fuisse doctrinis dicatur exculta, ut quod fieri non potest omne respueret: quanto magis post sescentos annos ipsius tempore Ciceronis maximeque postea sub Augusto atque Tiberio, eruditioribus utique temporibus, resurrectionem carnis Christi atque in caelum ascensionem, tamquam id quod fieri non potest, mens humana ferre non posset eludensque ab auribus cordibusque respueret, nisi eam fieri potuisse atque factam esse diuinitas ipsius ueritatis uel diuinitatis ueritas et contestantia miraculorum signa monstrarent; ut terrentibus et contradicentibus tam multis tamque magnis persecutionibus praecedens in Christo, deinde in ceteris ad nouum saeculum secutura resurrectio atque inmortalitas carnis et fidelissime crederetur et praedicaretur intrepide et per orbem terrae pullulatura fecundius cum martyrum sanguine sereretur. Legebantur enim praeconia praecedentia prophetarum, concurrebant ostenta uirtutum, et persuadebatur ueritas noua consuetudini, non contraria rationi, donec orbis terrae, qui persequebatur furore, sequeretur fide.

8. Cur, inquiunt, nunc illa miracula, quae praedicatis facta esse, non fiunt? Possem quidem dicere necessaria fuisse, priusquam crederet mun-

---

[80] divinitas ipsius veritatis vel divinitatis veritas: "진리인 하느님 혹은 하느님인 진리"라고 번역할 만 하다.

[81] pullulatura fecundius cum martyrum sanguine sereretur: "순교자들의 피는 그리스도인들의 씨앗" (semen est sanguis Christianorum)이라던 테르툴리아누스(*Apologeticum* 21.50; 37.4-7; 50.13-15)의 명문을 연상시킨다.

[82] veritas ... non contraria rationi: "이해를 구하는 신앙"(fides quaerens intellectum)에 입각하여, 부활 교리가 적어도 "비합리적은 아니다"라는 것이 22권의 요지다.

[83] qui *persequebatur* furore, *sequeretur* fide: 그리스도교가 박해를 이겨내고 종교자유를 얻고 국교가 된 정황을 개선주의 색채로 표현했다.

[84] 예: Celsus in Origenes, *Contra Celsum* 1.68.

도 바로 이 생각이었다. 그런데 로물루스는 신으로 신봉되면서도 그런 순교자를 단 한 사람도 두지 않았고 둘 수도 없었다.

7. 세상이 그리스도를 믿는 것은 인간적 설득이 아니라 신적 능력 때문이다

그런데 우리가 그리스도에 관해 이야기하면서 로물루스의 가짜 신성을 말한다는 것은 퍽 우스운 일이다. 키케로보다 600년쯤 앞서 로물루스가 살았다 하고, 또 그 시대는 실제로 일어날 수 없는 일은 신화처럼 믿기를 거부할 만큼 학식으로 세련된 시대였다고 한다. 그렇다면 그 뒤 600년이 지난 키케로 본인이나 아우구스투스 치하와 티베리우스 치하는 훨씬 더 세련된 시대였을 것이다. 따라서 그리스도의 부활과 하늘로의 승천이야말로, 그 일이 일어날 수 있었고 실제로 일어났음을 진리 자체의 신성 또는 신성의 진리가 증명해 주고[80] 그리고 꾸준한 기적의 징표가 증명해 주지 않았더라면, 도저히 일어날 수 없는 그런 일로 보았을 것이고, 인간 지성이 용납하지 못하고 귀로도 마음으로도 배척할 수밖에 없었으리라. 그 하고많고 그 혹심한 박해들이 공포를 뿌리고 반대를 펴는 가운데서도, 그리스도인들은 먼저는 그리스도에게, 그다음에는 새로운 세기에 속하는 여타 인간들에게 부활과 육신의 불사불멸이 오리라고 극히 충실하게 믿었고 대담무쌍하게 설교했다. 그리고 이 믿음은 순교자들의 피로 더없이 비옥한 새싹으로 온 천하에 심겨졌다.[81] 예언자들의 사전 예고가 먼저 읽혀졌고, 뒤이어 권능에 찬 징표들이 합해졌으며, 드디어 그 진리가 사람들을 설복시켰다. 그 진리가 관습에는 신기하지만 이성에 상반된 것은 아니었던 것이다.[82] 광분하여 박해를 가하던 온 천하가 마침내 신앙으로 이 진리를 뒤따르기에 이르렀다.[83]

8. 기적이 이루어진 것은 세상이 그리스도를 믿게 하기 위함이었고 세상이 믿고 있는 지금도 기적은 중단되지 않으리라

  8. 1. 기적이 일어나는 것은 우리가 믿기 위함이다

그럼 저자들은 이렇게 묻는다: 전에 일어났다고 여러분이 설교하는 기적이 지금은 왜 일어나지 않는가?[84] 내가 할 수 있는 말은, 세상이 믿기 전에는 믿게

dus, ad hoc ut crederet mundus. Quisquis adhuc prodigia ut credat inquirit, magnum est ipse prodigium, qui mundo credente non credit. Verum hoc ideo dicunt, ut nec tunc illa miracula facta fuisse credantur. Vnde ergo tanta fide Christus usquequaque cantatur in caelum cum carne sublatus? Vnde temporibus eruditis et omne quod fieri non potest respuentibus sine ullis miraculis nimium mirabiliter incredibilia credidit mundus? An forte credibilia fuisse et ideo credita esse dicturi sunt? Cur ergo ipsi non credunt? Breuis est igitur nostra complexio: Aut incredibilis rei, quae non uidebatur, alia incredibilia, quae tamen fiebant et uidebantur, fecerunt fidem; aut certe res ita credibilis, ut nullis quibus persuaderetur miraculis indigeret, istorum nimiam redarguit infidelitatem. Hoc ad refellendos uanissimos dixerim. Nam facta esse multa miracula, quae adtestarentur illi uni grandi salubrique miraculo, quo Christus in caelum cum carne in qua resurrexit ascendit, negare non possumus. In eisdem quippe ueracissimis libris cuncta conscripta sunt, et quae facta sunt, et propter quod credendum facta sunt. Haec, ut fidem facerent, innotuerunt; haec per fidem, quam fecerunt, multo clarius innotescunt. Leguntur quippe in populis, ut credantur; nec in populis tamen nisi credita legerentur. Nam etiam nunc fiunt miracula in eius nomine, siue per sacramenta eius siue per orationes uel memorias sanctorum eius; sed non eadem claritate inlustrantur, ut tanta quanta illa gloria diffamentur. Canon quippe sacrarum litterarum,

---

[85] "왜 지금은 기적이 일어나지 않느냐?"는 질문은 "그러니까 과거에도 기적은 없었다"는 결론을 얻으려는 수작이다.

[86] brevis complexio: 양도논법 (*Contra litteras Petiliani* 2.221: ut eligatur alterum de duobus ... ubi utrumque non potest eligi "어느 편도 택일할 수 없는 처지에서 양자택일을 요구하는" 논법)은 교부가 즐겨 구사하지만 악용되기도 쉬웠다 (complexione dolosa et fraudulenta: *Sermo* 13.4).

[87] 원문상으로는 "눈으로 보지 못해 믿기지 않는 일(그리스도의 부활)을 두고, 믿기지 않는 다른 일들(기적)이 눈에 보여 신앙을 만들어냈다"는 문장이다.

[88] *ut fidem* facerent, innotuerunt ... *per fidem* multo clarius *innotescunt*: 신앙과 기적사화는 상호 이해를 보강한다. Cf. *De vera religione* 25.46-47.

[89] 키케로의 기준에 의하면 "소문"(fama: 명성)이 진실하려면, 많은 대중이 알아야 하고, 신의를 신빙성의 기준으로 삼으며, 경외심을 자아내야 한다(*De officiis* 2.9.31 - 10.37).

[90] memoriae: 성도들 특히 순교자들의 무덤에 적힌 비문(inscriptiones) 또는 묘소(monumentum)를 의미하지만 그들의 유해(reliquiae)도, 순교자들에게 바치는 공경(cultus)도 가리켰다. 이 8장에는 순교자 성 스데파노의 유해가 히포 일대를 순방하면서 기적을 일으키는 일화들이 나온다.

만들려고 기적이 필요했다는 것이다. 아직도 믿기 위해 이적을 구한다면 그가 누구든 온 세상이 믿는데도 믿지 않는 그 사람이야말로 대단한 이적이다. 실상 저 사람들이 이런 시비를 하는 것은 그 당시에도 기적이 일어나지 않았다고 믿게 하려는 저의에서다.[85] 그렇다면 도대체 그리스도가 육신을 갖고 하늘로 오른 분으로 크나큰 신앙으로 받아들여지고, 어디서나 찬미를 받고 있는 것은 어떻게 된 일일까? 지금처럼 계몽된 시대, 곧 일어날 수 없는 것은 모조리 배격당하는 시대에, 너무도 기이해서 믿겨지지 않는 일들을 아무 기적 없이도 과연 온 세상이 믿기에 이르렀을까? 그럼 믿을 만한 일이니까 기적 없이도 믿게 되었다고 말할 셈인가? 그렇다면 정작 본인들은 어째서 안 믿는가? 따라서 우리의 논지는 양도논법[86]으로서 간결하다. 믿겨지지 않는 다른 일들이 실제로 일어나고 눈으로 볼 수도 있어서, 눈으로 보지 못해 믿겨지지 않던 일임에도 그에 대한 신앙을 만들어냈거나,[87] 그렇지 않으면, 사실 자체가 믿을 만해서 인간을 설득하여 그것을 믿게 만들 기적이 따로 필요치 않았거나 둘 중의 하나다. 그리고 양편 다 저 사람들의 불신앙이 너무하다는 비판을 초래했다. 내가 이런 말을 하려는 것은 황당하기 짝이 없는 저 사람들을 논박하려는 뜻에서다. 우리는 하고많은 기적이 실제로 행해졌음을 부인할 도리가 없으며, 이 기적들은 한결같이 저 유일하고 위대하고 구원에 유익한 그 기적을 증거하는 기적들이다. 그리스도가 부활한 그 육신을 갖고서 하늘로 승천한 것이 그 기적이었다. 지극히 진실한 서책에 저런 기적들이 모조리 적혀 있으며, 기적적으로 일어난 일들은 믿어야 할 그 기적 때문에 일어났던 것이다. 그것들이 알려진 것은 신앙을 갖게 하기 위함이요, 그것들이 일으킨 신앙을 통해 지금은 그것들이 훨씬 분명하게 알려지는 중이다.[88] 그 서책들이 백성들 사이에서 읽히고 있는 까닭은 믿게 만들기 위함이다. 그렇지만 믿겨지지 않는다면 백성들 사이에서 읽히지도 않을 것이다.[89] 지금도 그분의 이름으로 기적은 일어나고 있는데, 성사聖事를 통해서도 일어나고, 성도들의 기도와 기념물[90]을 통해서도 일어난다. 그렇지만 이것들은 성서에 실린 기적들이 영광스럽게 소문나던 것과 똑같은 명성을 띠고 빛을 발하지는 못한다. 성서들의 정전正典은 응당 정전으로서 규정되어야 했던

quem definitum esse oportebat, illa facit ubique recitari et memoriae cunctorum inhaerere populorum; haec autem ubicumque fiunt, ibi sciuntur uix a tota ipsa ciuitate uel quocumque commanentium loco. Nam plerumque etiam ibi paucissimi sciunt ignorantibus ceteris, maxime si magna sit ciuitas; et quando alibi aliisque narrantur, non tanta ea commendat auctoritas, ut sine difficultate uel dubitatione credantur, quamuis Christianis fidelibus a fidelibus indicentur.

Miraculum, quod Mediolani factum est, cum illic essemus, quando inluminatus est caecus, ad multorum notitiam potuit peruenire, quia et grandis est ciuitas et ibi erat tunc imperator et inmenso populo teste res gesta est concurrente ad corpora martyrum Protasii et Geruasii; quae cum laterent et penitus nescirentur, episcopo Ambrosio per somnium reuelata reperta sunt; ubi caecus ille depulsis ueteribus tenebris diem uidit.

Apud Carthaginem autem quis nouit praeter admodum paucissimos salutem, quae facta est Innocentio, ex aduocato uicariae praefecturae, ubi nos interfuimus et oculis aspeximus nostris? Venientes enim de transmarinis me et fratrem meum Alypium, nondum quidem clericos, sed iam Deo seruientes, ut erat cum tota domo sua religiosissimus, ipse susceperat, et apud eum tunc habitabamus. Curabatur a medicis fistulas, quas numerosas atque perplexas habuit in posteriore atque ima corporis parte. Iam secuerant eum et artis suae cetera medicamentis agebant. Passus autem fuerat in sectione illa et diuturnos et acerbos dolores. Sed unus inter multos sinus fefellerat medicos atque ita latuerat, ut eum non tangerent, quem ferro

---

[91] 그래도 「순교자 행적록」(Acta martyrum)은 무수한 기적사화를 곁들여 당시 교회에서 공식으로 읽히던 문헌이었다. 교부는 당대에 일어난 기적사화를 간추린 「문서」(libellus)를 작성하여 지역교회들에 회람시켜 읽혔다.

[92] 부활의 가능성을 방증(傍證)하여 교부는 "대다수 국민(multitudo)의 신앙"과 "기적"을 내세우는데, 교부는 자기 주변에서 보고 들은 기적들을 생생한 필치로 예거한다(22.8.2-23). 이성이 그럴듯한 반론을 제시하더라도 합리적으로 설명 못하는 역사적 사건들 앞에서는 머리를 숙여야 한다.

[93] 이 일화는 다른 저작(Confessiones 9.7.16)에서도 언급된다. Cf. Ambrosius, Epistula 85.

[94] Alypius: 아우구스티누스와 정신적 여정을 함께한 가장 친근한 벗으로 타가스테의 주교가 되었다(430년). 「고백록」에 빈번하게 거명된다.

것인데 이 정전은 성서에 실린 기적들이 어디서나 낭독되게 하고 모든 백성의 기억에 남도록 배려한다. 그런데 지금 일어나 성서에 실리지 않는 기적들은 어디서 일어나든 기껏해야 한 도시 전체에나 알려지거나 함께 사는 사람들의 구역에서만 알려진다. 더구나 극소수만 알고 대다수는 모르는 경우가 흔하며 도시가 큰 경우는 특히 더 그러하다. 다른 곳에서 딴 사람들에게 얘기하는 경우에는 비록 신자들이 그리스도교 신자들에게 전해주더라도 아무런 어려움이나 의심도 없이 믿어 줄 정도로 대단한 권위는 갖지 못한다.[91]

8.2. 밀라노에서 소경이 빛을 보았다[92]

우리가 밀라노에 있을 적에 그곳에서 일어났던, 소경이 빛을 본 기적은 많은 사람들에게 알려질 수 있었는데, 도시가 매우 크고 당시에 황제가 그곳에 있었던 데다가 굉장히 많은 백성이 지켜보는 가운데 일어났기 때문이다. 그때 순교자 프로타시우스와 게르바시우스의 유해를 보러 사람들이 몰려드는 중이었다. 순교자들의 유해가 한때 숨겨졌다가 어디 있는지 아예 알 수 없게 되고 말았는데 암브로시우스 주교의 꿈속에서 밝혀져 찾아냈던 것이다. 바로 그곳에서 소경이 해묵은 어둠에서 벗어나 대낮을 보게 되었던 것이다.[93]

8.3. 카르타고에서 인노켄티우스가 치루에서 나왔다

이와 대조적으로 카르타고에서 부총독의 법률고문 출신 인노켄티우스에게 건강 회복의 기적이 일어난 사건은 극소수를 빼놓고는 누가 알까? 거기에는 우리도 있었고 우리 눈으로 목격했다. 그때 나와 나의 형제 알리피우스[94]는 아직 성직자가 아니었지만 하느님을 섬기는 사람들로서 바다 건너에서 온 참이었다. 자기 집안 전부와 더불어 아주 독실한 사람으로서 그가 우리를 맞아주어 우리는 그 사람 집에 묵던 중이었다. 그는 의원들에게 종기를 치료받던 중이었다. 둔부의 아래와 내부에 수많은 협착된 종기들이 있었다. 의원들은 이미 한번 그를 수술했고, 자기네 의술을 다해 남은 것들을 돌보고 있었다. 그러나 환자가 그 수술에서 오래가면서도 참으로 혹심한 고통을 받았는데도, 많은 종기 가운데 하나가 의원들의 눈을 속이고 숨어 있었으므로 만져지지 않았던가 보다. 의원들은 그것을 칼로 째야 했다. 의원들이 칼로 째서 치료를 한 종기들은 모조리

aperire debuerant. Denique sanatis omnibus, quae aperta curabant, iste remanserat solus, cui frustra inpendebatur labor. Quas moras ille suspectas habens multumque formidans, ne iterum secaretur (quod ei praedixerat alius medicus domesticus eius, quem non admiserant illi, ut saltem uideret, cum primum sectus est, quo modo id facerent, iratusque illum domo abiecerat uixque receperat), erupit atque ait: Iterum me secturi estis? Ad illius, quem noluistis esse praesentem, uerba uenturus sum? Inridere illi medicum imperitum metumque hominis bonis uerbis promissionibusque lenire. Praeterierunt alii dies plurimi nihilque proficiebat omne quod fiebat. Medici tamen in sua pollicitatione sistebant, non se illum sinum ferro, sed medicamentis esse clausuros. Adhibuerunt et alium grandaeuum iam medicum satisque in illa arte laudatum (adhuc enim uiuebat), Ammonium, qui loco inspecto idem quod illi ex eorum diligentia peritiaque promisit. Cuius ille factus auctoritate securus domestico suo medico, qui futuram praedixerat aliam sectionem, faceta hilaritate, uelut iam saluus, inlusit. Quid plura? Tot dies postea inaniter consumpti transierunt, ut fessi atque confusi faterentur eum nisi ferro nullo modo posse sanari. Expauit, expalluit nimio turbatus timore, atque ubi se collegit farique potuit, abire illos iussit et ad se amplius non accedere, nec aliud occurrit fatigato lacrimis et illa iam necessitate constricto, nisi ut adhiberet Alexandrinum quendam, qui tunc chirurgus mirabilis habebatur, ut ipse faceret quod ab illis fieri nolebat iratus. Sed postea quam uenit ille laboremque illorum in cicatricibus sicut artifex uidit, boni uiri functus officio persuasit homini, ut illi potius, qui in eo tantum laborauerant, quantum ipse inspiciens mirabatur, suae curationis fine fruerentur, adiciens, quod

나았는데 그것 하나만 남아서 그때문에 그간의 고생이 허사로 그치고 말 지경이었다. 본인은 그 치료가 오래 끄는 것으로 의심하고 수술을 다시 해야 하지 않을까 몹시 두려워하다가 드디어 감정을 터뜨리고 말았다. (수술을 다시 해야 한다는 말은 그의 하인인 다른 의원이 그에게 미리 일러주었던 것인데 첫 수술이 있었을 적에 다른 의원들은 자기들이 어떻게 하는지 그가 참관하는 것마저 허락하지 않았다. 화가 난 주인은 그를 집에서 내쳤다가 겨우 다시 받아들인 참이었다.) 주인은 이렇게 말했다: "나를 다시 쨀 생각들이오? 당신들이 참관도 못하게 한 그자의 말대로 해야 한다는 말이오?" 의원들은 그 의원이 경험없는 자라 하여 비웃었고 좋은 말과 그럴듯한 약속으로 당사자의 걱정을 달랬다. 그러고도 여러 날이 지났는데 그 사이에 벌어진 일은 아무것도 나아지지 않았다. 그럼에도 의원들은 여전히 칼을 쓰지 않고 약물로 그 종기를 낫게 하겠다고 장담을 하는 것이었다. 그들은 그 분야에 전문가인 다른 연로한 의원 암모니우스까지 불러댔다(그때는 그가 아직 살아있었다). 암모니우스는 그 부위를 살펴보고서 다른 의원들의 열성과 경험을 믿고서 그들과 똑같이 장담했다. 저 주인은 그 사람의 권위에 안도감을 갖고서 벌써 다 낫기라도 한 양, 다른 수술을 하게 되리라고 예고한 자기 하인 의사에게 고약한 농담을 걸어 놀려댔다. 더 뭐라고 하겠는가? 그다음 하고많은 날들이 허송세월로 지나가 버렸다. 그러자 의원들은 지치고 또 자신을 잃어 칼 아니면 무슨 수로도 나을 수 없노라고 자백하기에 이르렀다. 그는 기겁하여 하얗게 질렸고 지나친 공포에 짓눌려 정신을 잃었다. 제정신으로 돌아와 말을 할 수 있게 되자 그들더러 물러가라고, 더는 자기 앞에 얼씬거리지 말라고 명을 내렸다. 눈물로 지치고 또 어쩔 수 없는 궁지에 몰려 그로서는 당시 용한 외과의라고 여겨지던 알렉산드리누스라는 자를 불러대는 일 말고는 뾰족한 수가 없었다. 의원들이 하라고 했지만 자기는 홧김에 안하겠다고 버티던 수술을 그 사람더러 해 달라는 부탁이었다. 그 사람이 왔는데 전문가답게 꿰맨 자국에서 다른 사람들의 수고를 알아보았다. 그러고는 선량한 사람답게 도리를 다해 그를 이렇게 타일렀다: 그 사람들이 그를 두고 얼마나 수고를 했는지 자기 눈으로 보아 감탄하는 바이다. 그러니 자기네

re uera nisi sectus esset saluus esse non posset; ualde abhorrere a suis moribus, ut hominibus, quorum artificiosissimam operam industriam diligentiam mirans in cicatricibus eius uideret, propter exiguum quod remansit palmam tanti laboris auferret. Redditi sunt animo eius, et placuit ut eodem Alexandrino adsistente ipsi sinum illum ferro, qui iam consensu omnium aliter insanabilis putabatur, aperirent. Quae res dilata est in consequentem diem. Sed cum abissent illi, ex maerore nimio domini tantus est in domo illa exortus dolor, ut tamquam funeris planctus uix conprimeretur a nobis. Visitabant eum cotidie sancti uiri, episcopus tunc Vzalensis, beatae memoriae Saturninus, et presbyter Gulosus ac diaconi Carthaginensis ecclesiae; in quibus erat et ex quibus solus est nunc in rebus humanis iam episcopus cum honore a nobis debito nominandus Aurelius, cum quo recordantes mirabilia operum Dei de hac re saepe conlocuti sumus eumque ualde meminisse, quod commemoramus, inuenimus. Qui cum eum, sicut solebant, uespere uisitarent, rogauit eos miserabilibus lacrimis, ut mane dignarentur esse praesentes suo funeri potius quam dolori. Tantus enim eum metus ex prioribus inuaserat poenis, ut se inter medicorum manus non dubitaret esse moriturum. Consolati sunt eum illi et hortati, ut in Deo fideret eiusque uoluntatem uiriliter ferret. Inde ad orationem ingressi sumus; ubi nobis ex more genua figentibus atque incumbentibus terrae ille se ita proiecit, tamquam fuisset aliquo grauiter inpellente prostratus, et coepit orare: quibus modis, quo affectu, quo motu animi, quo fluuio lacrimarum, quibus gemitibus atque singultibus succutientibus omnia membra eius et paene intercludentibus spiritum, quis ullis

---

[95] "기억에도 행복한"(beatae memoriae Saturninus), "마땅히 존경을 갖고 그 이름을 거명해야 할"(cum honore debito nominandus Aurelius) 등은 그 당시 교회 인사들에 대한 경칭이었다.

[96] Saturninus는 Evodius의 선임으로 우짤리스의 주교를 지낸 인물이다. Gulosus에 관해서는 알려진 바 없고, 곧 나오는 Aurelius는 교부와 아주 가까운 사이로 338년에 우짤리스의 주교가 되었다.

[97] Uzalis: 카르타고 근교의 도시. 교부가 아프리카로 돌아온 후 타가스테에서 함께 수도생활을 한 인사들은 근방의 주교들이 되었고 교부가 히포에 만든 주교좌 수도원을 본떠 Aurelius는 Uzalis에, Alypius는 Tagaste에, Possidius는 Calama에, Severus는 Milevi에 주교좌 수도원을 만들었다.

치료를 끝맺음하는 공도 그들이 누렸으면 좋겠다. 사실상 수술을 하지 않으면 생명을 부지하지 못하리라는 말도 덧붙였다. 그 사람에게 난 수술자국으로 보아 자기도 그들의 전문성과 근면과 열성을 목격했고 두 눈으로 감탄하는 터이므로, 거기 남은 사소한 작업 때문에 그들이 그토록 수고한 공적을 자기가 가로채는 것은 자기의 행동 원칙에 매우 안 맞는 일이라고 했다. 이리하여 그 의원들은 다시 그의 마음에 신뢰를 회복했고, 바로 그 알렉산드리누스의 입회하에 그 의원들이 그 종기를 칼로 째기로 했다. 모두가 이구동성으로 달리는 나을 길이 없다고 판정한 종기였다. 그 일은 이튿날로 미루어졌다. 하지만 의원들이 물러가자 주인의 엄청난 비탄 때문에 집안에 하도 고통이 크다 못해 마치 초상집 같은 곡성으로 터져나와서 우리도 울음을 겨우 참는 처지였다. 경건한 인사들이 매일 그를 찾아오던 중이었다. 그때는 우짤리스의 주교였던, 기억에도 행복한 사투르니누스[95]와 카르타고 교회의 굴로수스 사제와 부제들이었다.[96] 이 부제들 가운데는 아우렐리우스가 있었는데 이들 중에서 아직도 인간사를 돌보며 살아있는 유일한 사람이며, 이미 주교가 되어 우리는 마땅한 존경을 갖고 그 이름을 거명해야 할 것이다.[97] 우리는 그와 더불어 이때의 사건을 두고 하느님의 놀라운 업적을 회고하며 얘기를 자주 나누었으며, 우리가 이야기하는 다음의 내용을 그도 아주 잘 기억하고 있는 것으로 안다. 이 사람들이 늘 하듯이 저녁에 그 주인을 방문했을 적에 그는 더없이 가련하게 눈물을 흘리면서 이튿날 아침에 꼭 임석해 달라고 간청했다. 이튿날 그런 고통을 당하느니 차라리 그날이 장례 날이었으면 좋겠다는 말까지 했다. 먼젓번 고통 때문에 그에게는 엄청난 공포가 덮쳐 자기는 틀림없이 의원들 손에 죽으리라는 생각까지 했다. 이들은 그를 위로하고는 하느님께 신뢰하고 그분의 뜻을 남자답게 받아들이라고 훈계했다. 그러고 나서 우리 모두가 기도에 들어갔다. 우리가 습관대로 무릎을 꿇거나 땅에 엎드려 있는데 그는 누가 세차게 밀어뜨린 것처럼 땅에 엎어지더니 기도를 올리기 시작했다. 그가 어떤 모습과 어떤 감정으로, 얼마나 심한 마음의 동요를 보이며, 얼마나 많은 눈물의 강을 이루며, 얼마나 신음하고, 그의 사지를 모두 떨면서, 흐느끼고 숨이 거의 멎을 듯하면서 기도를 올리던

explicet uerbis? Vtrum orarent alii nec in haec eorum auerteretur intentio, nesciebam. Ego tamen prorsus orare non poteram; hoc tantummodo breuiter in corde meo dixi: «Domine, quas tuorum preces exaudis, si has non exaudis?» Nihil enim mihi uidebatur addi iam posse, nisi ut expiraret orando. Surreximus et accepta ab episcopo benedictione discessimus, rogante illo ut mane adessent, illis ut aequo animo esset hortantibus. Inluxit dies qui metuebatur, aderant serui Dei, sicut se adfuturos esse promiserant, ingressi sunt medici, parantur omnia quae hora illa poscebat, tremenda ferramenta proferuntur adtonitis suspensisque omnibus. Eis autem, quorum erat maior auctoritas, defectum animi eius consolando erigentibus ad manus secturi membra in lectulo componuntur, soluuntur nodi ligamentorum, nudatur locus, inspicit medicus et secandum illum sinum armatus atque intentus inquirit. Scrutatur oculis digitisque contrectat, temptat denique modis omnibus: — inuenit firmissimam cicatricem. Iam laetitia illa et laus atque gratiarum actio misericordi et omnipotenti Deo, quae fusa est ore omnium lacrimantibus gaudiis, non est committenda meis uerbis; cogitetur potius quam dicatur.

In eadem Carthagine Innocentia, religiosissima femina, de primariis ipsius ciuitatis, in mamilla cancrum habebat, rem, sicut medici dicunt, nullis medicamentis sanabilem. Aut ergo praecidi solet et a corpore separari membrum ubi nascitur, aut, ut aliquanto diutius homo uiuat, tamen inde morte quamlibet tardius adfutura, secundum Hippocratis ut ferunt sententiam omnis est omittenda curatio. Hoc illa a perito medico et suae domui familiarissimo acceperat et ad solum Deum se orando conuerterat. Admonetur in somnis propinquante Pascha, ut in parte feminarum obser-

---

[98] Cf. Hippocrates in Celsus, *De medicina* 4.15; 5.26.31; 6.18.3.

모습을 누가 무슨 말로 형용할 수 있겠는가? 다른 사람들은 과연 기도를 했는지 그렇지 않으면 그들의 주의가 온통 이런 광경에 쏠렸는지는 나도 모르겠다. 적어도 나는 도무지 기도를 할 수가 없었다. 마음속으로 짤막하게 이런 말씀만 드렸다: "주님, 이런 기도를 안 들어주신다면 대체 어떤 기도를 들어주신다는 말입니까?" 그 사람은 기도하다 숨을 거두는 일 말고는 아무것도 할 수 없을 것처럼 보였다. 우리는 일어나서 주교한테서 강복을 받고 물러나왔다. 그 사람은 사람들더러 아침에 임석해 달라고 애원하고 사람들은 그에게 마음을 침착히 가지라고 권유하는 소리를 들으면서 우리는 물러나왔다. 두려운 날이 밝았고, 하느님의 종들이 임석하겠다고 약속한 대로 임석했으며, 의원들이 들어왔고, 그 시각에 필요한 것들이 모조리 마련되었다. 모두가 놀라 바라보는 가운데 무시무시한 쇠붙이가 끄집어내졌다. 더 권위있는 사람들이 위로하면서 그의 쇠약한 담력을 북돋아주는 동안에 그의 몸체가 침대에 눕혀져 수술을 집도할 사람의 손에 내맡겨졌다. 붕대가 풀렸다. 의사는 들여다보면서 칼을 들고서 찬찬히 그 누종을 찾았다. 눈으로 살펴보고 손가락으로 만져보고 온갖 방도로 해 보았다. 거기서는 매우 딱딱한 수술자국을 발견했을 따름이다. 그때의 기쁨이라니! 모든 이가 기뻐서 눈물을 흘렸고 자비롭고 전능한 하느님께 그들의 입에서 쏟아져 나온 찬미와 감사의 기도는 나의 필설로 형용할 수가 없다. 말로는 못하고 상상만 해야 하리라.

8.4. 같은 곳에서 인노켄티아라는 여자가 유방암에서 나았다

같은 도시 카르타고에는 인노켄티아라는 여자가 있었는데, 그 도시의 상류인사들 가운데 한 사람으로서 종교심이 극진한 여자였다. 유방에 암이 있었지만 의사들이 하는 말대로 무슨 약으로도 치료가 불가능했다. 보통으로는 수술을 하여 발병한 부위를 몸에서 떼어내는 것이 예사다. 그렇지 않으면 사람들이 하는 말대로, 히포크라테스의 훈계에 따라[98] 일체의 치료를 삼가거나 한다. 그러면 사람이 어느 정도는 살 수 있고, 좀 늦게 오기는 하더라도 결국은 죽음을 맞는다. 그 여자도 경험이 많고 그 집안과 아주 친한 의사에게서 손대지 말고 두라는 권고를 받고서 오로지 하느님께 기도하는 방향으로 돌렸다. 부활절이 다가

uanti ad baptisterium, quaecumque illi baptizata primitus occurrisset, signaret ei locum signo Christi. Fecit, confestim sanitas consecuta est. Medicus sane, qui ei dixerat ut nihil curationis adhiberet, si paulo diutius uellet uiuere, cum inspexisset eam postea et sanissimam comperisset, quam prius habere illud malum tali inspectione cognouerat, quaesiuit ab ea uehementer quid adhibuisset curationis, cupiens, quantum intellegi datur, nosse medicamentum, quo Hippocratis definitio uinceretur. Cumque ab ea quid factum esset audisset, uoce uelut contemnentis et uultu, ita ut illa metueret, ne aliquod contumeliosum uerbum proferret in Christum, religiosa urbanitate respondisse fertur: «Putabam, inquit, magnum aliquid te mihi fuisse dicturam.» Atque illa iam exhorrescente, mox addidit: «Quid grande fecit Christus sanare cancrum, qui quadriduanum mortuum suscitauit?» Hoc ego cum audissem et uehementer stomacharer in illa ciuitate atque in illa persona non utique obscura factum tam ingens miraculum sic latere, hinc eam et admonendam et paene obiurgandam putaui. Quae cum mihi respondisset non se inde tacuisse, quaesiui ab eis, quas forte tunc matronas amicissimas secum habebat, utrum hoc antea scissent. Responderunt se omnino nescisse. Ecce, inquam, quo modo non taces, ut nec istae audiant, quae tibi tanta familiaritate iunguntur. Et quia breuiter ab ea quaesiueram, feci ut, illis audientibus multumque mirantibus et glorificantibus Deum, totum ex ordine, quem ad modum gestum fuerit, indicaret.

Medicum quendam podagrum in eadem urbe, qui cum dedisset nomen ad baptismum et pridie quam baptizaretur in somnis a pueris nigris cirra-

---

[99] 당시에는 부활절과 성령강림절에 세례를 주었고(cf. Tertullianus, *De baptismo* 19) 갓 세례받은 사람이 그어 주는 십자성호(十字聖號)는 효험이 큰 것으로 여겨졌다.
[100] 요한 11,39-44에 나오는 라자로의 부활 일화를 언급한 것이다.

오던 무렵 꿈에 그 여자는, 세례당에서 여자들의 편에 있다가 누구든 세례받은 여자를 맨 먼저 만나거든 그 여자더러 아픈 곳에 그리스도의 표를 해달라고 부탁하라는 권유를 받았다.[99] 그 여자는 그렇게 했고 즉석에서 나음을 받았다. 그런데 조금이라도 더 오래 살고 싶거든 아무 치료도 받지 말라고 말해 준 그 의사는 그다음에 그 여자를 진찰하고서, 자기가 똑같이 진찰했고 그 여자가 그 병을 갖고 있음을 알아낸 적이 분명히 있었는데도 이제는 그 여자가 아주 건강한 몸임을 발견했다. 의사는 당황해서 그 여자더러 무슨 치료를 받았느냐고 물었다. 히포크라테스의 처방을 능가하는 요법을 알아내려는 욕심에서였는데 이해할 만한 행동이었다. 그런데 무엇을 했는지 그 여자에게서 듣고서는 "나는 당신이 내게 무슨 대단한 얘기를 해 주리라 생각하던 참이었소이다"라고 대꾸했다고 한다. 그 의사가 비록 종교적 예의는 지켰지만 약간 무시하는 듯한 어조와 표정으로 하는 말이어서 그 여자는 그리스도께 무슨 무례한 말이라도 나오지 않을까 두려웠다고 한다. 그 여자가 막 겁을 먹던 참인데 의사는 한 마디를 덧붙였다: "죽은 지 나흘이나 된 사람을 살린 분인데[100] 그리스도께서 암 하나 낫게 하시는 게 무슨 대수겠습니까?" 내가 그 얘기를 들었을 적에 나는 그 도시에서, 천민도 아닌 그 여자에게 일어난 그토록 큰 기적이 숨겨져 있는 데 대해 화가 나서 발끈했다. 그래서 그 여자를 충고하고 훈계해야겠다고 마음먹었다. 그 여자가 자기는 입을 다문 것이 아니라고 내게 답변해서 나는 우연히 그 자리에 그 여자와 함께 있던 아주 친한 귀부인들에게 이 얘기를 전에 들어서 알고 있느냐고 물었다. 자기들은 전혀 몰랐노라고 대답했다. 그래서 내가 말했다: "보시오, 당신이 입을 다물지 않았다는데 저 여자들도 모르고 있습니다. 당신과 아주 친한 사람들인데 말입니다." 그러고 나서 나는 그 여자에게 캐물어서 무슨 일이 어떻게 일어났는지 차례대로 차근차근 털어놓게 했다. 여자들은 들으면서 크게 놀랐으며 하느님께 영광을 드렸다.

8.5. 어떤 사람이 세례 후에 풍이 나았다

같은 도시에 수족에 통풍을 앓던 의사가 있었다. 그는 세례받을 명단에 올라 있던 사람으로서 세례받기 전날 꿈속에서 머리가 곱슬곱슬한 까만 아이들에게

tis, quos intellegebat daemones, baptizari eodem anno prohibitus fuisset eisque non obtemperans etiam conculcantibus pedes eius in dolorem acerrimum, qualem numquam expertus est, isset magisque eos uincens lauacro regenerationis, ut uouerat, ablui non distulisset, in baptismate ipso non solum dolore, quo ultra solitum cruciabatur, uerum etiam podagra caruisse nec amplius, cum diu postea uixisset, pedes doluisse quis nouit? Nos tamen nouimus et paucissimi fratres ad quos id potuit peruenire.

Ex mimo quidam Curubitanus non solum a paralysi, uerum etiam ab informi pondere genitalium, cum baptizaretur, saluus effectus est et liberatus utraque molestia, tamquam mali nihil habuisset in corpore, de fonte regenerationis ascendit. Quis hoc praeter Curubim nouit et praeter rarissimos aliquos, qui hoc ubicumque audire potuerunt? Nos autem cum hoc comperissemus, iubente sancto episcopo Aurelio etiam ut ueniret Carthaginem fecimus, quamuis a talibus prius audierimus, de quorum fide dubitare non possemus.

Vir tribunicius Hesperius apud nos est; habet in territorio Fussalensi fundum, Zubedi appellatur; ubi cum adflictione animalium et seruorum suorum domum suam spirituum malignorum uim noxiam perpeti comperisset, rogauit nostros me absente presbyteros, ut aliquis eorum illo pergeret, cuius orationibus cederent. Perrexit unus, obtulit ibi sacrificium corporis Christi, orans quantum potuit, ut cessaret illa uexatio: Deo protinus miserante cessauit. Acceperat autem ab amico suo terram sanctam de Hierosolymis adlatam, ubi sepultus Christus die tertio resurrexit, eamque suspenderat in cubiculo suo, ne quid mali etiam ipse pateretur. Ast ubi domus eius ab illa infestatione purgata est, quid de illa terra fieret, cogita-

---

[101] 초대교회에는 세례가 영혼의 죄와 육신의 병을 다 낫게 한다는 믿음이 있었다. Cf. Hieronymus, *Epistula* 22.30.

[102] Curubis: 카르타고에서 멀지 않은 마을. 키프리아누스는 257년 이곳으로 유배당했다가 다시 카르타고로 소환되어 처형당한다.

[103] 희극배우(mimus)는 무대 위의 외설행위를 이유로 그 직업에 종사하는 동안은 세례를 못 받게 한 적도 있었다. Cf. Hippolytus, *Traditio apostolica* 16; Cyprianus, *Epistula* 2.

[104] Fussala는 히포 가까운 고을로 그곳 도나투스 파를 제압하려고 아우구스티누스가 안토니우스를 그곳 주교로 임명한 적이 있다. Cf. *Epistula* 209.

서 그해에 세례를 받지 말라는 금령을 받았다. 그는 그들을 귀신이라고 생각했다. 그들의 말을 듣지 않자 그들이 그의 발을 밟아 일찍이 겪어보지 못한 지독한 통증을 느끼게 만들었다. 그래도 그는 기어코 그들을 물리치고 맹세한 대로, 재생再生의 욕조에서 씻김받는 일을 미루지 않았다. 세례 때에 최근 평소보다 훨씬 심하던 그 통증만 가신 게 아니고 통풍마저 아예 없어졌다. 그 뒤로도 오래 살았지만 더는 발이 아프지 않았는데 이런 일을 누가 알겠는가?[101] 우리는 알고 있고 그 소문에 접할 수 있었던 극소수 형제들이 그 일을 알고 있다.

8.6. 어떤 사람이 생식기가 기형적으로 묵직한 질병에서 나왔다

희극배우 출신으로 쿠루비스[102] 사람 하나는 중풍만 아니고 생식기의 기형적 무게로 고생을 했는데, 세례받을 적에 두 가지 다 낫고 괴로움에서 벗어났다.[103] 몸에 한 번도 병을 앓은 적이 없는 것처럼 성한 몸이 되어 재생의 샘에서 올라왔다. 쿠루비스 사람 말고, 또 어디서 들었든 이 얘기를 들은 극소수의 몇 사람을 빼고는 누가 이 일을 알고 있을까? 우리가 그 얘기를 들은 것은 우리로서도 신빙성을 의심할 수 없는 사람들이지만, 이 일을 알고는, 성스러운 아우렐리우스 주교가 명령을 내리게 하여, 우리는 그 사람을 카르타고로 오게 해서 만나보았다.

8.7. 히포에서 호민관 헤스페리우스가 신령들이 괴롭히는 병에서 나왔다

우리에게는 호민관 헤스페리우스의 이야기가 있다. 푸쌀라 지역에 주베디라는 장원을 갖고 있었다.[104] 그는 자기의 짐승들과 노예들이 질병에 시달리면서 자기 집안이 악령들이 해코지하는 위세에 괴로움당하는 것을 보다 못해, 내가 없는 사이에 나의 사제들에게 와서 누구 한 사람이 자기한테 와서 기도로 그것들이 물러가게 해 달라고 청했다. 한 사람이 그곳에 갔고 그리스도의 몸의 제사를 그곳에서 집전하고서 할 수만 있다면 그런 괴로움이 멈추게 해 주십사 기도 드렸다. 하느님의 불쌍히 여기심이 있어 당장 그것이 멈추었다. 그는 그리스도가 묻혔다가 사흘 만에 부활한 예루살렘에서 퍼온 거룩한 흙을 자기 친구한테서 받아 갖고 있었다. 자기도 무슨 재앙을 겪지 않게 해 달라고 침실에 그 흙을 매달아 두고 있었던 것이다. 하지만 자기 집안이 그 성가신 일에서 깨끗이 벗어나자 그는 이 흙을 어떻게 해야 하나 궁리했다. 공경하는 뜻에서라도 그

bat, quam diutius in cubiculo suo reuerentiae causa habere nolebat. Forte accidit, ut ego et collega tunc meus, episcopus Sinitensis ecclesiae Maximinus, in proximo essemus; ut ueniremus rogauit, et uenimus. Cumque nobis omnia rettulisset, etiam hoc petiuit, ut infoderetur alicubi atque ibi orationum locus fieret, ubi etiam Christiani possent ad celebranda quae Dei sunt congregari. Non restitimus; factum est. Erat ibi iuuenis paralyticus rusticanus. Hoc audito petiuit a parentibus suis, ut illum ad eum locum sanctum non cunctanter adferrent. Quo cum fuisset adlatus, orauit, atque inde continuo pedibus suis saluus abscessit.

Victoriana dicitur uilla, ab Hippone regio minus triginta milibus abest. Memoria martyrum ibi est Mediolanensium Protasii et Geruasii. Portatus est eo quidam adulescens, qui cum die medio tempore aestatis equum ablueret in fluminis gurgite, daemonem incurrit. Ibi cum iaceret uel morti proximus uel simillimus mortuo, ad uespertinos illuc hymnos et orationes cum ancillis suis et quibusdam sanctimonialibus ex more domina possessionis intrauit atque hymnos cantare coeperunt. Qua uoce ille quasi percussus excussus est et cum terribili fremitu altare adprehensum mouere non audens siue non ualens, tamquam eo fuerit alligatus aut adfixus, tenebat et cum grandi eiulatu parci sibi rogans confitebatur, ubi adulescentem et quando et quo modo inuaserit. Postremo se exiturum esse denuntians membra eius singula nominabat, quae se amputaturum exiens minabatur, atque inter haec uerba discessit ab homine. Sed oculus eius in maxillam fusus tenui uenula ab interiore quasi radice pendebat, totumque eius medium, quod nigellum fuerat, albicauerat. Quo uiso qui aderant

---

[105] Siniti: 히포 근방의 고을로 도나투스 파 주교(407년에 가톨릭으로 돌아왔다) Maximinus가 그곳의 주교였다. Cf. *Epistula* 23; 55.2.4.

[106] Hippo Regius: 아우구스티누스가 사목한 도시의 본 이름이다. 430년 교부가 사망한 지 며칠 후 반달족의 손에 떨어져 멸망한다.

[107] sanctimoniales: 수녀들로서 공동생활을 하기도 하고 자기 가정에 머물기도 했다.

[108] 마귀는 접신한 사람의 인격을 자기에게 동화시키므로 젊은이의 신체적 동작과 언사가 마귀의 것으로 간주되고 묘사된다.

흙을 자기 집에 보관하지 않기로 했다. 그러다 우연찮게 나와 그 당시 나의 동료인 시니티 교회의 막시미누스 주교가 그에게서 가까운 데 체류하고 있었다.[105] 그가 우리더러 와 달라고 청해서 우리가 갔다. 그는 우리에게 자초지종을 보고했다. 그리고 그 흙을 어딘가 파묻고서 그 위에다 기도하는 장소를 만들어 그리스도인들이 모여 하느님께 올리는 예배를 거행하게 해 달라고 부탁했다. 우리는 부탁을 거절하지 않았고, 그의 부탁은 그대로 이루어졌다. 그런데 그 지방에 중풍에 걸린 시골 청년이 하나 있었다. 그는 이 얘기를 듣고서 부모한테 자기를 그 성소聖所에 지체없이 데려다 달라고 부탁했다. 그곳에 데려다 놓자 젊은이는 기도를 올렸고 당장 나아 제 발로 걸어 떠나갔다.

8.8. 빅토리아나에서 마귀 들린 젊은이가 나았다

히포 레기우스[106]로부터 30마장도 채 안 떨어진 마을이 있는데 이름이 빅토리아나라고 한다. 그곳에 있는 순교자 기념경당은 밀라노 사람 프로타시우스와 게르바시우스의 기념경당이다. 그곳으로 젊은이 하나가 실려 왔다. 그는 한여름 대낮에 강 여울목에서 말을 목욕시키다가 귀신에게 사로잡혔다. 거기 누워 있을 적에는 이미 죽음이 임박했거나 죽은 사람과 아주 흡사했다. 경당 여주인이 늘 하던 대로 자기 여종들하고 거룩한 정녀貞女[107] 몇 명과 더불어 저녁 찬가와 기도를 바치러 들어와 찬미가를 부르기 시작하자 그는 무엇에 얻어맞은 듯이 몸을 벌떡 솟구쳐 무지무지하게 몸을 떨면서 제단을 붙잡았다. 감히 제단을 움직일 수 없었던지 그럴 힘이 없었던지, 마치 제단에 묶이거나 붙어서 떨어지지 못하는 것처럼 제단을 붙들고서는 대성통곡을 하면서 자기를 불쌍히 여겨 달라고 애걸하는 것이었다. 그러고는 언제 어디서 어떻게 젊은이를 사로잡았는지 자백하는 것이었다.[108] 마지막으로는 자기가 젊은이한테서 나가겠노라고 선언하더니 그 사람의 지체를 하나씩 이름대면서 자기가 나가면서 그 지체들을 찢어 놓겠다고 위협을 가하는 것이었다. 그렇지만 그런 말을 지껄이는 사이에 마귀는 사람에게서 떠나갔다. 그러자 그 사람의 눈알 하나가 턱 쪽으로 튀어나오더니 마치 안쪽 뿌리에 의해 매달리듯이 가느다란 심줄로 매달려 있었다. 눈알의 까맣던 동자는 온통 하얗게 변해 있었다. 거기 있던 사람들은(사람들을 불러대

(concurrerant autem etiam alii uocibus eius acciti et se omnes in orationem pro illo strauerant), quamuis eum sana mente stare gauderent, rursus tamen propter eius oculum contristati medicum quaerendum esse dicebant. Ibi maritus sororis eius, qui eum illo detulerat: «Ppotens est, inquit, Deus sanctorum orationibus, qui fugauit daemonem, lumen reddere.» Tum, sicut potuit, oculum lapsum atque pendentem loco suo reuocatum ligauit orario nec nisi post septem dies putauit esse soluendum. Quod cum fecisset, sanissimum inuenit. Sanati sunt illic et alii, de quibus dicere longum est.

Hipponiensem quandam uirginem scio, cum se oleo perunxisset, cui pro illa orans presbyter instillauerat lacrimas suas, mox a daemonio fuisse sanatam. Scio etiam episcopum semel pro adulescente, quem non uidit, orasse illumque ilico daemone caruisse.

Erat quidam senex Florentius Hipponiensis noster, homo religiosus et pauper; sartoris se arte pascebat; casulam perdiderat et unde sibi emeret non habebat; ad uiginti martyres, quorum memoria est apud nos celeberrima, clara uoce ut uestiretur orauit. Audierunt eum adulescentes qui forte aderant inrisores eumque discedentem exagitantes prosequebantur, quasi a martyribus quinquagenos folles, unde uestimentum emeret, petiuisset. At ille tacitus ambulans eiectum grandem piscem palpitantem uidit in litore eumque illis fauentibus atque adiuuantibus adprehendit et cuidam coquo, Cattoso nomine, bene Christiano, ad coquinam conditariam, indicans quid gestum sit, trecentis follibus uendidit, lanam comparare inde disponens, ut uxor eius quo modo posset ei quo indueretur efficeret. Sed

---

[109] 이 일화는 교부의 서간(*Epistula* 78 ad fratres Ecclesiae Hipponensis 3)에도 비친다.

[110] Viginti Martyres: 교부가 설교집에서 여러번 언명하며(예: *Sermo* 325) 이 순교자들의 이름으로 지어진 대성당에서 행한 설교(*Sermo* 148)도 있다.

[111] quinquageni folles의 가치가 얼마나 되는지는 알 길이 없다.

는 그의 소리 때문에 딴 사람들이 달려왔고 모두가 엎드려 그를 위해 기도를 올리던 중이었다) 그 광경을 보고서 그가 맨정신으로 서 있는 모습을 보고는 기뻤지만 또다시 눈 때문에 상심하여 의사를 찾아보아야 한다고들 했다. 그때 그를 데려온, 그자의 매부妹夫가 나서서 말했다: "하느님은 능하십니다. 성도들의 기도로 마귀를 쫓아내셨으니 눈 또한 치유해 주실 것입니다." 그러고는 뛰어나와 매달려 있던 눈알을 하는 데까지 제자리에 밀어넣고서 입닭는 수건으로 동여맨 뒤 이레가 지나서 풀어야 하리라 여겼다. 이레 뒤 풀어서 보니 눈은 아주 말짱했다. 그곳에서는 다른 사람들도 병이 나았는데 일일이 얘기하자면 너무 긴 얘기가 된다.[109]

8, 9. 한 처녀도 마귀 들린 데서 벗어났다

내가 아는 어느 히포 처녀는 사제가 그를 위해 기도를 올리면서 떨어뜨린 눈물이 섞인 올리브 기름을 스스로 바르고 머잖아 악마에게서 놓여났다. 어느 주교는 자기가 보지도 못한 어느 젊은이를 위해 단 한 번 기도했는데 젊은이를 당장 마귀에게서 벗어나게 치유했다는 사실도 나는 알고 있다.

8, 10. 플로렌티우스가 기적적으로 털옷을 샀다

플로렌티우스 노인은 우리 히포 사람이었다. 종교심이 깊은 가난한 사람이었는데 재봉일로 먹고살았다. 한번은 외투를 잃어버리고서는 다시 살 방도가 없었다. 그는 우리에게 아주 유명한 기념경당 "이십위 순교자"[110] 경당으로 가서 제발 그 옷을 입게 해 달라고 또렷한 말씨로 기도를 했다. 젊은이들 몇이 그 자리에 있다가 노인의 말소리를 들었고 아마도 비웃었겠지만, 그가 경당에서 내려오자 외투 살 돈 50폴리스[111]를 순교자들에게 달라고나 한 것처럼 그를 못살게 굴면서 뒤따라왔다. 하지만 그는 대꾸를 않고 말없이 걸어가다가 해변에 밀려나온 큰 물고기를 발견했다. 그러자 젊은이들이 호의를 보여 도와주었으므로 노인은 그 물고기를 잡아 카토수스라는 이름의, 양념 요리를 하는 요리사한테 가져갔다. 요리사는 선량한 그리스도인이었다. 노인은 무슨 일이 생겼는지 털어놓고 300폴리스에 물고기를 팔았다. 그것으로 양털을 사서 아내가 솜씨껏 지어준 옷을 입을 수 있게 되었다. 그런데 요리사가 물고기 배를 가르자 그 속에

coquus concidens piscem anulum aureum in uentriculo eius inuenit moxque miseratione flexus et religione perterritus homini eum reddidit dicens: «Ecce quo modo te uiginti martyres uestierunt.»

Ad aquas Tibilitanas episcopo adferente Praeiecto martyris gloriosissimi Stephani memoria ueniebat magnae multitudinis concursu et occursu. Ibi caeca mulier, ut ad episcopum portantem duceretur, orauit; flores, quos ferebat, dedit, recepit, oculis admouit — protinus uidit. Stupentibus qui aderant praeibat exultans, uiam carpens et uiae ducem ulterius non requirens.

Memorati memoriam martyris, quae posita est in castello Sinitensi, quod Hipponiensi coloniae uicinum est, eiusdem loci Lucillus episcopus populo praecedente atque sequente portabat. Fistula, cuius molestia iam diu laborauerat et familiarissimi sui medici, qui eum secaret, opperiebatur manus, illius piae sarcinae uectatione repente sanata est; nam deinceps eam in suo corpore non inuenit.

Eucharius est presbyter ex Hispania, Calamae habitat, uetere morbo calculi laborabat; per memoriam supradicti martyris, quam Possidius illo aduexit episcopus, saluus factus est. Idem ipse postea morbo alio praeualescente mortuus sic iacebat, ut ei iam pollices ligarentur; opitulatione memorati martyris, cum de memoria eius reportata esset et super iacentis corpus missa ipsius presbyteri tunica, suscitatus est.

Fuit ibi uir in ordine suo primarius, nomine Martialis, aeuo iam grauis et multum abhorrens a religione Christiana. Habebat sane fidelem filiam

---

[112] Tibilis는 Numidia의 고을로 온천(Aquae Tibilitanae)으로 유명했다. Cf. *Epistula* 112.1.

[113] 순교자 성 스데파노를 추모하는 교부의 설교가 여섯 편(*Sermones* 314 - 319)이나 된다. 그의 순교록이 정전목록에 오른 일도 있을 정도로 널리 공경받았다.

[114] Hipponensis colonia: 일정한 도시(이 경우에는 히포 레기우스)에서 이주한 사람들로 이루어진 정착촌을 colonia라고 불렀다.

[115] Lucillus: 앞의 7절(각주 105)에 나오는 Maximinus 주교의 후임으로 추정된다.

[116] Calama: 히포와 키르타 사이에 있던 누미디아의 고을로 아우구스티누스의 전기작가 Possidius가 주교(397~437)를 지낸 곳이다.

[117] Possidius (391~437년 무렵): 히포 수도원 출신으로 칼라마의 주교가 되었고 교부와 절친한 사이며 교부의 사후에 그의 전기(*Vita Augustini*)를 집필한다.

[118] ligari pollices: 당시 그 지역에서는 망자의 손발을 가지런히 모으려고 엄지를 마주 묶는 염습이 있었던 것으로 보인다.

금반지가 있었다. 요리사는 종교적으로 두렵기도 해서 바로 그 사람에게 반지를 건네주면서 말했다: "보세요! 20위 순교자들이 당신한테 어떻게 옷을 해 입히시는지 보시라구요!"

8. 11. 순교자 스데파노에게서 맹인 여자가 빛을 보았다

지극히 영광스런 순교자 스데파노의 유해가 프라이엑투스 주교의 손으로 티빌리스 온천[112] 근방에 도착할 적에 허다한 무리가 수행했고 또 마중왔다.[113] 거기서 어떤 맹인 여자가 유해를 봉안해 오는 주교에게 인도해 달라고 부탁하여 갖고 있는 꽃을 유해에 바쳤다가 다시 받았고 그것을 눈에 대자 즉시 보게 되었다. 사람들이 그 자리에 있다가 목격하고서 경악하는 가운데 그 여자는 좋아 어쩔 줄 모르면서 앞장서 길을 갔다. 그 여자에게 길을 인도할 사람은 필요치 않았다.

8. 12. 루킬루스 주교의 종기가 나았다

앞서 말한 유해는 시니티의 성채에 안치되었는데 그곳은 히포의 정착촌[114]에서 가까웠다. 바로 그 지역의 루킬루스 주교[115]가 백성들이 앞서고 뒤따르는 가운데 행렬지어 유해를 모셔가고 있었다. 그런데 그는 오래 전부터 종기로 고생해 왔고 그와 아주 친한 의사가 그것을 째기로 하고 손을 쓰려던 참이었다. 그런데 그 거룩한 짐을 안고 가는 것만으로도 갑자기 종기가 나았던 것이다. 그 이후로는 그의 몸에서 종기의 흔적조차 찾아볼 수 없었다.

8. 13. 스데파노 덕택에 사제 에우카리우스가 되살아났다

에우카리우스는 히스파냐 출신의 사제로서 칼라마[116]에 거주하고 있었으며 신장결석증이라는 고질병으로 고생하고 있었다. 그러다 포씨디우스 주교[117]가 그곳으로 모셔온, 앞서 말한 순교자의 유해 덕분에 나았다. 훗날 다른 병으로 위독하여 죽은 사람처럼 누워 있어 이미 엄지를 묶으려는 참이었다.[118] 그런데 사제의 겉옷이 앞에 말한 순교자의 기념경당으로 보내졌다가 거기서 다시 가져와 누워 있는 자의 몸 위에 놓이자 순교자의 보우로 되살아났다.

8. 14. 마르티알리스가 그리스도교로 개종했다

칼라마에는 자기 계급에서는 첫째로 꼽히는 인물이 있었는데 이름이 마르티알리스였다. 나이가 이미 늙었는데 그리스도교에 대해 무척 혐오감을 품은 사람

et generum eodem anno baptizatum. Qui cum eum aegrotantem multis et magnis lacrimis rogarent, ut fieret Christianus, prorsus abnuit eosque a se turbida indignatione submouit. Visum est genero eius, ut iret ad memoriam sancti Stephani et illic pro eo quantum posset oraret, ut Deus illi daret mentem bonam, qua credere non differret in Christum. Fecit hoc ingenti gemitu et fletu et sinceriter ardente pietatis affectu; deinde abscedens aliquid de altari florum, quod occurrit, tulit eique, cum iam nox esset, ad caput posuit; tum dormitum est. Et ecce ante diluculum clamat, ut ad episcopum curreretur qui mecum forte tunc erat apud Hipponem. Cum ergo eum audisset absentem, uenire presbyteros postulauit. Venerunt, credere se dixit, admirantibus atque gaudentibus omnibus baptizatus est. Hoc, quamdiu uixit, in ore habebat: «Christe, accipe spiritum meum»; cum haec uerba beatissimi Stephani, quando lapidatus est a Iudaeis, ultima fuisse nesciret; quae huic quoque ultima fuerunt; nam non multo post etiam ipse defunctus est.

Sanati sunt illic per eundem martyrem etiam podagri duo ciues, peregrinus unus: sed ciues omni modo; peregrinus autem per reuelationem, quid adhiberet quando doleret, audiuit; et cum hoc fecerit, dolor continuo conquiescit.

Audurus nomen est fundi, ubi est ecclesia et in ea memoria martyris Stephani. Puerum quendam paruulum, cum in area luderet, exorbitantes boues, qui uehiculum trahebant, rota obtriuerunt, et confestim palpitauit expirans. Hunc mater abreptum ad eandem memoriam posuit, et non solum reuixit, uerum etiam inlaesus apparuit.

---

[119] 사도 7,59 참조: "사람들이 돌로 칠 때 스데파노는 '주님 예수님, 제 영을 받으소서' 하고 기도했다."

[120] 교부의 설교(*Sermones* 320-324)를 보면 히포 일대의 여러 지역에서 성 스데파노의 전구로 병이 나은 기적들이 나온다.

[121] Audurus nomen fundi: 북아프리카 교회는 주교들이 장원(fundus)이나 농원(villa)을 소유하고 원주민들을 소작으로 부려 경작하는 일이 흔했다.

이었다. 그런데 그에게는 아주 독실한 딸과 그해에 세례받은 사위가 있었다. 그가 병들자 그들은 많은 눈물을 흘려가면서 그리스도인이 되라고 그에게 애원했지만, 그는 한마디로 거절하고 벌컥 화를 내면서 그들을 면전에서 쫓아버렸다. 사위는 성 스데파노의 기념경당으로 가서 그를 위해 최선을 다해 기도하기로 작정했다. 하느님이 그에게 선의를 베풀어 그리스도를 믿는 일을 미루지 말도록 해 주십사는 것이었다. 사위는 크게 신음하고 통곡하면서 또 간절하고 절절한 신심의 정으로 기도를 올렸다. 한밤중이 되어서야 그곳에서 물러나오면서 사위는 순교자의 제단에 놓여 있던 꽃들 가운데 몇 송이를 가져와 노인의 머리맡에 놓아 두었다. 그런 뒤에 그는 잠을 자러 갔다. 그런데 보라, 먼동이 트기도 전에 노인은 사람을 시켜 주교에게 달려가 그를 불러오라고 고함을 질러대는 것이었다! 주교는 그 무렵 우연히 히포의 나에게 와 있었다. 주교가 부재중이라는 말을 듣자 그러면 사제들을 와 달라고 청했다. 그들이 오자 자기는 믿노라는 말을 했고 모두가 놀라고 기뻐하는 가운데 세례를 받았다. 그는 숨 붙어 있는 날까지 "그리스도님, 제 영을 받으소서!"라는 말이 입에서 떠나지 않았다. 이 말이 지극히 복된 스데파노가 유다인들에게 돌로 맞아죽을 때에 마지막으로 한 말이라는 것도 알지 못한 채였다.[119] 그에게도 이 말은 마지막 말이 되었다. 머잖아 그도 죽었기 때문이다.[120]

8. 15. 몇 사람이 통풍에서 나왔다

그곳에서는 같은 순교자 덕에 시민市民 두 사람과 이방인 한 사람이 통풍에서 나왔다. 시민들은 전부 다 나왔다. 이방인은 통증이 올 때 어떻게 하라는 계시를 들었다. 그리고 그렇게 하자 당장 통증이 가라앉았다.

8. 16. 복된 스데파노의 기도로 어린아이가 되살아났다

교회가 있고 그 안에 순교자 스데파노의 기념경당이 있는 장원의 이름은 아우두루스다.[121] 한번은 수레를 끌던 소들이 길에서 벗어나 공터에서 놀고 있던 어린아이를 바퀴로 치었다. 아이는 당장 숨이 넘어가면서 헐떡였다. 어머니는 아이를 들쳐업고 그 기념경당 앞에다 뉘어 놓았다. 그러자 아이가 되살아났을 뿐 아니라 상처 하나 없었다.

Sanctimonialis quaedam in uicina possessione, quae Caspaliana dicitur, cum aegritudine laboraret ac desperaretur, ad eandem memoriam tunica eius adlata est; quae antequam reuocaretur, illa defuncta est. Hac tamen tunica operuerunt cadauer eius parentes, et recepto spiritu salua facta est.

Apud Hipponem Bassus quidam Syrus ad memoriam eiusdem martyris orabat pro aegrotante et periclitante filia eoque secum uestem eius adtulerat, cum ecce pueri de domo cucurrerunt, qui ei mortuam nuntiarent. Sed cum orante illo ab amicis eius exciperentur, prohibuerunt eos illi dicere, ne per publicum plangeret. Qui cum domum redisset iam suorum eiulatibus personantem et uestem filiae, quam ferebat, super eam proiecisset, reddita est uitae.

Rursus ibidem apud nos Irenaei cuiusdam collectarii filius aegritudine extinctus est. Cumque corpus iaceret exanime atque a lugentibus et lamentantibus exequiae pararentur, amicorum eius quidam inter aliorum consolantium uerba suggessit, ut eiusdem martyris oleo corpus perungueretur. Factum est, et reuixit.

Itemque apud nos uir tribunicius Eleusinus super memoriam martyrum, quae in suburbano eius est, aegritudine exanimatum posuit infantulum filium, et post orationem, quam multis cum lacrimis ibi fudit, uiuentem leuauit.

Quid faciam? Vrget huius operis implenda promissio, ut non hic possim omnia commemorare quae scio; et procul dubio plerique nostrorum, cum haec legent, dolebunt me praetermisisse tam multa, quae utique mecum sciunt. Quos iam nunc, ut ignoscant, rogo, et cogitent quam prolixi laboris

---

[122] Caspaliana: 이 장원의 이름은 교부의 서간(*Epistula* 166)에도 나온다.

[123] martyris oleum: 순교자 기념경당 앞이나 유해 앞에 켜 있었을 올리브유 등잔의 기름을 가리킨다.

8. 17. 한 거룩한 정녀도 되살아났다

근방에 있는 사유지로 카스팔리아나[122]라는 곳에 거룩한 정녀 한 사람이 병으로 고생하고 있었는데 절망적이어서 저 기념경당으로 겉옷을 가져갔다. 그 옷을 되가져오기 전에 그 여자가 죽었다. 그 여자의 부모들이 그 겉옷으로 그 여자의 시체를 덮자 숨이 돌아오더니 살아났다.

8. 18. 한 히포 처녀도 되살아났다

히포에는 시리아 사람 바쑤스라는 자가 같은 순교자의 기념경당에서 병들어 위중한 딸을 위해 기도하고 있었다. 딸의 의복도 한데 가져와 갖고 있었다. 그때 집에서 딸이 죽었음을 그에게 알리려고 노예들이 달려왔다. 하지만 그가 기도하는 중이어서 친우들이 노예들을 만류했고, 그가 공공연히 통곡을 할까봐 그에게 그 말을 못하게 금했다. 그가 집에 돌아가자 식구들의 곡하는 소리가 들렸는데 갖고 갔던 딸의 의복을 딸 위에다 펼치자 목숨이 돌아왔다.

8. 19. 한 청년도 되살아났다

또 그곳에서 이레나이우스라는 사람이 있었는데 세금징수원이었다. 그의 아들이 병으로 사망했다. 숨이 끊긴 몸이 누워 있었고 사람들이 통곡하고 애달파하면서 장례를 준비하는 중이었다. 그의 친구들 가운데 누군가가 위로하는 말을 하는 가운데 바로 그 순교자의 기름[123]을 시체에 발라보라고 넌지시 일러주었다. 그대로 했더니 되살아났다.

8. 20. 갓난아기도 되살아났다

또 호민관 엘레우시누스라는 사람이 있었는데 병으로 숨진 갓난 아들을 그의 교외 별장 안에 있던 순교자들의 기념경당에 데려가 눕혔다. 거기서 많은 눈물을 흘리며 기도를 올리고 나자 그는 되살아난 아기를 들어올려 안을 수 있었다.

8. 21. 칼라마 일대에서 스데파노가 크게 공경을 받았다

나는 어떻게 하면 좋을까? 이 책을 마쳐야겠다는 약속에 쫓겨 내가 아는 얘기들을 모조리 여기 기록할 수는 없다. 우리 독자들 가운데 상당수는 이 저서를 읽으면서 알고 있는 얘기들을 너무 많이 빼놓았다고 안타까워할지 모르겠다. 나는 그런 사람들에게 그 점을 양해해 줄 것을 부탁하는 바이다. 그 모든 것들

sit facere, quod me hic non facere suscepti operis necessitas cogit. Si enim miracula sanitatum, ut alia taceam, ea tantummodo uelim scribere, quae per hunc martyrem, id est gloriosissimum Stephanum, facta sunt in colonia Calamensi et in nostra, plurimi conficiendi sunt libri, nec tamen omnia colligi poterunt, sed tantum de quibus libelli dati sunt, qui recitarentur in populis. Id namque fieri uoluimus, cum uideremus antiquis similia diuinarum signa uirtutum etiam nostris temporibus frequentari et ea non debere multorum notitiae deperire. Nondum est autem biennium, ex quo apud Hipponem regium coepit esse ista memoria, et multis, quod nobis certissimum est, non datis libellis de his, quae mirabiliter facta sunt, illi ipsi qui dati sunt ad septuaginta ferme numerum peruenerant, quando ista conscripsi. Calamae uero, ubi et ipsa memoria prius esse coepit et crebrius dantur, incomparabili multitudine superant.

Vzali etiam, quae colonia Vticae uicina est, multa praeclara per eundem martyrem facta cognouimus; cuius ibi memoria longe prius quam apud nos ab episcopo Euodio constituta est. Sed libellorum dandorum ibi consuetudo non est uel potius non fuit; nam fortasse nunc esse iam coepit. Cum enim nuper illic essemus, Petroniam, clarissimam feminam, quae ibi mirabiliter ex magno atque diuturno, in quo medicorum adiutoria cuncta defecerant, languore sanata est, hortati sumus, uolente supradicto loci episcopo, ut libellum daret, qui recitaretur in populo, et oboedientissime paruit. In quo posuit etiam, quod hic reticere non possum, quamuis ad ea, quae hoc opus urgent, festinare compellar. A quodam Iudaeo dixit sibi fuisse persuasum, ut anulum capillacio uinculo insereret, quo sub omni

---

[124] libellus (miraculorum): 기적의 사건과 목격증인들의 증언 및 수혜자의 소감 등을 기록하여 특히 미사중에 낭독되던 서류로 아우구스티누스가 작성 보급을 시작했다. 교부의 설교 하나(Sermo 322)는 "문서" 그대로다.

[125] recitari in populis: "회중 가운데서 낭독하다"라는 말은 미사중의 독서를 지칭하는 전례용어였다.

[126] 교부가 「신국론」 제22권을 집필하기 시작한 것은 426년 말이나 427년 초로 추정되므로 성 스테파노의 경당은 425년경에 건립된 것으로 보인다.

[127] Evodius: 교부의 절친한 친구로 그의 여러 저서에 화자로 등장한다(430년).

을 다 언급하자면 얼마나 장황한 작업이 될 것인지 생각해서 기왕에 착수한 이 작업의 필요성에 비추어 양해해 줄 것을 요청하는 것이다. 치유의 기적들 가운데 다른 것들은 빼더라도, 적어도 이 순교자 곧 지극히 영광스런 스데파노를 통해 칼라마 정착촌과 우리 정착촌에서 일어난 기적은 기록을 하고 싶다. 그런 얘기들만 하더라도 여러 권이 집필되어야 할 것이다. 그렇게 하더라도 모든 얘기를 다 모으지는 못하고 그런 기적들을 두고 문서[124]들이 나와 백성들 사이에서 낭독되는[125] 내용만 싣게 될 것이다. 우리는 우리 시대에도 옛적에 일어난 것과 유사한 신적 권능의 표징들이 빈번하게 발생함을 목격했고 그 소식이 많은 사람들이 알지 못한 채 묻혀버리게 해서는 안 되기 때문에 이런 작업이 이루어지기를 원했다. 히포 레기우스에 저 기념경당이 있게 된 지 아직 두 해도 지나지 않았다. 거기서 기이하게 이루어진 일들이 많았지만 그 일들에 관해 많은 문서들이 나오지 않았다는 것은 우리에게도 아주 확실하다. 내가 이 책권을 집필할 무렵에는 이미 간행된 문서들이 70여 권이나 되었다.[126] 그 대신 칼라마에는 기념경당이 먼저부터 있었고 기적이 훨씬 빈번하게 일어나고 있으므로 그것을 기록한 문서들의 숫자도 비교도 안 될 만큼 월등하게 많다.

8.22. 우짤리스에서 페트로니아가 병약함에서 치유되었다

우짤리스는 우티카에서 가까운 정착촌이다. 같은 순교자를 통해 유명한 기적들이 많이 일어난 것으로 우리는 알고 있다. 거기 있는 그 성인의 기념경당은 우리 것보다 훨씬 먼저 에보디우스 주교의 손으로 세워졌다.[127] 하지만 그곳에서는 문서를 발간하는 관습이 없다. 좀더 분명하게 말하자면 그런 관습이 없었는데, 아마도 지금은 발간이 시작되었을 것이다. 최근 우리가 그곳에 가 있었을 적에 페트로니아라는 대단히 신분높은 여자의 병이 기적적으로 나았는데, 그녀의 병은 의원들의 온갖 처방이 소용없었던, 중하고도 오래된 병이었다. 우리는 앞에 말한 지역의 주교가 허락하는 가운데, 문서를 만들어 백성 사이에서 낭독하도록 해보라고 그 여자에게 권고했고, 그 여자는 아주 착실하게 순종했다. 본서에 더 시급한 내용을 빨리 써야 한다는 강박에 시달리기는 하지만, 그 문서에는 여기서 간과할 수 없는 내용도 실려 있다. 그 여자가 하는 말에 의하

ueste ad nuda corporis cingeretur; qui anulus haberet sub gemma lapidem in renibus inuentum bouis. Hoc alligata quasi remedio ad sancti martyris limina ueniebat. Sed profecta a Carthagine, cum in confinio fluminis Bagradae in sua possessione mansisset, surgens ut iter perageret ante pedes suos illum iacentem anulum uidit et capillaciam zonam, qua fuerat alligatus, mirata temptauit. Quam cum omnino suis nodis firmissimis, sicut erat, comperisset astrictam, crepuisse atque exiluisse anulum suspicata est; qui etiam ipse cum integerrimus fuisset inuentus, futurae salutis quodam modo pignus de tanto miraculo se accepisse praesumpsit atque illud uinculum soluens simul cum eodem anulo proiecit in flumen. Non credant hoc, qui etiam Dominum Iesum per integra matris uirginalia enixum et ad discipulos ostiis clausis ingressum fuisse non credunt; sed hoc certe quaerant et, si uerum inuenerint, illa credant. Clarissima femina est, nobiliter nata, nobiliter nupta, Carthagini habitat; ampla ciuitas, ampla persona rem quaerentes latere non sinit. Martyr certe ipse, quo inpetrante illa sanata est, in filium permanentis uirginis credidit; in eum, qui ostiis clausis ad discipulos ingressus est, credidit; postremo, propter quod omnia ista dicuntur a nobis, in eum, qui ascendit in caelum cum carne, in qua resurrexerat, credidit; et ideo per eum tanta fiunt, quia pro ista fide animam posuit suam. Fiunt ergo etiam nunc multa miracula eodem Deo faciente per quos uult et quem ad modum uult, qui et illa quae legimus fecit; sed ista nec similiter innotescunt neque, ut non excedant animo, quasi glarea memoriae, crebra lectione tunduntur. Nam et ubi diligentia est, quae nunc apud nos esse coepit, ut libelli eorum, qui beneficia perci-

---

[128] 지금까지 자기 가까이서 일어난 것으로 예거한 기적들이 실제로 일어난 점으로 미루어, 주님의 부활과 육신을 한데 갖춘 승천이라는 기적도 실제로 일어날 수 있다는 요지다.

[129] permanens virgo: 성모에 관한 교부의 어법이다.

[130] glarea memoriae, crebra lectione: "마치 자갈이 길에 박히듯이, 자주 읽어서 기억에 박히는 ….".

면, 어느 유다인이 꾀는 바람에 머릿다발로 묶은 돌을 모든 의복 밑, 맨살 위에다 둘렀다고 한다. 그 반지는 보석 밑에 소의 담낭에서 찾아낸 돌을 박은 것이어야 했다. 그 여자는 흡사 처방전처럼 이것을 두르고서 거룩한 순교자의 경당으로 가던 중이었다. 카르타고를 떠나서 가다가 바그라다 강의 경계에 있는 자기 사유지에서 머물렀다. 이튿날 길을 가려고 일어났는데 자기 발 앞에 그 반지가 떨어져 있는 것을 보았다. 그 여자는 이상하게 생각하며 반지가 묶여 있던 머리띠를 만져보았다. 머리띠는 전과 같이 단단하기 이를 데 없는 매듭으로 묶여 있음을 발견하고서 아마 반지가 금이 가서 미끄러져 빠진 것이려니 했다. 반지마저 아주 온전한 것임을 발견하자, 그 대단한 기적으로 건강이 오리라는 조짐이려니 하고는 그 띠를 풀어서 반지와 함께 강에다 던져버렸다. 주 예수님이 모친의 동정을 고스란히 남겨둔 채로 출산되었음도 안 믿고 문이 닫힌 채로 제자들에게 들어왔다는 사실도 안 믿는 사람들이라면 이런 얘기를 안 믿어도 좋다. 하지만 이 일화를 확실하게 따져보고서 진실임이 드러나거든 저 주님의 기적들도 믿어야 할 것이다.[128] 그 여자로 말하자면 신분이 매우 높은 귀족으로 태어나 귀족과 혼인했으며, 카르타고에서 살고 있다. 훌륭한 도시요 훌륭한 인물이므로 사실 여부를 따지는 사람들이라면 쉽게 확인할 수 있다. 그 여자를 낫게 만든 순교자로 말할 것 같으면 평생 동정녀[129]의 아들을 믿은 사람이다. 문이 잠겨진 채로 제자들한테 들어간 분을 믿은 사람이다. 끝으로 육신으로 부활했고 육신을 갖고서 하늘로 올라간 분을 믿은 사람이다. 이것 하나 때문에 그밖의 저 모든 얘기가 우리한테 나오고 있다. 바로 이 믿음 때문에 자기 목숨을 내놓았기 때문에 그를 통해 저렇게 위대한 일들이 이루어지는 중이다! 그러니까 우리가 성서에서 읽은 저 기적들을 행한 똑같은 하느님이 지금도 누구를 통해 하고 싶고 어떻게 하고 싶으냐에 따라서 수많은 기적이 행해지고 있다. 다만 성서에서 읽은 것도 아닌 기적들은 성서의 기적만큼 잘 알려져 있지 않고, 머리에서 빠져나가지 않도록 자주 읽어 마치 자갈이 박히듯이 기억에 박히는 것도 아니다.[130] 왜냐하면 이런 일에 관심을 기울이는 일이 이제서야 우리에게 생기기 시작했는데 그런 관심을 기울이더라도, 기적의 혜택을 입은 사

piunt, recitentur in populo, semel hoc audiunt qui adsunt pluresque non adsunt, ut nec illi, qui adfuerunt, post aliquot dies quod audierunt mente retineant et uix quisque reperiatur illorum, qui ei, quem non adfuisse cognouerit, indicet quod audiuit.

Vnum est apud nos factum, non maius quam illa quae dixi, sed tam clarum atque inlustre miraculum, ut nullum arbitrer esse Hipponiensium, qui hoc non uel uiderit uel didicerit, nullum qui obliuisci ulla ratione potuerit. Decem quidam fratres (quorum septem sunt mares, tres feminae) de Caesarea Cappadociae, suorum ciuium non ignobiles, maledicto matris recenti patris eorum obitu destitutae, quae iniuriam sibi ab eis factam acerbissime tulit, tali poena sunt diuinitus coherciti, ut horribiliter quaterentur omnes tremore membrorum; in qua foedissima specie oculos suorum ciuium non ferentes, quaqua uersum cuique ire uisum est, toto paene uagabantur orbe Romano. Ex his etiam ad nos uenerunt duo, frater et soror, Paulus et Palladia, multis aliis locis miseria diffamante iam cogniti. Venerunt autem ante Pascha ferme dies quindecim, ecclesiam cotidie et in ea memoriam gloriosissimi Stephani frequentabant, orantes ut iam sibi placaretur Deus et salutem pristinam redderet. Et illic et quacumque ibant conuertebant in se ciuitatis aspectum. Nonnulli, qui eos alibi uiderant causamque tremoris eorum nouerant, aliis, ut cuique poterant, indicabant. Venit et Pascha, atque ipso die dominico mane, cum iam frequens populus praesens esset et loci sancti cancellos, ubi martyrium erat, idem iuuenis orans teneret, repente prostratus est et dormienti simillimus iacuit, non tamen tremens, sicut etiam per somnum solebant. Stupentibus qui

---

[131] *quaqua* versum *cuique* ire visum est: 음운이 방랑하는 가련한 처지를 묘사한다.

[132] 교부의 설교(*Sermo* 324)에 의하면 오누이는 먼저 앙코나로 도망했다가 히포에 도착한 것으로 되어 있고 이 책과 거의 다름없는 문장을 써서 이 기적을 묘사하고 있다.

[133] martyrium: "순교" (confessio: 신앙고백) 자체를 가리키지만 순교자의 "묘소"나 혹은 "유해"도 가리켰다.

람들의 기록을 백성 가운데서 낭독하더라도 참석한 사람들도 한번 듣는 데서 그치고 대다수는 거기에 참석하지도 않게 마련이다. 거기 참석했더라도 며칠 지나면 들은 것을 머리에 간직하지 못할뿐더러, 기억하고 있는 사람들 가운데서도 누가 그 자리에 참석하지 못했음을 알고서 자기가 들은 바를 소개하려고까지 나서는 경우는 몇 사람 되지 않는다.

8. 23. 히포에서 청년 둘이 수전증에서 나왔다

우리한테서 일어난 기적 하나는 방금 내가 얘기한 것보다 더 훌륭한 것은 아니지만 아주 유명하고 널리 알려진 기적이어서 히포 사람치고 일단 이것을 보았거나 들어서 아는 사람이라면 아무도 잊지 못하리라고 여긴다. 카파도키아의 카이사리아에 열 형제가 있었는데 남자가 일곱이고 여자가 셋이었다. 자기네 시민들 가운데서는 미천한 신분이 아니었지만, 그들의 부친이 최근에 사망하여 홀로 된 모친한테서 저주를 받았다. 모친은 지독히 쓰라린 심경으로 자식들한테서 모멸을 받아야 했던 것이다. 그들은 하느님으로부터도 벌을 받아 모두가 사지를 무섭게 떨게 되었다. 그 흉측하기 이를 데 없는 몰골 때문에 자기네 시민들의 눈초리를 감당할 길이 없어서 그들은 각자 가고 싶은 대로 떠나 로마의 거의 모든 지역들을 방랑하고 있었다.[131] 그가운데 두 사람, 곧 파울루스라는 남자 형제와 팔라디아라는 누이가 우리에게까지 당도했다. 가련한 소문이 널리 퍼져서 그들은 다른 여러 곳에서도 잘 알려져 있었다.[132] 그들은 부활절을 앞두고 약 보름 전에 왔는데 날마다 교회로 찾아왔으며 지극히 영광스러운 스데파노의 기념경당을 다니면서 하느님이 자기들을 용서하고 이전의 건강을 되돌려 주십사 기도하는 것이었다. 거기서도 도회지 어디를 가서도 그들은 온 도성의 눈길을 끌곤 했다. 적잖은 사람들은 다른 곳에서 그들을 본 탓으로 그 수전증의 내력도 알고 있었으며 하는 데까지 딴 사람들한테도 일러주었다. 마침내 부활절이 왔고 바로 그 주일 아침에 기념경당에 다니는 사람들이 임석하고 있는 가운데 젊은이는 기도를 드리면서 순교지[133]가 있는 거룩한 처소의 철책을 붙들었다. 그러자 갑자기 엎어지더니 마치 잠자는 사람처럼 누워 있었다. 전에는 잠을 자면서도 몸을 떠는 게 버릇이었는데 그때는 몸을 떨지 않았다. 거기

aderant atque aliis pauentibus, aliis dolentibus, cum eum quidam uellent erigere, nonnulli prohibuerunt et potius exitum expectandum esse dixerunt. Et ecce surrexit, et non tremebat, quoniam sanatus erat, et stabat incolumis, intuens intuentes. Quis ergo se tenuit a laudibus Dei? Clamantium gratulantiumque uocibus ecclesia usquequaque completa est. Inde ad me curritur, ubi sedebam iam processurus; inruit alter quisque post alterum, omnis posterior quasi nouum, quod alius prior dixerat, nuntiantes; meque gaudente et apud me Deo gratias agente ingreditur etiam ipse cum pluribus, inclinatur ad genua mea, erigitur ad osculum meum. Procedimus ad populum, plena erat ecclesia, personabat uocibus gaudiorum: Deo gratias, Deo laudes! Nemine tacente hinc atque inde clamantium. Salutaui populum, et rursus eadem feruentiore uoce clamabant. Facto tandem silentio scripturarum diuinarum sunt lecta sollemnia. Vbi autem uentum est ad mei sermonis locum, dixi pauca pro tempore et pro illius iucunditate laetitiae. Magis enim eos in opere diuino quandam Dei eloquentiam non audire, sed considerare permisi. Nobiscum homo prandit et diligenter nobis omnem suae fraternaeque ac maternae calamitatis indicauit historiam. Sequenti itaque die post sermonem redditum narrationis eius libellum in crastinum populo recitandum promisi. Quod cum ex dominico Paschae die tertio fieret in gradibus exedrae, in qua de superiore loquebar loco, feci stare ambos fratres, cum eorum legeretur libellus. Intuebatur populus uniuersus sexus utriusque unum stantem sine deformi motu, alteram membris omnibus contrementem. Et qui ipsum non uiderant, quid in eo diuinae misericordiae factum esset, in eius sorore cernebant. Videbant enim quid in illo gratulandum, quid pro illa esset orandum. Inter haec recitato eorum libello de conspectu populi eos abire praecepi, et

---

[134] 그 당시 Deo gratias!(하느님께 감사!)는 가톨릭 신자들의 환성, Deo laudes!(하느님께 찬미!)는 도나투스 파의 환성으로 통했다고 한다. 이튿날 누이의 기적적 치유에서는 Deo gratias!와 Christo laudes!라는 환성이 나온 것으로 기록되어 있다(Sermo 323.4).

[135] 그해 부활절 설교(Sermo 320)에 이 내용이 실려 있다.

[136] 그해 부활절 이튿날의 설교(Sermo 321) 내용 참조.

있던 사람들이 경악했고 누구는 놀라고 누구는 안타까워하면서 그를 일으켜세우려 했고 누구는 그냥 두라고 말리면서 차라리 어떤 결말이 오는지 기다려야 한다고 했다. 그런데 보시라, 그는 일어섰고, 다 나아 몸을 떨지 않았으며, 성한 몸으로 당당히 서서는 자기를 쳐다보고 있던 사람들을 둘러보는 것이었다! 그러니 누가 하느님 찬미하기를 마다하겠는가? 성당은 여기저기서 소리를 지르고 축하를 하는 사람들의 목소리로 가득했다. 이어서 사람들이 나한테로 달려왔는데 나는 제단으로 나아가 행렬을 하려고 앉아있었다. 한 사람 다음에 또 한 사람씩 뛰어 들어오면서 앞사람이 이미 얘기한 것을 뒤에 오는 사람마다 새 소식이라도 되는 양 내게 얘기해 주는 것이었다. 나도 기뻐서 하느님께 감사를 드리는 사이에 본인이 여러 사람과 함께 들어왔다. 그는 내 발 앞에 무릎을 꿇었고 나의 입맞춤을 받게 해 주려고 사람들이 그를 일으켜세웠다. 우리는 회중이 있는 데로 행렬지어 갔고 성당은 인파로 가득했으며 기쁨의 소리가 사방에서 울리고 있었다. 아무도 입을 다물지 않은 채 여기저기서 "하느님께 감사! 하느님께 찬미!"라고 외치는 사람들의 소리였다.[134] 장내가 잠잠해지자 엄숙한 성서 낭독이 있었다. 내 설교의 차례가 되자 나는 시간 때문에도, 그 희열의 기쁨 때문에도 몇 마디만 했다.[135] 나는 그 사건에서 드러난 하느님의 웅변을 귀로 듣느니 마음으로 헤아리도록 여유를 주었던 것이다. 그 사람은 우리와 함께 점심을 들었고 자신과 형제간과 어머니에게 닥친 재앙의 내력을 우리에게 상세히 들려주었다. 이튿날 설교를 하고서 나는 그 기적에 대한 기록을 내일 회중에게 낭독해 주겠노라고 언약했다.[136] 부활절 사흘 뒤에 그 일이 있었는데 그들의 기적 기록이 낭독되는 동안 나는 내가 설교하던 설교대 아래편 층계에 오누이가 서 있게 했다. 남녀 양성의 회중 전부가 오누이를 쳐다보고 있었으며 그중 오빠는 기형적 동작을 하지 않고 당당히 서 있고 누이는 온몸을 떨고 있었다. 오빠에게 하느님의 자비가 무엇을 이루었는지 제 눈으로 목격하지 못한 사람은 그의 누이를 보고서야 알아챘다. 오빠에게서는 무엇을 두고 축하해야 할 것인지 알아보고 누이를 위해서는 무엇을 두고 기도해야 할 것인지 알아보았다. 그런 와중에서 그들의 기적문서가 낭독되고 나자 나는 그들더러 회중의

de tota ipsa causa aliquanto diligentius coeperam disputare, cum ecce me disputante uoces aliae de memoria martyris nouae gratulationis audiuntur. Conuersi sunt eo, qui me audiebant, coeperuntque concurrere. Illa enim, ubi de gradibus descendit in quibus steterat, ad sanctum martyrem orare perrexerat; quae mox ut cancellos adtigit, conlapsa similiter uelut in somnum sana surrexit. Dum ergo requireremus quid factum fuerit, unde ille strepitus laetus extiterit, ingressi sunt cum illa in basilicam, in qua eramus, adducentes eam sanam de martyris loco. Tum uero tantus ab utroque sexu admirationis clamor exortus est, ut uox continuata cum lacrimis non uideretur posse finiri. Perducta est ad eum locum, ubi paulo ante steterat tremens. Exultabant eam similem fratri, cui doluerant remansisse dissimilem, et nondum fusas preces suas pro illa, iam tamen praeuiam uoluntatem tam cito exauditam esse cernebant. Exultabant in Dei laudem uoce sine uerbis, tanto sonitu, quantum nostrae aures ferre uix possent. Quid erat in cordibus exultantium nisi fides Christi, pro qua Stephani sanguis effusus est?

9. Cui, nisi huic fidei adtestantur ista miracula, in qua praedicatur Christus resurrexisse in carne et in caelum ascendisse cum carne? Quia et ipsi martyres huius fidei martyres, id est, huius fidei testes, fuerunt; huic fidei testimonium perhibentes mundum inimicissimum et crudelissimum

---

[137] 이날의 설교 내용(*Sermo* 322)은 기적문서(libellus) 그대로 꾸며져 있는데 그 형제 중 하나가 라벤나에서 성 라우렌티우스의 유해 덕분에 치유받았다는 일화도 언급되어 있다.

[138] 위의 기적문서에 뒤이어 나온 교부의 토론식 설교(*Sermo* 323)는 그 여자 팔라디아의 기적적 치유로 중단되었다가 간단하게 끝나는 것으로 되어 있다.

[139] nondum fusas preces ... praeuiam uoluntatem tam cito exauditam: 기도하는 마음을 일으키는 것도 은총이고 그렇게 해서 올려진 기도를 들어주는 것도 은총이라는 교부의 "기도신학"이 피력되어 있다.

[140] voce sine verbis: "말없는 소리로."

[141] 그해 부활절 수요일 설교(*Sermo* 324)에 오누이의 기적이 다시 언급된다.

[142] 부활과 승천이 기사(奇事)이므로 믿지 않겠다는 사람들에게, 주변세계의 기적과 그리스도 교회의 기적들이 실제로 가능하다면 죽은 이의 부활도 가능하다는 방증(excursus)을 끝내고 부활신앙이라는 본론으로 돌아온다.

[143] ipsi *martyres* huius fidei *martyres*, id est, huius fidei *testes*: 그리스어 μάρτυρ는 법정 "증인"(라틴어 testis)이고 목숨을 바쳐서까지 신앙이 옳음을 증거한 사람(confessor)에게도 같은 용어가 통용되었다.

면전에서 물러가라고 명했다.¹³⁷ 그러고 나서 나는 이 사건 전체에 대해 더 면밀하게 논하기 시작했는데 내가 논의를 개진하고 있는 사이에 순교자 기념경당 쪽에서 새로이 축하하는 함성이 들려오는 것이었다. 내 말을 듣고 있던 사람들이 그리로 몸을 돌리더니 그쪽으로 달려가기 시작했다. 그 누이가 자기가 서 있던 층계에서 내려서자 거룩한 순교자에게 기도를 드리러 갔었다. 그런데 그 여자가 철책을 붙잡자마자 마치 잠든 것처럼 무너져내리더니 다 나아서 몸을 일으켰던 것이다.¹³⁸ 우리가 무슨 일이 생겼느냐고 묻곤 하는 사이에 저 환희에 찬 함성이 터져나온 곳으로부터 사람들이 그 여자를 데리고 우리가 있는 대성당으로 들어왔다. 여자가 순교자의 경내境內에서 완치되어 데리고 오는 것이었다. 남녀 신자들의 감탄의 함성이 하도 크게 터져나와 계속 이어지는 소리와 눈물이 그칠 줄을 모르는 것 같았다. 그 여자는 조금 전에 몸을 떨며 서 있던 자리로 인도되었다. 사람들은 누이가 오라비와 닮은 모습을 하고 서 있는 모습을 보고 환호를 질렀다. 조금 전만 해도 건강해진 오라비와 닮지 않아 안쓰러워하던 참이었기 때문이다. 또 그 여자를 위해 자기들이 기도를 쏟아내기도 전이었는데 그 여자를 위해 기도하겠다는 자기네의 선행先行하는 의지를 하느님이 그토록 빨리 들어 허락했다는 사실을 사람들은 깨닫고 있었던 것이다.¹³⁹ 사람들은 말 아닌 소리로¹⁴⁰ 하느님을 찬미하며 좋아서 뛰고 있었다. 우리의 귀가 감당키 힘들 정도로 고함을 지르며 환희하고 있었다. 환호하는 사람들의 마음에 그때 있던 것은 그리스도께 대한 신앙, 스데파노의 피를 흘리게 한 그 신앙 아니고 무엇이었겠는가?¹⁴¹

9. 그리스도의 이름으로 순교자들을 통해 이루어지는 모든 기적은 순교자들이 그리스도를 믿는 신앙에 대한 증거다

저 모든 기적이 그리스도가 육신으로 부활했다고 설교하고 육신을 갖고 승천했다고 설교하는 신앙에 대해서가 아니라면 무엇에 대한 증거이겠는가?¹⁴² 순교자들 자신이 이 신앙의 증거자, 다시 말해 이 신앙의 증인이었기 때문이다.¹⁴³ 그들은 이 신앙에 대한 증언을 행하면서 지극히 적대적이고 잔인하기 이를 데

pertulerunt eumque non repugnando, sed moriendo uicerunt; pro ista fide mortui sunt, qui haec a Domino inpetrare possunt, propter cuius nomen occisi sunt; pro hac fide praecessit eorum mira patientia, ut in his miraculis tanta ista potentia sequeretur. Nam si carnis in aeternum resurrectio uel non praeuenit in Christo uel non uentura est, sicut praenuntiatur a Christo uel sicut praenuntiata est a prophetis, a quibus praenuntiatus est Christus: cur et mortui tanta possunt, qui pro ea fide, qua haec resurrectio praedicatur, occisi sunt? Siue enim Deus ipse per se ipsum miro modo, quo res temporales operatur aeternus, siue per suos ministros ista faciat; et eadem ipsa, quae per ministros facit, siue quaedam faciat etiam per martyrum spiritus, sicut per homines adhuc in corpore constitutos, siue omnia ista per angelos, quibus inuisibiliter, incorporaliter, inmutabiliter imperat, operetur, ut, quae per martyres fieri dicuntur, eis orantibus tantum et inpetrantibus, non etiam operantibus fiant; siue alia istis, alia illis modis, qui nullo modo conprehendi a mortalibus possunt: ei tamen adtestantur haec fidei, in qua carnis in aeternum resurrectio praedicatur.

10. Hic forte dicturi sunt etiam deos suos aliqua mira fecisse. Bene, si iam incipiunt deos suos nostris mortuis hominibus comparare. An dicent etiam se habere deos ex hominibus mortuis, sicut Herculem, sicut Romu-

---

[144] eumque *non repugnando sed moriendo* vicerunt: 앞의 각주 71 참조.

[145] praecessit *mira patientia*, ut in his miraculis *tanta* ista *potentia*: 순교자들이 일으키는 기적의 의미를 잘 설명한 문장이다.

[146] 하느님이 천사들을 통해 비물체적으로 기적을 행하는 것처럼 순교자들이 직접 동작하지 않고 전구(轉求)를 통해 곧 그들의 영을 통해 기적이 이루어진다.

없는 세상을 견뎌냈고, 세상을 이겨냈다. 세상에 저항해서가 아니라 죽음으로써 세상을 이겼다.[144] 그들은 이 신앙을 위해 죽었으므로, 주님에게서 그런 기적들을 얻어낼 수 있는 것이다. 그분의 이름을 위해 자신의 목숨을 바친 까닭이다. 이 신앙을 위하는 그들의 놀라운 인종이 앞섰기에 그런 기적에서 저런 능력이 뒤따르는 것이다.[145] 그리스도 안에서 영원에 이르는 육신의 부활이 미리 왔고, 예언자들에 의해 예고되었던 것처럼(그리스도 역시 그들에 의해 예고된 바 있다) 그리스도에 의해 육신의 부활이 예고되고 있다. 만일 사실이 그렇지 않았더라면, 어떻게 해서 죽은 자들마저 그처럼 위대한 기적들을 행할 수 있겠는가? 다름아닌 이 부활을 설교하는 저 신앙을 위해 죽임을 당한 사람들인데. 하느님은 스스로 영원한 분으로서 시간적 사물들을 주재하는 신묘한 방법을 갖고 있는데 기적이 바로 그것이다. 그것은 하느님 친히 그것을 행하기도 하고, 당신의 봉직자들을 통해 기적을 행하기도 하는데, 이런 일들 중 어떤 것은 순교자들의 영을 통해 하며 이것은 아직 육체 속에 머물러 있는 인간들을 통해 행함과 마찬가지다. 혹은 천사들을 통해 온갖 일을 행하는데 천사들에게는 비가시적으로, 비물체적으로, 불변하게 명령하고 작용한다. 그래서 순교자들을 통해 이루어진다고 하는 일들도 그들이 기도하고 구득求得하여 이루어지는 것이지 그들이 행동하여 이루어지는 것은 아니다.[146] 그런 기적도 어떤 것은 이런 방식으로, 어떤 것은 저런 방식으로 이루어지지만 그 방식은 사멸할 존재들이 도저히 파악할 수 없다. 단지 저 모든 방식이 영원을 향한 육신의 부활을 설교하는 바로 그 신앙을 증언하는 것들이다.

10. 순교자들은 참 하느님이 숭배받게 하려고 수많은 이적을 행하며, 귀신들이 자기들을 신으로 믿게 하려고 행하는 것보다 많은 이적을 행하므로 얼마나 공경해야 마땅하겠는가

여기서 혹시 어떤 사람들은 자기네 신들도 이적을 행했다는 말을 하리라. 좋다! 그것만으로도 자기네 신들을 우리 순교자들과 비교하기 시작하는 것인데, 그렇다면 그들 역시 헤르쿨레스처럼, 로물루스처럼, 그밖에 신들의 반열班列에

lum, sicut alios multos, quos in deorum numerum receptos opinantur? Sed nobis martyres non sunt dii, quia unum eundemque Deum et nostrum scimus et martyrum. Nec tamen miraculis, quae per memorias nostrorum martyrum fiunt, ullo modo sunt comparanda miracula, quae facta per templa perhibentur illorum. Verum si qua similia uidentur, sicut a Moyse magi Pharaonis, sic eorum dii uicti sunt a martyribus nostris. Fecerunt autem illa daemones eo fastu inpurae superbiae, quo eorum dii esse uoluerunt; faciunt autem ista martyres uel potius Deus aut cooperantibus aut orantibus eis, ut fides illa proficiat, qua eos non deos nostros esse, sed unum Deum nobiscum habere credamus. Denique illi talibus diis suis et templa aedificauerunt et statuerunt aras, et sacerdotes instituerunt et sacrificia fecerunt; nos autem martyribus nostris non templa sicut diis, sed memorias sicut hominibus mortuis, quorum apud Deum uiuunt spiritus, fabricamus; nec ibi erigimus altaria, in quibus sacrificemus martyribus, sed uni Deo et martyrum et nostro; ad quod sacrificium sicut homines Dei, qui mundum in eius confessione uicerunt, suo loco et ordine nominantur, non tamen a sacerdote, qui sacrificat, inuocantur. Deo quippe, non ipsis sacrificat, quamuis in memoria sacrificet eorum, quia Dei sacerdos est, non illorum. Ipsum uero sacrificium corpus est Christi, quod non offertur ipsis, quia hoc sunt et ipsi. Quibus igitur potius credendum est

---

[147] 출애 7,22; 8,3.14 참조.

[148] 그리스도교의 놀라운 전파를 예수가 갖고 있던 마술이라고 규정하고 자기네 신들도 그런 마술이 있다는 주장은 박해시에 흔했다. 예: Celsus in Origenes, *Contra Celsum* 1.68.

[149] 귀신(마귀)들이 이적을 행하는 의도에 대해서는 10.16.2, 26; 19.21.2 등에서도 다룬 바 있다.

[150] non templa sicut diis, sed memorias sicut hominibus mortuis: 순교자 혹은 성인 공경(恭敬)이 하느님께 드리는 흠숭(欽崇)이 아님을 설명한다.

[151] suo loco et ordine *nominantur* ... non a sacerdote *invocantur*: 당시나 지금이나 미사중에 죽은 이들과 순교자들의 이름을 하느님 앞에 거명하는(nominari) 대목(diptyca)이 있으나 그들에게 직접 기도를 올리지는(invocari) 않는다.

[152] 21.25에도 나왔지만, 교부는 빈번히 성체(聖體)로서의 그리스도의 몸과 신비체(神秘體)로서의 그리스도의 몸을 환치시킨다.

받아들여진 다른 수많은 인물들처럼 죽은 인간 가운데서 신이 나왔다는 생각을 갖고 있다는 말인가? 하지만 우리에게는 순교자가 신이 아니다. 우리가 아는 분은 순교자들과 우리 모두에게 동일한 오직 한 분뿐인 하느님이기 때문이다. 따라서 그 사람들의 신전을 통해 이루어지는 기적들도 우리 순교자들의 기념경당을 통해 이루어지는 기적들과 어느 면으로도 비교해서는 안 된다. 모세에 의해 행해진 기적들과 파라오의 마술사들에 의해 행해진 기적들이 비슷했던 것처럼[147] 우리 순교자들의 기적과 저 사람들의 기적이 비슷해 보인다면, 그들의 신들이 우리 순교자들에게 패배를 당한 셈이다.[148] 귀신들도 스스로 신이 되고 싶다는 불순한 오만방자함에서 우러나 그런 이적을 행하기는 했다.[149] 순교자들이 이적을 행하건, 순교자들이 협조하고 기도하는 가운데 하느님 친히 이적을 행하건 어디까지나 신앙에 보탬이 되라고 일어나는 이적들이다. 그 신앙이 보탬이 되어 순교자들이 신 아님을 우리가 믿고, 순교자들도 우리와 더불어 유일신 하느님을 모시고 있음을 우리더러 믿으라는 것이다. 그래서 저 사람들은 그렇게 해서 만든 자기네 신들에게 신전을 지어 바쳤고 제단을 진설했으며 제관들을 세웠고 희생제사들을 올렸다. 하지만 우리는 순교자들에게 신들에게 하듯이 신전을 세우는 것이 아니라 죽은 사람들에게 하듯이 기념경당을 세운다.[150] 죽은 사람들의 혼령이 하느님 면전에서 살고 있는 까닭이다. 기념경당이라고 하더라도 그 속에서 순교자들에게 희생제사를 올리는 제단을 진설하는 일도 없고 순교자들의 하느님이요 우리네 하느님인 유일신께 제사를 올릴 따름이다. 제사중에 순교자의 이름이 거명되기는 하지만, 어디까지나 하느님께 대한 신앙을 고백하여 세상을 이긴 하느님의 사람들로서의 위치와 서열에서 거명되는 것이지, 제사를 올리는 사제가 하느님에게 하듯이 그들에게 기도하는 것이 아니다.[151] 비록 순교자들의 기념경당에서 제사를 바치더라도 제사는 하느님께 바치지 순교자들에게 바치는 것이 아니다. 사제는 하느님의 제관이지 순교자들의 제관이 아닌 까닭이다. 그리고 희생제물이 그리스도의 몸이고 이 몸은 순교자들에게 바쳐지는 것이 아니니, 순교자들도 바로 그 몸을 이루기 때문이다.[152] 그러니 기적을 행하는 자들 가운데 어느 편을 더 믿어야 하겠는가? 자기네가

miracula facientibus? Eisne qui se ipsos uolunt haberi deos ab his quibus ea faciunt, an eis qui, ut in Deum credatur, quod et Christus est, faciunt quidquid mirabile faciunt? Eisne qui sacra sua etiam crimina sua esse uoluerunt, an eis qui nec laudes suas uolunt esse sacra sua, sed totum, quod ueraciter laudantur, ad eius gloriam proficere in quo laudantur? In Domino quippe laudantur animae eorum. Credamus ergo eis et uera dicentibus et mira facientibus. Dicendo enim uera passi sunt, ut possint facere mira. In eis ueris est praecipuum, quod Christus resurrexit a mortuis et inmortalitatem resurrectionis in sua carne primus ostendit, quam nobis adfuturam uel in principio noui saeculi uel in huius fine promisit.

하는 기적으로 스스로 신처럼 여겨지고 싶어하는 자들을 믿어야 하겠는가? 그렇지 않으면 신기한 일을 행하되 어디까지나 그리스도이기도 한 하느님을 믿도록 그 일을 행하는 자들을 믿어야 하겠는가? 자기의 거룩한 예식마저 자기네 범죄로 삼고자 하는 자들을 믿어야 하겠는가?[153] 그렇지 않으면 자기에게 오는 찬미가 자기에게 바쳐지는 거룩한 예식이 됨을 바라지 않고, 자기들이 진정으로 칭송받는 모든 것이 오로지 하느님의 영광에 이바지하기를 바라는 그런 자들을 믿어야 하겠는가? 순교자들은 어디까지나 하느님 안에서 칭송을 받는다. 그러므로 그들의 영혼은 주님 안에서 칭송받는다. 그러니 진실을 말하면서 이적을 행하는 자들을 믿기로 하자. 그들은 진실을 말했으므로 수난을 당했고 그 결과 이적을 행할 수 있게 되었다. 그리고 그들이 말하던 진실들 가운데 첫째가는 내용이 그리스도가 죽은 자들 가운데서 부활했다는 것과 부활의 불사불멸을 자기 육신에서 처음으로 보여주었다는 것과 새 세기의 벽두든 이 세기의 종말이든 그 불사불멸이 우리에게도 오리라고 약속했다는 것이다.

---

[153] qui *sacra sua* etiam *crimina sua* esse voluerunt: 스스로 신을 자처하는 자들은 그들에게 바쳐지는 거룩한 것(sacra)을 신성모독의 범죄(crimina)로 만든다.

11. Contra quod magnum Dei donum ratiocinatores isti, quorum *cogitationes nouit Dominus quoniam uanae sunt*, de ponderibus elementorum argumentantur; quoniam scilicet magistro Platone didicerunt mundi duo corpora maxima atque postrema duobus mediis, aere scilicet et aqua, esse copulata atque coniuncta. Ac per hoc, inquiunt, quoniam terra abhinc sursum uersus est prima, secunda aqua super terram, tertius aer super aquam, quartum super aera caelum, non potest esse terrenum corpus in caelo; momentis enim propriis, ut ordinem suum teneant, singula elementa librantur. Ecce qualibus argumentis omnipotentiae Dei humana contradicit infirmitas, quam possidet uanitas. Quid ergo faciunt in aere terrena tot corpora, cum a terra sit aer tertius? Nisi forte, qui per plumarum et pennarum leuitatem donauit auium terrenis corporibus, ut portentur in aere, inmortalibus factis corporibus hominum non poterit donare uirtutem, qua etiam in summo caelo habitare ualeant. Animalia quoque ipsa terrena, quae uolare non possunt, in quibus et homines sunt, sicut sub aqua pisces, quae sunt aquarum animalia, ita sub terra uiuere debuerunt. Cur ergo non saltem de secundo, id est de aquis, sed de elemento tertio terrenum animal carpit hanc uitam? Quare, cum pertineat ad terram, in secundo, quod super terram est, elemento uiuere si cogatur, continuo suffocatur et ut uiuat uiuit in tertio? An errat hic ordo elementorum, uel potius non in

---

[154] ratiocinatores: 본뜻은 "추론가" 혹은 "따지기 좋아하는 사람들."

[155] 시편 93[94],11. 본서 22.4에도 인용.

[156] Cf. Plato, *Timaeus* 32a-c. 원소설에 따르면 땅과 하늘은 공기와 물을 중간매체로 삼는다.

[157] terra (흙, 땅)에서 terrenum (지상적)이라는 형용사가 유래한다. 같은 물체(corpora)이지만 "천체"(caelestia corpora)는 하늘에 있고 "지상적 물체"(terrena corpora), 곧 "육체"는 하늘에 있을 수 없다는 억지가 된다.

[158] Cf. Plato, *Timaeus* 53c - 55c.

[159] *omnipotentiae* Dei humana contradicit *infirmitas*: "이해를 구하는 신앙"(fides quaerens intellectum)을 추구하는 교부이지만 계시의 권위에 저항하는 인간 지성은 "허약함" 자체로 본다.

[160] "흙으로 된"(terrena) 생명체들이 "물" 속에서도 "흙" 속에서도(sub aqua, sub terra) 살지 않느냐는 반문이다.

제2부 (11-21)
육신은 부활한다

11. 원소들의 자연적 무게 때문에 지상 육체가 하늘에 있을 수 없다고 주장하는 플라톤 학파를 반박함

11. 1. 플라톤 학파는 원소의 무게를 내세워 육신의 부활을 부정한다

하느님의 이 크나큰 선물에 맞서면서 합리주의자들[154](그들의 "생각이 허황됨을 주님께서 알고 계시도다")[155] 은 원소들의 무게를 갖고 따진다. 스승 플라톤에게서 그들이 배우기로는[156] 세계의 가장 크고 가장 멀리 떨어진 물체 두 가지는 중간물체 두 가지, 즉 공기와 물에 의해 결부되고 연결된다는 것이다. 그래서 그들의 말에 따라 아래에서 위로 가는 순서로 논하자면 첫째는 땅이고, 둘째는 땅 위에 있는 물이며, 셋째는 물 위에 있는 공기이고, 넷째는 공기 위에 있는 하늘이기 때문에 지상적 물체는 하늘에 있을 수 없다고 한다.[157] 각 원소들은 자기 서열을 지키면서 고유한 비중에 의해 균형을 유지하기 때문이라는 것이다.[158] 보라, 허영심에 사로잡힌 인간적 나약이 이따위 논변으로 어떻게 감히 하느님의 전능에 맞서고 있는가를![159] 저 사람들 말대로 공기는 땅으로부터 셋째에 해당하는데 어떻게 공기에 저 숱한 지상 물체들이 존재한다는 말인가? 새들의 지상 육체에 깃과 날개의 가벼움으로 공기에 실려가는 선물을 준 분이면서도 혹시 불사불멸하게 된 인간들의 육체에는 가장 높은 하늘에 거처하는 선물을 줄 수 없다는 말인가? 또 날지 못하는 지상 동물들(그 가운데 인간도 들어 있다) 가운데는, 물 밑에 사는 물고기들(그래서 물의 동물이다)처럼, 땅 밑에 살아야 하는 것들도 있다.[160] 그러니 새들처럼 지상 동물이 셋째 원소 공기에서 생명을 유지할 수 있다면 왜 물고기들처럼 둘째 원소 물에서는 생명을 유지할 수 없다는 말인가? 또 땅에 속하면서도 어쩔 수 없이 땅 위에 있는 둘째 원소 물에서 살아야 할 경우 당장 숨이 막히는 반면에, 무슨 생물이든 살려면 셋째 원소 공기 속에 살아야 하지 않은가? 그렇다면 원소들의 이 서열이 틀렸거나, 그렇지 않고 사물들의 자연본성에는 이상이 없다면 그자들의 논변에 이상이 있

natura rerum, sed in istorum argumentationibus deficit? Omitto dicere, quod iam in tertio decimo libro dixi, quam multa grauia terrena sint corpora, sicut plumbum, et formam tamen ab artifice accipiant, qua natare ualeant super aquam; et ut accipiat qualitatem corpus humanum, qua ferri in caelum et esse possit in caelo, omnipotenti artifici contradicitur?

Iam uero contra illud, quod iam dixi superius, etiam istum considerantes atque tractantes elementorum ordinem, quo confidunt, non inueniunt omnino quod dicant. Sic est enim hinc sursum uersus terra prima, aqua secunda, tertius aer, quartum caelum, ut super omnia sit animae natura. Nam et Aristoteles quintum corpus eam dixit esse et Plato nullum. Si quintum esset, certe superius esset ceteris; cum uero nullum est, multo magis superat omnia. In terreno ergo quid facit corpore? In hac mole quid agit subtilior omnibus? In hoc pondere quid agit leuior omnibus? In hac tarditate quid agit celerior omnibus? Itane per huius tam excellentis naturae meritum non poterit effici, ut corpus eius leuetur in caelum, et cum ualeat nunc natura corporum terrenorum deprimere animas deorsum, aliquando et animae leuare sursum terrena corpora non ualebunt?

Iam si ad eorum miracula ueniamus, quae facta a diis suis opponunt martyribus nostris, nonne etiam ipsa pro nobis facere et nobis reperientur omnino proficere? Nam inter magna miracula deorum suorum profecto magnum illud est, quod Varro commemorat, Vestalem uirginem, cum periclitaretur de stupro falsa suspicione, cribrum implesse aqua de Tiberi

---

[161] 13.18 참조. 큰 배의 경우가 그렇다.

[162] anima ... quintum corpus: cf. Plato, *Epinomis* 981c; Aristoteles, *De caelo* 268b - 270b; *De generatione animalium* 2.3.736-737. 그들은 "제5 원소"(quinta essentia)를 논하지만 "영혼"(animae natura)보다 "에테르"(aether 본서 4.10-11 참조)를 지칭한다.

[163] 원소론에 의거하더라도 최하위 원소인 지상 물체(= 육체)가 영혼을 끌어내려 결합할 수 있다면 최상위 영혼이 육체를 하늘로 끌어올리는 작용이 가능하지 않겠느냐는 반문이다.

다는 말이 아닌가? 납과 같은 지상 사물들은 무척 무거운 것이지만, 장인에게서 일정한 형태로 다듬어지고 나면 물 위로 떠다닐 수 있게 되는데 이것은 내가 벌써 제13권에서 말한 내용이므로[161] 얘기하지 않겠다. 마찬가지로 전능한 장인이 있어 인간 육체가 하늘로 옮겨갈 수 있게 만들고 하늘에 있을 수 있는 성질을 만든다면 도대체 어째서 그것에는 반대한다는 말인가?

11.2. 영혼은 훨씬 고귀하다

원소들의 서열을 자신있게 믿고서 그것을 따지고 논하는 사람들마저 내가 위에서 방금 한 말을 반박해서 무슨 말을 해야 할지 전혀 찾아내지 못한다. 원소들의 서열은 이곳으로부터 위로 올라가면서 첫째로 땅, 둘째로 물, 셋째로 공기, 넷째로 하늘이 있으며 모든 것 위에는 영혼의 자연본성이 있다. 아리스토텔레스가 영혼을 육체의 제5 물체라고 했던 반면에, 플라톤은 전혀 물체가 아니라고 했다.[162] 여하튼 만약 영혼이 제5 물체라면 그밖의 것들보다 상위의 것임에 틀림없다. 만약 아무 물체가 아니라면, 더욱더 모든 물체들을 초월할 것이다. 그러면 영혼이라는 것은 지상 물체 속에 무슨 작용을 하는가? 모든 것보다 섬세한 영혼이 물체라는 거대한 덩어리 속에서 무슨 작용을 하는 것일까? 모든 것보다 가벼운 영혼이 저런 무게 속에서 무슨 작용을 하는 것일까? 모든 것보다 신속한 영혼이 저런 둔중함 속에서 무슨 작용을 하는 것일까? 그렇다면 영혼이라는 이토록 탁월한 자연본성 덕분에 영혼이 깃든 육체가 하늘로 오르는 일도 가능하지 않을까? 지금 지상 물체들의 자연본성이 영혼이라는 것을 아래로 내리누르는 힘이 있다면, 언젠가 영혼의 자연본성도 지상 물체라는 것들을 위로 들어올리는 힘이 있지 않을까?[163]

11.3. 바로마저 몇 가지 기적을 상기시킨다

우리의 반대자들이 우리의 순교자들에 맞서기 위해 내세우는 자신들의 신이 행했다는 기적을 살펴보더라도 그것들마저 우리 이론을 편들고 우리에게 유리하게 작용하는 것으로 드러나지 않던가? 자기네 신들의 위대한 기적들 가운데 바로가 상기시키는 기적이 정말 위대하다. 그에 따르면 베스타 처녀가 부정不貞을 저질렀다는 거짓 혐의를 쓰고 목숨이 위태로워졌을 때 그 여자는 티베르 강에

et ad suos iudices nulla eius perstillante parte portasse. Quis aquae pondus supra cribrum tenuit? Quis tot cauernis patentibus nihil inde in terram cadere permisit? Responsuri sunt: «Aliquis deus aut aliquis daemon.» Si deus, numquid maior est Deo, qui fecit hunc mundum? Si daemon, numquid potentior est angelo, qui Deo seruit, a quo factus est mundus? Si ergo deus minor uel angelus uel daemon potuit pondus umidi elementi sic suspendere, ut aquarum uideatur mutata fuisse natura: itane Deus omnipotens, qui omnia ipsa creauit elementa, terreno corpori graue pondus auferre non poterit, ut in eodem elemento habitet uiuificatum corpus, in quo uoluerit uiuificans spiritus?

Deinde cum aera medium ponant inter ignem desuper et aquam subter, quid est quod eum inter aquam et aquam et inter aquam et terram saepe inuenimus? Quid enim uolunt esse aquosas nubes, inter quas et maria aer medius reperitur? Quonam, quaeso, elementorum pondere atque ordine efficitur, ut torrentes uiolentissimi atque undosissimi, antequam sub aere in terris currant, super aera in nubibus pendeant? Cur denique aer est medius inter summa caeli et nuda terrarum, quaqua uersum orbis extenditur, si locus eius inter caelum et aquas, sicut aquarum inter ipsum et terras est constitutus?

Postremo si ita est elementorum ordo dispositus, ut secundum Platonem duobus mediis, id est aere et aqua, duo extrema, id est ignis et terra, iungantur caelique obtineat ille summi locum, haec autem imi uelut fundaminis mundi, et ideo in caelo esse non potest terra: cur est ipse ignis in terra? Secundum hanc quippe rationem ita ista duo elementa in locis propriis, imo ac summo, terra et ignis esse debuerunt, ut, quem ad modum nolunt

---

[164] 10.16.2 참조. 바로의 현존 문헌에는 나오지 않고 Valerius Maximus, *Facta et dicta memorabilia* 8.1.5에 나온다.

[165] Cf. Plato, *Timaeus* 55e - 57c.

서 체에다 물을 가득 채워 자기를 재판하는 판관들에게 들고 왔는데 어느 틈새로도 물이 새지 않았다고 한다.[164] 누가 물의 무게를 체 위에다 받쳐 놓을 수 있겠는가? 그토록 많이 뚫린 쳇눈 사이로 아무것도 땅에 흘러 떨어지지 않게 한 것은 누구겠는가? 저 사람들이라면 이렇게 대꾸하리라고 본다: "어떤 신이나 어떤 정령이 그랬다!" 그가 신이라면 이 세상을 만든 하느님보다 위대한가? 그가 정령이라면 세상을 만든 하느님을 섬기는 천사보다 위대한가? 만약 하위의 신이라거나 천사라거나 정령이 습기있는 원소의 무게를 저처럼 받쳐 놓아 마치 불의 자연본성을 변화시킨 것처럼 보였다고 하자. 그렇다면 저 모든 원소들을 창조한 전능한 하느님이라면 그분이 지상 물체에서 중력을 박탈함으로써, 영에 의해 생명이 붙은 육체로 하여금 생명을 주는 영이 원하는 바로 그 원소 속에 머물게 만드는 일이 어찌 가능하지 않겠는가?

11.4. 원소들의 서열이 항상 지켜지는 것은 아니다

그래서 그들이 공기를 위로는 불, 아래로는 물 사이에 위치시킴에도 우리가 보기에 물과 물 사이에, 물과 땅 사이에도 공기가 종종 발견되는데 이것은 어찌 된 일일까? 물기를 머금은 구름은 뭐라고 보는가? 그것과 바다 사이의 중간에 공기가 있는데. 아주 세차고 요동치는 물줄기가, 공중에서 땅 위로 쏟아져 내리기 전에, 공중 위 구름 속에 매달려 있는 현상은 도대체 원소들의 어떤 서열, 어떤 비중에 의해 이루어지는지 묻고 싶다. 천하가 어느 방향으로 뻗어 나가든 상관없이 공기의 위치는 하늘과 물 사이요 물의 위치는 공기와 땅 사이라고 정해진 마당에, 왜 공기는 하늘 꼭대기와 벌거벗은 땅 중간에 있는가?

11.5. 원소들의 최상과 최하도 항상 지켜지는 것이 아니다

끝으로 원소들의 서열이, 플라톤의 말대로 둘을 중간에 두고서, 다시 말해 공기와 물을 사이에 두고서 두 극단 곧 불과 땅이 연결되어 있는 방식으로 구성되어 있다고 하자. 그래서 불은 하늘 꼭대기의 위치를 차지하고, 땅은 세상 밑바닥의 위치를 차지한다고, 따라서 땅은 하늘에 있을 수 없다고 하자.[165] 그렇다면 지상에는 왜 불이 있는가? 저 이론에 의하면 이 두 원소는 자기 고유한 위치에, 이를테면 가장 낮은 곳과 가장 높은 곳에 땅과 불이 있어야 할 터이므

in summo esse posse quod imi est, ita nec in imo posset esse quod summi est. Sicut ergo nullam putant uel esse uel futuram esse terrae particulam in caelo, ita nullam particulam uidere debuimus ignis in terra. Nunc uero non solum in terris, uerum etiam sub terris ita est, ut eum eructent uertices montium, praeter quod in usibus hominum et esse ignem in terra et eum nasci uidemus ex terra; quando quidem et de lignis et de lapidibus nascitur, quae sunt corpora sine dubitatione terrena. Sed ille, inquiunt, ignis est tranquillus, purus, innoxius, sempiternus; iste autem turbidus, fumeus, corruptibilis atque corruptor. Nec tamen corrumpit montes, in quibus iugiter aestuat, cauernasque terrarum. Verum esto, sit illi iste dissimilis, ut terrenis habitationibus congruat: cur ergo nolunt, ut credamus naturam corporum terrenorum aliquando incorruptibilem factam caelo conuenientem futuram, sicut nunc ignis corruptibilis his conuenit terris? Nihil igitur afferunt ex ponderibus atque ordine elementorum, unde omnipotenti Deo, quominus faciat corpora nostra talia, ut etiam in caelo possint habitare, praescribant.

12. Sed scrupulosissime quaerere et fidem, qua credimus resurrecturam carnem, ita quaerendo adsolent inridere: utrum fetus abortiui resurgant; et quoniam Dominus ait: *Amen, dico uobis, capillus capitis uestri non peribit*, utrum statura et robur aequalia futura sint omnibus an diuersae corporum quantitates. Si enim aequalitas erit corporum, unde habebunt quod hic non habuerunt in mole corporis illi abortiui, si resurgent et ipsi? Aut si

---

[166] 경(輕)과 중(重), 상(上)과 하(下)를 원리로, 지상 사물의 상승이 불가능하다고 주장한 플라톤 학파의 이론(cf. *Timaeus* 62c-64a)이 부활한 육신의 승천에 대한 반론으로 원용되는 데 반박하고 있다.

[167] 육신 부활이라는 신앙개조에 대한 미신자들의 조롱섞인 반문을 본서에서(22.12-19) 길게 다루지만 다른 저작(예: *Enchiridion* 23.84-92; *De Genesi ad litteram* 3.14.23)에서도 신자들의 의문에 답하는 형식으로 같은 문제들이 다루어진다.

[168] 루가 21,18.

로, 최하층의 것이 최상층에 있을 수 있다는 것은 용납되지 않는다니까, 마찬가지로 최상층의 것이 최하층에 있을 수 있다는 것도 용납되지 않는다. 플라톤 학파가 한 조각의 땅이라도 지금도 앞으로도 하늘에 있을 수 없다고 여기는 것처럼, 아주 작은 불이라도 땅에서 볼 수 없어야 마땅하다. 그런데 불은 땅에만 있는 것이 아니고 땅 밑에도 있어서 산꼭대기가 불을 뿜어낼 정도다. 사람들이 사용하는 불 외에도 땅 속에는 불이 있고 땅에서 불이 생겨나는 것도 우리가 목격하고 있다. 어떤 때는 나무와 돌에서도 불이 생겨나는데 나무와 돌이 지상 물체라는 것은 의심의 여지가 없다. 여기에 대해 저 사람들은 이런 말을 한다. 천계의 불은 안온하고 순수하고 무해하고 영구한 불이지만 이 지상의 불은 넘실거리고 연기를 피우고 소진하며 또한 소진시키는 불이다. 하지만 화산에서 뿜어 나오는 불이 끊임없이 타오르는 그 산들을 소진시키지는 않고 땅의 화구들도 소진시키지는 않는다. 만일 지상의 불이 천상의 불과 다른 연유는 지상 위치에 적응하기 위해서라고 말한다면 그럴듯하다. 그렇다면 지금도 소진하지 않는 불이 이 지상에 적응하는 판에, 지상 육체들의 자연본성이 언젠가는 부패하지 않는 것으로 변하여 하늘에 있기에 적절한 자연본성이 되리라고 우리가 믿는데 왜 그들은 그것을 싫어하는가? 그러므로 원소들의 비중과 서열을 핑계로, 전능한 하느님이 우리 육체마저 그런 것으로 만들어 하늘에 거처하지 못하게 가로막을 것은 하나도 없다.[166]

12. 불신자들이 육신 부활을 두고 그리스도인을 조롱하는 중상들을 반박함

12. 1. 부활하여 누리는 평등이란 어떤 것일까

그러나 외교인들은 우리가 육신의 부활을 믿는 신앙을 시시콜콜하게 따져 보면서,[167] 유산된 태아들도 부활하는가를 물으면서 비웃는 것이 예사다. 또 주님이 "여러분에게 말하거니와, 여러분의 머리카락 하나도 잃지 않을 것입니다"[168]라고 하는 말씀이 있기 때문에 키나 힘세기가 장차 모든 이에게 균등할 것인가, 그렇지 않으면 신체의 크기가 다를 것인가 하는 힐문도 나온다. 신체의 균등이 이루어진다면, 저 낙태아落胎兒들도 부활할 경우에 여기서 지니지 못한 체구를 그들

non resurgent, quia nec nati sunt, sed effusi, eandem quaestionem de paruulis uersant, unde illis mensura corporis, quam nunc defuisse uidemus, accedat, cum in hac aetate moriuntur. Neque enim dicturi sumus eos non resurrecturos, qui non solum generationis, uerum etiam regenerationis capaces sunt. Deinde interrogant, quem modum ipsa aequalitas habitura sit. Si enim tam magni et tam longi erunt omnes, quam fuerunt quicumque hic fuerunt maximi atque longissimi, non solum de paruulis, sed de plurimis quaerunt, unde illis accessurum sit, quod hic defuit, si hoc quisque recipiat, quod hic habuit; si autem, quod ait apostolus, occursuros nos omnes *in mensuram aetatis plenitudinis Christi*, et illud alterum: *Quos praedestinauit conformes fieri imaginis filii sui*, sic intellegendum est, ut statura et modus corporis Christi omnium, qui in regno eius erunt, humanorum corporum sit futurus: «Multis erit, inquiunt, de magnitudine et longitudine detrahendum corporis; et ubi iam erit: *capillus capitis uestri non peribit*, si de ipsa corporis quantitate tam multum peribit?» Quamuis et de ipsis capillis possit inquiri, utrum redeat quidquid tondentibus decidit. Quod si rediturum est, quis non exhorreat illam deformitatem? Nam hoc et de unguibus uidetur necessario secuturum, ut redeat tam multum quod corporis curatura desecuit. Et ubi erit decus, quod certe maius, quam in ista esse corruptione potuit, in illa iam inmortalitate esse debebit? Si autem non redibit, ergo peribit. Quo modo igitur, inquiunt, capillus capitis non peribit? De macie quoque uel pinguedine similiter disputant. Nam si aequales omnes erunt, non utique alii macri, alii pingues erunt. Accedet ergo aliis aliquid, aliis minuetur; ac per hoc non,

---

[169] 에페 4,13.

[170] 로마 8,29.

이 어디서 갖춘다는 말인가? 그들은 낳지도 못한 채로 유산되었으니까 부활하지 않으리라고 하더라도, 어린아이들에 대해 똑같은 힐문을 내놓을 것이다. 어린아이들이 지금 체구가 미비한 것으로 우리가 목격하고 있는데 이 나이에 죽으면서도 어디서 어른과 균등한 체구에 이른다는 말인가? 우리는 유산된 낙태아들이 부활하지 않으리라는 말을 않겠다. 그들 역시 출생出生의 가능성만 아니고 재생再生의 가능성도 갖고 있는 까닭이다. 그러고 나면 불신자들은 균등하다는 말이 대체 어떻게 가능한가를 힐문해 온다. 만일 각자가 현생에서 몸집이 가장 크고 키가 가장 컸던 모습이 된다면, 어린애들뿐 아니라 다수 인간들을 놓고 여기서 갖추지 못했던 것을 어디서 갖추게 되느냐고 물어올 것이다. 여기서 갖추고 있던 그대로 저기서도 지니게 된다면. 만일 사도가 한 말대로 우리 모두가 "그리스도의 성장한 시기의 크기에"[169] 도달하기로 되어 있다면, 또 다른 말씀대로 "이들을 당신 아드님의 모습과 한 모양이 되도록 예정하셨다"[170]고 한다면, 그리스도의 몸의 크기와 모습이 그분의 나라에 들어가게 될 모든 인간 신체의 키와 모습이 되리라고 알아들어야 할지 모른다. 그래도 저 사람들은 이런 말을 할 것이다: "그럴 경우 수많은 사람들은 몸의 크기나 키에서 상당량을 줄여야 하리라. 자기 육체의 크기에서 상당히 잃게 되는 경우에 '머리카락 하나도 잃지 않을 것입니다' 라고 한 말씀은 어찌 되는가?" 머리카락으로 말할 것 같으면 이발하는 사람들에게서 떨어진 것도 모조리 되돌려 줄 것이냐는 질문이 나올 법하다. 만에 하나라도 이발한 머리카락을 모조리 되돌려 준다면 그런 흉측한 모습을 혐오하지 않을 사람이 누구겠는가? 그러다가는 손발톱에 관해서도 필연적으로 꼬치꼬치 따져올 것이다. 몸을 가꾸느라고 깎아낸 그 많은 양을 되돌려 준다면 신체의 아름다움은 어떻게 되겠는가? 부패할 처지에 있는 것보다는 불사불멸의 처지에 있을 때 신체는 훨씬 더 아름다울 것임이 분명하다. 만약 되돌려 주지 않는다면 잃어버리는 것이다. 그럼 어떻게 머리카락 하나도 잃지 않는다는 말인가? 마르고 뚱뚱한 데 대해서도 비슷한 말싸움을 할 만하다. 모든 사람들이 균등해진다면, 응당 누구는 마르고 누구는 살찌고 하지 않을 것이다. 따라서 말랐던 사람은 살이 붙고 살이 쪘던 사람은 살이 줄어들 것이다. 그렇다면 전에

quod erat, recipiendum, sed alicubi addendum est, quod non fuit, et alicubi perdendum, quod fuit.

De ipsis etiam corruptionibus et dilapsionibus corporum mortuorum, cum aliud uertatur in puluerem, in auras aliud exhaletur, sint quos bestiae, sint quos ignis absumit, naufragio uel quibuscumque aquis ita quidam pereant, ut eorum carnes in umorem putredo dissoluat, non mediocriter permouentur atque omnia ista recolligi in carnem et redintegrari posse non credunt. Consectantur etiam quasque foeditates et uitia, siue accidant siue nascantur, ubi et monstrosos partus cum horrore atque inrisione commemorant, et requirunt, quaenam cuiusque deformitatis resurrectio sit futura. Si enim nihil tale redire in corpus hominis dixerimus, responsionem nostram de locis uulnerum, cum quibus dominum Christum resurrexisse praedicamus, se confutaturos esse praesumunt. Sed inter haec omnia quaestio difficillima illa proponitur, in cuius carnem reditura sit caro, qua corpus alterius uescentis humana uiscera fame compellente nutritur. In carnem quippe conuersa est eius, qui talibus uixit alimentis, et ea, quae macies ostenderat, detrimenta suppleuit. Vtrum ergo illi redeat homini cuius caro prius fuit, an illi potius cuius postea facta est, ad hoc percontantur, ut fidem resurrectionis inludant ac sic animae humanae aut alternantes, sicut Plato, ueras infelicitates falsasque promittant beatitudines aut post multas itidem per diuersa corpora reuolutiones aliquando tamen eam, sicut Porphyrius, finire miserias et ad eas numquam redire fateantur; non tamen corpus habendo inmortale, sed corpus omne fugiendo.

---

[171] 요한 20,25 참조: "그분 손에 있는 못자국을 눈으로 보고, 그 못자국에 손가락을 넣어 보고, 또 그분 옆구리에 손을 넣어 보지 않고는 결코 믿지 못하겠소."

[172] Cf. Porphyrius, *Contra Christianos* [Harnack ed.] fr.94: "창조주가 그리스도인들의 말대로 죽은 이들을 적절한 모습으로 부활시키는 데 성공하더라도, 세상 시초부터 죽은 사람들을 모조리 품고 있는 흙은, 그들이 죄다 부활해 버리면, 어찌 될 것인가?"

[173] 12.21 참조. Cf. Plato, *Phaedrus* 246d - 249d; *Respublica* 619d.

[174] 영원한 행복이 아니면 그것은 "진짜 불행이자 가짜 행복"이라는 논리는 21.17 참조.

[175] Cf. Porphyrius, *Sententiae ad intellegibilia ducentes* 7; 26-27.

[176] 10.29-30; 12.27 참조.

있던 것을 고스란히 되돌려받는 것이 아니라 누구에게는 전에 없던 것이 보태지고 누구에게는 전에 있던 것이 없어져야 한다.

12.2. 육체의 부패와 분해를 두고 생기는 시비

죽은 육체들의 부패와 분해를 두고도 저 사람들은 여간 당황하는 것이 아니다. 시체의 어떤 것은 먼지로 변하고 어떤 것은 대기로 증발하는가 하면, 누구는 짐승들이 잡아먹고 누구는 불이 태워버리며, 어떤 사람들은 파선이나 다른 사고로 물에 빠져 죽어서 그 육신이 썩어 액체로 녹아버린다. 저렇게 흩어져 버린 것들이 모조리 육신으로 다시 모여 온전하게 합쳐지리라고 믿어지지 않는다. 또 저 사람들은 타고난 것이든 뒤에 사고로 생긴 것이든 신체의 갖가지 기형이나 결함을 들어가면서 따지고 든다. 괴물 같은 모습의 출산이 있었을 경우에는 끔찍해하기도 하고 조롱하기도 하면서 그런 사건들을 열거하고는 그런 기형은 어떤 식으로 부활하느냐고 질문한다. 그런 기형이 인간의 육체에 일체 돌아오지 않으리라고 우리가 대답할라치면, 자기들은 주 그리스도가 부활했을 적에 함께 지니고 있었던 상처에 관해서[171] 우리가 설교하는 바를 들어서 반박하겠노라고 장담한다. 하지만 이런 시비들 중에서도 제일 고약한 이 질문이 나오는데, 배고픔에 못이겨 남의 인육人肉을 먹고서 산 사람의 살은 부활 때에 누구의 육신으로 돌아올 것이냐는 것이다. 그런 음식을 먹고서 산 사람의 살로 변했을 테니까 남에게 먹혀서 부족한 부분은 그만큼 여윈 모습으로 나타날 것이 아니냐는 것이다. 부활하면 먼저 자기 살이었던 사람의 것으로 돌아오느냐, 아니면 뒤에 자기 살이 된 사람의 것으로 돌아오느냐고 따지는데 한결같이 부활신앙을 조롱하기 위함이고[172] 결국 그들이 인간 영혼에 제공하는 것이라고는, 플라톤이 하는 말처럼,[173] 인간 영혼들이 진짜 불행과 가짜 행복 사이를 번갈아 오가리라는 약속을 하거나,[174] 그렇지 않으면 포르피리우스의 말대로,[175] 가지각색의 신체를 거치면서 하고많은 유전流轉을 겪은 다음에 언젠가는 영혼이 저런 불행을 끝마치고 다시는 저런 불행으로 돌아오는 일이 없으리라는 말을 한다. 하지만 인간 영혼이 불멸하는 육체를 지니는 것은 아니고, 따라서 일체의 육체를 피해야 한다고 가르친다.[176]

13. Ad haec ergo, quae ab eorum parte contraria me digerente mihi uidentur opposita, misericordia Dei meis nisibus opem ferente respondeam. Abortiuos fetus, qui, cum iam uixissent in utero, ibi sunt mortui, resurrecturos ut adfirmare, ita negare non audeo; quamuis non uideam quo modo ad eos non pertineat resurrectio mortuorum, si non eximuntur de numero mortuorum. Aut enim non omnes mortui resurgent et erunt aliquae humanae animae sine corporibus in aeternum, quae corpora humana, quamuis intra uiscera materna, gestarunt; aut si omnes animae humanae recipient resurgentia sua corpora, quae habuerunt, ubicumque uiuentia et morientia reliquerunt, non inuenio quem ad modum dicam ad resurrectionem non pertinere mortuorum quoscumque mortuos etiam in uteris matrum. Sed utrumlibet de his quisque sentiat, quod de iam natis infantibus dixerimus, hoc etiam de illis intellegendum est, si resurgent.

14. Quid ergo de infantibus dicturi sumus, nisi quia non in ea resurrecturi sunt corporis exiguitate, qua mortui, sed quod eis tardius accessurum erat tempore, hoc sunt illi Dei opere miro atque celerrimo recepturi? In sententia quippe Domini, qua ait: *Capillus capitis uestri non peribit*, dictum est non defuturum esse quod fuit non autem negatum est adfuturum esse quod defuit. Defuit autem infanti mortuo perfecta quantitas sui corporis; perfecto quippe infanti deest utique perfectio magnitudinis corporalis, quae cum accesserit, statura iam longior esse non possit. Hunc perfectionis modum sic habent omnes, ut cum illo concipiantur atque nascantur;

---

[177] Cf. *Enchiridion* 23.84-85.

[178] non *defuturum esse quod fuit ... adfuturum* esse *quod defuit*: 동사와 음운의 기교적 배열로 어린이의 부활의 신비를 밝힌다.

13. 낙태아들은 죽은 이들의 숫자에는 들어가지만 부활에는 해당하지 않는가

저 사람들 편에서 나오는 반론이지만 어디까지나 내가 주도하는 토론인만큼 내게 맞서서 제기되는 반론으로 보인다. 그렇다면 하느님의 자비가 나의 노력을 지탱해 주는 데 힘입어 저런 이론들에 하나씩 답변해 보겠다. 유산된 태아들은 이미 자궁 속에서 한번 살았고 그곳에서 죽었으므로 그들도 부활하리라는 데 대해 나는 감히 긍정할 생각도 없고 부정할 생각도 없다. 다만 그들이 죽은 이들의 숫자에서 제외되지 않는 한 죽은 이들의 부활도 그들에게까지 미치지 않을 이유를 나는 찾아내지 못한다. 그럴 경우 다음의 둘 중 하나가 된다. 즉, 죽은 모든 이가 부활하는 것은 아니어서 어떤 인간 영혼들은 비록 모태에서나마 일단 인간 육체를 지녔을지라도 육체 없이 영원히 살게 된다. 그렇지 않다면 인간 영혼들 모두가 부활하는 자기 육체를 받을 것이고, 이 경우에는 설혹 누가 어머니의 자궁 속에서 죽었다고 할지라도 무슨 까닭에 죽은 이들의 부활에 해당하지 않으리라고 설명할 방도를 못 찾겠다. 이들에 관해서는 어느 편이든 각자가 나름대로 생각할 테지만, 이들이 만일 부활할 경우에는 곧이어 우리가 갓난아기들을 두고 말하려는 바가 이들에게도 해당한다고 알아듣기 바란다.[177]

14. 어린이들은 나이가 들어 갖추게 될 육체의 모습으로 부활할 것인가

어린아이들에 관해서는 그들이 죽은 가냘픈 몸으로 부활하지 않으리라는 것 말고는, 하느님의 놀랍고 신속한 역사하심으로 그들이 살았더라면 늦게나마 시간이 가면서 도달했을지도 모를 몸으로 부활하리라는 것 말고는, 뭐라고 하겠는가? 여기에는 "여러분의 머리카락 하나도 잃지 않을 것입니다"라고 하는 주님의 말씀이 있는데, 그 말씀에서는 전에 있던 것이 없어지지 않으리라고 했지, 전에 없던 것이 앞으로는 오리라는 것까지 부정하지는 않았다.[178] 죽은 어린아이에게는 자기 몸의 완전한 체구가 미비했던 셈인데, 비록 완전한 아기에게도 완전한 체구는 미비하다. 아기가 자라면서 도달했을지도 모를 큰 키에 도달하지 못했기 때문이다. 이런 완전성의 양태는 인간이라면 모두가 갖고 있으니 누구나 이런 양태를 간직하고서 수태되고 태어나는 까닭이다. 이런 양태는

sed habent in ratione, non mole; sicut ipsa membra omnia iam sunt latenter in semine, cum etiam natis nonnulla adhuc desint, sicut dentes ac si quid eius modi. In qua ratione uniuscuiusque materiae indita corporali iam quodam modo, ut ita dicam, liciatum uidetur esse, quod nondum est, immo quod latet, sed accessu temporis erit uel potius apparebit. In hac ergo infans iam breuis aut longus est, qui breuis longusue futurus est. Secundum hanc rationem profecto in resurrectione corporis detrimenta corporis non timemus, quia, etsi aequalitas futura esset omnium, ita ut omnes usque ad giganteas magnitudines peruenirent, ne illi, qui maximi fuerunt, minus haberent aliquid in statura, quod eis contra sententiam Christi periret, qui dixit nec capillum capitis esse periturum, Creatori utique, qui creauit cuncta de nihilo, quo modo deesse posset unde adderet quod addendum esse mirus artifex nosset?

15. Sed utique Christus in ea mensura corporis, in qua mortuus est, resurrexit, nec fas est dicere, cum resurrectionis omnium tempus uenerit, accessuram corpori eius eam magnitudinem, quam non habuit, quando in ea discipulis, in qua illis erat notus, apparuit, ut longissimis fieri possit aequalis. Si autem dixerimus ad dominici corporis modum etiam quorumque maiora corpora redigenda, peribit de multorum corporibus plurimum, cum ipse nec capillum periturum esse promiserit. Restat ergo, ut suam recipiat quisque mensuram, quam uel habuit in iuuentute, etiamsi senex

---

[179] latenter in ratione, non mole (Dyson 영역: *potentially* ... *not yet in their actual size*): 교부의 "배종(胚種) 이념" (rationes seminales)은 11.9와 13.14에서도 언급된다.

[180] *liciatum* videtur esse, quod nondum est: "마치 실타래처럼 거기에 감겨 있어 풀리기를 기다리는 것처럼 보인다."

[181] 부활의 신비를 마치 무슨 능력이 배아(胚芽)에 숨겨져 있다가 드러나듯이 인간 본성에 "불멸의 씨앗"이 숨겨져 있다가 종말에 드러난다는 비유는 다른 교부도 사용했다. 예: Hippolytus, *Adversus Graecos* 2.

발육된 부피로 갖추고 있는 것이 아니라 배종胚種 속에 숨은 채로[179] 갖추고 있다. 흡사 종자 속에 저 모든 지체들이 숨어 있는 것과 같다. 갓 태어난 사람들에게 어떤 지체들은 아직 없게 마련이니 예를 들자면 이빨이나 그밖에 이와 비슷한 것이 그렇다. 그런 배종 속에는 각각의 지체가 어떤 식으로든 물체적 질료에게 미리 주입되어 마치 실타래처럼 거기에 감겨 있는 것처럼 보인다.[180] 말하자면 아직 존재하지 않는, 더 정확하게 말해서 아직 숨겨져 있는 것이 시간의 진행에 따라서 존재하기에 이르고, 더 정확하게 말해서, 드러나게 된다.[181] 그런 뜻에서 장차 자라서 키가 크거나 작을 아기라면 이미 그 아기는 크거나 작은 셈이다. 바로 이런 이치에 입각해서 본다면 육체의 부활을 두고 육체의 어떤 손실을 우리는 두려워하지 않는다. 왜냐하면 비록 모든 이들의 육체가 균등하게 되더라도, 그래서 모든 이가 거인들의 체구에 도달한다고 하더라도, 또 현세에서 키가 가장 컸던 사람들까지도 키에 있어서 조금이라도 작아지는 일은 없으리라고 하더라도(그런 것을 잃으면 머리카락 하나도 잃지 않을 것이라고 한 그리스도의 말씀에 정면으로 위배되기에 이른다), 허무에서 만물을 창조한 분으로서야 손실된 바를 어떻게든 채워주는 일이 대수롭지 않을 것이기 때문이다. 놀라운 장인匠人이라면 보충해야 할 곳이라면 어디서 그것을 보충할 것인지 알고 있을 것이기 때문이다.

15. 죽은 모든 이의 육체가 주님의 몸과 같은 모양으로 부활할 것인가

그리스도는 그 체구로 죽었고 그 체구로 부활했지만, 만민의 부활 때가 올 적에 그리스도의 체구도 생전에 지니지 않았던 만민에게 균등한 체구, 키가 가장 큰 사람들과 균등해진 체구를 지니게 되리라는 말은 불가하다. 적어도 그분이 제자들에게 발현發現할 적에는 제자들에게 알려진 생전의 그 체구를 갖고서 발현했던 것이다. 또 사람들의 더 큰 육체들도 주님의 육체를 척도로 맞추어지리라는 말을 우리가 한다면, 그분은 정작 머리카락 하나도 잃지 않을 것이라고 말씀했는데도 다수 인간들은 생전에 지녔던 육체에서 상당한 것을 잃을 것이다. 그러니 각자는 자기의 체구를 다시 받으리라는 얘기가 남는다. 비록 늙어

est mortuus, uel fuerat habiturus, si est ante defunctus, atque illud, quod commemorauit apostolus de mensura aetatis plenitudinis Christi, aut propter aliud intellegamus dictum esse, id est, ut illi capiti in populis Christianis accedente omnium perfectione membrorum aetatis eius mensura compleatur, aut, si hoc de resurrectione corporum dictum est, sic accipiamus dictum, ut nec infra nec ultra iuuenalem formam resurgant corpora mortuorum, sed in eius aetate et robore, usque ad quam Christum hic peruenisse cognouimus (circa triginta quippe annos definierunt esse etiam saeculi huius doctissimi homines iuuentutem; quae cum fuerit spatio proprio terminata, inde iam hominem in detrimenta uergere grauioris ac senilis aetatis); et ideo non esse dictum in mensuram corporis uel in mensuram staturae, sed *in mensuram aetatis plenitudinis Christi.*

16. Illud etiam, quod ait praedestinatos *conformes fieri imaginis filii Dei,* potest et secundum interiorem hominem intellegi (unde nobis alio loco dicit: *Nolite conformari huic saeculo, sed reformamini in nouitate mentis uestrae*; ubi ergo reformamur, ne conformemur huic saeculo, ibi conformamur Dei filio); potest et sic accipi, ut, quem ad modum nobis ille mortalitate, ita nos illi efficiamur inmortalitate conformes; quod quidem et ad ipsam resurrectionem corporum pertinet. Si autem etiam in his uerbis, qua forma resurrectura sint corpora, sumus admoniti, sicut illa mensura, ita et ista conformatio non quantitatis intellegenda est, sed aetatis. Resurgent itaque omnes tam magni corpore, quam uel erant uel futuri erant aetate iuuenali; quamuis nihil oberit, etiamsi erit infantilis uel senilis corporis forma, ubi nec mentis nec ipsius corporis ulla remanebit infirmitas. Vnde etiam si quis in eo corporis modo, in quo defunctus est, resur-

---

[182] iuventus: 로마인들에게는 "장년기"에 해당한다. 바로는 인간 연세를 여섯으로 나눈다(16.43.3; 21.16 참조): infantia et pueritia (1-15세), adolescentia (30세까지), iuventus (30-45세), senectus (45세 이후).

[183] 교부의 인간 연세 구분은 로마인들의 전통대로 다섯으로도 나오는데 (*Enarrationes in Psalmos* 127.15) 여기서는 노년기를 gravior et senior aetas라고 세분한다. 본서에서 인간의 여섯 연세에 기준하여 인류사를 여섯 세대로 세분한 바 있다 (10.14; 16.43.3 참조).

[184] 어떤 교부는 아담이 서른 살의 나이로 창조받았고 그리스도도 지상생활에서 이 연령에 도달했으므로 부활시의 인간 육체는 이 연령을 띠리라고 추측한 바 있다. 예: Hieronymus, *Epistula* 108.25.

[185] 로마 8,29. 본서 22.12.1 참조.

[186] 로마 12,2. 〔200주년: "이 세상을 본받지 말고 정신을 새롭게 하여 모습을 바꾸시오."〕

서 죽었을지라도 청춘기에 지녔던 체구를, 청춘기가 오기 전에 죽었다면 청춘기에 지녔음직한 그 체구를 되돌려받으리라는 말이다. 따라서 사도가 "그리스도의 성장한 시기의 크기"에 대해 언급한 바는 다른 사안 때문에 한 말로 알아들어야 할 것 같다. 말을 달리하자면, 그리스도교 백성 가운데서 그분이 머리로서 앞장서 가는데 모든 지체들이 완성을 보면 그 일로 말미암아 그분의 연세의 크기가 실현되리라는 뜻으로 알아들어야 할 것이다. 그렇지 않고 육체의 부활을 두고 한 말씀이라면, 죽은 이들의 육체가 청년의 모습 그 이하도 그 이상도 아니고 그리스도가 현세에서 당도한 것으로 우리가 아는 그 연세와 체력으로 부활하리라는 뜻으로 받아들이기로 하자. (이 세상의 아주 박식한 사람들도 청장년기가 서른 살 가량이라고 정의하고 있다.[182] 그 연세가 정해진 간격을 마치고 나면 사람은 이미 중년기 및 노년기의 쇠약으로 기울어진다고 본다.)[183] 그러니 몸체의 크기나 키의 크기를 가리켜 한 말이 아니고 "그리스도의 충만한 연세의 크기"를 가리킨 것이다.[184]

16. 성도가 하느님 아들의 모상으로 어떻게 동화한다고 이해할 것인가

예정된 자들을 "당신 아드님의 모습과 한 모양이 되도록"[185] 한다고 말씀한 구절도 내적 인간에 입각해서 알아들을 수 있다. (그래서 다른 대목에서는 우리에게 이런 말을 한다: "여러분은 이 세상과 한 모습이 되지 말고 여러분의 새로운 정신으로 모습을 바꾸시오."[186] 그러므로 이 세상과 한 모습이 되지 않도록 우리 모습을 바꾸려다 보면 하느님의 아들과 한 모습이 된다.) 말하자면, 그분이 사멸성을 취해 우리와 한 모습이 되었음과 같이 우리도 불사불멸을 취해 그분과 한 모습이 된다는 뜻으로 받아들일 만하다. 그리고 이것은 육체의 부활 자체에도 해당하는 얘기다. 만일 굳이 이 말씀을 육체가 어떤 형태로 부활할 것인가 알아들으라는 충고로 받아들인다면, 척도의 경우와 마찬가지로 체구의 동화가 아니라 인생에서의 시기의 동화로 알아들어야 할 것이다. 그러므로 모든 인간은 청장년기에 지녔거나 지니게 될 체구로 부활할 것이다. 그렇더라도 어린 몸이나 늙은 몸의 모습을 하고 부활한다 해도 아무 지장은 없을 것이니 정신이든 육체든 허약

recturum unumquemque contendit, non est cum illo laboriosa contradictione pugnandum.

17. Nonnulli propter hoc, quod dictum est: *Donec occurramus omnes in unitatem fidei, in uirum perfectum, in mensuram aetatis plenitudinis Christi,* et: *Conformes imaginis filii Dei,* nec in sexu femineo resurrecturas feminas credunt, sed in uirili omnes aiunt, quoniam Deus solum uirum fecit ex limo, feminam ex uiro. Sed mihi melius sapere uidentur, qui utrumque sexum resurrecturum esse non dubitant. Non enim libido ibi erit, quae confusionis est causa. Nam priusquam peccassent, nudi erant, et non confundebantur uir et femina. Corporibus ergo illis uitia detrahentur, natura seruabitur. Non est autem uitium sexus femineus, sed natura, quae tunc quidem et a concubitu et a partu inmunis erit; erunt tamen membra feminea, non adcommodata usui ueteri, sed decori nouo, quo non alliciatur aspicientis concupiscentia, quae nulla erit, sed Dei laudetur sapientia atque clementia, qui et quod non erat fecit et liberauit a corruptione quod fecit. Vt enim in exordio generis humani de latere uiri dormientis costa detracta femina fieret, Christum et ecclesiam tali facto iam tunc prophetari oportebat. Sopor quippe ille uiri mors erat Christi, cuius exanimis in cruce pendentis latus lancea perforatum est atque inde sanguis et aqua

---

[187] 교부도 다른 데서는 이 문제에 퍽 강경한 입장을 보인다. Cf. *Enchiridion* 23.85, 90.

[188] in *uirum* perfectum: "완전한 사람이 되고"라고 번역할 만하지만 굳이 vir가 "사내, 남자"를 가리킨다는 주장도 나올 법하다.

[189] 에페 4,13.

[190] Cf. Hieronymus, *Commentarium in Ad Ephesios* 5.29: "남편들이여, 우리 아내를 사랑하자. 영혼들이여, 우리 육체를 사랑하자. 그리하여 아내들이 남자로 변하고 육체들이 영혼으로 변하게 하자. 그리하여 더는 성의 차이가 없게 하자."

[191] 창세 2,2.5 참조. 교부가 본서에서 즐겨 쓰는 "혼동"(confusio)과 "부끄러워하다"(confundari)는 성적 "교합"(交合)이라는 의미도 담는다.

[192] qui et quod non erat fecit et liberavit a corruptione quod fecit: 승화된 (여성의) 육체를 두고 제시되는 신학적 해설이다.

[193] 창세 2,21 참조: "하느님께서 아담을 깊이 잠들게 하신 다음, 아담의 갈빗대를 하나 뽑고 그 자리를 살로 메우시고는 그 갈빗대로 여자를 만드신 다음 …."

[194] Cf. *De Genesi contra Manichaeos* 2.25.38-39: "수난의 잠으로 그는 곤히 잠들어 그의 배필 교회가 만들어졌다. … 그리하여 그의 옆구리에서, 곧 수난과 세례의 신앙에서 배필인 교회가 빚어졌다."

[195] 요한 19,34 참조: "군인 가운데 하나가 창으로 옆구리를 찌르니 피와 물이 나왔다."

[196] 창세 2,22 (et *aedificavit* Dominus Deus costam in mulierem). 불가타본이 *formavit*(모양을 만들었다), *finxit*(빚었다), *aedificavit*(세웠다, 건설했다)라고 동사를 달리 쓴다.

[197] 에페 4,12 참조: "성도들이 섬기는 일을 하며 그리스도의 몸을 세우도록 길러내시어."

함이 일체 남지 않을 것이기 때문이다. 설혹 누가 사람이 사망했을 적의 몸매로 부활한다고 우기더라도 그를 상대로 힘든 토론을 하며 싸울 필요는 없겠다.[187]

17. 여자들의 육체는 자기 고유한 성으로 부활하고 그 성으로 머물 것인가

그런데 어떤 사람들은 "우리 모두가 신앙의 일치에 당도하고, 완전한 남자에게 이르고,[188] 그리스도의 성장한 시기의 크기에 이르게 됩니다"[189]라는 말씀에 근거하고, 또 "당신 아드님 모습과 한 모양이 되도록" 한다는 말씀에 근거해서 여자들이 여성으로 부활하지 않으리라고 믿는다.[190] 모든 사람이 남성으로 부활하는데 그 이유는 하느님이 진흙에서 만들어낸 것은 남자뿐이고 여자는 남자에게서 만들어냈기 때문이라고 한다. 그러나 내가 보기에는 인간들이 양성으로 부활하리라고 의심하지 않는 사람들이 더 잘 아는 것 같다. 물론 거기서는 혼동의 원인이 되는 성욕은 존재하지 않을 것이다. 범죄하기 전에 사람들은 벌거벗고 있으면서도 남자와 여자가 부끄러워하지 않았다.[191] 부활한 육체로부터 악덕은 제거될 것이지만 자연본성은 보전될 것이다. 여성이라는 것은 악덕이 아니고 자연본성이요, 그때 가면 성교와 출산으로부터 면제될 것이다. 여자의 성기도 남아있을 테지만 과거의 용도에 적합한 것이 아니고 새로운 영예에 적합할 것이니, 바라보는 사람의 욕정을 자극하는 게 아니라(욕정이 아예 없을 테니까), 하느님의 지혜와 자비를 찬송하는 구실이 될 것이다. 존재하지 않던 것도 만든 분으로서 하느님은 당신이 만든 것을 부패에서 해방시켰다.[192] 인류의 시초에 잠든 남자의 옆구리에서 갈비뼈가 뽑혀 여자가 되었듯이,[193] 그런 사건을 갖고서 그리스도와 교회를 예언할 필요가 있었던 것이다. 남자의 잠은 그리스도의 죽음이었고[194] 십자가에 달려 숨진 그리스도의 옆구리가 창으로 찔렸고 거기서 피와 물이 흘러나왔는데[195] 그것은 성사이며 그 성사로 교회가 건설된다. 여자가 만들어지는 대목에서 성서가 바로 이 단어를 사용했으니, 성서에는 여자를 "만들었다"거나 "빚었다"는 단어가 나오지 않고 "그녀를 여자로 건설했다"[196]라고 했다. 사도 역시 그리스도의 몸의 건설이라는 말을 하는데 물론 이 몸은 교회다.[197] 그러니 남자와 마찬가지로 여자도 하느님의 피조물이다. 다만

defluxit; quae sacramenta esse nouimus, quibus aedificatur ecclesia. Nam hoc etiam uerbo scriptura usa est, ubi non legitur «formauit» aut «finxit», sed: *Aedificauit eam in mulierem*; unde et apostolus aedificationem dicit corporis Christi, quod est ecclesia. Creatura est ergo Dei femina sicut uir; sed ut de uiro fieret, unitas commendata; ut autem illo modo fieret, Christus, ut dictum est, et ecclesia figurata est. Qui ergo utrumque sexum instituit, utrumque restituet. Denique ipse Iesus interrogatus a Sadducaeis, qui negabant resurrectionem, cuius septem fratrum erit uxor, quam singuli habuerunt, dum quisque eorum uellet defuncti semen, sicut lex praeceperat, excitare: *Erratis*, inquit, *nescientes scripturas, neque uirtutem Dei*; et cum locus esset, ut diceret: «De qua enim me interrogatis, uir erit etiam ipsa, non mulier», non hoc dixit, sed dixit: *In resurrectione enim neque nubent neque uxores ducent, sed sunt sicut angeli Dei in caelo*; aequales utique angelis inmortalitate ac felicitate, non carne; sicut nec resurrectione, qua non indiguerunt angeli, quoniam nec mori potuerunt. Nuptias ergo Dominus futuras esse negauit in resurrectione, non feminas, et ibi negauit, ubi talis quaestio uertebatur, ut eam negato sexu muliebri celeriore facilitate dissolueret, si eum ibi praenosceret non futurum; immo etiam futurum esse firmauit dicendo: *Non nubent*, quod ad feminas pertinet, *nec uxores ducent*, quod ad uiros. Erunt ergo, quae uel nubere hic solent, uel ducere uxores; sed ibi non facient.

18. Proinde quod ait apostolus, occursuros nos omnes in uirum perfectum, totius ipsius circumstantiam lectionis considerare debemus, quae ita se habet: *Qui descendit*, inquit, *ipse est et qui ascendit super omnes caelos, ut adimpleret omnia. Et ipse dedit quosdam quidem apostolos, quos-*

---

[198] instituit ... restituet: 히에로니무스 같은 교부의 입장에 맞서 남녀 양성의 부활을 극구 강조한 표현이다.

[199] 마태 22,23-33 참조.

[200] 마태 22,29.

[201] 마태 22,30.

[202] 히에로니무스(앞의 각주 190 참조)도 394년 이후, 특히 절친했던 파울라의 사망 후에는 성의 고유한 본성을 인정한다. 예: Hieronymus, *Epistula* 108.23.

[203] 앞의 각주 188 참조.

남자로부터 만들어짐으로써 일치를 당부하고 있다. 그런 방식으로 여자의 창조가 이루어짐으로써, 위에 말한 대로, 그리스도와 교회가 함께 표상되었던 것이다. 그리고 남녀 양성을 제정하신 분은 양성을 또한 복원할 것이다.[198] 끝으로, 부활을 부정하는 사두가이들에게서 질문을 받고서 예수께서 친히 한 말씀이 있다. 그들은 일곱 형제 모두가 율법이 명하는 대로 죽은 형제의 자손을 낳아주려고 한 여자를 일곱 형제가 제각기 아내로 삼았다면 부활 때에 그 여자는 누구의 아내가 되겠느냐고 물었다.[199] 그러자 그분은 "여러분은 성서도 모르고 하느님의 능력도 모르니 잘못 생각하고 있는 것입니다"[200]라고 대답했다. 그러니까 "그때는 그 여자는 여자가 아니라 남자가 되리라"고 말씀할 법한 자리에서 그렇게 하지 않고 다음과 같이 말씀했다: "부활 때는 장가들지도 시집가지도 않고 하늘에 있는 천사들과 같습니다."[201] 물론 천사들과 동등해지는 것은 불사불멸과 행복이지 육신이 아니요 부활도 아니다. 천사들은 죽을 수 없으므로 부활이 필요하지 않다! 주님은 부활 때에 장차 결혼이 있어야 하는가를 부인했지만, 여자가 있으리라는 점을 부인하지는 않았다. 그것도 그런 질문이 제기되던 상황에서, 여성이 장차 존재하지 않으리라고 만일 알았더라면, 여성이 존재하지 않으리라고 부인함으로써 문제가 더 신속하고 용이하게 풀릴 수 있는 정황에서 그런 말씀을 했던 것이다. 더구나 여자들에게 해당하는 "시집가지 않는다"는 말씀이나 남자들에게 해당하는 "장가들지 않는다"는 말씀으로 그분은 부활 때 여성이 존재하리라는 것을 거듭 확인했다. 그러니까 여기서는 시집가는 여자들이 있고 장가드는 남자들이 여전히 있겠지만 부활 때는 그렇게 하지 않을 것이다.[202]

18. 완전한 인간 그리스도와 그의 몸인 교회: 교회는 그리스도의 충만함이다

그러므로 사도가 우리 모두 완전한 남자를 만나게 되리라고 하는 말을 두고도[203] 우리는 그 가르침의 배경 전체를 고찰해야 한다. 그 가르침은 이렇다: "내려오셨던 분은 만물을 충만케 하시려고 모든 천계보다 훨씬 높이 올라가신 바로 그분이십니다. 또한 그분은 어떤 이들은 사도로, 어떤 이들은 예언자로, 어떤

dam autem prophetas, quosdam uero euangelistas, quosdam autem pastores et doctores ad consummationem sanctorum in opus ministerii, in aedificationem corporis Christi, donec occurramus omnes in unitatem fidei et agnitionem filii Dei, in uirum perfectum, in mensuram aetatis plenitudinis Christi; ut ultra non simus paruuli iactati et circumlati omni uento doctrinae, in inlusione hominum, in astutia ad machinationem erroris, ueritatem autem facientes in caritate augeamur in illo per omnia, qui est caput Christus; ex quo totum corpus conexum et compactum per omnem tactum subministrationis secundum operationem in mensuram uniuscuiusque partis incrementum corporis facit in aedificationem sui in caritate. Ecce qui est uir perfectus, caput et corpus, quod constat omnibus membris, quae suo tempore complebuntur, cotidie tamen eidem corpori accedunt, dum aedificatur ecclesia, cui dicitur: *Vos autem estis corpus Christi et membra*, et alibi: *Pro corpore*, inquit, *eius quod est ecclesia*, itemque alibi: *Vnus panis, unum corpus multi sumus.* De cuius corporis aedificatione et hic dictum est: *Ad consummationem sanctorum in opus ministerii, in aedificationem corporis Christi* ac deinde subiectum unde nunc agimus: *Donec occurramus omnes in unitatem fidei et agnitionem filii Dei, in uirum perfectum, in mensuram aetatis plenitudinis Christi*, et cetera; donec eadem mensura in quo corpore intellegenda esset, ostenderet dicens: *Augeamur in illo per omnia, qui est caput Christus; ex quo totum corpus conexum et compactum per omnem tactum subministrationis secundum operationem in mensuram uniuscuiusque partis.* Sicut ergo est mensura uniuscuiusque partis, ita totius corporis, quod omnibus suis partibus constat, est utique mensura plenitudinis, de qua dictum est: *In mensuram aetatis plenitudinis Christi*. Quam plenitudinem etiam illo commemorauit loco, ubi ait de Christo: *Et ipsum dedit caput super omnia*

---

[204] 에페 4,10-16.
[205] 1코린 12,27.
[206] 골로 1,24.
[207] 1코린 10,17.

이들은 복음 전파자로, 어떤 이들은 목자와 교사로 삼으셨습니다. 그것은 성도들의 완성을 위함이고, 봉사의 직무를 위함이며, 그리스도의 몸의 건설을 위함입니다. 그리하여 우리 모두가 신앙의 일치와 하느님 아드님에 대한 지식에 당도하고, 완전한 남자에게 이르고, 그리스도의 성장한 시기의 크기에 이르게 됩니다. 이제 우리는 온갖 가르침의 풍랑이나 사람들의 속임이나 온갖 오류를 조작하려는 수작에서 휩쓸리거나 이리저리 끌려 다니는 어린아이가 되지 맙시다. 진리를 행하면서 사랑 안에 모든 면에서 자라나며 머리이신 그리스도 그분을 향해 나아가야 합니다. 그분으로 말미암아 온몸은 영양을 공급받는 모든 관절을 통해 연결되고 결합됩니다. 관절은 각각 맡은 분량대로 활동합니다. 그리하여 몸은 성장을 거듭하여 사랑으로 자체를 건설하게 됩니다."[204] 보라, 완전한 남자를! 모든 지체들로 이루어진 머리이자 몸을! 그때가 오면 완전해지겠지만 지금은 날마다 그 몸에 새로운 지체들이 첨가되어 교회가 건설되는 중이다. 이를 가리켜 "여러분은 그리스도의 몸이고 지체들입니다"[205]라고 하며, 다른 곳에서는 "그리스도의 몸인 교회를 위하여"[206]라고도 한다. 또 다른 구절에서는 "빵이 하나이니, 우리는 여럿이지만 한 몸입니다"[207]라고 한다. 이 몸의 건설에 관해서는 여기서도 말씀한 바 있다: "그것은 성도들의 완성을 위함이고, 봉사의 직무를 위함이며, 그리스도의 몸의 건설을 위함입니다." 이어서 우리가 지금 다루는 주제가 나온다: "그리하여 우리 모두가 신앙의 일치와 하느님 아드님에 대한 지식에 당도하고, 완전한 남자에게 이르고, 그리스도의 성장한 시기의 크기에 이르게 됩니다." 그러고는 그 크기가 어느 몸에 해당하는지 이해하게 다음과 같은 말로 보여준다: "그분으로 말미암아 온몸은 영양을 공급받는 모든 관절을 통해 연결되고 결합됩니다. 관절은 각각 맡은 분량대로 활동합니다. 그리하여 몸은 성장을 거듭하여 사랑으로 지체를 건설하게 됩니다." 각 지체의 크기가 있듯이, 자체의 모든 부분들로 구성된 몸 전체의 충만한 크기라는 것도 있다. "그리스도의 성장한 시기의 크기"라는 것은 이것을 두고 한 말이다. 이 충만함이 무엇인지는 사도가 그리스도에 관해 언급하는 다른 구절에서도 상기시켰다: "그분을 만물 위에 교회의 머리로 삼으셨습니다. 교회는 그분의 몸이요, 만물 안에서 만

ecclesiae, quae est corpus eius, plenitudo eius, qui omnia in omnibus impletur. Verum si hoc ad resurrectionis formam, in qua erit unusquisque, referendum esset, quid nos impediret nominato uiro intellegere et feminam, ut uirum pro homine positum acciperemus? Sicut in eo quod dictum est: *Beatus uir qui timet Dominum,* utique ibi sunt et feminae, quae timent Dominum.

19. Quid iam respondeam de capillis atque unguibus? Semel quippe intellecto ita nihil periturum esse de corpore, ut deforme nihil sit in corpore, simul intellegitur ea, quae deformem factura fuerant enormitatem, massae ipsi accessura esse, non locis in quibus membrorum forma turpetur. Velut si de limo uas fieret, quod rursus in eundem limum redactum totum de toto iterum fieret, non esset necesse ut illa pars limi, quae in ansa fuerat, ad ansam rediret, aut quae fundum fecerat, ipsa rursus faceret fundum, dum tamen totum reuerteretur in totum, id est, totus ille limus in totum uas nulla sui perdita parte remearet. Quapropter si capilli totiens tonsi unguesue desecti ad sua loca deformiter redeunt, non redibunt; nec tamen cuique resurgenti peribunt, quia in eandem carnem, ut quemcumque ibi locum corporis teneant, seruata partium congruentia materiae mutabilitate uertentur. Quamuis quod ait Dominus: *Capillus capitis uestri*

---

[208] 에페 1,22-23.

[209] 시편 111,1. 〔새번역 112,1: "행복하여라, 주님을 경외하는 이!"〕

[210] 시시콜콜한 세부사항까지 진지하게 답변하는 교부의 자세를 보건대 당대 영지주의나 신플라톤주의 지성인들의 조롱 반 비판 반 시비에 당시 그리스도교가 얼마나 민감했던가를 보여준다. Cf. *Enchiridion* 23.89.

[211] *servata partium congruentia materiae mutabilitate* vertentur: 기형이니 손발톱이니 하는 언짢은 힐문에 옹기장이의 작업을 들어 "질료의 전용"이라는 해법으로 대꾸한다.

물을 충만케 하시는 그분의 충만입니다."[208] "완전한 남자"를 논하는 이 구절이 각자가 놓이게 될 부활의 형태와 연관을 가진다면, 여기서 남자라는 말로 여자도 의미하는 것으로 알아듣지 못하게 가로막는 것이 도대체 무엇인가? "남자"라는 말을 "사람" 대신에 쓰인 말로 받아들이지 말라는 법이 어디 있는가? "주님을 두려워하는 남자는 복되다"[209]라고 한 말씀에서도 마찬가지다. 여기에는 의당히 주님을 두려워하는 여자들도 들어 있다.

19. 현생에서 인간적 아름다움을 손상시키는 모든 육체적 결함은 부활 때 사라질 것이고, 그럼으로써 육체의 자연적 실체는 남아있지만 속성과 질량은 단일한 아름다움으로 통합될 것이다

19. 1. 육체의 지체들은 장차 어떻게 될 것인가

그럼 머리카락이나 손발톱에 관해서는 무슨 대답을 해야 할까?[210] 몸에서 아무것도 잃지 않으리라는 것을 일단 전제로 알아듣고 나면, 그러면서 몸에는 기형적인 것이 아무것도 없으리라고 일단 알아듣고 나면, 기형적 거구巨軀를 초래했던 부분들은 전체에 첨가될 것이지 그 지체를 못생기게 만들었던 그 장소에 첨가되지는 않을 것임을 당장 깨달을 수 있다. 이것은 마치 진흙으로 그릇을 만들 때, 남아서 다시 반죽으로 돌아온 흙덩이 부스러기들 전부를 갖고서 어떤 물건 전체를 만들어내는 것과 비슷하다. 따라서 그릇의 손잡이를 이루던 진흙 부스러기가 반드시 손잡이를 만드는 데로 돌아가야 할 필요가 없다. 마찬가지로 잔을 만들던 진흙은 반드시 잔을 만들어야 하는 것도 아니다. 오히려 전부가 전체로 전용轉用되면 된다. 다시 말해 부스러기를 어느 하나도 빠뜨리지 않고 그 진흙 전부를 갖고 온 그릇을 만들어내면 된다. 그와 같이 숱하게 깎아온 머리카락과 잘라낸 손발톱이 자기 자리로 돌아가서 기형을 이룬다면 그 자리로 돌아가지 않을 것이다. 매한가지로 부활하는 사람에게는 아무것도 잃지 않을 것이다. 왜냐하면 모두가 본래의 육신으로 돌아가서 거기서 신체의 각각의 위치를 고수하겠지만, 부분들의 조화와 균형을 유지하면서, 질료의 가변성에 입각해서 전용될 테니까.[211] "여러분의 머리카락 하나도 잃지 않을 것입니다" 하

non peribit, non de longitudine, sed de numero capillorum dictum multo aptius possit intellegi; unde et alibi dicit: *Capilli capitis uestri numerati sunt omnes*. Neque hoc ideo dixerim, quod aliquid existimem corpori cuique periturum, quod naturaliter inerat; sed quod deforme natum fuerat (non utique ob aliud, nisi ut hinc quoque ostenderetur, quam sit poenalis condicio ista mortalium), sic esse rediturum, ut seruata integritate substantiae deformitas pereat. Si enim statuam potest artifex homo, quam propter aliquam causam deformem fecerat, conflare et pulcherrimam reddere, ita ut nihil inde substantiae, sed sola deformitas pereat, ac si quid in illa figura priore indecenter extabat nec parilitate partium congruebat, non de toto, unde fecerat, amputare atque separare, sed ita conspergere uniuerso atque miscere, ut nec foeditatem faciat nec minuat quantitatem: quid de omnipotenti artifice sentiendum est? Ergone non poterit quasque deformitates humanorum corporum, non modo usitatas, uerum etiam raras atque monstrosas, quae huic miserae uitae congruunt, abhorrent autem ab illa futura felicitate sanctorum, sic auferre ac perdere, ut, quascumque earum faciunt etsi naturalia, tamen indecora excrementa substantiae corporalis, nulla eius deminutione tolluntur?

Ac per hoc non est macris pinguibusque metuendum, ne ibi etiam tales sint, quales si possent nec hic esse uoluissent. Omnis enim corporis pulchritudo est partium congruentia cum quadam coloris suauitate. Vbi autem non est partium congruentia, aut ideo quid offendit quia prauum est, aut ideo quia parum, aut ideo quia nimium. Proinde nulla erit deformitas, quam facit incongruentia partium, ubi et quae praua sunt corrigentur, et quod minus est quam decet, unde Creator nouit, inde supplebitur, et

---

[212] 루가 12,7.

[213] *servata integritate substantiae* deformitas pereat: 앞의 "질료의 전용"과 더불어 "기형"의 부활에 대한 재치있는 답변이다.

[214] non de toto amputare, sed ita *conspergere universo* atque miscere: "전체를 다시 녹여서 재혼합함 으로써"(Dyson)라는 의미는 아니다.

[215] partium congruentia cum quadam coloris suavitate: 교부의 미학 개념은 다음을 참조: *De vera religione* 22.42; 30.56; 32.59; 39.72; 40.74; *De diversis quaestionibus 83,* 44; *Confessiones* 4.13.20.

는 주님의 말씀이 머리카락 길이 아닌 머리카락 숫자를 두고 하는 말씀이라고 이해하는 편이 훨씬 적절하겠다. 그래서 다른 구절에서는 "그분은 여러분의 머리카락까지도 다 세어놓고 계십니다"[212]라는 말씀이 있다. 내가 이런 말을 하는 것은 자연본성적으로 몸에 있던 무엇을 상실하리라고 생각해서가 아니다. 오히려 기형적으로 태어난 것이 (기형이 나타나는 것은 사멸할 인간들의 벌받는 조건이 어떤 것인가를 보여주기 위함이 아니고서는 다른 연고가 없다) 결국은 정상적으로 복원되어 실체의 온전성은 보존된 채로 기형은 사라지게 되어 있다는 뜻에서 하는 말이다.[213] 어느 장인匠人이 동상을 만들었는데 무슨 이유론가 기형적으로 만들었다면 그것을 녹여가면서 아주 아름답게 손질하는데 실체에서는 아무것도 잃지 않고 기형만 사라지게 한다. 또 만일 첫 번 형상에 보기 흉한 무엇이 있었고 부분들의 균형에 어울리지 않는 무엇이 있었다면, 자기가 만들어낸 동상 전체에서 그것을 잘라내거나 분리하지 않고 전체에다 골고루 덧붙이거나 뒤섞음으로써,[214] 흉한 모습을 만들지도 않고 본래의 분량도 줄지 않게 한다. 하물며 전능한 장인匠人에 대해서는 어떻게 생각해야 하겠는가? 그러니 그분으로서 인간 육체들의 기형들, 예사로운 것들만 아니고 드물고 괴물 같은 기형들을 제거하고 없애버리는 일이 불가능하겠는가? 이 가련한 인생에 어울리더라도 성도들의 저 미래의 행복에서는 혐오받을 기형들이라면. 그래서 신체적 실체에 비록 자연스런 것일지라도 보기 흉한 혹 같은 것이라면, 실체에서는 아무것도 감소하지 않은 채로, 제거되지 않겠는가?

19.2. 지체들의 균형은 어찌 될 것인가

그러니 마른 사람들이나 살찐 사람들이나, 저 부활 때 여기서 그런 모습이 될 수 있었으면 했던 모습과 달리 나타나면 어쩌나 두려워할 필요가 없다. 무릇 신체의 모든 아름다움은 부분들의 균형이고 고상한 색조에 있다.[215] 부분들의 균형이 없는 곳에서는 뭔가 마음에 들지 않는데 그 이유는 무엇인가 불량하거나 부족하거나 지나치기 때문이다. 따라서 부활 때는 부분들의 불균형이 초래하는 기형이 전혀 없을 것이다. 그때 가면 불량한 것들은 교정되고, 온당한 것에 비해 부족한 것은 창조자가 아는 방법으로 보충될 것이다. 온당한 것에 비

quod plus est quam decet, materiae seruata integritate detrahetur. Coloris porro suauitas quanta erit, ubi iusti fulgebunt sicut sol in regno Patris sui! Quae claritas in Christi corpore, cum resurrexit, ab oculis discipulorum potius abscondita fuisse quam defuisse credenda est. Non enim eam ferret humanus atque infirmus aspectus, quando ille a suis ita deberet adtendi, ut posset agnosci. Quo pertinuit etiam, ut contrectantibus ostenderet suorum uulnerum cicatrices, ut etiam cibum potumque sumeret, non alimentorum indigentia, sed ea qua et hoc poterat potestate. Cum autem aliquid non uidetur, quamuis adsit, a quibus alia, quae pariter adsunt, uidentur, sicut illam claritatem dicimus adfuisse non uisam, a quibus alia uidebantur: ἀορασία Graece dicitur, quod nostri interpretes Latine dicere non ualentes in libro Geneseos caecitatem interpretati sunt. Hanc enim sunt passi Sodomitae, quando quaerebant ostium iusti uiri nec poterant inuenire. Quae si fuisset caecitas, qua fit ut nihil possit uideri, non ostium qua ingrederentur, sed duces itineris a quibus inde abducerentur, inquirerent.

Nescio quo autem modo sic afficimur amore martyrum beatorum, ut uelimus in illo regno in eorum corporibus uidere uulnerum cicatrices, quae pro Christi nomine pertulerunt; et fortasse uidebimus. Non enim deformitas in eis, sed dignitas erit, et quaedam, quamuis in corpore, non corporis, sed uirtutis pulchritudo fulgebit. Nec ideo tamen si aliqua martyribus amputata et ablata sunt membra, sine ipsis membris erunt in resurrectione mortuorum, quibus dictum est: *Capillus capitis uestri non peribit*. Sed si hoc decebit in illo nouo saeculo, ut indicia gloriosorum uulnerum in illa inmortali carne cernantur, ubi membra, ut praeciderentur,

---

[216] 마태 13,43 참조: "그 때 의인들은 아버지 나라에서 해와 같이 빛날 것입니다."

[217] 부활한 그리스도의 찬란한 광채를 제자들이 못 본 것은 광채가 부족해서가 아니고 그들의 육안에 감추어져 있었기 때문이다.

[218] 요한 20,24-29 참조.

[219] 루가 24,39-41 참조.

[220] 교부는 같은 그리스어 단어에서 avidentia라는 신조어를 만드는데 (*Quaestiones in Heptateuchum* 1.43: ἀορασία ... quae faciat non videri non omnia, sed quod non opus est "모든 것을 못 보게 만드는 것이 아니라 필요치 않은 것을 못 보게 만드는 것이다") "국부적 시각실조증"(局部的視覺失調症: simultanagnosia)에 해당하는 듯하다.

[221] 창세 19,11 참조: "문 앞에 몰려든 사람들을 어른 아이 할 것 없이 모두 눈이 부셔 문을 찾지 못하게 만들었다."

[222] Cf. Cyprianus, *Epistula* 34.2.

해 지나친 것은, 질료의 온전함은 보전된 채로 제거될 것이다. 의인들이 아버지의 나라에서 태양처럼 빛날 적에[216] 색조의 숭고함이야 오죽하겠는가! 그리스도가 부활했을 적에 그리스도의 몸에 있던 광채는 제자들의 눈에 부족했다기보다는 감추어져 있었다고 믿어야 하리라.[217] 그분이 제자들 눈에 주목되어 그분임을 알아볼 수 있었어야 하는데, 인간적이고 허약한 시력은 그 광채를 감당할 수 없었던 것이다. 그분이 당신을 만지는 사람들에게 당신의 상처의 흔적을 보여준 것도 똑같은 이유에 해당한다.[218] 심지어 먹고 마신 것도 영양분이 필요해서가 아니라 그렇게 할 능력이 있음을 보여주려는 뜻에서였다.[219] 눈앞에 있는데도 어떤 것은 보이지 않고 눈앞에 똑같이 있는 다른 것들은 보이는 경우가 있는데, 우리는 부활한 그리스도의 몸의 저 광채도 눈앞에 있었는데, 다른 것들은 보이면서도 그것은 보이지 않았다는 말을 한다. 이것을 그리스어로 아오라시아라고 하는데 우리 번역자들이 창세기에서 라틴어로 표현할 재주가 없어서 그냥 카이키타스라고 번역했다.[220] 소돔인들이 바로 이런 일을 겪었는데 의인의 집 문을 찾았지만 못 찾아냈던 것이다.[221] 만일 아예 맹목이었다면 아무것도 보지 못했을 테니까 들어갈 문을 찾을 것이 아니라 그곳에서 자기를 데리고 나가줄 길잡이들을 찾았을 것임에 틀림없다.

19.3. 부활 때 순교자들에게는 최고의 품위가 드러날 것이다

복된 순교자들에 대한 사랑에 얼마나 감복하기에 순교자들이 그리스도의 이름을 위해 받았던 상처의 흔적을 우리가 하늘 나라에서까지 순교자들의 몸에서 보고 싶어하는지 나는 모른다. 그렇지만 아마 그것을 보게 될지도 모른다.[222] 그 상흔은 그 몸에 기형이 아니라 품위가 될 것이다. 비록 몸에 있지만 몸의 아름다움으로서가 아니라 덕목德目의 아름다움으로서 빛을 발할 것이다. 그렇지만 박해자들이 순교자들에게서 어떤 지체를 잘라내거나 빼어낸 경우라도, 죽은 이들의 부활 때 그 지체가 없이 존재하지는 않을 것이다. 그들에게 "여러분의 머리카락 하나도 잃지 않을 것입니다"라고 한 말씀이 있기 때문이다. 하지만 새로운 세상에서 저 불사불멸하는 몸에 영광스런 상처의 표지가 눈에 뜨이는 것이 합당하다면 상흔들이 나타날지도 모른다. 단지 지체들을 절단하려고 상처

percussa uel secta sunt, ibi cicatrices, sed tamen eisdem membris redditis, non perditis, apparebunt. Quamuis itaque omnia quae acciderunt corpori uitia tunc non erunt, non sunt tamen deputanda uel appellanda uitia uirtutis indicia.

20. Absit autem, ut ad resuscitanda corpora uitaeque reddenda non possit omnipotentia Creatoris omnia reuocare, quae uel bestiae uel ignis absumpsit, uel in puluerem cineremue conlapsum uel in umorem solutum uel in auras est exhalatum. Absit ut sinus ullus secretumque naturae ita recipiat aliquid subtractum sensibus nostris, ut omnium Creatoris aut cognitionem lateat aut effugiat potestatem. Deum certe uolens, sicut poterat, definire Cicero, tantus auctor ipsorum: «Mens quaedam est, inquit, soluta et libera, secreta ab omni concretione mortali, omnia sentiens et mouens ipsaque praedita motu sempiterno.» Hoc autem repperit in doctrinis magnorum philosophorum. Vt igitur secundum ipsos loquar, quo modo aliquid uel latet omnia sentientem uel inreuocabiliter fugit omnia mouentem?

Vnde iam etiam quaestio illa soluenda est, quae difficilior uidetur ceteris, ubi quaeritur, cum caro mortui hominis etiam alterius fit uiuentis caro, cui potius eorum in resurrectione reddatur. Si enim quispiam confectus fame atque compulsus uescatur cadaueribus hominum, quod malum aliquotiens accidisse et uetus testatur historia et nostrorum temporum infelicia experimenta docuerunt: num quisquam ueridica ratione contendet totum digestum fuisse per imos meatus, nihil inde in eius carnem muta-

---

[223] Cicero, *Tusculanae disputationes* 1.27.66.

[224] 신은 지성이며 (Plato, *Timaeus* 29e - 30c; Porphyrius, *De abstinentia* 11), 사유 중의 사유 (Aristoteles, *Metaphysica* 1074b)이자 부동의 제일원동자 (Aristoteles, *Physica* 243a)이고, 가지계 (可知界)를 움직인다 (Plotinus, *Enneades* 5.8.12).

[225] 키케로의 정의를 원용하여, 원소로 돌아간 육체도 하느님의 시선과 능력을 피할 길 없어 부활 때 복원되리라는 결론을 암시한다.

[226] 티투스의 포위를 당한 유다인들이 예루살렘 함락을 앞두고 인육을 먹었다는 기록이 있다 (Iosephus Flavius, *Bellum Iudaicum* 6.1-4).

[227] 409년 알라릭의 침공 때 로마에서 발생한 사건을 암시하는 듯하다. Cf. Hieronymus, *Epistula* 127 ad Principiam 12; Sozomene, *Historia ecclesiae* 9.8.

내고 도려낸 상흔들은 나타나겠지만 그 지체들은 잃지 않고서 되돌려받은 채로 일 것이다. 몸에 결함으로 덧붙여진 모든 것이 그때는 없을 테지만 덕목의 표지들을 결함으로 여겨서도 안 되고 그렇게 불러서도 안 된다.

20. 죽은 육체들이 어떤 모양으로 소실되었든 부활 때 육체의 자연본성은 온전하게 복원되어야 한다

20. 1. 철학자들은 하느님에 대해 어떻게 생각했는가

짐승이나 불이 삼켜버린 육체, 먼지나 재로 분해되었거나 액체로 녹아버리거나 공기로 증발해 버린 육체를 부활시켜서 생명으로 되돌려 주려고 창조주의 전능이 모든 것을 되불러 올 수 없으리라고 추측함은 말도 안 된다. 자연의 내밀하고 비밀스러운 것이 있어서 우리 감관으로부터 벗어나는 무엇을 지닐 수 있겠지만 만물의 창조자의 지식에서 벗어나거나 그분의 권능에서 벗어날 수 있다고 상상함은 말도 안 된다. 저 사람들 가운데 훌륭한 저술가 키케로는 할 수 있는 데까지 하느님을 정의해 보려고 시도하면서 이렇게 말했다: 신이란 "매인 데가 없고 자유로운 지성으로서, 모든 질료성과 사멸성으로부터 거리를 두고 있으며, 모든 것을 지각하고 움직이게 하며, 자신은 영원한 운동을 갖추고 있다".[223] 그는 위대한 철학자들의 교설에서 이 정의를 발견해냈다.[224] 그렇다면 그들의 말을 빌려 내가 묻겠다: 모든 것을 지각하는 분에게 무엇을 숨길 수 있으며, 모든 것을 움직이는 분에게서 도대체 무엇이 완전히 벗어날 수 있겠는가?[225]

20. 2. 남에게 먹힌 시체는 부활 때 어떻게 될 것인가

그렇다면 다음의 문제를 풀어야 할 차례가 왔다. 다른 문제들보다 더 어려운 문제로서, 죽은 사람의 살이 또한 살아있는 딴 사람의 살이 되어 있다면, 부활 때에 둘 중의 누구에게로 돌아가겠느냐는 물음이다. 누가 배고픔을 견디지 못해 사람들의 시체를 먹었다고 하자. 이런 행악이 간혹 일어났다는 것은 고대 역사도 증언을 하고[226] 우리 시대의 서글픈 경험도 가르친 바이다.[227] 진실한 이치를 안다면, 먹은 것 전체가 소화되어 항문의 통로를 거쳐서 빠져나갔을 뿐 아무것도 먹은 사람의 살로 변하여 동화된 것은 없으리라고 우길 사람이 누군

tum atque conuersum, cum ipsa macies, quae fuit et non est, satis indicet quae illis escis detrimenta suppleta sint? Iam itaque aliqua paulo ante praemisi, quae ad istum quoque nodum soluendum ualere debebunt. Quidquid enim carnium exhausit fames, utique in auras est exhalatum, unde diximus omnipotentem Deum posse reuocare, quod fugit. Reddetur ergo caro illa homini, in quo esse caro humana primitus coepit. Ab illo quippe altero tamquam mutuo sumpta deputanda est; quae sicut aes alienum ei redhibenda est, unde sumpta est. Sua uero illi, quem fames exinanierat, ab eo, qui potest etiam exhalata reuocare, reddetur. Quamuis etsi omnibus perisset modis nec ulla eius materies in ullis naturae latebris remansisset, unde uellet, eam repararet Omnipotens. Sed propter sententiam Veritatis, qua dictum est: *Capillus capitis uestri non peribit*, absurdum est, ut putemus, cum capillus hominis perire non possit, tantas carnes fame depastas atque consumptas perire potuisse.

Quibus omnibus pro nostro modulo consideratis atque tractatis haec summa conficitur, ut in resurrectione carnis in aeternum eas mensuras habeat corporum magnitudo, quas habebat perficiendae siue perfectae cuiusque indita corpori ratio iuuentutis, in membrorum quoque omnium modulis congruo decore seruato. Quod decus ut seruetur, si aliquid demptum fuerit indecenti alicui granditati in parte aliqua constitutae, quod per totum spargatur, ut neque id pereat et congruentia partium ubique teneatur: non est absurdum, ut aliquid inde etiam staturae corporis addi posse credamus, cum omnibus partibus, ut decorem custodiant, id distribuitur, quod si enormiter in una esset, utique non deceret. Aut si contenditur in ea quemque statura corporis resurrecturum esse, in qua defunctus est, non

---

[228] *indita* corpori *ratio* iuventutis: 부활 때의 신체의 기준(ratio: "배종 이념". 앞의 각주 179 참조)이 인간의 청춘기가 되리라는 추측이다. 한 문장에 modulus(한도), mensura(척도)라는 용어도 나와 있다.

가? 한때 보이던 여윈 모습이 없다는 것만으로도 부족하던 것이 그 음식으로 보충되었음을 판명하기에 충분하지 않은가? 조금 전에 내가 전제로 삼은 얘기는 이 매듭을 푸는 데도 힘이 될 것이 틀림없다. 굶주림이 어떤 살코기를 먹어 없앴든 신진대사를 거쳐 응당 대기大氣 속으로 증발되었을 것이고, 그럴 경우에 전능한 하느님이 대기 속으로 달아나버린 것을 되불러올 수 있다는 말을 우리가 했다. 그러니까 그 살은 그 사람에게로, 즉 먼저 그 인간의 살로 시작했던 사람한테로 되돌아갈 것이다. 그 살을 먹은 사람은 마치 빌려다가 취한 것처럼 여겨야 한다. 따라서 남의 돈처럼 그것을 취한 본인에게 돌려줘야 한다. 그 살을 먹고 배고픔이 가셨던 사람에게는 증발한 것마저 되불러올 수 있는 분이 본인의 살을 되돌려 줄 것이다. 설령 모든 양상으로 보더라도 그 살이 완전히 없어져 버렸고 그것의 재료가 대자연의 어느 숨은 곳에도 남아있지 않을지라도, 전능한 분은 당신이 원하는 식으로 그 살을 보충해 줄 것이다. 진리인 분이 "여러분의 머리카락 하나도 잃지 않을 것입니다"라고 한 말씀 때문에도, 인간의 머리카락은 잃을 수 없다면서도, 굶주림으로 먹어 치운 그 많은 살은 없어질 수 있다고 우리가 생각한다면 그것은 부조리하기 이를 데 없다.

20.3. 성도의 육신에는 기품이 있을 것이다

우리 나름의 한도에 맞추어 이 모든 문제들을 고찰하고 취급하고 나서 다음과 같이 그 내용을 간추릴 수 있겠다. 육신이 영원에로 부활할 때에 지니게 될 육체의 크기는, 육체에 인각된 기준基準, 각 사람에게 완성되어야 할 청춘기 혹은 완성된 청춘기의 기준[228]이 갖추게 될 그 척도尺度가 될 것이다. 물론 모든 지체들의 한도에도 적절한 기품이 보존한 채로. 그 기품을 보존하려는 목적으로, 구성된 육신의 어떤 부분에 기품에 맞지 않는 크기가 있어서 그 크기로부터 어떤 것을 제해야 한다면, 그것이 몸 전체에 분산되어 그것을 잃는 일도 없고 부분들의 균형도 지켜지기에 이른다. 그래서 생전의 몸의 키에 무엇이 보태질 수 있다고 믿어도 부조리한 것은 아니니 기품을 보존하려는 뜻에서 그것이 모든 부분들에 분배되는 까닭이다. 한 부분에 거대하게 몰려 있다면 당연히 기품이 없을 것이다. 만약 누가 사람이 죽은 그 몸의 키를 갖고서 부활하리라는 사실을 두고

pugnaciter resistendum est; tantum absit omnis deformitas, omnis infirmitas, omnis tarditas omnisque corruptio, et si quid aliud illud non decet regnum, in quo resurrectionis et promissionis filii aequales erunt angelis Dei, si non corpore, non aetate, certe felicitate.

21. Restituetur ergo quidquid de corporibus uiuis uel post mortem de cadaueribus periit, et simul cum eo, quod in sepulcris remansit, in spiritalis corporis nouitatem ex animalis corporis uetustate mutatum resurget incorruptione atque inmortalitate uestitum. Sed etsi uel casu aliquo graui uel inimicorum inmanitate totum penitus conteratur in puluerem atque in auras uel in aquas dispersum, quantum fieri potest, nusquam esse sinatur omnino: nullo modo subtrahi poterit omnipotentiae Creatoris, sed capillus in eo capitis non peribit. Erit ergo spiritui subdita caro spiritalis, sed tamen caro, non spiritus; sicut carni subditus fuit spiritus ipse carnalis, sed tamen spiritus, non caro. Cuius rei habemus experimentum in nostrae poenae deformitate. Non enim secundum carnem, sed utique secundum spiritum carnales erant, quibus ait apostolus: *Non potui uobis loqui quasi spiritalibus, sed quasi carnalibus*; et homo spiritalis sic in hac uita dicitur, ut tamen corpore adhuc carnalis sit et uideat aliam legem in membris suis repugnantem legi mentis suae; erit autem etiam corpore spiritalis, cum

---

[229] 루가 20,35 ("부활에 참여할 자격을 얻은 사람들"); 갈라 4,28 ("약속의 자손들") 참조.

[230] 그리스도의 충만한 연세와 결부되는 부활이 이토록 세세하게 토론되는 연유는 구원이 영육으로 된 인간 전체에 미친다는 전통 사상 때문이다: Iustinus, *De resurrectione* 8; Athenagoras, *De resurrectione* 12; Irenaeus, *Adversus haereses* 5.2.2-3; Origenes, *Contra Celsum* 5.23-24.

[231] *in spiritalis corporis novitatem* mutatum: 여태까지의 자구적 부활이론의 시비를 벗어나 바울로의 사상(1고린 15,42-49 참조)에서 본답을 내놓는다.

[232] Cf. *Enchiridion* 23.91: "지금 생물적 육체라고 하는데 어디까지나 육체요 영이 아니듯이 그때도 영적 육체라고 하는데 어디까지나 육체요 영이 아닐 것이다."

[233] 1고린 3,1.

[234] 로마 7,23 참조: "지체 안에서는 또 다른 법 … 이 법이 이성의 법을 거슬러 싸우며 …."

[235] *corpore adhuc carnalis* sit … *etiam corpore spiritalis*: 현세와 후세에서 육체가 갖는 성격을 간결하게 대조하고 있다.

[236] 1고린 15,44. 본서 13.20, 23.2에도 인용.

[237] 불가타 성서나 교부들에게서 spiritalis caro가 쓰여 왔는데 교부는 spiritale corpus라는 용어도 구사해 본다.

[238] 육신 부활이라는 난제에 관한 반론에 일일이 답변하고서 지금부터 교부는 "영원한 행복"의 면모를 추정해 보려고 시도한다.

[239] 시편 25,8. [새번역 26,8: "주님, 저는 당신께서 계시는 집과 당신 영광이 깃드는 곳을 사랑하나이다."]

시비를 걸어온다면 격렬하게 맞싸울 필요가 없다. 그렇더라도 일체의 기형, 일체의 나약함, 일체의 지진遲進, 일체의 부패, 그밖의 무엇이든 저 나라에는 합당하지 못하다. 저 나라에서는 부활과 약속의 자손들[229]이 하느님의 천사들과 동등해지는데 육체로나 연세로 그런 것이 아니고 행복으로 동등해진다.[230]

21. 성도의 육신이 변하는 영적인 몸과 그 새로움

한마디로, 산 육체에서든 죽은 뒤 시체에서든 잃어버린 것은 무엇이든지 복원될 것이다. 또 무덤에 남아있던 것과 더불어, 묵은 생물적 육체로부터 새로운 영적인 몸으로 변하여[231] 썩지 않음과 불사불멸을 입고서 부활할 것이다. 설혹 어떤 중대한 사고를 당해서 혹은 원수들의 잔학함으로 인해 몸 전체가 거의 먼지로 바스러지거나, 아무것도 남아있지 않을 만큼 철저히 대기나 물로 분산되어 버렸다고 하자. 그렇더라도 창조주의 전능에서 벗어나는 일은 불가능하고 거기서 머리카락 하나도 잃지 않을 것이다. 그러므로 영적인 몸은 영에 복속할 것이지만 어디까지나 몸이지 영이 아니다.[232] 우리 벌에서 오는 기형을 보면서 이 문제에 관한 경험을 우리는 갖고 있다. 사도가 "나는 영적인 여러분이 아니라 육적인 여러분에게 하듯이 말할 수밖에 없었습니다"[233]라고 말하는 상대방은 육에 따라서 육적인 사람들이 아니고 영에 따라서 육적인 사람들이었다. 현세의 삶에서 영적 인간이라고 일컫더라도 아직 육체로 인해 육적이라고 하겠고, 자기 지체 안에 다른 법이 있어서 자기 이성의 법을 거슬러 싸움을 체험한다.[234] 같은 육이 부활할 때에는 육체상으로도 영적이라고 하겠으니[235] 그때는 "생물적인 몸으로 씨뿌려지지만 영적인 몸으로 일어납니다"[236]라고 기록된 말씀이 이루어질 것이다. 영적 육체[237]의 은공이 어떤 것이고 얼마나 위대한 것일지는, 아직까지 경험에 미치지 못한 것이기 때문에, 그것에 관해 뭔가 발설한다면 어떤 언사든 불손한 짓이 되지나 않을까 두렵다.[238] 그렇긴 하지만 하느님을 찬미하는 뜻에서라도 우리 희망의 기쁨은 묵과해서는 안 될 터이고, 또 내면에서 불타는 거룩한 사랑의 가락으로 "주님, 나는 당신의 집의 아름다움을 사랑했나이다"[239]라고 한 말씀도 있다. 따라서 우리가 지금까지 경험해 보지 못했고 제대

eadem caro sic resurrexerit, ut fiat quod scriptum est: *Seminatur corpus animale, resurget corpus spiritale.* Quae sit autem et quam magna spiritalis corporis gratia, quoniam nondum uenit in experimentum, uereor ne temerarium sit omne, quod de illa profertur, eloquium. Verum tamen quia spei nostrae gaudium propter Dei laudem non est tacendum et de intimis ardentis sancti amoris medullis dictum est: *Domine, dilexi decorem domus tuae*: de donis eius, quae in hac aerumnosissima uita bonis malisque largitur, ipso adiuuante coniciamus, ut possumus, quantum sit illud, quod nondum experti utique digne eloqui non ualemus. Omitto enim, quando fecit hominem rectum — omitto uitam illam duorum coniugum in paradisi fecunditate felicem, quoniam tam breuis fuit, ut ad nascentium sensum nec ipsa peruenerit: in hac, quam nouimus, in qua adhuc sumus, cuius temptationes, immo quam totam temptationem, quamdiu in ea sumus, quantumlibet proficiamus, perpeti non desinimus, quae sint indicia circa genus humanum bonitatis Dei, quis poterit explicare?

로 형언하기도 불가능한 저것이 얼마나 위대한지를 주님의 은총에 힘입어, 힘 닿는 데까지 추측해 보기로 하자. 다만 우리가 하는 추정은 어디까지나 고생스럽기 이를 데 없는 이 인생에서 선인에게도 악인에게도 베풀어지는 그분의 선물로부터 거슬러올라가는 추정이다. 하느님이 의인을 창조했을 때의 일, 즉 낙원의 풍요 속에서 행복하기만 하던 부부의 행복하기만 했던 삶에 대해서는 아무런 언급도 하지 않는다. 그 행복한 삶이 너무 짧아서 새로 태어나는 사람들의 지각에 전혀 미치지 않았을 것이기 때문이다. 우리가 아는 이 삶에서는 어쩌면 이 삶 전체가 하나의 시험이다. 우리가 아직 살아있는 한 이 삶에서는 우리가 비록 선을 향해 정진한다고 하더라도, 시험을 당하는 일이 결코 그치지 않을뿐더러, 우리가 살아있는 한 어쩌면 이 삶 전체가 하나의 시험이다. 비록 그렇기는 하더라도 인류를 상대로 하는 하느님의 선성善性의 표지들이 과연 무엇인지 누가 설명할 수 있겠는가?[240]

---

[240] 인생이 가련함에도 하느님의 선성에 대한 희망이 교부들의 기조사상을 이룬다. 예: Hippolytus, *Adversus Graecos* 2; Origenes, *De principiis* 3.6.6-7.

22. Nam quod ad primam originem pertinet, omnem mortalium progeniem fuisse damnatam, haec ipsa uita, si uita dicenda est, tot et tantis malis plena testatur. Quid enim aliud indicat horrenda quaedam profunditas ignorantiae, ex qua omnis error existit, qui omnes filios Adam tenebroso quodam sinu suscepit, ut homo ab illo liberari sine labore dolore timore non possit? Quid amor ipse tot rerum uanarum atque noxiarum et ex hoc mordaces curae, perturbationes, maerores, formidines, insana gaudia, discordiae, lites, bella, insidiae, iracundiae, inimicitiae, fallacia, adulatio, fraus, furtum, rapina, perfidia, superbia, ambitio, inuidentia, homicidia, parricidia, crudelitas, saeuitia, nequitia, luxuria, petulantia, inpudentia, inpudicitia, fornicationes, adulteria, incesta et contra naturam utriusque sexus tot stupra atque inmunditiae, quas turpe est etiam dicere, sacrilegia, haereses, blasphemiae, periuria, oppressiones innocentium, calumniae, circumuentiones, praeuaricationes, falsa testimonia, iniqua iudicia, uiolentiae, latrocinia et quidquid talium malorum in mentem non uenit et tamen de uita ista hominum non recedit? Verum haec hominum sunt malorum, ab illa tamen erroris et peruersi amoris radice uenientia, cum qua omnis filius Adam nascitur. Nam quis ignorat cum quanta ignorantia ueritatis, quae iam in infantibus manifesta est, et cum quanta abundantia uanae cupiditatis, quae in pueris incipit apparere, homo ueniat in hanc uitam, ita ut, si dimittatur uiuere ut uelit et facere quidquid uelit, in

---

[241] 영원한 생명의 경지(29-30장)를 해설하기에 앞서 교부는 그와 대조되는 인생의 가련한 처지를 길게 부각시킨다(22-23장).

[242] Cf. Gregorius Magnus, *Homiliae XL in Evangelium* 2.37.1: "현세적 삶이란 영생과 비교하면 삶이라기보다 죽음이라고 해야 한다(mors est potius dicenda quam vita)."

[243] 다른 저서(cf. *Enchiridion* 8.24)에서도 이 문제가 다루어진다.

[244] 악덕(惡德)의 기다란 목록은 고전 작가들(예: Plato, *Respublica* 435c - 439e; Aristoteles, *Metaphysica* 1106b - 1107a)에게서도, 성서(마르 7,21-22; 로마 1,28-31; 갈라 5,19-23)와 초기교회 문헌(*Didache*; Clemens, *Epistulae*; Hermas, *Pastor*)에도 흔하다.

제3부 (22-30)
영원한 생명

22. 인류가 첫 위반으로 피해입은 불행과 해악: 그리스도의 은총을 입지 않으면 아무도 여기서 풀려나지 못한다

22. 1. 어떤 과오가 인생을 부패시키는가[241]

원초에 해당하는 얘기를 하자면, 사멸할 인간들의 조상 모두가 단죄받았다는 사실은 이 삶(이것이 과연 삶이라면 하는 말이지만)[242] 자체, 하고많은 악과 엄청난 악으로 가득한 인생 자체가 증언을 하고 남는다. 무지無知의 엄청난 깊이만큼 이 사실을 가공스럽게 가리켜 보여주는 것이 또 무엇이겠는가? 모든 오류가 그 무지에서 나와 존재하고, 오류가 아담의 모든 자손들을 어두운 심연 속에 너무나 단단히 붙들어 매놓기 때문에, 인간은 수고와 고통과 두려움 없이는 그 오류로부터 벗어날 방도가 없다.[243] 허황하고도 유해하기만 한 숱한 사물들에 매달리는 사랑은 도대체 무엇인가? 그 사랑으로부터 가슴을 물어뜯는 걱정, 불안, 비애, 공포, 광기어린 열락, 불화, 분란, 전쟁, 음모, 분노, 원한, 속임수, 아첨, 사기, 절도, 강탈, 오만, 야심, 시기, 살인, 존속살해, 잔인, 포학, 악의, 사치, 불손, 파렴치, 음탕, 사음, 간통, 근친상간과 양성兩性의 자연본성을 거슬러 일어나는 말하기조차 부끄러운 갖가지 추행과 부정, 신성모독, 이단, 설독褻瀆, 위증, 무죄한 사람들에 대한 탄압, 중상모략, 기만, 공모, 위증, 불공정한 재판, 폭력, 강도, 그밖에도 머리에 떠오르지는 않지만 인간들의 이 한심한 삶에서 결코 떠나지 않는 온갖 악행들이 유래한다.[244] 이런 것들은 정말 악인들의 행실이지만 실은 오류와 그릇된 사랑이라는 뿌리에서 오는 것들이고 아담의 모든 아들이 그 뿌리를 갖고 태어난다. 인간이 진리에 대해 얼마나 엄청난 무지를 안고 이 인생으로 오는지를 모르는 사람이 누구며, 그 무지가 어린애들에게서도 드러난다는 사실을 모르는 사람이 누구겠는가? 또 인간이 헛된 욕망을 얼마나 엄청나게 안고서 이 인생으로 오는지를 모르고, 그 욕망이 아이 때부터 나타나기 시작한다는 사실을 모르는 사람이 누구겠는가? 그래서 사람이 제멋대로 살고 제멋

제22권 2667

haec facinora et flagitia, quae commemoraui et quae commemorare non potui, uel cuncta uel multa perueniat?

Sed diuina gubernatione non omni modo deserente damnatos et Deo non continente in ira sua miserationes suas in ipsis sensibus generis humani prohibitio et eruditio contra istas, cum quibus nascimur, tenebras uigilant et contra hos impetus opponuntur, plenae tamen etiam ipsae laborum et dolorum. Quid enim sibi uolunt multimodae formidines, quae cohibendis paruulorum uanitatibus adhibentur? Quid paedagogi, quid magistri, quid ferulae, quid lora, quid uirgae, quid disciplina illa, qua scriptura sancta dicit dilecti filii latera esse tundenda, ne crescat indomitus domarique iam durus aut uix possit aut fortasse nec possit? Quid agitur his poenis omnibus, nisi ut debelletur inperitia et praua cupiditas infrenetur, cum quibus malis in hoc saeculum uenimus? Quid est enim, quod cum labore meminimus, sine labore obliuiscimur; cum labore discimus, sine labore nescimus; cum labore strenui, sine labore inertes sumus? Nonne hinc apparet, in quid uelut pondere suo procliuis et prona sit uitiosa natura et quanta ope, ut hinc liberetur, indigeat? Desidia segnitia, pigritia neglegentia uitia sunt utique quibus labor fugitur, cum labor ipse, etiam qui est utilis, poena sit.

Sed praeter pueriles poenas, sine quibus disci non potest quod maiores uolunt, qui uix aliquid utiliter uolunt, quot et quantis poenis genus agitetur humanum, quae non ad malitiam nequitiamque iniquorum, sed ad condicionem pertinent miseriamque communem, quis ullo sermone digerit? Quis ulla cogitatione conprehendit? Quantus est metus, quanta calamitas

---

[245] 다른 곳(예: *Confessiones* 8.5.11)에도 이 비관적 인생관이 고통스럽게 펼쳐진다. 이 전반부 (22.22.1 - 24.5)는 본서에서도 수사학적 수식이 가장 풍부한 문장으로 꾸며져 있다.

[246] 21.18에 인용된 시편 76[77],10 참조.

[247] prohibitio et eruditio: 고전학자들이 교육의 근간으로 보았다. Cf. Martialis, *Epigrammata* 10.62; 14.80; Quintilianus, *Institutiones oratoriae* 1.12.8-15.

[248] paedagogus: 로마 시대에는 집에서 주인의 자녀들을 가르치는 교사(노예출신이 흔했다)로서 학교 다니는 학동들을 수행하고 (값비싼) 교재를 들고 다녔다.

[249] 집회 30,12 참조: "젊을 때 그의 목을 굽히고 어릴 때 옆구리를 때려라."

[250] 원죄에 물든 인간의 도덕생활에 "금지와 교육"이 대수롭지 않다는 점은 어린 시절부터 교부가 절감했다(*Confessiones* 1.9.18).

[251] malum: 윤리악(malum morale) 외에 물리악(malum physicum)이 함께 나열된다.

대로 행동해도 좋다고 허용된다면, 내가 방금 열거했거나 미처 열거하지 못한 저 악행과 추행을 모조리 저지르거나 상당수 저지르지 않겠는가?[245]

22.2. 아이들에게 내려지는 교육과 금지

그러나 하느님의 통치가 단죄받은 자들을 전적으로 버리지 않은 덕분에, 또 하느님이 분노로 자비를 거두지 않은 덕택에,[246] 인류의 지각에는 금지와 교육이라는 것이 있어 우리가 지니고 태어나는 어두운 악덕들을 경계하며, 이런 충동들에 맞서 저항한다.[247] 물론 이 금지와 교육도 수고와 고통으로 가득하기는 마찬가지다. 아이들의 방종을 제어하는 데 쓰이는 공포들이 정말 얼마나 다양하던가? 가정교사들[248]이며 선생님들이며 몽둥이며 채찍이며 회초리는 도대체 무엇인가? 심지어 성서마저 귀여운 아들일수록 옆구리를 때려야 한다는가 하면,[249] 그렇게 하지 않으면 제멋대로 자라 버릇을 잡기가 힘들거나 거의 불가능할지 모른다는 말이 나올 정도이니, 규율이란 도대체 무엇인가? 그 모든 징벌이 우리가 이 세상에 태어나면서 갖고 오는 미숙함을 억누르고 못된 욕심을 삼가게 하려는 것이 아니면 무슨 소용이던가? 고생해야 암기가 되고 고생을 않으면 당장 잊고 말며, 힘들여야 배우고 힘들이지 않으면 못 배우며, 수고해야 열심하고 수고하지 않으면 태만해져 버리는 이 모든 짓은 어찌 된 일인가? 여기서 볼 때 인간의 타락한 본성이 나름대로 얼마나 무게를 담고 기울어지고 비뚤어져 있는지, 또 거기서 벗어나려면 얼마나 큰 수고가 필요한지 잘 드러나지 않는가?[250] 빈둥거리고 둔하고 게으르고 소홀함이 한결같이 수고를 기피하는 악습인데 따지고 보면 수고라는 것마저 비록 유용하기는 해도 수고 자체가 하나의 죄벌이다.

22.3. 이승의 삶은 무슨 악으로 가득 차 있는가

어린 시절의 체벌 외에도 인류가 시달리는 죄벌은 또 얼마나 많은가? 어린 시절의 체벌은 그것이 없다면 어른들이 바라는 바를 아이들이 배우지 못하게 마련이겠지만 체벌 때문에 아이들이 유용하게 무엇을 배우고 싶어지는 경우는 매우 드물다. 인류가 당하는 죄벌이라는 것은 악인들의 사악과 악의에만 해당하는 게 아니라 인류의 공통된 인간조건과 불행에 해당하는 것이어서 누가 이를 필설로 감당할 수 있을까?[251] 누가 이를 생각으로나마 포착할 수 있을까? 사별과 애도에

ab orbitatibus atque luctu, a damnis et damnationibus, a deceptionibus et mendaciis hominum, a suspicionibus falsis, ab omnibus uiolentis facinoribus et sceleribus alienis! Quando quidem ab eis et depraedatio et captiuitas, et uincla et carceres, et exilia et cruciatus, et amputatio membrorum et priuatio sensuum, et oppressio corporis ad obscenam libidinem opprimentis explendam et alia multa horrenda saepe contingunt. Quid? Ab innumeris casibus quae forinsecus corpori formidantur, aestibus et frigoribus, tempestatibus imbribus adluuionibus, coruscatione tonitru, grandine fulmine, motibus hiatibusque terrarum, oppressionibus ruinarum, ab offensionibus et pauore uel etiam malitia iumentorum, a tot uenenis fruticum aquarum, aurarum bestiarum, a ferarum uel tantummodo molestis uel etiam mortiferis morsibus, a rabie quae contingit ex rabido cane, ut etiam blanda et amica suo domino bestia nonnumquam uehementius et amarius quam leones draconesque metuatur faciatque hominem, quem forte adtaminauerit, contagione pestifera ita rabiosum, ut a parentibus coniuge filiis peius omni bestia formidetur! Quae mala patiuntur nauigantes! Quae terrena itinera gradientes! Quis ambulat ubicumque non inopinatis subiacens casibus? De foro quidam rediens domum sanis pedibus suis cecidit, pedem fregit et ex illo uulnere finiuit hanc uitam. Quid uidetur sedente securius? De sella, in qua sedebat, cecidit Heli sacerdos et mortuus est. Agricolae, immo uero omnes homines, quot et quantos a caelo et terra uel a perniciosis animalibus casus metuunt agrorum fructibus! Solent tamen de frumentis tandem collectis et reconditis esse securi. Sed quibusdam, quod nouimus, prouentum optimum frumentorum fluuius inprouisus fugientibus hominibus de horreis eiecit atque abstulit. Contra milleformes daemonum incursus quis innocentia sua fidit? Quando quidem, ne quis fideret, etiam paruulos baptizatos, quibus certe nihil est

---

[252] 1열왕[1사무] 4,18 참조.

[253] 아우구스티누스가 태어나고 활약한 북아프리카는 갑작스런 호우로 인한 와디(wadi)의 범람이 유난한 곳이었다.

서 오는 두려움은 얼마나 크고 그 재앙은 얼마나 심각한가! 벌금과 유죄판결에서 오는 두려움과 재앙, 사람들의 기만과 거짓말에서 오는 두려움과 재앙, 거짓 누명에서 오는 두려움과 재앙, 딴 사람의 난폭한 범행과 흉악에서 오는 두려움과 재앙은 또 얼마나 심한가! 약탈과 포로도, 구속과 투옥도, 추방과 고문도, 지체절단과 감각상실도, 억압하는 사람의 추잡한 정욕을 만족시켜 줘야 하는 신체의 억압도, 그밖에도 허다한 가공한 짓들도 다른 사람들 손에서 오고 또 빈번하게 닥친다. 도대체 어쩌자는 것인가? 외부로부터 신체를 위협하는 무수한 사례들, 더위와 추위, 폭풍, 폭우, 홍수, 번개, 천둥, 우박, 벼락이며, 지진과 땅의 갈라짐, 폐허가 덮쳐서, 가축들의 공격과 놀람과 포학으로, 열매와 물과 공기와 짐승의 온갖 독毒으로, 맹수들이 물어뜯어 때로는 그냥 귀찮은 상처로 끝나지만 때로는 죽음에 이르는 상처로, 미친개한테서 옮는 광견병으로 오는 것은 어쩌자는 것인가? 개야 자기 주인한테 아양을 부리고 친근하기 이를 데 없는 짐승이지만, 때때로 사자나 용보다 더 사납고 무서운 짓을 하기 때문에 그것 역시 두려운 일이다. 개가 우연히 광견병을 옮겨 사람이 가공할 전염으로 미치고 나면 부모도 배우자도 자식들도 그 어느 짐승보다 못한 짐승처럼 무서워하게 된다! 뱃길을 가는 사람들은 얼마나 허다한 악을 겪는가? 육로 여행을 하는 사람들도 얼마나 많은 악을 겪는가? 어디를 걸어다니든 뜻밖의 재난을 당하지 않는 사람이 누구던가? 어떤 사람은 멀쩡한 다리로 시장에서 집으로 돌아오다가 다리가 부러져 그 상처로 이 생을 마감한다! 앉아있는 사람이 가장 안전해 보이지 않겠는가? 하지만 사제 엘리는 앉아있던 의자에서 넘어지면서 죽었다.[252] 농부들뿐 아니라 실로 모든 사람들이 하늘이나 땅에서, 해로운 동물에게 당하는 그 숱하고 엄청난 재앙을 얼마나 두려워하던가! 곡식을 거두어 쌓아두고 나면 사람들은 안도하게 마련이다. 하지만 우리가 아는 어떤 사람들은 난데없는 홍수가 범람하여 더없이 좋은 곡식 수확을 앗아가 버렸고, 사람들이나 겨우 목숨을 건져 창고에서 달아나는 경우도 있었다.[253] 마귀들의 다양한 괴롭힘 앞에서 누가 자신의 무구함으로 방어할 수 있겠는가? 아무도 무구함을 믿어서는 안 될 것이 세례 받은 어린아이들이라면 그들보다 무구한 이가 세상에 없을 텐데도 바로 그 아기

innocentius, aliquando sic uexant, ut in eis maxime Deo ista sinente monstretur huius uitae flenda calamitas et alterius desideranda felicitas. Iam uero de ipso corpore tot existunt morborum mala, ut nec libris medicorum cuncta conprehensa sint; in quorum pluribus ac paene omnibus etiam ipsa adiumenta et medicamenta tormenta sunt, ut homines a poenarum exitio poenali eruantur auxilio. Nonne ad hoc perduxit sitientes homines ardor inmanis, ut urinam quoque humanam uel etiam suam biberent? Nonne ad hoc fames, ut a carnibus hominum se abstinere non possent nec inuentos homines mortuos, sed propter hoc a se occisos, nec quoslibet alienos, uerum etiam filios matres incredibili crudelitate, quam rabida esuries faciebat, absumerent? Ipse postremo somnus, qui proprie quietis nomen accepit, quis uerbis explicet, saepe somniorum uisis quam sit inquietus et quam magnis, licet falsarum rerum, terroribus, quas ita exhibet et quodam modo exprimit, ut a ueris eas discernere nequeamus, animam miseram sensusque perturbet? Qua falsitate uisorum etiam uigilantes in quibusdam morbis et uenenis miserabilius agitantur; quamuis multimoda uarietate fallaciae homines etiam sanos maligni daemones nonnumquam decipiant talibus uisis, ut, etiamsi eos per haec ad sua traducere non potuerint, sensus tamen eorum solo appetitu qualitercumque persuadendae falsitatis inludant.

Ab huius tam miserae quasi quibusdam inferis uitae non liberat nisi gratia Saluatoris Christi, Dei ac Domini nostri (hoc enim nomen est ipse Iesus; interpretatur quippe Saluator), maxime ne post hanc miserior ac sempiterna suscipiat, non uita, sed mors. Nam in ista quamuis sint per

---

[254] 22.20.2의 사례 참조.

[255] 교부는 자연적·사회적 재앙으로부터 신경병리적 현상까지 두루 언급하면서 지성과 의지의 전도된 남용을 암시한다.

[256] 마태 1,21 참조: "이름을 예수라 하시오. 그분은 백성을 죄에서 구원할 것이오". Cf. Hieronymus, De nominibus hebraicis 74.15: Iesu salvator.

들마저 마귀들이 괴롭힌다는 것이다. 하느님이 아기에게까지 악이 미치게 잠자코 버려두는 것을 보고 있노라면, 이승에서는 환난을 두고 통곡이나 하고 어차피 딴 세상의 행복이나 동경해야 하는 것이 아닌가 하는 생각이 그 어린것들에게서 가장 절실히 떠오른다. 육체로 말할 것 같으면 질병의 해악이 하도 많이 있어서 의사들도 책에다 모조리 담지 못할 정도다. 또 그 질병들 대다수 아니 거의 전부에는 치료나 처방들이 일종의 고문이어서, 사람들은 벌을 벗어나기 위해 벌에 못지않은 고통을 받느라 시달리는 꼴이다. 엄청난 열화에 허덕이다 보면 사람의 오줌까지, 심지어 자기 오줌까지 마시는 지경으로 끌려가지 않았던가? 굶주림이 사람들의 살코기도 마다하지 못하게 만들고 그것도 죽은 사람들뿐 아니라 바로 그 목적을 위해 자기 손으로 사람들을 죽여서 잡아먹지 않던가? 더구나 광기어린 굶주림이 얼마나 믿겨지지 않을 정도로 잔인함을 유발했으면, 딴 사람들을 잡아먹는 것이 아니라 어미들이 자기 자식까지도 잡아먹지 않던가?[254] 끝으로, 잠은 휴식이라는 이름으로 불리지만 악몽에 시달리며 수면이 얼마나 불안해지는지 누가 말로 형언하겠는가? 악몽중에 보이는 환영이 가짜 사물임에도 얼마나 큰 공포에 휘말리게 되는가? 그런 환영들은 우리가 진짜와 구분하지 못할 정도로 생생하게 나타나고 어느 면에서 각인되기 때문에 가련한 영혼과 지각들을 혼란시킨다. 어떤 질병이나 독물에 빠져 있는 경우에는 그 허상을 보는 환각이 하도 심하여 심지어 깨어 있을 때조차 사람들을 가련할 정도로 흔들어 놓는다. 악령들은 다양하고 가지각색의 속임수를 부려 저런 환영으로 건강한 사람들까지도 속이는 일이 종종 있고, 저런 환몽을 써서 희생자들의 지각을 혼란시키려 한다. 그 사람들을 자기 편으로 돌아서게 만들지는 못하더라도 어떻게든 설득시켜 허위를 주입하려는 욕심에서다.[255]

22. 4. 하느님의 은총만이 이런 악에서 우리를 해방한다

이 가련한 인생의 지옥 같은 처지에서 해방하는 일은 구세주 그리스도, 하느님이요 우리 주님의 은총이 아니고는 안 된다(예수라는 이름 자체가 바로 그러하니 번역하면 "구원자"가 된다).[256] 그래야 이 생명 다음에 더 가련하고 영원한 생명을 받는 일이 없을 것이니 그런 생명은 생명이라기보다는 차라리 죽음이다.

sancta et sanctos curationum magna solacia, tamen ideo non semper etiam ipsa beneficia tribuuntur petentibus, ne propter hoc religio quaeratur, quae propter aliam magis uitam, ubi mala non erunt omnino ulla, quaerenda est; et ad hoc meliores quosque in his malis adiuuat gratia, ut quanto fideliore, tanto fortiore corde tolerentur. Ad quam rem etiam philosophiam prodesse dicunt docti huius saeculi, quam dii quibusdam paucis, ait Tullius, ueram dederunt; nec hominibus, inquit, ab his aut datum est donum maius aut potuit ullum dari. Vsque adeo et ipsi, contra quos agimus, quoquo modo compulsi sunt in habenda non quacumque, sed uera philosophia diuinam gratiam confiteri. Porro si paucis diuinitus datum est uerae philosophiae contra miserias huius uitae unicum auxilium, satis et hinc apparet humanum genus ad luendas miseriarum poenas esse damnatum. Sicut autem hoc, ut fatentur, nullum diuinum maius est donum, sic a nullo deo dari credendum est, nisi ab illo, quo et ipsi qui multos deos colunt nullum dicunt esse maiorem.

23. Praeter haec autem mala huius uitae bonis malisque communia habent in ea iusti etiam proprios quosdam labores suos, quibus aduersus uitia militant et in talium proeliorum temptationibus periculisque uersantur. Aliquando enim concitatius, aliquando remissius, non tamen desinit caro concupiscere aduersus spiritum et spiritus aduersus carnem, ut non ea quae uolumus faciamus, omnem malam concupiscentiam consumendo, sed eam nobis, quantum diuinitus adiuti possumus, non ei consentiendo subdamus, uigiliis continuis excubantes, ne opinio ueri similis fallat, ne decipiat sermo uersutus, ne se tenebrae alicuius erroris offundant, ne quod bonum

---

[257] Cf. Cicero, *De finibus bonorum et malorum* 5.21.58: "플라톤은 … 행복하게도 늙어서도 지혜를 얻었고 참된 사상을 획득할 수 있었다."

[258] Cf. Cicero, *Academia posterior* 1.2.7.

[259] "더할 나위 없는 선물"(nullum divinum maius est donum)로부터 "더할 나위 없이 위대한 신"(nullum (deum) dicunt esse maiorem)에게로 비약한다.

[260] 갈라 5,17 참조: "육은 영을 거슬러 욕정을 일으키고 영은 육을 거슬러 일어납니다. 둘은 상극이라 여러분이 스스로 원하는 것을 행하지 못하게 합니다". 본서 13.13; 15.5 등에 인용.

[261] 이하에 교부의 수사학적 재능으로 유려하게 다듬어진 도덕적 훈계가 열거된다.

현세의 삶에서도 거룩한 사물들과 거룩한 사람들을 통해 오는 크나큰 치유의 위로가 있기는 하지만, 그런 것을 청원하는 사람들에게 항상 그 혜택이 제공되는 것은 아니다. 그런 치유 때문에 이 종교를 찾는 일이 없기 위함이다. 이 종교는 그것보다 다른 삶을 바라고 찾아야 하며, 거기서는 아무 악도 전혀 존재하지 않을 것이다. 그래서 은총이 이런 해악 중에서 그래도 선한 사람들을 도와 더 충실하고 더 용맹한 마음으로 해악을 견디어내게 한다. 이 세상의 식자들은 이 일에는 철학도 보탬이 된다고 말하고, 툴리우스 키케로는 신들이 소수 인간에게만 참다운 철학을 베풀어 주었다고 한다.[257] 또 그는 인간들에게 철학보다 더 훌륭한 선물이 신들에 의해 주어지지 않았고 주어질 수도 없다는 말도 했다.[258] 따라서 우리가 논쟁 상대인 인사들마저 아무 철학이나가 아니라 참된 철학을 알기 위해서는 신의 은총이 필요하다고 자백하지 않을 수 없었던 셈이다. 이 인생의 비참에 유일한 도움이라고 할 참된 철학이 소수에게만 신으로부터 주어졌다면, 여기서 인류는 불행의 징벌을 받도록 단죄받았음이 어지간히 드러나고 남는다. 저 사람들이 하는 말대로, 이보다 더 큰 신의 선물이 아무것도 없다고 했듯이, 이 선물을 제공하는 분도 저 신 아니고서는 아무도 없다고 믿어야 한다. 다신을 숭배하는 사람들마저 더 위대한 분이 없다고 말하는 그 신 말이다.[259]

23. 선인과 악인에게 공통된 악 외에 특히 선인에게 고통스런 현생의 불행들

선인들과 악인들에게 공통된, 현생의 이런 악 이외에도 의인들은 인생에서 고유한 수고도 또한 간직하고 있다. 그것으로 의인들은 악덕에 대항해서 싸움을 벌이고 그만큼 전투의 시험과 위험에 또한 많이 부딪치게 된다. 때로는 격하고 때로는 순하게 그러나 육이 영을 거슬러 탐하고 영이 육을 거슬러 탐하기를 결코 그치지 않는다. 그것은 모든 악한 욕망을 다 채워서 우리가 스스로 원하는 대로 하지 말라는 뜻이다.[260] 오히려 신적 도움을 받아서 할 수 있는 대로 욕망에 동의하지 않음으로써 욕망을 굴복시키라는 것이다.[261] 끊임없는 경계심으로 자기를 살핌으로써 진리와 비슷한 사상이 우리를 속이는 일이 없게 하고, 교묘한 말이 우리를 기만하는 일이 없게 하고, 어떤 오류의 그림자가 드리우지

est malum aut quod malum est bonum esse credatur, ne ab his quae agenda sunt metus reuocet, ne in ea quae agenda non sunt cupido praecipitet, ne super iracundiam sol occidat, ne inimicitiae prouocent ad retributionem mali pro malo, ne absorbeat inhonesta uel inmoderata tristitia, ne inpertiendorum beneficiorum ingerat mens ingrata torporem, ne maledicis rumoribus bona conscientia fatigetur, ne temeraria de alio suspicio nos nostra decipiat, ne aliena de nobis falsa nos frangat, ne regnet peccatum in nostro mortali corpore ad oboediendum desideriis eius, ne membra nostra exhibeantur iniquitatis arma peccato, ne oculus sequatur concupiscentiam, ne uindicandi cupiditas uincat, ne in eo quod male delectat uel uisio uel cogitatio remoretur, ne inprobum aut indecens uerbum libenter audiatur, ne fiat quod non licet etiamsi libet, ne in hoc bello laborum periculorumque plenissimo uel de uiribus nostris speretur facienda uictoria uel uiribus nostris facta tribuatur, sed eius gratiae, de quo ait apostolus: *Gratias autem Deo, qui dat nobis uictoriam per Dominum nostrum Iesum Christum*; qui et alio loco: *In his*, inquit, *omnibus superuincimus per eum qui dilexit nos* — sciamus tamen, quantalibet uirtute proeliandi uitiis repugnemus uel etiam uitia superemus et subiugemus, quamdiu sumus in hoc corpore, nobis deesse non posse unde dicamus Deo: *Dimitte nobis debita nostra*. In illo autem regno, ubi semper cum corporibus inmortalibus erimus, nec proelia nobis erunt ulla nec debita; quae nusquam et numquam essent, si natura nostra, sicut recta creata est, permaneret. Ac per hoc etiam noster iste conflictus, in quo periclitamur et de quo nos uictoria nouissima cupimus

---

[262] 에페 4,26 참조.

[263] 로마 12,17 참조.

[264] *temeraria* de alio *suspicio* nos *nostra* decipiat: "경솔한 우리 의구심" (temeraria suspicio nostra) 이라는 문구에 굴절어의 자유로운 어휘 배치가 한껏 발휘되어 있다.

[265] 로마 6,12-13 참조: "죄가 죽을 몸 안에 왕노릇하여 그 욕정에 여러분을 복종시키는 일이 없도록 하시오. 여러분 자신을 불의의 무기로서 죄에 내맡기지 말고 …."

[266] 1코린 15,57.

[267] 로마 8,37.

[268] 마태 6,12.

않게 하고, 선한 것을 악이라고 믿거나 악한 것을 선이라고 믿는 일이 없게 하고, 두려움이 행동해야 할 바를 만류하는 일이 없게 하고, 욕정이 행하지 말아야 할 일에 뛰어드는 일이 없게 하고, 화낸 채 하루 해가 지지 않아야 하고,[262] 원한이 우리를 선동하여 악을 악으로 갚는 일이 없게 하고,[263] 부당하거나 절도 없는 슬픔이 우리를 집어삼키는 일이 없게 하고, 고마움을 모르는 마음이 응당 베풀어야 할 선을 늦추는 일이 없게 하고, 선한 양심이 악의로 떠도는 풍문 때문에 지치는 일이 없게 하고, 다른 사람에 대한 경솔한 의심이 우리를 넘어뜨리는 일이 없게 하고,[264] 반대로 우리에 대한 다른 사람의 잘못된 의심이 우리를 주저앉히는 일이 없게 하고, 우리의 죽을 몸 안에 죄가 군림하여 그 욕정에 복종하는 일이 없게 하고, 우리의 지체를 불의의 무기로서 죄에 내맡기는 일이 없게 하고,[265] 눈이 정욕을 따르는 일이 없게 하고, 복수하려는 욕심이 이기는 일이 없게 하고, 시선이나 생각이 타락한 즐거움을 누리는 데에 머무는 일이 없게 하고, 야비하고 점잖지 못한 말에 고의로 귀기울이는 일이 없게 하고, 합법하더라도 온당치 못하다면 행하는 일이 없어야 할 것이다. 수고와 위험으로 가득한 이 전쟁에서 우리 힘으로 승리를 얻어야 한다는 생각을 하는 일이 없게 하고, 승리가 이루어졌더라도 그것을 우리 힘에 돌리는 일이 없게 하며, 오로지 사도가 "우리는 우리 주 예수 그리스도를 통하여 우리에게 승리를 주시는 하느님께 감사합시다"[266]라고 말하고 다른 대목에서 "우리는 이 모든 일에서, 우리를 사랑하시는 분에 힘입어 이기고도 남습니다"[267]라고 하는 그분의 은총에 돌릴 것이다. 우리가 여하한 덕성을 갖고서 악습에 대항하여 싸우든, 그래서 비록 악습을 극복하고 복종시키는 일이 있더라도, 우리가 이 육체 속에 머물러 있는 동안은 하느님께 "우리의 죄를 용서하소서"[268]라고 말씀드리지 않을 수 없음을 우리는 안다. 우리가 불사불멸하는 육체를 지닌 채 항상 존재하게 될 나라에서는 우리에게 싸움도 일체 없을 테고 죄도 일체 없을 것이다. 또 우리 자연본성이 원래 바르게 창조받았던 것처럼 그대로 지속했더라면 그런 것들이 어느 곳 어느 때도 없었을 것이다. 그런 점에서 우리의 이 갈등, 우리가 위험에 내맡겨지고 최후의 승리로 벗어나기를 열망하는 이 갈등 역시 이 인생의 악에

liberari, ad uitae huius mala pertinet, quam tot tantorumque testimonio malorum probamus esse damnatam.

24. Iam nunc considerandum est; hanc ipsam miseriam generis humani, in qua laudatur iustitia punientis, qualibus et quam multis impleuerit bonis eiusdem bonitas cuncta quae creauit administrantis. Primum benedictionem illam, quam protulerat ante peccatum dicens: *Crescite et multiplicamini et implete terram,* nec post peccatum uoluit inhibere mansitque in stirpe damnata donata fecunditas; nec illam uim mirabilem seminum, immo etiam mirabiliorem qua efficiuntur et semina, inditam corporibus humanis et quodam modo intextam peccati uitium potuit auferre, quo nobis inpacta est etiam necessitas mortis; sed utrumque simul currit isto quasi fluuio atque torrente generis humani, malum quod a parente trahitur, et bonum quod a creante tribuitur. In originali malo duo sunt, peccatum atque supplicium; in originali bono alia duo, propagatio et conformatio. Sed quantum ad praesentem pertinet intentionem nostram, de malis, quorum unum de nostra uenit audacia, id est peccatum, alterum de iudicio Dei, id est supplicium, iam satis diximus. Nunc de bonis dei, quae ipsi quoque uitiatae damnataeque naturae contulit siue usque nunc confert, dicere institui. Neque enim damnando aut totum abstulit quod dederat, alioquin nec esset omnino; aut eam remouit a sua potestate, etiam cum diabolo poenaliter subdidit, cum nec ipsum diabolum a suo alienarit impe-

---

[269] 인간을 행복하게 만드는 덕을 중용(中庸)에 두던 철학사상은 하느님의 은총과 인간의 자유의지 라는 그리스도교 사상에 의해 다른 차원을 연다(예: Iustinus, *Apologia* 1.10; Irenaeus, *Adversus haereses* 4.37.1; Origenes, *De principiis* 1.praef.5; Tertullianus, *Adversus Marcionem* 2.5).

[270] 교부는 인생의 비참함(vita damnata: 22-23장) 및 후세의 영광(29-30장)과 대조하는 뜻에서 그나 마 이 지상의 선익 다섯 가지(생식, 조형, 인간의 능력, 자연의 지배, 창조계의 아름다움)를 열거하며 인생을 예찬한다.

[271] 창세 1,28.

[272] propagatio et conformatio: 이하에 나오는 대로(22.24.2) conformatio가 인간 편에서는 인류라는 같은 종(species)을 복제(複製)해내는 생식력을, 하느님 편에서는 아담과 같은 형상을 빚어내는 창조 력을 가리키므로 "조형"(造形)이라는 무리한 용어로 번역해 본다.

[273] vitiata damnataque natura: 교부의 부연설명에 의하면 "원조는 죄를 지음으로써 인류를 뿌리에서 부터 부패시켰고(in radice vitiaverat) 죽음과 단죄라는 벌로(poena damnationis) 얽맸다"(*Enchiridion* 8.26).

[274] Cf. *Enchiridion* 8.27: "타락하고 단죄받은 후손에 대해서도 종자를 형성하고(formare semina) 생 명을 일으키고 지체를 배열하고 연령과 장소에 맞추어 감관을 뻗치고 영양을 공급하는 …."

해당하며, 그 숱하고 엄청난 악들을 증거로 삼더라도 이 인생이 단죄받은 인생임을 우리는 입증하는 바이다.[269]

24. 단죄받아 손상된 이 인생이나마 창조주는 은총으로 가득 채워주었다[270]
24. 1. 이 인생의 선익: 생식

인류의 불행으로 보자면 벌을 주는 분의 정의가 거기서 칭송을 받게 된다. 그렇지만 당신이 창조한 모든 것을 다스리시는 분의 선함이 인류의 이 불행을 그나마 얼마나 좋고 얼마나 많은 선으로 가득 채워주었는가 지금부터 고찰할 것이다. 제일 먼저, 하느님은 범죄 이전에 "자식을 낳고 번성하여 온 땅에 퍼져라"[271]고 말씀하면서 축복을 베풀어 주었는데, 범죄 후에도 그것을 거두지 않았기에 단죄받은 족속인 우리에게 출산력이 그대로 남겨졌다. 종자種子의 그 놀라운 힘, 더구나 종자가 만들어지는 더욱 놀라운 힘은 인간 육체에 각인되고 어느 면에서 인간 육체에 짜여 넣어진 것으로서, 죄의 악습도 박탈하지 못했다. 죄의 악습은 우리에게 죽음의 필연을 새겨주었음에도 이 힘만은 박탈하지 못했다. 그리하여 인류의 강 혹은 개울에는 선과 악 두 가지가 한데 흐르고 있으니 악은 조상으로부터 유래하고 선은 창조자로부터 주어지는 것이다. 원초적 악에는 죄와 벌 두 가지가 있었다. 원초의 선에도 다른 둘이 있었으니 생식生殖과 조형造形이다.[272] 그런데 우리가 지금 얘기하려는 의도에 따르면, 악에 관해서는, 그 하나는 우리의 방자함에 관한 것이니 죄요 다른 것은 하느님의 심판에 관한 것이니 벌罰인데 이에 대해서는 우리가 이미 어느 정도 언급을 했다. 그러니 하느님의 선善에 대해서, 하느님이 인간의 타락하고 단죄받은 자연본성[273]에도 여전히 부여했고 지금도 부여하고 있는 선들에 대해서, 말하기로 작정했다.[274] 비록 인류를 단죄하면서도 하느님은 먼저 주었던 바를 모조리 빼앗지 않았으니 그렇지 않았더라면 아예 인류는 존재조차 하지 못했을 것이다. 다시 말해 하느님이 벌로 인류를 악마에게 굴종시키기는 했지만 그래도 당신의 권세에서 제외한 것은 아니었다. 하느님은 악마도 당신의 통치권에서 제외하지 않았기 때문이다. 악마의 자연본성이 존재하는 것도 최고로 존재하는 분이 존재하게 만들

rio; quando quidem, ut ipsius quoque diaboli natura subsistat, ille facit qui summe est et facit esse quidquid aliquo modo est.

Duorum igitur illorum, quae diximus bona etiam in naturam peccato uitiatam supplicioque damnatam de bonitatis eius quodam ueluti fonte manare, propagationem in primis mundi operibus benedictione largitus est, a quibus operibus die septimo requieuit; conformatio uero in illo eius est opere, quo usque nunc operatur. Efficacem quippe potentiam suam si rebus subtrahat, nec progredi poterunt et suis dimensis motibus peragere tempora nec prorsus in eo quod creatae sunt aliquatenus permanebunt. Sic ergo creauit hominem Deus, ut ei adderet fertilitatem quandam, qua homines alios propagaret, congenerans eis etiam ipsam propagandi possibilitatem, non necessitatem: quibus tamen uoluit hominibus abstulit eam Deus, et steriles fuerunt; non tamen generi humano abstulit semel datam primis duobus coniugibus benedictione generali. Haec ergo propagatio quamuis peccato non fuerit ablata, non tamen etiam ipsa talis est, qualis fuisset, si nemo peccasset. Ex quo enim homo in honore positus, postea quam deliquit, comparatus est pecoribus, similiter generat; non in eo tamen penitus extincta est quaedam uelut scintilla rationis, in qua factus est ad imaginem Dei. Huic autem propagationi si conformatio non adhiberetur, nec ipsa in sui generis formas modosque procederet. Si enim non concubuissent homines et nihilo minus Deus uellet implere terras hominibus: quo modo creauit unum sine commixtione maris et feminae, sic posset omnes; concumbentes uero nisi illo creante generantes esse non possunt. Sicut ergo ait apostolus de institutione spiritali, qua homo ad pietatem iustitiamque formatur: *Neque qui plantat, est aliquid, neque qui rigat, sed qui incre-*

---

[275] ut subsistat, *ille facit qui summe est* et *facit esse* quidquid aliquo modo est. 교부의 창조론적 존재론 ("존재하게 만듦")이다. Cf. *De Genesi ad litteram* 4.12.

[276] 교부의 창조 사상은 무로부터의 창조(creatio)와 그렇게 창조된 것(제1 질료)에 형상을 부여하는 조형(informatio)을 구분하는데(cf. *De libero arbitrio* 2.17.45; *De Genesi ad litteram* 1.15.29; 2.6.12), 인간에 의한 생식이 이루어지는 순간 그 사물에 인간으로서의 형상을 부여하는 신적 작업을 conformatio라고 지칭한다. 본문에서는 "처음 일"(prima opera)과 구분한다.

[277] 요한 5,17 참조: "지금도 내 아버지께서 일하고 계시니 나도 일하고 있습니다."

[278] 시편 48[49],21 참조: "영화 속에 있으면서도 지각없는 사람은 도살되는 짐승들과 같도다."

[279] "생식에 조형이 첨가된다"(huic propagationi si conformatio ... adhiberetur)라는 문장은 "조형"이 하느님의 별도 활동임을 암시하면서도, "조형"에 힘입어 "자기 종류의 형상과 양태로 발전한다"(in sui generis formas modosque procederet)는 문장은 그런 효력이 사물에 내재함을 가리킨다.

기 때문이고 무엇이든 다른 모양으로 존재하는 것도 그분이 존재하게 만들기 때문에 존재한다.[275]

24.2. 이 인생의 선익: 조형

마치 샘에서 흘러나오듯이 하느님의 선성에서 흘러나온다고 우리가 얘기한 저 두 가지 선은 죄로 타락하고 벌로 단죄받은 자연본성 안으로도 흘러들어온다. 그 가운데 생식은 세계에 대한 하느님의 처음 일 가운데서도 축복을 곁들여 베풀어 준 것이며 일곱째 날에는 그 일을 쉬었다. 조형[276]은 하느님이 지금까지도 일하는 그 일에 들어 있다.[277] 만일 하느님이 사물로부터 그 고유한 효력을 내는 능력을 제거해 버린다면 사물은 발전하지 못할 것이고, 자체에 배당된 운동으로 시간을 영위하지도 못할 것이며, 사물이 창조받은 그 틀 안에서 얼마까지 존속하지도 못할 것이다. 그래서 하느님도 인간을 창조하면서 인간에게 어떤 출산력을 첨가하는 식으로 창조했으며, 그 출산력으로 인간은 다른 인간들을 생산할 수 있으며, 필연성은 아니지만 생산의 가능성까지도 다른 인간들에게 함께 낳아준다. 사실 하느님이 자신의 의지대로 어떤 사람들에게서는 그 생산력을 박탈했고, 그들을 불임으로 만들기도 한다. 하지만 첫 두 배우자에게 전반적 축복과 더불어 일단 준 능력을 인류에게서 박탈하지는 않았다. 이 생식이 죄로 인해 박탈되지는 않았지만 죄를 짓지 않았을 때의 그것과 완전히 같은 것은 아니다. 원래 인간은 영화 속에 세워졌으나 짐승들과 비교되고 짐승들과 비슷하게 자식을 낳는다.[278] 그렇다고 그에게서 이성의 빛(그것으로 인간은 하느님의 모상대로 만들어졌다)과 같은 것이 전적으로 꺼져버린 것은 아니었다. 이 생식에 조형이 첨가되지 않는다면 그 후손은 자기 종류의 형상과 양태로 발전하지 못할 것이다.[279] 만약 인간들이 동침을 하지 않았다고 하더라도 하느님은 여전히 땅을 사람으로 채우고자 했을 것이다. 하느님은 남자와 여자의 교접 없이도 사람 하나를 창조했던 것처럼 모든 인간들을 그렇게 창조할 수도 있었다. 또 사람들이 비록 동침을 할지라도 창조하는 그분이 없으면 출산하는 존재는 되지 못할 것이다. 사도가 인간에게 신심信心과 의로움을 양성하는 영적 교육에 관해 이야기하면서 하는 말대로 "심는 이도 별것 아니요, 물 주는 이도 별것

mentum dat Deus: ita etiam hic dici potest: «Nec qui concumbit nec qui seminat, est aliquid, sed qui format Deus; nec mater, quae conceptum portat et partum nutrit, est aliquid, sed qui incrementum dat Deus.» Ipse namque operatione, qua usque nunc operatur, facit ut numeros suos explicent semina et a quibusdam latentibus atque inuisibilibus inuolucris in formas uisibiles huius quod aspicimus decoris euoluant; ipse incorpoream corporeamque naturam, illam praepositam, istam subiectam, miris modis copulans et conectens animantem facit. Quod opus eius tam magnum et mirabile est, ut non solum in homine, quod est animal rationale et ex hoc cunctis terrenis animantibus excellentius atque praestantius, sed in qualibet minutissima muscula bene consideranti stuporem mentis ingerat laudemque pariat Creatoris.

Ipse itaque animae humanae mentem dedit, ubi ratio et intellegentia in infante sopita est quodam modo, quasi nulla sit, excitanda scilicet atque exerenda aetatis accessu, qua sit scientiae capax atque doctrinae et habilis perceptioni ueritatis et amoris boni; qua capacitate hauriat sapientiam uirtutibusque sit praedita, quibus prudenter, fortiter, temperanter et iuste aduersus errores et cetera ingenerata uitia dimicet eaque nullius rei desiderio nisi boni illius summi atque inmutabilis uincat. Quod etsi non faciat, ipsa talium bonorum capacitas in natura rationali diuinitus instituta quantum sit boni, quam mirabile. Omnipotentis opus, quis competenter effatur aut cogitat? Praeter enim artes bene uiuendi et ad inmortalem perueniendi felicitatem, quae uirtutes uocantur et sola Dei gratia, quae in Christo est,

---

[280] 1고린 3,7.

[281] numeros suos explicent semina: 종자[= 정자(精子)]가 가능성을 발휘함에도 하느님의 "조형"이 개입된다고 설명한다.

[282] 피타고라스 사상을 승계하여 사물에서 존재론적 수의 원리(numeri rationales)를 본다. Cf. *De libero arbitrio* 2.8.20-23; 2.11.31; *De Genesi ad litteram* 5.6.14.

[283] animal rationale: 9.13.3 참조. 다만 아리스토텔레스의 정의에 교부는 거의 항상 mortalis(사멸하는)라는 어휘를 첨가한다.

[284] mens qua scientiae *capax* atque doctrinae et *habilis* perceptioni veritatis et amoris boni: 지성(知性)에 대한 교부의 총괄적 정의(定義)라고 하겠다.

[285] 고전 세계의 전형적 사추덕(四樞德)이다(4.20-21 참조).

[286] artes bene vivendi et ad immortalem perveniendi felicitatem: 고전 사상과 그리스도교 사상을 종합한, 교부의 덕 개념이다.

[287] filiis promissionis regnique: 앞(22.20)의 각주 229 참조. 앞에 나온 filii iniquitatis, filii pestentiae(16.11.1; 17.9 참조)와 대조된다.

아닙니다. 오직 자라게 하시는 분 하느님만이 중합니다".[280] 여기서 다음과 같은 말이 가능하다: "동침하는 이도, 사정射精하는 이도 별것 아니다. 오직 형태를 만드는 분, 하느님만이 중하다. 잉태한 것을 품고 다니고 해산하는 어머니도 별것 아니다. 오직 자라게 하는 분이신 하느님만이 중하다." 하느님은 지금까지 계속되는 그 일에서 종자種子가 잠재된 자기 수數를 펼치게 만들고[281] 숨어 있고 보이지 않는 일종의 덮개로부터 눈에 보이는 형태로 발전하면서 우리가 바라보는 아름다움을 띠도록 만든다.[282] 그분이 비물체적 자연본성과 물체적 자연본성을 놀라운 방식으로 연결하고 결합하여, 전자는 다스리고 후자는 복종하게 하여 생명체를 만들어낸다. 그분의 이 업적은 참으로 위대하고 신묘하여 이성적 동물[283]이요 그 점에서 여타 모든 지상 생물들 가운데 탁월하고 출중한 동물인 인간에게서만 아니고 아주 미소한 파리에게서도, 잘 살펴보는 사람이라면 정신적 경이감을 일으키고 창조주께 드리는 찬미를 낳게 된다.

24. 3. 이 인생의 선익: 인간들의 능력

그분이 인간 영혼에 지성知性을 주었다. 아기였을 적에는 아예 없는 양 이성과 오성이 잠자고 있지만 나이가 들면서 각성되고 단련되어야 한다. 지성으로 인간 영혼은 지식과 학습의 능력이 있고 진리의 파악과 선에 대한 사랑이 가능하다.[284] 그 재주로 인간 영혼은 지혜를 흡수하고 덕들을 갖추게 되는데, 그런 덕들로 인해 오류와 타고난 여타 악습에 대항해서 현명하고 용맹하게, 그리고 절도있고 정의롭게[285] 싸우며, 최고선과 불변의 선 외에는 아무것도 소망하지 않고 그 악습들을 이기게 된다. 설령 그렇게 싸워 이기지 못하더라도, 그런 선들을 달성하는 능력 자체가 하느님에 의해 이성적 본성에 새겨져 있다는 사실만도 얼마나 커다란 선이며 얼마나 놀라운 일인가! 전능한 분의 업적을 누가 말로 형언하고 생각으로 헤아릴 수 있겠는가? 선하게 살고 불멸의 행복에 이르는 기술을 덕이라고 일컫는데[286] 이 기술은 그리스도 안에 있는 하느님의 은총으로만 약속과 나라의 자식들에게[287] 선사된다. 그밖에도 인간 재주로 발견해냈고 발휘한 다른 기술들이 그토록 많고 그토록 훌륭한데, 그가운데 일부는 필수적이고 일부는 흥미와 관련된다. 그것을 보더라도, 지성과 이성의 힘이 얼마나 탁월한지 알 만

filiis promissionis regnique donantur, nonne humano ingenio tot tantaeque artes sunt inuentae et exercitae, partim necessariae partim uoluptariae, ut tam excellens uis mentis atque rationis in his etiam rebus, quas superfluas, immo et periculosas perniciosasque appetit, quantum bonum habeat in natura, unde ista potuit uel inuenire uel discere uel exercere, testetur? Vestimentorum et aedificiorum ad opera quam mirabilia, quam stupenda industria humana peruenerit; quo in agricultura, quo in nauigatione profecerit; quae in fabricatione quorumque uasorum uel etiam statuarum et picturarum uarietate excogitauerit et impleuerit; quae in theatris mirabilia spectantibus, audientibus incredibilia facienda et exhibenda molita sit; in capiendis occidendis domandis inrationabilibus animantibus quae et quanta reppererit; aduersus ipsos homines tot genera uenenorum, tot armorum, tot machinamentorum, et pro salute mortali tuenda atque reparanda quot medicamenta atque adiumenta conprehenderit; pro uoluptate faucium quot condimenta et gulae inritamenta reppererit; ad indicandas et suadendas cogitationes quam multitudinem uarietatemque signorum, ubi praecipuum locum uerba et litterae tenent; ad delectandos animos quos elocutionis ornatus, quam diuersorum carminum copiam; ad mulcendas aures quot organa musica, quos cantilenae modos excogitauerit; quantam peritiam dimensionum atque numerorum, meatusque et ordines siderum quanta sagacitate conprehenderit; quam multa rerum mundanarum cognitione se impleuerit, quis possit eloqui, maxime si uelimus non aceruatim cuncta congerere, sed in singulis inmorari? In ipsis postremo erroribus et falsitatibus defendendis quam magna claruerint ingenia philosophorum atque haereticorum, quis aestimare sufficiat? Loquimur enim nunc de natura mentis humanae, qua ista uita mortalis ornatur, non de fide atque itinere ueritatis, qua illa inmortalis adquiritur. Huius tantae naturae conditor cum sit utique Deus uerus et summus, ipso cuncta quae fecit administrante et

---

[288] Cf. Cicero, *De natura deorum* 2.53.133 - 54.162.

하고, 비록 피상적이고 심지어 위험하거나 해롭기까지 한 사물들을 욕구하더라도 이 힘이 자연본성에 갖추어 주는 선이 얼마나 위대한가를 그런 사물에서도 입증하지 않는가? 다름아닌 그 능력으로 저런 것들을 발견하고 학습하고 부릴 수 있었으니까.[288] 의복과 건축 작업에서 인간 재능은 얼마나 놀랍고 얼마나 기막힌 것을 달성했는가? 농사나 항해에서는 얼마나 놀라운 진보를 이룩했는가? 어떤 그릇을 제조하는 데나 조상影像이나 그림을 다양하게 고안해내고 완성하는 데는 어떠한가? 인간 재능이 극장에서는 관객들에게 얼마나 신기한 장면들을 상연하고 시청자에게 얼마나 믿겨지지 않는 것들을 시범하고 연기하려고 궁리하는가? 이성 없는 동물들을 사로잡고 죽이고 길들이는 데 얼마나 많고도 훌륭한 솜씨를 발명해냈는가? 그리고 인간들을 해치는 데도 수많은 종류의 독약과 무기, 그리고 기계들을 발명해냈고 결국 죽을 몸의 건강이지만 그 건강을 유지하고 회복하기 위해 수많은 의약과 처방을 찾아내지 않았는가? 식도락을 위해서는 얼마나 많은 조미료와 식욕의 자극제를 만들어냈는가? 사상을 피력하고 설득하기 위한 목적으로는 얼마나 많고 다채로운 상징들을 고안해냈으며 그가운데 말과 문자가 주된 위치를 차지하고 있지 않은가? 정신을 유쾌하게 만들려는 뜻에서 언변의 수식은 얼마나 발달했고 다채로운 시가들은 얼마나 많이 쏟아져 나왔는가? 귀를 즐겁게 해 주려고 얼마나 많은 악기와 노랫가락을 생각해냈는가? 면적과 수를 측량하는 데는 얼마나 훌륭한 전문기술을 획득했으며 성좌의 운행과 질서를 얼마나 예리하게 포착했는가? 인간 재능이 세상사에 대한 얼마나 많은 지식으로 스스로를 채웠는지, 전체적으로 대강 한꺼번에 모으려고 하지 않고 하나씩 곰곰이 따지려 든다면 누가 그 모든 것을 언표할 수 있겠는가? 마지막으로, 심지어 오류와 허위를 옹호하자고 얼마나 숱한 철학자들과 이단자들의 위대한 재능이 빛을 발했으며 그것을 누가 제대로 헤아릴 수 있겠는가? 우리는 지금 사멸할 이 인생을 그나마 꾸며주는 인간 지성과 그 본성에 관해 말하는 중이지, 불멸하는 삶을 얻어주는 신앙과 진리의 여정에 관해 이야기하는 것이 아니다. 이토록 위대한 자연본성의 조성자라면 마땅히 참되고 지고한 하느님이며, 그분은 당신이 만든 모든 것을 친히 다스리고 최고의 권세와 최고의 정의를 친히 갖

summam potestatem summamque habente iustitiam numquam profecto in has miserias decidisset atque ex his praeter eos solos qui liberabuntur in aeternas esset itura, nisi nimis grande peccatum in homine primo, de quo ceteri exorti sunt, praecessisset.

Iam uero in ipso corpore, quamuis nobis sit cum beluis mortalitate commune multisque earum reperiatur infirmius, quanta Dei bonitas, quanta prouidentia tanti Creatoris apparet! Nonne ita sunt in eo loca sensuum et cetera membra disposita speciesque ipsa ac figura et statura totius corporis ita modificata, ut ad ministerium animae rationalis se indicet factum? Non enim ut animalia rationis expertia prona esse uidemus in terram, ita creatus est homo; sed erecta in caelum corporis forma admonet eum quae sursum sunt sapere. Porro mira mobilitas, quae linguae ac manibus adtributa est, ad loquendum et scribendum apta atque conueniens et ad opera artium plurimarum officiorumque complenda, nonne satis ostendit, quali animae ut seruiret tale sit corpus adiunctum? Quamquam et detractis necessitatibus operandi ita omnium partium congruentia numerosa sit et pulchra sibi parilitate respondeat, ut nescias utrum in eo condendo maior sit utilitatis habita ratio quam decoris. Certe enim nihil uidemus creatum in corpore utilitatis causa, quod non habeat etiam decoris locum. Plus autem nobis id appareret, si numeros mensurarum, quibus inter se cuncta conexa sunt et coaptata, nossemus; quos forsitan data opera in his, quae foris eminent, humana posset uestigare sollertia; quae uero tecta sunt atque a nostris remota conspectibus, sicuti est tanta perplexitas uenarum atque neruorum et uiscerum, secreta uitalium, inuenire nullus potest. Quia etsi medicorum diligentia nonnulla crudelis, quos anatomicos appellant, laniauit corpora mortuorum siue etiam inter

---

[289] 골로 3,1 참조: "위에 있는 것을 찾으시오. 거기 그리스도께서 하느님 오른편에 앉아 계십니다." 인간의 직립에 대한 경탄은 다음을 참조: Ovidius, *Metamorphoses* 1.84-86: os hominum sublime dedit caelum tueri / iussit et erectos ad sidera tollere uultus(인간의 얼굴을 드높은 하늘을 쳐다보게 만들어 주었고, 얼굴을 곧추세워 성좌를 향하라 명하셨느니라").

추고 있다. 따라서 만일 첫 인간(그밖의 모든 인간은 바로 그에게서 유래했다) 안에서 발생한 너무도 큰 죄가 선행하지 않았던들 이토록 위대한 본성이 이같은 불행에 떨어지는 일이 결코 없었을 것이고, 또 해방될 사람들만 빼놓고 영원한 불행으로 가는 일도 없을 것이다.

24. 4. 인간의 모든 것이 탐구 대상이다

육체를 보더라도 사멸한다는 면에서는 짐승들과 공통된 점이 우리에게 있고 많은 면에서 짐승들보다 더 연약하기는 하지만, 그 육체에도 하느님의 선하심이 얼마나 많이 나타나고 위대한 창조주의 위대한 섭리가 얼마나 많이 드러나는가! 신체에는 그 감관들의 위치와 다른 지체들이 배열되어 있는 모습이나 몸 전체의 형상과 형체와 키가 얼마나 잘 다듬어져 있던지 과연 이성적 영혼에게 이바지할 만하게 만들어졌음을 가리키지 않는가? 우리가 보기에도 이성을 갖추지 못한 동물들은 땅바닥으로 굽어져 있는데 인간은 그렇게 만들어져 있지 않다. 하늘로 곧추세워져 있어서 몸의 형태가 인간으로 하여금 위에 있는 것을 맛들이도록 훈계한다![289] 혀와 손에는 탄복할 능란함이 갖추어져 있다. 그래서 말하고 글쓰기에 적합하고 편리하며, 수많은 기술과 직능과 작업을 해내기에 알맞다는 것을 충분히 보여주지 않는가? 그만큼 훌륭한 영혼을 섬기라고 이만큼 훌륭한 육체가 결합된 것이 아닐까? 작업의 필요는 따로 떼어놓더라도, 모든 부분들의 균형이 하도 조화롭고 정말 아름다운 대칭으로 상응하고 있어서 그대는 하느님이 육체를 창조하면서 아름다움의 이치보다 과연 효용의 이치를 더 중시했는지 알 수 없을 정도다. 우리는 육체 속에서 아름다움의 여지를 갖추지 않고 효용의 이유에서만 창조된 것을 하나도 발견하지 못한다. 더구나 척도상의 비례에 의거해 모든 것들이 서로 결합되고 맞추어져 있음을 볼 때 이 점은 우리에게 더 뚜렷하게 드러날 것이다. 겉으로 두드러지는 것들은 그렇게 하라는 일이 주어진다면, 인간적 호기심으로 그런 비례를 탐구해낼 수 있을지 모른다. 하지만 감추어져 있거나 우리 시선에서 벗어나 있는 것이라면, 예를 들어서 혈관과 신경과 내장의 복잡미묘함이나 생명기능의 비밀은 아무도 찾아내지 못한다. 소위 해부학자라는 의사들의 잔혹에 가까운 열성은 죽은 사람들의 신체를 갈기갈기 찢었고,

manus secantis perscrutantisque morientium atque in carnibus humanis satis inhumane abdita cuncta rimata est, ut quid et quo modo quibus locis curandum esset addisceret: numeros tamen de quibus loquor, quibus coaptatio, quae ἁρμονία Graece dicitur, tamquam cuiusdam organi, extrinsecus atque intrinsecus totius corporis constat, quid dicam, nemo ualuit inuenire, quos nemo ausus est quaerere? Qui si noti esse potuissent, in interioribus quoque uisceribus, quae nullum ostentant decus, ita delectaret pulchritudo rationis, ut omni formae apparenti, quae oculis placet, ipsius mentis, quae oculis utitur, praeferretur arbitrio. Sunt uero quaedam ita posita in corpore, ut tantummodo decorem habeant, non et usum; sicut habet pectus uirile mamillas, sicut facies barbam, quam non esse munimento, sed uirili ornamento indicant purae facies feminarum, quas utique infirmiores muniri tutius conueniret. Si ergo nullum membrum, in his quidem conspicuis (unde ambigit nemo), quod ita sit alicui operi accommodatum, ut non etiam sit decorum; sunt autem nonnulla, quorum solum decus et nullus est usus: puto facile intellegi in conditione corporis dignitatem necessitati fuisse praelatam. Transitura est quippe necessitas tempusque uenturum, quando sola inuicem pulchritudine sine ulla libidine perfruamur; quod maxime ad laudem referendum est Conditoris, cui dicitur in Psalmo: *Confessionem et decorem induisti.*

Iam cetera pulchritudo et utilitas creaturae, quae homini, licet in istos labores miseriasque proiecto atque damnato, spectanda atque sumenda

---

[290] Cf. Macrobius, *Saturnalia* 7.15.1.

[291] congruentia numerosa(조화로운 균형), pulchra parilitas(아름다운 대칭), maior sit utilitatis habita ratio quam decoris(효용의 이치보다 멋의 이치를 중시한 창조 = dignitas necessitati praelata / pulchritudo et utilitas creaturae), vitalium secreta(생명작용의 비밀), numeri mensurarum(척도상의 비례), pulchritudo rationis(비례의 아름다움), mentis arbitrium(지성의 판단) 등은 교부의 미학 용어들이다.

[292] 교부의 점잖은 농담은 4.11("수염 달린 포르투나 여신")에도 나온다.

[293] 고전 작가들(예: Aristoteles, *De anima* 412b; Cicero, *De natura deorum* 2.21.56; Seneca, *Epistula* 65.34)도 언급한 바이지만 교부는 이것을 영생에 대한 예비 논거로 사용하고 있다.

[294] 시편 103,1. [새번역 104,1: "당신께서는 … 고귀와 영화를 입으시고 빛을 겉옷처럼 두르셨나이다."]

[295] 자연과 신체의 도덕적 질서와 아름다움은 고전 작가들도 부단히 다루던 소재였다. 예: Plato, *Timaeus* 29e - 31b; Aristoteles, *Metaphysica* 984b; Zeno in Diogenes Laertius, *Vitae philosophorum* 7.148; Plotinus, *Enneades* 2.9.8.

심지어 죽어가는 사람들을 토막 내면서까지 관찰하는 사람의 손에도 그런 열성이 깃들어 있었으며, 정말 비인간적으로 인간의 살 속에 비밀스럽게 숨겨져 있는 것들마저 찾아내려고 시도했으며,[290] 무엇을 어떻게 어느 지점에서 치료해야 하는지 배우려고 애썼다. 그럼에도 내가 말한 비례는 아무도 찾아내지 못했다. 그렇지 않으면 아무도 그것이 무엇인지 물으려는 엄두조차 내지 못했는지도 모른다. 그 비례에 의해 무슨 악기를 두고 얘기하는 것과 같은 조화 혹은 그리스어로 하르모니아라고 일컫는 것이 이루어진다. 외부와 내부를 막론하고 전신의 조화가 이루어진다. 만약 그 비례라는 것이 알려질 수만 있다면 내장처럼 아름다움이라고는 전혀 안 보이는 것에서도 비례의 아름다움이 밝혀져 지성을 즐겁게 해 줄 것이요, 그 비례의 아름다움이 겉으로 드러나는 일체의 형상, 눈을 즐겁게 하는 그 모든 형상보다도 오히려 낫다고 여겨질지도 모른다. 눈을 사용하는 지성 자체의 판단에 의거해서.[291] 정말 몸에는 아름다움은 있지만 효용은 없는 것들이 존재한다. 예를 들어 남자의 가슴에도 젖꼭지가 있고, 얼굴에는 수염이 있다. 수염이 무슨 보호 수단으로 달려 있는 것이 아니고 순전히 남자의 아름다움을 위해 달려 있다는 것은 여자들의 맨얼굴이 잘 말해준다. 수염이 만일 보호 수단이라면 여자처럼 더 약한 존재가 그 보호 수단을 가지는 편이 더 안전하고 적절했을 것이다.[292] 눈에 잘 띄는 (그래서 아무도 애매하게 생각지 않을) 어느 지체도 오로지 그 역할에만 어울리고 아름다움이라고는 조금도 없는 지체는 하나도 없다. 그 대신 아름다움은 있으되 효용은 전혀 없는 지체들은 몇 가지가 있다. 여기서 하느님에 의한 신체의 조립에서 품위가 필요에 우선했다는 사실을 쉽게 깨달을 수 있다.[293] 장차 필요성은 사라지고, 아무 욕정도 일으키지 않은 채로, 아름다움만을 향유할 때가 올 것이다. 그것은 무엇보다도 창조주께 대한 찬미로 귀결되어야 하리니 시편에서는 그분께 "당신은 찬미와 아름다움을 입으셨나이다"[294]라는 말씀을 드린다.

24.5. 창조계의 아름다움[295]

그외에도 존재하는 창조계의 아름다움과 유용함을 무슨 말로 다 묘사할 수 있을까? 그것은 인간이 비록 수고와 불행에 던져지고 단죄받기는 했지만 인간이 바

diuina largitate concessa est, quo sermone terminari potest? In caeli et terrae et maris multimoda et uaria pulchritudine, in ipsius lucis tanta copia tamque mirabili specie, in sole ac luna et sideribus, in opacitatibus nemorum, in coloribus et odoribus florum, in diuersitate ac multitudine uolucrum garrularum atque pictarum, in multiformi specie tot tantarumque animantium, quarum illae plus habent admirationis, quae molis minimum (plus enim formicularum et apicularum opera stupemus quam inmensa corpora ballaenarum), in ipsius quoque maris tam grandi spectaculo, cum sese diuersis coloribus uelut uestibus induit et aliquando uiride atque hoc multis modis, aliquando purpureum, aliquando caeruleum est. Quam porro delectabiliter spectatur etiam quandocumque turbatur, et fit inde maior suauitas, quia sic demulcet intuentem, ut non iactet et quatiat nauigantem! Quid ciborum usquequaque copia contra famem? Quid saporum diuersitas contra fastidium, naturae diffusa diuitiis, non coquorum arte ac labore quaesita? Quid in tam multis rebus tuendae aut recipiendae salutis auxilia! Quam grata uicissitudo diei alternantis et noctis! Aurarum quam blanda temperies! In fruticibus et pecoribus indumentorum conficiendorum quanta materies! Omnia commemorare quis possit? Haec autem sola, quae a me uelut in quendam sunt aggerem coartata, si uellem uelut conligata inuolucra soluere atque discutere, quanta mihi mora esset in singulis, quibus plurima continentur! Et haec omnia miserorum sunt damnatorumque solacia, non praemia beatorum. Quae igitur illa sunt, si tot et talia ac tanta sunt ista? Quid dabit eis quos praedestinauit ad uitam, qui haec dedit etiam eis quos praedestinauit ad mortem? Quae bona in illa beata uita faciet eos sumere, pro quibus in hac misera unigenitum suum filium uoluit usque ad mortem mala tanta perferre? Vnde apostolus de ipsis in

---

[296] Cf. Lucretius, *De rerum natura* 2.1-2: "한바다에서 날뛰는 폭풍이 물결을 뒤집는 가운데 남들이 엄청나게 수고하는 모습을 뭍에서 구경하는 일은 고소하기까지 하여라!(suave ... e terra spectare)."

[297] 교부는 자연의 예찬도 부활과 영생을 설득하는 계기로 삼겠다는 의도를 잊지 않고 있다(앞의 각주 293 참조).

라보고 즐길 수 있도록 하느님의 관대함으로 허락된 것이다. 하늘과 땅과 바다의 천차만별하고 각양각색의 아름다움 속에, 빛의 엄청난 분량과 그 놀라운 형상 속에, 태양과 달과 별들 속에, 숲의 녹음 속에, 꽃들의 향기며 빛깔 속에, 수많은 종류의 다양한 새들의 현란한 깃털과 고운 울음소리에서, 수많은 종류의 동물들의 다채로운 모습에서, 특히 아주 작은 크기가 더 탄복의 대상이 되는 동물들의 모습에서(고래의 거대한 몸집보다도 우리는 개미들과 벌들의 작업에 감탄을 금치 못한다), 또 바다가 그 다채로운 색깔을 의복처럼 두르고 있어 때로는 갖가지 색채를 띤 녹색으로 때로는 자줏빛을 띠고 때로는 하늘색을 띠는 장엄한 광경에서 그 아름다움은 빛난다. 바다가 날뛸 적에도 바라보기가 얼마나 유쾌하던가! 쳐다보는 사람이야 정작 뱃사람처럼 바다가 요동치고 내리치지 않기 때문에도 구경하는 사람은 훨씬 짜릿한 매력에 사로잡히지 않던가!296 배고픔을 달래주는 풍성한 음식은 또 어떤가? 싫증나지 않게 그 맛은 또 얼마나 가지각색인가! 그것은 대자연의 부요함에서 베풀어지는 것이지 요리사의 기술과 수고로 찾아지는 것이 아니지 않은가! 숱한 사물에서 건강을 지키고 건강을 얻는 보조를 받는 것은 또 어떤가! 밤과 낮의 교체는 얼마나 근사하게 맞아떨어지고 또 얼마나 고마운가! 새벽놀의 유쾌한 기온은 또 어떠한가! 열매와 가축에서는 의복을 만드는 재료가 얼마나 많이 나오는가! 이 모든 것을 누가 죄다 나열할 수 있겠는가? 이미 나열한 것들도 내가 뭉뚱그려 줄여놓은 것인데 만약 보따리를 풀 듯이 그것을 늘어놓고 각각에 대해 토론을 하기로 한다고 하자. 각각의 사례에 참으로 많은 내용이 내포되어 있으니 그때마다 나는 얘기를 끄느라고 얼마나 오랫동안 머뭇거려야 하겠는가! 이 모두가 지복에 이른 사람들에게 주는 상급이 아니라 가련하고 단죄받은 인간들에게 주어진 위로일 따름이다! 그렇다면 단죄받은 이들의 위로마저 이토록 많고 훌륭하고 대단하다면 지복에 이른 이들의 상급은 과연 어떠하겠는가? 죽음이 예정된 자들에게도 이 모든 것을 준 분이라면 생명이 예정된 이들에게는 무엇을 주겠는가? 그들을 위해 이 비참한 삶에서도 하느님은 당신 외아들이 죽음에 이르기까지 악을 견디도록 하셨으니 복된 삶에서는 얼마나 좋은 것들을 즐기도록 허락하겠는가?297 그래서 사도는 저

illud regnum praedestinatis loquens: *Qui proprio*, inquit, *filio non pepercit, sed pro nobis omnibus tradidit eum, quo modo non et cum illo omnia nobis donabit?* Cum haec promissio complebitur, quid erimus! Quales erimus! Quae bona in illo regno accepturi sumus, quando quidem Christo moriente pro nobis tale iam pignus accepimus! Qualis erit spiritus hominis nullum omnino habens uitium, nec sub quo iaceat, nec cui cedat, nec contra quod saltem laudabiliter dimicet, pacatissima uirtute perfectus! Rerum ibi omnium quanta, quam speciosa, quam certa scientia, sine errore aliquo uel labore, ubi Dei sapientia de ipso suo fonte potabitur, cum summa felicitate, sine ulla difficultate! Quale erit corpus, quod omni modo spiritui subditum et eo sufficienter uiuificatum nullis alimoniis indigebit! Non enim animale, sed spiritale erit, habens quidem carnis, sed sine ulla carnali corruptione substantiam.

25. Verum de animi bonis, quibus post hanc uitam beatissimus perfruetur, non a nobis dissentiunt philosophi nobiles: de carnis resurrectione contendunt, hanc quantum possunt negant. Sed credentes multi negantes paucissimos reliquerunt et ad Christum, qui hoc quod istis uidetur absurdum in sua resurrectione monstrauit, fideli corde conuersi sunt, docti et indocti, sapientes mundi et insipientes. Hoc enim credidit mundus, quod praedixit Deus, qui etiam hoc praedixit, quod hanc rem mundus fuerat crediturus. Neque enim Petri maleficiis ea cum laude credentium tanto ante praenuntiare compulsus est. Ille est enim Deus, quem (sicut iam dixi

---

[298] 로마 8,32.
[299] 22.5 참조.
[300] 18.53.2 참조.

나라에 예정된 사람들을 두고 이런 말을 했다: "그분은 당신의 친아드님마저 아끼지 않으시고 오히려 우리 모두를 위해 그분을 넘겨 주셨는데 어찌 그 아드님과 더불어 모든 것을 우리에게 은혜로 베풀어 주시지 않겠습니까?"[298] 이 약속이 이루어진다면 우리는 과연 어떤 처지가 될까! 그리스도가 우리를 위해 죽음으로써 그런 담보물을 우리가 얻었거늘 정작 그 나라에서는 얼마나 좋은 것들을 얻게 될까! 그 밑에 들어가야 할 악습도 없고 그 앞에서 물러서야 할 악습도 없고 비록 칭송을 받더라도 마주 싸워야 할 악습도 없고 지극히 평화로운 덕성으로 완전한 경지에 이른 인간의 영이라면 과연 어떠하겠는가! 거기서라면 만물에 대한 지식이 얼마나 멋있고 얼마나 확실할 것이며, 얼마나 완벽할 것인가? 아무런 오류나 고생도 없이, 최고의 행복을 갖추고 아무런 어려움도 없이 하느님의 지혜를 그 근원에서 마실 수 있지 않겠는가? 모든 면에서 영에게 순종하는 신체, 넉넉하리만큼 영에 의해 살아가고 아무 자양분도 필요치 않는 신체는 과연 어떠한 신체일까! 그때는 생물의 육체가 아니고 영적 육체일 것이고, 육의 실체를 지니고 있으면서도 육체의 부패가 일체 없는 실체를 지니게 될 것이다.

25. 예고된 육신 부활을 온 세상이 믿는데도 반대하는 사람들의 완강한 고집

현세 후에 지극히 복된 영혼이 향유할 선익에 관해서라면 고매한 철학자들도 우리와 의견이 다르지 않다. 하지만 그들도 육신의 부활에 대해서는 시비를 걸면서 한사코 부정한다. 그러나 많은 사람들이 믿음으로써 신실한 마음으로 그리스도께 회심했고, 이를 부인하는 사람들이 오히려 소수가 되었다. 그리스도는 부인하는 사람들 눈에 참으로 부조리하게 보이는 일을 당신의 부활로써 진실임을 입증했다. 이로 인해 배웠든 못 배웠든 지혜로운 사람들이든 지혜롭지 못한 사람들이든 그리스도께로 회심하게 되었던 것이다. 하느님이 예고한 바를 온 세상이 믿게 되었는데 하느님은 이 일을 세상이 믿게 되리라는 사실도 미리 예고한 바 있다.[299] 믿고 있는 사람들의 칭송을 받아서 하느님이 하는 수 없이 예고를 했거나, 또 베드로의 마술에 씌어서 일찌감치 예고하지 않을 수 없게 떠밀린 것도 아니다.[300] 그것을 예고한 하느님은 신령들도 그 앞에서 무서워 떤다는 하

aliquotiens, nec commonere me piget) confitente Porphyrio atque id oraculis deorum suorum probare cupiente ipsa numina perhorrescunt; quem sic laudauit, ut eum et Deum patrem et regem uocaret. Absit enim, ut sic intellegenda sint quae praedixit, quo modo uolunt hi, qui hoc cum mundo non crediderunt, quod mundum crediturum esse praedixit. Cur enim non potius ita, sicut crediturus tanto ante praedictus est mundus, non sicut paucissimi garriunt, qui hoc cum mundo, quod crediturus praedictus est, credere noluerunt? Si enim propterea dicunt alio modo esse credenda, ne, si dixerint uana esse conscripta, iniuriam faciant illi Deo, qui tam magnum perhibent testimonium: tantam prorsus ei uel etiam grauiorem faciunt iniuriam, si aliter dicunt esse intellegenda, non sicut mundus ea credidit, quem crediturum ipse laudauit, ipse promisit, ipse compleuit. Vtrum enim non potest facere ut resurgat caro et uiuat in aeternum, an propterea credendum non est id eum esse facturum, quia malum est atque indignum Deo? Sed de omnipotentia eius, qua tot et tanta facit incredibilia, iam multa diximus. Si uolunt inuenire quod omnipotens non potest, habent prorsus, ego dicam: mentiri non potest. Credamus ergo quod potest non credendo quod non potest. Non itaque credentes quod mentiri possit credant esse facturum quod se facturum esse promisit, et sic cre-

---

[301] 19.23.1 참조.

[302] Cf. Porphyrius, *De abstinentia* 2.40.50; *Sententiae ad intellegibilia ducentes* 32.

[303] quae praedixit ... qui hoc *cum mundo non crediderunt, quod mundum crediturum* esse praedixit: 지 성인들의 비뚤어진 고집을 꼬집는 수사학적 대칭문장이어서 언뜻 파악이 안 된다. 뒷문장(*crediturus* tanto ante praedictus mundus ... qui hoc cum mundo, quod *crediturus* praedictus est, *credere* noluerunt) 도 마찬가지다.

[304] 22.4-9 참조.

느님이며, 포르피리우스도 그분을 믿어 고백하고 자기네 신들의 신탁을 내세워 이 사실을 입증하고 싶어한다(이 점은 다른 기회에도 내가 얘기했으나[301] 거듭 상기시켜도 싫증나지 않을 일이다). 포르피리우스는 그분을 높이 찬양하여 하느님 아버지요 임금이라고 불렀다.[302] 그러나 하느님이 예고한 바를 알아듣는다면서도 다음과 같은 방식으로 한다면 참 어불성설이다. 즉, 세상 사람들이 장차 모두 믿게 되리라고 하느님이 예고했다는 사실은 납득하면서도, 그 많은 세상 사람들과 달리, 지금 온 세상이 믿고 있는데도 자기는 굳이 믿지 않겠다는 사람들이 하는 방식대로 알아듣겠다면 이것은 어불성설이다.[303] 극소수가 멋대로 지껄이는대로 알아들을 것이 아니라, 그냥 세상이 믿게 되리라고 아주 일찌감치 예고된 것처럼, 곧 세상이 믿는 대로 알아듣지 말라는 법이 어디 있는가? 세상이 믿게 되리라고 예고되었고 또 그 예고대로 세상이 믿고 있는데도, 불신자들은 세상과 더불어 그것을 믿기 싫어서 되는 대로 지껄이고 있다. 그들이 하는 주장은 이 말씀은 다른 방식으로 믿어야 한다는 것이다. 그래야 만에 하나라도 기록된 말이 황당한 것일 경우, 하느님께 욕을 끼치는 일이 없을 것이며 또 자기들은 그렇게 행동함으로써 하느님께 대단한 증언을 드리는 것이라고 주장한다. 세상이 믿으리라고 하느님께서 친히 칭찬했고, 친히 언약했으며, 친히 이룩해내었음에도 한사코 세상이 그것을 믿는 것과는 달리 알아들어야 한다고 말하는 것은 오히려 하느님께 더 심한 욕을 끼치는 것이다. 저 사람들이 하려는 말은 육신이 부활하고 영원히 살게 할 능력이 하느님께 없다는 말 아닌가? 그렇지 않으면, 육신이 부활하고 영원히 사는 것이 악이요 하느님께 부당한 짓이므로, 하느님이 차마 그렇게 하리라고 믿어서는 안 된다는 말인가? 하지만 믿겨지지 않는 일들을 그토록 많이 그토록 엄청나게 행한 하느님의 전능에 관해서는 우리가 이미 상당히 많은 말을 했다.[304] 전능한 분이 할 수 없는 무엇을 그들이 굳이 찾아내고 싶다면 내가 그것을 말해 주겠다. 하느님은 거짓말을 못한다. 그러니 우리는 그분이 할 수 없는 것을 믿지 않음으로써 그분이 할 수 있는 것을 믿기로 하자. 하느님이 거짓말을 하리라고 믿지 않음으로써, 당신이 행하리라고 약속한 것은 기어코 실행하리라고 믿어야 하리라. 따라서 세상이 믿는 대로 저 사

dant, sicuti credidit mundus, quem crediturum esse praedixit, quem crediturum esse laudauit, quem crediturum esse promisit, quem credidisse iam ostendit. Hoc autem malum esse unde demonstrant? Non erit illic ulla corruptio, quod est corporis malum. De ordine elementorum iam disputauimus; de aliis hominum coniecturis satis diximus; quanta sit futura in corpore incorruptibili facilitas motus, de praesentis bonae ualetudinis temperamento, quae utique nullo modo illi comparanda est inmortalitati, in libro tertio decimo satis, ut opinor, ostendimus. Legant superiora operis huius, qui uel non legerunt uel uolunt recolere quod legerunt.

26. Sed Porphyrius ait, inquiunt, ut beata sit anima, corpus esse omne fugiendum. Nihil ergo prode est, quia incorruptibile diximus futurum corpus, si anima beata non erit, nisi omne corpus effugerit. Sed iam et hinc in libro memorato quantum oportuit disputaui; uerum hic unum inde tantum commemorabo. Emendet libros suos istorum omnium magister Plato et dicat eorum deos, ut beati sint, sua corpora fugituros, id est esse morituros, quos in caelestibus corporibus dixit inclusos; quibus tamen Deus, a quo facti sunt, quo possent esse securi, inmortalitatem, id est in eisdem corporibus aeternam permansionem, non eorum natura id habente, sed suo consilio praeualente, promisit. Vbi etiam illud euertit quod dicunt, quoniam est inpossibilis, ideo resurrectionem carnis non esse credendam.

---

[305] 22.11.1-5 참조.

[306] 13.18 참조.

[307] corpus esse omne fugiendum: Porphyrius, *Sententiae ad intellegibilia ducentes* 7. Cf. Plato, *Phaedrus* 246d - 249d.

[308] 13.16-17.

[309] Cf. Plato, *Timaeus* 41c.

람들도 믿어야 하리라. 세상이 믿으리라고 하느님이 예고했고, 세상이 믿으리라고 하느님이 칭찬했고, 세상이 믿으리라고 하느님이 약속했고, 세상이 이미 믿게 되었음을 하느님이 보여주었기 때문이다. 이것이 악한 일이라고 어떻게 증명한다는 말인가? 저기서는 일체의 부패가 사라질 것이다. 부패가 육체의 악이다. 원소들의 서열에 대해서는 이미 말했다.[305] 또 인간들의 여타 추측에 대해서도 충분한 말을 했다. 내 생각에 불멸하는 육체에는 그 운동이 얼마나 용이할 수 있는가에 대해서도, 비록 현세의 좋은 건강이 얼마나 조화로운가에 대해서도, 그리고 후자가 전자에 도저히 비교될 수 없음에 대해서도, 제13권에서 넉넉하리만큼 증명했다.[306] 아직 읽어보지 못한 사람들이나 이미 읽은 것을 다시 되새기고 싶은 사람들은 본서의 앞부분들을 읽어보아야 할 것이다.

26. 복된 영혼들은 모든 육체를 피해야 한다는 포르피리우스의 명제가 플라톤의 말만으로 어떻게 무너질 수 있는가, 플라톤은 최고신이 다른 신들에게 육체에서 벗어나는 일이란 없으리라고 약속했다는 말을 한다

그런데 사람들이 하는 말에 의하면 포르피리우스는 영혼이 행복하려면 모든 육체와 분리되어야 한다고 말했다.[307] 육체를 피하지 않는 한 영혼이 행복하지 못할 터이므로, 부활한 육체는 부패하지 않으리라고 우리가 말해 본들 아무 도움도 안 된다. 그렇더라도 이 점에 대해서도 나는 방금 언급한 책권에서 적절하다고 보일 만큼 논의를 한 바 있다.[308] 여기서는 한 가지만 더 언급하겠다. 포르피리우스의 말이 옳다면 그들 전부의 스승인 플라톤이 자신의 저서들을 수정해야 하며, 또 플라톤은 그들의 신이 행복해지려면 육체를 피하리라는, 즉 신들이 죽으리라는 말을 해야 하리라. 왜냐하면 플라톤도 신들이 천상 육체들에 깃들어 있다고 말했기 때문이다. 다만 그 신들을 만들어낸 하느님이 그 신들에게 불사불멸을 확실하게 다짐해 주었다고, 말을 달리 하자면 그 육체 속에의 영원한 머무름을 약속했다고 했다. 그것도 신들의 자연본성이 그 불사불멸을 지니고 있어서가 아니라 당신의 결의가 힘있기 때문에 그렇게 된다는 것이다.[309] 플라톤의 이 말은 그들이 얘기하는 딴 주제도 뒤엎고 만다. 육신의 부활이 불가능하기 때문에 육신의

Apertissime quippe iuxta eundem philosophum, ubi diis a se factis promisit Deus non factus inmortalitatem, quod inpossibile est se dixit facturum. Sic enim eum locutum narrat Plato: «Quoniam estis orti, inquit, inmortales esse et indissolubiles non potestis; non tamen dissoluemini neque uos ulla mortis fata periment nec erunt ualentiora quam consilium meum, quod maius est uinculum ad perpetuitatem uestram quam illa quibus estis conligati.» Si non solum absurdi, sed surdi non sunt qui haec audiunt, non utique dubitant diis factis ab illo Deo qui eos fecit secundum Platonem quod est inpossibile fuisse promissum. Qui enim dicit: «Vos quidem inmortales esse non potestis, sed mea uoluntate inmortales eritis,» quid aliud dicit quam «id quod fieri non potest me faciente tamen eritis»? Ille igitur carnem incorruptibilem, inmortalem, spiritalem resuscitabit, qui iuxta Platonem id quod inpossibile est se facturum esse promisit. Quid adhuc, quod promisit Deus, quod Deo promittenti credidit mundus, qui etiam ipse promissus est crediturus, esse inpossibile clamant, quando quidem nos Deum, qui etiam secundum Platonem facit inpossibilia, id facturum esse clamamus? Non ergo, ut beatae sint animae, corpus est omne fugiendum, sed corpus incorruptibile recipiendum. Et in quo conuenientius incorruptibili corpore laetabuntur, quam in quo corruptibili gemuerunt? Sic enim non in eis erit illa dira cupiditas, quam posuit ex Platone Vergilius, ubi ait:

    Rursus et incipiant in corpora uelle reuerti;

sic, inquam, cupiditatem reuertendi ad corpora non habebunt, cum corpora, in quae reuerti cupiunt, secum habebunt et sic habebunt, ut numquam

---

[310] 육체를 삼차원의 물체(物體)로만 볼 것이냐, 개체(個體)의 원리로 볼 것이냐, 영혼이 물질세계를 경험하는 매체(媒體)로 볼 것이냐에 따라 영육간의 관계에 대한 의견이 분분했다. Cf. Plato, *Cratylus* 40b-c; Aristoteles, *Physica* 204b; Plotinus, *Enneades* 4.8; Porphyrius, *De antro nympharum* 14.

[311] Plato, *Timaeus* 41a (Cicero, *Timaeus* 32c). 본서 13.16.1 (그리고 *Sermo* 241.8.8)에도 인용.

[312] non solum *absurdi*, sed *surdi*: 압운에 의한 말장난이다.

[313] Cf. Plato, *Phaedrus* 249a; *Respublica* 619d. 본서 14.5 참조.

[314] Vergilius, *Aeneis* 6.751. 본서 10.30; 13.19에도 인용.

부활을 믿어서는 안 된다는 주장이 그것이다. 같은 철학자 플라톤의 말을 보면 그들이 불가능하다고 보는 일이 장차 이루어지리라고 발언했음이 아주 분명하다.[310] 플라톤은 하느님이 이런 말을 했다고 전한다: "너희는 생겨났다는 그 사실만으로 너희가 불사불멸할 수는 없고 해체될 수 없는 자가 되지 못하느니라. 하지만 나의 결의로 너희는 결코 해체되지 않을 것이며, 여하한 죽음의 운명도 너희를 파괴하지 못하리라. 죽음의 운명이 나의 결의보다 더 힘세지 못하리라. 너희를 영속永續에 묶어두는 나의 결의는 너희가 탄생할 적에 너희를 결합시킨 그것들보다 훨씬 위대한 사슬이니라."[311] 이 말을 듣는 사람들이 단지 몰상식에서 그치지 않고 귀머거리까지 되지 않았다면야[312] 플라톤의 말대로 하느님에 의해 불사불멸이 약속되었다는 사실은 그 신들에게는 원래는 불사불멸이 불가능했다는 뜻임을 의심치 않으리라. 그 신들을 만든 하느님이 신들로서는 불가능한 것을 약속했다는 말이다. 하느님은 신들에게 "너희는 불사불멸할 수 없다. 단지 내 의지에 의해 불사불멸하리라"고 하는데, 이것은 "너희가 될 수 없는 무엇이 된다면 내가 그렇게 하기 때문이다"는 말 아니고 무엇인가? 그분이라면 육신을 썩지 않고 불멸하고 영적인 것으로 부활시킬 것이고, 플라톤의 말마따나, 바로 그분이 그처럼 불가능한 것을 해내겠다고 약속했던 것이다. 그럼에도 저 사람들은 하느님이 약속한 내용이 불가능하다고 소리지르니 어찌 된 일인가? 그런 약속을 하는 하느님을 세상은 믿었고, 또 세상은 자기네가 믿게 되리라는 약속을 받은 바 있다. 그래서 우리는 플라톤의 말처럼, 하느님은 불가능한 것을 해내는 분이므로, 당신이 한 약속을 반드시 해내리라고 외치고 있지 않은가? 따라서 영혼이 행복해지려면 모든 육체를 피해야 하는 것이 아니고 부패하지 않는 육체를 받아야 한다. 썩지 않는 육체를 두고 기뻐하더라도, 썩을 육체를 두고 애통했다가 그 육체가 썩지 않을 것이 되어 기뻐하는 것보다 더 멋있는 일이 과연 있겠는가? 그런 사람들에게는 베르길리우스가 플라톤을 인용해서 말하는,[313]

  몸으로 되돌아가고 싶은 마음이 다시 생기기 시작하리라[314]

는 구절에 나타나는 끔찍하다는 탐욕도 없을 것이다. 내가 하려는 말은 돌아가고 싶어 안달하는 육체들이 없으리라는 것이다. 돌아가고 싶은 육체를 이미 지니고

non habeant, numquam ea prorsus uel ad exiguum quamlibet tempus ulla morte deponant.

27. Singuli quaedam dixerunt Plato atque Porphyrius, quae si inter se communicare potuissent, facti essent fortasse Christiani. Plato dixit sine corporibus animas in aeternum esse non posse. Ideo enim dixit etiam sapientum animas post quamlibet longum tempus, tamen ad corpora redituras. Porphyrius autem dixit animam purgatissimam, cum redierit ad Patrem, ad haec mala mundi numquam esse redituram. Ac per hoc, quod uerum uidit Plato, si dedisset Porphyrio, etiam iustorum atque sapientum purgatissimas animas ad humana corpora redituras; rursus quod uerum uidit Porphyrius, dedisset Platoni, numquam redituras ad miserias corruptibilis corporis animas sanctas; ut non singuli haec singula, sed ambo et singuli utrumque dicerent; puto quod uiderent esse iam consequens, ut et redirent animae ad corpora et talia reciperent corpora, in quibus beate atque inmortaliter uiuerent. Quoniam secundum Platonem etiam sanctae animae ad humana corpora redibunt; secundum Porphyrium ad mala mundi huius sanctae animae non redibunt. Dicat itaque cum Platone Porphyrius: «Redibunt ad corpora»; dicat Plato cum Porphyrio: «Non redibunt ad mala»: et ad ea corpora redire consentient, in quibus nulla patiantur mala. Haec itaque non erunt nisi illa quae promittit Deus, beatas animas in aeternum cum sua aeterna carne uicturas. Hoc enim, quantum existimo, iam facile nobis concederent ambo, ut, qui faterentur ad inmortalia corpora redituras animas esse sanctorum, ad sua illas redire permitte-

---

[315] Cf. Plato, *Respublica* 614a - 617d; Porphyrius, *Epistula ad Marcellam* 33.

[316] sed ambo et singuli utrumque dicerent: 사람의 사상적 보완을 강조하여, 이수(二數)들의 유사어들을 한꺼번에 구사했다.

있을 테고, 그 육체를 지니지 않는 시각이 다시는 없게 되리라는 것이다. 어떠한 죽음으로도, 아무리 짧은 시간이라도 그 육체를 벗는 일이 절대로 없을 것이다.

27. 플라톤과 포르피리우스가 상반된 명제를 두고 서로 양보했던들 둘 중의 하나라도 진리에서 이탈하지 않았으리라

플라톤과 포르피리우스는 제각기 발언을 했는데 만약 그들이 서로 의사소통을 가질 수 있었더라면 아마도 그리스도인이 되고도 남았으리라. 플라톤은 영혼이 육체 없이 영원히 있을 수는 없다고 했다. 그래서 현자들의 영혼도 비록 기나긴 시간이 지난 뒤라 할지라도, 기필코 육체로 돌아오리라는 말을 한 것이다. 그런데 포르피리우스는 영혼이 지극히 순결해져서 아버지께로 돌아가고 나면 세상의 악으로 돌아오는 일이 결코 없으리라고 했다.[315] 플라톤이 간파한 이 진리를 만일 포르피리우스에게 전해 주었더라면, 의인들과 현자들의 지극히 순결한 영혼도 인간 육체 속으로 돌아오게 되었을지 모른다. 또 포르피리우스가 본 진리를 플라톤에게 전해 주었더라면, 거룩한 영혼들이 썩어질 육체의 가련함으로 돌아오는 일도 없었을지 모른다. 각각의 견해를 따로 얘기하지 않고 양편이 제각기 둘다 얘기했더라면[316] 좋았을 것이다. 그랬더라면 그들은 다음과 같은 결론이 존재한다는 사실을 깨달았을 것이다. 영혼이 육체로 돌아오되 그 속에서 행복하고 불멸하게 살 수 있는 육체를 받으리라는 것이다. 왜냐하면 플라톤의 말대로라면 거룩한 영혼들도 인간 육체로 돌아올 것이고, 포르피리우스의 말대로라면 거룩한 영혼들은 이 세상의 악으로 돌아오지 않을 것이기 때문이다. 그렇다면 포르피리우스는 플라톤과 보조를 맞추어 "육체로 돌아오리라"고 해야 한다. 또 플라톤은 포르피리우스와 보조를 맞추어 "악으로 돌아오지는 않으리라"고 해야 한다. 그러면 아무런 악도 없는 육체로 돌아오리라는 점에 둘다 동의할 것이다. 하느님이 약속하는 바가 다름아닌 이것이니, 복된 영혼들이 자기의 영원한 육신과 더불어 살게 되리라는 말씀이다. 내가 생각하는 한, 두 사람 모두 이 말에 수긍할 것이다. 성도들의 영혼이 불멸하는 육체로 돌아오리라고 공언하는 사람들이라면, 영혼이 그 속에서 이 세상의 악을 무릅썼던 자기의 바로 그

rent, in quibus mala huius saeculi pertulerunt, in quibus Deum, ut his malis carerent, pie fideliterque coluerunt.

28. Nonnulli nostri propter quoddam praeclarissimum loquendi genus et propter nonnulla, quae ueraciter sensit, amantes Platonem dicunt eum aliquid simile nobis etiam de mortuorum resurrectione sensisse. Quod quidem sic tangit in libris de re publica Tullius, ut eum lusisse potius quam quod id uerum esse adfirmet dicere uoluisse. Inducit enim hominem reuixisse et narrasse quaedam, quae Platonicis disputationibus congruebant. Labeo etiam duos dicit uno die fuisse defunctos et occurrisse inuicem in quodam compito, deinde ad corpora sua iussos fuisse remeare et constituisse inter se amicos se esse uicturos, atque ita esse factum, donec postea morerentur. Sed isti auctores talem resurrectionem corporis factam fuisse narrarunt, quales fuerunt eorum, quos resurrexisse nouimus et huic quidem redditos uitae, sed non eo modo ut non morerentur ulterius. Mirabilius autem quiddam Marcus Varro ponit in libris, quos conscripsit de gente populi Romani, cuius putaui uerba ipsa ponenda. «Genethliaci quidam scripserunt, inquit, esse in renascendis hominibus quam appellant παλιγγενεσίαν Graeci; hac scripserunt confici in annis numero quadringentis quadraginta, ut idem corpus et eadem anima, quae fuerint coniuncta in homine aliquando, eadem rursus redeant in coniunctionem.» Iste Varro quidem siue illi genethliaci nescio qui (non enim nomina eorum prodidit, quorum commemorauit sententiam) aliquid dixerunt, quod licet falsum sit (cum enim semel ad eadem corpora quae gesserunt animae redierint, numquam ea sunt postea relicturae), tamen multa illius inpossibilitatis, qua contra nos isti garriunt, argumenta conuellit et destruit. Qui

---

[317] Cf. Eusebius, *De praeparatione evangelica* 11.33; Zenon Veronensis, *Tractatus XVI de resurrectione* 1.1.

[318] Cf. Cicero, *De republica* 6.8.3-4; Macrobius, *In somnium Scipionis* 1.1-2.

[319] Cf. Plato, *Respublica* 614b. 전장에서 죽은 Er라는 자가 열이틀 만에 되살아나서 명계(冥界)에서 본 것을 얘기한다.

[320] Cf. Plinius, *Historia naturalis* 7.53.

[321] 22.8.1-23에는 교부의 사목활동중 듣고 본, 인근 지역에서 죽었다가 살아난 사람들의 일화가 길게 나왔다.

[322] Varro, *De gente populi Romani* fr.4 (이 책명은 18권에 여러번 인용됨).

육체로 돌아오리라고, 저 악에서 벗어나려고 나름대로 그 속에서 열심하고 충실히 하느님을 섬겼던 자기 육체로 돌아오리라고 인정하리라.

28. 플라톤이나 라베오나 바로도 의견을 수렴했더라면 모두 참된 부활 신앙에 어떻게든 이바지할 수 있지 않았을까

우리 학자들 가운데는 플라톤의 극히 출중한 언변 때문에, 또는 플라톤이 진실하게 간파한 몇 가지 때문에 그를 좋아하여 그가 죽은 이들의 부활에 관해서도 우리와 비슷한 생각을 했다고 보는 사람들이 있다.[317] 그렇지만 툴리우스 키케로는 「국가론」이라는 책에서 이것을 다루면서 플라톤이 재미로 그런 말을 한 것일 뿐 그것이 꼭 진리라고 주장하고 싶어서 그런 말을 한 것은 아니라고 한다.[318] 그 책에서는 사람이 다시 살아나서 플라톤의 논제에 부합하는 발언을 하는 것으로 되어 있다.[319] 라베오도 얘기하기를, 두 사람이 한날에 죽었는데 어느 네거리에서 만났고, 그때 자기 몸으로 다시 들어가라는 명령을 받았으며, 살아나거든 서로 친구로 살자고 다짐했고, 과연 살아나서 훗날 다시 죽을 때까지 그렇게 살았다고 한다.[320] 그런데 저 저술가들이 이야기하는 것은 육체의 부활에 국한된 것으로 사람들이 부활하여 다시 현세의 생명으로 돌아왔다는 의미에서의 부활이지 죽지 않는다는 의미의 부활은 아니다. 그렇게 부활한 사람들이야 우리도 알고 있다.[321] 더 신기한 것은 마르쿠스 바로가 로마 백성의 민족에 관해 쓴 책에 나와 있다. 나는 그 일화가 말 그대로 옮겨놓을 만하다고 생각했다: "어떤 점성가들은 사람들이 환생還生하려면 그리스인들이 팔링게네시아라고 부르는 것이 있다고 기록했다. 그 글에 의하면 420이라는 햇수가 지날 때마다 한때 사람 안에서 결합해 있던 같은 육체, 같은 영혼이 또다시 똑같은 결합을 하려고 돌아오리라고 한다."[322] 나도 모르는 점성가들(바로는 그들의 사상은 언급하면서 이름은 제시하지 않았다)은 뭔가 거짓말을 했지만(우리의 주장대로라면 영혼이 한때 살았던 육체로 일단 돌아오면 후에 다시는 그것을 떠나지 않아야 할 테니까) 그들이 한 말만으로도 부활이 불가능하다는 이론(그 불가능성을 내세워 저자들은 우리와 맞서 멋대로 지껄여대고 있다)의 상당한 논거를 뒤옆고

enim hoc sentiunt siue senserunt, non eis uisum est fieri non posse, ut dilapsa cadauera in auras in puluerem, in cinerem in umores, in corpora uescentium bestiarum uel ipsorum quoque hominum ad id rursus redeant, quod fuerunt. Quapropter Plato et Porphyrius, uel potius quicumque illos diligunt et adhuc uiuunt, si nobis consentiunt etiam sanctas animas ad corpora redituras, sicut ait Plato, nec tamen ad mala ulla redituras, sicut ait Porphyrius, ut ex his fiat consequens, quod fides praedicat Christiana, talia corpora recepturas, in quibus sine ullo malo in aeternum feliciter uiuant, adsumant etiam hoc de Varrone, ut ad eadem corpora redeant, in quibus antea fuerunt, et apud eos tota quaestio de carnis in aeternum resurrectione soluetur.

29. Nunc iam quid acturi sint in corporibus inmortalibus atque spiritalibus sancti, non adhuc eorum carne carnaliter, sed spiritaliter iam uiuente, quantum Dominus dignatur adiuuare uideamus. Et illa quidem actio uel potius quies atque otium quale futurum sit, si uerum uelim dicere, nescio. Non enim hoc umquam per sensus corporis uidi. Si autem mente, id est intellegentia, uidisse me dicam, quantum est aut quid est nostra intellegentia ad illam excellentiam? Ibi est enim *pax Dei, quae*, sicut dicit apostolus, *superat omnem intellectum*; quem nisi nostrum, aut fortasse etiam sanctorum angelorum? Non enim et Dei. Si ergo sancti in Dei pace uicturi sunt, profecto in ea pace uicturi sunt, quae superat omnem intellectum. Quoniam nostrum quidem superat, non est dubium; si autem superat et angelorum, ut nec ipsos excepisse uideatur, qui ait *omnem intellectum*:

---

[323] 교부는 지금까지 치밀하고 정교한 논리로, 육신 부활이 비논리적이고 따라서 불가능하다는 신플라톤 사상가들의 이론을 조목조목 반박했다.

[324] 마지막 두 장은 부활한 인간의 행복을 다루며 이 장은 그리스도교의 구원경지인 "지복직관"(至福直觀: visio beatifica)이 어떻게 가능할까를 설명한다.

[325] actio vel potius quies atque otium: 파르메니데스와 플라톤의 사상계보를 따르면 구원의 경지는 일체의 행위(가능태에서 현실태로 옮겨감)를 요하지 않는 안돈(安頓) 혹은 평화(平和)의 경지로 해석된다.

[326] 교부는 모친 모니카와 더불어 신비경에 든 경험을 술회한 바 있다. Cf. *Confessiones* 9.10.

[327] 필립 4,7.

무너뜨린다. 그들과 똑같이 생각하고 있거나 생각했던 사람들이라면, 시체가 대기로, 먼지로, 재로, 액체로, 잡아먹는 짐승들이나 심지어 사람들의 몸으로 흩어졌다고 하더라도, 그것이 이전에 있었던 육체로 돌아오는 일이 불가능해 보이지도 않고 이루어질 수 없는 것도 아닌 성싶다. 따라서 플라톤과 포르피리우스는 그리고 누구든지 그들을 좋아하고 아직 살아있는 사람들이라면, 그래서 플라톤이 말한 것처럼 거룩한 영혼들이 육체로 돌아오리라는 점에서, 또 포르피리우스가 말한 것처럼 어떤 악으로 돌아오는 일이 결코 없으리라는 점에서 우리와 견해를 같이할 수 있으리라. 그리고 그것은 그리스도교 신앙이 설교하는 결론과 동일한 것이다. 영혼이 육체를 돌려받되 아무런 악도 겪지 않고 영원히 행복하게 살 그런 육체를 받는다. 그리고 그전에 있던 것과 똑같은 육체로 돌아오리라는 바로의 말을 보태서 받아들이도록 할 것이다. 그렇게 하면 그 사람들에게서도 육신의 영원한 부활에 관한 엄청난 의문이 풀릴 것이다.[323]

29. 후세에 성도가 하느님을 뵙는 직관의 성격[324]
29. 1. 우리가 어떻게 하느님을 뵙게 될 것인가

그때는 성도들이 그들의 육으로 살지만 육적으로 살지 않고 영적으로 살 터인데, 그럼 이제 성도들이 불사불멸하고 영적인 육체 속에서 무엇을 할 것인지, 주님이 도와주시는 한도 내에서 살펴보기로 하자. 사실, 저 활동 또는 활동이라기보다는 안식이자 여가[325]가 어떤 것일지는 나도 모른다. 나 역시 육체의 감관으로 그것을 본 적이 없기 때문이다. 지성으로, 다시 말해 오성으로는 나도 보았다고 할 수 있을 테지만, 그 지고한 경지 앞에서 우리 오성이라는 것이 얼마나 대수로우며 도대체 뭣이던가?[326] 사도가 말한 것처럼 그곳에는 "모든 이해를 초월하는 하느님의 평화"[327]가 있다. 그 평화가 우리의 이해력만을 초월하는 것일까, 아니면 거룩한 천사들의 이해력도 초월하는 것일까? 분명히 하느님의 이해력마저 초월하는 것은 아니리라. 성도들이 하느님의 평화 안에 살 것이라면 모든 오성을 초월하는 그 평화 속에 살 것임에 틀림없다. 우리 오성을 초월하리라는 것은 의심이 없다. 천사들의 것도 초월한다면 천사들도 "모든 이해를

secundum hoc dictum esse debemus accipere, quia pacem Dei, qua Deus ipse pacatus est, sicut Deus nouit, non eam nos sic possumus nosse nec ulli angeli. *Superat* itaque *omnem intellectum*, non dubium quod praeter suum. Sed quia et nos pro modo nostro pacis eius participes facti scimus summam in nobis atque inter nos et cum ipso pacem, quantum nostrum summum est: isto modo pro suo modo sciunt eam sancti angeli; homines autem nunc longe infra, quantumlibet prouectu mentis excellant. Considerandum est enim quantus uir dicebat: *Ex parte scimus et ex parte prophetamus, donec ueniat quod perfectum est*; et: *Videmus nunc per speculum in aenigmate, tunc autem faciem ad faciem*. Sic iam uident sancti angeli, qui etiam nostri angeli dicti sunt, quia eruti de potestate tenebrarum et accepto spiritus pignore translati ad regnum Christi ad eos angelos iam coepimus pertinere, cum quibus nobis erit sancta atque dulcissima, de qua iam tot libros scripsimus, Dei ciuitas ipsa communis. Sic sunt ergo angeli nostri qui sunt angeli Dei, quem ad modum Christus Dei Christus est noster. Dei sunt, quia Deum non reliquerunt; nostri sunt, quia suos ciues nos habere coeperunt. Dixit autem Dominus Iesus: *Videte ne contemnatis unum de pusillis istis. Dico enim uobis, quia angeli eorum in caelis semper uident faciem patris mei, qui in caelis est*. Sicut ergo illi uident, ita et nos uisuri sumus; sed nondum ita uidemus. Propter quod ait apostolus, quod paulo ante dixi: *Videmus nunc per speculum in aenigmate, tunc autem faciem ad faciem*. Praemium itaque fidei nobis uisio ista seruatur,

---

[328] pacem Dei qua Deus ipse pacatus est: 피조물은 상위에서 주는 평화로 안돈에 이르지만(= 참여하지만) 하느님은 당신의 평화로 안돈중에 있다.

[329] in nobis atque inter nos et cum ipso pax: 평화는 인간 내심에(영육 사이에), 인간 사회에, 하느님과의 사이에(pax Dei: 고대인들의 pax deum) 존재한다(19.13-14 참조).

[330] summa pax, quantum nostrum summum est: 평화는 우리 선의 목적(끝)이므로(19.11) 인생의 최고 경지(summum nostrum)이기도 하다.

[331] 1고린 13,9-10.

[332] 1고린 13,12.

[333] 골로 1,13 참조: "그분은 우리를 어둠의 권세에서 건져내어 당신 사랑하는 아드님의 나라로 옮겨 주셨습니다."

[334] 마태 18,10.

초월하는"이라는 구절에 예외가 아님을 알 수 있다. 그렇다면 저 말씀은 하느님의 평화로 하느님 친히 평화로워졌다는[328] 뜻으로 받아들여야 한다. 그 평화는 하느님이 알며 그 대신 우리는 그 평화를 알지 못하고 천사들도 알 수가 없다. 그러니까 "모든 이해를 초월하는"이라는 구절은 의심없이 하느님의 오성을 제외한다. 하지만 우리도 우리 나름대로 그분의 평화에 참여하도록 만들어진 이상, 우리 안에 또 우리 사이에 그리고 하느님과 함께 누리는[329] 최고의 평화라는 것을 이해하고 그것이 최고 경지라는 것도 이해한다.[330] 마찬가지로 거룩한 천사들도 자기 나름대로 그 평화를 이해한다. 지성의 발달에 있어서 탁월하더라도 인간들은 지금으로서는 이해의 정도가 훨씬 낮다. "온전한 것이 오기까지 우리가 인식한다 해도 단편적이며 예언한다 해도 단편적입니다"[331]라는 말이나 "지금은 우리가 거울을 통해 어렴풋이 보고 있지만 그때가 되면 얼굴과 얼굴을 마주 대할 것입니다"[332]라는 말을 하던 사람이 얼마나 훌륭한 인물이었던가를 기억해야 할 것이다. 거룩한 천사들이 이미 그렇게 평화를 보고 있다. 그들을 우리의 천사라고도 하는데, 우리가 어둠의 권세를 벗어나 성령을 담보물로 받아서 그리스도의 나라로 옮겨졌으므로[333] 그 천사들에게 속하기 시작했기 때문이다. 거룩하고 지극히 매혹적인 도성, 하느님의 도성이 천사들과 우리에게 공통된다. 그 도성을 두고서 우리는 이 많은 책권들을 썼던 것이다. 이래서 하느님의 천사들이기도 하면서 우리의 천사들이기도 하니, 이것은 그리스도가 하느님의 그리스도이면서 우리의 그리스도이기도 함과 마찬가지다. 하느님의 천사임은 하느님을 저버리지 않았기 때문이고, 우리의 천사임은 우리를 자기네 동료시민으로 삼기 시작했기 때문이다. 주 예수가 한 말이 있다: "여러분은 이 작은 이들 가운데 하나라도 업신여기지 않도록 주의하시오. 사실 여러분에게 말하거니와, 하늘에서 그들의 천사들이 하늘에 계신 내 아버지의 얼굴을 항상 보고 있습니다."[334] 천사들이 지금 보고 있는 그대로 우리도 볼 것이지만 아직까지는 그렇게 보지는 못한다. 바로 그것 때문에 사도가 조금 전에 인용한 대로 "지금은 우리가 거울을 통해 어렴풋이 보고 있지만 그 때가 되면 얼굴과 얼굴을 마주 대할 것입니다"라는 말을 한 것이다. 신앙에 대한 상급으로 저 직관

de qua et Iohannes apostolus loquens: *Cum apparuerit*, inquit, *similes ei erimus, quoniam uidebimus eum sicuti est*. Facies autem Dei manifestatio eius intellegenda est, non aliquod tale membrum, quale nos habemus in corpore atque isto nomine nuncupamus.

Quapropter cum ex me quaeritur, quid acturi sint sancti in illo corpore spirituali, non dico quod iam uideo, sed dico quod credo, secundum illud quod in Psalmo lego: *Credidi, propter quod et locutus sum*. Dico itaque: Visuri sunt Deum in ipso corpore; sed utrum per ipsum, sicut per corpus nunc uidemus solem, lunam, stellas, mare ac terram et quae sunt in ea, non parua quaestio est. Durum est enim dicere, quod sancti talia corpora tunc habebunt, ut non possint oculos claudere atque aperire cum uolent; durius autem, quod ibi Deum, quisquis oculos clauserit, non uidebit. Si enim propheta Helisaeus puerum suum Giezi absens corpore uidit accipientem munera, quae dedit ei Naeman Syrus, quem propheta memoratus a leprae deformitate liberauerat, quod seruus nequam domino suo non uidente latenter se fecisse putauerat: quanto magis in illo corpore spirituali uidebunt sancti omnia, non solum si oculos claudant, uerum etiam unde sunt corpore absentes! Tunc enim erit perfectum illud, de quo loquens apostolus: *Ex parte*, inquit, *scimus et ex parte prophetamus; cum autem uenerit quod perfectum est, quod ex parte est euacuabitur*. Deinde ut quo modo posset aliqua similitudine ostenderet, quantum ab illa quae futura est distet haec uita, non qualiumcumque hominum, uerum etiam qui praecipua hic sanctitate sunt praediti: *Cum essem*, inquit, *paruulus, quasi paruulus sapiebam, quasi paruulus loquebar, quasi paruulus cogitabam;*

---

[335] 1요한 3,2.

[336] 시편 115,1-2. 〔새번역 116,10-11: "'내가 모진 괴로움을 당하는구나.' 뇌면서도 나는 믿었노라. 내가 질겁하여 말하였도다. '사람은 모두 거짓말쟁이'."〕

[337] 교부는 이 질문을 다각도로 검토한 바 있다. 비록 부활한 사람도 육안으로 하느님을 뵈오리라는 생각을 단연 부인했다가(*Epistula* 92), 태도를 다소 누그러뜨렸다(*Epistulae* 147; 148; 152).

[338] 4[2]열왕 5,8-27 참조.

이 보존되어 있으며, 그 직관에 대해서는 요한 사도도 이런 말을 했다: "그분이 나타나실 때에 우리가 그분을 닮게 될 것입니다. 사실 우리는 그분을 실제 모습 그대로 뵈올 것이기 때문입니다."[335] 하느님의 얼굴이라는 말도 그분의 나타나심을 가리키는 것으로 알아듣지 우리가 몸에 지니고 있는 얼굴이라는 명사로 일컫는 어떤 지체를 가리키는 것이 아니다.

29.2. 그 지복직관은 어떤 것인가

성도들이 영적인 몸으로 무슨 행동을 할 것이냐고 나한테 묻는다면 나는 이미 본 것처럼 얘기하지 않고 그냥 믿고 있는 바를 얘기하겠다. 내가 시편에서 "나는 믿었노라. 그래서 나는 말했노라"[336]라고 읽은 그대로다. 내 말은 이렇다: 그 육체로 하느님을 뵈올 것이다! 하지만 지금 몸을 통해 해, 달, 별, 바다와 육지와 그 안에 있는 것들을 보듯이 그렇게 육체를 통해 볼 것인가는 쉬운 문제가 아니다.[337] 성도들이 그때 가서는 하고 싶은 대로 눈을 감았다 떴다 못하는 그런 몸을 지니리라고 한다면 억측이다. 하지만 거기서 누구든 눈을 감아버리면 하느님을 뵐 수 없을 것이라는 말은 더욱 억측이다. 예언자 엘리사는 몸이 그 자리에 없었으면서도 자신이 나병을 낫게 해 주었던 시리아 사람 나아만이 자신의 시종 게하지에게 선물을 주는 광경을 보았다. 시종 게하지는 자기 주인인 엘리사가 보지 못했으므로 자기가 그 일을 남몰래 해냈다고 생각했던 것이다.[338] 그러니 성도들이야 영적인 몸으로 모든 것을 보지 않겠는가? 눈을 감을 적만 아니고 몸으로 그 자리에 없을 적에도 보지 않겠는가? 그러고 나면 사도가 이 문제에 관해 조금 전에 한 말이 온전히 이루어질 것이다: "우리가 인식한다 해도 단편적이며 예언한다 해도 단편적입니다. 그러나 온전한 것이 오면 단편적인 것은 없어지고 맙니다." 현세의 이 삶은 장차 올 삶과 거리가 하도 멀어서 어떻게 무슨 비유를 들어 설명할 수 있을지 나도 모르겠다. 현세의 삶이라고 해서 아무의 삶이나 얘기하는 것이 아니고 그래도 여기서 주된 성덕을 갖춘 사람들의 삶이어야 하는데 그들의 삶마저 저 삶과는 너무나 거리가 멀다. 그래서 이런 말씀이 있다: "내가 어렸을 때는 어린이처럼 말하고 어린이처럼 생각하고 어린이처럼 이치를 따졌습니다. 어른이 되자 나는 어린애 짓을 그만두었습니다. 지금은 우

cum autem factius sum uir, euacuaui ea quae paruuli erant. Videmus nunc per speculum in aenigmate, tunc autem faciem ad faciem. Nunc scio ex parte, tunc autem cognoscam sicut et cognitus sum. Si ergo in hac uita, ubi hominum mirabilium prophetia ita comparanda est illi uitae, quasi paruuli ad iuuenem, uidit tamen Helisaeus accipientem munera seruum suum, ubi ipse non erat; itane cum uenerit quod perfectum est nec iam corpus corruptibile adgrauabit animam, sed incorruptibile nihil impediet, illi sancti ad ea, quae uidenda sunt, oculis corporeis, quibus Helisaeus absens ad seruum suum uidendum non indiguit, indigebunt? Nam secundum interpretes septuaginta ista sunt ad Giezi uerba prophetae: *Nonne cor meum iit tecum, quando conuersus est uir de curru in obuiam tibi et accepisti pecuniam?* et cetera; sicut autem ex Hebraeo interpretatus est presbyter Hieronymus: *Nonne cor meum,* inquit, *in praesenti erat, quando reuersus est homo de curru suo in occursum tui?* Corde suo ergo se dixit hoc uidisse propheta, adiuto quidem mirabiliter nullo dubitante diuinitus. Sed quanto amplius tunc omnes munere isto abundabunt, cum Deus erit omnia in omnibus! Habebunt tamen etiam illi oculi corporei officium suum et in loco suo erunt, uteturque illis spiritus per spiritale corpus. Neque enim et ille propheta, quia non eis indiguit ut uideret absentem, non eis usus est ad uidenda praesentia; quae tamen spiritu uidere posset, etiamsi illos clauderet, sicut uidit absentia, ubi cum eis ipse non erat. Absit ergo, ut dicamus illos sanctos in illa uita Deum clausis oculis non uisuros, quem spiritu semper uidebunt.

Sed utrum uidebunt et per oculos corporis cum eos apertos habebunt, inde quaestio est. Si enim tantum poterunt in corpore spiritali eo modo

---

[339] 1고린 13,11-12.

[340] 4[2]열왕 5,26.

[341] 우리말 공동번역본과 일치한다. 15.10에서도 칠십인역본과 히에로니무스의 불가타본을 대조한다.

[342] 1고린 15,28.

[343] 다른 교부들도 지복직관에 대해 같은 입장으로 성서를 해석한다. 예: Irenaeus, *Adversus haereses* 4.20.5; Theophilus, *Ad Autolycum* 1.7.

리가 거울을 통해 어렴풋이 보고 있지만 그때가 되면 얼굴과 얼굴을 마주 대할 것입니다. 지금은 내가 인식한다 해도 단편적이지만 그때가 되면, 내가 알려진 것처럼 나도 알게 될 것입니다."[339] 이 삶에서는, 비상한 인간들의 예언마저 장차 올 저 삶에 비하면 흡사 어린애와 청장년 사이의 차이에 비견되어야 마땅하다. 그런데도 엘리사는 이미 현세에서 그 자리에 없었으면서도 자기 시종이 선물을 받는 모습을 보았다. 그러니 온전한 것이 와서 썩을 몸이 영혼을 무겁게 내리누르는 일도 없고 썩지 않는 몸이 아무 방해도 하지 않는 지경이라면, 성도들이 육안으로 보아야 할 것을 빠뜨리는 일이 있겠는가? 엘리사가 이미 현세에서 그 자리에 없으면서도 자기 시종을 보는 데 지장이 없었는데. 70인 번역자들에 의하면 게하지에게 건넨 예언자의 말은 다음과 같다: "누군가가 마차에서 내려 너를 만나기 위하여 돌아설 때, 그리고 네가 돈을 받았을 때에 내 영이 너와 함께 가지 않은 줄 아느냐?"[340] 그 구절을 사제 히에로니무스는 히브리어에서 이렇게 번역했다: "누군가가 마차에서 내려 너를 만나기 위하여 돌아설 때 내 마음이 거기에 가 있지 않은 줄 아느냐?"[341] 여기서 예언자는 자기가 마음으로 보았노라는 말을 했다. 신적 보우를 받아 그렇게 했다는 데에는 의심의 여지가 없다. 하물며 모든 이가 그런 재능을 갖고 있다면, "하느님께서 모든 것 안에서 모든 것이 되실"[342] 때에는 얼마나 더하겠는가? 따라서 거기서도 육안은 제 역할이 있고 제자리에 붙어 있을 것이고, 영은 영적인 몸을 통해 육안을 사용하게 될 것이다. 예언자 엘리사가 그 자리에 없는 시종을 보는 데 육안이 필요치 않았다고 해서 바로 눈앞에 있는 것을 보는 데도 육안을 사용하지 않았다는 말은 아니다. 물론 그가 그 자리에서 육안으로 본 것이 아니면서도 부재중의 상황을 보았던 것처럼, 그 자리에 있는 것도 눈을 감았을 때처럼 영으로 볼 수 있을 것이다. 그러니 저 삶에서 성도들은 영으로 항상 하느님을 뵈올 테니까 눈을 감으면 하느님을 뵙지 못하리라는 말은 절대 안 된다.[343]

29. 3. 우리는 영으로 하느님을 뵐 것이다

그러면 눈을 뜨고 있을 적에는 몸의 눈으로 하느님을 뵐 것이냐는 의문이 남는다. 영적인 몸에서는 눈이 비록 영적이기는 하지만 우리가 지금 지니고 있는

utique ipsi oculi etiam spiritales, quantum possunt isti quales nunc habemus: procul dubio per eos Deus uideri non poterit. Longe itaque alterius erunt potentiae, si per eos uidebitur incorporea illa natura, quae non continetur loco, sed ubique tota est. Non enim quia dicimus Deum et in caelo esse et in terra (ipse quippe ait per prophetam: *Caelum et terram ego impleo*), aliam partem dicturi sumus eum in caelo habere et in terra aliam; sed totus in caelo est, totus in terra, non alternis temporibus, sed utrumque simul, quod nulla natura corporalis potest. Vis itaque praepollentior oculorum erit illorum, non ut acrius uideant, quam quidam perhibentur uidere serpentes uel aquilae (quantalibet enim acrimonia cernendi eadem quoque animalia nihil aliud possunt uidere quam corpora), sed ut uideant et incorporalia. Et fortasse ista uirtus magna cernendi data fuerit ad horam etiam in isto mortali corpore oculis sancti uiri Iob, quando ait ad Deum: *In obauditu auris audiebam te prius, nunc autem oculus meus uidet te; propterea despexi memet ipsum et distabui et existimaui me terram et cinerem*; quamuis nihil hic prohibeat oculum cordis intellegi, de quibus oculis ait apostolus: *Inluminatos oculos* habere *cordis uestri*. Ipsis autem uideri Deum, cum uidebitur, Christianus ambigit nemo, qui fideliter accipit, quod ait Deus ille magister: *Beati mundicordes, quoniam ipsi Deum uidebunt*. Sed utrum etiam corporalibus ibi oculis uideatur, hoc in ista quaestione uersamus.

Illud enim quod scriptum est: *Et uidebit omnis caro salutare Dei*, sine ullius nodo difficultatis sic intellegi potest, ac si dictum fuerit: «Et uidebit omnis homo Christum Dei», qui utique in corpore uisus est et in corpore uidebitur, quando uiuos et mortuos iudicabit. Quod autem ipse sit salutare

---

[344] quae non continetur loco, sed *ubique tota est*: 비물체적 사물의 정의에 해당한다. 신의 현존방식으로는 11.10 참조.

[345] 예레 23,24. 〔공동번역: "하늘과 땅 어디를 가나 내가 없는 곳은 없다."〕

[346] 욥기 42,5-6.

[347] 에페 1,18.

[348] 마태 5,8.

[349] 루가 3,6.

그 눈과 같은 힘을 갖는 데서 그친다면, 의심없이 그런 눈으로는 하느님을 뵙지 못할 것이다. 하지만 그 눈에 비물체적 자연사물, 즉 공간에 내포되지 않고 어디에나 전체적으로 있는[344] 자연사물이 보인다면 그 능력은 전혀 다르다. 우리가 하느님이 하늘에도 있고 땅에도 있다는 말을 할 적에(하느님 친히 예언자를 통해 "하늘과 땅을 내가 채우노라"[345]고 말씀했다), 하느님이 어느 부분은 하늘에 있고 어느 부분은 땅에 있다는 말은 감히 안할 것이다. 하늘에 전체로 있고 땅에 전체로 있다. 그렇다고 시간을 바꿔가면서 그렇게 있다는 것이 아니라 양편에 동시에 있으며, 물체적 자연사물로서는 그게 불가능하다. 따라서 그들의 눈의 시력은 훨씬 더 강력할 텐데, 그 시력은 뱀이나 독수리가 보는 데 쓰는 것처럼 예리하게 보자고 강해지는 것이 아니라 (같은 그 짐승들이 무엇을 식별하는 아무리 뛰어난 예리함을 지녔더라도 물체 외에는 아무것도 보지 못한다) 비물체적인 것들도 보자고 강해지는 것이다. 아마도 거룩한 사람 욥의 죽을 육체에 일시 주어졌던 것이 바로 그 대단한 식별 능력이었던가 보다. 그는 하느님께 "당신께 대하여 귀를 기울여 들어왔더니 이제는 저의 눈이 당신을 뵙나이다. 그래서 제 자신을 멸시했으며 주저앉았고 저를 먼지와 재로 여겼나이다."[346] 물론 여기서도 저 말이 마음의 눈을 의미하는 것으로 알아듣지 말라는 법은 없다. 그런 눈에 대해서는 사도가 "여러분의 마음의 눈을 비추시어"[347]라고 한 말이 있다. 하느님을 뵙는다면 바로 그런 눈으로 뵈오리라는 점은 그리스도인 누구도 애매하게 여기지 않는다. 하느님이요 스승인 분이 친히 "복되도다, 마음이 깨끗한 사람들! 하느님을 뵙게 되리니"[348]라고 한 말씀을 충실하게 받아들이는 연고이다. 그렇더라도 과연 저곳에서 육안으로도 하느님을 뵙느냐는 이 문제를 살펴보기로 하자.

29. 4. 지금 우리는 어떻게 인식을 하는가

"모든 육신이 하느님의 구원을 보리라"[349]고 씌어진 말씀은 어려운 매듭이 전혀 없어 다음과 같이 한 말로 알아들을 수 있다: "모든 사람이 하느님의 그리스도를 보리라." 물론 여기서는 몸으로 그리스도가 보였고 그분이 산 이와 죽은 이들을 심판할 때에도 몸으로 보일 것이다. 그분이 하느님의 구원이라는 것은 성

Dei, multa sunt et alia testimonia scripturarum; sed euidentius uenerandi illius senis Simeonis uerba declarant, qui, cum infantem Christum accepisset in manus suas: *Nunc*, inquit, *dimittis, Domine, seruum tuum secundum uerbum tuum in pace, quoniam uiderunt oculi mei salutare tuum.* Illud etiam, quod ait supra memoratus Iob, sicut in exemplaribus, quae ex Hebraeo sunt, inuenitur: *Et in carne mea uidebo Deum*, resurrectionem quidem carnis sine dubio prophetauit, non tamen dixit: «Per carnem meam.» Quod quidem si dixisset, posset Deus Christus intellegi, qui per carnem in carne uidebitur; nunc uero potest et sic accipi: *In carne mea uidebo Deum*, ac si dixisset: «In carne mea ero, cum uidebo Deum.» Et illud, quod ait apostolus: *Faciem ad faciem*, non cogit ut Deum per hanc faciem corporalem, ubi sunt oculi corporales, nos uisuros esse credamus, quem spiritu sine intermissione uidebimus. Nisi enim esset etiam interioris hominis facies, non diceret idem apostolus: *Nos autem reuelata facie gloriam Domini speculantes in eandem imaginem transformamur, de gloria in gloriam, tamquam a Domini spiritu*; nec aliter intellegimus et quod in Psalmo canitur: *Accedite ad eum et inluminamini, et facies uestrae non erubescent.* Fide quippe acceditur ad Deum, quam cordis constat esse, non corporis. Sed quia spiritale corpus nescimus quantos habebit accessus (de re quippe inexperta loquimur), ubi aliqua, quae aliter intellegi nequeat, diuinarum scripturarum non occurrit et succurrit auctoritas, necesse est ut contingat in nobis quod legitur in libro Sapientiae: *Cogitationes mortalium timidae et incertae prouidentiae nostrae.*

Ratiocinatio quippe illa philosophorum, qua disputant ita mentis aspectu intellegibilia uideri et sensu corporis sensibilia, id est corporalia, ut nec

---

[350] 루가 2,29-30.
[351] 욥기 19,26.
[352] 2코린 3,18.
[353] 시편 33,6. 〔새번역 34,6: "주님을 바라보아라. 기쁨에 넘치고 너희 얼굴에 부끄러움이 없으리라."〕
[354] 지혜 9,14.

서의 수많은 다른 증언들이 있다. 하지만 무엇보다도 저 존경할 노인 시므온의 말이 더 확실하게 선언하고 있으니 그는 갓난아기 그리스도를 자기 팔에 안고서 이렇게 말했기 때문이다: "주님, 당신 말씀대로 이제야 당신 종을 평안히 풀어주시나이다. 과연 제 눈으로 당신 구원을 보았나이다."[350] 앞에 언급한 욥의 말도 히브리어로 나온 다른 예문들처럼 이렇게 되어 있다: "또 나의 몸에서 하느님을 뵈오리라."[351] 이 말로 그는 틀림없이 육신의 부활을 예언했다. 그는 "나의 몸으로"라고 하지 않았다. 만약 그렇게 말했더라면 하느님 그리스도로 알아들을 수도 있다. 그분은 부활 때에 육신으로 육신 안에서 눈에 보일 것이기 때문이다. 당장은 "나의 몸에서 하느님을 뵈오리라"는 구절은 "내가 하느님을 뵈올 때에는 나는 나의 몸 안에 있으리라"라고 말한 것으로 알아들을 수 있다. 또 사도가 "얼굴과 얼굴을 마주 대할 것입니다"라고 한 말도 꼭 우리가 하느님을 이 육적인 몸으로, 육안이 달린 그 몸으로 뵐 것이라고 믿어야 한다는 법은 없다. 그때는 육안이라는 매개가 없이 영으로 직접 하느님을 뵐 것이다. 내적 인간의 얼굴이 따로 있지 않다면야 사도가 "우리는 모두 너울을 벗은 얼굴로 주님의 영광을 바라보는 가운데 그분과 같은 모상으로 모습이 바뀔 것이니, 영이신 주님으로 말미암아 영광에서 영광으로 모습이 바뀔 것입니다"[352]라는 말도 하지 않았을 것이다. 또 시편에서 "그분께로 나아가 비추임을 받아라! 그러면 너희 얼굴이 붉혀지지 않으리라"[353]는 말도 나오지 않았을 것이다. 하느님께는 신앙으로 나아가며, 신앙은 마음의 것이지 몸의 것이 아님이 분명하다. 그러나 영적인 몸이 하느님께 나아가는 길이 어디까지인지는 우리도 모른다(지금 우리는 우리가 경험해 보지 못한 일을 두고 얘기하는 중이다). 그러니 도저히 달리는 해석할 수 없는 성서의 다른 구절이 나타나서 권위를 내세우지 않는 한, 지혜서에 나오는 대로, "죽을 인간들의 생각은 불안스럽고 우리의 예측은 불확실하다"[354]는 구절이 분명히 우리에게 해당한다.

29. 5. 저때의 인식에 대해 철학자들의 말은 어떤가

철학자들의 훌륭한 이론에 의하자면, 지성의 관조에 의해서는 가지적可知的 사물이 보이고 육체의 감관으로는 감각적 사물 곧 물체적 사물이 보인다고 하며,

intellegibilia per corpus nec corporalia per se ipsam mens ualeat intueri, si posset nobis esse certissima, profecto certum esset per oculos corporis etiam spiritalis nullo modo posse uideri Deum. Sed istam ratiocinationem et uera ratio et prophetica inridet auctoritas. Quis enim ita sit auersus a uero, ut dicere audeat Deum corporalia ista nescire? Numquid ergo corpus habet, per cuius oculos ea possit addiscere? Deinde quod de propheta Helisaeo paulo ante diximus, nonne satis indicat etiam spiritu, non per corpus, corporalia posse cerni? Quando enim seruus ille munera accepit, utique corporaliter gestum est; quod tamen propheta non per corpus, sed per spiritum uidit. Sicut ergo constat corpora uideri spiritu, quid si tanta erit potentia spiritalis corporis, ut corpore uideatur et spiritus? Spiritus enim est Deus. Deinde uitam quidem suam, qua nunc uiuit in corpore et haec terrena membra uegetat facitque uiuentia, interiore sensu quisque, non per corporeos oculos nouit; aliorum uero uitas, cum sint inuisibiles, per corpus uidet. Nam unde uiuentia discernimus a non uiuentibus corpora, nisi corpora simul uitasque uideamus, quas nisi per corpus uidere non possumus? Vitas autem sine corporibus corporeis oculis non uidemus.

Quam ob rem fieri potest ualdeque credibile est sic nos uisuros mundana tunc corpora caeli noui et terrae nouae, ut Deum ubique praesentem et uniuersa etiam corporalia gubernantem per corpora quae gestabimus et quae conspiciemus, quaqua uersum oculos duxerimus, clarissima perspicuitate uideamus, non sicut nunc inuisibilia Dei per ea, quae facta sunt, intellecta conspiciuntur per speculum in aenigmate et ex parte, ubi plus in nobis ualet fides, qua credimus, quam rerum corporalium species, quam

---

[355] 플라톤(*Respublica* 509d 이하), 아리스토텔레스(*De anima* 415a 이하), 스토아(Zeno in Aëthius, *Placita philosophorum* 4.11; Sextus Empiricus, *Adversus mathematicos* 7.248) 등이 두 인식 기능의 관계를 달리 규정했다.

[356] 요한 4,24 참조: "하느님은 영이십니다. 그러니 그분을 예배하는 이는 영과 진리 안에서 예배해야 합니다".

[357] "생명 역시 육체(= 물체)를 통하지 않고는 볼 수 없다"는 문장은 corpus라는 말이 "육체"이자 "물체"이므로 가능하고 "살아있는 물체"(viventia corpora), 곧 "육체"라는 수사학적 기교가 가능하다.

따라서 지성이 육체를 통해 가지적 사물들을 지각하지 못하고 물체적 사물이면 지성으로 지각하지 못한다.[355] 만약 그 이론이 확실한 것이라면, 영적인 몸이라고 하더라도 육체의 눈으로는 어떤 식으로도 하느님을 볼 수 없음이 분명하다. 하지만 참된 이성도 예언의 권위도 그런 이론을 비웃는다. 하느님이 물체적 사물을 모른다고 감히 말할 만큼 진리와 맞설 사람이 누군가? 하느님이 물체에 관해 배우자면 육체를 지녀야 한다는 말인가? 우리가 앞에서 엘리사 예언자에 대해 한 말만으로도 육체로 아니라 영으로 물체적 사물들을 감지할 수 있다는 점을 충분히 지적하지 않았던가? 그 시종이 선물을 받았을 때 그의 행위는 육체적인 것이었다. 예언자는 그 일을 육체를 통해 본 것이 아니라 영으로 보았다. 물체를 영으로 본다는 것이 분명하다면, 더구나 영적인 몸의 능력이 대단하다면, 그런 몸으로 영을 보는 일이 무엇이 문제인가? 하느님은 영이다.[356] 그리고 사람은 자기 생명으로 지금 육체 안에서 살고 이 지상적 지체들을 길러서 그것을 산 지체가 되게 만드는데, 누구든 생명을 내적 감관으로 알지 육안으로 아는 것이 아니다. 그렇지만 다른 사람들의 생명은, 역시 비가시적임에도, 어디까지나 그의 육체를 통해 그 생명을 본다. 우리가 물체와 생명을 동시에 보지 못한다면 생명이 없는 물체와 생명 있는 물체를 무엇으로 구분하는가? 생명이란 육체를 통하지 않고서는 볼 수 없지 않은가?[357] 그 대신 육체가 없는 생명은 육안으로 보지 못한다.

29. 6. 사람마다 제각기 달리 본다

그러므로 하느님의 도성에서는 우리가 새 하늘과 새 땅의 세상 물체들을, 그때 우리가 갖추게 될 육체를 통해서, 극히 밝고 투명하게 보리라는 얘기가 가능하며 또 매우 믿을 만하다. 그리고 우리가 어디로 눈을 돌리든지, 어디나 현존하고 만물을 주재하는 하느님을 보게 되리라는 얘기도 그러하다. 지금 우리가 하느님이 창조하신 비가시적 사물들을 볼 수 있더라도 다른 사물들을 통해 바라보고 깨닫는 것과는 같지 않을 것이다. 그나마도 여기서는 거울을 통해 보듯이 어렴풋이 보고, 단편적으로 본다. 저런 사물에 관한 한 여기서는 육안으로 지각하는, 물체적 사물의 형상보다도 우리가 믿는 신앙이 훨씬 힘있는 까닭이다. 현세

per oculos cernimus corporales. Sed sicut homines, inter quos uiuentes motusque uitales exerentes uiuimus, mox ut aspicimus, non credimus uiuere, sed uidemus, cum eorum uitam sine corporibus uidere nequeamus, quam tamen in eis per corpora remota omni ambiguitate conspicimus: ita quaecumque spiritalia illa lumina corporum nostrorum circumferemus, incorporeum Deum omnia regentem etiam per corpora contuebimur. Aut ergo sic per illos oculos uidebitur Deus, ut aliquid habeant in tanta excellentia menti simile, quo et incorporea natura cernatur, quod ullis exemplis siue scripturarum testimoniis diuinarum uel difficile est uel inpossibile ostendere; aut, quod est ad intellegendum facilius, ita Deus nobis erit notus atque conspicuus, ut uideatur spiritu a singulis nobis in singulis nobis, uideatur ab altero in altero, uideatur in se ipso, uideatur in caelo nouo et terra noua atque in omni, quae tunc fuerit, creatura, uideatur et per corpora in omni corpore, quocumque fuerint spiritalis corporis oculi acie perueniente directi. Patebunt etiam cogitationes nostrae inuicem nobis. Tunc enim implebitur, quod apostolus, cum dixisset: *Nolite ante tempus iudicare quicquam*, mox addidit: *Donec ueniat Dominus, et inluminabit abscondita tenebrarum et manifestabit cogitationes cordis, et tunc laus erit unicuique a Deo.*

30. Quanta erit illa felicitas, ubi nullum erit malum, nullum latebit bonum, uacabitur Dei laudibus, qui erit omnia in omnibus! Nam quid aliud

---

[358] videtur Deus et per corpora in omni corpore: 앞의 각주 357 참조.
[359] 1고린 4,5.

에서는 살아있고 생명 작용을 발휘하는 사람들 틈에서 우리가 살고 있는데, 우리는 그 사람들을 한번 쳐다보면 즉시 그들이 살아있음을 알 수 있다. 그들이 살아있다고 믿는 것이 아니라 눈으로 보아서 아는 것이다. 육체가 없는 상태에서 그들의 생명을 따로 보는 일은 불가능하므로, 그들의 육체를 통해 그 생명을 바라보는 것이며 여기에는 애매한 구석이 일체 없다. 마찬가지로 장차 올 세상에서도 우리 육체의 온갖 영적 광휘를 어디서나 발할 것이고 영적 하느님, 만물을 다스리는 하느님 또한 우러러뵙되 우리의 육체를 통해 뵙게 될 것이다. 그리하여 다음 둘 중의 하나가 된다. 저기서는 눈으로 하느님을 뵙는데, 우리의 눈이 지성과 흡사한 어떤 능력을 아주 탁월하게 갖추어 그것으로 비물체적 자연사물도 감지하게 된다. 어떠한 본보기조차 들기 힘든 사물, 성서의 증언으로도 예를 들어 설명하기 어렵거나 아예 설명할 수 없는 사물마저 그 눈으로 감지하게 된다. 그렇지 않다면, 이보다 이해가 더 쉬운 방식으로는 하느님이 우리에게 알려지고 보일 때 우리 각자 안에서 우리 각자에 의해 영을 통해 하느님을 보는 것이다. 하느님이 다른 사람에 의해 다른 사람 안에서 보이고 하느님 자신 안에서 보이고 새 하늘과 새 땅에서 보이고 그때 존재하게 될 모든 피조계 안에서 보이는 것이다. 그때는 물체들을 통해 모든 물체 안에서 하느님이 보이고[358] 영적 몸의 눈들이 어디로 향해 어디까지 그 안광이 미치든 거기서 하느님이 보일 것이다. 그때는 우리의 생각이 우리 서로에게 드러날 것이다. 그리하여 사도가 "여러분은 무슨 일이든지 때가 되기 전에 판단하지 마시오"라는 저 유명한 말이 이루어질 것이다. 곧이어 사도는 이렇게 덧붙인다: "주님이 오셔서 어둠 속에 숨겨진 것을 밝히시며 마음속의 생각들을 드러내실 때까지 판단하지 마시오. 그러면 그때 하느님으로부터 각자 칭찬을 받을 것입니다."[359]

30. 하느님 도성의 영원한 행복과 끝없는 안식일
30. 1. 영원한 삶에서 누리는 지고한 행복

어떤 악도 존재하지 않고, 어떤 선도 감추어지지 않고, 모든 것에게 모든 것인 하느님께 찬미를 드리는데 모든 시간을 쓸 만큼 여유있는 곳이라면 그 행복은

agatur, ubi neque ulla desidia cessabitur neque ulla indigentia laborabitur, nescio. Admoneor etiam sancto cantico, ubi lego uel audio: *Beati, qui habitant in domo tua, in saecula saeculorum laudabunt te*. Omnia membra et uiscera incorruptibilis corporis, quae nunc uidemus per usus necessitatis uarios distributa, quoniam tunc non erit ipsa necessitas, sed plena certa, secura sempiterna felicitas, proficient laudibus Dei. Omnes quippe illi, de quibus iam sum locutus, qui nunc latent, harmoniae corporalis numeri non latebunt, intrinsecus et extrinsecus per corporis cuncta dispositi, et cum ceteris rebus, quae ibi magnae atque mirabiles uidebuntur, rationales mentes in tanti artificis laudem rationabilis pulchritudinis delectatione succendent. Qui motus illic talium corporum sint futuri, temere definire non audeo, quod excogitare non ualeo; tamen et motus et status, sicut ipsa species, decens erit, quicumque erit, ubi quod non decebit non erit. Certe ubi uolet spiritus, ibi erit protinus corpus; nec uolet aliquid spiritus, quod nec spiritum posset decere nec corpus. Vera ibi gloria erit, ubi laudantis nec errore quisquam nec adulatione laudabitur; uerus honor, qui nulli negabitur digno, nulli deferetur indigno; sed nec ad eum ambiet ullus indignus, ubi nullus permittetur esse nisi dignus; uera pax, ubi nihil aduersi nec a se ipso nec ab aliquo quisque patietur. Praemium uirtutis erit ipse, qui uirtutem dedit eique se ipsum, quo melius et maius nihil possit esse, promisit. Quid est enim aliud quod per prophetam

---

[360] 시편 83[84],5.

[361] 22.24.4 참조.

[362] *harmoniae numeri*: 조화의 수(數). 만물과 그 구성이 수적 조화를 지닌다는 피타고라스 사상에 근거한다.

[363] *rationales mentes* in tanti artificis laudem *rationabilis pulchritudinis* delectatione succendent: "감관으로 파악하는 미"(sensibilis pulchritudo: 감성미)에 대칭하여 부활한 후에도 향유할, "이성으로 파악하는 미"(rationabilis pulchritudo: 이성미)를 설정하고 있다. 앞의 각주 291 참조.

[364] *nulli* negabitur *digno, nulli* deferetur *indigno*: 간결하지만 영예의 합당성 여부를 뚜렷이 표명했다.

[365] 덕은 그 자체가 보상이지 별도의 상급을 필요로 하지 않는다는 스토아 지론을 염두에 두고 하느님이 덕의 상급이라고 답변한다.

얼마나 크겠는가! 게으름 때문에 일을 멈추는 일도 없을 테고, 궁핍으로 곤란해하는 일도 없을 텐데 과연 거기서는 또 무슨 일을 하게 될는지 나는 모르겠다. 나는 내가 읽고 듣는 거룩한 찬가에서 암시를 받는다: "행복하나이다, 당신의 집에 사는 이들! 그들은 늘 당신을 찬양하리니!"[360] 모든 지체와 장기가 지금은 필요상의 다양한 용도에 따라서 배치되어 나름대로 역할을 하지만, 썩지 않는 몸의 모든 지체와 장기가 그때는 저런 필요성이 없겠고 충만하고 확실하고 안전하고 영구한 행복만이 있을 터이므로, 하느님께 찬미를 드리는 데만 소용될 것이다. 내가 이미 얘기한 대로[361] 우리 육체의 조화의 수[362]가 지금은 숨겨져 있지만, 저때에는 육체의 조화의 수가 숨겨지지 않을 것이므로, 내부로든 외부로든 신체의 모든 지체들에 골고루 배치되어 있는 그 수가 거기서는 위대하고 경이로운 그밖의 모든 사물들과 한데 결부될 것이다. 그러면 이성적 지성들이 합리적 미美를 향락하면서 위대한 예술가에게 찬미를 드리게 될 것이다.[363] 그곳에서 그런 신체들의 동작이 어떻게 이루어질지는 나로서도 감히 단언하지 못하겠다. 그것이 어떠할지 도저히 머리로 생각해낼 수 없기 때문이다. 하여튼 신체의 동작이든 정지든 신체의 형상과 마찬가지로, 일단 존재하는 것이라면 우아하기 이를 데 없고, 우아하지 못한 것은 존재하지도 않을 것이다. 물론 영이 원하기만 하면 육은 당장 영이 가고 싶은 그곳에 가 있을 것임에 틀림없다. 그리고 영에든 육에든 합당치 않을 수도 있는 것이라면 영이 그것을 원하는 일이 없을 것이다. 그곳에는 참된 영광榮光이 있으리니, 칭송하는 자가 잘못하는 일이라든가 누가 아첨으로 칭송받는 일이 없을 것이기 때문이다. 거기서는 참된 영예가 있으리니 합당한 사람에게 영예가 거부되는 일도 없고 부당한 사람에게 억지로 영예가 부여되는 일도 없을 것이기 때문이다.[364] 합당한 자가 아니면 아무에게도 영예가 허락되지 않는 이상, 합당하지 않으면서 야심으로 그것을 탐하는 자는 아무도 없을 것이다. 아무도 아무한테서도, 즉 자신에게서든 타인에게서든 아무런 반대를 받지 않을 터이므로 참된 평화가 있으리라. 하느님 친히 덕에 대한 상급이 되리라. 하느님이 그 사람에게 덕을 주었고, 덕에 대한 보상으로 당신 자신을 주기로 약속한 까닭이다.[365] 그분보다 더 좋고 저

dixit: *Ero illorum Deus, et ipsi erunt mihi plebs*, nisi: «Ego ero unde satientur, ego ero quaecumque ab hominibus honeste desiderantur, et uita et salus et uictus et copia et gloria et honor et pax et omnia bona»? Sic enim et illud recte intellegitur, quod ait apostolus: *Vt sit Deus omnia in omnibus*. Ipse finis erit desideriorum nostrorum, qui sine fine uidebitur, sine fastidio amabitur, sine fatigatione laudabitur. Hoc munus, hic affectus, hic actus profecto erit omnibus, sicut ipsa uita aeterna, communis.

Ceterum qui futuri sint pro meritis praemiorum etiam gradus honorum atque gloriarum, quis est idoneus cogitare, quanto magis dicere? Quod tamen futuri sint, non est ambigendum. Atque id etiam beata illa ciuitas magnum in se bonum uidebit, quod nulli superiori ullus inferior inuidebit, sicut nunc non inuident archangelis angeli ceteri; tamque nolet esse unusquisque quod non accepit, quamuis sit pacatissimo concordiae uinculo ei qui accepit obstrictus, quam nec in corpore uult oculus esse qui est digitus, cum membrum utrumque contineat totius corporis pacata compago. Sic itaque habebit donum alius alio minus, ut hoc quoque donum habeat, ne uelit amplius.

Nec ideo liberum arbitrium non habebunt, quia peccata eos delectare non poterunt. Magis quippe erit liberum a delectatione peccandi usque ad delectationem non peccandi indeclinabilem liberatum. Nam primum liberum arbitrium, quod homini datum est, quando primo creatus est rectus, potuit non peccare, sed potuit et peccare; hoc autem nouissimum eo po-

---

[366] 레위 26,12. 〔공동번역: "나는 너희 가운데 살며 너희 하느님이 되고 너희는 나의 백성이 되리라."〕

[367] 지복직관이 후세의 본질적 행복인 것은 하느님의 관조가 영원히 지속된다는 사실에 있음은 여러 교부가 착안한 바이다. 예: Ambrosius, *De bono mortis* 11; Clemens Alex., *Stromata* 7.10.56.

[368] 바울로의 언급으로 천사들은 (아홉) 등급이 있으나 상하 구분이 아니고 역할의 분담이며 대천사가 가장 권위있다는 설명이 전해온다.

[369] 1고린 12,20-21 참조.

[370] ut hoc *quoque donum* habeat, *ne velit amplius*: 이 문장은 후세의 행복의 차등에 대한 고전적 답변으로 여겨진다.

[371] *liberum a delectatione peccandi* usque *ad delectationem non peccandi* indeclinabilem *liberatum*: 전자는 자연상태(*liberum* arbitrium)일 수 있으나 후자는 은총에서 오는 것(arbitrium *liberatum*)이다.

위대한 것이 아무것도 없는 연고이다. 예언자를 통해 "나는 그들의 하느님이 되고 그들은 나의 백성이 되리라"[366]고 말씀한 것도 "내가 그들이 만족하는 원천이 되고, 내가 인간들이 진실로 열망하는 모든 것이 되며, 내가 생명도 건강도 음식도 풍요도 영광도 영예도 평화도 그리고 좋은 모든 것이 되리라"는 말씀 아니고 무엇인가? 이리하여 "하느님께서는 모든 것 안에서 모든 것이 되신다"고 사도가 말하는 바를 제대로 알아듣기에 이른다. 하느님이 우리 소망들의 목표가 되고, 그분을 끝없이 바라볼 것이며 싫증내지 않고 사랑하게 될 것이며 지치지 않고 찬미하게 될 것이다.[367] 이 선물, 이 애정, 이 행위가 영원한 생명이 그러하듯이 모든 이들에게 공동으로 존재할 것이다.

30.2. 평화와 화해의 사슬

그리고 그때 공덕의 상급에 따라서 영예와 영광의 등급이 어떻게 될지를 과연 누가 제대로 생각해내며 더구나 말로 표현할 수 있을까? 그런 등급이 있으리라는 것이야 문제될 것 없다. 복된 도성은 더 낮은 자가 더 높은 자를 질시하는 일이 결코 없다는 점도 크나큰 선이라고 볼 것이다. 지금도 천사들이나 다른 무리가 대천사들을 선망하는 일이 없음과 마찬가지다.[368] 그리고 각자 자기가 못 받는 것을 바라는 일이 없을 것이며, 그러면서도 그것을 받은 사람과 지극히 평화로운 화해의 사슬로 결속되기는 할 것이다. 이것은 마치 몸에서 눈이 손가락이기를 바라지 않고, 그러면서도 온몸의 조직이 지극히 평화롭게 두 지체 다 포용하는 것과 흡사하다.[369] 그래서 한 사람이 다른 사람보다 더 작은 선물을 받게 되지만, 바라지 않는 마음도 선물로 받을 것이다.[370]

30.3. 온전한 자유의지

거기서는 죄가 사람들을 즐겁게 해 줄 수 없다고 해서 성도들은 자유의지를 지니지 않는 것이 아니다. 의지가 죄짓는 즐거움으로부터 훨씬 자유로운 데서 한 걸음 더 나아가 죄짓지 않는 즐거움, 그것도 돌이킬 수 없는 즐거움을 향해 해방되었기 때문이다.[371] 인간이 처음에 올바로 창조되었을 때 인간에게 주어진 최초의 자유의지는 죄를 짓지 않을 수 있었으나 또한 죄를 지을 수도 있었다. 그 대신 이 최후의 자유의지는 그보다 훨씬 강화되어 그 자유의지로는

tentius erit, quo peccare non poterit; uerum hoc quoque Dei munere, non suae possibilitate naturae. Aliud est enim esse Deum, aliud participem Dei. Deus natura peccare non potest: particeps uero Dei ab illo accepit, ut peccare non possit. Seruandi autem gradus erant diuini muneris, ut primum daretur liberum arbitrium, quo non peccare homo posset, nouissimum, quo peccare non posset, atque illud ad comparandum meritum, hoc ad recipiendum praemium pertineret. Sed quia peccauit ista natura cum peccare potuit, largiore gratia liberatur, ut ad eam perducatur libertatem, in qua peccare non possit. Sicut enim prima inmortalitas fuit, quam peccando Adam perdidit, posse non mori, nouissima erit non posse mori: ita primum liberum arbitrium posse non peccare, nouissimum non posse peccare. Sic enim erit inamissibilis uoluntas pietatis et aequitatis, quo modo est felicitatis. Nam utique peccando nec pietatem nec felicitatem tenuimus, uoluntatem uero felicitatis nec perdita felicitate perdidimus. Certe Deus ipse numquid, quoniam peccare non potest, ideo liberum arbitrium habere negandus est?

Erit ergo illius ciuitatis et una in omnibus et inseparabilis in singulis uoluntas libera, ab omni malo liberata et impleta omni bono, fruens indeficienter aeternorum iucunditate gaudiorum, oblita culparum, oblita poenarum; nec ideo tamen suae liberationis oblita, ut liberatori suo non sit ingrata: quantum ergo adtinet ad scientiam rationalem, memor praeteritorum etiam malorum suorum; quantum autem ad experientis sensum, prorsus immemor. Nam et peritissimus medicus, sicut arte sciuntur, omnes fere

---

[372] *potuit non peccare*, sed potuit et peccare ... quo *peccare non poterit*: 원초의 자유의지와 최후의 자유의지를 극명하게 구별하는 문장이다.

[373] Cf. *Enchiridion* 28.104-108.

[374] 원초에는 posse non mori, 지금은 posse mori, 후세는 non posse mori라는 상태는 13권과 21.9-11에서 상론했다.

[375] 의지를 세 형태로 구분한다: voluntas pietatis(하느님을 대상으로), aequitatis(타인을 상대로), felicitatis(자신을 상대로).

[376] *una* in omnibus *et inseparabilis* in singulis voluntas libera: 행복, 경건, 공정을 여일하게 바라므로 단일하고(= 한 뜻이고), 각자에게 엄존하면서도 분열될 수 없는 자유의지다.

[377] mala: 성도들이 저질렀던 도덕적 죄악보다 세상에서 당했던 물리적 해악을 얘기하므로 "해악"(害惡)이라고 번역해 본다.

죄를 지을 수 없을 것이다.[372] 이것은 분명히 하느님의 선물로 되는 것이지 자연본성의 가능성으로 되는 것은 아니다. 왜냐하면 하느님이라는 것 다르고 하느님께 참여한다는 것 다르기 때문이다. 하느님은 자연본성상 죄를 짓지 못한다. 하느님께 참여하는 자는 그분에게서 죄짓지 못하는 능력을 받는다. 신적 선물에 있어서는 단계를 지켜야 하느니, 최초의 자유의지가 인간이 죄를 안 지을 수 있는 자유의지였다면, 최후의 자유의지는 인간이 죄를 지을 수 없는 자유의지로 주어질 것이다. 전자는 공덕을 쌓기 위한 의지에 해당하고 후자는 상급으로 받는 의지에 해당한다. 여하튼 그 자연본성이 죄를 지을 수 있었는데 실제로 죄를 지었기에 인간은 더 관후한 은총으로 해방되어야만, 죄를 지을 수 없는 그런 자유(自由)에로 인도되는 것이다.[373] 최초의 불사불멸은 죽지 않을 수 있는 것이었으나, 아담이 죄를 지어 그것을 잃어버렸다. 최후의 불사불멸은 죽을 수 없는 것이다.[374] 그와 마찬가지로 최초의 자유의지는 죄를 짓지 않을 수 있는 것이었는데, 최후의 자유의지는 죄를 지을 수 없는 것이리라. 이와 같이, 지금도 행복을 향하는 의지가 상실될 수 없지만, 저때에는 경건을 향하는 의지, 공정을 향하는 의지가 상실될 수 없을 것이다.[375] 죄를 지어서 우리는 경건심도 행복도 간직할 수가 없었지만, 행복을 잃어버렸으면서도 행복에 대한 의지만은 잃지 않았다. 하느님이 죄를 지을 수 없음이 분명하다고 해서 하느님이 자유의지를 가지고 있다는 사실을 부정할 수는 없지 않은가?

30. 4. 영원한 안식

그러므로 하느님 도성에서의 의지는 모든 사람들에게 단일하면서도 한 사람 한 사람에게 자유로운 의지이리라.[376] 모든 악으로부터 해방된 의지요 모든 선으로 충만한 의지일 것이다. 지치지 않고 영원한 기쁨의 유쾌함을 향유하는 의지요, 죄과는 잊어버리고 죄벌도 잊어버린 의지일 것이다. 그렇다고 자기가 은총으로 해방된 사실마저 잊어버려 자기를 해방한 분에게 배은망덕하는 일은 없을 것이다. 이성적 지식에 해당한다는 점에서는 자기의 지나간 해악들을 기억할 것이다.[377] 그 대신 겪는 사람의 감각적 지각에 해당하는 면에서는 그런 해악을 전혀 기억하지 못할 것이다. 극히 해박한 의사가 의술로 안다는 점에서

corporis morbos nouit; sicut autem corpore sentiuntur, plurimos nescit, quos ipse non passus est. Vt ergo scientiae malorum duae sunt; una, qua potentiam mentis non latent, altera, qua experientis sensibus inhaerent (aliter quippe sciuntur uitia omnia per sapientiae doctrinam, aliter per insipientis pessimam uitam): ita et obliuiones malorum duae sunt. Aliter ea namque obliuiscitur eruditus et doctus, aliter expertus et passus; ille, si peritiam neglegat, iste, si miseria careat. Secundum hanc obliuionem, quam posteriore loco posui, non erunt memores sancti praeteritorum malorum; carebunt enim omnibus, ita ut penitus deleantur de sensibus eorum. Ea tamen potentia scientiae, quae magna in eis erit, non solum sua praeterita, sed etiam damnatorum eos sempiterna miseria non latebit. Alioquin si se fuisse miseros nescituri sunt, quo modo, sicut ait Psalmus, *misericordias Domini in aeternum cantabunt*? Quo cantico in gloriam gratiae Christi, cuius sanguine liberati sumus, nihil erit profecto illi iucundius ciuitati. Ibi perficietur: *Vacate et uidete quoniam ego sum Deus*; quod erit uere maximum sabbatum non habens uesperam, quod commendauit Dominus in primis operibus mundi, ubi legitur: *Et requieuit Deus die septimo ab omnibus operibus suis, quae fecit, et benedixit Deus diem septimum et sanctificauit eum, quia in eo requieuit ab omnibus operibus suis, quae inchoauit Deus facere*. Dies enim septimus etiam nos ipsi erimus, quando eius fuerimus benedictione et sanctificatione pleni atque refecti. Ibi uacantes uidebimus quoniam ipse est Deus; quod nobis nos ipsi esse uoluimus, quando ab illo cecidimus, audientes a seductore: *Eritis sicut dii* et recedentes a uero Deo, quo faciente dii essemus eius participatione,

---

[378] 시편 88[89],2. *miseros* nescituri ... *misericordiae* Domini: "불쌍한 사람"과 "불쌍히 여기는 마음"이 어원상으로 근사하여 이런 문장이 가능하다.

[379] 시편 45,11. 〔새번역 46,11: "너희는 멈추고 내가 하느님임을 알아라."〕

[380] 창세 2,2-3.

[381] dies enim septimus etiam nos ipsi *erimus*: 교부가 간혹 사용하는 특유한 어법이다.

[382] 창세 3,5. 〔공동번역: "너희의 눈이 밝아져서 하느님처럼 선과 악을 알게 될 줄을 하느님이 아시고 …."〕

는 육체의 거의 모든 질병들을 알지만 그 대신 몸으로 안다는 점에서는 자신이 앓아보지 않은 이상, 수많은 질병들을 알지 못하는 까닭이다. 그래서 해악에 대한 지식은 두 가지다. 하나는 지성의 능력에 남아있는 해악이요, 다른 하나는 겪어보는 사람의 지각에 내재하는 해악이다. (모든 악덕을 안다고 하더라도 지혜의 가르침을 통해 아는 것 다르고, 어리석은 자의 극도로 악한 삶을 통해 아는 것 다르다.) 마찬가지로 해악에 대한 망각도 두 가지다. 해악을 배우고 공부했다가 잊어버리는 것과 경험을 했다가도 잊어버리는 것은 다르다. 전자는 전문지식을 소홀히 하기에 잊어버리는 것이지만 후자는 불행이 사라지면 잊어버리는 것이다. 성도들이 지나간 해악을 기억하지 못하리라는 것은 후자와 같은 종류의 망각에 입각해서 하는 말이다. 일체의 해악들이 없어질 터이므로 그들의 지각에서도 지워져 버릴 것이다. 하지만 지식의 능력은 성도들에게서도 아주 훌륭할 것이므로, 자신이 겪었던 해악은 물론이려니와 단죄받은 자들의 영원한 불행도 성도들에게 숨겨지지 않을 것이다. 그렇지 않고 자기들이 한때 불쌍했다는 사실을 모른다면, 시편에 나오는 "저는 주님의 자애를 영원히 노래하리이다"[378]는 말은 어찌 되겠는가? 우리가 그리스도의 피로 해방되었으니까 그리스도의 은총에 영광을 드리는 데 저 도성으로서는 이 노래보다 흔쾌한 것이 아무것도 없으리라. 거기서는 "너희는 쉬어라, 그리고 내가 하느님임을 알아두어라!"[379]는 말씀이 이루어질 것이다. 그때는 저녁이 없는 참으로 위대한 안식일이 될 것이다. 이것은 세계창조의 벽두에 주님이 말씀하셨던 것이다. 그 말씀은 이러하다: "하느님께서는 하시던 모든 일에서 손을 떼고 일곱째 날에는 쉬셨다. 또 일곱째 날을 축복하시고 거룩하게 하셨다. 하느님이 행하기 시작하신 당신의 모든 일에서 손을 떼고 그날에 쉬셨기 때문이다."[380] 우리가 하느님의 축복과 성화로 가득한 채로 회복될 즈음에는 우리 자신이 일곱째 날이 되리라.[381] 그때 우리는 쉬면서 그분이 하느님임을 보리라. 우리가 그분으로부터 떨어졌을 적에는 우리 자신이 우리에게 하느님이 되고 싶어했던 것이다. 우리를 속이는 자로부터 "너희가 신들처럼 되리라"[382]는 말을 듣고서 우리가 우리에게 하느님이 되고 싶어함으로써 오히려 참 하느님으로부터 멀어졌다. 우리를 신

non desertione. Quid enim sine illo fecimus, nisi quod in ira eius defecimus? A quo refecti et gratia maiore perfecti uacabimus in aeternum, uidentes quia ipse est Deus, quo pleni erimus quando ipse erit omnia in omnibus. Nam et ipsa opera bona nostra, quando ipsius potius intelleguntur esse, non nostra, tunc nobis ad hoc sabbatum adipiscendum inputantur; quia si nobis ea tribuerimus, seruilia erunt, cum de sabbato dicatur: *Omne opus seruile non facietis*; propter quod et per Hiezechielem prophetam dicitur: *Et sabbata mea dedi eis in signum inter me et inter eos, ut scirent quia ego Dominus, qui sanctifico eos*. Hoc perfecte tunc sciemus, quando perfecte uacabimus, et perfecte uidebimus quia ipse est Deus.

Ipse etiam numerus aetatum, ueluti dierum, si secundum eos articulos temporis computetur, qui scripturis uidentur expressi, iste sabbatismus euidentius apparebit, quoniam septimus inuenitur; ut prima aetas tamquam primus dies sit ab Adam usque ad diluuium, secunda inde usque ad Abraham, non aequalitate temporum, sed numero generationum; denas quippe habere reperiuntur. Hinc iam, sicut Matthaeus euangelista determinat, tres aetates usque ad Christi subsequuntur aduentum, quae singulae denis et quaternis generationibus explicantur: ab Abraham usque ad Dauid una, altera inde usque ad transmigrationem in Babyloniam, tertia inde usque ad Christi carnalem natiuitatem. Fiunt itaque omnes quinque. Sexta nunc agitur nullo generationum numero metienda propter id quod dictum est: *Non est uestrum scire tempora, quae Pater posuit in sua potestate*. Post hanc tamquam in die septimo requiescet Deus, cum eundem diem

---

[383] quid sine illo *fecimus*, nisi quod in ira eius *defecimus*: 시편 89[90],9 ("정녕 저희의 모든 날들이 당신의 노여움으로 없어져가니") 참조. 모든 악은 수행(perfectio)이 아니고 결손(defectus)이라는 교부의 사상을 깔고 있다.

[384] a quo *refecti* et gratia maiore *perfecti*: 앞의 defectus와 정반대로 은총은 refectio(재창조)와 perfectio(완성)를 준다.

[385] 신명 5,14. 〔공동번역: "그날 너희는 어떤 생업에도 종사하지 못한다."〕 교부의 인용본에는 opus servile로 나와 있어 이런 해석이 가능하다.

[386] 에제 20,12.

[387] 교부는 완전한 깨달음을 인간 완성으로 보는 고전 사상(예: Plato, *Timaeus* 176a - 177c)과 참 하느님을 깨닫고 뵈옴이라는 그리스도교 사상(예: Origenes, *De principiis* 3.6.6)을 한데 결합시키고 있다.

[388] 교부는 16.43.3에서 인류사를 사람의 평생에 비견하여 여섯 연세(aetas: 시대)로 나누었다. Cf. *De Genesi contra Manichaeos* 1.23.35.

[389] sabbatismus를 이렇게 옮겨 보았다.

[390] 마태 1,17 참조.   [391] 사도 1,7.

처럼 만들어 주실 그분을 저버림으로써가 아니라 그분에게 참여함으로써 우리가 신들처럼 되었을 텐데. 우리가 하느님 없이 과연 무엇을 했던가? 그분의 노여움을 받아 소멸한 일 외에 무엇을 했던가?[383] 하느님에 의해 회복되고 더 큰 은총으로 완성됨으로써[384] 우리는 영원히 쉬게 되리라. 그분이 하느님임을 우리가 보겠고, 그분이 모든 것 안에서 모든 것이 될 때에 우리가 그분으로 충만해지리라. 심지어는 우리의 선한 행적도 우리 것이 아니고 실은 그분의 것임을 깨달을 적에 우리는 이 안식일을 얻을 자격이 있는 사람으로 여겨질 것이다. 그 선한 행적들을 우리에게 돌린다면 그것은 노예 노동이 될 것이다. 안식일에 관해 말씀하시면서 "그날 너희는 어떤 노예 노동에도 종사하지 못한다"[385]고 말씀했다. 또 그 일 때문에 에제키엘 예언자를 통해서도 한 말씀이 있다: "또 나의 안식일을 나와 그들 사이의 표로 그들에게 주었다. 그것으로 내가 그들을 거룩하게 하는 주님임을 깨닫게 해 주려는 것이었다."[386] 우리가 완전하게 쉬게 될 그때에 우리가 이것을 완전하게 깨달을 것이요 그분이 하느님임을 완전하게 보고 알 것이다.[387]

30. 5. 끝없는 안식일에 일곱째 연세가 오리라

연세年歲들의 숫자로 말하자면[388] 성서에 표기되어 있는 시간 구분에 준해 날짜들의 숫자를 셈하듯이 시기를 구분하면, 안식일 계산법[389]이 더욱 선명하게 나타날 것이다. 일곱째 숫자가 등장하기 때문이다. 첫날에 해당하는 첫째 연세는 아담으로부터 대홍수까지요, 둘째 연세는 그때부터 아브라함까지인데 시간이 동일해서가 아니고 세대들의 숫자에 기준해서 나눈 것이다. 제각기 열 세대가 나타난다. 그때부터 계산하면 복음사가 마태오가 정한 것과 같이 그리스도의 내림에 이르기까지 세 연세가 연속되고, 각 시기는 열네 세대로 전개된다. 아브라함부터 다윗까지 한 연세, 거기서부터 바빌론 이주까지 둘째 연세, 그때부터 그리스도의 육신 탄생까지가 셋째 연세가 된다.[390] 그러고 보면 모두 다섯 연세가 된다. 여섯째는, "시기는 아버지께서 당신 권능으로 정하셨으니 그대들이 알 바 아닙니다"[391]라고 말씀한 것 때문에, 세대의 숫자로 계산할 것이 아닌 성싶다. 이 세대가 지난 다음에는 일곱째 날처럼 하느님이 쉴 것이다. 하느님은 바로 그

septimum, quod nos erimus, in se ipso Deo faciet requiescere. De istis porro aetatibus singulis nunc diligenter longum est disputare; haec tamen septima erit sabbatum nostrum, cuius finis non erit uespera, sed dominicus dies uelut octauus aeternus, qui Christi resurrectione sacratus est, aeternam non solum spiritus, uerum etiam corporis requiem praefigurans. Ibi uacabimus et uidebimus, uidebimus et amabimus, amabimus et laudabimus. Ecce quod erit in fine sine fine. Nam quis alius noster est finis nisi peruenire ad regnum, cuius nullus est finis?

Videor mihi debitum ingentis huius operis adiuuante Domino reddidisse. Quibus parum uel quibus nimium est, mihi ignoscant; quibus autem satis est, non mihi, sed Deo mecum gratias congratulantes agant. Amen. Amen.

일곱째 날(우리가 그 일곱째 날이 될 테니까)[392]을 당신 자신 안에서 쉬게 만들 것이다. 이제 와서 그런 일곱 연세들에 관해 상세히 토론하기에는 너무 긴 얘기가 되겠다. 단지 이 일곱째 연세가 우리의 안식일이 되리니, 그날의 끝은 저녁이 아닐 것이고 오직 주님의 날, 영원한 일곱째 날이 될 것이다.[393] 실상 주님의 날은 그리스도의 부활로 성화된 날이요 단순히 영의 안식만 아니고 몸의 안식을 또한 예표豫表한다. 그때 우리는 쉬면서 보리라. 보면서 사랑하리라. 사랑하면서 찬미하리라. 끝없는 끝에 이루어질 것이 바로 이렇다![394] 우리의 끝이란 끝이 결코 없는 나라에 도달하는 것이 아니고 또 무엇이겠는가?

30.6. 끝맺음

이렇게 해서 나는 하느님의 보우하심에 힘입어, 이 거창한 저작이라는 빚을 갚은 듯하다. 이 저술의 분량이 너무 적거나 너무 많다고 보는 사람들은 나를 용서해 주기 바란다. 넉넉하다고 보는 사람은 내게 감사할 것이 아니라 나와 함께 기뻐하면서 하느님께 감사드릴 일이다. 아멘. 아멘.

---

[392] 22.2.1 참조: 하느님이 인간들 안에서 일하는 이 의지에 의하면, 하느님 친히 원하는 바가 아니고 하느님이 당신의 사람들로 하여금 그것을 원하게 만드는 것을 가리켜 또한 하느님이 원한다는 말을 한다.

[393] 인류 종말과 영원한 시대를 안식일로 개념하는 것은 교부들에게 흔하다. 예: Clemens Romanus, *Epistula ad Corinthios* 2.5.5; Theophilus Antiochiae, *Ad Autolycum* 1.14; Tertullianus, *Apologeticum* 48.

[394] quod erit *in fine sine fine*: 단어 finis는 "끝"과 "목적"을 동시에 의미하므로 "끝이 없는 목적에"라고 이해할 수 있다.

〈부 록〉

1. Interea Roma Gothorum irruptione agentium sub rege Alarico atque impetu magnae cladis eversa est, cuius eversionem deorum falsorum multorumque cultores, quos usitato nomine paganos vocamus, in Christianam religionem referre conantes solito acerbius et amarius Deum verum blasphemare coeperunt. Unde ego exardescens zelo domus Dei adversus eorum blasphemias vel errores libros *De civitate Dei* scribere institui. Quod opus per aliquot annos me tenuit, eo quod alia multa intercurrebant, quae differre non oporteret et me prius ad solvendum occupabant. Hoc autem *De civitate Dei* grande opus tandem viginti duobus libris est terminatum. Quorum quinque primi eos refellunt, qui res humanas ita prosperari volunt, ut ad hoc multorum deorum cultum, quos pagani colere consuerunt, necessarium esse arbitrentur, et quia prohibetur, mala ista exoriri atque abundare contendunt. Sequentes autem quinque adversus eos loquuntur, qui fatentur haec mala nec defuisse umquam nec defutura mortalibus, et ea nunc magna, nunc parva locis temporibus personisque variari, sed deorum multorum cultum, quo eis sacrificatur, propter vitam post mortem futuram esse utilem disputant.

2. His ergo decem libris duae istae vanae opiniones Christianae religioni adversariae refelluntur. Sed ne quisquam nos aliena tantum redarguisse, non autem nostra asseruisse reprehenderet, id agit pars altera operis huius, quae libris duodecim continetur, quamquam, ubi opus est, et in prioribus decem quae nostra sunt asseramus, et in duodecim posterioribus redarguamus adversa. Duodecim ergo librorum sequentium primi quattuor continent exortum duarum civitatum, quarum est una Dei, altera huius mundi; secundi quattuor excursum earum sive procursum; tertii vero, qui et postremi, debitos fines. Ita omnes viginti et duo libri, cum sint de utraque ci-

---

[1] 시편 68[69],10 (요한 2,17) 참조: "당신 집에 대한 열정이 저를 불태우고 당신을 모욕하는 자들의 모욕이 제 위로 떨어졌기 때문이옵니다."

재 론 고

Retractationes (2, 43)

1. 그간 알라릭 왕의 휘하에 군사軍事를 벌인 고트족의 침략과 공격으로 로마가 파괴되었다. 엄청난 재앙이었다. 그러자 다수의 거짓 신들을 섬겨오던 숭배자들, 그러니까 우리가 으레 외교인外敎人이라고 일컫는 사람들이 봉기하여 그 재앙의 탓을 그리스도교에 씌우려 하면서 그 어느 때도 볼 수 없었을 만큼 혹독하고 신랄하게 참 하느님을 모독하기 시작했다. 그리하여 하느님의 집에 대한 열성에 불타 나는 그자들의 모독과 오류에 맞서 「신국론」을 집필하기로 작정했다.¹ 나는 이 저술에 여러 해 붙잡혀 있었는데 그동안 다른 많은 일이 일어나도 뒤로 미루지 말고 우선 해결해야 할 만큼 나를 사로잡았기 때문이다. 그리하여 「신국론」이라는 이 대작은 전 22권으로 완결을 보았다. 그중 다섯 권은 인간사人間事가 번영하기 바라고 그러려면 외교인들이 늘 섬겨오던 많은 신들에게 바치는 숭배가 필요불가결하다고 여기며 바로 그 숭배가 금지되기 때문에 저 해악들이 발생하고 넘친다고 시비하는 사람들을 논박한다. 그다음 다섯 권은 죽을 인간들에게는 이런 해악이 없던 적이 한 번도 없고 앞으로도 그 해악이 없을 리 없다고 자백하면서, 또 그 해악이 때로는 거대하고 때로는 경미하며 장소와 시간과 사람에 따라 다양하게 마련이라고 공언하면서도, 사후에 장차 올 생명을 위해서는 많은 신들에게 제사를 바치는 숭배가 유익하다고 주장하는 사람들을 상대로 발언한다. 그러니까 이 열 권으로 그리스도교에 반대하는 저 두 가지 허황한 견해들이 논박되는 것이다.

2. 우리가 다른 사람들의 주장만 반박하고 정작 우리의 주장은 펴지 않았다고 혹시 누가 우리를 비난할지 몰라서 본서의 후반부는 바로 그것을 다루는데 열두 권으로 되어 있다. 그렇지만 우리는 처음 열 권에서도 필요하다면 우리 주장을 펴고 있으며 필요하다면 뒤의 열두 권에서도 반대 주장을 논박하고 있다. 뒤에 나오는 열두 권 가운데 처음 네 권은 두 도성의 발원發源을 담고 있으니, 하나는 하느님의 도성이요 다른 하나는 이 세상의 도성이다. 둘째 네 권은 그 도성들의 전개 혹은 발전을 담았고, 셋째, 그러니까 맨 마지막 네 권은 제각기 상응한 종말을 얘기한다. 그렇게 해서 스물두 권 전부가 양편 도성에 관

vitate conscripti, titulum tamen a meliore acceperunt, ut *De civitate Dei* potius vocarentur. In quorum decimo libro non debuit pro miraculo poni in Abrahae sacrificio flammam caelitus factam inter divisas victimas cucurrisse, quoniam hoc illi in visione monstratum est. In septimo decimo libro quod dictum est de Samuele: *Non erat / de filiis Aaron,* dicendum potius fuit: Non erat filius sacerdotis. Filios quippe sacerdotum defunctis sacerdotibus succedere magis legitimi moris fuit. Nam in filiis Aaron reperitur pater Samuelis, sed sacerdos non fuit, nec ita in filiis, ut eum ipse genuerit Aaron, sed sicut omnes illius populi dicuntur filii Israel. Hoc opus sic incipit: *Gloriosissimam civitatem Dei* etc.

해 기술된 것이므로 제목은 「하느님의 도성」이라고 하는 편이 낫겠다. 그런데 제10권에서² "또 아브라함이 제사를 바치는데 하늘에서 불꽃이 내려와 절반으로 쪼개놓은 제물들 사이를 달려나간 일"³을 기적으로 돌려서는 안 될 말이었다. 그 일은 환시중에 보였기 때문이다. 또 제17권에서⁴ 사무엘을 두고 "아론의 자손 … 에서 나오지 않았다"라고 했는데 차라리 "그는 사제의 아들이 아니었다"라고 했어야 옳다. 사제의 아들은 사제가 죽은 다음에 뒤를 잇는 것이 더 타당한 관습이었기 때문이다. 아론의 후손 가운데 사무엘의 부친도 있지만 그는 사제가 아니었다.⁵ 또 아론이 직접 낳았다는 뜻에서 아들 속에 들지는 않는다.⁶ 이스라엘 백성의 모든 구성원이 이스라엘의 아들들이라고 불리는 것과 흡사하다. 이 저서는 "하느님의 지극히 영화로운 도성"이라는 구절로 시작한다.

---

² 10.8 각주 77 참조.
³ 창세 15,17 참조.
⁴ 17.5.2.
⁵ 1역대 6,12-13 참조.
⁶ in filiis Aaron: filius가 "아들"도 되고 "자손"도 되므로 이런 해설이 나온다.

Domino eximio meritoque honorabili ac suscipiendo filio Firmo, Augustinus in Domino salutem

Libros *De civitate Dei* qous a me studiosissime flagitasti etiam mihi relectos sicut promiseram misi, quod ut fieret, adiuvante quidem Deo, filius meus germanus tuus Cyprianus vere sic institit quemadmodum mihi ut instaretur volebam. Quaterniones sunt XXII quos in unum corpus redigere multum est. Et si duos vis codices fieri, ita dividendi sunt ut decem libros habeat unus, alius duodecim. Decem quippe illis vanitates refutatae sunt impiorum, reliquis autem demonstrata atque defensa est nostra religio, quamvis et in illis hoc factum sit ubi opportunius fuit, et in istis illud. Si autem corpora malueris esse plura quam duo, iam quinque oportet codices facias, quorum primus contineat quinque libros priores quibus adversus eos est disputatum qui felicitati vitae huius non plane deorum sed daemoniorum cultum prodesse contendunt, secundus sequentes alios quinque qui vel tales vel qualescumque plurimos deos propter vitam quae post mortem futura est per sacra et sacrificia colendos putant. Iam tres alii codices qui sequuntur quaternos libros habere debebunt. Sic enim a nobis pars eadem distributa est ut quattuor ostenderent exortum illius civitatis totidemque procursum sive dicere maluimus excursum, quattuor vero ultimi debitos fines. Si ut fuisti diligens ad habendos hos libros ita fueris ad legendos, quantum adiuvent experimento potius tuo quam mea promissione cognosces. Quos tamen nostri fratres ibi apud Carthaginem ad hoc opus pertinentes quod est *De civitate Dei* nondum habent, rogo ut petentibus ad describendum dignanter libenterque concedas. Non enim

---

[1] 아우구스티누스는 피르무스에게 「신국론」 전권을 보내면서 각장의 제목(breviculus)을 첨부한다. 그리고 이 책의 각권을 어떻게 나누어야 할지 가르치고 어떤 사람들에게 주어서 필사를 하게 할 것인지 이 서간(426년 집필)으로 지시한다.

[2] quaternio: 양피지를 크게 네 모로 잘라 넉 장씩으로 접으면서 한데 엮은 책자. Cf. Possidius, *Vita Augustini* [M. Pellegrino ed.] p.229.

[3] 「신국론」을 한 책(codex), 두 책 혹은 다섯 책으로 편찬할 만하다는 교부의 이 글을 근거로 전통적으로 「신국론」이라는 문집(corpus)은 전·후반 부(pars)로 대별하고 전체를 다섯 책(volumen)으로 나누어 발간하며 각 책에는 5, 5, 4, 4, 4권(liber)으로 나누어 싣는다. 각권에는 20 내지 30장(caput: 교부가 기록한 breviculus 그대로 수록된다)이 실려 있고, 간혹 어떤 장은 그 길이나 내용에 따라 여러 절(articulus)로 세분된다. 이 절은 쎙모르 수도원본(editio Maurinorum) 이래로 채택되고 있다.

[4] 당시까지는 교부의 이 작품이 낱권으로 보급되고 있었다.

서 간

Epistula (212/A)[1]

훌륭하고 경애하는 주공이요 나의 정성스런 아들 피르무스에게
아우구스티누스가 주님 안에서 인사를 보냅니다.

그대가 나에게 간절히 요청하던 「신국론」 전권을 내가 다시 읽어 보고서 약속한 대로 그대에게 보냅니다. 이것은 하느님의 보우하심으로, 나의 아들이요 그대의 쌍둥이 형제 키프리아누스가 아예 작심하고 있던 바이며 내가 이렇게 해 주기를 나에게 극구 강조하기도 했습니다. 사각 공책[2]으로 하자면 스물두 권이어서 한 문집으로 묶기에는 많습니다. 그러니 그대가 그것을 두 책으로 만들고 싶다면 한 책이 열 권을 담고 다른 책이 열두 권을 담도록 나누어야 합니다. 처음 열 권으로는 불경스런 자들의 허황한 주장을 반박했고 나머지로는 우리 종교를 논증하고 옹호했습니다. 그렇지만 전자에서도 적절한 경우에는 우리 종교를 옹호하는 작업을 했고, 후자에서도 전자의 작업을 했습니다. 그 대신 그대가 그것을 두 책보다는 그 이상 여러 책으로 엮고 싶다면 아마 다섯 책으로 만들어야 할 것입니다. 그럴 경우 첫 책은 처음 다섯 권을 담아야 하는데, 현세 생명의 행복을 위해서는 분명히 신들도 못 되는 정령들을 섬기는 숭배가 유익하다고 주장하는 사람들을 상대로 토론한 내용입니다. 둘째는 그다음 다섯 권을 담아야 하는데, 그 책권들은 사후에 올 생명을 위해서는 의례나 제사로 신들을 숭배해야 한다고 생각하는 이러저런 사람들을 상대로 합니다. 그다음에 오는 세 책은 네 권씩을 담아야 합니다. 사실 우리도 이 후반부를 처음 네 권은 저 도성의 발원을 보여주고, 그다음 똑같은 분량의 네 권은 도성의 발전 혹은 더 정확히 말해 하느님 도성의 전개를 보여주고, 마지막 네 권은 응분의 종말을 보여주도록 배분했습니다.[3] 그대가 이 책을 입수하기 위해 그토록 열심했던 것처럼 이 책을 읽는 데도 그만큼 열심하리라 봅니다. 이 책이 얼마나 유조할지는 나의 약속보다 이 책을 읽는 그대의 경험으로 알 것입니다. 그곳 카르타고에 있는 우리 형제들이 「신국론」이라는 이 작품에 속하는 내용을 아직 갖고 있지 못해 그대에게 필사하겠다고 청하거든 기꺼이 허락해 주기 부탁합니다.[4] 하지만 많은 사람들에게 주지 말고 한 사람이나 두 사람

multis dabis sed vix uni vel duobus et ipsi iam ceteris dabunt. Amicis vero tuis sive in populo christiano se desiderent instrui sive qualibet superstitione teneantur unde videbuntur posse per hunc nostrum laborem Dei gratia liberari, quomodo impertias ipse videris. Ego scriptis meis, si Dominus voluerit, crebro curabo requirere / quantum accesseris in legendo. Non te autem latet ut eruditum virum quantum adiuvet ad cognoscendum quod legitur repetitio lectionis. Aut enim nulla aut certe minima / est intellegendi difficultas ubi est legendi facilitas, quae tanto maior fit quanto magis iteratur, ut assiduitate [maturescat quod indiligentia] fuerat immaturum. Domine eximie meritoque honorabilis ac suscipiende fili Firme, ad eos sane libros quod *De Academicis* recenti nostra conversione conscripsi, quoniam eximietati tuae prioribus ad me litteris innotuisse monstrasti, quomodo perveneris quaeso rescribas. Quantum autem collegerit viginti duorum librorum conscriptio missus breviculus indicabit.

에게 주어 그들이 나머지 다른 사람들에게 주어야 할 것입니다. 그리스도교 백성에 들어 있어 이 책에서 감화받고 싶어하는 사람들이든, 어떤 미신에 사로잡혀 있어 하느님의 은총으로 우리의 이 수고를 통해 벗어나기 바라는 사람들이든, 그대의 친우들에게 이 책을 어떻게 나누어 줄지 그 방법은 그대가 생각하기 바랍니다. 나의 이 글에 관해서는, 주님이 바라신다면, 미구에 편지로 그대가 읽으면서 어디까지 당도했는지 묻도록 하겠습니다. 그대처럼 유식한 사람은 자기가 읽는 바를 거듭 읽는 일이 파악하는 데 얼마나 큰 도움이 되는지 모르지 않을 것입니다. 독해력만 있다면 이 책을 해독하는 데 어려움이 전혀 없거나 아주 미미할 것입니다. 독해력이란 반복할수록 커지며 소홀하면 낯선 내용도 부지런하면 익숙해지게 마련입니다.[5] 훌륭하고 경애하는 주공이요 반가운 아들 피르무스여, 우리의 회심 직후에 내가 「아카데미아 학파 논박」으로 집필한 바 있는 그 책자들이 어떻게 그대에게 당도했는지 답신에 적어주기 바랍니다.[6] 갸륵하게 그대는 앞서 보낸 편지에서 그 책을 알고 있는 것으로 보여주었습니다. 스물두 권의 저술이 무엇을 담고 있는지는 그대에게 보낸 요약문[7]이 알려 줄 것입니다.

---

[5] "소홀하면 낯선 내용도 부지런하면 익숙해지게 마련입니다": 추정 해독이 없으면 원문(ut assiduitate fuerat immaturum) 상으로는 "부지런해서 낯설었습니다"라는 문장이 된다.

[6] Cf. *Retractationes* 1.1.1; *De Trinitate* 15.12.21.

[7] breviculus: 각권의 주제나 내용을 장별로 간추린 글. 사본마다 본서의 장 제목으로 채택해 왔다.

BREVICULUS Libri I

[Praefatio] De suscepti operis consilio et argumento.

1. De adversariis nominis Christi, quibus in vastatione Urbis propter Christum barbari pepercerunt.
2. Quod nulla umquam bella ita gesta sint, ut victores propter deos eorum, quos vicerunt, parcerent victis.
3. Quam imprudenter Romani deos penates, qui Troiam custodire non potuerant, sibi crediderint profuturos.
4. De asylo Iunonis in Troia, quod neminem liberavit a Graecis, et basilicis Apostolorum, quae omnes ad se confugientes a barbaris defenderunt.
5. De generali consuetudine hostium victas civitates evertentium quid Cato senserit.
6. Quod ne Romani quidem ita ullas ceperint civitates, ut in templis earum parcerent victis.
7. Quod in eversione Urbis, quae aspere gesta sunt, de consuetudine acciderint belli; quae vero clementer, de potentia provenerint nominis Christi.
8. De commodis atque incommodis, quae bonis ac malis plerumque communia sunt.
9. De causis correptionum, propter quas et boni et mali pariter flagellantur.
10. Quod sanctis in amissione rerum temporalium nihil pereat.
11. De fine temporalis vitae sive longioris sive brevioris.
12. De sepultura humanorum corporum, quae Christianis etiamsi fuerit negata nil adimit.
13. Quae sit ratio sanctorum corpora sepeliendi.
14. De captivitate sanctorum, quibus numquam divina solacia defuerunt.
15. De Regulo, in quo captivitatis ob religionem etiam sponte tolerandae exstat exemplum, quod tamen illi deos colenti prodesse non potuit.
16. An stupris, quae etiam sacrarum forte virginum est passa captivitatis, contaminari potuerit virtus animi sine voluntatis assensu.
17. De morte voluntaria ob metum poenae sive dedecoris.
18. De aliena violentia et libidine, quam in oppresso corpore mens invita perpetitur.

제1권 요약문

〔서언〕 본서의 집필 계획과 주제
1. 야만인들이 로마 도성을 침탈할 때 그리스도의 적대자들을 살려준 까닭은 바로 그리스도의 이름 때문이었다
2. 승자들이 패자들을 그들이 섬기는 신들 때문에 살려준 전쟁은 일찍이 없다
3. 트로야를 지켜주지 못했던 가신家神들을 자신들에게 도움이 되리라고 믿은 로마인들은 얼마나 어리석은가
4. 트로야의 유노 신전은 피신자 한 사람도 그리스인들에게서 살려내지 못했지만, 로마의 사도 대성당들은 피신자 전부를 야만인들로부터 구해주었다
5. 패배한 도성들을 적병들이 몰살하는 관습을 카토는 어떻게 생각했는가
6. 로마인들도 어떤 도성들을 점령했을 때 자신들이 섬기는 신전으로 피신한 패자들을 살려준 적이 결코 없다
7. 로마 도성의 파괴중에 벌어진 잔혹행위는 전쟁의 관습대로 일어났지만, 아량이 베풀어진 것은 그리스도의 이름이 가진 위력에서 유래했으리라
8. 유리한 일과 불리한 일이 선인과 악인에게 공통으로 일어나는 일이 흔하다

9. 교정矯正을 위해 선인과 악인이 똑같이 환난을 당한다
10. 성도聖徒로서는 현세 사물을 상실해도 잃는 것이란 없다
11. 이르거나 늦거나 현세 생명은 끝난다
12. 시체 매장이 그리스도인들에게마저 불가능했지만 그래서 잃은 것은 없다

13. 성도의 시신을 매장하는 명분은 무엇인가
14. 성도에게는 포로 신세에서도 신적 위안이 없던 적이란 없다
15. 레굴루스가 종교심 때문에 포로 신세를 자원해서 감수한 모범이 있지만, 그가 섬긴 신들은 그에게 아무 도움도 주지 못했다
16. 거룩한 동정녀들마저 포로 신세에서 추행을 당했는데, 그것이 의지의 동의 없이도 영혼의 덕성을 오염시킬 수 있는가
17. 처벌이나 치욕이 두려워 자결自決하는 죽음
18. 정신은 거부해도 타인이 구속된 육체에 가하는 폭행과 정욕

19. De Lucretia, quae se ob illatum sibi stuprum peremit.
20. Nullam esse auctoritatem, quae Christianis in qualibet causa ius voluntariae necis tribuat.
21. De interfectionibus hominum, quae ab homicidii crimine excipiuntur.
22. An umquam possit mors voluntaria ad magnitudinem animi pertinere.
23. Quale exemplum sit Catonis, qui se victoriam Caesaris non ferens interemit.
24. Quod in ea virtute, qua Regulus Catone praestantior fuit, multo magis emineant Christiani.
25. Quod peccatum non per peccatum debeat declinari.
26. De his, quae fieri non licent, cum a sanctis facta noscuntur, qua ratione facta credenda sint.
27. An propter declinationem peccati mors spontanea appetenda sit.
28. Quo iudicio Dei in corpora continentium libido hostilis permissa sit.
29. Quid familia Christi respondere debeat infidelibus, cum exprobrant, quod eam a furore hostium non liberavit Christus.
30. Quam pudendis prosperitatibus affluere velint, qui de Christianis temporibus conqueruntur.
31. Quibus vitiorum gradibus aucta sit in Romanis cupido regnandi.
32. De scaenicorum institutione ludorum.
33. De vitiis Romanorum, quos patriae non correxit eversio.
34. De clementia Dei, quae Urbis excidium temperavit.
35. De latentibus inter impios Ecclesiae filiis et de falsis intra Ecclesiam Christianis.
36. De quibus causis sequenti disputatione sit disserendum.

19. 자신에게 자행된 추행 때문에 자결한 루크레티아
20. 어떤 이유로도 그리스도인들에게 자결할 권리가 주어져 있지는 않다

21. 살인죄에 들지 않는 살인들
22. 자결하는 죽음이 위대한 정신력에 해당할 수 있는가
23. 카이사르의 승리를 견딜 수 없어 자결한 카토의 모범은 무엇인가
24. 덕성에서 레굴루스가 카토보다 월등했다면 그리스도인들은 훨씬 탁월해야 한다

25. 죄짓지 않기 위해 죄에 떨어지는 일이 있어서는 안 된다
26. 행해서는 안 될 일을 성인들이 행했다고 알려지는 경우, 어떤 명분에서 행한 것으로 믿어야 하는가
27. 죄에 떨어지는 경향 때문에 자발적 죽음을 바라야 할 것인가
28. 하느님은 무슨 판단으로 금욕자들의 육체에 적병의 욕정이 미치도록 허락했을까
29. 그리스도가 자기 가족을 적군의 광기에서 구해주지 않았다고 힐난하는 불신자들에게 무엇이라고 대답해야 하는가
30. 그리스도교 시대를 원망하는 사람들은 얼마나 방탕한 번영을 누리려 했던가

31. 악덕이 어느 지경이기에 로마인들에게 지배욕이 그토록 증대했을까
32. 공연축제公演祝祭의 제정
33. 조국의 멸망도 로마인들의 악덕을 제거하지 못했다
34. 로마 도성의 파멸을 그래도 그 정도로 그치게 한 하느님의 자비
35. 불경자들 가운데도 교회의 자녀들이 숨어 있고, 교회 안에도 거짓 그리스도인들이 숨어 있다
36. 후속 토론에서 다루어질 사안

BREVICULUS Libri II

1. De modo, qui necessitati disputationis adhibendus est.
2. De his, quae primo volumine expedita sunt.
3. De assumenda historia, qua ostendatur, quae mala acciderint Ro manis, cum deos colerent, antequam religio Christiana obcresceret.
4. Quod cultores deorum nulla umquam a diis suis praecepta probitatis acceperint et in sacris eorum turpia quaeque celebraverint.
5. De obscenitatibus, quibus mater deum a cultoribus suis honorabatur.
6. Deos paganorum numquam bene vivendi sanxisse doctrinam.
7. Inutilia esse inventa philosophica sine auctoritate divina, ubi quemque ad vitia pronum magis movet quid dii fecerint, quam quid homines disputarint.
8. De ludis scaenicis, in quibus dii non offenduntur editione suarum turpitudinum, sed placantur.
9. Quid Romani veteres de cohibenda poetica licentia senserint, quam Graeci deorum secuti iudicium liberam esse voluerunt.
10. Qua nocendi arte daemones velint vel falsa de se crimina vel vera narrari.
11. De scaenicis apud Graecos in rei publicae administrationem receptis, eo quod placatores deorum, iniuste ab hominibus spernerentur.
12. Quod Romani auferendo libertatem poetis in homines, quam dederunt in deos, melius de se quam de diis suis senserint.
13. Debuisse intellegere Romanos, quod dii eorum, qui se turpibus ludis coli expetebant, indigni essent honore divino.
14. Meliorem fuisse Platonem, qui poetis locum in bene morata urbe non dederit, quam hos deos, qui se ludis scaenicis voluerint honorari.
15. Quod Romani quosdam sibi deos non ratione, sed adulatione instituerint.
16. Quod, si diis ulla esset cura iustitiae, ab eis Romani accipere debuerint praecepta vivendi potius quam leges ab aliis hominibus mutuari.
17. De raptu Sabinarum aliisque iniquitatibus, quae/ in civitate Romana etiam laudatis viguere temporibus.
18. Quae de moribus Romanorum aut metu compressis aut securitate resolutis Sallustii prodat historia.

제2권 요약문

1. 토론의 범위에 설정되어야 할 한계
2. 제1권에서 논한 내용
3. 그리스도교가 성장하기 전에 로마인들이 여러 신을 섬기면서도 어떤 해악을 입었는지 보여주기 위해 채택해야 할 역사
4. 여러 신을 섬기는 사람들은 그 신들에게서 덕성의 계율을 받은 바 없고 그 신들을 위한 제의祭儀에서는 갖가지 외설스런 일이 거행되었다
5. 여러 신의 어머니를 그 숭배자들이 받들던 외설스런 의식
6. 이교도의 신들은 선하게 사는 도리를 제정한 적이 없다
7. 철학적 이론은 신의 권위를 갖지 못해 소용이 없었고, 악덕에 기울어진 인간은 사람들이 논하는 도리보다 신들이 어떻게 행동했는가에 따라 움직인다
8. 신들이 자신들의 추행 공연에 분노하기는커녕 오히려 무마되는 공연축제
9. 그리스인들은 신들의 판단에 따라 시인들의 방종을 자유로 보았지만, 고대 로마인들은 시인들의 방종을 제지해야 한다고 생각했다
10. 정령들은 인간을 해치려는 술수로, 자신들에 관해 가짜든 진짜든 범행이 사람들의 입에 오르내리기를 바란다
11. 그리스인들은 신들을 모시는 사람들이 다른 사람들에게 무시당하지 않게 하기 위해 공화국의 행정에 배우들을 기용했다
12. 로마인들은 시인들에게 인간을 대상으로 해서는 멋대로 발언할 수 없도록 자유를 박탈했지만 신들에 대해서는 멋대로 발언하는 자유를 부여했으니 결국 신보다도 자신들을 더 중시한 셈이다
13. 외설스런 공연을 통해 숭배받기 바라는 신들이라면 신으로서 영예를 받기에 부당한 존재임을 로마인들은 깨달아야 했다
14. 플라톤은 도덕성이 강조되는 나라에서 시인들에게 자리를 주지 않았다는 점에서 공연축제를 통해 숭배받고 싶어하던 신들보다 훌륭했다
15. 로마인들의 어떤 신들은 이치보다 아첨이라는 관점에서 세운 신들이다
16. 신들이 조금이라도 정의에 관심이 있었다면, 로마인들은 다른 종족에게서 법률을 빌려올 것이 아니라 신들에게서 생활의 계율을 받아야 했다
17. 사비나 여자들의 납치, 그리고 도덕적으로 칭송받던 시대에도 로마 도성에서 저질러진 다른 악행들
18. 살루스티우스의 역사는 로마인들의 습속을 두고, 외적에 대한 공포로 기강이 잡힌 반면에 안보가 확립되면 기강이 해이해졌다고 평한다

19. De corruptione Romanae rei publicae, priusquam cultum deorum Christus auferret.
20. Quali velint felicitate gaudere et quibus moribus vivere, qui tempora Christianae religionis incusant.
21. Quae sententia fuerit Ciceronis de Romana re publica.
22. Quod diis Romanorum nulla umquam cura fuerit, ne malis moribus res publica deperiret.
23. Varietates rerum temporalium non ex favore aut impugnatione daemonum, sed ex veri Dei pendere iudicio.
24. De Sullanis actibus, quorum se daemones ostentaverint adiutores.
25. Quantum maligni spirtus ad flagitia incitent homines, cum in committendis sceleribus quasi divinam exempli sui interponunt auctoritatem.
26. De secretis daemonum monitis, quae pertinebant ad bonos mores, cum palam in sacris eorum omnis nequitia disceretur.
27. Quanta eversione publicae disciplinae Romani diis suis placandis sacraverint obscena ludorum.
28. De Christianae religionis salubritate.
29. De abiciendo cultu deorum cohortatio ad Romanos.

19. 그리스도가 제신숭배를 폐지하기 전 로마 공화국의 부패

20. 그리스도교 시대를 비난하는 사람들은 과연 어떤 행복을 누리고 싶어하고 어떤 습속으로 살고 싶어하는 것일까
21. 로마 공화국에 관한 키케로의 견해는 어떠했는가
22. 로마 신들은 공화국이 악습으로 파멸하지 않게 만드는 데 관심도 없었다

23. 현세사의 변전은 정령들의 호의나 징벌이 아니라 참된 하느님의 판단에 달려 있다

24. 정령들이 자기를 도왔노라고 뽐내던 술라의 행위
25. 악령들이 죄악을 범하면서 자신의 행동사례를 마치 신의 권위인 양 제시함으로써 인간들을 얼마나 심하게 악행으로 충동하는가
26. 제사의식에서는 정령들의 온갖 악행을 공공연하게 배우지만, 선량한 습속에 해당하는 충고는 정령들이 숨어서만 권한다
27. 로마인들이 신들을 달래려고 봉헌한 외설스런 공연으로 인해 공화국의 기강이 얼마나 무너졌던가
28. 그리스도교의 건전함
29. 로마인들에게 다신숭배를 포기하라고 충고함

요 약　2749

BREVICULUS Libri III

1. De adversitatibus, quas solas mali metuunt et quas semper passus est mundus, cum deos coleret.
2. An dii, qui et a Romanis et a Graecis similiter colebantur, causas habuerint, quibus Ilium paterentur exscindi.
3. Non potuisse offendi deos Paridis adulterio, quod inter ipsos traditur frequentatum.
4. De sententia Varronis, qua utile esse dixit, ut se homines diis genitos mentiantur.
5. Non probari quod dii adulterium Paridis punierint, quod in Romuli matre non ulti sunt.
6. De parricidio Romuli, quod dii non vindicarunt.
7. De eversione Ilii, quod dux Marii Fimbria excidit.
8. An debuerit diis Iliacis Roma committi.
9. An illam pacem, quae sub Numae regno fuit, deos praestitisse credenum sit.
10. An optandum fuerit, ut tanta bellorum rabie Romanum augeretur imperium, cum eo studio, quo sub Numa actum est, et quietum esse potuisset et tutum.
11. De simulacro Cumani Apollinis, cuius fletus creditus est cladem Graecorum, quibus opitulari non poterat, indicasse.
12. Quantos sibi deos Romani praeter constitutionem Numae adiecerint, quorum eos numerositas nihil iuverit.
13. Quo iure, quo foedere Romani obtinuerint prima coniugia.
14. De impietate belli, quod Albanis Romani intulerunt, et de victoria dominandi libidine adepta.
15. Qualis Romanorum regum vita atque exitus fuerit.
16. De primis apud Romanos consulibus, quorum alter alterum patria pepulit moxque ipse post atrocissima parricidia a vulnerato hoste vulneratus interiit.
17. Post initia consularis imperii quibus malis vexata fuerit Romana res publica, diis non opitulantibus, quos colebat.
18. Quantae clades Romanos sub bellis Punicis triverint frustra deorum praesidiis expetitis.
19. De afflictione belli Punici secundi, qua vires utriusque partis consumptae sunt.

제3권 요약문

1. 악인들은 잠시적 재앙만을 두려워하지만, 이런 재앙은 신들을 섬기는 동안에도 늘 겪어온 것들이다
2. 로마인들과 그리스인들은 동일한 신들을 섬겼는데, 그 신들이 일리움의 패망을 허용할 명분이 있었는가
3. 신들은 파리스의 간통 때문에 분개할 자격이 없었으니, 그들 자신이 예사로 간통을 저질렀다고 전해지기 때문이다
4. 비록 거짓말이더라도 인간이 신들에게서 태어났다고 생각하는 편이 유익하다는 바로의 견해
5. 신들이 로물루스 모친의 간통은 징벌하지 않으면서 파리스의 간통은 징벌했다면, 이는 불공정한 일이다
6. 로물루스는 친족살해를 하고도 신들에게 징벌받지 않았다
7. 마리우스의 부장副將 핌브리아가 저지른 트로야 파괴
8. 로마가 굳이 일리움의 신들에게 헌신했어야 하는가
9. 누마 왕정하에서의 평화를 신들이 부여한 것이라고 믿어야 하는가
10. 누마 치하에 시행된 노력으로 평온과 안정이 가능했다면, 로마제국은 굳이 그 혹심한 전쟁의 광기狂氣를 통해 흥성하기를 바랄 만했는가
11. 그리스인들이 패배할 때 도움받지 못해 통곡했다던 쿠마의 아폴로 신상
12. 로마인들은 누마가 제정한 것 외에도 수많은 신을 추가했지만, 그 많은 신이 로마인들에게 아무 도움도 되지 못했다
13. 로마인들은 최초의 혼인들을 어떤 법도와 어떤 계약으로 맺었던가
14. 로마인들이 알바인들에게 건 전쟁의 흉악함과 지배욕으로 점철된 승리
15. 로마 국왕들의 삶과 죽음은 어떠했는가
16. 로마 초대 집정관들은 하나가 동료 집정관을 유배 보내고서 얼마 지나지 않아 잔혹하게 죽인 다음, 자신도 상처입힌 적에게서 상처입고 죽었다
17. 초기 집정관 통치 이후 로마 공화국은 그 제도에서 비롯된 해악들에 시달렸는데, 공화국에서 숭배하는 신들은 이를 아랑곳하지 않았다
18. 포에니 전쟁중에 무수한 패전으로 로마인들이 쓰러질 때, 신들의 가호를 간청했지만 소용이 없었다
19. 양쪽 용사들이 무수히 쓰러진 이차 포에니 전쟁의 참화

20. De exitu Saguntinorum, quibus propter Romanorum amicitiam pereuntibus dii Romani auxilium non tulerunt.
21. Quam ingrata fuerit Romana civitas Scipioni liberatori suo et in quibus moribus egerit, quando eam Sallustius optimam fuisse describit.
22. De Mithridatis edicto, quo omnes cives Romanos, qui intra Asiam invenirentur, iussit occidi.
23. De interioribus malis, quibus Romana res publica exagitata est, praecedente prodigio, quod in rabie omnium animalium, quae hominibus serviunt, fuit.
24. De discordia civili, quam Gracchiae seditiones excitaverunt.
25. De aede Concordiae ex senatus consulto in loco seditionum et caedium condita.
26. De diversis generibus belli, quae post conditam aedem Concordiae sunt secuta.
27. De bello civili Mariano atque Sullano.
28. Qualis fuerit Sullana victoria, vindex Marianae crudelitatis.
29. De comparatione Gothicae irruptionis cum eis cladibus, quas Romani vel a Gallis vel a bellorum civilium auctoribus acceperunt.
30. De connexione bellorum, quae adventum Christi plurima et gravissima praecesserunt.
31. Quam impudenter praesentia incommoda Christo imputent, qui deos colere non sinuntur cum tantae clades eo tempore quo colebantur exstiterint.

20. 로마인들에 대한 우호 때문에 전멸해 가는데도 로마 신들이 아무런 도움도 주지 않았던 사군툼 주민들의 종말
21. 로마 도성이 자기를 해방시킨 스키피오에게 얼마나 배은망덕했으며, 살루스티우스가 최선의 공화국이라고 묘사하던 당시는 도덕적으로 어떠했는가
22. 아시아에서 발견되는 로마 시민은 모조리 죽이라던 미트리다테스의 칙령
23. 로마 공화국이 휩싸인 국내의 해악: 사람들을 섬기던 길짐승들이 광포하게 날뛰어 그 조짐을 보였다
24. 그라쿠스 형제의 소요로 촉발된 시민 불화
25. 원로원의 긴급명령으로 소요와 학살의 현장에 건립된 화해 여신의 전당

26. 화해 여신의 전당이 건립된 이후에 발생한 갖가지 전쟁

27. 마리우스와 술라의 내란
28. 마리우스의 학정을 보복한 술라의 승리란 과연 어떠했는가
29. 로마인들이 고트족의 침략과 갈리아인들에게 당한 재난을 로마인들이 내란의 주역들에게서 받은 재난과 비교함
30. 그리스도의 내림 전에 발생한 대대적이고도 허다한 전쟁들의 대강

31. 제신숭배 시대에 그토록 많은 재난이 있었음에도, 제신을 섬기게 용인받지 못했다고 현시점의 고난을 그리스도의 탓으로 돌리다니 얼마나 억지인가

요 약 2753

BREVICULUS Libri IV

1. De his, quae primo volumine disputata sunt.
2. De his, quae libro secundo et tertio continentur.
3. An latitudo imperii, quae nonnisi bellis adquiritur, in bonis sive sapientium habenda sit sive felicium.
4. Quam similia sint latrociniis regna absque iustitia.
5. De fugitivis gladiatoribus, quorum potentia similis fuerit regiae dignitati.
6. De cupiditate Nini regis, qui ut latius dominaretur primus intulit bella finitimis.
7. An regna terrena inter profectus suos atque defectus deorum iuventur vel deserantur auxilio.
8. Quorum deorum praesidio putent Romani imperium suum auctum atque servatum, cum singulis vix singularum rerum tuitionem committendam esse crediderint.
9. An imperii Romani amplitudo et diuturnitas Iovi fuerit adscribenda, quem summum deum cultores ipsius opinantur.
10. Quas opiniones secuti sint, qui dicersos deos diversis mundi partibus praefecerunt.
11. De multis diis, quos doctiores paganorum unum eumdemque Iovem esse defendunt.
12. De opinione eorum, qui Deum animam mundi et mundum corpus Dei esse putaverunt.
13. De his, qui sola rationalia animantia partes esse unius Dei asserunt.
14. Augmenta regnorum Iovi incongruenter adscribi, cum si Victoria ut volunt dea est, ipsa huic negotio sola sufficeret.
15. An congruat bonis latius velle regnare.
16. Quid fuerit quod Romani omnibus rebus et omnibus motibus deos singulos deputantes aedem Quietis extra portas esse voluerunt.
17. An, si Iovis summa potestas est, etiam Victoria dea debuerit aestimari.
18. Felicitatem et Fortunam, qui deas putant, qua ratione secernunt.
19. De Fortuna muliebri.

제4권 요약문

1. 제1권에서 토론된 내용
2. 제2권과 제3권에 담긴 내용
3. 오로지 전쟁으로 얻은 광활한 제국을 현자들과 행복한 사람들의 선으로 볼 만한가

4. 정의 없는 왕국들은 강도떼와 얼마나 흡사한가
5. 도주한 검투사들의 세력도 왕권과 흡사했다
6. 넓은 지역을 지배하려고 최초로 이웃에게 전쟁을 일으킨 니누스 왕의 탐욕

7. 지상 왕국들의 흥망성쇠를 신들의 도움이나 버림이라고 말할 수 있는가

8. 로마인들은 개별 신들에게 개별 사물의 수호를 맡겨야 한다고 믿으면서도 어떤 신들의 가호로 자기네 제국이 성장하고 보전되었다고 여기는가

9. 로마제국의 확장과 지속을 숭배자들이 최고신으로 받드는 유피테르의 은덕으로 돌려야 하는가
10. 다양한 신이 세계의 다양한 부분을 주관하게 배정한 사람들은 어떤 의견을 따랐는가
11. 유식한 외교인들은 여러 신이 결국 동일한 유피테르라고 옹호한다

12. 신이 세계의 혼이고 세계는 신의 몸이라고 생각한 사람들의 견해

13. 이성적 동물만 유일한 신의 지체라고 주장하는 사람들
14. 로마인들이 원하는 대로 빅토리아 여신 혼자 왕국의 흥성을 주관하는 데 넉넉할 터이므로 왕국의 흥성을 유피테르에게 돌리는 것은 적절하지 않다
15. 통치 영역을 확장하고 싶어하는 일이 선인들에게 적절한가
16. 로마인들은 모든 사물과 모든 사건에 개별 신들을 배당했으면서도 무엇 때문에 성문 밖에 퀴에스 여신의 전당을 만들었는가
17. 유피테르의 권능이 최고 권능이라면 빅토리아가 여신일 필요가 있는가
18. 펠리키타스와 포르투나를 여신으로 여기는 사람들은 그 둘을 무슨 명분으로 구분하는가
19. 포르투나 물리에브리스

20. De Virtute et Fide, quas pagani templis et sacris honoraverunt praetermittentes alia bona, quae similiter colenda fuerunt, si recte illis divinitas tribuebatur.
21. Quod unum non intellegentes Deum Virtute saltem et Felicitate debuerint esse contenti.
22. De scientia colendorum deorum, quam a se Varro gloriatur collatam esse Romanis.
23. De Felicitate, quam Romani, multorum veneratores deorum, diu non coluerunt honore divino, cum pro omnibus sola sufficeret.
24. Qua ratione defendant pagani, quod inter deos colant ipsa dona divina.
25. De uno tantum colendo Deo, qui licet nomine ignoretur, tamen felicitatis dator esse sentitur.
26. De ludis scaenicis, quos sibi dii celebrari a suis cultoribus exegerunt.
27. De tribus generibus deorum, de quibus Scaevola pontifex disputavit.
28. An ad obtinendum dilatandumque regnum profuerit Romanis cultus deorum.
29. De falsitate auspicii, quo Romani regni fortitudo et stabilitas visa est indicari.
30. Qualia de diis gentium etiam cultores se sentire fateantur.

31. De opinionibus Varronis, qui reprobata persuasione populari, licet ad notitiam veri Dei non pervenerit, unum tamen deum colendum esse censuerit.
32. Ob quam speciem utilitatis principes gentium apud subiectos sibi populos falsas religiones voluerunt permanere.
33. Quod iudicio et potestate Dei veri omnium regum atque regnorum ordinata sint tempora.
34. De regno Iudaeorum, quod uno et vero Deo institutum atque servatum est, donec in vera religione manserunt.

20. 만일 덕목에 신성을 부여해야 한다면 다른 덕목들도 비슷하게 숭배했어야 하지만 외교인들은 비르투스와 피데스에게만 신전과 제의를 바쳤다
21. 유일신을 깨닫지 못했더라도 비르투스와 펠리키타스로 만족했어야 한다

22. 바로가 로마인들에게 집대성해 주었다고 자랑하는 제신숭배 학문

23. 펠리키타스 혼자 모든 신을 대신할 수 있는 다수 신을 섬기는 로마인들마저 오랫동안 그에게 신적 영예를 바쳐 섬기지 않았다
24. 외교인들은 무슨 명분으로 신의 선물들을 신으로 숭배해야겠다는가
25. 이름을 몰라도 행복을 베푸는 분으로 느끼는, 유일한 하느님을 섬겨야 한다

26. 신들이 자신을 위해 거행하라고 숭배자들에게 요구한 공연축제
27. 대제관 스카이볼라가 논한, 신들의 세 종류
28. 제신숭배가 로마인들에게 왕국을 획득하고 확장하는 데 도움이 되었는가
29. 로마 왕국의 세력과 공고함을 가리킨다고 여겨진 조점鳥占의 거짓됨
30. 이방 민족들의 제신을 숭배하는 사람들도 그 신들에 관해 무슨 생각을 품고 있는지 자백한 바 있다
31. 대중 신앙을 비난하면서 비록 참된 하느님에 대한 지식에 이르지는 못했지만 신은 하나만 숭배해야 한다고 여겼던 바로의 견해
32. 어떤 종류의 유용성이 있었기에 이방 민족들의 군주들은 자신에게 복속한 백성들이 거짓 종교를 계속해서 신봉하도록 허용했는가
33. 참 하느님의 심판과 권능으로 모든 국왕과 왕국의 때가 결정되어 있다

34. 유다인들의 왕국은 유일한 참 하느님에 의해 건립되고 참된 종교에 머무는 동안 보존되었다

BREVICULUS Libri V

[Praefatio]
1. Causam Romani imperii omniumque regnorum nec fortuitam esse nec in stellarum positione consistere.
2. De geminorum simili dissimilique valetudine.
3. De argumento, quod ex rota figuli Nigidius mathematicus assumpsit in quaestione geminorum.
4. De Esau et Iacob geminis multum inter se morum et actionum qualitate disparibus.
5. Quibus modis convincantur mathematici vanam scientiam profiteri.
6. De geminis disparis sexus.
7. De electione diei, quo uxor ducitur quove in agro aliquid plantatur aut seritur.
8. De his, qui non astrorum positionem, sed connexionem causarum ex Dei voluntate pendentem fati nomine appellant.
9. De praescientia Dei et libera hominis voluntate contra Ciceronis definitionem.
10. An voluntatibus hominum aliqua dominetur necessitas.
11. De universali providentia Dei, cuius legibus omnia continentur.
12. Quibus moribus antiqui Romani meruerint, ut Deus verus, quamvis non eum colerent, eorum augeret imperium.
13. De amore laudis, qui, cum sit vitium, ob hoc virtus putatur, quia per ipsum vitia maiora cohibentur.
14. De resecando amore laudis humanae, quoniam iustorum gloria omnis in Deo sit.
15. De mercede temporali, quam Deus reddidit bonis moribus Romanorum.
16. De mercede sanctorum civium civitatis aeternae, quibus utilia sunt Romanorum exempla virtutum.
17. Quo fructu Romani bella gesserint et quantum his quos vicere contulerint.
18. Quam alieni a iactantia esse debeant Christiani, si aliquid fecerint pro dilectione patriae aeternae, cum tanta Romani gesserint pro humana gloria et civitate terrena.
19. Quo inter se differant cupiditas gloriae et cupiditas dominationis.
20. Tam turpiter servire virtutes humanae gloriae quam corporis voluptati.

제5권 요약문

〔서언〕
1. 로마제국과 모든 왕국의 상황은 우연이 아니고 성좌 때문도 아니다

2. 쌍둥이의 건강이 비슷하거나 그렇지 않은 경우
3. 점성가 니기디우스가 쌍둥이의 성품을 옹기장이의 물레에서 도출한 이론

4. 에사오와 야곱은 쌍둥이로서 성품과 행동이 많이 달랐다

5. 점성가들이 황당한 학술을 공언하고 있음을 어떻게 증명할 수 있는가
6. 성性이 다른 쌍둥이
7. 아내를 맞거나 나무를 심거나 씨앗을 뿌리는 날의 택일
8. 어떤 사람들은 운명이라는 이름으로 성좌가 아니라 하느님의 의지에 달린 인과관계를 일컫는다
9. 키케로의 정의와 상반된 입장에서 보는 하느님의 예지와 인간의 자유의지
10. 어떤 필연이 인간들의 의지를 지배하는가
11. 만유를 포괄하는 하느님의 보편적 섭리
12. 고대 로마인들이 참 하느님을 숭배하지 않음에도 하느님이 그들의 제국을 확장시켜 주신 것은 무엇 때문인가
13. 명예욕 자체는 악덕이지만 더 큰 악덕들을 억제한다는 점에서 덕성으로 여겨진다

14. 의인들의 영광은 모두 하느님 안에 있으므로 인간적 명예욕은 근절되어야 한다

15. 로마인들의 선한 습속에 하느님이 갚아주신 현세적 상급
16. 영원한 도성 거룩한 시민들의 상급은 로마인들의 덕성에서 유익한 모범을 얻는다

17. 로마인들은 전쟁으로 무엇을 얻고 피정복자들에게 어떤 유익을 주었는가
18. 로마인들이 인간 영광과 지상 도성을 위해서도 엄청난 일을 했다면, 그리스도인들이 영원한 조국에 대한 사랑에서 무슨 일을 했더라도 어떻게 자만할 수 있겠는가

19. 명예욕과 지배욕은 어떻게 다른가
20. 덕성들을 정욕에 사용하든 인간적 영광에 사용하든 추악하기는 마찬가지다

21. Romanum regnum a Deo vero esse dispositum, a quo est omnis potestas et cuius providentia reguntur universa.
22. Tempora exitusque bellorum ex Dei pendere iudicio.
23. De bello, in quo Radagaisus rex Gothorum, daemonum cultor, uno die cum ingentibus copiis suis victus est.
24. Quae sit Christianorum Imperatorum et quam vera felicitas.
25. De prosperitatibus, quas Constantino imperatori Christiano Deus contulit.
26. De fide ac pietate Theodosii Augusti.

21. 모든 권세가 하느님께로부터 유래하고 만유가 하느님의 섭리로 다스려지므로 로마 왕국은 참 하느님이 세운 것이다
22. 전쟁의 기간과 결말은 하느님의 판단에 달려 있다
23. 신령들을 섬기는 고트족의 왕 라다가이수스가 하루 만에 거대한 군대와 더불어 패망한 전쟁
24. 그리스도인 황제들의 행복은 어떤 것이며 무엇이 참된 행복인가
25. 그리스도인 황제 콘스탄티누스에게 하느님이 베푼 번영
26. 테오도시우스 아우구스투스의 신앙과 신심

BREVICULUS Libri VI

[Praefatio]

1. De his, qui dicunt deos a se non propter praesentem vitam coli, sed propter aeternam.
2. Quid Varronem de diis gentium sensisse credendum sit, quorum talis et genera et sacra detexit, ut reverentius cum eis ageret, si de illis omnino reticeret.
3. Quae sit partitio Varronis librorum suorum, quos de antiquitatibus rerum humanarum divinarumque composuit.
4. Quod ex disputatione Varronis apud cultores deorum antiquiores res humanae quam divinae reperiantur.
5. De tribus generibus theologiae secundum Varronem, id est uno fabuloso, altero naturali tertioque civili.
6. De theologia mythica, id est fabulosa, et de civili contra Varronem.
7. De fabulosae et civilis theologiae similitudine atque concordia.
8. De interpretationibus naturalium rationum, quas doctores pagani pro diis suis conantur ostendere.
9. De officiis singulorum deorum.
10. De libertate Senecae, qui vehementius civilem theologian reprehendit quam Varro fabulosam.
11. Quid de Iudaeis Seneca senserit.
12. Quod gentilium deorum vanitate detecta nequeat dubitari aeternam eos vitam nemini posse praestare, qui nec ipsam adiuvent temporalem.

제6권 요약문

〔서언〕
1. 현세 생명이 아니라 영원한 생명을 위해 신들을 섬긴다는 사람들

2. 바로는 민족들의 신들에 관해 어떻게 생각했는가: 그 종류와 예식을 철저히 밝혔는데, 차라리 입을 다무는 편이 그 신들을 더 공경하는 셈이었을 것이다
3. 고대 인간사와 신사에 관한 바로의 저서들은 어떻게 분류되는가

4. 바로의 논의에서는 제신 숭배자들에게 인간사가 신사보다 더 오래된 것처럼 다루어진다
5. 바로에 따른 신학의 세 종류: 설화신학, 자연신학, 민간신학

6. 바로와 맞선 신화신학: 설화신학과 민간신학
7. 설화신학과 민간신학의 유사점과 일치점
8. 이교도 학자들이 자기네 신들을 자연 이치로 해석한다

9. 개별 신들의 직책
10. 세네카의 자유로운 태도: 그는 바로가 설화신학을 공격한 것보다 더 격렬하게 민간신학을 비난했다
11. 세네카는 유다인들을 어떻게 생각했는가
12. 민족신들의 허황함이 드러난 이상, 그들이 현세 생명도 보우하지 못하기에 아무에게도 영원한 생명을 부여하지 못한다는 것은 의심할 여지가 없다

BREVICULUS Libri VII

[Praefatio]

1. An cum in theologia civili deitatem non esse constiterit, in selectis diis eam inveniri posse credendum sit.
2. Qui sint dii selecti, et an ab officiis viliorum deorum habeantur excepti.
3. Quam nulla sit ratio, quae de selectione quorumdam deorum possit ostendi, cum multis inferioribus excellentior administratio deputetur.
4. Melius actum cum diis inferioribus, qui nullis infamentur opprobriis, quam cum selectis, quorum tantae turpitudines celebrentur.
5. De paganorum secretiore doctrina physicisque rationibus.
6. De opinione Varronis, qua arbitratus est Deum animam esse mundi, qui tamen in partibus suis habeat animas multas, quarum divina natura sit.
7. An rationabile fuerit Ianum et Terminum in duo numina separari.
8. Ob quam causam cultores Iani bifrontem imaginem ipsius finxerint, quam tamen etiam quadrifrontem videri volunt.
9. De Iovis potestate atque eiusdem cum Iano comparatione.
10. An Iani et Iovis recta discretio sit.
11. De cognominibus Iovis, quae non ad multos deos, sed ad unum eumdemque referuntur.
12. Quod Iuppiter etiam Pecunia nuncupetur.
13. Quod, dum exponitur quid Saturnus quidve sit Genius, uterque unus Iuppiter esse doceatur.
14. De Mercurii et Martis officiis.
15. De stellis quibusdam, quas pagani deorum suorum nominibus nuncuparunt.
16. De Apolline et Diana ceterisque selectis diis, quos partes mundi esse voluerunt.
17. Quod etiam ipse Varro opiniones suas de diis pronuntiarit ambiguas.
18. Quae credibilior causa sit, qua error paganitatis inoleverit.
19. De interpretationibus, quibus colendi Saturni ratio concinnatur.
20. De sacris Cereris Eleusinae.
21. De turpitudine sacrorum, quae Libero celebrabantur.
22. De Neptuno et Salacia ac Venilia.

제7권 요약문

〔서언〕
1. 민간신학에서 신성이 발견될 수 없음이 명백하다면, 따로 선별된 신들에게서는 신성이 발견될 수 있다고 믿어야 할 것인가
2. 선별된 신들은 누구이며, 그들은 하찮은 신들의 직책에서 면제되었던가
3. 여러 하급 신에게 더 고귀한 직무가 부여된다면, 몇몇 신을 선별하여 기릴 이유가 없다
4. 하급 신들은 추문에 의한 불명예를 입지 않았는데, 이는 수많은 추행이 공연되는 선별된 신들보다 오히려 우대받은 셈이다
5. 외교인들의 비교秘敎와 자연주의 해석
6. 신은 세계혼世界魂이지만 그 많은 부분 속에 신적 본성을 가진 혼들을 포함한다는 바로의 견해
7. 야누스와 테르미누스를 두 신으로 나눔이 이치에 맞는가
8. 왜 야누스 숭배자들은 그 신상을 두 얼굴로 만들었으며 때로는 넷으로까지 보이고자 했던가
9. 유피테르의 권세 및 야누스와의 유사성
10. 야누스와 유피테르를 구분한 것은 옳은가
11. 유피테르는 여러 이름이 있지만, 그 이름들은 여러 신이 아니라 동일한 신만을 지칭한다
12. 유피테르가 페쿠니아로도 불린다는 사실
13. 사투르누스가 무엇이고 게니우스가 무엇인지 설명하자면 결국 그 둘과 유피테르가 하나임을 알아야 한다
14. 메르쿠리우스와 마르스의 직무
15. 외교인들이 신의 이름을 붙인 별들
16. 세계의 부분들로 삼고자 한 아폴로와 디아나와 그밖의 선별된 신들

17. 바로마저 신들에 관한 의견을 모호하게 설명했다
18. 이교의 오류가 퍼져 나가는 그럴듯한 명분은 무엇인가
19. 사투르누스를 숭배하는 명분을 구축하는 갖가지 해석
20. 엘레우시스의 케레스 제사
21. 리베르에게 바치는 제사의 외설스러움
22. 넵투누스와 살라키아와 베닐리아

23. De Terra, quam Varro deam esse confirmat, eo quod ille animus mundi, quem opinatur deum, etiam hanc corporis sui infimam partem permeet eique vim divinam impertiat.
24. De Telluris cognominibus eorumque significationibus, quae etiamsi erant multarum rerum indices, non debuerunt multorum deorum firmare opiniones.
25. Quam interpretationem de abscisione Attidis Graecorum sapientium doctrina repererit.
26. De turpitudine sacrorum Matris Magnae.
27. De figmentis physiologorum, qui nec veram divinitatem colunt, nec eo cultu quo colenda est vera divinitas.
28. Quod doctrina Varronis de theologia in nulla sibi parte concordet.
29. Quod omnia, quae physiologi ad mundum partesque ipsius rettulerunt, ad unum verum Deum referre debuerint.
30. Qua pietate discernatur a creaturis Creator, ne pro uno tot dii colantur, quot sunt opera unius auctoris.
31. Quibus proprie beneficiis Dei excepta generali largitate sectatores veritatis utantur.
32. Quod sacramentum redemptionis Christi nullis retro temporibus defuerit semperque sit diversis signifcationibus praedicatum.
33. Quod per soiam Christianam religionem manifestari potuerit fallacia spirituum malignorum de hominum errore gaudentium.
34. De libris Numae Pompilii, quos senatus, ne sacrorum causae, quales in eis habebantur, innotescerent, iussit incendi.
35. De hydromantia, per quam Numa, visis quibusdam daemonum imaginibus, ludificabatur.

23. 바로가 여신임을 확인한 대지. 그가 신이라고 여긴 세계혼이 자기 몸의 가장 아랫부분인 대지에도 삼투해 있어 신성한 힘을 분유해 준다는 주장

24. 텔루스의 별칭들과 그 의미들이 많은 사물을 지시한다 해도, 그것이 다신교 사상을 확증하는 논거는 안 된다
25. 아티스 신의 거세를 두고 그리스 현자들의 이론이 끄집어낸 해석

26. 대모신에게 바치는 제사의 외설스러움
27. 참된 신성을 숭배하지도 않고 참된 신성을 숭배하는 예배도 바치지 않는 자연주의자들의 허구
28. 신학에 관한 바로의 사상은 어느 모로 보아도 일관성이 없다
29. 자연주의자들이 세계와 그 부분들에 귀속시킨 모든 것은 실상 한 분 참 하느님께 귀속시켜야 마땅하다
30. 극진한 신심으로 창조주와 피조물을 구분해야 하며, 한 분 조물주의 피조물의 수효만큼 많은 신을 한 분 하느님 대신 숭배해서는 안 된다
31. 진리를 따르는 사람들은 하느님으로부터 어떤 호의를 입고 하느님의 어떤 공평한 은총을 입는가
32. 그리스도의 구속救贖 신비는 지난 어느 시대에도 없던 적이 없으며, 제각기 다른 표징을 통해 언제나 선포되어 왔다
33. 인간들의 허물을 즐기는 악령들의 허위는 그리스도교에 의해서만 폭로될 수 있었다

34. 누마 폼필리우스의 책은 제사의 기원에 관한 그 내용이 알려지지 않도록 원로원이 소각을 명령했다
35. 물에 비친 몇몇 정령의 모습을 보고 누마가 속아서 만든 수점水占

BREVICULUS Libri VIII

1. De quaestione naturalis theologiae cum philosophis excellentioris scientiae discutienda.
2. De duobus philosophorum generibus, id est Italico et Ionico, eorumque auctoribus.
3. De Socratica disciplina.
4. De praecipuo inter Socratis discipulos Platone, qui omnem philosophiam triplici partitione distinxit.
5. Quod de theologia cum Platonicis potissimum disceptandum sit, quorum opinioni omnium philosophorum postponenda sint dogmata.
6. De Platonicorum sensu in ea parte philosophiae, quae physica nominatur.
7. Quanto excellentiores ceteris in logica, id est rationali philosophia, Platonici sint habendi.
8. Quod etiam in morali philosophia Platonici obtineant principatum.
9. De ea philosophia, quae ad veritatem fidei Christianae propius accessit.
10. Quae sit inter philosophicas artes religiosi excellentia Christiani.
11. Unde Plato eam intellegentiam potuerit adquirere, qua Christianae scientiae propinquavit.
12. Quod etiam Platonici, licet de uno vero Deo bene senserint, multis tamen diis sacra facienda censuerint.
13. De sententia Platonis, qua definivit deos non esse nisi bonos amicosque virtutum.
14. De opinione eorum, qui rationales animas trium generum esse dixerunt, id est in diis caelestibus, in daemonibus aeriis et in hominibus terrenis.
15. Quod neque propter aeria corpora neque propter superiora habitacula daemones hominibus antecellant.
16. Quid de moribus atque actionibus daemonum Apuleius Platonicus senserit.
17. An dignum sit eos spiritus ab homine coli, a quorum vitiis eum oporteat liberari.
18. Qualis religio sit, in qua docetur, quod homines, ut commendentur diis bonis, daemonibus uti debeant advocatis.
19. De impietate artis magicae, quae patrocinio nititur spirtuum malignorum.

제8권 요약문

1. 자연신학 문제는 뛰어난 지식을 갖춘 철학자들과 논해야 한다

2. 철학의 두 학파, 즉 이탈리아 학파와 이오니아 학파 그리고 그 창시자들

3. 소크라테스의 학설
4. 소크라테스의 수제자 플라톤: 그는 철학 전체를 삼부로 구분했다

5. 신학에 관해서는 플라톤 학파와 토론할 것인데, 그들의 견해가 다른 모든 철학자의 견해보다 우월하기 때문이다
6. 자연철학이라고 일컫는 철학 분야에 대한 플라톤 학파의 생각
7. 논리학, 즉 이성철학에서 플라톤 학파는 다른 사람들보다 얼마나 탁월한가

8. 윤리철학에서도 플라톤 학파는 수위를 차지해야 한다
9. 그리스도교 신앙의 진리에 가장 가까이 접근한 철학
10. 철학적 학문에서도 그리스도 종교인의 역할이 얼마나 탁월한가
11. 플라톤이 그리스도교 지식에 근사한 저 인식을 획득한 곳

12. 플라톤 학파는 유일하고 선한 하느님에 관해 잘 알면서도 많은 신들에게 희생을 바치도록 묵인했다
13. 선하고 덕성을 가진 존재를 신이라고 정의한 플라톤의 견해

14. 천상 신, 공중 정령, 지상 인간이라는 이성혼 세 종류를 말한 사람들의 견해

15. 기체요 상계에 거주하기 때문에 정령들이 인간보다 우월한 것은 아니다

16. 아풀레이우스는 플라톤 학파로서 정령들의 행실에 관해 어떻게 생각했는가
17. 정령들의 악덕에서 벗어나야 할 인간들이 오히려 그들을 숭배함이 합당한가

18. 선한 신들의 보우를 받으려면 정령들을 수호자로 이용해야 한다고 가르치는 종교는 도대체 어떤 종교인가
19. 악령들의 보우에 의존하는 마술의 사악함

20. An credendum sit quod dii boni libentius daemonibus quam hominibus misceantur.
21. An daemonibus nuntiis et interpretibus dii utantur fallique se ab eis aut ignorent aut velint.
22. De abiciendo cultu daemonum contra Apuleium.
23. Quid Hermes Trismegistus de idolatria senserit et unde scire potuerit superstitiones Aegyptias auferendas.
24. Quo modo Hermes parentum suorum sit confessus errorem, quem tamen doluerit destruendum.
25. De his, quae sanctis Angelis et hominibus bonis possunt esse communia.
26. Quod omnis religio paganorum circa homines mortuos fuerit implicata.
27. De modo honoris, quem Christiani martyribus impendunt.

20. 선한 신들이 사람들보다는 정령들과 통교한다고 믿어야 하는가
21. 신들이 과연 정령들을 사신이나 해석자로 이용하며 알든 모르든 스스로 정령들에게 기만당하는가
22. 아풀레이우스에 반대하여 정령숭배를 배척하는 일
23. 헤르메스 트리스메기스투스는 우상숭배를 어떻게 생각했으며, 이집트 미신을 폐지해야 한다는 것을 어디서 알았는가
24. 헤르메스는 조상들의 잘못으로 파멸이 도래할 것을 한탄하면서도 어떻게 그들의 잘못을 고백했는가
25. 거룩한 천사들과 선한 사람들이 공유할 수 있는 것들
26. 이교도들의 모든 종교는 죽은 사람들과 연관된다
27. 그리스도인들이 순교자들에게 바치는 공경 방식

BREVICULUS Libri IX

1. Ad quem articulum disputatio praemissa pervenerit et quid discutiendum sit de residua quaestione.
2. An inter daemones, quibus dii superiores sunt, sit aliqua pars bonorum, quorum praesidio ad veram beatitudinem possit humana anima pervenire.
3. Quae daemonibus Apuleius ascribat, quibus cum rationem non subtrahat, nihil virtutis assignat.
4. De perturbationibus, quae animo accidunt, quae sit Peripateticorum Stoicorumque sententia.
5. Quod passiones, quae Christianos animos afficiunt, non in vitium trahant, sed virtutem exerceant.
6. Quibus passionibus daemones, confitente Apuleio, exagitentur quorum ope homines apud deos asserit adiuvari.
7. Quod Platonici figmentis poetarum infamatos asserant deos de contrariorum studiorum certamine, cum hae partes daemonum, non deorum sint.
8. De diis caelestibus et daemonibus aeriis hominibusque terrenis Apulei Paltonici definitio.
9. An amicitia caelestium deorum per intercessionem daemonum possit homini provideri.
10. Quod secundum Plotini sententiam minus miseri sint homines in corpore mortali quam daemones in aeterno.
11. De opinione Platonicorum, qua putant animas hominum daemones esse post corpora.
12. De ternis contrariis, quibus secundum Platonicos daemonum hominumque natura distinguitur.
13. Quo modo daemones, si nec cum diis beati nec cum hominibus sunt miseri, inter utramque partem sine utriusque communione sint medii.
14. An homines, cum sint mortales, possint vera beatitudine esse felices.
15. De Mediatore Dei et hominum, homine Christo Iesu.
16. An rationabiliter Platonici definierint deos caelestes declinantes terrena contagia hominibus non misceri, quibus ad amicitiam deorum daemones suffragentur.

제9권 요약문

1. 지금까지 논한 내용과 앞으로 논해야 할 문제

2. 신들보다 하위인 정령들 가운데 과연 인간 영혼이 지복에 이르도록 도울 수 있는 선한 정령들이 있는가
3. 아풀레이우스가 정령들에게 부여한 성품: 그가 정령에게 이성이 없다고 하지는 않지만 어떤 덕성도 부여하지 않았다
4. 정신을 엄습하는 동요에 대한 소요학파와 스토아 학파의 견해

5. 정염이 그리스도인들의 정신을 사로잡을 경우에도 그들은 악덕에 물들기보다 덕성을 단련한다
6. 아풀레이우스에 따르면 그가 단언한 바, 인간이 신의 보우를 받도록 매개한다는 정령도 정염에 시달린다
7. 플라톤 학파는 신들이 상반된 이익을 도모하여 다투는 것처럼 시인들이 그려냄으로써 신들의 명예를 실추시켰다고 주장하며 이런 다툼에 휘말리고 있는 것은 신들이 아니라 정령들이라고 변명한다
8. 천상 신과 공중 정령과 지상 인간에 관한 플라톤 학파 아풀레이우스의 정의

9. 정령들의 조정으로 해서 천상 신들의 우애가 인간을 보살필 수 있는가

10. 플로티누스에 의하면, 사멸하는 신체를 가진 인간들이 불사의 신체를 가진 정령들보다 덜 가련하다
11. 인간 영혼이 신체를 벗어나면 정령이 된다는 플라톤 학파의 견해

12. 플라톤 학파가 정령과 인간의 본성을 구별하는 세 가지 대립점

13. 정령들이 신들처럼 행복하지도 인간들처럼 비참하지도 않다면 어떻게 양편의 중개자가 될 수 있겠는가
14. 인간은 사멸하는 존재이면서도 참된 지복을 갖추어 행복해질 수 있는가
15. 하느님과 인간의 중개자 인간 예수 그리스도
16. 천상 신들이 지상 존재들과의 접촉을 피하고 인간과 교류하기를 거부하며 따라서 인간들이 신들의 호의를 얻기 위해서는 정령들의 도움을 받아야 한다고 플라톤 학파가 단언한 것은 합리적인가

17. Ad consequendam vitam beatam, quae in participatione est summi boni, non tali mediatore indigere hominem qualis est daemon, sed tali qualis est unus Christus.
18. Quod fallacia daemonum, dum sua intercessione viam spondet ad Deum, hoc annitatur, ut homines a via veritatis avertat.
19. Quod appellatio daemonum iam nec apud cultores eorum assumatur in significationem alicuius boni.
20. De qualitate scientiae, quae daemones superbos facit.
21. Ad quem modum Dominus voluerit daemonibus innotescere.
22. Quid intersit inter scientiam sanctorum Angelorum et scientiam daemonum.
23. Nomen deorum falso ascribi diis gentium, quod tamen et Angelis sanctis et hominibus iustis ex divinarum Scripturarum auctoritate commune est.

17. 최고선에 참여하는 행복한 삶을 얻기 위해 인간에게 필요한 중개자는 정령이 아니라 유일한 그리스도다
18. 기만적인 정령들은 자신들의 조정으로 인간을 하느님께 인도하겠다고 약속하고서는 인간을 진리의 길에서 등지게 한다
19. 정령숭배자들 사이에서도 이제 "정령"이란 선한 어떤 것을 뜻하지 않는다
20. 정령들을 오만하게 하는 지식
21. 주님은 정령들이 어느 정도까지 알도록 허락했는가
22. 거룩한 천사들의 지식과 정령들의 지식의 차이
23. 거룩한 천사들과 의로운 인간들에게 성서의 권위에 의거하여 신들의 이름이 부여되는 현상은 공통된 일이라 하더라도 이민족들의 신들에게 신이라는 이름이 부여된 것은 잘못된 일이다

BREVICULUS Libri X

1. Veram beatitudinem sive Angelis sive hominibus per unum Deum tribui etiam Platonicos definisse; sed utrum hi, quos ob hoc ipsum colendos putant, uni tantum Deo, an etiam sibi sacrificari velint, esse quaerendum.
2. De superna illuminatione quid Plotinus Platonicus senserit.
3. De vero Dei cultu, a quo Platonici, quamvis creatorem universitatis intellexerint, deviarunt colendo angelos seu bonos seu malos honore divino.
4. Quod uni vero Deo sacrificium debeatur.
5. De sacrificiis, quae Deus non requirit, sed ad significationem eorum offerri voluit, quae requirit.
6. De vero perfectoque sacrificio.
7. Quod sanctorum Angelorum ea sit in nos dilectio, ut nos non suos, sed unius veri Dei velint esse cultores.
8. De miraculis, quae Deus ad corroborandam fidem piorum etiam per Angelorum ministerium promissis suis adhibere dignatus est.
9. De illicitis artibus erga daemonum cultum, in quibus Porphyrius Platonicus quaedam probando, quaedam quasi improbando versatur.
10. De theurgia, quae falsam purgationem animis daemonum invocatione promittit.
11. De epistula Porphyrii ad Anebontem Aegyptium, in qua petit de diversitate daemonum se doceri.
12. De miraculis, quae per sanctorum Angelorum ministerium Deus verus operatur.
13. De invisibili Deo, qui se visibilem saepe praestiterit, non secundum quod est, sed secundum quod poterant ferre cernentes.
14. De uno Deo colendo non solum propter aeterna, sed etiam propter temporalia beneficia, quia universa in ipsius providentiae potestate consistunt.
15. De ministerio sanctorum Angelorum, quo providentiae Dei serviunt.
16. An de promerenda beata vita his angelis sit credendum, qui se coli exigunt honore divino; an / vero illis, qui non sibi, sed uni Deo sancta praecipiunt religione serviri.
17. De arca Testamenti miraculisque signorum, quae ad commendandam Legis ac promissionis auctoritatem divinitus facta sunt.

제10권 요약문

1. 천사나 인간에게 참된 행복을 줄 수 있는 것은 유일한 하느님이라고 플라톤 학파는 주장했지만, 그들이 그런 행복을 위해 숭배해야 한다고 믿은 정령 자신들은 과연 한 분 하느님께만 제사 바치기를 요구했는가, 아니면 자기들에게도 제사 바치기를 요구했는가 물어보아야 한다
2. 플라톤 학파 플로티누스는 상계로부터의 조명에 관해 어떻게 생각했는가
3. 플라톤 학파는 하느님을 우주의 창조주로 인식하면서도 선하든 악하든 천사들에게 신적 영예를 바쳐 숭배함으로써 참된 하느님 예배에서 벗어났다
4. 제사는 유일한 참 하느님께만 바쳐야 한다
5. 하느님은 제사를 요구하지 않지만 당신 요구들의 상징으로 제사가 봉헌되기를 바란다
6. 참되고 완전한 제사
7. 거룩한 천사들은 우리를 극진히 사랑하므로 우리가 자기들을 숭배하기보다 참 하느님을 숭배하기를 바란다
8. 하느님은 당신 언약을 확인하고자 천사들을 통해 기적을 마련했으며, 이는 독실한 이들의 믿음을 강화하기 위해서였다
9. 플라톤 학파 포르피리우스는 정령숭배에 사용되는 불법적 주술 가운데 일부는 인정하고 일부는 규탄했다
10. 정령을 불러내어 영혼을 정화시켜 준다고 거짓으로 약속하는 초혼招魂
11. 포르피리우스가 여러 정령의 차이에 관해 가르쳐 달라고 요청하면서 이집트인 아네보에게 보낸 서간
12. 참 하느님이 거룩한 천사들의 시중을 받아 이루는 기적

13. 불가견의 하느님이 때로 가견적으로 현신할 때, 있는 그대로 당신을 드러내지 않고 당신을 보는 인간들이 견뎌낼 수 있는 방식으로 드러낸다
14. 만사가 그분 섭리의 권하에 있으므로 영원한 복뿐 아니라 현세의 복을 위해서도 유일한 하느님을 숭배해야 한다
15. 하느님의 섭리에 이바지하는, 거룩한 천사들의 봉사
16. 행복한 삶을 얻으려면 자신들에게 신적 영예를 바치라고 요구하는 천사들을 믿어야 할 것인가, 아니면 자신들이 아니라 하느님께 거룩한 종교심을 바치라고 가르치는 천사들을 믿어야 할 것인가
17. 율법과 언약의 권위를 신적으로 보증하는 기적적 표징과 계약의 궤

18. Contra eos, qui de miraculis, quibus Dei populus eruditus est, negant ecclesiasticis Libris esse credendum.
19. Quae ratio sit visibilis sacrificii, quod uni vero et invisibili Deo offerri docet vera religio.
20. De summo veroque sacrificio, quod ipse Dei et hominum Mediator effectus est.
21. De modo potestatis daemonibus datae ad glorificandos sanctos per tolerantiam passionum, qui aerios spirtus non placando ipsos, sed in Deo permanendo vicerunt.
22. Unde sit sanctis adversum daemones potestas et unde cordis vera purgatio.
23. De principiis in quibus Platonici purgationem animae esse profitentur.
24. De uno veroque principio, quod solum naturam humanam purgat atque renovat.
25. Omnes sanctos et sub Legis tempore et sub prioribus saeculis in sacramento et fide Christi iustificatos fuisse.
26. De inconstantia Porphyrii inter confessionem veri Dei et cultum daemonum fluctuantis.
27. De impietate Porphyrii, qua etiam Apulei transcendit errorem.
28. Quibus persuasionibus Porphyrius obcaecatus non potuerit veram sapientiam, quod est Christus, agnoscere.
29. De incarnatione Domini nostri Iesu Christi, quam confiteri Platonicorum erubescit impietas.
30. Quanta Platonici dogmatis Porphyrius refutaverit et dissentiendo correxerit.

31. Contra argumentum Platonicorum, quo animam humanam Deo asserunt esse coaeternam.
32. De universali via animae liberandae, quam Porphyrius male quaerendo non repperit, et quam sola gratia Christiana reseravit.

18. 교회의 서책이 하느님의 백성을 계도하는 기적을 증언한다고 믿는 일을 반대하는 사람들에게 던지는 반론
19. 참된 종교가 가르치는 것처럼, 유일하고 참되며 불가견의 하느님께 가시적 제사를 봉헌하는 이유는 무엇인가
20. 하느님과 인간들의 중개자가 거행한 최고의 참 제사

21. 성도들이 고난을 인내하여 영광을 얻게 하려는 뜻에서 정령들에게 권한이 위임되기는 했지만 그 권한에는 한계가 있으니, 성인들이 승리를 거둔 것은 공중 신령들을 달래서가 아니라 하느님 안에 끝까지 머물렀기 때문이다
22. 성인들의 정령 대항 능력과 참다운 마음의 정화는 어디서 나오는가
23. 플라톤 학파가 영혼의 정화가 이루어진다고 한 원리들
24. 인간 본성을 정화하고 쇄신하는 유일하고 진정한 원리

25. 율법의 시대나 그 이전 세기의 성인들은 그리스도의 성사와 신앙에 의거해서 의화義化를 입었다
26. 참 하느님에 대한 고백과 정령숭배 사이에서 망설이던 포르피리우스의 일관성없는 태도
27. 아풀레이우스의 오류를 능가하는 포르피리우스의 불경
28. 무엇에 눈이 멀었기에 포르피리우스는 그리스도라는 참다운 지혜를 알아보지 못했을까
29. 플라톤 학파의 불경스런 마음은 우리 주 예수 그리스도의 육화를 고백하기를 꺼렸다
30. 포르피리우스가 얼마나 많은 플라톤주의 교설을 반박했으며 견해를 달리하여 수정했던가
31. 인간 영혼이 하느님과 더불어 영원하다는 플라톤 학파의 논리에 대한 반박

32. 영혼을 해방하는 보편적인 길은 포르피리우스가 정당하게 구하지 못했기 때문에 찾지 못했으며 그리스도교의 은총만이 열어보일 수 있다

BREVICULUS Libri XI

1. De ea parte operis, qua duarum civitatum, id est caelestis atque terrenae, initia et fines incipient demonstrari.
2. De cognoscendo Deo, ad cuius notitiam nemo hominum pervenit, nisi per Mediatorem Dei et hominum, hominem Iesum Christum.
3. De auctoritate canonicae Scripturae divino Spiritu conditae.
4. De conditione mundi, quae nec intemporalis sit, nec novo Dei ordinata consilio, quasi postea voluerit, quod ante noluerat.
5. Tam non esse cogitandum de infinitis temporum spatiis ante mundum, quam nec de infinitis locorum spatiis extra mundum, quia, sicut nulla ante ipsum sunt tempora, ita nulla extra ipsum sunt loca.
6. Creationis mundi et temporum unum esse principium nec aliud alio praeveniri.
7. De qualitate primorum dierum, qui etiam antequam sol fieret vesperam et mane traduntur habuisse.
8. Quae qualisque intellegenda sit Dei requies, qua post opera sex dierum requievit in septimo.
9. De angelorum conditione quid secundum divina testimonia sentiendum sit.
10. De simplici et incommutabili Trinitate Dei Patris et Dei Filii et Dei Spiritus Sancti, unius Dei, cui non est aliud qualitas aliudque substantia.
11. An eius beatitudinis, quam sancti angeli ab initio sui semper habuerunt, etiam illos spiritus, qui in veritate non steterunt, participes fuisse credendum sit.
12. De comparatione beatitudinis iustorum, necdum obtinentium promissionis divinae praemium et primorum in paradiso hominum ante peccatum.
13. An ita unius felicitatis omnes angeli sint creati, ut neque lapsuros se possent nosse qui lapsi sunt, et post ruinam labentium perseverantiae suae praescientiam acceperint qui steterunt.
14. Quo genere locutionis dictum sit de diabolo, quod in veritate non steterit, quia veritas non est in eo.
15. Quid sentiendum sit de eo, quod dictum est: Ab initio diabolus peccat.
16. De gradibus et differentiis creaturarum, quas aliter pendit usus utilitatis, alter ordo rationis.
17. Vitium malitiae non naturam esse, sed contra naturam, cui ad peccandum non

제11권 요약문

1. 본서의 이 부분에서 두 도성, 곧 천상 도성과 지상 도성의 시원과 종말을 논하기 시작한다
2. 하느님을 인식함: 하느님과 인간의 중개자 인간 그리스도를 통하지 않으면 아무도 하느님에 대한 지식에 도달하지 못한다
3. 하느님의 영이 지은 성서 정전正典의 권위
4. 세상의 창조: 창조는 무시간적인 것도 아니고, 하느님이 전에는 싫어했다가 다음에는 좋아했다는 식으로 새로운 결정에 의한 것도 아니다
5. 세상이 창조되기 전에 무한한 시간이 흘렀다거나 세상 밖에 무한한 공간이 존재했다고 생각해서는 안 되니, 세상 전에는 어떤 시간도 없고 세상 밖에는 어떤 공간도 없기 때문이다
6. 세상의 창조와 시간의 창조는 동일한 시점에 이루어졌으며, 하나가 다른 하나를 선행하지 않는다
7. 태양이 생기기 전에 밤과 낮이 있었다고 전하는, 창조 첫 사흘의 성격
8. 엿새 일한 다음 이렛날 쉬었다는 하느님의 안식을 어떻게 이해할 것인가
9. 천사의 창조에 관한 신적 증언을 어떻게 받아들일 것인가
10. 성부 하느님과 성자 하느님과 성령 하느님은 단순하고 불변하는 삼위일체의 유일한 하느님이니, 그분께는 속성과 실체가 다르지 않다
11. 거룩한 천사들이 창조된 순간부터 계속 누리던 하느님의 지복을 진리에 항구하지 못한 영들도 함께 누렸다고 믿어야 하는가
12. 하느님이 언약한 상급을 아직 얻지 못한 의인들의 지복과, 죄를 짓기 전 낙원에 있던 최초 인간들의 지복을 비교함
13. 모든 천사가 동일한 행복을 누리도록 창조되었고, 그래서 타락한 천사들은 자신들이 타락하리라는 것을 몰랐으며 항구한 천사들은 타락한 자들의 파멸 후에야 자기의 항구함을 예지하는 은혜를 받았을까
14. 악마가 항구하지 못함은 진리가 그에게 없기 때문이라 함은 무슨 뜻인가
15. "악마는 처음부터 죄를 짓는다"는 말을 어떻게 이해할 것인가
16. 피조물들의 등급과 그 차이는 유용성의 편익과 이성의 질서가 좌우한다
17. 악의에서 오는 악덕은 타고난 자연본성이 아니라 자연본성에 상반되며, 피조물이

Conditor causa est, sed voluntas.

18. De pulchritudine universitatis, quae per ordinationem Dei etiam ex contrariorum fit oppositione luculentior.
19. Quid sentiendum videatur de eo quod scriptum est: Divisit Deus inter lucem et tenebras.
20. De eo quod post discretionem lucis atque tenebrarum dictum est: Et vidit Deus lucem, quia bona est.
21. De aeterna et incommutabili scientia Dei ac voluntate, qua semper illi universa quae fecit sic placuerunt facienda, quemadmodum facta.
22. De his, quibus in universitate rerum a bono Creatore bene conditarum quaedam displicent, et putant nonnullam malam esse naturam.
23. De errore, in quo Origenis doctrina culpatur.
24. De Trinitate divina, quae per omnia opera sua significationis suae sparsit indicia.
25. De tripertita totius philosophiae disciplina.
26. De imagine summae Trinitatis, quae secundum quemdam modum in natura etiam necdum beatificati hominis invenitur.
27. De essentia et scientia et utriusque amore.
28. An etiam ipsum amorem, quo et esse et scire diligimus, diligere debeamus, quo magis divinae Trinitatis imagini propinquemus.
29. De sanctorum angelorum scientia, qua Trinitatem in ipsa eius deitate noverunt, et qua operum causas prius in operantis arte, quam in ipsis operibus artificis intuentur.
30. De senarii numeri perfectione, qui primus partium suarum quantitate completur.
31. De die septimo, in quo plenitudo et requies commendatur.
32. De opinione eorum, qui angelorum creationem anteriorem volunt esse quam mundi.
33. De duabus angelorum societatibus diversis atque disparibus, quae non incongrue intelleguntur lucis et tenebrarum nominibus nuncupatae.
34. De eo quod quidam putant in conditione firmamenti aquarum discretarum nomine angelos significatos, et quod quidam aquas aestimant non creatas.

   죄를 짓는 원인은 창조주가 아니라 피조물의 의지다
18. 하느님의 안배에 의해 우주의 아름다움은 사물들의 대립으로 더욱 빛난다

19. "하느님이 빛과 어둠을 갈라놓았다"는 말을 어떻게 이해할 것인가

20. 빛과 어둠을 갈라놓은 다음 "하느님이 빛을 보시니 좋더라" 하는 말을 어떻게 이해할 것인가
21. 하느님의 영원하고 불변하는 지식과 의지: 그에 입각하여 하느님이 만든 만물은 만들어지기 전에도 후에도 하느님의 마음에 들었다
22. 선한 창조주가 창조한 우주 만물 가운데 어떤 것을 보기 싫어하면서 어떤 자연본성은 그 자체로 악하다고 주장하는 사람들
23. 오리게네스의 교리 중 비판받는 오류
24. 삼위일체는 당신 모든 활동에 삼위일체의 표징을 깔아놓았다

25. 철학 전체의 삼분법
26. 지존한 삼위일체의 모상이 아직 지복에 이르지 못한 인간의 자연본성에서도 어느 정도 발견된다
27. 존재와 인식 그리고 양편의 사랑
28. 우리가 존재와 인식을 사랑하는 사랑 그 자체도 사랑해야 하는가: 그 사랑으로 우리는 삼위일체의 모상에 더 가까이 접근한다
29. 거룩한 천사들은 삼위일체를 신성 자체에서 인식하며, 피조물의 원인도 작품을 보고 직관하기보다 창조자가 예술에서 직관하는 방식으로 인식한다

30. 여섯은 그 분수分數들을 총화로 내포하는 첫째 배수로서 완전수完全數다

31. 충만과 안식이 이루어진 일곱째 날
32. 천사가 세계보다 먼저 창조되었다고 주장하는 사람들의 견해

33. 빛과 어둠이라고 불러도 무방한, 상이하고 분리된 천사들의 두 사회

34. 창공을 창조할 때, 위아래로 갈라진 물의 명칭으로 두 사회의 천사들을 가리킨다는 견해와 그 물은 창조된 것이 아니라는 견해

요 약   2783

BREVICULUS Libri XII

1. De una bonorum angelorum malorumque natura.
2. Nullam essentiam Deo esse contrariam, quia ab eo, qui summe et semper est, hoc in totum videtur diversum esse quod non est.
3. De inimicis Dei non per naturam, sed per contrariam voluntatem, quae cum ipsis nocet, bonae utique naturae nocet, quia vitium, si non nocet, non est.
4. De naturis irrationalium aut vita carentium, quae in suo genere atque ordine ab universitatias decore non discrepant.
5. Quod in omnium naturarum specie ac modo laudabilis sit Creator.
6. Quae causa sit beatitudinis angelorum bonorum et quae causa sit miseriae angelorum malorum.
7. Causam efficientem malae voluntatis non esse quaerendam.
8. De amore perverso, quo voluntas ab incommutabili bono ad mutabile bonum deficit.
9. An sancti angeli, quem habent Creatorem naturae, eumdem habeant bonae voluntatis auctorem per Spiritum Sanctum in eis caritate diffusa.
10. De poinione eorum, qui humanum genus sicut ipsum mundum semper fuisse existimant.
11. De falsitate eius historiae, quae multa millia annorum praeteritis temporibus ascribit.
12. De his, qui hunc quidem mundum non sempiternum putant, sed aut innumerabiles aut eumdem unum certa conclusione saeculorum semper nasci et resolvi opinantur.
13. Quid respondendum sit his, qui primam conditionem hominis tardam esse causantur.
14. De revolutione saeculorum, quibus certo fine conclusis universa semper in eumdem ordinem eamdemque speciem reditura quidam philosophi crediderunt.
15. De temporali conditione generis humani, quam Deus nec novo consilio instituerit nec mutabili voluntate.
16. An ut Deus semper etiam Dominus fuisse intellegatur, credendum sit creaturam quoque numquam defuisse cui dominaretur, et quomodo dicatur

제12권 요약문

1. 선한 천사와 악한 천사의 본성은 동일하다
2. 하느님께 반대되는 자연본성은 존재하지 않으니, 최고로 항상 존재하는 분에게 전적으로 다르게 보이는 것은 존재하는 것이 아니기 때문이다
3. 하느님께 대적하는 자들은 본성에 의해서가 아니라 그들의 의지로 대적하며, 그런 의지는 그들 자신을 해치고 선한 본성을 해치니, 부패가 본성을 해치지 않으면 이미 부패가 아니다
4. 비이성적 사물들이나 생명을 결한 사물들의 본성: 그들 자체의 종류와 질서에 있어 우주의 조화에 배치되지 않는다
5. 모든 자연본성의 형상과 척도를 두고 창조주는 찬미받을 만하다
6. 선한 천사들이 행복하고 악한 천사들이 비참한 원인은 무엇인가

7. 악한 의지의 작용인을 찾아서는 안 된다
8. 불변적 선에서 가변적 선으로 의지가 떨어져 나감으로써 전도된 사랑

9. 거룩한 천사들이 하느님을 본성의 창조주로 모시듯, 성령을 통해 사랑이 주입되는 가운데 또한 그 하느님을 선한 의지의 조성자로 모시는가
10. 인류가 세계처럼 항상 존재해 왔다고 믿는 사람들의 견해

11. 과거 시기에 수천 년을 할당하는 역사의 허위

12. 세계가 영구하다고 생각지는 않지만 무수한 세계가 존재한다거나 동일한 세계가 세기들의 순환 속에 생성소멸한다고 생각하는 사람들

13. 최초 인간의 창조가 늦었던 것에 대해 문제를 제기하는 사람들에게 무엇이라고 답변할 것인가
14. 세기의 순환: 어떤 철학자들은 일정한 세기가 끝나면 만유가 똑같은 순서와 똑같은 형상으로 되돌아오리라고 믿었다
15. 시간 속의 인류 창조: 하느님은 새로운 계획이나 의지의 변화로 이 창조를 착상한 것이 아니다
16. 하느님은 항상 주님이기 때문에 그분이 지배할 피조물이 존재하지 않던 때란 없었다고 믿어야 하는가: 항상 창조되어 있었다면서도 하느님과 함께 영원하지는

요 약   2785

- semper creatum quod dici non potest coaeternum.
17. Quomodo intellegenda sit promissa homini a Deo vita aeterna ante tempora aeterna.
18. Quid de incommutabili consilio ac voluntate Dei fides sana defendat contra ratiocinationes eorum, qui opera Dei ex aeternitate repetita per eosdem semper volunt saeculorum redire circuitus.
19. Contra eos, qui dicunt ea, quae infinita sunt, nec Dei posse scientia comprehendi.
20. De saeculis saeculorum.
21. De impietate eorum, qui asserunt animas summae veraeque beatitudinis participes iterum atque iterum per circuitus temporum ad easdem miserias laboresque redituras.
22. De conditione unius primi hominis atque in eo generis humani.
23. Quod praescierit Deus hominem, quem primum condidit, peccaturum simulque praeviderit, quantum piorum populum ex eius genere in angelicum consortium sua esset gratia translaturus.
24. De natura humanae animae creatae ad imaginem Dei.
25. An ullius vel minimae creaturae possint dici angeli creatores.
26. Omnem naturam et omnem speciem universae creaturae nonnisi opere Dei fieri atque formari.
27. De Platonicorum opinione, qua putaverunt angelos quidem a Deo conditos, sed ipsos esse humanorum corporum conditores.
28. In primo homine exortam fuisse omnem plenitudinem generis humani, in qua praeviderit Deus, quae pars honoranda esset praemio, quae damnanda supplicio.

않았다는 설명이 어떻게 가능한가
17. 영원한 시간 전에 하느님이 인간에게 언약한 영원한 생명을 어떻게 이해할 것인가

18. 하느님의 업적은 영원으로부터 반복되며 동일한 순환을 거쳐 항상 되돌아온다고 주장하는 사람들의 논리에 맞서서, 하느님의 불변하는 계획과 의지에 대한 건실한 신앙을 어떻게 지킬 것인가
19. 무한한 것은 하느님의 지식으로도 파악되지 않는다는 주장을 반박함

20. 무궁한 세기
21. 최고의 참된 지복에 참여하는 영혼들도 시간의 윤회를 통해 거듭거듭 불행과 수고로 되돌아온다고 주장하는 사람들의 불경스러움

22. 하나인 첫 인간의 창조와 그 안에서 이루어진 인류의 창조
23. 하느님은 최초로 창조한 인간이 죄를 지으리라는 것을 예견했고, 동시에 당신 은총으로 인류에서 얼마나 많은 경건한 백성이 천사들과의 공동운명에 들어올지를 예견했다
24. 하느님의 모상에 따라 창조된 인간 영혼의 본성
25. 아주 하찮은 피조물에 대해서라면 천사를 창조자라고 할 수 있는가
26. 창조계의 모든 자연본성과 형상이 하느님의 업적에 의해서만 생성되는가

27. 천사들은 하느님이 창조했지만 인간 신체는 천사들이 창조했다고 생각한 플라톤학파의 견해
28. 첫 인간 안에 인류가 전적으로 충만하게 존재했으니, 그 충만함 속에서 하느님은 인류의 어느 부분이 상받는 영예를 얻을 것인지, 어느 부분이 죄를 지어 벌받을 것인지를 예견했다

BREVICULUS Libri XIII

1. De lapsu primorum hominum, per quem est contracta mortalitas.
2. De ea morte, quae animae semper utcumque victurae accidere potest, et ea cui corpus obnoxium est.
3. Utrum mors, quae per peccatum primorum hominum in omnes homines pertransiit, etiam in sanctis poena peccati sit.
4. Cur ab his, qui per gratiam regenerationis absoluti sunt a peccato, non auferatur mors, id est poena peccati.
5. Quod sicut iniqui male utuntur lege, quae bona est, ita iusti bene utuntur morte, quae mala est.
6. De generali mortis malo, quo animae et corporis societas separatur.
7. De morte, quam quidam non regenerati pro Christi confessione suscipiunt.
8. Quod in sanctis primae mortis pro veritate susceptio secundae sit mortis abolitio.
9. Tempus mortis, quo vitae sensus aufertur, in morientibus an in mortuis esse dicendum sit.
10. An vita mortalium mors potius quam vita dicenda sit.
11. An quisquam simul et vivens esse possit et mortuus.
12. Quam mortem primis hominibus Deus, si mandatum eius transgrederentur, fuerit comminatus.
13. Praevaricatio primorum hominum quam primam senserit poenam.
14. Qualis homo sit factus a Deo et in quam sortem deciderit suae voluntatis arbitrio.
15. Quod Adam peccaturus prius ipse reliquerit Deum, quam relinqueretur a Deo, et primam fuisse animae mortem a Deo recessisse.
16. De philosophis, qui animae separationem a corpore non putant esse poenalem, cum Plato inducat summum Deum diis minoribus promittentem, quod numquam sint corporibus exuendi.
17. Contra eos, qui asserunt corpora terrena incorruptibilia fieri et aeterna non posse.
18. De terrenis corporibus, quae philosophi affirmant in caelestibus esse non posse, quia, quod terrenum est, naturali pondere revocetur ad terram.

제13권 요약문

1. 원조들의 타락과 그로 인한 죽음에의 종속
2. 영혼이 항상 살아있다 해도 그 영혼에 닥칠 죽음이 있고, 또 육체가 당할 죽음이 있다
3. 원조의 죄로 인해 모든 사람에게 전수된 죽음은 성인들에게도 죄의 형벌로 닥치는가
4. 재생의 은총으로 면죄된 사람들에게도 죄의 형벌인 죽음이 벗겨지지 않은 까닭은 무엇인가
5. 악인들이 선한 율법을 악용하듯이 의인들은 악한 죽음도 선용한다
6. 죽음의 일반적 해악은 영혼과 육신의 결합이 분리되는 것이다
7. 세례로 재생을 입지 못한 자들이 그리스도를 고백함으로써 당하는 죽음
8. 성인들이 진리를 위해 당하는 첫 죽음은 둘째 죽음을 면하는 길이기도 하다
9. 생명의 의식이 사라지는 죽음의 순간은 죽어가는 사람에게 일어난다고 해야 하는가, 죽은 사람에게 일어난다고 해야 하는가
10. 사멸할 자들의 생명은 삶이라기보다 죽음이라고 말해야 하는가
11. 한 사람이 살아있으면서 동시에 죽었다고 할 수 있는가
12. 하느님은 원조가 당신 계명을 어길 경우 어떤 죽음을 내리겠다고 했는가
13. 원조들의 반역과 처음으로 당한 형벌
14. 하느님에 의해 만들어진 것은 어떤 인간이었으며, 자유의지를 행사하여 어떤 운명에 떨어지게 되어 있었는가
15. 아담이 죄를 짓는 것은 하느님께 버림받기 전에 하느님을 버리는 것이며, 하느님으로부터 떠나간 것이 영혼의 첫째 죽음이 되었다
16. 영혼이 육체에서 분리되는 것은 형벌이 아니라고 생각하는 철학자들, 그러나 플라톤은 최고신이 하급 신들을 육체에서 박탈되는 일이 없으리라고 약속한 것으로 설명한다
17. 지상적 육체는 부패하지 않는 영원한 육체가 될 수 없다는 주장을 반박함
18. 지상적 사물은 자연본성적 중력으로 인해 지상으로 다시 끌려오기 때문에 지상적 육체가 천상에서 존속하는 일이 불가능하다고 주장하는 철학자들

19. Contra eorum dogmata, qui primos homines, si non peccassent, immortales futuros fuisse non credunt, aeternitatem animarum volunt carere corporibus.
20. Quod caro sanctorum, quae nunc requiescit in spe, in meliorem reparanda sit qualitatem, quam fuit primorum hominum ante peccatum.
21. De paradiso, in quo primi homines fuerunt, quod recte per significationem eius spiritale aliquid intellegatur, salva veritate narrationis historicae de corporali loco.
22. De corporibus sanctorum post resurrectionem, quae sic spiritalia erunt, ut non in spiritum caro vertatur.
23. Quid intellegendum sit de corpore animali et de corpore spiritali, et qui moriantur in Adam, qui vero vivificentur in Christo.
24. Qualiter accipienda sit vel illa insufflatio Dei, qua primus homo factus est in animam viventem, vel illa, quam Dominus fecit dicens discipulis suis: Accipite Spiritum Sanctum.

19. 원조들이 죄를 짓지 않았다면 불사불멸했으리라는 사실을 믿지 않고 영혼들의 영원성은 육체가 없어야 한다고 여기는 학설을 반박함
20. 성도의 육신은 지금 희망 속에 안식을 누리고 있는데, 원조들이 죄를 짓기 전에 지녔던 육신보다 나은 성품을 취할 것이다
21. 원조들의 낙원은 의미상 다른 영적인 무엇을 가리킨다고 이해할 수도 있지만 물리적 장소를 가리키는 역사적 설화의 진리를 살려야 한다
22. 부활한 성인들의 육체는 영적 육체가 되지만, 몸이 영으로 되는 것은 아니다
23. 생물적 육체와 영적 육체에 대해 어떻게 이해할 것이며, 아담 안에서 죽지만 그리스도 안에서 살아날 사람들은 어떤 사람들인가
24. 첫 인간을 생명으로 만든 하느님의 입김과, 주님이 "성령을 받아라!" 하면서 제자들에게 불어넣은 입김을 어떤 의미로 이해할 것인가

요 약 2791

BREVICULUS Libri XIV

1. Per inoboedientiam primi hominis omnes in secundae mortis perpetuitatem ruituros fuisse, nisi multos Dei gratia liberaret.
2. De vita carnali, quae non ex corporis tantum, sed etiam ex animi intellegenda sit vitiis.
3. Peccati causam ex anima, non ex carne prodisse, et corruptionem ex peccato contractam, non peccatum esse, sed poenam.
4. Quid sit secundum hominem, quid autem secundum Deum vivere.
5. Quod de corporis animaeque natura tolerabilior quidem Platonicorum quam Manichaeorum sit opinio, sed et ipsa reprobanda, quoniam vitiorum omnium causas naturae carnis ascribit.
6. De qualitate voluntatis humanae, sub cuius iudicio affectiones animi aut pravae habentur aut rectae.
7. Amorem et dilectionem indifferenter et in bono et in malo apud sacras Litteras inveniri.
8. De tribus perturbationibus, quas in animo sapientis Stoici esse voluerunt, excluso dolore sive tristitia, quam virtus animi sentire non debeat.
9. De perturbationibus animi, quarum affectus rectos habet vita iustorum.
10. An primos homines in paradiso constitutos ullis perturbationibus, priusquam delinquerint, affectos fuisse credendum sit.
11. De lapsu primi hominis, in quo bene condita natura vitiata est, nec potest nisi a suo Auctore reparari.
12. De qualitate peccati a primis hominibus admissi.
13. Quod in praevaricatione Adae opus malum voluntas praecesserit mala.
14. De superbia transgressoris, quae ipsa fuit transgressione deterior.
15. De iustitia retributionis, quam primi homines pro sua inoboedientia receperunt.
16. De libidinis malo, cuius nomen cum multis vitiis congruat, proprie tamen motibus obsceni caloris ascribitur.
17. De nuditate primorum hominum, quam post peccatum turpem pudendamque viderunt.
18. De pudore concubitus non solum vulgaris, sed etiam coniugalis.

제14권 요약문

1. 첫 사람이 불순종했기 때문에, 만약 하느님의 은총이 많은 사람을 구원하지 않았다면, 모든 사람이 파멸하여 영영 죽음에 처할 뻔했다
2. 육적 삶이란 육체의 악습에서만이 아니라 영혼의 악습에서도 유래하는 것으로 이해해야 한다
3. 죄의 원인은 육신에서가 아니라 영혼에서 기인하며, 죄로 인해 묶인 부패는 죄 자체가 아니고 죄에 대한 벌이다
4. 사람에 따라 산다 함은 무엇이며 하느님에 따라 산다 함은 무엇인가
5. 육체와 영혼의 본성에 대해 마니교도보다 플라톤 학파의 견해가 용납할 만하지만, 후자도 모든 악덕의 원인을 육신의 본성으로 돌린다는 점에서는 비판받아야 한다
6. 인간 의지의 성격, 그 판단에 따라 마음의 감정들이 사악하거나 올바르게 된다
7. 성서에서 사랑 혹은 좋아함은 선과 악에 차별없이 서술된다
8. 스토아 학자들은 현자의 마음에도 세 가지 동요가 있다고 보는데, 덕성스런 마음은 고통과 슬픔을 느끼지 않아야 한다며 이것들을 배척했다
9. 마음의 동요: 의인들의 삶은 그 올바른 감정만 간직한다
10. 원조들은 낙원에서 타락하기 전에 감정의 동요를 느끼게 만들어져 있었을까
11. 첫 인간의 타락: 선하게 창조된 본성이 그 타락으로 인해 부패했으니, 그의 창조주에 의해서가 아니면 복원되지 못한다
12. 원조들이 범한 죄의 성격
13. 아담의 범죄에 있어, 악한 의지가 악한 행위를 선행했는가
14. 위반자의 오만이 위반 자체보다 더 나쁜 것이었다
15. 원조가 자신들의 불순종으로 받은 응보의 정당함
16. 정욕이라는 말은 여러 악덕에 해당하지만 특히 부끄러운 정염의 동요에 해당하며 여기에 정욕의 악이 있다
17. 원조의 벌거벗음은 범죄 후에야 추하고 부끄러운 것으로 드러났다
18. 성교는 저속한 것만은 아니지만 부부의 행위조차 남보기에는 부끄럽다

19. Quod partes irae atque libidinis, quae in homine tam vitiose moventur, ut eas necesse sit frenis sapientiae cohiberi, in illa ante peccatum naturae sanitate non fuerint.
20. De vanissima turpitudine Cynicorum.
21. De benedictione multiplicandae fecunditatis humanae ante peccatum data, quam praevaricatio non ademerit et cui libidinis morbus accesserit.
22. De copula coniugali a Deo primitus instituta atque benedicta.
23. An etiam in paradiso generandum fuisset, si nemo peccasset, vel utrum contra aestum libidinis pugnatura illic fuisset ratio castitatis.
24. Quod insontes homines et merito oboedientiae in paradiso permanentes ita genitalibus membris usuri fuissent ad generationem prolis, sicut ceteris ad arbitrium voluntatis.
25. De vera beatitudine, quam temporalis vita non obtinet.
26. Quod felicitas in paradiso viventium sine erubescendo appetitu generandi officium credenda sit implere potuisse.
27. De peccatoribus, et angelis et hominibus, quorum perversitas non perturbat providentiam.
28. De qualitate duarum civitatum, terrenae atque caelestis.

19. 분노와 정욕이라는 부분은 인간에게서 매우 소란스레 움직이므로 지혜의 재갈을 물릴 필요가 있는데, 범죄 전의 건전한 본성에는 이런 것이 없었다

20. 견유학파의 허황하기 이를 데 없는 추태
21. 인간을 낳아 번식하라는 축복은 범죄 전에 주어졌고 범죄도 그 축복을 앗아가지 않았는데, 다만 정욕의 병폐가 덧붙여졌다
22. 부부 결합은 하느님이 제정하고 축복한 것이다
23. 아무도 죄를 짓지 않았다면 낙원에서도 자녀를 생산했을까, 아니면 낙원에서도 정욕의 격정과 순결의 명분이 충돌하게 되었을까
24. 무죄한 인간들이 순종 덕으로 낙원에 머물렀어도 자녀 생산에는 성기를 사용했겠지만, 이 지체도 다른 지체처럼 자유의지에 의해 사용했을 것이다

25. 참된 행복은 현세생활에서 얻지 못한다
26. 낙원에 살던 사람들의 행복으로 미루어볼 때, 부끄러운 정염 없이도 자녀를 생산하는 임무를 수행하게 만들 수 있었으리라고 믿을 만하다
27. 천사든 인간이든 죄지은 자들의 악행이 섭리를 훼손하지는 못한다

28. 두 도성, 곧 지상 도성과 천상 도성의 성격

BREVICULUS Libri XV

1. De duobus ordinibus generationis humanae in diversos fines ab initio procurrentis.
2. De filiis carnis et filiis promissionis.
3. De Sterilitate Sarrae, quam Dei gratia fecundavit.
4. De terrenae civitatis vel concertatione vel pace.
5. De primo terrenae civitatis auctore fratricida, cuius impietati Romanae urbis conditor germani caede responderit.
6. De languoribus, quos ex poena peccati etiam cives civitas Dei in huius vitae peregrinatione patiuntur et a quibus Deo medente sanantur.
7. De causa et pertinacia sceleris Cain, quem a facinore concepto nec Dei sermo revocavit.
8. Quae ratio fuerit, ut Cain inter principia generis humani conderet civitatem.
9. De longa vita hominum, quae fuit ante diluvium et de ampliore humanorum corporum forma.
10. De differentia, qua inter hebraeos et nostros codices videntur annorum numeri dissonare.
11. De annis Mathusalae, cuius aetas quattuordecim annis diluvium videtur excedere.
12. De opinione eorum, qui primorum temporum homines tam longaevos, quam scribitur, fuisse non credunt.
13. An in dinumeratione annorum Hebraeorum magis quam Septuaginta interpretum sit sequenda auctoritas.
14. De parilitate annorum, qui eisdem quibus nunc spatiis et in prioribus saeculis cucurrerunt.
15. An credibile sit primi saeculi viros usque ad eam aetatem, qua filios generasse referuntur, a concubitu continuisse.
16. De iure coniugiorum, quod dissimile a subsequentibus matrimoniis habuerint prima connubia.
17. De duobus ex uno genitore procreatis patribus atque principibus.
18. Quid significatum sit in Abel et Seth et Enos, quod appareat ad Christum et corpus eius, id est Ecclesiam, pertinere.

제15권 요약문

1. 인간 세대의 두 계보와 처음부터 다른 종말을 향하는 진로

2. 육의 자식과 약속의 자식
3. 하느님의 은총으로 회임한 사라의 불임
4. 지상 도성의 갈등과 평화
5. 지상 도성의 창건자는 형제살해자였으며, 로마 시의 창건자도 쌍둥이 형제를 살해하여 이에 호응했다
6. 하느님 도성의 시민이 죄벌로 인해 이승의 순례중에 겪는 허약함: 이 허약함은 하느님의 보살핌으로 치유된다
7. 카인이 죄지은 원인과 그 완고함: 그가 품은 죄악은 하느님의 말씀도 돌이키지 못했다
8. 인류의 시초에 카인이 도성을 건설한 명분은 무엇인가
9. 대홍수 전 사람들의 장수와 신체의 거구

10. 히브리어 경전과 우리 경전에 나타나는 연대 계산의 차이

11. 므두셀라의 나이는 대홍수 후에도 14년을 더 산 것으로 추산된다

12. 성서에 기록된 것처럼 초기 인간들의 장수를 믿지 않는 사람들의 견해

13. 연대 계산에서 칠십인역보다 히브리 해석가들의 권위를 따라야 하는가

14. 초세기에도 1년은 지금과 똑같은 간격으로 흘렀고 지금과 동등했다

15. 초세기 남자들이 자식을 낳았다고 성서에 기록된 그 연령까지 성교를 삼갔으리라고 믿을 수 있는가
16. 후대의 결혼과는 달랐다는 초세기 혼인의 법도

17. 한 부친에게서 태어난 두 인물이 성조이자 군주가 되었다
18. 아벨과 셋과 에노스는 그리스도의 몸인 교회와 관련하여 무슨 의미가 있는가

요 약   2797

19. De significatione, quae in Enoch translatione monstratur.
20. De eo, quod Cain successio in octo ab Adam generationes clauditur, et in posteris ab eodem patre Adam Noe decimus invenitur.
21. Qua ratione commemorato Enoch, qui fuit filius Cain, totius generationis eius usque ad diluvium sit continuata narratio; commemorato autem Enos, qui fuit filius Seth, ad conditionis humanae principium sit reditum.
22. De lapsu filiorum Dei alienigenarum mulierum amore captorum, unde et omnes exceptis octo hominibus diluvio perire meruerunt.
23. An credendum sit angelos substantiae spiritalis amore speciosarum mulierum captos earumdem inisse coniugia, ex quibus gigantes sint creati.
24. Quomodo intellegendum sit, quod de eis, qui dilvio per dendi erant, Dominus dixerit: Erunt dies eorum centum viginti anni.
25. De ira Dei, quae incommutabilem tranquillitatem nulla inflammatione perturbat.
26. Quod arca, quam Noe iussus est facere, in omnibus Christum Ecclesiamque significet.
27. De arca atque diluvio nec illis esse consentiendum, qui sola historiam recipiunt sine allegorica significatione, nec illis, qui solas figuras defendunt repudiata historica veritate.

19. 에녹의 이름이 갖는 전의轉義
20. 카인의 계보는 아담부터 8대에 끊기는데, 노아는 10대에 해당한다는 사실

21. 에녹은 카인의 아들인데 대홍수까지 그의 계보가 이어진 까닭과, 에노스는 셋의 아들인데 거기서 인류의 시원으로 소급하는 까닭

22. 하느님의 아들들이 이방인 여자들의 사랑에 사로잡혀 타락했기 때문에 여덟 사람 말고는 모두가 대홍수로 멸망할 만했다
23. 영적 실체를 지닌 천사들이 아리따운 여자들의 사랑에 사로잡혀 혼인을 했고 그들 사이에서 거인들이 생겨났다는 이야기는 믿을 만한가
24. 대홍수로 멸망할 사람들에 대해 주님이 "사람은 120년밖에 살지 못하리라"고 한 말씀을 어떻게 이해할 것인가
25. 하느님의 분노가 변하지 않는 그분의 평정을 홍분으로 흔들지는 못한다

26. 노아가 명령받고 만든 방주는 모든 면에서 그리스도와 교회를 상징한다

27. 방주와 대홍수에 대해 우의적 의미 없이 역사만 받아들이거나 역사적 진리를 배척하면서 표상만 옹호하는 사람들에게 동조해서는 안 된다

BREVICULUS Libri XVI

1. An post diluvium a Noe usque ad Abraham aliquae familiae secundum Deum viventium reperiantur.
2. Quid in filiis Noe prophetice fuerit figuratum.
3. De generationibus trium filiorum Noe.
4. De diversitate linguarum principioque Babylonis.
5. De descensione Domini ad confundendam linguam aedificantium turrem.
6. Qualis intellegenda sit esse locutio, qua Deus angelis loquitur.
7. An omne bestiarum genus etiam remotissimae a terris insulae ex eo numero acceperint, qui in arca a diluvii inundatione servatus est.
8. An ex propagatione Adam vel filiorum Noe quaedam genera hominum monstruosa prodierint.
9. An inferiorem partem terrae, quae nostrae habitationi contraria est, antipodas habere credendum sit.
10. De generatione Sem, in cuius progenie tendens ad Abraham civitatis Dei ordo dirigitur.
11. Quod ea primitus lingua in usu hominum fuerit, quae postea Hebraea ab Heber nomine nuncupata est, in cuius familia remansit, cum diversitas esset facta linguarum.
12. De articulo temporis in Abraham, a quo sanctae successionis novus ordo contexitur.
13. Quae ratio fecisse videatur, ut in transmigratione Tharae, qua Chaldaeos deserens in Mesopotamiam transiit, nulla filii eius Nachor facta sit mentio.
14. De annis Tharae, qui in Charra vitae suae tempus implevit.
15. De tempore profectionis Abrahae, qua secundum praeceptum Dei exiit de Charra.
16. De ordine et qualitate promissionum Dei, quae ad Abraham factae sunt.
17. De tribus excellentioribus gentium regnis, quorum unum, id est Assyriorum, iam Abraham genito sublimius eminebat.
18. De iterato alloquio Dei ad Abraham, quo ei et semini eius Chanaan terra promittitur.
19. De Sarrae pudicitia in Aegypto per Deum custodita, quam Abraham non

제16권 요약문

1. 대홍수 후 노아부터 아브라함까지, 하느님 따라 사는 집안들이 있는가

2. 노아의 아들들에게서 예언적으로 표상되는 바는 무엇인가
3. 노아의 세 아들의 계보
4. 언어의 다양함과 바빌론의 기원
5. 탑을 세우는 사람들 사이에 내려와 언어를 혼란하게 만든 주님의 내림
6. 하느님이 천사들에게 말씀하는 언어는 어떤 언어라고 생각해야 하는가
7. 육지에서 아주 멀리 떨어진 섬에 사는 짐승들도 방주에 들어가 대홍수의 물결에서 살아남은 부류의 숫자에 모두 포함되는가
8. 아담의 후손 혹은 노아의 후손에서 괴물 같은 인간의 종류가 유래했을까

9. 지구의 대척지對蹠地에 인간들이 있다고 믿어야 하는가

10. 셈의 후손에서 하느님 도성의 계열이 아브라함을 향해 방향을 잡는다

11. 인간들이 최초로 사용한 언어는 후일 에벨의 이름을 따서 히브리어라 명명되었으며, 언어의 종류가 다양해졌지만 이 언어는 에벨의 집안에 존속되었다

12. 아브라함 시대의 구분: 아브라함에게서 새 계열의 성스런 계보가 시작된다

13. 데라가 칼대아인들을 떠나 메소포타미아로 이주할 때 그의 아들 나홀에 대해 일체의 언급이 없었던 이유는 무엇인가
14. 하란에서 생애를 마친 데라의 연세
15. 아브라함이 하느님의 명에 따라 하란을 출발한 시기

16. 하느님이 아브라함에게 행한 언약의 순서와 성격
17. 이방인들의 출중한 세 왕국 중 아시리아 왕국은 아브라함이 태어난 무렵에 뛰어나게 융성했다
18. 하느님이 아브라함과 그 후손들에게 가나안 땅을 약속하며 거듭 건넨 말씀

19. 이집트에서 아브라함은 사라를 아내가 아니라 누이라고 말한 적이 있고, 하느님은

요 약 2801

uxorem suam esse dixerat, sed sororem.
20. De secessione Lot et Abrahae, quae illis salva caritate complacuit.
21. De tertia promissione Dei, qua terram Chanaan Abrahae et semini eius in perpetuum pollicetur.
22. De superatis ab Abraham hostibus Sodomorum, quando et Lot de captivitate eripuit, et a Melchisedech sacerdote benedictus est.
23. De verbo Domini ad Abraham, quo ei promittitur secundum multitudinem stellarum multiplicanda posteritas; quod credens iustificatus est adhuc in preputio constitutus.
24. De significatione sacrificii, quod Abraham offerre praeceptus est, cum poposcisset, ut de his quae crediderat doceretur.
25. De Agar ancilla Sarrae, quam eadem Sarra Abrahae esse voluit concubinam.
26. De testificatione Dei ad Abraham, qua eidem seni de sterili Sarra filium spondet patremque eum gentium statuit et promissi fidem sacramento circumcisionis obsignat.
27. De masculo, qui si octavo die non fuerit circumcisus, perit anima eius, quia testamentum Dei dissipavit.
28. De commutatione nominum Abrahae et Sarrae, qui cum ob unius sterilitatem, ob utriusque autem senectutem generare non possent, munus fecunditatis indepti sunt.
29. De tribus viris vel angelis, in quibus ad quercum Mambre apparuisse Abrahae Dominus indicatur.
30. De Lot a Sodomis liberato atque eisdem caelesti igne consumptis et de Abimelech, cuius concupiscentia castitati Sarrae nocere non potuit.
31. De Isaac secundum promissionem nato, cui nomen ex risu utriusque parentis est inditum.
32. De oboedientia et fide Abrahae, qua per oblationem immolandi probatus est filii, et de morte Sarrae.
33. De Rebecca nepte Nachor, quam Isaac accepit uxorem.
34. Quid intellegendum sit in eo, quod Abraham post mortem Sarrae Cetturam accepit uxorem.
35. De geminis adhuc in utero Rebeccae matris inclusis quid indicaverit divina responsio.
36. De oraculo et benedictione, quam Isaac non aliter quam pater ipsius, merito

사라의 정조를 지켜주었다
20. 롯과 아브라함은 핏줄의 의리를 지키기 위해 서로 헤어지기로 합의했다
21. 가나안 땅을 아브라함과 후손들에게 영원히 주겠다는 하느님의 세 번째 약속

22. 아브라함이 소돔인 적병을 물리쳐 롯을 구하고 멜기세덱에게 축복을 받다

23. 하느님이 별의 숫자만큼 후손이 많아지리라고 언약한 말씀을 믿어 아브라함은 할례를 받지 않고도 의화되었다

24. 아브라함이 믿음으로 받아들인 바에 대해 가르침을 청했을 때 하느님이 명한 희생제사와 그 상징적 의미
25. 여종 하갈을 아브라함의 소실로 들여보내려 한 것은 사라 본인이었다
26. 하느님이 내린 맹세로 늙은 아브라함이 임신 못하는 사라에게서 아들을 얻고, 많은 민족의 어버이로 세워졌으며, 믿음을 할례의 성사로 날인한다
27. 사내아이는 태어난 지 여드레 만에 할례를 받지 않으면 목숨을 잃었는데, 이는 하느님의 계약을 깨뜨리기 때문이다
28. 아브라함과 사라의 이름을 바꾸는데, 둘다 늙어서 자손 보는 도리를 다하기에는 부적격한 몸이었다

29. 마므레 상수리나무 곁에 나타난 세 사람 혹은 세 천사에게서 주님이 아브라함에게 나타난 것으로 보인다
30. 롯이 소돔인들의 손에서 구출되고 소돔인들은 하늘에서 내린 불비로 멸망했으며, 아비멜렉의 음욕이 사라의 정조를 해치지 못했다
31. 언약에 따라 태어난 이사악의 이름은 양친의 웃음에서 비롯되었다

32. 아들을 희생하는 시험을 이겨낸 아브라함의 순종과 믿음, 그리고 사라의 죽음

33. 이사악이 나홀의 손녀 리브가를 아내로 맞다
34. 사라가 죽은 후 아브라함이 크투라를 아내로 맞이한 일을 어떻게 이해할까

35. 어머니 리브가의 품속 쌍둥이에게 내린 신탁

36. 이사악이 받은 신탁과 축복: 이 축복은 이사악이 부친 못지않게 또 부친의

eiusdem dilectus, accepit.
37. De his, quae in Esau et Iacob mystice praefigurabantur.
38. De misso Iacob in Mesopotamiam ad accipiendam uxorem et de visione, quam in itinere somniavit, et de quattuor ipsius feminis, cum unam petiisset uxorem.
39. Quae ratio fecerit ut Iacob etiam Israel cognominaretur.
40. Quomodo Iacob cum septuaginta quinque animabus Aegyptum narretur ingressus, cum plerique ex his, qui commemorantur, tempore posteriore sint geniti.
41. De benedictione, quam Iacob in Iudam filium suum promisit.
42. De filiis Ioseph, quos Iacob prophetica manuum suarum transmutatione benedixit.
43. De temporibus Moysi et Iesu Nave ac Iudicum atque inde regum, quorum quidem Saul primus est, sed David praecipuus et sacramento habetur et merito.

공덕으로 사랑받아 얻은 것이었다
37. 에사오와 야곱에게서 신비적으로 예표되는 사실
38. 야곱은 아내를 구하러 메소포타미아로 보내졌고, 여로에서 꿈에 현시를 보았으며, 한 여자에게 장가들겠다고 청했다가 네 여자를 얻기에 이르렀다
39. 야곱이 이스라엘이라는 이름을 받게 된 연유는 무엇인가
40. 야곱이 일흔다섯 생명을 거느리고 이집트로 들어갔다는데, 거기 거명된 사람 중 여럿이 후대에 태어났으니, 이 일이 어떻게 가능한가

41. 야곱이 아들 유다에게 언약한 축복
42. 야곱이 요셉의 아들들에게 예언자답게 손을 얹어 축복했다

43. 모세 시대, 여호수아 시대, 판관 시대 그리고 열왕 시대: 사울이 첫 임금이지만 상징으로나 공덕으로나 다윗이 가장 훌륭한 임금이었다

BREVICULUS Libri XVII

1. De temporibus Prophetarum.
2. Quo tempore sit impleta promissio Dei de terra Chanaan, quam in possessionem etiam Israel carnalis accepit.
3. De tripertitis significationibus Prophetarum, quae nunc ad terrenam, nunc ad caelestem Ierusalem, nunc autem ad utramque referuntur.
4. De praefigurata commutatione Israelitici regni et sacerdotii et de his, quae Anna, mater Samuelis, personam gerens Ecclesiae prophetavit.
5. De his, quae ad Heli sacerdotem homo Dei prophetico locutus est spiritu, significans sacerdotium, quod secundum Aaron institutum fuerat, auferendum.
6. De Iudaico sacerdotio et regno, quae cum in aeternum dicantur statuta, non permanent, ut alia intellegantur, quorum spondetur aeternitas.
7. De disruptione regni Israelitici, qua praefiguratur perpetua divisio Israelis spiritalis ab Israele carnali.
8. De promissionibus ad David in filio eius, quae nullatenus in Salomone, sed plenissime inveniuntur in Christo.
9. Quam similis in Psalmo octogesimo octavo sit prophetia de Christo his, quae in Regnorum Libris Nathan prophetante promittuntur.
10. Quam diversa acta sint in regno terrenae Ierusalem ab his, quae promiserat Deus, ut intellegeretur promissionis veritas ad alterius regis et regni gloriam pertinere.
11. De substantia populi Dei, quae per susceptionem carnis in Christo est, qui solus eruendi ab inferis animam suam habuit potestatem.
12. Ad quorum personam pertinere intellegenda sit flagitatio promissorum, de quibus in Psalmo dicitur: Ubi sunt miserationes tuae. Domine, antiquae, et cetera.
13. An promissae pacis veritas illis temporibus possit ascribi, quae sub Salomone fluxerunt.
14. De studio David in dispositione mysterioque Psalmorum.
15. An omnia, quae in Psalmis de Christo et Ecclesia prophetantur, ad contextum huius operis adhibenda sint.
16. De his, quae in quadragesimo quarto Psalmo ad Christum et Ecclesiam pertinentia aut aperte dicuntur aut tropice.

제17권 요약문

1. 예언자 시대
2. 육적 이스라엘이 소유로 받은 가나안 땅에 대한 약속은 어느 시대에 이루어지기로 되어 있었는가
3. 예루살렘에 관한 예언의 삼중 의미: 때로는 지상 예루살렘을, 때로는 천상 예루살렘을, 때로는 양편을 다 가리킨다
4. 이스라엘 왕국과 제관직의 변화, 그리고 그 상징적 의미: 사무엘의 모친 한나가 교회의 위상을 표상하면서 예언한 내용
5. 하느님의 사람이 예언자의 영을 받아, 아론의 반열에 따라 제정된 사제직이 폐지되리라고 엘리 제관에게 발언한 내용
6. 유다의 사제직과 왕국이 영원할 것으로 예견되었는데도 지금은 존속하지 않으므로 영원함은 다른 뜻으로 이해해야 한다
7. 이스라엘 왕국의 분열은 영적 이스라엘과 육적 이스라엘의 영구한 분리를 예표한다
8. 다윗의 아들에 대해 다윗에게 내린 언약은 비록 솔로몬에 대한 것이지만 그리스도에게서 충만한 실현을 본다
9. 시편 88편에 나오는 그리스도에 대한 언약은 열왕기에서 예언자 나단의 입으로 약속한 바와 얼마나 흡사한가
10. 지상 예루살렘의 왕국에서 일어난 사건들은 하느님이 언약한 바와 얼마나 다른가, 그러므로 언약의 실상은 다른 임금과 왕국의 영광에 해당한다
11. 하느님 백성의 실체는 그리스도가 육신을 취하는 데 있으며, 오직 그리스도만이 지옥에서 자기 영혼을 빼낼 권능이 있었다
12. 언약된 바를 독촉하는 권리가 누구에게 있으며, 시편에서 "주님, 지난날의 당신 자비가 어디에 있사옵니까?"라고 한 말을 어떻게 이해할 것인가
13. 솔로몬 치하의 하느님의 평화 언약이 지난 세월에 그대로 적용될까
14. 시편의 비의秘義와 시편 편집에 있어 다윗이 행한 노력
15. 그리스도와 교회에 대한 시편의 예언 모두를 본서의 맥락에 인용해도 되는가
16. 시편 44편의 그리스도와 교회에 대한 내용은 직설적인가 전의적인가

17. De his, quae ad sacerdotium Christi in Psalmo centesimo nono, et de his, quae in Psalmo vicesimo primo ad passionem ipsius spectant.
18. De Psalmo tertio, et de quadragesimo et de quinto decimo et de sexagesimo septimo, in quibus mors et resurrectio Domini prophetatur.
19. De Psalmo sexagesimo octavo, in quo Iudaeorum infidelitas et pertinacia declaratur.
20. De regno ac merito David et de filio ipsius Salomone eaque prophetia, quae ad Christum pertinens invenitur vel in eis libris, qui scriptis ipsius copulantur, vel in eis, quos ipsius esse non dubium est.
21. De regibus post Salomonem sive in Iuda sive in Israel.
22. De Hieroboam, qui impietate idolatriae subditum sibi populum profanavit, in quo tamen non destitit Deus et Prophetas inspirare et multos ab idolatriae crimine custodire.
23. De vario utriusque regni Hebraeorum statu, donec ambo populi in captivitatem diverso tempore ducerentur, revocato postea Iuda in regnum suum, quod novissime in Romanorum transiit potestatem.
24. De Prophetis, qui vel apud Iudaeos postremi fuerunt, vel quos circa tempus nativitatis Christi evangelica prodit historia.

17. 시편 109편에서 그리스도의 사제직에 대해 말하는 바와, 시편 21편에서 그분의 수난에 해당하는 내용
18. 그리스도의 죽음과 부활이 예언된 시편 3편, 40편, 15편, 67편
19. 유다인들의 불신앙과 완고함을 단언하는 시편 68편
20. 다윗의 왕권과 공적, 그리고 그의 아들 솔로몬의 저술로 전해지는 서책들과 확실히 그의 저서인 서책들에서 그리스도께 해당하는 것으로 보이는 예언
21. 솔로몬 이후 유다 왕국과 이스라엘 왕국에 등장한 왕들
22. 여로보암이 불경스런 우상숭배로 속민을 타락시킨 지경에서도 하느님은 끊임없이 예언자들에게 영감을 주고 많은 사람들을 우상숭배에서 지켜주었다
23. 히브리인들의 두 왕국과, 시대는 다르지만 둘다 포로로 붙잡혀 가기까지의 다양한 처지: 후대에 유다는 왕권을 회복했지만 끝내는 로마인들의 세력에 넘어가고 말았다
24. 유다인들에게 마지막으로 등장한 예언자들과, 복음사福音史가 예수의 탄생 시기에 즈음하여 소개하는 예언자들

요 약　2809

BREVICULUS Libri XVIII

1. De his, quae usque ad tempora Salvatoris decem et septem voluminibus disputata sunt.
2. De terrenae civitatis regibus atque temporibus, quibus ab exortu Abrahae sanctorum tempora supputata conveniunt.
3. Quibus regnantibus apud Assyrios atque Sicyonios Abrahae centenario Isaac de promissione sit natus, vel ipsi Isaac sexagenario Esau et Iacob gemini de Rebecca sint editi.
4. De temporibus Iacob et filii eius Ioseph.
5. De Api rege Argivorum, quem Aegyptii Serapim nominatum divino honore coluerunt.
6. Quo regnante apud Argivos, quove apud Assyrios, Iacob in Aegypto sit mortuus.
7. Quorum regum tempore Ioseph in Aegypto defunctus sit.
8. Quorum regum aetate Moyses natus sit, et quorum deorum eisdem temporibus sit orta religio.
9. Quando Atheniensium sit civitas condita, et quam causam nominis eius Varro perhibeat.
10. Quid Varro tradat de nuncupatione Areopagi et de diluvio Deucalionis.
11. Quo tempore Moyses populum Dei ex Aegypto eduxerit, et Iesus Nave, qui eidem successit, quorum regum aetate sit mortuus.
12. De sacris falsorum deorum, quae reges Graeciae illis temporibus instituerunt, quae ab exitu Israel ex Aegypto usque ad Iesu Nave obitum dinumerantur.
13. Qualium fabularum figmenta exorta sint eo tempore, quo Hebraeis Iudices praeesse coeperunt.
14. De theologis poetis.
15. De occasu regni Argivorum, quo tempore apud Laurentes Picus Saturni filius regnum patris primus accepit.
16. De Diomede post excidium Troiae in deos relato, cuius socii crediti sunt in volucres esse conversi.
17. De incredibilibus commutationibus hominum quid Varro tradiderit.
18. Quid credendum sit de transformationibus, quae arte daemonum hominibus videntur accidere.

제18권 요약문

1. 구세주의 시대에 이르기까지 본서의 열일곱 권에서 다룬 내용

2. 지상 도성의 임금들과 그 시대들은 아브라함의 출현으로부터 시작하여 성조들의 시대와 맞아떨어진다

3. 언약대로 100세가 된 아브라함에게 이사악이 태어났을 즈음, 혹은 이사악이 예순이 되었을 때 리브가의 몸에서 에사오와 야곱이 쌍둥이로 태어났을 즈음, 아시리아인과 시키온인들에게는 누가 군림했던가

4. 야곱과 그의 아들 요셉의 시대

5. 이집트인들은 아르고스인들의 왕 아피스를 세라피스 신으로 숭배했다

6. 야곱이 이집트에서 죽을 즈음 아르고스인과 아시리아인은 누가 통치했는가

7. 어느 왕들의 시대에 요셉이 이집트에서 죽었는가

8. 어느 왕들의 시대에 모세가 태어났으며, 그때는 어떤 종교가 발생했는가

9. 아테네가 창건된 것은 언제이며, 바로는 그 연원을 어떻게 풀이하는가

10. 아레오파구스나 데우칼리온의 홍수에 대해 바로는 무엇을 전하는가

11. 모세가 하느님의 백성을 이집트에서 이끌어낸 것은 어느 시기이며, 모세를 계승한 여호수아가 죽은 것은 어느 왕들의 시대인가

12. 그리스 임금들이 당대에 제정한 거짓 신들의 제의: 이 시기는 이스라엘이 이집트에서 탈출한 때부터 여호수아의 사망까지로 계산된다

13. 히브리인들을 판관들이 통치하기 시작할 시기에 어떤 신화들이 생겨났는가

14. 신화적 시인들

15. 아르고스인들의 왕국이 망할 무렵 라우렌툼인들에게는 사투르누스의 아들 피쿠스가 태조로서 조국의 왕권을 장악했다

16. 트로야의 멸망 후 디오메데스는 신들의 반열로 올라가고 그의 동료들은 날짐승으로 변신한 것으로 믿어졌다

17. 인간들의 믿기지 않는 변신에 대해 바로는 무슨 얘기를 전하는가

18. 정령들의 술수로 인간들에게 일어나는 듯한 변신을 어떻게 믿어야 옳은가

요 약   2811

19. Quod eo tempore Aeneas in Italiam venerit, quo Labdon Iudex praesidebat Hebraeis.
20. De successione ordinis regii apud Israelitas post Iudicum tempora.
21. De regibus Latii, quorum primus Aeneas et duodecimus Aventinus dii facti sunt.
22. Quod eo tempore Roma sit condita, quo regnum Assyriorum intercidit et quo Ezechias regnabat in Iuda.
23. De Sibylla Erythraea, quae inter alias Sibyllas cognoscitur de Christo evidentia multa cecinisse.
24. Quod regnante Romulo septem Sapientes claruerint, quo tempore decem tribus, quae Israel dicebantur, in captivitatem a Chaldaeis ductae sunt, idemque Romulus mortuus divino honore donatus est.
25. Qui philosophi enituerint regnante apud Romanos Tarquinio Prisco, apud Hebraeos Sedechia, cum Ierusalem capta est templumque subversum.
26. Quod eo tempore, quo impletis septuaginta annis Iudaeorum est resoluta captivitas, Romani quoque a dominatu sint regio liberati.
27. De temporibus Prophetarum, quorum oracula habentur in libris quique tunc de vocatione gentium multa cecinerunt, quando Romanorum regnum coepit Assyriorumque defecit.
28. De his, quae ad Evangelium Christi pertinent, quid Osee et Amos prophetaverint.
29. Quae ab Isaia de Christo et Ecclesia sint praedicta.
30. Quae Michaeas, et Ionas et Ioel Novo Testamento congruentia prophetaverint.
31. Quae in Abdia et Naum et Ambacu de salute mundi in Christo praenuntiata reperiantur.
32. De prophetia quae in oratione Ambacu et Cantico continetur.
33. De Christo et vocatione Gentium quae Ieremias et Sophonias prophetico Spiritu sint praefati.
34. De prophetia Danielis et Ezechielis, quae in Christum Ecclesiamque concordat.
35. De trium prophetarum vaticinio, id est Aggaei, Zachariae et Malachiae.
36. De Esdra et libris Machabaeorum.
37. Quod prophetica auctoritas omni origine gentilis philosophiae inveniatur antiquior.
38. Quod quaedam sanctorum scripta ecclesiasticus canon propter nimiam non receperit vetustatem, ne per occasionem eorum falsa veris insererentur.

19. 압돈이 히브리인들을 다스릴 무렵, 아이네아스가 이탈리아에 당도했다

20. 판관 시대 후 이스라엘인들의 왕권 계승
21. 라티움의 국왕들 중 태조 아이네아스와 12대 아벤티누스는 신이 되었다
22. 아시리아가 멸망하고 히즈키야가 유다에서 군림할 무렵 로마가 창건되었다

23. 에리트라이의 시빌라: 다른 시빌라들 가운데 특히 그 여자는 그리스도에 대해 알고 있었고 그리스도에 대해 여러 가지 사건을 노래했다
24. 로물루스가 군림할 때 일곱 현인이 명성을 떨쳤는데, 그 무렵 이스라엘 열 지파가 칼대아인들에게 포로로 잡혀갔고, 로물루스도 죽어 신적 영예를 받았다
25. 로마인들에게 타르퀴니우스 프리스쿠스가 군림하고 히브리인들에게 시드키야가 통치하다가 예루살렘이 함락되고 성전이 파괴될 때는 어떤 철학자들이 출중했던가
26. 70년이 차서 유다인들의 유배가 풀렸을 즈음, 같은 시기에 로마인들도 왕정에서 해방되었다
27. 예언자들의 신탁이 책에 수록되고 이방인들의 부름에 관해서도 많은 이야기가 나올 무렵, 로마 왕권이 시작되고 아시리아 왕권은 종식되었다

28. 그리스도의 복음 내용에 대해 호세아와 아모스는 무엇을 예언했는가
29. 이사야는 그리스도와 교회에 대해 무엇을 예언했는가
30. 미가와 요나와 요엘이 신약과 부합하여 무엇을 예언했는가
31. 오바디야, 나훔, 하바꾹이 그리스도의 세상 구원에 대해 무엇을 예언했는가

32. 하바꾹의 기도와 노래에 담긴 예언
33. 예레미야와 스바니야가 예언의 영으로 예고한, 그리스도와 이방인들의 소명

34. 그리스도와 교회에 딱 들어맞는 다니엘과 에제키엘의 예언
35. 하깨, 즈가리야, 말라기 세 예언자의 신탁
36. 에즈라서와 마카베오서
37. 예언 문학은 이교도 철학의 기원보다 오래된 것으로 확인된다

38. 성도의 어떤 저작은 너무 오래되어 교회의 정전목록에 받아들여지지 않았으니, 우발적으로라도 그들의 위서가 진서에 삽입되지 않기 위해서였다

39. De hebraicis litteris, quae numquam in suae linguae proprietate non fuerint.
40. De Aegyptiorum mendacissima vanitate, quae antiquitati scientiae suae centum milia ascribit annorum.
41. De philosophicarum opinionum dissensionibus, et canonicarum apud Ecclesiam concordia Scripturarum.
42. Qua dispensatione providentiae Dei Scripturae sacrae veteris Testamenti ex hebraeo in graecum eloquium translatae sint, ut Gentibus innotescerent.
43. De auctoritate Septuaginta interpretum, quae, salvo honore hebraei stili, omnibus sit interpretibus praeferenda.
44. Quid intellegendum sit de Ninevitarum excidio, cuius denuntiatio in hebraeo quadraginta dierum spatio tenditur, in Septuaginta autem tridui brevitater concluditur.
45. Quod post instaurationem templi prophetas Iudaei habere destiterint et exinde usque ad nativitatem Christi continuis adversitatibus sint afflicti, ut probaretur alterius templi aedificationem propheticis vocibus fuisse promissam.
46. De ortu Salvatoris nostri, secundum quod Verbum caro factum est, et de dispersione Iudaeorum per omnes gentes, sicut fuerat prophetatum.
47. An ante tempora christiana aliqui fuerint extra Israeliticum genus, qui ad caelestis civitatis consortium pertinerent.
48. Prophetiam Aggaei, qua dixit maiorem futuram gloriam domus Dei, quam primum fuisset, non in reaedificatione templi, sed in Ecclesia Christi esse completam.
49. De indiscreta multiplicatione Ecclesiae, qua in hoc saeculo multi reprobi miscentur electis.
50. De praedicatione Evangelii, quae per passiones praedicantium clarior et potentior facta est.
51. Quod etiam per haereticorum dissensiones fides catholica roboretur.
52. An credendum sit, quod quidam putant, impletis decem persecutionibus, quae fuerunt, nullam iam superesse praeter undecimam, quae in ipso Antichristi tempore sit futura.
53. De tempore novissimae persecutionis nulli hominum revelato.
54. De stultissimo mendacio paganorum, quo christianam religionem non ultra trecentos sexaginta quinque annos mansuram esse finxerunt.

39. 히브리 문학은 항상 자기 언어로 기록을 남겼다
40. 이집트인들의 허영: 그들은 자기네 학문의 연대를 10만 년으로 계산한다

41. 철학자들의 의견 상충, 교회의 정전에 들어있는 성서들의 의견 합치

42. 구약성서가 이방인도 알도록 하느님 섭리로 히브리어에서 그리스어로 번역된 내력

43. 70인 번역자들의 권위: 히브리어본의 양식도 존중해야 하지만 이 번역본은 다른 모든 번역본보다 우선시해야 한다
44. 니느웨 사람들의 멸망에 대해 어떻게 이해할 것인가: 그 시한이 히브리어본에는 40일로 늘어 있는 데 비해 칠십인역본에는 사흘로 줄어 있다

45. 성전 재건 이후 유다인들에게 예언자 존재가 중단되었고 그래서 그리스도의 탄생에 이르기까지 끊임없는 역경에 시달리는데, 이것은 예언자들의 소리를 통해 다른 성전이 건축되리라고 언약된 것이 아닌가 추측하게 한다
46. 말씀이 사람이 됨으로써 우리 구세주의 출현이 이루어지고, 예언된 대로 유다인들이 모든 민족 사이에 퍼졌다
47. 그리스도교 시대 전에도 이스라엘 민족 밖에서 천상 도성의 운명을 함께하는 사람들이 과연 있었을까
48. 하느님의 집에 전에 있던 영광보다 장차 올 영광이 더 크리라고 말한 하깨의 예언은 성전의 재건에서가 아니라 그리스도의 교회에서 이루어졌다

49. 교회의 분별없는 성장으로 말미암아 금세기에는 배척당한 사람들이 다수의 선택된 사람들과 뒤섞여 있다
50. 복음의 설교는 설교자들의 수난을 통해 더 유명해지고 더 강해졌다

51. 이단자들의 의견분열을 통해 가톨릭 신앙이 오히려 강화되기도 한다
52. 혹자의 생각대로, 과거의 열 차례 박해가 끝나고 반그리스도 시대에 도래할 열한 번째 외에는 다른 박해가 남아있지 않다는 말을 믿어야 하는가

53. 최후 박해의 시기는 어떤 인간에게도 계시된 바 없다
54. 그리스도교는 365년 이상 존속하지 못하리라고 꾸며댄 외교인들의 어리석기 짝이 없는 거짓말

BREVICULUS XIX

1. Quod in quaestione, quam de finibus bonorum et malorum philosophica disputatio ventilavit, ducentas octoginta et octo sectas esse posse Varro perspexerit.
2. Quo modo remotis omnibus differentiis, quae non sectae, sed quaestiones sint, ad tripertitam summi boni definitionem Varro perveniat, quarum tamen una sit eligenda.
3. De tribus sectis summum hominis bonum quaerentibus quam eligendam Varro definiat sequens veteris Academiae Antiocho auctore sententiam.
4. De summo bono et summo malo quid Christiani sentiant contra philosophos, qui summum bonum in se sibi esse dixerunt.
5. De sociali vita, quae, cum maxime expetenda sit, multis offensionibus saepe subvertitur.
6. De errore humanorum iudiciorum, cum veritas latet.
7. De diversitate linguarum, qua societas hominum dirimitur, et de miseria bellorum, etiam quae iusta dicuntur.
8. Quod amicitia bonorum secura esse non possit, dum a periculis, quae in hac vita sunt, trepidari necesse sit.
9. De amicitia sanctorum angelorum, quae homini in hoc mundo non potest esse manifesta propter fallaciam daemonum, in quos inciderunt, qui multos sibi deos colendos putarunt.
10. Quis fructus sanctis de superata huius vitae tentatione pariatur.
11. De beatitudine pacis aeternae, in qua sanctis finis est, id est vera perfectio.
12. Quod etiam bellantium saevitia omnesque hominum inquietudines ad pacis finem cupiant pervenire, sine cuius appetitu nulla natura sit.
13. De pace universali, quae inter quaslibet perturbationes privari non potest lege naturae, dum sub iusto iudice ad id quisque pervenit ordinatione, quod meruit voluntate.
14. De ordine ac lege sive terrena sive caelesti, per quam societati humanae etiam dominando consulitur, cui et consulendo servitur.
15. De libertate naturali et de servitute, cuius prima causa peccatum est, quia homo malae voluntatis, etiamsi non est mancipium alterius hominis, servus est propriae libidinis.

제19권 요약문

1. 선과 악의 목적에 관한 문제에서 철학 토론이 얼마나 우왕좌왕하는가: 바로가 관찰한 바에 의하면 무려 288개 학파까지 나온다

2. 바로는 학파가 아닌 의견만일 때는 모든 차이를 제거했고, 그리하여 최고선의 정의를 셋으로 나누었으며, 그가운데 하나만 선택해야 한다고 말했다

3. 최고선을 논하는 세 학파는 최고선을 선택하기보다 따지기에 몰두했는데, 바로는 안티오쿠스를 내세워 구아카데미아 학파의 사상을 따르면서 어느 학파를 따를 것인지 결정했다

4. 최고선과 최고악: 최고선은 그 자체로 존재한다고 말한 철학자들과 달리 그리스도인들은 어떻게 생각하는가

5. 사회생활은 극히 바람직하면서도 수많은 장애로 무너지는 일이 흔하다

6. 진리가 감추어져 있을 때 인간적 판단의 오류

7. 인간사회를 파괴하는 언어의 차이와 의로운 전쟁이라도 비참하기는 마찬가지인 전쟁의 비참함

8. 선인들의 우정도 확고할 수 없으니, 현세생활의 위험으로 인해 동요하게 마련이다

9. 이 세계에서는 악령들의 기만 때문에 인간에게 거룩한 천사들의 우정이 출현할 수 없으니, 다수의 신들을 숭배해야 한다고 생각한 사람들은 다름아닌 그 악령들의 손에 떨어진다

10. 이승살이의 유혹을 이긴 데 대해 성도에게 무슨 결실이 마련되는가

11. 성도에게는 영원한 평화의 지복에 선의 목적, 곧 참된 완성이 있다

12. 전쟁하는 사람들의 포악함마저, 인간들의 온갖 사악함마저 평화라는 목표에 도달하기를 꿈꾸며, 평화를 욕구하지 않는 자연본성은 하나도 없다

13. 보편적 평화는 자연법칙상 분쟁 속에서 말살될 수 없으니, 정의로운 심판자의 주관하에 각자가 질서있게 의지로 추구하는 바는 달성되게 마련이다

14. 인간사회는 지상적·천상적 질서와 법률에 의거하여 통치가 이루어지며, 이에 입각해야 인간사회가 통치자의 봉사를 제대로 받는다

15. 천부적 자유와 예속: 예속의 첫째 원인은 죄이며, 악한 의지를 가진 인간은 다른 사람 소유의 노예가 아니더라도 자기 정욕의 노예가 된다

16. De aequo iure dominandi.
17. Unde caelestis societas cum terrena civitate pacem habeat et unde discordiam.
18. Quam diversa sit Academiae novae ambiguitas a constantia fidei Christianae.
19. De habitu et moribus populi Christiani.
20. Quod cives sanctorum in huius vitae tempore spe beati sint.
21. An secundum definitiones Scipionis, quae in dialogo Ciceronis sunt, umquam fuerit Romana res publica.
22. An verus sit Deus, cui Christiani serviunt, cui soli debeat sacrificari.
23. Quae Porphyrius dicat oraculis deorum responsa esse de Christo.
24. Qua definitione constet populi et rei publicae nuncupationem recte sibi non solum Romanos, sed etiam regna alia vindicare.
25. Quod non possint ibi verae esse virtutes, ubi non est vera religio.
26. De pace populi alienati a Deo, qua utitur ad pietatem populus Dei, dum in hoc peregrinus est mundo.
27. De pace servientium Deo, cuius perfecta tranquillitas in hac temporali vita non potest apprehendi.
28. In quem finem venturus sit exitus impiorum.

16. 정당한 지배권
17. 천상 사회와 지상 도성 사이의 평화와 불화
18. 신아카데미아 학파의 회의론은 그리스도교 신앙의 일관성과 얼마나 다른가
19. 그리스도교 백성의 관습과 행동
20. 성도聖徒인 시민들은 이승살이에서도 희망을 품어 행복하다
21. 키케로의 대화편에 나오는 스키피오의 정의대로, 로마 공화국은 한 번도 존재한 적이 없는가
22. 그리스도인들이 섬기는 하느님은 참 하느님이며 제사는 그분께만 올려야 하는가
23. 포르피리우스는 신탁에 그리스도에 관해 무슨 대답이 있었다고 말하는가
24. 로마인뿐 아니라 다른 왕국도 국민과 공화국이라는 명칭을 정당하게 사용할 수 있다면, 어떤 정의에 입각해서 그런가
25. 참다운 종교가 없는 곳에 참다운 덕성이 있을 수 없다
26. 하느님께로부터 멀어진 백성의 평화: 하느님의 백성은 이 세상에서 나그넷길을 가는 동안 그 평화를 이용하여 신심에 이른다
27. 하느님을 섬기는 사람들의 평화: 이 현세생활에서는 그 평화의 완전무결한 평온을 달성할 수 없다
28. 불경스런 인간들의 결과는 어떤 종말을 맞을 것인가

요 약 2819

BREVICULUS Libri XX

1. Quod, quamvis omni tempore Deus iudicet, in hoc tamen libro de novissimo eius iudicio sit proprie disputandum.
2. De varietate rerum humanarum, cui non potest dici deesse iudicium Dei, quamvis nequeat vestigari.
3. Quid in libro Ecclesiaste Salomon de his, quae in hac vita et bonis et malis sunt communia, disputarit.
4. Quod ad disserendum de novissimo iudicio Dei Novi primum Testamenti ac deinde Veteris testimonia prolaturus sit.
5. Quibus sententiis Domini Salvatoris divinum iudicium futurum in fine saeculi declaretur.
6. Quae sit prima resurrectio, quae secunda.
7. De duabus resurrectionibus et de mille annis quid in Apocalypsi Ioannis scriptum sit et quid de eis rationabiliter sentiatur.
8. De alligatione et solutione diaboli.
9. Quod sit regnum sanctorum cum Christo per mille annos, et in quo discernatur a regno aeterno.
10. Quid respondendum sit eis, qui putant resurrectionem ad sola corpora, non etiam ad animas pertinere.
11. De Gog et Magog, quos ad persequendam Ecclesiam Dei solutus prope finem saeculi diabolus incitabit.
12. An ad ultimum supplicium pertineat impiorum, quod descendisse ignis de caelo et eosdem comedisse memoratur.
13. An tempus persecutionis Antichristi mille annis annumerandum sit.
14. De damnatione diaboli cum suis et per recapitulationem de resurrectione corporea omnium mortuorum et de iudicio ultimae retributionis.
15. Qui sint mortui, quos ad iudicium exhibuit mare, vel quos mors et inferi reddiderunt.
16. De caelo novo et terra nova.
17. De Ecclesiae glorificatione sine fine post finem.
18. Quid apostolus Petrus de novissimo Dei iudicio praedicarit.
19. Quid Apostolus Thessalonicensibus scripserit de manifestatione Antichristi,

제20권 요약문

1. 하느님은 어느 시대에나 심판을 하지만 본서에서는 고유하게 그분의 최후심판을 논할 것이다
2. 인간사의 변화무상함을 비록 추적할 수는 없지만 그 속에 하느님의 심판이 없다고는 할 수 없다
3. 전도서에서 솔로몬은 현세에 선인과 악인에게 공통되는 인간사에 대해 뭐라고 따졌는가
4. 하느님의 최후심판에 대해 논함에 있어 먼저 신약의 증언을, 다음에는 구약의 증언을 제시하겠다
5. 구세주 말씀에는 세상 종말의 최후심판이 어떻게 선언되어 있는가
6. 첫째 부활은 무엇이며 둘째 부활은 무엇인가
7. 두 차례의 부활과 천년왕국에 대해 요한의 묵시록에는 무엇이라고 적혀 있으며, 이에 대해 어떻게 생각하는 것이 이치에 맞는가
8. 마귀의 결박과 석방
9. 그리스도를 모시고 천 년 동안 이룰 성도의 왕국은 어떤 것이며, 영원한 왕국과는 어떤 점에서 구분되는가
10. 부활은 영혼 말고 육체에만 해당한다는 사람들에게 뭐라고 대답할 것인가
11. 세말에 하느님의 교회를 박해하라고 마귀가 충동하리라는 곡과 마곡
12. 하늘에서 불이 내려 악인들을 살라 버린다는데, 그것이 최후 징벌일까
13. 반그리스도의 박해시기로 천 년을 계산해야 하는가
14. 마귀와 그 졸도들의 단죄; 만유 갱신을 통한 모든 죽은 이의 육신 부활; 최종 상선벌악의 심판
15. 심판을 받도록 바다가 토해낸다는 죽은 이들은 누구이며, 죽음과 지옥이 되돌려준다는 죽은 이들은 누구인가
16. 새 하늘과 새 땅
17. 종말 후 교회의 끝없는 영광
18. 사도 베드로는 하느님의 최후심판에 대해 뭐라고 예고했는가
19. 사도가 반그리스도의 출현에 관해 데살로니카인들에게 뭐라고 썼는가:

cuius tempus dies Domini subsequetur.
20. Quid idem Apostolus in prima ad eosdem epistola de resurrectione docuerit mortuorum.
21. Quid Isaias propheta de mortuorum resurrectione et de retributione iudicii sit locutus.
22. Qualis futura sit egressio sanctorum ad videndas poenas malorum.
23. Quid prophetaverit Daniel de persecutione Antichristi et de iudicio Dei regnoque sanctorum.
24. In psalmis Davidicis, quae de fine saeculi huius et novissimo Dei iudicio prophetentur.
25. De prophetia Malachielis, qua Dei iudicium ultimum declaratur et quorumdam dicitur per purificatorias poenas facienda mundatio.
26. De sacrificiis, quae sancti offerent Deo sic placitura, quomodo in diebus pristinis et annis prioribus placuerunt.
27. De separatione bonorum et malorum, per quam novissimi iudicii discretio declaratur.
28. De lege Moysi spiritaliter intellegenda, ne in damnabilia murmura carnalis sensus incurrat.
29. De adventu Eliae ante iudicium, cuius praedicatione Scripturarum secreta reserante Iudaei convertentur ad Christum.
30. Quod in libris Veteris Testamenti, cum Deus legitur iudicaturus, non evidenter Christi persona monstretur, sed ex quibusdam testimoniis, ubi Dominus Deus loquitur, appareat non dubie, quod ipse sit Christus.

반그리스도의 시대에 뒤이어 그리스도의 날이 온다
20. 같은 사도가 데살로니카 전서에서 죽은 이 부활에 대해 뭐라고 가르쳤는가

21. 이사야 예언자는 죽은 이 부활과 심판의 상선벌악에 대해 무슨 말을 했는가

22. 악인들의 죄벌을 보려고 성도들이 나오는 정경은 어떠할 것인가
23. 다니엘은 반그리스도의 박해와 하느님의 심판과 성도들의 왕국에 관해 무슨 예언을 했는가
24. 다윗의 시편에는 세상 종말과 최후심판에 관해 무슨 예언이 있는가

25. 일부는 하느님의 최후심판을, 일부는 정화의 벌을 거쳐 속량됨을 말하는 말라기의 예언
26. 성도들이 봉헌하여 하느님의 마음에 드는 제사: 그러면 태초와 고대에는 제사가 어떻게 하느님의 마음에 들 수 있었는가
27. 선인들과 악인들의 분리로 최후심판의 차이가 밝혀진다

28. 모세의 율법을 육적 의미로 해석하다가 죄 받는 불평에 떨어지는 일이 없으려면 영적으로 알아들어야 한다
29. 심판 전에 있을 엘리야의 내림: 그의 설교로 성서의 숨은 비밀이 드러나고 유다인들이 그리스도께 회심할 것이다
30. 구약에서 하느님이 심판하리라는 글이 나올 적에는 그리스도의 인물을 명확히 드러내지 않지만, 주 하느님이 친히 말씀하는 여러 증언에서는 그분이 그리스도임이 의심없이 드러나는 경우

BREVICULUS Libri XXI

1. De ordine disputationis, qua prius disserendum est de perpetuo supplicio damnatorum cum diabolo quam de aeterna felicitate sanctorum.
2. An possint corpora in ustione ignis esse perpetua.
3. An consequens sit, ut corporeum dolorem sequatur carnis interitus.
4. De naturalibus exemplis, quorum consideratio doceat posse inter cruciatus viventia corpora permanere.
5. Quanta sint, quorum ratio nequeat agnosci, et tamen eadem vera esse non sit ambiguum.
6. Quod non omnia miracula naturalia sint, sed pleraque humano ingenio modificata, pleraque autem daemonum arte composita.
7. Quod in rebus miris summa credendi ratio sit omnipotentia Creatoris.
8. Non esse contra naturam, cum in aliqua re, cuius natura innotuit, aliquid ab eo quod erat notum incipit esse diversum.
9. De gehenna et aeternarum qualitate paenarum.
10. An ignis gehennae, si corporalis est, possit malignos spiritus, id est daemones incorporeos, tactu suo adurere.
11. An hoc ratio iustitiae habeat, ut non sint extensiora paenarum tempora, quam fuerint peccatorum.
12. De magnitudine praevaricationis primae, ob quam aeterna paena omnibus debeatur, qui extra gratiam fuerint Salvatoris.
13. Contra opinionem eorum, qui putant criminosis supplicia post mortem causa purgationis adhiberi.
14. De paenis temporalibus istius vitae, quibus subiecta est humana condicio.
15. Quod omne opus gratiae Dei eruentis nos de profunditate veteris mali ad futuri saeculi pertineat novitatem.
16. Sub quibus gratiae legibus omnes regeneratorum habeantur aetates.
17. De his, qui putant nullorum hominum paenas in aeternum esse mansuras.
18. De his, qui novissimo iudicio propter intercessionem sanctorum neminem hominum putant esse damnandum.
19. De his, qui impunitatem omnium peccatorum pro / mittunt etiam haereticis propter participationem corporis Christi.

제21권 요약문

1. 논의의 순서: 악마와 더불어 단죄받는 자들의 영원한 형벌에 관해 논한 다음, 성도들의 영원한 행복에 관해 논할 것이다
2. 육체가 불에 타면서도 영속할 수 있는가
3. 육체적 고통에 육신의 소멸이 필히 뒤따라오는가
4. 불 속에서도 육체가 타지 않고 존속할 수 있음을 보여주는 자연현상들
5. 이치는 몰라도 사실만은 모호한 데가 없이 참인 일들이 얼마나 많은가
6. 놀라운 일이라고 다 자연적 현상은 아니며, 그 일부는 인간적 재주에 의해 만들어지고, 일부는 귀신들에 의해 만들어진다
7. 경이로운 사건에서는 창조주의 전능이 믿음의 최고 기준이어야 한다
8. 자연본성이 잘 알려진 어떤 사물에서 이미 알려진 것과는 다른 무엇이 발생하기 시작하더라도 그것이 자연본성에 상반되지 않는다
9. 지옥과 영원한 형벌의 성격
10. 지옥의 불이 물질적이라면 악령, 곧 비물질적 귀신들을 태울 수 있을까
11. 형벌의 기간이 범죄의 기간보다 길어서는 안 된다는 것이 정당한가
12. 구세주의 은총에서 제외되는 모든 이가 영원한 벌을 받아야 하는 것으로 미루어 첫 범죄는 참으로 중하다
13. 죄인들에게 사후의 형벌이 정화의 명분을 가진다는 의견을 논박함
14. 인간 조건이 감당해야 하는 현세 생명의 잠시적 죄벌
15. 우리를 뿌리깊은 악에서 구출하는 하느님 은총의 모든 업적은 장차 올 세상의 새로움에 해당한다
16. 은총의 법은 재생된 사람들의 생애 전반을 지배한다
17. 어느 인간도 영원한 형벌을 받지는 않으리라고 여기는 사람들
18. 최후심판에서 성도의 탄원 때문에 아무도 단죄받지 않으리라고 생각하는 사람들
19. 이단자도 그리스도의 몸에 속하므로 모든 벌을 면하리라고 장담하는 사람들

20. De his, qui non omnibus, sed eis tantum qui apud catholicos sunt renati, etiamsi postea in multa crimina erroresque proruperint, indulgentiam pollicentur.
21. De his, qui eos, qui permanent in catholica fide, etiamsi pessime vixerint et ob hoc uri meruerint, tamen propter fidei fundamentum salvandos esse definiunt.
22. De his, qui putant ea crimina, quae inter eleemosynarum opera committuntur, ad damnationis iudicium non vocari.
23. Contra opinionem eorum, qui dicunt nec diaboli nec hominum malorum perpetua futura supplicia.
24. Contra eorum sensum, qui in iudicio Dei omnibus reis propter sanctorum preces putant esse parcendum.
25. An hi, qui inter haereticos baptizati sunt et deteriores postea male vivendo sunt facti, vel hi, qui apud catholicos renati ad haereses aut schismata transierunt, vel hi, qui a catholicis apud quos renati sunt non recedentes criminose vivere perstiterunt, possint privilegio sacramentorum remissionem aeterni sperare supplicii.
26. Quid sit in fundamento habere Christum et quibus spondeatur salus per ignis usturam.
27. Contra eorum persuasionem, qui putant sibi non offutura peccata, in quibus, cum eleemosynas facerent, perstiterunt.

20. 모든 사람이 이런 은사를 받는 것이 아니라, 많은 범죄와 잘못을 저질러도 가톨릭 신자로서 세례받은 사람은 은사를 받으리라고 주장하는 사람들

21. 가톨릭 신앙을 간직하는 사람들은 아주 못되게 살았고 그래서 지옥불에 타야 마땅할지라도 신앙의 기초 때문에 구원받으리라고 단정하는 사람들

22. 자선을 베풀었다면 죄악을 저질렀더라도 단죄의 심판에 회부되지 않으리라고 여기는 사람들

23. 악마도 악인도 영원한 형벌을 받지 않으리라는 견해를 논박함

24. 하느님의 심판중에 성도의 기도로 모든 죄인에게 사면이 내리리라는 생각을 반박함

25. 이단자의 세례를 받은 후 악하게 살았던 경우 혹은 가톨릭 신자로서 세례를 받았지만 이단이나 여러 종교를 거친 사람이나 가톨릭 신자로서 세례를 받고 가톨릭 신앙에서 떨어져 나가지는 않았으나 범죄로 일관하여 살았다면, 그들이 성사의 특전으로 영원한 형벌을 사면받을 수 있는가

26. 그리스도를 기초로 함과 불의 시련을 거쳐 구원이 보장됨이란 무슨 뜻인가

27. 자선을 행하는 한 저지른 죄도 본인에게 해롭지 않으리라는 맹신을 반박함

BREVICULUS Libri XXII

1. De conditione angelorum et hominum.
2. De aeterna Dei et incommutabili voluntate.
3. De promissione aeternae beatitudinis sanctorum et perpetuis suppliciis impiorum.
4. Contra sapientes mundi, qui putant terrena hominum corpora ad caeleste habitaculum non posse transferri.
5. De resurrectione carnis, quam quidam mundo credente non credunt.
6. Quod Roma conditorem suum Romulum diligendo deum fecerit, Ecclesia autem Christum Deum credendo dilexerit.
7. Quod ut mundus in Christum crederet, virtutis fuerit divinae, non persuasionis humanae.
8. De miraculis, quae ut mundus in Christum crederet facta sunt et fieri mundo credente non desinunt.
9. Quod universa miracula, quae per martyres in Christi nomine fiunt, ei fidei testimonium ferant, qua in Christum martyres crediderunt.
10. Quanto dignius honorentur martyres, qui ideo multa mira obtinent, ut Deus verus colatur, quam daemones, qui ob hoc quaedam faciunt, ut ipsi dii esse credantur.
11. Contra Platonicos, qui de naturalibus elementorum ponderibus argumentantur terrenum corpus in caelo esse non posse.
12. Contra calumnias infidelium, quibus Christianos de credita carnis resurrectione irrident.
13. An abortivi non pertineant ad resurrectionem, si pertinent ad numerum mortuorum.
14. An infantes in ea sint resurrecturi habitudine corporis, quam habituri erant aetatis accessu.
15. An ad dominici corporis modum omnium mortuorum resurrectura sint corpora.
16. Qualis intellegenda sit sanctorum conformatio ad imaginem filii Dei.
17. An in suo sexu resuscitanda atque mansura sint corpora feminarum.
18. De viro perfecto, id est Christo, et corpore eius, id est Ecclesia, quae est ipsius plenitudo.

제22권 요약문

1. 천사와 인간의 상황
2. 하느님의 영원하고 불변하는 의지
3. 성도의 영원한 지복과 악인들의 영원한 형벌에 대한 약속

4. 인간의 지상 육체는 천상 거처로 옮겨갈 수 없다는 세상 현자들을 논박함

5. 온 세상이 육신 부활을 믿는데도 더러는 여전히 믿기를 거부한다
6. 로마는 자기네 창건자 로물루스를 사랑하여 신으로 삼았지만 교회는 그리스도를 하느님으로 믿기에 사랑한다
7. 세상이 그리스도를 믿는 것은 인간적 설득이 아니라 신적 능력 때문이다

8. 기적이 이루어진 것은 세상이 그리스도를 믿게 하기 위함이었고 세상이 믿고 있는 지금도 기적은 중단되지 않으리라
9. 그리스도의 이름으로 순교자들을 통해 이루어지는 모든 기적은 순교자들이 그리스를 믿는 신앙에 대한 증거다
10. 순교자들은 참 하느님이 숭배받게 하려고 수많은 이적을 행하며, 귀신들이 자기들을 신으로 믿게 하려고 행하는 것보다 많은 이적을 행하므로 얼마나 공경해야 마땅하겠는가
11. 원소들의 자연적 무게 때문에 지상 육체가 하늘에 있을 수 없다고 주장하는 플라톤 학파를 반박함
12. 불신자들이 육신 부활을 두고 그리스도인을 조롱하는 중상들을 반박함

13. 낙태아들은 죽은 이들의 숫자에는 들어가지만 부활에는 해당하지 않는가

14. 어린이들은 나이가 들어 갖추게 될 육체의 모습으로 부활할 것인가

15. 죽은 모든 이의 육체가 주님의 몸과 같은 모양으로 부활할 것인가

16. 성도가 하느님 아들의 모상으로 어떻게 동화한다고 이해할 것인가
17. 여자들의 육체는 자기 고유한 성으로 부활하고 그 성으로 머물 것인가
18. 완전한 인간 그리스도와 그의 몸인 교회: 교회는 그리스도의 충만함이다

요 약   2829

19. Quod omnia corporis vitia, quae in hac vita humano contraria sunt decori, in resurrectione non sint futura, ubi manente naturali substantia in unam pulchritudinem et qualitas concurret et quantitas.
20. Quod in resurrectione mortuorum natura corporum quibuslibet modis dissipatorum in integrum undecumque revocanda sit.
21. De novitate corporis spiritalis, in quam sanctorum caro mutabitur.
22. De miseriis ac malis, quibus humanum genus merito primae praevaricationis obnoxium est et a quibus nemo nisi per Christi gratiam liberatur.
23. De his, quae praeter illa mala, quae bonis malisque communia sunt, ad iustorum laborem specialiter pertinent.
24. De bonis, quibus etiam hanc vitam damnationi obnoxiam Creator implevit.
25. De pervicacia quorumdam, qui resurrectionem carnis, quam sicut praedictum est, totus mundus credit, impugnant.
26. Quomodo Porphyrii definitio, qua beatis animis putat corpus omne fugiendum, ipsius Platonis sententia destruatur, qui dicit summum Deum diis promisisse, ut numquam corporibus exuerentur.
27. De contrariis definitionibus Platonis atque Porphyrii, in quibus si uterque alteri cederet, a veritate neuter deviaret.
28. Quid ad veram resurrectionis fidem vel Plato vel Labeo vel etiam Varro conferre sibi potuerint, si opiniones eorum in unam sententiam convenissent.
29. De qualitate visionis, qua in futuro saeculo sancti Deum videbunt.
30. De aeterma felicitate civitatis Dei sabbatoque perpetuo.

19. 현생에서 인간적 아름다움을 손상시키는 모든 육체적 결함은 부활 때 사라질 것이고, 그럼으로써 육체의 자연적 실체는 남아있지만 속성과 질량은 단일한 아름다움으로 통합될 것이다
20. 죽은 육체들이 어떤 모양으로 소실되었든 부활 때 육체의 자연본성은 온전하게 복원되어야 한다
21. 성도의 육신이 변하는 영적인 몸과 그 새로움
22. 인류가 첫 위반으로 피해입은 불행과 해악: 그리스도의 은총을 입지 않으면 아무도 여기서 풀려나지 못한다
23. 선인과 악인에게 공통된 악 외에 특히 선인에게 고통스런 현생의 불행들

24. 단죄받아 손상된 이 인생이나마 창조주는 은총으로 가득 채워주었다
25. 예고된 육신 부활을 온 세상이 믿는데도 반대하는 사람들의 완강한 고집

26. 복된 영혼들은 모든 육체를 피해야 한다는 포르피리우스의 명제가 플라톤의 말만으로 어떻게 무너질 수 있는가, 플라톤은 최고신이 다른 신들에게 육체에서 벗어나는 일이란 없으리라고 약속했다는 말을 한다
27. 플라톤과 포르피리우스가 상반된 명제를 두고 서로 양보했던들 둘 중의 하나라도 진리에서 이탈하지 않았으리라
28. 플라톤이나 라베오나 바로도 의견을 수렴했더라면 모두 참된 부활 신앙에 어떻게든 이바지할 수 있지 않았을까
29. 후세에 성도가 하느님을 뵙는 직관의 성격
30. 하느님 도성의 영원한 행복과 끝없는 안식일

〈색 인〉

굵은 글자로 권 번호를, 보통 글자로 장 번호(0은 서언을 가리킴)와 절 번호(있는 경우)를, 어깨글자로 각주 번호(굵은 것은 직접 인용임)를 밝히되, 곧이어 거듭되는 권 번호(굵은 글자)는 줄인다.

성서 인용 색인

방대한 「신국론」 스물두 권에 두루 숱하게 나타나는 성서 구절이 라틴어 원문에서는 직접 인용이면 이탤릭체로 찍혔거니와, 우리말 번역에서는 이를 여느 인용처럼 따옴표로 묶고 해당 성서와 장절을 각주에 밝혔는데, 나아가 간접 인용 혹은 참조 구절도 소개했다(표기 방식은 〈해제〉의 각주 6과 40 참조).

창세 1 - 3 ············· 18.1^3
1,1 ········ $11.4.1^{25}$ 6^{45} 9^{61}
1,1-2 ········ 8.11^{96} 11.9^{63}
1,2 ·············· 11.32^{255}
1,3 ················ 11.8^{55}
1,3-4 ···· 11.7^{49} 9^{71} 20^{143} 21^{156}
1,4 ··············· 11.20^{145}
1,4-5 ·············· 11.19^{138}
1,5 ················ 11.7^{53}
1,6 ·········· 11.8^{55} 34^{272}
1,9 ················ 11.8^{55}
1,10 ··············· 16.9^{86}
1,11 ················ 11.8^{55}
1,12.13 ············· 14.14^{195}
1,14 ······ $11.19^{139\,140}$ $12.16.1^{122}$
1,14-18 ············· 11.20^{145}
1,15 ················ 11.8^{55}
1,16-18 ············· 11.19^{140}
1,17-18 ············· 11.20^{144}
1,20 ················ 11.8^{55}
1,24 ······ 11.8^{55} $13.24.4^{202}$ 16.7^{72}
1,25 ··············· 12.22^{179}
1,26 ······· $11.\,2^{13}$ 19.15^{139}
1,26-28 ············· 12.24^{185}
1,27 ··············· 14.22^{250}
1,27-28 ············· 14.22^{247}
1,28 ······· 14.21^{239} $22.24.1^{271}$
1,30 ················ 11.8^{55}
1,31 ········ $11.23.1^{172}$ 23.2^{181}
2 ················· 14.22^{250}
2,2 ··············· 22.17^{191}
2,2-3 ········ 11.31^{240} $22.30.4^{380}$
2,5 ··············· 22.17^{191}
2,6 ··············· $13.24.1^{177}$

창세 2,7 ········· $13.24.1^{171\,175}$ 24.3^{199}
2,17 ···· 13.4^{20} 12^{67} 23.1^{146} 16.27^{187}
2,21 ··············· 22.17^{193}
2,21-24 ·············· 12.24^{187}
2,22 ··············· 22.17^{196}
2,22-23 ············· $20.21.4^{278}$
2,25 ··············· 14.17^{218}
3,5 ········ $14.13.2^{187}$ $22.30.4^{382}$
3,6 ··············· 14.17^{220}
3,7 ·········· 13.13^{69} 14.17^{221}
3,9 ·········· 13.15^{77} 23.1^{151}
3,12 ··············· $14.11.2^{168}$
3,15 ··············· 16.27^{187}
3,16 ··············· $15.7.2^{71}$
3,19 ··· $13.15^{77\,78}$ 23.1^{151} $20.20.2^{239}$
3,21 ··············· $13.23.3^{170}$
3,22-24 ·············· $20.1.2^4$
3,24 ··············· $20.26.1^{341}$
4 - 9 ················ 18.1^3
4,1 ·········· $15.15.1^{118}$ 17^{138}
4,1-2 ··············· $15.1.2^7$
4,3-5 ················ 10.4^{47}
4,6-7 ··············· $15.7.1^{56}$
4,9 ··············· 14.14^{196}
4,17 ········· $15.1.2^{12}$ 8.2^{78}
4,17-18 ············· $15.20.3^{166}$
4,18-22 ············· 15.17^{145}
4,24 ··············· 15.21^{178}
4,25 ····· $15.8.2^{79}$ 15.1^{120} 18^{149} 21^{179}
4,26 ··········· $15.18^{146\,150\,153}$
5,1- ·············· 15.21^{176}
5,1-2 ··············· 15.21^{175}
5,1-32 ·············· 15.10^{93}
5,2 ··············· 15.17^{143}

2834 성서 인용 색인

창세		창세	
5,3	**15**.15.1[121]	10,13	**16**.3.3[46]
5,3-17	**15**.12.2[106]	10,20	**16**.3.3[47]
5,4	**15**.15.1[122]	10,21	**16**.3.2[35]
5,4-31	**15**.8.1[76]	10,21-26	**16**.3.2[37]
5,6	**15**.15.1[123]	10,25	**16**.3.2[42] 10.1[88]
5,7	**15**.15.1[124]	10,31	**16**.3.2[43]
5,9	**15**.12.1[99]	10,32	**16**.3.2[44]
5,12-	**15**.20.3[167]	11,1	**16**.15.1[122]
5,17-	**15**.20.3[167]	11,1-9	**16**.4[50]
5,18-20	**15**.13.2[110 111]	11,5-9	**16**.5[61]
5,24	**20**.29[358]	11,10-11	**16**.10.1[89]
5,31	**15**.8.2[81]	11,10-26	**16**.10.2[93]
6,1-4	**15**.23.2[212]	11,27-28	**16**.12[109]
6,3	**15**.24[223] **20**.21.2[260]	11,27-29	**16**.12[113] 30[210]
6,4	**3**.5[25]	11,31	**16**.13[115]
6,5-7	**15**.24[225]	11,32	**16**.14[118]
6,5-12	**16**.12[112]	12,1	**16**.15.1[120]
6,6	**14**.11.1[152]	12.1-2	**17**.2[9]
6,9	**15**.26.1[228]	12,1-3	**16**.16[129]
6,14	**15**.26.1[236]	12,3	**16**.29[205] 32.2[224] **17**.2[10]
6,14-21	**15**.26.1[230]	12,4	**16**.15.1[121]
6,16	**15**.26.2[240]	12,7	**16**.18[140]
6,19	**15**.27.4[254]	12,10-20	**16**.19[141]
6,20	**15**.27.4[253 257]	13,8	**15**.16.2[132] 19[142]
7,1	**15**.11[94]	13,8-9	**16**.20[144]
7,2.3.9	**15**.27.4[254]	13,10	**21**.8.4[92]
7,11	**15**.14.1[113]	13,14-17	**16**.21[146]
7,22	**13**.24.4[203]	13,18	**16**.22[150]
8,5-6	**15**.14.1[114]	14,16	**15**.16.2[132]
8,20	**15**.16.3[135]	14,18-19	**17**.17[246]
9,21	**16**.2.2[21 24]	15,1-5	**26**.23[155]
9,25-26	**19**.15[141]	15,4	**16**.26.1[181]
9,25-27	**16**.1[2]	15,6	**16**.23[158]
10 - 50	**18**.1[3]	15,7	**16**.24.1[160]
10,2	**20**.11[151]	15,8-21	**16**.24.1[162]
10,2-5	**16**.3.1[29]	15,9	**16**.43.3[299]
10,5	**16**.3.2[45]	15,18	**17**.2[12]
10,6-8	**16**.3.1[30]	16,1-3	**15**.3[24]
10,6-20	**16**.3.1[34]	16,1-4	**16**.25[174]
10,8-12	**16**.3.1[31]	16,3	**16**.34[231]
10,9	**16**.4[53]	16,6	**16**.25[179]

창세		창세	
17,1-21	$16.26.1^{183}$	25,27	16.37^{248}
17,5	$20.23.2^{301}$	25,29-34	16.37^{246}
17,5-6.16	16.28^{195}	25,30	16.35^{241}
17,10-11	$15.16.3^{134}$	26,7-11	16.36^{243}
17,17	16.31^{211} 32.3^{225}	26,15	16.36^{242}
18,2-3	16.29^{201}	26,24	16.36^{244}
18,8	13.22^{137}	27,27-30	16.37^{250}
18,12-15	16.31^{211}	27,33	16.37^{252}
18,14-21	10.8^{78}	28,1-4	$16.38.1^{254}$
18,18	10.8^{76} 16.29^{205} 32.2^{224}	28,10-19	$16.38.2^{257}$
19,11	$22.19.2^{221}$	29 - 30	$16.38.3^{260}$
19,15-26	10.8^{78}	30,31-43	12.26^{202}
19,16-19	16.29^{202}	30,37-43	18.5^{37}
19,21	16.29^{203}	31,47	$16.11.1^{102}$
20,1-18	16.30^{208}	32,24-32	16.39^{261}
20,7	17.1^{4} 18.37^{308}	33,16	16.35^{241}
20,12	16.30^{209}	35,28	$15.14.1^{115}$
21,1-2	10.8^{78}	36,8	16.35^{241}
21,6	16.31^{212}	39 - 41	18.4^{33}
21,10	15.2^{20} $17.7.3^{137}$	46,8	16.40^{271}
21,12	$16.32.1^{215}$	46,8-27	16.40^{266}
21,13	$16.32.1^{216}$	46,27	$14.4.2^{47}$
22	$14.15.1^{201}$	47,9	18.4^{34}
22,1-9	1.21^{120}	47,28	$15.14.1^{115}$
22,1-14	$16.32.1^{214}$	48,19	16.42^{281}
22,10-12	$16.32.2^{221}$	49,8-12	16.41^{273}
22,14	$16.32.2^{223}$	49,9	16.41^{272}
22,15-18	$16.32.2^{224}$	49,10	18.6^{38} 45.3^{379}
22,18	$10.32.2^{312}$	49,29-30	1.13^{84}
	19.22^{202} $20.23.2^{302}$ 22.3^{30}	50,22	16.40^{268}
23,1	$16.32.3^{225}$	50,23	$16.40^{267\,269}$
24,2-3	16.33^{227}	50,24-25	1.13^{84}
24,10	16.13^{116}	50,25	18.7^{40}
25,1	16.34^{232}	출애 1	18.7^{42}
25,1-6	16.28^{198} 34^{229}	1,5	16.40^{266}
25,5-6	16.34^{233}	1,15-22	$16.43.1^{283}$
25,7	$15.14.1^{115}$ 16.34^{236}	2,1-10	18.37^{307}
25,12-18	$15.8.2^{83}$	2,1 - 4,31	$16.43.1^{284}$
25,17	10.8^{78}	3,14	8.5^{53} 11^{99} 12.2^{17}
25,23	16.35^{237}	6,5	$10.1.2^{11}$
25,24-	5.4^{18}	6 - 7	10.8^{79}

출애	7,14 - 12,34	**10.8**[80] **16.43.1**[285]	민수	13,16 ...... **16.43.2**[293]
	7,22	**22.10**[147]		13,30-33 ...... **15.23.2**[211]
	8,3.14	**22.10**[147]		16,5 ...... **21.15**[145]
	8,16-20	**12.4**[35]		16,23-34 ...... **10.8**[81]
	10,1-6	**12.4**[35]		20,14 ...... **16.35**[241]
	10,4-5	**16.4**[52]		21,6-9 ...... **10.8**[81]
	12,37	**15.8.2**[82]		26,28-37 ...... **16.40**[267]
	14,5-31	**16.43.1**[286]		26,51 ...... **15.8.2**[82]
	14,15-31	**4.34**[235]	신명	5,14 ...... **19.16**[151] **22.30.4**[385]
	15,12-31	**10.8**[80]		6,5 ...... **10.3.2**[42]
	15,22-26	**10.8**[81]		6,13 ...... **10.1.2**[11]
	16,4-24	**4.34**[235]		7,5 ...... **16.38.2**[258]
	16,4-36	**10.8**[81]		10,17 ...... **11.1**[6]
	17,1-7	**10.8**[81]		10,22 ...... **16.40**[266]
	17,5-7	**4.34**[235]		12,13 ...... **16.38.2**[258]
	17,8-16	**10.8**[81]		34,7 ...... **15.14.1**[115] **18.11**[70]
	18,21	**18.39**[316]		34,10 ...... **17.1**[5]
	19,1-25	**10.13**[127]	여호	3,14-17 ...... **10.17**[149]
	20,12-15	**18.41.3**[339]		3,16-17 ...... **10.17**[147] **21.8.2**[87]
	20,13	**1.20**[112]		6,1-21 ...... **10.17**[149]
	20,16	**1.20**[113]		10,12-14 ...... **21.8.2**[83]
	21,24	**21.11**[122]		24,2 ...... **16.12**[111]
	22,19	**10.3.2**[45] **7**[75]	판관	2,16-19 ...... **16.43.2**[291]
		19.21.2[200] 23.4 23.5		3,30 ...... **17.13**[209]
	25,10-16	**10.17**[145]		5,2-31 ...... **18.15**[111]
	26,1-6	**10.17**[146]		11,29-39 ...... **1.21**[121]
	26,7	**15.20.4**[169]		13,1-25 ...... **10.19**[167]
	31,18	**16.43.1**[290]		16,25-30 ...... **1.21**[122]
	32,1-35	**17.22**[296]	1열왕 [1사무]	2,1-10 ...... **17.4.1**[26]
	32,3-5	**14.11.2**[163]		2,5 ...... **17.20.2**[279]
	33,13	**10.13**[125]		2,21 ...... **17.4.1**[30]
	38,26	**15.8.2**[82]		2,27-36 ...... **17.5.1**[85]
	40,34-35	**10.17**[146]		3 - ...... **17.1**[1]
레위	16,1-19	**20.26.1**[335]		3,20 ...... **17.1**[6]
	16,5-6	**21.27.4**[295]		4,11 - 6,16 ...... **10.17**[150]
	19,18	**1.20**[114]		4,18 ...... **22.22.3**[252]
	26,12	**22.30.1**[366]		7,12 ...... **17.7.4**[144] [145]
민수	1 - 4	**15.13.2**[109]		10,1 ...... **17.1**[7]
	1,46	**15.8.2**[82]		13,13-14 ...... **17.6.2**[117]
	2,32	**15.8.2**[82]		15,11 ...... **14.11.1**[152]
	11,21	**15.8.2**[82]		15,26 ...... **17.7.1**[124]

1열왕 [1사무] 15,26-29	**17.7.1**¹²⁵		4[2]열왕 5,8-27	**22.29.2**³³⁸
15,28	**17.24**³⁰⁹		5,26	**22.29.2**³⁴⁰
16,12-13	**17.4.1**²⁴		17	**17.23**³⁰⁰ **18.24**¹⁷⁵
16,13	**17.1**⁷		18,4	**10.8**⁸²
22,6-23	**17.5.4**⁹⁵		19,35	**9.5**³⁸
24,1-23	**17.6.2**¹¹⁴		21	**18.24**¹⁸²
24,7	**17.6.2**¹¹⁵ ¹¹⁶ **10**¹⁷³		24,7	**16.24.3**¹⁷¹
28,5-19	**7.35**²²⁵		25	**17.23**³⁰¹ **18.25**¹⁸⁴
2열왕 [2사무] 2,27	**17.4.1**²⁵		1역대 6,12-13	**17.5.2**⁸⁶
5	**18.20**¹⁴⁷		23,21-22	**15.16.2**¹³²
7,8-16	**17.8.1**¹⁴⁷		2역대 30,9	**10.1.3**²²
7,10-11	**17.12**²⁰⁵		에즈 3,7 - 4,22	**17.23**³⁰²
7,11	**17.12**²⁰²		토비 12,8-9	**21.27.2**²⁸⁶
7,19-20	**17.12**¹⁹⁹		12,12	**1.13**⁸¹
7,27	**17.12**²⁰³		12,19	**13.22**¹³⁷ ¹³⁸
7,29	**17.12**²⁰⁰		유딧 5,5-9	**16.13**¹¹⁷
12,1-17	**17.3.2**¹⁶		7,20	**10.1.3**²²
15,24	**17.5.2**⁸⁷		에스 2,5	**1.14**⁸⁶
16,1-4	**17.4.1**²⁵		2,12-13	**16.19**¹⁴³
24,16	**9.5**³⁸		1마카 2,58	**20.29**³⁵⁸
3[1]열왕 1	**17.8.3**¹⁵⁶		7,5-25	**18.45.3**³⁶⁹
1,7-8	**17.5.2**⁸⁷		2마카 5,11-21	**18.45.2**³⁶⁷
1,38	**17.4.1**²⁴		7	**18.36**³⁰⁰
2,26	**17.5.2**⁸⁷		10,1-9	**18.45.2**³⁶⁸
5,1	**17.2**¹³		욥기 1,2	**18.47**³⁹²
6	**17.3.2**¹⁹		1,6	**20.19.4**²³²
6 -	**18.20**¹⁴⁷		1,6-19	**20.19.4**²³¹
8,65	**16.24.3**¹⁷¹		1,21	**1.10.2**⁵⁶
10,1-10	**20.5.1**³⁴		7,1	**19.8**⁸⁸ **27**²⁴⁴ **21.14**¹³⁶
10,17-	**18.20**¹⁴⁴		14,4	**20.26.1**³³⁶
11,4	**14.11.2**¹⁶⁴		15,13	**16.4**⁵⁵
11,4-8	**17.8.2**¹⁴⁸		19,26	**22.29.4**³⁵¹
11,42	**17.13**²⁰⁸		22,29	**17.4.5**⁵⁴
12	**17.12**¹⁸⁹		26,7	**13.18**¹⁰⁶
12,20-24	**17.21**²⁹⁵		28,28	**14.28**²⁹⁴
12,20-33	**17.22**²⁹⁷		34,30	**5.19**¹⁶⁹
13,1-3	**17.14**²¹⁸		38,7	**11.9**⁶⁷
19,10.18	**17.22**²⁹⁸		40,19	**11.15**¹²⁰
4[2]열왕 2,8	**21.8.2**⁸⁸		42,5-6	**22.29.3**³⁴⁶
2,11	**20.29**³⁵⁸ ³⁵⁹		시편 2,11	**1.28.1**¹⁴⁵
2,14	**21.8.2**⁸⁸		3	**17.18.1**²⁵² ²⁵⁴

시편 3,4 · · · · · · · · · · · · · · · · · · · **14.28**[291]	시편 25[26],2 · · · · · · · · · · · · · · · **14.9.1**[112]

시편 3,4 · · · · · · · · · · · · · · · · · · **14.28**[291]
　　3,6 · · · · · · · · · · · · · · · · · · **17.18.1**[253]
　　4,8[7] · · · · · · · · · · · · · · · · · **14.7.2**[76]
　　6,3 · · · · · · · · · · · · · · · · · · · **17.4.3**[41]
　　6,6 · · · · · · · · · · · · · · · · · · · **13.11.2**[59]
　　6,7 · · · · · · · · · · · · · · · · · · · **20.17**[202]
　　9,19 · · · · · · · · · · · · · · · · · · **14.9.5**[142]
　　9,24[10,3] · · · · · · · · · · · · · · **3.14.2**[62]
　　10[11],5 · · · · · · · · · · · · · · · · **14.7.2**[67]
　　11[12],7 · · · · · · · · · · · · · · · · **17.5.4**[101]
　　11[12],8 · · · · · · · · **12.14.2**[110] 15[116]
　　11[12],8-9 · · · · · · · · · · · · · · · **12.15**[117]
　　11[12],9 · · · · · · · · · · · · · · · · **12.14.2**[111]
　　12[13],2 · · · · · · · · · · · · · · · · **17.11**[176]
　　13[14] · · · · · · · · · · · · · · · · · **16.10.3**[97]
　　13[14],1 · · · · · · · · · · · · · · · · · **5.9.1**[39]
　　13[14],2 · · · · · · · · · · · · · · · · **16.10.3**[99]
　　13[14],3 · · · · · · · · · · · · · · · · **16.10.3**[96]
　　13[14],4 · · · · · · · · · · · · · · · · **16.10.3**[98]
　　15[16] · · · · · · · · · · · · · · **17.18.2** 19[270]
　　15[16],2 · · · · · · · · · **10.5**[48] **19.23.5**[220]
　　15[16],9-10 · · · · · · · · · · · · **17.18.2**[263]
　　15[16],10 · · · · · · · · · · · · · · · · **17.4.5**[52]
　　15[16],11 · · · · · · · · · · · · · · · · **14.7.2**[77]
　　16[17],6 · · · · · · · · · · · · · · · · **11.14**[113]
　　16[17],8 · · · · · · · · · · · · · · · · **17.5.3**[92]
　　16[17],15 · · · · · · · · · · · · · · · **21.24.5**[232]
　　17[18],2 · · · · · · · · · · · · · · · · **14.28**[292]
　　17[18],44 · · · · · · · · · · · · · · · **20.30.2**[369]
　　17[18],44-45 · · · · · · · · · · · **17.16.2**[235]
　　17[18],46 · · · · · · · · · · · · · · · · **16.39**[264]
　　18[19],10 · · · · · · · · · · · · · **14.9.5**[140 143]
　　18[19],13 · · · · · · · · · · · · · · · · · **12.7**[61]
　　21[22] · · · · · · · · · · · · · · · **17.17 18.1**[252]
　　21[22],17-18 · · · · · · · · · · · · · **17.17**[248]
　　21[22],19 · · · · · · · · · · · · · · · · **17.17**[249]
　　21[22],28-29 · · · · · · · · · · · · · **17.17**[251]
　　22[23],5 · · · · · · · · · · · · · · · · · **16.41**[279]
　　24[25],3 · · · · · · · · · · · · · · · · **17.20.2**[290]
　　24[25],10 · · · · · · · · · · · · · · · **12.28.2**[220]
　　24[25],17 · · · · · · · · · · · · · · · · · **19.6**[77]

시편 25[26],2 · · · · · · · · · · · · · · · **14.9.1**[112]
　　25[26],8 · · · · · · · · · · · · · · · · **22.21**[239]
　　30[31],20 · · · · · **21.18.2**[178] **24.5**[223 224]
　　31[32],1 · · · · · · · · · · · · · · · · **17.20.1**[271]
　　31[32],11 · · · · · · · · · · · · · · · · **14.7.2**[75]
　　33[34],2 · · · · · · · · · · · · · · · · **11.31**[245]
　　33[34],6 · · · · · · · · · · · · · · · · **22.29.5**[353]
　　33[34],9 · · · · · · · · · · · · · · · · **21.24.5**[230]
　　36[37],31 · · · · · · · · · · · · · · · · **22.2.1**[21]
　　37[38],10 · · · · · · · · · · · · · · · · **20.17**[203]
　　38[39],3 · · · · · · · · · · · · · · · · · **20.17**[204]
　　39[40],3 · · · · · · · · · · · · · · · · **18.35.2**[288]
　　39[40],3-4 · · · · · · · · · · · · · · · **18.32**[258]
　　39[40],5 · · · · · · · · · **6.1.1**[8] **15.21**[185]
　　39[40],6 · · · · · · · · · · · · · · · · · **18.49**[404]
　　39[40],7 · · · · · · · · · · · · · · · · **17.20.2**[285]
　　40[41] · · · · · · · · · · · · · · · · · **17.18.1**[252]
　　40[41],6 · · · · · · · · · · · · · · · · **20.30.4**[384]
　　40[41],6-9 · · · · · · · · · · · · · · **17.18.1**[255]
　　40,10-11 · · · · · · · · · · · · · · · **17.18.1**[256]
　　41[42],4 · · · · · · · · **1.29**[152] **20.17**[201]
　　41[42],7 · · · · · · · · · · · · · · · · **13.21**[133]
　　44[45] · · · · · · · · · · · · · **17.14**[217] **17**[241]
　　44[45],2-10 · · · · · · · · · · · · · · **17.16.1**[225]
　　44[45],10-18 · · · · · · · · · · · · · **17.16.2**[229]
　　44[45],12 · · · · · · · · · · · · · · · **17.16.2**[228]
　　45[46],5 · · · · · · · · · · **5.19**[170] **14.1**[[4]]
　　45[46],5-6 · · · · · · · · · · · · · · · · · **11.1**[5]
　　45[46],9 · · · · · · · · · · · · · · · · **12.28.1**[218]
　　45[46],11 · · · · · · · · · · · · · · · **22.30.4**[379]
　　46[47],8-9 · · · · · · · · · · · · · · · **17.6.2**[119]
　　47[48],2 · · · · · · · · · · · **5.19**[170] **14.1**[4]
　　47[48],2-3 · · · · · · · · · · · · · · · · · **11.1**[3]
　　47[48],3 · · · · · · · · · · · · · · · · **17.16.2**[231]
　　47[48],9 · · · · · · · **5.19**[170] **11.1**[4] **14.1**[4]
　　48[49],12 · · · · · · · · · · · · · · · · **15.21**[182]
　　48[49],13 · · · · · · · · · · · · · · · · · · **13.3**[15]
　　48[49],16 · · · · · · · · · · · · · · · · **20.29**[358]
　　48[49],21 · · · · · · · · · · · · · · · · **22.24.2**[278]
　　49[50],1 · · · · · · · · · · · · · · · · · **9.23.1**[133]
　　49[50],3-5 · · · · · · · · · · · · · · · **20.24.2**[318]

시편 49[50],12-13	10.5^{55}
49[50],14-15	10.5^{55}
50[51],5	$15.20.4^{172}$
50[51],18-19	10.5^{53}
51[52],10	15.21^{184}
52[53]	$16.10.3^{97}$
56[57],6	18.32^{232}
58[59],10	13.21^{134}
58[59],11-12	18.46^{385}
61[62],9	1.0^6
61[62],12-13	$5.9.3^{51}$
66[67],2-3	$10.32.2^{314}$
67[68]	$17.18.2\ 19^{270}$
67[68],21	$17.18.2^{264}$
68[69]	17.19^{270}
68[69],10	20.12^{159}
68[69],21	$14.9.4^{132}$
68[69],22	17.19^{267}
68[69],23-24	$17.19^{268}\ 18.46^{383}$
71[72]	$17.8.2^{151\ 153}$
71[72],8	$17.8.2^{152}\ 18.54.1^{439}$
72[73]	$10.25^{212}\ 17.14^{217}\ 21.14^{135}$
72[73],2	10.25^{213}
72[73],2-3	20.28^{353}
72[73],11	20.28^{354}
72[73],13	20.28^{355}
72[73],16-7	20.28^{356}
72[73],17-20	10.25^{214}
72[73],18	$14.13.1^{181}$
72[73],20	$10.25^{215}\ 15.21^{182}$
72[73],22-23	10.25^{216}
72[73],23-24	10.25^{217}
72[73],25	10.25^{219}
72[73],26	$10.25^{220\ 225}$
72[73],27	10.25^{226}
72[73],28	$10.3.2^{39}$
	$6^{67}\ 18^{159}\ 25^{211\ 227\ 229}\ 12.9.2^{76}$
73[74],12	$17.4.8^{69}$
76[77],10	$21.18.1^{173}$
	$24.3^{209}\ 22.22.2^{246}$
76[77],11	$21.24.3^{211}$

시편 77[78],47	1.20^{116}
78[79]	17.14^{217}
78[79],2-3	$1.12.1^{72}$
81[82],6	$9.23.1^{138}$
	$10.1.3^{24}\ 14.13.2^{189}\ 15.23.4^{218}$
82[83]	17.14^{217}
82[83],17	$14.13.2^{194}$
83[84],3	10.25^{222}
83[84],5	$22.30.1^{360}$
83[84],11	$17.5.5^{103}$
86[87],3	$2.21.4^{162}$
	$10.7^{73}\ 11.1^2\ 14.1^4$
86[87],5	$17.16.2^{238}$
88[89]	$17.9^{159}\ 12^{189}\ 15^{219}$
88[89],2	$22.30.4^{378}$
88[89],4-5	17.9^{162}
88[89],12	7.29^{198}
88[89],20-30	17.9^{163}
88[89],31-34	17.9^{165}
88[89],33-34	1.7^{36}
88[89],34-36	17.9^{167}
88[89],37-38	17.9^{169}
88[89],39	$17.10^{170\ 172}$
88[89],40-46	17.10^{174}
88[89],47	17.11^{175}
88[89],47-48	17.11^{179}
88[89],48	17.11^{180}
88[89],49	17.11^{185}
88[89],50-52	17.12^{182}
88[89],53	17.12^{197-8}
89[90],4	$20.7.1^{69}$
89[90],9	$22.30.4^{383}$
89[90],10	$15.14.2^{116}$
90[91],13	$11.27.1^{209}$
93[94],4	2.1^2
93[94],11	$17.4.3^{40}$
	$19.4.1^{42}\ 22.4^{41}\ 11.1^{155}$
93[94],15	1.0^4
93[94],19	$18.51.1^{417}$
94[95],3	$9.23.1^{135}$
94[95],5	11.34^{275}

시편	94[95],6 ·············· **16.4**[54]	시편	137[138],3 ············ **14.21**[244]
	95[96],1 ············· **8.24.2**[197]		138[139],22 ············ **14.6**[59]
	95[96],1-5 ············ **8.24.2**[202]		143[144],4 ············ **14.15.2**[205]
	95[96],4-5 ······ **1.29**[155] **9.23.1**[136]		**17.11**[182] **20.2**[11] 3[22] **21.24.3**[212]
	95[96],5 ············· **19.23.4**[216]		143[144],15 ············ **19.26**[235]
	95[96],10 ············ **17.6.2**[119]		146[147],5 ············ **12.19**[150]
	96[97],7 ············· **11.33**[262]		147,1-3[12-14] ········· **19.11**[101]
	100[101],1 ············ **20.6.1**[60]		148,1-5 ··············· **11.9**[65]
	101[102] ············· **20.24.1**[317]		148,4 ················ **12.20**[157]
	101[102],26-28 ······· **20.24.1**[304]		148,5 ················· **11.8**[55]
	101[102],28 ··········· **17.4.7**[60]		148,8 ················ **13.24.3**[195]
	103[104],1 ············ **22.24.4**[294]		148,11-12 ············· **2.19**[133]
	103[104],4 ············ **15.23.1**[201]	잠언	1,11-13 ············ **17.20.2**[277]
	103[104],24 ··········· **11.32**[254]		3,18 ········· **13.20**[124] **20.26.2**[342]
	103[104],26 ··········· **11.15**[121]		3,34 ············· **1.0**[7] **17.4.5**[54]
	104[105],8 ············ **20.7.2**[79]		6,26 ·················· **2.5**[26]
	104[105],15 ············ **17.9**[164]		8,15 ················· **5.19**[167]
	109[110] ············ **17.17**[241 247]		8,27 ················· **11.4.1**[26]
	109[110],1 ···· **17.7.2**[132] 14[216] **17**[242]		9,1 ············ **17.4.4**[46] **20.2**[279]
	109[110],2 ············ **17.17**[244]		9,1-5 ··············· **17.20.2**[281]
	109[110],4 ············ **16.22**[104]		9,6 ················· **17.20.2**[283]
	17.17[245 246] **20.10**[148] **21.3**[272]		10,4 ················· **16.2.1**[10]
	110[111],2 ············ **14.27**[295]		16,18 ················ **14.13.2**[190]
	111[112],1 ············ **22.18**[209]		17,6 ·················· **20.7.2**[78]
	111[112],10 ··········· **20.30.4**[387]		24,16 ················ **11.31**[243]
	113,11[115,3] ············ **22.2.2**[27]		25,20 ················ **21.9.2**[103]
	113,13[115,5] ·········· **8.24.2**[200]	전도	1,2-3 ················ **20.3**[16]
	115,1-2[116,10-11] ····· **22.29.2**[336]		1,9-10 ·············· **12.14.2**[104]
	115,3[116,12] ········· **5.18.2**[151]		1,14 ················ **19.19**[173]
	115,6[116,15] ····· **1.12.1**[73] **13.7**[36]		2,13-14 ················ **20.3**[17]
	115,7[116,16] ·········· **18.32**[250]		2,13-17 ················ **20.3**[19]
	117[118],22 ············· **7.1**[7]		2,14 ················· **20.3**[18]
	118[119],20 ············ **14.7.2**[73]		3,21 ················ **13.24.3**[194]
	118[119],81 ············ **10.25**[223]		7,2.4 ················ **17.20.2**[286]
	118[119],119 ··········· **16.27**[190]		8,14 ················· **20.3**[20]
	118[119],164 ··········· **11.31**[244]		8,15 ················ **17.20.2**[284]
	122[123],2 ············ **20.7.4**[87]		10,16-17 ············· **17.20.2**[287]
	125[126],6 ············ **21.24.4**[220]		12,13-14 ··············· **20.3**[24]
	126[127],1 ············ **17.12**[204]	아가	1,3 ·········· **16.2.1**[5] **17.20.2**[292]
	135[136],2 ············ **9.23.1**[134]		2,4 ················· **15.22**[197]
	136[137],8 ············ **18.22**[156]		4,12-13 ··············· **13.21**[131]

아가	7,6	17.20.2²⁹³	이사	5,7	16.2.2¹⁸
지혜	1,9	20.26.3³⁴⁴		7,14	18.45.3³⁸¹
	2,12-21	17.20.1²⁷⁵		10,22	17.5.4⁹⁶ 18.33.2²⁷⁵ 46³⁸²
	3,1-8	17.12¹⁹⁶		14,12	11.15¹¹⁶
	4,11	1.28.1¹⁴⁷		17,7-8	4.34²³⁹
	6,21	14.7.2⁷⁴		19,1	8.23.3¹⁸⁷
	6,24	18.32²⁴⁹		19,18	16.11.1¹⁰²
	7,22	11.10.3⁸⁸		26,11	20.12¹⁶⁰
	7,27	11.4.1²⁶		26,19	20.21.1²⁴⁵ 21.4²⁷⁶ 22.3³¹
	8,1	12.26¹⁹⁶ 15.3²⁵		27,12	16.24.3¹⁷¹
	9,13-15	12.16.1¹²⁰		29,14	10.28²⁵⁷
	9,14	22.29.4³⁵⁴		38,1-8	21.8.2⁸⁴
	9,15	13.16.1⁸² 14.3.1²¹ ²⁵		40,26	12.19¹⁴⁸
		19.4.2⁴⁵ 17¹⁵⁶		41,21-29	4.34²³⁹
	11,20	11.30²³⁹ 12.19¹⁴⁷		42,1-4	20.30.4³⁷⁹
	13,2	9.3⁸		45,8	20.16¹⁹⁹
집회	2,7	20.10¹⁴²		47,1	18.22¹⁵⁶
	2,13	10.1.3²²		48,12-16	20.30.1³⁶²
	3,27	1.27¹⁴²		48,20	18.18.1¹²⁵
	7,8-10	21.27.2²⁸⁶		52,13 - 53,12	18.29.1²¹¹
	7,13	14.8.2⁹¹		53,7	20.24.2³¹⁹ 30.1³⁶⁴
	7,17	21.9.2¹⁰⁴		53,8	20.29³⁵⁸
	7,19	21.9.2¹⁰⁵		54,1-5	18.29.2²¹⁵
	10,13	12.6⁴² 14.13.1¹⁷²		56,5	20.22²⁸⁵
	11,28	13.11.2⁵⁸		57,16	13.24.3¹⁹⁰
	14,5	21.27.2²⁸⁴		57,21	14.8.1⁸⁵
	14,18	16.27¹⁸⁸		65	20.26.1³³⁹
	21,1	21.27.2²⁸⁵		65,17-19	20.21.2²⁵³ 22.3³²
	24,3	13.24.5²⁰⁷		65,22	20.26.1³⁴⁰
	27,5	21.26.2²⁶⁶		66,12-16	20.21.1²⁴⁸
	30,12	22.22.2²⁴⁹		66,17	20.21.3²⁶⁵
	30,24	10.6⁶² 21.27.2²⁸³		66,18	20.21.3²⁶⁶
	33,14-15	11.18¹³⁶		66,19-20	20.21.3²⁶⁸
	36,1-4	17.20.1²⁷⁶		66,20	20.21.3²⁷⁰
	40,1	21.14¹⁴⁰		66,21	20.21.3²⁷¹
	44,16	15.19¹⁵⁵		66,22-24	20.21.4²⁷⁴
이사	1,1	18.27¹⁹⁶		66,24	20.22²⁸² 21.9.1⁹⁹
	2,2-3	10.32.2³¹⁶	예레	1,1-3	18.33.1²⁶¹
	2,3	18.50⁴¹⁰ 54.1⁴⁴¹		1,5	12.26²⁰¹
	4,4	20.25³³⁰		9,22-23	18.32²⁵⁹
	5,6	17.4.9⁷⁴		16,19	18.33.1²⁶⁸

예레	16,20	8.23.3¹⁸⁵ 24.2²⁰⁴
	17,5	15.18¹⁵⁴
	17,9	18.33.1²⁶⁹
	23,5-6	18.33.1²⁶⁷
	23,24	12.26¹⁹⁵ 22.29.3³⁴⁵
	25,11	17.1² 18.25¹⁸⁵
	29,7	19.26²³⁷
	31,31-33	17.3.2¹⁷ 18.33.1²⁷⁰
	34,18	16.24.1¹⁶¹
애가	4,20	18.33.1²⁶⁴
바룩	3,26-28	15.23.4²²²
	3,36-38	18.33.1²⁶⁵
에제	1,1	1.14⁸⁶
	6,1-14	4.34²³⁹
	10,1-17	18.32²³⁹
	11,18	4.34²³⁹
	14,20	18.47³⁹²
	20,12	22.30.4³⁸⁶
	28,13	11.15¹¹⁷
	28,14	11.15¹¹⁸
	30,13	4.34²³⁹
	33,6	1.9.3⁴⁸
	34,23-24	18.34.2²⁷⁹
	37,22-24	18.34.2²⁸⁰
	38 - 39	20.11¹⁵¹
다니	1,2	16.4⁴⁹
	1,6	1.14⁸⁶
	2,47	11.1⁶
	3,8-24	20.18²¹⁴
	3,54	17.6.2¹¹⁹
	3,58	11.9⁶⁴
	7,13-14	18.34.1²⁷⁸
	7,15-16	20.23.1²⁸⁹
	7,17-22	20.23.1²⁹⁰
	7,17-28	20.23.1²⁹³
	7,18	22.3³⁵
	7,23-28	20.23.1²⁹²
	7,25	20.23.1²⁹⁶
	7,27	22.3³⁶
	9,3-19	19.15¹⁴³
	12,1-2	22.3³⁴
다니	12,1-3	20.23.2²⁹⁷ 22.3³⁷
	12,7	20.13¹⁶⁴
	12,12	20.13¹⁶⁴ 23.1²⁹⁴
	12,12-13	22.3³⁷
	12,13	20.23.2³⁰³
	13,55	9.5³⁸
	14,36	13.18¹⁰⁵
호세	1,1	18.27¹⁹⁴
	1,9 - 2,1	18.28²⁰⁰
	2,2	18.28²⁰²
	2,4-15	7.23.2¹⁵⁷
	3,4	16.38.2²⁵⁸
	3,4-5	18.28²⁰⁴
	6,2	18.28²⁰⁶
	6,6	10.1.3²¹ ²³ 20.24.2³²⁴
요엘	2,13	18.32²⁴¹
	2,32	15.18¹⁵¹
	3,1-2	18.30.3²¹⁹
아모	1,1	18.27¹⁹⁵
	4,12-13	18.28²⁰⁸
	9,11-12	18.28²⁰⁹
오바	17절	18.31.1²²²
	21절	18.31.1²²³
요나	2,1	1.14⁸⁷
	2,1-2.11	18.30.2²¹⁸ 44³⁵⁶
	3,1-4	21.24.4²²²
	3,4	18.44³⁵⁵
	3,4-10	21.18.2¹⁷⁶
	3,5	20.5.1³⁴
미가	1,1	18.27¹⁹⁷
	1,7	4.34²³⁹
	4,1-3	18.30.1²¹⁶
	5,1-4	18.30²¹⁷
	5,12	16.38.2²⁵⁸
	6,6-8	10.5⁵⁷
나훔	1,14-21	18.31.2²²⁵
하바	2,2-3	18.31.3²²⁶
	2,4	1.0³ 4.20¹³³ 19.4.1³⁹
	3	18.32²²⁷
	3,1	18.32²²⁸
	3,2	18.32²²⁹

하바	3,3	18.32^{233}
	3,4	18.32^{234}
	3,5	18.32^{235}
	3,6	18.32^{237}
	3,7	18.32^{238}
	3,8	18.32^{240}
	3,9	18.32^{242}
	3,10	18.32^{244}
	3,11	18.32^{247}
	3,12	18.32^{248}
	3,13	18.32^{251}
	3,14	18.32^{252}
	3,15	18.32^{253}
	3,16	18.32^{255}
	3,17	18.32^{256}
스바	1,1	$18.33.1^{262}$
	2,11	4.34^{239} $18.33.2^{272}$
	3,8	$18.33.2^{271}$
	3,9-12	$18.33.2^{273}$
하깨	2,6-7	$18.35.1^{282}$
	2,7	$18.45.1^{360}$ 48^{399}
	2,9	$18.45.1^{359}$ 48^{396}
즈가	1,12	18.26^{191}
	2,8-9	$20.30.2^{366}$
	9,9-10	$18.35.2^{285}$
	9,11	$18.35.2^{287}$
	12,9-10	$20.30.3^{373}$
	13,2	4.34^{239} $8.23.3^{186}$
말라	1,10-11	$18.35.3^{289}$ $19.23.5^{223}$
	2,5-7	$18.35.3^{290}$
	2,17	20.28^{352}
	3,1	$15.23.1^{208}$
	3,1-2	$18.35.3^{292}$
	3,1-6	20.25^{329}
	3,13-16	$18.35.3^{293}$
	3,14-15	20.28^{351}
	3,17-21	$18.35.3^{294}$
	3,17 - 4,3	20.27^{348}
	4,4	20.28^{349}
	4,5-6	20.29^{357}

마태	1,1-17	$16.43.3^{295}$
	1,2-3	$15.15.2^{125}$
	1,17	$22.30.5^{390}$
	1,21	$17.18.2^{266}$ $22.22.4^{256}$
	1,23	$18.45.3^{381}$
	2,2.9-10	$18.35.1^{283}$
	3,1	17.24^{306}
	3,2	18.49^{405}
	3,8	$21.27.2^{280}$
	3,12	20.25^{333}
	3,16	$20.30.4^{380}$
	4,5	9.10^{55} 13.18^{105}
	4,9	11.33^{263}
	4,10	$10.1.2^{11}$
	4,19	$20.30.2^{370}$
	5,4	18.32^{243}
	5,8	$20.21.1^{251}$ $22.29.3^{348}$
	5,16	5.14^{116}
	5,19	$20.9.1^{108}$
	5,20	$20.9.1^{110}$ $21.27.3^{289}$
	5,22	$21.27.3^{291}$
	5,23-24	$21.27.3^{293}$
	5,28	14.10^{147}
	5,35	$17.4.3^{32}$
	5,43-48	$5.18.2^{145}$
	5,44	17.2^{155} $21.18.1^{172}$
	5,45	$1.8.1^{37}$ 4.2^{15} $21.24.3^{213}$
	6,1	5.14^{115}
	6,2	5.15^{122}
	6,12	19.27^{241} 21.22^{190} 27.1^{278} 22.23^{268}
	6,14	$21.27.1^{279}$
	6,14-15	21.22^{191}
	6,15	$21.27.4^{297}$
	6,19-21	$1.10.2^{59}$
	6,19-24	14.1^{4}
	6,28-30	10.14^{133}
	7,12	$14.8.1^{86}$
	7,14	$11.23.1^{173}$
	7,18	$14.13.1^{175}$
	7,20	$16.2.1^{11}$

마태	8,22	·· 5.18.2¹⁴⁹ 13.8⁴³ 20.6.1⁵² 15¹⁸⁵	마태	17,1-2	············· 20.30.4³⁸²
	8,29	············ 8.23.3¹⁸⁹ 20.1.2⁷		18,7	················· 19.8⁸⁹
	9,13	················ 10.1.3²¹ ²³		18,10	····· 11.4.1²⁷ 32²⁵⁸ 22.29.1³³⁴
	10,22	·· 14.9.1¹⁰⁸ 17.4.9⁷⁵ 21.25.4²⁴⁷		18,15	················ 15.6⁴⁷
	10,23	················ 1.22.2¹²⁶		18,18	··············· 20.9.2¹¹⁹
	10,27	················ 18.32²⁴⁶		18,23-25	············· 21.27.4²⁹⁹
	10,28	················· 1.12.1⁶⁹		18,35	················ 15.6⁵⁰
		5.18.2¹⁴³ 13.2⁷ 18.50⁴¹³		19,4-6	············· 14.22²⁵¹
	10,30	················ 12.19¹⁴⁹		19,27	················ 17.4.6⁵⁸
	10,32	·················· 13.7³⁴		19,28	········· 17.4.6⁵⁷ 20.5.3³⁶
	10,33	·················· 5.14¹¹³		19,29	················ 20.7.2⁷⁶
	10,34	··············· 20.21.2²⁶³		20,22	················ 16.2.2²²
	10,36	·················· 19.5⁷⁰		21,1-9	··············· 18.35.2²⁸⁶
	10,37	················ 21.26.4²⁷⁵		21,38	··············· 17.20.2²⁷⁸
	10,41	················ 21.27.5³⁰⁵		22,14	········ 18.45.1³⁶¹ 48⁴⁰¹
	11,7-19	················ 17.24³⁰⁶		22,23-33	·············· 22.17¹⁹⁹
	11,13	········· 17.24³⁰⁶ 20.4²⁹		22,29	················ 22.17²⁰⁰
	11,22	················ 20.5.1³²		22,30	····· 11.13¹⁰³ 32²⁵⁷ 22.17²⁰¹
	11,24	················ 20.5.1³³		22,37	················ 19.23.5²²⁴
	11,29	················· 4.16¹¹⁷		22,37.39	··············· 10.3.2⁴²
	12,7	················· 10.1.3²¹		22,39	········· 1.20¹¹⁴ 21.27.2²⁸²
	12,25-45	················· 14.1⁴		22,40	················ 10.5⁵⁹
	12,27	················· 20.5.3³⁷		22,43	················ 17.14²¹⁵
	12,29	·········· 20.8.3⁹⁶ 30.2³⁷²		23,3	················ 20.9.1¹¹¹
	12,32	············ 21.13¹³⁴ 24.2²⁰⁶		23,23	················ 10.5⁴⁹
	12,41-42	················· 20.5.1³⁴		23,26	················ 10.25²²⁴
	12,43	·················· 11.9⁷⁴		24,1-25	··············· 20.5.4⁴⁴
	13,1-8	··············· 21.27.6³⁰⁹		24,12	··· 14.9.1¹⁰⁷ 19.8⁹⁰ 20.8.3¹⁰⁰
	13,4-9	··············· 15.26.2²⁴⁵		24,13	················ 21.21¹⁸⁵
	13,30-40	··············· 20.9.1¹¹³		24,21	········ 16.24.2¹⁶⁷ 21.26.4²⁷³
	13,37-43	··············· 20.5.2³⁵		24,29	················ 20.24.1³¹²
	13,39-41	············ 20.9.1¹⁰⁶ 2¹³¹		24,30	················ 18.34.1²⁷⁸
	13,41-43	·················· 21.1³		24,35	················ 20.24.1³⁰⁹
	13,43	················ 22.19.2²¹⁶		25,1-13	··············· 1.28.1¹⁴⁸
	13,47-50	················ 18.49⁴⁰²		25,21	················ 20.22²⁸⁰
	13,52	············ 20.4³¹ 9.1¹⁰⁵		25,30	················ 20.22²⁷⁹ ²⁸²
	15,24	················ 20.30.2³⁶⁷		25,31-41	··············· 20.5.5⁴⁷
	16,4	················ 18.44³⁵⁶		25,33	················ 15.20.4¹⁷¹
	16,16	··············· 8.23.3¹⁸⁸		25,34.41.46	············ 21.24.2²⁰⁷
	16,21	··················· 22.5⁴⁹		25,34	········· 20.9.1¹⁰² 21.26.3²⁷⁰
	16,25	·················· 13.7³⁵		25,34-35	·············· 20.24.2³²⁶

마태	25,35	･････････････	**17**.18.1²⁵⁹
	25,35-36	･････････	**21**.22¹⁸⁹
	25,40	･････････････	**17**.18.1²⁶⁰
	25,41	････	**9**.10⁵⁵ **20**.12¹⁵⁷ **21**.10.1¹¹⁰
			10.2¹²⁰ **23**¹⁹³ **24**.4²¹⁶ **26**.3²⁶⁹
	25,42-43	･････････	**21**.22¹⁸⁹
	25,45	･････････････	**21**.27.3²⁸⁷
	25,46	･････････････	**11**.13¹⁰³
			20.5.5⁴⁸ **21**.1⁴ **23**¹⁹⁷ **24**.4²¹⁷
	26,6-13	･････････････	**1**.13⁸²
	26,28	･････････････	**18**.35.2²⁸⁵
	26,33	･････････････	**14**.13.2¹⁹³
	26,38	･････････････	**14**.9.3¹²⁹
	26,39	･････････････	**16**.2.2²⁰
	26,63	･････････････	**20**.24.2³¹⁹
	26,75	････････	**14**.9.1¹¹³ **13**.2¹⁹³
	27,3-5	･････････････	**1**.17⁹⁹
	27,34.47	･･････････	**17**.19²⁶⁷
	27,35	･････････････	**17**.17²⁵⁰
	27,45	･････････････	**3**.15.1⁸⁸
	27,52-53	･････････	**20**.23.2²⁹⁸
	27,57	･････････････	**1**.13⁸³
	28,19	･････････････	**13**.24.3¹⁹⁷
	28,20	･････････････	**20**.9.1¹⁰³
마르	1,2	･････････････	**15**.23.1²⁰⁷
	1,4	･････････････	**17**.24³⁰⁶
	1,17	･････････････	**22**.5⁵¹
	1,24	････････････	**9**.21¹²⁰ **23**.1¹³⁷
	1,27	･････････････	**11**.9⁷⁴
	3,5	･････････････	**14**.9.3¹²⁵
	3,27	･･････	**20**.7.2⁷⁴ **8**.3⁹⁶ **30**.2³⁷²
	3,38	･････････････	**21**.9.1⁹⁹
	5,7	･････････････	**18**.47³⁸⁹
	9,43-48	･････････	**21**.9.1¹⁰¹
	9,44	･････････････	**21**.24.4²¹⁹
	10,17-22	･･･････････	**5**.18.1¹³⁵
	10,29-30	･･･････････	**20**.7.2⁷⁶
	13,1-37	･････････	**20**.5.4⁴⁴
루가	1,33	･････････････	**22**.1.1²
	1,34-37	･･････････	**16**.24.2¹⁶³
	1,41-	･････････････	**8**.23.3¹⁸⁸

루가	1,46-55	･････････････	**17**.24³⁰⁸
	1,48	･････････････	**10**.29.2²⁸⁰
	1,67	･････････････	**17**.24³⁰⁴
	2,13-14	･････････････	**18**.35.1²⁸³
	2,14	･････････	**14**.7.1⁶⁰ **8**.2⁹³
	2,25-35	･････････････	**17**.24³⁰⁴
	2,25-38	･････････････	**8**.23.3¹⁸⁸
	2,26-38	･････････････	**17**.24³⁰⁴
	2,29-30	･･････	**17**.4.3³⁵ **22**.29.4³⁵⁰
	3,2	･････････････	**17**.24³⁰⁶
	3,6	･････････････	**22**.29.4³⁴⁹
	3,12-14	･････････････	**2**.19¹³⁴
	3,36	･････････････	**16**.3.2³⁷
	4,5-8	･････････････	**14**.13.1¹⁸⁴
	4,33	･････････････	**11**.9⁷⁴
	5,10	･････････････	**20**.30.2³⁷¹
	6,13	･････････････	**18**.49⁴⁰⁶
	6,38	･････････････	**21**.11¹²³
	9,28-31	･････････････	**17**.12¹⁹²
	10,18-19	･･･････････	**12**.3²³
	10,25-28	･･･････････	**19**.14¹³³
	11,20	･････････････	**16**.43²⁸⁹
	11,29-32	･･･････････	**18**.44³⁵⁶
	11,41	･････････････	**21**.27.1²⁷⁷
	12,4	･････････････	**1**.12.1⁷⁰
	12,7	･････････････	**22**.19.1²¹²
	12,49	･････････････	**20**.21.2²⁶¹
	15,11-32	･･･････････	**11**.28²²⁵
	16,9	･････････････	**21**.27.4³⁰¹
	16,9-13	･････････････	**1**.10.3⁶²
	16,19-31	･･･････	**1**.11⁶⁶ **12**⁷⁴
	16,24	･････････	**21**.3.2¹⁶ **12**¹¹⁷
	19,10	･････････････	**17**.6.2¹²¹
	20,34	･････････････	**15**.20.1¹⁶⁰
	20,35	･････････	**15**.17¹⁴⁴ **22**.20.3²²⁹
	20,35-38	･･･････････	**15**.26.1²²⁹
	21,5-38	･････････････	**20**.5.4⁴⁴
	21,18	･･	**1**.12.1⁶⁸ **13**.20¹¹⁸ **22**.12.1¹⁶⁸
	22,15	･････････････	**14**.9.3¹²⁸
	22,26	･････････････	**19**.14¹³⁷
	23,34	･････････････	**18**.32²³⁰

루가	23,42-43	**20**.30.4[388]	요한	7,39	**20**.30.2[368]
	24,39-41	**22**.19.2[219]		8,17	**22**.2.1[20]
	24,39-43	**18**.54.1[445]		8,25	**10**.24[205] **11**.32[252]
	24,44-47	**10**.32.2[317]		8,34	**19**.15[144]
	24,45-47	**18**.50[411]		8,36	**14**.11.1[158]
	24,47	**18**.54.1[442]		8,44	**11**.13[105] 14[112]
요한	1,1-5	**10**.29.2[281]			**14**.3.2[35] **19**.13.2[125]
	1,3	**8**.1[2] **10**.24[202]		10,9	**7**.8[65]
	1,6-9	**10**.2[31]		10,17-18	**16**.41[276]
	1,9	**11**.9[72]		10,18	**10**.24[201] **17**.11[187]
	1,10-13	**14**.1[4]		10,34	**10**.1.3[24] **14**.13.2[189]
	1,14	**10**.24[203] 29.2[284]		11,15	**14**.9.3[126]
		14.2.1[14] **17**.4.8[70]		11,35	**14**.9.3[127]
	1,16	**10**.2[32]		11,39-44	**22**.8.4[100]
	1,29-35	**17**.24[306]		12,34	**17**.18.2[262]
	1,35-51	**17**.8.2[154]		12,43	**5**.14[112]
	1,47	**17**.7.2[134]		13,18-26	**17**.18.1[257]
	1,47.51	**16**.38.2[259]		13,21	**17**.18.1[258]
	2,19	**16**.41[277]		14,2	**1**.22.2[127]
	3,5	**13**.7[33] **21**.27.3[288]		14,6	**9**.15.[285] **10**.32.2[315]
	3,8	**13**.7[37]			**11**.2[17] **12**.21.3[167] **14**.4.1[37]
	3,17-21	**14**.1[4]		15,16-18	**14**.1[4]
	4,23	**10**.19[163] 5.5[111]		16,13	**11**.31[246]
	4,24	**13**.24.3[198] **22**.29.5[356]		19,24	**17**.17[250]
	5,17	**22**.24.2[277]		19,29	**17**.19[267]
	5,19-30	**20**.5.5[50]		19,30	**16**.41[278]
	5,22	**20**.30.4[377]		19,34	**15**.26.1[234] **22**.17[195]
	5,22-24	**20**.5.5[49]		19,37	**20**.30.3[375]
	5,25	**20**.9.4[135]		19,39-42	**1**.13[83]
	5,25-26	**20**.6.1[51]		20,13	**14**.2.1[16]
	5,27	**20**.6.2[61]		20,22	**13**.24.1[173] 3[191]
	5,28-29	**20**.6.2[63]		20,24-29	**22**.19.2[218]
	5,29	**20**.23.2[300] **21**.1[2]		20,25	**22**.12.2[172]
	5,44	**5**.14[111]		21,15-17	**14**.7.1[63]
	5,46	**20**.28[350]		21,17	**14**.7.1[64]
	6,50-51	**21**.19[181] 25.2[240]	사도	1,6-7	**18**.53.1[434]
	6,51	**17**.5.5[108]		1,7	**22**.30.5[391]
	6,56	**21**.25.4[253]		1,7-8	**18**.50[412]
	6,60.63	**10**.24[204]		1,9	**18**.49[408] 54.1[446]
	6,63	**5**.9.4[57]		1,15-26	**20**.5.3[40]
	6,70	**17**.18.1[258]		2,2	**13**.24.3[191]

사도 2,2-13.41 ········· **18**.54.1^{446}
2,3 ················ **20**.21.2^{262}
2,4-12 ················ **22**.5^{57}
2,17-18 ············ **18**.30.3^{219}
2,24-33 ············ **17**.18.2^{263}
2,34 ················ **17**.17^{243}
2,37-41 ············ **18**.54.1^{443}
2,44 ················ **5**.18.2^{157}
3,1-10 ············· **18**.54.1^{447}
3,1-11 ················ **22**.5^{58}
4,32 ················ **5**.18.2^{157}
4,34-37 ············ **18**.54.1^{443}
5,15 ················ **22**.5^{59}
5,39················ **12**.3^{23}
7,1 - 9,2 ············ **18**.52.2^{425}
7,2 ················ **16**.16^{131}
7,2-3 ·············· **16**.15.2^{125}
7,2-4 ·············· **16**.32.3^{226}
7,4 ············ **16**.15.2$^{126\ 127}$
7,14 ················ **16**.40^{266}
7,17-29 ············ **18**.37^{307}
7,22 ········ **15**.27.3^{249} **18**.37^{307}
7,53 ············ **10**.13^{126} **15**^{134}
7,59 ············· **22**.8.14^{119}
9,4 ················ **17**.9^{166}
12,1-9 ············ **18**.52.2^{425}
13,21 ·············· **17**.7.1^{127}
13,35-37 ············ **17**.18.2^{263}
14,8-18 ············ **10**.19^{168}
17,19-34 ············ **18**.10^{61}
17,23 ··············· **4**.25^{184}
17,25················ **13**.24.3^{191}
17,28 ··············· **8**.10.1^{82}
17,30-31 ············ **18**.54.1^{440}
17,32 ·············· **13**.16.2^{90}
19,15 ·············· **18**.47^{389}
19,19 ············· **10**.16.1^{138}
20,9-12 ············· **22**.5^{60}
로마 1,3 ················ **18**.28^{205}
1,17 · **1**.0^3 **4**.20^{133} **19**.4.1^{39} **20**.26.1^{337}
1,18 ················ **9**.5^{38}

로마 1,19-20 ········· **8**.6^{59} **10**.1^{81} **12**^{101}
1,20 ················ **11**.21^{160}
1,21 ················ **10**.1.1^6
1,21-23 ··· **8**.10.1^{84} **23**.2^{181} **14**.28^{293}
1,25 ······ **4**.29^{212} **10**.1.2^{11} **14**.28^{293}
1,26 ················ **14**.23.3^{261}
1,31 ················ **14**.9.4^{131}
2,24 ················ **18**.51.2^{420}
2,4-6 ················ **1**.8.1^{38}
2,15 ················ **20**.14^{179}
2,15-16 ············ **20**.26.3^{345}
3,2 ················ **17**.4.4^{42}
3,7 ················ **14**.4.1^{36}
3,20 ············ **14**.2.1^{11} **4**.2^{46}
3,20-22 ················ **20**.4^{30}
3,23 ················ **20**.21.3^{267}
4,4-5 ················ **21**.27.4^{302}
4,5 ················ **20**.6.1^{59}
4,19 ················ **16**.28^{199}
4,25 ················ **20**.6.1^{57}
5,5 ················ **17**.20.2^{289}
5,10 ················ **12**.3^{23}
5,12-14 ············· **14**.15.1^{202}
5,13 ················ **16**.27^{189}
5,15 ················ **21**.15^{148}
5,17 ················ **14**.1^4
6,4 ················ **20**.10^{140}
6,9 ··········· **12**.14.2^{108} **17**.11^{186}
6,12-13 ············ **15**.6^{54} **22**.23^{265}
6,13 ················ **15**.7.2^{68}
6,22 ················ **19**.11^{103}
7,7-25 ·············· **21**.16^{158}
7,12-13 ·············· **13**.5^{26}
7,17 ················ **15**.7.2^{66}
7,23 ················ **22**.21^{234}
8,3 ················ **10**.22^{189}
8,6 ················ **20**.21.2^{259}
8,10 ·········· **13**.23.1^{147} **20**.15^{186}
8,11 ·········· **13**.23.1^{148} **20**.15^{187}
8,13 ············ **21**.9.2^{106} **15**^{144}
8,14 ················ **21**.15^{146}

로마	8,15	14.9.5^{139}
	8,18	5.18.3^{159}
	8,23	20.17^{206}
	8,24	13.23.3^{162}
	8,24-25	10.25^{228} 15.18^{148} 19.4.5^{64}
	8,25	1.0^{5}
	8,28	1.10.1^{51} 18.51.1^{416}
	8,29	13.23.1^{153} 18.51.2^{422} 21.24.6^{236} 22.12.1^{170} 16^{185}
	8,32	16.32.1^{219} 17.4.5^{51} 22.24.5^{298}
	8,37	22.23^{267}
	9,2	14.9.2^{121} 20.17^{207}
	9,5	15.20.2^{163}
	9,7-8	16.32.1^{217}
	9,8	16.34^{234}
	9,11-13	16.35^{238}
	9,14	20.1.2^{9}
	9,19-24	15.6^{52}
	9,21	15.1.2^{10}
	9,22-23	15.2^{22} 21$^{189\ 190}$
	9,23	21.16^{155} 24.3^{210}
	9,24-26	18.28^{201}
	9,27	18.33.2^{275}
	9,28	17.5.4^{100}
	10,3	14.9.2^{122} 17.4.3^{38} 18.32^{257} 21.24.5^{226}
	10,13	15.18^{152}
	10,17	17.16.2^{237}
	11,5	17.5.4^{97}
	11,11-15	18.46^{386}
	11,17-24	21.8.5^{97}
	11,20	14.7.2^{79}
	11,25-26	17.12^{194}
	11,30-31	21.24.6^{235}
	11,32	21.18.2^{179} 24.6^{234}
	11,33	1.28.1^{143} 20.1.2^{10}
	11,33-35	12.15^{113}
	12,1	10.6^{64} 16.2^{144}
	12,2	10.6^{66} 22.16^{186}
	12,3	12.16.3^{131}
	12,3-6	10.6^{70}

로마	12,12	18.32^{254} 51^{418}
	12,15	14.9.2^{118}
	12,16	1.28.1^{144}
	12,17	22.23^{263}
	13,10	21.25.4^{251}
	14,4	20.10^{143}
	14,9	20.9.1^{113} 2^{125}
	14,17	20.9.1^{113}
	15,16	1.15.2^{93}
	15,20	21.26.2^{258}
	16,20	20.8.2^{94}
1고린	1,19	10.28^{257}
	1,19-25	10.28^{258}
	1,24	10.28^{253}
	1,25	16.2.2^{23}
	1,27	17.20.2^{282}
	1,30-31	21.24.5^{229}
	1,31	18.32^{259}
	2,11	1.26^{139} 13.24.3^{193}
	2,11-14	14.4.2^{44}
	3,1	14.4.2^{45} 22.21^{233}
	3,3	14.4.2$^{42\ 49}$
	3,4	14.4.2^{50}
	3,7	12.26^{199} 22.24.2^{280}
	3,9	16.6.1^{62}
	3,11	21.26.2^{258}
	3,11-15	21.21^{186}
	3,13	21.26.2^{265}
	3,13-15	21.26.2^{268}
	3,15	21.26.1^{256}
	3,16-17	10.3.2^{36}
	3,17	17.8.3^{158}
	3,20	19.4.1^{43}
	4,3	1.9.2^{44}
	4,5	22.29.6^{359}
	4,7	17.4.8^{64}
	4,9	14.9.2^{117}
	5,7	16.43.1^{288}
	5,12	20.9.2^{120}
	5,38	12.26^{200}
	6,2	20.5.3^{43}

1고린 6,3	20.5.3[42]		1고린 15,38	12.26[200]
6,9	6.7.3[93]		15,39	14.2.1[10]
6,9-10	20.9.1[113]		15,42-44	13.23.2[154]
6,11	1.15.2[93]		15,42-49	22.21[231]
6,15	21.25.4[252]		15,44	13.20[120] 23.2[155] 22.21[236]
6,16	21.26.2[259]		15,44-45	13.23.3[169]
7,1-6	21.26.2[262]		15,44-49	13.22[140] 24.6[212]
7,4	16.25[175]		15,45	13.23.2[156] [157]
7,25	21.27.4[303]		15,46	13.23.2[158] 15.1.2[8] 18.11[69]
7,31	1.10.2[55] 20.24.1[307]		15,47	13.23.1[145] 18.11[69]
7,31-32	20.14[176]		15,48-49	13.23.3[160]
7,32	21.26.2[263]		15,51	20.20.3[240]
7,33	21.26.2[264]		15,52	1.12.2[79] 20.20.3[242]
8,1	9.20[116]		15,54	14.9.1[106]
8,5-6	9.23.2[140]		15,55-56	20.17[208]
10,4	13.21[129] 18.48[398]		15,56	13.5[24]
10,12	11.12[98] 20.7.3[81] 10[144]		15,57	22.23[266]
10,17	17.5.5[107]		2고린 1,12	5.12.4[95]
	21.20[184] 25.2[241] 22.18[207]		3,15-16	17.7.4[143]
10,20	8.24.2[201]		3,18	22.29.4[352]
11,19	16.2.1[9]		4,4	11.26[199]
12,20-21	22.30.2[369]		4,16	13.24.2[183] 14.3.1[22]
12,27	22.18[205]		5,1-4	14.3.1[23]
13,3	21.27.2[281]		5,4	20.17[205]
13,6	14.8.2[94]		5,6-7	19.14[130]
13,9	19.18[166]		5,7	19.27[238]
13,9-10 ·	11.31[248] 21.9.2[109] 22.29.1[331]		5,10	17.4.8[68]
13,11-12	22.29.2[339]		5,14-15	20.6.1[55]
13,12	22.29.1[332]		6,7-10	11.18[135]
13,13	15.26.2[244]		6,10	20.7.2[77]
15,1-10	20.5.3[41]		6,14	20.9.2[132]
15,10	14.9.2[116]		7,5	14.9.2[119]
15,21-22	13.23.3[164]		7,8-11	14.8.3[102]
15,22	20.20.2[237]		8,9	17.4.5[53]
15,24	19.15[149]		9,7	14.9.1[110]
15,25	17.17[243]		10,12	12.18.2[140]
15,25-28	20.8.2[94]		11,2	17.16.2[239]
15,26	12.23[183]		11,2-3	14.9.2[120] 5[138]
15,28	14.28[295] 17.12[201]		11,3	14.7.2[80]
	18.49[403] 19.15[150] 20[184] 22.29.2[342]		11,14	2.26.1[197]
15,36	1.20[115] 20.20.2[238]			10.10[100] 19.9[93] 21.6.1[65]

2고린	11,21 - 12.13	18.52.2[426]	에페	2,14-18 ······ 21.27.5[308]
	11,29	21.9.2[102]		2,14-22 ······ 18.28[203]
	12,21	14.9.2[123]		4,3 ······ 21.25.2[244]
	13,4	16.2.2[22]		4,9-10 ······ 17.4.9[72]
갈라	1,12	14.9.2[117]		4,10-16 ······ 22.18[204]
	1,24	17.7.2[135]		4,12 ······ 22.17[197]
	2,16	14.2.1[13]		4,13 ······ 22.12.1[169] 17[189]
	2,19	14.9.2[117]		4,14 ······ 8.23.3[191]
	3,6	16.23[158]		4,15 ······ 10.20[173]
	3,11	4.20[133] 14.2.1[12]		4,24 ······ 21.27.5[308]
	3,17	16.16[132] 24.3[169]		4,26 ······ 15.6[46] 22.23[262]
	3,19	10.24[207]		5,8 ······ 11.33[260]
	3,27	13.23.3[161]		5,14 ······ 20.10[141]
	4,4	18.45.3[378]		5,21-33 ······ 14.22[252]
	4,9	22.2.1[23]		5,25 ······ 21.26.2[260]
	4,21-26	17.3.1[14]		5,25-27 ······ 17.16.2[239]
	4,21-31	17.20.2[288]		5,28-29 ······ 15.7.2[72]
	4,21 - 5,1	15.2[16]		5,29 ······ 13.20[119]
	4,22	17.7.3[136]		6,5 ······ 10.1.2[12]
	4,22-24	13.21[128]		6,5-8 ······ 19.15[148]
	4,22-26	16.31[213]		6,12 ······ 14.3.2[30]
	4,24	16.34[230] 17.7.4[141]	필립	1,18 ······ 16.2.2[17]
	4,25-26	20.21.1[250]		1,23 ······ 14.7.2[72] 9.2[119]
	4,26	11.7[50]		2,6-7 ······ 10.6[68] 20.29[361]
	4,28	21.24.3[210] 22.20.3[229]		2,6-8 ······ 7.33[217] 14.13.1[183]
	4,30	15.2[20]		2,7 ······ 10.20[171]
	5,6	18.18.1[126] 19.27[243] 21.25.4[250]		2,8 ······ 14.15.1[202]
	5,17	13.13[70] 15.5[39] 7.2[63]		2,12 ······ 14.7.2[78]
		19.4.3[51] 21.15[149] 22.23[260]		2,13 ······ 22.2.1[18]
	5,17-23	15.7.2[64]		3,7-8 ······ 17.4.6[56]
	5,19-21	14.2.2[18] 21.25.1[238]		3,9 ······ 22.2.1[19]
	6,1	14.9.1[111] 15.6[45]		3,14 ······ 14.9.2[117]
	6,2	15.6[43]		3,19 ······ 8.25[213] 20.21.2[258]
	6,3	17.4.3[36]		3,19-20 ······ 20.9.1[115]
	6,4	5.12.4[96]		4,7 ······ 22.29.1[327]
에페	1,4	17.6.2[122]	골로	1,13 ······ 22.29.1[333]
		18.48[401] 20.7.3[82] 8.1[89]		1,15 ······ 11.26[199]
	1,15	21.27.5[308]		1,16 ······ 8.24.3[211] 10.1.1[8] 18.14[106]
	1,18	22.29.3[347]		1,18 ······ 10.20[173] 21.27.5[308]
	1,22-23	21.27.5[308] 22.18[208]		1,21 ······ 12.3[23]
	2,2	8.22[173] 9.3[8] 10.22[185]		1,24 ······ 21.27.5[308] 22.18[206]

| 골로 2,8 ·················· 8.10.1⁸⁰
| 2,9 ·················· 7.1³
| 2,20 ················· 17.4.5⁴⁷
| 3,1 ····· 17.4.5⁴⁸ 18.28²⁰⁷ 20.10¹³⁹
| 3,1-2 ················ 20.9.1¹¹⁴
| 3,2 ················· 17.4.5⁴⁹
| 3,3 ············ 17.4.5⁵⁰ 20.15¹⁸⁴
| 3,4 ················ 21.27.5³⁰⁸
| 3,6 ·················· 9.5³⁸
| 3,18-22 ················ 1.9.2⁴³
| 3,22-25 ··············· 19.15¹⁴⁸
| 3,22 ················· 10.1.2¹²
| 1데살 4,4-5 ·············· 14.16²¹⁵
| 4,5 ················ 21.26.2²⁶¹
| 4,13-17 ··············· 20.20.1²³⁵
| 4,17 ········ 12.14.2¹⁰⁹ 20.24.2³²²
| 5,5 ················ 11.7⁵¹ 33²⁶⁹
| 5,14-15 ················ 15.6⁴⁴
| 5,23 ··················· 1.15.2⁹³
| 2데살 2,1-12 ············· 20.19.1²¹⁹
| 2,2 ················· 20.19.1²¹⁶
| 2,3 ················· 20.19.1²¹⁷
| 2,8 ··········· 18.53.1⁴³³ 20.12¹⁶¹
| 1디모 1,5 ············· 14.26²⁷⁶ 17.4.8⁶⁵
| 2,2 ················· 19.26²³⁶
| 2,4-5 ················ 18.47³⁹⁴
| 2,5 ······· 9.17¹⁰⁴ 10.20¹⁷⁰ 11.2¹⁶
| 15.26.1²³¹ 17.5.5¹⁰⁴ 7.1¹²⁸ 21.16¹⁶⁰
| 2,14 ··············· 14.11.2¹⁶⁵ ¹⁶⁷
| 3,1 ················· 19.19¹⁷⁵
| 3,15 ················ 21.26.2²⁵⁸
| 4,8 ·················· 19.4.5⁶³
| 5,8 ·················· 19.14¹³⁶
| 5,20 ··················· 15.6⁴⁸
| 6,6-10 ·················· 1.10.1⁵⁴
| 6,17-19 ··················· 1.10.2⁵⁷
| 2디모 2,9 ················ 17.4.3³³
| 2,19 ················ 18.51.2⁴²¹
| 20.7.3⁸³ 8.1⁹⁰ 21.15¹⁴⁵ 26.2²⁵⁸
| 2,25-26 ··············· 21.24.1²⁰¹
| 3,2 ·················· 14.7.2⁶⁹
| 2디모 3,7 ·················· 2.1⁷
| 3,12 ················ 18.51.2⁴¹⁹
| 4,1 ·················· 20.1.2³
| 4,7-8 ················· 14.9.2¹¹⁷
| 디도 1,2-3 ················ 12.17¹³³
| 1,8 ·················· 14.7.1⁶²
| 2,9-10 ················ 19.15¹⁴⁸
| 3,5 ······· 10.22¹⁸⁷ 13.4¹⁹ 20.8.3⁹⁹
| 히브 1,8-10 ················ 17.16.1²²⁶
| 1,13 ·················· 17.17²⁴³
| 4,1-13 ················· 11.6⁴⁷
| 4,12 ················· 20.21.2²⁶⁴
| 5,1-4 ················· 20.25³³⁴
| 7,1-10 ················· 16.22¹⁵²
| 7,1-17 ················· 17.17²⁴⁶
| 7,11 ············ 17.5.2⁸⁸ 5¹⁰⁹
| 7,27 ················· 21.27.4²⁹⁵
| 9,12 ·················· 10.1.2¹¹
| 10,20 ·················· 11.2¹⁷
| 10,38 ·················· 4.20¹³³
| 11,8-19 ················ 16.23¹⁵⁹
| 11,11 ················· 16.28¹⁹⁷
| 11,17-19 ··············· 16.32.1²¹⁸
| 12,4 ·················· 10.21¹⁷⁹
| 12,14 ··················· 15.6⁴⁹
| 13,2 ················· 16.29²⁰⁴
| 13,16 ·················· 10.5⁵⁸
| 야고 1,2 ················· 14.9.1¹¹⁴
| 1,17 ·················· 11.21¹⁵³
| 1,19-20 ················ 8.17.2¹⁵²
| 1,27 ·················· 10.1.3¹⁸
| 2,1.4 ·················· 8.17.2¹⁵³
| 2,13 ········ 21.22¹⁸⁸ 27.1²⁷⁷ 4²⁹⁸ ³⁰⁰
| 2,14 ················ 21.26.1²⁵⁵
| 2,17- ················· 19.27²⁴²
| 4,6 ·········· 1.0⁷ 11.33²⁶⁵ 17.4.5⁵⁴
| 1베드 2,4-5 ··············· 18.48³⁹⁵
| 2,5 ·················· 8.24.2¹⁹⁸
| 2,9 ··········· 17.5.5¹⁰⁵ ¹¹¹ 20.10¹⁴⁷
| 2,11 ·················· 1.15.2⁹⁴
| 3,4 ·················· 1.10.1⁵²

1베드 3,20	············	**15**.11⁹⁴
3,22	············	**17**.17²⁴³
4,7-9	············	**21**.27.2²⁸⁶
5,5	······ **1**.0⁷ **10**.29.2²⁸⁰	**19**.27²⁴⁵
2베드 2,4	············	**11**.33²⁵⁹
	15.23.1²⁰⁵ **20**.1.2⁵	**21**.23¹⁹⁵
2,10	············	**14**.13.1¹⁷⁸
2,19	············ **4**.3²⁰	**19**.15¹⁴⁶
3,3-13	············	**20**.18²¹⁰
3,6-13	············	**20**.24.1³¹⁰
3,7	············	**20**.18²¹³
3,7-13	············	**20**.16¹⁹⁶
3,8	············	**20**.7.1⁶⁹
3,10-11	············	**20**.24.1³¹¹
1요한 1,8	···· **14**.9.1¹⁰⁹ **4**¹³⁵ **20**.17²⁰⁹	**25**³³²
2,13-23	············	**14**.1⁴
2,15	············	**14**.7.2⁶⁸
2,17	············	**20**.24.1³⁰⁸
2,18	············	**20**.19.1²¹⁹
2,18-19	············	**20**.19.3²²⁹
2,19	············	**20**.8.3⁹⁸
3,2	············ **21**.24.5²³¹	**22**.29.1³³⁵
3,8	············ **9**.10⁵⁵	**11**.13¹⁰⁸
3,9	············	**20**.22²⁸⁴
3,12	············	**15**.7.1⁵⁸
4,3	············	**20**.19.1²¹⁹
4,7	············	**17**.4.8⁶⁶
4,18	············ **14**.9.5¹³⁷	**21**.24.5²²⁸
5,7	············	**5**.11⁷⁴
5,17-20	············	**14**.1⁴
유다 14절	············	**15**.23.4²²⁰
14-15절	············	**18**.38³¹¹
묵시 1,4	············	**17**.4.4⁴⁵
1,6	············	**17**.5.5¹¹¹
1,7	············	**18**.34.1²⁷⁸
2,11	········ **13**.2⁶ **23**.1¹⁵²	**19**.28²⁴⁷
3,5	············	**20**.14¹⁷⁷
3,16	············	**13**.24.5²¹¹
4,6	············	**20**.16¹⁹⁷
5,1	············	**20**.14¹⁷⁷
5,10	············	**17**.5.5¹¹¹

묵시 6,11	············ **10**.21¹⁷⁸	**20**.8.3⁹⁷
11,2	············ **20**.8.2⁹²	**13**¹⁶³
12,3	············	**11**.27.1²⁰⁹
12,6	············ **20**.8.2⁹²	**13**¹⁶³
13,2	············	**11**.27.1²⁰⁹
13,5	············ **20**.8.2⁹²	**13**¹⁶³
13,8	············	**20**.14¹⁷⁷
14,8	············ **18**.2.2¹⁷	**22**¹⁵⁶
14,13	············	**20**.9.2¹²⁴
14,14	············	**18**.34.1²⁷⁸
15,2	············	**20**.16¹⁹⁷
17,14	············	**7**.1⁶
18,2.21	············	**18**.22¹⁵⁶
19,10	············	**10**.19¹⁶⁷
19,16	············	**4**.15¹¹¹
19,17	············	**17**.16.2²³⁹
20,1-6	······ **20**.7.1⁶⁷ **9**.1¹⁰¹	**10**¹⁴⁵
20,4	············	**20**.9.2¹¹⁷ ¹²¹ ¹²⁷
20,5	············	**20**.9.4¹³⁴
20,6	············ **20**.10¹⁴⁵	**13**¹⁶⁵
20,7	············	**20**.13¹⁶⁵
20,7-8	············	**20**.11¹⁴⁹
20,9	············ **20**.11¹⁵⁵	**12**¹⁵⁶
20,9-10	············	**20**.8.1⁹¹
20,10	············	**20**.14¹⁷⁰
	21.10.2¹¹⁹ **23**¹⁹⁴	**24**.4²¹⁸
20,11	············	**20**.14¹⁷²
20,12	············	**20**.14¹⁷⁷ ¹⁷⁸
20,13	············	**20**.14¹⁸⁰⁻¹
20,15	············	**20**.15¹⁹¹
21,1	············ **20**.14¹⁷⁴	**16**¹⁹³
21,2-5	············	**20**.17¹⁹⁸
21,8	············ **13**.2⁶	**23**.1¹⁵²
21,9-10	············	**17**.16.2²³⁹
21,27	············	**20**.14¹⁷⁷

성서 외 인용 색인

Aeschylus
Prometheus vinctus 936 ······ **2.21.1**[148]

Aëthius
Placita philosophorum 1.3.16-17 · **20.7.2**[75]
1.3.20 ·················· **4.10**[57]
1.7.17 ·················· **4.11**[96]
1.27-29 ················· **5.1**[1]
1.27.1 ·················· **5.1**[4]
1.28.3 ·················· **5.1**[5]
4.11 ················· **22.29.5**[355]

Ambrosius
De bono mortis 11 ·········· **22.30.1**[367]
De Cain et Abel 2.6-7 ········ **15.7.1**[57]
De fide ad Gratianum 2.16.138 ·· **20.11**[151]
De Isaac et anima 1.1-2 ····· **16.32.1**[220]
De Noe et arca ············ **15.26.2**[239]
4 ···················· **15.23.2**[209]
De officiis ministrorum 1.119 ···· **16.25**[180]
De paradiso 1.6 - 3.14 ········ **13.21**[130]
Epistulae 40, 41, 45 ········· **5.26.1**[212]
60.5 ················· **15.16.2**[131]
85 ··················· **22.8.2**[93]

Ampelius
Liber memorabilium 20 ········ **4.20**[137]

Andreas
Commentarium in Apocalypsim
8.8.9 ···················· **20.15**[183]

Annaeus
Ἐπιδρομή ················ **6.8.1**[100]

Apollodorus
Bibliotheca 3.14.6 ············ **18.12**[80]

Appianus
De bellis Punicis 4 ············ **1.15.1**[90]
De bello civili 1.26 ············ **3.24**[175]
1.31-38 ················· **3.26**[183 184]
1.31-39 ················· **3.26**[182]
1.39 ··················· **3.26**[185 186]
1.71-74 ········· **2.23.1**[175] **3.27**[188 193]
1.95-96 ················· **3.28**[194 198]
De bello Mithridatico 22-23 ····· **3.22**[166]
53.59 ···················· **3.7**[30]
59 ····················· **3.26**[187]
Romana historia 1.2 ··········· **18.21**[154]

Apuleius
Asinus aureus ·········· **4.2**[11] **18.18.1**[129]
11.15 ··················· **21.13**[131]
De deo Socratis [Alois-Buckley eds.] ·· **4.2**[11]
8.12[112] **14.1**[122] **14.2**[129] **27.2**[235] **10.9.2**[95]
1.8 ···················· **8.14.2**[128]
2 ················· **9.16.1**[91] **16.2**[97]
3 ················ **8.15.2**[138] **9.16.1**[88]
4 ····· **8.18**[157] **9.8**[48] **12**[62] **16.1**[87] **12.10**[81]
6 ········· **8.16**[140] **9.18**[106] **21.10.1**[111]
7 ····················· **8.20**[168]
7-8 ···················· **8.16**[142]
11 ····················· **9.7**[41]
12 ·· **8.17.2**[154] **9.3**[10] **4.1**[13] **6**[39] **7**[43] **10.27**[241]
12.14 ··················· **8.16**[139]
13 ············· **8.17.2**[151] **9.8**[45] **12**[61]
15 ····················· **9.11**[59]
De dogmate Platonis ··········· **8.12**[112]
1.6 ···················· **12.2**[19]
De magia ················ **8.19**[165]
De mundo [Aristoteles 번역] · **4.2**[11] **8.12**[112]
34 ····················· **4.2**[13]
Phaedo [Plato 번역] ··········· **8.10.2**[91]

Aratus
Phaenomena ··············· **16.23**[157]
5 ····················· **8.10.1**[83]

Aristeas
Epistula ad Philocratem · **8.10.2**[91] **18.42**[344]

Aristoteles
Categoriae ············ **8.10.2**[91] **12**[104]
2a ····················· **9.4.1**[14]
De anima 403a - 403b ·········· **9.4.1**[12]

412b	**22**.24.4²⁹³
415a -	**22**.29.5³⁵⁵
429a - 430a	**8**.7⁶⁶
De caelo 268b - 270b	**22**.11.2¹⁶²
279b	**21**.23¹⁹⁹

De generatione animalium
2.3.736-737	**22**.11.2¹⁶²
Ethica Nicomachea V	**2**.21.1¹⁴⁸
1095a	**10**.1.1²
1097a	**19**.1.1⁴
1097a - 1098a	**8**.8⁶⁸
1097a - 1098b	**10**.3.2³⁹
1102a	**19**.4.3⁴⁹
1152b	**19**.4.1⁴¹
1153b	**10**.1.1¹ **19**.1.1⁸ **4**.1⁴¹
1155a	**9**.5³³
1172b - 1173a	**22**.5⁵⁵
1176a - 1177a	**14**.25²⁷¹
1177a	**9**.4.1¹⁴
1178b	**9**.14⁷²
Historia animalium 580a	**22**.6.1⁶⁵
Metaphysica 983b, 1074b	**6**.4.1⁴²
984b	**22**.24.5²⁹⁵
985b	**11**.22¹⁶³
989a-b	**6**.6.3⁸¹ ⁸²
995a-b	**21**.5.2⁵⁴
1015a	**5**.10.1⁷⁰
1071b	**10**.25²³¹
1071b - 1072a	**7**.9.1⁷³
1072a-b	**10**.5⁵⁰
1074b	**6**.5.1⁵⁴ **9**.2⁶ **22**.20.1²²⁴
1106b - 1107a	**22**.22.1²⁴⁴
Physica 97a	**5**.9.4⁶³
194b	**5**.9.4⁶²
195b	**5**.1⁵
204b	**22**.26³¹⁰
219b	**13**.11.1⁵⁶
219b - 220a	**12**.16.1¹²³
243a	**22**.20.1²²⁴
Poetica 4	**2**.9⁵⁶
7 - 15	**2**.14.1⁸⁵

Politica 1256a	**18**.2.1⁵
1260b - 1264b	**19**.16¹⁵⁵
1279a-b	**2**.21.2¹⁵³
1305a	**19**.5⁷¹
1323a	**19**.1.1⁸
1325a; 1333b - 1334a	**5**.22¹⁹¹
Rhetorica 1413a	**16**.21¹⁴⁷
Topica 126b	**16**.21¹⁴⁷

Pseudo-**Aristoteles**
De mundo	**4**.2¹¹ **8**.12¹¹²

Arnobius
Adversus nationes	**4**.8³⁹ 27²⁰⁰
1.13	**2**.3¹²
1.28	**7**.1³
1.38	**18**.6³⁹
1.54	**10**.17¹⁵¹
2.62	**10**.9.2⁹³
2.67	**4**.19¹²⁷
2.70	**4**.11⁸⁴
2.71	**4**.23.1¹⁶¹ **18**.15¹¹⁷
3 - 4	**4**.8⁴⁰
3.3	**7**.14⁹⁸
3.4	**19**.22²⁰⁵
3.6	**18**.6³⁹
3.10	**4**.11⁸³
3.23	**18**.8⁴⁸
3.26	**7**.14¹⁰²
3.31	**7**.16¹¹⁷
3.32	**7**.16¹¹⁸
3.33	**18**.12⁷⁹
3.37	**4**.21¹⁴⁵
3.40	**4**.23.3¹⁷³
4.7	**4**.34²³⁶
4.7-10	**4**.8³⁹ ⁴¹
4.9	**4**.16¹¹⁵
4.15	**4**.10⁶⁹ **18**.12⁷⁹
4.21	**6**.7.1⁸⁷
4.36	**2**.28²¹⁰
5.1	**3**.11⁵³
5.5	**7**.25¹⁷⁰
5.25	**18**.6³⁹

6.16	**18**.12^{85}
7.19-20	**3**.12^{60}
7.33	**2**.13^{76}

Arrianus
De expeditione Alexandri 2.24 ····· **1**.2^{11}

Athenagoras
Legatio pro Christianis 31 ······ **22**.1.2^{13}
De resurrectione 12 ········ **22**.20.3^{230}

Augustinus
Confessiones ·············· **22**.8.3^{94}

1.1	**3**.10^{48} **8**.8^{76}
1.1.1	**11**.31^{247} **14**.15.2^{203} 24.2^{268}
1.1.3	**11**.28^{218}
1.6.10	**11**.21^{152} **12**.13^{98} 16.3^{129}
1.6.19	**12**.26^{206}
1.9.14-15	**21**.14^{137}
1.9.15	**22**.22.2^{250}
1.10.16	**11**.17^{130}
1.11	**12**.13^{98}
1.13.22	**2**.8$^{47\text{-}8}$ **19**.7^{79}
3.2.2	**1**.32^{163}
3.3.6	**11**.33^{261}
3.4.7	**3**.15.1^{95}
3.5.10 - 7.12	**14**.11.1^{155}
3.6.10	**5**.14^{117} **11**.27.2^{214}
3.6.11	**2**.8^{48}
3.7.12	**12**.7^{56}
3.8.16	**14**.13.1^{180}
4.2	**14**.16^{214}
4.4.7 - 7.12	**19**.8^{87}
4.10.15	**13**.10^{48}
4.13.20	**22**.19.2^{215}
4.16.28	**8**.12^{104}
4.16.30	**22**.5^{52}
5.5.8	**14**.28^{294}
5.8.14	**7**.3.2^{31}
5.10.19	**6**.2^{27}
5.12.22	**2**.19^{129}
6.2.2	**8**.27.1^{232}
6.7.1	**1**.32^{163}
6.9.14	**7**.4^{35}
6.11.19	**12**.9.2^{80}
6.12-15	**14**.16^{214}
7.9.13	**11**.33^{261}
7.9.13 -	**10**.29.2^{284}
7.9.13 - 20.26	**19**.18^{165}
7.9.14	**10**.29.1^{262}
7.10.16	**8**.5^{43}
	9.17^{100} **11**.28$^{218\ 221\text{-}2}$ **12**.13^{98}
7.11.17	**5**.14^{117}
7.13.19	**11**.18^{132}
7.19.25	**19**.23.3^{214}
8.2.3-4	**10**.29.2^{283}
8.5.11	**22**.22.1^{245}
8.7.17	**3**.15.1^{95}
9.2.4	**7**.3.2^{31}
9.6.14	**8**.26.3^{230}
9.7.16	**22**.8.2^{93}
9.10	**22**.29.1^{326}
9.13.36	**20**.9.2^{122}
10.6.9 - 16.37	**11**.4.1^{23}
10.14.21	**7**.7^{58}
10.21.31	**11**.26^{205}
10.23.33	**8**.1^{3} **11**.27.2^{214}
10.36.58 - 9.64	**5**.19^{165}
11.4.6	**11**.2^{9}
11.6-7	**10**.15^{135}
11.10-31	**13**.11.1^{55}
11.10.12	**11**.4.2^{28}
11.13.15-16	**11**.5^{40}
11.14.17	**11**.6^{41} 21^{154}
11.14.17 - 18.23	**13**.11.1^{56}
11.24.31	**11**.6^{42}
12.7.7	**8**.6^{58}
12.9.9	**11**.9^{68} 21^{154}
12.11.11	**14**.26^{284}
12.12.15	**11**.10.2^{87}
12.18.27	**11**.19^{137} 32^{256}
12.20.29	**11**.32^{256}
12.25.34	**5**.16^{126} **11**.10.2^{85}
12.29.40	**12**.25^{191} 26^{206}
13.9.10	**11**.27.1^{211}

13.11.12	**11.24**[182 188]	20.9	**2**.14.2[93] **6**.10.1[135] 11[146]
13.14.17 - 29.40	**11**.33[270]	22.24	**7**.32[214]
13.15.18	**11**.34[273]	22.27	**10**.12[123] **14**.12[171]
13.24.37	**14**.21[246]	22.30	**16**.25[173]
13.28.43	**11**.18[132]	22.36	**16**.19[143]
13.32.47	**11**.34[273]	24.2	**13**.24.2[183]
13.35.50 - 17.52	**11**.8[59]	26.3	**14**.24.2[267]
13.35.50 - 37.52	**11**.31[247]	*Contra Iuliani responsionem*	
13.38.53	**11**.10.3[91] 21[149 155]	2.97	**14**.13.2[192]

Contra Academicos · **4**.23.1[159] **6**.2[27] **9**.4.3[26]

1.2.5	**14**.25[270]	3.206	**14**.13.1[176]
1.3.9	**10**.18[160]	6.11	**14**.11.1[156]
1.6.8	**18**.23.1[162]	67	**12**.9.2[77]
2.2.4	**7**.3.2[31]	*Contra Iulianum haeresis Pelagianae*	
2.2.5	**8**.1[5]	1.8.36-37	**12**.3[28]
2.5.11	**9**.4.2[24]	3.16.33	**5**.19[171]
2.8.21	**14**.13.1[172]	4.8.45	**12**.28.2[221]
3.7.14 - 16.36	**19**.18[165]	5.11.45	**15**.16.3[134]
3.8.17	**14**.20[237]	5.14.51	**18**.5[37]
3.19.42	**9**.14[74]	6.31.36	**21**.3.1[13]
3.20.43	**12**.21.3[166]	*Contra Iulianum opus imperfectum*	
7.19	**18**.23.1[162]	1.25; 2.8; 2.66	**21**.25.3[245]
Contra adversarium Legis et Prophetarum		5.39	**15**.21.4[191]
1.14.18	**14**.1[2]	*Contra litteras Petiliani* 2.206 · **18**.52.2[430]	
1.38	**10**.20[174]	2.221	**22**.8.1[86]
2.10.37	**16**.34[235]	2.323	**14**.24.2[266]
Contra duas epistulas Pelagianorum		*Contra mendacium* 10.24	**16**.37[247]
1.17.34	**14**.23.2[254]	*Contra Priscillianistas et Origenistas*	
4.4.7	**21**.18.1[170]	5.5; 6.7	**21**.17[168]
Contra Faustum Manichaeum		5.6	**12**.17[134]
	6.11[146] **15**.7.2 **26**.1[233] 26.2	8.9	**11**.23.2[179]
4.2	**7**.32[214] **18**.11[67]	*Contra Secundinum Manichaeum* · **11**.22[169]	
6.4	**1**.20[117]	*De agone Christiano* 3.3.5	**14**.3.2[30]
12.8	**12**.28.1[219]	21.23	**14**.2.1[15]
12.9	**15**.7.2[74]	*De baptismo* 4.17.24	**18**.47[388]
12.14	**15**.26.2[238]	*De baptismo parvulorum*	**13**.4
12.16	**15**.26.2[241]	*De beata vita* · **4**.23.1[159] **9**.4.3[26] **10**.1.1[1]	
12.22	**16**.2.1[3]	2.2.7	**11**.26[204]
12.33	**17**.4.1[25]	2.7	**19**.3.1[29]
12.42	**16**.41[274]	2.10	**14**.25.1[270]
13.1	**18**.23.1[164]	2.11	**9**.13.1[64] **11**.11[97]
		De bono coniugali · **14**.23.2[253] **16**.36[245]	

1.1 ················· **12.28.1**[217]	2 ················· **3.18.1**[136]
2.2 ················· **14.21**[246]	**5.12.6 8.13** 17.2[156] **9.1**[3] **15.4**[29] **19.21**.1
4.4 ················· **21.26.1**[262]	2 - 3 ················· **19.7**[82] 9[97]
21.25 ················· **1.16**[98]	2 - 5 ················· **1.36**[177]
24.32 ················· **14.12**[171]	2.1 ················· **1.0**[2]
De bono viduitatis ····· **1.28.1**[144] **16.36**[245]	2.4 ······ **2.26.2**[200] **6.0**[6] **7.26**[175] **19.9**[96]
De civitate Dei 1 ···· **2.2**[6] 3[14] **7.0**[1] **10.32**.4	2.4-15 ················· **2.25.1**[194]
1 - 2 ················· **4.18**.1	2.5 ················· **1.30**[156] **3.12**[57]
1 - 3 ················· **4.1**[1]	2.5-14 ················· **6.6.2**[73]
1 - 5 ················· **6.0**[14]	2.6 ················· **2.27**[209]
1 - 9 ················· **19.24**[228]	2.7 ······ **2.12**[74] **6.6.3**[77] **7.3**[92]
1 - 10 ······ **1.36**[176] **7.0**[1] **19.21.2**[199]	2.9 ······ **2.12**[72] 21.1[147] **10.9.1**[83]
1.0 ················· **2.1**[4] 18.3[128]	2.9-11 ················· **4.28**[202]
8.19[167] **10.25**[230] 32.4[324] **11.1**[8]	2.10 ················· **8.18**[160]
1.3 ················· **1.21**[119] **19.19**[171]	2.11 ······ **3.17.2**[118] 25[178] **8.13**[119 120] **9.19**[110]
1.4 ················· **2.22.2**[169]	2.12 ················· **2.7**[41]
1.5 ················· **5.12.2**[87]	2.13 ················· **2.9**[52]
1.10.2 ················· **1.9.3**[50]	2.14 ······ **4.15**[108] **8.13**[117] 13[119]
1.11 ················· **1.12.1**[76]	2.14.2 ·· **3.12**[58 9] 16[106] **4.11**[94] **15.5**[36] **16.8.1**[78]
1.15 ··· **1.24**[131] **3.18.1**[137] 20[154] **5.18.2**[150]	2.15 ················· **4.10**[71] 21[148]
1.15.1 ················· **2.17**[111] 23.1[176]	**6.7.1**[86] **8.1**[101] **7.13**[93] **18.15**[114] 24[176]
1.15.2 ················· **15.8.2**[80]	2.16 ················· **10.13**[128]
1.16 - ················· **2.2**[8]	2.16.1-2 ················· **6.6.3**[77]
1.16-30 ················· **1.16**[95]	2.17 ·· **3.13**[63] 15.2[98] **3.16**[108] 17.2[119] **5.18.2**[138]
1.17-26 ················· **11.27.1**[207]	2.18 ················· **19.24**[228]
1.17-27 ················· **5.18.2**[141]	2.18.1 ················· **3.17.1**[109]
1.19.1 ················· **2.17**[109]	2.21.2-4 ················· **5.15**[123] 18.2[155]
1.19.1-3 ················· **3.15.2**[98]	2.21.4 ················· **19.7**[83] 21.1[186]
1.21-26 ················· **14.19**[232]	2.22 ················· **3.28**[195]
1.23 ················· **5.18.2**[137] **19.4.4**[57]	2.22.1 ················· **6.6.2**[73]
1.23-24 ················· **3.30**[207] **5.12.2**[86 87]	2.22.2 ················· **2.25.2**[195] **3.3**[15] **4.8**[38]
1.24 ················· **1.15.1**[89] **3.18.1**[137]	2.23 ················· **3.10**[47] 18.1[137]
1.29 ················· **19.23.4**[216]	2.23-24 ················· **3.20**[154] 27[188]
1.30 ······ **2.7**[37] **3.12**[56] **6.7.3**[92]	2.23-25 ················· **3.28**[194]
1.30-31 ················· **1.30**[156]	2.23.1 ······ **1.15.1**[89] **3.30**[204] **5.18.2**[150]
1.30-33 ················· **2.5**[27]	2.24 ······ **3.7**[34] 22[167] **4.21**[148] 23.2[181]
1.31-32 ················· **6.6.2**[73]	2.24.1 ················· **15.16.3**[137]
1.32 ················· **2.8**[43]	2.24.2 ················· **4.11**[77]
1.34 ················· **2.29.1**[215] **5.17.2**[133]	2.25.1 ················· **6.6.2**[73]
1.36 ················· **4.2**[9]	2.25.2 ················· **3.3**[15]
1.46-47 ················· **7.3.1**[19]	2.26 ················· **2.4**[19] 6[31] **7.26**[175]

2.26.1	**2.27**²⁰⁹
2.27	**6**.6.2⁷³ 7.3⁹⁴
2.29	**2**.11⁷⁰ **5**.17.2¹³³ **7**.30²⁰⁰
2.29.1 · **3**.18.2¹⁴⁰ **4**.10⁶⁵ 20¹³⁴ **5**.14¹¹⁸ 18.2¹⁴⁰	
2.29.2	**4**.15¹¹⁰
3	**3**.1⁷ 31²¹⁷ **7**.34 **8**.4²³ **9**.1³ **15**.23.1
3 - 4	1.3²⁵ **8**.5³³
3.1	**4**.11⁸⁰ **8**.4²³
3.2	**3**.30²⁰⁴ **10**.18¹⁶¹
3.3 · **3**.30²⁰⁷ **4**.10⁷¹ **5**.12.2⁸⁷ **7**.2¹³ **18**.10⁶³	
3.4	**4**.22¹⁵⁶ **6**.2²⁴
3.5	**4**.10⁶⁵ **15**.23.1²⁰⁰
3.6	**15**.5³⁶
3.7	**2**.25.2¹⁹⁵ **3**.3¹⁵ 21¹⁴⁰ 28¹⁹⁴
3.9	**6**.9.5¹²³ **7**.2¹⁰ 34²²⁰ **18**.24¹⁸¹
3.9-10	**4**.23.1¹⁶⁸
3.11	**4**.11⁷⁸ **6**.7.1⁸⁶
3.11-12	**4**.21¹⁵³
3.12 ·· **2**.14.2⁹³ **3**.17.2¹²⁴ **8**.26.2²²¹ **15**.5³⁶	
3.13	**3**.30²⁰⁶ **6**.10.1¹³³ **7**.14¹⁰⁴
3.14	**3**.18.2¹⁴² **6**.10.1¹³⁴ **15**.4²⁹
3.14-15	**4**.23.1¹⁶⁹
3.14.3	**2**.25.2¹⁹⁵ **3**.3¹⁵ **15**.5³⁶
3.15	**6**.10.1¹³⁴
3.15.2	1.19.2¹⁰⁷ **3**.3¹⁵
3.16 ··· **2**.17¹⁰⁹⁻¹⁰ **18**.1¹²⁰ **5**.18.1¹³⁴ ¹³⁶ **18**.2¹⁴⁷	
3.17	**2**.11⁷⁰ **4**.21¹⁵³
3.17.2	**2**.17¹¹² ¹¹⁴ **4**.7³³
5.18.2¹³⁸ ¹⁵²⁻³ 22¹⁹⁰ **6**.9.1¹¹⁰ **18**.13¹⁰³	
3.17.3	**6**.3³⁸
3.18-30	**19**.7⁸³
3.18.1	**1**.15.1⁸⁹ 24¹³¹
3.18.1-2	**3**.17.3¹³¹
3.18.2	**4**.10⁶⁵ **6**.2³²
3.19	**5**.22¹⁸⁷
3.20	1.15.1⁸⁹ 24¹³¹
2.17¹¹¹ 23.1¹⁷⁶ **3**.7³² **5**.18.2¹⁵⁰ **22**.6.2⁷⁸	
3.22	**5**.22¹⁸⁹
3.23 -	**19**.24²²⁸
3.24-25	**2**.22.1¹⁶³
3.25	**4**.11⁷⁷ **7**.15¹⁰⁵ **8**.13¹¹⁹

3.26	**2**.4¹⁹ **4**.5²³ **5**.22¹⁸⁵
3.27-30	**2**.24.1¹⁸⁶
3.28	**4**.27¹⁹⁴ **5**.26.1²⁰⁹
3.30	**2**.27²⁰⁴ **5**.12.2⁸⁷ **7**.14¹⁰⁴
3.31	**6**.6.3⁷⁷
3.34	**4**.11⁷⁷ ⁸⁶
4	**4**.6³¹ **6**.1.2 4.2 12
7.3.1 11 19¹²⁷ **9**.1³ **10**.6⁷¹ **15**.4²⁹	
4.1	**4**.31.1²²¹ **19**.22²⁰⁴
4.2	**19**.5⁷¹
4.3	**4**.15¹⁰⁶
4.3.2	**14**.5⁵²
4.4	**2**.21.4¹⁵⁸ **19**.12.1¹⁰⁷ 24²³⁰
4.5	**2**.29.1²¹⁵ **5**.17.2¹³³
4.6	**7**.14¹⁰⁴
15.4²⁹ **16**.10.1⁹⁰ 17¹³⁴ **18**.2.2¹⁴ **19**.7⁸³	
4.7 ···· **2**.17¹¹² **5**.18.2¹³⁸ **6**.1.1¹⁰ **12**.11⁸⁸	
4.7-8	**6**.1.2¹³
4.8 ···· **2**.22.2¹⁶⁹ **4**.11⁸⁵⁻⁶ 23.1¹⁶⁷ 23.2¹⁸¹	
6.1.3¹⁹ **9**.1¹⁰⁶ **7**.17¹²¹ **18**.14¹⁰⁸ **19**.25²³²	
4.8-11 ·· **4**.34²³³ **6**.7.3⁹² **7**.11⁸⁷ 20¹³⁹ **10**.18¹⁵⁸	
4.9.2	**15**.23.1²⁰³
4.9.31	**7**.5⁴³
4.10 · **7**.2¹¹ 13⁹³ 16¹¹⁵ 23.2¹⁵⁵ ¹⁵⁸ **10**.21¹⁸⁰	
4.10-11 · **6**.10.3¹⁴⁰ **7**.22¹⁴³ 23.1¹⁵¹ **22**.11.2¹⁶²	
4.11	**2**.14.2⁹¹ 22.2¹⁶⁹
4.16¹¹² 21¹⁴ ¹⁴⁸ 22¹⁵⁷ **5**.17.1¹²⁷	
6.1.2¹³ ¹⁷ 1.4²² **7**.1⁸⁶ **9**.1¹⁰⁶⁻⁹ **9**.3¹²⁰ 10.3¹⁴⁰	
7.2¹² ¹³ ¹⁴ ¹⁵ **3**.1¹⁸ ²⁶ 7⁵⁴ 11⁸⁴ 15¹¹⁰ 21¹⁴⁰	
24.1¹⁶² ¹⁶⁴ **18**.12⁷⁶ **22**.24.4²⁹²	
4.11-22	**19**.17¹⁵⁹
4.12	**4**.11⁹⁷
4.13	**9**.13.3⁷⁰
4.15	**2**.14.2⁹³
4.14¹⁰⁴ 23.1¹⁷⁰ **6**.10.1¹³⁵ **7**.14¹⁰⁴	
4.16	**2**.22.2¹⁶⁹ **6**.1.1¹⁰ 1.2¹³
4.16-29	**15**.16.3¹³⁷
4.17	**4**.14¹⁰⁴ **5**.17.1¹²⁷
4.18	**4**.11⁸⁸
4.18-19	**4**.23.1¹⁵⁹
4.18-24	**4**.33²³⁰ **7**.3.1²⁵

4.20 ‥‥‥‥‥‥‥‥‥‥‥‥ **2**.22.2[169]	5.12.2 ・ **3**.30[207] **4**.11[77] **5**.15[124] **19**.12.1[108]
5.18.2[142 144] **19**.4.1[39] **20**.26.1[337]	5.12.3 ‥‥‥‥‥‥‥‥‥ **4**.20[131] **5**.19[163]
4.20-21 ‥‥‥‥‥‥‥‥‥‥‥ **22**.24.3[285]	5.12.4 ‥‥‥‥‥‥‥‥ **12**.9.2[75] **14**.4.1[38]
4.21 ‥‥ **2**.22.2[169] **4**.11[85-6 89] **14**[104] **18**[121] **28**[203]	5.12.5 ‥‥‥‥‥‥‥‥‥‥‥‥‥ **3**.30[207]
5.12.3[92] **6**.10.3[140] **7**.2[14-5] **3**.1[21] **3**.2[29]	5.13 ‥‥‥‥‥‥‥‥‥‥‥‥‥‥ **19**.7[83]
11[86] **24**.1[164] **8**.26.2[221]	5.14 ‥‥ **2**.21.1[148] **4**.20[134-6] **8**.10.2[87] **19**[167]
4.21-22 ‥‥‥‥‥ **3**.17.2[124] **6**.1.1[10] **9**.1[106]	5.15 ‥‥‥‥‥‥‥‥‥‥‥‥‥ **19**.17[160]
4.21-23 ‥‥‥‥‥‥‥‥‥‥ **6**.1.2[13] **7**.3.1[23]	5.16 ‥‥‥‥‥ **4**.18[121] **11**.10.2[85] **28**[218]
4.22 ‥‥‥‥‥‥‥‥‥‥‥‥‥‥ **6**.1.2[14]	5.17 ‥‥‥‥‥‥‥‥‥‥‥‥‥‥ **6**.1.3[18]
4.23 ・ **2**.22.2[169] **4**.11[84 93] **18**[121] **29**[204] **6**.10.1[135]	5.17.1 ‥‥‥‥‥‥‥‥‥‥‥ **4**.11[77] **14**[104]
4.23.1 ‥‥‥‥‥‥‥‥‥‥‥‥ **6**.10.1[133-4]	5.18 ‥‥‥‥‥‥‥‥‥‥‥‥‥ **4**.20[134]
7.24.1[162] **10**.1.1[1] **11**.26[205] **15**.23.1[203]	5.18.1 ‥‥‥‥‥‥‥‥‥‥‥‥‥ **2**.17[109]
18.12[73] **15**[110] **15**[117] **41**.1[326] **19**.1.3[23]	5.18.2 ‥‥‥ **1**.15.1[89] **2**.17[111-2 114] **23**.1[176]
4.23.2 ‥‥‥‥‥‥ **2**.14.2[93] **3**.12[59] **4**.11[94]	**3**.17.2[114] **4**.20[135-6] **5**.14[118]
4.24 ‥‥‥ **4**.11[86] **14**[104] **5**.12.3[92] **17**.1[127]	5.18.3 ‥‥‥‥‥‥‥ **4**.34[237] **5**.21[180] **15**.2[17]
4.25 ‥‥‥‥‥‥‥‥‥‥‥‥‥‥ **7**.26[174]	5.19 ‥‥‥‥‥‥‥‥‥‥‥‥‥ **7**.27.2[188]
4.24-26 ‥‥‥‥‥‥‥‥‥‥‥‥‥ **6**.12[148]	5.19-20 ‥‥‥‥‥‥‥‥‥‥‥‥‥ **19**.4.3[49]
4.26 ‥‥‥‥‥‥‥‥‥‥‥ **6**.1.3[21] **8**.13[118]	5.20 ‥‥‥‥‥‥‥‥‥‥‥‥‥ **19**.25[233]
4.27 ‥‥‥‥‥‥‥‥ **2**.5[24] **3**.28[196] **29**[203]	5.21 ‥‥‥‥‥‥‥‥‥‥‥‥‥‥ **3**.30[207]
5.14[118] **6**.5.3[62] **8**.5[38] **26**.2[221] **18**.14[108]	**4**.29[209] **5**.25[203] **7**.7[54] **8**.12[109] **18**.52.2[427]
4.27-28 ‥‥‥‥‥‥‥‥‥‥‥‥‥‥ **6**.5.1[54]	5.24 ‥‥‥ **2**.20[137] **21**.1[148] **5**.19[165] **8**.19[167]
4.29 ‥‥‥‥‥‥‥‥ **4**.11[93] **5**.21[182] **25**[203]	5.25 ‥‥‥‥‥‥‥‥‥ **3**.30[206] **18**.52.2[427]
6.3[37] **7**.7[54] **8**.12[109] **18**.52.2[427-8]	5.26.1 ‥‥‥‥‥‥‥‥‥‥‥ **3**.27[188] **6**.0[7]
4.30 ‥‥‥‥‥‥‥‥ **5**.9.1[41] **6**.9.2[111] **10**.2[138]	5.26.2 ‥‥‥‥‥‥‥‥‥‥‥‥ **2**.1[3] **6**.0[7]
4.31 ‥‥‥‥‥‥‥‥‥‥‥‥ **6**.4.2[52] **18**.10[63]	6 ‥‥‥‥‥‥‥‥ **7**.0[1] 1 **20**[139] **9**.1[3] **15**.4[29]
4.31.2, 6 ‥‥‥‥‥‥‥‥‥‥‥‥‥‥ **18**.24[180]	6 - 7 ‥‥‥‥‥‥‥‥‥‥‥‥‥‥ **4**.31.1[221]
4.33 ‥‥‥‥‥‥‥‥‥‥‥‥‥‥ **1**.8.1[39] **7**.30[200]	6 - 10 ・ **1**.36[177] **3**.18.2[144] **5**.26.2[214] **8**.12[103]
4.33-34 ‥‥‥‥‥‥‥‥‥‥‥‥ **6**.12[148] **15**.2[17]	6.1 ‥‥‥‥‥‥‥‥‥‥‥ **2**.22.2[169] **19**.17[160]
4.34 ‥‥‥‥‥‥‥‥‥‥‥‥‥‥‥ **2**.22.2[169]	6.1.2 ‥‥‥‥‥‥‥‥‥‥‥ **4**.11[80] **6**.9.1[106]
4.11[89 90 94] **5**.21[180] **6**.9.1[107] **10**.3[140]	6.1.4 ‥‥‥‥‥‥‥‥‥‥‥‥ **4**.11[93] **18**[122]
5 ‥‥‥‥‥‥ **6**.12[153] **7**.0[1] **10**.6[71] **22**.5[47]	6.2-3 ‥‥‥‥‥‥‥‥‥‥‥‥‥‥ **4**.22[156]
5.1 ‥‥‥‥‥‥‥‥‥‥‥‥‥‥‥‥ **6**.12[153]	6.3 ‥‥‥ **4**.1[8] **23**.2[174] **7**.2[8] **17**[121] **28**[190]
5.1-8 ‥‥‥‥‥‥‥‥‥‥‥‥‥‥ **14**.11.1[157]	6.5 ‥‥‥‥‥‥‥‥‥‥‥‥‥‥‥ **4**.27[195]
5.7 ‥‥‥‥‥‥‥‥‥‥‥‥‥‥‥ **2**.29.1[215]	6.5.2 ‥‥‥‥‥‥‥‥‥‥‥‥‥‥‥‥ **8**.2[7]
5.8 ‥‥‥‥‥‥‥‥‥‥‥‥‥‥‥‥ **5**.9.4[60]	6.5.3 ‥‥‥‥‥‥‥‥‥‥‥‥‥‥‥ **6**.6.3[78]
5.8-10 ‥‥‥‥‥‥‥‥‥‥‥‥‥ **14**.11.1[151]	6.7-8 ‥‥‥‥‥‥‥‥‥‥‥‥‥‥ **7**.16[115]
5.9-10 ‥‥‥‥‥‥ **3**.10[48] **5**.9.1[37] **14**.27[287]	6.7.1 ‥‥‥‥‥‥‥ **1**.32[163] **2**.5[24] **4**.11[78 94]
5.9.1 ‥‥‥‥‥‥‥‥‥‥‥‥‥‥‥ **4**.30[215]	**6**.9.3[120] **7**.18[125] **27**.1[183] **10**.18[158] **18**.8[49]
5.11 ‥‥‥‥‥‥‥‥‥‥‥ **7**.30[200] **12**.25[189]	6.7.3 ‥‥‥‥‥‥‥‥‥ **2**.7[37] **6**.10.1[136] **7**.25[170]
5.11-16 ‥‥‥‥‥‥‥‥‥‥‥‥‥‥‥ **20**.2[12]	6.8 ‥‥‥‥‥‥‥‥‥‥‥‥‥ **3**.12[57] **7**.2[11]
5.12-13 ‥‥‥‥‥‥‥‥‥‥‥‥‥ **19**.25[233]	6.8-10 ‥‥‥‥‥‥‥‥‥‥‥‥‥‥‥ **4**.8[37]

6.8.1	**7.13**^{93}
6.9	**7.2**^{14} 21^{140} **18.12**^{76}
6.9.1	**4.11**$^{80\,90}$ **7.2**^{13}
6.9.2	**6.10.2**^{138}
6.9.3	**4.11**^{94} **7.24.2**^{169} **14.18**^{229}
6.10	**7.11**^{84}
6.10.1	**4.23.1**$^{161\,163\,169}$
6.10.3	**4.11**$^{77\,89}$
6.11.4	**4.11**^{88}
6.26.1	**5.25**^{203}
7	**4.8**^{37} **6.3**^{39} **8.1**^{96} 12^{154} **7.0**^{1} 9.1^{70} 19^{127} **9.1**^{3}
7 - 8	**6.6.2**^{72}
7.1	**10.1.2**^{10}
7.2	**4.11**$^{78\,80}$ 23.2^{174} **6.1.3**^{20} **7.13**^{94} **18.12**^{76}
7.2-3	**6.9.1**^{108}
7.3	**2.22.2**^{169} **4.18**^{121} 20^{131} **7.15**^{110}
7.3.1	**4.11**^{80}
7.3.1-2	**5.12.3**^{92}
7.3.2	**4.11**^{88} 18^{122}
7.4	**2.22.2**^{169}
7.5	**6.5.3**$^{62\,65}$
7.5-6	**6.6.1**^{69} **7.30**^{202}
7.5-9	**6.9.5**^{125}
7.6	**4.11**^{97} **7.3.1**^{18} 27.2^{185}
7.6.22-23	**7.3.1**^{19}
7.8	**7.4**^{38}
7.9	**3.9**^{38} **8.6**^{58}
7.9-10	**7.30**^{201}
7.9.1	**7.30**^{206}
7.9.2	**7.11**^{85} 34^{222}
7.11	**4.11**^{89} **6.10.3**^{140} **7.3.1**^{18} 21^{140}
7.12	**7.3.2**^{29}
7.13	**6.8.1**^{102} **7.6**^{51} 13^{94} 23.1^{150} **10.21**^{183}
7.14	**4.18**^{121} **7.30**$^{20\,205}$
7.15	**18.15**^{114}
7.16	**4.11**^{78}
	6.1.3^{20} **7.3.1**^{26} 6^{51} 23.2^{156} 28^{196} 30^{206}
7.17	**7.1**^{5}
7.19	**7.26**^{176} 30^{205}
7.21	**3.17.2**^{118} **4.11**^{80} **18.12**^{76} **19.9**^{96}
7.22	**6.1.3**^{20} **7.3.1**^{26}
7.22-23	**7.30**^{202}
7.23	**7.28**^{196}
7.23-24	**6.6.1**^{69} **8.1**^{98} **7.16**^{115} 30^{205}
7.23.1	**7.13**^{94}
7.24	**2.22.2**^{169} **3.12**^{57}
7.24.1	**4.11**$^{80\,84}$ **7.23.2**^{155}
7.24.2	**2.7**^{37} **4.11**^{94} **6.7.3**^{93} **9.3**^{120} **10.1**^{136}
7.26	**4.25**^{187} **7.19**^{132}
7.26-27	**6.12**^{149}
7.27.1	**2.5**^{24} **6.7.1**^{88} **7.18**^{125} **10.18**^{158} **18.8**^{49}
7.27.2	**10.18**^{158}
7.28	**6.7.3**^{93} **7.23.2**^{155} **10.26**^{237}
7.28-29	**7.24.1**^{166}
7.30	**7.16**^{116}
7.32-33	**8.5**^{35}
7.33	**7.24.2**^{167}
7.34	**3.9**^{39} **4.23.1**^{168}
7.34-35	**8.5**$^{34\,36}$
7.35	**3.30**^{207} **7.33**^{216} **8.19**^{161} **10.9.2**^{88}
8	**4.2**^{11} **8.2**^{7} **10.1**^{86} 12^{112} **14.2**^{130}
	10.1.1 11.25 18.37^{303} 41.1^{325} **22.8.1**^{90}
8 - 9	**9.15.1**^{76}
8 - 10	**7.6**^{52}
8.1	**8.8**^{75}
8.1-12	**11.25**^{191}
8.2	**8.5**^{44} **18.37**^{301}
8.2-9	**8.9**^{79}
8.3	**9.4.2**^{20} **18.41.2**^{333}
8.3.1	**18.37**^{302}
8.4	**2.14.2**^{90} **12.1.3**^{13}
8.5	**4.11**^{80} 21^{153} 23.1$^{161\text{-}2}$ 27^{197}
	6.9.1^{108} **10.1.1**^{3} **11.10.1**^{77} **10.3**^{88}
	12.11^{86} 12$^{92\text{-}3}$ **14.2.1**^{8} **18.15**^{117} 41.2^{330}
8.5.2	**8.2**^{13}
8.6	**2.7**^{35} **11.4.2**^{29} 21^{160}
8.7	**8.5**^{45} **11.3**^{20} **21.3.1**^{10}
8.8	**8.1**^{3}
8.10	**8.2**^{6}
8.10.1	**11.21**^{160} **14.28**^{293}
8.11	**8.1**^{3} **11.21**^{161}
8.12	**8.4**^{25} 9^{79} **14.2**^{125} **11.21**^{160} **19.1.3**^{21}

8.12 - .... **19**.9^{92}	9.17 .... **10**.12^{116}
8.12-19 .... **10**.9.2^{95}	9.19 ..... **3**.25^{178} **8**.13^{119} 14.2^{132} 27.2^{236}
8.13 .... **3**.25^{178} **6**.12^{149}	9.19-23 .... **9**.15.1^{79}
8.13-27 .... **9**.1^{4}	9.22 .... **10**.32.3^{321} **11**.9^{75}
8.14-22 .... **8**.24.3^{206}	9.23 .... **8**.24.3^{210} **19**.9^{91}
8.14.1 .... **9**.7^{42}	9.23.1 .... **19**.23.4^{216}
8.15.2 .... **11**.23.2^{177}	10 ... **8**.12$^{108\ 110\ 112}$ **12**.21.3 **18**.1 **20**.24.2
8.16 ...... **8**.24.1^{192} **9**.8^{45}	10.1 .... **8**.12^{101} 23.2^{181} **19**.17^{160}
8.18 .... **9**.16.1^{87}	10.1-6 .... **19**.23.5^{222}
8.19 .... **18**.18.1^{129}	10.1.1 .... **18**.14^{106}
8.21.1 .... **11**.23.2^{177}	10.1.2 .... **5**.15^{121} **6**.0^{3}
8.22 .... **15**.16.3^{137}	10.3 .... **19**.17^{160} **20**.10^{148}
8.23 - .... **8**.10.1^{85}	10.3.1 .... **10**.16.2^{143}
8.23-24 .... **7**.27.2^{189} 33^{216}	10.3.2 .. **10**.7^{75} **12**.9.2^{76} **19**.11^{100} 21.2^{200}
8.23.1 .... **8**.26.1^{214}	10.5-6 .... **10**.4^{47}
8.23.2 .... **12**.9.2^{75} **14**.28^{293}	10.6 .... **12**.9.2^{76}
8.24 .... **18**.14^{106}	**18**.54.2^{450} **19**.23.5^{221} **20**.24.2^{325}
8.24.1 .... **8**.26.2^{220}	10.7 .... **19**.21.2^{200}
8.24.3 .... **10**.1.1^{8}	10.9 .... **10**.26$^{233\ 238}$
8.26-27 .... **18**.3^{30}	10.9-10 .... **22**.3^{38}
8.26.2 .... **4**.21^{153} **18**.39^{318}	10.9-15 .... **11**.1^{7}
8.26.3 .... **6**.10.2^{137} **10**.11.2^{111}	10.9.2 .... **10**.23^{191}
8.27.2 .... **8**.5$^{37\ 41}$ **9**.2^{5} **12**.11^{86}	**12**.27^{208} **13**.16.2^{91} 17.2^{98} **19**.23.1^{207}
9 ... **4**.2^{11} **7**.32^{213} **8**.12^{112} 14.2^{130} **14**.9.1	10.10 .... **7**.33^{216}
9 - 10 .... **7**.31^{212}	10.11 .... **10**.19^{169}
9.2 .... **20**.9.1^{112}	10.11.2 .... **9**.16.1^{93}
9.3 .... **9**.6^{39} **10**.9.2^{95}	10.13 .... **2**.16^{100}
9.4 .... **8**.5^{46}	10.14 .... **10**.17^{152} **22**.15^{183}
9.4-5 .... **14**.9.1^{104}	10.16 .... **3**.31^{214}
9.4.2 .... **8**.3^{22}	10.16.2 .... **3**.12^{57} 17.2^{124}
9.5 .... **3**.30^{207} **5**.12.2^{87} **9**.19^{111}	**4**.21^{153} **22**.10^{149} **11**.3^{164}
9.8 .... **9**.12^{61} **10**.9.2^{95}	10.18 .... **10**.25^{211} **12**.9.2^{76}
9.8 - .... **10**.27^{241}	10.20 .... **10**.22^{190} **20**.10^{148}
9.8-11 .... **8**.26.3^{226}	10.21 .... **3**.21^{157} **7**.6^{51}
9.9 .... **12**.3^{29}	10.22-32 .... **19**.23.1^{211}
9.11 .... **7**.6^{51} **8**.26.1^{217}	10.23 .... **10**.28^{256}
9.12 .... **10**.9.2^{95}	10.24 .... **11**.10.1^{80} **17**.11^{187}
9.13.3 .... **12**.1.1^{1}	10.25 .... **12**.9.2^{76} **15**.2^{17}
16.8.1^{79} **19**.3.1^{29} 13.2^{127} **22**.24.2^{283}	10.26 .... **10**.9.2^{87} **22**.10^{149}
9.15.1 .... **10**.22^{190}	10.26-32 .... **22**.3^{38}
9.16 .... **10**.9.2^{95}	10.27 .... **10**.26^{233} **19**.23.1^{207}

10.28 ············· 8.19^{167} $10.9.2^{88}$	11.28 ··· 5.14^{120} $11.27.1^{211}$ $14.7.2^{71}$ 19.24^{227}
10.29-30 ················ $22.12.2^{176}$	11.29 ················ 9.22^{125} 11.31^{241}
10.29.1 ··················· 10.27^{250}	11.30 ········ $12.18.1^{135}$ 19^{147} $20.5.3^{38}$
10.29.2 ············· $13.16.1^{83}$ 16.2^{91}	11.32-33 ···················· 11.19^{137}
10.30 ·· 9.10^{57} 11.13^{100} $12.21.3^{168}$ 27^{209}	11.33-34 ···················· 11.9^{61}
$13.19^{112\ 115}$ $21.27.5^{306}$ 22.26^{314}	11.34 ···················· 11.13^{110}
10.31 ······· $11.4.2^{30}$ 12.13^{96} $13.16.2^{91}$	12 ····· $11.28^{227\text{-}8}$ 18.37^{303} $21.3.2$ 22.3
10.32 ················· 7.32^{215} 10.27^{250}	12 - 18 ·············· $18.54.1^{449}$
10.32.2 ····· 19.22^{202} $20.23.2^{302}$ 22.3^{30}	12.1 ···················· 11.9^{60}
10.32.4 ···················· 11.1^{8}	12.1-9 ···················· 11.34^{278}
11 ·········· 8.6^{58} $24.3^{208\ 210}$ 10.19^{166}	12.1.1 ···················· $9.13.3^{70}$
$12.9.2$ 13.10^{49} $15.12.1$ $16.3.2^{40}$	12.1.2 ···················· 13.21^{132}
11 - 12 ···················· $14.11.2$	12.1.3 ···················· 12.6^{41}
11 - 14 ······ $10.32.4^{325}$ $15.1.1^{2}$ 18.1^{3}	12.2 ···················· 11.28^{224}
11 - 17 ····················· 18.1^{1}	12.3 ················ 8.8^{73} $19.1.1^{7}$
11 - 18 ····················· 18.1^{3}	12.4 ···················· $19.13.1^{121}$
11.2 ···················· $11.10.1^{77}$	12.6 ········ 11.9^{60} 12.8^{64} $14.4.1^{40}$
11.4-5 ···················· 10.31^{299}	12.6-7 ···················· 11.9^{75}
11.4.2 ···················· $12.13^{95\ 97}$ $22.6.2^{77}$	12.6-8 ···················· $12.9.1^{67}$
11.7 ········ $11.29^{231\text{-}2}$ 31^{241} $17.16.2^{233}$	12.6-9 ···················· $14.11.2^{161}$
11.8 ···················· $15.12.1^{97}$ $22.2.1^{24}$	12.7 ···················· 11.20^{145} 12.6^{45}
11.9 ···················· 11.7^{53} 15^{115}	12.8 ···················· $19.13.1^{121}$
13.14^{73} $19.1.1^{7}$ $21.5.1^{41}$ 22.14^{179}	12.9 ···················· 11.9^{60}
11.9-15 ···················· $12.1.1^{2}$	12.9.1 - ···················· 11.11^{92}
11.9-21 ···················· 11.9^{60}	12.9.2 ···· 11.11^{94} 13^{100} 12.5^{39} 13.21^{132}
11.10 ········ 11.24^{184} $22.29.3^{344}$	12.13 ···················· 11.5^{33}
11.10.1 ·············· 8.6^{55} 10.24^{195}	12.13.1 ···················· 11.11^{96}
11.10.2 ······ $10.1.1^{4}$ 11.20^{145} 29^{233}	12.13.2 ···················· $11.23.1^{171}$
11.10.3 ···················· 11.21^{148}	12.14.1 ···················· 12.10^{83}
11.11 ····· $9.15.1^{75}$ $10.1.1^{4}$ 11.9^{61} 19^{139}	12.15 ···················· 11.9^{60} 23.1^{171}
11.13 ···················· 11.28^{228} $12.9.2^{75}$	12.15.2 ···················· 11.9^{61}
11.13-21 ···················· $14.11.2^{161}$	12.15.2-3 ···················· $11.10.1^{77}$
11.15 ············· 11.28^{223} $17.16.2^{234}$	12.16.1 ············· 11.6^{44} $13.16.1^{82}$
11.17 ···················· 14.26^{280}	12.18 ············· $11.4.2^{32}$ $12.18.1^{135}$
11.21 ···················· $8.23.3^{189}$	12.18.2 ············· 12.15^{118} 16.3^{132}
11.22 ········ 11.9^{75} 13^{110} 17^{129} 18^{132}	12.19-20 ···················· $11.4.2^{31}$
11.24 ············· 11.10^{76} 29^{229}	12.20 ······ $9.15.1^{75}$ 13.1^{1} $19.13.1^{121}$
11.24-28 ···················· 11.24^{182}	12.21 ···················· $22.12.2^{173}$
11.25 ···················· 8.4^{25}	12.21.1 ···················· $11.23.2^{178}$
11.27-28 ···················· 14.28^{289}	12.21.3 ···················· 12.24^{186}
11.27.2 ·············· 8.8^{73} $10.1.1^{4}$	12.22 ············· 13.1^{3} 11.1^{57} 14.1^{1}

12.23 ············· **12.28.1**²¹⁶ **14.21**²⁴⁰	14.7 ················· **14.28**²⁸⁹
12.27 ·· **11.13**¹⁰⁰ **13.16.1**⁸⁰ 17.2⁹⁸ **22.12.2**¹⁷⁶	14.8 ················ **14.8.3**¹⁰⁰
12.28 ···················· **14.1**¹	14.8-9 ················· **8.5**⁴⁶
12.28.1 ················ **12.23**¹⁸²	14.8.1-3 ················· **9.5**³⁰
13 · **13.2**⁶ **14.12**¹⁶⁹ **22.11.1** 22.25 30.3³⁷⁴	14.8.2 ·········· **14.7.1**⁶⁰ **21.3.2**¹⁹
13.2 ···· **6.12**¹⁵² 16.1⁹⁰ **19.4.4**⁵³ **21.3.1**¹³	14.9.1 ············ **15.6**⁴⁵ 22¹⁹³
13.5 ······················ **1.8.1**³⁹	14.11 ········ **14.8.3**¹⁰⁰ **22.2.1**²⁴
13.5-6 ·················· **13.2**¹⁰	14.11.2 ················ **15.6**⁴²
13.6 ····················· **13.8**⁴²	14.13 ··········· **14.8.3**¹⁰⁰ 12¹⁷⁰
13.8 ····················· **13.2**¹⁰	14.13.1 ········· **8.19**¹⁶⁷ **15.1.1**³
13.10 ······················ **4.5**²⁴	14.15.2 ········· **14.25**²⁷² **20.2**¹¹
13.11 ··············· **19.28**²⁴⁷ **21.3.1**¹³	14.17 ················ **15.20.1**¹⁶¹
13.11.2 ················· **6.12**¹⁵²	14.18 ················· **16.30**²⁰⁶
13.12-15 ················· **20.6.2**⁶⁴	14.19 ·················· **11.11**⁹⁶
13.13 ············ **15.5**³⁹ **22.23**²⁶⁰	14.20 ················· **19.1.3**²⁵
13.14 ············ **21.5.1**⁴¹ **22.14**¹⁷⁹	14.20.1 ················ **11.11**⁹⁶
13.15 ············ **12.13**⁹⁷ **13.23.1**¹⁵¹	14.22 - ················ **14.21**²⁴²
13.16-17 ················· **22.26**³⁰⁸	14.23.2 ················ **14.19**²³²
13.16.1 ··········· **13.18**¹⁰⁴ **22.26**³¹¹	14.25 ·················· **9.15.1**⁷⁵
13.17.1 ·················· **13.18**¹⁰³	14.26 ················· **21.12**¹²⁶
13.18 ··········· **22.11.1**¹⁶¹ **22.25**³⁰⁶	14.28 ····· **11.33**²⁶⁴ **12.1.1**³ 8⁶⁵ **15.1.1**³
13.19 ············· **11.13**¹⁰⁰ **22.26**³¹⁴	15 ··············· 8.11⁹⁵ **15.17**¹³⁸ **18.1**³
13.20 ················· **11.23.1**¹⁷¹	15 - 18 ······ **7.32**²¹⁴ **10.32.4**³²⁵ **15.1.1**⁶
14.12¹⁷¹ **15.7.2**⁷² **22.4**³⁹ **22.21**²³⁶	15.1 ·················· **21.12**¹²⁶
13.21 ······················ **13.2**⁸	15.2 ·· **15.21**¹⁸⁹ **16.32.3**²²⁶ **17.3.1**¹⁴ **16.2**²³³
13.22-24 ············ **15.1.2**⁸ **18.11**⁶⁹	15.3 ··············· **16.25**¹⁷² ¹⁷⁶
13.23 ·················· **13.24.6**²¹³	15.4 ·················· **12.23**¹⁸²
13.23.2 ·················· **22.21**²³⁶	15.5 ············ **13.13**⁷⁰ **22.23**²⁶⁰
13.23.3 ········· **14.1**³ **4.2**⁴³ **21.12**¹²⁶	15.7.1 ·················· **11.33**²⁶⁷
13.24.1 ············ **13.24.3**¹⁸⁵ 24.6²¹⁴	15.9 ················· **15.23.2**²¹⁰
14 ···· **14.1**² **12**¹⁶⁹ **15.6** 12.2¹⁰⁴ **21.3.2**¹⁸	15.10 ················· **22.29.2**³⁴¹
14 - 15 ···················· **16.1**¹	15.11 ···· **14.1**⁵ **15.10**⁹² **13.1**¹⁰⁷ **14.2**¹¹⁷
14.1 ····················· **14.4.2**⁴¹	15.12 ··················· **12.11**⁸⁹
14.1-5 ···················· **15.6**⁴¹	15.18 ·················· **19.4.5**⁶⁴
14.2 ········ **8.5**⁴⁵⁻⁶ **14.1**¹²² **14.15.2**²⁰⁷	15.19 ·················· **15.21**¹⁷⁷
14.2.1 ········· **14.4.2**⁴⁶ 19²³² **15.1.1**³	15.20.2 ················· **17.16.2**²³³
14.2.2 ················ **21.25.1**²³⁸	15.20.4 ················· **16.24.3**¹⁶⁸
14.3-5 ·················· **21.3.2**²⁰	15.21 ·················· **21.12**¹²⁶
14.3.2 ············ **14.7.2**⁸¹ **21.13**¹³²	15.23 ····················· **3.5**²⁵
14.4.2 ···················· **15.1.1**³	15.23.3 ················· **18.43**³⁴⁵
14.5 ······· **11.13**¹¹⁰ **21.3.2**²¹ **22.26**³¹³	15.23.4 ················· **18.38**³¹²

15.25	**22**.2.1[15 24]
15.27	**15**.9[84]
16	**7**.32[215] **16**.37[253] **18**.1[3] **2**.3 **20**.13
16.1	**19**.15[141]
16.1-11	**16**.1[1]
16.3	**18**.2.2[16] 39[315]
16.3.1	**16**.4[53] **18**.2.3[22]
16.3.2	**16**.10.1[87] 11.1[101]
16.4	**2**.7[36]
	16.17[138] **18**.2.2[16] **2**.3[21 22] **41**.2[336]
16.5	**16**.15.1[123] **22**.2.1[24]
16.8.1	**2**.14.2[92]
	3.12[58] **12**.9.2[79] **14**.24.2[264] **21**.4.1[27]
16.9	**13**.18[103]
16.10	**17**.16.2[234]
16.11	**16**.17[138] **18**.2.2[16]
16.11.1	**22**.24.3[287]
16.11.1-2	**18**.39[315]
16.12-43	**16**.1[1]
16.16	**12**.11[85] **16**.29[205] **17**.2[10]
16.17	**12**.11[87] **16**.10.1[90] 17[138] **18**.2.2[14]
16.21	**16**.26.2[186]
16.22	**20**.10[148]
16.23	**8**.10.1[83] **22**.2.1[24]
16.23.2	**14**.19[232]
16.24	**20**.13[168]
16.26.1	**16**.22[151]
16.26.2	**11**.11[95] **16**.21[148] **32**.3[225] **22**.1.1[1]
16.28	**16**.26.1[182]
16.29	**10**.8[76]
16.32.1	**16**.34[234]
16.32.2	**19**.22[202] **20**.23.2[302] **22**.3[30]
16.43.3	**18**.1[3] **22**.1.1[1] 15[182-3] **30**.5[388]
17	**7**.32[215] **16**.1[1] **18**.1[3] 33.1
17 - 18	**19**.22[203]
17.3-20	**6**.11[147]
17.3.1-2	**17**.16.2[232]
17.3.2	**17**.16.2[233]
17.4.1-9	**17**.5[81]
17.4.5	**20**.9.1[114]
17.5-12	**17**.5[81]
17.5.4	**18**.46[382]
17.7.2	**17**.7.1[126]
17.8.3	**17**.20.1[272]
17.9	**22**.24.3[287]
17.9-13	**17**.15[219]
17.10	**18**.26[189]
17.11	**4**.34[238] **20**.2[11]
17.12	**17**.16.2[233]
17.16.2	**16**.17[138]
17.17	**20**.10[148]
17.18.1-2	**4**.34[237]
17.19	**18**.46[383]
17.20	**20**.10[148]
17.24	**18**.1[3] 26[162]
18	**16**.1[1] **20**.27 **21**.6.1 **8**.2[77] **22**.28[322]
18.2	**16**.10.1[90]
18.2.2	**18**.8[53]
18.2.2-3	**12**.11[87]
18.3	**3**.17.2[118]
18.5	**8**.27.2[233]
18.6	**18**.45.3[379]
18.8	**12**.11[85] **18**.12[78] **21**.8.2[81]
18.10	**7**.15[105]
18.12	**4**.11[80] **18**.17[124]
18.12-13	**7**.21[140]
18.13	**4**.25[187] **7**.20[139] 26[174]
18.14	**4**.27[197] **18**.37[304]
18.15-16	**4**.23.1[162]
18.17-18	**11**.13[100]
18.18	**21**.6.1[59]
18.18-19	**4**.23.1[164]
18.21	**22**.6.1[70]
18.21-22	**16**.10.1[90]
18.22	**18**.2.2[14]
18.23-24	**3**.17.3[132]
18.23-25	**8**.2[10]
18.23.1	**18**.46[384]
18.25	**8**.2[7 12 13]
18.27	**18**.2.1[8]
18.27-36	**17**.24[310]
18.28	**20**.9.1[114]

18.33.2	**18.46**^{382}
18.35	**20.27**^{347}
18.35.1	**18.45.1**^{360}
18.35.3	**4.34**^{237} **19.23.5**^{223}
18.36	**18.45.3**^{370}
18.37	**8.2**$^{6\ 7\ 10\ 12\ 13\ 14}$ **27.2**^{233}
18.39	**16.**11.2^{105}
18.41.1	**12.**11^{90}
18.41.2	**8.2**^{14} **3**^{22} **12.**12^{92} **16.**17^{138}
18.42	**18.**45.2^{365}
18.42-44	**15.**11^{96}
18.43-44	**15.**14.2^{117}
18.44-45	**15.**13.1^{108}
18.45.3	**3.**30^{206} **18.**36^{299}
18.46-47	**4.**34^{238}
18.47	**1.**9.3^{50} **3.**1^{5}
18.49-54	**18.**49^{409}
18.52.2	**5.**26.1^{211}
18.53.2	**22.**3^{38} **6.**1^{72} **25**^{300}
18.54.2	**18.**49^{403}
19	**3.**9^{40} **15.**4^{31} **18.**41.1^{328}
	19.4.5^{63} **20**^{180} **27**^{246} **20.**21.1^{249}
19 - 20	**16.**1^{1}
19 - 22	**10.**32.4^{325} **15.**1.1^{4}
19.1	**10.**1.1^{2}
19.1-2	**8.**8^{71}
19.1.3	**8.**1^{3} **18.**41.1^{326}
19.2	**5.**19^{171} **19.**19^{172}
19.3.1	**19.**1.2^{11}
19.4	**5.**12.2$^{86-7}$ **8.**5^{46} **13.**23.1^{149}
19.4.1	**19.**1.1^{7} **20.**26.1^{337}
19.4.1-5	**19.**20^{182}
19.4.3	**13.**13^{70}
19.4.4	**3.**30^{207}
19.4-9	**9.**15.1^{75}
19.6	**19.**19^{174}
19.6.5	**13.**6^{30}
19.7	**7.**14^{104}
19.8	**13.**2^{4} **19.**27^{244} **21.**14^{136}
19.10	**15.**7.1^{60}
19.10-20	**14.**1^{7} **22.**6.2^{74}
19.11	**14.**1^{5} **19.**20^{183} **22.**29.1^{330}
19.11-13	**3.**10^{46}
19.12-13	**19.**7^{83}
19.12.2	**4.**23.1^{164}
19.13	**7.**14^{104} **19.**21.2^{198}
19.13-14	**22.**29.1^{329}
19.13.1	**1.**8.1^{39} **19.**14$^{128\ 132\ 134}$ **16**$^{153\text{-}4}$
	17^{164} **20.**21.1^{249} **21.**15^{153}
19.14	**4.**3^{19} **19.**19^{174}
19.15	**7.**14^{104} **8.**19^{167}
19.17	**15.**4^{32}
19.19	**1.**9.3^{49}
19.21	**2.**21.1^{148} **21.**4^{157}
19.21.1	**3.**21^{164} **5.**15^{123} **18.**2^{155}
19.21.1-2	**1.**15.2^{91}
19.21.2	**22.**10^{149}
19.22	**7.**25^{171} **20.**23.2^{302} **22.**3^{30}
19.22-23	**19.**22^{201}
19.23	**10.**29.1^{260} **20.**24.1^{305}
19.23.1	**10.**27^{245} **18.**23.1^{163} **22.**3^{38} **22.**25^{301}
19.24	**2.**21.4^{157} **14.**28^{289} **19.**21.1^{189}
19.25	**5.**19^{171}
19.26	**13.**2^{4}
19.27	**2.**21.1^{148} **3.**14.2^{81} **21.**14^{136}
19.29	**7.**14^{104}
20 ·	**8.**11^{95} **10.**6^{71} **18.**35.3^{295} **19.**28^{249} **21.**8.5^{98}
20.4	**20.**20.3^{244}
20.5 -	**20.**6.2^{61}
20.5-20	**19.**28^{249}
20.5.2	**20.**9.1^{106}
20.5.5	**20.**9.1^{102}
20.6-7	**20.**5.5^{50}
20.7	**20.**11^{153}
20.7.1	**20.**9.3^{127} **10**^{145}
20.7.2	**20.**8.3^{96} **30.**2^{372}
20.7.3	**20.**8.1^{90}
20.8.1	**20.**7.3^{83}
20.8.2	**20.**13$^{162\text{-}3}$
20.9.3	**2.**18.3^{128}
20.10	**20.**21.4^{277}
20.13	**22.**3^{37}

20.16 .... **20.24.1**[316]	21.27.1 .... **21.23**[192]
20.18 .... **20.24.1**[311]	22 ...... **10.12**[119 121] **12.27**[213] **22.1.1 7**[82]
20.19.3 .... **18.52.1**[423]	22.1 .... **11.13**[104]
20.20.2 .... **20.24.2**[322]	22.2.1 .... **22.30.5**[392]
20.21-30 .... **19.28**[249]	22.3 .... **7.25**[171] **19.23.1**[210]
20.21.1 ...... **20.21.4**[276] **24.2**[320] **22.3**[31]	22.4 .... **22.11.1**[155]
20.21.2 .... **22.3**[32]	22.4-6 .... **4.23.1**[164]
20.23.2 .... **22.3**[37]	22.4-9 .... **22.25**[304]
20.24.1 .... **19.23.1**[210] **22.3**[38]	22.5 .... **10.29.2**[279] **12.11**[90]
20.28 .... **1.8.1**[39]	22.6.2 .... **3.7**[32] **20**[149]
20.29 .... **17.11**[178]	22.8-10 .... **1.26**[137] **21.5.2**[56]
20.32.2 .... **22.3**[30]	22.8.1 .... **21.5.2**[55] **22.5**[61]
21 ... **10.12**[119 121] **11.13**[102] **13.2**[6] **20.16**[193]	22.8.1-21 .... **14.24.2**[264]
21 - 22 .... **13.8**[44] **16.1**[1] **20.22**[288]	22.8.1-23 .... **22.28**[321]
21.1 .... **12.14.1**[100]	22.8.2-23 .... **22.8.2**[92]
21.2 .... **21.9.2**[107]	22.8.3 .... **21.4.4**[37]
21.3.2 .... **14.19**[232]	22.10 .... **3.31**[214]
21.4 .... **12.4**[37] **21.9.2**[107]	22.11-21 .... **13.18**[109]
21.4-7 .... **14.24.2**[264]	22.11.1-5 .... **22.25**[305]
21.5-12 .... **3.31**[214]	22.12-19 .... **22.12.1**[167]
21.6.2 .... **21.8.2**[86]	22.12-22 .... **10.29.2**[279]
21.9-11 .... **13.2**[8] **22.30.3**[374]	22.12-28 .... **22.4**[39]
21.10.1 .... **11.23.2**[177]	22.12.1 .... **22.16**[185]
21.10.2 .... **21.3.1**[9]	22.17 .... **12.28.1**[219]
21.13-15 .... **20.25**[331]	22.18 .... **17.5.5**[107]
21.14 .... **16.10.1**[90]	22.19.2 .... **11.22**[167]
21.15 .... **13.13**[70]	22.20 .... **22.24.3**[287]
21.16 .... **22.15**[182]	22.20.2 .... **22.22.3**[254]
21.17 .... **21.16**[162] **22.12.2**[174]	22.22-23 .... **22.22.1**[241] **24.1**[270]
21.18.2 .... **21.24.5**[223] **24.6**[234]	22.22.1 - 24.5 .... **22.22.1**[245]
21.19 .... **21.25.2**[240]	22.23 .... **13.13**[70]
21.20 .... **17.5.5**[107] **21.25.2**[241]	22.24.2 .... **22.24.1**[272]
21.21 .... **21.26.2**[265 268]	22.24.4 .... **22.30.1**[361]
21.22 .... **21.27.4**[296]	22.24.5 .... **21.24.1**[202]
21.23 .... **21.23**[192]	22.25 .... **19.23.1**[210]
21.24 .... **21.23**[192]	22.25-28 .... **22.3**[38]
21.25 .... **22.10**[152]	22.26 .... **12.27**[208] **13.16.1**[84]
21.25.1 .... **21.23**[192]	22.27 .... **13.19**[116]
21.25.2 ..... **1.35**[174] **17.5.5**[107] **21.23**[192]	22.28 .... **3.25**[178]
21.26 .... **14.21**[242] **21.13**[134]	22.29-30 · **19.11**[100] **22.1.2**[4] **22.1**[241] **24.1**[270]
21.26.2 .... **21.23**[192]	22.29.3-4 .... **1.9.3**[50]

De consensu Evangelistarum
1.15.23 · · · · · · · · · · · · · · · · · · **19**.22[206]
1.25.38 · · · · · · · · · · · · · · · · · · **2**.14.2[91]
2.71 · **15**.8.1[77]
3.2 · **16**.3.2[39]
De corruptione et gratia · · · · · · · **16**.35[240]
6.10 · **11**.13[101]
7.16 · **14**.26[282]
10.27 · **11**.13[104]
14.44 · · · · · · · · · · · · · · · · · · · **20**.15[192]
32 · **12**.9.2[74]
De cura pro mortuis gerenda · · · · **1**.12.1[67]
3.1 · **20**.9.2[122]
11 · **18**.18.2[134]
17.21 · · · · · · · · · · · · · · · · · · · **5**.26.1[205]
De diversis quaestionibus 83
1.16 · **22**.6.2[79]
2.3 · **11**.21[152]
10 · **15**.7.1[60]
24 · **5**.1[1]
28 · **11**.4.2[28]
30 · · · · · · · · · · **11**.25[195] **12**.6[42] **13**.5[28]
35.2 · **14**.7.2[66]
44 · **22**.19.2[215]
51.1 · **13**.24.2[183]
58 · **16**.43.3[298]
58.2; 64.2 · · · · · · · · · · · · · · · · **10**.14[129]
59 · **1**.28.1[148]
72 · **12**.17[134]
76.2 · **13**.23.1[147]
De doctrina Christiana 1.1 · · · · · · **15**.7.1[60]
1.3.3 · **13**.5[28]
1.4.4 · **11**.25[195]
1.27.28 - 30.31 · · · · · · · · · · · · · **19**.14[135]
1.29.30 · · · · · · · · · · · · · · · · · · · **10**.3.2[44]
1.32.35 · · · · · · · · · · · · · · · · · · **19**.13.1[119]
2.11.16 · · · · · · · · · · · · · · · · · · · **18**.43[354]
2.12 · **17**.20.1[274]
2.15.22 · · · · · · · · · · **15**.13.1[108] **18**.43[347]
2.22.33 · **5**.4[18]
2.48.43 · **8**.11[93]

3.25.36 - 29.41 · · · · · · · · · · · · · **11**.32[256]
3.27.38 · · · · · · · · · · · · · · · · · · **11**.19[137]
3.36.52 · · · · · · · · · · · · **16**.5[60] **20**.14[182]
4.4 · **13**.5[28]
4.20.44 · · · · · · · · · · · · · · · · · · **11**.18[133]
4.21.45 · · · · · · · · · · · · · · · · · · · **16**.2.1[3]
22.20; 23.22 · · · · · · · · · · · · · · · · **13**.5[28]
30.42 - 37.55 · · · · · · · · · · · · · · **17**.3.2[22]
32.35 · **13**.5[28]
De fide et symbolo 6.13 · · · · · · · · · · **22**.4[39]
10.23 · · · · · · · · · · · · · · · · · · · **13**.23.1[149]
De Genesi ad litteram · · · · · · · · · · · **15**.1[2]
1.5.11 - 7.13 · · · · · · · · · · · · · · · **11**.24[182]
1.6.12 · **11**.32[255]
1.15.29; 2.6.12 · · · · · · · · · · · · · **22**.24.2[276]
2.11.24 · **11**.9[62]
3.2.2 · **20**.18[212]
3.9 · **11**.27.1[209]
3.9.17 · **12**.22[179]
3.10 · **11**.10.2[87]
3.12.20 · · · · · · · · · · · · · · · · · · · **12**.22[181]
3.14.23 · · · · · · · · · · · · · · · · · · · **22**.12.1[167]
3.14.37 · · · · · · · · · · · · · · · · · · · **11**.17[130]
3.16.25 · **12**.5[38]
4.1 · **11**.7[54]
4.1.1 - 20.37 · · · · · · · · · · · · · · · · **11**.6[48]
4.2.2-6 · · · · · · · · · · · · · · · **11**.30[235, 237]
4.8.15 - 12.23 · · · · · · · · · · · · · · · · **11**.8[56]
4.11.16 · **11**.8[59]
4.12 · **22**.24.1[275]
4.23.30 - 31.48 · · · · · · · · · · · · · **11**.29[234]
5.5.12 · **11**.6[42]
5.6.14 · · · · · · · · · · · · · · · · · · · **22**.24.2[282]
5.34.54 · **11**.9[62]
6.6.10 · **13**.14[73]
6.12.33 · · · · · · · · · · · · · · · · · · · **12**.22[180]
6.25.36 · · · · · · · · · · · · · · · · · · · **13**.17.2[102]
7.1-4 · **13**.24.5[209]
7.1.2 · **13**.24.3[199]
7.2.3 · **8**.6[58]
7.4 · **7**.6[49]

7.24.35	**12**.24[186]
8.1.1	**13**.21[127]
8.3.7	**13**.14[73]
8.12.27	**12**.26[205]
8.18.37	**15**.7.1[55]
8.20.39	**12**.16.1[124]
9.1.1	**13**.14[73]
9.2.3-4	**15**.7.1[55]
10.16.29	**13**.23.3[167]
10.23.39	**2**.1[3]
11.1.3	**14**.17[219]
11.9.12; 11.10.13	**22**.1.2[7]
11.14-26	**11**.13[104]
11.15.20	**11**.33[268] **14**.13.1[185] 28[290] **15**.3[27]
11.16.21	**11**.13[101]
11.18.22-24	**11**.12[99]
11.20-21	**11**.13[111]
11.20.27	**11**.15[120]
11.23.30	**12**.9.1[69]
11.25.32	**11**.15[119]
11.34.46	**14**.17[223]
12.4-8	**11**.2[10]
12.24.50-51	**10**.9.2[89]
12.34.65-67	**14**.11.2[160]
12.35.68	**13**.19[110]
13	**11**.4.1[24]
15.5.7	**8**.6[55]

De Genesi ad litteram liber imperfectus

	11.4.1[24]
2.35	**11**.9[62]
3.7	**11**.9[68]
4.12	**12**.7[57]

De Genesi contra Manichaeos **11**.4.1[24] **15**.1[2]

1.2.4	**11**.4.2[28] 21[154] **12**.17[134]
1.4.7	**11**.10.2[87]
1.8.13	**11**.21[148]
1.15.26	**12**.4[36]
1.16.25-26	**11**.22[164]
1.19.30	**14**.21[246]
1.23	**18**.2.1[9]
1.23.35	**22**.30.5[388]

1.35-41	**16**.1[1]
1.39	**10**.14[129]
2.2.3	**13**.21[127]
2.4.5	**16**.37[251]
2.5.6	**14**.13.1[172]
2.8.10	**13**.23.2[159]
2.9.12	**14**.26[277]
2.16.24	**14**.13.1[182]
2.25.38-39	**22**.17[194]
20.30	**21**.26.3[271]

De gestis Pelagii 7.20 **13**.5[27]
De gratia Christi et de peccato originali

	16.27[194] 35[240]
24.28	**13**.23.3[167]
30	**16**.26.2[184]

De gratia et libero arbitrio **5**.12.2[72] **16**.35[240]
De haeresibus 8 **20**.7.1[72]

26 -	**18**.53.2[437]
44 - 45	**19**.23.3[214]
46	**11**.22[169]
46.4	**1**.20[117]
55	**14**.2.1[15]
75	**11**.34[274]
88	**12**.22[180]

De immortalitate animae 1 **8**.5[48]

1.18	**12**.2[18]

De libero arbitrio **15**.21.4[191] **22**.1.2[6]

1.6.15	**19**.14[131]
1.14.30	**12**.6[52] **14**.4.1[40]
1.15.31	**14**.8.3[100]
2.1.1	**5**.9.2[48]
2.3.7	**11**.26[204]
2.3.8 - 5.12	**11**.27.2[217]
2.6.14 - 15.39	**11**.2[12] 4.1[23]
2.8.20	**11**.30[238]
2.8.20-23; 2.11.31	**22**.24.2[282]
2.12.33 - 15.40	**8**.6[56]
2.13.35	**14**.25[270]
2.16.42	**5**.11[79]
2.17.42	**11**.30[238]
2.17.45	**22**.24.2[276]

2.19.53	**14.8.3**[100] 13.1[173]
2.20.54	**5.9.4**[60]
3.2.4 - 4.11	**5.9.3**[52] **9.4**[67]
3.4.11	**5.18.3**[162]
3.6.18 - 8.22	**11.27.1**[207]
3.6.18-19	**5.8**[32]
3.9.24	**11.18**[132]
3.15.42 - 19.54	**14.11.1**[153]
3.16.45 - 18.50	**5.8**[32]
3.17.47 - 19.54	**14.27**[288]
3.20.56 - 21.59	**12.21.3**[173]
20.55 - 21.59	**13.24.1**[174]

De magistro **21.24.1**[200]

De moribus ecclesiae catholicae

1.2.3	**12.21.3**[166]
1.3.4	**14.25**[270]
1.3.4-5	**11.26**[205]
1.4.6	**13.24.2**[181]
1.12.20	**14.13.1**[172]
1.27.52	**16.8.1**[79]
1.30.63	**12.22**[181]
2.2.2	**12.2**[21]
2.11	**12.2**[18]
30.63	**21.26.4**[276]

De moribus Manichaeorum

54, 55, 62	**1.20**[117]

De musica 1.2.2 - 6.12 **17.14**[211]

3; 4	**6.2**[31]
5.8.16	**11.30**[237]
5.8.16 - 10.20	**11.30**[235]

De natura boni **19.13.2**[124] **22.1.2**[6 9]

1.1	**12.3**[25]
3.3	**19.12.3**[115]
5.5	**11.9**[75] **12.1.3**[12]
9.9	**12.3**[29]
33	**14.3.2**[30]

De natura et gratia 24.26; 25.28 **14.13.2**[192]
De nuptiis et concupiscentia **14.23.2**[253]
De ordine 1.1.2 **11.18**[132]

1.6.15-19	**19.13.1**[121]
1.8.25; 2.11.33	**5.11**[80]

2.9.26	**12.21.3**[166]
2.11.3	**9.13.3**[70]
2.12.25 - 16.44	**22.5**[52]
2.12.35	**19.7**[79]
2.19.51	**11.18**[132]

De peccatorum meritis et remissione

1.2	**12.22**[180]
1.2.2	**13.12**[68]
1.2.2 - 7.7	**13.23.1**[150]
1.16.21	**13.10**[48]
1.36.67	**13.3**[16]
3.49, 55	**13.4**[18]

De peccatorum meritis et remissione et de baptismo parvulorum **13.4**[17]
De praedestinatione sanctorum 19 **3.1**[5]
De pulchro et apto **11.22**[167]
De quantitate animae 23.72 **22.5**[52]

33.76	**9.17**[102]
34.78	**14.13.1**[172]

De remissione peccatorum et de baptismo parvulorum **16.27**[194]
De sancta virginitate 8.8 **1.16**[98]
De spiritu et littera 12.19 **14.28**[294]

13.21	**13.5**[27]

De Trinitate **4.3**[16] **5.11**[73 80]

1.2.4	**2.1**[3]
1.3.5	**11.32**[256]
1.7.14	**9.17**[105]
3.4.10	**21.20**[183]
3.8.13	**13.14**[73]
3.8.13 - 9.16	**11.9**[62] **12.26**[204]
3.8.15	**12.26**[203]
3.9.16	**13.14**[73]
3.9.18	**12.25**[191]
4.4.7-9	**11.30**[237]
4.5.3	**21.3.1**[13]
4.5.9	**18.54.1**[444]
4.7.11	**12.23**[184]
4.13	**19.9**[96]
4.20.29	**7.1**[3]
5 - 7	**10.23**[194]

5.2.3	**8.6**[55]
5.4.5	**11**.10.2[84]
5.8.10	**12**.2[21]
6.6.8	**11**.10.2[84]
6.7	**12**.9.2[77]
6.10.11	**8.6**[55]
7.4.7	**16**.6.1[67] **8**.1[79]
7.4.8	**12**.2[21]
7.5.10	**8.6**[55] **11**.10.2[84]
8.3.4	**1**.10.3[61]
9 - 15	**11**.26[200]
9.3.3	**11**.27.2[216]
9.6.10	**11**.10.2[85]
9.7.12	**16**.6.1[66]
9.11.16	**9**.4.2[24]
9.12.18	**11**.27.1[211]
10.10.13	**11**.25[195]
10.11.17	**11**.25[194]
11.5.9	**11**.27.1[211]
12.14.22	**14**.28[294]
12.14.23	**11**.21[154]
12.15.24	**11**.27.2[212]
13.8.11	**14**.25[274]
13.16.21	**22**.2.1[16]
13.20.25	**11**.26[205]
14.3.18	**9**.17[100]
14.4.6	**12**.1.3[9] **24**[185]
14.9.12	**19**.10[98]
14.10.13	**11**.27.1[211]
15.5.8	**12**.13[98]
15.8.1	**22**.1.2[10]
15.12.21; 10.10.14	**11**.26[204]
15.27.50	**11**.27.1[211]
De urbis excidio 2.3	**1**.10.3[63]
De utilitate credendi 2.4	**14**.21[243]
De vera religione 1.1	**6**.1.1[11]
1.1 - 4.7	**18**.41.2[338]
3.3	**8**.3[18]
4.7	**8**.5[32] **11**.5[36]
7.13	**11**.24[182]
10.18	**9**.4.2[24]
13.26	**11**.9[75]
18.35	**11**.2[9]
18.36	**14**.25[274]
19.37 - 21.41	**12**.1.3[11]
20.38	**14**.12[170]
22.42	**5**.11[80] **22**.19.2[215]
25.46-47	**22**.8.1[88]
29.52 - 39.73	**11**.4.1[23]
30.56	**22**.19.2[215]
32.59	**11**.22[167] **22**.19.2[215]
32.60; 34.63	**8.6**[54]
39.72	**11**.2[11] **22**.19.2[215]
39.73	**11**.10.2[85] **26**[204]
40.74	**22**.19.2[215]
48 - 50	**16**.1[1]
46.86	**21**.26.4[276]
55.110	**14**.25[270]
Enarrationes in Psalmos	**9**.5[37] **17**.15[221]
1.1	**3**.10[48]
30.2.3.6	**21**.24.5[227]
32.2.1.8	**16**.6.1[68]
37.3	**21**.26.3[271]
38.7	**13**.10[48]
38.12	**7**.4[35]
39.8-9	**9**.7[42]
44.5	**10**.15[135]
49.9	**20**.5.3[39]
51.6	**16**.11.1[100]
57.16	**13**.10[48]
62.6	**11**.31[250] **13**.10[48]
64.2	**11**.33[268] **14**.28[290]
68	**17**.19[269]
70.2.4.30	**18**.53.2[436]
71	**17**.8.2[153]
83.2	**16**.11.1[100]
101.10	**12**.13[98]
109	**17**.17[247]
126.3	**19**.19[177]
127.15	**13**.10[48] **22**.15[183]
140.10	**5**.1[4]
144.13	**5**.11[80]

146.11 ·················· **12**.19[154]
Enchiridion de fide, spe et caritate
2.1 ····················· **14**.28[294]
2.17 ··············· **2**.24.2[189] **12**.3[24]
3.11 ······················ **12**.7[56]
4.12 ··············· **12**.1.3[12] **22**.1.2[9]
4.13 ·················· **14**.11.1[155]
8.24 ··················· **22**.22.1[243]
8.26 ······· **13**.13[71] **14**.26[282] **22**.24.1[273]
8.27 ················ **22**.1.2[7] 24.1[274]
9.29 ················ **12**.9.2[78] **22**.1.2[14]
9.32 ·················· **14**.11.1[156]
10.33 ···················· **22**.2.1[16]
10.35 ····················· **9**.17[105]
14.52 ···················· **21**.16[156]
15.59 ····················· **21**.3.1[9]
18.67-69 ·················· **21**.21[187]
19.72 ··················· **21**.27.1[277]
21.28 ··················· **21**.26.1[262]
23.84-85 ················· **22**.13[177]
23.84-92 ················· **22**.12.1[167]
23.84-93 ··················· **22**.4[39]
23.85, 90 ················· **22**.16[187]
23.89 ··················· **22**.19.1[210]
24.97 ···················· **21**.16[156]
28.104-108 ··············· **22**.30.3[373]
29.9 ····················· **20**.9.2[122]
29.109 ···················· **12**.9.2[78]
29.112 ···················· **22**.2.1[16]
45 ······················ **21**.17[168]
109 ······················· **13**.8[44]
Epistulae 3.4 ················ **13**.2[4]
3.4 ······················ **11**.22[167]
5.5 ······················ **19**.17[162]
7.341c-d ················ **10**.29.1[267]
9.3 ······················ **15**.22[199]
11.3 ······················ **11**.24[182]
18.2 ················· **11**.6[41] 22[167]
23 ······················· **22**.8.7[105]
24, 25, 27, 30, 31, 42, 45 ····· **1**.10.2[60]
48.2 ····················· **19**.19[179]

55.2.4 ···················· **22**.8.7[105]
55.10.18 ··················· **11**.28[220]
71.2.3 ····················· **18**.43[351]
78.3 ······················ **22**.8.8[109]
80 ························ **1**.10.2[60]
82 ······················· **18**.43[348]
84, 89, 89a ················· **2**.26.1[196]
88.3 ······················ **8**.26.3[230]
92 ······················ **22**.29.2[337]
94, 95 ····················· **1**.10.2[60]
95.8 ······················ **15**.22[199]
102.1.5 ···················· **10**.12[120]
102.4.22 ···················· **21**.11[124]
102.12 ······················· **3**.1[5]
102.20 ···················· **7**.27.2[189]
104 ························ **19**.6[75]
104.11 ···················· **18**.23.1[164]
112.1 ····················· **22**.8.11[112]
118.2.12 ····················· **9**.4.3[26]
118.4.28 ···················· **11**.5[35]
120.3.13 ··················· **21**.27.5[310]
121 ······················· **1**.10.2[60]
124.5 ····················· **12**.12[93]
127.12 ····················· **1**.33[167]
133 ······················ **19**.6[73 75]
136.2 ······················ **1**.33[167]
137 ······················ **10**.32.3[323]
137.3 ······················ **11**.19[137]
137.3.10 ···················· **10**.12[120]
137.17 ····················· **12**.9.2[77]
138.2.14-15 ·················· **7**.14[104]
138.2.15; 138.5.17 ·············· **2**.19[135]
138.5 ······················ **11**.18[132]
138.10 ··············· **19**.21.1[189] 24[231]
138.20 ······················ **1**.0[2]
139.3 ······················ **13**.4[17]
140.70 ····················· **12**.9.2[77]
147; 148; 152 ············· **22**.29.2[337]
149 ······················· **1**.10.2[60]
153.26 ····················· **20**.7.2[78]
154 ························ **19**.8[87]

155.1.1	**10.**30²⁹⁶
155.4.130	**11.**28²¹⁹
157.25	**11.**28²²⁰
164.4	**19.**9⁹⁵
166	**22.**8.17¹²²
166.2.4	**12.**2²¹
166.9.27	**11.**23.2¹⁷⁸
166.13	**11.**18¹³²
166.21	**13.**23.3¹⁶⁷
184.3.5	**9.**19¹¹³
186	**1.**10.2⁶⁰
189.6	**7.**14¹⁰⁴ **22.**6.2⁷⁹
199	**20.**5.4⁴⁶
205.14	**20.**20.3²⁴⁰
209	**22.**8.7¹⁰⁴
217.6.9	**20.**15¹⁹²
227.4	**1.**10.3⁶³
229.2	**7.**14¹⁰⁴
237.2	**21.**25.3²⁴⁵

In Ioannis Evangelium tractatus

1.14	**5.**7²⁹
9.10; 15.8	**12.**28.1²¹⁹
19 - 22	**20.**5.5⁵⁰
21.5	**13.**10⁴⁸
26.11	**21.**20¹⁸³
38	**10.**24²⁰⁵
38.10	**13.**10⁴⁸
49.10	**13.**8⁴⁴
52.6	**15.**8.1⁷⁷
86.1	**13.**24.2¹⁸³
99.4	**12.**2²⁰
120.2	**12.**28.1²¹⁹
123.2	**18.**23.1¹⁶⁸

Locutiones in Heptateuchum **20.**7.4⁸⁶
Quaestiones evangeliorum 1.9 · **15.**26.2²⁴⁶
Quaestiones in Heptateuchum

1.35	**16.**28¹⁹⁸
1.43	**22.**19.2²²⁰
1.58	**16.**32.2²²²
1.93	**18.**5³⁷
1.104	**16.**39²⁶⁵

2	**5.**18.3¹⁶¹
2.21	**12.**25¹⁹¹ 26¹⁹⁷
2.47.1-6	**16.**24.3¹⁷⁰
2.94	**10.**1.2¹²
6.10	**12.**23¹⁸² **15.**4³² **19.**7⁸³
6.21.3	**16.**24.3¹⁷¹

Retractationes 1.1.2 **8.**7⁵⁴

1.6	**22.**5⁵²
1.11.4	**10.**29.2²⁷⁶
1.26.22	**12.**3²⁹
2.4.2	**8.**11⁹³ **11.**21¹⁶¹
2.6.2	**11.**34²⁷³
2.16	**16.**3.2³⁸
2.24.2	**10.**24²⁰⁷
2.26	**18.**5³⁷
2.30.4	**8.**11⁹³
2.33	**13.**4¹⁷
2.43.2	**17.**5.2⁸⁶
2.43.3	**10.**8⁷⁷
2.54	**20.**7.4⁸⁶

Sermones 2.7 **17.**19²⁶⁹

8.13	**11.**31²⁴⁶
12.9	**15.**22¹⁹⁹
12.9.9	**21.**3.1⁹
13.4	**22.**8.1⁸⁶
22.4	**22.**6.1⁷³
56.7; 65.3-7	**13.**2¹⁰
71.28	**19.**7⁷⁹
83.7	**15.**20.4¹⁶⁸
96.2	**11.**28²²⁵
117.10	**11.**6⁴¹
126.3-4; 130.1	**10.**12¹²⁰
130,30	**9.**17¹⁰⁵
148	**22.**8.10¹¹⁰
170.7	**14.**13.2¹⁹²
180.8	**13.**2⁴
213.1	**11.**22¹⁶⁶
227; 234.2	**21.**20¹⁸³
240.1.2	**20.**10¹³⁸
240, 241	**10.**30²⁸⁸
241.1-3	**11.**4.1²³

241.6	**11**.23.2^{178} **12**.21.2^{164}
241.7.7	**13**.19^{114}
241.8.8	**22**.26^{311}
242	**22**.4^{39}
247.2	**10**.12^{120}
254.8	**14**.25^{274}
256	**22**.4^{39}
259.2	**20**.7.1^{70}
264	**22**.4^{39}
280.5	**12**.9.2^{78} **13**.8^{44}
296.8-9	**1**.10.3^{63}
302.18.16	**19**.6^{75}
314 - 319	**22**.8.11^{113}
320	**22**.8.23^{135}
320 - 324	**22**.8.14^{120}
321	**22**.8.23^{136}
322	**22**.8.21^{124} 8.23^{137}
323	**22**.8.23^{138}
323.4	**22**.8.23^{134}
324	**22**.8.23$^{132\ 141}$
325	**22**.8.10^{110}
355.5	**19**.6^{75}
357.2	**14**.25^{273}
361	**22**.4^{39}
362.17	**15**.22^{199}
392.3	**16**.11.1^{100}
Soliloquia 1.2.7	**9**.4.3^{26} **19**.8^{87}
1.14.24	**13**.17.2^{98}
1.15.27	**1**.10.3^{61} **11**.10.2^{85}
2	**13**.2^{4}
2.1.1	**8**.10.2^{87} **11**.26^{204}
51.5-6	**2**.1^{3}

Augustinus Daciae
Rotulus pugillaris [A. Walz ed.] 1   **18**.44^{357}

Marcus **Aurelius**
Meditationes 11.1.3 ··· **12**.14.1^{101} **20**.14^{175}

Caesar
De bello Gallico 6.16 ············ **7**.19^{132}

Dio **Cassius**
Historia Romana 52.34.3 ········ **7**.35^{226}
61.2 ····················· **5**.19^{166}

Castor
Tabulae chronologicae ········ **21**.8.2^{79}

Cato
Agricultura 141.2 ············· **7**.14^{103}

Catullus
Carmen 64.395, 66.71 ········· **2**.21.1^{148}

Celsus
De medicina 4.15; 5.26.31; 6.18.3 ·· **22**.8.4^{98}
Sermo verax ············ **5**.18.2^{158} **21**.2^{5}

Censorinus
De die natali 3.1 ··············· **7**.13^{94}
19 - 22 ···················· **15**.12.1^{102}

Chalcidus
Timaeus [Plato 번역] ·········· **8**.10.2^{91}

Ioannes **Chrysostomus**
De virginitate 14 - 17 ··········· **14**.21^{245}

Cicero
Academia ······················· **6**.2
1.3.9 ······························ **6**.2^{30}
2.7.21 ··························· **9**.13.3^{70}
3, fr.22 [Plasberg ed.] ··········· **6**.2^{28}
Academia posterior ············· **8**.4^{27}
1.2.7 ·························· **22**.22.4^{258}
1.5.19 ·························· **11**.25^{191}
1.8.30 - 9.35 ···················· **19**.3.2^{37}
2.21.67 ························· **19**.3.2^{38}
2.42.131 ························· **19**.1.2^{14}
Academia prior 1.2.40 ·········· **9**.4.2^{24}
2.44.135 ························ **19**.3.1^{35}
Consolatio de morte filiae ······ **19**.4.2^{44}
De amicitia ····················· **19**.1.3^{24}
4.14 ···························· **2**.21.1^{147}
6.59 ···························· **12**.21.2^{163}
13.48 ····························· **19**.8^{86}
De divinatione ············· **3**.17.3 **5**.9.1
1.10.16 ·························· **4**.23.4^{179}
1.19.36-38 ······················ **12**.11^{85}
1.42 ····························· **21**.8.5^{95}
1.43.96 ························· **2**.16^{100}
1.43.98 ··························· **3**.11^{49}
1.55.125 ·························· **3**.10^{48}

1.55.125-126	**5**.9.4⁵³	3.19.62 - 21.72	**19**.5⁶⁵
1.85	**2**.24.1¹⁸⁴	3.19.62	**19**.1.2¹⁵
2.14. 33 - 16.37	**4**.30²¹⁴	3.20.65-67	**9**.5³³
2.21.42-47	**5**.1⁷	3.21.69	**9**.4.2²⁴ **4**.3²⁵
2.21.47	**5**.2¹¹	3.22.75	**2**.22.1¹⁶⁶
2.25.54	**3**.17.3¹³³	4.10.25	**8**.8⁶⁹
2.48-50	**5**.9.1³⁸	4.12.30; 4.28.79	**9**.4.1¹⁶
2.48.100 - 51.106	**5**.9.1⁴³	5.4.10	**19**.1.3²¹
2.49.101-102	**5**.9.2⁴⁶	5.6.17	**19**.4.2⁴⁶
2.51.105 - 53.109	**5**.9.2⁴⁹	5.8.22	**9**.4.1¹⁶
2.69.143	**10**.11.2¹⁰⁹	5.9.24	**19**.4.5⁶⁰

De fato 2.7-9 .... **5**.1⁷ **9**.1⁴³

3.5	**5**.2⁹	5.12.34 - 13.38	**8**.8⁶⁹
5.7	**5**.3¹⁶	5.17.18	**19**.1.2¹¹
6.11	**5**.9.1³⁸	5.21.58	**22**.22.4²⁵⁷
7.14	**5**.8³¹	5.23.65	**19**.1.2¹⁵ **3**.2³⁶

De inventione 1.42 .... **11**.18¹³⁴

10.20-21	**5**.9.2⁴⁷ ⁴⁹	2.55.166	**5**.12.4⁹⁴

De legibus 1.1.3 .... **2**.15⁹⁸ **3**.15.1⁸⁷

11.23-26; 15.34	**5**.9.4⁵³	1.13.39	**19**.1.3²¹
17.40	**5**.1⁴	2.7.18 - 9.22	**8**.19¹⁶⁴
17.40 - 18.41	**5**.9.2⁴⁶	2.8-10	**2**.16¹⁰¹
30	**18**.13⁹⁶	2.8.19	**4**.27¹⁹⁷
fr.4	**5**.8³⁵	2.8.19-20	**7**.34²²²

De finibus bonorum et malorum

.... **9**.4.1 **10**.3.2³⁹ **19**.1.1³

fr.2 .... **21**.11¹²¹

De natura deorum ... **4**.30 **5**.9.1 **9**.4.8 **8**.4²⁷

1.7	**14**.2.1⁸	1.4.8	**8**.1⁵
1.12.42	**19**.1.1⁵	1.4.9	**11**.4.2²⁸
1.13-16	**5**.20¹⁷⁴	1.6.15	**5**.9.1⁴²
2.1.2	**10**.18¹⁶⁰	1.10.25	**8**.2¹⁰ ¹² ¹³
2.4.13	**19**.1.2¹⁰	1.10.25-29	**8**.2¹⁶
2.6.18-19	**8**.3²²	1.12.29	**8**.2¹⁴
2.11.34	**19**.1.2¹¹	1.13.29	**8**.2¹⁵
2.11.34-35	**19**.1.2²⁰	1.13.35	**6**.10.1¹³²
2.20.66	**3**.16¹⁰⁷	1.14.36	**7**.6⁵¹
2.21.69	**5**.20¹⁷³	1.14.37	**11**.34²⁷⁵
2.32.106	**2**.20¹³⁸	1.15.39-41	**4**.11⁷²
3.5.16	**19**.4.5⁶⁰	1.15.40	**7**.6⁵¹
3.10.33	**8**.7⁶¹	1.16.42	**7**.28¹⁹¹
3.10.35	**14**.7.2⁷¹ ⁸¹	1.42.118	**7**.16¹²⁰
3.15.48 - 17.58	**9**.4.1¹⁶	2.1.3	**21**.8.5⁹⁵
3.18.61	**19**.4.4⁵⁶	2.7.18-22	**6**.5.3⁶⁶
3.19.62 - 20.67	**19**.3.2³⁷		

2.9.22	8.5^{46}	3.29.50	18.12^{83}
2.9.23	4.20^{132} 21^{145}	*De officiis* 1.8.25-26	8.8^{70}
2.9.24	$6.9.1^{108}$ 7.19^{135}	1.11.36	2.17^{107}
2.9.25	7.19^{136}	1.13.41	3.26^{187}
2.9.26	$7.16^{113\,116}$	1.40.142	$19.13.1^{120}$
2.9.27	7.15^{105}	1.131	2.4^{21}
2.10.28	$6.9.2^{111}$	2.2	8.1^{1}
2.11.26	10.21^{180}	2.9.31-32	8.8^{70}
2.12.32	8.6^{51}	2.9.31 - 10.37	$22.8.1^{89}$
2.15.25-26	7.6^{51}	2.23.81	16.17^{133}
2.17.45 - 28.72	4.12^{100}	3.1.1-4	19.2^{26}
2.18.47 - 20.53	11.22^{163}	3.10.41	3.6^{27}
2.18.49	7.8^{60}	3.19.77	3.7^{30}
2.21.56	$22.24.4^{293}$	3.26.99	$1.15.2^{92}$
2.22	$7.3.1^{18}$	3.104	4.20^{131}
2.23.61	4.14^{105}	*De oratore* 1.4.13	18.9^{57}
2.24.62	2.15^{98} 4.11^{80} 27^{197}	1.11.47	9.5^{36}
2.24.63	20.16^{196}	1.18.56; 2.4.21	$18.41.2^{334}$
2.25.64	4.26^{189} $6.8.1^{102}$	3.3.10	3.28^{196}
2.26.66	4.10^{51}	3.11.43	$7.9.2^{78}$
2.27.67	7.16^{119}	3.19.73	$6.7.1^{89}$
2.27.68	4.11^{83}	3.24.93-95	8.1^{5}
2.27.68-69	7.16^{112}	3.32.127	2.8^{46}
2.28.70	4.30^{216}	*De republica*	2.9 11 12 16^{102} $3.15.1$
2.28.71-72	4.30^{218}	5.13 **14**.23.2 **19**.21.1 21.2 **22**.4 6.2 28	
2.28.72	$10.3.2^{38}$	1.14.22	16.23^{157}
2.31.79	$7.3.1^{21}$	1.25.39	$2.21.2^{149\,150}$ $19.21.1^{188\,189}$
2.42.118	$12.14.1^{101}$	1.26.42	$5.12.1^{84}$
2.46.118	20.14^{175}	2.10.17-19	18.24^{178}
2.53.133 - 54.162	$22.24.3^{288}$	2.10.18	$22.6.1^{63}$
2.67.168	$5.9.1^{42}$	2.10.19	$22.6.1^{64}$
3.1.1	$5.9.1^{42}$	2.10.20	2.15^{96} $3.15.1^{87\,90}$
3.8.19 - 9.23	$6.5.3^{66}$	2.14.26	3.9^{37}
3.9.22	$8.26.2^{224}$	2.17.32	$3.15.1^{92}$
3.9.23	18.13^{100}	2.24.44	3.11^{51}
3.19.48	18.14^{108}	2.25.47	$1.19.1^{104}$
3.20.52	$4.23.1^{163}$	2.42.69	$2.21.1^{142}$
3.22.55	4.10^{70}	2.43.70 - 44.71	$2.21.1^{145}$
3.22.55, 23.58	18.12^{79}	2.44.70	$2.21.1^{148}$
3.23.59	4.10^{68}	3.5.8-9	$2.21.1^{146}$
3.25.63	$4.18^{123\,126}$	3.14 (*Somnium Scipionis*)	$12.21.1^{159}$

3.14.24	**4**.4²¹	2.4.4	**4**.18¹²¹ 23.1¹⁶⁰
3.23 fr.34	**22**.6.2⁷⁶	2.5.14	**2**.27²⁰⁵
3.24.36	**19**.21.2¹⁹⁴	2.54.123	**4**.21¹⁴⁹
3.25.37	**14**.23.2²⁵⁵	*Orationes Philippicae*	**3**.30²¹¹
3.37.50	**2**.21.2¹⁵³	2.44.113	**19**.13.1¹¹⁹
3.fr.40	**22**.4⁴⁰	2.44.113; 13.1	**3**.10⁴⁶
4.9.9	**2**.14.2⁹⁴	*Rhetorica ad Herennium* 4.15.45 ·	**11**.18¹³⁴
4.10.10	**2**.13⁷⁷	*Timaeus* [Plato 번역]	**8**.10.2⁹¹
4.10.10-13	**4**.28²⁰²	3.9	**11**.21¹⁵⁰ 21¹⁵⁹
4.10.11	**2**.9⁴⁹	32c	**13**.16.1⁸⁴ **22**.26³¹¹
4.10.11-12	**2**.9⁵⁵	*Tusculanae disputationes*	**8**.4²⁷ 5
4.11.13	**2**.11⁶²	1.2.4	**5**.13¹⁰⁹
5.1.1-2	**2**.21.3¹⁵⁵	1.13.29	**8**.5³⁹ ⁴⁰
5.7.9	**5**.13¹⁰⁸	1.13.30	**22**.5⁵⁵
6.8.3-4	**22**.28³¹⁸	1.19.43	**1**.12.2⁷⁷
De senectute 14.47	**10**.11.2¹⁰⁹	1.26.65	**4**.26¹⁸⁸
Epistulae ad Atticum 1.8.3	**19**.4.2⁴⁴	1.27.66	**22**.20.1²²²
4.16.3	**8**.6⁵¹	1.30.74	**19**.4.4⁵⁷
9.10.3	**3**.28¹⁹⁸	1.34.84	**1**.22.1¹²³
10.18.1; 12.18.1	**19**.4.2⁴⁴	1.45.109	**19**.4.4⁵⁵
Epistulae ad familiares 4.13	**5**.3¹⁴	1.46.110	**19**.4.4⁵⁷
7.12	**2**.29.1²¹⁶	2.11.27	**2**.14.1⁸⁵
Hortensius	**3**.15.1	2.17.41	**3**.26¹⁸⁷
fr.66	**3**.15.1⁹⁵	2.18.43	**4**.21¹⁴¹
Lucullus 37.119; 41.126	**4**.11⁹⁶	2.26.64	**14**.18²³¹
Oratio de domo sua 32.86	**3**.17.2¹²⁰	3.2.3	**5**.12.4⁹⁶
Oratio pro Caelio 17.39	**3**.17.2¹²⁰	3.4.7	**9**.4.1¹³
Oratio pro lege Manilia 12.34	**5**.22¹⁸⁴	3.5.11	**14**.15.2²¹⁰
Oratio pro Ligario 12.37	**9**.5³²	3.6.12	**14**.9.4¹³³
Oratio pro Murena 29.61	**9**.13.1⁶⁴	3.8.16	**19**.4.3⁵⁰
Oratio pro Roscio Amerino 24.64	**10**.1.3¹⁹	3.11.24	**14**.3.2²⁸
Oratio pro Scauro fr.23, 46	**3**.18.2¹⁴³	3.32.77	**14**.8.3¹⁰³
48	**3**.18.2¹⁴¹	4.6.11	**14**.3.2²⁸
Oratio pro Sexto Roscio 12.33	**3**.28¹⁹⁶	4.6.11-12	**14**.3.1²⁹ **21**.3.2¹⁸
Orationes in Catilinam	**2**.23.1¹⁷⁸	4.6.11-13	**14**.8.1⁸³
1.2.4	**14**.8.2⁹⁵	4.6.11-14	**14**.8.1⁸²
3.1.2	**3**.15.1⁹⁴	4.6.11-15	**14**.6⁵⁷
3.8.20	**2**.27²⁰⁷	4.6.12	**14**.8.2⁹⁰
3.10.24	**3**.27¹⁸⁹	4.6.14	**19**.1.2¹²
Orationes in Verrem 2.1.15	**19**.5⁶⁹	4.7.15	**14**.8.3¹⁰¹
2.1.41	**3**.21¹⁶¹	4.9.20	**14**.15.2²¹³

4.9.21 · · · · · · · · · · · · · · · · · **14**.15.2[212]
4.9.22 · · · · · · · · · · · · · **8**.17.1[148] **9**.4.1[15]
4.17.37 · · · · · · · · · · · · · · · · · · **20**.17[200]
4.17.37-38 · · · · · · · · · · · · · · · · **8**.8[68]
4.18.37-38 · · · · · · · · · · · · · · **14**.7.2[71]
5.3.8-9 · **8**.2[9]
5.4.10 · · · · · · · · · · · · · · · · · · **8**.2[16] 4[24]
5.7 · **8**.1[5]
5.9.27 · · · · · · · · · · · · · · · · · · · **2**.22.2[171]
5.10.28 · · · · · · · · · · · · · · · · · · · **10**.1.1[1]
5.13.38 · **7**.5[41]
5.19.55 · · · · · · · · · · · · · · · · · · **5**.26.2[216]
5.35.101 · · · · · · · · · · · · · · · · · **2**.20[138] [139]

Claudianus
De tertio consulatu Onorii Augusti panegyris 96 - 98 · · · · · · · · · · · · · · · **5**.26.1[208]

Cleanthes
Hymnus ad Iovem · · · · · · · · · · · · · · **4**.11[97]
1 - 4 · **7**.9.1[67]
5 · **8**.10.1[82]

Clemens Alexandriae
Paedagogus 1.6.41 · · · · · **13**.22[139] **15**.22[199]
Protrepticus 6.71 · · · · · · · · · · · · · **18**.23.1[160]
9.82 · **20**.8.1[89]
Stromata 1.21.107 · · · · · · · · · · · · · **18**.37[304]
1.22 · · · · · · · · · · · · · · · **8**.12[102] **18**.42[344]
1,102 · **18**.3[29]
4.8.68 · **20**.8.1[89]
5.4.19 · **18**.37[309]
5.9.556-557 · · · · · · · · · · · · · · · · **13**.21[135]
5.12.81-82 · · · · · · · · · · · · · · · · · · **7**.30[211]
5.22 · **18**.39[317]
5.32-34 · **17**.3.2[20]
7.10.56 · · · · · · · · · · · · · · · · · · · **22**.30.1[367]

Clemens Romanus
Epistulae ad Corinthios · · · · · **22**.22.1[244]
1.34.5 · **10**.19[166]
2.5.5 · **22**.30.5[393]
2.16.4 · · · · · · · · · · · · · · · · · · · **21**.27.2[286]

Clitophon
Leges · **2**.21.1[148]

Cyprianus
Ad Demetrianum 3 · · · · · · · · · · · · · **2**.3[72]
De paenitentia 2.4 · · · · · · · · · · · · **16**.25[180]
Epistula 2 · · · · · · · · · · · · · · · · · · **22**.8.6[103]
34.2 · **22**.19.3[222]
Quod idola dii non sint 4 · · · · · · · · · · **8**.5[37]

Cyrillus Alexandriae
In Isaiam oratio 1 · · · · · · · · · · · · **18**.29.1[210]

Cyrillus Hierosolymitanus
Catecheses 4.5 · · · · · · · · · · · · · · **22**.2.2[29]
15.12 · **20**.19.3[224]

Demosthenes
De corona 21 · · · · · · · · · · · · · · · · · **2**.11[63]
139, 180, 209, 262, 267 · · · · · · · · **2**.11[63]
De falsa legatione
12, 18, 94, 246, 315 · · · · · · · · · · · · **2**.11[63]
200, 246, 337 · · · · · · · · · · · · · · · · **2**.11[63]

Diodorus Siculus
Bibliotheca 1.12.7-8 · · · · · · · · · · · · · **18**.8[51]
1.15.9 - 16.2 · · · · · · · · · · · · · · · · **18**.39[318]
1.24.8 · **18**.3[31]
2.1 · **4**.6[30]
2.7.1 · **18**.2.3[23]
2.7.2 · **16**.4[57]
2.38.3-6 · · · · · · · · · · · · · · · · · · · **18**.13[101]
3.67.2 · **18**.14[107]
3.73, 82 · **18**.12[79]
4.21.2 · **19**.12.2[111]
5.4 · **3**.27[188]
6.6.6 · **18**.13[101]
7.3.12 · **18**.21[149]
13.57.2 · **9**.5[33]
23.12.15 · · · · · · · · · · · · · · · · · · · **1**.15.2[92]
29.21 · **3**.21[157]
34 - 36 · **3**.26[187]
38.17-19 · **3**.28[194]

Dioscorides
De materia medica 5.142 · · · · · · · **21**.5.1[50]

Donatus
Commentarium in Terenti Adelphoe
2.1.28 · **19**.15[142]

Ennius
Annales fr.59	**2**.15[96]
fr.284	**2**.21.3[154]

Epictetus
Dissertationes ab Arriano digestae	**9**.5[31]
27	**9**.5[34]
Manuale 16	**9**.5[34]

Epicurus
Epistula ad Herodotum 39 - 40	**19**.1.1[8]
Epistula ad Menoeceum	**13**.9[46]
122, 132	**9**.14[73]
127 - 132	**8**.8[68]
129 - 130	**5**.20[172]
129 - 132	**10**.3.2[39]
130 - 131	**19**.1.2[12 14]
130 - 132	**19**.4.2[47]

Epiphanius
De mensura et ponderibus 1	**18**.43[346]
Epistulae 51.5	**11**.34[271]

Eudoxus
Speculum	**16**.23[157]

Euhemerus Messenae
Scripta sacra (Ἱερὰ ἀναγραφή)	**7**.27.1[182]

Euripides
Heraclidae 941	**2**.21.1[148]
Iphigenia in Aulide	**18**.18.3[136]
Iphigenia in Tauride	**18**.18.3[136]
Medea 150 -	**2**.21.1[148]

Eusebius
Chronica (canona)	**4**.6[29] **8**.11[94] **18**.2.1[4] 8[54]
1.15.6	**18**.3[25]
1.25	**18**.3[25]
1.27; 30	**18**.3[25]
Chronicon [Helm ed.]	**4**.16[113]
	12.11[85] **16**.16 **18**.2.1[4] 8[54] 31.1 37 47
praefatio 14	**12**.11[87]
1.83	**4**.6[29]
8-20	**18**.2.2[15]
8-22	**18**.2.3[20]
14	**12**.11[87]
20	**16**.17[139] **18**.2.2[10] **21**.14[139]
21	**18**.2.3[24]
22	**18**.2.3[23]
23	**16**.16[130]
24	**18**.2.3[18]
27	**18**.3[26] 37[310]
30	**18**.8[50]
31	**18**.8[52]
35	**18**.7[40]
36	**18**.7[41]
37	**18**.8[44 45]
37, 39, 41, 45	**18**.8[47]
37, 40	**18**.39[319]
38	**18**.8[43]
41	**18**.8[46]
42	**18**.8[55] 11[66]
42-44	**18**.10[64]
45	**18**.11[72]
46	**18**.12[82]
47	**18**.12[77]
48, 53	**18**.13[94]
49	**18**.13[87 90]
50	**18**.13[91]
51	**18**.13[99]
52	**18**.13[92 93]
52.25	**18**.13[101]
53	**18**.15[109 113]
55	**18**.13[95]
56	**18**.13[96]
56.3	**18**.14[107]
57	**18**.13[89 97]
58	**18**.13[88]
59-60	**18**.19[137]
62	**18**.15[110] 19[138]
64	**18**.19[143]
65	**18**.20[146]
68	**18**.19[141]
75	**16**.16[132]
83	**18**.21[151]
88	**18**.21[155] 22[159] 24[173 183]
96	**18**.33.1[263]
97	**18**.25[184]

99	18.25^{186}
99 -	18.15^{112}
100, 101	$18.34.1^{276}$
101	18.25^{187}
102	18.26^{189}
103	18.26^{191}
103, 104	$18.35.1^{281}$
104	18.26^{190} 37^{301}
110, 118	18.37^{302}
117	18.36^{297}
121-125	18.42^{341}
125-128	18.42^{342}
129	18.42^{343}
139, 141, 187	$18.45.2^{363}$
141	$18.45.3^{369}$
245	$18.52.2^{431}$

De vita Constantini ············ 5.25^{199}
Demonstratio evangelica 1.5-6 ·· 18.47^{393}
3.7.1 ················ $19.23.2^{212}$
Historia ecclesiastica 1.2 ······· 16.29^{200}
3.28.4; 3.39.11 ············ $20.7.1^{72}$
6.16-17 ················ 18.43^{346}
7.17 ················ $18.18.2^{134}$
8.12 ················ 1.26^{138}
Praeparatio evangelica
3.4 ············ $10.9.2^{96}$ 11.1^{105}
3.11.12 ················ 7.25^{171}
4.4 ················ 10.27^{244}
4.6.2; 4.8.3 ············ $19.23.1^{207}$
4.16 ················ 7.19^{131}
5.8 ················ $10.11.1^{105}$
5.8-10 ················ $10.9.2^{96}$
6.4 ················ $10.29.1^{263}$
6.11 ················ $22.2.2^{29}$
7.14 ················ 8.11^{92}
9.10.4 ················ $19.23.1^{209}$
9.19 ················ 10.26^{239}
11.33 ················ 22.28^{317}
13.12 ················ 11.8^{59}
15.15 ················ 7.6^{51}
15.15.1 ················ 7.6^{49}

Eutropius
Breviarium ab Urbe condita ····· 3.19^{145}
1.6 ················ $3.15.2^{100}$
1.8 ················ $3.15.2^{102}$
1.8.3 ················ $3.15.2^{103}$
1.11.2 ················ $3.15.2^{99}$
1.11.4 ················ $5.18.2^{152}$
2.25 ················ $5.18.2^{150}$
3.11.2 ················ 3.19^{147}
8.6.2 ················ 4.29^{208}
10.5-8, 17-18 ············ 5.25^{203}
10.16.2; 10.17.1 ············ 4.29^{210}
10.16.2 ················ 5.21^{182}

Pompeius Festus
De verborum significatione [Muller ed.]
fr.178 ················ $3.15.1^{93}$
De verborum significatione [Lindsay ed.]
p.111 ················ 7.14^{99}
p.254 ················ $4.23.4^{178}$
1n *Glossaria Latina* [Lindsay ed.] IV
274.146-148 ············ $21.8.5^{95}$
274.148 ················ $21.8.5^{95}$
349.282-284 ············ $21.8.5^{94\ 96}$

Florus
Epitome de gestis Romanorum ···· 3.19^{145}
1.1.1.7 ················ 3.9^{42}
1.1.7.7-9 ················ $4.23.3^{175}$
1.12.17 ················ $3.17.2^{125}$
2.6.5 ················ 3.26^{186}
2.7 ················ 3.26^{187}
2.8 ················ 4.5^{23}
2.9 ················ 3.28^{197}
2.9; 3.21 ················ 3.27^{188}
2.9.28 ················ 3.28^{199}
3.19 ················ 3.26^{187}
3.5 ················ 5.22^{189}

Aulus Gellius
Noctes Atticae ················ $9.4.2$
1.21 ················ $2.29.1^{216}$
4.3.2 ················ 14.18^{227}
5.15.1 ················ $10.29.2^{273}$

6.4	**1**.15.1[90]	122	**9**.1[1]
7.1	**5**.18.3[162]	667-668	**4**.10[56]
7.7.5	**6**.7.2[91]	771	**7**.13[96]
9.4	**16**.8.1[77]	*Theogonia* 125-153	**6**.8.1[98]
16.16	**4**.11[87]	452-462	**6**.8.1[101]
16.17	**4**.11[85]	474-478	**7**.9.1[74]
17.19.6	**9**.4.1[15]	923-925	**4**.10[59]
19.1	**9**.4.2[19]	969-973	**4**.10[56]

Gregorius Magnus
Homiliae XL in Evangelium
- 2.37.1 · · · **22**.22.1[242]
- 30.7 · · · **20**.24.2[321]

Gregorius Nazianzenus
Orationes 38.12 · · · **13**.23.3[168]
40.36 · · · **21**.24.3[215]

Gregorius Nyssae
De opificio hominis 17 · · · **14**.21[245]
26 · · · **21**.17[169]
Oratio catechetica 8.4 · · · **13**.23.3[168]

Hermas
Pastor · · · **22**.22.1[244]
2.4 · · · **18**.23.1[160]
14.1 · · · **20**.8.1[89]
Visio 2.4.1 · · · **20**.8.1[89]
Visio 3.4.1 · · · **9**.22[131] **10**.19[166]

Herodotus
De stoicorum repugnantiis 1044 · **14**.20[236]
Historiae 1.2 · · · **18**.3[31]
- 1.7 · · · **12**.11[87] **16**.10.1[90]
- 1.10 · · · **14**.17[224]
- 1.23-24 · · · **1**.14[88]
- 2.36-85 · · · **8**.23.2[180]
- 2.52-53 · · · **8**.14.2[133]
- 4.178 · · · **4**.10[58]
- 4.184 · · · **18**.8[44 45]
- 6.53 · · · **18**.13[101]
- 7.128 · · · **15**.27.2[248]

Hesiodus
Opera et dies 121-126 · · · **8**.14.1[122] **9**.11[60]

Hesychius
Epistula 197 · · · **20**.5.4[46]

Hieronymus
Apologia adversus Rufinum · · · **21**.17[166]
Chronicon(Eusebii) · **4**.16[113] **18**.2.1[4] **8**[54] 31.1
  praefatio 14 · · · **12**.11[87]
  1.83 · · · **4**.6[29]
Commentarium in Abdiam · · · **18**.31.1[220]
Commentarium in Ad Ephesios
  5.29 · · · **22**.17[190]
Commentarium in Ad Romanos
  5.12 · · · **21**.18.1[170]
Commentarium in Danielem
  2.25 · · · **20**.23.1[296]
  7.1 - · · · **20**.23.1[293]
  11.30 · · · **20**.19.3[226]
Commentarium in Ecclesiastem
  1.15 · · · **21**.19[182]
Commentarium in Hezechielem
  11. praef. · · · **20**.11[151]
  11.38 · · · **20**.11[152]
Commentarium in Isaiam
  praefatio · · · **18**.29.1[210]
  18.66.24 · · · **21**.16[162] **24**.3[215]
  65.17-19 · · · **20**.21.2[254]
  66.13.14 · · · **20**.21.2[256]
Commentarium in Malachiam
  prooemium · · · **20**.25[328]
Contra Ioannem Hierosolymitam
  7 · · · **11**.23.2[176]
De nominibus hebraicis 2.18 · · · **15**.18[147]
  3.18 · · · **16**.4[50]
  4.2 · · · **15**.17[138]

Note: 19.1.15-20 · · · **9**.5[31]; 19.14 · · · **5**.3[14]

4.7	**16.2.1**[7 13]	127 ad Principiam 12	**22.20.2**[227]
5.9	**15.17**[144]	129.3	**16.22**[152]
5.17	**15.17**[140 142]	*Prologus in Pentateuchum*	**18.42**[344]
6.14	**16.3.2**[41]	*Quaestiones haebraicarum in Genesim*	**15.9**[91]
7.11	**16.2.1**[6]	1.2	**15.13.2**[112]
7.15	**16.31**[211]	5.25-27	**15.11**[95]
7.16	**17.6.2**[113]	6.2	**15.23.3**[217]
9.10	**15.20.4**[173]	8-9 [Lag ed.]	**15.7.1**[57]
10.12	**15.18**[147]	9.27	**16.2.1**[8]
10.16	**15.17**[141] **16.2.1**[4]	10.6	**16.11.3**[108]
10.22	**16.28**[196]	10.11	**16.3.1**[32]
13.21	**16.39**[262] **17.13**[210]	10.26	**16.11.3**[107]
17.26	**16.2.1**[13]	10.28	**16.11.2**[103]
19.10	**20.25**[327]	11.29	**16.12**[114]
34.11	**17.4.2**[28]	12.4	**16.15.1**[124]
39.25	**17.16.2**[232]	12.15-16	**16.19**[143]
41.62	**16.2.1**[13]	24.9	**16.33**[228]
46.20	**17.7.4**[146]	25.1-6	**16.34**[229]
50.9	**19.11**[102]	49.8-12	**16.41**[280]
51.24	**20.11**[154]	*Quaestiones hebraicae in I Regum*	
53.3	**20.25**[327]	PL 23.1333	**17.5.1**[82]
61.24	**17.18.2**[265]	**Hilarius**	
63.5	**17.8.2**[149]	*De Trinitate* 4.42	**18.33.1**[266]
64.21	**16.43.1**[287]	**Hippolytus**	
72.25	**16.28**[196]	*Adversus Graecos* 2	**22.14**[181] **21**[240]
74.15	**22.22.4**[256]	*Commentarium in Danielem*	**18.34.1**[277]
De viris illustribus	**4.1**[3]	4.23	**18.53.1**[435]
54	**18.43**[346]	*Chronaca*	**18.22**[159]
Epistula ad Iovinianum	**6.10.1**[126]	*De Christo et Antichristo*	**20.7.1**[73]
Epistula ad Marcellam de exitu Leae	**13.3**[11]	*Philosophumena* 6.32	**10.29.2**[278]
Epistula ad Paulam de morte Blesillae	**13.3**[11]	*Traditio apostolica* 16	**22.8.6**[103]
Epistulae		**Homerus**	
8 ad Evagrium	**19.19**[177]	*Ilias* 1.192-198	**9.7**[41]
22.30	**22.8.5**[101]	1.222	**9.1**[2]
77.3	**14.18**[225]	2.731	**8.26.2**[221]
78, 92, 95	**21.17**[166]	5.265-266	**7.26**[174]
84.2	**21.19**[182]	5.302-304	**15.9**[88]
108.23	**22.17**[202]	8.166	**9.20**[115]
108.25	**22.15**[184]	10.318	**21.8.2**[78]
121 ad Algasiam 11	**20.19.3**[225] **19.4**[234]	20.231-235	**4.25**[187]
127 ad Principium	**1.1**[10]	20.232-235	**7.26**[174]

20.302-352	**3**.2[11]	13.10.11; 13.16.1	**18**.45.3[376]
21.441-457	**3**.2[10]	13.12; 13.16	**18**.45.3[371]
24.28-30	**3**.25[180]	14.3	**18**.45.3[372]
Odysseia 5.396	**9**.20[115]	14.3.4; 14.11	**18**.45.3[376]
10.230-242	**18**.17[122]	14.36-72	**18**.45.3[374]
10.490-494	**7**.35[225]	*Bellum Iudaicum* 6.1-4	**22**.20.2[226]
18.136-137	**5**.8[35]	*Contra Apionem* 1.142	**18**.2.3[21]

Horatius

Irenaeus

Carmen saeculare	**3**.18.1[135]	*Adversus haereses* 2.26	**22**.1.2[13]
Carmina (Odes) 1.4.7 -	**4**.10[71]	2.26.3	**7**.30[211]
1.10.1 -	**4**.11[74]	3.6	**16**.29[200]
1.35.21	**4**.20[132]	3.21.2	**18**.42[344]
2.2.9-12	**5**.13[107]	3.23.5	**14**.10[149]
2.10.10	**21**.16[159]	4.5.4-5	**16**.32.1[220]
2.22	**6**.9.2[113]	4.20	**10**.24[208]
3.3.21	**3**.2[10]	4.20.5	**22**.29.2[343]
3.29.64	**4**.27[197]	4.37	**9**.22[131]
Epistulae 1.1.36-37	**5**.13[106]	4.37.1	**22**.23[269]
1.2.69-70	**1**.3[17]	5.2.2-3	**22**.20.3[230]
2.1.5 (156-157)	**19**.7[80]	5.5	**20**.29[359]
2.2.187	**7**.13[94]	5.10.1	**14**.10[149]
2.2.187-199	**9**.1[3]	5.24.3	**9**.10[55] **14**.3.2[32] **20**.19.4[232]
Epodi 1.11.17-18	**14**.17[222]	5.30-35	**20**.7.1[73]
7.17-20	**3**.6[27]	5.35.1	**18**.33.1[266]
Satirae 1.3.96-110	**19**.16[155]	21.1-3	**17**.3.2[22]
2.6.104	**2**.4[21]		

Isidorus

Iamblichus

		Etymologiae 6.19.38	**10**.6[61]
De mysteriis	**10**.11.1[105] **21**.6.1[64]	8.9.10	**7**.35[225]
1.11-12; 3.25-28	**10**.9.1[86]	8.9.12	**7**.35[224]
1.16-19	**8**.19[161]	8.11	**7**.8[64]
2.3.10	**9**.23.3[142]	9.2.63	**20**.11[151]
Vita Pythagorae 70.86	**10**.3.2[39]	11.2.35	**20**.10[138]

Iosephus Flavius

		11.3.3	**21**.8.5[94]
Antiquitates Iudaicae 1.2.1	**15**.20.3[165]	16.4.4	**21**.5.1[47]
6.14.9	**17**.7.1[127]		

Iulianus apostata

11.5.1 - 6.2	**18**.36[297]	*Epistolae* 84, 89	**5**.18.2[158]

Iustinus

11.8	**18**.45.2[363]		
12.2.4 -	**18**.42[343]	*Apologia* 1.10	**22**.23[269]
12.3.3; 12.5.4	**18**.45.2[364]	1.18	**22**.4[42]
12.7	**18**.45.2[366]	1.27	**2**.7[38] **6**.7.3[93]
12.15	**18**.45.3[369]	1.59	**8**.12[102]

2.5	**15**.23.2²⁰⁹
2.6	**20**.2¹⁵
12	**10**.32.3³²²
20	**18**.23.1¹⁶⁰
21 - 26	**8**.13¹²¹
30	**10**.17¹⁵¹
44	**18**.23.1¹⁶⁰
59.1-2	**8**.11⁹²

De resurrectione 8 ········ **22**.20.3²³⁰

Dialogus cum Tryphone ········ **9**.22¹³¹
8, 49	**20**.29³⁵⁹
9.2	**13**.16.2⁸⁹
57.2	**13**.22¹³⁹ **15**.22¹⁹⁹
77.2.4	**16**.29²⁰⁰
80	**20**.7.1⁷³
95	**10**.24²⁰⁸

Iustinianus **Iustinus**

Historiae Philippicae ········ **4**.6²⁷
praef.4 ········ **4.6²⁸**

Iuvenalis

Satirae 1.113-115	**4**.21¹⁵⁰
6.512-515	**7**.26¹⁷⁷
8.83-84	**18**.2.1⁷
9.101	**18**.10⁶²
13.46	**2**.22.2¹⁶⁹
15	**2**.22.2¹⁷¹

Labeo

De oraculo Apollinis Clarii ······ **2**.11⁶⁶
De diis animalibus ············ **2**.11⁶⁶

Lactantius

De ira Dei	**9**.5³⁸
23.12	**19**.23.1²⁰⁹
Divinae institutiones 1.3; 1.12	**4**.13¹⁰³
1.4.1-6	**10**.32.3³²²
1.6	**7**.35²²⁷ **18**.23.1¹⁶⁰⁻¹
1.11-13	**7**.27.1¹⁸⁴
1.11-14	**2**.5²⁴
1.11.33	**3**.4²³
1.17.11	**18**.12⁸⁵
1.20	**6**.7.3⁹⁴
1.21.16	**2**.7³⁸ **6**.7.3⁹³

1.22.1	**3**.11⁵³
2.5.11	**4**.11⁹⁸
2.7.20	**4**.26¹⁹⁰
2.9	**12**.12⁹²
2.12	**15**.12.1¹⁰²
2.13	**12**.11⁸⁹
2.14.6	**9**.1¹ **20**¹¹⁵
2.15.6	**9**.1¹
4.2	**8**.11⁹²
4.10.18	**18**.54.1⁴⁴⁴
4.13.24	**17**.8.3¹⁵⁵
4.18.15	**18**.23.1¹⁶⁰
4.18.15 - 19.10	**18**.23.2¹⁷⁰ ¹⁷¹
4.27.14	**9**.1¹
4.28	**10**.3.2³⁸
5.3.18	**22**.6.1⁶⁷
6.24.14	**6**.10.1¹²⁶
7.14	**12**.11⁸⁵
7.15	**19**.17¹⁶¹
7.19	**20**.19.2²²¹

Epitome 21 ········ **4**.20¹³⁸

Laertius

Vitae philosophorum 1.22 ····· **18**.24¹⁷³
2.3.12	**18**.41.2³³¹
2.5	**8**.3²⁰
2.8.86-88	**18**.41.2³³³
2.8.87-88	**14**.2.1⁸
2.86-88	**8**.3²²
2.87	**19**.1.1⁸
2.88	**8**.8⁶⁸
2.103	**21**.4.2³⁰
2.106	**19**.1.1⁸
3	**8**.4²³
3.1-9	**8**.4²³
4.1.1 - 2.6	**8**.12¹⁰⁷
4.11	**8**.9⁷⁸
6.1.10-12	**18**.41.2³³³
6.3	**19**.1.2¹⁹
6.10-13	**8**.3²²
6.13; 6.60-69	**14**.20²³⁵
6.13.71	**14**.20²³⁷

6.60, 69	**14**.20[236]	1.4.1-7	**18**.21[154]
6.102-104; 7.111	**20**.17[200]	1.4.6-7	**22**.6.1[69]
6.104	**19**.1.1[8]	1.7.2	**3**.6[28] **15**.5[36]
7.1.87	**14**.2.1[9]	1.7.5-10	**19**.12.2[111]
7.42, 46, 54	**8**.5[47]	1.8	**1**.34[171]
7.42.51, 54	**8**.7[61]	1.8-9	**3**.13[63]
7.84-120	**9**.4.2[21]	1.9	**2**.17[104]
7.85-89	**8**.8[68]	1.12.6	**3**.13[71]
7.87-89	**10**.3.2[39]	1.14	**3**.13[72]
7.89	**9**.14[73]	1.16	**18**.24[176]
7.89.127	**19**.4.2[47]	1.16.1	**3**.15.1[91]
7.97	**19**.1.1[3]	1.16.4-8	**22**.6.1[68]
7.105-106	**8**.8[70]	1.16.5-7	**3**.15.1[87]
7.110	**9**.4.1[12]	1.18-21	**18**.24[181]
7.115; 7.116	**14**.8.1[82]	1.20	**3**.9[37]
7.131	**19**.16[155]	1.21	**7**.35[228]
7.134.147	**7**.11[83]	1.23-26	**3**.14.1[73 74]
7.134, 150	**7**.9.1[73]	1.27.7	**4**.15[108]
7.137	**7**.18[126]	1.31.8, 40.7, 48.3-4	**3**.15.2[96]
7.137-138	**4**.11[96]	1.40-41, 48, 55-58	**3**.15.2[97]
7.137.151	**7**.9.2[77]	1.55.1	**3**.12[54]
7.141	**13**.11.1[56]	1.55.3-4	**4**.23.3[175]
7.141-142	**12**.10[82]	1.56.7	**3**.16[108]
7.147	**21**.10.1[111]	1.58	**1**.19.1[104]
7.148	**4**.11[72] **22**.24.5[295]	1.58; 2.2	**2**.17[110]
7.156	**13**.20[121]	1.114	**18**.21[155]
7.157	**7**.5[42]	2.1.9	**3**.16[107]
8.27	**5**.1[4]	2.5	**5**.18.1[134]
9.1.8	**12**.12[94]	2.5-6; 2.8.4-5	**3**.16[108]
9.44	**9**.14[73]	2.8.7-8	**5**.18.2[147]
9.61	**14**.17[224]	2.12	**4**.20[134]
10.31-32	**8**.7[60]	2.12.15	**5**.18.2[140]
10.123-124	**18**.41.2[332]	2.16.7	**5**.18.2[152]
10.128-129	**14**.2.1[8]	2.21.5	**3**.15.2[99]
31.4; 34.7	**9**.4.1[15]	2.36.2 - 37.1	**4**.26[190]
		2.40	**4**.19[127]

Livius

Historiae ab Urbe condita 1. praef.	**3**.3[17]	2.40.12	**4**.19[128]
1.2 -	**18**.21[152]	2.41	**3**.17.2[117]
1.3.8	**18**.20[145]	3.18.8	**3**.17.2[115]
1.3.9	**18**.21[149]	3.26.9	**5**.18.2[153]
1.4	**22**.6.1[70]	3.31.8	**2**.16[99]

3.32	$3.17.2^{116}$	22.40	3.19^{147}
4.14	$3.17.2^{117}$	23.21.7	3.25^{176}
4.41.8	4.16^{115}	25.24.11	$3.14.1^{76}$
5.2	$3.17.2^{123}$	25.24-25	1.6^{33}
5.7	$5.18.2^{138}$	26.11	3.20^{153}
5.7-25	$3.17.2^{120}$	26.27.14	3.5^{26}
5.13.4-6	$3.17.2^{118}$	27.16.8	1.6^{34}
5.13.5	2.11^{68}	27.23	4.21^{149}
5.13.6	3.11^{51}	27.25.7	$5.12.3^{92}$
5.21, 32, 46, 49	2.17^{112}	27.31.1	16.17^{133}
5.37-38	$3.17.2^{120}$	29.8	$6.9.1^{110}$
5.41, 47	$2.22.2^{170}$	29.10.5 - 11.7	3.12^{57}
5.48.9	1.1^{9}	29.11	$3.17.2^{124}$
7.2.1-3	$1.32^{165}\ 2.8^{44}$	29.14.5-14	2.5^{23}
7.2.3	$3.17.2^{120}$	29.14.8	1.30^{156}
7.3	$2.25.1^{193}$	33.42.1	$6.7.1^{89}$
7.6	4.20^{135}	35.14.8	$3.17.3^{130}$
7.6.3-5	$5.18.2^{142}$	38.53.8	3.21^{159}
8.7.20-21	1.23^{129}	39.6.7-8	3.21^{160}
8.9	4.20^{136}	39.8-20	$3.17.2^{121}$
8.9.6	$1.2^{15}\ 2.15^{98}\ 7.7^{59}$	39.18.7-8	18.13^{103}
8.9.10	$5.18.2^{144}$	40.29	7.34^{221}
8.20.8	18.19^{140}	40.42.7	$6.7.1^{89}$
9.1-12	$3.17.2^{123}\ 5.22^{190}$	42.50.8	$2.24.1^{182}$
9.46.6	3.25^{176}	*Periochae* 1.77-78	$2.24.1^{183}$
10.26-29	$3.17.2^{125}$	1.79	$2.25.1^{191}$
10.28	$4.20^{136}\ 5.18.2^{144}$	2.67-68	$2.23.1^{173}$
10.31.8	$3.17.2^{123}$	11	$3.17.2^{126}$
10.33.9	4.14^{015}	18	$1.24^{132}\ 5.18.2^{150}$
10.47	$3.17.2^{124}$	43	3.11^{49}
12.3	4.16^{112}	49	$1.30^{157}\ 5.22^{186}$
16 - 20	$3.18.1^{139}$	55	3.21^{165}
17.27.2	$2.23.2^{179}$	58.60	$2.22.1^{163}$
20	3.7^{35}	71	$3.26^{183\ 184}$
21 - 27	3.19^{148}	71 - 76	3.26^{182}
21.7 -	3.20^{149}	72 - 76	$3.26^{185\ 186}$
21.7-14	3.20^{151}	78	3.22^{166}
21.15-16	$22.6.2^{78}$	83	3.7^{35}
21.62.9	$7.13^{94}\ 9.1^{3}$	88	3.28^{197}
22.9.10	7.26^{176}	**Lucanus**	
22.33.7	3.25^{176}	*Pharsalia* 1.1-2	3.13^{65}

1.95	**15.5**³⁵
1.639	**5.**3¹⁴
2.142-144	**3.27**¹⁹⁰
4.577-579	**18.**2.1⁶
6.506	**10.16.2**¹⁴²
6.769	**20.**26.3³⁴⁶
7.62-63	**14.**18²³⁰
7.819	**1.**12.2⁷⁸

Lucretius

De rerum natura 1.262-264	**12.**4³²
2.1-2	**22.**24.5²⁹⁶
2.17	**19.**4.2⁴⁷
2.217-224	**5.**1⁴
2.599	**6.**8.1⁹⁸
2.599-658	**4.**10⁶³
2.610-617	**7.**25¹⁷⁰
2.1048 -	**11.**5³⁵
3.37 -	**13.**9⁴⁶
5.923-1010	**15.**9⁸⁴
5.925 -	**10.**14¹²⁹
5.963	**19.**16¹⁵⁵
6.906	**21.**4.4³⁴

Macrobius

In somnium Scipionis 1.1-2	**22.**28³¹⁸
Saturnalia 1.7	**18.**15¹¹⁶
1.9	**3.**9³⁸
1.10.12	**6.**7.2⁹¹
1.12.15	**2.**11⁶⁶ ⁶⁹
1.14	**15.**12.1⁹⁸
1.23	**9.**20¹¹⁵
7.15.1	**22.**24.4²⁹⁰

Mamertus

De statu animae 3	**10.**29.2²⁷³

Manilius

Astronomica 2.90-98	**10.**2²⁹
2.150-187, 808-887	**5.**5²⁰
2.150-569	**7.**15¹⁰⁹
2.826-835; 3.537-547	**5.**2¹³
3.43-101	**5.**1¹

Marcellinus

Historiae 22.10	**18.**52.2⁴²⁷

Martialis

Epigrammata 3.81; 11.74	**7.**26¹⁷⁷
9.52	**7.**13⁹⁶
10.62; 14.80	**22.**22.2²⁴⁷
10.62	**21.**14¹³⁷

Maternus

De errore profanarum religionum	
6.1	**4.**10⁶⁹
19 - 23	**2.**26.1¹⁹⁶
Mathesis 17.2	**7.**15¹⁰⁵

Maurus

De litteris, syllabis et metris (Horatii)	
2846	**6.2**³¹

Minucius Felix

Octavius 19	**4.**13¹⁰³
19.3-4	**8.**9⁷⁸
20 - 23	**8.**13¹²¹
20.5-6	**3.**4²³
21.3 - 22.1	**8.**27.2²³⁴
21.6	**7.**15¹⁰⁸
22.5-6	**6.**7.1⁸⁴
22.6	**7.**11⁸²
24.4	**2.**7³⁸ **6.**7.3⁹³
30.3	**7.**19¹³²
30.3-4	**7.**19¹³¹

Namatianus

De reditu suo	**5.**26.2²¹⁷
1.44-448	**6.**0⁷

Obsequens

De prodigiis	**2.**25.1¹⁹⁰
29, 32, 44, 51, 54	**3.**31²¹⁵
30	**3.**31²¹⁶
56	**3.**7³⁵
87	**3.**11⁴⁹

Origenes

Commentarii in Ioannem	
28.18.159-160	**10.**24²⁰⁸
Contra Celsum 1.32	**13.**24.2¹⁸¹
1.68	**22.**8.1⁸⁴ 10¹⁴⁸
1.68.250	**10.**17¹⁵¹
2.20	**22.**6.1⁶⁷

3.51	**20**.9.2[123]
4.40	**13**.23.3[168]
4.41	**15**.27.3[251]
5.14	**21**.2[5]
5.14-23	**21**.3.1[10]
5.14.22	**9**.16.1[89] **17**[102] **10**.29.2[278]
5.22	**22**.4[42]
5.23-24	**22**.20.3[230]
5.38	**10**.9.2[90]
5.61	**18**.23.1[160]
6.10	**10**.32.3[322]
8.63	**8**.18[158]
8.66	**18**.12[85]
8.68	**21**.10.1[111]
De principiis	**11**.23.1[171]
1 praef.	**7**.30[211]
1.praef.5	**22**.23[269]
1.praef.8	**11**.23.1[174]
1.praef.10	**9**.22[131] **10**.19[166] **11**.32[251]
1.1.5	**20**.2[15]
1.2.9	**13**.24.2[184]
1.2.10	**13**.24.1[174]
1.3.1	**8**.9[78]
1.3.6	**13**.24.1[172]
1.3.7-8	**13**.24.5[210]
1.4.5	**12**.14.2[103]
1.6	**21**.17[164]
2.2.1-2	**13**.24.4[201]
2.4.4	**9**.5[38]
2.8	**8**.16[143]
2.8.3	**11**.23.2[176]
2.9.2	**14**.13.1[176]
3.6.6	**10**.29.2[278] **22**.30.4[387]
3.6.6-7	**22**.21[240]
3.9.3	**12**.14.2[103]
4.2.4	**17**.3.2[22]
4.3.1	**13**.21[130]
4.3.5	**17**.3.2[20]
4.11	**13**.21[135]
Hexapla	**18**.43[353]
Homiliae in Genesim 1.14	**14**.22[250]

2	**15**.26.2[239]
2.2	**15**.27.3[250]
11	**16**.25[180]
Homiliae in I Regum 1.17-20	**17**.4.2[27]
Homiliae in Lucam 12.68	**14**.3.2[32]
Philocalia (358)	**11**.23.1[171]

Orosius

Historiae adversus paganos	**3**.1[6]
1.1.5-6; 1.4.1	**4**.7[34]
1.9	**18**.10[64]
1.16.2	**20**.11[151]
4.1.3	**3**.17.3[128]
4.1.7	**3**.17.3[130]
4.6	**7**.19[133]
4.20	**5**.22[187]
5.18.8	**3**.26[186]
5.18.9	**3**.23[170]
5.22	**3**.29[202]
7.27	**18**.52.1[423]
7.28, 31-35	**5**.25[203]
7.30-31	**4**.29[210]
7.32	**18**.52.2[431]
7.33	**18**.52.2[430]
7.35	**5**.26.1[210]
7.35.21	**5**.26.1[207] **6**.0[7]
7.37.13-14	**5**.23[192]
7.39-40	**1**.1[10]
7.39.7-10	**1**.4[29]

Ovidius

Amores 3.4.17	**13**.5[25]
Ars amatoria 2.233	**19**.5[68]
Fasti 1.95-120	**7**.7[59]
1.543 -	**19**.12.2[110]
2.19-20	**7**.7[57]
2.19-36	**7**.7[56]
2.48	**7**.7[55]
2.68-118	**2**.6[32]
2.113	**1**.14[88]
2.205	**7**.9.1[74]
2.475-477	**2**.15[98]
2.532 -	**8**.27.1[232]

2.599 · 9.11[58]
2.825-832 · · · · · · · · · · · · · · · 1.19.1[104]
2.837-852 · · · · · · · · · · · · · · · · · · 3.16[107]
3.275 · 7.35[228]
4.145 · 4.19[130]
4.221-244 · · · · · · · · · · · · · · · · · 7.25[170]
4.374 · 7.15[105]
4.726 · 7.7[57]
4.794 · 18.8[52]
4.907 · 4.21[154]
5.115-128 · · · · · · · · · · · · · · · · · 6.7.1[87]
5.328-334 · · · · · · · · · · · · · · · · 2.27[206]
5.423 · 7.7[57]
6.24 · 7.3.1[21]
6.213 · 18.19[140]
6.237 · 4.23.1[163]
6.367, 399-400 · · · · · · · · · · · · · 7.16[119]
6.503 · 4.16[112]
6.731-732 · · · · · · · · · · · · · · · · 4.23.4[177]
Heroides 12.168 · · · · · · · · · · · · 19.23.2[213]
17.143 · 18.13[91]
Metamorphoses 1.84-86 · · · · · · 22.24.4[289]
4.699 · 18.13[92]
4.786; 5.262 · · · · · · · · · · · · · · · 18.13[93]
5.638-661 · · · · · · · · · · · · · · · · · 18.13[87]
14.320 · · · · · · · · · · · · · · · · · · · 4.23.1[161]
14.455-511 · · · · · · · · · · · · · · · 18.16[119]
14.581-608 · · · · · · · · · · · · · · · 18.19[139]
15.622-744 · · · · · · · · · · · · · · · · 3.12[55]
Tristia 1.1.114 · · · · · · · · · · · · · · 18.13[96]

Palaephatus
Incredibilia · · · · · · · · · · · · · · · · · 18.13[97]

Pausanias
Descriptiones Graeciae 2.26.6 · · 8.26.2[225]
2.26.9 · 8.26.2[221]

Persius Flaccus
Satirae 3.37 · · · · · · · · · · · · · · · · · · 2.7[39]
3.66-72 · 2.6[33]

Philo
De aeternitate mundi 6.29-7.34 · · 11.34[275]
De gigantibus 58 - 61 · · · · · · · · · · 15.9[91]

De mutatione nominum 77 - 80 · · 16.28[196]
De opificio mundi 15 · · · · · · · · · 14.13.1[176]
De posteritate Caini 18.64 · · · · · · · 11.8[59]
Legum allegoriae 1.14.43-61 · · · · 13.21[130]
Quaestiones in Genesim 2.2 · · 15.26.1[237]
2.5 · 15.26.1[233]

Philostorgius
Historia ecclesiastica 7.8 · · · · · 18.52.2[429]

Plato
Alcibiades 118b-d · · · · · · · · · · · · 14.8.3[103]
Apologia Socratis 5.4.11 · · · · · · · · · · 8.3[20]
13 · 8.14.2[127]
31d · 8.14.2[127]
40 c-d · 1.12.2[77]
40c - 41a · · · · · · · · · · · · · · · · · · · 13.8[43]
Cratylus 40b-c · · · · · · · · · · · · · · 22.26[310]
387c - 408d · · · · · · · · · · · · · · · · 6.4.1[42]
396a · 7.9.1[73]
396a-b · · · · · · · · · · · · · · · 4.11[97] 7.9.1[67]
397e - 398c · · · · · · · · · · · · · · · · · 9.11[60]
398b · 9.20[115]
400a · 12.27[210]
402b · 6.8.1[101]
404c · 10.21[180]
Epinomis 981c · · · · · · · · · · · · · 22.11.2[162]
984 · 8.14.1[124]
984b - 985b · · · · · · · · · · · · · · · · 9.16.1[86]
984d · 4.11[99]
984d - 986d · · · · · · · · · · · · · · · · · 10.2[26]
985b · 8.20[168]
Euthydemus 278e · · · · · · · · · · · · · 10.1.1[1]
Gorgias 470d; 508b · · · · · · · · · · · · 8.8[74]
483c - 484a · · · · · · · · · · · · · · · · 19.21.1[191]
493a · 12.27[210]
508b · 19.4.1[41]
522e - 525a · · · · · · · · · · · · · · · · · · 9.8[49]
525b-c · 21.13[131]
527a-b · 22.6.1[65]
Ion 536a-b · · · · · · · · · · · · · · · · · 21.4.4[34]
Leges 404 · · · · · · · · · · · · · · · · · · 14.8.1[82]
625e - 626c · · · · · · · · · · · · · · · · · 4.15[107]

629a - 630d	5.22[191]	246	19.3.1[32]
655d - 656a	17.14[212]	246b - 247a	8.12[113]
658d	18.16[118]	246d	4.18[124]
659e - 660a	2.14.1[85]	246d - 249d	22.12.2[173] 26[307]
669b-d	8.13[117]	246e - 254b	8.3[18]
680 - 683	2.21.2[153]	248	14.19[233]
713b - 718a	6.5.1[54]	248 - 249	13.19[113]
842a	6.8.2[105]	248a-b	13.19[111]
860d - 863a	19.6[76]	249	10.30[286]
888a - 890a	4.33[231]	249a	22.26[313]
888e - 891b	8.12[113]	250d	2.14.1[85]
933a-b	8.19[161]	251d - 252b	9.4.1[12]
965b-d	5.24[198]	253a-c	9.17[101]
Lysis 219c - 221d	14.7.2[65]	253c - 254e	14.19[233]
Menexenus 318e	6.8.2[105]	*Philebus*	10.1.1[2]
Meno 81b-c	12.14.1[101]	30d	4.11[97]
87d - 89c	19.3.1[35]	*Politicus* 291d - 292a	2.21.2[153]
Parmenides 130e - 131e	13.22[140]	301d	5.24[198]
132d	8.11[100]	*Protagoras* 322a-d	10.14[129]
132d - 135c	7.28[194]	343a	8.2[8 11]
141e - 142a	20.2[15]	343a-b	18.25[187]
Phaedo	8.10.2[91]	345d-e	2.4[18]
61d, 66b	1.22.1[124]	352e - 353c	8.17.1[148]
64a - 67a	9.14[72] 9.14[74]	357b - 361b	19.3.1[35]
64c	12.21.1[159]	*Respublica*	2.21.1[148]
65a-e	8.3[18]	336b, 338c	19.21.1[191]
65d - 66a	8.7[63]	352d	19.1.1[8]
65e - 66a	8.3[19]	377 - 383, 398a	2.14.1[85]
66b	11.10.2[85]	379a	6.7.1[84]
66b - 68b	10.29.1[265]	392c - 395a	8.13[117]
70c	10.30[291]	396d	9.7[44]
71d - 72e	9.8[49]	400a-b	17.14[212]
72a-c	12.14.1[101]	427d	19.4.3[49]
74c	1.10.3[61]	431e	11.22[163]
81e	10.30[286]	433a - 435a	9.5[29]
82d-e	12.27[210]	435c - 439e	22.22.1[244]
82d - 84b	8.3[18]	436a-d	21.3.2[18]
113d - 114b	19.11[104]	439a - 440b	14.3.2[29]
247c - 248c; 253b-c	8.8[76]	505a, 508e, 509b	19.1.1[4]
Phaedrus 25a-b	8.11[100]	506c - 511e	7.28[194]
86a	6.10.1[132]	508d - 509b	10.3.2[39]

509d -	**22**.29.5³⁵⁵	28b-d	**22**.6.1⁶⁵
509d - 511e	**8**.7⁶⁶	29a	**7**.28¹⁹⁴ **10**.31²⁹⁹
514a - 517a	**14**.3.1²⁶	29e - 30c	**22**.20.1²²⁴
544b - 545c	**2**.21.2¹⁵³	29e - 31b	**22**.24.5²⁹⁵
580	**14**.19²³³	30b	**12**.27²¹⁴ **10**.29.2²⁷⁶ **13**.17.1⁹³
580d - 583c	**8**.8⁷⁰	30c-d	**10**.29.1²⁶⁵
590d - 511e	**19**.18¹⁶⁹	30c-f	**13**.16.2⁸⁸
597b	**12**.27²¹⁴	30d	**12**.27²¹²
611e	**8**.8⁷⁶	31b-c	**8**.11⁹⁷
613a.	**9**.17¹⁰⁰	32a-c	**22**.11.1¹⁵⁶
613a-b	**10**.12¹¹⁶	32b	**8**.15.2¹³⁷
614a - 617d	**22**.27³¹⁵	32c	**13**.16.1⁸⁴ **13**.17.1⁹⁴
614b	**22**.28³¹⁹	32c - 33d	**13**.17.1⁹⁷
614d -	**21**.13¹³¹	32c - 34b	**10**.29.2²⁷⁶
614d - 615b	**19**.11¹⁰⁴	33b-c	**13**.17.2¹⁰¹
614e - 620d	**13**.19¹¹³	34a	**21**.23¹⁹⁹
619d	**22**.12.2¹⁷³ 26³¹³	34a-f	**13**.17.2⁹⁹
620d - 621d	**3**.10⁴⁸ **13**.20¹¹⁷	34b -	**12**.19¹⁴⁶
621a-c	**20**.26.3³⁴⁶	35b - 36e	**13**.17.2¹⁰⁰
Sophista 249d - 262e	**13**.10⁵³	37d	**11**.21¹⁵⁰
266e	**2**.14.1⁸⁵	37d-e	**13**.11.1⁵⁶
Symposium 202c	**8**.13¹¹⁴ **19**.4.1⁴¹	37d - 38b	**10**.5⁵⁰
202c-d	**19**.1.1⁸	37e - 39s	**13**.16.2⁸⁸
202c - 203a	**9**.1¹	38b	**12**.14.2¹⁰⁶
202d-e	**8**.20¹⁶⁸	39e - 40a	**19**.9⁹¹
202e	**8**.18¹⁵⁸	39e - 41a	**10**.19¹⁶⁴
203	**9**.1⁴	40a	**9**.23.1¹³²
203a	**8**.18¹⁵⁷ **9**.16.1⁸⁶	40a-d	**6**.1.1⁹
206e	**2**.14.1⁸⁵	40c - 42e	**8**.12¹¹³
207a	**8**.8⁶⁸	40d - 41a	**9**.16.1⁸⁶
210a - 211c	**8**.3¹⁸	40d - 41b	**10**.31²⁹⁹
210e - 211c	**8**.11⁹⁸	40d - 41d	**8**.13¹¹⁴
Theaetetus 175b - 176e	**14**.25²⁷¹	40d - 43b	**9**.2⁶
176a-b	**9**.17¹⁰⁰	41a	**13**.16.1⁸⁴ **22**.26³¹¹
176b-e	**8**.8⁷⁶	41a-b	**10**.31²⁹⁷
178b	**21**.5.1⁴⁰	41a - 43b	**12**.25¹⁹⁰ 26¹⁹⁸
Timaeus	**8**.10.2⁹¹ 11	41b	**13**.16.1⁸⁵
22a	**18**.3²⁹	41c	**12**.27²⁰⁷ **22**.26³⁰⁹
22b	**18**.10⁶⁵	41d-e	**5**.1⁵
28a	**11**.21¹⁵⁹	41d - 42a	**13**.16.2⁸⁷
28a-b	**12**.13⁹⁶	42c	**10**.30²⁸⁶

42e	**10.25**[231]
43b	**10.31**[297]
45b	**13.18**[108]
48a	**9.1**[1]
52a-b	**8.11**[199]
53c - 55c	**22.11.1**[158]
55e - 57c	**22.11.5**[165]
58c-d	**13.18**[108]
62c-d	**16.9**[84]
86d	**2.4**[18]
90b-c	**8.11**[98]
92c · **8.11**[98] **10.29.2**[276] **12.27**[212] **13.16.2**[88]	
176a - 177c	**22.30.4**[387]

Plautus

Amphitryo 1.119	**21.8.2**[78]
argumentum	**7.14**[101]
Pseudolus 165 - 171	**7.13**[96]

Plinius senior

Historia naturalis	**21.5.1**[43]
2.5.22	**4.18**[122]
2.7.47-48	**3.15.1**[89]
2.41.109	**5.6**[25]
2.52-53	**4.23.4**[177]
2.64.161	**16.9**[84]
2.97.210	**21.6.1**[57]
2.105.235	**4.2**[12]
2.106.228	**21.5.1**[46]
2.106.233-234	**21.2**[7]
2.106-110	**21.4.1**[24]
2.110-111	**21.4.2**[28]
3.1.5	**16.17**[136]
3.9.65	**7.9.2**[78]
5.5.36	**21.5.1**[45]
6.32.148	**21.5.1**[53]
7	**16.8.1**[77] **18.5**[37]
7.2.22	**14.17**[224]
7.16	**15.9**[88]
7.16.72	**21.14**[138]
7.48	**12.11**[89] **15.9**[87]
7.48.155	**15.12.1**[103]
7.49	**15.9**[90]
7.49-50	**15.9**[84]
7.53	**22.28**[320]
8.21.72-76	**16.8.2**[82]
8.41.97-99	**8.15.1**[135]
8.67.166	**21.5.1**[52]
9.52.164	**5.6**[25]
10.22-23	**21.4.1**[27]
10.44.127	**18.16**[121]
10.86.188	**21.4.1**[23]
11.42.119	**21.2**[6]
11.49.109	**7.26**[177]
12.21.38	**21.5.1**[53]
13.13.84-87	**7.34**[221]
13.14.57	**21.5.1**[48]
17.6.50	**18.15**[116]
18.25.211	**15.12.1**[98]
20.1	**21.4.4**[34 36]
23.1-2	**4.24**[183]
28.1.9	**19.4.4**[55]
28.4	**2.15**[96]
28.9	**21.4.4**[34 39]
29.8.2	**3.17.2**[124]
30.3-11	**5.21**[179]
31.41.86	**21.5.1**[44]
33.30.94	**21.4.3**[33]
34.42.148	**21.6.2**[67]
36.5.25	**7.28**[191]
36.5.39	**7.19**[133]
36.30.138	**21.5.1**[50]
36.53-55	**21.4.3**[32]
36.68	**21.4.2**[28]
37.15	**21.4.4**[39]
37.54.146	**21.5.1**[47]
37.67.181	**21.5.1**[51]
97.212-213	**5.6**[25]

Plinius iunior

Epistulae 4.11	**4.10**[67]

Plotinus

Enneades	**8.10.2**[91] **12**[108 111]
1.1.1	**21.3.2**[18]
1.2.1-2	**5.19**[171]

1.2.1.3-4	$\mathbf{8.8}^{76}\,\mathbf{9.17}^{101}$	4.3.12	$\mathbf{9.10}^{57}\,\mathbf{10.30}^{287}$
1.2.4-6	$\mathbf{12}.21.3^{171}$	4.3.25	$\mathbf{11}.22^{163}$
1.4.1-3	$\mathbf{14}.25^{271}$	4.4.42-44	$\mathbf{10}.9.1^{86}$
1.4.2	$\mathbf{8.8}^{68}$	4.8	$\mathbf{22}.26^{310}$
1.4.3	$\mathbf{19}.4.1^{41}$	4.8.1	$\mathbf{10}.12^{116}\,\mathbf{14}.3.1^{26}$
1.4.3.34	$\mathbf{4}.21^{155}$	4.8.1.3-8	$\mathbf{8.8}^{76}$
1.4.4	$\mathbf{9}.14^{72}\,\mathbf{10}.2^{25}$	5.1	$\mathbf{10}.23^{193}$
1.4.4-5	$\mathbf{10}.2^{25}$	5.1.2-3; 5.1.10	$\mathbf{10}.2^{27}$
1.4.7	$\mathbf{13}.8^{43}$	5.3.13	$\mathbf{20}.2^{15}$
1.4.7.24	$\mathbf{2}.2^{10}$	5.5.4	$\mathbf{9}.13.3^{71}$
1.5.2	$\mathbf{10}.1.1^{5}\,\mathbf{19}.4.1^{41}$	5.5.6	$\mathbf{10}.25^{231}$
1.6.7	$\mathbf{9}.13.3^{71}$	5.6.4	$\mathbf{10}.2^{26\,28}$
1.6.8	$\mathbf{9}.17^{100}$	5.8.1	$\mathbf{8.7}^{66}$
1.8.2	$\mathbf{10}.2^{25}$	5.8.3	$\mathbf{10}.19^{164}$
2.3	$\mathbf{9}.17^{100}$	5.8.8	$\mathbf{11}.21^{150}$
2.3.6.1-3; 2.3.7.4-7	$\mathbf{5}.1^{8}$	5.8.12	$\mathbf{22}.20.1^{224}$
2.3.7-8	$\mathbf{5}.1^{5}$	6.4.7	$\mathbf{10}.1.1^{5}$
2.8	$\mathbf{12}.21.3^{171}$	6.7.6	$\mathbf{9}.8^{49}$
2.9.6.13	$\mathbf{13}.19^{113}$	6.7.34	$\mathbf{14}.7.2^{65}$
2.9.8	$\mathbf{22}.24.5^{295}$	6.7.36	$\mathbf{10}.2^{25}$
2.9.9	$\mathbf{9}.2^{6}$	6.9.8-9	$\mathbf{8}.4^{31}\,\mathbf{5}^{42}$
2.9.9.26 -	$\mathbf{8}.12^{113}$	6.9.9.11-24	$\mathbf{8}.12^{113}$
2.9.16	$\mathbf{8}.13^{115}$	**Plutarchus**	
3.1.1	$\mathbf{5}.1^{5}$	*De defectu oraculorum* 10	$\mathbf{9}.1^{2\,4}$
3.2	$\mathbf{10}.14^{131}\,\mathbf{14}.5^{52}$	10-13.414f-417c	$\mathbf{10}.1.1^{9}$
3.2.1	$\mathbf{5}.9.4^{63}$	10.415a	$\mathbf{8}.18^{158}$
3.2.4	$\mathbf{4}.18^{124}\,\mathbf{10}.2^{25}$	10.416c	$\mathbf{9}.1^{1}$
3.2.5	$\mathbf{14}.5^{55}$	11.12	$\mathbf{9}.13.3^{69}$
3.2.11	$\mathbf{9}.1^{4}$	19-21.392e-394a	$\mathbf{10}.31^{299}$
3.2.41	$\mathbf{21}.13^{130}$	*De fortuna Romana* 12	$\mathbf{2}.22.2^{170}$
3.3	$\mathbf{14}.5^{52}$	*De genio Socratis*	$\mathbf{8}.14.2^{127}$
3.3.5	$\mathbf{5}.18.3^{162}$	21 - 22	$\mathbf{8}.13^{115}$
3.4	$\mathbf{9}.1^{1}$	*De Pythiae oraculis* 6	$\mathbf{18}.23.2^{172}$
3.4.2	$\mathbf{8}.14.1^{124}\,\mathbf{10}.30^{287}$	*De virtute morali* 7.448b	$\mathbf{21}.5.1^{40}$
3.4.6	$\mathbf{10}.19^{169}\,\mathbf{19}.11^{104}$	*Memorabilia* 1.5.4	$\mathbf{19}.1.1^{8}$
3.5.6	$\mathbf{8}.17.1^{149}$	*Quaestiones Platonicae* 2.1000-1001	$\mathbf{8}.4^{31}$
	$\mathbf{10}.1.1^{9}\,\mathbf{19}^{169}\,\mathbf{31}^{299}\,\mathbf{21}.10.1^{111}$	*Quaestiones Romanae* 26	$\mathbf{5}.21^{179}$
3.8.3-5	$\mathbf{10}.2^{25}$	58.61	$\mathbf{7}.9.2^{78}$
4.2	$\mathbf{10}.16.1^{137}$	74	$\mathbf{4}.18^{125}$
4.3.1	$\mathbf{10}.2^{25}$	*Vitae parallelae. Agesilaus* 19	$\mathbf{1}.2^{11}$
4.3.11	$\mathbf{10}.24^{200}$	—. *Cato minor* 16	$\mathbf{5}.12.4^{98}$

72	**1.23**¹³⁰
—. *Cicero* 46 - 49	**3.31**²¹³
—. *G. Gracchus* 17.4	**3.25**¹⁷⁶
—. *Lycurgus* 6	**10.13**¹²⁸
—. *Marius* 42 - 43	**2.23.1**¹⁷⁵ **3.27**¹⁸⁸ ¹⁹³
—. *Numa* 5.4	**3.13**⁷²
22	**4.23.1**¹⁶⁸ **7.34**²²¹
—. *Publicola* 14	**5.18.2**¹⁴⁸
—. *Pyrrhus* 20	**5.18.2**¹⁵⁴
—. *Romulus* 3.1.5	**3.6**²⁸
20.1-3	**3.14.3**⁸⁶
—. *Solon* 19	**18.10**⁶²
—. *Sulla* 25	**3.7**³⁰
30 - 33	**3.28**¹⁹⁴ ¹⁹⁸

Pseudo-**Plutarchus**

De fato 4 570b · · · · · · · · · · · · · · · · **5.1**⁵

Pollio

Bellum civile Caesaris et Pompeii
fr.5 · **3.30**²¹²

Polybius

Historiae 1	**3.18.1**¹³⁹
1.2	**19.24**²²⁹
1.2-4	**18.2.1**⁹
1.14	**2.3**¹³
1.14.5-6	**3.14.2**⁸³
1.35	**1.15.2**⁹²
3 - 4	**3.19**¹⁴⁸
3.17	**3.20**¹⁴⁹
3.31.1-9	**3.10**⁴⁸
10.40	**1.6**³⁵ **3.21**¹⁵⁷

Pomponius

Fabulae Atellanae, fr.145 · · · · · · · **4.16**¹¹³

Porphyrius

Contra Christianos [Harnack ed.] · · **5.18.2**¹⁵⁸
8.12¹¹⁰ **9.16.1**⁸⁹ **10.26**²³⁷ **21.11**¹²⁴
fr.94 · · **10.24**¹⁹⁹ 29.2²⁷⁸ **21.2**⁵ **22.12.2**¹⁷²

De abstitnentia animalium	**10.26**²³⁹
2.34	**10.26**²³⁴
2.34-37; 3.5	**19.22**²⁰⁶
2.39	**10.21**¹⁸³
2.40.50	**22.25**³⁰²
2.60	**10.26**²³²
11	**22.20.1**²²⁴
De antro nympharum 14	**22.26**³¹⁰
De regressu animae [Bidez ed.] · ·	**8.10.2**⁹¹
12¹⁰⁸ **10.9.2**⁸⁷ ⁹⁴ 10¹⁰² 11.1¹⁰⁵ 23¹⁹¹ 28²⁵⁵	
29.2 32.1³¹¹ **13.16.2**⁹⁰ **19.23.1**²⁰⁷	
fr.1	**10.32.1**³⁰⁹
fr.3-4	**10.27**²⁵¹
fr.5	**12.27**²⁰⁸
fr.9	**10.29.1**²⁶¹
fr.10	**10.29.1**²⁶⁵
fr.11	**10.30**²⁸⁸
fr.11.1	**10.30**²⁹⁰
fr.12	**10.32.1**³⁰⁸
App.40	**10.30**²⁹⁴
Epistula ad Anebontem [Bidez ed.] · ·	**10.27**²⁵²
fr.3, 8-9, 12-14, 17-22, 24 · · ·	**10.11.1**¹⁰⁷
fr.26-31	**10.9.2**⁹⁶
fr.27	**10.11.2**¹¹¹
fr.29-32, 36-37, 45-49	**10.11.2**¹¹⁴
fr.45-49	**10.19**¹⁶⁹
Epitula ad Marcellam	**10.27**²⁵²
10-12	**8.4**³¹
11-12	**10.1.1**⁵ 29.1²⁶⁷
14	**10.3.2**⁴²
16	**10.26**²³⁴
16-17	**8.8**⁷⁶ **9.17**¹⁰¹
17, 19, 24	**19.23.4**²¹⁵
33	**22.27**³¹⁵

Philosophia oraculorum (Ἐκ λογίων
φιλοσοφίας) · **10.27**²⁴⁵ 29.1²⁶³ **19.23.1**²⁰⁷

Sententiae ad intellegibilia ducentes

7	**22.26**³⁰⁷
7; 26-27	**22.12.2**¹⁷⁵
32	**22.25**³⁰²
Vita Plotini 15	**9.10**⁵⁶

Posidonius

Historae · **5.2**¹⁰

Possidius

Vita Augustini · · · · · · · · · · · · · · · **22.8.13**¹¹⁷
28 · **2.2**¹⁰

Quintilianus
Institutiones oratoriae 1.4.3 ····· **18**.43³⁵¹
  1.12.8-15 ················ **22**.22.2²⁴⁷
  3.6.23 ······················ **12**.2¹⁹
  6.2.20 ······················ **9**.4.1¹³
  7.3.15 ····················· **9**.13.3⁷⁰
  9.3.8 ···················· **11**.18¹³⁴
Rufinus
Historia ecclesiastica 2.23 ······ **21**.6.2⁶⁷
Rufus
Historia Alexandri 6.6.10 ········ **6**.11¹⁴⁵
Sallustius
Bellum Iugurthinum 16.2-5 ······ **3**.24¹⁷³
  42.4 ···················· **3**.24¹⁷⁵
De coniuratione Catilinae ······ **2**.23.1¹⁷⁸
  1.2 ························ **9**.9⁵²
  2.1 ························ **3**.10⁴³
  2.2 ······················ **3**.14.2⁸⁰
  5.9 ······················ **2**.18.2¹²³
  6.1 ·························· **3**.3¹⁷
  6.3-5 ······················ **3**.10⁴⁵
  6.7 ······················ **5**.12.1⁸³
  7.3 ······················ **5**.12.1⁸⁵
  7.6 ······················ **5**.12.1⁸¹
  8.1 ······················· **7**.3.2²⁹
  8.2-4 ····················· **18**.2.2¹³
  9.1 ············· **2**.17¹⁰³ **18**.1¹¹⁵
  11 ····················· **17**.20.1²⁷³
  11.1-2 ···················· **5**.12.3⁹¹
  11.2 ······················ **5**.19¹⁶³
  11.3 ······················· **7**.12⁹¹
  14.1-3 ······················ **3**.2¹⁴
  51.9 ······················ **1**.5³⁰ ³¹
  52 ·························· **1**.5³⁰
  52.19-24 ··················· **5**.12.5⁹⁹
  52.21 ····················· **5**.12.6¹⁰⁴
  53.2-4 ···················· **5**.12.6¹⁰¹
  53.5 ····················· **5**.12.6¹⁰³
  54.5-6 ···················· **5**.12.4⁹³
Historiae ···················· **2**.16¹⁰² 18
  1. fr.10 ····················· **3**.16¹⁰⁴

  1. fr.11 ············· **2**.18.1¹¹⁸ ¹¹⁹ ¹²²
                        3.17.1¹⁰⁹ **21**¹⁵⁶ **5**.12.6¹⁰²
  1. fr.12 ····················· **3**.17.1¹¹²
  1. fr.13 ····················· **2**.18.1¹¹⁶
  1. fr.16 ······· **2**.18.2¹²⁴ **19**¹³⁰ **21**.1¹⁴¹
  3. fr.84 ······················· **4**.5²³
Scaevola
Decreta pontificalia ············ **3**.28¹⁹⁶
Iura civilia [Badian ed.] ·········· **3**.28¹⁹⁶
  fr.71 ················ **4**.27¹⁹⁸ **6**.5.1⁵⁴
Responsa ···················· **3**.28¹⁹⁶
Seneca
De brevitate vitae ············· **13**.10⁴⁹
De providentia 5.8 ··············· **5**.1⁴ ⁷
De tranquilitate animi ··········· **1**.26¹⁴⁰
  4.1-6 ····················· **6**.10.1¹²⁷
De vita beata ··········· **6**.10.1¹²⁷ **19**.1.1¹
  1.1 ························ **10**.1.1¹
  4 ·························· **4**.21¹⁵⁵
Dialogus de superstitione ······ **6**.10.1¹²⁸
  fr.31-43 ·················· **6**.10.1¹²⁹
  fr.34 ····················· **7**.26¹⁷⁷
Epistula ad Marciam de consolatione
  ····················· **13**.10⁴⁹
  12.6 ······················ **2**.24.2¹⁸⁸
  21.6 ························ **13**.10⁵¹
  21.7 ······················ **13**.10⁵³
  24.5 ······················ **8**.26.2²²²
Epistulae morales ·············· **1**.26¹⁴⁰
  2.6 ························ **7**.12⁸⁹
  12.1 ·························· **9**.1³
  24.6-8 ····················· **1**.23¹²⁸
  47.14 ······················ **19**.16¹⁵²
  58.6-7 ······················ **12**.2¹⁹
  59 ························· **9**.14⁷⁴
  65.34 ····················· **22**.24.4²⁹³
  70.4-5 ····················· **19**.4.4⁵⁵
  91.4-7 ······················ **4**.18¹²⁵
  95.72 ······················ **1**.23¹²⁸
  101 ······················ **11**.27.1²⁰⁷
  107.11 ······················ **5**.8³³

Hercules Oetaeus **18**.12⁸¹
Quaestiones naturales 1. praef.13 ... **7**.6⁴⁹
   2.4.1 .... **11**.34²⁷⁵
   3. praef.5 .... **4**.4²¹
   3.27-28 .... **12**.10⁸²
   4.7.2 .... **8**.19¹⁶⁴
Seneca maior
Controversiae 6.3 .... **16**.20¹⁴⁵
Servius
Commentarius in Vergilii Aeneidem
   1.16 .... **10**.1.2¹³
   1.378; 3.168 .... **2**.11⁶⁹
   7.617 .... **7**.8⁶⁴
Severus
Historia sacra 2.31-33 .... **18**.52.1⁴²³
Sextus Empiricus
Adversus mathematicos (= *grammaticos*)
   7.99-100 .... **20**.7.2⁷⁵
   7.166-184 .... **19**.1.2¹⁹
   7.248 .... **22**.29.5³⁵⁵
Institutiones Pyrrhonianae (= *Pyrrhonianae hypotyposes*) 1.33.220-221 ... **19**.1.2²⁰
   2.64 .... **19**.18¹⁶⁸
   5 .... **5**.8³⁶
Simplicius
Physica 4 - 8 .... **19**.18¹⁶⁸
Socrates Scholasticus
Historia ecclesiastica 3.23 ...... **10**.28²⁵⁴
   7.18 .... **18**.52.2⁴³²
Soranus
fr.4 .... **7**.9.2⁷⁹
Sozomene
Historia ecclesiae 9.8 .... **22**.20.2²²⁷
Stobaeus
Eclogae 2.76.3 .... **19**.1.1⁴
Suetonius
Divus Iulius 6 .... **3**.3²⁰
   80 .... **3**.30²¹⁰
Divus Vespasianus 18 .... **19**.7⁸¹
Nero 34 .... **5**.19¹⁶⁶
   57 .... **20**.19.3²²⁷

Symmachus
Relationes 3 .... **6**.0⁷
Tacitus
Annales 3.64; 6.12 .... **6**.3³⁸
   3.77 .... **2**.13⁷⁸
   13.3.1; 14.11.3 .... **6**.10.3¹⁴²
   15.37 .... **5**.19¹⁶⁶
Historiae 2.8 .... **20**.19.3²²⁷
   5.7 .... **21**.5.1⁴⁹ **8**.4⁹³
Tatianus
Oratio ad Graecos 15 .... **14**.10¹⁴⁹
Terentius
Adelphoe 5.4.13-14 .... **19**.5⁶⁷
Andria 1.1.32 .... **4**.21¹⁴²
   2.1.305-306 .... **14**.15.2²⁰⁴ 25²⁷²
   2.1.306-309 .... **14**.8.2⁹⁷
Eunuchus 59-61 .... **19**.5⁶⁸
   584 - **2**.12⁷⁴
   584 - 586 .... **2**.7⁴⁰
   590 - 591 .... **2**.7⁴¹
Tertullianus
Ad nationes 2.1.8-10 .... **4**.27¹⁹⁴
   2.2.1 .... **6**.5.2⁵⁹
   2.3 .... **4**.13¹⁰³
   2.9.3 .... **3**.12⁶⁰
   2.9.5 .... **7**.1⁴
   2.9.20 .... **18**.15¹¹⁶
   2.11 .... **6**.9.3¹¹⁸
   2.11.4 .... **7**.2¹⁶
   2.12 .... **18**.23.1¹⁶⁰
   2.15.5 .... **4**.8⁴⁴
Ad uxorem 1.7.2-5 .... **16**.34²³⁵
Adversus Iudaeos 8 .... **18**.54.1⁴⁴⁴
   10.6 .... **16**.32.1²²⁰
Adversus Marcionem 2.5 .... **22**.23²⁶⁹
   5.12 .... **20**.29³⁵⁹
Adversus Praxeam 15 .... **20**.4²⁹
Apologeticum 8 - 9 .... **18**.53.2⁴³⁷
   10.8 .... **7**.15¹⁰⁸
   11.15 .... **1**.32¹⁶⁴
   12 .... **6**.10.1¹²⁸

17.2-5	**8**.13¹²¹
17.6	**8**.10.2⁸⁹
18.5-9	**18**.42³⁴⁴
21.50	**22**.7⁸¹
22.1-3	**20**.19.4²³²
22.1-8	**14**.3.2³²
22.4-5	**9**.10⁵⁵
37.4-7	**22**.7⁸¹
39.2-3	**2**.28²¹⁰
40.2-12	**2**.3¹²
40.3-12	**2**.3¹⁵
41.1	**2**.4¹⁶
47.2	**8**.12¹⁰²
48	**22**.30.5³⁹³
50	**10**.21¹⁷⁸
50.13-15	**22**.7⁸¹

De anima 9 .... **11**.10.2⁸⁶
    28 .... **10**.30²⁹¹

De baptismo 5 .... **13**.24.1¹⁷²
    12 .... **1**.27¹⁴¹
    19 .... **22**.8.4⁹⁹

De carne Christi
    6 ...... **13**.22¹³⁹ **15**.22¹⁹⁹ **16**.29²⁰⁰
    15 .... **8**.16¹⁴³

De corona 7 .... **8**.27.2²³⁴

De monogamia 1.1 .... **16**.34²³⁵

De pallio 3 .... **13**.16.2⁸⁹

De poenitentia 9 .... **20**.9.2¹²³

De praescriptione haereticorum
    4.3-5 .... **20**.19.2²²¹
    36 .... **20**.4²⁹

De resurrectione carnis (= *mortuorum*)
    20.1-2 ...... **9**.16.1⁸⁹ 17¹⁰² **10**.29.2²⁷⁸
    24 .... **20**.19.3²²⁴

De spectaculis 4.3 .... **2**.13⁷⁶
    22 .... **2**.13⁷⁸
    27 .... **6**.7.3⁹⁴

De testimonio animae 3 .... **9**.19¹¹⁴

Scorpiace 8.1 .... **18**.33.1²⁶⁶

Theodoretus
Historia ecclesiastica 3.16 .... **18**.52.2⁴²⁸

5.17	**5**.26.1²¹²
5.38	**18**.52.2⁴³²

Theophilus
Ad Autolycum 1.7 .... **22**.29.2³⁴³
    1.14 .... **22**.30.5³⁹³
    2.24-27 .... **13**.1²
    2.27 .... **6**.12¹⁵¹
    2.36 .... **18**.23.1¹⁶⁰

Trogus
Historae Philippicae **4**.6²⁷

Valerius
Facta et dicta memorabilia 1.8.4 ... **4**.19¹²⁸
    2.2.2 .... **19**.7⁸¹
    2.7.6 .... **1**.6³⁵
    2.9 .... **5**.18.2¹⁵⁶
    3.3.1; 5.6.2-6 .... **4**.20¹³⁷
    8.1.5 .... **22**.11.3¹⁶⁴
    18.7; 1.4.2; 1.8.11; 8.1.5 ..... **10**.16.2¹⁴¹

Varro
Antiquitates rerum humanarum et divinarum [Semi ed.]
    ...... **3**.4²¹ **4**.1⁶ 22¹⁵⁸ 27 **6**.2²⁴ 3³⁶ **7**.2⁸

X	**4**.1⁸
XIV	**7**.17¹²¹
XXXV *De rebus scaenitis*	**4**.1⁷
fr.7, 8	**6**.5.2⁵⁹
fr.9, 10	**6**.5.3⁶⁴
fr.16	**4**.23.3¹⁷⁴ **8**.5³⁴
fr.109	**6**.4.2⁴⁴
fr.111	**6**.5.1⁵⁷
fr.112	**7**.6⁵¹
fr.114	**4**.31.2²²⁴
fr.115	**7**.5⁴²
fr.116	**7**.5⁴³
fr.117	**4**.9⁴⁷ 27¹⁹⁹
fr.118	**6**.6.3⁸⁰
fr.119	**6**.2³⁴
fr.120	**4**.22¹⁵⁷ **6**.1.2¹⁴
fr.133	**6**.9.2¹¹²
fr.138; 290	**18**.22¹⁵⁸ 23.1¹⁶¹
fr.151	**3**.17.3¹³⁴

fr.154	$6.7.1^{90}$	fr.4	22.28^{322}
fr.168	2.8^{42}	fr.5	18.8^{53}
fr.178	3.9^{39}	fr.6	$21.8.2^{81}$
fr.185; 194	3.12^{60}	fr.7	18.9^{56}
fr.190	$6.9.5^{124}$	fr.8	18.10^{63}
fr.193	7.2^{16}	fr.10	18.10^{64}
fr.195	$6.9.3^{119}$	fr.11	18.3^{27}
fr.196	$6.9.2^{114}$	fr.12	18.40^{321}
fr.226	7.17^{122}	fr.13	18.5^{36}
fr.227	$7.23.1^{149}$	fr.14	18.13^{98}
fr.229	7.16^{119}	fr.17	18.17^{124}
fr.237	7.13^{95}	*De lingua Latina*	3.4^{21} 6.3^{36} 15.19^{159}
fr.238	7.11^{82}	1.6.13	7.7^{56}
fr.239	7.14^{100}	5.3.16-17	4.10^{62}
fr.241, 164	7.20^{139} $24.1^{164\,165}$	5.4.29-30	$4.23.1^{163}$
fr.242	7.22^{143}	5.4.30, 7.43, 7.47, 8.53, 15.85, 32.146 ·	$21.6.1^{60}$
fr.243	7.17^{124}	5.8.51	2.15^{98}
fr.244	7.2^{9}	5.10.57, 64, 72, 74	4.11^{95}
fr.247	$7.3.2^{27}$	5.10.58	7.28^{191}
fr.248	7.7^{54}	5.10.59	7.5^{42}
fr.251	$7.9.1^{69}$	5.10.61-63	4.10^{66}
fr.252	7.12^{88}	5.10.62, 67	4.10^{62} $7.23.2^{155}$
fr.254	7.18^{126} 7.19^{128}	5.10.64	$6.8.1^{102}$ 7.13^{93} 23.1^{148}
fr.255, 274	7.16^{112}	5.10.64-65	$7.16^{115\,116}$
fr.256	7.14^{102}	5.10.66	4.9^{46}
fr.258	7.1^{5} 7.2^{13}	5.10.66, 72	7.16^{113}
fr.260	7.16^{114}	5.10.67, 72	4.10^{56}
fr.261	7.28^{190}	5.10.68, 74	4.11^{98} 7.20^{138}
fr.263	$7.24.1^{161}$	5.10.71	$6.1.2^{14}$
fr.267-268	7.2^{15}	5.10.72	7.22^{143}
fr.269-271	$7.3.1^{22}$	5.10.74	4.18^{122}
fr.275	7.16^{117}		20^{132} $23.1^{165\text{-}6}$ 23.4^{177} 9.11^{60}
fr.276	$7.23.1^{152}$	5.14.80	$5.12.1^{84}$
Appendix operum historicorum	3.4^{22}	5.17.43	18.21^{149}
Curio	$7.9.2^{79}$	5.32.144	4.32^{227} $8.26.1^{218}$
De actionibus scaenitis	4.1^{7}	5.34.163-164	4.8^{43}
De cultu deorum [Semi ed.]	$7.9.2^{79}$ 34	6.2.7	$21.6.1^{60}$
fr.42	7.34^{221}	6.2.11	4.17^{118}
fr.43	$7.35^{225\,228}$	6.3.17	4.18^{126}
De descriptionibus	4.1^{7}	6.3.23-25	$6.7.2^{91}$
De gente populi Romani ·	$18.2.2$ 13 $21.8.2$	6.7.52	$5.9.3^{50}$

6.46	10.7^{74}	2.694	$20.24.1^{313}$
7.3.27	4.11^{92} 7.7^{59}	2.761-767	1.4^{27}
7.3.34	7.28^{191}	3.97	15.19^{158}
7.3.42	$21.6.1^{60}$	3.294-305	3.13^{68}
7.4.8	$6.9.1^{109}$	3.303-313	3.13^{69}
7.4.85	19.22^{204}	3.438-439	10.21^{182}
8.9.23	$21.6.1^{60}$	4.234	$2.29.2^{218}$
10.3.55	$6.5.3^{65}$ $6.6.3^{81}$	4.449	$9.4.3^{27}$

De originibus scaenitis	4.1^{7}	4.487-491	$21.6.2^{69}$
De personis scaenitis	4.1^{7}	4.489	$21.8.2^{86}$
De philosophia	$10.1.1^{2}$ $19.1.1^{9}$	4.492-493	8.19^{162}
De re rustica	3.4^{21} 6.3^{36}	4.542	3.2^{9}
3.1.5	4.10^{65}	4.592	$16.6.2^{70}$
De vita populi Romani [Semi ed.]		5.302	$7.3.1^{17}$
fr.15	4.9^{47}	5.810-811	3.2^{12}
Logistorici [Semi ed.] fr.incertum	$19.4.5^{59}$	6	7.35^{225} $21.27.5^{306}$
fr.40	$7.9.2^{80}$	6.278	$14.8.2^{99}$
fr.42-43	8.5^{36}	6.434-439	$1.19.2^{108}$
76	$19.1.1^{9}$	6.554	$10.1.2^{15}$
Saturae Menippeae	3.4^{21}	6.664	$21.27.5^{307}$

Vergilius

Aeneis 1.12	$10.1.2^{16}$	6.719-721	14.5^{53} $21.3.2^{21}$
1.16	$10.1.2^{13}$	6.730-732	$14.3.2^{27}$
1.46-47	$7.3.1^{19}$	6.733	$14.8.2^{98}$ $21.3.2^{19}$
1.47	4.10^{48}	6.733-734	$14.3.2^{29}$ 21.13^{132}
1.71-72	1.3^{18}	6.734	$14.7.2^{81}$
1.261	$5.9.3^{50}$	6.735-742	21.13^{133}
1.278-279	$2.29.1^{217}$	6.750-751	10.30^{292} 13.19^{112}
1.279-285	$5.12.2^{89}$	6.751	22.26^{314}
1.282-283	3.13^{61}	6.767	18.21^{150}
1.283-285	15.19^{157}	6.814-815	$3.14.2^{78}$
1.372-401	3.3^{18}	6.820-823	3.16^{106} $5.18.1^{136}$
1.729	12.11^{87}	6.847-853	$5.12.2^{90}$
2.166-168	1.2^{13}	6.851	$5.12.1^{82}$
2.169-170	1.2^{14}	6.851-852	5.15^{124}
2.293	1.3^{23}	6.851-853	18.22^{157} $19.12.1^{108}$
2.319-321	1.3^{21}	6.853	1.0^{8} 6^{32}
2.351-352	$2.22.2^{167}$ 25.2^{195}	7.6.22-23	$7.3.1^{19}$
	3.3^{15} 7^{31} 14.3 15.2	7.266	5.19^{168}
2.501-502	1.2^{12}	7.310	10.21^{181}
2.692-804	6.2^{33}	7.317-318	3.13^{63}
		7.325 -	3.13^{66}

7.338	2.10^{58} 8.18^{160}	*De regressu animae* [Porphyrius 번역]	8.10.2^{91}
7.655-658	18.21^{148}	*Enneades* [Plotinus 번역]	8.10.2^{91}
8.98	8.19^{163}	**Xenophon**	
8.194-279	19.12.2^{109}	*Memorabilia* 1.1.4	8.14.2^{127}
8.318-319, 357-358	7.4^{37}	**Zenon** Veronensis	
8.319-320	7.27.1^{181}	*Tractatus XVI de resurrectione*	
8.321-325	18.15^{114}	1.1	22.28^{317}
8.326-327	3.10^{44}	**Zosimus**	
8.334	7.3.2^{33}	*Historia nova* 5.41	1.29^{153}
8.405-406	14.26^{278}		
8.600	6.9.2^{113}		
8.624-629	3.14.1^{73}	*Acta martyrum*	22.8.1^{91}
8.646-648	5.12.2^{88}	*Anthologia latina*	15.22^{195}
9.247	3.7^{36}	*Anthologia Palatina* 7.325	2.20^{139}
9.267	19.12.2^{112}	*Codex Iustinianus* 6.23.1.17	4.27^{196}
10.464-465	3.11^{52}	*Corpus Hermeticum, Asclepius*	8.10.2^{91}
10.821-826	3.14.1^{75}	12^{112} 23.1^{174} 10.12^{116}	18.39^{318}
11.24	2.29.1^{214}	9.23	8.23.1^{177}
11.252-293	18.16^{119}	9.24	8.23.1^{179} 26.1^{214}
11.836-849	3.11^{52}	13.37	8.24.1^{192} 26.2^{220} 26.3^{229}
12.899-900	15.9^{85}	*De operatione daemonum*	21.6.1^{62}
Georgica 1.5	9.16.2^{98}	*De oraculis caldaicis*	10.23^{191}
1.121-159	15.9^{84}	*Didache*	22.22.1^{224}
1. 204-236, 276-286	5.7^{27}	15.4	21.27.2^{286}
2.325-326	4.10^{61}	16.3-4	20.19.2^{221}
2.380-395	7.21^{140}	*Fragmenta Ciceronis librorum incertorum*	
2.490	7.9.1^{68}	[Muller ed.] fr.33	21.11^{121}
3.136	14.23.3^{259}	*Grammaticorum Romanorum fragmenta*	
4.221-222	4.11^{73}	[H. Funaioli ed.] *Nigidius* fr.1	5.3^{15}
4.411	10.10^{104}	*Instituta Iustiniana* 1.1	19.4.4^{52}
4.453-527	18.14^{107}	*Liber Enoch*	15.22^{199} 23.4$^{220\,221}$
Eclogae 3.9	6.1.2^{15}	*Martyrium Polycarpi*, 17	8.26.1^{216}
3.60	4.9^{45} 7.9.2^{76}	*Oracula Sibyllina*	18.23.1^{160} 23.2^{171}
4	18.23.2^{170}	8.217-243	18.23.1^{164}
4.4	10.27^{248}	*Oratio Constantini ad sanctorum coetum*	
4.13-14	10.27^{246}	18 - 19	18.23.1^{163}
5.11	18.19^{142}	18.450-454	18.23.1^{164}
8.70	18.18.3^{135}		

Victorinus

Asclepius [번역]	8.10.2^{91}
Categoriae [Aristoteles 번역]	8.10.2^{91}

인명과 신명 색인

「신국론」 스물두 권 본문의 등장자(사람과 신과 정령 들) 이름을 모두(그리스도교 신앙의 하느님만 빼고) 모아서 라틴어 표기를 곁들이고 나오는 권·장·절을 밝힌다. 한글 음기는 고대 라틴어 발음에 따르되 성서 인물이면 공동번역대로 적기를 원칙으로 삼는다.

가니메데스Ganymedes **7.26 18**.13
가우덴티우스Gaudentius **18**.54.1
게니우스Genius **7.2 13 16**
게르바시우스Gervasius **22**.8.2 8.8
게미누스Geminus **18**.54.1
게하지Giezi **22**.29.2
겔리우스Aulus Gellius **9**.4.2-3
고레스Cyrus **3**.14.2 **4.7 18**.26
고르곤Gorgon **18**.13
구스Chus **16**.3.1 11.3
굴로수스Gulosus **22**.8.3
그라티아누스Flavius Gratianus **5**.25 26.1
그라쿠스 형제Tiberius et Gaius Sempronius Gracchus **2**.21.1 22.1 **3**.24 26
길르앗Galaad **16**.40
나시카Publius Cornelius Scipio Nasica **1**.30-3 **2**.5 18.1
나오마Noemma **15**.17 20.4
나아만Naaman Syrus **22**.29.2
나이비우스Gnaeus Naevius **2**.9 12
나홀Nachor **16**.10.2 12-3 15.2 33
나훔Naum **18**.31
네니아Nenia **6**.9.5
네로Nero Claudius Caesar **5**.19 21 **18**.52 **20**.19.3
넵투누스Neptunus **2**.15 **3**.2 **4**.10 11 34 **6**.10.3 **7**.2 8 16 22-3 28 **18**.9 10 12
노두투스Nodutus **4**.8 11
노아Noe **15**.8.1 10 11 14.1 15 16.3 20 24 26 27.4-5 **16**.1-3 6.2 8.1 9 10.1 10.3 11.1 11.3 12 14 15.1 24.2 43.3 **18**.22 38
누메리아Numeria **4**.11
누미토르Numitor **3**.5 **18**.21
누미토리우스Numitorius **3**.27
니기디우스Publius Nigidius **5**.3
니누스Ninus **4**.6 7 **16**.3.1 10.1 17 **18**.2.2-3 21-2 21.14
니니아스Ninyas **18**.2.3
니므롯Nebroth **16**.3.1 4 11.3
다나(아)이Dana(a)e **2.7 18**.13
다나우스Danaus **18**.11-2
다니엘Daniel **1**.14 **18**.34.1 **20**.13 23
다리우스Darius **18**.26
다윗David **15**.15.2 **16**.24.2 43.3 **17**.1 2 3.2 4.1 5.2 6.2 7.1 7.3 8-12 14-5 18.2 19 20.1 21-2 **18**.20 28 33.1 34.2 **20**.24 30.3 **22**.30.5
다이달루스Daedalus **18**.13
대모신Mater Magna **7**.16 24 26 28
데라Thara **16**.10.2 12-4 15.1 24.3
데마이네투스Demaenetus **18**.17
데베르라Deverra **6**.9.2
데우칼리온Deucalion **18**.8 10
데키우스Publius Decius Mus **4**.20 **5**.14 18.2 **18**.52.1
도미두카Domiduca **7**.3.1
도미두쿠스Domiducus **6**.9.3
도미티아누스Titus Flavius Domitianus **5**.21 **18**.52.1
도미티우스Domitius **6**.9.3
두발카인Tobel **15**.17
드루수스Marcus Livius Drusus **3**.26
드보라Debbora **18**.15
디스Dis pater **7**.28
디스코르디아Discordia **3**.25
디아나Diana **3**.11 **4**.11 **6**.7.1 **7**.2 16
디알리스Dialis **2**.15
디에스파테르Diespater **4**.11
디오게네스Diogenes Apolloniae **8**.2 **14**.20
디오니수스Dionysus **18**.12
디오메데스Diomedes **1**.2 **18**.16 18.3
디오클레티아누스Gaius Aurelius Valerius Diocletianus **18**.52.1

디온Dion Neapolites **21**.8.2
라구스Lagus **18**.42 45.2
라다가이수스Radagaisus **5**.23
라다만투스Rhadamanthus **18**.12
라멕Lamech **15**.10 11 13.2 17 20.2-4 21
라반Laban **16**.38.1
라베오Cornelius Labeo **2**.11 14.2 **3**.25 **8**.13 **9**.19
라비니아Lavinia **18**.19
라오메돈Laomedon **3**.2
라우렌티나Laurentina **6**.7.2
라일리우스Gaius Laelius **2**.21.1
라자로Lazarus **21**.10.2
라티누스Latinus **18**.16 19
라티니우스Titus Latinius **4**.26 **8**.13
락탄티우스Lucius Firmianus Lactantius **18**.23.2
락투르누스Lacturnus **4**.8
람파레스Lampares **18**.15
레굴루스Marcus Attilius Regulus **1**.15 24 **2**.23.1 29.1 **3**.18.1 20 **5**.18.2
레무스Remus **1**.34 **3**.6 **15**.5
레바나Levana **4**.11
레아Rhea **18**.21
레온Leon Pellae **8**.5 27.2
레우코테아Leucothea **18**.14
레우키푸스Leucippus **18**.3
레위Levi **17**.21 **20**.25 26.1
레피두스Marcus Aemilius Lepidus **3**.30
로물루스Romulus **1**.34 **2**.14.2 15 17 20 **3**.3 5 6 9 11-3 14.3 15.1 **4**.5 23.1 **5**.17.2 **6**.10.1 **8**.5 **12**.26 **15**.5 **18**.21-4 27 37 **22**.4 6-7 10
로비고Robigo **4**.21
롯Loth **10**.8 **16**.12-3 15 18-22 29 30
루가Lucas **20**.5.4
루나Luna **4**.21 7.2
루미나Rumina **4**.11 21 **6**.10.3 7.11
루미누스Ruminus **7**.11 14
루벤티나Lubentina **4**.8
루소르Rusor **7**.23.2
루시나Rusina **4**.8
루카누스Marcus Annaeus Lucanus **3**.13 27 **10**.16.2
루쿨루스Lucullus **4**.23.1

루크레티아Lucretia **1**.19 23 **2**.17 **3**.16
루크레티우스Titus Lucretius Carus **3**.16
루키나Lucina **4**.11 21
루키페르Lucifer **11**.15
루킬루스Lucillus **22**.8.12
룩스Lux **4**.23.1
룬키나Runcina **4**.8
르우Ragau **16**.10.2
르호보암Roboam **17**.7.3 21 **18**.20
리누스Linus **18**.14 37
리멘티누스Limentinus **4**.8
리베라Libera **4**.11 **6**.9.1 **7**.3.1 19
리베르Liber **4**.11 22 **6**.1.2 9.1 **7**.2 **3**.1 5 16 19 21 24.2 **8**.5 **18**.12-3
리브가Rebecca **16**.33 35 **18**.3
리비아Libya **18**.12
리비우스Titus Livius **3**.7
리카이우스Lycaeus **18**.17
리쿠르구스Lycurgus **2**.16 **10**.13
마길Machir **16**.40
마라투스Marathus **18**.11
마르스Mars **2**.15 17 **3**.3 5 10 **4**.10 11 21 23.1 23.3 29 34 **5**.17.1 22 **6**.10.3 **7**.2 3.1 14 15 9.7 **18**.10 21
마르켈루스Marcus C. Marcellus **1**.6 **3**.14.1
마르켈리누스Marcellinus **1**.0 **2**.1
마르코Marcus **20**.5.4
마르키우스Ancus Marcius **3**.15.1 **18**.25 33.1
마르티알리스Marcus Valerius Martialis **2**.15 **22**.8.14
마리아Maria **16**.24.2 **17**.16.2 24
마리우스Gaius Marius **2**.22.1 23 24.1 **3**.7 27-30 **5**.21 26.1
소少마리우스Marius iuvenis **3**.28
마리카Marica **2**.23.2
마미투스Mamythus **18**.7
마이아Maia **18**.8
마일리우스Spurius Maelius **3**.17.2
마카베오Judas Macchabaeus **18**.36 45.2
마태오Matthaeus **15**.15.2 20.1 **16**.43.3 **20**.5.4-5 23.2 **22**.30.5
마투타Matuta **4**.8 **18**.14

마할랄렐Maleleel **15**.12.2
막시무스Magnus Maximus **5**.26.1
막시미누스Gaius Galerius Valerius Maximinus **18**.52.1
막시미누스Maximinus Hesperius Sinitensis **22**.8.7
막시미아누스Marcus Aurelius Valerius Maximianus **18**.52.1
만니아Mannia **4**.34
만키누스Mancinus **3**.21
말라기 (엘) Malachi(el) **15**.23.1 **17**.24 **18**.35.1 35.3 36 **20**.25-9
메네스테우스Menestheus **18**.19
메넬라오스Menelaos **3**.3
메룰라Merula **3**.27
메르쿠리우스Mercurius **4**.11 21 **6**.7.1 **7**.2 14 15 26 **8**.26.2 27.2 **18**. 8 39
메싸푸스Messapus **18**.4
메스라임Mesraim **16**.3.1 3.3 11
메텔루스Caecilus Metellus Macedonicus **2**.23.1 **3**.18.2 **6**.2
메팀나이우스Ario Methymnaeus **1**.14
멘스Mens **4**.21 **7**.3.1
멜기세덱Melchisedech **16**.22 **17**.5.5 6.1 17 20.2 **18**.35.3
멜란토미케Melantomice **18**.8
멜란투스Melanthus **18**.19
멜로나Mellona **4**.34
멜리케르테스Melicertes **18**.14
모세Moyse **10**.8 13 32.2 **12**.2 **13**.21 **15**.14.1 27.3 **16**.4 43.1-2 **17**.1 2 7.4 **18**.8 11 32 37 39 54.1 **20**.28-9
무르키아Murcia **4**.16
무사이우스Musaeus **18**.14 37
무투누스Mutunus **4**.11
므나쎄Manasses **16**.40 **17**.21 **18**.24
므두사엘Mathusael **15**.17 20.3
므두셀라Mathusala **15**.10 11 13 20.1
므후야엘Mevia **15**.20.3
미가Michaeas **18**.27 30.1 31.1
미네르바Minerva **1**.2 **3**.7 8 **4**.10 11 21 **5**.18.2 **6**.10.2 **7**.2 3.1-2 3.16 28 **9**.7 **18**.8-10 12
미노스Minos **18**.12

미케네Mycene **5**.12.2 **18**.15
미트리다테스Mithridates **2**.24.1 **3**.22 **5**.22
밀가Melcha **16**.12-3
바로Marcus Terentius Varro **3**.4 17.3 **4**.22 27 30 **6**.2-6 9.1 9.5 10 **7**.1 2 3.2 5-9 12-3 17-26 28 30 33-5 **8**.1 5 26.1 **18**.2.2 3 5 8-10 13 17 23.1 40 **19**.1-3 4.5 18-9 22 **21**.6.1 8.2 8.4 **22**.11.3 28
바룩Baruch **18**.33.1
바르나바Barnabas **10**.19
바르바투스Barbatus **4**.11
바쑤스Bassus **22**.8.18
바울로Paulus **8**.10.1 27.1 **10**.19 **13**.23.2-3 **14**.2.2 4.2 9.2 9.5 **16**.16 22 35 **17**.5.5 7.2 **18**.10 52.2 54.1 **19**.4.1 **20**.5.3 6.1 17 19.1-3 **21**.26.1 (본문 많은 곳에서 "사도"라고만 칭한다)
바이비우스Baebius **3**.27
바쿠스Bacchus **6**.9.1 **18**.13
바티카누스Vaticanus **4**.8 11 21
반反그리스도Antichristus **18**.52.1 53.1 **20**.12-4 19.2-4 23.1 30.5 **21**.26.4
발레리아누스Licinius Valerianus **18**.52.1
발레리우스Publius Valerius Publicola (= Lucius Valerius) **3**.16 17.2 **5**.18.2
발레우스Baleus **18**.3 4 6
발렌스Valens **5**.26.1 **18**.52.2
발렌티니아누스Valentinianus **5**.26.1 **18**.52.2
발로니아Vallonia **4**.8
발부스Quintus Lucilius Balbus **4**.30 **9**.9.1
베냐민Beniamin **17**.21
베누스Venus **3**.3 5 13 14.1 25 **4**.10 27 **6**.7.3 9.1 9.3 10.3 **7**.2 3.1-2 15 26 **9**.7 **10**.11.2 **18**.10 **21**.6
베닐리아Venilia **4**.11 **7**.22
베드로Petrus **8**.23.3 27.1 **11**.33 **12**.7.1 9.1 13.2 **15**.23.1 **17**.5.5 **18**.52.2 53.2 54.1 20.10 18 24.1
베레스Phares **15**.15.2
베레킨티아Berecynthia **2**.4
베르길리우스Publius Vergilius Maro **1**.3 4 **2**.22.2 **3**.2 10 11 14.1 16 **4**.10 **5**.12.2-3 19 **7**.9.1 27.1 **9**.4.3 **10**.10 21 27 30 **13**.19 **14**.3.2 5

7.2 8.2 **15**.9 19 **18**.15 19 21 **20**.24.1 **21**.3.2 8.2 13 27.5 **22**.26
베스타Vesta **4**.10 11 **7**.2 16 24.1 **8**.5 **10**.16.2 **22**.11.3
베스파시아누스Titus Flavius Vespasianus **5**.21
베엘제불Beelzebub **20**.5.3
벨레로폰Bellerophon **18**.13
벨렉Phalech **16**.3.2 10.1-2 11.2-3
벨로나Bellona **2**.24.2 **3**.13 25 **4**.11 21 24 34 **5**.12.2 17.1 22 **6**.10.3
벨루스Belus **12**.11 **16**.3.1 17 **18**.2.2-3 21
볼루티나Volutina **4**.8
볼루피아Volupia **4**.8 11
볼룸나Volumna **4**.21
볼룸누스Volumnus **4**.21
부보나Bubona **4**.24 34
부시리스Busiris **18**.12
불카누스Vulcanus **3**.3 **4**.10 11 23.1 **6**.10.3 **7**.2 16 **8**.5 **18**.12 **19**.12.2
브루투스Marcus Iunius Brutus **1**.19.1 **2**.17 **3**.16 **5**.18.1
비느하스Phinees **17**.5.1 5.3
비르기넨시스Virginensis **4**.11 **6**.9.3
비르투스Virtus **4**.20 21 24 **5**.12.3 **7**.3
비아스Bias Prienaeus **18**.25
비툼누스Vitumnus **7**.3.1
빅토리아Victoria **4**.14 15 17 21 24 **5**.17.1
사독Sadoc **17**.5.2
사(르)라, 사래Sar(r)a, Sarai **15**.2 3 8.2 **16**.12-3 15.2 18-9 25-6 28-31 32.3 34 **18**.3
사르다나팔루스Sardanapalus **2**.20
사르페돈Sarpedon **18**.12
사무엘Samuel **17**.1 4.1-2 4.9 5.1-3 6.2 7.1 7.4 24 **18**.20
사미라미스Samiramis **18**.2.2-3
사벨리우스Sabellius **11**.10.1
사울Saul **16**.24.2 43.3 **17**.1 4.1 6.2 7 8.1 9 10 21 24 **18**.20
사울로Saulus **18**.52.2
사탄Satan **10**.10 **19**.9 **20**.7.1 **7**.2 8.1 11 13 19.1 19.4

사투르누스Saturnus **2**.15 **4**.10 11 21 23.1 27 **6**.7.1 8.1 **7**.2 3.1 4 9.1 13 15 17-9 21 26 27.1 **8**.5 **18**.15
사투르니누스Saturninus Uzalensis **22**.8.3
사투르니누스Lucius Apuleius Saturninus **3**.26
사프루스Saphrus **18**.8
살라키아Salacia **4**.10 11 **6**.10.3 **7**.22
살루스Salus **3**.25
살루스티우스Gaius Sallustius Crispus **1**.5 **2**.17 18.1-2 21.1 21.3 22.1 **3**.3 10 14.2 16 17 21 **5**.12.1-4 12.6 19 **7**.3.2 **9**.9 **18**.2.2
삼손Samson **1**.21 26 **18**.19
상쿠스Sancus **18**.19
상투스Sanctus **18**.19
세게티아Segetia **4**.8 24 34
세네카Lucius Annaeus Seneca **5**.8 **6**.10-1
세라피스Seraphis **18**.5
세르빌리우스Gaius Servilius Glaucia **3**.26
세르빌리우스Quintus Servilius **3**.17.2
세르토리우스Quintus Sertorius **3**.30
세멜라Semela **8**.5
세베루스Sulpicius Severus **18**.52.1
세베루스Severus Milevitanus **21**.4.4
세이아Seia **4**.8
센티누스Sentinus **7**.3.1
센티아Sentia **4**.11
셀라Sala **16**.3.2 10.2
셈Sem **16**.1 2.1-2 3 9-12
셋Seth **15**.8 10 12 15.1 17-21 23.2 23.4 24
소라누스Valerius Soranus **7**.9.2 11 13
소라피스Sorapis **18**.5
소크라테스Socrates Atheniensis **8**.2-4 14.2 27.2 14.8.3 **18**.37
솔Sol **4**.23.1 **7**.2
솔로몬Salomon **12**.14.2 **14**.11.2 **17**.2 3.1 4.4 7.3 8-10 12-3 20-1 **18**.20 25 45.1 48 **20**.3 5.1 19.2 26.2
솔론Solon Atheniensis **2**.16 **18**.25
수비구스Subigus **6**.9.3
술라Lucius Cornelius Sulla **2**.18.2 22.1 23.1 24.1 24.2 **3**.7 27 28 29 30 **5**.26.1

숨마누스Summanus **4**.23.4
스테파노Stephanus **16**.15.2 16 32.3 **17**.7.2
  18.52.2 **22**.8.11 8.13-4 8.16 8.21 8.23
스룩Seruch **16**.10.2
스바니아Sophonias **18**.33
스카이볼라Quintus Mucius Scaevola **2**.29.1 **3**.28-9
  31 **4**.20 27 **5**.14 18.2
스키피오Cornelius Scipio Africanus, Nasica, Corculum
  2.9 12-3 21 29.1 **3**.15.1 21 **5**.22 **10**.21
  19.21.1
스타틸리누스Statilinus **4**.21
스테넬라스Stenelas (= 스테넬레우스Steneleus = 스테
  넬루스Stenelus) **18**.8
스테르케스Sterces **18**.15
스테르쿠티우스Stercutius **18**.15
스트라토Strato(n) **6**.10.1
스트레니아Strenia **4**.11 16
스티물라Stimula **4**.11 16
스페우시푸스Speusippus **8**.12
스피니엔시스Spiniensis **4**.21
스핑크스Sphinga **18**.13
시드키야Sedechia **18**.25
시므온Symeon **8**.23.3 **17**.4.3 24 **22**.29.4
시빌라Sybilla **18**.23-4 46
실라Sella **15**.17
실바누스Silvanus **6**.9.2
실비우스Silvius **18**.19 20
심마쿠스Symmachus **18**.43
아게노리아Agenoria **4**.11 16
아낙사고라스Anaxagoras **8**.2 **18**.37 41.2
아낙시만데르Anaximander **8**.2 **18**.25 37
아낙시메네스Anaximenes **8**.2 5 **18**.25 37
아네보Anebo **10**.11.1
아다Ada **15**.17
아담Adam **13**.15 23 24.6-7 **14**.11.2 12-3 20
  15.1.2 8 10 12 13.1 15.1 16.1 17 19-21 23.4
  16.8 10.1 14 21 24.2 27 **18**.38 40 **21**.14-5
  22.22.1 30.3 30.5
아데오나Adeona **4**.21 7.3.1
아돈Adon **6**.7.3
아드라스토스Adrastos Cyzicenos **21**.8.2

아드메투스Admetus **18**.13
아라투스Aratus **16**.23
아레스Ares **18**.10
아론Aaron **17**.5.2-5 6.1 17
아르겐티누스Argentinus **4**.21 28
아르구스Argus **18**.6 7
아르마미트레스Armamitres **18**.3
아르박삿Arphaxat **16**.3.2 10
아르케실라스Archesilas **19**.1.3
아르켈라우스Archelaus **8**.2
아리스토니쿠스Aristonicus **3**.11
아리스토데무스Aristodemus **2**.11 13
아리스토볼루스Aristobolus **18**.36 45.3
아리스토텔레스Aristoteles **8**.12 **9**.4.1 **22**.11.2
아리스티푸스Aristippus **8**.3 **9**.4.2 **18**.41.2
아리우스Arrius **18**.3
아모스Amos **18**.27-8
아물리우스Amulius **3**.14.3 **18**.21
아민타스Amyntas **18**.11
아베오나Abeona **4**.21 **7**.3.1
아벤티누스Aventinus **18**.21 27
아벨Abel **10**.4 **15**.1.2 5 7.2 15.1 16.3 17-8
아브라함Abraham **1**.12.1 21 26 **10**.8 32.2 **12**.16.2
  13.21 **14**.15.1 **15**.2 3 8 14.1 15 16.3 20.1
  16.1 2.3 3.2 11.2-3 12-16 28-37 38.1-2 41-3
  17.1-3 7.3 17 **18**.1 2.2-3 3 27-8 31.1 37 39
  19.22 **20**.23 **22**.3 30.5; 아브람Abram **16**.10.2
  12-3 15.1 16 18 24.1-2 24.4 26.1 28 34
아비멜렉Abimelech **16**.30 36
아비아달Abiathar **17**.5.2
아싸라쿠스Assaracus **5**.12.2 **15**.19
아스카니우스Ascanius **3**.14.1 14.3 **18**.19
아스카타데스Ascatades **18**.11
아스클레피우스Asclepius **8**.23.1 26.2
아우구스투스Caesar Octavianus Augustus **3**.9 21 30
  4.2 **5**.21 **18**.20 46 **22**.7
아우렐리아누스Lucius Domitius Aurelianus **18**.52.1
아우렐리우스Aurelius Carthaginensis **22**.8.3 8.6
아우리누스Aurinus **4**.21 28
아이기알레우스Aegialeus **18**.2.3
아이네아스Aeneas **1**.2 3 **3**.2 3 5 11 13 14.1 14.3

5.12.2 6.2 8.5 9.4.3 10.16.2 21 14.5 15.19 18.19-21
아이스쿨라누스Aesculanus 4.21 28
아이스쿨라피우스Aesculapius 3.12 17.2-3 4.21 22 27 8.5 26.2 10.16.2
아이스키네스Aeschines 2.11
아이올루스Aeolus 1.3
아카Acca 18.21
아퀼라Aquila 15.23.3 18.43
아키오르Achior 16.13
아킬레스Achilles 3.2 9.7
아타마스Atamas 18.14
아테나Athena 18.9 10
아틀란스Atlans 18.8 39
아티스Attis 6.7.3 7.25
아폴로Apollo 2.16 3.2 11 17.3 4.10 11 21 6.7.1 7.2 10.13 18.9 10 12-3 19.23.1 23.3-4
아풀레이우스Lucius Apuleius Aufer 4.2 8.12 14.2 15.2 16-9 22 23.1 24.3 9.3 4.1 6-12 13.1-2 16 12.10 18.1
아피스Apis 18.4-6
아하즈Achaz 18.22 27
안나Anna 17.24
안드로마카Andromacha 3.13
안드로메다Andromeda 18.13
안키세스Anchises 3.3 5
안타이우스Antaeus 18.13
안토니누스Antoninus Pius 18.52.1
안토니우스Marcus Antonius 3.30
안티스테네스Antisthenes 8.3 18.41.2
안티오쿠스Antiochus 3.11 18.45.2 19.3.2
안티파테르Antipater 18.45.2
알렉산데르Alexander Macedonis 4.4 7 8.5 27.2 12.11 26 18.42 45.2-3
알렉산드라Alexandra 18.45.3
알렉산드리누스Alexandrinus 22.8.3
알렉토Allecto 3.13
알리피우스Alypius 22.8.3
알키무스Alcimus 18.45.3
알토르Altor 7.23.2
암브로시우스Ambrosius 22.8.2

압돈Labdon 18.19
야고보Iacobus 14.9.1 18.52.2 21.22 26.1 27.1 27.4
야곱Iacob 5.4 15.14.1 15.2 19 16.11.2 21 37-42 43.1 17.2 3.1 18.3-6 30.1 33.1 39 45.3 20.30.1 30.4
야누스Ianus 3.9 10 4.11 23.1 6.9.5 7.2 3.1 4 7-11 15 17 26
야렛Iared 15.13.2
야발Iobel 15.17
야벳Iapheth 16.1 2.1-2 3 9 11.3
야수스Iasus 18.8
얌블리쿠스Iamblichus 8.12
에노스Enos 15.12 15.1 17-8 21
에녹Enoch 15.8 10 13.2 17 19 20.1 20.3 21 23.4
에단Aethan 17.9 12
에돔Edom 16.35 40-1
에두카Educa 4.11 6.9.1
에라투스Eratus 18.6
에리크토니우스Erichthonius 18.11-2
에벨Heber 16.3.2 10.1-2 11-2 18.39
에보디우스Evodius 22.8.22
에브라다Ephrata 18.30.1
에브라임Ephraem 16.40 17.21
에사오Esau 5.4 15.8.2 25.2 16.35 37-8 41-2 18.3 31.1
에스델Esther 18.36
에우게니우스Eugenius 5.26.1
에우독수스Eudoxus 16.23
에우로파Europa 18.12
에우세비우스Eusebius Caesareae 16.16 18.8 10 25 31.1 37 43
에우카리우스Eucharius 22.8.13
에우티키아누스Eutychianus 18.54.1
에우헤메루스Euhemerus Messenae 6.7.1 7.27.1
에제키엘Hiezechiel 11.15 18.34
에즈라Esdra 17.24 18.36-7 20.25
에파푸스Epaphus 18.12
에피다우루스Epidaurus 10.16.2
에피쿠루스Epicurus 6.5.2 8.5 11.5 18.41.2 19.1.2

에피파네스Epiphanes **18**.45.2
에픽테투스Epictetus **9**.4.2 5
엔니우스Quintus Ennius **2**.21.3 **7**.27.1
엘레우시누스Eleusinus **22**.8.20
엘리Heli **17**.4.1 5.1-4 **18**.19 **22**.22.3
엘리사Helisaeus **17**.22 **22**.29.2 29.5
엘리사벳Elisabeth **8**.23.3 **17**.24
엘리야Helias **17**.22 **18**.32 **20**.29 30.3 30.5
엘리에젤Eliezer **16**.23
엘레아자르Eleazar **18**.42-3
여로보암Hieroboam **17**.21-2 **18**.27
여호수아Hoshua = 예수 나베Iesu Nave **16**.12 43.2 **17**.2 **18**.11-3 22 **21**.8.2
예레미야Hieremias **18**.25-6 33 43 **19**.26
오기구스Ogygus **18**.8 **21**.8.2
오네우스Oneus **18**.19
오르쿠스Orcus **7**.2 3.1 16 20 23.2
오르토폴리스Orthopolis **18**.8
오르페우스Orpheus **18**.14 24 37
오리게네스Origenes **11**.23 **15**.27.3 **21**.17
오바디야Abdias **18**.31.1
오시리스Osiris **6**.10.2 **8**.26.3 27.2 **10**.11.2
오이디푸스Oedipus **18**.13
오피미우스Lucius Opimius **3**.24
오피스Opis **4**.11 21 23.1
옥타비우스Gnaeus Octavius **3**.27
올림피아스Olympias **8**.27.2
옵스Ops **7**.24.1
요나Iona **1**.14 **18**.27 30.1-2 44
요담Iotham **18**.27
요비스Iovis **7**.9.1
요비아누스Iovianus **4**.29 **5**.25
요비우스Iovius **18**.54.1
요셉Ioseph **16**.38 40 42 43.1 **17**.21
요시야Iosia **17**.14 **18**.33.1
요엘Ioel **18**.27 30.3
사도 요한apostolus Ioannes **10**.29.2 **11**.13 **14**.7.2 9.5 **15**.7.1 **17**.4.4 4.8 **18**.52.2 **20**.5.5 6.1 7.1 14 17 19.3-4 22 **22**.29.1
세례자 요한baptista Ioannes **2**.19 **10**.2 **15**.23.1 **17**.8.2 24 **18**.49 54.1

은수자 요한heremus Ioannes **5**.26.1
욥Iob **1**.24 **11**.15 **16**.4 **22**.29.3-4
우달람Utalaam **16**.40
우찌야Ozia **18**.27
울릭세스Ulixes **1**.2 4 **18**.17 18.3
유가티누스Iugatinus **4**.8 11
유노Iuno **1**.3 4 **2**.29.2 **3**.13 **4**.10 11 **5**.12.2 18.2 6.7.3 10.2 7.2 3.1 11 15 16 24.1 28 **8**.5 10.21 **18**.10
사도 유다Huda **15**.23.4 **18**.38
성조 유다Huda **15**.8.2 15.2 **16**.41 **17**.3.2 21 **18**.6 24 28
배반자 유다스Iudas traditor **1**.17 **17**.18.1 **20**.5.3
유딧Iudith **16**.13 **18**.26
유벤타스Iuventas **4**.11 23.3 29 **6**.1.4
유스티누스Marcus Iustinianus Iustinus **4**.6
유피테르Iuppiter **1**.4 **2**.7 8 12 15 **2**.24.1 **3**.2 12 13 14.1 15.2 17.2 27 **4**.9 10 11 13 14 15 17 18 21 23.1 23.3 23.4 25 26 27 29 **5**.8 12.2 18.2 21 26.1 **6**.5.1 7.1 7.3 10.2 **7**.2 3.1 9-19 23.2 24.1 26 27.1 28 **8**.5 **9**.1 **10**.13 **13**.17.2 18 **18**.8 10 12 13 16 41.2 **19**.22 23.2 23.4 20.24.1
율리아누스Flavius Claudius Iulianus apostata **4**.29 5.21 **18**.52.2
이나쿠스Inachus **18**.3 37
이노Ino **18**.14
이랏Gaidad **15**.20.3
이레나이우스Irenaeus **22**.8.19
이사악Isaac **15**.2 3 14.1 15.2 **16**.13 24.3 26 29 31 32.1-2 33-7 38.1-2 41-2 **17**.2 3.1 **18**.3 4 31.1 39
이사야Esaias **8**.23.3 **11**.15 **18**.24 27 29.1 33.1 43 **20**.17 21-2 24.2 25 26.1-2 30.1 30.3-4
이스가Hesca **16**.12
이스라엘Israel **12**.2 **15**.8.2 **16**.38.2 39 41 **17**.21 **18**.3 **20**.30.1 30.4
이스마엘Ismael **15**.2 3 15.2 **16**.26.1 32.1 34
이시스Isis **8**.26.3 27.2 **10**.11.2 **18**. 3 5 37 39 40
이오Io **18**.3
이카루스Icarus **18**.13

2907

이테르두카Hterduca **7**.3.1
이피게니아Iphigenia **18**.18.3
인노켄티우스Innocentius **22**.8.3
인테르키도나Intercidona **6**.9.2
일리아Ilia **18**.21
입다Iephte **1**.21
제노Zeno **9**.4.2 5
제라Zarat **15**.15.2
조로아스테르Zoroaster **21**.14
예언자 즈가리야Zacharia **17**.24 **18**.35.1-2 36 **20**.30.2
제관 즈가리야Zacharia **17**.24
카르데아Cardea **4**.8 **6**.7.1
카르멘테스Carmentes **4**.11
카르보Gnaeus Papirius Carbo **2**.22.1 **3**.28
카메나Camena **4**.11
카밀라Camilla **3**.11
카밀루스Marcus Furius Camillus **2**.17 **3**.17.2 **4**.7 **5**.18.2
카스토르Castor **4**.27 **18**.14 **21**.8.2
카씨우스Gaius Cassius Longinus **18**.45.3
카이레몬Chaeremon **10**.11.2
카이사르Gaius Iulius Caesar **1**.23 **3**.3 13 27 30 **5**.12.2 12.4-5 21 **7**.35 **9**.5 **19**.4.4
카이킬리우스Caecilius Statius **2**.9 12
카인Cain **10**.4 **14**.14 **15**.1.2 5 7-9 **15**.1 **16**.3 17-21 23.2
카일레스티스Caelestis **2**.4 26.2
카쿠스Cacus **19**.12.2
카토Marcus Porcius Cato Uticensis **1**.5 23 24 **2**.7-9 12 **5**.12.2 12.4-6 25 **19**.4.4
카토수스Cattosus **22**.8.10
카툴루스Quintus Lutatius Catulus **3**.27 30
카티우스Catius **4**.21
카틸리나Lucius Sergius Catilina **1**.5 **2**.23.1 **3**.2 15.1 30
케난Cainan **15**.12 **16**.3.2 10.2
케레스Ceres **4**.10 11 **6**.7.3 **7**.2 16 19 20 **8**.27.2 **18**.13
케크롭스Cecrops **18**.8-11
케피소스Cephisos **18**.4
코드루스Codrus **18**.19 20
코락스Corax **18**.11

코타Gaius Aurelius Cotta **5**.9
콘센테스Consentes **4**.23.3
콘수스Consus **4**.11
콘스탄티누스Flavius Valerius Constantinus **5**.21
콘코르디아Concordia **3**.25 26 **4**.24
콜라티나Collatina **4**.8
콜라티누스Lucius Tarquinius Collatinus **1**.19.1 **2**.17 18.1 **3**.16 **5**.18.1
쿠니나Cunina **4**.8 11 21
쿠르티우스Marcus Curtius **4**.20 **5**.14 18.2
쿠리아티우스Curiatius **3**.14.1 14.3
퀴리날리스Quirinalis **2**.15
퀴리누스Quirinus **2**.15
퀴에스Quies **4**.15 16
퀸티우스Lucius Quintius Cincinnatus **3**.17.2 **5**.18.2
크라노스Cranaos **18**.10
크라쑤스Crassus **3**.27
크레우사Creusa **18**.19
크로노스Chronos **7**.19
크리시푸스Chrysippus **9**.4.2 5
크리아수스Criasus **18**.8
크산투스Xanthus **18**.12
크세노크라테스Xenocrates **8**.12
크세노파네스Xenophanes Colophonius **7**.17 **18**.25
크세르크세스Xerxes **18**.3
크투라Cettura **16**.28 34 38.1
클라우디아누스Claudianus **5**.26.1
클레오불루스Cleobulus Lindius **18**.25
클레오폰Cleophon **2**.9
클레온Cleon **2**.9
클루아키나Cluacina = Cloacina **4**.8 23.1 23.2 **6**.10.1
키노케팔루스Cynocephalus **2**.14.2 **3**.12 **16**.8.1
키르케Circe **18**.17 18.3
키벨레Kybele **2**.5 **7**.24.1
키케로Marcus Tullius Cicero **2**.9 11 13 **21**.1 21.3-4 27 **3**.15.1 17.3 27 30-1 **4**.26 30 **5**.2 8 9.1-2 9.4 13-4 26.2 **6**.2 **8**.5 19 **9**.4.1 5 **13**.16.1 **14**.5 7.2 **8**.1-2 23.2 **18**.24 **19**.3.2 4.2 5 21.1 **21**.11 **22**.4 6 7 20.1 22.4 28
키프리아누스Thascius Caecilius Cyprianus **8**.27.1
킨나Lucius Cornelius Cinna **2**.22.1 **5**.26.1

킬론Chilon Lacedaemonius **18**.25
타르퀴니우스Priscus Tarquinius **1**.19.1 **2**.17 18.1 **3**.12 15.2 16 **4**.23.3 29 **5**.12.2 12.6 18.1 10.16.2
타우타네스Tautanes **18**.19
타티우스Titus Tatius **3**.13 **4**.23.1 **6**.10.1
탄탈루스Tantalus **18**.13
탈레스Thales **8**.2 5 **18**.24-5 37
테렌티아누스Terentianus Maurus **6**.2
테렌티우스Terentius **7**.34
테렌티우스Publius Terentius Afer **2**.7 12 **14**.8.2 25 19.5
테르라Terra **4**.10
테르미누스Terminus **4**.11 23.3 29 **5**.21 **7**.7 9.1
테르툴리아누스Quintus Septimius Florens Tertullianus **7**.1
테오도루스Mallius Theodorus **18**.54.1
테오도시우스Flavius Theodosius **5**.25 26.1
테오도티온Theodotion **18**.43
테옴브로투스Theombrotus **1**.22.1
텔루모Tellumo **4**.10 **7**.23.2
텔루스Tellus **4**.10 **7**.2 23-4 28
텔키온Telxion **18**.2.3
토르콰투스Titus Manlius Imperiosus Torquatus **1**.23 **5**.18.2
토비트Tobia **1**.13 **13**.22
투리마쿠스Thurimachus **18**.3
투리아쿠스Thuriacus **18**.3
투투누스Tutunus **4**.11
투틸리나Tutilina **4**.8
툴리우스Servius Tullius **3**.15.2
트라야누스Marcus Ulpius Traianus **18**.52.1
트로구스 폼페이우스Trogus Pompeius **4**.6
트리스메기스투스Thoth Trismegistus **8**.23.1 26.2 18.39
트리오파스Triopas **18**.8 11
트리토니아Tritonia **18**.8
트리프톨레무스Triptolemus **18**.13
티길루스Tigillus **7**.11
티베리누스Tiberinus **4**.23.1
티베리우스Tiberius Claudius Nero Caesar **22**.7

티티우스Lucius Titius **2**.24.1
틴다루스Tyndarus **8**.5
파리스Paris **3**.3 6 15.2 **18**.10
파벤티아Paventia **4**.11
파보르Pavor **4**.15 23.1-2 **6**.10.1
파브리키우스Gaius Fabricius Luscinus **2**.29.1 **5**.18.2
파비우스Quintus Fabius Maximus **1**.6
파우누스Faunus **4**.23.1 **8**.5 **16**.19 41 **18**.15-6
파우스투스Faustus **15**.7.2 26.2 **16**.19 41
파우스툴루스Faustulus **18**.21
파울루스Paulus **22**.8.23
파울리누스Paulinus Nolensis **1**.10.2
파텔라나Patelana **4**.8
판투스Panthus Othryades **1**.3
팔라디아Palladia **22**.8.23
팔라스Pallas **3**.11
팔로르Pallor **4**.15 23.1-2 **6**.10.1
페르세우스Perseus **18**.13
페르시우스Persius **2**.6 7
페르툰다Pertunda **6**.9.3
페리안드루스Periandrus Corinthius **18**.25
페리클레스Pericles **2**.9
페브리스Febris **2**.14.2 **3**.12 25 **4**.15 23.2
페쏘나Fessona **4**.21
페쿠니아Pecunia **4**.21 24 **7**.3.2 11 12
페트로니아Petronia **22**.8.22
펠라스구스Pelasgus **18**.19
펠로니아Pellonia **4**.21
펠리키타스Felicitas **4**.18 19 21 23.1-4 24 25 5.16 **6**.12 **7**.3.2
포로네우스Phoroneus Argolicus **18**.3 8
포르바스Phorbas **18**.8
포르센나Porsenna **5**.12.2 18.2
포르쿨루스Forculus **4**.8 **6**.7.1
포르투나Fortuna **4**.11 18-9 **6**.1.4 **7**.3.2
포르피리우스Porphyrius Malchus **8**.12 **10**.9-11 19 21 23-4 26-32 **12**.21.3 27 **13**.19 **19**.22 23.1-2 23.4 **20**.24.1 **22**.3 12.2 25-8
포모나Pomona **4**.24 34
포스투미우스Postumius **2**.24
포시도니우스Posidonius **5**.2 5

포씨디우스Possidius **22**.8.13
포이닉스Phoenix **1**.4
포티나Potina **4**.11 **6**.9.1
포티누스Photinus **19**.23.3
포풀로니아Populonia **6**.10.3
폰티우스Lucius Pontius **2**.24.1
폴레몬Polemon **19**.1.3
폴룩스Pollux **4**.27 **18**.14
폴리피데스Polyphides **18**.19
폼페이우스Gnaeus Pompeius Magnus **3**.13 30 **5**.22 25 **18**.45.3
폼포니우스Lucius Pomponius **4**.16
폼필리우스Numa Pompilius **3**.7 10 11 12 14.1 15.2 **4**.23.1 **7**.34-5 **8**.5 **18**.24 27
풀고라Fulgora **6**.10.3
풀비우스Marcus Fulvius Flaccus **3**.24
풀빌루스Marcus Horatius Pulvillus **5**.18.2
프라이스탄티우스Praestantius **18**.18.2
프라이엑투스Praeiectus **22**.8.11
프레마Prema **6**.9.3
프로메테우스Prometheus **18**.8 39
프로세르피나Proserpina **4**.8 10 11 **6**.7.3 **7**.20 23.2 24.1 28
프로카스Procas **18**.21 27
프로쿨루스Iulius Proculus **3**.15.1
프로타시우스Protasius **22**.8.2 8.8
프룩테세아Fructesea **4**.21
프리기아Phrygia **10**.16.2
프리스쿠스Tarquinius Priscus **18**.25-6 33.1
프리아무스Priamus **1**.2 3.2
프리아푸스Priapus **2**.14.2 **4**.11 23.2 34 **6**.7.1 9.3 **7**.24.2
프릭수스Phryxus **18**.13
프톨로마이우스Ptolomaeus Philadelpus **8**.11 **15**.13.1 **18**.42 45.2
프티아Phthia **5**.12.2
플라우투스Titus Maccius Plautus **2**.9 12 **21**.8.2
플라키아누스Flaccianus **18**.23.1
플라톤Plato **1**.22.1 **2**.7 8 14 **4**.18 **6**.10.1 **7**.28 **8**.1-12 13-4 15.2 18 21.2 **9**.4.1 10 16.1 23.1 10.2 9 27 29-31 **11**.21 25 **12**.13 14.2 19 25

27 **13**.16-20 **14**.3.2 **18**.18.2 37 **19**.1.3 **21**.7.2 **22**.11.1-2 11.5 12.2 26-8
플렘메우스Plemmeus **18**.7
플로라Flora **2**.27 **4**.8
플로렌티우스Florentius **22**.8.10
플로티누스Plotinus **8**.12 **9**.10 17 **10**.2 14 16.1 23 30
플루토Pluto **2**.15 **4**.10 11 **6**.7.3
플리니우스Plinius Secundus senior **15**.9 12.1
피데스Fides **4**.20
피루스Pyrrhus **3**.13 17.3
피쿠스Picus **4**.23.1 **8**.5 **18**.15
피타고라스Pythagoras **6**.5.2 **8**.2 4 9 **18**.25 37
피타쿠스Pittacus **18**.25
필루스Philus L. Furius **2**.21.1
필룸누스Pilumnus **6**.9.2
필리푸스Philippus **2**.11
핌브리아Flavius Fimbria **3**.7 8 27
하갈Agar **13**.21 **15**.2 **16**.25 26.1 34
하깨Aggaeus **17**.24 **18**.35.1 36 45.1 48
하드리아누스Publius Aelius Hadrianus **4**.29
하란Arran **16**.12-3
하바꾹Ambacum **18**.31.1 31.3 32
하와Eva **14**.7 **15**.16.1 17
한나Anna **17**.4
한니발Hannibal **3**.19-21 **4**.29
함Cham **16**.1 2.1-2 3 10.3 11.3
헤라Hera **10**.21
헤라클리투스Heraclitus **6**.5.2
헤로데Herodes **18**.45.3 46 52.2
헤로스Heros **10**.21
헤르메스Hermes **7**.14 **8**.23-4 26
헤르쿨레스Hercules **2**.14.2 **3**.11 **4**.23.1 27 **6**.7.2 **8**.5 **18**.8 12-3 19 **19**.12.2 **22**.4 6.1 10
헤스페리우스Hesperius **22**.8.7
헤시키우스Hesychius **20**.5.4
헤카테Hecate **19**.23.2-4
헬레Helle **18**.13
헬레나Helena **3**.25
호노르Honor **4**.24 **5**.12.3
호노리우스Honorius **18**.54.1

호노스Honos **4**.21
시인 호라티우스Quintus Horatius Flaccus **1**.3 **5**.13
집정관 호라티우스Marcus Horatius Cocles **3**.14.1 **14**.3 **16**
호르텐시우스Quintus Hortensius **3**.15.1 **17**.2
호메루스Homerus **3**.2 **4**.26 **30** **5**.8 **9**.1 **7** **15**.9 **21**.8.2 **22**.6.1
호모기루스Homogyrus **18**.6
호세아Osee **18**.22 **27**-8
호스틸리나Hostilina **4**.8
호스틸리우스Tullus Hostilius **3**.14.1-2 **15** **4**.23.1 **6**.10.1
홀로페르네스Holofernes **16**.13
홉니Ophni **17**.5.1 **5**.3
히르카누스Hyrcanus **18**.45.3
히에로니무스Eusebius Hieronymus **18**.8 **10** **31**.1 **43** **20**.23.1 **25** **22**.29.2
히페르볼루스Hyperbolus **2**.9
히포크라테스Hippocrates **5**.2 **5** **22**.8.4
히즈키야Ezechias **10**.8 **18**.22 **27** **21**.8.2